中国人民大学
刑事法律科学研究中心系列丛书

探寻至善的刑事法治

中国人民大学刑事法律科学研究中心
专职研究员代表作选集

刑法学卷 1999—2019

中国人民大学刑事法律科学研究中心/编

中国法制出版社
CHINA LEGAL PUBLISHING HOUSE

序

2019年，是新中国成立70周年，也是中国人民大学刑事法律科学研究中心（以下简称刑事法中心）获批教育部人文社会科学重点研究基地20周年。这部文集的编辑出版，是对刑事法中心成立20周年的纪念，更是对新中国成立70周年的一份致敬和献礼。

作为第一批教育部人文社会科学重点研究基地，刑事法中心始终坚持服务中国特色社会主义法治建设的宗旨，以推动中国刑事法学发展为使命，积极为中国刑事法学界搭建优质的学术合作平台，努力构建中外刑事法学学术交流机制，在以高铭暄先生、王作富先生等为代表的老一辈法学家的引领下，秉持初心、勇于开拓，在过往20年里推出了一大批高质量的、能够代表我国刑事法学领先水平的学术成果，为完善我国刑事法制提供了大量的研究咨询意见，培养了一大批优秀的刑事法治人才。通过20年的努力，刑事法中心已经成为中国国内最重要的刑事法学研究机构之一，在国际刑事法学界的影响和地位也日益显著。

总结刑事法中心20年的发展历史，可以归纳出三个基本导向，这既是刑事法中心的创建初衷和发展目标，也是刑事法中心全体同人的初心和情怀所在。

一是始终从中国社会思考问题，从中国问题出发推动刑事法学发展。我国刑事法学基本理论框架、学说来自苏联、德国等国家，我国刑事法制的现代化受西方影响比较大。然而，中国社会的发展已经走上与西方不同的道路，因而需要符合中国社会发展的社会科学给予理论支撑。借用著名经济学家林毅夫教授的话，我国刑事法学研究也要"从'西天取经'到'重回东土'"。[1]如何构建、形成符合中国社会治理实践、文化特点和未来发展的基本理论和目标，并探索、确定具体的发展路径，应当是现在乃至今后几代刑事法学人共同思考的问题。老一辈刑事法学家最大的学术贡献之一，就是从中国政治制度和社会实际思考法律问题，提出解决方案。这种精神值得后辈学人继承并发扬光大。刑事法中心始终强调刑事法学研究的"中国意识"，研究的课题及成果都注重解决中国现实问题，举办各类研讨会也聚焦当前重大的理论和实践问题。

二是始终坚持实事求是的学风。"实事求是"是中国人民大学的校训，也是刑事法中心建设的精神特质。毛泽东同志对实事求是曾做过精辟的论述："'实事'就是客

[1] 林毅夫：《从"西天取经"到"重回东土"》，载《人民政协报》2019年10月29日，第1版。

观存在着的一切事物，‘是’就是客观事物的内部联系，即规律性，‘求’就是我们去研究。”[2] 刑事法中心几代学人始终坚持这一学风，务实求真，关注犯罪整体发展趋势和刑事法制调整，从实践中发现真问题，在科研中研究真问题，为法律实践提供解决真问题的有效方案。最近几年，刑事法中心大力推动犯罪学、刑事政策学和刑事执行法学的研究，其目的也正是希望能够以更为科学的方法来研究犯罪问题，洞悉当前犯罪的发展态势，进而为预防和惩治犯罪提供更具说服力、更为有效的解决方案。

三是营造融汇贯通的科研氛围。刑事法中心创建伊始，就打破学科壁垒，整合刑事法学、犯罪学、刑事政策学、刑事侦查学等各学科，以全新、全面的姿态推动对犯罪治理的研究。这一格局构造，令当时国内法学界为之耳目一新。这一崭新格局为刑事法中心快速发展创造了先机，也为之后成立的法学研究机构提供了范本。在创造学科之间融汇机制的同时，刑事法中心也实现了各种学术理论的和谐共处、相互促进。目前刑事法中心很多专职研究人员有海外学习或研究经历，在开展比较研究中会“嵌入”自己的学术经历和偏好的学派、学说。刑事法中心发扬学术研究“兼容并包”的精神，鼓励学术创新，鼓励各种理论竞争并存、相互借鉴、相互促进。作为法学科研领域的“国家队”，刑事法中心通过举办各类学术会议、开展合作研究等方式，加强与海外研究机构的深入学术交流，引入输出双向推进。最近几年，开始大力推动与刑事领域国际组织的合作。

这三个基本导向，集中反映在刑事法中心的科研教学活动中，在本套文集所收录的论文中即有充分的展示。这套文集收录了 20 年里在刑事法中心工作的专职研究员的代表性论文。文集分为刑法学卷和刑事程序法学卷。出于编辑出版的考虑，将犯罪学、刑事政策学、刑事执行法学和刑法史学的论文归入刑法学卷中，将犯罪侦查学的论文归入刑事程序法学卷。严格地讲，这种分类方法是不太严谨的。不过，如此可以比较好地展示刑事法中心专职研究员研究的广度和深度，更好地展示刑事法中心研究领域的多样性。需要说明的是，文章收录时仅做文字错误和格式规范的更正，内容基本上保持发表时的原貌。

本书在编辑过程中，迎来了刑事法中心 20 年历史上最大的好消息：高铭暄先生获得“人民教育家”国家荣誉称号。刑事法中心每位成员都有“与有荣焉”的感觉。这一荣誉将激励刑事法中心继续前进，坚持老一辈刑事法学家的学术精神和学术道路，以更优质的学术成果、以培养更多的优秀法治人才回馈国家和人民！

时延安

2019 年 11 月 10 日

---

[2] 引自毛泽东：《改造我们的学习》，载《毛泽东选集（第三卷）》，人民出版社 1991 年版，第 801 页。

目录
CONTENTS

新中国刑法立法的变迁与完善

——庆祝中华人民共和国成立七十周年

高铭暄

刑法是规定犯罪、刑事责任和刑罚的法律规范的总称，是国家以宪法为根本的整个法律体系的极重要组成部分。任何国家、任何朝代都不可能没有刑法，中国共产党领导的社会主义新中国也不例外。新中国的刑法是治国理政的重器，是国家惩罚和预防犯罪、保卫国家安全、维护经济社会秩序和保护公民权利利益的不可缺少、不可替代的强大的法律武器。

一、新中国刑法立法的变迁

1949年10月1日，中华人民共和国宣告成立。新中国成立之初，国家根据革命和建设的需要，制定了一系列单行刑法，如1950年的《关于严禁鸦片烟毒的通令》，1951年的《妨害国家货币治罪暂行条例》《惩治反革命条例》《保守国家机密暂行条例》，1952年的《惩治贪污条例》，等等[1]。这些单行刑法在同反革命和贪污、贩运毒品、伪造国家货币、泄露国家机密等犯罪作斗争中起到了重要的作用。在颁布实施单行刑法的同时，我国也开始了刑法典的起草工作。

刑法典最初的起草准备工作，是由当时的中央人民政府法制委员会来进行的。自1950年至1954年9月，法制委员会写出两个稿本：一是1950年7月25日的《中华人民共和国刑法大纲草案》（共12章157条，其中总则33条，分则124条），二是1954年9月30日的《中华人民共和国刑法指导原则草案（初稿）》（除序言外，共3章76条，其中第一章犯罪7条，第二章刑罚19条，第三章几类犯罪量刑的规定50条）。[2]这两个稿本没有拿出来征求意见，也未进入立法程序。实际上，刑法典的正式起草工作，应是1954年《宪法》颁行之后，由全国人大常委会办公厅法律室于1954年10月组织起草班子开始的。这个班子于1957年6月28日写出22稿，[3]于1963年10月9日写出33稿，[4]随后因政治运动的冲击

---

[1] 参见中国人民大学刑法教研室辑：《中华人民共和国刑法参考资料》（第二辑），中国人民大学出版社1953年版，第3-7页、第242-244页、第480-482页、第488-493页、第505-506页。

[2] 参见高铭暄、赵秉志编：《新中国刑法立法文献资料总览》（上册），中国人民公安大学出版社1998年版，第136-188页。

[3] 参见同上书，第252-281页。

[4] 参见同上书，第337-365页。

而未能公布。

1978 年 10 月，国家组成刑法草案修订班子，对第 33 稿进行修订，先后写出两个稿本。[5] 其间，中共中央召开具有重大历史意义的十一届三中全会，明确指出要发扬人民民主，加强社会主义法制，做到有法可依、有法必依、执法必严、违法必究。十一届三中全会的精神，有力地推动了刑法典的起草工作。1979 年 2 月，全国人大常委会成立法制委员会，接手主持刑法典的起草工作，继续搞了三个稿本，[6] 其中第三个稿本即第 38 稿，作为《中华人民共和国刑法（草案）》提交第五届全国人民代表大会第二次会议进行审议，最后于 1979 年 7 月 1 日会议上获得一致通过，同年 7 月 6 日正式公布，1980 年 1 月 1 日起施行。至此，我国第一部系统的刑法典正式诞生。第一部刑事诉讼法典也于同日诞生。这标志着我国刑事法制步入了一个新阶段。

1979 年刑法典的颁布实施有着重大的意义：

其一，它使新中国刑法规范第一次得以体系化，换句话说，它奠定了我国刑法体系的基础。

其二，它使我国刑事司法办案工作做到有法可依。过去的办案主要依靠政策，只有少量犯罪可以找到法律依据，此后就不同了，基本上能做到罪刑法定。办理每个刑事案件都有罪刑规范可依。

其三，它颁行之后的刑事司法文书（包括起诉意见书、起诉书、判决书、裁定书等）都要引用法律条文，不引用法律条文的刑事司法文书一去不复返了。

其四，它带动了我国刑法学教学研究从停滞状态走向复苏乃至逐步繁荣。刑法典的颁布实施，无论对注释刑法学、比较刑法学还是沿革刑法学等，都提供了丰富的思想源泉和现实的规范依据。

1979 年刑法典从整体上说是一部保护社会主义现代化建设的好法，但由于受当时历史条件和立法经验的限制，难免在体系结构、规范内容和立法技术上都还存在一些缺陷。1981 年至 1996 年，国家最高立法机关先后通过了 25 个单行刑法（如《中华人民共和国惩治军人违反职责罪暂行条例》《关于惩治走私罪的补充规定》《关于惩治贪污罪贿赂罪的补充规定》《关于惩治生产、销售伪劣商品犯罪的决定》《关于惩治违反公司法的犯罪的决定》《关于惩治破坏金融秩序犯罪的决定》等），[7] 并在 107 个非刑事法律（如《中华人民共和国海洋环境保护法》《中华人民共和国兵役法》《中华人民共和国邮政法》《中华人民共和国森林法》《中

[5] 参见高铭暄、赵秉志编：《新中国刑法立法文献资料总览》（上册），中国人民公安大学出版社 1998 年版，第 365–434 页。

[6] 参见同上书，第 435–490 页、第 496–524 页。

[7] 参见同上书，第 559–714 页。

华人民共和国铁路法》等）[8] 中设置了附属刑法规范，对 1979 年刑法典实质上作出了一系列的补充和修改，丰富和发展了刑法立法，对刑事司法实践起到了一定的指导和规范作用。但是，由于在刑法典之外，存在如此众多的单行刑法和附属刑法，罪名已由 1979 年刑法典的 130 个增加到 263 个，缺乏一个体系上的归纳，显得有些凌乱，而且有的单行刑法出台以后，刑法典原有条文规定是否废除也不甚明确：比如，1979 年刑法典第 155 条贪污罪条文，在 1988 年《关于惩治贪污罪贿赂罪的补充规定》颁行后实际上被废除了；1979 年刑法典第 141 条拐卖人口罪条文，在 1991 年《关于严惩拐卖、绑架妇女、儿童的犯罪分子的决定》颁行时是否还存在就值得质疑，如此等等。加之考虑到随着社会主义市场经济体制的建立，犯罪现象上出现了新情况、新特点和新问题，所以确有必要对 1979 年刑法典做一次全面系统的修订。于是从 1988 年 7 月开始，就将刑法典的修订工作正式列入全国人大常委会的立法规划。全国人大常委会法制工作委员会于 1988 年 9—12 月草拟出 3 个稿本；后来从 1996 年 4 月下旬起多次召开规模不同的刑法修改研讨会，并集中时间邀请一些专家学者与立法机关同志一起认真推敲具体的修改问题。在此基础上，全国人大常委会法工委于 1996 年 8 月 31 日推出《刑法总则修改稿》和《刑法分则修改草案》。经进一步修改，全国人大法律委员会和全国人大常委会法工委又于 1996 年 10 月 10 日编印了《中华人民共和国刑法（修订草案）》（征求意见稿），发往各地立法机关、司法机关、法律院校、科研机构等处征询意见，后在北京召开大型的刑法修改座谈会，广泛征求意见。根据这些意见，形成了 1996 年 12 月 20 日《中华人民共和国刑法（修订草案）》，提交给八届全国人大常委会审议。刑法典全面修订工作，从此进入立法审议阶段。全国人大常委会审议了两次：一次是 1996 年 12 月 24 日至 30 日召开的八届全国人大常委会第 23 次会议，一次是 1997 年 2 月 19 日至 23 日召开的八届全国人大常委会第 24 次会议。每次审议后都对修订草案作了一些修改。

1997 年 3 月 1 日至 14 日，八届全国人大第五次会议在北京召开，审议通过刑法修订草案是这次会议的最重要的议程之一。1997 年 3 月 14 日，八届全国人大第五次会议通过了《中华人民共和国刑法（修订草案）》；同日，以国家主席令第 83 号予以公布，自 1997 年 10 月 1 日起施行。至此，一部崭新的、统一的、比较完备的、具有时代气息和多方面显著进展的《中华人民共和国刑法》即 1997 年修订的刑法典，正式诞生。这也就是新中国现行的刑法典。

1997 年刑法典的显著特点，我个人认为有以下几点：

第一，1997 年刑法典科学地概括了刑法的基本精神，明文规定了刑法的三大基

[8] 参见高铭暄、赵秉志编：《新中国刑法立法文献资料总览》（上册），中国人民公安大学出版社 1998 年版，第 714–818 页。

本原则，即罪刑法定原则、适用刑法人人平等原则、罪责刑相适应原则，废止类推制度。这表明我国刑法已迈上现代化法治的轨道，筑起了人权保障的法治根基。刑法的三大基本原则是刑法的纲，贯穿于全部刑法规范之中，担负着指导和制约刑事立法和司法实践的重大使命。刑法立法工作必须遵循和符合刑法三大基本原则，当刑法典有必要修改补充时，一定要以三大基本原则为准绳，使罪刑规范更加具体、明确、清晰，既有利于保护社会，又有利于保障人权。刑事司法工作要大力贯彻刑法三大基本原则，强化法治意识、平等观念和公正无私、刚直不阿的品格，使所办的案件，既符合法律和政策，又能经得起历史和广大人民群众的检验。总之，刑法三大基本原则具有强大的威力，它们既有利于积极同犯罪作斗争，又有利于切实保障公民的权利和合法利益；既有利于推进法治化进程，又有利于维护法律的公正性和权威性。因此，它们必将推动新中国刑法立法的发展完善，促进新中国刑事司法的文明进步，从而更好地保障新时代中国特色社会主义事业的顺利进行。

第二，1997 年刑法典具有承前启后、与时俱进的显著特色。1997 年刑法典在起草修订时，将 1979 年刑法典及其实施以后 17 年时间内的所有单行刑法和附属刑法，经过研究、修改、整合后，编入刑法典有关部分，同时对于当时新出现的需要追究刑事责任的犯罪行为，增加到刑法典分则中去。在体系结构上作了适当调整，如在总则中增加“单位犯罪”一节，将“自首”一节改为“自首和立功”。在分则中，将“反革命罪”一章修改为“危害国家安全罪”，增设“危害国防利益罪”“贪污贿赂罪”“军人违反职责罪”三章，将“妨害婚姻、家庭罪”一章合并到“侵犯公民人身权利、民主权利罪”一章中去，对“破坏社会主义市场经济秩序罪”和“妨害社会管理秩序罪”两章，因内容繁复，分设八节和九节。1997 年刑法典通过时，共有 15 章、452 条，其中刑法总则 5 章、101 条，分则 10 章、350 条，附则 1 条。包含的罪名有 412 个，其中源自 1979 年刑法典的罪名有 116 个，源自单行刑法和附属刑法的罪名有 132 个，修订中新增的罪名有 164 个，可以说 1997 年刑法典是以往刑法规范的集大成者，它的公布实施，基本实现了新中国刑法的统一性和完备性。当然，说它具有“完备性”也只是相对的。事实上，随着国家建设和改革事业的发展，根据同犯罪作斗争的需要，国家立法机关与时俱进，对 1997 年刑法典陆续作了一系列的修改补充。1998 年 12 月以来，截至目前，全国人大常委会通过 1 个“决定”和 10 个“刑法修正案”，先是对刑法典分则具体罪，后来从《刑法修正案（八）》开始，既对分则具体罪，也对刑法典总则某些规定，作了补充和修改。据统计，1997 年刑法典的条文数已由最初的 452 条增加到现在的 490 条（增加条文 39 条，删去第 199 条），罪名数已由最初的 412 个增加到现在的 469 个（含《关于惩治骗购外汇、逃汇和非法买卖外汇犯罪的决定》中规定的骗购外汇罪 1 个罪名）。从现有 490 条条文来看，属于新增设的或内容、文字上有过修改的共 151 条，占 30.8%，未变动过的有 339 条，占 69.2%，说明 1997 年刑法典是基本稳定的。

对 1997 年刑法典进行修正，其中比较重要的修正内容，举例说，有以下一些：

1. 取消了 22 个死刑罪名。并提高死缓犯执行死刑的门槛：由“故意犯罪，查证属实”修改为“故意犯罪，情节恶劣”。如果故意犯罪，未执行死刑，死缓期间重新计算。

2. 增设 75 周岁以上老年人从宽处罚的规定。

3. 将“坦白”规定为法定从宽处罚情节。

4. 明文在法条上规定对判处管制、宣告缓刑、裁定假释的犯罪分子，依法实行社区矫正。社区矫正先是由实务部门借鉴国外经验、结合本国情况进行试点，而后写入刑法有关部分。社区矫正规定在刑法上的重大意义是：其一，从刑事立法精神上有力地回应了国际社会行刑社会化的要求；其二，确立了相辅相成的两大矫正体系；其三，进一步促进了刑罚配置结构的合理化；其四，带动社区矫正的专门立法即“社区矫正法”的尽快出台；其五，促进了行刑权的统一，即监狱矫正和社区矫正均由司法行政部门管辖执行。

5. 将有期徒刑在特定情况下（数罪并罚时，死缓减刑时）的最高刑期由 20 年提高为 25 年。

6. 规定了不同自由刑（包括有期徒刑、拘役、管制）之间如何并罚的原则。

7. 增设了“禁止令”和“职业禁止”这两种非刑罚的预防性措施。

8. 系统地规定了恐怖主义、极端主义的罪名。

9. 完善贪污受贿犯罪的定罪量刑标准。如果贪污受贿数额特别巨大并使国家和人民利益遭受特别重大损失而被判处死缓的，人民法院可以同时决定在其死缓二年期满依法减为无期徒刑后，终身监禁，不得减刑、假释。

10. 完善信息网络犯罪的罪名体系。

11. 回应社会公众的强烈要求，将收买被拐卖妇女、儿童的行为一律入罪，将虐待被监护、看护人的行为予以入罪。

12. 为维护以审判为中心的司法程序，有力保障司法工作的顺利进行，对于以捏造的事实提起民事诉讼的虚假诉讼行为，泄露不应公开的案件信息情节严重的行为，披露、报道不应公开的案件信息情节严重的行为，均予以入罪。

13. 为保护国家考试这个培养、选拔人才的主渠道的公正、公平性，对组织考试作弊的行为，非法出售、提供试题、答案的行为，代替考试的行为，规定为犯罪。

通过以上的修正，就使得刑法典的体系更加完善，此罪与彼罪的界限更加明确、具体，法定刑之间更加平衡，可操作性更强。

第三，1997 年刑法典开启了刑法理论研究的新局面。新中国刑法学发展进程，大体上可划分为三个阶段，即起步与草创阶段（1949 年 10 月—1957 年上半年），萧条与停滞阶段（1957 年下半年—1976 年 10 月），复苏与繁荣阶段（1976 年 10 月—现在）。而这种演变的规律背后，1979 年刑法典的颁行，是新中国刑法学研究得以复苏的标志，1997 年刑法典的颁行，是新中国刑法学研究得以繁荣的前提。刑法典的有效贯彻实施，是刑法学研究的立论基础和发展条件，也是新中国刑法学在不断回应立法课题和司法实践课题中不断前进的源泉和动力。所以，为了更新刑法理念，提高刑法学研究水平，提升刑法学人发现问题、分析问题和解决问题的能力，必须高度重视刑法典的有效贯彻实施。这是推进和繁荣刑法学的必由之路。

第四，1997 年刑法典奠定了中国刑法学走向世界的基础。1997 年刑法典是开展比较刑法学研究的基础性样本，也是推动刑法文化对外交往的“名片”。如果没有一部成熟的刑法典，很难展开实质性的对外交流，国际社会也难以有效地通过这一最基础而且最具含金量的通道来观察和了解新中国刑事法治事业的进步。不可否认的是，1997 年刑法典已逐步受到国际刑法学界和外国一些刑法学家的关注、重视和评论。随着新中国治国理政的成功、各项建设事业的欣欣向荣和大国地位的不断提升，新中国刑法学事业必将进一步健全地走向世界，而与时俱进的新中国刑法典，仍将扮演最基础的作用。

综上所述，新中国刑法已走过 70 年的征程，刑法典也已颇具规模，深入人心，逐步走向世界。现行刑法不仅对刑法基本原则、定罪、归责、量刑、行刑的原则和制度作出规定，而且对分则 469 个罪名（其中也涵盖 206 个单位犯罪的罪名）的罪状和法定刑也都作出比较明确的规定。这就使得新中国办理刑事案件的司法机关，能够做到有法可依、有法必依、执法必严、违法必究。因此，新中国刑法立法的成就是伟大的！

二、新中国刑法立法的完善

回顾过去，展望未来，新中国刑法立法还需要怎样进一步完善呢？我个人主要有以下几点思考：

第一，坚持以“刑法修正案”修正刑法典的修法模式。新中国刑法典的修正模式经历了一个发展变化的过程。1979 年刑法典颁布实施以后，由于社会经济和治安形势的发展变化，需要进行一些修正。当时修法的模式不是对刑法典本身的条文进行修改或补充，而是在刑法典之外，另行制定单行刑法或者在非刑事法律中设置附属刑法规范，来解决对刑法典实质上的补充和修改问题。如上所述，从 1980 年到 1997 年刑法典生效之前，全国人大常委会通过了 25 个单行刑法，并在 107 个非刑事法律中设置了附属刑法规范，对 1979 年刑法典进行了一系列实质上的补充和修改。但是，1997 年修订的刑法典实施以后情况就不同了。除制定一个单行刑法即 1998 年 12 月 29 日全国人大常委会通过的《关于惩治骗购外汇、逃汇和非法买卖外汇犯罪的决定》外，其他的修正都是通过“刑法修正案”的模式进行的，从 1999 年 12 月到 2017 年 11 月，约 18 年时间出台了 10 个“刑法修正案”。看来，采用“刑法修正案”的模式来修正刑法典的某些规定，事实上已经被确立为新中国刑法修正方式的主流地位。这种修法模式的显著优点是：1. 不打乱刑法典的体系结构和法条的排列次序，有利于保持刑法典的统一性和完整性；2. 有利于适应犯罪态势和刑事政策变化的需要，充分实现刑法典的社会价值；3. 有利于司法工作的实际操作和掌握运用；4. 便于广大公民的学习和遵守；5. 较好地容纳各种新型犯罪的增补，合理地解决刑法的稳定性和适应性之间的关系。因此，我认为这种修法模式应当继续坚持下去。

第二，坚持罚金刑要有数额规定。我国现行刑法中规定有罚金刑的罪名大概有 205 个（占全部罪名的 43.7%）。其中有数额规定的仅占 1/3，包括明示数额或倍比数额。其他 2/3 挂罚金的罪名只表明判处罚金，但具体数额则没有规定。特别是单位犯罪对单位判处罚金，只有骗购外汇罪和逃汇罪这两个罪有数额规定，其他所有单位犯罪对单位判处罚金，一概都没有数额规定。对罚金刑不作数额规定，严格讲是不符合罪刑法定原则的。罪要法定，刑也要法定。刑的法定不光是种类的法定，还要有内容的法定。对财产刑来说，应该有量的规定。罚金刑没有数额规定，对司法实践来讲就难以掌握，也不符合世界其他法治国家刑法中罚金刑的通例。往往造成判罚随意、各地悬殊，民众也难以预测，感到疑惑。需要明白一点：罚金和追缴违法所得是两个概念，违法所得有多少追缴多少，罚金是刑种，按刑罚体系由轻到重的排列次序，它是附加刑中最轻的。它是针对犯罪人的犯罪情况和拥有的财产状况来判处的。在判处罚金之前，该财产是被告人的合法财产，判处罚金，就是要剥夺被告人合法财产中的一部分，所以必须在数额上作出明确规定。这个数额可以是具体的人民币数额，也可以是一个比例或者倍数。比如，根据违法所得数额、销售数额、经营数额、应纳税数额等来确定一个比例或者倍数。既有下限，也有上限，可以考虑最低数额由刑法总则规定，最高数额由刑法分则根据不同具体罪的各自状况分别规定。

第三，坚持刑法体系和立法技术的进一步科学化。比如，可否在总则第二章中将孕妇、哺乳新生儿的母亲、未成年人、老年人、精神障碍人列为特殊群体之人，增设“特殊群体之人犯罪的刑事责任”专节？可否增设“正当行为”专节？可否在总则第四章第八节中补充规定单位犯罪的追诉时效？在分则中可否考虑信息网络犯罪是当前世界性无国界的新型犯罪，为此单设一章？另外，中国提出建立人类命运共同体的主张，要不要与国际公约衔接，增设“危害人类和平与安全罪”专章，内容包括灭绝种族罪、危害人类罪、战争罪等，置于刑法分则最后作为第十一章？如此等等，这些问题都值得我们进一步思考和研究，逐步做出合理的选择。

（本文曾发表于《检察日报》2019 年 10 月 8 日，第 3 版）

中国刑法学研究 40 年的方法论思考

——从视野、路径、使命切入

田宏杰

自 1979 年 7 月 2 日《中华人民共和国刑法》(以下简称《刑法》)颁布至今，我国刑法学研究已经历 40 个春秋。回顾我国刑法学研究 40 年的发展历程，总结我国刑法学研究取得的学术成就，探寻我国刑法学研究未来的发展方向，意义重大。因此，以我国刑法学研究 40 年之回顾与展望为主题召开的学术会议、组织的学术专栏、[1] 发表的学术论文丰盈厚重，但从方法论方面展开研究的文献尚不多见。而就一个学科的发展与创新而言，方法论的变革恰是源头活水。笔者无意步我国刑法学大家的后尘，而仅拾趣于我国刑法学研究 40 年的方法论变迁，以期对我国刑法学未来的研究有所助益。

一、历史回顾：我国刑法学研究 40 年的学术范式

总体而言，自 1979 年以来，我国刑法学研究在方法论上从来都不是一种方法论独步天下，而是一直追求并实际呈现"百花齐放"的局面，因而难以也不应当以历史分期的方式对我国刑法学研究 40 年的方法论进行阶段划分。但是，从方法论方面还是不难看出，40 年来我国刑法学研究其实主要经历了 6 种不同的研究范式。

(一)研究范式之一：注释刑法学

此种研究范式以刑法法条注疏为研究对象，以"我注六经"的方式展开刑法学研究，其成果形式主要是教材和论文。如果说高铭暄教授主编、马克昌教授副主编的《中国刑法学》[2] 是针对第一部刑法典进行注释研究的代表作的话，那么高铭暄教授主编的《新编中国刑法学》、[3] 王作富教授主编的《刑法》、[4] 陈兴良教授

---

[1] 参见陈兴良:《刑法教义学的发展脉络——纪念 1997 年刑法颁布 20 周年》，载《政治与法律》2017 年第 3 期；周光权:《犯罪构成要件理论的论争及其长远影响》，载《政治与法律》2017 年第 3 期；刘艳红:《象征性立法对刑法功能的损害——20 年来中国刑事立法总评》，载《政治与法律》2017 年第 3 期。

[2] 参见高铭暄主编:《中国刑法学》，中国人民大学出版社 1989 年版，第 1 页以下。

[3] 参见高铭暄主编:《新编中国刑法学》，中国人民大学出版社 1998 年版，第 1 页以下。

[4] 参见王作富主编:《刑法》，中国人民大学出版社 1999 年版，第 1 页以下。

所著的《刑法疏议》、[5] 赵秉志教授主编的《新刑法教程》、[6] 张明楷教授所著的《刑法学》，[7] 则是围绕我国第二部刑法典进行的注释刑法学研究的范例。其中，张明楷教授所著的《刑法学》是我国现今注释刑法学研究中影响最为广泛久远的刑法学专著。

以上述著作为代表的研究成果，无论是对"文革"后我国刑法学学科建设、人才培养还是对我国的刑事司法实践均可谓居功至伟，不仅构建了我国的刑法学理论体系，使得我国刑法学成为当时所有部门法学中体系最为完备、结构最为科学、研究最为发达的学科，创造了刑法学学科独领我国法学研究风骚的辉煌，而且为改革开放中的我国刑事法治建设提供了坚实的人才基础、有力的理论支撑和良好的智力支持。

（二）研究范式之二：刑法哲学

刑法哲学是指以哲学的范畴及思维方式，对刑法学理论研究和司法实务中的一系列重要问题进行哲学思辨，通过在刑法之上、刑法之外对刑法学理论研究的批判性反思，重塑我国刑法学理论体系的一种刑法学研究范式。

采用此种研究范式的典型代表首推陈兴良教授所著的《刑法哲学》，[8] 此书一出版发行即告售罄，不仅迅速掀起刑法哲学、理论刑法学研究的热潮，而且在挑战、质疑传统刑法学主流观点，重构我国刑法学系列基础理论的同时，一开我国刑法学研究批判性思考之先河。而在德、日等国刑法学研究中浸润良久、深谙德国学术界厚重哲学思辨传统的冯军教授，虽从未宣称自己是德国刑法哲学的中国承继者，但从其论文著述看，无论是思维范式、研究路径还是叙事风格，无不显示其浓郁的刑法哲学意蕴，所著的《刑事责任论》无疑是我国刑法哲学范式研究的另一力作。[9] 周光权教授所著的《刑法学的向度》[10] 则进一步拓展了刑法哲学的研究范畴和叙事话语。

（三）研究范式之三：比较刑法学

比较刑法学是指通过对域外刑事立法、司法和学术研究的考察，以及与中国刑事法治建设和中国刑法学相关问题研究的比较分析，关注中国刑法学研究的发展和中国刑事法治建设完善的研究范式。由于比较刑法学与外国刑法学只是研究的侧重不同，在研究对象和研究内容上两者紧密相连难分彼此，因此该类研究范式其实涵括外国刑法学研究。

---

[5] 参见陈兴良：《刑法疏议》，中国人民公安大学出版社 1997 年版，第 1 页以下。

[6] 参见赵秉志主编：《新刑法教程》，中国人民大学出版社 1997 年版，第 1 页以下。

[7] 参见张明楷：《刑法学》，法律出版社 2016 年版，第 1 页以下。

[8] 参见陈兴良：《刑法哲学》，中国政法大学出版社 1992 年版，第 1 页以下。

[9] 参见冯军：《刑事责任论》，法律出版社 1996 年版，第 1 页以下。

[10] 参见周光权：《刑法学的向度》，中国政法大学出版社 2004 年版，第 1 页以下。

随着中国刑法学研究国际交流与合作的逐步推进，一批学术功底扎实、学术造诣深厚的刑法学者留学归来，译介、评述外国刑法学理论，结合中国实际开展比较研究，将中国刑事法治的问题，以世界的眼光加以分析评判，进而改变了中国刑法学研究受历史条件、国际环境、学术交流、研究资料等因素限制而相对封闭的状况，不仅极大地推动了中国刑法学研究与世界接轨，而且改变了中国刑法学研究一直沿袭苏联刑法学的局面，开始“放眼向洋看世界”，从而推动了中国刑法学研究理论水平的迅速跃升。其中，张明楷教授所著的《外国刑法纲要》、[11]冯军教授翻译的《犯罪概说》(总论)、[12]王世洲教授翻译的《德国刑法学总论》、[13]黎宏教授翻译的《刑法总论》[14]是外国刑法学的翻译佳作，而储槐植教授所著的《美国刑法》、[15]刘明祥教授所著的《错误论》、[16]张明楷教授所著的《法益初论》、[17]周光权教授所著的《犯罪论体系的改造》[18]则是外国刑法学研究和比较刑法学研究的代表作。

（四）研究范式之四：刑事政策学

刑事政策学是指从政策学的高度，围绕刑事政策的法制化和法律的刑事政策升华与提炼，对刑法发展的现代理念、制度建构和实践推进所开展的刑法学研究范式。我国刑事政策学研究发端于对“严打”刑事政策的批判，通过对以李斯特为代表的德国刑事政策理论框架下的刑事社会学派等外国刑法学派相关理论研究和实践治理的梳理，旨在对我国刑事政策的现代定位、理念塑造和路径选择进行建言献策的同时，推动我国刑事立法、刑事司法和刑法学理论的发展。

正是经由刑事政策学在我国刑法学界的发轫发展，推动了我国刑事政策从“严打”向宽严相济转变，进而成为我国刑事立法、司法和学术研究在刑法谦抑性的捍卫、犯罪圈的划定、刑罚的配置等重大刑法问题上的研究指南。曲新久教授所著的《刑事政策的权力分析》、[19]梁根林教授所著的《刑事政策：立场与范

---

[11] 参见张明楷:《外国刑法纲要》，清华大学出版社1999年版，第1页以下。

[12] 参见［日］大塚仁:《犯罪概说》(总论)，冯军译，中国人民大学出版社2003年版，第1页以下。

[13] 参见［德］克劳斯·罗克辛:《德国刑法学总论》(第1卷)，王世洲译，法律出版社2005年版，第1页以下；［德］克劳斯·罗克辛:《德国刑法学总论》(第2卷)，王世洲译，法律出版社2013年版，第1页以下。

[14] 参见［日］大谷实:《刑法总论》，黎宏译，法律出版社2003年版，第1页以下。

[15] 参见储槐植:《美国刑法》，北京大学出版社1996年版，第1页以下。

[16] 参见刘明祥:《错误论》，法律出版社1996年版，第1页以下。

[17] 参见张明楷:《法益初论》，中国政法大学出版社2000年版，第1页以下。

[18] 参见周光权:《犯罪论体系的改造》，中国法制出版社2009年版，第1页以下。

[19] 参见曲新久:《刑事政策的权力分析》，中国政法大学出版社2002年版，第1页以下。

畴》、[20]谢望原教授与卢建平教授合著的《中国刑事政策研究》,[21]对我国刑事政策学研究的发展起到了重要的推动作用。

（五）研究范式之五：刑法教义学

刑法教义学是指以现行有效的刑事法律体系为研究对象，秉持刑事法治原则，通过对刑事立法条文及其司法适用进行研究，进而建构刑法学理论体系的一种研究范式。在德国学者沃斯·金德豪伊泽尔看来，刑法教义学在其知识的输入端和输出端分别受立法（含刑事政策）和司法判决这两种制度性权力的限制，但这不代表刑法教义学就无所作为，以下 4 个方面就是刑法教义学自由发挥作用的地方：本体原理、法律适用、事实分析、体系结构。[22]虽然事实分析颇受学者重视，但是这些领域均有其各自的意义。

刑法教义学起源于德国。德国刑法学者罗克辛教授所著的《德国刑法学总论》经由王世洲教授翻译在我国刑法学界广受关注，历经陈兴良教授《本体刑法学》等系列论著，[23]尤其是张明楷教授与周光权教授在行为无价值论与结果无价值论问题上的论辩，[24]刘艳红教授与邓子滨教授在实质刑法观与形式刑法观上的学术争鸣，[25]在我国至今方兴未艾，并且推动了我国刑法学研究的学派之争。[26]

（六）研究范式之六：其他研究范式

该类研究范式是指或者运用法经济学、法社会学、法文化学等其他研究范式，或者综合运用前述研究范式的方法及其成果，而非主要限于某一具体的研究范式，对刑法学犯罪论、刑罚论以及罪刑各论中的某一具体问题进行刑法学研究的范式。

其中，许发明博士所著的《刑法的社会文化分析》[27]将以法国学者米歇尔·福柯为代表的社会学方法引入刑法学研究中；在朱苏力教授通过翻译介绍美国前联邦最高法院大法官波斯纳的系列论著将法经济学介绍引进到中国期间，陈正云博

[20] 参见梁根林：《刑事政策：立场与范畴》，法律出版社 2005 年版，第 1 页以下。

[21] 参见谢望原、卢建平：《中国刑事政策研究》，中国检察出版社 2006 年版，第 1 页以下。

[22] 参见［德］沃斯·金德豪伊泽尔：《适应与自主之间的德国刑法教义学——用教义学来控制刑事政策的边界？》，蔡桂生译，载《国家检察官学院学报》2010 年第 5 期。

[23] 参见陈兴良：《本体刑法学》，商务印书馆 2001 年版，第 1 页以下；陈兴良：《规范刑法学》，中国政法大学出版社 2003 年版，第 1 页以下；陈兴良：《教义刑法学》，中国人民大学出版社 2010 年版，第 1 页以下。

[24] 参见张明楷：《行为无价值论与结果无价值论》，北京大学出版社 2012 年版，第 1 页以下；周光权：《行为无价值论的中国展开》，法律出版社 2015 年版，第 1 页以下。

[25] 参见刘艳红：《实质刑法观》，中国人民大学出版社 2009 年版，第 1 页以下；邓子滨：《中国实质刑法观批判》，法律出版社 2009 年版，第 1 页以下。

[26] 参见陈兴良：《刑法教义学的发展脉络——纪念 1997 年刑法颁布 20 周年》，载《政治与法律》2017 年第 3 期。

[27] 参见许发明：《刑法的社会文化分析》，武汉大学出版社 2004 年版，第 1 页以下。

士在《刑法的经济分析》[28] 中运用法经济学的研究方法及其研究成果对刑法学理论进行了研究；刘仁文教授所著的《死刑的温度》[29] 对死刑问题所展开的刑法文化学研究，无论是在方法论上，还是在对刑法学理论的丰富和发展上，均做出了不容忽视的学术贡献。可惜的是，后继者不多，未能形成具有一定声势和学术影响、独立的中国刑法学研究范式。

二、视野省思：我国刑法学研究的知识结构

经过几代刑法学人 40 年的拼搏努力，我国刑法学研究终于在 20 世纪末 21 世纪初迎来了一个群星璀璨的时代，不仅建立了人类历史上第一个具有中国特色的刑事法律体系，而且刑法学的研究疆域不断拓展，研究方向日益多元，研究方法日趋精细，研究范式和人才培养模式日渐成熟。然而，21 世纪的现代社会不但风险丛生，而且竞争激烈，而竞争成败的关键，不在外延式的扩张，而在于创新能力的拥有。被誉为我国知识产权保护名片之一的中兴通讯近 10 年来的艰难际遇，尤其是在美国总统特朗普签署 7 年内严禁向中兴通讯出售美国芯片的禁令后，不到一周的时间，这个令国人骄傲的跻身世界电信设备领域前 10 强的巨人瞬间陷入困境，不但公司业务全面停止，而且面临“休克”乃至破产的危机。[30]

那么，何为“创新”？笔者认为，首破僵局即为“创”，不囿成见乃为“新”。此即钱学森先生所言的“艺术修养”。这是因为，艺术修养的真谛在于创造，而非复制与摹仿，当然更非“山寨”。[31] 无论是科学技术的创造，还是刑法学术的创新，其目标不是为了证明人们的已知，而是旨在开启人类的未知。虽然每个学科都有自己的创新模式和路径，但是历史已经证明并将进一步不断证明，不管是自然科技的重大飞跃，还是社会治理的重要进步，永远形成于不同学科毗邻的地带与其相互跨越的交流之时，出现在研究者被迫跳出自己专业视阈的瞬间。[32]

不仅如此，鉴于我国现代化进程的加快，特别是经济全球化时代的来临，作为国家治理终极体现的法律制度，不管是理论的静态构建抑或实务的动态运行，已绝非片面的法律专业知识所能独立解决。自 1776 年英国经济学家亚当·斯密的《国富论》出版以来，在世界现代化的进程中，“国民财富是专业化和劳动分工的函数”已被各国奉为圭臬。因此，在现代世界各处也就形成了这样一幅为人们司空见惯的景象：伴随着劳动分工的越发专业，专业的划分也日趋精细，而行

---

[28] 参见陈正云：《刑法的经济分析》，中国法制出版社 1997 年版，第 1 页以下。

[29] 参见刘仁文：《死刑的温度》，生活·读书·新知三联书店 2014 年版，第 1 页以下。

[30] 参见李正豪：《美国禁令使中兴休克折射中国缺“芯”之痛》，载中国经营网 2018 年 4 月 20 日，http//：www.cb.com.cn/zjssb/2018_0420/1232125.html。

[31] 参见田宏杰：《中国法学创新人才的培养》，载《光明日报》2014 年 7 月 2 日。

[32] 参见郭广生：《创新人才培养的内涵、特征、类型及因素》，载《中国高等教育》2011 年第 5 期。

业形成于专业，于是，不同的行业便如雨后春笋般涌现；然而，“在许多情况下，浑然一体的风险和机会是如此之复杂”，[33]致使过分专业化的社会运作体系在风险的识别和应对上往往争议不断、难以达成共识，同时行业区分的过分精细又使得不同领域的专业化精英在对方眼中无异于“文盲”，因而在应对跨学科的社会风险尤其是系统性社会风险问题时，精英的方案在控制社会风险的同时，又往往孕育乃至滋生出更多的风险，甚至引发难以察觉与想象的灾难。[34]

而限于我国传统法学教育模式及其课程设置，实体法与程序法等各部门法之间，看似“鸡犬之声相闻”，实则“老死不相往来”，专攻程序法的学者往往陌生于实体法的发展，精通刑事法的大家常常疏忽于民商法的原理与行政法的运行，至于法学与其他自然科学、人文社会科学的相互贯通，在现今刑法学研究中更是极为罕见。法学专业在各自领域不断辛勤耕耘取得本专业发展的同时，却暗藏着研究视野狭窄和知识结构单一的问题，不仅使刑法人才培养质量难以满足法律实践活动的需要，而且在一定程度上已经成为阻碍刑法学研究创新能力的提升、制约我国刑法学研究从外延式规模发展向内涵式创新跃进的“瓶颈”。

以“风险刑法”的研究为例。自20世纪70年代以降，围绕“风险”所展开的学术研究发展成为一场规模盛大的学术争论——“风险刑法”之争。我国刑法学界对此问题的关注和研究虽然起步较晚，但是自从2005年刘国良编译德国著名刑法学家乌尔斯·金德霍伊泽尔教授的《安全刑法：风险社会的刑法危险》[35]一文，以及劳东燕博士在我国率先提出风险刑法理论的命题[36]以来发展迅猛，从2008年至今，以风险社会为主题的硕士、博士学位论文和理论专著就有900余篇。[37]各篇论文虽然研究视野不同，分析论证有别，且无不从德国学者贝克等人提出的风险社会理论切入，但是论者对风险刑法的态度却分化为较为明显的阵营。持第一类观点者主张，由于在风险社会中传统刑法学的局限性日益凸显，因此应在原则上坚持传统刑法学的同时例外地建构风险刑法学的理论体系。例如，黎宏教授提出，就大多数犯罪而言，应当捍卫责任主义、维持传统刑法学中的责任原则，只有在应对新兴犯罪时，刑法才可以作出较为缓和的例外规定。[38]又如，

---

[33] ［英］安东尼·吉登斯：《现代性的后果》，田禾译，生活·读书·新知三联书店2000年版，第130页。

[34] 参见田宏杰：《“风险社会”的刑法立场》，载《法商研究》2011年第4期。

[35] 参见［德］乌尔斯·金德霍伊泽尔：《安全刑法：风险社会的刑法危险》，刘国良编译，载《马克思主义与现实》2005年第3期。

[36] 参见劳东燕：《公共政策与风险社会的刑法》，载《中国社会科学》2007年第3期。

[37] 经用中国人民大学图书馆搜索引擎进行文献检索，2007—2018年，全国有关风险刑法研究的学位论文和著作共940篇（本），其中专著39本，学位论文901篇；2009—2018年共有研究文献881篇（本），其中专著38本，学位论文843篇。

[38] 参见黎宏：《对风险刑法观的反思》，载《人民检察》2011年第3期。

陈晓明教授认为，为应对风险社会之风险，亟须在传统刑法之外建立在理念、作用以及结构等方面有别于传统刑法的风险刑法，只有两者并存才可以弥补传统刑法的缺陷。[39] 相比之下，第二类观点在事实上虽然承认风险社会的概念，但是并不像前一类观点的持有者那样力主建构风险刑法的理论体系，而是强调在这一现象不可避免的情况下，倡导用刑事责任的基本原则对风险刑法进行规训和制约。[40] 第三类观点则是坚守传统的刑法学理论，否认风险刑法的正当性。这一类观点的基本共识有二：一是虽然风险社会确实存在，但是并未随之诞生出一种新的风险刑法学理论；二是传统刑法的基本立场在风险社会中也应当坚守。[41] 笔者赞同第三类观点，并认为主张在传统刑法学理论体系之外构建风险刑法学理论体系的观点，实际上是试图用刑法来完成本不该由其承担的任务，是风险社会新型的“刑法万能主义”的体现。

其实，“风险社会”作为一个概念，是对人类目前所处时代特征的描述。现代社会的风险不是来自无知，而是来自知识：来自公众风险意识的提升和理性风险文化的未能同步发展；来自专业化的精英在一个日益片面的狭窄领域较他人知晓得越来越多，而同时却对自己专业领域以外的其他问题如一般公众那样陌生以至于存在片面的正确；来自社会治理以国家为中心、国家治理以精英为中心的传统社会治理模式的坍塌。因此，风险社会特征在当下的日渐凸显，其实暗含以国家为中心的治理理念的捉襟见肘与刚性传统法治模式的胶柱鼓瑟，风险社会问题的解决“不符合启蒙运动开列的知识越多控制越强的药方”。[42] 为应对风险社会带来的冲击，就社会治理而言，不管是治理主体的更新还是治理方式的转换，所孜孜以求的，其实并非国家权力的不断扩张，而是其理性的限缩，是多元化治理体系的提出与推行。[43]

从这种意义上讲，笔者认为，治理决策的民主化、治理主体的多元化、治理

---

[39] 参见陈晓明：《风险社会之刑法应对》，载《法学研究》2009 年第 6 期。

[40] 参见劳东燕：《公共政策与风险社会的刑法》，载《中国社会科学》2007 年第 3 期。

[41] 参见齐文远：《刑法应对社会风险之有所为与有所不为》，载《法商研究》2011 年第 4 期；夏勇：《民生风险的刑法应对》，载《法商研究》2011 年第 4 期；陈兴良：《“风险刑法”与刑法风险：双重视角的考察》，载《法商研究》2011 年第 4 期；刘明祥：《“风险刑法”的风险及其控制》，载《法商研究》2011 年第 4 期；田宏杰：《“风险社会”的刑法立场》，载《法商研究》2011 年第 4 期；刘艳红：《“风险刑法”理论不能动摇刑法谦抑主义》，载《法商研究》2011 年第 4 期；苏彩霞：《“风险社会”下抽象危险犯的扩张与限缩》，载《法商研究》2011 年第 4 期；于志刚：《“风险刑法”不可行》，载《法商研究》2011 年第 4 期；张明楷：《“风险社会”若干刑法理论问题反思》，载《法商研究》2011 年第 5 期。

[42] ［英］安东尼·吉登斯：《超越左与右》，李惠斌、杨雪冬译，社会科学文献出版社 2001 年版，第 27 页。

[43] 参见田宏杰：《“风险社会”的刑法立场》，载《法商研究》2011 年第 4 期。

方式的柔性化、治理空间的社会化，才是现代社会治理体系建构和现代社会治理能力培养的核心。作为法治国家社会治理核心方式的法律，特别是作为其他部门法保障法的刑法，在风险社会所积极追求的，非但不是刑事处罚权运行的过分前置和对刑法社会保护功效的片面主张，相反，却是对刑法谦抑性理念的科学解读和坚定捍卫。而在刑法制度中，这一理论的直接产物就是社区矫正的兴起。

无论是在发展的时间进度上还是在实质的内涵特征上，风险社会理论首先是作为一种社会治理理论为英国社会学家安东尼·吉登斯等人于 20 世纪 60—70 年代所倡导，即社会治理第三条道路的提出；继而进入社会治理第一道防线的行政法领域，于 20 世纪 80—90 年代引发行政法领域所面对的重要变革——社会公行政的崛起；最终引起作为行政法保障法——刑法——的反应，即 21 世纪前后出现的以社区矫正为核心的非监禁刑制度、2008 年前后以恢复性司法为指导理念的刑事和解制度、2009 年量刑规范化改革等在我国刑事司法实践中的推行。

笔者认为，视野的宽度决定研究内容的深度与广度。明确这一点，对于刑法学研究尤为重要。作为其他部门法保障法的刑法，无论是犯罪圈的立法划定，还是条款用语的司法解读，均不能局限于刑法的单一视野，而应扩展到整个法秩序的王国；否则，不仅易生刑事法律司法适用之“片面正确”而有碍刑事正义的实现，而且因刑法学理论研究的自我封闭而难以实现理论的重大突破甚至陷入理论误区，而这正是近来有的学者批判象征性立法的原因，[44] 也是刑事立法犯罪圈的扩张与刑法谦抑性之间关系紧张 [45] 的理论研究误区的根本症结所在。

确实，刑法与刑罚的品性应当是内敛、紧缩的，而非恣意、张扬的，刑事处罚权乃是法治国家为利益保护与秩序维护所运用的“最后手段”，根据限制公权力之帝王原则——比例原则——的要求，如果不动用刑法就能实现人们所期望的社会治理目标，那么就必须否定刑罚的正当性。[46] 但是，由刑法在法律体系中的保障法地位所决定，刑罚界限的限缩或扩张并非孤立绝对的，而是有其参照的基准，并随其参照的基准语境的不同而呈现出不同的表现形式。详言之，刑法的谦抑性起源于刑事立法的谦抑性，完成于刑事司法的谦抑性。就前者而言，只要刑事立法的犯罪圈没有超出相应民事前置法或者行政前置法设定的违法圈，那么刑事立法就没有丧失刑法谦抑性的品格；就后者而言，只要刑事司法实际惩治的犯罪圈没有超出刑事立法划定的犯罪圈，那么刑事司法也就坚持了刑法谦抑性原则。

---

[44] 参见程红：《象征性刑法及其规避》，载《法商研究》2017 年第 6 期。

[45] 参见马克昌：《危险社会与刑法谦抑原则》，载《人民检察》2010 年第 3 期；何荣功：《预防刑法的扩张及其限度》，载《法学研究》2017 年第 4 期；等等。

[46] 参见林山田：《刑罚学》，台湾“商务印书馆”1985 年版，第 128 页。

由刑法的威慑机能所决定，刑法条文与规范的存在，在宣告严重扰乱民商法律秩序或者行政法律秩序并违反前置法的侵权违法行为存在被认定为犯罪进而被追究刑事责任的同时，恰如一把悬在民商事行为或者行政活动等社会活动各当事人头顶上的“达摩克利斯之剑”，既实现了刑法的一般预防目的尽收威慑功效，又保障了前置法的顺利施行和实现。此即刑事立法的威慑作用。若行为人置刑事立法对前置法保障之威慑于不顾，不仅实施了违反前置法的违法行为，而且达到了刑事司法追诉的标准，则有必要启动刑事司法程序，通过对前置法上的法律责任和刑法上的刑事责任的共同追究，协同配合前置法将被犯罪破坏的前置法律秩序予以有效恢复，从而实现法秩序上的否定之否定，使民商事经济活动或者行政管理活动回归正常法律轨道。

笔者一直主张刑法应备而不用，即“刑事立法之备”与“刑事司法不用”两者相得益彰，能用刑却不用刑就能实现用刑所追求的预防犯罪的效果，才是刑法威慑效用最大化的表现，更是刑法用刑所应追求的最高境界。而由我国当下刑事立法的犯罪圈远较前置法上的违法圈小的现实所决定，刑事立法扩张与刑事司法限缩的并行不悖，非但不是对刑法谦抑性的背离，相反却是作为部门法之保障法的刑法谦抑性在司法实践中的理性选择。因此，笔者认为，刑法条文备而不用（所谓的象征性立法）其实正是刑法威慑机能的精义所在。

三、路径审视：我国刑法学研究的现实关切

法学是应用学科。所有法律问题的产生都源于现实社会，而所有法律问题的解决均致力于保障与恢复现实社会关系。诉讼的案结事了，既需要法律人精研法理，又需要法律人洞明世事、练达人情；既要求法律人准确适用法律，又要求法律效果与社会治理效果的统一。因与刑事司法改革实践存在一定的脱节，我国刑法学理论研究呈现出“量”的增长和“质”的繁而不荣，不仅在一定程度上滞后于司法实务的改革探索，而且纯粹逻辑推演忽略甚至生疏于百姓生活经验法则和我国社会治理实践，以致判决中绝对正确的逻辑有时推导出在现实生活中难以发生的荒谬结论，从而引发公众质疑，进而降低乃至削弱司法的公信力和法律的权威。

实际上，刑事司法实践中的疑难案件大部分难在对案件事实的认定上，小部分才难在对刑法的适用解释上。事实认定的关键在于证据，而刑法适用解释的疑难其实不在刑法自身，而在于对刑法与相关行政法尤其是经济行政法之间的关系及其法律规定的解读。众所周知，1997 年以来的 10 个刑法修正案所增设的新罪 90%左右是行政犯。对于行政犯的法律属性及其法律适用解释乃至法律责任的实现，不仅理论歧见纷呈，而且实务困惑繁多。例如，对于超过行政处罚时效但符合犯罪构成的行政违法行为，行政机关不得进行行政处罚，那么司法机关能对其进行刑事追诉吗？随着信息时代和物联网时代的来临，诸如“抢帽子交易”等各种新型操纵行为层出不穷，操纵证券、期货市场行为的本质应当如何界定？等等。上述问题的解决，从理论上讲，既横跨刑事法与行政法、实体法与程序法等诸多法律领域，又关涉国家权力配置尤其是行政权与司法权的关系及其架构运行；从操作性上讲，涉及行政执法与刑事司法衔接机制的构建，尤其是行刑衔接的程序安排和相应的证据转化。加之不同法律体系的语境不同，刑法与行政法的关系有别，因而行政刑法学的研究，既是包括我国刑法学在内的传统刑法学理论体系发展所必须直面的严峻理论挑战，也是我国刑事司法实践及其改革亟须解决的重大实践难题。

然而，对于行政刑法这一重大现实理论问题的研究，21世纪初期的我国刑法学界只有极少数学者涉及，2005年以后我国刑法学界对此问题的关注虽有增加，尤其是李晓明教授、刘艳红教授和笔者对行政刑法学理论体系建构所作的努力丰富和发展了我国行政刑法的研究，但仍然存在以下不足：一是行政刑法研究进展十分缓慢，不仅未能提出、发现、定义行政刑法新问题，而且许多老问题虽经多年研讨至今仍然聚讼纷纭。例如，学者们对于行政刑法的属性究竟是属于行政法还是属于刑事法抑或两者兼具至今莫衷一是。[47]二是尚未形成有效的学术交锋。例如，在行刑衔接程序的设计上，刘艳红教授主张的刑事优先[48]与笔者主张的“以行政先理为原则，刑事优先为例外”，[49]不仅在时间跨度上相距较远，未能形成理论争鸣与学术交锋，而且未能在此基础上推动刑法学理论共识的达成。三是尚未形成学术理论体系。李晓明教授多年来一直致力于行政刑法研究，先后出版了《行政刑法学导论》[50]等系列著作，对行政犯罪从内涵解读到责任实现进行了详尽的研究，但其研究视角主要是基于刑法的关照，即从刑法学的角度看待行政法的相应规定和运行，而不是以行政法为源头来审视并展开行政刑法的本体性研究，从而距离行政刑法学理论体系的建构尚有距离。刘艳红教授和周佑勇教授合著的《行政刑法的一般理论》一书主要围绕行政刑法的性质和研究范围展开研讨，为行政刑法学的学科建设做出了贡献，但对行政刑法学中诸多具体问题的关注稍显不足。例如，他们主张，我国的贪污贿赂犯罪应使用“国家公职人员”这一表述而非“国家工作人员”，其理由是《联合国反腐败公约》中使用了“公职人员”

[47] 参见李晓明：《行政刑法属性的论争及其定位》，载《北方法学》2007年第10期；李晓明：《论刑法与行政刑法的并立》，载《法学杂志》2017年第2期。

[48] 参见刘艳红、周佑勇：《行政刑法的一般理论》，北京大学出版社2008年版，第1页以下。

[49] 参见田宏杰：《行政犯罪的归责程序及其证据转化——兼及行刑衔接的程序设计》，载《北京大学学报》（哲学社会科学版）2014年第2期。

[50] 参见李晓明：《行政刑法学导论》，法律出版社2003年版，第1页以下；李晓明：《行政刑法学》，群众出版社2005年版，第1页以下；李晓明：《行政刑法新论》，法律出版社2014年版，第1页以下。

和“外国公职人员”等表述，我国立法应与其保持一致。[51] 可是，《联合国反腐败公约》中只是使用了“public official”一词，直译为“公共官员”，而其究竟是应当被意译为“国家工作人员”还是“国家公职人员”，其实只是个翻译问题，并非我国立法表述与之不一致的问题。而笔者虽经 10 年行政法尤其是经济行政法的学习，并在实体法层面提出了“前置法定性与刑事法定量并重”的行政犯之法律属性主张，[52] 以此作为行政犯立法规制与司法适用解释的规则；在程序法层面，立足于“以行政优先为原则，以刑事先理为例外”的行刑衔接的程序构建及其相应的证据转化规则，基本勾画了行政刑法学的理论框架，但也仅具有论纲的性质，尚需在刑法的主观主义与客观主义路径选择、犯罪论、刑罚论以及罪刑各论等刑法学基础理论和具体问题中展开研究，并加以进一步验证、丰富和完善。

不仅如此，“书面的法律和实际上的法律是不同的，而我们所应注重的是实际上的法律。法理学也有两种：一种是着重抽象原则不顾实际效果，另一种是着重于法律在实际上对于社会生活的贡献。前者是机械化的法理学，后者是人事化的法理学；前者是虚无缥缈，不切实用的，后者是脚踏实地，对症下药的；前者是伪科学，无的放矢的，后者是真科学，讲究利益的权衡的”。[53] 这恰恰是英、美等国刑法学的精髓。霍姆斯、卡多佐、爱德华·柯克等一个个在英、美等国法治乃至世界法治发展进程中熠熠生辉的名字，成就他们的并非其辉煌巨著，而是其在漫长的司法实践中探寻司法规律、实现社会公平正义的司法经验汇积和理论提炼。无论是其个人成长，还是其理论发展，进程主要有二：一是到历史中发掘，所谓一页历史抵得上万卷逻辑；[54] 二是在实践中探寻。历史其实是已逝的现实，实践不过是鲜活的现实，其本质都是对“理论是灰色的，实践之树常青”观念的践行，其根基都是美国的实用主义哲学。

相较之下，基于德国的哲学思辨传统，德国不仅盛产哲学家和发达的法哲学思想，而且其学术研究也醉心于理论的精美甚至繁复，与有着同样甚至更为悠久的哲学思辨传统的中国学界心性相合。而讲求实用，注重经验理性，推崇定罪交由普通民众组成的陪审团裁决的英、美等国刑法，其理论性不够厚重，并且刑事

---

[51] 参见刘艳红、周佑勇：《行政刑法的一般理论》，北京大学出版社 2008 年版，第 87 页。

[52] 前置法定性与刑事法定量的统一，既是对行政犯定罪的司法适用解释规则，也是刑事立法罪状设定的规范原则，具体指犯罪的危害本质和违法实质取决于前置法的规定，而犯罪量的具备，亦即性质相同的违法行为与犯罪行为的区别界限，包括犯罪构成的确立和追诉标准的设定，则在于刑法的选择与规定。参见田宏杰：《行政犯的法律属性及其责任——兼及定罪机制的重构》，载《法学家》2013 年第 3 期。

[53] 吴经雄：《法律哲学研究》，清华大学出版社 2005 年版，第 224-225 页。该观点源自美国哈佛大学法学院前院长庞德教授于 1908 年在《哈佛法律评论》上发表的《机械化的法理学》一文。

[54] 美国联邦最高法院前大法官霍姆斯指出：“法律的生命不是逻辑，而是经验。”［美］小奥利弗·温德尔·霍姆斯：《普通法》，冉昊、姚中秋译，中国政法大学出版社 2006 年版，第 2 页。

判例卷帙浩繁，研习掌握殊为不易。加之中国刑法学者留学，或者东渡近邻日本，或者远游欧陆德国，致使中国刑法学研究在外国刑法、比较刑法研究领域形成言必称德、日而几乎不论英、美之势。这不仅与我国刑事司法改革中的程序法路径、证据法规则主要借鉴英、美等国经验形成鲜明对照，而且因英、美等国刑法学研究在中国刑法学研究版图上的严重缺失而难以获得经验理性主义的精髓——问题意识，致使我国刑法学研究论著文献的多产繁荣与我国刑法学研究的理论创新，尤其是有重大理论价值和实践意义的刑法问题的提出及其理论建构未能形成有机的良性互动。

受此影响，在我国刑法学研究文献中，不仅形式主义的问题严重，而且标新立异的创见盛行，真正既有理论洞见又有现实关怀，既能科学有效地解决社会现实问题又能指引我国刑事法治未来发展方向的研究成果并不多见。21 世纪首位诺贝尔经济学奖得主斯蒂格利茨曾在其所著的《经济学的又一个世纪》中指出："20 世纪的经济学患了'精神分裂症'，即微观经济学和宏观经济学的脱节，这种脱节既表现为研究方法上的难以沟通，又反映出二者在意识形态上的分歧和对立。"[55] 而这其实也是我国当下刑法学研究学术创新不足、问题意识不强、理论发展滞后于司法改革的根源，更是我国高等法学教育人才培养模式的弊端所在。

事实上，科学与知识的增长，"永远始于问题，终于问题——愈来愈深化的问题，愈来愈能启发大量新问题的问题"。[56] 法学作为一门社会科学，因其研究对象具有特殊性，尤其需要不断地在"问题"尤其是中国问题的引导下取得理论上的突破，进而给法律本身的演进和法律实践提供有益的指导和持续的智力支持。因此，21 世纪的中国刑法学研究，不仅应当从纸上谈兵转变为对现实世界法律问题的关注，而且应当以炉火纯青的分析方法和对我国重大现实问题的敏锐把握为核心。唯有如此，培养出来的刑法学人才能成为具有科学问题意识和突出创新能力的卓越法律人才，而不是简单重复前人研究成果的刑法学工匠；也唯有如此，我国刑法学前沿的开拓，才能真正成为我国乃至世界法治发展方向的指引，而不是对外国刑法学前沿的急于追赶乃至盲目追随。

四、使命反思：我国刑法学研究的本质坚守

从表面看，刑罚只是恢复被犯罪所侵害的社会秩序的一种规范控制手段，是社会对犯罪的一种反应；而从本质看，正是刑罚制度而不是犯罪构成，才使刑法成为一门独立的部门法。不仅如此，"刑事制裁总是同一定的体现为价值观念和

[55] ［英］杰弗里·M. 霍奇逊：《经济学是如何忘记历史的：社会科学中的历史特性问题》，高伟等译，中国人民大学出版社 2007 年版，第 2 页。

[56] ［英］卡尔·波普尔：《猜想与反驳——科学知识的增长》，傅季重、纪树立、周昌忠等译，上海译文出版社 2005 年版，第 320 页。

道德标准的社会紧密相连，因为刑罚度（刑罚的量和质的统一）本身就是一种文化形式。尽管一个犯罪事实（如杀人就是把人杀死）千百年不变，但是社会文化不断发展，这个犯罪的制裁就会随之不断变化”。[57] 可以说，刑罚不仅是社会文化不可分割的组成部分，而且是社会文化最深刻、最本质的反映和表达。“刑罚的历史，本来就是人的历史，这里记录着人生观的变化。”[58]

正是基于此，从刑事古典学派的报应主义立场到刑事近代学派的预防主义主张以及第二次世界大战后崛起的新社会防卫论对行刑社会化的倡导，从肉体刑和生命刑并行到生命刑和自由刑并重乃至以非监禁刑为中心的刑罚制度及其执行的变革，无不凝聚着众多社会学家和刑法学家毕生的心血并闪耀着其智慧与人性的光辉。毫不夸张地说，刑罚制度的设计和刑罚执行制度的变迁，既是一个国家文明发展进程的缩影和表征，又是推动社会文化演进和人类文明发展的动力，从而与社会文化的变迁、人们观念的变化和社会时代的变革一起，共同创造出波澜壮阔的人类社会发展历史。

纵观我国刑法学研究，犯罪论研究的丰满与刑罚论研究的骨感尤其是刑事执行法学研究的严重贫血形成强烈的对照。笔者以“刑事执行”“刑罚执行”“监狱执行”“监狱行刑”“社区矫正”“非监禁刑”为关键词，对 2008 年至 2017 年共 10 年间在中国期刊网上发表的学术论文成果进行了文献检索，并对检索数据进行整理（参见表 1），从中不难发现，除社区矫正因刑事立法修订之故而在研究数量上比较可观外，我国刑法学界近 10 年来对刑事执行的研究实在太过冷清。

表 1　中国刑事执行法学研究论文数量表（2008—2017 年）

年度	刑事执行	刑罚执行	监狱执行	监狱行刑	社区矫正	非监禁刑
2008	120	252	20	15	682	113
2009	131	307	25	15	732	103
2010	150	392	24	23	1075	133
2011	134	454	33	17	1442	178
2012	131	429	27	24	1459	172
2013	127	362	31	26	1153	125
2014	119	393	43	26	1500	125
2015	288	468	28	14	1396	113

[57] 储槐植：《美国刑法》，北京大学出版社 1996 年版，第 39 页。

[58] ［日］福田平、［日］大塚仁：《日本刑法总论讲义》，李乔等译，辽宁人民出版社 1986 年版，第 206 页。

续表

年度	刑事执行	刑罚执行	监狱执行	监狱行刑	社区矫正	非监禁刑
2016	279	400	35	16	1133	73
2017	265	315	21	8	1014	48
总计	1744	3772	287	184	11586	1183

而当刑罚进入现代化之后，如何实现其矫正罪犯的目的更是成为新的世界难题。传统矫正方法，无论是康复模式还是新刑罚主义最终都因为高耗低效而宣告失败。面对居高不下的再犯罪率、饱受诟病的财政赤字和人满为患的监狱系统，各国政府及司法工作者都在开始向外探寻更为行之有效的矫正方法。在此背景下，发端于医学领域、中兴于人文社会学科的循证实践理论适时而至，其提供的一整套来源于实践论——以证据为基础的矫正或"遵循证据进行矫正"，即"在矫正领域内，实践者在所研究的证据中，遵循最佳证据原则，结合实践者个体矫正经验，在矫正对象的配合下，针对矫正对象犯因性特点，开展高效矫正的一系列矫正活动"。[59] 其核心特征在于如何依据"最佳证据"规则对矫正对象进行个别化矫正，该矫正涉及实践者、矫正对象以及矫正活动之间的关系。

须指出的是，循证矫正重在对矫正所依赖的证据进行分析、研究和评估，从中择出最能对符合矫正对象犯因性特点进行有针对性矫正的"证据"，此即所谓"最佳证据"。可见，"最佳证据"的筛选和运用，不是单纯理论研究的空洞化、符号化、抽象化和形式化的再现，而是体现出实践与理论相结合的矫正思路，进而确保充实化、现实化、具体化和实质化的矫正效果的收获。至此，实践者褪去了一厢情愿，矫正方法告别了毫无数据支持的臆想，矫正结果既面向当下又承载未来。西方国家日臻完善的体系化研究和广泛实践得出的喜人数据，都让循证矫正理论变得令人难以抗拒，结合我国国情的择善而从乃大势所趋，矫正活动终于可以告别"看上去很美"的虚无，而进阶为"看得见的正义"了。

当笔者在课堂上与刑法学博士生、硕士生们讲到循证矫正在外国的理论研究和实践时，如果说研究生们的茫然表情让笔者感到诧异，那么学生们对此领域研究的漠然神色则使笔者深感忧虑。因为正是这样的漠然、冷清乃至近乎无声的研究状况，导致我国刑法学研究在刑事司法改革中的集体缺席，进而使得我国刑法学研究错失一次又一次不断自我提升并为我国法治建设做出更多学术贡献的良机。以量刑规范化改革为例，量刑答辩程序究竟应该如何设计？自 2000 年北京

[59] 王平、安文霞：《西方国家循证矫正的历史发展及其启示》，载《中国政法大学学报》2013 年第 3 期。

市东城区人民检察院在全国率先尝试量刑规范化改革[60]到2009年6月1日最高人民法院决定在全国120多家法院开展量刑规范化试点工作以前，对于这一问题，不仅我国刑法学界几乎无人关注，而且刑事诉讼法学界也少有学者问津。2010年最高人民法院发布《人民法院量刑指导意见（试行）》，并与最高人民检察院、公安部、国家安全部、司法部联合发布《关于规范量刑程序若干问题的意见（试行）》，决定自2010年10月1日起在我国人民法院全面试行量刑规范化改革，以陈卫东、陈瑞华、宋英辉等教授为代表的我国刑事诉讼法学界，开始对量刑答辩问题展开深入研究，而量刑答辩程序的设计一直是争论的焦点。

其实，量刑答辩程序设计的关键不在程序法，而在刑事实体法上的罪刑关系本质。由罪刑法定原则所决定，罪是刑的前提，有罪才有刑，而刑是罪的结果，有刑才有定罪的必要。这既是罪刑法定原则所决定的罪刑之间辩证逻辑关系的体现，也是刑事司法谦抑的应有之义，更是2012年修正的《中华人民共和国刑事诉讼法》第142条第2款规定酌定不起诉的明确要求。此外，虽然量刑情节是定罪情节以外的犯罪事实，但是证明定罪事实和量刑事实的证据却往往交织在一起难以截然分离，尤其是主观方面的犯罪故意或者犯罪过失、犯罪动机和犯罪目的的证据认定。因此，在定罪程序终结并判决以后再启动量刑程序，不仅使得涉及定罪事实与量刑事实的证据被重复认定，从而导致司法效率的低下和诉讼资源的浪费，而且因定罪程序与量刑程序的截然分立，使得刑对罪的制约作用难以发挥。更令人担忧的是，对于可处刑可不处刑、可判缓刑可不判缓刑的刑事案件，一旦判决有罪，再启动量刑程序，因定罪与量刑程序的分隔以及司法投入的巨大，最终判处免予刑事处罚或者判处缓刑的可能性会大为降低。[61]因此，相对独立的刑事审判程序更为科学，即定罪程序与量刑程序分开独立进行，但前后相接不中断，定罪程序结束后即启动量刑答辩程序，庭审程序全部终结再一并作出刑事判决。其中，定罪程序与量刑程序均由法庭调查和法庭辩论两部分组成，只不过，定罪程序的法庭调查和法庭辩论围绕定罪事实的认定及其法律适用展开，量刑程序的法庭调查和法庭辩论则由量刑情节的认定及其法律适用组成。

令人欣慰的是，上述状况在悄然发生改变。针对刑法修正案从静态层面对死刑控制所作的努力，我国刑法学界对于死刑的适用和执行给予了高度关注。其中，时延安教授从我国的国家性质、社会制度及国家职能出发，提出死刑的存在既有违我国宪法以及主流政治学说所确定的国家性质和职能理论，又与我国现时

---

[60] 2000年6月9日，北京市东城区人民法院对被告人宋某职务侵占、挪用资金、诈骗一案作出判决。该案审查起诉及量刑建议工作由时任东城区人民检察院副检察长的温长军组织指挥，由全国“十佳”公诉人邹开红出庭支持公诉。这是我国检察机关首次在庭审中尝试提出量刑建议。

[61] 参见田宏杰：《生命之思：东检院挂职感怀》，载孙谦主编：《检察论丛》（第16卷），法律出版社2011年版，第377页。

社会发展水平不相适应。废除死刑，既是社会主义国家实现“每个人的自由发展”的必然要求，也有利于明确人民民主专政社会主义制度国家中公民与国家的关系。[62] 冯军教授则就死刑控制的操作提出了明确的构想：“刑事法官只有掌握并且运用规范论的立场来适用死刑，才能消弥我国目前在死刑适用上遇到的困境和产生的乱象。‘罪行极其严重’是指行为人的犯罪行为及其造成的危害后果在违法性和有责性上都极其严重，要根据刑法分则中配置死刑的条文所描述的罪状，参照刑法分则中把死刑作为绝对确定的法定刑来配置的条文所描述的罪状，综合判断行为人的犯罪行为是否属于‘罪行极其严重’；要从《刑法》第 50 条第 1 款关于死刑缓期执行期间执行死刑的规定中推导出‘不是必须立即执行’的条件，即，如果应当被判处死刑的犯罪分子确实不存在再次实施情节恶劣的故意犯罪的危险，对他就‘不是必须立即执行’死刑；但是，如果行为人在犯下某一应当判处死刑的极其严重的罪行之后，又犯下另一情节恶劣的故意犯罪的，对他就‘必须立即执行’死刑。”[63]

五、结语：刑法学中国学派的呼唤

没有人能够预测未来，但创新决定未来。在中华文明伟大复兴的征程中，中国刑法学研究不仅应走在刑法学国际学术的前沿，而且必须能够发现、定义和引领刑法学发展的国际潮流；刑法学的中国学派不仅要在刑法学国际学界顶天立地，更要在刑法学国际学界开天辟地！这既是中国刑法学人应有的胸怀和气魄，更是正在崛起的负责任之中国刑法学人必须承担的责任。而学科交融的研究视野拓展、实践关切的问题意识培养、刑法使命的批判思维养成，应当成为我国刑法学研究未来努力的方向。唯有如此，中国刑法学者才能成为世界刑法学有价值问题的发掘者、有批判思维的思考者、有创新理论的建构者；也唯有如此，中国刑法学者才能在科学重构中国现代刑法学理论体系的同时，既回应中国社会治理的现实呼唤，又引领世界刑法学发展的潮流。

（本文曾发表于《法商研究》2018 年第 6 期）

[62] 参见时延安：《死刑、宪法与国家学说——论死刑废除的理论路径选择》，载《环球法律评论》2017 年第 6 期。

[63] 冯军：《死刑适用的规范论标准》，载《中国法学》2018 年第 2 期。

刑法基本原则的司法实践与完善

高铭暄

一、问题的提出

近现代刑法诞生以来，大陆法系和英美法系分别通过刑法典与判例法予以确认和发展。在法典化国家，刑法典不仅是近现代刑法理论体系及其学说、立法原意的高度浓缩平台，也是指导刑事司法实践的首要规范依据。刑法基本原则作为刑法学说与立法的“璀璨明珠”，是指导刑事司法实践的主题曲与“灵魂”。

刑法基本原则，是具有纲领性、全局性以及贯穿性的基本思想、理念等在立法层面的反映。依照刑法基本原则指导刑事司法实践，不仅是基本原则的内在旨趣使然，也是刑法典实现有序、协调适用的基本要求。然而，回顾我国刑法三大基本原则的司法化过程与效果，仍存在不少问题。既表现为以刑法基本原则指导司法实践的观念不够深入，也表现为刑法基本原则的司法指导意义挖掘不足，还表现为贯彻落实刑法基本原则存在司法误区与偏差。尤为突出的是，刑事判决书援引刑法基本原则作为裁判或说理依据的做法寥寥无几，无疑显示了刑法基本原则的司法化能力培养相对不足。这不仅有损刑法基本原则的法治生命力，也必然有损刑事司法实践的公正高效运行，甚至诱发适法不当、适法错误等。有鉴于此，应当阐明刑法基本原则的本质特征和指导意义，充分研判、评估实践中贯彻与偏离刑法基本原则的两种司法生态问题。在新时代背景下，持续完善我国刑法三大基本原则的司法指导意义之实现机制。

二、刑法基本原则的本质特征和对刑事司法的指导意义

近现代刑法诞生以来，为了真实反映并有效实现近现代法治精神，刑法典往往规定刑法的基本原则，以此固化、彰显并贯彻近现代刑法的基本任务，更好地惩罚犯罪和保障人权。更重要的是，刑法基本原则的确立，也为刑法典由理论、立法走向司法实践，供给了极为重要的指导纲要，为刑事司法提供了基本准绳。

（一）刑法基本原则的本质特征

我国传统理论认为，刑法基本原则，是指贯穿于全部刑法规范、具有指导和制约全部刑事立法和刑事司法的意义，并体现我国刑事法治的基本精神的准则，是刑事立法与刑事司法中一个带有全局性、根本性的问题。[1]

---

[1] 参见高铭暄、马克昌主编：《刑法学》（第七版），北京大学出版社、高等教育出版社2016年版，第25页。

在我国，刑法基本原则是社会主义核心价值观特别是其中的自由、平等、公正、统治价值在刑法典上的一种宣示，是刑法理论体系及其学说的浓缩精华，具有纲领性、全局性与贯穿性三大基本特征。而这些基本特征的存在，孕育并持续夯实刑法基本原则的司法指导意义及其司法化的能力。

1. 纲领性。刑法基本原则具有提纲挈领的重大基础作用，主要表现为：一是明确划分封建社会的刑法与近现代社会的刑法，突显近现代刑法的法治精神。二是突出强调并反映近现代刑法的理论基础、价值取向、功能设定、制度安排等一系列基础问题。三是对于刑法典的规范适用，发挥根本性的指导意义。刑法基本原则既是可以直接适用的总则核心条文，也是指导其它条文理解与适用的基本依据。

2. 全局性。在法典化国家，刑法典的制定与颁行，是为了依法解决繁纷复杂的刑事法问题。刑法典在布局上遵循“抽丝剥茧”的工匠精神，反映了刑法典的立法精细化特点。但刑法典也需要超越具体、个别的思维，从全局的高度规划与设计刑法典及其内容。刑法基本原则无疑被委以重任，成为统揽全局的最佳平台。全局性的基本特征，使刑法基本原则具有指导总则其他规定并全面指导分则的功能潜质，当然这也是基本原则发挥全局性司法指导的重要保障。

3. 贯穿性。刑法基本原则不仅是立法化的纲领性、全局性内规范，同时也是贯穿整个法典或刑事司法的基本训条。它不仅表现为内容上的前后逻辑贯穿，使法典的全部内容相互协同、构成一个整体；也表现为形式与体例上的联络性，使法典形式齐整、体例一致。

（二）刑法基本原则对刑事司法的指导意义

刑法基本原则对刑事司法的指导意义，并非虚幻的口号，而是有一定格局的。

从我国刑法理论、立法与司法的互动模式看，刑法基本原则的指导意义，可以呈现为如下格局：（1）总则指导分则是基本模式。刑法理论的核心问题与立法的重点，通常是在立法体系层面上，均落在了刑法典总则。相比之下，分则作为承接的载体与平台，发挥更具体、直观的作用。刑法基本原则坐落于总则，而且位居前列，凸显其重大地位与根本作用。正是这种逻辑图式，逐步形成了通过总则指导分则这一基本模式，来实现刑法基本原则的司法指导意义。（2）指导定罪量刑活动是主体内容。定罪与量刑是两项最基本的刑事司法活动，也是刑法理论体系与立法最终聚焦的场域。在实践中，重定罪轻量刑的不良倾向长期存在。但随着量刑规范化改革以及《刑事诉讼法》（2012 年修订）明确了量刑程序的同等地位，已经显著扭转了这一局面。当前，定罪与量刑，集中汇集了司法实践中的几乎所有疑难问题与适法争议。这正是刑法基本原则发挥其司法指导意义的核心场域，担负起指导定罪与量刑的“规范”“疏解”以及“统一化”等作用。（3）统一适法标准是主要目的。刑法基本原则的价值与意义，尽管表现为很多方面，但万变不离其宗的主线之一，就是竭力统一刑事司法中的适法标准，从而更好地实现司法公正。（4）作为刑法理论体系的说理机制而存在。刑法基本原则在内容与表述上，具有较为突出的抽象性、概括性和原则性，不像总则其他规定或分则规定，一般具体涉及罪责刑的内容。这决定刑法基本原则的司法指导意义，可以常常表现为刑法说理机制，既是对立法原意的释明，也是对适用刑法中罪责刑规定的阐明。刑法基本原则作为刑法说理机制，使司法指导意义、司法化能力以及运行机制更契合其本质特征。

刑法基本原则的司法指导意义，并非孤立存在的。而是在综合的刑事法治环境与格局中实现的。换言之，其司法指导功能是在刑法理论、刑法立法以及刑事司法的运行体系中实现和完善的。

稍稍展开地讲，刑法基本原则的司法指导意义，是遵循以下逻辑实现的：其一，刑法理论固化的映照与反哺。一方面，刑法基本原则的确立，离不开刑法理论体系，相反，是对近现代刑法基本观念的正式反映，而且是以高度浓缩的方式予以立法化。因此可以认为，刑法基本原则是对刑法基本理论及其观念不断成熟、固化后的客观写照。而且，刑法基本原则的内在使命就是要求得到贯彻和落实。另一方面，刑法基本原则作为独立的本体范畴，其内在的根基和要素是发展变化的。特别是，犯罪现象、态势始终在变化，刑事司法的对象不断翻新。刑法基本原则在变动的格局下，基于谋求时代适应能力的需要，必然衍生“反哺”刑法理论体系及其学说的积极效应。其二，立法规定的缘起与验证。从逻辑顺序看，刑法理论体系层面的基本原则，并不必然与刑法典所确立的基本原则完全一致。但被立法者最终认可的基本原则，无疑是刑法理论体系的最核心、最璀璨的部分。刑法典中的基本原则，作为立法规定，与刑法理论体系及其学说高度相关，此乃刑法基本原则的立法缘起，也是立法精神的集中区域。刑法基本原则的指导意义，决定其不仅发挥“适法”的作用，以保持刑法典的安定性，维护立法的正当性与合法性；同时，也必然孕育出“批判”的理性精神，通过指导司法实践的路径，验证刑法典中的规范是否继续有效且正当。刑法基本原则在指导司法适用时，绝不是被动的“演绎者”，而是扮演主动的“验证者”。这赋予刑法基本原则的司法指导意义更积极、能动的改革属性。其三，司法适用的调试与修正。刑法基本原则的司法指导意义得以充分展示和落实，是由刑法基本原则的调试功能与修正功能完成的。一般而言，由于刑法基本原则负载的内容过于根本性、基础性、宏观性，在具体的适法过程中，往往无法发挥直接的干预作用。这就使其在指导司法适用的问题上，更多地表现为温和的“调试”角色。譬如，在刑法解释的限度上，究竟是扩张解释还是限缩解释，刑法基本原则发挥“调试”的作用，具体是作为一种“说理机制”存在的。但基于刑法基本原则内在的“理性批判”精神，也对刑事司法过程中的偏差现象，发挥着“修正”的作用，防止个案的法律适用走向不公正的境地。

（三）刑法基本原则司法指导意义的具体展开

我国刑法中的罪刑法定原则、适用刑法人人平等原则、罪责刑相适应原则，因其立法旨趣、理论基础、功能设定存在差异，因而，在司法指导意义的征表、载体、通道、机制、实施等方面，均各有千秋。应逐一释明各自的运行体系。

1. 罪刑法定原则的司法指导意义

在刑法实践的道路上，刑事司法是罪刑法定主义走向现实化的必由之路。[2]1997 年《刑法》第 3 条规定："法律明文规定为犯罪行为的，依照法律定罪处刑；法律没有明文规定为犯罪行为的，不得定罪处刑。"这是罪刑法定原则具有司法指导意义的立法依据。从广泛的刑事司法实践看，罪刑法定原则主要通过以下常态的运行机制，从不同层次来发挥指导司法适用的功能。

其一，犯罪构成的立法法定化。对于刑法总则与分则的司法实践，其逻辑起点与核心内容是犯罪构成及其认定问题。通常认为，罪刑法定原则包括明确性原则、禁止溯及既往、禁止类推制度等一系列内容。其中，最重要的内容是明确性原则。按照明确性原则，是否构成犯罪及其依据、标准等，必须由法律明确规定，也就是刑法必须明确规定。这客观上形成了犯罪构成的法定化效应。对于类罪或个罪的犯罪构成要件及其要素，应当坚持"明确性"原则的基本要求。为此，刑法总则规定了犯罪的概念和犯罪构成的基本要件，刑法分则则有层次、分类型地规定了各个具体罪的犯罪构成要件。

其二，罪与非罪的界限。罪刑法定原则的条文表述，非常明确地显示了其在决定是否构成犯罪问题上的法治权威性与标准唯一性地位。宏观地看，罪刑法定原则是犯罪构成法定化的最重要依靠因素，罪与非罪的界限，应当围绕罪刑法定原则的精神来落实。从实践看，在罪与非罪的界限问题上，刑法分则的规定是最直接的规范依据，同时也包括总则中的其他涉及罪责内容的规定。但罪刑法定原则的地位及其作用，决定了其在罪与非罪的界限上发挥不可或缺的作用。这里，特别需要讨论两个关联议题：一是《刑法》第 13 条但书条款的适用。关于但书条款的性质及其适用，理论上历来有诸多的争议。但通常认为，符合但书条款的，最终"不认为是犯罪"。这显然是刑法的规范评价结果，是解决罪与非罪的问题，而不是解决论处不论处的界限问题，更不是单纯的"唯结果论"做法。[3]二是疑罪从无理念的贯彻。疑罪从无理念同时是刑法与刑事诉讼法中的概念，是指对于事实不清、证据不足、无法排除合理怀疑的案件，按照疑罪从无的精神，不能认定构成犯罪。这涉及罪刑法定原则的司法贯彻，也即罪与非罪的司法界限。

---

[2] 参见陈兴良：《罪刑法定的当代命运》，载《法学研究》1996 年第 2 期，第 10 页。

[3] 参见高铭暄：《中华人民共和国刑法的孕育诞生和发展完善》，北京大学出版社 2012 年版，第 11 页。

其三，刑法解释的限度标准。在刑事司法过程中，刑法解释是常态活动，是刑法适用的常规内容。任何刑法实践活动，都必然涉及刑法解释问题。对于刑法解释问题，解释限度及其法治标准是最具争议性的问题，也直接关系到刑法适用的结果。更进一步地讲，一方面，刑法解释的限度及其法治标准的选取，以及由此得出的解释结论，罪刑法定原则可以起到“说理”的作用，为刑法解释提供重要的依据。另一方面，对于刑法解释限度、标准及其结论，罪刑法定原则还负有“审查”或“纠偏”的任务，以确保不僭越罪刑法定原则的边界。

其四，刑法与刑事政策关系的科学化。刑法典及其规定是相对封闭的，但个案却始终是开放的。依法适用刑法典的规定，不仅需要立足法治意识，坚持严格司法；也需要回到适法的原点，充分考虑案件的具体情况，实现法律效果与社会效果的高度统一。刑事政策是指导刑法适用的重要依据，但介入不当，则可能适得其反。罪刑法定原则的理论基础、基本内涵以及法治旨趣，使其可以在实践中调和刑法与刑事政策的关系趋于科学化，在刑法规范与刑事政策之间取得有序平衡。

2. 适用刑法人人平等原则的司法指导意义

1997 年《刑法》第 4 条规定：“对任何人犯罪，在适用法律上一律平等。不允许任何人有超越法律的特权。”这是适用刑法人人平等原则的基本内涵。与罪刑法定原则的司法指导意义不同，该原则以“平等”作为功能导向的首要标准。

在实践中，适用刑法人人平等原则的司法指导意义主要表现为以下内容：（1）法律适用的平等。平等是近现代社会的基本价值追求。平等原则对于近现代刑法而言，它的意义不仅在于消除了特权等不公现象，更在于创造了法治社会下的平等适用刑法的底线正义环境。对于刑法的适用而言，应当坚持平等原则。平等原则主要指向法律适用环节，平等原则需要通过刑法的适用才能得到有效实现。（2）区别对待与个别正义。在法治社会，平等原则是相对的，而非绝对的。在适用刑法时，平等原则的要求是相对意义上的平等，因为它包括了区别对待的精神，强调兼顾一般正义与个别正义。“世界上没有完全相同的两片叶子”。完全相同的案件几乎是不存在的，同案同判、类案类判是相对意义上的无限接近之要求。正是由于刑法适用面临千变万化的实际情况，区别对待是必要的而且是常态的做法。所谓区别对待，是指在平等原则的基本要求下，尊重个别性、特定性、具体性以及类型化问题，使其与平等原则的普适性、一般性相互协调。特别是在类案上，可以通过总结司法经验等方式，竭力实现法治的统一，夯实平等适用的基础。（3）主体身份与平等适用。在现代刑法体系中，犯罪主体是逻辑起点，不仅是实施犯罪的主体，也是承担刑事责任主体，还是接受刑罚处罚的主体。其中，自然人作为犯罪主体具有悠久的历史，但单位（法人）也随后被立法确认为犯罪主体。在二元制的犯罪主体格局中，因主体身份差异，在适用刑法时，客观上也存在差异。在自然人作为犯罪主体中，由于刑事责任年龄、生理欠缺、醉酒、国家工作人员身份、负有作为义务的主体等因素存在，刑法适用存在明显的差异化。在单位作为犯罪主体中，尽管国家机关也被《刑法》第 30 条规定为单位犯罪主体的类型之一，但实践中追究国家机关刑事责任并不现实，也难以实现[4]。同时，在单罚制中，仅处罚单位直接负责的主管人员和其他直接责任人员，而不处罚单位，也是差异适用的表现。刑法主体身份的客观差异，既是刑法差异适用的影响性因素，也是在实践中真正实现刑法适用平等的重点区域。

3. 罪责刑相适应原则的指导意义

1997 年《刑法》第 5 条规定："刑罚的轻重，应当与犯罪分子所犯罪行和承担的刑事责任相适应。"这是罪责刑相适应原则发挥司法指导意义的规范依据。而且，罪责刑相适应原则是我国罪责刑作为核心标志的刑法学体系，在基本原则层面的集中体现。[5] 它反映了犯罪、刑事责任与刑罚之间的理性关系与功能结构，也即犯罪、刑事责任和刑罚三者之间要保持内在的、对应的均衡关系[6]。

罪责刑相适应原则对司法实践的指导意义主要表现在：（1）以罪制刑与以刑制罪的呼应。在罪责刑关系中，居于首要位置的是罪刑关系，它是罪责关系、责刑关系的前提和基础。在动态层面，可以认为，罪刑关系表现为以罪制刑与以刑制罪两大主题部分。前者是指，犯罪范畴在内容、功能等方面，对刑罚范畴具有前提性与决定性意义[7]；后者是指，刑罚范畴虽处于末端，但对犯罪的理解与定罪活动，均存在正向的"反制"功能，也即检验与修正的作用[8]。以罪制刑与以刑制罪作为相互依存的部分，对定罪量刑活动均有直接意义，是罪刑关系相适应在动态运作层面的基本实践模态。（2）罪刑均衡或罪刑对称。罪刑关系相适应，是罪责刑关系相适应的重要内容。从价值导向与目标看，罪刑关系相适应，通常认为就是罪刑均衡或罪刑对称，反映了犯罪与刑罚两大范畴前后高度关联、在定罪与量刑上的"正当性"逻辑关系。也即定罪正确、量刑规范，并且定罪与量刑之间是"等值"的，既不存在罪重而轻罚，也不存在罪轻而重罚，而是罪刑适当。（3）刑事责任范畴的地位与作用。罪责刑相适应原则是对罪刑相适应原则的发展与超越。刑事责任范畴的导入与贯彻，不仅与我国罪责刑关系的刑法学体系高度契合，也丰富了我国刑事责任范畴。更重要的是，在犯罪与刑罚之间打通了沟通的平台

---

[4] 参见马克昌：《"机关"不宜规定为单位犯罪的主体》，载《人民检察》2007 年第 21 期，第 5 页。

[5] 参见孙道萃：《罪责刑关系堪当刑法学体系的核心范畴》，载《检察日报》2016 年 5 月 11 日，第 3 版。

[6] 参见赵秉志、于志刚：《论罪责刑相适应原则》，载《郑州大学学报》（哲学社会科学版）1999 年第 5 期，第 55 页。

[7] 参见孙道萃：《以罪制刑的理论视域及反思》，载赵秉志主编：《刑法论丛》（2014 年第 1 卷 · 总第 37 卷），法律出版社 2014 年版，第 74–75 页。

[8] 参见孙道萃：《以刑制罪的知识巡思与教义延拓》，载《法学评论》2016 年第 2 期，第 109 页。

与通道，从而优化了罪刑关系的运作模式，更能对现代社会的刑法问题，予以全面、整体的分析与判断。在罪责刑相适应原则中，刑事责任范畴不仅发挥沟通的桥梁作用，也是独立的刑法基本范畴，与犯罪、刑罚之间是相互分工、配合与制约的协作关系，其目的是使定罪、归责到量刑的办案逻辑更通畅。这里，还特别需要注意两点：一是人身危险性的定罪与量刑意义。关于人身危险性在刑法中的定位、意义及其功能实现等问题，理论上有不同的看法。[9] 客观而论，人身危险性是现实存在的内容，对定罪量刑活动均有不同程度的影响，也对罪责刑相适应的实现有不同的“化学反应”，并以可量化的科学评估机制为前提[10]。二是风险社会、网络时代、人工智能时代的新挑战。随着风险社会、网络时代、人工智能时代接踵而至，不仅冲击刑事犯罪的类型划分，对刑事归责体系也产生显著的影响。（4）刑罚有效性与刑罚个别化。罪责刑相适应原则的司法化，其核心目标落在“相适应”；从终端载体与形式看，主要是刑罚（宣告刑等）是否真正有效。因此，罪责刑相适应原则的司法化及其指导意义，可以根据刑罚有效性命题予以实现和检验。刑罚有效性，意在强调犯罪的刑事责任在结果层面得到正确、积极和完整的体现，最终达到刑事制裁的预期目标。而且，在刑罚有效性的命题中，刑罚个别化是重要的子要素。刑罚个别化有助于促进刑罚的个别正义。[11] 刑罚个别化是罪责刑相适应原则中的应有之义。

三、刑法基本原则的司法贯彻与偏离

刑法基本原则不是摆设，而应通过刑事司法实践予以贯彻落实。我国刑事司法实践，一直都高度认同刑法基本原则的司法指导意义，在具体的办案过程中充分发挥刑法基本原则的指导作用。但实务中也存在一些偏离的情况，既是诱发冤假错案的导火索，也严重侵蚀了刑法基本原则的司法生命力。

（一）罪刑法定原则的司法贯彻与偏离

罪刑法定原则位居我国刑法基本原则之首，凸显其高大地位。贯彻罪刑法定原则始终是我国刑事司法实践的首要任务。从实践的情况看，积极有效贯彻是主流，但也有个别偏离现象。

1. 司法贯彻

从刑事司法实践看，我国司法机关从多方面贯彻和实现罪刑法定原则，主要表现为：（1）认真学习研究刑法修正案强化明确性原则意识。罪刑法定原则最重要的任务是杜绝封建社会的“原心定罪”“天子定罪”“宗教定罪”等做法。这也

---

[9] 参见游伟、陆建红：《人身危险性在我国刑法中的功能定位》，载《法学研究》2004 年第 4 期，第 3 页。

[10] 参见陈伟：《认真对待人身危险性评估》，载《比较法研究》2014 年第 5 期，第 59 页。

[11] 参见翟中东：《刑罚个别化的蕴涵：从发展角度所作的考察——兼与邱兴隆教授商榷》，载《中国法学》2001 年第 2 期，第 41 页。

是明确性原则作为核心要素的缘由所在。1997年《刑法》开启了我国罪刑法定原则的新时代[12]。然而，随着社会经济的发展以及犯罪态势的变化，倒逼刑法典必须保持适度的灵活性，立法完善成为延续刑法典生命力的基本途径。为此，我国先后通过十个刑法修正案，对刑法典进行修正和完善，不断优化、升级并巩固明确性原则的覆盖面、更新度和适用性。这是罪刑法定原则提升司法化能力并指导司法实践的最可持续性方式。认真学习贯彻刑法修正案，也就是持续提高对罪刑法定原则的认识和贯彻力度。（2）坚持并完善犯罪构成体系的司法地位与功能。犯罪构成体系以及定罪量刑活动是罪刑法定原则指导司法实践的基本要素。在我国，四要件犯罪构成体系是历史发展与现实选择的产物，是被实践证明是行之有效的理论体系与学说，[13]也符合我国刑法的规定。坚持并完善四要件犯罪构成体系，是建设中国特色刑法理论体系的必然要求，也是刑事司法中更好地解决定罪量刑问题的必然要求。（3）严格依法办案是罪刑法定原则指导司法实践的最普遍形式。现代罪刑法定原则最重要的法理基础是法治国家精神。除非法律规定该种行为是犯罪，否则，不能定罪处罚。在刑事司法环节，严格依法办案是贯彻和落实罪刑法定原则的最普遍形式，也是最基本、最重要的保障机制。按照司法体制改革的精神，严格依法办案是重要的法治建设指标，也成为罪刑法定原则充分发挥司法指导作用的政治保证与制度基础。当然严格依法定罪量刑，也需要程序法的衔接与配套，这是不容置疑的。（4）建立和发展刑事案例指导制度。案例指导制度是具有我国特色的判例制度，促成了由法律—司法解释—案例指导规则组成的多元化法律规则体系。[14]从已经发布的刑事指导性案例看，对司法实践活动的作用，主要体现为司法规则的创制功能、条文含义的解释功能、法律规定的释疑功能、刑事政策的宣示功能、刑罚制度的示范功能等方面。[15]由此可见，刑事案例指导制度是对刑法典条文规定的补充与发展，是对罪刑法定原则指导功能的积极补充，可以更好地满足实践中对“明确性原则”的及时性、具体性和类型化的诉求，提高了罪刑法定原则的司法指导效果。

2. 司法偏离

尽管罪刑法定原则的司法化无处不在。而且，罪刑法定原则通过指导司法实践，发挥着“定海神针”的重大作用。但司法偏离的问题仍然存在。

目前，比较突出的表现是：（1）兜底条款与口袋罪适用的泛化迹象。1997年

---

[12] 参见高铭暄、孙道萃：《97刑法典颁行20年的基本回顾与完善展望》，载《华南师范大学学报》（社会科学版）2018年第1期，第39页。

[13] 参见高铭暄：《关于中国刑法学犯罪构成理论的思考》，载《法学》2010年第2期，第56页。

[14] 参见陈兴良：《案例指导制度的法理考察》，载《法制与社会发展》2012年第3期，第73页。

[15] 参见陈兴良：《刑法指导案例裁判要点功能研究》，载《环球法律评论》2018年第3期，第5页。

《刑法》对口袋罪的立法分解，是实现罪刑法定原则的重要举措，投机倒把罪与流氓罪从此消亡。然而，分解后的具体罪名，由于刑法规定了兜底条款，在司法实践中有时仍沦为“口袋罪”，并且随着犯罪态势的复杂而暴露出泛化适用的不良倾向。例如，《刑法》第 225 条规定的非法经营罪是备受质疑的“口袋罪”，主因是该条第 4 项的兜底规定[16]。在司法实践中，对于该罪的司法适用，呈现出尽量扩张而非限制适用的态势[17]，导致行政违法与犯罪之间的界限被压缩，反映了司法实践对罪刑法定原则的“功利性”定位。又如，《刑法》第 293 条规定的寻衅滋事罪也有口袋罪之嫌，对该条第 1 款第 4 项中起哄闹事行为的理解，实践中存在扩大化的迹象。[18] 此外，《刑法》第 114 条、第 115 条规定的以危险方法危害公共安全罪也像是一个口袋罪，因行为要件的开放性及缺乏必要的形式限定，适用频率不断提高，呈现不断扩张的趋势[19]。然而，按照同类解释规则的逻辑，应严格限缩适用，否则，有突破罪刑法定原则边界的风险。当前，口袋罪的制度根源是“明确性不足”，而司法中的“明确性”是相对的，如何正确理解和贯彻是常见的难题。（2）法定犯时代刑事违法性的司法认定。刑事违法性是社会危害性这一犯罪本质特征的法律表现。罪刑法定原则是判断刑事违法性的首要依据。然而，在刑事司法实践中，不乏将一般行政违法作为犯罪处理的现象，而未能严格遵循罪刑法定原则是主要诱因[20]。行政立法及其法律责任规定的变动性、复杂性骤增，不仅加大刑事违法性判断的难度，也使罪刑法定原则的贯彻面临多重价值交错的情况。特别是现代社会中的法定犯数量骤增，法定犯有取代自然犯主导地位的趋势。由于公众的非理性情绪、对法定犯双重违法性的认定偏差等因素的作用，使法定犯的“刑事违法性”之认定，成为违反罪刑法定原则的“重灾区”。[21] 譬如，王力军无许可证收购玉米改判无罪案，强调了办案机关在行政违法与刑事违法的区分上，应当坚持罪责的实质评价。社会危害性是行为实质违法的评价，刑事违法性是行为触犯刑罚法规并具有犯罪构成要件在法条文本层面的评价，应受刑罚惩罚性是对触犯刑法的危害行为可谴责性的评价。危害性和可谴责性是在刑事违法性基础

---

[16] 第 225 条第 4 项规定：“（四）其他严重扰乱市场秩序的非法经营行为。”

[17] 参见欧阳本祺：《对非法经营罪兜底性规定的实证分析》，载《法学》2012 年第 7 期，第 119 页。

[18] 参见陈兴良：《寻衅滋事罪的法教义学形象：以起哄闹事为中心展开》，载《中国法学》2015 年第 3 期，第 265 页。

[19] 参见陈兴良：《口袋罪的法教义学分析：以以危险方法危害公共安全罪为例》，载《政治与法律》2013 年第 3 期，第 2 页。

[20] 参见张明楷：《避免将行政违法认定为刑事犯罪：理念、方法与路径》，载《中国法学》2017 年第 4 期，第 37 页。

[21] 参见刘艳红：《法定犯与罪刑法定原则的坚守》，载《中国刑事法杂志》2018 年第 6 期，第 60 页。

上的实质评价，认定的犯罪必须违法、有害、有责。[22] 在实践中，法定犯的定罪，必然涉及刑事违法性的认定问题。但难题在于，法定犯具有变动性，刑事违法性的判决依据与基准具有不确定性。法定犯的刑事违法性之判断，直接决定罪与非罪的界限，更反映了罪刑法定原则的实际贯彻程度。（3）空白罪状与“违反国家规定”的认定。空白罪状是因应非刑法立法的发展性而存在的，但对罪刑法定原则也是一种“消解性”体现，有弱化“明确性”的作用，使罪状的认定处于可能突破罪刑法定原则的边缘。以“违反国家规定”的理解为例。“违反国家规定”客观上对明确性原则有双重要求，既是“开放性表述”并预留了适用空间，也要求“严格解释”以防止“违法”。立法总是相对滞后的，使解释“违反国家规定”成为不得已之举，是否符合罪刑法定原则的争议客观存在。例如，在《刑法》第338条规定的污染环境罪中，“违反国家规定”的含义不明确，直接影响了该罪设置的合理性与可操作性。[23] 在大变革时代，由于立法规范供给能力下降，明确性原则的司法适用面临前所未有的调整，对“违反国家规定”这种空白罪状之表述，由于处在法定犯扩张背景下，又由于涉及刑事违法性之认定，往往容易突破罪刑法定的边界。（4）扩张解释与类推解释的混同。在刑法适用的过程中，刑法解释的标准和限度问题，一直都处于决定刑法解释是否正当、合理以及有效的最前端。其中，扩张解释作为激活并充实刑法规定的常态做法，其与类推解释的界限一直都是实践中的难题[24]，处理不当的结果就是滑向类推制度的老路子。例如，对于刑法中的“性交行为”是否包括“口交”“鸡奸”“手淫”等特定形式之理解，不仅影响实践中对卖淫行为的理解，也涉及对强奸行为的理解。又如，关于网络财产性利益的刑法性质问题，一直纷争不下，不少学者主张，我国刑法中的财物完全能够涵盖虚拟财产这一财产性利益的概念以及对具有财产价值的虚拟财产应当按照财物予以刑事保护[25]；将虚拟财产解释为刑法上的财物不会侵害国民的预测可能性而且没有违反罪刑法定原则[26]；但也有学者认为，网络财产性利益同时兼具刑法中的财产与网络数据的性质[27]。不同的解释结论及其纷争，不仅显示扩张解释与类推解释的区分难题，也暗示禁止类推解释的“乏力”一面。（5）从旧兼从轻

[22] 参见阮齐林：《刑事司法应坚持罪责实质评价》，载《中国法学》2017年第4期，第57页。

[23] 参见田国宝：《我国污染环境罪立法检讨》，载《法学评论》2019年第1期，第165页。

[24] 参见冯军：《论刑法解释的边界和路径——以扩张解释与类推适用的区分为中心》，载《法学家》2012年第1期，第63页。

[25] 参见陈兴良：《虚拟财产的刑法属性及其保护路径》，载《中国法学》2017年第2期，第146页。

[26] 参见张明楷：《非法获取虚拟财产的行为性质》，载《法学》2015年第3期，第12页。

[27] 参见孙道萃：《网络财产性利益的刑法保护：司法动向与理论协同》，载《政治与法律》2016年第6期，第43页。

原则的适用。我国刑法立法处于明显的活性发展态势，而且刑事司法解释处于密集颁行的状态，贯彻从旧兼从轻原则是“大规模”司法适用现象，司法解释的溯及力问题便是焦点。按照从旧兼从轻原则，即使导致量刑畸轻，也不得以不符合罪刑相适应原则为由，采取更重的规定。[28]例如，《刑法修正案（九）》针对贪污罪、受贿罪增设了终身监禁制度，与总则中的死缓变更规定之间，引发了从旧兼从轻原则的理解与适用问题。根据1997年《刑法》第12条的规定，对《刑法修正案（九）》生效之前的贪污罪、受贿罪，不应当适用终身监禁的规定[29]。如果依据修订前《刑法》第383条第1款第1项的规定，应当判处死刑立即执行，而后认为修正后的《刑法》第383条第4款所规定的判处死缓，附随终身监禁，不得减刑、假释，更符合犯罪人情况的，当然也可以使终身监禁新规具有溯及力，这也符合从旧兼从轻原则。刑法立法始终在发展，实践中违背从旧兼从轻原则的个别现象是存在的，司法机关应依法纠正。

（二）适用刑法人人平等原则的司法贯彻与偏离

适用刑法人人平等原则，是近现代社会所推崇的平等价值在刑法典中的反映。法律平等是社会主义法治的一项重要原则。“平等”不是“等同”，“等同”也未必是“平等”，法律面前不平等与不平等的法律亦不同。[30]适用刑法人人平等原则是绝对与相对的统一，它允许和包容区别对待与差异化处理。

1. 司法贯彻

从司法实践看，在适用刑法人人平等原则的指导下，司法机关一直努力根据刑法典的规定依法办案，在实质平等与区别对待之间谋求最佳的结合点。主要表现为：

（1）特殊主体的区别对待。刑法主体身份的差异，决定了在平等原则下，应当进行必要的区别对待，以真正实现适用刑法的实质平等效果。择要而言：一是未成年人。对未成年人的限制处罚，是基于其刑事责任能力相对不足的考虑。与成年人的差别化待遇，才是真正的平等适用。例如，《刑法修正案（八）》规定了前科消灭制度，随后《刑事诉讼法》（2012年修订）规定了犯罪记录封存制度；在死刑适用、缓刑适用上，也予以特殊照顾。二是老年人。按照《刑法修正案（八）》的规定，对已满75周岁的老年人的死刑，采取基本上不适用的立场；在缓刑适用上，予以特殊照顾。三是孕妇。根据《刑法》第49条的规定，审判的时候怀孕的妇女不适用死刑。四是军人。按照《刑法》第449条的规定，对符合

---

[28] 参见张明楷：《终身监禁的性质与适用》，载《现代法学》2017年第3期，第77页。

[29] 参见商浩文、赵秉志：《终身监禁新规法理争议问题论要》，载《现代法学》2017年第4期，第166页。

[30] 参见李步云、刘士平：《论法律平等》，载《湖南社会科学》2004年第5期，第34页。

一定条件的犯罪军人，规定了“战时缓刑”制度。五是国家（机关）工作人员。对国家（机关）工作人员实施的一些犯罪，往往予以从重处理。（2）共同犯罪人及其刑事责任分担的区别对待。在共同犯罪中，绝非简单的“二人以上”犯罪问题，不同的共同犯罪人的地位与分工各有差异，各自的危害行为及其结果表现不一。因此，区分共同犯罪人的类型及其刑事责任边界，是共同犯罪定罪处罚的重要难题，也是贯彻适用刑法人人平等原则的重要内容。但是，胁从犯的立法意义有所递减，适用范围明显不足；正犯、主犯与从犯的区分，在网络犯罪领域较难掌握[31]。这些都说明在共同犯罪中，进一步优化平等适用确有现实需要。（3）正当防卫、紧急避险的价值优位。正当化事由是对包括正当防卫等一系列正当行为或情状予以“合法化”的制度依托，意在强调“正邪不两立”与“充分的优位保护”等价值取舍立场。正当防卫是公民行使防卫权的行为。1997 年《刑法》第 20 条第 1 款明文规定正当防卫的行为，不负刑事责任。在司法实践中，正确划分正当防卫与防卫过当以及一般犯罪之间的界限极其复杂。[32] 尽管如此，规定正当防卫制度并确认公民的正当防卫权，不仅在不法侵害与合法防卫之间作出了价值判断，也在不法侵害人与防卫人之间作出了切割，是更为实质的平等。同时，紧急避险制度在合法利益之间，优先保护更大的利益。它不仅反映刑法在避险人、第三人的保护问题上作出差别的安排，也赋予紧急避险人按照“法律理性人”行事的法律依据。[33] 对危害行为与正当行为的“差异对待”，是适用刑法人人平等的重要体现。（4）民生的刑法保护。在党和国家的领导下，以人民为中心思想成为新的行动纲领。当代刑法作为社会治理的重要手段，肩负保障社会和谐、保障民生、保护弱势群体利益等新任务。刑法机能重点关注民生并强调保障民生、改善民生，这使法律制度处于新的挑战下，“民生刑法”现象正是这一时代发展的必然要求。[34] 在此语境下，民生刑法反映了当代刑法侧重保护民生内容的专属性与特定安排，彰显适用刑法的区别对待基本精神，在特定历史背景下更接近实质正义。

2. 司法偏离

有学者指出“同行为不同（定）性、同罪不同罚、罪刑不均衡”等司法不公

---

[31] 参见于志刚：《共犯行为正犯化的立法探索与理论梳理——以“帮助信息网络犯罪活动罪”立法定位为角度的分析》，载《法律科学》（西北政法大学学报）2017 年第 3 期，第 83 页。

[32] 参见陈兴良：《正当防卫如何才能避免沦为僵尸条款——以于欢故意伤害案一审判决为例的刑法教义学分析》，载《法学家》2017 年第 5 期，第 89 页。

[33] 参见高铭暄：《中华人民共和国刑法的孕育诞生和发展完善》，北京大学出版社 2012 年版，第 201–202 页。

[34] 参见卢建平：《加强对民生的刑法保护——民生刑法之提倡》，载《法学杂志》2010 年第 12 期，第 10 页。

问题，有违宪法上的平等原则，背离了平等保护法益的原则。[35]在刑事司法实践中，适用刑法人人平等原则的偏离现象确实存在，如过去常议论的贪污罪与盗窃罪等的追诉数额标准存在巨大差距、“无能力赔偿”作为交通肇事罪的追诉情节等问题。

当前，主要表现为以下问题：（1）单位与自然人犯相同罪的处罚均衡问题。在经济犯罪领域，当单位与自然人实施相同的犯罪，对单位犯罪的按照双罚制论处的，直接负责的主管人员与其他责任人员被判处的刑罚，往往明显低于自然人犯罪的刑罚，这是有失公允的做法。[36]这种明显“不对等”的做法，可能造成放纵单位犯罪的直接责任人员的风险。认识偏差是症结所在。“人人平等”不能局限于自然人，而应当理解为刑法主体，应包括单位。（2）非公有制经济的平等保护问题。非公有制经济的刑法保护不足，在经济发展与全面深化改革的背景下越发凸显。2018年11月，习近平总书记在民营企业座谈会上指出，纪检监察机关在履行职责过程中，有时需要企业经营者协助调查，既要查清问题，也要保障合法的人身和财产权益，保障企业合法经营。对一些民营企业历史上曾有过的一些不规范行为，要以发展的眼光看问题，按照罪刑法定、疑罪从无的原则处理，让企业家卸下思想包袱，轻装前进。这为依法保护非公有制经济和民营企业家的合法权益指明了方向。司法实践中要明确政策与法律的边界，澄清司法机关介入的底线，更要强调“平等保护”的底线要求。但这项工作仍有很大的作为空间。

（三）罪责刑相适应原则的司法贯彻与偏离

在我国罪责刑关系的刑法学体系下，罪责刑相适应原则的司法贯彻有着得天独厚的条件，也取得了喜人的成绩，但也有个别的偏离。

1. 司法贯彻

罪责刑相适应原则的司法贯彻，核心任务是在定罪、归责与量刑三个动态的基本范畴之间，实现内容、价值、功能以及体系的前后呼应与协调一致。

罪责刑相适应原则的司法贯彻，集中表现为以下几个方面：（1）报应性司法模式、恢复性司法模式以及预防性司法模式的交替发展。近现代刑法体系在实践层面的运行，可以概括为报应性司法模式，罪行是前提，追究刑事责任是基本活动，刑罚的报应是目的。这与罪责刑相适应原则是契合的，反映了最朴素的刑法正义观。随着域外恢复性司法理念的传播，我国也在逐步探索刑事和解制度，《刑事诉讼法》（2018年修正）正式确立了认罪认罚从宽制度，逐渐孕育了恢复性司

[35] 参见于改之、吕小红：《刑法解释中平等原则的适用》，载《比较法研究》2017年第5期，第87页。

[36] 参见孙道萃：《单位犯罪成立范围“法定”原则的逻辑证伪与立法超越——以“〈刑法〉第30条的解释”为切入点》，载《江苏大学学报》（社会科学版）2017年第1期，第70页。

法模式[37]。在恢复性司法模式中，虽然定罪、归责、量刑等核心要素均有所“柔化”或“缩减”，但仍未从根本上动摇罪责刑相适应原则及其所推崇的正义、公正价值。在风险社会背景下，网络犯罪、人工智能犯罪等新因素增量，预防性刑法观呈发展趋势[38]，刑罚的积极一般预防功能得到重视[39]，但仍然是对罪责刑相适应原则的进一步发展。（2）人身危险性、行为人刑法、预防性刑法的有益摄入。仍在争议中的人身危险性的刑法意义及其作用，已然涉及犯罪、刑事责任以及刑罚的重要内容，体现了对行为人的刑法学意义的重视，对罪责刑相适应原则的贯彻具有积极的拓展意义。当前，立足人身危险性而展开的有关行为人刑法的讨论则更进一步，并在立法中有所体现，譬如《刑法修正案（九）》将一些预备行为予以实行行为化[40]。在此大背景下，关于预防性刑法的倡导与实践也被理论界不少人所认同。[41] 这些新情况的出现，不仅为罪责刑相适应原则增加了新元素，也为其司法贯彻与指导意义的发挥提供了新的舞台。（3）定罪与量刑的诉讼程序分离。[42] 长期以来，重定罪轻量刑是刑事司法实践中的“顽疾”。这不仅剥离了实体法与程序法之间的紧密联系，违背刑事一体化的实践逻辑；也导致“头重脚轻”的结构性弊端，忽视量刑的地位和作用，不利于充分实现刑罚的目的和功能，在根源上不利于实现“定罪”的预期目标。定罪量刑活动的“人为合一”以及过度侧重定罪的“偏离”现状，对罪责刑相适应原则的负面作用是明显的。《刑事诉讼法》（2012 年修正）明确规定了独立的量刑程序，倒逼实体法与程序法更理性地区分定罪与量刑及其功能配置关系。这无疑对进一步贯彻和落实罪责刑相适应原则提供了更好的制度环境。量刑地位的提高，不仅提升刑罚作为末端范畴的反思性、批判性能力，也迫使罪责刑关系的流程趋于“双向反馈与多项交互”。（4）量刑规范化改革。罪责刑相适应原则在终端的落脚点是量刑结果与罪责一致。量刑活动应当遵循规范化的基本原则，努力实现相对的“同案同判、类案类判”。规范量刑活动并将量刑纳入法庭审理程序是人民法院第三个五年改革纲要的重要内容。《人民法院量刑指导意见（试行）》和《人民法院量刑程序指导意见（试行）》

---

[37] 参见樊崇义：《2018 年〈刑事诉讼法〉修改重点与展望》，载《国家检察官学院学报》2019 年第 1 期，第 3 页。

[38] 参见周光权：《积极刑法立法观在中国的确立》，载《法学研究》2016 年第 4 期，第 23 页。

[39] 参见孙道萃：《积极一般预防主义的理论逻辑与中国话语》，载《河南财经政法大学学报》2016 年第 2 期，第 76 页。

[40] 参见车浩：《刑事立法的法教义学反思——基于〈刑法修正案（九）〉的分析》，载《法学》2015 年第 10 期，第 3 页。

[41] 参见高铭暄、孙道萃：《预防性刑法观及其教义学思考》，载《中国法学》2018 年第 1 期，第 166 页。

[42] 参见陈瑞华：《论相对独立的量刑程序——中国量刑程序的理论解读》，载《中国刑事法杂志》2011 年第 2 期，第 3 页。

正是落实改革的重大举措，对改变现行刑罚制度的粗放性、提升法官量刑的科学性和精细化及确保量刑的公平公正等方面都具有重大的意义。[43]2011 年，最高人民法院正式出台《人民法院量刑指导意见》[44]，并对其进行持续性的修正与完善，各地也纷纷出台实施细则，为我国量刑规范化提供了直接、全面和具体的“操作指引”。这无疑是发挥罪责刑相适应原则指导刑罚裁量活动的生动体现和保障条件。

2. 司法偏离

在罪责刑相适应原则的司法化贯彻中，也存在以下较为突出的问题：（1）罪刑关系实践的内在协同不足。在罪刑关系的实践内部，犯罪与刑罚之间的协同性不充分：在犯罪概念与刑罚概念之间，缺乏直接有力的作用通道，到底谁决定谁，谁制约谁，并不十分明确。定罪与量刑之间仿佛也缺乏衔接的机制。这种宏观层面的偏离，既可能助长一些司法惯性的加剧，如重定罪轻量刑、量刑根据不完整、量刑基准不统一等；也可能使一些良性的运作机制陷入困境，如以刑制罪的思维及其实践不足、宣告刑与罪质轻重的均衡性有偏差[45]等。（2）刑事责任的司法化不足。在罪责刑三个基本范畴中，刑事责任范畴的研究与实践是相对薄弱的环节。[46]从罪责关系的角度看，“犯罪构成是决定刑事责任的唯一（法律）根据”[47]长期占据刑法认识论的高地。由于刑事责任的司法化机制不足，导致罪责关系的发展不均衡，刑事责任如何反应犯罪并作用于刑罚的重大问题有待明确。基于刑法学的“体系性思考”，应肯定刑事责任范畴与罪责关系命题的理论意义与现实价值，兼顾静态研究与动态研究并强化动态研究，特别重视刑事责任的动态归责体系的理论建构，及时关注恢复性刑事责任观念与预防性刑事责任观念的新近变化，充实刑事责任范畴的实体内涵，延续刑法理论的生命力。[48]同时，从责刑关系的角度看，刑事责任对刑罚适用的指引功能虽是理论共识，但具体实现机制相对模糊。[49]（3）刑罚结构与刑罚体系的终端供给乏力。犯罪范畴的地位凸显，而刑事责任范畴的司法化相对不足，共同使刑罚范畴的地位与内容处于相对“弱势”状态；同时，刑罚范主要是被动服务于前端范畴，对刑罚执行等后端缺乏足够的

[43] 参见高憬宏、黄应生：《积极稳妥推进量刑规范化改革》，载《法律适用》2009 年第 8 期，第 2 页。

[44] 参见戴长林、陈学勇：《量刑规范化改革与实践》，载《法律适用》2011 年第 9 期，第 53 页。

[45] 参见白建军：《中国民众刑法偏好研究》，载《中国社会科学》2017 年第 1 期，第 143 页。

[46] 参见高铭暄：《论四要件犯罪构成理论的合理性暨对中国刑法学体系的坚持》，载《中国法学》2009 年第 2 期，第 5 页。

[47] 参见陈兴良：《从刑事责任理论到责任主义——一个学术史的考察》，载《清华法学》2009 年第 2 期，第 6 页。

[48] 参见孙道萃：《罪责关系的当代命运》，载《云南社会科学》2016 年第 2 期，第 114 页。

[49] 参见孙道萃：《罪责刑关系论》，法律出版社 2015 年版，第 267 页。

关注。这导致犯罪与刑事责任等前端范畴的变化，与刑罚执行等后端的新情况并不一致；而刑罚结构、刑罚体系以及刑种等末端要素的“滞后不前”，引发刑罚范畴的制度供给能力不足。尽管《刑法修正案（八）》[50]《刑法修正案（九）》[51]已经开始从立法上扭转刑罚范畴之修改相对滞后的被动局面，但总体上仍未触及刑罚范畴的根本问题，刑罚体系、刑罚结构的调整尺度与效果仍有待深挖。从罪责刑关系的动态结构与运行看，刑罚范畴的优化与完善，是保障罪责刑相适应原则落到实处的基本动能。

四、刑法基本原则的司法指导之完善

在大变革时代，刑法基本原则的司法化能力有待提升。这要求首先澄清司法实践中造成偏离现象的原因，摆正认识论基础。同时，从宏观上予以疏解，围绕三大基本原则的特质，逐一“精准”改良与升级。

（一）司法偏离的现实原因及其制度性消解

对于刑法三大基本原则的司法偏离问题，要追根溯源地进行反思，以求对症下药。进而，从思想认识、基本观点等角度，有效清除实践中的负面因素和阻力。

1. 导致偏离的原因

导致刑法基本原则的司法指导功能出现偏差与误区的原因，主要有：（1）以基本原则指导司法的意识薄弱。从刑法三大基本原则的立法溯源看，其立法价值更侧重宏观层面，既服从于国家刑法立法的基本规律，也服务于依法治国的基本方略，以及满足政治、经济、文化等需要。这从本源上造就一种固化的认识：刑法基本原则是刑法典的基本纲领，但似乎不具体指导司法实践，立法者也并未预设指导司法实践的原意与赋予其能力。如此一来，容易使刑法基本原则的司法化意识偏于不足、甚至阙如。在实践中，刑事判决书几乎不援引《刑法》第3条、第4条、第5条作为判决依据，无疑是最直白的反映。（2）刑法基本原则的司法化能力培育不足。刑法学理层面的基本原则，其司法化潜质相对而言不是重点，立法层面的宣示意义往往才是重点。但立法层面的基本原则，不应止于立法原意的宣示意义，也包括释放指导司法实践的基础功能，盘活整个刑法典的适法价值。但在我国适法框架下，刑法基本原则似乎给人不能直接作为适法依据的印象，客观上限制了司法化能力的体认与培育。在实践中，司法机关未能主动培育刑法基本原则的司法化能力体系，逐渐禁闭了该项潜能的成长与发挥。当刑事司法实践出现涉及罪责刑层面的疑难问题，不首选刑法基本原则作为说理机制，而优先考虑刑事政策的宽严相济精神等路径，无疑在一定程度上反映了刑法基本原则司法化能力的不足或失衡。（3）与刑事政策的关系有时不协调。刑法适用与刑事政策

[50] 参见黄太云：《〈刑法修正案（八）〉解读（一）》，载《人民检察》2011年第6期，第5页。
[51] 参见赵秉志：《中国刑法的最新修正》，载《法治研究》2015年第6期，第5–19页。

的理解紧密联系，刑法是刑事政策不可逾越的藩篱，刑事政策蕴含指导刑法运作的功能。[52] 在刑法实践中，刑事政策是指导刑法适用的基本影响因子，刑法基本原则的司法化无法绕道而行。通常而言，刑事政策的刑法化涉及立法与司法层面，司法层面集中于刑法解释等问题[53]。在实践中，刑事政策的司法化，容易滋生政策替代法律、政策过度扩张等问题。既可能突破罪刑法定原则，也可能引发“过于严厉”的治理倾向。例如，三次“严打”已经暴露了该问题[54]。2018 年 1 月，中共中央、国务院《关于开展扫黑除恶专项斗争的通知》要求：政法各机关坚持依法严惩、打早打小、除恶务尽，始终保持对各类黑恶势力违法犯罪的严打高压态势。正在进行的扫黑除恶斗争中，严厉、高压的雷霆之势，既有“打早打小”的积极旨趣，如果不谨慎，也有可能使“宽严相济”偏离正确的方向。“扫黑除恶”不能脱离犯罪学原理，不能抛弃犯罪治理与有效控制的基本理念。（4）对刑法立法解释、司法解释体系的不当依赖。在刑法适用问题上，除了刑法典之外，刑法立法解释、司法解释大量存在，成为“隐性”的刑法典实施细则。在刑法规范的理解与适用上，基于“立法定性 + 司法定量”的模式等因素，立法解释、司法解释在很大程度上取代刑法典，成为司法机关及人员直接依赖的“操作细则”。这在一定程度上架空了刑法典的地位与司法适用价值。更甚的是，不能完全杜绝立法解释、司法解释有背刑法典的规定，冲破刑法基本原则的现象。例如，如何处理法无明文规定的单位犯罪，一直以来是我国刑事立法与司法关注的重点，该问题经历了无罪论到有罪论的发展变化与理论争议。按照单位犯罪的立法解释[55]，刑法领域法无明文规定的单位犯罪作为有罪对待，是对刑法规范的消解，迁就了功利主义与实用主义，但违背了规则主义与法实证主义。[56] 这涉嫌违背罪刑法定原则的“明确性”原则。而有罪论的做法，难免成为诟病“有罪类推”的新标靶。同时，关于交通肇事罪的司法解释[57]，客观上确立了过失共同犯罪的司法规则，与总则的规定相冲突，也涉嫌违背罪刑法定原则。（5）刑法解释体系的运用有所偏差。在刑法基本原则的司法化过程中，刑法解释是重要的实现通道。刑法解释需要考虑的因素纷繁复杂，基本原则的指导作用可能因此流于形式，也可能因司

[52] 参见卢建平：《刑事政策与刑法关系论纲》，载《法治研究》2011 年第 5 期，第 24 页。

[53] 参见陈兴良：《刑法的刑事政策化及其限度》，载《华东政法大学学报》2013 年第 4 期，第 4 页。

[54] 参见贾宇：《从“严打”到“宽严相济”》，载《国家检察官学院学报》2008 年第 2 期，第 150 页。

[55] 《全国人民代表大会常务委员会关于〈中华人民共和国刑法〉第三十条的解释》（2014 年）。

[56] 参见刘艳红：《“规范隐退论”与“反教义学化”——以法无明文规定的单位犯罪有罪论为例的批判》，载《法制与社会发展》2018 年第 6 期，第 95 页。

[57] 参见《最高人民法院关于审理交通肇事刑事案件具体应用法律若干问题的解释》（2000 年）第 5 条第 2 款和第 7 条。

法化能力培育不足而削弱刑法基本原则的司法化效能及其结果。

2. 负面因素的一般性消解

对于刑法三大基本原则的司法化不足问题，从一般性层面看，可以从以下几个方面着手解决：（1）强化刑法基本原则指导刑事司法的办案理念。观念是行动的先导，对于刑法基本原则的性质而言，既要强调其纲领性、全局性、贯穿性等基本特征，凸显基本原则在刑法典中的基础地位；也要充分肯定基本原则的司法指导意义，激活刑法基本原则的司法化能力，防止刑法基本原则被“束之高阁”。刑法基本原则可以自主释放其价值导向，通过指导刑事司法实践是其基本“输送”方式。不断完善基本原则的司法化能力建设是一项重要工作。（2）强化基本原则的法律援引与说理机制。从目前的刑事司法大数据看，鲜有刑事判决书援引刑法基本原则作为定罪量刑依据的做法。这是我国刑法三大基本原则司法化不足的真实写照。之所以刑法基本原则可以指导刑事司法实践，其优势在于，相比具体的罪责规范，它可以提供基础性、本源性的说理机制，对个案正义、类案处理以及“大是大非”等问题，可以输出“立法精神”的支撑。这不仅可以补强刑事判决说理机制的内容，也可以避免直接触发基本原则与具体规定的正面冲突。因而，以刑法基本原则的说理功能为导向，可以丰富并优化刑法基本原则的司法指导途径。（3）强化刑法立法解释、司法解释的合法性审查机制。刑法立法解释、司法解释发挥重大的适法功能，弥补了立法规定的滞后性、不完整性、不精细化等缺陷，功不可没。但解释中一些具体内容，存在突破刑法典规定的嫌疑，必然与刑法基本原则相抵牾。为了从源头上强化刑法基本原则指导司法实践的合法性与正当性，可以围绕基本原则的统领地位，建立合法性审查机制。凡与基本原则相冲突的立法解释、司法解释当中的规定，可以借助基本原则的说理机制，禁止援引作为司法适用的依据，以强化合法性基础。（4）摆正刑法基本原则与刑事政策的理性关系。刑法适用不完全是刑法典的“演绎”，而要解决与案件相关的所有因素。这既是刑事政策应当导入的缘由，也是刑事政策指导刑法适用的难点。刑法基本原则是“立法精神”的忠实载体，在功能导向上与刑事政策的立意不谋而合。但刑事政策的张力呈开放性，在结果上具有显著的功利导向和应急性等问题。刑法基本原则对刑事司法的指导，应当是在刑法典的适用与刑事政策的指导之间，设置一道“调节器”并实现理性交汇，互联互动式地起着指导刑事司法实践的作用。

（二）刑法基本原则司法指导功能的具体完善

刑法三大基本原则在内容上各有千秋，相互构成一个整体。在进一步完善刑法基本原则的司法指导能力、水平及效果上，需要因地制宜，具体问题具体分析。

1. 罪刑法定原则的司法化纠偏与完善

针对罪刑法定原则在司法实践中的误区与问题，应从以下几个方面予以完善：（1）保持刑法典的持续修正态势。罪刑法定原则及其内容跟随时代的进步而发展。罪刑法定原则的合法性、有效性，是在立法变革与内容更替的变迁中得以保障的。例如，明确性原则是立法原则与司法原则，而司法中的明确性原则必须保持发展的姿态，在不同方面保持与时俱进。[58] 回顾地看，改革开放以来的刑事立法经验之一，就是积极保持刑法典的适时修改与完善，夯实刑法典的时代生命力与适应能力。[59] 罪刑法定原则的首要内涵是明确性原则，在全面推进依法治国的背景下，适度灵活的刑法立法不仅是保障明确性原则的前提，也是发挥罪刑法定原则指导司法实践的基础。而且，刑法典的持续完善，是克制类推定罪、防止重罪重罚溯及既往等偏差的良方。当前，仍应以“刑法修正案”这一常态模式，推进刑法典的可持续性完善。而且，应特别推进新的立法任务：一是刑事责任范畴的立法化。1997 年《刑法》对刑事责任范畴的立法作出了尝试，但显然不足。特别是在动态的刑法运作过程中，刑事责任的立法薄弱已经暴露诸多问题。既是罪刑法定原则的“内在缺失”，也是罪责刑相适应原则指导司法适用的“本体软肋”。基于罪责刑关系的基本结构，应当专章或专节规定刑事责任范畴，对刑事归责体系及其要素等予以明确化。二是网络犯罪时代已经到来，并逐步成为主要的犯罪形态。针对传统刑法规范供给不足问题，应当推动刑法立法对网络犯罪的更大关注，提高刑法典应对新型犯罪的能力与水平。[60] 三是人工智能技术及其应用的迅猛发展，已经开始挑战当代刑法体系及其立法规定的有效性，并涉及犯罪、刑事责任和刑罚三大基本范畴[61]。关于人工智能时代的立法完善，已经有人提出增设滥用人工智能罪、人工智能产品事故罪等新罪名的构想[62]，也包括增设删除数据、修改程序、永久销毁等刑罚措施的设想[63]。（2）刑法解释的新课题与理性应对。罪刑法定原则的司法指导意义，既主要取决于立法层面的明确性原则，也取决于个案的定罪量刑活动没有脱离刑事法治精神的边界。在刑法适用的过程中，为了探究“罪”与“刑”的“法定”，以刑法解释为常态的刑法适用活动全程覆盖，是理解、认知与实现罪刑法定原则的基本途径。在变动不居的时代，扩张解释的运用及其风险克制问题尤为凸显。在适用刑法规定时，当刑法规定的不

---

[58] 参见张明楷：《明确性原则在刑事司法中的贯彻》，载《吉林大学社会科学学报》2015 年第 4 期，第 25 页。

[59] 参见赵秉志：《改革开放 40 年我国刑法立法的发展及其完善》，载《法学评论》2019 年第 2 期，第 17 页。

[60] 参见孙道萃：《网络刑法知识转型与立法回应》，载《现代法学》2017 年第 1 期，第 117 页。

[61] 参见孙道萃：《人工智能对传统刑法的挑战》，载《检察日报》2017 年 10 月 22 日，第 3 版。

[62] 参见刘宪权：《人工智能时代的刑事风险与刑法应对》，载《法商研究》2018 年第 1 期，第 3 页。

[63] 参见卢勤忠、何鑫：《强人工智能时代的刑事责任与刑罚理论》，载《华南师范大学学报》（社会科学版）2018 年第 6 期，第 116 页。

够明确、具体，但社会危害性客观存在，解释限度究竟是“限制”还是“扩张”，对解释结论有直接的影响。对于传统犯罪，应严格限制解释；对于网络犯罪等新型犯罪，则可以适度扩张解释。在网络犯罪背景下，运用扩张解释激活传统罪名的网络化适用能力，已经被公认为是较为可取的做法。[64] 但应警惕的是，要防止此举在实践中可能异化为类推解释或新的兜底罪名。

2. 适用刑法人人平等原则的司法化纠偏与完善

适用刑法人人平等原则的司法指导功能仍遇到不少阻力，从平等价值的实质有效看，仍需作出以下完善：（1）坚守区别对待与遏制“例外的一般化”。适用刑法的平等原则，必然要求区别对待。“一刀切”是不切实际的朴素“平均主义”，只能是形式而非实质的平等。区别对待作为对实质平等的一种通俗表述，是指在刑法适用过程中，应当允许特殊的例外情况出现，在一般性之外容忍特殊性的存在。但在实践中，特殊的例外作为实质平等的应然内容，也可能在操作中异化为“一般性的例外”，从而打破“特殊的例外”与“一般的普通”之间的良性关系。这种“例外的一般化”做法，从根本上违背了区别对待的本意，是一种新的不平等，对刑法适用而言是危害极大的。（2）超越主体身份的“平等适用”之旧区域，深挖适用平等的新领域。按平等适用的逻辑看，往往首先指向主体身份差异，1997 年《刑法》也确实着力于此。但是，刑法适用的平等还有广阔的领域有待开拓。例如：一是地域差异的平等。我国幅员辽阔，民族众多，各地经济发展水平不一，风俗习惯有异。刑法典在不同地域的适用，应坚持实质的平等，注重合理的差异对待，如授权各地设定财产犯罪的追诉标准。二是不同管辖权的平等。我国作为世界第二大经济体，正在深入推进全面改革开放，与全球经济紧密联系，对外交往日益扩大。在属地管辖、属人管辖、保护管辖原则的适用上，贯彻落实平等保护是一项新的挑战。三是经济主体的平等保护。当前，党和国家高度重视非公有制经济、民营企业家的刑法保护，因为它是平等适用刑法的薄弱环节。在全面建设小康社会与实现中华民族伟大复兴的宏伟目标下，刑法平等保护非公有制经济、民营企业家的合法权益，应当成为平等原则在刑事司法实践中的新生板块。

3. 罪责刑相适应原则的司法化纠偏与完善

罪责刑相适应原则的司法贯彻所遭遇的现实阻击，既有内因的掣肘，也有外部环境的干扰。应从以下几点进行优化：（1）激活并完善刑事责任的司法化机制。罪责刑相适应原则是罪责刑关系作为我国刑法学体系核心标志，在基本原则层面的集中体现。罪责刑相适应原则的司法贯彻，必然取决于罪责刑关系的动态化运

---

[64] 参见张明楷：《网络时代的刑事立法》，载《法律科学》（西北政法大学学报）2017 年第 3 期，第 69 页。

作。从定罪到归责到量刑的动态流程看，定罪与量刑是传统司法的基本活动，有其独立且成熟的司法运行体系。相比之下，刑事责任范畴的司法内涵及其归责体系相对薄弱。既表现为刑事责任的内涵并不明确或过于抽象，以至于显得空洞，客观上降低了罪责刑相适应原则的本体要素及其科学基础；也表现为刑事归责的动态体系，在协调罪责关系、责刑关系以及呼应罪刑关系上，仍有不少问题，无法使罪、责、刑之间实现可视化的相适应过程，实现功能相互协同的相适应结果。因此，应当从理论上充实刑事责任范畴的本体内容，建构动态的刑事归责体系，彻底打通刑事责任的司法化机制，确保罪责刑相适应原则的内部要素与结构趋于完整与协调。（2）树立和发展罪责刑均衡理念。罪责刑相适应原则作为基本原则，在司法指导上，因涉及刑法学体系的三大基本范畴，所需解决的关系协调、功能配置等问题非同寻常。由于一些配套制度的不到位，如罪责刑的内容不协调、刑事归责不详尽等，以至于在司法环节显露了一定的“司法适用空间有限”的隐忧，并集中反映为“相适应”的具体化陷入困境。在“相适应”的目的达致问题上，之所以出现“无所适从”的制度困境，是因为缺乏刑法理念的配套、刑法机制的衔接。进言之，罪责刑相适应原则的司法化，旨在实现罪责刑三大基本范畴之间的均衡性，以及刑法公正价值。将罪责刑均衡作为罪责刑相适应原则在司法环节的终极目标，不是取代罪责刑相适应原则，而是为其司法指导意义指明坐标，也回应罪责刑关系作为刑法学体系核心内容在价值层面的追求。譬如，将罪责刑关系作为刑法解释的对象[65]，蕴含罪责刑均衡作为目标取向的意图，对解决刑法解释的目的及限度等问题，具有非常积极的指导意义；同时，罪责刑均衡理念的树立，也必然消解罪刑均衡的内在缺陷，突显重视行为人的刑法学意义[66]，是对行为人刑法、风险时代刑法的有益体认。（3）推进罪责刑关系及其内涵的与时俱进。在风险社会，近现代刑法遭受前所未有的冲击，立法者已经通过刑法修正案的方式予以回应，以期有效缓解刑法规范供给不足的现实挑战。[67]这已经鲜明地传递罪责刑关系作为刑法学体系的核心内容，在风险社会时代，应当积极变革，增加新的元素，剔除不适宜的内容。实际上，网络犯罪时代的到来、人工智能技术及其应用的加速发展，使推动罪责刑关系的时代发展变得尤为迫切。概言之，需要对传统刑法体系中的犯罪概念、刑事责任概念、刑罚概念，作出网络化与智能化的前瞻性调试。目前，网络刑法立法已然启动，为罪责刑关系注入新的元素，也为罪

---

[65] 参见孙道萃：《论罪责刑关系作为刑法解释对象》，载《中国刑事法杂志》2013年第4期，第8页。

[66] 参见郑延谱：《从罪刑均衡到罪责刑相适应——兼论刑法中“人”的消隐与凸显》，载《法律科学》（西北政法大学学报）2014年第6期，第52页。

[67] 参见赵秉志：《中国刑法立法晚近20年之回眸与前瞻》，载《中国法学》2017年第5期，第47页。

责刑相适应原则的司法指导意义提供了新的素材与方向。今后，不仅要继续推动网络化的修正，还要兼顾智能化的修正，确保罪责刑相适应原则在发挥司法指导功能之际，不至于因理论学说、规范依据的滞后而陷入被动。

五、结语

在很长一段时间，刑法理论体系下的基本原则，一旦被立法化并纳入刑法典后，往往就认为“大功告成”，殊不知仍是“未竟”的实践。我国刑法三大基本原则的司法实践及其指导意义，虽是刑法典自觉面向实践的最重要内容，却并不理所当然地充分“贯彻”，实际情况仍有不少问题。在刑事司法实践走向日益精细化作业的时代，充分发挥刑法基本原则的司法指导功能具有极其重要的意义。刑法基本原则指导刑事司法实践，有其一套自成体系的法理基础、运作机理以及具体措施，而且三大基本原则各有千秋。应当提升司法实践的意识与能力，围绕三大基本原则的一般与具体机制，从宏观与微观层面，深度落实指导意义的展开。

（本文曾发表于《国家检察官学院学报》2019 年第 5 期）

谨防刑法过分工具主义化

谢望原

德国学者塞缪尔·普芬道夫（Samuel Pufendorf，1632—1694）曾经指出：人可以认识自己在生活中遇到的繁纷复杂的客体，人也有能力计划自己将来的行为，使其行为符合特定的模式和目的，并推导出行为的结果；人区别于兽类的是意志。[1] 总之，人和动物的根本区别就在于，人的一切行为都是合目的性的，而动物的举动却不具有目的性。所以，人们通过立法和司法的创造活动，就是要设计并获得有效管理社会的法律制度，同时期望达到这一创造活动所要得到的结果——即追求实现特定的价值目标，亦即完成特定的立法与司法保护目的。但是，当今社会立法与司法过分工具主义化的倾向却不能不引起人们的重点关切。而在刑法立法和刑事司法领域，刑法被越来越工具主义化更是令人深感不安。人们有理由担心——如果刑法过分工具主义化，必将导致国家刑罚权恶性膨胀，而公民的个人权利与自由就会随之萎缩。本文拟通过简要梳理法律工具主义与非工具主义、刑法工具主义与非工具主义以及探讨刑法过分工具主义化的基本表现，从而试图为国家如何防止刑法过分工具主义化抛砖引玉。

一、法律工具主义与非工具主义

研究中国法律史的学者曾经尖锐地指出：在传统的中国社会历史中，法律只不过是治理国家的工具之一，并不具有至尊性。古代封建王朝的法律一方面是威吓民众的武器，另一方面又具有明确统治权限、控制官吏擅断的功能，因此世俗皇权常常凌驾于法律之上，所谓圣王制法，也就是法自君出，这种法律从属于权力的特点，使得中国传统社会呈现出一种明显的“大政小法”格局，法律被要求服从并服务于政治……法律不是中立性、普遍性和自治性的规范，它的发布只是为了实现政府的目的……法家虽然崇尚非道德化、非人格化的客观法律，反对国君对法律的恣意破坏，但法家对法律的态度同样是工具主义的，只不过他们认为法律是一种比道德、礼治更具实效的工具而已。[2] 可见，在中国法文化传统中，法律工具主义源远流长，国人似乎很少会怀疑法律的工具主义本质。

---

[1] 参见［德］塞缪尔·普芬道夫：《人和公民的自然法义务》，鞠成伟译，商务印书馆2010年版，第60–63页。

[2] 参见林乾、罗洪启：《法言：中国古代法治箴言》，党建读物出版社2016年版，“序言”，第5–8页。

不仅如此，即便是在西方法文化传统里，法律工具主义（legal instrumentalism）也是大行其道。西方法律工具主义认为：法律是一种实现人们个人利益或者支持其个人和组织利益和政策的有力工具。换言之，今天的人们普遍认为："法律是一个能够承载人们欲望的容器，是可以被操控、施行和利用以实现一定目标的工具。"[3] 根据美国学者布莱恩·Z. 塔玛纳哈（Brian Z.Tamanaha）的研究，"几乎所有如今流传的、关于法律的主要理论和实证观点都是在 20 世纪 60 年代和 70 年代发展而来，或根植于这一时期，并用工具主义术语来定义法律。……这些学说都将其核心观点建立在'法律是实现目的的手段'这一基础上。"[4] 诚如德国学者鲁道夫·冯·耶林（Rudolph von Jhering）所言："法律不应该被看作是一种普通法文化的产物，[5] 也不是抽象的法律原则或概念，而应该被看作是被个人或组织运用以实现各自目标的工具。"[6] 易言之，法律只不过是达到目的的手段。

尽管如此，在学说史上，关于法律的本质，还是存在非工具主义的立论。

早在古罗马时期，西塞罗（Marcus Tullius Cicero，公元前 106 年 1 月 3 日—公元前 43 年 12 月 7 日）就指出：事实上存在一种符合自然的、适用于一切人的、永恒不变的、真正的法——正确的理性。这个法通过自然的命令鼓励人们履行他们的责任，又通过自己的禁令制止人们为非作歹。它的命令与禁令总是对善良的人们有影响，对恶人并不奏效。用人为法来削弱它，在道义上永远是不正当的。[7] 不仅如此，西塞罗的伦理学和法学思想还明确将公正与功利区别开来，他认为，如果一切以是否有利来衡量，那么法律会遭到任何一个人的蔑视与破坏；区分好的与坏的法律只能凭借自然标准，自然不仅区分合法与非法，而且区分高尚与丑恶。[8] 西塞罗这里所言实际上乃是自然法的本质属性。

如果将法律非工具主义的思想作一概括，其基本观点就是：在某种意义上，法律的内容是既定的；法律无所不在；法律的制定过程并非创制而是发现；法律具有某种自治性和内在的一致性；在某种程度上，法律是客观确定的；法律代表了一种约束每个人的预定秩序；法律与信仰有关，而且法律是一门理性的科学；法律有其自身的目的，即实现公平与正义。总之，法律不受制于任何人的意志，

[3] ［美］布赖恩·Z. 塔玛纳哈：《法律工具主义：对法治的危害》，陈虎、杨洁译，北京大学出版社 2016 年版，第 1 页。

[4] 同注 3，布赖恩·Z. 塔玛纳哈书，第 165 页。

[5] 耶林这里实际上是针对英国普通法而言的。在爱德华·柯克爵士（Sir Edward Coke，1552—1634）看来，理性是普通法的灵魂，不符合理性的东西就不是法律，理性还是法律的生命。所以那个年代的法律，就是指普通法。参见［英］托马斯·霍布斯：《哲学家与英格兰法律的对话》，姚中秋译，上海三联书店 2006 年版，第 3 页。

[6] 同注 3，布赖恩·Z. 塔玛纳哈书，第 90 页。

[7] 参见徐大同总主编：《西方政治思想史》（第一卷），天津人民出版社 2006 年版，第 437–438 页。

[8] 同注 7，徐大同总主编书，第 439 页。

也不维护任何人的特定利益，它是全社会的法律。[9]

但是，作为一种法学思潮，法律非工具主义观到了20世纪30年代，就逐渐衰落了。[10] 时至今日，似乎很少有人怀疑法律的工具主义的本质属性，因为，无论是立法还是司法，人们毫无疑问是为了通过立法或司法活动来到达某种目的。但是尽管如此，一些有识之士还是敏锐地指出："完全的工具主义法律观会破坏我们的法治"，[11] 而这将使"法律体系正处于越来越不像一个法律体系的危险之中"。[12] 为了避免法律工具主义走向极端，美国学者 P.Nonet 和 P.Selznick 通过名为"Law and Society in Transition：toward Responsive Law"的专题研究，提出并论证了"压制型法"（repressive law）、"自治型法"（autonomous law）与"回应型法"（responsive law），继而主张应该在法律工具主义的立场上推行"回应型法"的理念与政策。[13] 但其主张的法律观仍然是法律工具主义。

二、刑法工具主义及其过分工具主义化体现

（一）刑法工具主义和非工具主义

所谓刑法工具主义（Criminal legal instrumentalism），就是刑法上的法律工具主义，或者说就是把刑法的本质解释为——刑法只不过是国家用以达到特定功利目的的法律工具或手段。用耶林的话来说就是——"将法的目的描述为法和国家源自自身的动力"。[14] 刑法工具主义乃是刑法目的理论或功利主义在刑法方面的体现。刑法学说史上，同样存在刑法非工具主义和工具主义之争。

以德国哲学家康德为代表的古典刑罚报应论者认为，刑罚的本质就是绝对报

[9] 参见注3，布赖恩·Z.塔玛纳哈书，第15–16页。国内有学者将法律非工具主义观归纳为："法律是先验存在的，是永恒不变的；法律是客观的，而不是人类意志的产物，也不代表任何人的利益；法律具有自治性和整体性；法律是被发现的，而不是被创造的。"焦海博：《法律信仰的神话：美国工具主义法律观研究》，清华大学出版社2017年版，第30页。

[10] 同注3，布赖恩·Z.塔玛纳哈书，第26–27页。

[11] 同注3，布赖恩·Z.塔玛纳哈书，第349页。

[12] 同注3，布赖恩·Z.塔玛纳哈书，第319页。

[13] 关于 P.Nonet 和 P.Selznick 的思想，可参见［美］诺内特、塞尔兹尼克：《转变中的法律与社会：迈向回应型法》，张志铭译，中国政法大学出版社1994年版。有学者对该书提出的三种类型法律观做了归纳：压制型法和回应型法在总体上是工具主义的。压制型法在现实中主要对应的是国家主义的法律工具论，在另一层面上，则对应的是一种一元主义的法律工具论——即法律所反映和体现的是单一性的利益或利益的集合，只为一种（阶级的或集体的）主体服务。回应型法则要求所有的法律均须符合正当的目的原则，因此，其所体现的利益和调整的对象必定是多元的和变动的。回应型法更加注重作为主体的个体之间的实质上的公平或正义。而自治型法在总体上不是法律工具主义的，它更符合形式的或逻辑的法律标准，更强调法律的绝对权威和稳定性，因而在一定程度上是僵硬的。这种法律在本意上一般是善的，但常常不是符合实质正义的。肖明明：《法律的工具性与目的性》，载《人民法院报》2015年2月6日。

[14] 参见［德］冯·李斯特：《论犯罪、刑罚与刑事政策》，徐久生译，北京大学出版社2016年版，第4页。

应，或者等害报应甚至同态复仇。他坚决反对把人作为“手段”（means）来加以处罚，而强调刑罚仅仅是对犯罪的报应而别无其他欲求——在康德看来，刑事处罚永远不可以仅仅作为促进另一种善的手段而为了犯罪者本人或者为了公民社会来实行，在任何时候，惩罚都只能是因为犯罪人犯了罪才能施加于他，故而“罪过”（guilt）乃是充分且必要的动用刑罚的条件，而不必考虑什么功利；相反，无论能够带来何种好处，故意惩罚一个无辜的人，都是道德和法律上所不能接受的。[15] 这显然是一种典型的、彻底的刑法非工具主义法哲学立场。而刑法非工具主义之所以如此排斥刑罚功利目的，则是为了追求刑罚的绝对公正和正义。

虽然康德具有刑法非工具主义典型特质的古典报应论刑罚思想早就受到了学术界的批判——“哲学家们认为，古典报应思想是孤立的、不合理的，缺乏可操作性，主要着眼于过去并且很残忍，这是个人和国家（即古典报应刑论的抽象个人主义）这种观念性道德关系的核心缺陷”，[16] 但是，当代学者中大力倡导刑法非工具主义的仍然不乏其人——美国学者 Michael S.Moore[17] 教授就坚定地指出：刑法的效用就是通过处罚所有且只有那些因为实施了某种道德过错行为而且具有道德可谴责性的人来获得报应的正义。Moore 的这一法哲学立场被英国刑法学家 Antony Duff[18] 教授称之为“彻底的非工具主义的、内在主义的刑法目的解释论——刑法没有超越其自身的目的，刑法没有超越处罚那些因其不道德行为而具有可谴责性者的目的”。[19]

不过，如同法律非工具主义被法律工具主义所淘汰一样，刑事古典学派所主张的刑法非工具主义的天真幻想，很快被以弗兰茨·冯·李斯特（Franz Ritter von Liszt，1851—1919）等为代表的刑事社会学派的目的刑思想所取代。李斯特指出：在人类文化史的初始阶段，刑罚乃是国家对社会成员所实施的危害社会行为的盲目的、本能的、原始的、不受目的思想决定的一种反应；但是，后来的刑罚特征逐渐发生了变化：经验启发人们理解刑法的目的性，由于有了目的思想，刑罚方有其度；刑罚的前提条件（犯罪）及其内容得到了发展；在目的思想统治

[15] 参见［美］杰弗里·墨菲：《康德：权利哲学》，吴彦译，中国法制出版社 2010 年版，第 147–148 页。

[16] ［英］艾伦·诺里：《刑罚、责任与正义》，杨丹译，中国人民大学出版社 2009 年版，第 5 页。

[17] 现为美国伊利洛伊大学（University of Illinois）法学院 Charles R. Walgreen, Jr. 讲席教授，是当代美国著名刑法学家。

[18] 现为美国明尼苏达大学法学院 Russell M. and Elizabeth M. Bennett 卓越讲席教授，曾长期在苏格兰 University of Stirling 任教，他在 1996 年当选爱丁堡皇家学会会员（a Fellow of the Royal Society of Edinburgh），2004 年成为英国科学院院士（a Fellow of the British Academy），并在 2008 年获得奥斯陆大学名誉法学博士学位。

[19] See Antony Duff, Theories of Criminal Law, Stanford Encyclopedia of Philosophy, 14 May, 2013, https://plato.stanford.edu/entries/criminal-law/，最后访问时间：2018 年 2 月 20 日。

下，刑罚权属于刑法范畴；未来的任务在于，将已经开始的发展进一步推向前进；将对犯罪的盲目反应转变为符合目的之法益保护。[20] 与李斯特同时代的另一位德国学者卡尔·宾丁（Karl Binding，1841—1920）则认为，刑罚的唯一的法根据应当是它的符合目的性。[21] 换言之，在德国刑法学者看来，作为刑法范畴的刑罚，就是国家设计用来保护法益的，国家正是通过创制刑法、施行刑法，从而有效保护国家和社会的整体利益与公民的个人利益。这就意味着，刑法必然或者应当追求功利目的，这是再自然不过的事情。

其实，Antony Duff 也认为，如果我们面对刑法的工具主义观点，我们也许会认为工具主义的某些解释可能是正确的；一旦我们有了刑法制度，即使我们认为必须以报应的字眼来证明刑罚的正确性，仅仅是为了谴责和惩罚非道德行为而应创立和维护整个刑法大厦的想法似乎并不合理；至少现代刑法制度之目的的核心部分，必定是通过防止各种引起侵害的行为来保护公民免遭各种危害。[22]

问题在于，国家有权通过制定刑法将相关严重危害社会的行为犯罪化，通过刑事司法活动打击与防范犯罪，国家却不可以滥用刑法逮捕和关押公民并将其随意定罪处罚，如果国家为了达到某种功利目的而将刑法过分功利化，即过分工具主义化，那么，国家与社会的整体利益和公民的个人权利与自由均将受到损害。[23] 因此在我看来，Antony Duff 教授的这一主张是极其正确的："不能遵从这样的观点——工具主义的效用乃是唯一维持刑法制度的肯定正当理由。"[24]

（二）刑法过分工具主义化之体现

1. 立法上的体现

刑法过分工具主义化在立法上的体现就是过度犯罪化（over criminalization）。所谓过度犯罪化，根据美国学者 Sanford Kadish[25] 教授的权威解释，如果用刑法强行推行道德准则（如把同性恋、堕胎、赌博、吸毒犯罪化），如果用刑法来强制社会与商务管理（如将公开醉酒等犯罪化）以及用刑法赋予警察额外的控制社区

---

[20] 参见注 14，李斯特书，第 6 页。

[21] 同注 14，李斯特书，第 3 页。

[22] 参见注 19。

[23] 这也就是德国学者耶林广为流传的名言"刑罚乃双刃剑，用之不当，则国家与公民两受其害"的实质所在。

[24] 参见注 19。

[25] Sanford Kadish 教授（1921.9.7—2014.9.5）是一位著名的美国刑法学者，曾经参与起草影响深远的《模范刑法典》（Model Penal Code）。

的权力（如禁止流浪等），这就是刑法（犯罪）过度化。[26] 而牛津大学 Vinerian 英国法讲席教授[27]Andrew Ashworth 则认为：如果刑法超出了其合理功能的范围，如果刑法与行政法的适当界限得不到遵守，这就是刑法过度化。[28] 综合前述两位教授的观点，所谓过度犯罪化，就是指国家用刑法去管了那些不该用刑法管理的事务，也就是说，立法者把从一般法社会情感来看本来不应该规定为犯罪的行为，却通过刑法立法将其规定为犯罪，而这样做，立法者就是要通过过度犯罪化来达到严格管控社会的特定功利目的。

过度犯罪化一直是近些年来国内外刑法学术界所关注的刑法立法动向。由于过度犯罪化一方面过分扩大了国家的刑罚权，另一方面大大压缩或侵蚀了公民的个人权利与自由，因而受到学者们的尖锐批评。美国学者胡萨克（Douglas Husak）教授曾批评美国的刑事立法：显然，我要说，今日之美国，我们使用了太多的刑罚，我们规定了太多的犯罪；我们过度地使用刑罚，我们过度地犯罪化了。[29] 英国学者虽然没有像胡萨克教授那样公开严厉地批评国家过度犯罪化，但他们的研究也指出：在布莱尔（Blair）先生担任英国首相期间（1997—2007），英国议会通过的制定法就增设了 700 多个罪名，[30] 而根据《斯通法官手册》（*Stone's Justices' Manual*）的记载，英国大约有 7200 个罪名，学者们对如此众多的罪名也颇多微词。也许正因如此，Andrew Ashworth 教授大声疾呼：“反对这样的观念是正确的——刑法只不过是立法者为了进一步追求实现任何目的而可以运用的另一个工具。”[31]

中国的刑法立法无疑也存在过度犯罪化问题。有学者指出：“虽然这些年来我国刑事案件发案数量激增与经济社会的转型具有密切关系，但是大量刑事案件的出现与修订刑法过程中过度犯罪化具有一定的相关性。”[32] 另有学者指出，从我国刑法修正案立法情况来看，“它们无不以扩大国家刑罚权力、缩小或限制公民之自由为内容。这体现了我国刑事立法仍然在工具主义的轨道上前行，国权刑法的观念仍然深深根植在立法者的脑海中，民权刑法的观念离我们仍很遥远。在当

---

[26] See Andrew Ashworth，Conceptions of Overcriminalization，OHIO STATE JOURNAL OF CRIMINAL LAW，(Vol 5:407，2008）.

[27] Charles Viner 在 1755 年捐资 1.2 万英镑给牛津大学，用于奖励那些大师级学者。牛津大学据其愿望，设立了“Vinerian Professorship of Common Law”，后来一般称之为“Vinerian Professorship of English Law”。Andrew Ashworth 于 1997—2012 在牛津大学受聘该职位。

[28] 参见注 26。

[29] See Douglas Husak，Overcriminalization:The Limits of the Criminal Law，Oxford University Press，2008，p.4.

[30] See Card，Cross & Jones: Criminal Law，18th edition，Oxford University Press，2008，p.21.

[31] 参见注 26。

[32] 齐文远：《修订刑法应避免过度犯罪化倾向》，载《法商研究》2016 年第 3 期。

前我国社会转型经济急剧发展的时代背景下，纵或立法者能够找到诸多理由为刑罚权的扩张做辩护……刑法修正案所呈现的紧锣密鼓的犯罪化步伐就值得深刻反省。即或我国刑事立法层官员也毫不讳言地指出，当今我国刑法的犯罪化趋势已经占了绝对主导，‘刑法立法已成为我国立法活动中最积极、最活跃的一个方面。这种积极的立法不仅表现为立法活动的频繁，还表现在立法的内容的取向，在历次对刑法的修改中，基本上是增加罪名或加重对某些犯罪的刑罚。’”[33] 应当充分肯定，学者们的这些善意批评和提醒，是十分中肯的。

关于我国刑法立法的过度犯罪化，我认为主要表现在两方面：

其一，将治安违法（行政违法）行为升格为犯罪。

治安违法行为是指扰乱公共秩序，妨害公共安全，侵犯人身、财产权利，妨害社会管理，具有一定社会危害性，但尚不足以动用刑罚处罚的违法行为。与一些采取违法犯罪一元化的国家不同，我国对违法犯罪行为采取了二元化做法，即将违法犯罪行为区分为“违反治安管理处罚法的行为”和“违反刑法的行为”，对于前者应当依照《治安管理处罚法》处理；对于后者，应当依照《刑法》处理。虽然这种二元化区分和处理违法犯罪行为的做法在理论上招致过一些批评，[34] 但该做法作为一种有中国特色的法律制度受到多数学者和司法实务部门人士的肯定。这一制度的最大优点就在于它可以大大地降低犯罪化程度，从而减少国家刑罚权滥用的机会。但是，近些年来我国的刑法立法——特别是《刑法修正案（九）》（以下简称《修正案九》）中一个值得关注的问题，就是将某些本来应当由治安管理处罚法调整的行为纳入了刑法范围，从而有过度犯罪化之虞。

例如，《修正案九》第 31 条之中增设的“组织、资助非法聚集罪”（《刑法》第 290 条第 4 款）规定：“多次组织、资助他人非法聚集，扰乱社会秩序，情节严重的，依照前款规定处罚（即处 3 年以下有期徒刑、拘役或者管制）”，就存在过度犯罪化的若干弊端。分析如下：

（1）我国《宪法》第 35 条规定：“中华人民共和国公民有言论、出版、集会、结社、游行、示威的自由。”其中，“集会”“游行”“示威”都不可避免地要“聚集”。由于现实生活中我国公安机关绝大多数情况下不会批准公民的游行、示威（事实如此），这就会造成只要组织、资助没有获得批准的游行、示威，就属于组

---

[33] 刘艳红：《我国应该停止犯罪化的刑事立法》，载《法学》2011 年第 11 期。

[34] 如有学者认为：“我国对于一般违法行为与犯罪采用的是分开立法的模式。但是分开立法的基础并不是征表社会危害性的行为模式，而是实质的社会危害性。可是实质社会危害性的判断在大多数相对应的条文中缺乏明确的标准，所以不可避免地造成司法上的混乱与裁决结果的不均衡。而且这种混乱与不均衡在当前的这种立法模式下仅仅通过实质解释或司法解释难以得到有效地解决。”吴学斌：《治安管理处罚法与刑法的外在冲突与内在协调》，载《深圳大学学报》（人文社会科学版）2009 年第 6 期。

织、资助非法聚集，这就为成立本罪留下了无比巨大的可怕解释空间。不难看出，这一新增罪名将可能导致严重妨害公民行使某些宪法权利的不良后果。[35]

（2）对于此类行为，我国《治安管理处罚法》第23条已有明确的禁止性规定，没有必要将其犯罪化。该条规定："有下列行为之一的，处警告或者二百元以下罚款；情节较重的，处五日以上十日以下拘留，可以并处五百元以下罚款：（一）扰乱机关、团体、企业、事业单位秩序，致使工作、生产、营业、医疗、教学、科研不能正常进行，尚未造成严重损失的；（二）扰乱车站、港口、码头、机场、商场、公园、展览馆或者其他公共场所秩序的；（三）扰乱公共汽车、电车、火车、船舶、航空器或者其他公共交通工具上的秩序的；（四）非法拦截或者强登、扒乘机动车、船舶、航空器以及其他交通工具，影响交通工具正常行驶的；（五）破坏依法进行的选举秩序的。聚众实施前款行为的，对首要分子处十日以上十五日以下拘留，可以并处一千元以下罚款。"根据全国人大常委会法制工作委员会编写的《中华人民共和国刑法释义》对《刑法》第290条第4款的解释：该款的"组织"，是指组织、策划、指挥、协调非法聚集活动；这里的"资助"，则是指筹集提供活动经费、物资以及其他物质便利的行为；"非法聚集"，是指未经批准在公共场所集会、集结的行为。本款规定的"扰乱社会秩序"，是指造成社会秩序混乱，致使工作、生产、营业和教学、科研、医疗活动等受到严重干扰，甚至无法进行的情况。例如，致使机场、车站、码头、商场、影剧院、运动场馆等人员密集场所秩序混乱，……致使国家机关、学校、医院、厂矿企业等单位的工作、生产、经营、教学、科研、医疗活动等中断等。[36]可见，《治安管理处罚法》第23条的规定已经涵盖了该《修正案九》第31条第3款（刑法第290条第4款）规定的行为内容。

值得注意的是，在《修正案九》出台之前，原刑法已经规定了有关危害社会管理秩序和公共秩序的犯罪，如聚众扰乱社会秩序罪（原《刑法》第290条第1款）、聚众冲击国家机关罪（原《刑法》第290条第2款）和聚众扰乱公共场所秩序、交通秩序罪（原《刑法》第291条）等。应该说，这些犯罪已经与《治安管理处罚法》第23条的规定较好地衔接起来。有关学者在说明《修正案九》第31条修改《刑法》第290条并增设"组织、资助非法聚集罪"的理由时指出："当前，对于个人扰乱国家机关工作秩序的行为，只能依据治安管理处罚法的规定予以处罚。对于其中情节严重，致使国家机关工作秩序被严重破坏或者造成其他严

[35] 其实，为了打击与防范集会、游行与示威过程中可能出现的犯罪，《中华人民共和国集会游行示威法》第29条第1款以附属刑法的立法模式明确规定："举行集会、游行、示威，有犯罪行为的，依照刑法有关规定追究刑事责任。"同时，该条第2、3、4、5款专门规定了相关具体禁止行为。这说明更没有必要在刑法中专门再增设一个可能涉及游行、示威的新罪。

[36] 参见郎胜主编：《中华人民共和国刑法释义》（第6版），法律出版社2015年版，第513页。

重损失的，由于不符合‘聚众’的要件，也无法适用聚众扰乱社会秩序罪。从有效维护国家机关正常工作秩序的角度，确有必要对此种行为加以规制。……根据有关部门的建议，立法工作机关又提出增加规定多次组织、资助他人非法聚集，扰乱社会秩序的犯罪。”[37] 仔细分析，不难发现，这一解释恐怕难以作为增设“组织、资助他人非法聚集罪”（《刑法》第290条第4款）的正当理由。因为，“聚众”当然包括“组织聚集”的行为，也包括“资助聚集”的行为，换言之，“组织聚集”与“资助聚集”乃是“聚众”的“共同”范畴的行为，所以，如果行为人组织、资助他人非法聚集严重到足以扰乱社会管理秩序和公共秩序的程度时，根据行为人所实施行为的具体情况，对其按照相关危害社会管理秩序的共同犯罪（聚众扰乱社会秩序罪，聚众冲击国家机关罪，聚众扰乱公共场所秩序、交通秩序罪等）论处就可以了。

（3）从刑法谦抑性原则来看，将“组织、资助非法聚集”的行为，作为违反《治安管理处罚法》的行为来定性处罚已经足矣，没有必要对此类轻微违反法律的行为升格为犯罪。现行《刑法》第290条第4款增设的“组织、资助非法聚集罪”与《治安管理处罚法》第23条规定所不同者，主要体现在行为人的法律后果方面——对于前者，将其评价为犯罪，且要处3年以下有期徒刑，拘役或者管制；对于后者，则评价为行政违法，可处警告或者200元以下罚款；情节较重的，处5日以上10日以下拘留，可以并处500元以下罚款；对首要分子处10日以上15日以下拘留，可以并处1000元以下罚款。从我国违法犯罪二元划分的立场来看，由于组织、资助非法聚集的行为在原有法律框架下，即使不作为犯罪来处理，其行为人（首要分子）也要受到最高10日以上15日以下拘留，可并处1000元以下罚款，这就意味着行为人既要被剥夺最高15日的人身自由（与监禁刑无实质区别），又可能同时被剥夺1000元以下的财产权利（与罚金刑无实质区别），这较之于一些国家（特别是那些可以用罚金代替短期自由刑的国家）对于轻罪的处罚来说，我国对此类违法行为的处罚已经不轻了。

其二，新增了并非必要的犯罪。

《修正案九》第36条新增设的“泄露不应公开的案件信息罪（《刑法》第308条之一第1款）、公开披露、报道案件信息罪（《刑法》第308条之一第3款）”就是此一方面的适例。根据《刑法》第308条之一规定，新设立的该两罪是要禁止“司法工作人员、辩护人、诉讼代理人或者其他诉讼参与人，泄露依法不公开审理的案件中不应当公开的信息”，以及禁止有关人员（特别是媒体从业人员）“披露、报道不应公开的案件信息”。就我国司法制度而言，依法不公开审理的案

---

[37] 喻海松：《刑法的扩张：〈刑法修正案（九）〉及新近刑法立法解释司法适用解读》，人民法院出版社2015年版，第231页。

件分别有:(1)依据《刑事诉讼法》第183条规定，有关国家秘密或者个人隐私的案件，不公开审理；涉及商业秘密的案件，当事人申请不公开审理的，可以不公开审理；此外，审判的时候被告人不满18周岁的案件，不公开审理(《刑事诉讼法》第274条);(2)依据《民事诉讼法》第134条规定，涉及国家秘密和个人隐私的案件不应当公开审理，离婚案件和涉及商业秘密的案件，当事人申请不公开审理的，可以不公开审理；(3)依据《行政诉讼法》第54条规定，涉及国家秘密、个人隐私和法律有专门规定的案件不公开审理；涉及商业秘密的案件，当事人申请不公开审理的，可以不公开审理。从以上三大诉讼法的规定来看，不公开审理的案件(包括不得公开审理或经当事人申请可以不公开审理的案件)是因为涉及国家秘密、个人隐私(包括离婚案件涉及的婚姻家庭信息等，下同)、商业秘密、未成年人(犯罪)信息，所以为了有效保护相关利益，法律规定涉及这些内容的案件不公开审理，即不可以向社会公开国家秘密、个人隐私、商业秘密、未成年人(犯罪)信息。众所周知，不公开审理乃是诉讼程序法上的一个例外原则，与之相反的则是案件必须公开审理(判)的现代诉讼基本原则。之所以现代诉讼制度把公开审理(案件)作为一项基本原则，就是要全社会充分了解案件审理的信息，从而确保案件审理的公开性、公正性。所以，除上述涉及国家秘密、个人隐私、商业秘密、未成年人(犯罪)信息不可以随意泄露、披露或报道外，其他案件信息就没有禁止其传播的法理根据。更何况，现行刑法为了有效保护相关利益，早已规定了泄露国家秘密罪(《刑法》第398条)、侵犯公民个人信息罪(《刑法》第253条之一)、侵犯商业秘密罪(《刑法》第219条)等，如果相关人员泄露或者披露、报道了前列涉及国家秘密、个人隐私、商业秘密、未成年人(犯罪)信息，严重到有必要追究刑事责任的，完全可以分别按照前述三类犯罪来处理。[38] 其实，诉讼案件中除了涉及国家秘密、个人隐私、商业秘密、未成年人(犯罪)信息以外，除非法律法规有明确禁止性规定，还有什么是“不应

[38] 行为人泄露、披露、报道了国家秘密和商业秘密，按照泄露国家秘密罪和侵犯商业秘密罪论处，应该不会有争议。而对泄露、披露、报道个人隐私或者未成年人(犯罪)信息，是否可以按照侵犯公民个人信息罪论处，可能存在分歧。但在我看来,《刑法》第253条之一的规定完全包括了泄露、披露、报道个人隐私以及未成年人(犯罪)相关信息。侵犯公民个人信息罪的构成要件中有两个核心要素，一是“提供”，二是“个人信息”，而无论从词汇含义还是从理解习惯来看，将“泄露、披露、报道”解释为“提供”，以及将“个人隐私”和“未成年人(犯罪)信息”解释为“个人信息”，这无疑不存在任何障碍。根据《网络安全法》(2016)第76条第5项和2017年5月8日“两高”《关于办理侵犯公民个人信息刑事案件适用法律若干问题的解释》第1条规定:“个人信息”，是指以电子或者其他方式记录的能够单独或者与其他信息结合识别特定自然人身份或者反映特定自然人活动情况的各种信息，包括但不限于姓名、个人生物识别信息、身份证件号、通信通讯联系方式、住址、账号密码、财产状况、行踪轨迹等。可见，“个人信息”乃是一个含义极其丰富的概念。

当公开的信息”呢？[39] 难道还需要再一次重申——在信息爆炸的大数据时代，传播不应受法律管制的信息既是国民言论自由的法律权利，也是国家应当满足国民知情权的一种法律义务，国家完全没有必要以刑事处罚的方法来封锁并无保密价值的案件信息。

客观而论，与时俱进地适当扩大犯罪化范围，符合严密刑事法网，从而有效保护法益的社会发展要求，也有利于打击和预防犯罪，但问题在于，如果将一般违法行为（甚至并无违法可言的行为）过度犯罪化，无疑会导致社会防卫与人权保障之间的利益失衡，最终不利于公民权益的法律保障，因为在一个自由、民主的国度，法律——特别是刑法涉足社会生活越深、越广，就意味着公民所拥有的权利、自由愈小，其中也就愈潜藏着更大的侵犯人权的危险。[40] 因此，现行刑法立法的过度犯罪化趋势显然值得深刻反思。

不过，总体上来说，我国刑法立法上即使存在过度犯罪化问题，也远非英美两国刑法上过度犯罪化那么严重。中国的过度犯罪化——这里，实际上应当理解为“过分工具主义化”，值得高度关注的问题，乃存在于刑事司法层面。

2. 司法上的体现

刑事司法的过分工具主义化恐怕是现代各国所共同面临的法律难题。难怪有西方学者慨叹道：“相信法官能公正客观、不偏不倚地裁判案件，要么幼稚，要么错误”；[41] “法律面临被工具主义压倒的危险，正在不断地丧失生机”，“法律现在已被简单地视为一件工具，被只对谋求个人私利感兴趣的人所玩弄，而不再是贪婪和权力的枷锁。”[42] 毋庸讳言，刑法过分工具主义化这一问题在我国刑事司法中相当严重。其集中体现就是刑事司法裁量权和刑法解释的过分扩张。而究其原因，是我国长期以来更加重视对社会整体利益的保护而相对弱化了对公民个人权利与自由的保护，以及习惯上认为刑法是有效维护国家政治安全和社会稳定的首

---

[39] 全国人大法工委刑法室有关人员指出：“不应当公开的信息，是指公开以后可能对国家安全和利益、当事人受法律保护的隐私权、商业秘密造成损害，以及对未成年人的身心健康造成不利影响的信息。……也包括其他与案件有关的不宜为诉讼参与人以外的人知悉的信息，如案件实施细节、诉讼参与人在庭审时发表言论的具体内容、被性侵犯的被害人的个人信息等。对于未成年人犯罪案件，未成年犯罪嫌疑人、被告人的姓名、住所、照片、图像以及可能推断出该未成年人的资料，都属于不应当公开的信息。”（臧铁伟、李寿伟主编：《中华人民共和国刑法修正案（九）条文说明、立法理由及相关规定》，北京大学出版社 2016 年版，第 272–273 页。）显然，这些所谓“不应当公开的信息”，均已包含在国家秘密、个人隐私、商业秘密、未成年人（犯罪）信息之中了。虽然“案件实施细节、诉讼参与人在庭审时发表言论的具体内容”有的可能并非前面所说的那四类“信息”，但是，以刑法来禁止这样的信息传播，显然令人有“割鸡焉用牛刀”的遗憾。

[40] 参见游伟、谢锡美：《犯罪化原则与我国的“严打”政策》，载《政治与法律》2003 年第 1 期。

[41] 同注 3，布赖恩 · Z. 塔玛纳哈书，第 329 页及封底文字。

[42] 同注 3，布赖恩 · Z. 塔玛纳哈书，封底文字。

要工具这一思维定式所造成的。关于这一点，在司法上的体现就是把本来不该作为刑事案件处理的行为作为犯罪来处理。请看以下真实案例：

案例 1：陈某煽动颠覆国家政权案

甘肃省兰州市人民检察院（以下简称“公诉机关”）兰检公诉一诉［2012］120 号起诉书指控：2007 年 7 月至 2012 年 3 月，陈某在网易、搜狐、新浪等多家网站，用博客或微博发表、转载《向埃及人民学习，我们不想再忍受花言巧语的愚弄》《不当奴化教育的帮凶》《中国特色——领导创造思想》《抗拒民主和法制，全民族都是输家》《我在自己的祖国被自己的仆人欺负》等 34 篇文章。起诉书认为，陈某通过互联网攻击党和政府，诋毁、诬蔑国家政权与社会主义制度，其行为触犯了《刑法》相关规定，应追究其刑事责任。[43]

案例 2：张某宣扬恐怖主义、极端主义案

2016 年 9 月 4 日晚，张某在北京市昌平区回龙观半壁店一出租房内玩微信。当他使用“本·拉登”头像在某微信群聊天时，一个网友说了句“看，大人物来了”。于是，张某就顺着这句话，发了一句“跟我加入 ISIS”。2016 年 10 月 13 日，北京市昌平区公安分局依法传唤了张某，以其涉嫌宣扬恐怖主义、极端主义罪将其抓获归案。2017 年 5 月 22 日，北京市第一中级人民法院依法公开审理张某涉嫌“宣扬恐怖主义、极端主义罪”一案。6 月 13 日，该院审理认为，被告人张某法制观念淡薄，在 300 多人的公共微信群内以发布信息的方式宣扬恐怖主义、极端主义，其行为已构成宣扬恐怖主义、极端主义罪。鉴于其被抓获到案后能如实供述犯罪事实，且无违法犯罪记录，依法对其从轻处罚，但不能认定为情节轻微。最后，法院判决张某犯宣扬恐怖主义、极端主义罪，判处有期徒刑 9 个月，并处罚金 1000 元。[44]

案例 3：黄某非法利用信息网络案

被告人黄某通过语音在名为“穆斯林礼拜”的微信群（成员 100 人以上）中教他人做礼拜，也在名为“梁堡道堂文化学习”的微信群（成员 100 人以上）中讲解《古兰经》有关古尔邦节宰牲的内容。法院认为“黄某明知微信群里人数众多……在非宗教活动场所不能从事宗教活动，却私建微信群，进行讲经、教经等非法宗教活动，扰乱了正常的宗教活动管理秩序，违反了我国有关宗教事务管理的法律法规的规定……行为情节严重，社会危害性大，构成非法利用信息网

---

[43] 2012 年 12 月 14 日，被控“煽动颠覆国家政权罪”的兰州失业教师陈某收到法院裁定，兰州市中级人民法院准许检察机关撤回起诉，陈某重获自由。该案案情载 https://zhidao.baidu.com/question/1306059332738611019.html，最后访问时间：2017 年 10 月 7 日。

[44] 杨召奎：“一农民工因在微信群发表涉恐言论被判刑”，载 http://www.legaldaily.com.cn/society/content/2017-09/21/content_7325852.htm，最后访问时间：2017 年 10 月 9 日。

络罪”。[45]

对于案例1来说，公诉机关之所以将被告人陈某诉至法院，显然是基于最大限度地有效维护国家政权稳定的目的，把刑法作为有效工具用作打击与防范那些颠覆国家政权的行为。公诉机关的动机和其出发点也许并无不当，但是，它在做出起诉决定之前没有认真分析和把握案件事实，最终错误地将一个本来属于宪法保护的言论自由范畴的事实作为犯罪来处理，这就错误地滑向了刑法过分工具主义化的泥沼。我国《宪法》第35条明确规定，中华人民共和国公民有言论自由的权利；第41条规定，“中华人民共和国公民对于任何国家机关和国家工作人员，有提出批评和建议的权利”。这里所说的“言论自由”，包括国家应当允许公民发表一切法律所不禁止的言论自由；这里所说的“批评的权利”，包括国家应当允许并接受公民提出的一切法律所不禁止的批评意见。从涉案人陈某在互联网上发表的言论来看，虽然令有些人感到敏感或太刺激，但行为人毕竟没有故意或者恶意地攻击国家政治制度，更没有煽动颠覆国家政治制度和政权之主观目的。因此，当地执法机关将陈某的言论作为《刑法》第105条规定的“颠覆国家政权罪”来处理，显然严重失当。好在几经周折，公诉机关终于认识到自己的错误，做出了撤诉的决定，这无论是对被告人陈某本人还是对其他公民以及国家刑法的正确实施来说，该案的处理结果都是值得庆幸的。

就第二个案例而言，被告人张某就没有陈某那么幸运了。然而，令人深思的是：张某在网上也许不太恰当的言论，是否真的构成了宣扬恐怖主义、极端主义罪？据披露该案信息的《工人日报》报道，北京市昌平区公安分局查扣了张某的手机和电脑，发现除微信群发布的那句话外，张某没有其他关于恐怖主义的言论。[46]在我看来，如果《工人日报》披露的案情属实，则公安机关、检察机关以及法院对本案的处理和最后的判决，就是一个典型的将刑法过分工具主义化的错误实例。虽然我完全理解办案机关基于有效保护国家与公民不受恐怖主义犯罪侵害的良好动机和目的，但是，我实在不赞同以过分牺牲公民个人权利与自由的代价来为一个错误判决寻找堂而皇之的理由（对此，我将在本文第三部分分析说明）。

前引第三个案例，涉及宗教信仰自由的问题。我国《宪法》第36条规定，“中华人民共和国公民有宗教信仰自由。……国家保护正常的宗教活动。任何人不得利用宗教进行破坏社会秩序、损害公民身体健康、妨碍国家教育制度的活动”。因此，信仰宗教或者表达对宗教的信仰以及传播合法的宗教思想，受我国宪法和法律明确保护。本案中，黄某所实施的行为，是在名为“穆斯林礼拜”的微信群

---

[45] 新疆维吾尔自治区高级人民法院伊犁哈萨克自治州分院（2017）新40刑终78号刑事判决书。

[46] 同注44。

中教他人做礼拜，以及在名为“梁堡道堂文化学习”的微信群中讲解《古兰经》有关古尔邦节宰牲的内容。也就是说，黄某所做的只是利用信息网络传播了合法的宗教思想。而传播合法宗教思想乃是宗教信仰自由的重要内容，故此，无论是以传统方式还是以信息网络方式传播宗教思想，只要其内容合法，无论如何也不能因为其传播方式的改变而异化为犯罪！可见，当地法院认定黄某行为属于“在非宗教场所从事宗教活动”，违反了2004年《宗教事务条例》第12条[47]与第20条[48]规定，因而构成非法利用信息网络罪，这恐怕就是偏离刑法基本理论与罪刑法定基本原则的任意扩大刑法解释适用。如果对该案进一步深入分析，不难发现，当地法院认定黄某构成非法利用信息网络罪，显然是基于将《刑法》第287条之一规定的“违法犯罪”做了任意扩大解释，即将该条所说的“违法犯罪”解释为“泛指一切违法和犯罪”。按照此一观点，只要利用信息网络发布了虚假信息，即有可能构成非法利用信息网络罪。如果这样的逻辑能够成立，利用信息网络发布西游记或者聊斋志异的鬼神故事，都有可能构成非法利用信息网络罪——因为国家法律、法规禁止宣传封建迷信。这显然是毫无根据地扩大了非法利用信息网络罪的适用范围。其实，根据法律解释的一般原理，法律解释不能违背宪法规范的规定，即解释的结果应具有合宪性。其含义有二：其一，解释结论不得超出刑法用语可能文义的范围，超出可能文义范围的解释，就违反了法治国原则，因而是违宪的；其二，解释结论虽然在刑法用语可能文义之内，但与宪法精神相冲突，也是违宪的。可见，审理该案的法院将利用信息网络传播合法宗教的行为解释为“违法犯罪”，从根本上违反了我国《宪法》第36条的规定，因而是错误的。

三、如何防范刑法过分工具主义化

当今世界各国的刑事立法、刑事司法与刑法学者们共同面对的课题乃是——如何在国家或社会整体利益保护与公民个人权利与自由保护之间，找到一个适当的平衡点。然而，这个平衡点究竟在哪里？或者应当怎样来确定这个平衡点？这是一个极其难以回答的问题。就连专门研究“法律工具主义对法治的危害”（该书被誉为这10年来最重量级的法学理论教材）的著名美国学者布莱恩教授，也未能告诉我们“当为何为”，他也只是阐述了“当下的窘境”。[49]但是，这并不妨碍我们去探寻如何防止刑法工具主义的泛滥。这里，我谨提出一己之见。

---

[47] 条文内容为：“信教公民的集体宗教活动，一般应当在经登记的宗教活动场所（寺院、宫观、清真寺、教堂以及其他固定宗教活动处所）内举行，由宗教活动场所或者宗教团体组织，由宗教教职人员或者符合本宗教规定的其他人员主持，按照教义教规进行。”

[48] 条文内容为：“宗教活动场所可以按照宗教习惯接受公民的捐献，但不得强迫或者摊派。非宗教团体、非宗教活动场所不得组织、举行宗教活动，不得接受宗教性的捐献。”

[49] 参见注3，布赖恩·Z.塔玛纳哈书，封底，耶鲁大学法学院教授Robert W. Gordon的评论文字。

（一）坚守刑法乃最后手段立场

卢梭（Jean-Jacques Rousseau，1712—1778）曾经指出："刑法在根本上与其说是一种特别法，还不如说是其他一切法律的制裁力量。"[50] 所以很久以来，刑法一直作为"保障法"而存在——它应当是国家在处理社会矛盾时不得已的最后手段，亦即刑法乃是国家运用道德的、民事的、行政的等其他手段不能有效管理社会时，才可以动用的法律手段。虽然这一理念在学术层面已经达成广泛共识，但在刑法立法和刑事司法层面恐怕远未形成共同认识。[51] 特别是中国立法者，似乎总是认为刑法手段是解决社会矛盾的最好办法。自从1997年《刑法》修订以来，中国已经颁布10个刑法修正案，6个涉及刑法问题的决定（单行刑法），15个刑法立法解释，以及数以百计的刑事司法解释。其中新增罪名63个，修改完善罪名数十个。但是这种做法受到了一些学者的质疑。有学者指出："1979刑法颁布至今（实为1997年刑法修订以来，引者注），刑法以年均（每两年）一次的频率修改着，如此频繁的刑法修改，不但在古今中外刑法立法史上绝无仅有，而且在世界刑法立法史上，恐也无出其右。还有学者批评道，综观八部刑法修正案，新增罪名三十余个，它们无不以扩大国家刑罚权力、缩小或限制公民之自由为内容。我国应该停止以犯罪化为内容的刑事立法。"[52] 必须指出，这种偏爱以刑法手段治国的做法和理念是极其危险的。这正如另一位学者所言："崇尚刑法的情结和法律工具主义的价值观根深蒂固，把刑法当作有效对付和惩罚犯罪的灵丹妙药，一遇到社会失范现象，首先想到的就是动用刑法进行干预和调整，"[53] 但是，刑法的过度工具主义化很容易破坏罪刑法定原则和危及刑事法治乃至整个法治。

因此，国家立法机关理当回归刑事法治的本源，坚守刑事法治乃社会治理最后手段的底线，十分谨慎地进行刑法立法，只能将那些其他手段不能解决的社会矛盾交给刑法来处理，而切不可以"刑法万能论"的思维去过度犯罪化，更不能将"全面推进依法治国"错误地理解为"全面推进依刑法治国"。

（二）彻底贯彻执行罪刑法定原则

罪刑法定已经在1997年刑法修订时被确认为我国刑法的一项基本原则。但

---

[50] ［法］卢梭：《社会契约论》，何兆武译，商务印书馆2011年版，第70页。

[51] 美国学者胡萨克教授指出："现在，大约有210万美国人被监禁于各类监狱中，650万人处于美国刑事司法制度的监督之下。这个数字在民主管理国家实务的历史上是史无前例的。"（参见［美］道格拉斯·胡萨克：《刑法哲学》，谢望原等译，中国人民公安大学出版社2004年版，第二版序。）这说明美国似乎也认为刑事手段是一种不错的解决社会犯罪问题的好方法。

[52] 何荣功：《社会治理"过度刑法化"的法哲学批判》，载《中外法学》2015年第2期。说明：如果加上《刑法修正案》（九）和（十），新增罪名就更多了——《刑法修正案（九）》新增罪名20个，《刑法修正案（十）》新增罪名2个。

[53] 张建军：《最后手段性：现代刑法的基本理念》，载《光明日报》2014年9月17日，第15版。

是，法律上规定是一回事，司法实践中认真贯彻执行却是另一回事。李洁教授在其《论罪刑法定的实现》一书中指出："是否刑法中有罪刑法定的规定，就意味着罪刑法定的实现……刑法中规定罪刑法定并不意味着罪刑法定的实现，只是中国要实现罪刑法定的宣言，在中国现有状况下，罪刑法定的实现之路还相当漫长。"[54] 应当肯定，李洁教授之言实乃切中时弊的警世呼喊——一个不能回避的事实就是，我国刑事司法实践中存在诸多违背罪刑法定原则的问题。

前引第二个案例的定罪处罚，就是一个突破罪刑法定原则的实例。该案最值得质疑的就是——被告人张某的行为是否符合《刑法》第120条之三所规定的宣扬恐怖主义、极端主义罪[55]的构成要件？亦即认定张某构成宣扬恐怖主义、极端主义罪是否符合罪刑法定原则？对此，我持否定立场。分析说明如下：

所谓宣扬恐怖主义、极端主义、煽动实施恐怖活动犯罪，是指以制作、散发宣扬恐怖主义、极端主义的图书、音频视频资料或者其他物品，或者通过讲授、发布信息等方式宣扬恐怖主义、极端主义，或者煽动实施恐怖活动的行为。该罪无疑属于"恐怖活动犯罪"的范畴。根据《反恐怖主义法》第3条规定："本法所称恐怖主义，是指通过暴力、破坏、恐吓等手段，制造社会恐慌、危害公共安全、侵犯人身财产，或者胁迫国家机关、国际组织，以实现其政治、意识形态等目的的主张和行为。本法所称恐怖活动，是指恐怖主义性质的下列行为：（一）组织、策划、准备实施、实施造成或者意图造成人员伤亡、重大财产损失、公共设施损坏、社会秩序混乱等严重社会危害的活动的；（二）宣扬恐怖主义，煽动实施恐怖活动，或者非法持有宣扬恐怖主义的物品，强制他人在公共场所穿戴宣扬恐怖主义的服饰、标志的；（三）组织、领导、参加恐怖活动组织的；（四）为恐怖活动组织、恐怖活动人员、实施恐怖活动或者恐怖活动培训提供信息、资金、物资、劳务、技术、场所等支持、协助、便利的；（五）其他恐怖活动……"

被告人张某所涉及的行为，可能牵涉到是否属于前引《反恐怖主义法》第3条第2项规定的行为，即是否"宣扬恐怖主义"。考虑到《反恐怖主义法》和《刑法》的关系，前者属于宪法性质法律，后者属于部门法，故前者属于上位法，后者乃是下位法。在认定某一行为是否构成刑法规定的恐怖活动犯罪时，应当援引和充分考虑上位法——《反恐怖主义法》的相关规定。而根据《反恐怖主义法》第3条第1款关于恐怖主义的定义，"本法所称恐怖主义，是指通

---

[54] 李洁：《论罪刑法定的实现》，清华大学出版社2006年版，前言。

[55] 该条规定的犯罪完整称谓是"宣扬恐怖主义、极端主义、煽动实施恐怖活动犯罪"，本来是一个选择性罪名。因为涉案被告人没有煽动实施恐怖活动，故法院以"宣扬恐怖主义、极端主义罪"来定罪。

过暴力、破坏、恐吓等手段，制造社会恐慌、危害公共安全、侵犯人身财产，或者胁迫国家机关、国际组织，以实现其政治、意识形态等目的的主张和行为。”这就意味着，《反恐怖主义法》明确将恐怖活动犯罪规定为目的犯，即恐怖活动犯罪必须具有“实现其政治、意识形态等目的”，虽然刑法关于恐怖活动犯罪的具体法条（如第120条之三）没有规定作为主观构成要件的特定目的，但是，由于作为上位法的《反恐怖主义法》第3条第1款已经做出具体而明确的“目的”规定，那么，司法机关在认定被告人张某的行为是否成立宣扬恐怖主义、极端主义罪时，必须要求公诉机关举证证明张某具有“实现其政治、意识形态等目的”，或者说“实现其政治、意识形态等目的”乃是宣扬恐怖主义、极端主义罪的主观构成要件，只有行为人的行为满足刑法规定的构成要件时，才能认定构成犯罪。这是罪刑法定的应有之义。否则，仅凭一句搞笑或者恶作剧的“跟我加入ISIS”，恐怕就不能认定张某实施了宣扬恐怖主义、极端主义的行为。[56]

如果说张某案在认定上存在失误，这就是没有认真贯彻执行罪刑法定原则。其实，近些年来，媒体披露的有关被作为犯罪处理而事实上可能并不成立犯罪的案件并不少见。例如，谭某涉嫌煽动颠覆国家政权案——从2001年起，重庆师范大学副教授谭某花费三年多的时间对重庆长寿湖20世纪50年代的反右事件进行调查，在其调查研究尚未完成时，2002年他被当地公安机关以其涉嫌“煽动颠覆国家政权罪”而抓捕，他被指控“收集社会黑暗面”材料，在关押32天后，谭某被取保候审一年。[57]似乎无须论证，这种以刑事手段来对待和处理学术研究问题的做法，就是典型地打着维护国家政权稳定的旗号而将刑法极端工具主义化，而要避免这样的悲剧重演，就必须严肃认真地贯彻执行罪刑法定原则，对于那些根据罪刑法定原则不应当认定为犯罪的行为，就应该理直气壮地排除在犯罪之外！

（三）严格限制刑法解释

为了正确执行和适用刑法，最高人民法院、最高人民检察院制定了大量实体刑法方面的司法解释。应当肯定，这些刑事司法解释较好地促进了刑法的正确理解与执行。但是，在过去的刑法司法解释中，也存在一些不容忽视的过分工具主义化的问题。比如，2013年9月最高人民法院、最高人民检察院发布的《关于办理利用信息网络实施诽谤等刑事案件适用法律若干问题的解释》（以下

[56] 事实上，警方通过搜查张某的手机和电脑，发现除微信群发布的那一句话外，没有发现张某涉及任何其他关于恐怖主义的言行。

[57] 载朝阳生活之窗网，http://www.huatianhouse.com/guonei/20170930/627.html?from=singlemessage，最后访问时间：2017年10月10日。

简称《解释》）的某些条文，就有明显将刑法解释过分工具主义化的倾向。《解释》第5条第1款规定：“利用信息网络辱骂、恐吓他人，情节恶劣，破坏社会秩序的，依照刑法第二百九十三条第一款第（二）项的规定，以寻衅滋事罪定罪处罚”；第2款规定：“编造虚假信息，或者明知是编造的虚假信息，在信息网络上散布，或者组织、指使人员在信息网络上散布，起哄闹事，造成公共秩序严重混乱的，依照刑法第二百九十三条第一款第（四）项的规定，以寻衅滋事罪定罪处罚”。《解释》出台后，虽然有学者撰文认为该解释是“一个较为科学合理的刑法解释”，主张公共场所也包括网络空间，[58] 但是，更多的还是学术界的非议与批评。[59]

《解释》之所以受到诸多否定评价，是因为解释者为了追求有效管控网络言论和遏制谣言以及其他虚假信息的功利目的，而严重背离了刑法解释必须遵循的基本逻辑——不合理地把在“信息网络”上发表的一些言论等纳入“寻衅滋事罪”的范畴，从而不合逻辑地扩大了寻衅滋事罪的范围。分析说明如下：

首先，寻衅滋事罪是由1979年刑法规定的流氓罪分解而来，它的显著特点乃是危害行为与危害后果当场相继发生。如《刑法》第293条第2项规定：“追逐、拦截、辱骂、恐吓他人，情节恶劣的”，这是构成寻衅滋事罪的一个客观要件。该行为通常表现为在现实生活中，行为人当场（直接、当面）针对被害人实施“追逐、拦截、辱骂、恐吓”行为，其“情节恶劣”也表现在当场。现在的《解释》第5条第1款规定：“利用信息网络辱骂、恐吓他人，情节恶劣，破坏社会秩序的，依照刑法第二百九十三条第一款第（二）项的规定，以寻衅滋事罪定罪处罚”，这就是把发生在网络上的言词（虚拟空间的“辱骂、恐吓他人”）当作现实生活中当场发生的寻衅滋事行为，这显然不符合寻衅滋事只能发生在现实生活中“当场”的这一经验事实。换言之，寻衅滋事的实行行为只能当场针对被害人实施，这就好比强奸罪的实行行为只能针对被害人当场实施而不能在网络上实施一样。

其次，信息网络只是文字载体，与传统文字载体不同之处在于：传统的文字载体通常是报纸、杂志、书籍等纸质媒介，信息网络文字载体本质上以电子媒介为特征，除此以外，并无不同。如果说在信息网络发表“辱骂、恐吓他人”言论构成寻衅滋事罪，那么，在报纸、杂志、书籍等纸质媒介上发表同样言论是否也

---

[58] 曲新久：《一个较为科学合理的刑法解释》，载《法制日报》2013年9月12日。

[59] 如李晓明教授认为，信息网络与《刑法》第291条规定的聚众扰乱公共场所秩序、交通秩序罪所列明的公共场所的性质显然不同，其虚拟性与公共场所的现实场所和物质设施的基本内涵要求不符，将信息网络空间解释为公共场所，有类推解释之嫌。参见李晓明：《刑法：“虚拟世界”与“现实社会”的博弈与抉择——从两高“网络诽谤”司法解释说开去》，载《法律科学》2015年第2期；类似的批评观点，见张明楷：《刑法学》（第五版），法律出版社2016年版，第1065–1067页。

构成寻衅滋事罪？如果答案是肯定的，那么为什么前引司法《解释》仅规定“利用信息网络辱骂、恐吓他人”构成寻衅滋事罪，而不规定利用报纸、杂志、书籍等发表“辱骂、恐吓他人”言论构成寻衅滋事罪？

最后，《解释》第5条第2款规定实际上把信息网络空间解释成了“公共场所”。[60]那么，信息网络空间是否属于公共场所呢？答案无疑是否定的。诚如张明楷教授所言：“网络空间属于公共空间，但是，公共空间不等于公共场所。”[61]《刑法》第293条第1款第4项规定的公共场所特指供人活动的场所，其特点乃是现实生活中的人们（公众）可以自由出入，而信息网络空间无法成为人自由出入的场所，因为作为寻衅滋事侵害对象的人，其本身无论如何是无法进入信息网络空间的。

现行司法解释中，存在并非个别现象的未经严肃论证和思考的任意扩大犯罪范围的解释。这些解释以追求社会整体利益保护的最大化为目的，却事实上严重侵蚀了公民个人权利与自由。此外，在刑事司法实践中，一些司法官员也存在任意扩大解释刑法条文含义，并以自己并非正确的理解来适用刑法，把一些本来不该作为犯罪处理的言行作为犯罪来处理的情况，[62]其经验教训至为深刻，是值得认真反思的。

四、结语

无论是法律工具主义与非工具主义之争，抑或刑法工具主义与刑法非工具主义之辩，以及刑法过度工具主义化，均属于法哲学或刑法哲学的思辨范畴。在一定意义上也属于法律政策或者刑事政策讨论的范畴。其实，本文的研究基调正是奠基于一种法哲学或刑事政策的思考，联系我国的刑法立法与刑事司法实际，对刑法过分工具主义及其防范问题，做了若干研究。显然，刑法乃是维护国家政权稳固、保护社会整体利益和保障公民个人权利与自由的重要工具。因此，本文的学术立场不是要全面否定刑法工具主义，而是强烈主张防止刑法过分工具主义化。至于如何有效防止刑法过度工具主义化，本文也只是提出了一些未必完全成熟的设想。但是，从刑法立法和刑事司法两方面思考问题，积极探索有效防止刑

---

[60] 因为《刑法》第293条第1款第4项规定的寻衅滋事表现是：在公共场所起哄闹事，造成公共场所秩序严重混乱。

[61] 张明楷：《刑法学》（第五版），法律出版社2016年版，第1066页。

[62] 2006年发生在重庆的“彭水诗案”就是适例。基本案情：2006年8月15日，公务员秦中飞写了一条名为《沁园春·彭水》的短信，因内容针砭时弊而被以“诽谤罪”批捕关押，40余人牵连其中。秦中飞在2006年8月31日被公安机关带走关押，9月1日被刑事拘留，9月11日被执行逮捕，9月28日，变更为取保候审，总共关押29天。后来，在社会舆论的强大压力下，2006年10月24日，彭水县公安局对秦中飞宣布无罪释放。参见“搜狗百科·彭水诗案”，载http://baike.sogou.com/v7719713.htm?fromTitle=%E5%BD%AD%E6%B0%B4%E8%AF%97%E6%A1%88，最后访问时间：2018年2月20日。

法过分工具主义化的方略，这应该是避免刑法过分工具主义化首先要做的工作。对于立法者和司法者来说，切记250多年前卢梭的那句惊世名言无疑具有极其重要的意义："刑罚频繁总是政府衰弱或者无能的一种标志！"[63]

（本文曾发表于《法学家》2019年第1期）

[63] 同注50，卢梭书，第43页。

刑事政策对刑法理论的影响

谢望原

一、导言：刑事政策定义的不同解读

“刑事政策（Kriminalpolitik）”一词，18世纪末便在德国被使用，但现代意义上的“刑事政策”，始自德国学者Feuerbach（1775—1833）1803年的刑法教科书，[1]后来由H.W.E.Henke[2]和Liszt等诸多学者的推广，逐渐形成了现代刑事政策学。大陆法系刑事法学关于刑事政策的定义尽管表述五花八门，但总体上可以划分为“二定义说”与“三定义说”。[3]英美法系刑事法学中并没有大陆法系刑事法学意义上的刑事政策这一术语。因此，在一些著名的英美法律词典——如美国的Black's Law Dictionary和英国的The Oxford Companion to Law中，都没有关于刑事政策的专门词条。但是英美刑事法学者经常使用criminal policy或crime policy以及penal policy。不过，他们所探讨的criminal policy或crime policy一般是指犯罪学意义上的对策，而penal policy一般是指刑罚学（penology）意义上的罪犯矫正政策。故而学者们认为，英美刑事法学中的刑事政策，其含义就是“criminal（犯罪的）”与“policy（政策）”相加，再加上“刑罚政策”。英国南安普顿（Southampton）

---

[1] 参见［日］大谷实：《刑事政策学》，黎宏译，法律出版社2000年版，第7页注①；张甘妹：《刑事政策》，台湾“中华书局”1979年印行，第1页。［日］森本益之等：《刑事政策学》，戴波等译，中国人民公安大学出版社2004年版，第1页。

[2] 德国19世纪重要的刑法学家，著有《刑法理论之争》（*Ueber den Streit der Strafrechtstheorien, 1811*）、《刑事法与刑事政策手册》（*Handbuch des Criminalrechts und der Criminalpolitik, 1823*）等重要影响的著作。他反对绝对报应刑论，但主张修正了报应刑论。

[3] “二定义说”认为，刑事政策有广义、狭义之分：广义的刑事政策是指国家以预防犯罪、镇压犯罪为目的所为的一切手段或方法；狭义的刑事政策，是指国家以预防犯罪、镇压犯罪为目的，运用刑罚以及具有与刑罚类似作用之诸制度，对犯罪人及有犯罪危险性的人所采取的刑事之诸对策。“三定义说”则认为，刑事政策有广义、狭义、最狭义三种：广义的刑事政策系指国家以预防、镇压犯罪为目的所采取的一切措施与方针；狭义的刑事政策系指对犯罪者或有犯罪危险者，以预防、镇压犯罪为直接目的所采取的国家强制对策；最狭义的刑事政策则是指对各个犯罪者、犯罪危险者，以特别预防为目的而实行的措施，如刑罚、保安处分等。从上述两类刑事政策定义可以看出，“三定义说”与“二定一说”基本类似，只是“三定义说”的“最狭义说”把特别预防作为一项独立的刑事政策内容。由于广义的刑事政策定义有包罗万象之嫌，即它把一切可能与犯罪学意义上之“犯罪”有关的公共政策统统纳入刑事政策范畴，从而可能使刑事政策被淹没在无限宽广的公共政策之中，因此，大陆法系的刑事法学者多选择“狭义的刑事政策定义。”

大学法学院教授 Andrew Rutherford 曾经指出：刑事政策包括刑事司法程序从警察到监狱体系的所有环节——所有关涉与犯罪作斗争以及保护公民不受不公正或压制对待而与犯罪斗争的一切措施；刑事政策也重视以往被忽视了的犯罪被害人问题，总之，刑事政策涉及预防犯罪（更恰当地说，是减少犯罪）的方方面面；因此，刑事政策的范围远远超出了刑罚与刑事司法问题，它涵盖了社会针对犯罪现象所做出的全部特定反应内容。[4] 如此看来，英美刑事法学中的刑事政策，其含义大体上与大陆法系刑事法学中广义的刑事政策概念相当，与 Liszt 主张的“刑事政策是国家和社会据以与犯罪作斗争的原则的总和”[5] 有异曲同工之妙。

在中国的刑事法学中，关于刑事政策的定义，学者们历来有不同认识。有学者认为：“所谓刑事政策，就是指社会公共权威综合运用刑罚、非刑罚方法与各种社会手段预防、控制犯罪的策略”；[6] 有学者认为，“刑事政策是指国家基于预防犯罪、控制犯罪以保障自由、维持秩序、实现正义的目的而制定、实施的准则、策略、方针、计划以及具体措施的总称”[7]；还有学者认为，“刑事政策是指代表国家权力的公共机构为维护社会稳定、实现社会正义，围绕预防、控制和惩治犯罪所采取的策略和措施，以及对因此而牵涉到的犯罪嫌疑人、犯罪人和被害人所采取的态度”[8]。此外，还有学者明确主张“犯罪对策就是刑事政策”。[9] 前述关于刑事政策的见解各有其理，但是本质上并未超出大陆法系刑事法学关于刑事政策的“二定义说”和“三定义说”的范畴，只不过表述方式有所不同而已。

在我看来，如果在刑事法制的范畴内探讨刑事政策定义，当选择狭义的刑事政策定义为宜。这是因为，广义的刑事政策涵盖了所有与预防和控制犯罪有关的公共政策，如果学理上选择广义的刑事政策，不仅刑事法学者无力胜任此一意义上的刑事政策研究，而且还会使刑事政策本身与其他社会公共政策混为一谈，[10] 从而丧失刑事政策作为一门科学的独立性；而最狭义的刑事政策仅仅将特别预防作为其目的，严格将刑事政策调整对象限定为犯罪者或有犯罪危险者（可适用保安处分者），因而把刑事立法和一般潜在犯罪人排除在刑事政策的考量范围之外，

---

[4] *Criminal Policy Making*, edited by Andrew Rutherford, Dartmouth Publishing Company Limited, 1997, “Introduction”.

[5] 谢望原等:《中国刑事政策研究》，中国人民大学出版社 2006 年版，第 4 页。

[6] 侯宏林:《刑事政策的价值分析》，中国政法大学出版社 2005 年版，第 77 页。

[7] 曲新久:《刑事政策的权力分析》，中国政法大学出版社 2002 年版，第 68 页。

[8] 刘仁文:《刑事政策初步》，中国人民公安大学出版社 2004 年版，第 29 页。

[9] 王牧主编:《新犯罪学》，高等教育出版社 2005 年版，第 333 页。

[10] 我国有学者否定刑事政策本质上属于公共政策（参见李卫红:《刑事政策概念误区种种及矫正》，载《刑事法学》2008 年第 5 期）。我并不赞同这种观点。恰恰相反，我认为刑事政策本质上就是公共政策的一种类型，但它有自己的特殊性。关于此一思想的论述，在《中国刑事政策研究》（中国人民大学出版社 2006 年版）第 9 章有必要阐释。

显然不符合刑事政策的应有之义。出于此种考虑，我们将我国的刑事政策界定为：所谓刑事政策，是指国家立法机关与司法机关等部门[11]根据我国国情和犯罪状况制定或运用的预防犯罪、惩罚犯罪以及矫治犯罪人的各种刑事对策。我所主张的刑事政策定义仍然属于狭义的刑事政策定义，它主要涉及国家刑事立法政策、刑事司法政策与刑事执行政策三大方面。本文正是在此定义上探讨刑事政策对刑法理论的影响。

二、刑法学说史的考察：刑事政策思想决定刑法理论走向

当下，人们越来越明确认识到刑事政策与相关刑事法律科学有着极其紧密的关系。但是，就刑法理论而言，刑事政策与之究竟存在怎样的关系——或者说，刑事政策对刑法理论究竟有何影响？却鲜见有学者对此进行深入透彻的研究。这正如德国学者 Lothar Kulen[12] 教授所言："这个所谓的崇尚自由的刑法理念到底与刑事政策，尤其是与现代刑事政策，有何关联？这个问题的提出是有依据的，因为政策正是致力于通过对社会现实的影响来实现特定的目标，特别是解决特定的问题，同时，刑事政策正是试图通过公布（Erlassen）刑法来实现这一点。"[13]不难理解，刑事政策与刑法理论有着无法割舍的联系——二者都涉及犯罪与刑事处罚，从某种角度来看，刑法理论中很多问题，诸如犯罪化与非犯罪化、犯罪论与刑罚论等问题，实际上也是刑事政策问题。

在 *Criminal Policy Making* 一书中，Andrew Rutherford 教授在其"导论"的第一句话便道破了刑事政策与刑法的微妙关系。他说："刑事政策的核心要素之一，就是确定刑法的边界，包括那些对于犯罪嫌疑人和被告人可能有效的辩护理由。"[14]据此，刑事政策就决定了刑法与刑法理论的基本走向。其实，一部近现代刑事政策史，就是一部近现代刑法理论史！

1791 年《法国法典》（French Code）[15]在欧洲大陆率先采纳了"威慑原则"（the

---

[11] 此处所说的"司法机关等部门"，是指法院、检察院和对犯罪嫌疑人有侦查权以及对犯罪人有监管、刑事执行权力的机关。

[12] 德国曼海姆大学法学院前院长、法学博士、刑法学教授。

[13] ［德］诺沙·库伦：《刑事政策的原则》，陈毅坚译，载谢望原等主编：《中国刑事政策报告》（第 3 辑），中国法制出版社 2008 年版，第 708 页。

[14] *Criminal Policy Making*, edited by Andrew Rutherford, Dartmouth Publishing Company Limited, 1997, "Introduction".

[15] 1791 年《法国法典》实际上是一部刑法典。它分为两部分。第一部分标题为"刑"（Sentences），包括刑法总则及具体刑罚方法（死刑、劳役等）、累犯的加重处罚、缺席审判者的刑之执行、影响刑罚性质和期限的罪犯年龄、对犯罪的追诉期限以及被定罪人的回归。第二部分标题为"犯罪与刑罚"（Crimes and their punishment），包括犯罪的定义与分类，具体将犯罪分为针对公共利益的犯罪和针对个人的犯罪两大类。此外，还规定了处理共犯等的规则。刑法学说史认为，该法典对欧洲大陆国家刑法立法有重要影响，它是法国 1810 年刑法典的前身。（See Carl Ludwig von Bar: *A History of Continental Criminal Law*, Rothman Reprints, Inc., 1968, pp.321–322.）

principle of deterrence)，并深刻影响了德国刑法理论研究与刑事立法，威慑论在德国很快流行起来。[16] 在18世纪晚期，德国刑事法学研究异常活跃。特别是围绕刑事责任根据与刑罚目的问题，学者们展开了激烈论战。这一时期特别值得一提的乃是 von Crolmann（1775—1829）[17] 与 Feuerbach 这两位学术友人之间的论战。当时关于刑事责任的根据，主要解释就是自 Aristotle（384 BC–322 BC）以来，Baron Samuel von Pufendorf(1632—1694)[18] 第一个以独立而科学的方法思考并论证了的“道义责任论”(moral responsibility)[19] 和 Immanuel Kant(1724—1804)法哲学思想中的意思自由论（the freedom of will)。事实上，道义责任论的法哲学根基乃是“道义自由”(freedom of morality）或“道义自由论”(the theory of moral freedom)。[20] 道义自由论认为：人具有独立自主地进行道德选择和决定的能力；道德选择和决定的自由是道德责任的前提，所谓“决定作恶的是我自己，想去行善的也是我自己”(萨特语)。[21]Kant 法哲学中的意思自由论 [22] 与道义自由论一脉相存，认为人的道德意志是独立的、绝对自由的，从而进一步为道义责任论提供了强大的法哲学理论支持。意思自由论的基本思想乃是：人具有借助于对事物的认识而做出决定并采取行动的能力；人能够在其自己的意志支配下选择为善或者为恶；滥用自由的行为侵害社会或他人，表明行为人选择了恶，这就违反了道德规

---

[16] See Carl Ludwig von Bar: *A History of Continental Criminal Law*, p.325.

[17] 德国法学家，其1798年出版的刑法教科书（Lehrbuch）被视为德国刑法学的一个重要转折点。他坚决反对报复性刑罚，为推动德国刑法改革作出了重要贡献。他做过教授和司法部长。

[18] Samuel von Pufendorf(1632—1694)，德国法哲学家，长期生活在瑞典和丹麦。他所著 *De Jure naturae et gentium*(1672）是十分重要的国际法和自然法哲学著作。

[19] See Carl Ludwig von Bar:*A History of Continental Criminal Law*, p.325.

[20] 道义责任论最初基于道义自由论而不是意思自由论，尽管意思自由论与道义自由论基本思想相同。德国学者认为是 von Pufendorf（1632—1694）第一次完整地论证了道义责任论。（参见上注所标示之原文出处。）近代意思自由论主要来源于 Kant 的法哲学思想，但是 Kant 在 Pufendorf 死后30年才出生！日本学者齐藤金作著有《自由意思論の一考察》，该文考察了意思自由论的起源。该文援引德国柏林大学 Jarke 教授（1801—1852）所著《普通德国刑法手册》(*Handbuch des gemeinen deutschen Strafrechts, 1827*）的见解：犯罪在任何情况下都不能被认为是犯罪者未作任何计划的情况下实施的。人成为犯罪人，其重要特征是因为意思的存在，在这一意思支配下，人开始成为行为人。这样一来，行为人所造成的对感觉世界有害的事情只有与人的内心意思要素发生联系时才是可罚的，这样就可将之与单纯的自然的行为加以区别开来。所以，犯罪人的意思——类似于道义上的自由这样的东西——是责任的必要条件，也是所有刑罚的基础。(齐藤金作：《自由意思論の一考察》，http://dspace.wul.waseda.ac.jp，2008年11月20日。）这里，Jarke 实际上持道义自由论的观点，而齐藤金作则是从道义自由论来探讨意思自由论的发展演变。(说明：感谢钱叶六博士为本文提供了日文文献翻译帮助！）可见，道义责任论先于 Kant 法哲学的意思自由论。

[21] 冯契主编:《哲学大辞典》，上海辞书出版社1992年版，第1606页。

[22] “意思自由”是 Kant 哲学主张的实践理性三大原理之一，另两大原理是：“灵魂不死”和“上帝存在”。

则，因而行为人具有道德的过错或具有道德上的应受非难性。换言之，每个人的意志乃是自由的，即每个人具有选择其行为的自由，而犯罪正是行为人在其意思自由的前提下对行为选择的结果。既然行为人具有意思自由，他可以选择适法行为，而他偏偏选择违法行为，因此这就是行为人对自己行为承担刑事责任的根据。

Grolmann 与 Feuerbach 都不赞同意思自由论。Grolmann 认为：人之所以犯罪，是由其危险性格决定的；刑罚不应当针对犯罪人的意思自由，而应当针对犯罪人的危险性格；对犯罪人适用刑罚，应当特别注意行为人的个人性格；刑法与道德相互间没有什么关系，刑罚也不可能改善犯罪人的道德水平；那些违反法律意志的人，将来还会以相同或者相似的方式违反法律；刑罚应当指向犯罪行为显示出来的犯罪人的性格，犯罪人现在实施的犯罪可能预示了其将来可能实施的罪行——即判断犯罪人是否将来会重复已实施的犯罪，更多取决于行为人的个人性格以及具体案件的特定情况。因此，犯罪人的永久性格可以作为确定其刑罚适用的因素，应当贯彻这样的规则——犯罪人的违法倾向越大，他应受到的处罚就越重，而违法倾向的程度，可以根据犯罪人违法行为所侵害的权利（法益）性质来加以判断。基于以上分析，Grolmann 坚决主张“特别预防论”，其基本思想是：作为对犯罪人的犯罪行为的反应，刑罚的根据就在于——针对那些犯罪人，法制政府有权进行压制（威慑），这种压制甚至包括消灭犯罪人；运用压制犯罪人的威慑方法能够使犯罪人回归社会，这里所说的压制方法就是刑罚；刑罚的目的就在于防止犯罪人将来进一步实施犯罪行为。尤应指出的是，Grolmann 与 Feuerbach 一样，对刑事法律制定怀有崇高敬意，认为刑法典只能根据现实社会中大多数犯罪的一般情况和原则，确定哪些人是犯罪人以及什么行为是犯罪。[23]

Feuerbach 一方面反对意思自由论，同时他坚决反对 Grolmann 的特别预防论而主张“一般预防论”（general deterrence）。他认为 Grolmann 的特别预防论致命弱点在于“选择了行为的纯粹可能性（危险性格）作为处罚根据而不是把真实的违法行为作为处罚的根据”。在法哲学意义上，Feuerbach 与 Kant 都试图为刑法寻求一个永恒的支撑点，但是 Kant 力主“意思自由论”，试图在其唯心主义的思想体系中以上天的名义或通过永恒审判的绝对真理等方法来阐释刑法问题，而 Feuerbach 则倡导“一般预防论”，将刑法奠基于地球上（尘世）立法者的权力之上，认为刑法乃是人性卑微冲动的结果——地球上立法者的权力与人性的卑微冲动允许某种精确的制度设计，刑法正是这种制度设计的产物。他否定刑罚是国家发动的根据假设的道义自由进行的道义报复。他指出：“推定道义自由需要刑法，这是绝对自相矛盾”；刑罚乃是一种市民处罚（civic punishment，即世俗的、为了国家的目的而发动的区别于道义处罚的处罚）；刑罚奠基于明确宣告的法律

---

[23] See Carl Ludwig von Bar:*A History of Continental Criminal Law*，1968，p.326，pp.427–428.

规定，从犯罪人角度看，刑罚的合理性在于通过刑罚方法威慑进而促使犯罪人自愿服从；从国家角度看，刑罚的合理性则在于通过威慑的方法，阻吓犯罪和防止犯罪的可能性，而刑罚威慑的最终目的就是避免侵害权利（法益），即防止国家和公民个人的实体权利受到犯罪侵害。在 Feuerbach 看来，人类行为显然受着人类意志的支配，而人类意志是一种纯粹感性动机的产品或混合物，为了使人类感性动机纯化，法律必须尽可能严格和明确；防止犯罪是国家的功能，但是通过直接的物理强制（physical compulsion）不可能达到这样的目的，因此，国家可以通过对那些可能犯罪的人进行威慑来采取心理强制（psychological compulsion），而且，这种威慑必须充分有力，否则不会有效。Feuerbach 这些学说的核心思想在于通过制定颁布完备的刑罚法规，将罪刑关系清楚昭示于天下，使每个国民都知道什么是犯罪、犯罪后将有什么后果。此即“心理强制论”（the theory of psychological coercion）或“通过法律恐吓的威慑理论”（the theory of deterrence through threat of law）的精髓所在。[24]

为了实现自己与众不同的刑法哲学思想，Feuerbach 进行了卓有成效的研究与实践。由于受法国 18 世纪后期刑法改革的影响，德国维尔兹堡（Würzberg）大学教授 Kleinschrod（1762—1824）受命起草巴伐利亚（Bavaria）刑法典，并于 1802 年出版。但是，Kleinschrod 起草的巴伐利亚刑法典很大程度上沿袭了《普鲁士总邦法》（General Prussia Landrecht）[25] 刑法部分的存旧套路和精神，刑法立法体系混乱，用语含混不清，因而受到 Feuerbach 的尖锐批评。在论及刑法立法时，Feuerbach 一针见血地指出：一部刑法典不是概略纲要，而应当有自己完整的体系，在其自身内部必须协调，它必须以精确的定义和独特的明确适用规则统驭整部法典；刑法典决不能追求经院哲学家似的矫揉造作和所谓精细明白体系；聪明的立法者不会以演绎的方法来立法，也不会使用哲学的和学究式的表达方式来立法，立法者应当把哲学精神展示在自己深广的立法观念中，而不是表现在虚幻的哲学语言中，立法者应当使用充满智慧的清楚而崇高的民众语言，其简明的立法用语与其正确而精致的思想相协调，能够被所有民众理解，立法者所确立的刑法原则应当深思熟虑且具有丰富的思想基础。[26]

---

[24] See Carl Ludwig von Bar: *A History of Continental Criminal Law*, pp.428–434.

[25] 亦可译为《普鲁士国家的普通邦法》（Allgemeines Landrecht fur die Preussischen Sttaten, ALR）。该法典为腓特烈二世（Frederick Ⅱ）命令 Carl Gottlieb Svarez 和 Ernst Ferdinand Klein 编纂。其内容包括民法、刑法、家庭法、行政法、公法等，共 2 部 43 章，有 19000 条之多。于 1794 年 2 月 5 日公布，同年 6 月 1 日施行。在公法方面，本法典是绝对主义国家思想的体现，在私法方面却包含着近代个人主义与自由主义思想。其中，第 20 章为刑法规定。这是一部体现“普鲁士的自然法”精神的法典，一直施行到帝国成立后德国民法典施行之时。

[26] See Carl Ludwig von Bar: *A History of Continental Criminal Law*, pp.328–330.

Feuerbach 对 Kleinschrod 起草的巴伐利亚刑法典的批评以及发表的关于刑法立法的高论不仅在学术界产生重要影响，而且也引起了巴伐利亚当局的高度关注。1805 年，巴伐利亚司法部长任命 Feuerbach 重新起草巴伐利亚刑法典，最终孕育了德国刑法史上具有里程碑意义的 1813 年 5 月 16 日《巴伐利亚刑法典》！这一时期，Feuerbach 起草的巴伐利亚刑法典草案可以视为实现其刑事政策思想（特别是刑法立法政策思想）的伟大实践。他的很多重要刑事政策思想和刑法理论均通过该刑法草案体现出来。特别是关于罪刑法定主义、一般预防思想、犯罪构成要件、限制和约束法官裁量权、刑法立法体系等奠定现代刑事政策与刑法理论基础的学说，都包含在其起草的巴伐利亚刑法典草案中了。Feuerbach 起草的刑法典草案基本上为 1813 年《巴伐利亚刑法典》所接受（虽然不是全部）。该法典“以表达清晰、值得所有立法者敬重而著称”，其划时代意义在于：确立了罪刑法定主义并明确废除了类推定罪；彻底废除了法官无限制的裁量权，确立了相对确定的法定刑；明确规定了加重处罚和减轻处罚的法律原则；仿效法国刑法典犯罪分类，将犯罪分为“刑事犯罪”（crimes）“轻罪”（misdemeanors）“违警罪”（transgressions）；明确规定总则条款适用于所有“刑事犯罪”和“轻罪”，而“违警罪”则由专门的《违警犯罪法》（Code for Offenses against Police Supervision）去调整；刑法分则条文力求清楚描述构成要件，体现了 Feuerbach 关于“立法者规定的每个罪行包括了特定要素，这些特定要素乃是定罪的唯一标准”的思想。[27]

可以毫不夸张地说，大陆法系刑法学说史上以 Grolmann 与 Feuerbach 等人为代表的闪耀着思想光芒的有关刑法与刑罚的论析，本质上应该已经属于近现代刑事政策的思想了。事实上，费尔巴哈最初所使用的“刑事政策”，就是指的基于其“心理强制说的刑事立法政策”，[28] 而 Feuerbach 于 1805 年受命起草的巴伐利亚刑法典草案，正是其刑事立法政策的具体检验。完全可以这样认定：正是 Feuerbach 等先辈贤达的开拓性研究为现代刑法及其理论奠定了刑事政策思想根基，而 Feuerbach 等人的刑事政策思想从此决定了现代罪刑法定等核心刑法理论的基本走向。及至当代大陆法系国家刑法学说信奉“客观主义”与“主观主义”，抑或“结果无价值论”还是“行为无价值论”，莫不取决于其刑事政策立场。

三、行为价值学说辩证：刑事政策立场决定刑法理论选择

就大陆法系刑法理论而言，学者们关于“客观主义”与“主观主义”“结果无价值论”与“行为无价值论”之间的对立与争论从未止息。鉴于结果无价值论与行为无价值论之争实际上乃是客观主义与主观主义之争的延续或另一种表现形

---

[27] See Carl Ludwig von Bar: *A History of Continental Criminal Law*, pp.330–331，p.431.

[28] ［日］大谷实：《刑事政策学》，黎宏译，法律出版社 2000 年版，第 7 页注①。

式，[29]故本文仅以结果无价值论与行为无价值论的对立来说明刑事政策立场对刑法理论选择的影响。

学术界一般认为，行为无价值（Handlungsunwert）与结果无价值（Erfolgsunwert）深深受到了德国刑法学家 Hans Welzel（1904—1977）刑法哲学思想的影响。但是，对于 Welzel 论证行为无价值与结果无价值的法哲学背景却无人论及。1909 年，德国无意识（unconsciousness）[30] 哲学家 E.von Hartmann（1842—1906）的哲学名著《价值学纲要》（*Grundriss der Axiologie*，“*Outline of Axiology*” 1909）出版，该书首次系统论证了价值哲学体系，从而标志着继本体论、认识论之后的第三大哲学体系——价值论的诞生。价值论本来就是关于价值的性质、构成、标准和评价的哲学学说，它主要从主体的需要和客体能否满足及如何满足主体需要的角度，考察和评价各种物质的、精神的现象以及人的行为对个人、社会的意义。此后，作为一门新兴的哲学思潮，哲学意义上的“价值”概念迅速而广泛地被应用于伦理学、法学、美学、认识论以及其他社会科学或人文科学。正是在此种背景下，Welzel 在 1936 年发表了重要刑法哲学著作——《刑法中的自然主义与价值哲学》（*Naturalismus und Wertphilosophie im Strafrecht*，1936），其中，Welzel 运用价值哲学的基本理论，对刑法学的行为理论进行了深入分析，并进一步提出和论证了行为无价值与结果无价值的概念。

Welzel 从其创立的目的行为理论出发，认为“对行为，不应只作为因果过程来把握，而应该和该行为所追求的目的相联系起来加以理解”；[31]“不法”并不是引起利益（法益）侵害的因果事实，[32]“不法”存在于目的性行为的价值关系中，从价值哲学角度来看，刑法的价值评价对象乃是（有）目的（之）行为，其价值内容体现在行为目的性中行为人对刑法规范所设定的禁止和命令的态度；[33] 如果行为人遵守刑法规范设定的禁止和命令，即行为人没有实施不法行为，则行为人

---

[29] 日本学者认为，20 世纪 20 年代以后，古典学派（客观主义刑法学）和近代学派（主观主义刑法学）的对立形式发生了变化，逐渐向结果无价值论与行为无价值论的对立转变。参见［日］曾根威彦：《刑法学基础》，黎宏译，法律出版社 2005 年版，第 85 页。

[30] 德国哲学家 Hartmann 用以说明终极实在性质的用语。他认为，无意识是宇宙的基本原则，是无所不包的存在的基础。它有两个互相关联而不可归约的属性——意志和理念，与此相应，它也具有两种功能。作为理念的无意识，深藏于自然的背后，它在理智的进步中展现自身；作为意志的无意识在人的生存中展现自身。两者统一于同一个无意识之中。

[31] ［日］山口厚：《日本刑法学中的行为无价值论与结果无价值论》，金光旭译，载《中外法学》2008 年第 4 期。

[32] 当时德国盛行客观主义刑法学的“因果行为论”，而 Welzel 不赞同该理论而主张“目的行为论”。

[33] 参见王安异：《刑法中的行为无价值与结果无价值研究》，中国人民公安大学出版社 2005 年版，第 3–4 页。

的适法行为就因为符合法的价值而具有价值；如果行为人基于反规范的目的违反刑法规范设定的禁止和命令，即行为人实施了不法行为，则行为人反规范的不法行为就因为违法性而不符合法的价值，因而行为人之行为就是无价值的，这种不法的无价值行为就是犯罪。以行为的有无价值（是否符合法的价值）作为判断是否不法或犯罪的学说，被称之为“行为无价值论”。按照同样的逻辑，Welzel 把客观主义“不法（犯罪）是利益（法益）侵害”的主张称之为“结果无价值”，而以是否发生侵害结果作为判断是否不法或犯罪的学说则是“结果无价值论”。

经过 70 多年的研究发展，行为无价值论与结果无价值论已经十分成熟，并成为德日刑法学犯罪论理论体系的重要支柱。关于行为无价值论与结果无价值论可分为：

（1）一元的行为无价值论和二元的行为无价值论。一元的行为无价值论彻底贯彻规范违反说，认为只有行为无价值决定违法性，结果是偶然的产物，仅仅是客观的处罚条件而已。二元的行为无价值论认为，结果无价值和行为无价值同时都对违法性有影响，事实上，二元的行为无价值论以结果无价值为基础，同时加入了部分行为无价值论的思想，主张折中的犯罪论（违法论）。[34] 德国的刑事司法判例与刑法理论主要持二元的行为无价值论（以下略称行为无价值论）。[35]

（2）结果无价值一元论与结果无价值二元论（二元违法论）。结果无价值一元论认为：违法性的本质是利益（法益）侵害或侵害利益（法益）的危险，判断行为是否违法，只能根据行为人之行为是否造成了实际侵害结果，这就是考察行为人之行为是否造成了对利益（法益）的实际侵害或侵害危险；行为人行为时的主观要素具有辅助意义，只能作为是否存在责任的判断根据。结果无价值二元论认为：只有与行为人的主观意思联系起来考虑，行为才具有作为人的行为意义，在判断行为是否违法时，应当把行为人行为时的主观要素作为评价资料，行为人的主观要素既对结果无价值（法益侵害性）有影响，也对行为无价值（规范违反性）有影响。[36] 日本刑事司法判例与刑法理论主要持结果无价值二元论（以下略称结果无价值论）。

当前，结果无价值论与行为无价值论的区别主要在于：（1）关于排除违法性

---

[34] 参见［日］曾根威彦：《刑法学基础》，黎宏译，法律出版社 2005 年版，第 87–88 页。

[35] 日本有学者认为，“现在在德国，仍然主张引起法益侵害的事实不过是客观的法益处罚条件而已的观点，或者说主张仅以行为无价值就能说明可罚性的基础的观点。”（［日］大谷实：《刑法总论》，黎宏译，法律出版社 2003 年版，第 182 页。）但是，著名德国刑法学家 Roxin 教授明确指出：“因此，一个杀人的行为是由行为无价值和结果无价值共同组成的，在这里，两者必须在一种通过由归责理论更详细表示的关系中相互支持而存在。”（［德］克劳斯·罗克辛：《德国刑法学——总论》（第 1 卷），王世洲译，法律出版社 2005 年版，第 213 页。）Roxin 教授这里主张的显然是二元的行为无价值论。

[36] 参见［日］曾根威彦：《刑法学基础》，黎宏译，法律出版社 2005 年版，“译者序”。

事由的一般原理，结果无价值论和法益衡量说[37]有关，而行为无价值论和社会相当性说[38]有关。（2）关于主观的违法要素，结果无价值论由于将行为的法益侵害性质作为重点，因此，原则上不承认主观的违法要素；相反地，行为无价值论则肯定包括故意、过失在内的主观违法要素。（3）关于主观的正当化要素（如正当防卫意思），结果无价值论主张不要，相反地，行为无价值论则主张需要。[39]从上述简要分析可以看出，结果无价值论与行为无价值论在有关违法性认识上存在重要区别，因此，信奉或坚持结果无价值论或行为无价值论就会得出不同的违法或犯罪结论。这里仅举数例：

1. 关于不能犯未遂

《德国刑法典》第 22 条规定："行为人已直接实施犯罪，而未发生行为人所预期的结果的，是未遂犯。"第 23 条第 3 款规定："行为人由于对犯罪对象和手段的认识错误，在性质上其犯罪行为不能实行终了的，法院可免除其刑罚，或减轻其刑罚。"[40]德国刑法典实际上体现了行为无价值论的观点。据此，不能犯未遂原则上仍然应当被评价为"无价值"或"不法"，只不过法院"可以"根据具体案件事实裁量"免除其刑罚"。换言之，在行为无价值论看来，不能犯未遂本质上也属于犯罪，只是在价值判断上可以免除刑事处罚。而且，德国理论界和实务界对对象不能犯的某些案件仍然认为具有可罚性。1952 年，德国曾经发生所谓"胡椒袋案"——行为人准备好用袋装胡椒粉迷住送钞员的眼睛，并守候在轻轨车站，行为人发动用以逃跑的车辆在旁等候，但是由于被害人并没有到来而致未遂。对于此案，德国学者和司法界均认为不应当免除对行为人的处罚。[41]这和德国奉行的与行为无价值论一致的主观的未遂理论[42]完全吻合。但是在结果无价值

[37] 所谓法益衡量说，是指即便行为人实施了侵害法益的行为，但是该行为引起的法益侵害小于其所保护的利益或等于其保护的利益时，可以阻却其违法性。

[38] 行为无价值论所主张的违法性阻却的理论最初是目的说，即行为人之行为如果是为了正当目的的相当手段，则可以阻却其违法性。现在，行为无价值论则采用社会相当性说作为阻却违法性的理论。所谓社会相当性，是指以社会一般人为基准，判断某一行为在日常生活中是否具有通常性，如果行为人之行为具有一般人日常生活之通常性，则可以阻却违法性。（参见［日］西田典之：《日本刑法总论》，刘明祥、王昭武译，中国人民大学出版社 2007 年版，第 103 页。）

[39] ［日］大谷实：《刑法总论》，黎宏译，法律出版社 2003 年版，第 182 页注①。

[40] 《德国刑法典》，徐久升译，中国法制出版社 2000 年版，第 49 页。

[41] 参见［德］冈特・施特拉腾韦特、洛塔尔・库伦：《刑法总论 I——犯罪论》，杨萌译，法律出版社 2006 年版，第 262 页。

[42] 主观的未遂理论源自主观犯罪论，该理论认为：犯罪意志在犯罪中具有特别重要意义，从行人的角度出发，行为人违反法律的禁止或命令时，在这些违反了受保护的规范的行为中，就已经存在着刑法上的重要不法。就未遂而言，是否对法益造成具体侵害，或者是否有侵害的危险，都不重要。（参见［德］冈特・施特拉腾韦特、洛塔尔・库伦：《刑法总论 I——犯罪论》，杨萌译，法律出版社 2006 年版，第 254 页。）

论看来，可能正好得出相反结论——对象不能犯和工具不能犯（特别是绝对不能犯）的场合（如把尸体当活人而开枪击中或把白糖当砒霜投放他人饮料中而“杀人”），因为不可能造成法益侵害的事实发生，因而主张不存在结果无价值的事实，故不应当追究行为人的刑事责任。[43]

2. 关于偶然防卫

所谓偶然防卫，是指行为人在毫无防卫意思的前提下实施了某一行为，而这一行为碰巧（偶然）满足了正当防卫的客观要件。例如：甲一晚喝酒致醉，在回家的路上，他见到女青年乙。甲上前抓住女青年乙，并扯破了乙的上衣，意图强奸。乙挣脱逃跑，甲紧追不舍。此时丙驾驶一辆汽车正好撞上甲，致其死亡，乙得以逃脱。对于此一案例，行为无价值论与结果无价值论可能得出完全不同的结论。行为无价值论强调行为时行为人的主观意图，即成立正当防卫，必须以行为人具有防卫意思为前提，换言之，行为人“只有对自己的行为作为正当防卫被允许这一许可（容许）性的认识才是主观的正当化要素。如果不存在这一认识，就意味着是出于违反规范的意思而实施行为，因而具有行为无价值论上的违法”。[44]所以，在行为无价值论看来，前述案例不成立正当防卫，行为人丙应当根据具体情况承担相应罪责。然而，结果无价值论一般主张“防卫意思不要说”，认为即便行为人没有防卫意思——对其处于正当防卫的状况并无认识，也可以成立正当防卫。因为结果无价值论特别强调法益侵害，故只要行为人的行为客观上符合正当防卫要件，便具有防卫效果，所以认为偶然防卫也可以阻却违法性。

3. 关于以非法方式实现权利保护

所谓“以非法方式实现权利保护”，是指以不符合法律要求的方式保护行为人自己的某种利益。例如，以抢劫的方式实现行为人自己的债权等。中国司法实践中有这样的案例：甲与乙做中药生意时相识，乙欠甲 78 万元并出具了欠条，乙与甲约定 1997 年 10 月 25 日付清货款人民币 78 万元。期满后，乙未给付货款且下落不明，甲经多次追讨未果。1999 年 9 月，甲得知乙仍在做虫草生意，即与丙商定，由丙假装卖主，通过中介人张某联系与乙进行交易。同年 9 月 17 日，丙携带虫草样品，通过张某联系让乙看货。乙与丙见面看货，双方商定由乙以每公斤 8800 元的价格收购丙的虫草并于同年 9 月 21 日在一农家小院交易。9 月 21 日上午，甲和其亲友、债主 10 余人到乙与丙约定的见面地点设伏等候。15 时许，

[43] 不同国家刑法立法及其理论对不能犯未遂的价值判断有很大不同。英国《1981 年犯罪未遂法》第 1 条第 2 款规定：“即使事实上犯罪是不可能的（即不能犯，引者注），一个人也可以被认定为本条规定的犯罪未遂。”（《英国刑事制定法精要》，谢望原主译，中国人民公安大学出版社 2003 年版，第 34 页。）这表明，英国刑事立法和司法实践对不能犯未遂采取了类似于德国的行为无价值论立场。

[44] ［日］西田典之：《日本刑法总论》，刘明祥、王昭武译，中国人民大学出版社 2007 年版，第 128 页。

乙与朱某、陈某等人携带现金人民币 55 万元驾车到约定的交易地点后，甲带领数人到现场，出示乙写的欠条要其归还欠款。乙声明所携货款是别人的，甲要求对方出示相应的凭证未果后，即对乙进行威胁并打其两耳光，强令司机打开车门，甲从汽车内搜出现金人民币 55 万元。让乙点数后，甲给乙写了一张“收到 55 万元还款”的收条，又令乙写下“还欠甲 23 万元货款”的欠条一张。[45]

对于本案的处理，行为无价值论与结果无价值论也会得出不同的结论。在行为无价值论看来，甲和乙之间虽然存在债权债务关系，但是甲要实现自己的债权，必须采取合法有效的途径或方法。甲对乙采取威胁和暴力手段，强行将乙汽车上的 55 万元钱款拿走，尽管是为了实现自己的债权，但是这种以抢劫的方法来实现债权的行为本质上严重违反了刑法规范，即已经触犯了刑法作出的禁止或命令规范，因而具有行为无价值性质（不法性），[46] 构成抢劫罪。但是结果无价值论则认为，由于本案中甲实际上是抢回了属于自己的 55 万元钱款，也就是说，本案没有发生真实的法益侵害，所以客观上并不存在结果无价值，因而甲的行为不具有刑事违法性。本案的第一审法院认定甲的行为构成抢劫罪，而二审法院却推翻了一审法院对甲的定罪，宣告甲无罪。[47] 这表明两级法院事实上分别采取了行为无价值论和结果无价值论的不同理论立场。

毫无疑问，行为无价值论与结果无价值论早已发展成为十分精致的大陆法系刑法理论，很难说哪一个是正确的，哪一个是错误的，甚至很难说哪一个比另一个更加科学。刑法学上的很多成熟学说都是如此——如关于共同正犯本质的“犯

---

[45] 参见唐亚南：《债权人非法讨债不应以侵犯财产罪定罪》，载中国法院网，http://www.chinacourt.org/public/detail.php?id=17601，最后访问时间：2008 年 11 月 20 日。

[46] 行为无价值论的重要根据乃是规范违反说。这一论点完全符合法治国的基本要求——即使公民的合法权利受到了不法侵害，原则上只能采取法律救济，任何人不可采取私力报复的方式来保护自己的权利，即便是法律认可的正当防卫、紧急避险以及自救行为，也必须符合法的精神。当今世界的两大法系都认可了这一点。例如，2007 年 9 月 13 日，前美国橄榄球明星辛普森等人涉嫌携带武器未经允许进入拉斯维加斯一宾馆房间，从两名出售体育纪念品的人那里强行取走据称属于辛普森的橄榄球和相册等。辛普森的辩护律师宣称，辛普森只是想“拿回”属于自己的东西，因此这一事件不能定性为“抢劫”和“绑架”。但是检方称，事件中所涉及的物品是否属于辛普森与法庭审理内容无关，被告使用武力试图强行取回（自己的）物品即构成犯罪。（参见：《美国前橄榄球明星辛普森可能面临终身监禁》，载搜狐网，http://news.sohu.com/20081005/n259851328.shtml，最后访问时间：2008 年 11 月 11 日。）2008 年 12 月 5 日，审理本案的法官格拉斯对辛普森说：“你走进了（宾馆）房间，携带枪支，使用暴力，抢走财产，不管那是你的还是他人的，在本州，这就等于使用致命武器抢劫。”她宣布 61 岁的辛普森因武装抢劫等 10 项罪名总共判处 33 年监禁。（参见：《辛普森终被判有罪监禁 33 年，庭上请求宽大处理》，载搜狐网，http://news.sohu.com/20081207/n261059439.shtml，最后访问时间：2008 年 12 月 7 日。）这表明，尽管英美法系刑事法学并无结果无价值论与行为无价值论的学说，但美国的刑法理论与司法实践实际上坚持了行为无价值论（规范违反说）的立场。

[47] 唐亚南：《债权人非法讨债不应以侵犯财产罪定罪》，载中国法院网，http://www.chinacourt.org/public/detail.php?id=17601，最后访问时间：2008 年 11 月 20 日。

罪共同说”“行为共同说”“实行行为共同说”“共同意思主体说”等均有其科学合理之处，但是不同的共同正犯理论确认的刑罚处罚范围具有明显宽窄差异。一个国家的刑事司法审判或者刑法学主流学说选择何种理论，取决于一个国家刑事政策立场的价值选择——即取决于一个国家刑事政策关于公正（正义）的诉求与定位。从刑事政策立场来看，行为无价值论与结果无价值论都是为“不法”或违法乃至犯罪界定范围，或者说都是为如何确定刑罚处罚范围划定界限。但是一般而言，行为无价值论的处罚范围要大于结果无价值论的处罚范围。国家的刑事司法审判代表着国家刑事政策立场，而国家刑事司法判例（在中国，特别是最高法院的刑法判例）的刑事政策立场往往会引导或决定刑法理论的研究发展方向。[48]日本20世纪40年代到60年代流行行为无价值论，20世纪60年代以后结果无价值论逐渐居于主导地位，及至近些年来“行为无价值论重新复兴”的发展势头，[49]其实，某种意义上都是日本刑事政策立场变化所致。

四、结论：刑事政策与刑法理论相互作用

Liszt曾经指出：“刑事政策给予我们评价现行法律的标准，它向我们阐明应当适用的法律；它也教导我们从它的目的出发来理解现行法律，并按照它的目的具体适用法律。”[50]不难理解，Liszt的这一论断说明了刑事政策对刑法制定、刑法适用乃至刑法解释的决定性意义。刑法学以研究刑法立法、刑法适用和刑法解释为基本内容，所以无须赘言，刑法理论当然会受到刑事政策深刻且决定性的影响，“刑法学向刑事政策靠拢”[51]就成为刑法学（甚至刑法立法）研究发展的一个基本方向。

应当指出，强调刑事政策对刑法理论的决定意义，并不意味着刑法理论对刑事政策就不具有反制作用。事实上，刑法理论同样对刑事政策具有毋庸置疑的重要影响力。这不仅因为近现代刑事政策思想正是发端于刑法学说的发展过程中，而且还因为刑事政策思想与刑法理论本来就有着千丝万缕的联系。刑法理论中关于罪刑法定主义、犯罪构成要件理论、死刑存废的学说、社会防卫理论等，其本身既是刑法理论，又是刑事政策思想，而这些刑法理论无论是对当代刑事政策的

---

[48] 对此，最直观的说明就是“许霆案”的判决表明的刑事政策立场对我国刑法学理论的影响。关于许霆案定性，刑法学界有多种论争：有人认为是盗窃罪，有人认为是诈骗罪、有人认为是信用卡诈骗罪、还有人认为是侵占罪等，但是最高人民法院2008年8月核准“许霆案”以“盗窃（金融机构）罪论处”，适用《刑法》第63条第2款“特别减轻程序”对许霆判处5年有期徒刑。最高人民法院的这一核准所代表的刑事司法政策立场无疑决定了我国刑法学主流学说今后对类似案件持“盗窃论”的理论选择。

[49] ［日］山口厚：《日本刑法学中的行为无价值论与结果无价值论》，金光旭译，载《中外法学》2008年第4期。

[50] ［德］弗兰茨·冯·李斯特：《德国刑法教科书》，徐久生译，法律出版社2000年版，第2页。

[51] ［日］前田雅英：《刑法学和刑事政策》，黎宏译，载谢望原等主编：《中国刑事政策报告》（第1辑），中国法制出版社2007年版，第526页。

制定还是对刑事政策的推行，都产生了极其巨大的影响。所谓“刑法是刑事政策不可逾越的藩篱”（Liszt 语），正好说明了刑法乃至刑法理论对刑事政策具有极端重要的制约意义。

以中国的情况为例：20 世纪 80 年代初，由于中国社会治安状况严重恶化，各类暴力犯罪案件频频发生，人民生命财产受到严重威胁。为了有效遏制犯罪和保障人民生命财产安全，国家决策层及时提出了“严打”“从重从快”的刑事政策。然而，由于此一刑事政策过分突出其政策效用而忽视了刑事政策应当受到刑法制约的属性，导致“严打”“从重从快”脱离罪刑法定轨道，因而受到刑法理论界的尖锐批评。有学者一针见血地指出：从法理学角度看，“严打”与罪刑法定精神相背离。[52] 另有学者则旗帜鲜明地批评“严打”“从重从快”刑事政策存在严重缺陷：一是司法不独立；二是犯罪人被作为“敌人”；三是导致同罪不同罚；四是过分强调民意，迁就民意；五是“严打”只是侧重于“平民犯罪”。[53] 正是那些立足于罪刑法定刑法理论立场的善意批评，促使我国“严打”“从重从快”刑事政策现在变得更加理性，并催生了“宽严相济”的刑事政策。[54] 中国的情况令人信服地说明了刑法理论能够影响甚至推进刑事政策发展。

（本文曾发表于《中国法学》2009 年第 3 期）

[52] 参见朱艳英：《罪刑法定与我国的“严打”》，载《玉溪师范学院学报》2003 年第 12 期。

[53] 参见侯宏林：《刑事政策的价值分析》，中国政治大学出版社 2005 年版，第 308–312 页。还有学者认为“严打”“从重从快”刑事政策存在明显适当：一是军事化色彩过浓，不符合法治精神；二是“从重从快”有侵犯犯罪人权利之嫌；三是只打不防不能从根本上控制犯罪；四是投入资源太多，不符合刑罚经济原则；五是刑罚过于严厉，弊多利少。参见张亚平：《宽严相济刑事政策方略研究》，中国检察出版社 2008 年版，第 55–72 页。

[54] “宽严相济”刑事政策是中共中央政法委前书记罗干在 2005 年 12 月 5 日至 6 日召开的全国政法工作会议上首次提出的。我国刑事司法界和理论界一致认为，“宽严相济”彻底改变了“严打”刑事政策片面追求“惩罚”而忽视“宽容”或“谦抑”的政策导向，是更为科学合理且符合我国国情的刑事政策。

中国内地与港澳特别行政区刑事管辖权合理划分论纲

赵秉志

一、前言

随着中国香港特别行政区（以下简称香港特区）和中国澳门特别行政区（以下简称澳门特区）的相继建立，“一国两制三法系三法域”的格局已在我国形成。由此决定了我国区际刑事管辖冲突的不可避免以及解决这一冲突的必要性和艰巨性。构建一个科学、合理并且具有可操作性的中国区际刑事司法互助制度，已成为中国三地立法机关、司法实务部门以及理论界共同关注的焦点。20 世纪 90 年代末涉香港特区与内地的张子强案件（又称大富豪案件）[1] 和李育辉案件（又称德福花园五尸命案）[2] 的发生，使得这一问题的解决更加现实而紧迫地摆在了三地立法机关的面前，理论和实务上的深入研讨更是刻不容缓。

自中英两国政府就中国对香港恢复行使主权于 1984 年 9 月签署《关于香港问题的联合声明》之时起，笔者即对中国内地与港澳台地区的刑事司法协助问题产生了浓厚的兴趣，并在 1987 年完成的博士学位论文《犯罪主体论》中对这一问题作了尝试性的研究。[3] 后来不仅一直关注并致力于这一课题的研究，陆续发表了多篇专门或主要研究这一问题的学术论文，[4] 主持编写了相关学术论

---

[1] 香港居民张子强（又称“大富豪”）于 20 世纪 90 年代初组成犯罪集团，疯狂在港澳两地进行绑架，抢劫，非法买卖、运输枪支、弹药、爆炸物，走私武器、弹药等犯罪活动。1998 年 10 月，张子强案件的 36 名被告（18 名香港居民，18 名内地居民）经广州市中级人民法院依法审判，张子强等 5 名罪犯被判处死刑。详见《中华人民共和国最高人民法院公报》1999 年第 1 期，第 26–28 页。

[2] 1998 年 7 月 23 日在香港九龙湾德福花园的一家公寓内发现 5 名中毒死亡的妇女，其中 2 人在前些天提取约 100 万港币。香港警方为调查该案正搜寻自命为风水先生的广东省汕头市居民李育辉时，李在 1998 年 9 月 15 日被内地警方在湖北省武汉市逮捕，李承认了杀害被害人并非法占有 130 万港币的事实。香港立法委员会和法律界人士主张将李在香港受审，香港政府经过权衡，最终决定不要求李在香港受审。李育辉后被广东省汕头市中级人民法院依法判处死刑。

[3] 参见赵秉志：《犯罪主体论》，中国人民大学出版社 1989 年版，第九章。

[4] 参见赵秉志、孙力：《香港特别行政区与内地间互涉刑事法律问题研究》，载《中国法学》1993 年第 2 期；赵秉志、赫兴旺：《中国内地与港澳特别行政区的刑事司法协助问题》，载《法学家》1995 年第 2 期；赵秉志：《外向型刑法问题研究》（上卷），中国法制出版社 1997 年版。

著，[5] 而且于1999年7月17日—21日在浙江省温州市参与主持召开了“中国区际刑法与区际刑事司法协助”专题研讨会。[6] 随着研究的深入和不断地反思，笔者发现，对于其中某些重要问题的研究实有进一步检讨和修正的必要。例如，关于区际刑事管辖权冲突的解决。为此笔者在近几年的教学、科研工作中，对中国内地与港澳特别行政区刑事管辖权的划分所涉及的相关理论与实务问题，结合国内外的最新研究成果，不断进行思考、梳理，不仅进一步拓展了研究的深度，而且也对自己既往一些不成熟的见解作了修正。这篇论文就是笔者近年来新的思考心得，敬请法学界同人教正。[7]

二、中国区际刑事管辖权合理划分的指导思想

（一）“一国两制”是中国区际刑事管辖权合理划分的指导思想

根据中国政府提出的“一国两制”的方针和中国宪法、《中华人民共和国香港特别行政区基本法》（以下简称《香港基本法》）、《中华人民共和国澳门特别行政区基本法》（以下简称《澳门基本法》）的规定，中国内地与香港、澳门在一个中国的前提下实行不同的社会制度，作为国家主体的中国内地实行社会主义制度，作为享有高度自治权的国家特别行政区的香港特区和澳门特区实行资本主义制度。可见，正是因为“一国两制”方针的推行，才成功地促成了香港、澳门问题的圆满解决，进而建立了香港、澳门特别行政区；正是“一国两制”方针的贯彻，内地与香港特区、澳门特区才分属两种不同的政治制度、经济制度、法律制度且各有独立的立法权、司法权和终审权，进而产生了彼此法制的差异和刑事管辖权的冲突，使得三地刑事管辖权的合理划分成为必要；正是“一国两制”方针的落实，才使得三地刑事管辖权的解决有了平等协商、精诚合作的基础，从而使三地刑事管辖权的合理划分成为可行。由此决定，“一国两制”不仅是解决香港、澳门问题，实现祖国统一，指导和处理中央政府与港澳特区以及中国内地与港澳特区关系的长期国策和基本方针，而且也是解决中国内地与港澳特区刑事管辖权

[5] 参见赵秉志主编：《世纪大劫案：张子强案件及其法律思考——中国内地与香港刑事管辖权冲突问题》，中国方正出版社2000年版；高铭暄、赵秉志主编：《中国区际刑法与刑事司法协助研究》，法律出版社2000年版。

[6] 这是我国内地首次以“中国区际刑法与区际刑事司法协助”为主题而召开的研讨会。会上，笔者就区际刑事管辖权冲突以及区际刑事司法协助问题提交了两篇论文。参见赵秉志：《关于中国内地与香港特别行政区建立刑事司法互助关系的研讨》；赵秉志、田宏杰：《中国内地与香港刑事管辖权冲突研究——由张子强案件引发的思考》。此次会议的成果经笔者组织编选，现已结集出版，参见高铭暄、赵秉志主编：《中国区际刑法与刑事司法协助研究》，法律出版社、中国方正出版社2000年版。

[7] 区际刑事司法协助制度的内容十分丰富，考虑到论文的篇幅，本文仅对其中的核心问题，即“区际刑事管辖权的合理划分”进行纲领性的研讨。至于区际刑事司法协助制度的其他内容，笔者将结合研究酌情于将来再另行撰文探讨。

冲突的总体指导思想，所有解决中国区际刑事管辖权冲突的立法、措施和制度，都必须体现“一国两制”的精神。任何偏离这一根本指导思想的制度和做法，都将有损国家的主权统一，有损港、澳特区的经济发展和繁荣稳定，有损内地的改革开放和社会主义市场经济体制的健康发展。

（二）贯彻“一国两制”解决中国区际刑事管辖权合理划分的基本内涵

从字面上讲，“一国两制”是指“一个国家，两种制度”，即在一个国家内部实行两种不同的社会经济制度。但一般说来，“一国两制”专指在中华人民共和国这个统一的社会主义国家里，在相当长的一段时期内，内地 12 亿人口的地区实行社会主义制度，允许台湾、香港和澳门三个地区实行资本主义制度，包括资本主义的政治制度、社会经济制度和生活方式。[8] 实际上，作为一种科学、完整的理论，“一国两制”的内涵远非如此简单，而是博大精深。具体就刑事管辖权冲突的解决而言，“一国两制”至少包含以下两层含义：

1.“一国”是实行“两制”的基本前提和重要基础

“一国两制”方针的根本目标，在于实现祖国的统一并保障和促进国内不同区域的繁荣发展。由于中国内地与港澳特区的刑事管辖权冲突是在不同的社会制度、法律制度、不同法系下产生的，加之港澳特区实行高度自治，在对内对外活动中享有许多特权。因此，在解决内地与港澳特区刑事管辖权冲突问题时，必须始终坚持国家统一和主权完整的原则。这就要求：[9]

首先，需要明确，内地与香港特区、澳门特区都是中华人民共和国领土不可分割的组成部分，港澳特区的自治权力再大，也是中央政府授予的而不是其自身所固有的。在我国，只有一个最高权力机关——全国人民代表大会及其常务委员会；只有一个最高行政机关——国务院；只有一部宪法——中华人民共和国宪法；只有一个国际法主体——中华人民共和国。港澳特区并不拥有独立的主权。因此，港澳特区在与内地解决刑事管辖权冲突时，应将维护国家主权统一置于首要地位，而不能片面强调自己的独立性，无视国家主权的统一性和整体性。

其次，需要强调，中国内地与港澳特区之间的刑事管辖权冲突是同一个主权国家范围内的不同区域间的刑事管辖冲突，没有涉外的性质，也不具有国际刑事管辖冲突的特性。因此，既不能把内地与港澳特区之间的刑事管辖权冲突混同于国家间的国际刑事管辖权冲突和区域刑事管辖权冲突，更不应把解决国际刑事管辖权冲突的一些原则和做法（例如，“政治犯、军事犯不引渡原则”“双重犯罪原

---

[8] 参见蓝天主编：《“一国两制”法律问题研究》（总卷），法律出版社 1997 年版，第 18 页。

[9] 参见赵秉志、田宏杰《中国内地与香港刑事管辖权冲突研究——由张子强案件引发的思考》，载高铭暄、赵秉志主编：《中国区际刑法与刑事司法协助研究》，法律出版社、中国方正出版社 2000 年版，第 182、183 页。

则”等）适用于港澳特区与内地之间的区际刑事管辖权冲突，要避免把一个法域等同于一个独立的主权国家领域。解决中国内地与港澳特区间刑事管辖权冲突的程序和规则，也应与解决国家间的国际刑事管辖权冲突和区域刑事管辖权冲突的程序与原则有所区别。

最后，还要确定，对于在中国港澳特区两个法域生效的国际条约，只能作为该法域与外国解决刑事管辖权冲突时的依据，不能成为内地与港澳特区之间刑事管辖权冲突的解决依据。道理很简单，中国政府对香港、澳门恢复行使主权后，虽然根据香港基本法、澳门基本法的规定，有不少国际条约可以继续在香港特区、澳门特区适用，但这些条约是作为《香港基本法》《澳门基本法》的对外关系条款而存在的，针对的是香港特区、澳门特区与外国之间的关系。所以，依据这些国际条约解决的刑事管辖冲突，毫无疑问应当属于国际刑事管辖冲突。若将其作为解决中国内地与港澳特区之间刑事管辖权冲突的法律依据，这就等于承认香港、澳门特区在与中国内地之间的区际刑事管辖权冲突中是一个独立的政治实体，这显然有违国家主权统一的原则，有违“一国”的根本要求。

2.“两制”是保障与维护“一国”的必要途径和重要策略

“一国两制”不仅要求维护国家主权的统一，而且要求在相当长的时期内，港澳特区实行的资本主义制度和内地实行的社会主义制度和平共处，并行不悖，互不干涉。这是在特殊历史时期维护祖国统一所必须采取的策略。世界上尽管“存在许多复合法域的国家，即在一个主权国家内部的不同地区存在着不同的法律制度。例如，属于单一制国家的奥地利、比利时、刚果、古巴、瑞典、伊朗等，属于联邦制国家的美国、澳大利亚、巴西、印度、加拿大、瑞士等”。[10] 但由于这些国家内的不同法域在政治、经济制度上是一致的，都是资本主义制度，仅仅在法律规定、法律形式上不同，因而迄今为止，世界上现有的区际刑事管辖冲突都是“一国一制”的刑事管辖权冲突；而中国内地与港澳特区之间的刑事管辖冲突则是“一国两制”框架下的刑事管辖冲突，这正是我国区际刑事管辖冲突不同于其他国家内的区际刑事管辖冲突的根本区别所在。由此决定，在解决我国内地与港澳特区刑事管辖权的冲突时，还应当注意“两制”的正确适用，既不能操之过急地采取统一三个法域刑事实体法规定的做法来解决三地的刑事管辖权冲突，又必须注意到我国内地与港澳特区的刑事管辖权冲突涉及社会主义法律体系与资本主义法律体系中的普通法法系、大陆法法系这三大法系之间的冲突。所以，在解决三地刑事管辖权冲突的时候，各个法域都应当本着宽容的态度，实事求是地正视三地刑事法律方面存在的差异，尊重其他法域的司法自治权，既不以法律制度

[10] 谢望原主编：《台、港、澳刑法与大陆刑法比较研究》，中国人民公安大学出版社 1998 年版，第 583 页。

上的差异作为否定对方刑事管辖权的理由，也不能将自己处理司法问题的原则或观点强加于其他法域之上。内地法域不能以中央法域自居，强制管辖应由港澳特区司法机关管辖的案件；同样，港澳特区也不能以强调独立性为名，无视和排斥内地司法机关应有的刑事管辖权。

总之，作为“一国两制”不可分割的组成部分，“一国”是“两制”得以建立的前提，也是“一国两制”这一伟大构想的核心；而“两制”则是维护“一国”的必要途径。没有“一国”则“两制”无所依存；离开“两制”则“一国”难以统一，更不必说有效的保障。两者的对立统一，体现了国家主权与国内不同区域间治权的高度有机结合，既是我国的一项长期国策，同时也贯穿于内地与港澳特区刑事管辖权冲突解决的各个环节。但这并不意味着，在解决我国区际刑事管辖冲突的任何阶段，两者都是并行不悖、等量齐观的。相反，在解决我国内地与港澳特区刑事管辖权冲突的不同环节，两者的地位和所起的作用各有侧重。具体而言，在处理兼具涉外性质的我国内地与港澳特区之间的刑事管辖权冲突时，我国内地与香港特区、澳门特区均义不容辞地负有捍卫国家主权和尊严的首要责任，以“一国”为第一要求；而在单纯涉及我国内地与港澳特区之间的刑事管辖权冲突时，则应更多地考虑“两制”的需要。

（三）贯彻“一国两制”解决中国区际刑事管辖权合理划分的派生要求

“一国两制”的基本内涵所决定，在我国内地与港澳特区刑事管辖权冲突的解决中，还必须坚持下述两个派生要求，否则，即有悖于“一国两制”的精神。

1.禁止适用体现主权国家的管辖原则

众所周知，刑事管辖权的核心也就是指刑法的空间效力。从当今世界各国确定刑事管辖权的基本原则来看，无外乎属地原则、属人原则、保护原则、普遍原则以及综合前四种原则的折中原则。其中，属地原则以地域为标准，要求凡是在本国领域内犯罪，无论是本国人还是外国人，都适用本国刑法；反之，在本国领域外犯罪，都不适用本国刑法。属人原则以人的国籍为标准，主张凡是本国人犯罪，不论是在本国领域内还是在本国领域外，都适用本国刑法。保护原则基于保护本国利益的立场，主张凡侵害本国国家或者本国公民利益的，不论犯罪人是本国人还是外国人，也不论犯罪地在本国领域内还是在本国领城之外，都适用本国刑法。至于普遍原则，则是以保护国际社会的共同利益为标准，主张凡发生本国所缔结或参加的国际条约所规定的侵害国际社会共同利益的犯罪，虽犯罪人不是本国人而是外国人，虽犯罪地不在本国领域内而在本国领域外，虽被侵犯的不是本国而是他国的公民或利益，亦要适用本国刑法。由于上述各项原则对于刑事管辖权的解决各有优劣，因而现代世界多数国家的刑法在此问题上一般都以属地原则为基础，同时兼采其他原则，此即所谓的折中原则。

显然，要解决中国内地与港澳特区刑事管辖权的冲突，就必须首先确立三地刑事管辖权的划分原则。根据香港普通法的规定，香港刑法的效力通常只及于发生在香港的犯罪行为，香港刑法一般没有域外效力。至于在香港外发生的犯罪案件，除非有个别的成文法授权，香港法院才可以行使管辖权。也就是说，香港法律对刑事案件采取的是比较严格的属地管辖原则。与香港刑法上述规定不同的是，《中华人民共和国刑法》和 1996 年生效实施的《澳门刑法典》均采用的是以属地原则为主，兼以属人原则、保护原则和普遍原则为辅的刑事管辖体制。为此，相当数量的学者主张以上述管辖原则中的一种或几种，作为解决我国内地与港澳特区三地间刑事管辖权冲突的基本原则。例如，有学者提出，以属地原则为基础、注重先理为优和实际控制原则，兼采属人原则，是划分三地互涉案件管辖权更为合理的规则；[11] 另有学者认为，我国内地与港澳两个特别行政区刑事管辖的分工应坚持以属地主义为主，以限定的属人主义为补充的原则；[12] 还有学者主张，我国从“一国两制”的角度分析，划分两地（指中国内地与澳门特区——笔者注）刑事管辖权最合适的原则莫过于属地原则。坚持属地原则的实质，也就是突出属地原则，使属人原则、保护原则和普遍原则都服从属地原则；[13] 也有学者认为，在一国之下的两部现行刑法（指内地刑法和香港特区刑法——笔者注）都或多（内地刑法）或少（香港刑法）地授予本地区法院对本地居民在其他地区犯罪的属人管辖权。一个地区不可能仅仅因为另一地区反对而放弃自己的属人管辖权。刑事管辖权的冲突和协调必须在平等互惠的基础上进行。[14]

上述观点，虽然具体主张各异，但有一点却是共同的，都试图从各国现行的刑事管辖权的确立原则中找到能够适用于中国内地与港澳地区刑事管辖权冲突的良方。实际上，正是这样的出发点，不仅使其在根本上有悖于“一国两制”的要求，而且也难以得到全面的贯彻落实。这是因为，属地原则、属人原则和保护原则虽然对刑事管辖权的确立标准主张各异，但却均是基于维护国家主权的立场；普遍原则则是为了维护全人类的共同利益而在特定案件上各国相互让渡国家主权才得以确立的。上述四项原则尽管出发点不同，但却无一不是基于国家主权观念而产生并存在的。可以说，离开了国家主权，上述任何一项原则也就全然失去了适用的空间和可能。中国内地与港澳特区之间的刑事管辖权冲突，显然不是基于

[11] 参见张文、牛克乾：《试论我国内地与港澳地区互涉刑事案件管辖权的划分》，载赵秉志主编：《新千年刑法热点问题研究》（下），中国检察出版社 2001 年版，第 664 页。

[12] 参见叶晓颖：《论我国区际刑事司法协助的基本原则和模式》，载高铭暄、赵秉志主编：《21 世纪刑法学新问题研讨》，中国人民公安大学出版社 2001 年版，第 160 页。

[13] 参见赵国强：《论澳门与内地刑事管辖权之划分》，载高铭暄、赵秉志主编：《中国区际刑法与刑事司法协助研究》，法律出版社、中国方正出版社 2000 年版，第 138 页。

[14] 参见傅华伶：《从李育辉案看刑法的属人管辖原则》，载高铭暄、赵秉志主编：《中国区际刑法与刑事司法协助研究》，法律出版社、中国方正出版社 2000 年版，第 218、219 页。

国家之间的主权，而是由于一个主权国家内不同法域之间的高度自治权才发生的。因此，具有严格国际法意义的体现主权国家及其相互间关系的属地原则、属人原则、保护原则和普遍原则这些刑事管辖原则，是不应当适用于中国国内区际刑事管辖权冲突的合理划分和确认的。

2.《中华人民共和国刑事诉讼法》之排斥适用

对于中国内地与港澳特区之间的刑事管辖权冲突，能否以《中华人民共和国刑事诉讼法》作为划分刑事管辖权的法律依据？对此，学者们是仁者见仁，智者见智。例如，对于广州市中级人民法院对张子强案件行使刑事管辖权的法律根据，广州市中级人民法院的一审判决书和广东省高级人民法院的二审判决书均认为在于《中华人民共和国刑事诉讼法》第24条的规定。对此，著名刑法学者高铭暄教授作了进一步的解释："《中华人民共和国刑事诉讼法》第24条规定'刑事案件由犯罪地的人民法院管辖。'按照中华人民共和国最高人民法院审判委员会1996年1月29日通过的《关于执行〈中华人民共和国刑事诉讼法〉若干问题的解释》第2条的规定：犯罪地是指犯罪行为发生地和犯罪结果发生地。这就是说，犯罪行为地或者犯罪结果发生地的法院，都可以依法审判这一案件。……张子强等犯罪分子在香港所进行的绑架、抢劫金铺等犯罪都是在内地密谋、准备的，非法买卖的爆炸物是张子强出巨资指使他人在内地购买的。根据《中华人民共和国刑法》第22条规定：'为了犯罪，准备工具、制造条件的，是犯罪预备。'属于犯罪行为。这样的犯罪行为发生在哪个地方，哪个地方的法院就依法对案件享有管辖权，这是没有任何问题的。毫无疑问，根据《刑事诉讼法》第24条的规定，本案中犯罪结果发生地的香港特别行政区法院，当然也有权管辖、审判张子强等严重犯罪分子。对这种不同地区法院都有管辖权的案件，根据《刑事诉讼法》第25条的规定，由最初受理的法院审判。"[15] 另一刑法学者王仲兴教授也认为，我国内地司法机关对张子强案件拥有刑事管辖权具有程序法和实体法两个方面的根据：程序法方面的根据是1996年3月17日修正的《中华人民共和国刑事诉讼法》第24条规定的刑事管辖的基本原则；实体法方面的根据则是1996年3月14日修订的《中华人民共和国刑法》第6条所确立的属地管辖原则。[16]

上述解释是否合理？笔者在两年前撰写的一篇论文中曾明确指出，笔者赞成我国内地司法机关和我国内地学者关于内地法院对张子强案件拥有刑事管辖权的结论，但认为其将《中华人民共和国刑事诉讼法》第24条的规定作为这一结论的法律依据，一方面抹杀了刑事管辖权这一实体规范与刑事管辖分工这一程序概

[15] 参见香港《文汇报》1998年11月15日。

[16] 参见王仲兴：《内地为何对香港居民张子强案件有刑事管辖权？》，载香港《中国法律》1999年3月，第4页。

念之间的区别界限，将本应由刑事实体法规定的刑事管辖权问题与刑事程序法就已经拥有刑事管辖权的不同司法机关之间的刑事管辖分工所作的规定混为一谈；另一方面以港澳特区基本法明确规定不能适用于港澳特区的《中华人民共和国刑事诉讼法》的有关规定来确定我国内地法院与香港法院之间的刑事管辖权冲突，则有违港澳基本法的精神。因此，以《中华人民共和国刑事诉讼法》的有关规定来解决我国内地与港澳特区之间的刑事管辖权冲突，是不够妥当的。[17]

3.《中华人民共和国刑法》的完善适用

《中华人民共和国刑法》是否为我国内地与港澳特区刑事管辖权冲突的划分提供了法律依据？从港澳特区基本法和《中华人民共和国刑法》的有关规定来看，笔者认为，答案应当是否定的。对此，应当明确的是，根据《香港基本法》附件三和《澳门基本法》附件三的规定，《中华人民共和国刑法》中的罪刑规范虽然不能适用于香港特区、澳门特区，但作为刑事实体法规范，《中华人民共和国刑法》关于刑事管辖权的规定却可以也应当为区际刑事管辖权的合理划分提供一个明确的法律依据。而《中华人民共和国刑法》关于管辖原则的现有规定，显然均是以国家主权而不是内地、香港特区和澳门特区的治权为基础而设立的。对于区际刑事管辖冲突的确立原则，实事求是地说，在《中华人民共和国刑法》中至今仍是一个盲点。首先，从《中华人民共和国刑法》第6条的规定来看。该条第1款规定："凡在中华人民共和国领域内犯罪的，除法律有特别规定的以外，都适用本法。"香港和澳门本就是中华人民共和国领域不可分割的组成部分，这就是我们所说的"一国"的内涵。因而发生在港澳特区内的犯罪，也就是发生在中华人民共和国领域内的犯罪，本应适用《中华人民共和国刑法》；但由于我国宪法和《香港基本法》《澳门基本法》均特别明确规定，香港特区、澳门特区成立后，均实行不同于内地的政治制度和法律制度，享有高度自治的立法权和司法权。所以，港澳特区实际上是在中华人民共和国领域之内、内地法域之外的特别行政区区域，对于发生在港澳待区内的犯罪，应适用港澳特别行政区的法律的规定，而不适用《中华人民共和国刑法》第6条的规定。否则，就会既有违港澳特区基本法的精神，同时也与《中华人民共和国刑法》第6条的规定相矛盾。由此也就从根本上否定了《中华人民共和国刑法》第6条在解决三地刑事管辖权冲突问题中的作用。其次，从《中华人民共和国刑法》第7条的规定来看。该条规定："中华人民共和国公民在中华人民共和国领域外犯本法规定之罪的，适用本法，……"根据《中华人民共和国国籍法》的规定，凡是拥有中华人民共和国国籍的自然人，都是中华人民共和国

[17] 参见赵秉志、田宏杰：《中国内地与香港刑事管辖权冲突研究——由张子强案件引发的思考》，载高铭暄、赵秉志主编：《中国区际刑法与刑事司法协助研究》，法律出版社、中国方正出版社2000年版，第182、183页。

的公民，无论这种公民是居住在实行社会主义制度的内地，还是居住在实行资本主义制度的香港、澳门特别行政区。易言之，判断“公民”的唯一标准是国籍而不是该公民的居住地。由此决定，香港特区的中国居民和澳门特区的公民，都属于中国公民；其在中华人民共和国领域外犯罪，虽然可以适用《中华人民共和国刑法》第7条，但却并不是因“两制”而发生的区际刑事管辖权冲突，而是出于维护国家主权的需要，与犯罪地国家所发生的国际刑事管辖冲突。至于《中华人民共和国刑法》第8条、第9条，也存在同样或类似的问题，容在此不赘。由此看来，《中华人民共和国刑法》第6—9条的规定，主要在于确定《中华人民共和国刑法》适用的空间效力，其目的在于主张涉及中华人民共和国主权的刑事管辖权，而不是基于我国内部不同法域之治权的刑事管辖权。所以，《中华人民共和国刑法》的上述规定作为确认内地与港澳特区刑事管辖权冲突的法律依据，不仅有失科学，而且从根本上有悖于“一国两制”基本国策中的“一国”之要求。为此，笔者建议，在今后对《中华人民共和国刑法》的修订与完善中，应在《中华人民共和国刑法》现有体现主权国家及其与其他国家主权关系的刑事管辖原则几个条文之后，设专条对内地与港澳特区刑事管辖权的确立原则作出明确的规定。这既是现代罪刑法定原则的当然要求，更是我国“一国两制”方针在刑事管辖权领域的必要体现。

三、中国区际刑事管辖权合理划分的原则

基于以上分析，笔者认为，以地域原则为主，以合理、有效地惩治防范犯罪原则为辅，乃是合理划分现阶段我国内地与港澳特区刑事管辖权冲突的必然选择。

（一）地域管辖应为基本原则

所谓地域管辖原则，是指我国内地与港澳特区以各自的行政区域为界，凡是在港澳特区实施的犯罪行为依照港澳特区刑法应当受到惩治的，均应由港澳特区司法机关管辖；不管行为人是内地居民、港澳居民抑或外国人或者无国籍人，也不管行为人逃到内地什么地方，内地有关机关都有责任协助港澳特区抓获逃犯，并迅速将其移交港澳有权机关处理。同样，凡在我国内地实施的犯罪行为，依照内地刑法应受惩罚的，均应由内地司法机关管辖；此类案件不管行为人身份如何，潜逃到港澳特区什么地方，港澳有关机关也有责任协助内地抓获逃犯，并迅速将其移交内地有权机关处理。

对此，也许有人会担心，依照地域管辖原则来解决三地刑事管辖权的冲突，是否会危及国家的主权？对于港澳特区人士来说，更为关注的则是，由内地司法机关对港澳特区的居民进行起诉、审判，是否会有损于港澳特区的司法自治？笔者认为，这些担心其实都是不必要的。主要理由在于：

1. 确立地域管辖原则是坚持“一国两制”的必然结果

众所周知，领域是指一个主权国家所及的范围，包括领陆、领水和领空；而法域作为一个特定的概念，主要指一种法律制度所实施的区域或一个法律体系的效力

所涉及的范围。法域可以以主权国家为单位，一个主权国家为一个法域；也可以以主权国家内的行政区域如特别行政区、州等为单位，一个特定的行政区即为一个法域。如果一个国家内部同时存在两种以上法律制度或两个以上法律体系，我们就称其为“多法域国家”或“复合法域国家”“复数法制国家”等。[18] 在单法域的国家里，领域和法域的范围是完全重合的，在同一个领域内，实行的是同一种法律制度；而在多法域的国家里，情况就不是这样了，领域的范围远远大于法域，在同一个领域的不同法域内，实行的是不同的法律制度，某一法域的法律制度只在该法域内有效，在其他法域内则不具有法律效力，尽管这些法域都属于同一国家领域之内。就我国来说，在香港和澳门回归祖国之前，我国是一个单法域国家，领域和法域是统一的；但在香港和澳门回归之后，基于“一国两制”这一政治架构，“领域”和“法域”的外延均发生了很大的变化。就领域来说，内地、香港特区和澳门特区均同属中华人民共和国领域；但就法域来看，内地和香港特区、澳门特区则分属不同的法域，分别实行不同的社会制度，包括不同的政治制度和不同的法律制度。也正因如此，才有了中国内地与港澳特区刑事管辖权冲突的发生。不难发现，中国区际刑事管辖权的冲突，归根结底还是一国范围内不同法域之间为合理行使治权而不是捍卫国家主权所发生的冲突。由于我国法域划分的标准就是地域，所以，以地域管辖原则作为解决我国内地与港澳特区刑事管辖权冲突的基本原则，不仅不会危及国家主权，相反，在一个国家主权范围内，犯罪分子在哪个地域犯罪，就交由哪个地域的有权机关管辖，其实质也就是相互尊重对方的司法自治权，不干涉应由对方自主处理的司法事务。这无疑正是“一国两制”题中应有之义。

2. 确立坚持地域管辖原则符合《香港基本法》《澳门基本法》的规定

根据《香港基本法》《澳门基本法》的规定，香港特区、澳门特区均是享有包括刑事立法权在内的高度自治权的地方特别行政区域；按照本地区的刑事法律对本地区的刑事案件行使管辖权，乃是香港特区、澳门特区的自治事务。为此，香港基本法、澳门基本法均明确规定，中央人民政府所属各部门、各省、自治区、直辖市均不得干预香港特区、澳门特区的自治事务；内地在香港、澳门设立的一切机构及其人员，均须遵守香港特区、澳门特区的法律；除香港、澳门原有法律制度和原则对法院审判权所作的限制外，香港特区法院、澳门特区法院对本地区所有的案件均有审判权。由此可见，坚持地域管辖原则，完全符合香港特区、澳门特区基本法的有关规定，这不仅不会损害到香港特区、澳门特区的司法自治权，相反，会有助于维护和保障香港、澳门特区的高度自治地位。

3. 坚持地域管辖原则有利于维护我国内地与港澳特区的社会稳定

尽管内地刑法与香港特区、澳门特区的刑法在具体制度的规定以及设置上存

---

[18] 参见陈正云主编：《中国刑事法律冲突论》，中国法制出版社 1997 年版，第 117–118 页。

在着一定的差异，但几个法域的刑事法律的基本职能却是完全相同的，那就是惩治、预防犯罪，保护居民的合法权益，维护社会稳定。而坚持地域原则，不仅有利于刑事案件的调查和取证，而且也可以使犯罪分子受到犯罪地法律的惩治，从而实现刑法的终极价值追求——公正治理犯罪。而我国内地与港澳特区因地域管辖原则所进行的密切协作与配合，将更加有利于对犯罪人的追捕，从而做到“法网恢恢，疏而不漏”。只有这样，才能充分维护内地与港澳特区刑事法律的严肃性和权威性，才能有效地保护内地与港澳地区居民的合法权益，才能有力地保障内地与港澳地区良好的社会秩序。

（二）合理、有效地惩治防范犯罪应为辅助性原则

正确解决我国区际刑事管辖权冲突的根本目的，是保障刑事诉讼活动的正常顺利进行，使跨越两地以上实施犯罪的犯罪分子得到应有的惩治，以保障各法域公众的合法权益，确保各法域社会秩序的稳定和经济发展。具体到刑事管辖冲突的解决，应当以有利于刑事诉讼证据的收集，有利于犯罪的侦查，有利于刑事诉讼活动的正常顺利进行为基本的出发点，以保证刑事犯罪分子得到及时、有效的惩治，防止因不同法域刑事管辖权冲突的发生，而使犯罪分子有机可乘。尤其应当避免犯罪分子将某一法域作为实施犯罪活动的“天堂”和“避风港”。由此决定，合理、有效地惩治防范犯罪的原则，也应成为解决内地与港澳特区刑事管辖权冲突的一项重要原则。一般而言，合理、有效地惩治防范犯罪的原则在司法实践中需要考虑的因素主要有：（1）是否便于调查取证；（2）是否便于起诉和审理；（3）是否便于移交犯罪嫌疑人；（4）是否便于看管、羁押和执行；（5）是否便于罪犯改造；（6）是否有利于降低诉讼成本等。[19]

四、中国内地与港澳地区互涉刑事案件的管辖划分

随着“一国两制三法系三法域”格局的形成以及内地与香港特区、澳门特区居民在经济、文化、贸易等各个领域内的交往日益密切，三地互涉刑事案件将越来越多，表现形式也将越来越复杂，因而如何正确解决三地互涉刑事案件的刑事管辖权，对于三地刑事司法协助制度的建立无疑具有重要的理论意义和实践价值。

（一）三地互涉刑事案件的界定

所谓三地互涉刑事案件，是指犯罪涉及中国内地、香港特区和澳门特区两地或者两地以上，案件所涉的各地域根据各自的刑事法律都对其享有管辖权的刑事案件。按照互涉因素的性质不同，有学者将区际互涉刑事案件分为三类，即人际互涉刑事案件、地际互涉刑事案件、人地交叉互涉刑事案件，其中，人际互涉刑

[19] 参见单长宗、赵松岭、刘本荣：《试论中国内地与澳门特区刑事司法管辖权的划分》，载高铭暄、赵秉志主编：《中国区际刑法与刑事司法协助研究》，法律出版社、中国方正出版社2000年版，第130页。

事案件是指案件仅在一法域发生，犯罪人或者部分犯罪人具有另一法域居民身份的案件；所谓地际互涉刑事案件，是指犯罪人为同一法域居民，而犯罪行为、犯罪结果牵涉不同法域的案件；所谓人地交叉互涉刑事案件，是指犯罪人和犯罪行为、犯罪结果均有不同法域互涉因素的案件，具体说，是指不同法域居民相互勾结、共同实施的跨法域犯罪的案件。[20]

显然，上述三种类型之中，第一类互涉案件刑事管辖权的确定，依照地域管辖原则即可迎刃而解；第二类、第三类互涉刑事案件管辖权的确定，尽管相对较为复杂，但只要正确适用地域管辖原则和合理、有效地惩治防范犯罪原则，同样能够得到妥善、合理的解决。实际上，由于“一国两制”内容的丰富博大，以保证“一国两制”方针的贯彻落实为根本宗旨的内地与港澳特区刑事管辖权的合理划分的实务问题，远比理论上设想的要复杂得多。司法实践中，需要特别加以注意的主要有以下几种互涉刑事案件。

（二）关于跨境犯罪的管辖

所谓跨境犯罪，有广义的跨越国境、边境犯罪和狭义的仅跨越国境犯罪或者仅跨越边境犯罪之分。本文此处所指的跨境犯罪，乃是仅就其狭义而言，并且专指同一犯罪跨越中国内地、香港特区与澳门特区等不同法域的刑事案件。此类案件一般适用地域管辖原则予以解决，同时应注意分别以下情况予以具体分析。

1. 犯罪预备行为地与实行行为地分别发生在我国内地和香港特区、澳门特区，由于犯罪的实行行为较预备行为危害性大，能准确地反映出犯罪的性质与状况，因而这类案件宜由犯罪实行行为地之法域管辖。

2. 犯罪实行行为持续发生在我国内地和香港特区、澳门特区的，宜由主要犯罪实行行为地之法域管辖，即实行“就主不就从”的原则。

3. 犯罪行为与犯罪结果分别发生在我国内地和香港特区、澳门特区的刑事案件，在决定案件管辖权的归属上，有学者认为，犯罪结果往往较犯罪行为地更集中反映犯罪的危害性，故应由犯罪结果地行使管辖权。[21] 但多数学者认为，从取证调查的角度考虑，此类案件通常与犯罪实行行为比较密切。因此，由犯罪行为地管辖为宜。[22] 但其实，由于犯罪实行行为与犯罪结果作为一个整体本来就很难说谁危害大、谁危害小，加之立法上的犯罪又有结果犯、危险犯和行为犯之分，这就使得对于犯罪行为与犯罪结果在不同犯罪中的地位及其危害性的大小的确定

---

[20] 参见张文等:《试论我国内地与港澳地区互涉刑事案件管辖权的划分》，载赵秉志主编:《新千年中国刑法热点问题研究》(下)，中国检察出版社 2001 年版，第 661 页。

[21] 参见黄风、黄进主编:《区际司法协助研究》，中国政法大学出版社 1993 年版，第 234 页。

[22] 参见赵国强:《论澳门与内地刑事管辖权之划分》，赵秉志、田宏杰:《中国内地与香港刑事管辖权冲突研究——由张子强案件引发的思考》，载高铭暄、赵秉志主编:《中国区际刑法与刑事司法协助研究》，法律出版社、中国方正出版社 2000 年版，第 142、186 页。

更加困难。故笔者主张，对于此种情况，不宜笼统地以犯罪行为地或者犯罪结果地为据进行管辖，而应区别不同犯罪及其形态，分别采取犯罪行为地管辖或者犯罪结果地管辖。基于此，笔者建议，有必要对司法实践中常见、多发的犯罪进行系统的梳理，在我国内地与香港特区、澳门特区的刑事司法协助协议中，写明各类案件分别由行为地或结果地的法域管辖。

4. 如果犯罪行为地与犯罪结果地、预备行为地与实行行为地、主要行为地与次要行为地互相混杂，不易分清的，则应适用“合理、有效地惩治防范犯罪”的原则确定管辖权。这样处理，有利于迅速及时地收集犯罪证据查获犯罪人，及时、有效地惩治犯罪，实现诉讼经济的要求。

（三）关于数罪分涉三地的刑事案件的管辖

对此类案件的管辖，中国内地刑法学界主要有以下三种不同的观点：第一种观点主张，按照重法吸收轻法的原则来确定管辖；第二种观点认为，各地域司法机关各自对于发生在本区域内的犯罪享有管辖权，审判应当分开，而刑罚的具体执行或分开或由一地的有关司法机关合并执行；[23] 第三种观点则主张，一般由主要犯罪地法院管辖，若主要犯罪地不易分清的，由实际控制地的法院管辖。[24] 笔者赞同第三种观点。这是因为：首先，法律对某一犯罪行为应受惩罚规定的轻与重，除考虑该行为本身的危害性外，与当地的历史、文化、经济状况等因素均有很大关系。香港特区、澳门特区与内地刑事法律处于不同的法律区域，内地法律对犯罪的处罚普遍较香港特区、澳门特区的刑法为重，适用重法的结果，会导致此类案件均由内地管辖，这等于剥夺了香港特区、澳门特区对此类案件的刑事管辖权，与“两制”的要求相左，有显失公允与合理之虞。故笔者认为，第一种观点的主张不妥。其次，分别审判的主张，虽然严格恪守由犯罪地管辖的原则，但在实际操作中必然遇到许多具体问题，如每案均须将案犯往返解递，且有些三地作案的刑事案件，虽然分别在三地犯有数罪，但罪与罪之间存在一定的关系，而分别审理可能会人为地割裂一系列密切相关的犯罪行为，所以，第二种观点也不尽合理。而第三种观点既避免了前述两种观点的缺陷，又符合合理、有效地惩治防范犯罪原则的要求，且操作起来简便易行，因而不失为一种比较合理的主张。

（四）关于互派人员犯罪案件的管辖

根据《香港基本法》第13条第2款、《澳门基本法》第22条的规定，中央各部门、各省、自治区、直辖市根据需要可以在香港、澳门特别行政区设立机构，但须征得香港特区、澳门特区政府同意，并经中央批准。中华人民共和国外交部

[23] 参见张晓明：《香港特别行政区与内地间的刑事法律关系展望》，载赵秉志等编写：《全国刑法硕士论文荟萃》，中国人民公安大学出版社1989年版，第64页。

[24] 参见陈永生：《中国内地与香港刑事管辖冲突及解决》，载《山东法学》1998年第2期。

依法可以在香港特区、澳门特区设立机构处理外交事务。根据《中华人民共和国香港特别行政区驻军法》和《中华人民共和国澳门特别行政区驻军法》的规定，中央政府可以在香港特区、澳门特区驻军。这些机构及其人员都必须遵守全国性法律和港澳当地的法律。同样，香港特区、澳门特区也可以根据需要，在内地建立办事、联络机构，派出公务人员处理相关事务。对于这类互派人员在驻在地的犯罪，情况特殊，司法实践中也比较少见。内地有学者主张，如果这种犯罪并没有侵犯驻在地的利益和社会秩序，则可由派出地法域行使管辖权；反之，如果犯罪侵犯了驻在地的利益或扰乱了当地的社会秩序，应依属地原则由驻在地司法机关行使管辖权。[25] 笔者认为，上述观点有其合理之处，但因其忽略了互派人员身份的特殊性，因而还不够全面。考虑到此类案件的特殊性，笔者主张，此类案件不宜适用地域管辖原则，而应依照合理、有效地惩治防范犯罪原则来确定其刑事管辖权，具体内容参照《中华人民共和国澳门特别行政区驻军法》关于澳门驻军人员刑事管辖问题的规定可确定如下：互派人员在驻在地实施的职务犯罪案件，应由派出地法院或者有关的执法机关管辖；互派人员非执行职务的行为，以及侵犯驻在地的利益和社会秩序，或者其他违反驻在地法律构成犯罪的案件，应由驻在地法院以及有关的执法机关管辖，但如果认为由对方管辖更为适宜，经双方协商一致后，也可以移交对方管辖。派出地法院以及有关的执法机关管辖的互派人员职务犯罪案件，涉及的被告人中的驻在地法域的居民、互派人员以外的其他人，由驻在地法域的法院审判。互派人员被驻在地法院判处或者剥夺人身自由的刑罚或者保安处分的，依照驻在地法律的有关规定送交执行，但驻在地有关执法机关与派出地司法机关对执行的地点另行协商确定的除外。

（五）关于涉国防、外交犯罪案件的管辖

根据《香港基本法》第 19 条第 3 款、《澳门基本法》第 19 条第 3 款的规定，香港特区、澳门特区对国防、外交等国家行为无管辖权。香港特区、澳门特区在审理案件中遇到涉及国防、外交等国家行为的事实问题，应取得特区行政长官就该等问题发出的证明文件，上述文件对法院有约束力。特区行政长官在发出证明文件前，须取得中央人民政府的证明书。据此，笔者认为，外交、国防事务中包含有关涉及国防、外交等国家行为的刑事案件，对这类刑事案件，香港特区和澳门特区有关法院不能行使刑事管辖权，而宜由内地法院依法管辖。港澳特区司法机关即使在审理一般的刑事案件中遇到涉及有关国防、外交等国家行为的事实问题时，也不得擅自审理，须获得特区行政长官的证明文件，而且须受证明文件的制约。

[25] 参见陈永生：《中国内地与香港刑事管辖冲突及解决》，载《山东法学》1998 年第 2 期。

（六）关于背叛国家、分裂国家等危害国家安全犯罪案件的管辖

《香港基本法》第23条规定：香港特别行政区应自行立法禁止任何叛国、分裂国家、煽动叛乱、颠覆中央人民政府及窃取国家机密的行为，禁止外国的政治组织或团体在香港特别行政区进行政治活动，禁止香港特别行政区的政治性组织或团体与外国的政治性组级或团体建立联系。《澳门基本法》第23条也有相同的规定。但迄今为止，香港特区和澳门特区均未在刑事法律中规定上述内容的犯罪。因而笔者主张，对于此类犯罪，目前不管发生在哪个法域，均只能由内地法院适用内地刑法进行管辖。如果今后香港特区、澳门特区在其刑法中规定了上述内容的犯罪，则此类案件应由犯罪地法院管辖。详言之，由内地法院管辖的，适用内地刑法；由香港特区、澳门特区管辖的，适用香港特区、澳门特区有上述内容犯罪的刑事法律。

（七）关于港澳中国居民涉外犯罪案件的管辖

所谓港澳中国居民涉外犯罪，是指香港特区、澳门特区的中国居民在内地和香港特区、澳门特区以外的其他国家或者地区实施的犯罪，或者在其他国家、地区发生的针对香港特区、澳门特区中国居民或者香港特区、澳门特区利益的犯罪。显然此类案件不仅具有国际性，同时还具有区际性，因而在管辖权的确定上，更应慎重对待。对此，笔者的想法是，应当分两个层次并以不同步骤解决刑事管辖权的问题。第一个层次是正确处理中国对外关系。在此层次中，一般应当先由香港特区、澳门特区以属人原则或保护原则主张管辖权，此时港、澳特区是在“一国两制”的框架内、基于中华人民共和国中央政府的授权而以中国（香港）、中国（澳门）的名义主张和行使中国的国家管辖权；如果港澳特区基于某种原因（如港澳特区法律管辖权的限制，或港澳特区与有关国家的关系等）无法或不便主张管辖权时，内地法域应当以中华人民共和国国家的名义、以属人原则或保护原则主张管辖权。即在对外关系中，中国当然是把港澳居民作为中华人民共和国公民来对待，把港澳居民的合法权益和港澳特区的利益作为中华人民共和国的利益来保护。可见，在第一层次上即处理对外关系时，核心问题是维护中国国家的主权，而不是我国国内各法域的治权，这鲜明地体现了“一国”的要求。第二个层次是正确处理中国内部的内地与港澳特区间的区际刑事管辖的关系。由于此类案件与香港特区、澳门特区的利益和社会秩序的联系更为紧密，因而在解决对外关系时已由港澳特区主张而获得了管辖权的，自然宜由香港特区、澳门特区管辖；即使在解决对外关系时是由内地以国家名义主张而获得管辖权的，也应首先考虑交由港澳特区实际管辖和追诉，但如果香港特区、澳门特区放弃管辖权或者不宜管辖的，则可由内地直接行使管辖权。可见，在第二个层次即处理中国内部的区际刑事管辖关系时，体现的是合理、有效地惩治犯罪的原则，

并顾及了港澳特区与内地的“两制”。

（八）关于港澳中国居民在国外实施国际犯罪后逃回国内案件的管辖

港澳特区中国居民若在中国领域外实施了国际犯罪，这些国际犯罪按照港澳特区加入的国际公约和内地缔结或参加的国际公约均为应予普遍管辖的罪行，而行为人在外国落入法网并被以普遍管辖原则予以追诉、审判的，中国内地和港澳特区均不宜再主张管辖权；问题在于，若行为人在行为后逃回中国港澳特区或内地的，如何解决其管辖权？由于此类案件不仅兼具国际性和区际性，而且行为人所实施的犯罪属国际犯罪，因而在管辖权的确定上也就更为复杂。我们认为，此类案件中中国区际管辖权的确定应视犯罪人的潜逃地域不同而有所区别。首先，需要特别明确和强调的是，对此类案件，虽然行为人实施的是国际犯罪，但不管中国港澳特区还是内地主张管辖权，都不是基于普遍管辖原则，而是基于属人原则，因为行为人是港澳中国居民，当然是中国公民，适用属人原则时当然也就排斥了普遍管辖原则适用的余地。其次，对于犯罪人逃回港澳特区的此类案件，从“一国两制”的要求出发和合理、有效地防范犯罪原则的角度考虑，宜由港澳特区行使管辖权。此时，港澳特区是基于中央人民政府的授权，代表中华人民共和国而不仅仅是港澳特区行使管辖权。对于犯罪人逃回内地的此类案件，也宜先考虑交由港澳特区行使管辖；如果港澳特区不便管辖或由内地管辖更为有利的，才考虑由内地行使管辖。其法理与上述第六种案件的论述略同，容此处不赘。

五、结语

总之，中国内地与港澳特区之间的刑事管辖权冲突是同一个主权国家范围内的刑事管辖冲突而没有涉外的性质，也不具有国际刑事管辖冲突的特性，因而三地刑事管辖权的确定，既不能适用主权国家和国际法意义上的管辖原则，也不能依据《中华人民共和国刑事诉讼法》的规定予以确定。由“一国两制”这一根本的指导方针所决定，中国内地与港澳特区的刑事管辖原则体系之确定，应当以地域管辖原则为主，以合理、有效地惩治防范犯罪原则为辅。作为我国内地刑事法律体系的核心，内地刑法对于中国区际刑事管辖原则的规定迄今为止仍然付之阙如，这不能不说是我国内地刑法立法上的一大缺憾。鉴于中国区际刑事管辖原则的确立对于中国区际刑事司法协助制度建立的重要意义，我国内地与港澳特区的有关机构有必要在未来的中国区际刑事司法协助协议中对此予以专门议决，并进而由三地立法机关将之在三地的刑法中予以立法化，以便为各法域司法机关就中国区际刑事管辖冲突的合理解决提供一个明确的法律依据。

当然，中国区际刑事管辖权冲突在司法实践中涉及的具体问题远不止本文所研讨的内容，本文旨在提出一个科学、可行的合理划分三地刑事管辖权的基本体系架构，而不是要将中国区际刑事管辖权冲突可能涉及的所有问题均在此予以解决。中国区际刑事管辖权冲突虽然是一个全新的课题，既无立法可依，又乏先例可循，但笔者坚信，只要我国各个法域都坚持“一国两制”的基本指导思想，本着宽容的态度，通过平等的协商，这一重要刑事法治问题的圆满解决必定指日可待。

（本文曾发表于《法学家》2002 年第 4 期）

刑法规范的结构、属性及其在解释论上的意义

时延安

作为部门法，刑法虽然没有独立的调整对象，但却以特有的调整手段（刑罚）来表明其独立性[1]，而正是由于刑罚的作用对象是具有主体性的人，因而刑法为确认和弘扬人的价值而形成其特有的理念、原则和规则。然而，作为整体法的组成部分，作为其他法的最终“保障法”，刑法与国家法、民法、行政法、军事法之间又保持着“天然”的紧密关系。但是，这种关系往往被成文法的不同表现形式、调整对象和方法、适用主体及程序乃至各自独专的理论体系所掩盖，而法律规范中刑法规范的地位，刑法规范与其他法律规范之间的关系，对于刑法规范的适用具有重要意义。举例而言，刑法理论一般认为，区分作为与不作为、纯正不作为犯与不纯正不作为犯的根据，在于各自违反的规范性质不同。[2] 即便可以说，危害行为违反的禁止性规范和命令性规范，可以从刑法规范中推导出其内容，但是，禁止性规范和命令性规范，却被一般性地、实定性地规定于其他法律之中，因而其他法律中有关禁止性规范和命令规范的规定及其内容，对于刑事违法性的判断具有积极意义。本文即尝试从刑法规范的结构和属性为切入点，阐述刑法规范在法律规范中的地位，以及与其他法律规范的关系，并由此探讨对于刑法解释论可能产生的理论意义。

一、刑法规范结构：封闭的还是开放的，完整的还是不完整的？

关于法律规范结构的理论，至今仍莫衷一是[3]。受苏联法理学影响的学说坚持认为，法律规范由假定、处理和制裁三个要素组成[4]，而认为法律规范由行为模式

[1] 参见孙国华、朱景文主编：《法理学》，中国人民大学出版社 1999 年版，第 299–300 页；张文显主编：《法理学（第三版）》，法律出版社 2007 年版，第 152 页。

[2] 参见高铭暄、马克昌主编：《刑法学》，北京大学出版社、高等教育出版社 2007 年版，第 76 页；马克昌主编：《犯罪通论》，武汉大学出版社 1999 年版，第 174–176 页；张明楷：《刑法学》，法律出版社 2007 年版，第 141 页；林山田：《刑法通论》（下册），（台湾）个人发行 2006 年版，第 203 页。

[3] 张文显主编：《法理学（第三版）》，法律出版社 2007 年版，第 116 页。

[4] 孙国华、朱景文主编：《法理学》，中国人民大学出版社 1999 年版，第 279 页。

和法律后果二要素组成的学说，则是受到德国理论的影响。[5] 由这两种学说发散开来，又有诸多宏论。形成如此争议之原因，除法律规范表现形式复杂难以轻易揭示出其普遍意义的构成要素外，还在于研究者的目的方法之不同[6]，而形成理论之分歧，更在于研究视角使然：如果从对某一类特定社会关系的法律规制来探讨法律规范，则必然及于对这一特定社会关系的描述，这一关系中的权利义务内容，以及因违反义务而应承担的法律后果，如此其完整表述即为“如果……则……否则”；如果从某一特定成文法的法条出发，法条所承载的法律规范[7] 则表现为“如果……则”，换言之，此时论及法律规范的结构是以法条表述为对象的。

关于法律规范结构的不同认识，对于刑法规范的结构理论亦有深刻影响。如果将某一刑法规范作为调整某一社会关系的最终手段，那么，刑法规范在调整这一社会关系的完整法律规范中处于“末端”，即仅仅相当于法律规范中三要素中的制裁部分，如此就会发现刑法规范的结构是开放的、不完整的；如果从刑法规定（尤其是刑法分则）出发，则刑法规范由两部分组成，即构成要件（假定）和法律后果（法定刑），由此在形式上其结构是封闭的、完整的。以不同理论为根据，以不同视角来研究刑法规范的结构，则结论不一，由此对于对刑法规范的理解和解释就会产生相应的影响。

（一）将刑法规范结构看成是封闭的

刑法典作为条文体系，却是以刑法规范体系为内容的。如果从刑法条文出发去看待具体犯罪所依据的罪刑规范，那么，会发现刑法规范的结构是封闭的、完整的。德国刑法学者耶赛克教授认为：“与其他所有不仅仅包含概念的法规范一样，刑法法规[8] 是由保障权利或规定义务的构成要件（Tatbestand）和法律后

---

[5] 例如，德国学者伯恩·魏德士指出：“一个完整的法律规范首先要描写特定的事实类型（Sachverhaltsgruppe），即所谓法定的事实构成（Tatbestand），然后才赋予该事实构成某个法律后果。”参见［德］伯恩·魏德士：《法律学》，丁小春、吴越译，法律出版社 2003 年版，第 63 页。考夫曼认为：“一个完整或独立的法律规范，由构成要件、法律效果，以及把法律效果归入构成要件（效力规定）所组成。”［德］亚图·考夫曼：《法律哲学》，刘幸义等译，（台湾）五南图书出版公司 1997 年版，第 99 页。另见［德］卡尔·拉伦茨：《法学方法论》，陈爱娥译，（台湾）五南图书出版公司 1999 年版，第 152 页；［德］卡尔·恩吉施：《法律思维导论》，郑永流著，法律出版社 2004 年版，第 8–43 页。

[6] 孙国华、朱景文主编：《法理学》，中国人民大学出版社 1999 年版，第 279 页。

[7] 在德文中，Rechtsnorm（法律规范）与 Rechtssatz（法条）常被等义使用。参见［德］卡尔·拉伦茨：《法学方法论》，陈爱娥译，（台湾）五南图书出版公司 1999 年版，第 174 页注释 1。考夫曼在论述法律规范时，也是将法律规范、法律规定（即 Reschtssatz）和法律规则等义使用的。参见［德］亚图·考夫曼：《法律哲学》，刘幸义等译，（台湾）五南图书出版公司 1997 年版，第 99 页。

[8] 这里的刑法法规，即刑法规范。

果（Rechtsfolge）组成。构成要件是对特定事实从法律特征上的描述。”[9] 他还提到，“在一般之法理论中，‘构成要件’的表述，表明了产生法律后果的全部先决条件。”[10] 日本学者大塚仁教授也认为：刑法的规范“在前半部分作为法律要件（Juristischer Tatbestand）表示了一定的犯罪的要件，在后半部分限定性地规定着作为其法效果（Rechtsfolge; Rechtserfolg）的刑罚的种类及范围”。[11] 林山田教授也指出：“刑法就其规范内容而言，乃是规范犯罪行为及其法律效果的法律规范。”[12] 张明楷教授亦采取同样的观点：刑法规范作为行为规范，“主要通过假定条件与法律后果之间的密切关系体现出来的，即以‘……的，处……’的表述方式明确告诉人们，犯罪后将受到刑事制裁，从而使人们作出不实施犯罪行为的意识决定”。[13] 如上列述之德、日和我国台湾地区、我国大陆地区学者的观点，可以看出，是以德国法理学对法律规范的界说为理论根据的。对刑法规范的结构作如是看待，从形式上看，即会感觉到刑法规范是完整的，进而也会形成这样的印象：刑法规范是自足的，即“如果 T，则 R”。在对具体案件事实满足构成要件进而引起法律后果的判断上，按照拉伦茨的说法，“法条并非必然都包含令行或禁止的命令，但却多包含适用规定。其作为规范性语句的意义在于：法效果生效。逻辑上看来，它是一种假言语句，此意指：只要具体案件事实 S（Sachverhalte）实现构成要件 T，对于该案件事实即应适用法效果 R，简言之，每个 T 的事例都适用 R。”[14]

如此看待刑法规范的结构，相应地在理论阐述上会形成如下倾向：

1. 对构成要件内涵界定的多样性

对刑法规范的要素作如是观，对法律后果（即刑罚部分）不会形成分歧性认识，但对构成要件的理解问题，却多有不一致认识。“‘构成要件’概念在法律用语中的使用往往具有不同的意思。”[15] 而之所以其有不同的意思，即在于不同论者

---

[9] ［德］汉斯·海因里希·耶塞克、托马斯·魏根特：《德国刑法教科书》，徐久生译，中国法制出版社 2001 年版，第 64 页。

[10] ［德］汉斯·海因里希·耶塞克、托马斯·魏根特：《德国刑法教科书》，徐久生译，中国法制出版社 2001 年版，第 304 页。

[11] ［日］大塚仁：《刑法概说》，冯军译，中国人民大学出版社 2003 年版，第 21–22 页。需要提及的是，从上下文看，此处刑法规范与刑法条文也是等义的。另见［日］大谷实：《刑法总论》，黎宏译，法律出版社 2003 年版，第 2 页。

[12] 林山田：《刑法通论》（上册），（台湾）个人发行 2006 年版，第 38 页。

[13] 张明楷：《刑法学》，法律出版社 2007 年版，第 31 页。需要注意的是，在这里，作者没有用构成要件这个词，而是选择国内法理学中较多使用的术语“假定（条件）”。

[14] ［德］卡尔·拉伦茨：《法学方法论》，陈爱娥译，（台湾）五南图书出版公司 1999 年版，第 154 页。需要注意的是，这里的“法条”即相当于法律规则、法律规范。

[15] ［德］汉斯·海因里希·耶塞克、托马斯·魏根特：《德国刑法教科书》，徐久生译，中国法制出版社 2001 年版，第 304 页。

希望这个概念具有其所希望的内涵。如果将构成要件理解为能够引起刑罚的法律后果的一切法律要件，即将其理解为“广义的构成要件”，则构成要件相当于可罚性；而如果将构成要件做狭义理解，则仅相当于刑法规定的各个不同犯罪行为的法律要件，[16] 也就相当于我们常说的“罪状”。对构成要件做不同的定义，对刑法规范的理解就会产生很多分歧。如果从狭义去理解，那么，一个事实行为仅仅符合构成要件（罪状），不必然地引起刑罚的法律后果，因为关于责任能力、故意和过失以及正当事由的规定都规定在刑法总则中，而只有充分考虑刑法总则性规定，则可能判断是否由行为人承担法律后果。如果从广义去理解，刑法规范与刑法条文就不存在一一对应的关系，而是多个刑法条文（总则的和分则的）对应一个刑法规范，如此构成要件也就不再等同于“行为构成”，而是等同于犯罪构成了。

关于构成要件的学说，也有行为类型说、违法行为类型说和违法、有责行为类型说之分[17]。如此学说差异，也在于如何实现一个刑法规范中构成要件与刑罚的相适应问题。在解决这一问题上，行为类型说毫无优势可言，这与采狭义的构成要件定义面临的窘境是一样的，违法行为类型说也是如此，因为即便认为构成要件的行为已经原则上具有违法性，但仍不必然地引起法律后果。相形之下，违法、有责行为类型说较为圆满地解决了这个问题，如此界定构成要件，在理解上就可以解决一个刑法分则有关具体犯罪的条文与一个刑法规范之间的对应关系，也可以解决刑法规范内构成要件与法律后果之间的相适应关系。[18] 不过，这种学说多有刻意而为的嫌疑，因为即便认为构成要件具有违法和有责的推定机能，但在理论阐述上又不得不在构成要件该当性之外去探讨违法性和有责性的问题。[19]

对构成要件内涵的理解，也直接影响到犯罪论的具体结论。例如，对德国刑法中正犯的理解，严格地说，应当限定为实施构成要件行为的人[20]，然而按照扩张的正犯理论，正犯是指每个造成构成要件该当结果之人，不管其行为是否为构

---

[16] 林山田：《刑法通论》（上册），（台湾）个人发行 2006 年版，第 231 页。

[17] 参见［日］西田典之：《日本刑法总论》，刘明祥、王昭武译，中国人民大学出版社 2007 年版，第 52 页。

[18] 这可以从刑事判决的裁判根据去寻找实践上的论据。如果一个人行为构成犯罪，在没有共同犯罪、停止形态，没有正当事由的情况下，在定罪方面，法院判决直接援引分则条文即可，不必特意去援引有关责任能力等总则性规定。

[19] 德日刑法中构成要件理论之异彩纷呈，端在于不同语境下其内涵的不名差异，虽然负责任的学者会在不同含义的“构成要件”前加上限定词。例如，《德国刑法典》第 16 条“事实上的认识错误”中对“法定构成要件（gesetzlichen Tabestand）”的缺乏认识，“法定构成要件”只能是法律规定构成要件（罪状）中的客观部分。

[20] 参见［德］冈特·施特拉腾韦特、洛塔尔·库伦：《刑法总论 I——犯罪论》，杨萌译，法律出版社 2006 年版，第 286 页。

成要件该当的行为所规定。[21] 如此显然已经弃法律规定的构成要件于不顾，从实质效果来界定正犯。目前德国占通说的行为支配理论，以其刑法第 25 条规定为根据[22]，可以说较好地解决了正犯与构成要件的关系，以及对正犯的界定与量刑的关系，不过，将间接正犯作为正犯来规定，实际上属于一种法律拟制，因为就客观而言，间接正犯毕竟没有亲自实施构成要件的行为。[23]

2. 有关开放的构成要件的争论

开放的构成要件理论（Lehre von den offenen Tabestaenden）认为，从刑法中的构成要件中只能部分地推断出相关犯罪类型的不法特征。这一理论始见于韦尔策尔，他认为，对于开放性构成要件，违法性并不仅仅因属于构成要件且不具有违法性阻却事由而得到肯定，而是根据存在于构成要件外部的个别积极性要素使违法性得以认可。[24] 对这种理论持批判的态度的德国学者认为，如果构成要件被理解为不法类型，它只能被认为是“封闭的”，原因在于它恰恰缺少类似类型特点；“构成要件必须毫无例外地包含全部的对某一犯罪类型的不法内容具有共同决定作用的特征”。[25] 对此，罗克辛认为：“总体构成行为的全部评价条件（肯定性和否定性的）都属于行为构成（即构成要件，作者注），与此相反，综合性评价本身适应了‘违法的’特征。在这里，评价总体构成行为特征的条文不是‘开放的’，而是能够设想的‘封闭的’行为构成。”[26] 需要注意的是，罗克辛此处提及的构成要件为整体不法构成要件（Der Gesamt–Umrechtstatbestand），比狭义的

---

[21] 参见［德］汉斯·海因里希·耶塞克、托马斯·魏根特：《德国刑法教科书》，徐久生译，中国法制出版社 2001 年版，第 784 页。

[22] 《德国刑法典》第 25 条规定：“（1）自己实施犯罪，或通过他人实施犯罪的，依正犯论处。（2）数人共同实施犯罪的，均依正犯论处。”引自徐久生、庄敬华译：《德国刑法典》，中国方正出版社 2004 年版，第 11 页。

[23] 目前有学者认为，德日刑法关于共犯的规定和分类更有利于实现罪刑法定原则，认为我国刑法关于共同犯罪的规定不利于实现罪刑法定原则。然而，检讨德日理论关于共同犯罪的规定和分类，会发现一些学说在界定“正犯”时在有意“踢开”罪刑法定的最明显的表现就是，将法律规定的构成要件有意搁置，而从所谓实质的角度来界定犯罪行为（Starftat）。如此目的很明显，就是要解决处罚的问题。如果完全从构成要件处罚，采“形式—客观说”不利于解决处罚问题。相映成趣的是，我国刑法关于共同犯罪的规定恰恰有利于解决处罚的问题，如果从法律规定看，并没有脱离分则条文所确定的犯罪行为。比较而言，我国刑法对共同犯罪的规定更为合理，其与罪刑法定原则的关系，完全可以通过解释来完成。

[24] ［韩］李在祥：《韩国刑法总论》，韩相敦译，中国人民大学出版社 2005 年版，第 94 页。德国刑法中的适例为强迫罪（第 246 条）和恐吓罪（第 253 条）。以此参照，中国刑法中的适例应该举非法拘禁罪（第 238 条）、非法搜查罪（第 245 条）和非法侵入住宅罪（第 245 条）。

[25] ［德］汉斯·海因里希·耶塞克、托马斯·魏根特：《德国刑法教科书》，徐久生译，中国法制出版社 2001 年版，第 305 页。

[26] ［德］克劳斯·罗克辛：《德国刑法学·总论》，王世洲等译，法律出版社 2005 年版，第 197 页。

构成要件为宽，但较广义的构成要件为窄的概念。[27]

有关开放构成要件理论的争议，表面上看是对构成要件与违法性问题上的纠缠不清，实际上仍与对刑法规范的认识相关。如果认为在刑法规范之外的其他法律规范中去寻找并补足构成要件的全部要素，则构成要件的定型意义似乎就大打折扣了。从“封闭”的状态去理解构成要件，就可以保证“如果 T，则 R”的规范实现；而如果假定开放的构成要件的存在，就无法保证“如果 T，则 R”，因为需要其他法律规范的内容来补足构成要件的要素。实质上，否定开放构成要件的实现，多有掩耳盗铃的心态，刑法规范的构成要件，在很大程度上是开放的，而不仅仅是“异类”[28] 的现象。[29]

3. 有关消极构成要件要素的争论

消极构成要件要素（die negativ Tatbestandsmerkmele，又译为消极的构成要件特征，或负面的构成要件要素）理论认为，合法化事由是处于立法技术的理由，而在刑法总则编中设置违法性的判断规定，可省却在刑法分则编中的每一个法条重复规定的麻烦，因而合法化事由亦应属于构成要件的内涵。如此，合法化事由的要素即被视为消极的构成要件要素，而纳入构成要件之中。[30] 按照该理论，合法行为起初就没有被禁止，也不属于构成要件。[31] 不过，持反对意见的学说认为，合法化事由是有别于构成要件要素的，构成要件要素与合法化事由简单地互换是不恰当的。“两者的区别更多地受到实体条件的限制，欠缺构成要件的行为之所以不受处罚，是因为它不具有刑法上的重要性，而虽然符合构成要件，但被合法化的行为之所以不受处罚，则是因为尽管行为对受保护的法益造成了损害，但例外地不是实质的不法。”[32] 消极构成要件要素理论的提出，对德日犯罪论体系学说的影响表现为：采该种理论，则构成要件该当性与违法性合并为一个单一的评价层次，进而使“犯罪结构成为整体不法构成要件该当性与罪责的二阶犯罪结构”。[33]

---

[27] 林山田：《刑法通论》（上册），（台湾）个人发行 2006 年版，第 231 页。

[28] 罗克辛语。参见［德］克劳斯·罗克辛：《德国刑法学·总论》，王世洲等译，法律出版社 2005 年版，第 198 页。

[29] 检视德国刑法典分则的规定，很少能够看到空白刑法规范的情况，但并非没有。例如，其第 324 条 a 土壤污染罪规定；“行为人违反行政法义务，将物质埋入或让他人埋入或排入土地之中，……”而“行政法义务”之内容，即需要根据相关行政法来判断。参见 Karl Lackner、Kristian Kuehl, *Strafgesetzbuch mit Erlaeuterungen*, C. H. Beck'sche Verlagsbuchhandlung, Muechen, 1995，第 1304 页。

[30] 林山田：《刑法通论》（上册），（台湾）个人发行 2006 年版，第 249–250 页。

[31] ［韩］李在祥：《韩国刑法总论》，韩相敦译，中国人民大学出版社 2005 年版，第 93 页。

[32] ［德］汉斯·海因里希·耶塞克、托马斯·魏根特：《德国刑法教科书》，徐久生译，中国法制出版社 2001 年版，第 310 页。

[33] 林山田：《刑法通论》（上册），（台湾）个人发行 2006 年版，第 252 页。

关于消极构成要件要素的争论，直接表现为对合法化事由的体系地位，以及构成要件与合法化事由的关系问题，然而实质上仍是在探讨构成要件的内涵。如果将构成要件与合法化事由合并为整体不法构成要件，比采狭义的构成要件理论而言，较好地处理了“如果 T，则 R”的问题，但是，如此却又与贝林以来将狭义的构成要件独立出来的初衷相违背。正如采犯罪三阶层说的学者的观点，构成要件该当性与违法性是原则与例外的关系，“前者是形式的、类型性的判断，而后者是实质的个别的判断”[34]，因而将两者分开成为两个评价层次为宜。但是，如此则无法实现“如果 T，则 R”的对应关系。当然，持此论者会指出，此处的构成要件并非一般法理学所说的“构成要件”，即引起法律后果的构成要件（即广义的构成要件），但如此刑法规范的结构也就发生了变化，即“如果 T（狭义的），且如果……，则 R”。

4. 关于刑法规范是行为规范的理解

当今德日刑法学者一般都很认同，刑法规范既是裁判规范（评价规范），又是行为规范（决定规范）。耶塞克即指出，“刑法的规范被理解为针对每个一个人的应当规范，在涉及刑法规定的法规范中均规定了公众的义务；此等义务因此被理解为‘命令’，它也是在这一意义上被大众所理解的。法的任务在于，在一个可能被评价为违法的行为被实施前，‘引导人们从内容上形成为正确的意欲’。”[35]不过，宾丁很早以前却认为，刑法规范并非行为规范[36]。宾丁认为：“称为规范或法律条款者，只能是这种指引行为方向的条款”，由此才能判定“行为人的行为违反了一般意义上的实证法，犯罪只是具有可罚性的法律违反，而并非单纯的对刑罚法或刑法的违反。”[37]迈耶则似乎走得更远，他认为，法规范只是对于国家机关裁判、执法的依据，而对一般公民而言则很难了解其内容，很难发挥命令和禁止的功能，相反，支配人们日常生活的是“文化规范”（Kulturnormen），即构成人们行为之命令和禁止的是宗教、道德、风俗、习惯、买卖规则、职业规则等，并非一般的法规范。[38]

一般而言，刑法规范确实能够指引人们的行为。例如，刑法关于故意杀人罪的规定，会告诫公众：不要杀人。不过，刑法规范并非直接表明权利义务的规范，所以，其对人们行动的指引，是通过刑法规范中的威吓语句而推导出来的，况

[34] ［日］大谷实：《刑法总论》，黎宏译，法律出版社 2003 年版，第 86 页。

[35] ［德］汉斯·海因里希·耶塞克、托马斯·魏根特：《德国刑法教科书》，徐久生译，中国法制出版社 2001 年版，第 292 页。

[36] 刘志远：《刑法规范的二重性概论》，载中国人民大学刑事法律科学研究中心编：《刑事法学的当代展开》，中国检察出版社 2008 年版，第 95–96 页。

[37] 引自马克昌主编：《近代西方刑法学学说史》，中国人民公安大学出版社 2008 年版，第 255 页。

[38] 马克昌主编：《近代西方刑法学学说史》，中国人民公安大学出版社 2008 年版，第 309–310 页。

且，依据刑法规范，在一些情形下并不能对人们的行为举止进行全面的指引。例如，走私文物罪（《刑法》第 152 条第 2 款）的对象为国家禁止出口的文物，但是，何为“国家禁止出口的文物”，依据刑法是无法判断的，因而对携带何种文物出境属于违法，公众无法根据刑法规范来作出判断。

5. 对刑法独立性的认识

意大利学者认为，“当一个法律规范因规定了刑事制裁而成为刑法规范时，它就与其他刑法规范结成一个整体，该规范的适用对象和范围，都要随刑法特有的性质和需要而发生变化。”[39] 法国学者也认为：“即使刑法为这一或那一私法或公法分支提供它们所需要的制裁措施，但刑法本身的适用却不一定需要借助这些分支的基本观念，因为这些分支的基本观念相互之间可能是矛盾的，可能有损于刑法不可缺少的统一性。刑事司法必须个人化（个别化）的事实，也证明刑法的独立地位。如果刑事法官在具体适用法律时不考虑到被告人的人格，也是失职行为。”[40] 以上关于刑法独立性的论述，主要是论证刑法作为一个法律部门的独立性，然而，作为全部刑法规范的整体，对刑法具有独立性特征的认识，必然延伸到刑法规范是否具有独立性的理解和判断上，即刑法规范的适用前提、条件和具体内容上，是否要依附于其他法律规范？如果认为刑法规范具有独立性，在适用刑法规范时，即不必过多甚至不必考虑其他法律规范的内容，进言之，完全可以依照刑法规范的指引，来决定这一规范该如何适用。

实际上，刑法的独立性与刑法规范的独立性之间并没有必然联系。刑法的独立性，实际上表现为其评价对象的特殊、制裁手段的特殊。刑法评价对象不仅包括行为，也包括人，而其他法律规范的评价对象大多不包括对人的评价，也正因为刑法的评价对象包括人，其制裁方式才主要表现为人的自由权利和生命权利的剥夺。如果从法律规定去判断，刑法规范也是具有独立性的，即并不与依附于其他法律规范而存在，不过，当适用刑法规范时，在很多情形下，不得不考虑其他法律规范的内容，并以此作为适用刑法规范的条件，如此出发，则刑法规范又具有一定的从属性的特征，这主要得表现在违法性的判断上。[41]

（二）将刑法规范结构看成是开放的、不完整的

如果将法律规范视为对一类社会关系调整的规范，而刑法规范只充当制裁的角色，那么，刑法规范就不可能再是封闭的，因为制裁前提是以行为人对特定义

[39] ［意］杜里奥·帕多瓦尼：《意大利刑法学原理（注评版）》，陈忠林译评，中国人民大学出版社 2004 年版，第 3–4 页。

[40] ［法］卡斯东·斯特法尼等：《法国刑法总论精义》，罗结珍译，中国政法大学出版社 1998 年版，第 39–40 页。

[41] 参见时延安：《论刑事违法性判断与民事不法判断的关系》，载《法学杂志》2010 年第 1 期；时延安：《行政处罚权与刑罚权的纠葛及其厘清》，载《东方法学》2008 年第 4 期。

务的违反，在很多情形下也是对权利的侵犯[42]，而特定的义务来源和内涵，权利主体和内容，并非在刑法规范中予以规定，而是在刑法规范之前规范中予以规定，这些规范主要包括国家法、民法、行政法和军事法中所确立的规范。

苏联和俄罗斯的法理学一般认为，每一规范的结构包括三个因素（部分）：假定、处理和制裁：处理指出行为规则本身的实质和内容及受国家保护的权利和义务；假定包括规范发生效力的全部条件，制裁指出在遵守，或相反，违反规范处理中的规则时而采取的奖励或惩罚措施（肯定的和否定的后果）。[43] 按照这种观念，法律条文与法律规范属于完全不同的概念，前者是后者的形式，而后者是前者的内容，两者并不具有一一对应的关系。因此，“有时在法律条文中只有规范的一部分，而其他部分应在其条文或者其他规范性法令中寻找”，而刑法专门反映那些服务于其他法律领域规范的制裁。[44] 如此，在一个完整的、针对某一类社会关系进行调整的法律规范中，刑法规范被置于制裁性规范的地位。不过，即便如此，对刑法规范内部进行分析时，仍可以进一步区分为假定和制裁两部分[45]，或者处理和制裁。[46]

将刑法规范视为一个完整的法律规范的组成部分时，则刑法规范即呈现出开放的、不完整的特征，即刑法规范的适用对刑法规范之前规范对权利—义务、权力—服从关系的判断具有一定的依赖性。如此，相应地即在一些理论问题上表现如下倾向：

1. 适用刑法规范评价的行为已经是违法的行为

如果将刑法规范仅仅看作制裁性规范，那么，需要适用刑法规范进行评价的行为，事实上已经违反了刑法规范之前规范，即行为人违背了刑法规范之前规范所设定的义务。适用刑法规范进行评价的目的，在于判断待评价的行为是否具有合刑法性，即刑事违法性[47]。苏联—俄罗斯刑法理论关于犯罪和犯罪构成的论述

[42] 在侵犯国家利益和作为整体的社会利益时，并不直接表现为权利的侵犯。

[43] ［俄］B.B. 拉扎耶夫主编：《法与国家的一般理论》，王哲等译，法律出版社 1999 年版，第 139 页。

[44] ［俄］B.B. 拉扎耶夫主编：《法与国家的一般理论》，王哲等译，法律出版社 1999 年版，第 140 页。

[45] Н.Д. 杜尔马诺夫的观点，参见［苏］B·H·库德里亚夫采夫：《定罪通论》，李益前译，中国展望出版社 1989 年版，第 82–83 页。

[46] ［俄］Н.Ф. 库兹涅佐娃、И.М. 佳日科娃主编：《俄罗斯刑法教程（总论）》，黄道秀译，中国法制出版社 2002 年版，第 92–93 页。按照这种观点，刑法规范中不作假设，如果存在的话，应表述为“如果……”，从实定法来看，假设是不存在的，但可以从实定法中推导出来。这里的“处理”，是指刑法规范中含有它所规定的犯罪行为及其构成部分，相当于我们常用的“罪状”。

[47] 德日犯罪阶层理论中探讨的“违法性”（Rechtswidrigkeit）是指对作为整体的法秩序的违反，可以称之为一般违法性。而受苏联理论影响的我国刑法理论中的刑事违法性，则是判断某一危害行为是否符合特定刑法规范的要求，进而判断是否应对行为人进行刑罚处罚。

即是如此。

关于犯罪的定义中，社会危害性被作为犯罪的基本特征看待，而法律特征即是刑事违法性，如此会发现，需要进行刑事违法性判断的行为，已经（或者首先）是具有社会危害性的行为，而具有社会危害性的行为，就其规范性质而言，实际上已经违反了刑法规范之前规范，进言之，即具有社会危害性的行为也是反规范的，或者说反社会一般行为准则的，只不过这一规范还不是刑法规范。在犯罪构成理论中，这样的解读同样是存在的，这主要体现在对犯罪客体的理解上。犯罪客体在犯罪构成中的存在，实质上框定了作为犯罪处理的行为的范围，进言之，只有侵犯了犯罪客体的行为，才能进一步进行其他要件的评价，而其他要件（即客观方面、主体、主观方面）由刑法规范予以确定，如是以观，需要运用刑法规范进行评价的行为，首先是具有社会危害性的行为，且侵犯了犯罪客体的行为。在俄罗斯学者看来，犯罪客体包括“人和公民的权利和自由、所有权、社会秩序和公共安全、环境、俄罗斯联邦的宪法制度、人类的和平和安全”。[48] 而这些利益的确定，实际上是由宪法、民法、行政法律予以确认的。从这一角度看，社会危害性、犯罪客体都可以从规范角度（当然不是刑法规范）去了解，而不是规范之外的、属于社会学意义上的范畴。[49]

“犯罪客体的概念与犯罪行为的实质和概念、犯罪要件以及首先是犯罪的基本实体（社会性）要件社会危害性有着密切的联系。”[50] 如此，即正面肯定了犯罪的成立，首先是具有社会危害性的，因而也就同时排除了不具有这一特征的情形，诸如正当防卫、紧急避险等排除社会危害性的行为，即不具有犯罪客体的特征而无须进一步经由刑法规范所确定的要素进行评价。所以，在犯罪构成之外去论述正当防卫、紧急避险，并不存在逻辑矛盾，因为这类行为本身即不符合犯罪客体

[48] ［俄］Н.Ф. 库兹涅佐娃、И.М. 佳日科娃主编：《俄罗斯刑法教程（总论）》，黄道秀译，中国法制出版社2002年版，第200页。

[49] 实际上，无论是德国学者开创的“犯罪阶层理论”，还是苏联学者创造的“犯罪构成理论”，抑或是在其他国家流行的各种有关犯罪成立的判断理论，主要是用于审判阶段，是一种被用于刑事司法的理论。而如果结合整个刑事诉讼流程（即广义的刑事诉讼），则是以实质判断开始的，而非以构成要件判断开始的。这种实质判断，就是社会危害性的判断。就中国刑事程序制度而言，从立案、刑事强制措施的运用、不起诉、提起公诉等环节，都体现了这种实质判断，而这种判断恰恰是有规范加以限制的，而不是执法者凭主观想象而任意追究的。比如，经济犯罪、财产犯罪的立案，要求达到一定的法律或者司法解释规定数额标准，这就属于社会危害性的判断，而此时是否构成犯罪还需要进一步侦查。如果考察刑法第13条的规定，立法者也恰恰要求执法者首先做危害程度的判断，治安管理处罚法和刑法在适用上的差别，也要求执法者首先进行社会危害程度的判断。所以说，对社会危害性的判断，也是一种规范的判断，只不过还不是刑法规范的判断。例如，对伤情的判断所依据的规范并非刑法规范，但对伤情的判断却直接影响对社会危害程度的评价。

[50] ［俄］Н.Ф. 库兹涅佐娃、И.М. 佳日科娃主编：《俄罗斯刑法教程（总论）》，黄道秀译，中国法制出版社2002年版，第200页。

特征而被排除在犯罪构成评价之外，进言之，符合犯罪构成的行为与正当行为之间并非一般与例外的关系，而是并列的关系。[51]

2. 对犯罪构成[52]与刑法规范的关系的认识

在俄罗斯学者看来，德国刑法从规范法学派的立场规定行为构成（Tatbestand）是“法定构成”“法律构成”，将它与刑法分则的刑事法律规范的处理部分等同起来。[53]而苏联刑法主流的观点认为，犯罪构成是构成犯罪的要素及其要件的体系（总和），并不认同犯罪构成是“立法模式”或“科学抽象”的规范法学派解释。犯罪构成既是事实现象又是法律范畴，却不是立法上的概念，即并非刑法典所规定。在现实中，只能说客观危害社会的行为的事实构成，在立法者在刑法规范的处理中描述它的要件之后它才成为犯罪构成。[54]当如此认识犯罪构成时，其就不再相当于刑法分则中刑法规范中处理部分（即罪状），而是更为丰富的概念，即构成犯罪的全部要素、能够引起刑事责任评价的法律范畴。从犯罪构成与刑法分则中刑法规范的处理部分的对应关系看，其客观方面“通常在刑法规范的罪状中予以极为详尽的描述”，“在许多情况下，分则刑法规范的罪状规定了犯罪主体的特殊要件”，“在分则的某些罪状中，立法者直接指出了罪过的形式”，而“在分则刑法规范的罪状中，并没有指出犯罪客体，而是采取解释法律的方法”加以确定。[55]

如上理解，当将刑法规范与刑法条文视为内容与形式的关系，并将两者一一对应起来，那么，犯罪构成与刑法规范的关系，即表现为多个刑法规范（总则性的和分则性的）为特定犯罪的犯罪构成提供了要素，犯罪构成当然不是此种意义上刑法规范的处理部分。但是，如果将刑法规范理解为规定“犯罪—刑事（法律）责任”的规范，而犯罪是对客观行为的刑事违法性（合刑法性）的判断，进言之，将符合某一犯罪刑事违法性的条件部分，作为该种意义上刑法规范的处理部分，那么，犯罪构成就成为判断犯罪成立与否的“模型”，并作为引起刑事（法律）

---

[51] 参见高铭暄：《对主张以三阶层犯罪成立体系取代我国通行犯罪构成理论者的回应》，载赵秉志主编：《刑法论丛》（第19卷），法律出版社2009年版，第8–9页。

[52] 从语源上看，被翻译为汉语的“犯罪构成”，在俄文里是来自德文中的Tatbestand（构成要件）。参见何秉松、［俄］科米萨罗夫·科罗别耶夫主编：《中国与俄罗斯犯罪构成理论比较研究》，法律出版社2008年版，第5页。进言之，从语源上看，我们使用的犯罪构成与构成要件，实际上是同一个词，但在不同语境下内涵已经发生了很大改变。

[53] ［俄］Н.Ф. 库兹涅佐娃、И.М. 佳日科娃主编：《俄罗斯刑法教程（总论）》，黄道秀译，中国法制出版社2002年版，第172页。该书中用“处理”一词，即相当于我们常说的“罪状”。

[54] ［俄］Н.Ф. 库兹涅佐娃、И.М. 佳日科娃主编：《俄罗斯刑法教程（总论）》，黄道秀译，中国法制出版社2002年版，第177页。

[55] ［苏］Н.А. 别利亚耶夫、М.П. 科瓦廖夫主编：《苏维埃刑法总论》，马改秀、张广贤译，群众出版社1987年版，第83–84页。

责任判断的条件结构而存在。特拉伊宁那句备受批评的“名句”，“犯罪构成是刑事责任的唯一根据”[56]，其实有其可取之处。当犯罪构成被理解为犯罪全部要素的总和时，则事实上的行为满足犯罪构成的要求时，即引起刑事责任的判断。[57]不过，这句话改为“行为符合犯罪构成是刑事责任评价的前提”更为妥当。

3. 犯罪构成的开放性

当把刑法规范仅作为制裁性规范时，就会发现某些犯罪构成呈现出一定的开放性。国内一些学者即认同所谓空白犯罪构成的存在，即刑法条文没有将犯罪构成的要件予以清楚地揭示，需要援引其他法律来说明的犯罪构成。[58]当承认空白的犯罪构成时，犯罪构成部分内容的获得，即不可能完全由刑法规范直接获得，而只能通过刑法规范的指引而导向相应的行政性法律规范。行政性法律规范之于刑法规范而言，实际上是刑法规范之前规范，但在承认空白犯罪构成的情形下，行政性法律规范的部分内容即被当作犯罪构成的部分内容而存在。

承认空白的犯罪构成，是犯罪构成理论对刑法法律中空白罪状存在的一种回应。空白罪状的存在就使得刑法规范表现出明显的开放性，这种开放性不能通过刑法解释来加以主观性的充实，也不可能从刑法规范的内容直接推导出来待补充的部分，而只能从刑法规范指引而导向的行政性法律规范的内容中来填补。有问题的是，在空白罪状的情形下，刑法规范指向的，究竟是相应的行政法律本身，还是具体的行政性法律规范。如果将刑法规范作为调整某一社会关系的法律规范中的制裁部分，而刑法规范是具体的，刑法规范之前规范，即确定这一社会关系存在和内容的规范首先应当是具体的，如此看，空白罪状情形下，刑法规范指向的，只能是具体的行政性法律规范，而不应该是相应的行政法律本身。

基于空白罪状的存在而提出空白犯罪构成，当然无可厚非，然而，空白的犯罪构成中，究竟哪个要件是开放的？进言之，是作为事实符合性部分的客观方面要件，还是违法性符合部分的客体要件？采犯罪构成理论的学说，对具体犯罪构成特征的归纳中，一般都将“违反……规定”的空白部分纳入犯罪客观方面要件中加以论述。不过，如果从刑法规范与其前规范之间的关系看，“违反……规定”

---

[56] ［苏］A. H. 特拉伊宁：《犯罪构成的一般学说》，王作富等译，中国人民大学出版社 1958 年版，第 1–2 页。

[57] 当然，这里的刑事责任实际上相当于法律责任的一种。在俄罗斯法理学中，法律责任被解释为国家对已实施的违法的反应。刑事责任适用于那些刑法规范规定的违法，而“刑事责任总是带有人身性”。参见［俄］B.B. 拉扎耶夫主编：《法与国家的一般理论》，王哲等译，法律出版社 1999 年版，第 225–227 页。

[58] 参见高铭暄、马克昌主编：《刑法学》，中国法制出版社 2007 年版，第 61 页。该种提法亦来自苏联。参见［苏］B.M. 契希克瓦节主编：《苏维埃刑法总则》，中央人民政府法制委员会编译室、中国人民大学刑法教研室译，法律出版社 1956 年版，第 138 页。

实际上仍在揭示违法性的内容，即需要刑事违法性评价的行为是社会危害性的性质如何，而某一行为符合“违反……规定”，即构成刑事违法性判断的前提，只不过在空白的犯罪构成中，看起来也同时成为刑事违法性判断的部分内容。因而，“违反……规定”的功能在犯罪构成内部，更多的是揭示犯罪客体内涵，以及指引刑法规范的适用方向，当然，换个角度说，也限定了刑法规范的可能适用范围。

4. 关于刑法的从属性问题

启蒙时期自然法学家霍布斯、卢梭等认为刑法不是一个独立的法律部门。在意大利，也有学者认为，刑法具有从属性，理由是：从内容上看，刑法没有自己独立的调整对象，因为每一个被刑法规范禁止的行为，实际上都是先已为其他部门法所禁止的行为；从形式上看，刑法没有自己独立的禁止性规范，刑法规范中只有制裁这一部分才真正属于刑法的内容；从功能上看，刑法实际上只具有用刑事制裁来增强其他法律禁止性命令威慑力的作用。所以，刑法只有依附于行政法、民法等其他部门法，并作为其他部门法的补充才可以存在。[59] 不过，当今意大利学者多主张刑法独立性的观点。

主张刑法从属性，是从刑法规范的从属性角度出发来阐发其主张的，即刑法规范相对于行政法、民法规范而言，是从属性的。如上文所言，刑法的独立性（或从属性）与刑法规范的独立性（或从属性）不能等量齐观。以既有法制看，刑法作为一个独立的法律部门，是毋庸置疑的。在内容（尤其是制裁手段）上，刑法规范相对于行政法、民法规范而言，也具有独立性。刑法中使用的术语，也可以与行政法、民法不同。例如，刑法中“信用卡”的概念即与商事法律使用的概念明显不同[60]。不过，在违法性判断上，适用刑法规范进行的判断（即刑事违法性）不能与适用行政法规范、民法规范的判断相冲突，从这一角度看，刑事违法性判断具有实质从属性的特征，理由在于刑法规范在完整法律规范中居于制裁性规范的地位，而关于社会关系基本权利、义务内容的界定是由刑法规范之前规范来予以确认的，而对权利的侵害、对义务的违反，也首先是根据前规范加以确定的，要言之，正是刑法规范的特殊地位，才使得经刑法规范的判断相对于经其前规范的判断具有从属性。

5. 关于刑法规范是行为规范的问题

苏联一般法理学认为，法律规范中的假定规定一定行为准则适用的条件的那一部分；处理是法律规范能够反映行为规范本身的那一部分，也就是法律规范中

[59] ［意］杜里奥·帕多瓦尼：《意大利刑法学原理（注评版）》，陈忠林译评，中国人民大学出版社 2004 年版，第 3–4 页。

[60] 全国人大常委会《关于〈中华人民共和国刑法〉有关信用卡规定的解释》中对“信用卡”的解释，将借记卡也纳入信用卡的范围，实际上是通过立法以法律拟制的方式来扩张相关犯罪的处罚范围。如此，并没有否定商业交往中对信用卡的理解与内涵界定。

规定允许、禁止或要求人们行为的那一部分；制裁，是规定强制实施法律规范的可能性或违反这一规范所招致的法律后果的那一部分。[61] 如此理解法律规范，刑法规范只相当于一个完整法律规范的制裁部分。那么，刑法规范本身并非行为规范。不过，苏联也有刑法学者认为，刑法规范就其内容而言从来都反映了一定合法行为的要求：不杀人、不偷窃、对处在由生命危险状态中的人给予刻不容缓的帮助等；满足这些要求就能在社会生活各个领域里对人们的行为起调整的作用。调整人们的行为是刑法规范的共同特性，它使刑法规范同法律其他部门的一切规范处于同等的地位。[62] 如此看待刑法规范的作用，实际上却将刑法规范作为行为规范来看待，因为"不杀人""不盗窃"等即属于禁止性的内容而对人们行为具有指引作用。

从刑法规范的内容看，其并没有做诸如"不杀人""不盗窃"的表述，所谓"不杀人""不盗窃"等，均是刑法规范的内容直接推导出来的。对于一般公众而言，刑法规范的内容确实起到行为上的指引作用，不过，这样的规范内容首先是伦理性的，即一般伦理规范为社会公众提供了行为的指引。即便将刑法规范视为行为规范，其发挥指引作用是以刑罚的威吓为"潜台词"的。更何况，由于刑法规范的行为指引作用，是从刑法规范的内容推导出来的，因而这一指引功能并不总是明确的，而只有与刑法规范之前规范联系在一起，才能使对人们的行为指引功能"丰富"起来，才能有效地发挥指引作用。如此看，即便认为刑法规范对人们行为具有调整作用，这种调整作用也具有一定的片面性。

二、刑法规范属性：保护性法律规范

对法律规范的认识不同，相应地，对刑法规范的理解和界定存在差异。法律规范并非自在的规则，而是内在地适应社会关系确认和保护的需要而存在的，法律规范本身是"人造物"，但它却是客观的、既定的、符合人们共同生活需要的社会关系所决定的，并非立法者凭空臆想出来的，而法律规范一经形成，又对既有社会关系起到确认和保护的作用。如此看来，将法律规范与社会关系联系来认识，对于把握法律规范的内涵、实质更具说服力。也正是基于这种认识，将刑法规范作为保护性规范来看待，对于认识刑法规范的内涵，认识刑法规范与其他部门法规范的关系，认识刑法规范在完整法律规范中的地位和作用具有积极的理论意义，如此也能形成一条可信的进路来论说和展开刑法解释论的基本体系和判断规则。

---

[61] 张文显：《对法律规范的再认识》，载《吉林大学社会科学学报》1987 年第 6 期；另见张文显主编：《法理学（第三版）》，法律出版社 2007 年版，第 116 页。

[62] ［苏］H.A. 别利亚耶夫、M.П. 科瓦廖夫主编：《苏维埃刑法总论》，马改秀、张广贤译，群众出版社 1987 年版，第 43 页。

（一）关于刑法规范属于保护性规范的论证

苏联—俄罗斯法理学者将法律规范区分为调整性（或者确定性规范）和保护性规范：前者又区分为义务规范、禁止规范和授权规范，这些规范中含有赋予社会关系参与人权利和责成其承担义务的规定；保护性规范确定并详细规定了法律责任方式和保护主体权利的其他强制性措施，刑法规范属于保护性规范。[63] 苏联刑法学者也认为，刑法规范与法律的其他部门不同，其特性首先表现在：刑法规范是运用保卫的方法调整社会生活各个领域中所存在的社会关系。[64] 受苏联法理学影响，我国有的法理学教材即指出，法律规范的表现形式为命令性法律规则，其结构为"如果……则"；命令性法律规则又区分为调整性规则和保护性规则，调整性规则就是直接体现法对社会关系调整职能的规则，保护性规则体现着法对社会关系的保护职能，两种规则在逻辑上有内在的联系，二者必须结合起来，才能完整地发挥法律的职能，将内容上有必然关系两种规则结合起来，就形成了一个由假定、处理和制裁三要素构成的逻辑上完整的法律规范。[65] 按照这种区分，刑法中的绝大部分规则属于保护性规范或言保护性规则。

刑法属于后盾法、最后"保障法"，这基本是中外刑法学界的共识。我国刑法学通说认为，如果把其他部门法比作"第一道防线"，刑法则是"第二道防线"，没有刑法作为后盾，其他部门法往往难以得到彻底贯彻实施。[66] 然而，刑法何以能够充当后盾法、最后"保障法"，则需要探讨刑法与其他法律之间关系，而由此最终还是要去探讨刑法规范与其他部门法律规范的关系。从刑法实定法出发，可以明显看出，刑法规范中几乎没有关于权利义务的内容。[67]

有关平等主体之间的法律关系、国家及其政府与个人、单位的关系，并没有在刑法规范中予以确定，而是在宪法和其他部门法律中予以确定的。宪法规范和其他部门法律规范确定了基本社会关系的内容，明确了基本的权利义务关系和权力服从关系，如此法律规范是作为确认基本社会关系的规范。刑法规范却没有确认基本社会关系的功能。那种认为刑法规范中包含刑事权利和刑事义务的观点[68]，是根本不能成立的。从中外刑法典看，刑法条文中几乎没有关于权利的规定，相

---

[63] ［俄］B.B. 拉扎耶夫主编：《法与国家的一般理论》，王哲等译，法律出版社 1999 年版，第 140 页。

[64] ［苏］H.A. 别利亚耶夫、M.П. 科瓦廖夫主编：《苏维埃刑法总论》，马改秀、张广贤译，群众出版社 1987 年版，第 43 页。

[65] 孙国华、朱景文主编：《法理学》，中国人民大学出版社 1999 年版，第 281–283 页。

[66] 参见高铭暄、马克昌主编：《刑法学》，北京大学出版社、高等教育出版社 2007 年版，第 9 页。

[67] 刑法中"应当型"法定从宽情节，从某种意义上说，之于犯罪人也可视为一种权利。犯罪人据此可以提出从宽处罚的主张，而审判机构也应从宽处罚。不过，这种"权利"，与一般而言的权利的内涵和意义是不同的。

[68] 参见杨凯：《刑法规范的结构与配置》，法律出版社 2004 年版，第 95–139 页。

应地也几乎没有关于义务的规定，如此何来刑法规范中的刑事权利和刑事义务。犯罪行为确实侵犯了他人的权利，或者妨碍了权力的合法实施，但是，被侵犯的权利内容如何、权力内容如何，并没有在刑法中予以规定，既然刑法条文常被理解为刑法规范的形式，而形式层面没有权利、义务的规定，则内容层面也就不可能反映权利、义务的内容。

刑法规范不能起到直接确认基础性社会关系内容的作用，但是却以保护基础性社会关系为任务（我国《刑法》第 2 条规定即是明证）。这也是将刑法作为“第二道防线”来认识的根据。在很多情形下，从刑法规范可以推知基本权利与义务关系、权力与服从关系的内容，但是刑法规范并不以确认这类关系为目的。如果说，刑法规范也具有确认作用的话，这种确认作用表现在确认基础性社会关系的不可侵犯。这一点可以印证，刑法具有辅助性的特征，即当民事性制裁和行政性制裁无法遏制犯罪行为时，通过刑罚的方法加以遏制[69]，如此也确认了民事法律和行政性法律的不可违反，以及基础性社会关系的不容破坏。

总之，刑法规范体现着法对基础性社会关系的保护职能，规定着犯罪人因为犯罪而应承担的刑事责任及刑罚制裁措施，如此即应当将刑法规范作为保护性规范来认识。

（二）刑法规范与宪法规范和其他部门法规范的关系

按照我国法理学者的理解，调整性规范由假定和处理两个因素构成，而保护性规范由假定和制裁两个因素构成，并认为两种规范在逻辑上具有内在的联系，如此就会发现，保护性规范中的“假定”，恰恰是违反某个调整性规范中“处理”部分规定的事实状态。[70] 有学者在探讨刑法规范与其他法律规范的关系时，认为两者在逻辑结构方面具有关联性，即存在“必须 A，禁止非 A；如果非 A［即（a）、（b）等］，则处以 S”的逻辑结构。以《宪法》第 54 条和《刑法》第 102 条第 1 款[71] 的关系为例，《宪法》第 52 条的逻辑结构为“必须 A，禁止非 A”，而《刑法》第 102 条第 1 款规定的逻辑结构即为“非 A，则处以 S”，两个条文所承载的规范结合在一起，形成一个完整的法律规范结构。[72]

---

[69] ［日］西田典之：《日本刑法总论》，刘明祥、王昭武译，中国人民大学出版社 2007 年版，第 23 页；［日］大谷实：《刑法总论》，黎宏译，法律出版社 2003 年版，第 4 页。

[70] 孙国华、朱景文主编：《法理学》，中国人民大学出版社 1999 年版，第 281 页。该书中严格区分了法律规范与命令性法律规则，目的是将逻辑上完整的法律规范与它的表现形式区分开来。本文并没有做如此区分，保护性规范与保护性规则是等义使用的。

[71] 《宪法》第 54 条规定：“中华人民共和国公民有维护祖国的安全、荣誉和利益的义务，不得有危害祖国的安全、荣誉和利益的行为。”《刑法》第 102 条第 1 款规定：“勾结外国，危害中华人民共和国的主权、领土完整和安全的，处无期徒刑或者十年以上有期徒刑。”

[72] 雍琦：《法律逻辑学》，法律出版社 2004 年版，第 155 页。

如上认识，可以揭示出刑法规范与其他法律规范的关系，即其他法律规范框定了相应的刑法规范所保护社会关系的内容。而刑法规范作为保护性规范，是以调整性规范为前提，换言之，没有调整性规范对社会关系内容的确定，刑法规范也就无从提供保护，无从充当“后盾”。因此，其他法律规范（当然只是部分的）是刑法规范之前规范，需要刑法规范进行评价的行为，首先是违反了刑法规范之前规范；反之，如果没有违反前规范，则不应进行刑法规范的评价。由于刑法规范属于实体法规范，因而刑法规范之前规范也属于实体法规范。[73] 构成刑法规范之前规范的，主要包括四类，即国家法规范、民法规范、行政法规范[74]、国防和军事法规范。

宪法典和其他宪法性规范文件以及其他规范国家基本政治制度、公民基本权利义务的法律，都可归入国家法中。宪法规范对于其他部门法规范主要充当上位法规范的作用，几乎不直接充当刑法规范之前规范。宪法规范属于上位法规范，主要表现在其他部门法律规范相对于宪法规范而言具有派生性，且不得违反宪法规范的内容及其精神，从这个角度看，其他法律相对于宪法而言，都发挥着宪法的实施法的作用，其效力依据宪法而来，并受宪法的约束和限制。以我国法制为例，宪法之下各部门法已经十分齐备，对各种社会关系调整的法律已经基本健全，而这些调整社会关系法律中所确定的法律规范直接充当成为刑法规范之前规范，宪法规范一般不再充当刑法规范前规范的作用。除非作为宪法实施法的具体法律付诸阙如的情况下，宪法规范才“不得不”直接充当刑法规范之前规范。[75] 在宪法典之外，其他国家法则有可能作为刑法规范的前规范而存在。例如，《中华人民共和国法官法》第 7 条第 2 项规定，法官“审判案件必须以事实为根据，以法律为准绳，秉公办案，不得徇私枉法”，该项规定即是《刑法》第 399 条第 1 款徇私枉法罪、第 2 款民事、行政枉法裁判罪所确定的刑法规范之前规范。

---

[73] 当然实体法规范并不一定都规定在实体法中。例如，《民事诉讼法》第 10 章“对妨害民事诉讼的强制措施”中的多数规定是实体性的。

[74] 这里关于民法规范、行政法规范，与划分法律部门时所称的民法和行政法不同，前者要广泛得多，某些经济法规范、社会法规范在这里也包括在民法规范或者行政法规范范围内。这里划分民法规范和行政法规范，主要是以调整社会关系的性质来区分的，但凡调整平等主体间关系的法律规范归入民法规范，而调整政府与个体性主体之间关系的法律规范则归入行政法规范。

[75] 例如，《国家安全法》（1993 年 2 月 22 日第 7 届全国人大常委会第 30 次会议通过）出台施行之前，公民维护国家安全的义务只能根据宪法规范得出（即第 54 条），而国家安全法对公民这一义务规定更为详细（第 3 条和第 4 条），从这个角度看，《宪法》第 54 条所确定的宪法规范是国家安全法相关条文的上位法规范，而后者相应地确定具有实施性质的法律规范。而于刑法规范而言，《国家安全法》第 3 条、第 4 条的规定所确定的法律规范，是相应的刑法规范（即根据刑法分则第 1 章规定所确定的）的前规范。上文中举例提到的《宪法》第 54 条和《刑法》第 102 条第 1 款规定所确立的宪法规范与刑法规范的关系，只有在国家安全法施行前，才是探讨两者逻辑结构关系的适例。

刑法分则第4章中有关侵犯人身权利的犯罪、第5章侵犯财产罪以及其他章节中的一些规定所确定的刑法规范，则是以调整性的民法规范为前规范。例如，《民法通则》第75条第2款规定，公民的合法财产受法律保护，禁止任何组织或者个人侵占、哄抢、破坏或者非法查封、扣押、冻结、没收。该条规定所确定的民法规范，即是诸如盗窃罪、抢夺罪、侵占罪、故意毁坏财物罪等犯罪所依据的刑法规范之前规范。盗窃、诈骗、抢夺等行为首先即表现为对这一民事性禁止规范的违反。当然违反这一民法规范，并不当然产生刑事责任，只有进一步符合刑法规范的假定部分，才可能引起刑事责任。

刑法分则第2章的部分条文、第3章和第6章的多数规定，以及其他章节的一些规定所确定的刑法规范，则是以调整性的行政法规范为前规范。从我国刑法立法的特点看，确定这类刑法规范的刑法条文中多有“违反……规定”的语句。例如，《中华人民共和国禁毒法》第19条中规定：“禁止非法种植罂粟、古柯植物、大麻植物以及国家规定管制的可以用于提炼加工毒品的其他原植物。”该条规定所确定的行政法规范，即是《刑法》第351条（非法种植毒品原植物罪）所确定的刑法规范之前规范。

刑法分则第7章和第10章规定所确定的刑法规范，其前规范则是国防法和军事法律中所确定的调整性法律规范。例如，《国防法》第25条中规定，国家禁止任何个人冒充现役军人。该条规定所确立的国防法规范，即是《刑法》第372条（冒充军人招摇撞骗罪）规定所确定的刑法规范之前规范。

总之，刑法中每一犯罪所根据的刑法规范，都可以地找到其前规范。当然，刑法规范与其前规范并非一一对应的关系，有时一个前规范对应几个刑法规范，有时则是几个前规范对应一个刑法规范，或者是几个前规范对应几个刑法规范。当一个刑法规范有几个前规范时，既可能是同一性质的前规范，又可能是不同性质的前规范。有些具有双重客体的犯罪，其所根据的刑法规范的前规范则可能同时包括民法规范和行政法规范。例如，《刑法》第192条（集资诈骗罪）所确定的刑法规范，其前规范既包括国家禁止非法集资的行政法规范，也包括禁止侵犯公民财产权的民法规范。

三、刑法规范的结构和属性于刑法解释论的意义

对有关刑法规范结构的学说，有学者将“构成要件（T）→法律后果（R）”的模型归纳为刑法规范的本体结构，将借用“假定、处理、制裁”法律规范结构进行分析而得出的模型归纳为刑法规范的逻辑结构。[76] 虽然说，所谓的本体结构也是逻辑的结构，而逻辑结构也建基于法律规定的基础上，但这种学说分类方法却看到了将刑法规范结构作不同认识时，会相应地影响到对刑法规范的认识，并

[76] 参见杨凯：《刑法规范的结构与配置》，法律出版社2004年版，第64页以下。

相应地延伸到刑法解释论的具体问题分析当中。对刑法结构的认识，与对刑法规范性质的认识联系在一起，将刑法规范作为保护性规范来认识时，则必然考虑其前规范即调整性规范的内容，如此刑法规范的内容呈现了一定的开放性，运用刑法规范进行的判断，则必然要与其前规范的内容保持一致，这对于刑法解释论，尤其是对各罪适用范围的解释具有重要的影响。

（一）对刑法规范结构的认识于刑法解释论的影响

刑法规范毕竟是法律规范的一种，将刑法规范理解为“T→R”结构，进而保持与其他类型法律规范结构形式的一致，并始终坚持法律规范与法条之间对应（乃至重合）关系，如此从实定法出发来看待刑法规范，有其可取之处。然而，仅仅将刑法规范与其他法律规范作相同结构的认识，会将刑法规范“孤立”起来看待，忽视了刑法规范与其他法律规范的关系，进而对构成要件的认识、违法性的认识方面刻意追求刑法解释论体系内的自圆其说，而忽视了从刑法之外来论证刑法解释论的合理性和可接受性。刑法解释论日益表现出“封闭”和自我论述的倾向，从某种意义上说，是与如此认识刑法规范结构联系在一起的。

如果将法律规范结构模型理解为“［（T ∧ W）→（m C）］∧［–C→（m）S］”模型。[77]，则刑法规范相当于［–C→（m）S］。就刑法规范内部来看，仍保持着“假定→制裁”的结构，［–C→（m）S］可以“换算”为“T→R”，不过，［–C→（m）S］这一表达，可以揭示出刑法规范与其他法律规范的关系：从刑法规范着眼，［（T ∧ W）→（m C）］作为前规范存在，为刑法规范提供了前提，即刑法规范中假定部分，是对前规范的违反。如此认识，明晰了刑法规范与其他法律规范的关系，同时，在刑法规范内部也具有自己的结构要素。当然，如此认识法律规范及刑法规范，是将法律规范作为规制某一类社会关系来理解的，并没有保持与法律条文的一一对应，民事的、行政的乃至其他实体法律的条文与刑法条文的规定共同确定了一条完整的法律规范，不过，刑法规范作为整个法律规范中的组成部分，仍与刑法条文保持着紧密的一致，并没有因为如此理解刑法规范，而使刑法规范与刑法条文相脱离，或者变得虚无起来。如此理解刑法规范，相应地会在刑法解释论上延伸出以下结论：

1. 对犯罪构成的界定与理解

如上所述，以德日刑法对刑法规范的理解，符合构成要件即应该引起刑事法律后果，然而，由于对构成要件的理解与界定纷纭而复杂，在犯罪论中提及构成要件时，其只相当于中文所说的罪状，而满足此等意义上的构成要件不必然地引起刑事法律后果，因而对构成要件如此理解，实际上已经背离了“T→R”的刑

---

[77] 意即：“如果具有性质 T 的人，并且出现情况 W，那么（必须、允许或禁止）C；违者（或者侵犯者）处以 S”。参见雍琦：《法律逻辑学》，法律出版社 2004 年版，第 143 页。

法规范判断模式；而只有从广义上去界定构成要件时，才可能引起刑事法律后果，但是这又为其刑法基本理论所不采。实际上，苏联—俄罗斯的犯罪构成理论恰恰即是在广义上理解构成要件的，如此符合犯罪构成即相应地引起刑事责任的判断，显然，犯罪构成理论更符合刑法规范的“T → R”结构。

不过，当把刑法规范理解为法律规范的后置部分时，对于刑法规范之前规范的违反，则不应不考虑其中。如果把刑法规范视为法律规范的组成部分，那么［–C →（m）S］更符合刑法规范的特质，–C 部分即相当于犯罪构成。由于犯罪构成所“勾勒”出的行为已经违反了刑法规范的前规范，所以从价值判断上，它已经是“负”的。因而，犯罪构成的组成部分即应包含体现价值判断的否定成分，也只有价值上应该否定的行为，才应当去判断是否具有刑事违法性，是否符合犯罪构成。如此看，犯罪构成是引起对行为人进行刑事责任评价的全部要素，既包括客观的行为事实，也包括主观的认识和态度，既包括与构成犯罪有关的事实特征，也包括行为的违法性特征，即行为具有违反整体的法的特征，而犯罪的本质特征一定的社会危害性也恰恰是通过这种对整体的法的违反而表达的。[78] 如此，在犯罪构成内部，也就没有必要以“反面”的方式、通过创设独立的违法性范畴来解决违法性判断问题。

刑法规范的内部结构表现为“犯罪构成→刑事责任”［–C →（m）S］时，犯罪构成部分对应多个刑法条文，其中分则条文提供了犯罪构成最主要的部分即犯罪的客观方面要素，有的分则条文还提供了犯罪主体和主观方面要素，刑法总则部分为犯罪构成规定了主体要素和主观方面要素。刑法分则条文提供的内容具有标志性和定型性，刑法总则关于责任能力、责任年龄、罪过的规定属于一般性规定，从总则和分则的关系，刑法分则的规定实际上已经隐含式地遵从着刑法总则的规定，是以符合刑法总则关于主体、罪过的规定为前提的，犯罪构成将主体、主观方面要素作为犯罪构成的组成部分，无非要保持与法律条文之间的对应关系，以内在地响应罪刑法定原则的要求。

2. 对犯罪客体的理解与认识

犯罪构成诸要素中，解决违法性判断的职责由犯罪客体来完成，而犯罪客体是以正面的形式来进行判断。如前所述，如果不考虑违法性问题，则犯罪构成是不足以引起刑事责任的，进言之，如果没有犯罪客体或者类似的组成部分，仅靠由其他部分组成的犯罪构成是不可能引起刑事责任的。但是，犯罪客体究竟是什么，以及它究竟起到何种作用，都需要重新加以认识。

---

[78] 当然，苏联和我国的通说，始终将犯罪本质理解为社会关系的破坏，这可以说是对犯罪本质更为深入的理解。这与德日刑法学说有着明显的不同。按照这种观念，犯罪的违法性学说可以用“社会关系破坏说”来归纳。不过，在法制完备的情形下，破坏社会关系，即意味着违法。

如通说所言，犯罪客体是一种被刑法所保护的社会关系，这与一般法理学对法律规范的理解、刑法基础理论对犯罪的理解联系在一起的。近年来，有观点定义犯罪客体时，认为其是一种利益[79]，或者干脆用“法益”来替换犯罪客体，但利益或者法益实质上仍旧表现为一种社会关系，或者说，以社会关系为内容[80]。不过，刑法所保护的社会关系已经由前规范给予确定，其内容和范围已经得到框定，因而从刑法规范看，这种社会关系并非仅仅是事实上存在，也不是捉摸不定的，而是通过刑法规范之前规范可以认识和确定的。如此，对刑法所保护社会关系的侵犯，已经是对法律的违反。所以说，犯罪客体在犯罪构成中的作用，即是说明，需要进行刑事违法性评价的行为已经是违法的。近年来对犯罪构成最多的批评即在于混淆了事实判断与价值判断的关系。这是以德国三阶层理论（即严格区分构成要件符合性和违法性）为视角来检讨犯罪构成理论。如前所述，当刑法规范的结构被理解为“犯罪构成→刑事责任”时，犯罪构成已经具有违法性判断的功能，否则即不可能引起刑事责任判断。同时，犯罪构成内部四个要素之间又是分工明确的，犯罪客体即负责违法性判断的职责，而其他三个要素并不具有这样的功能。

如此理解犯罪客体理论时，还会发现犯罪客体具有的“链接”意义，即一方面将刑法所保护的社会关系与其他规范（即刑法规范之前规范）所确认的社会关系联系起来，另一方面保持违法性判断的一致，即认为具有一定的社会危害性的行为，已经先行地违反了刑法规范之前规范，而适用刑法无非进一步判断是否具有刑事违法性，因而在违法性的理解上，刑事违法性总是与违反刑法规范之前规范所得出违法性结论是一致的。苏联—俄罗斯刑法理论和我国的刑法学“传统”理论将犯罪客体置于犯罪构成第一个要素来看待，其意义不可忽视。如此置放的根据也在于对刑法规范的理解，因为能够引起刑事责任的行为肯定是违法的，但并不是违反刑法规范，而是违反刑法规范之前规范。将犯罪客体置于犯罪构成的第一个要素，也正是体现了犯罪客体这种“链接”作用。

3. 对刑法规范是否为行为规范的认识

如果将行为规范理解为，对人们的行为具有指示意义的法律规范，那么，刑法规范无疑也是行为规范。然而，刑法规范是通过威吓来进行指示的行为规范，这与具有调整性的刑法规范之前规范不同。调整性的民法规范是通过确定平等主体之间权利、义务关系的内容来指示人们如何行为的，而调整性的行政法规范是

---

[79] 例如，阮齐林教授即认为犯罪客体是一种社会生活利益。参见阮齐林：《刑法学》，中国政法大学出版社 2008 年版，第 82 页。也有学者认为是一种权益。参见赵秉志主编：《现代刑法学》，中国政法大学出版社 2009 年版，第 179 页。

[80] 参见陈忠林：《现行犯罪构成理论共性比较》，载《现代法学》2010 年第 1 期。

通过确定不平等主体之间权力、服从关系的内容来指示人们如何行为的，其他类型的刑法规范之前规范也大致如此。简言之，刑法规范之前规范，直接告诉人们，怎样做才是合法的。而刑法规范的目的在于为有权机关追究犯罪人的刑事责任提供法律规范上的根据，其告诉人们，如果实施了刑法规范中“假定”部分的行为，将有什么样的后果，但是，没有直接告诉人们，怎样做才是合法的或者说不违法的。

刑法规范对人们行为的指引，是靠威吓来加以实现，形象地说，刑法规范就像扬起的鞭子，只要进入它评价的范围，鞭子就会落下来。人们也正是看到了“鞭子”，才认识到不要去做或者不做某些行为。从这个角度看，刑法规范之前规范像是在“指路”，而刑法规范只是告诉人们，走哪些路，鞭子就落下来，当然，人们也会由此知道哪些路是不该走的。因而说，刑法规范也是行为规范，不过与其前规范相比，它指引人们如何行动的规范力量是明显不同的；将刑法规范作为引导人们如何积极行动的行为规范来理解，是明显不妥的。[81]

（二）对刑法规范属性的认识以及对刑法解释论的影响

从不同视角去理解刑法规范的性质，自然会对刑法规范的性质有着不同的认识。刑法规范的目的即在于提供一种制裁手段，如此看刑法规范属于制裁性规范；行为一旦构成犯罪，代表国家行使刑罚权的机关即应追究其刑事责任，如此看，刑法规范又是命令性规范[82]。而将刑法规范作为保护性规范来认识，这一视角将刑法规范与其前规范联系起来认识，进而沿着这一路径去探讨和解决一系列理论问题。将刑法规范理解为保护性规范，会对违法性理论部分形成特有的认识。

1. 刑事违法性判断的实质从属性问题

毋庸置疑，刑法规范具有独立性，因为刑法规范是由独立的实定法——刑法加以规定的，而刑法规范的目的也有其独立性。刑法规范之前规范通过对社会关系的调整（确认），为刑法规范保护的社会关系框定了范围，但是，刑法规范保护的社会关系只是其前规范所调整（确认）社会关系的一部分，而非全部，如此看，刑法规范与其前规范之间只有抽象的对应关系，而非具体的对应关系，进言之，需要进行刑法规范评价的行为，肯定已经违反了其前规范，但是违反前规范并不一定需要刑法规范来评价，只有进一步符合刑法规范的假定部分，才能引起刑事责任的评价，而行为符合犯罪构成并引起刑事责任，是刑法规范评价的任务所在。不过，刑法规范的独立性，并不意味着经刑法规范判断（即刑事违法性判断）的结论具有独立性，进言之，并不能脱离与刑法规范之前规范判断的结论。

---

[81] 与刑法规范一样，治安管理处罚法规定所确定的行政法规范是如此。

[82] 张小虎：《论刑法规范的逻辑结构》，载《福建公安高等专科学校学报——社会公共安全研究》1999 年第 5 期。

当刑法规范被理解为保护性规范时，即意味着其前规范属于调整性规范，并由其框定了刑法规范保护社会关系的内容和范围。如前所述，需要进行刑法评价的行为已经违反了前规范。

以刑法规范与作为其前规范的民法规范和行政法规范为论说中心。民法和行政法所确定的全部法律规范中，包括调整性规范和保护性规范，对于违反调整性规范的行为，民法和行政法内部也都相应地通过保护性规范的确定来进行责任评价，分别为民事法律责任和行政法律责任。同样是对民法和行政法中规定的调整性规范的违反，通过民法规范、行政法规范引起的责任评价与通过刑法规范进行的刑事责任评价应当相一致。通过刑法规范判断的结论，与通过其他类型的调整性前规范判断之间的关系，也是如此。由于刑法规范仅仅是保护性规范，而民法、行政法规范既包括调整性和保护性规范，并呈现出完整的法律规范逻辑结构来。民法规范和行政法规范中调整性规范部分和保护性规范部分，其规制的社会关系内容和范围是一致的，而相应的刑法规范保护的社会关系要明显地窄于前两者规制的社会关系，但肯定不会超出前两者规制的范围。违反民法规范、行政法规范中调整性规范的行为，即应判断具有民事不法、行政不法，相应地，需要进行刑法规范评价的行为，也就具有这种民事不法、行政不法的特征，而行为符合刑法规范假定部分即属于刑事违法性的判断，如此看，行为已经具有民事不法或者行政不法，是行为具有刑事违法性的前提，换言之，刑事违法性判断的结论应当与民事不法、行政不法判断的结论保持一致，如此可以认为，刑事违法性判断之于民事不法、行政不法判断而言，具有实质的从属性。

需要强调的是，在判断刑事违法性之前考虑民事不法、行政不法，或者根据其他法律规范判断为不法，并不会引起侵扰罪刑法定原则的担忧。对刑法规范前规范的考察，意在判断违法性问题，是为判断刑事违法性提供一个前提、一个基础，而所有的刑事违法性判断都是依据刑法规定来进行，甚至像刑法很多条文中存有“违反……规定”的情形，也属于违法性的判断，而非刑事违法性的判断。但是，如果违法性判断不成立，则不应进行刑事违法性的判断。如此看，根据刑法规范之前规范的判断，即违法性的判断，与刑事违法性的判断，是一种递进式的关系。[83]

2. 刑法中有关正当行为的规范属于调整性规范

刑法中关于正当防卫、紧急避险的规范属于调整性规范，而非保护性规

---

[83] 而德国三阶层理论而言，构成要件部分的判断已经属于刑事违法性的判断（但不是全部），而违法性判断置于其后，是先作部分的肯定，而后再否定。

范。[84]刑法中有关正当防卫、紧急避险的规定，实际上是关于公民防卫权的规定。《民法通则》第128条、第129条即有关于正当防卫和紧急避险的规定，2009年《侵权责任法》第30条、第31条再次作出了规定。其他类型的正当事由，很多也可以从刑法之外的法律中找到根据，例如，《人民警察法》中有关人民警察职权的规定，《侵权责任法》第60条有关医疗机构、医务人员免责的规定，等等。从实定法的规定看，对于正当事由问题，刑法规范之前规范大多已经作出了规定，有些没有法律明文规定的，比如被害人的承诺问题，都属于人们长期形成的日常行为规则。有关正当事由的民法规范、行政规范以及其他法律规范，都意在确认这类行为的合法性，而并不具有保护社会关系的职能，并非有关违反法律而应当承当责任的规范。这些正当事由在刑法中并没有规定，但仍能排除行为的刑事违法性，也正是因为刑法规范之前规范已经认为这类行为是合法的，自然不能引起刑事违法性的判断。实际上，对于正当防卫、紧急避险而言，即便在刑法实定法中不予规定，在理论上也不会引起刑事违法性的判断。

刑法实定法之所以规定正当防卫和紧急避险，目的在于两点：一是提醒代表国家行使刑罚权的机关，不要将这类行为认定为犯罪，进而保护公民的正当权益；二是区分正当防卫与防卫过当、紧急避险与避险过当。刑法中有关防卫过当、紧急避险的规定所确定的规范属于保护性规范，超过限度的防卫行为、避险行为已经违反了有关正当防卫和紧急避险的规范，如果造成重大损害或者不应有的损害的，应当承担刑事责任。刑法关于正当防卫和紧急避险的规定，恰恰有利于明确防卫过当、避险过当的条件及适用标准。从刑法的规定看，有关正当防卫和防卫过当、紧急避险与避险过当的刑法规范，构成一个完整的法律规范，包括调整性部分和保护性部分。不过，如果从整体法制来看，刑法中关于正当防卫、紧急避险的规定，只是一种重申性的规定而已。[85]

将有关正当行为的法律规范视为调整性规范，其意义在于，已经具有这种正当性的行为不应进行刑事违法性的评价。从社会危害性的角度阐释，正当行为是没有社会危害性的，没有侵犯法律所调整和保护的社会关系，而判断一个行为是否犯罪，首先就要明确这个行为不具有社会危害性，进而才进行刑事违法性的判

[84] 张小虎：《论刑法规范的逻辑结构》，载《福建公安高等专科学校学报——社会公共安全研究》1999年第5期。

[85] 目前，《刑法》中只有第395条（巨额财产来源不明罪）的规定确定的法律规范，兼具调整性和保护性内容。由于现有法律没有规定国家工作人员具有财产申报的义务，而《刑法》第395条实际上确定了国家工作人员一定的持有巨额财产的说明义务，这部分即属于法律规范中调整性的内容，而“不能说明来源”要承担刑事责任，则属于保护性的内容。如此法律现象，实际上是因国家欠缺财产申报制度，但又想遏制国家工作人员腐败行为而催生的一个法律“怪胎”。不过，对该条规定所确定的法律规范结构的理解，也就明晰了，巨额财产来源不明罪是一个不作为的犯罪。

断。从违法性的角度阐释，正当行为是具有合法性质的行为，自然不应该由具有保护性规范属性的刑法规范来进行评价。[86]

3. 对个罪进行解释的影响

将刑法规范的属性界定为保护性规范，对于个罪解释的意义在于，个罪是否成立的判断，要充分考量其是否已经违背了其所根据的刑法规范的前规范。对于行政性犯罪而言，由于其罪状中很多已经明示了“违反……规定”的指引性内容，因而导向相应的行政法规范来判断是否具有行政违法性，然后再判断是否具有刑事违法性。对于所谓“自然犯”而言，实践中，在大多数情况下，不需要特别考虑根据其前规范来判断是否具有违法性，但有些场合，为寻求判断上的说服力，也要充分考虑到，需要进行刑事违法性判断的行为，是否已经成立民事不法，学界以往就“丈夫不制止妻子自杀是否构成不作为的故意杀人”“婚内强奸”等问题的讨论，其实无不涉及结合相应的民法规范判断违法性的问题。有时，还应考虑民事实体法律的规定，来判断该行为违背了哪一民法规范，进而相应地判断究竟适用哪一刑法规范更为妥当。例如，将代为保管的他人“封缄物”内的物品据为已有，应当首先考虑根据民法规范，此时该物品是否已经转移占有，如果认为仍归委托人占有，则应定性为盗窃，如果认为已经由保管人占有，则应定性为侵占。对于这类情形，借助民法规范来进行判断，比单纯依靠探寻所谓的“一般人的观念”更有说服力。对于不作为犯罪、过失犯罪的判断，通过考察相应的调整性法律规范的内容，也有利于判断行为的性质。比如，适用《刑法》第261条遗弃罪中有关“抚养义务”的解释，即应考量有关监护的民法规范。

需要强调的是，刑法实定法中使用的术语与民法、行政法等法律中使用的术语，在内涵上可能不尽一致。对于这一现象的态度是：（1）不能因为部分术语内涵不同，而否定在违法性上判断的一致性，即刑事违法性的成立，必须以经过其前规范判断为违法作为前提。（2）刑法规定中使用的术语，只有法律明确规定的情形下，才能例外于其他法律；如果法律没有做出规定，则应保持与其他法律的一致。（3）刑法解释论中，应有意识地注意概念的区隔意义，对于与其他法律术语字面相同，但内涵又明显不一致的，应当有意识地改变理论中术语的字面表达或者明示概念内涵上的差异，以避免造成不必要的混乱。（4）刑法中使用某些术语系刑法规范所具有保护作用所决定的，并不受民法、行政法等法律规定和理论的影响。例如，1994年《婚姻登记条例》之后，民事法领域不再承认有所谓“事

[86] 当然，这一理解是建立在对刑法规范属性及与前规范关系的基础上的。如果从定罪的角度看，当控方提出被告人的行为已经构成某罪，而被告人辩解具有属于正当行为时，则对于法官而言，对于构成要件符合的判断在先，而违法性的判断在后。如此角度看，德国的三阶层理论更像是定罪理论。

实婚姻”，并将这种情形一概归为“非法同居”，但刑法理论和实践都承认“事实婚姻”的存在，因为有关重婚罪的刑法规范意在保护宪法和婚姻法所确定的一夫一妻制度，而事实婚姻的存在恰恰是违背了这一制度；这一刑法规范显然不是为了确认事实婚姻的合法性。[87]

四、结语

一般法理学应为刑法学提供理论路径和论述基础。对于刑法规范结构和属性的理解，即是以一般法理学有关法律规范理论展开的。德国刑法规范理论受其一般法理学之指引（当然也会反哺一般法理学），苏联—俄罗斯亦是如此。就现状而言，我国刑法学理论从一般法理学汲取的营养不多，而一般法理学在基础概念使用上的眼花缭乱，也让刑法研究者产生诸多困惑。法律规范理论即是如此。沿着不同的法律规范理论路径前进，对刑法规范结构和属性的理解也就产生了不同但非迥异的认识，而由于基于这些认识反观现有刑法解释论的问题，从体系到具体适用问题，都会有一番新的思考。一些争议不休的问题，会因视角的调整而得以重新论述。

刑法规范理论是展开刑法解释论的必要准备。而对刑法规范的结构和属性的不同认识，就可能导向不同的理论路径。将刑法规范与其前规范结合在一起，将刑法规范的属性界定为保护性规范，是基于苏联—俄罗斯和我国法理学对法律规范的一般认识得出的结论。如此结论，又对刑法解释论产生了一系列的影响：宏观而言，对于现有犯罪构成理论进行新的阐释，指出犯罪客体的理论意义；微观而言，在具体个罪的刑法规范适用上，应考虑根据其前规范判断的结论。

因视角的不同而形成结论上的并立关系是理论研究的常态现象，视角不同不能成为结论相互排斥的理由。不过，正像用不同灯光、选择不同的角度去看待同一事物，即便都能在人们认识中呈现一种符合现实的真实的表象，但是仍有宽窄、广狭、深浅上的差异。对于研究者来讲，找到每个理论展开的路径并追溯其出发点，是获得理性而确切认识的必须。对于当前仍争论不休的“四要件”与“三阶层”的取舍问题，如果都追溯各自理论路径和逻辑起点，则问题症结能够得到更清晰的呈现。对刑法规范的认识，看起来就是那个逻辑起点。

（本文曾发表于《中国法学》2011 年第 2 期）

---

[87] 从规范关系上看，《婚姻登记条例》中有关非法同居的规定，并不是重婚罪之前规范的法律表达。重婚罪的前规范应是《中华人民共和国婚姻法》第 2 条有关“一夫一妻”的规范。

刑法解释的应有观念

李立众

妥当的刑法解释，在微观层面离不开高超的刑法解释技术的娴熟运用，在宏观层面离不开良好的刑法解释观念的正确指导。没有刑法解释技术支撑的刑法解释观念是空洞的，没有刑法解释观念指导的刑法解释技术是盲目的。因此，无论是刑法解释技术还是刑法解释观念，都是刑法解释学应当重点研究的内容。刑法解释应当遵循的应有观念很多，本文就其中几个较为重要的刑法解释观念，发表一点个人浅见，供学界讨论、批判。

一、尊重现行刑法

只有尊重现行刑法，全面、准确揭示刑法条文的含义，才能使刑法条文充满活力地应对各种疑难复杂案件，从而及时调整各种社会关系。如果经常得出“条文规定有问题，有待立法完善”这样的结论，就已经不是“解释”刑法条文而是“毁灭”刑法条文了。“解释若是不能达到完善既有刑法的效果，则根本不能称之为解释。”[1]“动辄声称法律的现实规定不符合法律应然要求的解释者，其实并没有对法律进行解释。”[2]

要作出良好的刑法解释，首先应当端正对待现行刑法的态度。对待现行刑法，态度无非有两种：一种态度是尊重现行刑法，努力解释刑法，不轻易批判刑法，另一种态度则是常常批评现行刑法，认为现行刑法需要修改之处甚多，更多地批判现行刑法可以在将来更好地完善刑法。这是两种完全不同的态度，前者是在真正解释刑法，属于刑法解释学的范畴；后者是在解释刑法的外衣下批判刑法，已经超出刑法解释学的范畴进入刑法立法学了。对待现行刑法的态度不同，可能导致刑法解释结论不同。持尊重现行刑法态度的人会用更多的精力解释刑法条文，努力通过解释使现行刑法能够顺畅地解决当下问题。而持批判现行刑法态度的人，则会将更多的精力放在批判刑法条文上，认为现行刑法条文“无药可救”，只能寄希望于将来的立法完善。

例如，《刑法》第78条第1款规定，“被判处管制、拘役、有期徒刑、无期徒刑的犯罪分子，在执行期间，如果认真遵守监规，接受教育改造，确有悔改表

---

[1] 劳东燕：《刑法解释中的形式论与实质论之争》，载《法学研究》2013年第3期，第132页。

[2] 张明楷：《刑法分则的解释原理》（第二版·上），中国人民大学出版社2011年版，第84页。

现的，或者有立功表现的，可以减刑”。倾向于批判现行刑法的人可能认为，该规定实际上剥夺了管制犯、拘役犯被减刑的可能，因为管制犯未被实际关押，拘役犯是在拘役所而不是在监狱执行拘役，因而管制犯、拘役犯均无法满足认真“遵守监规”这一条件，因而该规定有缺陷（起码该规定不严谨），将来应当修订。而倾向于尊重现行刑法的人则会认为，“遵守监规”中的“监规”不是指“监狱管理规定”，而是指“监督管理规定”，管制犯、拘役犯同样需要服从相关监督管理规定，因而能够满足认真“遵守监规”这一要件，并未被剥夺减刑的机会，《刑法》第78条第1款的规定并无不妥。这种解释结论的差异，与解释者对待现行刑法的态度相关，越是持批评态度的人越容易认为刑法规定有缺陷。

自1999年张明楷教授发出“法律不是嘲笑的对象，而是法学研究的对象；法律不受裁判，而应是裁判的准则”[3]的呐喊以来，应当尊重现行刑法的看法已经得到大批刑法教义学者的认同。不过，无论在理论界还是在实务界，习惯于批判刑法、要求进行立法完善的看法依然盛行。从本科生的毕业论文到博士后的出站报告，多数论文的最后一部分都是关于如何进行立法完善的建议。这一现象不是偶然的，是学界批判刑法的风潮在年轻学子思想上的反映。“对刑法教义学者而言，现行刑法就是《圣经》。”[4]不尊重现行刑法的看法，并不合适。

首先，完美的法律从不存在，接受现行刑法是较为务实的选择。与批判者一样，解释者同样希望现行刑法尽可能地完美，但与批判者不同的是，解释者知道完美的法律是不存在的，解释者能够心平气和地接纳法律的不完美。[5]古今中外，从不存在一部公认的完美无瑕的法律，这是法律的创造者能力有限所注定的。立法者不是神，而是与我们一样的普通人，机缘巧合使得他们成为立法者。制定法律时，立法者对当下社会的抽象能力、对未来社会的预测能力以及驾驭语言文字的能力都是有限的。因此，奢望立法者制定出完美无瑕的法律，乃是佛学所称的“妄想”。所有父母都希望即将出生的孩子是健康的，当出生的孩子被发现有缺陷时，把孩子塞进娘胎，要求母亲重生一个健康的孩子，这是可笑的。不完美的法律如同不完美的婴儿，要求立法者回炉重新创设法律，这是不合适的。[6]如同父母充满爱心地接纳有缺陷的孩子一样，接受当下的法律，通过精心的解释尽可

---

[3] 张明楷：《刑法格言的展开》，法律出版社1999年版，第3页。

[4] 冯军：《刑法教义学的立场和方法》，载《中外法学》2014年第1期，第173页。

[5] 笔者并不认为法律绝对不可批判，但是，第一，只有穷尽了各种解释手法都无法得出妥当结论的前提下，才可以考虑批判法律；第二，只能在法律系统之内，以法律条文之间存在无法调和的矛盾，或者现有法律无法保护重要的社会关系为由来批判法律，不能轻易以规范法学之外的（法）哲学、（法）社会学、（法）经济学等法律系统之外的其他学科的理由批判法律；第三，最好能够明确区分刑法解释学研究与刑事立法学研究，在刑事立法学领域内研究现行刑法的完善问题。

[6] 当然，立法者应高度认真、负责地立法，尽可能地保证立法的质量，这些要求都是合理的。

能地减少缺陷，使法律茁壮成长，这才是务实、可行的态度。

其次，当下解决问题、解决当下问题，要求尊重现行刑法。过去的已经过去，谴责过去立法不当改变不了当下法律的面貌。未来的尚未到来，寄希望于未来修改法律，同样无法改变当下法律的面貌。只有珍惜当下，依靠现行刑法才能解决眼前问题且能立即解决问题。抱怨、批判现行刑法永远无法在当下解决问题、解决当下问题。[7] 例如，现行刑法没有规定单位可以构成贷款诈骗罪，而单位骗取贷款的现象确实存在，在此意义上，《刑法》第193条存在立法漏洞。要求将来增设单位可以构成贷款诈骗罪的规定当然没有错，但是这不能解决当下如何追究单位的刑事责任问题。尊重现行刑法的人会努力思考怎样才能当下即可追究单位诈骗贷款的刑事责任，最终可以找到处理方案，即单位骗取贷款时会与金融机构签订贷款合同，此时虽然不能以贷款诈骗罪追究单位的刑事责任，但完全可以合同诈骗罪追究单位诈骗贷款的刑事责任。寄希望于未来的立法完善，有可能减少乃至丧失依靠现行刑法寻找解决当下问题的动力。因此，与其抱怨刑事立法出了问题，还不如反思解释者的解释方法、解释结论是否正确、合理，解释态度是否善意、端正。[8]

尊重现行刑法的人并不否认刑法可能存在立法漏洞，但是，其会仔细区分虚假刑法漏洞与真正立法漏洞。对于虚假刑法漏洞，可以通过妥当的解释直接填补；[9] 对于真正立法漏洞，当然不得通过解释来填补，但这并不意味着对此只能束手无策，尊重现行刑法的人会努力考虑能否运用其他刑法条文，采取间接补救措施来解决问题。例如，刑法没有规定男子是强奸罪的对象，男子的性自主权不能直接得到刑法的保护，无法动用强奸罪处罚他人强行与男子性交的行为。在此意义上，这是一个真正的刑法漏洞，是解释填补不了的。但是，这并不意味着现行刑法无法追究行为人的刑事责任。性交行为给被害人造成身体伤害时，完全可以故意伤害罪追究刑事责任；若未给被害人造成身体伤害，因为行为人采取了按住身体等方法非法剥夺了被害人的人身自由，可按非法拘禁罪追究刑事责任。可见，即便对于真正的刑法漏洞，也不应碌碌无为，而应考虑能否动用其他刑法条文采

[7] 指望修改现行刑法的念头还存在其他弱项。其一，如果说立法者不比批评者高明，反过来也可以说，批评者未必就比立法者高明，因此，批评者的立法完善建议是否妥当，是值得对其提出疑问的。其二，即便批评者所提出的立法修改建议是合理的，能够得到很多人的赞成，立法机关也未必如批判家所愿立刻启动修法程序。

[8] 参见李立众、吴学斌主编：《刑法新思潮》，北京大学出版社2008年版，第58-59页。

[9] 虚假刑法漏洞其实不是刑法漏洞，而是人们的解释不当导致产生了所谓的“漏洞”。例如，认为组织卖淫罪中的“卖淫”是指给异性有偿提供性服务，《刑法》第358条存在无法处理同性间的卖淫行为的“漏洞”，这一“漏洞”就属于虚假的刑法漏洞。只要将“卖淫”解释为“有偿提供性服务，至于给同性还是给异性提供性服务在所不问”，即可处罚同性间的卖淫行为，“漏洞”便不复存在。

取间接补救措施，实现追究行为人刑事责任的目的。这同样能够一定程度地达到填补刑法漏洞的目的，从而使现行刑法能够在当下解决问题、解决当下问题。

再次，培养合格司法人才要求尊重现行刑法。衡量司法人才是否合格的指标有很多，其中如下两项是必需的：其一，敬畏法律、信仰法律；其二，能够妥善地解释法律，依据现有法律处理问题。批判现行法律的风气盛行，不利于司法人才的培养，因为经常地、不断地批判法律，容易使人误认为依据现有法律难以妥当地处理案件，法律不再有庄严感、公正感，从而使法科学生与司法人员丧失对法律的敬畏之心。更为严重的是，将会出现一大批只会抱怨现行法律的人，他们正慢慢失去自己动手依靠解释来解决当下问题的能力，“这个问题有待立法完善，或者最高人民法院应当对这个问题作出司法解释”成为他们每日的口头禅。这是极其糟糕的。只有尊重现行刑法，才有可能培养出善于解释法律的司法人才。

最后，刑法学的健康发展要求尊重现行刑法。“由费尔巴哈提倡的传统刑法教义学毫不怀疑现行刑法的权威，认为现行刑法的规定既是刑法教义学者的解释对象，也是解释根据。”[10]日本刑法学的发展史充分证明了这一点。日本现行刑法制定于1907年，如果非要挑刺，一定可以挑出很多，但是，日本理论界与实务界很少批评1907年刑法，通过巧妙的解释使得这部百岁刑法典至今仍生机勃勃。正是通过多年的解释，产生了诸如相当因果关系理论、违法性原理、责任原理、不能犯理论、共谋共同正犯理论等发达的刑法学理论。与日本刑法学相比，我国刑法学理论还不够丰富，不是因为我国刑事立法不够发达，而是因为我国的刑法解释学还不够发达。不尊重现行刑法，就不可能有发达的刑法解释学，中国刑法学也难以真正发达。

有人认为，“在刑法研究上，应当鼓励应然性研究，承认、发现、完善立法本身客观存在的漏洞，应当成为刑法学研究的重要方面……这也是刑法学者的学术使命和学术贡献方式。”[11]话虽如此，在以1997年刑法为中心的刑事法律已经完备的前提下，即便认为刑法解释学与刑事立法学对中国刑法学都很重要，刑法解释学也比刑事立法学重要得多。对于已经发现的所谓“漏洞”，能否通过解释进行填补，不能填补时能否考虑运用其他刑法条文来处理，这些解释学问题是刑事司法急需的，理应成为刑法学研究的重点。如果承认刑法解释学（刑法教义学）是刑法学的核心，[12]尊重现行刑法就是必需的。

---

[10] 冯军：《刑法教义学的先行思考》，载《法学研究》2013年第6期，第4页。

[11] 魏东：《保守的实质刑法观与现代刑事政策立场》，中国民主法制出版社2011年版，第10页。

[12] 关于刑法解释学与刑法教义学之间的关系，学界有不同看法。对此，张明楷教授认为，刑法教义学原本就是刑法解释学或者说就是狭义的刑法学。参见张明楷：《也论刑法教义学的立场——与冯军教授商榷》，载《中外法学》2014年第2期，第358页。

二、解释方向明确

在尊重现行刑法的前提下，如何确定刑法条文的含义，是刑法解释学的一大难题。解释者在解释刑法条文时，站在一条必须选择方向的岔路口：是严格遵从立法原意解释刑法条文（主观解释论 / 立法原意说），还是根据刑法条文客观上呈现出来的含义解释刑法条文（客观解释论 / 法律文本说）？对此，理论上存在争议。解释方向之争并非纯粹的理论之争，而是一个具有实践品性的问题，因为争论的结果将会直接影响裁判结论。张某、陈某假冒证明商标一案，较为典型地体现了客观解释论与主观解释论对裁判结论的影响。

UL 标识系美国 UL 安全实验所在我国商标局申请注册的处于有效保护期限内的证明商标，核定使用的商品类别为第 9 类（包括电源插头、变压器等）。从 2009 年开始，被告人张某与陈某合作生产、销售节能器。两被告人未经美国 UL 安全实验所许可，擅自在节能器上粘贴 UL 标识，并将贴有 UL 标识的节能器在市场上销售。经对比，节能器上使用的 UL 标识与美国 UL 安全实验所的 UL 证明商标标识相同。检察机关以两被告人构成假冒注册商标罪提起公诉。

如果依据主观解释论，被告人张某、陈某就应不构成假冒注册商标罪，因为立法者在制定假冒注册商标罪时，并没有动用刑法保护证明商标的立法意图。具体而言，1979 年《刑法》第 127 条、1993 年《关于惩治假冒注册商标犯罪的补充规定》第 1 条以及 1997 年《刑法》第 213 条，虽然都规定了假冒注册商标罪，但是，依据 1982 年《商标法》、1993 年《商标法》，注册商标并不包括证明商标；直到 2001 年第二次修订《商标法》时，立法者才规定证明商标属于注册商标，受法律保护。这就意味着，立法者在 1997 年刑法中规定假冒注册商标罪时，并无运用该罪保护证明商标的意图（因为立法者在当时并不认为证明商标属于注册商标），因而依据主观解释论，未经证明商标所有人许可，在同一种商品上使用与其注册商标相同的证明商标的行为属于无罪行为，对此只能进行行政处罚。

如果依据客观解释论，被告人张某、陈某就应构成假冒注册商标罪。2001 年《商标法》第 3 条第 1 款明确规定："经商标局核准注册的商标为注册商标，包括商品商标、服务商标和集体商标、证明商标；商标注册人享有商标专用权，受法律保护。"既然证明商标作为注册商标受到法律保护，当然也应受到刑法的保护。不管立法者制定假冒注册商标罪时的立法原意是什么，"证明商标"在客观上属于受法律保护的"注册商标"，未经证明商标所有人许可在同一种商品上使用与其注册商标相同的证明商标的行为，完全落在 1997 年《刑法》第 213 条的规制范围之内，故应追究行为人假冒注册商标罪的刑事责任。

由此可见，在立法原意与法律条文的客观含义并不一致时，采取主观解释论还是采取客观解释论，对案件的裁判结论是完全不同的。2014 年 5 月，深圳市中级人民法院经审理认为，被告人张某、陈某未经注册商标所有人许可，在同一种商品上使用与其注册商标相同的商标，非法经营额达 234040 元，构成假冒注册商标罪。[13] 显然，这是采取客观解释论得出的裁判结果。

在刑法学界，客观解释论几成通说，最高人民法院在有关的指导性案例中也明显地倡导客观解释论。[14] 尽管如此，也有一些学者旗帜鲜明地主张客观解释论应当缓行。[15] 笔者赞成客观解释论，但尊重他人选择主观解释论。采取包容的态度，允许不同解释方向的存在，在对具体条文的解释、具体案件的处理中让客观解释论与主观解释论进行竞争，这样有利于清楚地看出二者的优劣。不过，无论是选择客观解释论还是选择主观解释论，所有解释者都必须思考以下问题：

1. 如何识别立法原意?

立法是国家有计划、有目的的活动，制定某一法律时一定有其立法意图。在此意义上，立法原意是存在的，否认立法原意的存在是极其困难的。但是，这并不意味着应当采取主观解释论，因为立法原意本身在实体与程序方面面临着一系列有待解决的问题。

立法原意面临的实体难题是：何为立法原意？立法原意本身是个暧昧不明的概念，内涵极不明确。具体而言，立法原意是指立法者设立某一条文的原本目的（立法目的），还是指立法者制定某条文时脑海中所设想的该条文所适用的场景，或是指立法者本人对某一条文用语的当时理解？例如，就假冒注册商标罪而言，其立法原意是保护注册商标的使用权，用该条打击一切“未经注册商标所有人许可，在同一种商品上使用与其注册商标相同的商标，情节严重”的行为，至于注册商标的种类在所不问；还是指立法者在制定假冒注册商标罪时，其脑海中所设想的是该罪仅适用于假冒他人商品商标、服务商标的情形，不适用于假冒他人证明商标的情形；或是指立法者在使用“注册商标”一词时，其所理解的证明商标仅是指商品商标、服务商标，不包括证明商标？如果立法原意是指第一种情形，则只要某一商标客观上属于注册商标，即使该商标是立法者当时所未预想到的种类，也应受到刑法的保护，应追究行为人假冒注册商标罪的刑事责任；此时，主观解释论与客观解释论除文字命名有别外，实际内容一致。如果立法原意是指第二种、第三种情形，则案件处理结论将可能不同。所以，主张主观解释论的学者，首先应当明确界定“立法原意”的含义。

即便能够明确立法原意的含义，立法原意还面临着一大程序难题：姑且不论谁是立法者、谁能代表立法者这些问题，主观解释者如何证明自己掌握立法原意，

---

[13] 参见祝建军:《证明商标应是假冒注册商标罪调整范畴》，载《人民法院报》2014 年 9 月 18 日，第 7 版。

[14] 参见陈兴良:《形式解释论的再宣示》，载《中国法学》2010 年第 4 期，第 28 页。

[15] 参见许发民:《论刑法客观解释论应当缓行》，载赵秉志主编:《刑法论丛》2010 年第 3 卷，法律出版社 2010 年版，第 165 页。

如何证明自己所说的就是立法原意，证明的程序是什么，证明的标准是什么，这些至今都是无解的问题。[16] 制定某一条文时存在立法原意，并不意味着人们可以轻松认识、掌握立法原意，因为事物的存在（存在论）与事物的可知（认识论）是两个不同的问题，存在的东西未必都是人们能够准确认识的。“语言意义的理解并不是一种纯粹领受的过程，而一直也是并且主要是理解主体自我理解的过程。这个理解主体必然会共同进入理解的视域中，而且它的认识一直也依赖于主体本身是如何确信的。任何尝试要在理解的科学中，将合理性与理解者的人格分离的人，终将被宣告失败。”[17] 因此，主观解释论者始终面临其对条文的理解究竟是解释者的个人看法还是剔除了个人看法的纯粹立法原意的再现的疑问。一个解释者仅在成功证明自己是货真价实的立法原意的忠实代言人时，其采取主观解释论才能令人信服。例如，对于假冒注册商标罪而言，如何证明立法者没有动用刑法保护证明商标的意思？换言之，凭什么说立法者没有保护一切注册商标而不问注册商标是何种类的意思？这些都是主观解释论者不太容易证明的问题。再如，全国人大常委会法工委关于某一刑法条文立法原意所作的书面说明，能否认定该说明是对立法原意恰如其分的反映？例如，全国人大常委会法工委在《冯洲受贿案答复最高人民法院的意见》中指出：“1997 年刑法第 63 条第 2 款关于因‘特殊情况’在法定刑以下判处刑罚的规定，主要是针对涉及国防、外交、民族、宗教等极个别特殊案件的需要，不是对一般刑事案件的规定。”上述意见是对立法原意的如实反映，还是法工委工作人员经过研究后得出的个人私见？这些都是无从得知的。

如何证明某一主张是立法原意的再现，或者说如何证明立法原意就是这样的，这一问题对于主观解释论者来说至关重要，因为不解决这一问题，主张主观解释论就难以令人信服。对于客观解释论者而言，该问题同样具有价值，因为立法原意是理解条文含义的重要判断资料（但不是唯一判断资料），搞清立法原意，对于客观解释论者准确解释刑法条文，同样具有一定意义。[18]

2. 法律文本是否有自己的意思？

法律文本是否有自己的意思，这也是所有解释者必须思考的问题。主观解释论认为，法律文本没有自身的独立意思。这是因为，法律文本是立法原意的文字

[16] 一部《红楼梦》，经学家看见《易》，道学家看见淫，才子看见缠绵，革命家看见排满，流言家看见宫闱。作者到底想说什么，除曹雪芹外，只有天知道。如何才能探明立法原意，主观解释论面临同样的问题。

[17] [德] 考夫曼：《法律哲学》，刘幸义等译，法律出版社 2004 年版，第 140–141 页。

[18] 当然，对于客观解释论者而言，与主观解释论相比，如何证明某一主张就是立法原意这一问题不是特别重要，因为客观解释论解释法律时并非完全依赖立法原意，更加重视从法律文本客观上所可能具有的含义出发来解释条文。

表达，法律文本的意思完全受制于立法原意，或者说只有立法原意才是法律文本的真实含义之所在。换言之，法律文本的意思完全是由立法者赋予的，除了立法原意之外，认为法律文本还有其他意思都是对法律文本的误读，这些“其他意思”其实都是解释者的个人意思，而不是法律文本自身的意思。

客观解释论认为，法律文本具有自身的独立意思。法律文本虽然是立法者的作品，但法律文本一旦完成即独立于立法者，与立法者拉开距离，除了受制于立法者所使用的文字之外，不再受立法者的制约。如同脱离母体的胎儿将会自行成长一样，法律文本也能自行成长——随着社会生活的发展，立法者所使用的文字可能与时俱进产生新的含义，因而法律文本将会逐渐产生独立于立法原意的自身意思。如同一棵大树每年都会悄悄生长出很多新的枝丫一样，法律文本也会在人们的不知不觉中慢慢生长自己的“枝丫”。证明商标就是 1997 年《刑法》第 213 条的“注册商标”新长出的“枝丫”。“法律概念一如其他人类创造力的表征，往往本身具有生命，使得创造它们的作者反而被它们左右而非左右他们。”[19] 因此，必须承认法律文本有自身的意思，或者说法律文本有其自身的独立生命力。本文赞成这一看法。

法律文本所使用的文字可能具有立法者所未曾想到的意思，这是一个无法否认的客观事实。随着时间的变化，文字在内涵、外延以及情感色彩（贬义、褒义）方面也会有相应的变化。例如，在 1979 年刑法典时代，侵犯通信自由罪中的“信件”显然不包括今日的 E-mail，因为这对 1979 年刑法的立法者而言，是做梦也想不到的。但在今天，人们普遍认为“信件”包括不以纸张为媒介的 E-mail。未来，或许还会出现其他形式的“信件”。正因为文本有自己的意思，所以，尽管无人知晓作者是谁，并不妨碍今人阅读、解析古代无名氏的诗词、小说。当一千多枚秦简从云梦县睡虎地的秦墓葬中出土时，尽管无人知道秦人的立法意图，但这不妨碍今人解读秦简、理解秦人的法律。正因为法律文本有自己的意思，即使不去查阅立法资料，也无妨普通百姓领会法律的意思，并按照法律的指南行事。

文本的意思与创作文本的作者本意是可以相分离的。承认法律文本具有独立意思，具有防止立法者规避法律的意义。作者本人的事后解释“虽属正版，仍然不具有权威性，纯属个人见解。因为一部小说出版以后，作者也就失去其特权，作者所有针对这部小说的发言，都只是某一个读者的发言。”[20] 立法者也是如此。如果立法者有明确的立法原意，就应在公布法律之时同步公布立法原意，不应允许立法者事后解释自己的立法意图。如果允许立法者事后解释立法原意，就有可

---

[19] ［英］丹尼斯·罗伊德：《法律的理念》，张茂柏译，新星出版社 2005 年版，第 239-240 页。

[20] 余华：《我们生活在巨大的差距里》，北京出版集团公司、北京十月文艺出版社 2015 年版，第 3 页。

能使立法者获得逍遥于法律之外的机会，因为立法者事后完全可能歪曲立法原意，对法律进行限缩解释，从而避免法律适用于立法者本人或者与其有特定关系的人员。作为社会共同体的一员，在应当遵守法律这一点上，立法者与其他社会成员并无区别。只有承认法律文本具有独立意思，才能使立法者受制于法律文本，否则就会使法律文本受制于立法者。

当然，承认法律文本有其自身意思，并不意味着必然采取客观解释论。在法律文本的客观含义与立法原意不一致时，应当以何者为准来理解法律，这才是主观解释论与客观解释论的争论核心之所在。

3. 法律完成于何时?

法律完成于何时？这似乎是个愚蠢的问题。对于主观解释论而言，法律完成于立法者公布法律之时，这是不言自明的事实。从权力分立的角度看，至少就大陆法系而言，法律只能由立法者制定，司法者只能适用立法者所制定的法律，不允许法官造法，因而法律当然完成于立法者公布法律之时。既然如此，法律的含义当然也是由立法者赋予的，故应依据立法原意来理解法律。

但问题没有这么简单。在文学上，“事实上没有一部小说能够做到真正完成，小说的定稿和出版只是写作意义上的完成；从阅读和批评的角度来说，一部小说是永远不可能完成或者是永远有待于完成的。文学阅读和批评就是从不同的角度出发，如同是给予世界很多的道路一样，给予一部小说很多的阐释、很多的感受。”[21] 由此类比，“法律的完成”也有不同的含义，法律的颁布仅是立法者写作意义上的完成，或者说是立法程序意义上的法律的完成；在法律需要被人们理解后才能被适用的意义上，法律永远有待于完成。“法是为实现自我（sich Verwirklichen）而存在的。法的实现（Verwirklichung）就是法的生命，才是真实的，不，法的实现就是法的自身。如果法不能实现，只是单单存在于法规中、存在于纸上，那就只是虚幻的法，是空洞的语言。”[22] 只有解释者最终确定了条文的含义、解释结论变成裁判结论时，此时才能说在此案中法律彻底完成了。既然解释者与立法者一道参与了法律的完成，那就不可能只按立法原意来确定法律条文的含义。法律条文用语的初始含义确实是立法者赋予的，但随着时间的流逝，法律条文可能不断生长出立法者未曾想到的新含义。如果不按照这些新含义来理解法律，法律规定将无法实现，而成为虚幻、空洞的东西。因此，解释者应当不断发现、揭示这些仍在条文涵摄范围内的新含义，并勇敢地按照新含义来裁判案件，

[21] 余华：《我们生活在巨大的差距里》，北京出版集团公司、北京十月文艺出版社 2015 年版，第 2 页。

[22] ［日］我妻荣：《债权在近代法中的优越地位》，王书江等译，中国大百科全书出版社 1999 年版，第 354 页。

这是司法人员应尽的本分，而不是法官擅自造法。

4. 如何防止解释者篡位为立法者？

客观解释论受到主观解释论攻击的一个重要理由是，立法原意具有校准解释者的解释是否偏离立法航道的机能；客观解释论公然背离立法原意，本质上是将个人私见塞进法律之中，将个人看法披上法律的外衣，从而使全体国民受解释者个人私见的约束。此时的解释者不再是解释者，而是已经以立法者自居，成功篡位为立法者。

在法治社会，统治社会的只能是法律，而不能是恣意的个人私见。在此意义上，上述主观解释论的担忧是可以理解的。不过，上述指责并不公允，因为主观解释论者以自己是立法原意的代言人自居，默认自己掌握、明了立法原意。然而，对于主观解释论者而言，凭什么断言其主张是立法原意的真实反映而不是个人私见的产物？可见，即便是采取主观解释论，解释者同样有可能篡位为立法者。因此，如何防止解释者篡位为立法者，是客观解释论与主观解释论共同面临的任务。

至于防止解释者篡位的具体措施，起码应当包括以下内容：其一，进行形式根据的检验。在法治社会，国民只接受法律的统治，因此，解释结论首先在外形上必须存在法律根据。作为对刑法条文的解释，不可漫无边际，尤其是解释结论要求对行为人定罪量刑时，解释结论应当在条文用语可能文义的范围之内。如果解释结论已经超出条文用语的文义射程，即意味着解释结论缺乏法律依据，属于解释者的个人私见，应予否定。其二，在存在形式根据的前提下，进一步进行实质根据的检验。将解释者的解释结论用于裁判具体案件时，解释结论是否符合国民当下的价值观、能够为多数国民接受？如果解释结论能够为多数国民接受，能够为当下社会提供良好的行为规范时，或者说当下社会需要这样的行为规范，即便是立法者也不会反对这样的行为规范时，仍在条文文义射程之内的解释结论就不是解释者个人恣意的产物，而是准确地揭示了法律条文在当下的应有之义。

5. 解释方向是否具有一贯性？

在选择解释方向时，似乎还存在第三条道路，即既不是彻底选择客观解释论，又不是彻底选择主观解释论，而是兼顾二者，根据不同的情形分别采用客观解释论与主观解释论。例如，已故的林山田教授主张，原则上应采取主观解释论，忠实地根据立法原意解释刑法条文的含义，但例外地可采取客观解释论，即有足够理由证实立法当时的价值判断已经时过境迁，与当下的法律正义、社会情形以及时代精神不符时，则应根据文本自身的意思解释刑法条文。[23] 新近，魏东教授主张，在入罪解释时，为侧重贯彻刑法的人权保障机能，应以主观解释论为原则，仅谨慎地准许例外的、个别的且可以限定数量的客观解释论；在出罪解释时，为

[23] 参见林山田：《刑法通论（上册）》（增订十版），北京大学出版社2012年版，第85页。

侧重贯彻刑法的人权保障价值，应准许有利于被告人出罪的客观解释论。[24] 作为学术探究，当然允许进行不同的学术尝试，但本文不能赞成折中论。客观解释论与主观解释论的解释方向不同，二者具有竞争关系。将二者进行折中，这是否具有逻辑一贯性，本文持怀疑态度。此外，对于这种折中，能否用统一的原理对此作出圆满的解说，本文也持怀疑态度。

林山田教授的主张虽然容易获得人们的亲近，但本文认为，林山田教授的主张并非严格意义上的折中论，对其主张完全可从客观解释论的立场加以解说。“所有的规定，所有的概念，在其产生的时候，由于给予了一定的具体的内容，肯定具有其合理性。但是，随着社会的推移，产生这一具体内容的事情也会发生变化，这是不可否认的事实。因此，在这种情况下在形式上仍墨守当初的内容，就不能保持建立这一概念和规则时原有的合理性，这也是显而易见的道理。”[25] 具体而言，对于新近公布的法律，社会形势尚无变化，国民的价值观一如既往，这使得法律用语的含义较为稳定，尚未生长出新的含义，立法原意对于解释法律条文的含义具有较大的权重，此时表面上是按照立法原意解释法律，其实法律本文的客观含义本来就是如此。当法律已经颁布很久，社会形势已经发生变化，国民的价值判断也有改变，与此伴随的是法律用语也已悄悄生长出新的含义，要让法律迸发活力积极应对社会，当然应根据法律文本所具有的客观含义来解释法律。既然能够根据客观解释论解读林山田教授的主张，从逻辑的一贯性出发，就应直接选择客观解释论。

魏东教授的折中论是真正的折中，但本文对此不能赞成。第一，入罪解释、刑法的人权保障机能、主观解释论三者之间以及出罪解释、刑法的人权保障机能、客观解释论三者之间，均没有必然的逻辑关系。采取主观解释论，有些情形下有利于被告人、有利于出罪、有利于实现刑法的人权保障机能，如对假冒注册商标罪中的“注册商标”采取主观解释论即是如此；而在有些情形下，采取主观解释论则不利于被告人、不利于出罪、不利于实现刑法的人权保障机能，如对聚众淫乱罪中的“聚众淫乱”采取主观解释论即是如此。同样，采取客观解释论，有些情形下有利于被告人、有利于出罪、有利于实现刑法的人权保障机能，如只有对《刑法》第63条第2款的“特殊情况”作客观解释论，才能对许霆案等不涉及国防、外交、民族、宗教情形的普通案件在法定刑以下判处刑罚；而有些情形下采取客观解释论则不利于被告人、不利于出罪、不利于实现刑法的人权保障机能，如对

[24] 参见魏东：《刑法解释论的主要争点及其学术分析——兼议刑法解释的保守性命题之合理性》，载《法治研究》2015年第4期，第34–35页。

[25] ［日］我妻荣：《债权在近代法中的优越地位》，王书江等译，中国大百科全书出版社1999年版，第402页。

假冒注册商标罪中的“注册商标罪”、遗弃罪中的“扶养义务”采取客观解释论即是如此。这样一来，要求在入罪解释的场合原则上采取主观解释论就缺乏实质根据，且例外地采取客观解释论也未必一定能够对被告人入罪。第二，刑法的人权保障机能与刑法的秩序维持机能存在一定的冲突，何时应当侧重于刑法的人权保障机能，何时应当照顾刑法的秩序维持机能，如何在二者之间实现巧妙的均衡，这些都是极不明确的。因此，在具体个案中，应侧重于刑法的人权保障机能还是应向刑法的秩序维持机能倾斜，是应当出罪还是应当入罪，是原则上坚持主观解释论还是例外地采取客观解释论，折中论对此缺乏明确的、可操作的判断标准。

6. 选择的解释方向是否与本人的解释习惯一致？

选择解释方向时，解释者应当反思自己解释条文时的解释习惯，努力使自己的学术主张与实际解释习惯相一致。本文尊重每位经过深思熟虑后选择相应解释方向的解释者，但坚决反对所选择的解释方向与实际解释习惯并不相符的情形。

因此，准备选择或者已经选择主观解释论的人，应当反思自己平时是否热衷于收集各种立法资料；在解释条文的含义时，是否习惯于首先通过查询立法资料探寻立法原意，然后据此确定条文的含义；某一情形客观上为法律文本所包含，但立法者并无调整该情形的意思时，是否严格地按照立法原意解释条文，将该情形排除在条文的适用范围之外，并主张通过修法填补无法处理该情形的漏洞。准备选择或者已经选择客观解释论的人，应当反思自己是否一贯坚持从法律文本出发，根据条文用语的客观含义解释刑法条文；即便查阅立法资料得知立法原意，立法原意也不是确定刑法条文含义的唯一判断资料，还会同时考虑社会现实对条文用语所产生的影响，以及运用刑法条文处理待决案件的必要性来确定刑法条文的含义。

三、贯彻刑法基本原则

在解释刑法条文时，应注意贯彻刑法的基本原则。刑法的基本原则属于大处着眼，解释具体刑法条文属于小处着手，二者应当统一。如果不能大处着眼，对具体条文的解释就可能背离刑法的基本原则，从而导致案件处理出现偏差。如果不能小处着手，刑法的基本原则就会成为空架子，沦落为无法在实务生根的空洞理论。

因此，在解释具体刑法条文时，就应同时启动刑法基本原则的思维，使刑法基本原则的精神体现在具体解释结论中，使具体解释结论与刑法的基本原则相一致。违反刑法基本原则的解释结论属于失败的刑法解释，是应受否定的。[26] 由于

---

[26] 需要指出的是，学界对刑法基本原则的研究还不够精细化，如主客观是否统一有哪些具体检验标准，到目前为止尚不明确。因此，不能简单借口解释结论违反刑法基本原则而否定某一解释结论。只有首先给出检验是否符合刑法基本原则的具体标准，然后指出解释结论违反了哪一具体检验标准，以此主张解释结论违反刑法基本原则才是有理、有据、有节的。

篇幅所限，下面仅简单论述解释刑法时落实罪刑法定原则的注意点。

在解释刑法时落实罪刑法定原则，最为重要的是要注意不利于被告人的解释结论是否处在条文用语可能文义的范围之内。[27] 不在条文用语可能文义范围之内的解释结论，无论论证多么有力，解释结论都是违反罪刑法定原则的。在这方面，当然解释的结论最容易出现问题。

在民商法上，当然解释的结论是理所当然、无须怀疑的。但是，刑法受罪刑法定原则的制约，在当然解释结论超出刑法条文用语可能文义的范围时，解释结论并非都是理所当然能够采用的。例如，以自己收养为目的抢劫他人的宠物狗的，都能以抢劫罪处 3 年以上 10 年以下有期徒刑，则以自己收养为目的抢劫他人的婴幼儿的，危害性远比抢劫宠物狗严重得多，就更应处 3 年以上 10 年以下有期徒刑，这是当然解释的结论。这一当然解释的过程是无可挑剔的，但解释结论违反罪刑法定原则因而应受否定。这是因为，在法律上婴幼儿不是“财物”，不是抢劫罪的对象，抢劫婴幼儿的行为不构成抢劫罪，对此以抢劫罪处 3 年以上 10 年以下有期徒刑缺乏成文法根据（这一情形已超出《刑法》第 263 条条文用语可能文义的范围），是违反罪刑法定原则的。对于为自己收养抢劫他人的婴幼儿的行为，只能按照《刑法》第 262 条拐骗儿童罪处 5 年以下有期徒刑或者拘役。由此可见，行为具有当罚性是一回事，刑法是否明文处罚该行为是另一回事。即便根据当然解释行为具有当罚性，也不意味着一定能在刑法典中找到相应的条文来处罚行为人。

因此，在当然解释的结论不利于被告人时，仅在能够找到相应的成文法依据时，当然解释的结论才不违反罪刑法定原则。如果当然解释的结论已超出条文用语可能文义的范围、不存在相应的成文法依据时，无论结论是多么理所当然，该解释结论都是违反罪刑法定原则的。例如，对于使用暴力故意杀人被判处死缓的犯罪分子能否假释问题，一般认为，根据《刑法》第 81 条第 2 款的规定，对累犯以及因故意杀人被判处 10 年以上有期徒刑、无期徒刑的犯罪分子，不得假释，那么，根据当然解释原理，罪行远比被判处 10 年以上有期徒刑、无期徒刑严重得多，因而被判处死缓的犯罪分子理所当然也不能假释。问题在于，对被判处死缓的犯罪分子不得假释的法律依据何在？《刑法》第 81 条第 2 款并未明文规定对死缓犯不得假释，也无法将死缓犯解释为是有期徒刑或者无期徒刑的一种。因此，本文认为，对于使用暴力故意杀人被判处死缓的犯罪分子，是可以假释的。[28] 这一例子或许存在争议，但能够清楚地表明，缺乏成文法根据时，采用不利于被

[27] 下文所说的刑法解释，都是指不利于被告人的刑法解释。

[28] 不得不承认，这一解释结论与对因故意杀人被判处 10 年以上有期徒刑、无期徒刑的犯罪分子不得假释之间，存在不均衡、不公平之处，但这是真正的立法漏洞造成的，无法通过解释来弥补。

告人的当然解释结论是违反罪刑法定原则的。[29]

解释刑法时贯彻罪刑法定原则，还应注意避免不利于被告人的类推解释（下文所说的类推解释皆是指不利于被告人的类推解释）。在罪刑法定原则之下，赤裸裸的类推解释已经不复存在，存在的都是疑似类推解释，即因条文用语的文义射程不够清晰，导致产生刑法解释属于类推解释还是扩张解释的问题。关于类推解释与扩张解释的区分，有种种学说，但没有一种学说取得成功。如条文用语的文义射程范围是不明确的，因而文义射程说不能真正区分类推解释与扩张解释。再如，不同的国民其预测范围可能是不同的，因而预测可能性说也不能真正区分类推解释与扩张解释。这些学说都是试图寻找某一实体标准来区分类推解释与扩张解释，但从思维的过程这一程序着眼区分类推解释与扩张解释也是可能的。换言之，根据一个明显属于类推解释的例子，来归纳类推解释的思维特征，凡是解释的思维过程符合类推解释思维特征的解释结论，就属于类推解释。本文主张依据思维过程这一程序标准区分类推解释与扩张解释。下面以破坏军婚罪为例略加说明。

1997 年《刑法》第 259 条规定："明知是现役军人的配偶而与之同居或者结婚的，处三年以下有期徒刑或者拘役。"行为人与现役军人的配偶有多次通奸行为，能否将此解释为与现役军人的配偶"同居"，从而追究行为人破坏军婚罪的刑事责任？在 1979 年刑法时期，对这种情况经常通过类推程序肯定行为人构成破坏军婚罪。例如，被告人王某与本厂女工勾某（现役军人张某之妻）三次通奸。某晚王某与勾某同行，被勾某的丈夫张某发现，引起怀疑。在被张某追问下，勾某讲述了与王某通奸的事实后，羞愧自杀。1981 年最高人民法院（81）刑类字第 1 号刑事裁定书裁定核准被告人王某构成破坏军婚罪，判处其有期徒刑 3 年。[30] 由此可见，仅发生性关系才睡在一起的"通奸"不属于"同居"，因而才需要适用类推程序追究王某破坏军婚罪的刑事责任。因此，如果现在发生类似案件，不能按破坏军婚罪处理，否则便违反了罪刑法定原则。[31]

在 1979 年刑法时期，要追究王某破坏军婚罪的刑事责任，理由无非在于：其一，就结果而言，通奸与同居一样能够破坏军人的婚姻，二者的危害并无差别；其二，就行为而言，通奸与同居在"发生性关系"这一点上是相同的，无论是与现役军人的配偶同居还是通奸，实质都是与现役军人的配偶发生性关系。通过观察这一推理过程，就会发现类推解释的思维过程是这样的：首先，肯定被解释对

---

[29] 在当然解释的结论有利于被告人时，可以直接采用当然解释的结论，此时不需要成文法根据（可以理解为此时属于有利于被告人的类推解释），这样做不违反罪刑法定原则。

[30] 参见《中华人民共和国最高人民法院刑事裁定书》，载《人民司法》1981 年第 4 期，第 9 页。

[31] 参见张明楷：《罪刑法定与刑法解释》，北京大学出版社 2009 年版，第 195 页。

象与刑法所禁止的行为之间具有等值乃至更重的社会危害性，因而应当认定其构成犯罪（危害的等值性论证）。其次，在被解释对象与刑法用语之间寻找共同的上位概念（如“通奸”与“同居”的共同上位概念是“发生性关系”），通过强调存在共同的上位概念，得出被解释对象与刑法所禁止的行为本质相似乃至相同，因而能够适用相关刑法条文处罚行为人（行为的相似性论证）。危害的等值性论证＋行为的相似性论证→行为人构成犯罪或者应当重罚行为人，这就是类推解释的思维过程。本文认为，凡是符合这一思维过程的解释即属于类推解释。

实践中出现过村民为斗殴而非法制造大炮的案件。如果在制造大炮的同时制造了火药的，可以按照非法制造弹药罪追究刑事责任。问题在于，能否追究仅制造大炮但未制造弹药的行为的刑事责任。从当然解释的角度出发，大炮的杀伤力远重于枪支，非法制造枪支的行为都要被追究刑事责任，则非法制造大炮的行为更应被追究刑事责任。但是，将该行为解释为构成非法制造枪支罪，这是扩张解释还是类推解释？2004年11月3日最高人民检察院法律政策研究室《关于非法制造、买卖、运输、储存以火药为动力发射弹药的大口径武器的行为如何适用法律问题的答复》指出，对于非法制造、买卖、运输、储存以火药为动力发射弹药的大口径武器的行为，应当依照《刑法》第125条第1款的规定，以非法制造、买卖、运输、储存枪支罪追究刑事责任。这一解释采取模糊战术，将大炮模糊地称之为“大口径武器”，试图规避将“大炮”解释为“枪支”是扩张解释还是类推解释的疑问。主张应以非法制造枪支罪追究刑事责任，是以制造大炮的危害性更大（危害的等值性论证）＋枪支、大炮的区别仅在于口径大小、制造枪支、大炮均属于制造“武器”（行为的相似性论证）为由的，该解释过程符合类推解释的思维过程，应属于类推解释。

在奸淫被拐卖的幼女时，将“幼女”解释为“妇女”，对奸淫被拐卖的幼女的行为按照“奸淫被拐卖的妇女”处理，是扩张解释还是类推解释，存在争议。有人认为这是扩张解释：第一，奸淫被拐卖的幼女的行为的社会危害性，重于奸淫被拐卖的妇女的情形；第二，妇女即女性，幼女也是女性，故在特定情形下使妇女包含幼女在内，并未超出一般国民的预测可能性。[32] 本文认为，这是标准的类推解释。其第一点理由完成了危害的等值性论证，即奸淫幼女的危害性重于奸淫妇女的危害性，故对奸淫被拐卖的幼女的行为的处罚不得轻于奸淫被拐卖的妇女的情形。其第二点理由完成了行为的相似性论证，即“幼女”“妇女”均属于“女性”，通过强调共同的上位概念来肯定行为的本质相同，因而得出处罚应当相同的结论。上述论证过程符合类推解释的思维过程，有理由认为其属于类推解释，

[32] 参见付立庆：《拐卖幼女并奸淫行为之定罪量刑》，载《法学》2007年第10期，第141、144页。

而不是扩张解释。共同的上位概念容易模糊焦点，给人造成视角错觉，[33] 以为“妇女”这一概念包含了“幼女”，这是容易认为此乃扩张解释的原因。如果能够认识到年龄的差别仅是表象，妇女具有承诺性交的能力（性交承诺有效），幼女没有承诺性交的能力（性交承诺无效），因而，妇女、幼女具有本质的不同，是一组具有对立关系的概念。从这一角度出发，可以进一步确信，将幼女解释为系妇女的一种，这是名副其实的类推解释。

四、进行妥当解释

人们普遍追求妥当的解释结论，问题在于，如何解释刑法才能得出妥当的解释结论？形式解释论与实质解释论的争论，为解决这一问题提供了很多有益的思路。

学界关于形式解释论与实质解释论的争论极大地丰富了刑法解释学的内容，有助于提高中国刑法解释学的水平。不过，望文生义是人性的弱点，“形式解释论”与“实质解释论”的标签（命名）容易让人产生不必要的误解。例如，误以为形式解释论者只讲形式解释、反对实质解释，或者误认为实质解释论者只讲实质解释、不考虑形式解释；其实无论是形式解释论还是实质解释论，均既考虑条文用语的可能文义这一形式问题，又考虑条文的立法目的这一实质问题。笔者赞成实质解释论，主张“在形式解释论的基础上，需要根据保护法益，联系处罚的必要性，在条文的文义范围内适当扩大或者缩小条文的适用范围，以便在个案中能得出妥当的结论。”[34] 为了避免不必要的误解，同时吸取形式解释论与实质解释论各自的精华，本文提出妥当解释论的命题。

所谓妥当解释论，是指解释刑法条文时，既要考虑形式的要素（条文用语的可能文义），又要考虑实质的要素（条文的立法目的），在不突破条文用语可能文义范围的前提下，最大限度地实现条文的实质，据此划定刑事处罚范围，使刑法既能实现“用刑罚同一切犯罪行为作斗争”的秩序维持机能，又不破坏“保护公民的人身权利、民主权利和其他权利”的人权保障机能，或者使刑法既能实现人权保障机能，又不牺牲刑法的秩序维持机能。妥当解释论既反对形式化地解释刑法条文的倾向，又反对以实质突破形式解释条文的倾向（如以具有处罚的必要性为由，超出条文用语可能文义的范围处罚行为人）。妥当解释论要求注意以下几点：

---

[33] 概念A与概念B存在共同的上位概念C，并不意味着概念B一定处于概念A的可能文义的范围之内从而为概念A所包含。例如，男人、女人存在共同的上位概念“人”，但男人、女人的概念是彼此排斥的。同样，枪支与大炮虽然均属于“武器”，但并不意味着可将“大炮”解释为“枪支”，“枪支”是无法包含“大炮”的。

[34] 李立众：《银行卡收藏的刑法定性》，载陈兴良主编：《刑事法判解》（第12卷），人民法院出版社2012年版，第139页。

1. 高度重视条文用语

作为妥当的解释，首先必须高度重视条文用语。罪刑法定是刑法的基本原则，定罪与量刑都必须以刑法有明文规定为前提。因此，必须紧密围绕刑法规定，只有某行为落在刑法条文的规定范围之内时，才能认定该行为构成犯罪或者重罚该行为。无论是形式解释论还是实质解释论，均重视刑法用语的文义，以此来划定刑法的处罚范围，这一点是共同的。不过，能否客观、中立地划定条文用语可能文义的范围，对此形式解释论与实质解释论有不同的看法。

形式解释论主张，在对刑法进行解释的时候，应当首先进行形式判断，然后再进行实质判断，换言之，形式判断与实质解释判断之间存在逻辑上的位阶关系。[35] 形式解释论认为，“形式解释论与实质解释论之争的本质，争的并不是谁是最后决定法律条文用语最终含义的终裁，而是在争，谁是最先划定法律条文用语的字面含义范围的边裁。归根结底，是文义解释与目的解释的位阶之争。”[36]

如果一开始就能明确划定条文用语可能文义的范围，笔者也会坚定赞成形式解释论的主张，但这是不可能完成的任务。如何区分刑法不允许的（不利于被告人的）类推解释与刑法允许的扩张解释之间的界限这一世界性难题的存在本身，充分证明试图一开始就想直接划定条文用语可能文义的范围是不可能的。毫不否认，在特定的时空之下，条文用语的可能文义是有边界的。但是，条文用语可能文义的边界到底在哪里，这是形式判断单独无法划定的。

离开具体问题，形式地、抽象地解释条文用语时，通常只能到达条文用语的核心含义部分或者至多进一步到达中间含义部分，难以一下子直接抵达条文用语的边缘含义部分。只有围绕具体问题，讨论对该问题是否应当适用刑法处理时，才有可能开始探索条文用语可能文义的边界。而对具体问题是否应当适用刑法处理的判断，是一个含有价值考量的实质判断。这就意味着，划定条文用语可能文义的边界是离不开实质判断的。因此，仅进行形式判断无法完成划定条文用语可能文义的边界这一任务。

例如，就思维过程而言，对于故意杀人罪中的“人”的含义，人们通常想到的是正常的人，或者至多再加上畸形人，以此来确定“人”的含义，但这并不意味着通过形式判断即可划定“人”的边界。例如，假设有人故意杀死了基因科学家成功培育出的美人鱼，这一美人鱼是由人的基因与鱼的基因混杂而成，有女性的面孔，能说人话，但长着鱼的身体。由形式判断所划定的“人”的范围无法解决这条美人鱼是否是“人”的问题，因为无法确定形式判断得到的“人”的含义是否已经到达“人”的可能文义的边界。某一对象是否是“人”，与该对象是否

[35] 参见陈兴良:《形式解释论的再宣示》，载《中国法学》2010 年第 4 期，第 28 页。

[36] 陈兴良主编:《刑事法判解》（第 12 卷），人民法院出版社 2012 年版，“卷首语”第 9 页。

值得像人一样受到法律保护这一价值判断是密切相关的。在对象值得像人一样受到法律保护时，人们就会修正原先对“人”这一概念的理解，将“人”的可能文义进一步向前推进。如果人们倾向于认为美人鱼应当像人一样受到法律的保护，这一美人鱼就有可能被认定为“人”，尽管美人鱼与正常的人乃至畸形人存在明显的区别。可见，形式判断虽然能够给条文用语划出一定的范围，但是，要到达条文用语可能文义的边界，这一定离不开实质判断的参与。

形式解释论主张首先应当进行形式判断，与其认为条文用语的含义是固定的这一观点相关。形式解释论认为，“并非任何词语都有一定弹性的意义域……在绝大多数情况下，语词的含义是较为确定的”。[37] 即便这一看法是正确的，形式判断也无法完成直接到达条文用语可能文义的边界这一重任。或许是实质解释论关于条文用语可能文义具有弹性的表述引起了误解。准确地说，实质解释论认为，所谓的“弹性”是指处罚的必要性越高，人们就越会努力探索条文用语可能文义的边界。在条文用语可能文义有其边界的意义上，条文用语的含义是固定的。在条文用语的边界需要不断去探索，随着处罚必要性的升高，人们可能到达条文可能文义的更远处（仍在边界之内）的意义上，条文用语的可能文义是有弹性的。一个形象的比喻就是，“刑法条文就像一只气球，在吹了几口气、气球鼓起来之后，形式解释论者主张已经到达边界、不能再吹气了，否则气球就会爆炸了，而实质解释论者又多吹了几口气，气球并没有爆炸。”[38] 总之，离开实质判断，是很难抵达条文用语可能文义的边界的。

综上，形式解释确实是解释刑法条文的第一步，离开这一基础就无法展开具体的解释活动，但这一步不足以确定条文用语可能文义的范围；只有形式解释与实质解释相结合，才能最终划定条文可能文义的范围。当然，无论对条文用语怎样进行实质解释，解释结论都应符合现代汉语的语法规则与用语习惯，并尽可能地能够为多数国民所接受。要警惕过于实质解释从而超越条文用语可能文义的边界处罚行为人的情形，形式解释论的这一提醒应当常挂心中。

2. 高度重视条文实质

刑法条文是立法者基于一定立法目的设立的。解释刑法条文时，不得偏离立法目的这一指南针。妥当解释论所说的条文的“实质”，就是指条文的立法目的。无论是解释刑法总则条文还是解释刑法分则条文，都必须围绕立法目的来展开，使解释结论最终能够实现立法目的。

解释总则条文尤其是涉及具体罪刑适用的总则条文时，一定要讨论设立该条

---

[37] 陈兴良：《形式解释论的再宣示》，载《中国法学》2010 年第 4 期，第 38 页。

[38] 李立众：《银行卡收藏的刑法定性》，载陈兴良主编：《刑事法判解》（第 12 卷），人民法院出版社 2012 年版，第 140 页。

文的立法目的（立法根据），并以此为根据来解释总则条文。例如，离开对中止犯的立法目的的探究，对《刑法》第24条的解释就可能出现偏差。“自动有效地防止犯罪结果发生”的含义是什么，或者说，是否只要出现了犯罪结果就不属于“自动有效地防止犯罪结果发生”？甲向乙的食物中投毒，乙吃后十分痛苦，甲顿生怜悯之心，开车将乙送往医院，但乙夜间死于医院的火灾事故。在此案中，甲是否属于自动有效地防止犯罪结果发生？《刑法》第24条关于中止犯的规定，是为了诱导犯人及时消灭既遂危险，从而救助、保护处于危险之中的法益。[39]甲积极中止杀人犯罪，将乙送往医院交付医生救治的行为足以消灭乙死亡的既遂危险，有助于保护乙的生命，这完全符合中止犯的立法目的。虽然发生了乙死亡的结果，但这一结果是其他原因导致的（乙死于火灾，不是中毒身亡），不可归责于甲。因此，对甲应以中止犯论处，这种情形属于“自动有效地防止犯罪结果发生”。如果离开立法目的，形式化地解释《刑法》第24条，就可能得出甲故意杀人既遂的不当结论。

立法者设立分则罪刑条文的目的是保护某一法益，刑法所处罚的行为都是因为侵犯法益具有处罚必要性的行为。实质解释论关注处罚的必要性，但处罚的必要性其实不具有独立性，附属于保护法益这一立法目的。换言之，处罚的必要性是对行为侵犯法益的程度的描述，只有侵犯法益达到一定程度的行为才是具有处罚必要性的犯罪行为。因此，所谓围绕立法目的解释分则罪刑条文，其实就是围绕具体保护法益以及处罚的必要性解释分则罪刑条文。

没有侵犯法益的行为，即使外形上符合分则条文的规定，也应解释为不符合分则条文规定。甲想行贿国家工作人员，但苦于没有渠道，遂委托人脉广泛的乙帮忙行贿；不料乙收下甲的行贿款后，并未行贿他人，而是将行贿款据为己有，并拒不返还。从外形上看，乙符合《刑法》第270条“将代为保管的他人财物非法占为己有”的规定，但是，即便将“他人财物”解释为“不为自己所有的财产即属于‘他人财物’，没有必要追问财物的所有人是谁”，对这种侵占不法原因委托物的行为，起码在理论上也应解释为不符合《刑法》第270条的规定。这是因为，乙在实施侵占行为之时，除乙之外再无他人对行贿款现实地享有财产权益，乙的行为没有侵犯任何人的财产法益，故只能得出乙不构成侵占罪的结论。如果离开了侵占罪的保护法益来解释《刑法》第270条，对乙的行为认定就有可能出现偏差。

分则罪刑条文所描述的行为都是当罚的行为类型，即侵犯法益达到一定程度因而具有处罚必要性的行为。在行为严重侵犯法益具有处罚必要性时，只要能够解释为仍处于条文用语可能文义的范围之内，就应认定为犯罪。如近年来经常发生盗窃网络游戏中的游戏装备等所谓盗窃虚拟财产的案件，只要能够将虚拟财产解释为《刑法》第92条第1项中的“合法收入”或者“其他生活资料”，对于数

[39] 参见李立众：《中止犯减免处罚根据及其意义》，载《法学研究》2008年第4期，第126页。

额较大的盗窃虚拟财产的行为，就应解释为成立盗窃罪。条文用语的含义有时过宽，可能使得刑法条文包含了一些不当罚的行为。如《刑法》第245条的文字表述起码在外形上包含了情节显著轻微的非法侵入住宅的行为。只有具有处罚必要性的行为，才是符合刑法条文规定的行为。因此，应从侵犯住宅安宁的程度出发，将“非法侵入住宅”解释为严重危害住宅安宁的侵入住宅的行为；而不应当将“非法侵入住宅”解释为一切违反住宅权人意愿而侵入住宅的行为，然后再通过《刑法》第13条但书，将情节显著轻微危害不大的非法侵入住宅行为排除在处罚范围之外。

3. 努力实现刑法的机能

妥当解释论没有要求尽量入罪或者尽量出罪的倾向性，而是主张该入罪时就入罪，该出罪时就出罪。高科技使得不法分子对社会的破坏力不断增加，环境污染在加剧，各种怨言迅速传播，社会戾气很重……这一切使得人们对刑法的依赖性加重。对于那些能够通过解释就能追究刑事责任的行为，以刑法具有谦抑性、保守性或者对刑法只能作严格解释、不得作不利于被告人的刑法解释等理由为借口，不去追究刑事责任，人们将会对法律（刑法）产生失望感。因此，不是越限制刑事处罚范围就越好。刑法的人权保障机能当然必须受到肯定，但不应以牺牲刑法的秩序维持机能来实现刑法的人权保障机能。

妥当解释论主张，一个行为只要落在刑法条文可能文义的范围之内，且具有处罚的必要性，就应对其定罪量刑，此时谈不上削弱了刑法的人权保障机能，因为对被告人的定罪量刑都是依照刑法规定进行的。例如，甲是某公司员工，利用职务便利窃取单位财物，数额尚未达到职务侵占罪的立案标准，但已经达到盗窃罪的立案标准的，就应按照盗窃罪定罪量刑。这种情况下放弃刑法的秩序维持机能是没有道理的。当然，妥当解释论并不是一味地主张扩大处罚范围，一个行为虽然落在刑法条文可能文义的范围之内，但侵犯法益的程度轻微，没有处罚必要性的，则应将其解释为不符合刑法条文的规定，不按犯罪处理。此时必须毫不含糊地维护刑法的人权保障机能。

五、小结

当前，虽然有时进行刑法修订，但我国的刑事法律已经完备，从力求公正司法、提高司法公信力的角度出发，刑法解释者应尊重现行刑法，以努力解释现行刑法为己任；在解释刑法时应当明确自己解释的方向，并坚定地按照所选择的解释方向解释刑法；解释刑法时注意贯彻刑法基本原则，使解释结论与刑法基本原则相符合；要使刑法在现代生活中充分发挥作用，就应兼顾条文的文义与条文的实质，追求妥当解释论。以上即是本文对刑法解释应有观念的基本看法。期盼学界能够就此问题进行更加深入的讨论。

（本文曾发表于《国家检察官学院学报》2015年第5期）

空白刑法规范的特性及其解释

肖中华

空白刑法规范作为我国刑法中规制经济行政犯罪的主要立法模式，与传统刑法规范相比较而言，在进行解释时总是需要对相关的非刑事法律规范予以特别关注，并在此基础上进行刑法的独立价值判断。同时，由于空白刑法规范存在较大的弹性空间，在构成要件的明确性判断上也就应当实现立法的类型化向具体犯罪的定型化转变。一般而言，空白罪状作为刑法规范的组成部分，其在解释过程中理应遵循刑法解释的一般准则和方法，对空白罪状的解释并不是特殊意义的刑法解释，但是考虑到空白罪状本身所具有的特性，有必要在解释时特别强调刑法的某些价值观念，突出刑法解释规则的某些要求。基于上述因素，在对空白罪状进行规范解释时，本文提倡建立双向对应性的解释路径，并对解释的具体准则和方法运用展开论述。

一、空白罪状的规范性分析

空白罪状，又称空白刑法，不完备刑法，对于其构成要件中的禁止内容事项，刑法条文本身并无直接规定，必须援引其他相关部门法规进行判断，方能补足构成要件上的完整性。与完备刑法规范相比较而言，空白刑法规范最显著的特征即表现为存在较大规范弹性，其构成要件的完备需要援引具体的非刑事部门法律法规内容进行规范要素判断，才能在具体个案中实现构成要件明确性。空白罪状的规范特性，集中体现在规范弹性与构成要件的明确性之间的冲突与平衡，具体而言，准确理解空白罪状的规范特性主要应注意以下几个方面：

（一）委任立法使得空白刑法规范弹性的存在具有难以避免性和合理性

空白刑法规范作为主要规制行政经济违法犯罪的刑法规范，其范畴为行政经济法规与刑法的重叠领域。基于经济刑法、行政刑法的性质，空白刑法规范为适应产业发展和财经等秩序的变化需要，意图发挥规范的最大效力，就理应在规范上保持相当的弹性空间，因此，采取立法者仅设定概括性条款，委由行政机关以相关行政法规具体化规范内容，再由法院适用该行政法规补充完整构成要件，这样的空白刑法规范模式无疑具有合理性和难以避免性。这是因为：一方面，行政部门是获得立法部门的授权进行委任立法，这种间接立法在本质上并不与罪刑法定原则形成对立，法院在适用空白刑法时依然要进行独立的刑法规范判断；另一方面，面对不断变化发展的社会经济生活，在事实上不可能将所有应予刑罚制裁的经济行政不法行为，毫无遗漏地加以规范，因为经济犯罪、行政犯罪的实质内涵并非一成不变，而是随着社会状况及价值观，相对地呈现浮动现象，[1]针对经济行政犯罪这种法定犯，采用空白刑法规范模式，能够更有效地保持刑法的稳定性和实现刑法的现实化。

（二）空白罪状法律概念的相对性更加明显，在规范内容的理解上需要有别于传统刑法

传统大陆法系讲求体系和逻辑，基本上大陆法系的做法就是将法律事实概念化、类型化，然后借着解释去实现规范目的及立法者的价值判断，因此法律概念有价值储藏的功能，法律概念具有相对性。但是，过度类型化忽视规范目的乃致和价值剥离，是以在既有类型不能妥当说明某些社会现象时，更应思考是否有采取其他类型的可能性，而空白罪状作为该其他类型的规范模式，对于犯罪行为构成要件要素的相关事项，往往只能采取抽象性的规定，对于规范要素的具体内容则完全需要司法者通过解释或者根据社会相当性加以准确理解，这就使得法律概念的相对性更加明显，规范弹性具有更大的空间。因此，在援引部门法规对空白刑法要素进行规范判断时，需要注意到经济行政专业领域的特殊性，以准确理解空白刑法规范的规范弹性。

（三）部门法规的易变性和片面性导致空白刑法规范出现未计划性，具有偏离立法的倾向，应当避免行政权力的刑法实质化

空白刑法规范补足构成要件所需援引的部门法规存在易变性和片面性，这直接导致空白刑法规范出现未计划性，行政权力的刑法实质化使得空白刑法规范具有巨大的弹性空间，一定程度上偏离立法原意。部门法规的易变性表现在其立法程序上没有刑法严格，其根据社会政治经济生活的需要经常进行变更，对涉及刑事责任的相关前置规范也予以相应调整；片面性表现在部门法规进行变更时，基于部门法的视角和利益驱动，往往无视其调整内容的普适性以及规范内容与刑法具体条文的科学协调，并且不考虑刑法整个刑法分则规定的内在体系和谐。直接出现的结果是，虽然有利于空白刑法规范进行必要的社会现实化，但是也存在可议之处：第一，行政权力在实质上刑事化，某种意义上行使了刑事司法解释权，甚至逾越了刑法立法权；第二，部门法规的变更时常偏离立法原意，导致空白刑法规范呈现出未计划性，不利于刑法分则体系的协调和刑法体系内的规范同一性。

（四）空白罪状的规范内容应进行刑法的独立判断

基于罪刑法定原则的基本要求，刑法对于罪刑相关的概念，应当尽可能加以类型化，这种类型化是根据刑法的规范保护任务决定的，其也是立法原意和刑法目的解释的界限。空白罪状的援引法规，在与刑法的罪责条款相衔接时，往往规

[1] 参见林山田：《刑法通论》（上），台湾大学法学院经销1998年增订六版，第20页。

定的是构成要件要素的具体规范内容，[2] 因此，在就空白刑法规范进行相关刑事裁量过程中，必须注重刑法价值的独立判断，防止规范解释的从属性，进而才能有效避免行政部门法规实际上直接补足刑法的犯罪构成。这是因为，刑法作为唯一规制犯罪与刑罚的部门法，具有独立的规制对象和范围，具有相对于其他法律而言独立的价值观念和评价机制。[3] 此外，进行刑法的独立性判断时，还必须考虑空白刑法规范的规范保护任务，如不存在需要保护的明确的现实化法益，犯罪构成要件即不存在齐备的可能性。

（五）空白刑法规范的构成要件明确性属于法律问题，应当通过法律解释方法和准则予以解决

空白刑法规范内容的具体化判断过程就是构成要件明确性的实现过程，属于法律问题的解决范畴，与事实存疑不同，在刑法的规范解释中，应该对事实问题和法律问题进行区分，因此，空白刑法规范构成要件的明确主要应取决于各相关法律规范的解释方法和运用准则。具体言之，应当注重法律解释以探求空白刑法规范在今日法律秩序中的标准和意义。在就空白刑法规范进行解释实现构成要件明确性的过程中，需要特别注意由于事实不明和规范模糊性的混淆而导致的误区，前者需要运用罪疑唯轻，即事实存疑时有利于被告人的原则加以处理。[4]

二、空白刑法规范双向对应性解释路径之提倡

通过对空白刑法规范特性的上述分析可以明确，作为概括式立法规范模式，空白刑法规范存在较大的规范弹性，其构成要件的完备需要援引具体的非刑事部门法律法规进行规范要素判断，才能实现具体个案中的构成要件明确性。显然，空白刑法的规范弹性与构成要件明确性的协调，本质上就是将立法时的空白预留给其他非刑事部门法规加以具体确定、再由司法官进行补足的法律实现，是概括性的刑法类型化向具体性的个案定型化的法律现实化过程。基于此种判断，本文认为，实现空白刑法规范解释的应有路径，应当是一种双向对应性的规范解释路径。

所谓双向对应性的规范解释路径，是指在立法和司法层面上双向对应，实现立法的类型化向司法的个罪定型化转变。详细而论，在立法层面上，刑法和非刑事法律法规相对应；在司法层面上，概括性的类型化与具体个案的定型化相对应。这样一种解释路径具体由法官透过法律规范的解释方法和运用准则，依照规范保

---

[2] 犯罪的构成要件和构成要件要素应当加以区分，理论上对此存在认识误区。详细请参见肖中华：《犯罪构成及其关系论》，中国人民大学出版社 2000 年版，第 142 页及以下。

[3] 具体阐释请参见肖中华：《经济犯罪的规范解释》，载《法学研究》2006 年第 5 期。

[4] “罪疑唯轻”是从拉丁原文 indu biop rore 转译而来，本来字义是指“疑利被告”，因此，直译即“有疑唯利被告”或“疑利被告”原则。“罪疑唯轻原则”在我国虽然没有法律明文规定，但一般认为与无罪推定原则关系密切，其立论基础为宪法上的人性尊严和法治国的人权保障。

护目的，去实现空白刑法规范的规范弹性与构成要件的明确性冲突的平衡。在立法层面，由刑法制定基本罪刑规范，由非刑事法律法规具体规定规范要素的内容；在司法层面，由法官援引非刑事法律法规进行刑法规范内容的独立判断，在空白刑法规范弹性的合理范围内，根据个案的情况，从具体的社会关系将构成要件具体化，从概括的类型化走向具体个案的定型化。具体而言，刑法分则关于空白刑法规范的规定，这种规范对于具体的法律判决而言，只是构成要件明确性的可能性，具体的、实在的构成要件，只有在弹性规范与具体的生活事实、当为与存在相互对应、交互作用时，才能真正实现。与此同时，类型化的规范模式本身是开放的，可以适应现实生活的多样性变化，因此规范类型是空白刑法规范背后的存在基础。在实现空白刑法构成要件明确性的过程中，就必须不断探求具有弹性的空白罪状（法律构成要件）基础的不法类型，以掌握规范事实，进行正确的刑法评价。单纯的依据空白刑法规范处理现实案件或者仅基于现实案件去寻找相对应的空白刑法规范，根本无法实现空白刑法规范的规范保护任务。

根据德国学者考夫曼的见解，法律理念与可能发生的、立法者思维上所预期的、拟加以规范的生活事实相互对应，这是立法过程；法律规范与现实的生活事实相互对应，这是法律发现（司法）的过程。就空白刑法的构成要件明确性而言，一方面，特定事实必须与规范产生关系，必须符合独立的规范判断，也即将拟具体判断的案件与空白刑法概括性的要件所能涵括的案件同等处置；另一方面，空白刑法规范也必须符合事实，必须探求规范的法律意义。这就是透过解释实现构成要件的明确性，是弹性规范向着构成要件明确和构成要件明确向着弹性规范同时进行的过程。[5] 这种同时进行的对应性解释理应是双向进行的，在这个过程中，委任立法给空白刑法预留下的规范弹性空间被构成要件明确性加以限制，与此同时，构成要件的明确性也在规范弹性的范围内得以实现。对于空白刑法规范的规范解释而言，双向对应性的解释路径还意味着，如果刑法本身不能和非刑事部门法律法规在解释中实现稳妥协调，不能通过解释实现空白刑法规范的规范保护任务，就表明该空白刑法的立法不具有司法实践价值。

应当引起注意的是，这种双向对应性的解释强调应当认真对待委任立法所产生的弹性空间，但并非表明要以立法原意来限定解释的范畴。[6] 立法原意需要被重视，如同拉伦茨所言，“探求法律在今日法秩序的标准意义（其今日的规范性意义），而只有同时考虑历史上的立法者的规定意向及其具体的规范想法，而不

---

[5] 参见［德］亚图·考夫曼：《类推与“事物本质”——兼论类型理论》，吴从周译，颜厥安审校，学林文化事业有限公司1999年版，译序。

[6] 立法原意本身不是刑法规范解释的目标，其本身具有模糊性。具体阐释请参见肖中华：《刑法目的解释和体系解释的具体运用》，载《法学评论》2006年第5期。

是完全忽视它如此才能确定法律在法秩序上的标准意义。”[7]同时依据宪法解释的结果，相对于其他权力，立法者在创造法律的过程中享有优先地位，因而立法者的意向如果在规范解释的过程中可以完全被法官忽视，那么法官就容易任意运用不同解释方法得出任意的解释，空白刑法的界限将出现泛化。但是，依空白刑法规范的规范内容判断，如果过于重视立法原意的探寻，即无法实现与因为社会生活发展而不断变化的非刑事部门法律法规的衔接，也无法得出妥当的解释结论，因此本文认为，对于空白刑法的规范解释而言，立法原意仅应作为一种探寻法规范含义的基准。

从逻辑上判断，规范处于以概念方式规定的当为领域，而事实则处于现实的社会中，是以确定生活事实是否符合规范判断，本质上是一种目的论的解释。规范解释使得空白刑法规范的规范与现实的生活事实相互对应、相互调适，并且实现二者的同化，在这个过程中，生活事实必须具有规范所要求的资格，而规范本身也必须符合事实。与此同时，空白刑法的规范解释即意味着探寻规范的法律意义，由于法律意义并非固定不变的事物，其随着生活事实而变化发展，因此在进行解释的过程中，必须注重目的性和体系性解释方法，注重刑法规范的独立判断，如此才能实现规范与事实的双向对应：一方面根据规范调整生活事实，另一方面则基于生活事实解释规范。

三、双向对应性解释路径的具体解释准则与方法运用

空白刑法规范本身并非为了表达立法原意而存在，因此其规范解释的目标并不是为了探寻立法原意；考虑到罪刑法定，其在空白刑法规范中的贯彻主要是通过规范弹性与构成要件明确性的合理平衡得以实现，在技术上对规范解释并不具有制约作用。因此，就空白刑法规范的规范解释而论，提倡双向对应性的解释路径，重要的是能够合理运用相关解释准则和方法，以得出妥善结论，进而实现刑法的规范保护任务。根据空白刑法的特性分析和双向对应性解释路径的内涵，在进行空白刑法的规范解释过程中，应当遵循以下基本准则和解释方法：

（一）注重刑法价值的独立判断，防止规范解释的依附性

如前文所述，空白刑法需要援引非刑事部门法律法规进行规范内容判断，方能补足构成要件，实现刑法的规范评价，其相对于完备刑法规范而言，刑法的补充性更为明显。但是，刑法的补充性表明了刑法保障的必要性和谦抑性，并不意味着在规范判断上刑法具有从属性。空白刑法的规范解释，必须注重对规范内容进行刑法价值上的独立判断，如此才能实现刑法的特定目的。对空白刑法进行刑法独立判断，应当强调以下几个方面：其一，空白刑法规范构成要件的用语即使与非刑事法律法规用语相同，也应进行独立评价，不能直接简单援引，刑法内容

---

[7] ［德］卡尔·拉伦茨：《法学方法论》，陈爱娥译，商务印书馆2003年版，第199页。

的规范判断未必与非刑事法律法规的具体规定一致。其二，空白罪状在构成要件上的说明虽然必须借助非刑事法律法规的规定，但是根本条件在于刑法的罪刑规范规定，因此在非刑事法律法规涉及了权利、义务等事项的具体标准时，即使并不存在"追究刑事责任"这样的规定，依然存有空白刑法规范的适用余地；相反，虽然规定"追究刑事责任"，但是如果不符合刑法的独立评价就不具有构成要件的明确性。其三，我国的刑法当犯罪构成齐备时，其罪责也相应确定，空白刑法的构成要件在援引非刑事法律法规进行补足时，不能以经济、行政违法行为的危害性程度增加就得出必然的结论。

司法实践中对此往往存在误解。比如上海市曾经处理一起非法经营罪案件：被告人方某为南极星公司的直接负责人，南极星公司和上海呼叫公司签订"合作"协议，租用上海呼叫公司的因特网专线和模拟电话线，并先后在呼叫公司租用的上海声讯信息有限公司机房和呼叫公司机房内设立语言转接平台，非法经营澳大利亚至中国的国际电信来话转接业务。经查，上述期间非法经营国际电信业务通话时间长达 820 余万分钟，共造成我国电信资费损失人民币 1766 万余元。2003 年年底，被告单位南极星公司和作为南极星公司直接负责人的被告人方某因涉嫌非法经营罪，被起诉至上海市第一中级人民法院。然而，方某的辩护律师却"向最高法院叫板"，提出被告单位南极星公司和被告人方某无罪的意见，理由是《刑法》第 225 条非法经营罪中"其他严重扰乱市场秩序的非法经营行为"只限于全国人大制定的法律和国务院制定的行政法规规定的"非法经营行为"，而不包括最高人民法院的司法解释。而国务院 2000 年 9 月 25 日 291 号令公布实施的《中华人民共和国电信条例》（以下简称《电信条例》）对扰乱电信秩序的行为只规定了行政处罚，而没有刑事处罚。最高人民法院 2000 年 4 月 28 日通过的《关于审理扰乱电信市场管理秩序案件具体应用法律若干问题的解释》不仅早于国务院的《电信条例》，而且其第 1 条的规定直接违反了刑法和刑法所指引的行政法规的规定，[8] 是违法无效的。[9]

本文认为，被告单位南极星公司和被告人方某是否成立非法经营罪，关键在于两个方面：一是被告单位和被告人的行为在行为时是否已被"国家规定"禁止，此点决定其行为是否该当《刑法》第 225 条空白罪状中"违反国家规定"要件；二是被告单位和被告人的行为是否可以按照体系解释的规则解释到《刑法》第 225 条第 4 项"其他严重扰乱市场秩序的非法经营行为"之中，此点决

---

[8] 该第 1 条规定为："违反国家规定，采取租用国际专线、私设转接设备或者其他方法，擅自经营国际电信业务或者涉港澳台电信业务进行营利活动，扰乱电信市场管理秩序，情节严重的，依照刑法第二百二十五条第（四）项的规定，以非法经营罪定罪处罚。"

[9] 参见卢劲松：《向最高院"叫板"有没有法律依据》，载 http://www.Law-lib.com，最后访问时间：2010 年 5 月 10 日。

定其行为在类型上是否属于法律明文规定。经过分析，我们可以肯定：第一，《电信条例》是国务院制定的行政法规，其第 59 条规定擅自经营国际电信业务属于扰乱电信秩序、应当受到处罚的行为。被告单位南极星公司和被告人方某非法经营澳大利亚至中国的国际电信来话转接业务，违反了《电信条例》的规定；又根据《刑法》第 96 条的规定，“违反国家规定”包括违反国务院制定的行政法规的规定，故被告单位和被告人的行为该当非法经营罪的“违反国家规定”要件。第二，《电信条例》第 7 条规定国家对电信业务经营实行许可制度，未取得电信业务经营许可证，任何组织或者个人不得从事电信业务经营活动。这说明擅自经营国际电信业务行为具有“违反国家经营许可制度”这一非法经营罪的本质特征。“其他严重扰乱市场秩序的非法经营行为”作为概括性、开放性构成要件，虽然缺乏明确性，但亦属明文规定的要件，擅自经营国际电信业务的行为属于其规范弹性的范畴之内。因此，检察机关起诉被告单位南极星公司和被告人方某犯有非法经营罪，完全符合《刑法》第 225 条，并无不当。辩护律师提出的关于《电信条例》没有对擅自经营国际电信业务行为规定“依法追究刑事责任”，因而最高人民法院就不应当将这种行为解释为非法经营罪的观点，实际上是对空白刑法规范解释的误解。一个行为是否构成犯罪，最终只能、也必须按照刑法的规定进行判断，就经济不法行为而言，如果在非刑事法律法规中找不到“违反国家规定”等空白罪状要求的具体内容，自然便不能对该行为以经济犯罪论处，理由是由于作为前提的非刑事法律法规缺失规定，该经济犯罪的构成要件无法充足。但是，当经济不法行为被非刑事法律法规所规制且刑法规范可以包容这种行为类型，只是非刑事法律法规没有设立“依法追究刑事责任”这样的刑事责任条款（附属刑法规范）时，不能借口“法无明文规定”对行为人不以适当的经济犯罪定罪处罚，因为刑法规范本身可以评价这种经济不法行为。进一步思考可以得出结论，在委任立法无明文授权，而行政部门却于相关领域制定有大量涉及人民权利、义务事项的具体化标准时，空白刑法规范此种规范模式正可以解决类似案件在法律上适用不明的窘境。

（二）注重刑法目的解释，防止规范解释的形式化

中国刑法学界关于构成要件的解释，普遍强调遵从罪刑法定原则，但由于罪刑法定原则在刑法解释中只具有观念性的指引作用而缺乏技术性的指导功能，导致人们对于构成要件的解释究竟是应当进行形式的解释还是实质的解释还没有明确的立场。但是，在长期缺乏人权保障观念和刑事法治基础的背景下，有学者认为应当以形式的违法性（刑事违法性）约束实质的违法性（社会危害性）。该学者强调：“在刑法中，主要是在刑事司法中，我们经常面临着这种实质合理性与形式合理性的冲突，传统的以社会危害性为中心的刑法观念是以实质合理性为取舍标准的。而罪刑法定所确立的刑事法治原则，却要求将形式合理性置于优先地

位。因此，形式理性是法治社会的公法文化的根本标志。”[10] 这样的立场无疑是主张刑法的法治就是形式的法治，强调侧重规范解释的形式化。本文认为，从罪刑法定的理念出发，当某种行为具有社会危害性或者被认为具有社会危害性而刑法规范（构成要件）的形式无法将该种行为包含其中时，法律规定的形式应当优先，即对该行为不得定罪处刑。但是在解释刑法时，通常要解决法律规定的形式与法律规范实质内容之间的矛盾，坚持罪刑法定原则并不意味着任何时候形式都优于内容；贯彻罪刑法定原则，不能机械地、仅仅从形式上去理解和适用刑法的罪刑规范，而应在形式合理性的范围内，尽量从实质上去理解罪刑规范，以实现实质的合理。

进一步而论，从罪刑法定主义的原则要求为出发点，任何行为是否构成刑法上的犯罪，必须由事前的各项条文中的明确规定加以判断，但是，空白刑法规范由于委任立法的特点，往往只能进行概括性的抽象规定，如此也才能运用在日后生活中时常出现的具体问题上。因此，在进行空白刑法的规范解释时，如果单从形式上去解释条文字句，而断然认为倘若不符合构成要件就不应加以处罚，必然就无法实现空白刑法规范的规范目的。基于此，规范解释空白刑法规范，特别需要注重进行目的解释，防止形式化的理解规范内容。所谓目的解释，是指根据刑法规范所要保护法益的目的或实现的宗旨而做出的解释。当不同的解释方法得出不同的解释结论或者无法得出妥当的结论时，目的解释是最高标准。正如同日本学者町野朔所指出，在进行刑法解释时，结局是必须考虑刑法是为了实现何种保护目的，必须进行适合其目的的合理解释。文理解释、体系解释或者主观的解释，不能给予一义的解释时或者即使暗示了某种解释时，必须由上述的目的论解释来最终决定。[11] 目的解释运用广泛，甚至可以说，任何一种解释都可能包含目的解释的成分。

就具体案件进行空白刑法解释时，应当重视刑法所保护的法益，从我国的社会现实出发，通过刑法概念和类型进行实质解释，在既有类型不能妥当说明某些社会现象时，更应思考是否有采取其他类型的可能性，从而更好地完成刑法的保护任务，也因此使得刑法体系活化而具有开放性。以我国现行证券法、刑法关于内幕交易、泄露内幕信息行为的规范为例，[12] 其所要保护的法益是证券期货市场整体经济秩序的安宁与公正，这种超个人的法益属于经济刑法的领域，显然不同于

---

[10] 陈兴良主编：《刑事法评论》（第4卷），中国政法大学出版社1999年版，主编絮语，第3页。

[11] 参见［日］町野朔：《刑法总论讲义案Ⅰ》（第2版），转引自张明楷：《刑法分则的解释原理》，中国人民大学出版社2004年版，第34页。但有学者认为，目的解释的概念在某种方式上显得过于狭隘，具体阐释参见［德］卡尔·恩吉施：《法律思维导论》，郑永流译，法律出版社2004年版，第93页。

[12] 具体规范内容参见《证券法》第73至76条、第231条，《刑法》第180条。

以保护个人财产为主的传统刑法。传统刑法规范多属于自然犯，其犯罪形态及应予处罚与否，大多可以依照个人的法感情判断与解释，而内幕交易、泄露内幕信息此种经济犯罪的犯罪形态及所产生的社会危害，不仅侵害具体的个人法益，更为重要的是破坏了证券期货市场的运作机制和价值理念，对整个金融市场的秩序安宁与公正形成冲击，因此无法根据个人的法感情加以解释，必须由法院在考虑专业领域特殊性的前提下，援引行政部门法规对“内幕信息”“知情人员”的规范要素内容进行判断，在此基础上补足构成要件。具体而言，法院在援引法律、行政法规对“内幕信息”进行规范判断时，应当根据刑法的解释规则进行个别分析得出结论，“有重大影响的信息”的内涵有两个方面：一是指涉及公司的财务和业务的消息；二是指涉及该证券、期货的市场供求的消息。与此同时，无论前者还是后者，都需要对公司具有重大影响或者对正常投资人的投资决定存在重大影响，此时才有可能该当本罪的构成要件。

在空白刑法规范的规范解释过程中，对于立法原意解释而言，目的解释的重要性更为明显。以经济领域的空白刑法规范为例，由于要求其规范内容变化迅速，且能够应对国际财经和产业市场的发展态势，而立法者难以完全预见并适应后来经济环境的发展和需求，是以在进行规范解释时就更应注重目的解释，以适应社会经济生活的现实变化。需要提及的是，由于我国经济领域的空白刑法规范在进行规范判断时所需援引的部门法规范诸多规定内容及立法体例，是明显继受其他国家的立法例或承袭其目的精神，因此在进行目的解释时，不能忽视比较法的视角。

（三）侧重体系性解释方法，防止规范解释的片面性

空白刑法规范因为存在较大的规范弹性空间，与完备刑法规范相比较来说，要实现将法律规范的构成部分与制定法的精神相互对应的难度就更大。如同法哲学家施塔姆勒（Stammler）所指出，一旦有人适用一部法典的一个条文，他就是在适用整个法典。这种观点明确表达了法律秩序统一的原则，这个原则表明，在空白刑法规范的规范解释过程中，应当从整部刑法制定法，并借助其他相关的制定法来加以理解。在一个法律秩序中，法律条文是关联着的思想整体，因此，空白刑法规范的规范解释不能违反刑法规范的内在同一性和体系协调性，即应当侧重体系性解释方法，防止规范解释的片面性。

体系解释是指根据刑法条文在整个刑法中的地位，把一项刑法条文或用语作为有机的组成部分放置于更大的系统内进行的，使得刑法条文或用语的含义、意义相协调的解释。对刑法进行体系解释，从形式上讲是文本逻辑的要求，从实质上讲是刑法正义的要求。以非法经营罪为例，《刑法》第 225 条第 4 项（修正后的）“其他严重扰乱市场秩序的非法经营行为”，究竟如何理解？本文认为，对于这种概括性、开放性的构成要件，最为重要的是体系解释，遵循同一性规则是解

释刑法条文中“等”“其他”术语时必须坚持的体系解释原则。按照同一性规则，“其他严重扰乱市场秩序的非法经营行为”，应当符合以下三个条件：（1）该行为是一种经营行为，即一种以营利为目的的活动。（2）该经营行为属于非法。从《刑法》第225条前三项的规定来看，非法经营行为均与国家经营许可制度有关。所以，这里的“非法”的特定内涵是违反国家有关经营许可制度的法律、法规，因为国家关于经营许可制度的审定，往往与经营主体资格、经营条件和经营物品范围有关。（3）该非法经营行为严重扰乱了市场秩序。然而，最高人民法院、最高人民检察院有关司法解释和一些地方法院的做法，却严重违背了同一性规则，这值得反思：其一，最高人民法院2001年3月29日《关于情节严重的传销或者变相传销行为如何定性问题的批复》，将从事传销或者变相传销扰乱市场秩序情节严重的行为，认定为非法经营罪。其二，《最高人民法院、最高人民检察院关于办理妨害预防、控制突发传染病疫情等灾害的刑事案件具体应用法律若干问题的解释》也规定：“违反国家在预防、控制突发传染病疫情等灾害期间有关市场经营、价格管理规定，哄抬物价、牟取暴利、严重扰乱市场秩序，违法所得数额较大或者有其他严重情节的”，依照非法经营罪从重处罚。本文认为，传销和哄抬物价，并不必然违反国家有关经营许可制度，所以上述司法解释违背了体系解释规则，并不合理。现在看来，最高司法机关针对非法经营罪的司法解释在司法实践中起到了负面的诱导作用，非法经营罪在实践中大有成为“口袋罪”的趋势，比如对于销售侵权复制品的行为，很多人就认为可以不适用销售侵权复制品罪的条款来评价，对于数额达不到销售侵权复制品罪起刑点的，可以按照非法经营罪定罪处罚，这种同样不顾体系解释规则的做法应当引起警惕。

就经济领域的空白刑法规范而言，由于相关的部门法规存在明显的外国法继受性，且是为了稳定经济秩序而制定，因而我国现行的法律规定明显缺乏自主性，其主要是作为市场安全保障和经济迅速平稳发展的工具而存在，所以在进行立法时入罪化与出罪化未有明确计划性，存在轻重不同犯罪形态适用相同刑罚，以及基本构成要件与加重构成要件实质上同一性等方面的紊乱，考虑到这些因素，规范解释空白刑法就必须特别重视体系解释，这样才能在理论上一贯地建构及适用相关空白刑法规范，维护刑法规范的体系一致性。

需要特别指出，经其他非刑事法律法规确认为合法的行为，即使能够被具体刑法条文的解释所包容，也不应认定为犯罪。这是因为，虽然由于规范保护的目的和规范内容结构的不同，在非刑事部门法律规范和刑法规范中可能出现相同类型的行为构成不同的违法和犯罪，但是，同一国家的法律体系必须协调统一，刑法体系本身也具有内在的一致性，因此在进行空白刑法规范的规范解释时，不能出现将非刑事部门法律规定为合法的行为评价为犯罪行为的状况。依据空白刑法规范体系解释要求，当出现某种行为类型能够被空白刑法规范涵摄解释为犯罪行为，但是在其他法律法规中却规定为合法行为时，就应明确这种情况实际上仅属于形式上的违法，其并不具有实质上的危害性，在规范解释时不应解释为犯罪行为。具体而言，包括两个方面：其一，如空白刑法规范所需援引的其他法律法规规定为合法行为的，规范解释空白刑法规范时应直接认定为非罪行为；其二，空白刑法规范所需援引的其他法律法规没有规定为非法行为的场合，进行空白刑法规范解释时一般应进行刑法的独立判断，原则上应解释为非罪行为。

空白刑法规范的规范解释就是要在空白刑法规范的解释过程中寻找到妥当的法律理由，该法律理由不仅存在于法律中，也同时存在于生活事实中，从而获得规范与生活事实的一致，实现立法的类型化向司法的定型化转变，实现刑法规范的保护任务。在这个过程中，空白刑法规范的规范弹性与构成要件明确性二者之间获得了平衡，可以认为这种解释本身是一种关系论的对应，其通过规范类型在具体个案中实现构成要件定型化，从而保证了空白刑法规范的安定性。并且在空白刑法规范的规范解释中，罪刑法定原则意味着，可罚的行为类型已经在一个形式的法典里被固定下来，应该将规范的行为类型作为构成要件不法判断的基础，运用目的性的解释方法，在整个法律体系中实现刑法的独立性判断。

如前文所述，委任立法使得空白刑法规范具有较大的规范弹性，但该规范模式本质上与罪刑法定原则并无冲突，一种双向对应性的解释路径使得空白刑法规范不仅具有明确性，也同时具有了可理解性和可行性。空白刑法规范的双向对应性解释路径，具体是由刑法解释来实现的。进一步而论，空白刑法的解释方法和准则，主要是依照刑法的规范保护任务进行目的性解释，注重刑法规范的内在同一性和体系协调性，与此同时进行刑法的独立判断，以避免规范解释的依附性、形式化和片面性。需要明确，强调目的性的解释和体系性解释方法，主张刑法的独立性判断，并不意味在空白刑法规范解释过程中完全排斥其他解释准则和方法，应当根据具体的案件情况，辅以其他的解释方法，通过解释准则和方法的综合运用，才能实现空白刑法规范在司法实践中的妥善适用。

（本文曾发表于《法学家》2010 年第 3 期）

构成要件的形式与实质变更及其合理解释

——尤以《刑法修正案（八）》为例

肖中华

一、引言

在刑法的历次修正中，分则性规范的修改补充均为重点、修正条文比例最大。在分则性规范的修改补充之中，纯粹的增设规范和新设罪名的并不居多，而以构成要件及其要素的变更成为修正的主要内容。例如，《刑法》第107条资助危害国家安全犯罪活动罪、《刑法》第109条叛逃罪，1997年刑法已存在较为完整的规范，《刑法修正案（八）》（以下简称《修八》）将资助危害国家安全犯罪活动罪的构成要件由原来的"境内外机构、组织或者个人资助境内组织或者个人实施……"变更为"境内外机构、组织或者个人资助实施……"，删除了"境内组织或者个人"这一行为要素；将叛逃罪原来构成要件中的"危害中华人民共和国国家安全的"要素删除。又如，对于1997年《刑法》第114条、第115条规定的投毒罪，《刑法修正案（三）》将原来的"投毒"变更为"投放毒害性、放射性、传染病病原体等物质"，从而也使原刑法的"投毒罪"相应地变化为"投放危险物质罪"。再如，《刑法》第226条强迫交易罪的构成要件原为"以暴力、威胁手段强买强卖商品，强迫他人提供或者接受服务，情节严重的"，《修八》以列项的方式，将原来的"强买强卖商品"和"强迫他人提供或者接受服务"作为第（一）、（二）项规定，另外增加了三项，其中包括第（三）项"强迫他人参与或者退出投标、拍卖的"。

如何看待这些构成要件及其要素的变更？这些变更是否均在实质上影响到犯罪成立的评价（标准）？对此，以往的刑法理论鲜有探讨，甚至没有人认识到这一问题的存在。最高司法机关对于这种构成要件变更的情形，也只注意到刑法溯及力中的相关问题，而没有对构成要件及其要素变更本身的意义进行研究和作出解释。[1]

---

[1] 最高人民检察院1998年12月《关于对跨越修订刑法施行日期的继续犯罪、连续犯罪以及其他同种数罪应如何具体适用刑法问题的批复》第2条指出："对于开始于1997年9月30日以前，连续到1997年10月1日以后的连续犯罪，或者在1997年10月1日前后分别实施的同种类数罪，其中罪名、构成要件、情节以及法定刑均没有变化的，应当适用修订刑法，一并进行追诉；罪名、构成要件、情节以及法定刑已经变化的，也应当适用修订刑法，一并进行追诉，但是修订刑法比原刑法所规定的构成要件和情节较为严格，或者法定刑较重的，在提起公诉时应当提出酌情从轻处理意见。"这个司法解释针对构成要件发生变化的情况下如何适用新旧刑法作出了规定，出发点和归宿是刑法的时间效力问题，但其逻辑前提是构成要件的变更必然带来新旧刑法中犯罪评价标准的不一。这事实上在逻辑前提下就忽视了构成要件的变更存在形式与实质变更的区别——有的构成要件及其要素的变更并不会导致犯罪评价标准发生变化。

然而，1997 年刑法修订之前我国特别刑法立法相当庞杂，1997 年刑法修订之后我国刑法修正也十分频繁，构成要件及其要素的变更及合理解释问题长期被忽视的状况，必然影响刑法适用的准确性甚至已经造成司法实践的随意性，这不能不引起关注。

为了具体说明，不妨举例如下：2010 年 4 月 16 日，犯罪嫌疑人李某、史某经过预谋，参加在某市精锐大厦举办地拍卖会，其中史某负责缴纳参加拍卖会的保证金，李某负责举牌竞拍，并限制其他竞拍人与之竞争。后两人在现场以暴力威胁、拉帮造势等手段阻止其他竞拍人举牌，并以人民币 173 万元的低价购买了一套 110 平方米的房屋，当即在现场转卖，获利人民币 20 万元。后犯罪嫌疑人李某、史某被抓获归案。2011 年 4 月 10 日，案件侦查终结后移送检察机关审查起诉。在审查起诉过程中（此时，《修八》已经通过并公布，但未施行），对于犯罪嫌疑人李某、史某是否构成强迫交易罪，产生了重大分歧：第一种意见认为，李某、史某构成强迫交易罪，理由是他们以暴力威胁手段强迫其他竞拍人举牌以使自己在无人竞争的情况下以低价“拍”得商品房的行为，其实就属于修正前《刑法》第 226 条中所述的“强买强卖商品”行为，事实上，在《修八》出台之前，司法实践中对于这种行为也均以强迫交易罪定罪处罚。第二种意见认为，李某、史某不构成强迫交易罪，理由是李某、史某的行为属于《修八》新增的“强迫他人参与或者退出投标、拍卖”的行为，《修八》明确将该行为方式与原有的“强买强卖商品”和“强迫他人提供或者接受服务”并列、作为第（三）项，充分说明“强迫他人参与或者退出投标、拍卖”这种行为不属于“强买强卖商品”的情形，在《修八》施行之前，“强迫他人参与或者退出投标、拍卖”属于法无明文规定的行为，对其不应定罪处罚（当然，在《修八》生效后，对其生效前实施的这种行为，也不能适用《修八》、溯及既往）。还有一种看法主张，如果没有《修八》的出台，对李某、史某的行为应当以强迫交易罪定罪处罚，但现在既然有了《修八》，《修八》作为刑法的有机组成部分（强调的是它属于立法而非司法解释——作者注）又将“强迫他人参与或者退出投标、拍卖”单列为强迫交易罪的一种新形式，说明新的立法精神区分“强买强卖商品”和“强迫他人参与或者退出投标、拍卖”非常明确，尽管《修八》还未施行（指案件讨论当时——作者注），司法实践也应对此予以参照、领会“立法意图”。最后第二种意见被采纳，案件退回公安机关撤销。

二、构成要件及其要素形式变更与实质变更的区分标准

面对构成要件及其要素的变更，对于诸如上述案件事实的判断采取怎样的立场？非经细致思索而片面关注规范的形式变化，机械地理解规范的形式变化——认为构成要件及其要素形式上的变更自然引起实质上的解释差异，便容易轻率得出无罪的结论。但是，如果我们站在刑法旨在保护公平自愿交易的市场秩序的目的解释角度，集中关注评价对象——李某、史某强迫他人退出拍卖的实质危害，

并在刑法原有条文“强买强卖”可能具有含义范围内解释刑法（而不囿于构成要件及其要素形式上将“强迫他人者退出拍卖”独立为一种强迫交易的方式），则会得出有罪的结论。因为：其一，强迫他人退出拍卖的行为事实上破坏了公平自愿交易的市场秩序，将情节严重的强迫他人退出拍卖的行为认定为强迫交易有利于实现刑法保护法益的目的；其二，商品房的拍卖竞买属于商品买卖，拍卖竞买不过是通过拍卖公司进行的一种买卖（方式），国民在理解“商品房拍卖竞买属于商品买卖”上不成问题。由此可见，我们必须注意到，构成要件及其要素的变更，首先表现为一种规范的形式变化，这种变化的形式对于规范内容的理解会有所制约（制约不意味着限制解释内容），但是，并不必然就引起原来规范实质内容的改变；规范的内容究竟怎样作出解释、是改变解释结论还是维持解释结论，[2]最终需要符合刑法保护法益的目的（当然，这种目的解释要受“国民预测可能性”的约束）；如果从刑法保护法益的目的出发，构成要件及其要素的变更同时在实质上引起犯罪评价标准的变化，那么这种变更就属于实质性的（或者说，针对形式的变更，解释变更的条文结果对犯罪评价标准产生实质性的影响，变更就不停留于形式）。

申言之，构成要件及其要素的变更可能存在实质性的和形式上的（更确切地说，是单纯的形式上的），针对不同的情况，刑法规范的解释结论会有所不同：由于构成要件要素的增加、减少或变动，使得同一行为在刑法修正（修改）前后的评价发生变化的，这样的构成要件及其要素的变更就属于实质性的。反之，构成要件要素的增加、减少或变动，并不导致同一行为在刑法修正（修改）前后的评价发生变化，则这样的构成要件及其要素的变更就属于形式上的。

形式上的变更，可以出于如下目的：将原来的构成要件要素分解、析出，形式上增加要素，以明确原来构成要件及其要素原本包含的内容（含义、性质、情状），满足司法认定明确化、清晰化的要求；删除原来的构成要件要素，以避免因为形式上要素的语义歧义性引起的解释混乱。

实质性的变更，可以出于如下目的：原来的构成要件要素难以包容立法者认为应当处罚的、与通过原来构成要件要素解释可予以包含的行为具有同样危害性（及其程度）的类似行为，因而增加或者减少构成要件要素，以使某些行为犯罪化；原来的构成要件要素即使按照目的解释的要求进行解释，仍嫌处罚范围太广，因而有必要删除、修改构成要件要素，以使部分犯罪行为非犯罪化。

将原有罪刑规范中构成要件及其要素分解、析出、删除、修改，最为极端的

[2] 需要注意的是，对于同一刑法规范的解释，结论也未必恒定不变就是合理的，即使刑法规范不变，随着社会发展、文字含义的演变和刑法保护法益的需要，解释结论也可能改变。例如，侵犯公民通信自由罪中的“信件”，过去只指有形信件，但是随着互联网的出现，“信件”就包括电子邮件（E-mail）。因此，这里所说的“改变解释结论”和“维持解释结论”是相对而言的——相对于刑法修正之前、构成要件及其要素没有变更时的通常解释结论而言。

表现是被分解、析出、修改的构成要件要素组成一个新的构成要件——新罪名的评价标准或规格；尽管被分解、析出、修改的构成要件要素有时在原有罪刑规范中只是被暗含而未被明示，但构成要件及其要素分解、析出、删除、修改导致犯罪重新类型化。例如，现行《刑法》第239条绑架罪由1991年全国人大常委会《关于严惩拐卖、绑架妇女、儿童的犯罪分子的决定》（以下简称《决定》）中绑架勒索罪修改而来。该《决定》中的绑架勒索罪是指以勒索财物为目的绑架他人的或者以勒索财物为目的偷盗婴幼儿的行为。其中以勒索财物为目的绑架他人的行为，在1991年《决定》出台之前，基本上是按照抢劫罪定罪处罚（也有个别按照敲诈勒索罪定性），《决定》将以勒索财物为目的绑架他人的行为从抢劫罪中分离出来独立为罪，可以认为是对抢劫罪构成要件“以暴力、胁迫或者其他方法劫取财物”暗含构成要件要素的分解、析出，因此，这种构成要件要素的变更对于抢劫罪来说是实质性的，而就“以勒索财物为目的绑架他人”行为的可罚性来说又是形式上的——亦即这种行为即使没有绑架勒索罪的设立，仍然是应当定罪处罚的。1997年全面修订刑法时，考虑到在绑架勒索之外还有行为人不以勒索财物为目的的绑架行为，其与绑架勒索行为一样严重侵害到公民人身自由，所以在罪刑规范中增加了“绑架他人作为人质”的情形，显然，1997年刑法增加“绑架他人作为人质”属于构成要件要素的实质性变更——使原本难以定绑架犯罪的行为纳入刑法调控犯罪，也使得“绑架勒索罪”罪名演化为“绑架罪”。

判断构成要件及其要素的变更究竟是实质性的和形式上的，应当综合把握两点：（1）刑法在保护法益方面的态度，包括对法益保护的范围大小（是要扩大、限制处罚范围还是明确处罚范围）、对法益保护的力度强弱（是要加强还是减弱处罚程度）等，是否发生变化？发生变化的，属于实质性的变更；不发生变化的，属于形式上的变更。（2）构成要件及其要素变更前后，我们解释刑法规范的结论改变或不改变，哪一个立场更符合目的解释的要求？改变更符合的，属于实质性的变更；不改变更符合的，属于形式上的变更。以此为标准，我们可以判断《修八》增加将“强迫他人提供或者接受服务”这一要素是形式上的变更，因为将其理解为明确这一情形属于“强买强卖商品”的特殊情状，更符合保护公平自愿交易的市场秩序的刑法目的。易言之，即便《修八》不作这样的规定，我们在解释“强买强卖商品”时，也应当将“强迫他人提供或者接受服务”视为其中应有之义。相反，《修八》将盗窃罪的构成要件由“盗窃公私财物数额较大或者多次盗窃的”修改为“盗窃公私财物数额较大、多次盗窃、携带凶器盗窃、扒窃的”，则属于构成要件及其要素实质性的变更。由于“携带凶器盗窃”强调的是实施盗窃行为时的条件，“扒窃”强调的是盗窃行为的手段、方式——“扒”，它们在原有的刑法规范要素中难以被包括——无论是“数额较大”强调的财物数额还是“多次盗窃”强调的行为次数，都无法涵盖行为方式，增设“扒窃”行为方式作为定罪的标准之一，意味着刑法处罚范围的扩大，因此，这样的要素增设就属于实质性的增设。这意味着，经修正后的盗窃罪规范，在解释的时候就应当注意，对于盗窃行为，即便盗窃的财物数额没有达到较大，也不是多次实施盗窃，但只要是扒窃（以“扒”的手段实施的盗窃），就存在定罪处罚的可能性（但并不是一概定罪处罚，下文将述）。回到本文开篇的有关修正案对构成要件及其要素变更的示例，《修八》将《刑法》第107条删除“境内组织或者个人”要素，减少成立犯罪的条件（不要求资助的对象是境内组织或者个人，而可以是境外的组织和个人），意味着扩大资助危害国家安全犯罪活动罪的处罚范围；《刑法修正案（三）》将刑法第114条、第115条规定的“投毒”变更为“投放毒害性、放射性、传染病病原体等物质”，增加了投放“放射性、传染病病原体等物质”这些用“毒害性物质”无法包含的危险物质作为犯罪对象，同样旨在扩大处罚范围，因此，上述构成要件及其要素的变更均属于实质性变更。而《修八》将《刑法》第109条叛逃罪原来构成要件中的“危害中华人民共和国国家安全的”要素删除，既不扩大、也不限制处罚范围，无论这样的修正是否进行，我们在认定叛逃罪的标准上没有变化，只是因为“危害中华人民共和国国家安全”是一个修饰性的用语——任何叛逃行为事实上本身具有“危害中华人民共和国国家安全”的性质，在构成要件中形式上规定“危害中华人民共和国国家安全”反易引起争议，故而予以删除，因此，这一构成要素的变更属于形式上的变更。

三、构成要件及其要素区分形式变更与实质变更的意义

区分构成要件及其要素的变更属于形式上还是实质性，重要的意义在于：对于形式上的变更，正是因为它仅仅是形式上发生了变化、原有规范的实质含义没有改变，因而我们恰恰要从实质上去把握规范的含义，而不能仅仅从形式上去看待规范，从而得出不恰当的解释结论。当然，我们并不是说对于实质性的变更，只要从形式上去解释规范的内容就必然得出合理的解释结论，而是可以肯定，在实质性构成要件变更的情形下，规范的变化的形式不会直观地影响实质解释的进行。如“扒窃”在规范形式上非常直观，因而我们不难认为其属于与“盗窃数额较大”“多次盗窃”等并列的新的构成要素，进而不会将它解释为原本属于原来“盗窃数额较大”“多次盗窃”等要素所包含。当存在实质解释刑法的必要性和合理性时，仅仅从形式上解释刑法也会导致刑法保障机能或保护机能的萎缩。比如，《修八》将“扒窃”作为盗窃罪新的要素规定之后，一些地方的司法人员错误地认为，无论扒窃数额多少，也不论情节轻重，一概应当“入罪”。[3] 这实际上就是

[3] 这些是一些地方的“扒窃入刑”第一人：天津市和平区检察院以涉嫌盗窃罪批准逮捕于2011年5月7日晚扒窃他人价值40元的手机的穆某某；西安市莲湖区检察院以涉嫌盗窃罪批准逮捕于同年5月23日扒窃他人价值数百元的手机的嫌疑人李某批捕；北京公安机关刑事拘留在北京345公交快车上扒窃他人内有800元的钱包的李某；山东济南公安机关将扒窃现金81元的程某刑事拘留。参见《西安批捕“扒窃入刑”第一人》，载《华南报》2011年5月31日，A1版。

对实质性构成要件要素变更进行的形式解释，违背了刑法保护法益的目的。刑法规定“扒窃”成立盗窃罪，尽管没有数额、情节等方面的限制，但是，并不意味着凡是扒窃行为一概应当定罪处罚，这是因为：其一，《治安管理处罚法》对于扒窃行为有行政处罚规定，这意味着并非任何扒窃行为都属于犯罪行为；第二，刑法第 13 条但书指引刑法分则的适用，不但是扒窃行为，即便是抢劫行为，也不应不问情节轻重一概定罪处罚。可见，《修八》将“扒窃”作为盗窃罪新的要素予以规定，旨在提高了“扒窃”行为方式对盗窃罪成立的影响权重系数，但并非排除情节在此类行为成立犯罪时的考量作用。

最后需要强调，构成要件及其要素的变更存在实质性和形式上的区别，应仅针对特别刑法、刑法修正案而言。对于刑法的有权解释（包括立法解释和司法解释）而言，构成要件及其要素只应有明确化的问题，而不应存在实质性的变更余地，当然也相应地谈不上形式上的变更。刑法有权解释对构成要件及其要素的解释，至多可以成为规范形式上的“明确列举”、规范内容上的“具体细化”。这是因为，在罪刑法定原则的要求下，只有立法（不是指“立法机关”，而是“立法活动”）才能变更构成要件及其要素（哪怕是形式上的），任何解释一旦变更构成要件及其要素，即属于违背罪刑法定的越权解释。[4] 因此，在理解刑法有权解释时，原则上不能认为某个解释内容改变了刑法规范的构成要件及其要素。例如，2000 年《最高人民法院关于审理交通肇事刑事案件具体应用法律若干问题的解释》（以下简称《解释》）第 6 条规定，行为人在交通肇事后为逃避法律追究，将被害人带离事故现场后隐藏或者遗弃，致使被害人无法得到救助而死亡的，应当依照《刑法》第 232 条以故意杀人罪定罪处罚。在司法实践中有人认为，这一司法解释修改了故意杀人罪的构成要件，实质上增加了故意杀人罪的新的形式。也有人认为，交通肇事转化为故意杀人罪，也只有司法解释规定的这种情形。笔者认为，上述理解是十分错误的。应当认为，行为人在交通肇事后将被害人带离事故现场后隐藏或者遗弃致死的，原本就符合《刑法》第 232 条故意杀人罪的构成要件，司法解释在此不过是明确《刑法》第 232 条规范的内容可以包含这种情形，这种情形的核心特征是行为人有救助义务、能履行义务而不履行，放任被害人死亡。另外，司法解释的这条规定也不是逻辑周延的解释，没有穷尽（也不可能穷尽）交通肇事转化为故意杀人罪的情形。比如，行为人在交通肇事后没有将被害人带离事故现场后隐藏或者遗弃，而是在可以及时救助（能救助）、如果救助就可以避免被害人死亡结果发生的情况下，“坐现场而观其毙”、放任被害人死亡，

[4] 一些学者认为立法机关在解释刑法时可以对罪刑规范进行实质性的突破，但在笔者看来，立法解释也不应对构成要件及其要素变更，否则，也属于越权。只不过，与司法解释越权属于司法权侵入立法权领域不同，立法解释越权属于立法解释权侵入立法权。

不是同样符合故意杀人罪的构成要件吗？这样的故意杀人罪甚至情节更为恶劣！可见，不能以司法解释明示的情形作为否定刑法规范（《刑法》第 232 条）可以包含其他情形的理由。

当然，原则上不应认为刑法有权解释内容改变了刑法规范的构成要件及其要素，并不否定个别有权解释存在越权解释的问题。恰恰相反，正是因为有权解释不应改变刑法规范的构成要件及其要素，因此，当我们发现有权解释改变刑法规范的构成要件及其要素时，就可以断定这一解释属于越权解释。以上述有关交通肇事刑事案件的《解释》第 5 条第 2 款为例，该款规定："交通肇事后，单位主管人员，机动车辆的所有人、承包人或者乘车人指使肇事者逃逸，致使被害人因得不到救助而死亡的，以交通肇事罪共犯论处。"就明显改变了、而且是实质性地改变了交通肇事罪的构成要件以及共同犯罪的成立条件，实属越权解释。因为其一，我国《刑法》第 25 条明文规定共同犯罪是指二人以上共同故意犯罪；其二，即便共同犯罪可由二人以上的过失犯罪成立，发生在交通肇事之后的指使逃逸行为也不是交通肇事行为、逃逸行为本身也不属于犯罪。

（本文曾发表于《政治与法律》2011 年第 8 期）

行政犯的法律属性及其责任

——兼及定罪机制的重构

田宏杰

1997年通过的《中华人民共和国刑法》（以下简称刑法典）施行后制定的8个刑法修正案所增设的新罪，除第276条之一拒不支付劳动报酬罪是自然犯外，其余均为行政犯。对于行政犯的法律属性及其法律适用解释乃至于法律责任的实现，不仅理论歧见纷呈，而且实务困惑繁多。如偷税行为的行政处罚时效为5年，对于超过行政处罚时效的偷税行为，行政机关不得予以行政处罚，那么，司法机关还能依据刑法进行刑事责任的追究吗？作为法定的逃税罪主体，对税款扣缴义务人截留税款应以逃税罪论处，而对代征人截留税款据为己有是否也应同样处理？等等。上述问题的解决，不仅横跨刑事法与行政法、实体法与程序法等诸多法律领域，且关涉国家权力配置尤其是行政权与司法权的关系及其架构运行，加之不同法律体系的语境不同，刑法与行政法的关系有别，故而笔者以中国法律体系语境下的刑法本质与立场为切入，[1] 通过对刑事法与其前置行政法之间的关系，以及刑事责任与行政责任各自功能定位的认真梳理，以期使上述问题得到科学合理的解决。

一、刑法的性质定位：相对独立性与救济性的融合

随着人类社会的发展变迁，社会治理方式不仅日益丰富多样，而且表现出"地方性知识"的特性，但在"地方性"的社会治理实践中，仍然形成了普适性

---

[1] 在我国法学领域，苏力先生是介绍和使用语境论分析模式进行法学研究的先行者。他主张应当坚持以法律制度和规则为中心，力求语境地理解任何一种相对长期存在的法律制度的历史正当性和合理性。显然，这样的主张也是部门法哲学所必需的分析模式。人们应当从实践而非纯理论的角度深入探讨各部门法制度的产生、形成和发展变迁的条件也即其具体语境，每一个制度形式都充满了对现实特殊境遇的凝练。不必也不应当相信人类社会的法律问题，有什么放之四海而皆准或无须对症就可下药且能包治百病的灵丹妙药。所有的法律制度及其表现形式都是历史的、语境的，因此所有的制度都是经过检验和考验的某一时空维度、制度维度下的某种制度实践的智慧和结晶，是一种历史化、地方化的知识，因而也只有设身处地、历史地从其产生的语境中才能确切发现、理解和把握其正当性、合理性与合法性甚或局限性，切实注重考查和发现社会生产方式以及受社会生产方式制约的社会生活各个方面对法律制度的塑造和制约。参见苏力：《语境论——一种法律制度研究的进路和方法》，载《中外法学》2000年第1期，第52页；杜宴林、苗炎：《驯化法律：部门法哲学的基本使命》，载《法学评论》2011年第6期，第66-67页。

的社会治理共识，即法律是最低限度的道德，也是社会治理的最后手段。社会关系不因法律规范的调整而存在，但只有经由法律规范调整后的社会关系，才能成为受法律确认与保护的法律关系。

其中，确认是法律调整的正常形式和主要方式。法律确认通过在社会关系参加者之间确定或者设立相应的权利和义务，在形成调整性法律关系的同时，建立起正常的法律秩序，从而实现法律对社会关系的第一次调整。承担第一次法律调整之责的法律规则称为调整性规则，以权利义务的设定为核心，由“假定”和“处理”两个要素构成，前者规定规则生效条件，后者规定规则生效结果即权利和义务的内容。民法、商法、经济法、行政法等非刑事部门法中除法律责任条款之外的法律规则，均属于调整性规则，经由其调整形成的调整性法律关系，不仅以主体的合法行为为基础，由主体自由自主地合法建立，而且以主体义务的完整履行和权利的正当行使得以实现，故又称为第一性法律关系。例如，2005 年修订通过的《中华人民共和国证券法》（以下简称《证券法》）第 10 条第 1、2、3 款规定：“公开发行证券，必须符合法律、行政法规规定的条件，并依法报经国务院证券监督管理机构或者国务院授权的部门核准；未经依法核准，任何单位和个人不得公开发行证券。”“有下列情形之一的，为公开发行：（一）向不特定对象发行证券的；（二）向特定对象发行证券累计超过二百人的；（三）法律、行政法规规定的其他发行行为。”“非公开发行证券，不得采用广告、公开劝诱和变相公开方式。”该条即是对证券发行权利和义务予以设定的调整性规则，经由该规则调整所形成的证券发行法律关系或者证券发行法律秩序，是经由法律第一次调整而形成的第一性法律关系，即调整性法律关系。

而权利的不当行使或者义务的不当履行，不仅是对调整性规则的违反，而且是对调整性法律关系及其建立的正常法律秩序的破坏和侵犯，从而在成为违法行为的同时，开启了法律对社会关系的第二次调整——法律保护。作为法律调整的非正常形式和次要方式，法律保护通过对违法行为人的法律责任的追究和法律制裁的适用，在形成并实现保护性法律关系的同时，对被违法行为所破坏的第一性法律关系即调整性法律关系进行补救与恢复，进而保障调整性法律关系及其建立的正常法律秩序的实现。承担第二次法律调整之责的法律规则称为保护性规则，以法律责任的设定为内容，由“假定”和“制裁”两个要素构成，前者规定责任生效条件，后者规定责任生效结果即法律制裁的内容。因而刑事法规则与民法、商法、经济法、行政法等非刑事部门法中的法律责任条文，均同属保护性规则。而刑法，又因其责任追究和制裁手段的严厉性，“在根本上与其说是一种特别法，还不如说是其他一切法律的制裁力量”，[2] 而成为非刑事保护性规则的保护性规则。

---

[2] ［法］卢梭：《社会契约论》，何兆武译，商务印书馆 1962 年版，第 63 页。

所以，保护性规则体系其实由两个层次组成，第一层次由非刑事保护性规则组成，系法律保护的第一道防线，笔者称为第一保护性规则；第二层次则由刑事保护性规则组成，是法律保护的第二道也是最后一道防线，笔者称为第二保护性规则。作为第二保护性规则的刑法，并非第一保护性规则的替代，而是第一保护性规则的补充与保障，只有在仅凭第一保护性规则之力难以有效保障被严重侵犯的调整性法律关系恢复正常的情况下，才有济之以刑事责任的追究与刑事制裁的启动，以补充第一保护性规则责任追究与制裁力量之不足的必要，刑事法律保护也才有了存在的意义与价值。

以证券发行的保护性法律规制为例。对于违反《证券法》第 10 条进而破坏证券发行秩序的行为，《证券法》第 188 条明文规定了行政责任的追究："未经法定机关核准，擅自公开或者变相公开发行证券的，责令停止发行，退还所募资金并加算银行同期存款利息，处以非法所募资金金额百分之一以上百分之五以下的罚款；对擅自公开或者变相公开发行证券设立的公司，由依法履行监督管理职责的机构或者部门会同县级以上地方人民政府予以取缔。对直接负责的主管人员和其他直接责任人员给予警告，并处以三万元以上三十万元以下的罚款。"而且，刑法典第 179 条第 1、2 款亦明确规定了刑事责任的承担："未经国家有关主管部门批准，擅自发行股票或者公司、企业债券，数额巨大、后果严重或者有其他严重情节的，处五年以下有期徒刑或者拘役，并处或者单处非法募集资金金额百分之一以上百分之五以下罚金。""单位犯前款罪的，对单位判处罚金，并对其直接负责的主管人员和其他直接责任人员，处五年以下有期徒刑或者拘役。"由此，对经由证券发行的调整性规则即《证券法》第 10 条所调整确立的证券发行关系或者证券发行秩序提供了严密的双重保护。其中，《证券法》第 188 条是对擅自发行证券行为进行第一次保护性调整的第一保护性规则，刑法典第 179 条则作为《证券法》第 188 条的后盾和保障，不仅是对擅自发行证券行为进行第二次保护性调整的第二保护性规则，而且是对《证券法》第 188 条这一第一保护性规则的救济和补充。

可见，没有违法行为，就不会有法律的保护性调整和保护性法律关系的产生；没有对调整性规则的违反和对调整性法律关系及其法律秩序的破坏，也就不会有违法行为的成立。因而法律保护的发动和保护性法律关系的发生，与其说以违法行为为基础，勿宁说以调整性规则的被违反和调整性法律关系的被破坏为依据。法律的保护性调整和保护性法律关系不仅始于违法行为的实施对调整性规则的违反和调整性法律关系的破坏，而且止于法律责任的实现对调整性规则的有力保障和调整性法律关系的有效恢复。由于法律规则与其调整所形成的法律关系和建立的法律秩序是手段与目的、形式与内容的关系，因而调整性规则的违反不过是行为违法的形式反映，而被侵犯的调整性法律关系和被破坏的法律秩序的内容其实才是行为违法的实质及其社会危害的本质所在。

由此决定，一个行为能否成为保护性规则调整的对象，即违法行为的认定，形式上是否违反了调整性规则固然重要，但被破坏或者被侵害的调整性法律关系及其法律秩序的内容其实才是行为性质认定的关键。而违法行为究属保护性规则的第一道防线，即非刑事部门法中的法律责任条款予以规制的一般违法，还是应由保护性规则的第二道防线，即刑事法予以制裁的严重违法即犯罪，则取决于该违法行为对调整性法律关系及其法律秩序的破坏或者侵犯程度。破坏或者侵犯程度一般，仅以民事、行政制裁等非刑事制裁方式已足以实现对调整性法律关系之恢复保障的，自无交由刑事制裁的必要，仅以一般违法追究行为人的相应法律责任即为已足；但是，破坏或者侵犯程度严重，仅靠非刑事保护的力量已难以担当救济保障的，则应以犯罪论处，在追究民事责任或者行政责任的同时，济之以刑事责任的追究与刑事制裁的发动，以补充非刑事法律保护第一道防线力量之不足。

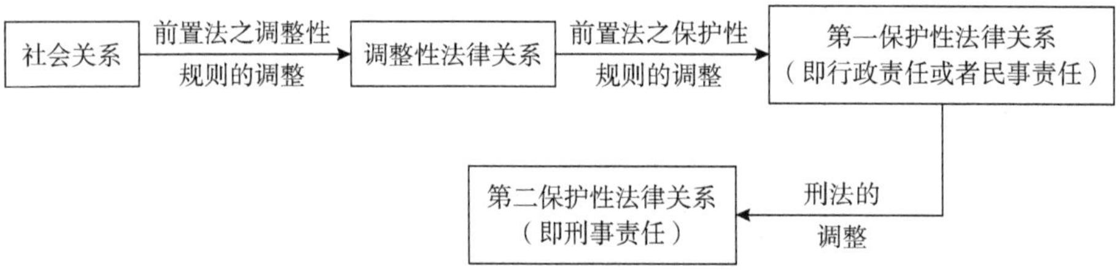

所以，没有调整性规则，就不会有相应的保护性规则；没有第一保护性规则，就不会有刑法这一第二保护性规则。正是在这个意义上，笔者以为，刑法并非完全独立的部门法，相反，刑法作为所有部门法的后盾与保障，无论是犯罪圈的划定还是刑事责任的追究，既要在形式上受制于其保障的第一保护性规则的规定，更要在实质上受制于其与第一保护性规则共同保障的调整性规则的规定及其确立的调整性法律关系的内容。对于前者，刑法是补充法、救济法；对于后者，刑法是从属法、次生法。由于第一保护性规则与其保障的调整性规则属于同一部门法，并往往同时规定于同一规范性法律文件之中，为行文方便，笔者将其统称为前置法，以表明其对刑法的制约关系和刑法对其的救济保障功能。三者之间的关系图解如上。

正是在这个意义上，笔者主张，谦抑性不仅是现代刑法的基本品格，且至少由这样两个层面并行组成。一方面，刑事立法要谦抑。即刑法关于犯罪的规定必须以行政法、经济法、民商法等前置法的规定为基础，刑法划定的犯罪边界必须小于或者充其量等于行政法、经济法、民商法等所规定的违法圈、侵权圈或者违约圈，否则，犯罪的立法规定就成了无源之水、无本之木。另一方面，刑事司法要谦抑。即司法实际处置的犯罪圈必须小于或者充其量等于刑事立法所规定的犯罪圈。对于一个符合刑事立法规定的犯罪构成条件、达到追诉标准的行为，若综合全案犯罪情节认为不需要适用刑罚，则在审查起诉阶段可作相对不起诉处理，在审判阶段可作无罪宣告判决。之所以如此，是在于刑起于兵，用兵之道其实就是用刑之策。《孙子兵法》早已指出，“上攻伐谋”，不战而屈人之兵方为用兵的上策。同理，司法实践中对于情节较轻的犯罪若不用刑就能达到用刑所追求的预防犯罪目的，才是司法用刑的最高境界。[3] 毕竟，刑事制裁只是行政、民事制裁等第一保护性调整的救济与补充，不是法律保护性调整的主要方式，更不是法律保护性调整的唯一方式。“故刑罚的界限应该是内缩的，而不是外张的，而刑罚该是国家为达其保护法益与维护法秩序的任务时的‘最后手段’（Utumaratio）。能够不使用刑罚，而以其他手段亦能达到维护社会共同生活秩序及保护社会与个人法益之目的时，则务必放弃刑罚手段。”[4]

二、行政犯的定罪机制：前置法定性与刑事法定量的统一

刑法只能规制犯罪，但犯罪却并非由刑法单独规制，而是由刑法及其保障的第一保护性规则与调整性规则即前置法共同规制。因而犯罪行为实际上都是具备双重违法性即刑事违法性与前置违法性的行为，行政犯如此，自然犯也不例外。不仅如此，行为犯罪性或者说刑事违法性的具备，不仅必须以前置违法性的存在为基石，而且必须以前置法之法律责任的产生为必要。不具有前置违法性，或者虽具有前置违法性，但却不能产生前置法上之法律制裁的行为。例如，因与上位法的规定相冲突而不具有法律效力的抽象行政行为，或者虽被宣告无效但却不会导致民事制裁的无效民事行为，绝无具有刑事违法性从而论之以犯罪的可能，否则，即是对刑法最终保障法地位的背离和违反。而犯罪行为前置违法性的具备及其相应法律责任产生的实质，则在于其对调整性法律关系及其相应法律秩序的破坏和侵犯。所以，犯罪行为的危害实质和违法本质，或者犯罪行为性质的认定，取决于前置法而非刑事法的规定。

但如前所述，刑法作为所有部门法的后盾与保障，并非对第一保护性规则的简单重复保障，而是对第一保护性规则制裁力量不足的补充。因而具有前置违法性及其相应法律责任的违法行为并非都是刑法规制的对象，只有严重侵犯调整性法律关系和相应法律秩序，仅靠第一保护性规则已难以有效规制的违法行为，才能进入刑事追踪的视野和刑法制裁的领域。所以，犯罪必须违法，而违法未必犯罪，两者的区别主要在于违法程度即量的不同，而非违法实质即侵

---

[3] 参见田宏杰、温长军：《理解制度的变迁：刑法典的修订及其适用》，载《法学杂志》2011年第9期，第48页。

[4] 林山田：《刑罚学》，台湾“商务印书馆”1985年版，第128页。

害法益上的差异。

基于此，笔者将包括自然犯与行政犯（或法定犯）在内的所有刑事犯罪的认定机制概括为“前置法定性与刑事法定量的统一”，即犯罪的危害本质和违法实质取决于前置法的规定，而犯罪量的具备，亦即性质相同的违法行为与犯罪行为的区别界限，则在于刑法的选择与规定。刑法对于犯罪量的确定分两次进行：首先，通过违法类型的选择，进行犯罪量的第一次确定。社会危害本质或者违法实质相同，但行为样态或者类型不同的违法行为，违法程度和危害程度自有差异。刑法将其中危害程度严重的行为类型选取出来予以规定，即形成该罪的犯罪构成。违反前置法但却不符合刑法犯罪构成的行为，即为前置法单独规制的一般违法行为。只有既违反前置法又符合刑法犯罪构成的行为，才需进行犯罪量的第二次审查筛选。而刑法对于犯罪量的第二次确定，则是通过追诉标准的设定完成的。即当违法类型被选择确立为犯罪类型后，以刑法典总则第 13 条但书的规定，同时以“情节严重”“情节恶劣”等作为分则犯罪构成之外的罪量限制要求，再辅之以司法解释等其他方式对分则各罪的具体罪量进行设定与权衡把握，以最终实现违法与犯罪的区分。

在此，需进一步指出的是，由于刑事责任的追究秉持主客观相统一的原则，而行政责任的承担以过错责任原则为主，无过错责任或者严格责任原则为辅，因而刑法对于严重违法行为所确立的犯罪构成，不仅在客观行为类型上往往少于行政违法行为类型，而且即便是相同的行为样态，犯罪行为类型的主观罪过形式和内容，也一般有别于行政违法行为的构成。所以，刑法对于犯罪的规制，虽在质上从属于前置法之调整性规则的规制，但在量上却相对独立于前置法之保护性规则的调整。由此决定，刑法既非前置法的绝对从属法，又非完全独立于前置法的法律部门，而是相对独立于前置法的最终保障法，前置法定性与刑事法定量相统一的犯罪定罪机制，正是对刑法与其前置法在犯罪规制上的定性从属性与定量独立性关系的准确揭示和反映。

例如，对于串通投标行为，2011 年《中华人民共和国招标投标法实施条例》（以下简称《招标投标法实施条例》）规定了 2 类 17 种行为样态。其中，第一类“投标人相互串通投标”，依据第 39 条、第 40 条的规定，共有 11 种行为方式；第二类“招标人与投标人串通投标”，根据第 41 条的规定，则有 6 种行为形式。而刑法典第 223 条规定的串通投标罪，虽也限于投标人相互串通投标和投标人与招标人串通投标两类行为，但对投标人相互串通投标行为，却只选取了投标人相互串通投标报价这一行政违法行为类型作为刑事犯罪行为样态；而对于既被规定为行政违法类型又被选择确定为刑事违法类型的投标人相互串通投标报价和投标人与招标人串通投标，前者要求“损害招标人或者其他投标人利益”并达到“情节严重”的危害程度，后者要求“损害国家、集体、公民的合法利益”且非情节显著轻微的，方构成串通投标罪而启动双重保护性规则予以调整，[5] 对行为人既依据招投标法上的行政责任规定进行行政制裁，又依据刑法典第 223 条的规定予以刑事责任的追究。

这样，司法实践中的犯罪认定过程，包括刑事法律的适用解释过程，其实就是一个确定前置法，尤其是刑法所保障的前置法上的确定性法律关系的过程。以刑法典第 152 条第 2 款规定的走私废物罪和刑法典第 339 条第 2 款规定的擅自进口固体废物罪为例。两罪行为对象虽然皆为固体废物，在客观上均表现为将固体废物非法从境外运送到境内，但前罪对应的前置法是海关法，行为违法的实质也即其所侵犯的法益或者说犯罪客体，是对海关法所维护的国家对外贸易管制秩序的破坏；而后罪对应的前置法是国家环境资源保护法，行为违法的实质也即其所侵犯的法益或者说犯罪客体，是环境资源保护法致力于维护的国家对环境资源的正常管理秩序。所以，只有违反海关法，非法进口国家法律、法规规定绝对禁止进口的固体废物，或者在进口经行政许可限制进口的固体废物时偷逃关税的行为，才是违反海关法并由海关行政执法监管的行为，其中社会危害严重的才有可能成为刑法典第 152 条第 2 款所规制的行为。违反国家环境资源保护的有关法律、法规而非海关法的规定，未经国家质检总局行政许可的非法进口固体废物的行为，则属于国家质检总局行政监管的行为，其中社会危害严重的才是刑法典第 339 条第 2 款规定的擅自进口固体废物的行为。若行为人既未取得国家质检总局的进口行政许可，又在固体废物入境时违反海关法的规定，则行为人不仅实施了两个行政违规行为，而且侵犯了两个性质不同的法益，若分别符合相应的犯罪构成并达到相应的犯罪追诉标准，则应以走私废物罪和擅自进口固体废物罪两罪定罪，合并处罚。[6]

不过，需要特别指出的是，虽然行政犯的前置法在刑法中一般均有明确表述，例如，表述为“违反……法规”或者“违反……规定”等，但同一前置法中的不同具体条文规定的调整性法律关系往往亦有不同。例如，2001 年《中华人民共和国税收征收管理法》（以下简称 2001 年《税收征管法》）中既规定有税款扣缴

---

[5] 刑法典第 223 条规定：“投标人相互串通投标报价，损害招标人或者其他投标人利益，情节严重的，处三年以下有期徒刑或者拘役，并处或者单处罚金。投标人与招标人串通投标，损害国家、集体、公民的合法利益的，依照前款的规定处罚。”2010 年 5 月 7 日《最高人民检察院、公安部关于公安机关管辖的刑事案件立案追诉标准的规定（二）》第 76 条规定，投标人相互串通投标报价，或者投标人与招标人串通投标，涉嫌下列情形之一的，应予立案追诉：（一）损害招标人、投标人或者国家、集体、公民的合法利益，造成直接经济损失数额在 50 万元以上的；（二）违法所得数额在 10 万元以上的；（三）中标项目金额在 200 万元以上的；（四）采取威胁、欺骗或者贿赂等非法手段的；（五）虽未达到上述数额标准，但 2 年内因串通投标，受过行政处罚 2 次以上，又串通投标的；（六）其他情节严重的情形。

[6] 参见田宏杰：《妨害公务罪的司法适用》，载《国家检察官学报》2010 年第 5 期，第 81 页。

义务制度，又规定有税款代征制度，且税款扣缴义务人与税款代征人均处于税务机关与纳税人之间的中间征纳环节。基于此，1992 年《最高人民法院、最高人民检察院关于办理偷税抗税刑事案件具体应用法律的若干问题的解释》第 3 条曾明确规定，税款扣缴义务人、代征人截留税款据为己有，均以偷税罪论处。[7] 但刑法典第 201 条逃税罪却将该罪主体明确限定为纳税人与扣缴义务人，[8] 那么，代征人截留税款据为己有，依据刑法典又应如何处理呢？

秉持前置法定性与刑事法定量相统一的犯罪认定机制或者说刑事法律适用解释原则，对于行政犯构成要件中的法律术语的内涵及其外延的解读，不能仅仅拘泥于刑法的字面规定，而是必须以该行政犯所违反的具体前置法律条文，尤其是前置法中调整性规则的规定作为犯罪本质认定的核心。在 2001 年《税收征管法》中，扣缴义务人与纳税人规定于同一条文即第 4 条之中，而代征制度规定于第 29 条。不仅如此，2001 年《税收征管法》第 34 条明确规定，代征人以税务机关名义代征税款，而税款扣缴义务人则以纳税人名义代扣、代缴税款；代征人代征税款时应向纳税人出具完税凭证，而税款扣缴义务人则应向纳税人开具代扣、代收税款凭证。因而代征人代征行为完成之时，即是税收征管关系正常终结之时，代征的税款已属于国家所有，应按国家规定的税收征收管理范围和税款入库预算级次，将征收的税款经由税务机关缴入国库。而税款扣缴义务人代扣、代收税款行为完成之时，税务机关的征管职责并未履行完毕，税款所有权此时仍属纳税人所有且由扣缴义务人代为保管，只有扣缴义务人将代扣、代收的税款上交税务机关或者税务机关依法委托的代征人，并由其出具相应的完税凭证，税收征管关系才告正常终结，税款所有权才由纳税人所有转由国家所有成为国有资产。由此决定，税款扣缴义务人截留代扣代收的税款据为己有，侵犯的不是国家财产所有权，而是对国家税收征管秩序的破坏，税务机关对于被截留的代扣、代收税款还应依法追征；而代征人截留代征税款据为己有的行为，则不会破坏税收征管秩序，税收征管活动已告正常终结，税务机关对于被截留的代征税款亦无须继续追征，但因代征人依法受委托从事最具国家意志性和国家公务性的税收征管活动，从而在代征税款活动中具有了刑法典第 93 条规定的国家工作人员的身份，致使其截留税款行为不仅侵犯了国家财产所有权，而且侵犯了其依法受委托从事的税收征管职务活动的廉洁性。所以，税款扣缴义务人与代征人截留税款据为己有，虽然表

---

[7] 该解释第 3 条规定："负有代征代缴税款义务的单位和个人（简称代征人），负有代扣代缴、代收代缴税款义务的单位和个人（简称扣缴义务人），有上述第一、二条所列行为之一的，以偷税罪、抗税罪追究刑事责任。"

[8] 该条经 2009 年 2 月 28 日全国人大常委会《中华人民共和国刑法修正案（七）》第 3 条修订后，原来的罪名"偷税罪"也由"两高"联合发布的司法解释规定为"逃税罪"，故本文统一使用"逃税罪"指称修订后刑法典第 201 条规定的犯罪。

现形式相同，形式上似乎都符合刑法典第 201 条逃税罪的规定，但因侵犯的具体前置法律条文及其设定的调整性法律关系的内容不同，其所违反的保护法也各异，前者的保护法是《税收征管法》第 63 条和刑法典第 201 条，后者的保护法是《税收征管法》第 82 条和刑法典第 382 条第 1 款。故前者的性质是逃税，而后者的性质是贪污。

同理，对于已过行政处罚时效的偷税、骗税等违法行为，2001 年《税收征管法》第 86 条虽然规定，税务机关不得进行行政处罚，但第 52 条又要求税务机关仍然必须追征因偷税、抗税、骗税而未缴或者少缴的税款、滞纳金或者所骗取的税款。依据前置法定性与刑事法定量相统一的刑事法律适用解释原则，不难看出，行政处罚时效经过的意义，与刑事追诉时效经过的意义大有不同。刑事追诉时效的经过，不仅宣告了刑事追诉权的消灭，而且意味着事实之刑事违法性的消灭，因而对于已过刑事追诉时效的犯罪行为，侦查阶段应作撤案处理，审查起诉阶段应予绝对不诉，审判阶段则应作无罪宣告。而对于已过行政处罚时效的偷税或者逃税行为，则只消灭行政处罚权，并不消灭偷税事实的行政违法性，故对于已过行政处罚时效的偷税或者逃税行为，行政机关虽不得行政处罚，但却必须作出行政处理决定，在宣告偷税或者逃税行为行政违法的同时，要求行为人补缴税款，缴纳滞纳金。之所以如此，是在于行政讲求高效，司法追求公正，故而行政处罚时效期间不仅远远短于刑事追诉时效期间，[9] 而且刑事追诉时效的经过，因行为刑事违法性或者犯罪性的消灭，从而导致刑事追诉权归于消灭；行政处罚时效的经过，则仅消灭行政处罚权，并不消灭行为之行政违法性，进而为偷税或者逃税行为之刑事违法性的认定和刑事责任的司法追究，奠定了坚实的法律基础。

三、行政犯的法律责任：行政责任与刑事责任的并行

行政责任或者刑事责任的实现，法律上分别有以下三种形式：一是制裁型责任形式，如行政制裁中的行政处罚、行政处分，刑事制裁中的刑罚；二是恢复型责任形式，如责令改正行政违法行为、责令采取补救措施、责令恢复原状等实现行政责任的形式，以及刑法典第 36 条规定的责令具结悔过、赔礼道歉、赔偿损失等实现刑事责任的非刑罚处理方法；三是免除制裁型责任形式，即因行政违法或者犯罪情节较轻，可以免予行政制裁或者刑罚处罚的，只作行政违法或者有罪

---

[9] 行政处罚时效期间因行政违法行为的类型不同而有别。2009 年修正的《中华人民共和国行政处罚法》第 29 条规定，除法律另有规定的以外，行政处罚时效期间一般为 2 年。而在其他行政法律、法规规定的特殊行政处罚时效期间中，2005 年通过的《中华人民共和国治安管理处罚法》第 22 条规定的治安管理处罚时效期间最短，为 6 个月；2001 年《税收征管法》第 86 条规定的税收行政处罚时效期间最长，为 5 年。至于刑事追诉时效期间，刑法典第 87 条规定，最短的为 5 年，长则分别为 10 年、15 年、20 年。法定最高刑为死刑或者无期徒刑的犯罪，如果 20 年后认为必须追诉的，经过最高人民检察院核准，仍可追诉。

宣告，而免予行政制裁或者刑罚处罚的责任形式。行政犯行为人因其行为双重违法性的具备，自应负行政责任与刑事责任双重法律责任，那么，其所负的双重法律责任究应如何实现？尤其是在刑罚与行政处罚竞合时，应当如何适用？

对此，有学者认为，刑罚与行政处罚发生竞合时，应当按照“重罚吸收轻罚”的原则来处理，单处刑罚。理由是，刑罚与行政处罚在性质上都是公法责任，两者的目的相同，功能和承担责任的形式也类似。刑罚比行政处罚更为严厉，在当事人适用刑罚时，已经达到并超越了行政处罚的目的和社会效果。合并适用刑罚与行政处罚，会加重当事人的法律责任，侵犯当事人的合法权益，违反一事不再罚原则。[10] 但是，由于刑罚处罚缺乏与责令停产停业、暂扣或者吊销许可证、暂扣或者吊销执照等行政处罚相同或者类似的制裁手段，因而从功能上说，刑罚并不能完全吸收行政处罚，在这种情况下，若全然排除并处行政处罚的可能，将会有碍于行政目的之达成。基于这种考虑，亦有观点认为，对违反行政秩序并构成犯罪的，在仅判处刑罚尚不足以达到制裁目的时，对刑罚不能达到相同或者类似功能的行政处罚手段，应允许依法并处。此种见解，亦与“一事不再罚”原则的本旨相吻合。申言之，关于刑罚与行政处罚的竞合适用，应当以吸收主义为原则，以并处主义为例外。[11]

显然，上述观点虽然具体结论不尽一致，但却都是基于“吸收主义”立场，尤其是变通的吸收主义，即以吸收主义为主，并处主义为例外的观点，为我国台湾地区多数学者所支持。而我国台湾地区现行规定上与此相关者，主要是“行政处罚法”第 26 条：“一行为同时触犯刑事法律及违反行政法上义务规定者，依刑事法律处罚之。但其行为应处以其他种类行政罚或得没入之物而未经法院宣告没收者，亦得裁处之。前项行为如经不起诉处分或为无罪、免诉、不受理、不付审理之裁判确定者，得依违反行政法上义务规定裁处之。”[12]

另有学者提出，刑罚与行政处罚是两种功能、形式和性质均不相同的制裁措施，二者虽关系密切，但仍是制裁体系中两种彼此独立的处罚，而且实施两种处罚还涉及行政权和司法权的关系。因此，二者的适用既不遵循一事不再罚的原则，也不按重者吸收轻者的吸收原则，而应采合并适用的原则。这也是我

---

[10] 参见侯艳芳、刘传颂：《行政处罚与刑罚折抵的思考》，载《山东审判》2008 年第 2 期，第 78 页内容摘要；袁森庚：《论行政处罚与刑罚的竞合——兼谈对〈税收征管法〉第六十三条的理解》，载《税务研究》2003 年第 4 期，第 66 页。

[11] 参见沂安：《涉嫌犯罪的安全生产违法案件在什么情况下不应给予行政处罚》，载《安全与健康》2009 年第 1 期（上），第 44 页；曹福来：《论税务行政处罚与刑事处罚的衔接》，载《江西社会科学》2006 年第 8 期，第 207–208 页；崔文俊：《论刑罚与行政处罚竞合时的适用》，载《齐齐哈尔大学学报（哲学社会科学版）》2007 年第 5 期，第 51 页摘要。

[12] 转引自翁岳生编：《行政法》（下册），中国法制出版社 2002 年版，第 824–829 页。

国多数学者当下所持的观点。[13]但在具体如何合并适用的问题上，学者们的见解又出现了分化。其中，日益响亮的支持声音是根据程序适用的进路，予以“区别对待的合并说”，[14]即由于实际情况复杂，在具体适用上，可能会出现“先刑后罚”与“先罚后刑”两种情况，因而合并适用的具体方法应有所不同。在“先刑后罚”的情况下，行政机关应当按照类似的责任形式不得再适用、不同的责任形式可予再适用、免予刑罚处罚后可再予行政制裁的规则，对行为人进行行政责任的追究；而在先罚后刑的情况下，审判机关则应采取类似的责任形式相折抵、不同的责任形式各自适用的立场，对行为人予以刑事责任的追究。还有学者主张，依据处罚法定和罪刑法定原则，行政处罚与刑罚的竞合适用，应采折中的综合主义，分别不同情况进行相应的责任追究。首先，对于情节较轻，尚不构成行政犯的行政违法行为，只适用行政法律规范进行行政处罚。其次，对于行政违法情节严重构成行政犯的行为，在行政法律、法规明确规定应当依法追究刑事责任，但却未同时要求予以行政处罚的情况下，只能由司法机关追究刑事责任，而不能对行为人再予行政责任的追究。[15]例如，《中华人民共和国进出口商品检验法实施条例》第49条规定：“伪造、变造、买卖或者盗窃检验证单、印章、标志、封识、货物通关单……构成犯罪的，依法追究刑事责任；尚不够刑事处罚的，由出入境检验检疫机构责令改正，没收违法所得，并处商品货值金额等值以下罚款。”最后，对于行政违法情节严重构成行政犯的行为，行政法律、法规没有明确规定只能由司法机关给予刑事处罚的，则行政处罚与刑罚应同时适用。例如，《中华人民共和国进出口商品检验法》第33条规定：“违反本法规定，将必须经商检机构检验的进口商品未报经检验而擅自销售或者使用的，或者说将必须经商检机构检验的出口商品未报经检验合格而擅自出口的，由商检机构没收违法所得，并处货值金额百分之五以上百分之二十以下的罚款；构成犯罪的，依法追究刑事责任。”

不难看出，上述观点虽然结论各异，但均暗含着以下两个理论前提：一是在实体上，刑事为主。刑事责任是行政犯所应承担的主要法律责任，所以，或者刑事责任的实现吸收行政责任的追究，或者刑事责任的实现优先于行政责任的承

---

[13] 参见应松年主编：《当代中国行政法》(上册)，中国方正出版社2005年版，第867页；张道许：《行政处罚与刑罚竞合时适用问题研究》，载《铁道警官高等专科学校学报》2005年第3期，第56页摘要；孙卫：《税收行政罚款与刑事处罚的竞合适用》，载《税收征纳》2007年第2期，第14页；等等。

[14] 参见刘艳红、周佑勇：《行政刑法的一般理论》，北京大学出版社2008年版，第160–165页；注13张道许文，第56页摘要。

[15] 参见姜明安主编：《行政法与行政诉讼法》，北京大学出版社、高等教育出版社2005年版，第308–309页。

担。二是在程序上，刑事先理，即在行政执法与刑事司法的衔接程序上，适用刑事诉讼程序追究行为人的刑事责任，原则上优先于适用行政程序追究行为人的行政责任。

但是，这其实是一种误解。如前所述，行政犯不仅是具有双重违法性的行为，而且行为之行政违法性的具备及其行政法律责任的产生，是其刑事违法性得以产生的根本前提。因行为的刑事违法性而产生的刑事责任作为一种公法责任，确实应予实现，正如2009年《中华人民共和国行政处罚法》（以下简称《行政处罚法》）第22条明确要求，“违法行为构成犯罪的，行政机关必须将案件移送司法机关，依法追究刑事责任。”行政机关为牟取本单位私利，对依法应当移交司法机关追究刑事责任的不移交，以行政处罚代替刑罚的，《行政处罚法》第61条规定，由上级行政机关或者有关部门责令纠正；拒不纠正的，对直接负责的主管人员给予行政处分；徇私舞弊、包庇纵容违法行为的，以刑法典第402条徇私舞弊不移交刑事案件罪追究刑事责任。但是，因行为的行政违法性而产生的行政责任同样属于公法责任，同样必须予以实现。众所周知，作为行政职权的一种，对违法行为追究行政责任的权力具有权利和义务的双重属性。相对于违法行为人，是行政执法机关和行政执法人员依法享有的权利，但相对于该权力的授予主体国家，却是行政执法机关和行政执法人员依法应尽的义务。权利可以放弃，但义务却必须履行。对于依法应当追究的行政责任不予追究，仅仅交由司法机关予以刑事制裁，以刑代罚，则行政执法机关或者行政执法人员，在行政法上即有构成行政不作为的可能。加之刑事责任在法律责任体系中虽然最为严厉，但并不能将行政责任的功能全部取而代之。例如，作为取缔行政违法行为主要形式的吊扣证照等责任形式，刑事责任的实现就不可能发挥这样的功能。实践中多次发生这样的案例，行政机关将在网上销售假冒注册商标商品的网店店主，仅仅移送司法机关追究刑事责任，却未予行政处理，未对网店予以及时关闭并吊销其营业执照，致使该店主妻子接手该售假网店继续售假，不仅使消费者遭受损失，而且社会影响十分恶劣。为此，《行政处罚法》第62条明确规定：“执法人员玩忽职守，对应当予以制止和处罚的违法行为不予制止、处罚，致使公民、法人或者其他组织的合法权益、公共利益和社会秩序遭受损害的，对直接负责的主管人员和其他直接责任人员依法给予行政处分；情节严重构成犯罪的，依法追究刑事责任。”而刑法典分则第9章渎职罪相关具体个罪的设立，则作为上述保护性规则的第二保护性规则，为行政法上述规定的落实和行政职权的依法行使，提供了更为坚实有力的保障。故“一事不再罚”或者“禁止双重处罚的原则”，其实是指对同一违法犯罪行为禁止进行两次以上同一性质的法律责任追究，而绝非意味着，对于具有双重违法性的行政犯，行政责任的承担和刑事责任的追究只能二者居其一。

更为重要的是，由刑法的第二保护性规则定位所决定，行政犯刑事责任的设置及其实现，非但不是对行政犯所应负担的行政责任实现的取代，相反，是对行政责任的实现所致力于恢复的行政管理秩序予以力量上的补充或者功能上的救济。在这个意义上，刑法在法律体系中的存在以及行政犯的刑事立法规定，在告知公众对严重破坏正常行政秩序的行政违法行为有启动刑事司法程序追究刑事责任可能之时，犹如一把悬在行政活动参与各方头上的达摩克利斯之剑，不仅最大限度地发挥了刑法的威慑功能，进而收到预防行政犯发生的一般预防功效，而且有力地保障了行政法的顺利实施和行政管理活动的正常进行；而对于达到刑事追诉标准的严重行政违法行为之刑事司法程序的启动，并非缘于单纯的刑事因果报应，而是在于对单靠一己之力已难以有效规制行政违法行为的行政法施以援手，通过行政责任和刑事责任的共同实现，协同配合行政法将被行政犯破坏的行政管理秩序予以有效恢复，使行政管理活动得以回复到行政犯发生前的行政法制轨道内正常运行。

由此决定，刑事司法不仅以裁决为本职，而且以程序的最后性、裁决的终局性和制裁的补充性为行政权的正常行使进行必要的监督和有效的维护。对于达到行政犯追诉标准的行政违法行为，如果行政责任的实现足以将被行政违法行为破坏的行政管理秩序恢复到行政犯发生前的正常状态，则刑事追诉程序的启动和刑事责任的实现没有必要，只需启动行政程序实现行政责任即可；但如果行政责任的实现不能有效恢复被行政犯所破坏的行政管理秩序，或者不足以预防行政违法行为的再次发生，进而有破坏行政管理活动正常进行之虞，则必须及时启动刑事司法程序，通过刑事责任和行政责任实现的合力，有效预防行政违法行为的再次发生，以共同维护和保障行政管理活动的正常进行。[16]《刑法修正案（七）》对于逃税罪的修订即充分表明了上述旨趣。该修正案第 3 条即修订后的刑法典第 201 条第 4 款明确规定，“有第一款行为，经税务机关依法下达追缴通知后，补缴应纳税款，缴纳滞纳金，已受行政处罚的，不予追究刑事责任；但是，五年内因逃避缴纳税款受过刑事处罚或者被税务机关给予二次以上行政处罚的除外。”

所以，由刑法保障法的地位和刑事司法程序启动的价值追求所决定，只有坚守补充行政法中的保护性规则对于行政管理秩序恢复之不足的立场和原则，刑事司法程序的启动和刑事责任的实现才具有法秩序上的正当性，因而行政犯法律责任的实现在程序运行上应当秉持“行政优先”，而非“刑事先理”的原则。否则，不仅可能导致刑事司法资源的浪费，而且可能阻碍刑法保障法使命的实现和行政

---

[16] 参见田宏杰：《侵犯知识产权犯罪的几个疑难问题探究》，载《法商研究》2010 年第 2 期，第 114 页。

法任务的完成，进而阻滞国家经济发展战略和社会公共政策的能动高效推行，乃至引发国家经济行政管理活动的“礼崩乐坏”和行政管理秩序的废弛。

据此，行政犯法律责任的实现，在程序上应以“行政优先”为原则，在实体上应以“并合实现”为必要，即由行政执法机关对行为人依法先予追究行政责任，再由刑事司法机关依照刑事诉讼程序进行刑事责任的追究。这样，行政责任的实现在先，刑事责任的实现在后。对于在先适用的行政责任形式，与在后适用的刑事责任形式的竞合，按照功能相同者予以折抵，功能不同者分别执行的原则处理。具体而言，行政机关先行适用的行政拘留，得折抵刑事司法机关在后判处的拘役或者有期徒刑刑期，行政机关在先适用的罚款，得折抵司法机关在后判处的罚金（即《行政处罚法》第 28 条的规定）。至于功能不同的行政责任形式和刑事责任形式，则均应依法实现。

当然，囿于行政犯的纷繁复杂和特定情境下的社会公共政策要求，“行政优先”只是行政犯法律责任追究程序所应秉持的一般原则，既不能绝对化，也不能将行政处理视为行政犯司法认定的必经前置程序。在行政犯的行政违法事实未能为行政执法机关及时发现，而由侦查机关率先予以刑事立案甚至于刑事判决已经确定的特殊情形下，行政犯所应担负的行政责任，或者在刑事司法程序进行中、刑事责任确立前实现，或者在刑事责任确立后实现。前者的责任竞合，仍得适用“行政优先”的实体责任处理原则；后者的责任竞合，则采功能补充原则，即适用功能上有别于判决所确立的刑事责任形式的行政处分或者行政处罚方式。而在因行政处罚时效的经过，导致行政处罚权归于消灭等情形下，行政责任的实现只能采恢复型或者免除制裁型责任形式，与刑事责任的实现自不会发生形式上的冲突。

四、结语：部门法哲学研究的倡导

“法律哲学的题目是‘正当法’、‘正义’。因此，其两项根本问题是：其一，什么是正当法，以及其二，我们如何认识和实现正当法。两项问题合起来成为法哲学的任务。”[17] 对于近年来兴起的部门法哲学而言，其基本使命就是立足部门法学并超越部门法学，在法哲学层次上对各部门法的生成、发展及其变迁规律，对各部门法的本质，部门法的理论与实践的互动关系加以追问、反思，从而重构形成新的法哲学理论体系，进而完善法律现实主义的解释力和适应性，重塑法律的权威，重构良好的法律生活秩序，以服务于科勒所谓“特定时空之文明。”[18] 正是在这个意义上，笔者不惮一叶障目、以偏概全的指责而激情满怀地预言，立

[17] ［德］考夫曼：《法律哲学》，刘幸义等译，法律出版社 2004 年版，第 14 页。

[18] 参见注 1，杜宴林、苗炎文，第 64 页。

足刑法而又超越刑法的刑法哲学研究，[19]对于中国刑法学研究，不仅有着方法论革命的意义，而且应当成为中国刑法学研究未来努力的方向。唯有如此，中国刑法学前沿的开拓，才能真正成为中国乃至世界刑事法治发展方向的指引，而不是对国外刑事法学前沿的急于追赶乃至于盲目追随。

（本文曾发表于《法学家》2013年第3期）

[19] 多年前，陈兴良教授即呼吁，刑法学研究不仅应从刑法自身，而且应从刑法之外、刑法之上予以展开。参见陈兴良:《刑法哲学研究论纲》，载《中外法学》1992年第3期，第1页。

非典型的因果流程和客观归责的质疑

蔡桂生

在我国刑法学中，因果关系问题是研究中的难点。在刑法科学史上，理论界曾围绕着必然、偶然的因果关系问题发生过激烈争论，这方面的疑难案例，在司法实践中也不难找到：[1]

【避险致死案】甲、乙为两夫妻，夫甲欲害妻乙，想出一个阴毒招数。其家门口有一条小路直通车辆来往频繁的公路，在小路与公路相交段的两旁是两栋楼房，使小路在此段成为一条弄子，人在弄中察觉不到公路上车辆来往情况。甲利用这一地形，设下谋害乙的陷阱，经常在家持棍追打乙，迫使乙经常沿小路奔向公路躲避，终于有一天被快速行驶的一辆小车撞致身亡。

在必然、偶然因果关系的讨论中，理论上倾向于利用"即使是采偶然的因果关系也应承担刑事责任"的观点来肯定该案被告人甲存在故意杀人的行为。这种定性似乎已足以平息争论。然而，伴随20世纪末相当因果关系说的引入和21世纪前十年客观归责[2]理论的兴盛，前一争论实际上并未最终消失。例如：[3]

【毒鱼案】张三以杀人的故意将一盘拌有毒菌的鱼端给李四食用。但张三并未意识到实际上鱼肉已经腐烂变质并产生了致命毒素。结果，李四不喜欢菌类，故只将鱼肉吃下，因而中毒身亡。

该案中被害人被"毒鱼"毒死也有一定的"偶然"性，据此似乎也可沿用"必然、偶然"的二分法加以解决。但是，该案在现今刑法学的讨论中，是纳入客观归责论的语境，以"因果流程偏离"为题加以讨论的。有一种肯定归责的观点认为，应分客观、主观两步考虑，先认定结果向行为的客观归责性，然后进入主观

---

[1] 参见赵秉志主编：《中国刑法案例与学理研究》（第1卷），法律出版社2004年版，第272页以下。

[2] "归责"一词，准确而言，应为"归属"。理由是：在我国讨论该问题时，也没有将精神病人和无责任年龄人排除在外。他们所为之事通常不需加以谴责并科以刑罚，而是以保安处分的方式排除危险。即便法律对他们所为之事有部分的否定性评价，该评价也与正式的刑事谴责存在区别，故宜用"归属"一词，以免与"罪责""刑事责任"等正式的刑事谴责中的"责"相混淆。基于此，本文针对"归责"的使用（包括客观归责、主观归责等），采取保留意见。

[3] 参见陈璇：《论主客观归责间的界限与因果流程的偏离》，载《法学家》2014年第6期，第100页。

要件的审查，这时张三虽未认识到毒鱼的危险，但他毒杀他人的故意与最终死亡的结果，能被涵摄于同一构成要件，应肯定主观归责，成立故意杀人罪既遂。[4]该观点实际上是主张“毒鱼”这一“偶然”因素仍应归责于张三的行为。另一种观点则持“未遂说”：当李四拒绝食用菌类时，张三杀人行为所制造的致死危险即告终结，尽管腐鱼所产生的致命危险在客观上得到实现，但只能成立故意杀人罪未遂（或者同时成立过失致人死亡罪，二者想象竞合）。换言之，在客观上就不得将死亡结果归责于张三制造的致死危险。至于主观归责，则是个根本不应当存在的概念。[5]不同于肯定说，该观点直接否定了“毒鱼致死”这一结果的客观归责性。可见，在由“毒鱼”这种被告人未预见的“偶然”因素致死的案件中，即使在同样采纳客观归责论的论者那里，也仍然存在能否利用客观归责加以出罪的定性分歧。

在德国学说史上，客观归责理论的初衷，只是为了处理存在因果关系，但不宜科处刑罚的案件。[6]21世纪初，我国刑法学尝试引入客观归责论的原因，主要是出于两方面考虑：第一，使因果关系恢复到事实归因的含义；第二，利用客观归责论对行为、客体、结果等要素进行评价性的实质审查。[7]据此，结合我国语境，宜针对此两者加以讨论。在因果关系的学说谱系上，围绕着结果是否属于被告人之“作品”这一主题，经历过从条件说、原因说、相当因果关系说到客观归责论的变迁。因此，在下文第一部分，笔者先针对与本文主题相关的“必然、偶然”二分法、相当因果关系折中说以及客观归责论中的要点做一梳理。鉴于客观归责论引发的问题之典型性，本文于第二部分再专门针对客观归责论的疑点及其原因加以分析。而在此后的第三部分，笔者则针对行为、结果等要素的实质审查问题进行讨论。

一、从“必然、偶然”二分法到客观归责论

试图将“偶然”因素致损的情形排除出刑法关注范围的方案，不仅有贯彻“必然、偶然”二分法的“必然因果关系说”，而且在相当因果关系折中说和客观归责论那里，也存在着类似的做法。

（一）“必然、偶然”二分法

早在20世纪50年代，我国在参考苏联刑法学的经验进行理论研讨时，便出现了必然因果关系和偶然因果关系的区分法。20世纪80年代，围绕着具有偶然

---

[4] 欧阳本祺：《论因果流程偏离的主观归责》，载《法学评论》2015年第6期，第106–107页、第110–111页。

[5] 参见注3，陈璇文，第110–112页。

[6] Vgl. Honig, Festgabe fuer Reinhard v. Frank, Bd. 1, 1930, S. 174 ff.

[7] 参见陈兴良：《从归因到归责：客观归责理论研究》，载《法学研究》2006年第2期，第85–86页。

因果关系的案件是否需要承担刑事责任以及此种区分是否有必要，再度兴起学术争鸣。必然、偶然因果关系的讨论，围绕着如下案例展开：

【医院失火案】西道洛夫将阿列克谢夫击伤，而伤者又因包扎伤口的疏忽引起坏血症而死亡，或在医院治疗时，因病房失火被烧死。

对此，一种观点（必然因果关系说）认为，因果关系可分为必然和偶然的因果关系这两种，危害行为与结果之间起“决定”作用的、内在的关系是“必然的因果关系”，二者之间起“引起”作用的外在的关系是“偶然的因果关系”，只有针对“必然”的结果，被告人才需承担刑事责任。如此，西道洛夫不需为阿列克谢夫被烧死的结果承担刑事责任。[8] 另一种观点（偶然因果关系说）认为，因果关系可分为必然和偶然因果关系这两者，只要当事人有罪过，这两者均应承担刑事责任。假如西道洛夫知道医院将要失火，他就应当对阿列克谢夫被烧死的结果负刑事责任。[9] 第三种观点（不区分说）认为，因果关系区分为必然和偶然因果关系是不科学的，没有必要区分这两者。[10]

在以上三种观点中，由于皆主张因果流程是否“偶然”不影响到刑事责任，第二种观点和第三种观点在效果上殊途同归。这场争论的结果是，第一种观点逐渐失势，甚至连“必然、偶然”的二分法也遭到了质疑。与此同时，第三种观点“不区分说”（条件说）渐占上风，即不区分必然还是偶然的因果关系，只要是结果发生的条件，皆承认因果关系，这就直接否定了“必然、偶然”二分法。依照我国流行的表述，偶然因果关系也是可能发生的，这种因果流程通常对量刑具有一定意义，有时也对定罪情节的认定有一定影响。例如，被告人以限制人身自由的方式强迫他人劳动，他人在慌忙逃避前者追赶的过程中遭受重伤的，前者要因为对方受伤这一事实而认定为强迫劳动罪中的“情节严重”。[11] 然而，这种表述似乎没回答被告人如有意将对方赶往危险地带应当如何处理的问题。而在前文【避险致死案】中，却直接涉及被告人从根本上是否需要承担刑事责任这一罪与非罪的问题。如果采纳前述三种观点中的第一种观点，就会得出结论：该案甲的追打行为与乙的死亡结果之间存在“偶然”的因果关系，甲不应承担刑事责任；假若采第二种观点，则不能因为流程具有所谓的“偶然性”，就将之排除出刑法关注的范围，甲仍应承担刑事责任；倘使采第三种观点，则不能肯定该案存在“偶

[8] 参见［苏］苏联司法部全苏法学研究所主编：《苏联刑法总论》（下册），彭仲文译，大东书局 1950 年版，第 335 页。

[9] ［苏］库德里亚夫采夫：《关于刑法中的因果关系问题》，载中国人民大学刑法教研室编译：《苏维埃刑法论文选译》（第 1 辑），中国人民大学出版社 1955 年版，第 118 页；许锡珂：《刑事科学中的因果关系可以有偶然的与必然的之分》，载《华东政法学报》1956 年第 3 期，第 65 页。

[10] 参见何秉松：《论刑法因果关系》，载《法学研究》1994 年第 2 期，第 56 页以下。

[11] 参见高铭暄、马克昌主编：《刑法学》，北京大学出版社 2016 年版，第 80 页。

然因果关系”，需要依照其他标准来判断因果关系和刑事责任的问题。

（二）相当因果关系折中说

20 世纪 90 年代，日本刑法学资料的增多，渐次拓展了我国刑法学的理论视野，从而为相当因果关系受到重视创造了前提条件。“必然、偶然因果关系”争论的结果是条件说占据上风。这在客观上使因果关系的范围变得很宽广，远大于被告人应承担责任的范围；相当因果关系说便借此兴起。有观点指出：“相当因果关系说的适用是建立在存在必要条件这一客观的事实因果关系基础之上的，是根据追究法律责任的需要而对事实上的必要条件所进行的一种限制性选择，而并不是人为地在本来不存在因果联系的两种现象之间硬加上因果关系……”[12]相当因果关系说的出现，在客观效果上限缩了处罚的范围，由此自然缓和了因果关系的争论。

在判断因果关系成立所依赖的根据上，相当因果关系说分为客观说、主观说和折中说三种。客观说认为，要以行为时存在的全部事实以及行为后所产生的客观上可能预见的事实为基础；主观说主张，应以被告人已经预见的事实以及能够预见的事实为基础；而依照折中说，应加以考虑的是行为时一般人所能预见的事实以及被告人特别预见到的事实。[13] 在折中说这里，引入了“一般人”的判断视角：只有具有“一般人”能预见的、“相当性”的因果关系，才是刑法关注的对象。折中说在理论上支持者众，以至于人们经常主张以保留相当因果关系（折中）说的地位来对抗客观归责论：“（客观归属）这种立场想抑制条件说对因果关系范围的扩大，在这一点上，具有与相当因果关系说同样的志向。其适用的实际，可以说也与相当因果说没有大的差别。但是，所谓客观归属的观念本身和其刑法理论体系上的地位等，尚缺乏明确性，存在不少问题。……应该说没有放弃相当因果关系说而采用这种理论的必要”。[14] 也有观点明确指出，“不赞成我国刑法引进客观归责理论，而倾向于根据因果关系学说中的通说即相当因果关系说作为解决我国因果关系问题的学说”。[15]

但是，即便是折中说，也存在着相应的缺陷。折中说论者认为：“相当因果关系的目的，就是在具有条件关系的结果之中，排除不受行为支配的偶然结果。”[16] 将所谓“偶然”结果排除出关注范围，正是其采用“一般人认识”视角的当然结论，由此使得折中说也染上前述“必然、偶然”二分法之顽疾。为了避免遗漏被

[12] 张绍谦：《刑法因果关系研究》，中国检察出版社 1998 年版，第 36–37 页。

[13] 参见［日］大塚仁：《刑法概说（总论）》，冯军译，中国人民大学出版社 2003 年版，第 163 页；［日］山口厚：《刑法总论》，付立庆译，中国人民大学出版社 2011 年版，第 57 页。

[14] 同注 13，大塚仁书，第 164 页。

[15] 刘艳红：《客观归责理论：质疑与反思》，载《中外法学》2011 年第 6 期，第 1236 页。

[16] ［日］大谷实：《刑法总论》，黎宏译，法律出版社 2003 年版，第 163 页。

告人操纵非典型流程以致害的案件，折中说为“一般人预见”添入了“被告人特别预见”的视角。然而，由于它没有澄清这两种预见之间的关系，从而使得折中说在预见标准上有使用“双重标准”之嫌。

（三）客观归责论

21世纪前十年，我国刑法学开始逐步关注德国刑法学的部分文献，并接触到客观归责理论的庞大体系，有观点便主张在因果关系论之后，需再做客观归责的判断。在我国当前的刑法学理上，客观归责论仍占据一定的优势地位，并形成“多数说”，其具体主张是：在以合法则的条件说判定因果关系成立后，应当先进行客观归责的判断，后进行故意认定或责任判断。[17] 与支持客观归责的论者相对应，少数说认为，在结果的归属问题上，应当坚持客观归因到主观归责的分析路径。客观归因是指对因果关系的判断只是确定被告人承担刑事责任的客观基础，故采用“条件说”即能以最简捷的方法予以解决。至于由此而导致的责任范围过于宽泛的问题，则可以通过对主观罪过的精确界定予以解决。据此，客观归责失去了意义，主观归责才具有决定性的意义。[18] 多数说与少数说各执一词，究竟孰是孰非？

国外刑法学中对客观归责的讨论，主要集中在大陆法系国家。我国客观归责论的版本，便来源于德国学者罗克辛教授。吊诡的是，即使在客观归责论的发源地德国，该理论也未能取得主导或者所谓“通说”的地位。而在日本，反对该理论的主张，迄今依然占据优势。与此相异，客观归责论在我国支持者众多，大有占据主流地位之势。这使得在理论上有必要对客观归责论做一番考察。

依照罗克辛教授的设想，在合法则的条件关系这一事实前提得以肯定之后，需要再采用创设不容许的风险、实现不容许的风险、构成要件的效力范围等归责标准加以实质审查。[19] 就“创设不容许的风险”（即创设“禁止风险”）而言，论者认为：“像劝人散步、上楼梯、洗澡、爬山等这些促使他人从事在法律上不重要的日常性活动，尽管在极少的**例外情形**下它们也会带来不测，但是它们这种社会相当的低度风险在法律上是值得忽视的，因而，它们所导致的结果的发生，自始便不可归责。因为促使他人采取在社会正常限度下的通常无危险的举止是不受禁止的，这样，即使其例外地造成了法益侵害，也是不存在犯罪上那样典型的杀人行为的”。[20] 据此，在被告人劝他人在下雨天到森林散步，期望他人被雷劈死，其后果真发生雷击并致其死亡的情形（【雷击案】）中，客观归责论者便主张，被

---

[17] 例如，参见周光权：《刑法总论》，中国人民大学出版社2016年版，第131页以下。

[18] 参见冯亚东、李侠：《从客观归因到主观归责》，载《法学研究》2010年第4期，第126页以下。

[19] Vgl. Roxin, Strafrecht AT I, 2006, § 11, Rn. 1–145.

[20] 同注19，Roxin书，第11节，边码55。粗体为引者所加。

告人的行为没有制造不容许的风险，因此不存在构成要件的行为，应排除刑事责任。[21] 而针对“实现不容许的风险”（即实现“禁止风险”），论者又明确指出：“向构成要件的归责要求行为人所创设的那一不容许的风险正好就在结果中得以实现。因此，如果行为人虽然给保护法益创设了危险，但结果并非该危险的现实化，而只是由该危险**偶然**造成，则应否定归责。”[22] 具体到【医院失火案】中，虽然被告人的枪击行为造成了被害人死亡的危险，但该危险并没有在结果中实现（死亡结果是由医院失火造成的）。据此，结果便不得归责于枪击行为，此“即为客观归责的问题，而非故意的问题”。[23]

可是，以上做法对于行为和结果之间的归责可能性的否定，显得有些武断：

在【雷击案】中，论者主张劝人散步是一个日常性的行为，不能将其后的“雷击致死”归责于他的劝说。这听上去很有道理，不过是劝人散步，怎么会是杀人呢？可是，如果被告人甲眼见前面十几米处连续发生了三四起雷击，于是指派脑子不太好使的下属乙往前面“雷区”去做某件事情，乙听从，结果遭雷击致死，那么，此时又应该如何处理？

同样地，在【医院失火案】中，枪击行为虽未直接致对方于死地，但却是导致对方住院的原因，与死亡结果具有条件说意义上的关联性。只要案情稍作变动，问题就会浮现，此即【恐怖分子火烧医院案】：被告人得知了他的同伙者将要实施针对附近医院的放火计划，于是开枪将被害人打伤，后者当晚即于医院葬身火海。这时，还能否定死亡结果向被告人枪击行为的客观归责性吗？

与此相似，在【服务生端盘案】中，生物系的学生王五在餐馆打工，在为客人端盘送菜时，凭借其生物知识，发现其盘中的蘑菇属于剧毒品种，他认为自己的职责是端盘，因而没有询问厨房师傅，径直将蘑菇端给客人，客人食用后，中毒而死。在该案中，王五的行为不正是导致客人被毒死的原因吗？

最后，再举个常见的例子【机动车撞“低头族”案】：机动车以法定时速撞上违章过马路的“低头族”，后者受重伤后死亡。根据客观归责的逻辑，由于司机没有违章，其驾驶行为属于“容许的风险”，因此，事故不能归责于司机；这样，即使司机早就看到该违章的“低头族”而故意地撞击他，也无须对结果负责，因为遵守交通规则的司机没有创设不容许的风险。但是，这真的合理吗？

二、客观归责论的调整及其结构性缺陷

通过【雷击案】、【医院失火案】、【服务生端盘案】以及【机动车撞“低头族”案】，可以发现，客观归责论遭遇了不小的困难。那么，客观归责论何以应对这

[21] 同注 19，Roxin 书，第 11 节，边码 44。

[22] 同注 19，Roxin 书，第 11 节，边码 69。粗体为引者所加。

[23] 同注 19，Roxin 书，第 11 节，边码 45。

些棘手的问题？以下我们就来考察客观归责论所采取的相应对策，并进一步检讨该对策究竟是否成功地化解了困难。

（一）客观归责论的调整：援“特别认识”之药以解危局

其实，前述质疑不约而同地涉及的是同一难点，即如果被告人对于危险有特别的认识，是否会影响到结论的作出？例如，在【恐怖分子火烧医院案】之中，关键点在于打伤被害人的被告人是否事先得知了放火的危险，并针对性地予以了操纵。在该过程中，被告人特定的“认识”发挥了作用，这使得案件似乎不再是个“客观”归责的问题。与此类似，在【机动车撞“低头族”案】中，依照客观归责论的逻辑，“容许（允许）的风险”是一个客观的概念，它与行为人的主观认识无关。但是，质疑者便针对性地指出：一个有意支配因果进程而实现法益损害的人（该案的撞人司机），只要他狡猾地将行为隐藏在“允许的风险”或“日常的风险”的外衣之下，便可以凭借客观归责而逃避刑事责任。而这显然是在犯罪。[24]

客观归责论者也意识到了其理论中存在上述芒刺，于是采取了相应的补救措施，即为“创设禁止风险”引入特别认识（Sonderwissen）加以补强：“实际上，如果有特别认识，那么，它就是已作为客观构成要件之前提的不容许的危险的一个组成要素了。法益的保护，只能通过对危险的行为加以禁止才能得以实现，而禁令又只能建立在事前判断的基础之上，据此，**行为人的认识**就必须进入到其行为的客观危险性判断之中。……客观构成要件之所以是客观的，不是因为它只处理客观的事实，而是因为**归责的结论**（成立杀人或伤害行为）是客观的”。[25] 基于这种逻辑，在【服务生端盘案】中，当服务生王五发现蘑菇有毒，其行为创造了禁止风险；未发现蘑菇有毒时，就没有创造禁止风险。据此，客观归责论便声称其弥补了处罚的漏洞，具有特别认识的“王五们”，依照客观归责论也应加以处罚。借助这种调整，客观归责论之困局似乎得到了缓解。

（二）作为异体的“特别认识”

按照刑法学上的通常看法，客观要件和主观要件的区分，是建立在行为人犯罪行为的外在和内在特点之上的。这不仅在李斯特—贝林体系中是如此，在韦尔策尔的方案以及四要件论中也是如此。特别认识显然是行为人的内在特点，将之引入客观构成要件之中，能够没有障碍吗？

客观归责论化解困局的解药，乃是声称被告人是否具备危害行为，属于一个“客观的结论”，至于被告人的认识，虽属于禁止危险的组成要素，但不影响“客观归责”的客观性。然而，这种观点在理论和实践上皆站不住脚。

---

[24] 庄劲：《客观归责还是主观归责？》，载《法学家》2015年第3期，第57页。

[25] 同注19，Roxin书，第11节，边码57。粗体为引者所加。

首先，在理论上，仅凭借“客观的结论”并无法将“客观归责”和主观方面的认定区别开来。客观归责论声称是否具备危害行为是个“客观”的结论，因而，归责是“客观”的，但实际情况是，查明当事人是否认识到相关的事实，是否成立故意，也是一个“客观”的结论，如果只要“结论客观”就代表归责是“客观”的，那么，为何不说主观方面的认定，也是“客观”归责呢？[26] 所以，不能凭借“归责结论”之客观性，来宣称“归责本身”就是客观的。

其次，从具体实践上看，在被告人掌控事件发展的前述【避险致死案】、【恐怖分子火烧医院案】、【服务生端盘案】以及【机动车撞“低头族”案】等诸案中，被告人的认识及该认识下的行为，对于结果的发生明显产生了决定性的操纵作用。如果只是主张危害行为本身具有外在性，因而属于客观构成要件的内容，尚容易理解；但是，假如说将结果算到行为人的头上（即“归责”判断），也是一个借助“外在行为”的判断过程，则似乎有意地回避了被告人的认识在此间实际起到的作用。为何一旦王五发现了蘑菇有毒，其行为便创造了禁止风险呢？如果不是王五的认识能力和行为能力在主导案件的具体进程，又是什么在主导？王五的这种能力，不才是法律上应当将危害结果归属给他的理由吗？可见，特别认识这一主观要素，虽然不会影响到危害行为的外在性，但却会影响到归责判断的客观性。据此，在归责判断中，发挥出入罪决定作用的，完全可以有特别认识的一席之地。

归纳言之，特别认识乃是客观归责的“异体”。客观归责论者主张危害行为具有外在性，因而不影响客观归责的客观性的辩解，是难以成立的。特别认识使得客观归责不再是“客观”的判断过程。特别认识在客观归责论中引发的“排异反应”，将从根本上引发客观归责论的危机。

（三）客观归责论的结构性缺陷

1. 将非典型因果流程在客观构成要件上排除出去

客观归责论的危机根源，当然不在于其强调的要限制过宽的处罚范围这一初衷，而在于其使用了错误的方法来追求这一目的。而为何其会陷入错误的方法呢？只要关注一下客观归责论的发展史，便可捕捉到蛛丝马迹。正如有观点指出的那样：“人们……批判目的主义时说，目的主义所理解的旧因果主义过于狭窄，因为目的主义片面地将目光放在主观构成要件上。这些限制本来应在客观构成要件上实施。基于这种批判，今天发展出了客观归责理论，客观归责论指出，在客观不法构成要件上，除了引发结果之外，还需要在**因果关系**后再附加一个客观标准。”[27] 可见，提出客观归责论的初衷之一，只是为了“对抗”目的主义的方案，

---

[26] Vgl. Kindhaeuser, Der subjektive Tatbestand im Verbrechensaufbau, GA 2007, S. 447.

[27] Hirsch, Finalismus: Grundlagen-Entwicklung-Missdeutungen, FS-Androulakis, 2003, S. 241. 粗体为引者所加。

因而不免出现偏差。

除此之外，客观归责论者在因果关系后另置一个“客观”标准，更是为了将“打伤他人却使他人丧身于就诊医院的火灾”这类“偶然”的非典型因果流程，在“客观”构成要件层面就加以出罪。在我国学者中也同样如此：“根据客观归责理论，行为符合以下情形的，不能进行客观上的归责：……在行为人造成的危险和具体结果发生的方式之间，不存在**通常**的风险关系（行为与结果之间的异常关联性）”；[28]“危险行为是否引发特定的结果，是要追问，危险与结果间的关联是否常态？……结果与危险行为的关联，如果只是**偶然**，不能将结果归咎此危险行为”。[29]这种主张，与因果关系学说史上的“必然、偶然”二分法在思路上如出一辙，因此，客观归责论在我国理论界的被接纳，完全可以视为这种“必然、偶然”二分法的再度复活。

和“必然、偶然”二分法一样，客观归责论利用“不容许的风险”进行的“客观化、外表化”改造，也导致在【避险致死案】、【恐怖分子火烧医院案】等诸案中，被告人实际操控的“非典型”因果流程，由于其在客观上具备“日常行为”的外衣，在客观外表层面不引人注目，被过早地剔除出刑法关注的范围。而客观归责论者所采取的补救措施，即引入“被告人的特别认识”的做法，与以“客观外表”决定归责的努力又不免南辕北辙；因此，客观归责论发生体系性危机便属当然之事了。

2.“客观、外表”化改造和“一般人”视角

鉴于以上的分析，可以发现客观归责论和相当因果关系折中说具有殊途同归的学理宿命。这不是巧合，而是由其学说结构决定的：它们在危险判断上都使用了“双重标准”。

客观归责论明确指出：“若某一举止没有以显著的方式危及法律所保护的法益，就只会**偶然**地造成相关结果，这样，便不可能以这种方式有目标地造成结果。在认定**危险创设**的立足点上……决定性的是，**一个理智的观察者**是否本会在行为前（事前）也认为相应举止有风险或者提高了风险。……该观察者也配备具体行为人可能具有的特别认识。比如，劝说他人散步者知道路上正埋伏着一个谋杀者，就当然要肯定危险的创设，若散步者被杀害，则应处以谋杀或者杀人罪”。[30]由此可见，论者在认定被告人“创设了不容许的危险”时，使用了所谓“理智的观察者”的“预测”来为“容许的危险”出罪。据此，在由于“理智的观察者”无法预见而将“偶然的”非典型因果流程排除出考察范围之后，如果被告人拥有特别认识，又需要为该“观察者”扩充配备“特别认识”以实现附加的入罪。与此相

[28] 同注17，周光权书，第132页。粗体为引者所加。

[29] 林东茂：《刑法综览》，中国人民大学出版社2009年版，第67页。粗体为引者所加。

[30] 同注19，Roxin书，第11节，边码56。粗体为引者所加。

似，在因果关系折中说中，人们用以认定因果关系的依据则是：行为时一般人所可能预见的事实以及被告人特别预见到的事实。归纳而言，“客观归责”和“相当因果关系折中说”这两种方案，都不约而同地使用“一般人认识（或理智观察者的认识）+被告人特别认识”的判断标准，以将表现得有些“偶然”的非典型因果流程先予排除。然而，所谓“非典型的因果流程”，在本质上与“偶然”因果关系是没有区别的。学说史上的例子已经表明，“必然、偶然”二分法并不具有科学性。相当因果关系折中说与客观归责论诉诸于“一般人认识（或理智观察者的认识）”以排除非典型因果流的做法，有复活“必然、偶然”二分法的嫌疑，也就不免产生与皮昂特科夫斯基式“必然因果关系说”相似的问题。

针对客观归责论所采取的“虚拟的客观观察者的认识+特别认识”的判断标准，我国学者也已指出，这种标准在实际运用中会产生变质，会造成在具体运用一般人认识时，最终倒向被告人认识标准，从而使得客观归责不再客观。[31] 换言之，判断结论的客观性，并不表明判断过程也是客观的。如果“客观归责”这一过程中以被告人主观认识作为决定性的要素，则该过程不宜命名为“客观归责”。有鉴于此，在客观构成要件是否具足这一问题上，为了保持判断过程的客观性，就应只采取“相当因果关系客观说”那样的事后判断标准，由司法裁判者而非任何虚拟的一般人根据事后查明的行为时全部事实来进行法律适用。[32] 这种“全部的事实”在很大程度上依赖于审判时证据的查明程度。例如，【服用实验药物案】某甲服用了某乙给他的一种尚处于实验阶段的药后引发心脏病发作而死亡，即便在服药时不管是一般人还是某甲抑或某乙，都不知道该药能引发心脏病，只要事后查明该药有引发心脏病之副作用，就应当将该致死事实作为法律适用的基础。[33] 倘若此时以“一般人”认识不到该药的副作用为由，否定因果关系的成立，那就无疑会使某甲知情并操纵的情形被不当地排除出考察的范围。

3. 因果关系成立后，先进行客观归责，再认定主观方面？

在以事后查明的行为时全部事实为基础，进而确认行为和结果之间的因果关系后，是否在认定主观方面之前，仍需于因果关系成立之余再另置独立的危险判断，以及如何进行该危险判断，则是回答是否需要客观归责的关键所在。

肯定的一方提出，此时“法官应当站在社会上具有正常智力和知识水平的一般理性人的角度，以案件发生时存在的所有客观事实为依据，运用一般人掌握的经验法则，从行为当时出发来预测该行为是否制造了法所不容许的危险。”[34] 这是

[31] 陈璇：《论客观归责中危险的判断方法》，载《中国法学》2011 年第 3 期，第 152 页以下。

[32] 同注 31，陈璇文，第 151 页以下；Kindhaeuser, Gefaehrdung als Straftat, 1989, S. 53.

[33] 张明楷：《也谈客观归责理论》，载《中外法学》2013 年第 2 期，第 323 页。

[34] 同注 31，陈璇文，第 162 页。

司法者在因果关系成立的基础上，事后基于“一般人视角”，对行为再次进行的危险判断。否定者认为，在客观构成要件符合性成立后，才需考察客观构成要件的实现是否可以归属给行为人的认识（主观归责），只在考察正当化事由及讨论是否存在可予防卫、避险的侵害行为或险情时，才需进行行为时的危险判断。[35]

正如英美法系的事实上因果关系与法律上的因果关系二分法那样，如果将客观构成要件的实现理解为纯事实（或纯本体性的）的判断，那么在它后面另行附加危险判断似乎具有合理性。具体而言，构成要件上的考察顺序也就表现为：

结果→行为→因果关系→危险判断（危险创设、危险实现、危险关联）→主观方面

这种考察顺序的后半段，即罗克辛式的客观归责论（即因果关系——危险创设——危险实现——构成要件的效力范围）所采的模式。但是，这种顺序的问题是，会出现“危险判断”与“故意（过失）认定”这两个实质标准间的冲突，并使“危险判断”成为累赘。在前述【服用实验药物案】中，一旦事后查明药物的副作用，自然就可以认定行为与结果之间存在确定的因果关系，而无须再根据“客观观察者”判断被告人有没有客观上造成损害结果（客观归责）。在因果关系不太典型的“偶然”因素致损的案件中，例如，被伤害者具有心脏病等特殊体质的情形下，[36] 主张“客观观察者”这一“虚拟的标准人”无法预测到后果而笼统地排除犯罪，就会凸显“因果关系 + 危险判断”模式的不妥。更有优势的做法是，在承认因果关系成立的基础之上，直接考虑被告人当时有无预见到特殊体质这类因素致死的可能性，即“因果关系 + 主观归责”。如果他根据行为时所认识到的事实没有预见到这种方法会导致危害结果，便不得认定其对结果具有故意。

之所以不必在因果关系之后附加一个危险判断，乃是因为这种做法不符合人们社会交往和具体行事的实际情况。在现实的社会交往中，每个人都拥有各自的历史背景和知识结构，加上从事任何正常的职业均以职业者具备相应的特定知识能力为前提，这就使得社会生活中的每个人均可能具备某一方面的知识专长和特定能力。几乎人人都拥有他人难以随意取代的具体知识和能力（否则他难以在世界上正常立足），这使得“一般人预测”中“一般人”的存在失去了实证的基础。“一般人”这种抽象的标准，在尚未被具体化时，只是无法操作的猜想而已。现实中也没有哪个人能够声称自己就是“一般人”或者“标准人格”。因此，该种

---

[35] Kindhaeuser, GA 2009, 501 f. 因此，肯定说论者以需危险判断为由，将否定说判定为“将客观构成要件等同于事后的因果关系判断”（参见注 31，陈璇文，第 160 页），而没有注意到，后者也有限度地支持客观构成要件上的实质限定，即主张被害人合意乃至承诺时，排除构成要件符合性。Vgl. Kindhaeuser, Strafrecht AT, 2013, § 12, Rn. 4 ff.

[36] 参见《刘旭过失致人死亡案》，载陈兴良、张军、胡云腾主编：《人民法院刑事指导案例裁判要旨通纂》（上卷），北京大学出版社 2013 年版，第 411 页以下。

“一般人”只能是某种“理论上声称的人”或者“虚拟、假设的人格”。可是，客观归责却以结果不法能否归属于该“虚拟人格”作为其内容。而在刑法科学上，真正重要的其实是，危害法益的不法是否属于现实生活中某人的作品。至于“虚拟、假设的”他人在当时的案情中会如何行事，并无任何意义。结果出现后，如果只将结果算作被告人而不是“假设（虚拟）的人”的“作品”，就无须诉诸“假设人”会怎么做。据此，危害结果属于归责的对象，在判断其是否是被告人的“作品”之时，只要主观归责这一过程便足够，客观归责这一步骤成为多余。

如果强行贯彻“假设人”为基础的客观归责判断，先后向“虚拟人格”和真实的被告人分别进行客观归责和主观归责这样的两次判断，就会出现四种情形：[37]

（1）在“虚拟的人”能够预见到结果发生的危险，而行为人未能预见到这一危险时，需要在主观归责上出罪，这种情形下，客观归责的判断无法发挥实际的作用。

（2）在“虚拟的人”无法预见到结果发生的危险，行为人却能够预见到危险时，应该在客观归责这一过程中就予以出罪，这时会导致错误的结论，使得不应出罪的案件被出罪处理。

（3）如果“虚拟的人”和行为人都未能预见到结果发生的危险，那么，无论是采取客观归责、主观归责这样的两次判断，还是只进行主观归责一次判断，结论都是出罪，除了依照客观归责可以提前出罪之外，客观归责这一步骤并不决定判断的结果。

（4）如果“虚拟的人”和行为人都预见到了结果发生的危险，那么，两次判断和一次判断的结论都是入罪，客观归责这一步骤也不影响最后的入罪结论。

据此，在【医院火灾案】一案中，被告人某甲打伤了某乙，某乙随后被送往医院，当夜，由于恐怖分子放火袭击医院，某乙死于火灾，则可以做出如下分析：由于不管是被告人还是“虚拟的人”，都难以预见到恐怖分子的袭击，故依照客观归责论和主观归责论，均应出罪［即上述第（3）种情形］。如果将该案“某甲打伤某乙”补充如下细节：某甲是盲人，只知道自己用导盲棍戳了正在辱骂自己的对方某个部位，不知道事后这一敲击却致对方眼部轻伤，那么，“虚拟的人”这时能够预见到击伤风险，某甲却不能预见到击伤风险，结论同样都是出罪［上述第（1）种情形］。而如果将案情改为：如果某甲事先知道了其同伙某丙将放火袭击附近的医院，仍然将某乙打伤，导致某乙在被送往医院后死于火灾。这时，依照客观归责论，因“虚拟的人”无法预见，故应当出罪；而实际的情况是，被告人在打伤对方时，就已经设定了致死危险，存在将对方送入火场的行为，某乙死亡属于危害结果。这时，应当将死亡的危害结果归责于被告人的认识，成立故

[37] 参见注 26，Kindhaeuser 文，第 465 页以下。

意杀人罪或放火罪的帮助犯。很明显，在该种情形下，客观归责论会带来处罚漏洞[上述第（2）种情形]。倘若案情仅仅是：某甲打伤某乙，某乙随后被送往医院，医院诊断结果为重伤，那么，无论是“虚拟的人”，还是被告人，都预见到了伤害的危险，是否采取客观归责的判断，不会影响到结论［上述第（4）种情形］。

综上，客观归责和主观归责的判断结论一致之时，客观归责这一判断过程失去实际意义；而在两者判断不一致时，要么客观归责这一判断过程对结论无法产生任何影响，要么客观归责这一判断过程导致不合理地出罪。据此，在犯罪的判断过程中，放弃客观归责理论就成为合理的选择。针对这种主张，客观归责论者一定会反驳：因果关系之后没有了危险判断，难道不会导致生育了罪犯的母亲，要根据其分娩行为而成立因果关系，生产了汽车的制造商要因为汽车产品卷入的交通肇事案件而承担相应的刑事责任吗？这种反驳其实是将因果关系和刑事责任认定二者之间误画等号了，从而忽视了结果、行为、故意（过失）也属于构成要件要素，它们也可以承担实质审查的任务。由此可以推出的替代性方案便是：应对结果、行为等要素依照规范的保护目的加以规范化理解，而无须在因果关系的判断之后，再添加客观归责这样一个步骤。以下便对此加以进一步说明。

三、结果、行为等要素的规范化

客观归责论面临的结构性危机，在一定程度上推动了人们探索其他方案以代替客观归责论中合理成分的努力。客观归责论主张在因果关系后另置一实质评价，但更合理的做法是直接对结果和行为加以实质评价，客观归责论者似乎早已意识到了这一点，也提出了“创设不容许的风险”和“实现不容许的风险”以贯彻此实质审查的功能。然而，客观归责论者不仅错误地将该功能附加在了因果关系之后，而且不当地将这一实质审查命名为“客观”归责。其实，在既遂犯领域，“危险实现”和“危险创设”完全可以通过对结果、行为的规范化理解来实现，即以危害结果和危害行为替代裸的“结果”和“行为”，而无须借助附加于因果关系之上的客观归责论。因果关系的判断，则应当还原到“合法则的条件说”（客观的因果关系）的状态，无须引入另一实质判断以干扰结论的作出。据此，在规范刑法学的定罪理论中，以“虚拟人格”为基础的客观归责论，便可以由“要素规范化 + 主观归责”的方案取代。

（一）结果、行为要素的规范化

倘若人们从规范角度来理解客观构成要件的实现，[38] 便可以发现，客观构成要件符合性上其实已经蕴含了危险判断。依照该种规范角度的理解，不需在因果关系判断之后附加地做一个独立的危险判断，而是要根据所有事后查明的事实，

[38] 当将行为、结果都做规范的理解后，那客观构成要件符合性的判断，便等同于（行为）规范违反性的判断了。参见注 32，Kindhaeuser 书，第 53 页。

对结果、行为均做规范的理解，均判断其和对法益的危险的关系。[39] 当对结果、行为都做规范化解释之后，也就意味着采取了如下考察顺序：

结果 → 行为 → 因果关系 → 主观方面

（危险实现）（危险创设）（合法则条件关联）（预见或应当预见会实现危险）

可见，支持客观归责的论者和否定客观归责的论者之间，实际上不存在是否需要做危险判断的对立。否定论者虽然否定了因果关系后以“一般人预测”进行危险判断的必要，但却同时又引入了规范化的视角。引入规范性视角即意味着引入了目的理性判断。只不过这种判断是在认定结果、行为之时，就按照规范保护目的（法益保护），分别针对它们进行是否有悖于保护目的的危险判断，即结果必须是危害结果，行为必须是危害行为。具体而言，结果不可以是任何结果，而应当是刑法上关注的结果。比如，被告人开枪射击某乙，未中，却射在荒野的石堆里，石堆中石块受冲击产生的爆裂，就不是刑法关注的对象；行为也必须是直接指向法益侵害的行为，如对人的开枪行为；或者本身具有法益危险的行为，如持有枪支。至于作为“危险的现实关联性”的因果关系范畴，则应采“合法则的条件说”，毕竟在查明关联性问题上，当代人所掌握的一切科学知识和经验法则皆属办案所可凭借的智力资源。只有在因果关系上排除任何人为的干扰，才不会导致错误的结论。

之所以应当采规范化的径路，理由在于：结果、行为要素，均是刑法中行为规范的组成要素，也就都需做规范化的理解。这种规范评价，是目的理性的体现，是建立在对行为规范的目的加以贯彻的基础之上的。行为规范的目的在于保护法益，法益受危害就意味着不符合规范的保护目的。[40] 规范保护目的得以落实，以行为不危害法益、不出现危害法益的结果为前提。对结果、行为做规范化的理解，其优势在于：

首先，结果的规范化理解，不仅可以限缩刑法关注的对象，而且可以妥当地替代客观归责论中的合理成分。在被害人同意等被害人自我答责的情形下，不存在值得保护的利益，也就未实现法益受损的风险。例如，机动车撞死寻求自杀的他人（而非过失地误入危险区的“低头族”）时，此时，可以通过否定结果不法

[39] 我国学者也已经开始贯彻这种思想，参见注 33，张明楷文，第 321 页以下。

[40] 法益乃是遵循法律办事所带来的好处。但普通公民和法律适用者遵循刑法办事，所带来的益处是不同的。正如有观点所指出的那样，需区分两类法益，它们分别受一特定的规范类型保护：行为规范要求为或禁止为某一行为（“你不得杀人”），进而保护像生命这种法益。而制裁规范（即刑罚规定，如“杀人者……，处……的刑罚”）的法益，则是行为规范的效力。人们经常没区分这两者，进而简单地将生命、财产等称为制裁规范的保护利益，这是不对的。因而，在没有附加说明的情况下，法益指的是行为规范的法益。Freund, Strafrecht AT, 2009, § 1, Rn. 9.

以结束审查。在客观归责论的语境中，这本是通过“加功于被害人的自危”“同意他人造成危险”等内容实现的，可是，既然借助理论上原有的被害人同意及自我答责以排除结果不法，那将之再命名为“客观归责”便只属于更换名称，而缺乏实际的意义。

其次，通过作为结果之必要条件——危害行为这一范畴，可以将不相干的情形先予过滤。如果等到因果关系的判断成立之后，再附加一个实质审查，那就意味着像杀人犯母亲的生育行为这类着手点之前存在的各种必要条件，也只能通过因果关系之后的其他实质审查手段（比如，故意的认定）加以过滤。但是，这不符合司法实践中的思维经济性。很少有司法者会如此对一个犯罪行为做无穷追溯。据此，只要承认实行行为的概念，或者以其他方式对行为加以实质或规范的理解，就不需要像客观归责论那样在因果关系成立之后，再别扭地另置一独立的危险判断。可见，行为的规范化诠释和实行行为的概念是相通的。[41]

再次，规范性地理解行为的概念，以着手点之后的危害行为作为刑法关注的对象，有利于处理正当防卫、紧急避险等正当化事由及共犯成立的问题。判定行为人的行为有危险，就说明善意第三人或受害人可以在行为时对之进行正当防卫、紧急避险等，恶意第三人可以在行为时参与这种行为，进而成立共犯。毕竟在实务中，恶意第三人并不必须等到危险实现（结果发生）时才能参与到犯罪中来。

复次，行为的规范化诠释，有助于处理特别认识的问题，当被告人依据特别认识着手实施行为时，实际上是对其举止设定了一个“危险射程”（或“危险流”）。如果事后发生的结果在该“危险射程”的范围之内，便可以判定被告人的行为实现了对法益的危险。否则，就没有危害到法益。可见，要素规范化理论已经将客观归责理论中“实现风险”和“创设风险”这两部分合理成分选择性地加以吸纳。在被告人误以为结果已发生，进而在后续的掩饰行为中真实促成结果的“结果推迟发生”的案件中，被告人是重新进行了“危险射程”的设定，故针对后续行为所发生的结果应当重新启动犯罪审查。在这种情况下，支持只对前一行为认定故意的方案是合理的。[42]

最后，规范化的理解是“客观构成要件符合性”的必然要求。结果、行为是客观构成要件的组成部分，但案件事实是否符合客观构成要件则是一个符合性判断，需要司法者在案件事实和法律规范之间加以比照。这个符合性的比照活动，是一个考察规范目的是否得到落实的过程。因此，“客观构成要件”有别于“客

---

[41] 同注 33，张明楷文，第 319、321 页。

[42] 参见柏浪涛：《结果的推迟发生与既遂结论的质疑》，载《法学家》2016 年第 1 期，第 161 页以下；不同的观点，参见注 4，欧阳本祺文，第 111–112 页。

观构成要件符合性”，前者是一个静态的模型（类型），后者是动态的考察活动，需要由司法者规范化地加以把握。这种将案件事实和法律规范加以比照的活动，便是确认构成要件是否得以符合的过程。

（二）犯罪审查视角下的结果归责

前文采取了从结果到行为，再到主观方面的审查方案，可能有不同意见者会认为，这不过是受了客观到主观的思维定式的影响，忽视了人的行为意识所起的能动作用。的确，理论上也有观点正确地指出：“人的行为源于行为意识，故规范要禁止人的行为，首先须禁止相应的行为意识。任何企图绕过人的意识而只发出‘客观命令’的行为规范，都是不可想象的。”[43] 这种观点在原理上是成立的。理由是，就人类如何认识犯罪而言，实际上存在犯罪发生视角与犯罪审查视角这两种不同的观察模式。

从犯罪发生的角度而言，当事人是先有对危险流的相应设想乃至具体预见，然后采取相应的客观手段（危害行为）将之付诸实践，如果危害结果发生（危险实现），则与其之前的设想相吻合，是犯罪既遂；否则，就只是处于危险未现实化的危险流进程之中，属于犯罪未遂。[44] 但是，由于人的思想在尚未认真表达出来之前是不确定且复杂多变的，倘使径直利用刑罚对尚未认真表达出来的内心思想加以否定，那就过于扩张了刑罚的触角。为了免于这方面的疑虑，司法活动有必要重视外在化事实和证据在定罪中的作用，这就促成另一种观察模式的出现，即犯罪审查视角。它以犯罪结局的已然发生（危险实现）作为考察出发点，从结果（危险实现）倒推结果的条件（包括行为在内的危险流程）；然后，再考察当事人在行为规范的禁令对其具体地发出警示之时（即危险流启动时），当事人是否预见到会出现规范所禁止的风险实现。预见到了，则肯定故意；没有预见到，但应采取措施让自己预见到，则为过失。[45]

在犯罪审查的视角下，“着手”概念发挥着重要的作用。在被告人对较长程的因果流有较全面的预见，并依其预见操纵事态朝法益侵害方向发展时，只有以“着手”作为其“行为”的起始点，才能限制对预备犯罪的处罚力度，并从法政策上有效避免以刑事处罚直接追究具有不确定性的思想。只有进入“着手”阶段后的活动，才与结果实现有紧密的联系，将危害结果、危害行为及其关联列入客观要件先予关注的范围，然后再考察被告人的主观要件，这就使得刑事处罚只是间接地对内心思想加以否定。“行为”和“危害行为”（实行行为）二者的区别，

[43] 同注 24，庄劲文，第 64 页。

[44] 这种模式，可近似地参见赵秉志主编：《刑法新教程》，中国人民大学出版社 2012 年版，第 64 页。

[45] 结果向主观方面进行归属的这一过程，为结果的主观归责。

就在于“着手”概念对“行为”进行了实质的限制。如果不先考虑结果、行为的实质限定（要素的规范化），而径直进行主观归责的考察，乃至以主观归责作为唯一的审查步骤，那就将使刑事法治倒退到司法擅断的道路上，不仅偏离了现代国家刑法的基本任务，而且会带来司法成本的明显提升。因此，犯罪审查的合理模式便是：从结果（不法）朝前追溯，追溯至“着手”点为止。从“着手”到结果发生这两者之间的被告人举止即为危害行为。在确认危害行为与危害结果之间的因果关系之后，再考察该结果不法是否为当事人着手之时所认识，是，则肯定故意；否，则排除故意。

犯罪发生视角

→

初步计划（犯罪愿望）——（现实地预见、特别认识）着手 —— 危害行为 —— 危害结果

（故意）（未遂阶段）（既遂阶段）

||←

犯罪审查视角

质言之，这两种观察模式，只要运用得当，均能正确地认定某一犯罪。两者的区别只在于，前者（主观→客观）设立的关注点略显提前，如果以人的设想为出发点，便容易将关注的范围扩张到“着手”点之前的时段。这在司法成本上不仅不经济，而且对法官的司法技艺要求较苛刻，而后一种视角（客观→主观）的关注点从已然造成的结局（危险实现）出发，确认被告人行为属于危险流中不可或缺的一环，在危害结果与行为规范发出禁令时的危险预见（或者本应有的危险预见）相符时，认定其有故意（或过失）。从定罪过程规范化和法安定性的角度而言，后一视角显得较为稳妥、实用。

四、主观归责及故意认定的具体问题

客观归责论的症结在于，通过“客观的容许的风险”这一标准虚拟了一位“客观、标准人格”。上文的论述已经证明，在先后进行客观归责和主观归责两次判断的过程中，客观归责这一步骤的存在缺乏实际的意义。在被告人具备特别认识的场合，客观归责还会导致错误的结论。为“客观、标准人格”视角引入特别认识加以补强，并不足以挽救客观归责的缺陷，反而会使得客观归责不再客观。在这种条件下，不值得再提倡指向“虚拟人格”的客观归责论，而应当重拾指向被告人“真实人格”的主观归责的方案。

（一）区分归责的对象和归责的过程：主观归责的复兴

在结果犯或具体危险犯中，危害行为所造成的危害结果或具体危险，属于结果不法（客观的法益危害）的内容，这属于用以归责的对象。如果被告人着手实施行为时，对该结果或具体危险的发生具有可能性的设想，就应当将法益所受之危害（结果不法）归责于其主观方面，此为归责的过程。与前述应予否定的“结

果的客观归责”相对应，该归责过程即为“结果的主观归责”（简称结果归责）。与此类似，在抽象危险犯中，危害行为的相应危险性，属于行为不法的内容，也是属于需要归责的对象，如果被告人采取该行为时，认识到了其危险性，则同样应当肯定主观归责。

舍弃客观归责，走向主观归责，其实是个旧命题的复兴。正如早先观点所指出的，“偶然的或必然的因果关系，在犯罪构成中不是机械地、直接表现出来的，而是通过犯罪构成主观方面的因素、预见的因素来表现的”。[46] 同样，舍弃客观归责的判断，在功效上也类似于舍弃“必然因果关系说”或“必然、偶然”二分法。排除因果关系范畴上的人为干预，将因果关系还原到其应有位置的结果，自然便是给主观归责开辟了相应的空间。我国《刑法》第16条也规定：“行为在客观上虽然造成了损害结果，但是不是出于故意或者过失，而是由于不能抗拒或者不能预见的原因所引起的，不是犯罪。”这实际上是以立法的形式确认了在客观上的法益危害成立之后主观归责所具有的决定性作用。之所以主观归责这一旧有路径在20世纪90年代到21世纪前十年无法获得成功，乃是受限于本体论的窠臼，未能将结果、行为、故意（或过失）等构成要件要素纳入规范论的解释框架中。在缺乏规范论视角的条件下，受制于相当因果关系折中说中“一般人”视角以及客观归责中“客观化”外表的遮蔽，主观归责只能被误以为是“恣意”的产物，无法受到应有的重视乃至遭受挞伐。这应该也是有观点在2010年试图以“客观归因+主观归责”路径取代客观归责理论，[47]却响应者不多的原因之一。质言之，只有在规范论的阀门之下，主观归责的路径才能在犯罪论中获得其应有的地位。

在客观归责引入我国之前，我国刑法学即奉行主观归责之传统，在客观归责论深入影响我国刑法学之后，人们对主观归责论反而开始陌生了起来。故而，有必要在此廓清其与相关概念的关系，以免陷入误解。由于主观归责与故意（或过失）认定为同一过程，因此有必要就其所涉及的故意认定的具体争议问题略作交代：首先，因果关系是否属于故意认识的对象？［以下第（二）部分］；其次，犯罪愿望、特别认识与故意之间，又是何种关系？［以下第（三）、（四）部分］。

（二）因果关系是否属于故意认识的对象

在故意的认定上，理论上存在分歧的问题是，因果关系是否属于故意的认识对象？一种观点认为，不宜认为因果关系属于故意的认识对象，只有行为创造的危险性或者行为具有发生危害结果的可能性，才是认识的对象；[48] 另一种观点则主张，因果流程属于故意的认识对象，《刑法》第14条中“明知……会发生”的

[46] 同注9，库德里亚夫采夫文，第122页。

[47] 同注18，冯亚东、李侠文。

[48] 参见注3，陈璇文，第103–106页；张明楷：《刑法学》，法律出版社2016年版，第275页。

表述要求故意以被告人对因果关系有认识为限，故不得轻易得出因果关系错误不阻却故意的结论，只是这种认识并非要求被告人认识到所有的因果经过，他只需对因果经过的基本部分有认识便已足够。[49]

然而，在本文看来，上述似乎对立的观点只是关注视角上的不同，它们之间不存在明显的本质性分歧。前一种观点所认为"行为创造的危险性"或者"具有发生危害结果的可能性"，实际上准确而言应该表述为行为中所蕴含"危险射程"，而后一种观点中所谓"因果流程属于故意的认识对象，因果经过偏离基本部分时阻却故意"的观点，其着眼点在于因果流中有无新启动的因果流介入，有的话则认定"偏离"或"重要偏离"，由此否定被告人有故意。这种观点事实上要表述的意思也是：新因果流的结果不在既有的"危险射程"范围内。

但是，这组对立观点的共同缺陷在于表述的不准确。就第一种观点而言，在不少案件中，被告人着手时的行为不一定都有危险性。比如，劝他人散步，"散步"本身无所谓危不危险，只有附加了特定的条件，"散步"才可能是危险的，比如，劝他人到有野兽的树丛里走动。所以，决定其有故意的，不是认识到行为本身这一动作，而是认识到行为内含的"危险的射程"。只有当时的树丛中确实有野兽，"被野兽袭击"才在被告人行为的"危险射程"范围内。在第二种观点中，正如欧阳教授所言，将因果流程是否发生"偏离"或"重要偏离"作为认定故意的决定性要素，以否定或肯定故意，会回溯地否定在行为开始时就已经存在的故意。[50] 因此，被告人在着手时，只能认识到自己行为的性质及其"危险射程"，至于后来的"偏离"，只是介入其他陌生因素或由他人行为所致，后一因果流程与被告人所启动的旧因果流程发生叠加，把事态引向最终的结果。结合本文开头提及的【毒鱼案】，张三的端盘行为当然与被害人李四的死亡有因果关系，客观构成要件完全充足。但是，盘中的鱼肉有毒，属于事后查明的其他致死因素，并非张三所知，故应当否定其对毒鱼毒杀李四有故意，据此，死亡结果不应归责于张三的主观方面，他只能成立故意杀人罪未遂，至多辅之以过失致人死亡罪。

"因果关系非认识对象说"认为，我国《刑法》第 14 条只规定了"结果"字样，因此，因果关系的认定不属于该条中故意所认识的对象。[51] 这种观点存在的疑问。《刑法》第 14 条所采的是"明知自己的行为会发生危害社会的结果"的表述，"会发生危害社会的结果"表示结果尚未实际发生，此时仅有"危害结果发生的可能性（危险）"，即行为中内含的"危险射程"或"危险流"。"危险流"正是因果关

[49] 同注 17，周光权书，第 181 页。

[50] 参见注 4，欧阳本祺文，第 103 页。

[51] 参见注 3，陈璇文，第 106 页。

系的现实表现形式，既然“危险流”需要被预见，那么因果关系自然也应属于被告人认识的内容。至于因果流程是否“偏离”，以及“偏离”得是否“明显”或“重要”，则是另一问题，即新“危险流”的结果能否归责于旧的认识的问题（主观归责）。井田良教授提出，“故意的成立与否是在实行行为阶段判断的问题，错误问题则是对产生的结果能否归责为有故意，即主观归责问题”。[52]有的人甚至认为：“故意既遂犯的构成要件该当性便包含了客观构成要件该当性、主观构成要件该当性以及故意既遂之归责三者。只有当这三个审查阶层均得出肯定的审查结果时，才算是故意既遂犯的构成要件该当。”[53]这两种思路已开始区别事前和事后两种视角，有助于推动目前归责理论真正进步，值得关注。只不过在本文看来，实行行为阶段被告人事前对危险射程的认识，只属于案件事实的内容，是认定故意的事实性材料，这种事实性材料在犯罪实施的过程中，还会不断地调整、改变，仅有事实材料尚不等同于符合了主观构成要件。仅当这种认识与结果实现相符，规范的保护目的落空，才能将危险的实现认定为被告人的认识得到落实而产生的结果。该认定过程才是主观归责或者主观构成要件符合性。换言之，构成要件符合性中，只包含客观、主观构成要件符合性这两者。

所以，准确的表述是，被告人事前需认识的对象是其实施的危害行为。危害行为中的“危害”，即为行为的性质及其“危险的射程”。被告人对行为属性的认识属于事实的查明，而之后结果的主观归责，则为故意的认定。故意的认定，是一种将案件事实比对于法律规范的过程，属于“认知”的规范化。事实的查明，关乎的是犯罪如何发生，而主观归责，则是司法审查视角的裁判结论。后者以前者为基础，是前者事后在法律上的表现。

（三）犯罪愿望＝故意？

前已提及，在危害行为发生之时即存在当事人的认识，但这一认识和“犯罪愿望”是何种关系？在被告人着手实施危害行为时，这一对行为的危险射程的主观认识，事后通常会被认定为故意。只是，“犯罪愿望”尚有别于“故意”，二者不应等同。

然而，在客观归责论那里就存在将“犯罪愿望”误认作“故意”的做法：“对于客观偶然的结果，只要对这一结果有认识，就应当承担刑事责任，则其刑事责任的范围是极为宽泛的。例如，甲指使乙在下雨天到森林里去散步，**期望**乙被雷击死，乙果然被雷击死。对于这样的案例，尽管雷击是偶然结果，但根据库德里雅夫采夫的观点，由于甲对乙的死亡是有认识的，因此甲应对乙的死亡承担刑事

[52] 参见刘明祥：《刑法中错误论》，中国检察出版社 2004 年版，第 70–71 页。

[53] 蔡圣伟：《刑法问题研究（二）》，元照出版公司 2013 年版，第 178 页。

责任。”[54] 实际的情况是，在【雷击案】中，被告人只有所谓“期望”（犯罪愿望），他并未认识到雷击发生的现实可能性。他那“潜在的认识”，即“下雨天易发生雷击”，仍停留在很抽象的领域，尚未现实化为眼前可资利用的具体事件。除非他真实地见到眼前几米、十几米处连续发生了几起雷击，却仍然指使他人朝雷击区走去，才能认为他明知相应危险，进而在法律上认定故意。因此，只要辅之以要素规范化的思想，引入危害结果与危害行为的概念，库德里雅夫采夫的主观罪过说便是有价值的。

就“犯罪愿望”和“故意”的关系而言，有“犯罪愿望”不见得就有“故意”，而有犯罪“故意”，一般可以推导出被告人有犯罪“愿望”或对犯罪有“认可”“容忍”之态度。正如“认可”“容忍”等因素更多的只是故意定义中的情感因素[55] 那样，不宜认为有“犯罪愿望”就能够认定“故意”。如果认为有“犯罪愿望”就有犯罪“故意”，便会大大提前认定“着手”；这种处罚上的“恣意”前置，在缺乏实际法律规定的条件下，并不值得认同。

不过，依“犯罪愿望”行事，可能成立不可罚的迷信犯。例如，某甲与他的舅舅有矛盾，于是在正月里剪头发，期望后者去世，剪头发之后五天，后者果然在另一城市遭遇交通事故身亡。如果说犯罪愿望等同于故意，该案的甲便具有杀人的故意，但这显然误解了故意的含义。即使在目的主义论者那里，这种案件也会因为缺乏条件关系而出罪，[56] 它至多属于不可罚的迷信犯。在【服用安眠药】一案中，甲以为乙对安眠药有严重过敏，于是基于杀害的意图，将少许安眠药加入乙的食物中。实际上，乙对安眠药完全没有过敏，只是因为服用了安眠药而昏睡过去，结果在昏睡中因为吸入壁炉中的一氧化碳而中毒死亡。有观点指出，该案中甲只有犯罪愿望，不成立犯罪。[57] 但是，正如误认男子为女子而强奸的案件那样，本案甲在投放安眠药之时，只是剂量不够，无法单独致死，仍有可能因欠缺结果而成立不能犯未遂。他也已经认识到了行为的危险射程，这不妨碍事后对未遂故意的认定。

（四）特别认识≠故意？

特别认识（或特别认知）与犯罪愿望一样，也不属于规范化的术语。当被告人对于规范侵害的认识一旦特别化，在事实上就充足了认定为故意的前提。故意是特别认识在刑法上的规范化、术语化的表达。当事人的设想与尚未现实化的个别危险因素相结合，即产生潜在的认识；而当潜在的认识一旦与实际的禁止危险

---

[54] 陈兴良：《刑法因果关系：从哲学回归刑法学》，载《法学》2009 年第 7 期，第 25 页，粗体为引者所加；同样的混淆，参见注 19，Roxin 书，第 11 节，边码 44。

[55] 参见李兰英：《间接故意研究》，武汉大学出版社 2006 年版，第 62 页。

[56] 对只考虑主观方面的主观主义的反驳，见 Welzel, Das Deutsche Strafrecht, 1969, S. 2.

[57] 参见注 4，欧阳本祺文，第 109 页。

相结合，则会使得潜在的认识转化为现实的特别认识。换言之，某一风险因素被认定为特异因素，就意味着它的犯罪意义得以确定。由此可见，特别认识和故意一样，都是观察的结论，而不是原因。

从学理上讲，被告人必须认识到其行为和相应结果之间的符合构成要件的风险联系，这样才能够合理地将结果归属于他，并成立故意（有观点将其命名为“风险的故意”）。具体而言，在【坠桥案】中，被告人将他人从很高的桥上推下，便给对方制造了生命危险，该危险会以多种方式演变为死亡结果。对方可能溺死、可能猛然入水致使意识丧失、可能休克、也可能撞上岩石或者桥墩基座。所有这些都是撞下桥而可能导致的因果流程。至于被告人想着这些可能的因果流程中的哪一种，并且认为其具体有多大的可能性，则并不重要，因为鉴于撞下桥会导致的结果上的风险，他清楚地知道，为了避免结果，必须不将受害人撞下桥。[58]与此不同的，在【服务生端盘案】中，如果服务生只是认识到“端上一盘炒蘑菇”，那就没有认识到风险，也没有特别认识。但是，倘若他认识到“要端给顾客食用的蘑菇是毒蘑菇”，就无疑认识到了致害风险，也应肯定有特别认识。可见，被告人具体地认识到自己行为的致害危险，是认识的具体化、特别化，这种条件下认定故意成立，肯定主观归责，不正是特别认识的法律效果吗？

特别认识与故意的认定是同一事物的不同表达。表达之不同，源自视角的不同。在从犯罪如何发生的角度认识犯罪时，可以发现所谓的“特别认识”，而在以犯罪结局或者危险实现作为起点进行事后司法审查时，则是从危害结局出发进行相应的法律适用，进而判定被告人对危害结果的发生具有故意。正如庄劲博士所指出的，“只有行为人明知行为具有特异危险因素，才可能成立刑法上的故意”。[59]这就承认了特别认识和故意这两者之间一体两面的关系。

但同时，庄劲博士提出，前述“风险的故意”概念存在如下缺陷：“其一，无法合理解决所谓反常的因果关系的情形。根据该概念，若被害人被扔下桥后，在送往医院途中遭遇车祸而死亡，行为人仍要对结果负责。因为风险的故意只要求行为人认识到原初的风险，至于被害人具体的死因和行为人是否预见到具体的因果过程，不影响归责。其二，风险的故意只强调行为人的认识因素，忽略了其对结果的意志因素。其三，会混淆故意和过失的界限。”[60]这种批驳未能切中肯綮。被批驳者是认为，故意须认识到“符合构成要件的风险联系”。既然如此，而“风险联系”则意味着行将现实化的损害可能性，那么这种故意的内容无疑包含了从行为到结果的危险流程。如果有他人将受害人救走送往医院，则是重新创设了新

[58] 同注 35，Kindhaeuser 书，第 27 节，边码 44–45。

[59] 同注 24，庄劲文，第 68 页。

[60] 同注 24，庄劲文，第 67 页。

的另一因果流程，自然应当针对新因果流程开启另一审查过程，前一行为人（在知晓新流程后的情况下）至多只能成立帮助犯。至于第二、三点所述忽视意志因素和混淆故意、过失界限的问题，则完全是出于“意志因素必要说”（简称“必要说”）之立场的批判，这种立场同样也是导致有的观点[61]将特别认识宽泛化，进而使之成为故意、过失的共同前提的原因。然而，尽管“必要说”追随者众多，但它在规范论上却缺乏学理说服力：“必要说”通常举的例子是，被告人驾车接近一个拐弯处，对面有人骑来一辆自行车，被告人相信自己车技不错，所以觉得没事，就没有减速，结果在转弯时撞上对方。论者通常主张在这种案件中，被告人认识到了危险，但不想撞上对方，成立有认识的过失，而“意志因素不要说”（简称“不要说”）会导致将这种案件认定为故意。可是，“必要说”的这种批判是建立在对“不要说”的误解之上的。“不要说”在这种案件中，也不会主张成立故意，而是认为，被告人之所以未减速，乃是因为他没有认识到存在的真实危险。因此，成立过失不是因为不“想”发生事故，而是因为没有真正认识到现实的危险。“必要说”所主张的“想与不想”的标准在实践中也过于主观。因此，不应以此作为区分有无故意的标准，而应以有没有确实认识到危险为准。尽管“必要说”和“不要说”这两者在结论上没什么不同，但在原理上，“不要说”更为合理。[62]

可见，如果故意是对行为的危险射程的认识，那么特别认识便是该认识与结果或应当发生的结果相吻合后的称谓：如果不切中危险，“认识”何以“特别”？因此，危险认识的特定化，即为故意；特别认识是故意在事前角度的别称。

五、结论

客观归责论利用创设不容许的风险、实现不容许的风险等标准，对客观构成要件进行了客观化、外表化改造，这种改造看似扭转了犯罪论主观主义化的趋势，但实际上运用了错误的方法。在使用“客观理性观察者 + 特别认识”的归责标准时，客观归责论事实上继承了相当因果关系折中说中“一般人认识 + 特别认识”的思维模式，也自然同时具备这一思维模式的结构性缺陷。“一般人认识”属于“虚拟的、假设的人”的认识，而刑法所关心的，应该是真实、具体的被告人是否应当承担相应的刑事责任。至于一个“虚拟人格”会怎样认识，与刑法上故意的认识并无关系。

在危害行为与危害结果之间的条件关系成立的基础之上，先采取客观归责，然后再认定主观方面的方案，并不存在优势。它不仅在多数案件中，无法影响到犯罪的认定，因此显得多余，而且在被告人具备特别认识的案件中，将错误地导致处罚的漏洞。在【伤人送医院遇恐袭案】中，客观归责论认为，被告人殴伤他

[61] 参见欧阳本祺:《论特别认知的刑法意义》，载《法律科学》2016年第6期，第45页。
[62] 参见蔡桂生:《构成要件论》，中国人民大学出版社2015年版，第246–248页。

人致使他人住院，在住院期间遭遇恐怖分子的放火袭击身亡的案件中，由于死亡结果是由恐怖分子直接造成，被告人的殴伤行为和死亡结果之间只有非典型的因果关系，故应该在客观上即排除被告人的责任。然而，合理的认识应该是，该案被告人的殴伤行为和死亡结果之间仍具有因果关系，但由于其在殴伤对方之时未认识到死亡的具体危险，故应在主观归责上出罪；如果被告人当时已经认识到其同伙将在夜间放火，则应将死亡结果主观上归责于被告人的殴伤行为，成立故意伤害罪以及杀人罪（或放火罪）的共犯，二者想象竞合。这种分析也同样适用于本文开篇提及的【避险致死案】。据此，客观归责论会使事先认识到特定危险因素并操纵相关法益使之陷于危险的被告人逃脱刑法的制裁，不符合“法律面前人人平等”的原则，不利于国家法制的统一。

至于对结果和行为的实质评价，可以通过对结果、行为的规范化理解来替代实现，用危害结果（法益所受危害）和危害行为（实行行为）替代“结果”和“行为”，无须借助附加于因果关系之上的客观归责论。至于被害人同意和加功于自杀、自危，由于不存在值得保护的法益，自始便缺乏危害结果。同时，应当将因果关系还原到其本来的状态，即采取合法则的条件说以认定因果关系，借助另一实质判断只会人为增加干扰。据此，我国理论界最初引入客观归责的理想，即因果关系恢复到事实归因的含义和对行为、结果等要素加以实质审查，至此便已由客观归责的替代性方案代为实现了。在法益确定受到危害之后，则应当考察是否可将该法益损害归责给被告人。该归责过程，不是客观归责，而是主观归责。我国《刑法》第16条更是以立法形式明确了客观上法益危害成立之后主观归责的决定性作用。在故意的认定上，被告人事前需要认识的对象是其实施的具有相应危险射程的危害行为。危害行为之“危害”，即为行为的性质及其“危险射程”。因此，在【毒鱼案】中，尽管客观构成要件完全具足，但被告人并没有认识到毒鱼这一致死因素，故不得将死亡结果归责于他的故意（否定主观归责），无法成立杀人既遂。至于理论界所关注的“特别认识”，则是被告人事前的认识与事后的结果或应发生的结果相吻合后得出的结论性称谓。

（本文曾发表于《法学家》2018年第4期）

论刑法替代因果关系的归责：理论基奠与事实根据

张小虎

替代因果关系的情形在司法实际中并不鲜见。[1] 其较为典型的适例是：案例1（各自枪杀一枪命中案），A与B各自试图枪杀X，分别同时对X开枪，结果只有一人命中而致X死亡，但是究竟是谁命中的则无法确认；案例2（两枪命中致命枪不明案），A与B各自分别对X实施枪杀行为，其中先行一枪击中X头部致命，另一枪击中X心脏也可致命，但是头部致命的一枪究竟是A还是B所开，则并不明确。[2] 对此，如果认定A、B各自成立故意杀人的未遂，[3] 但X确已被害致死，且X之死确由A或B造成，这和一般的疑案从无，并不吻合；如果认定A、B均成立故意杀人的既遂，[4] 则其中必有一人对于X之死的归责是被替代的，如此认定的价值与法理的根据何在？相关问题在国外已有立法规定，[5] 而在我国不仅法典缺乏规定，而且刑法理论的专题阐释也不多见，然而"人命关天"，无疑这是困扰司法实际的难题。对此，笔者认为，一般场合对替代因果关系的既遂归责应予否定，但在特定条件下肯定替代因果关系的既遂归责，有其"保障人权与保护社会兼顾的价值根基"及"遵循责任主义与罪责自负的法理根据"。

一、替代因果关系的概念与特征

替代因果关系（alternative kausalität），是指行为人相互间在缺乏意思联络的场合，原本由于他人行为造成某种结果的发生，行为人虽也实施了足以造成结果的行为但只是潜在原因，在特定条件下行为人的行为也被作为结果的原因而被追责的情况。以本文案例1（各自枪杀一枪命中案）为例，该案A与B的枪杀行为缺乏共同故意，因而不能成立共同犯罪；然而，X的死亡确系A或B之故意枪杀行为所致，问题是事实的具体致果人不明，从而对于X的死亡承担客观责任，A或B中必有一人的因果关系是"替代"的。立于其他视角，这里的"替代"也可

[1] 参见高治：《论因果关系不明场合下同时犯的责任归属——以同时伤害案件为重点》，载《中国刑事法杂志》2012年第10期，第30页。

[2] 参见［德］约翰内斯·韦塞尔斯：《德国刑法总论》，李昌珂译，法律出版社2008年版，第101页。

[3] 同前注2，约翰内斯·韦塞尔斯书，第101页。

[4] 参见何秉松：《犯罪构成系统论》，中国法制出版社1995年版，第353页。

[5] 例如，《日本刑法典》第207条，《韩国刑法典》第19条及第263条。

谓是因果关系的“择一”“潜在”与“推定”。因此：替代因果关系也称“择一因果关系”，这意味着在A与B仅一人行为造成结果的场合，特定条件下对A与B均予结果追责，这是择取了A或B中之一的因果关系；替代因果关系也系“潜在因果关系”，这意味着在A与B究竟是谁造成结果不明的情况下，特定条件下对A与B均予结果追责，其中必有一人的因果关系是潜在的；替代因果关系也是一种“因果关系推定”，这意味着在仅系一人行为造成结果的场合，特定条件下对另一行为人也给予结果追责，这是推定了另一行为人的因果关系。

替代因果关系具有如下特征：（1）均有实行行为的实施：数个行为人均实施了足以造成同一结果的实行行为。这意味着：其一，必须是行为人实施了实行行为，才能论及替代因果关系，反之如果对于是否实施了实行行为尚不能确认，则无从论及替代因果关系。例如，X家在一次家庭聚会中内室财物被窃，可以证明只有A、B、C三人进入过该房间（案例3，内室被窃案）。[6] 该案中，虽然A、B、C进入过内室，但这并不意味着他们均实施了盗窃行为。其二，必须是数人实施了实行行为，才能论及替代因果关系，反之如果是自然事件与人的行为造成结果，则不能成为这里的替代因果关系。例如，某登山者X被落石击中致死，而这一结果不是A人的过失行为所致，就是B羚羊蹬落石头所致，但究竟系A还是B则并不确定（案例4，落石致死案）。[7] 该案民事上如何追责确有探讨余地，但是在刑事上其系单纯的“疑案”，应予“从无”。[8]（2）行为足以造成结果：数个行为中的每个行为，均可独立地造成这一结果；从危险性来讲，每个行为均有造成结果的严重现实危险；就概然性而论，每个行为均有造成结果的100%的概率。具体可以呈现为如下情形：其一，仅一个行为发生效力，且实际造成结果：例如，本文案例1（各自枪杀一枪命中案），A与B的枪杀行为，仅其中一人命中X致其死亡，但是没有命中的另一枪同样足以造成X死亡。其二，每个行为均有作用，但仅一个行为造成结果：例如，本文案例2（一枪命中致命一枪不明案），A与B两枪均命中X，但仅有一枪实际致命，另一枪虽非实际致命但却有致命的现实危险。其三，不排除数个行为合致结果：例如，A与B分别投以足量致死的毒药杀害X，X喝下A毒与B毒后中毒而死，但是不能确定究竟是A毒还是B毒抑或两毒合并造成了X死亡（案例5，各毒足量致死案）。该案中，X系因喝下A毒与B毒后中毒而死，而致死的确切原因不排除系两毒合并造成。（3）侵害人明确而致果人不明：实施侵害行为的行为人明确，但是最先造成结果的行为人不明。

[6] 参见［奥］海尔穆特·库奇奥：《替代因果关系问题的解决路径》，朱岩、张玉东译，载《中外法学》2009年第5期，第678页。

[7] 同前注6，海尔穆特·库奇奥文，第678页。

[8] 详见本文第二部分第5段，有关“替代因果关系的情形并非纯粹的疑案”的阐释。

首先，在数人各自实施的数项行为中，实施行为的究竟是何人，这是明确的。例如，本文案例 1（各自枪杀一枪命中案）中，开枪行为各由 A 与 B 实施，这并没有疑问。反之，如果实施行为的人员尚不确定，则并非替代因果关系的范畴。对此，本文案例 3（内室被窃案）即为典型适例。该案中，A、B、C 究竟是谁实施了盗窃行为尚不确定。其次，在数人与数行为中，虽然对谁人实施了何行为能够确证，但是对最先造成结果的究竟系何人行为则不确定。例如，本文案例 1（各自枪杀一枪命中案）中，虽然可以肯定不是 A 就是 B 造成了 X 的死亡，但是究竟是谁造成了这一结果则并不明确。这种致果人不明，也可表现为行为人对于结果均有所作用，但对"最先"造成结果者不明。例如，A 与 B 在缺乏意思联络的情况下，各自持刀分别对 X 实施致命侵害，X 肺部动脉与心脏各遭受一刀，其中刺破心脏的一刀最先造成了 X 的死亡，但是这一刀究竟是 A 所刺还是 B 所刺，则并不明确（案例 6，两刀刺杀致命一刀不明案）。该案中，A 与 B 对 X 均有作用，但究竟是谁最先造成了 X 死亡，则并不明确。（4）行为人缺乏意思联络：实施可能造成结果的行为人之间缺乏意思联络，包括共同故意的缺乏与共同过失的缺乏。这实际上是强调，替代因果关系并非共同犯罪的思维路径。[9]本文案例 1(各自枪杀一枪命中案）即为缺乏共同故意的适例，该案中，A 与 B 虽各有杀害 X 的意图，但两人缺乏意思联络。而缺乏共同过失的适例，如，A 与 B 相互不知而各自在林中打猎，发现一猎物，而猎物附近也站有一人 X，A 与 B 均自信不会击中 X 而分别向猎物开枪，结果未击中猎物却将 X 打死，但不能确认究竟是 A 还是 B 击中了 X（案例 7，各自打猎过失致死案）。该案中，A 与 B 是分别的过失，而不是共同的过失。[10] 不过，鉴于我国《刑法》第 25 条排除了纯粹过失犯之共犯的成立，[11] 在解释论上，可以有条件地对符合纯粹过失犯之共犯的情形，同时又符合特定条件的具体致果人不明的案件，适用替代因果关系归责。对此，我国司法实际中已有相应判例的适例。例如，A 与 B 共用一支枪射击废瓷瓶比赛枪法，两人轮流开了 3 枪，其中 1 枪击中 X 某致其死亡。该案未能确认究竟是谁击中了 X，但法院认定 A 与 B 均构成过失致人死亡罪，判决书也未适用《刑法》

[9] 详见本文第二部分第 5 段，有关"替代因果关系的情形也非共同正犯的推定"的阐释。

[10] 共同过失，是指行为人不仅对于自己行为的"危险属性与危害结果（B）"没有履行应有的注意义务，而且对于他人行为与自己行为相互协同而增加 B 之发生的可能性也没有履行应有的注意义务。

[11] 本文将过失犯分为纯粹过失犯与非纯粹过失犯。前者不仅对结果持过失心态，而且对实施实行行为也持过失，诸如过失致人死亡罪等过失犯；后者仅对结果持过失心态，但对实施实行行为则持故意，诸如交通肇事罪等过失犯。我国《刑法》第 25 条所规定的共同犯罪，包括非纯粹过失犯的共犯，但不包括纯粹过失犯的共犯。参见张小虎：《论我国〈刑法〉中非纯粹过失犯的共犯成立》，载《政治与法律》2016 年第 10 期，第 83–94 页。

第 25 条的规定（案例 8，比赛枪法致死案）。[12]（5）行为时空上的关联：数个行为人各自所实施的行为在时空上具有关联性。从相对于共同犯罪的视角而论，替代因果关系可谓是依存于同时犯的框架；显然，如果可予共同犯罪的归属，固然也就无须予以替代因果关系的追责。同时犯的数个行为之间，或者替代因果关系的数个行为之间，这种时空上的关联，既可以表现为同一时空中的关系，也可以表现为“接近于同时的前后关系”。[13] 本文案例 1（各自枪杀一枪命中案），即属同一时空中的数个行为的典型适例；而接近同时的数个行为的典型适例，例如，A 途经森林防火区，将烟头丢弃于竖有防火标志的路边草丛，几分钟后 B 也途经此地并将烟头丢弃于该草丛，结果引发森林大火且造成森林大面积烧毁，虽可肯定 A、B 烟头均可引发火灾，但却难以确定究竟是 A 之烟头还是 B 之烟头抑或两个烟头合并造成了火灾（案例 9，烟头引发火灾案）。（6）因果关系上的替代：在数个行为中的哪个行为造成结果的事实不明的情况下，原本是某个行为（A）造成了结果，现将其他行为（B）也视作独立造成了该结果，这是以 A 对 B 的“替代”。以行为对结果可能存在的效力为例：本文案例 1（各自枪杀一枪命中案），A 与 B 仅一人命中 X，在不能确认究竟是谁命中的情况下，将 A 与 B 均视作造成 X 的原因力，则 A 与 B 中必有一人的因果关系是被另一人的所替代的；本文案例 6（两刀刺杀致命一刀不明案），尽管 A 与 B 的刺杀行为均达至 X，但是仅一人最先致命 X，在不能确认究竟谁是这致命一刺的情况下，将 A 与 B 均视作 X 的原因力，这同样是一种因果关系的替代；本文案例 9（烟头引发火灾案），即使存在 A 与 B 合并造成结果的可能，但是在情况不明，以及 A 与 B 各自单独造成结果同样具有 100% 的概率的情况下，而以三种可能之一认定因果关系，这仍然是一种因果关系的替代。

二、替代因果关系归责的学说与立法

显然，替代因果关系不同于因果关系的常态，这典型地表现在其“实施造成结果之行为的行为人不明——致果人不明”，在此场合应否对结果予以追责也就成为问题。对此，总体上存在“未遂犯论”与“既遂犯论”这两种对立的立场与

[12] 参见最高人民法院中国应用法学研究所编：《人民法院案例选·刑事卷》（1992—1996 合订本），人民法院出版社 1997 年版，第 46–51 页。也有学者主张，该案的处理是我国司法实际对共同过失犯罪之共同犯罪的承认。参见辛忠孝、赵静：《论共同过失正犯》，载《天津市政法管理干部学院学报》2003 年第 2 期，第 24 页。笔者认为，如此解释显然与我国《刑法》第 25 条第 2 款的明文规定相冲突。该案的处理实际上是对特定条件下替代因果关系归责的肯定。易言之，肯定该案判决的理论路径，关键的不是对我国《刑法》共同犯罪主观要素的突破，而是对我国《刑法》替代因果关系追责的合理解释。详见本文第二部分第 5 段，有关“替代因果关系的情形也非共同正犯的推定”的阐释。

[13] ［日］木村龟二：《刑法学词典》，顾肖荣、郑树周等译，上海翻译出版公司 1991 年版，第 333 页。

处置。

有关替代因果关系归责的未遂论，立于刑法保障人权的价值基点，强调遵循疑案从无、罪责自负等刑事处罚规则，主张对替代因果关系中的数个行为各以未遂犯论处。例如，对于本文案例2（两枪命中致命枪不明案）的情形，德国学者韦塞尔斯主张，“根据‘有疑问的有利于被害人’原则，应当各对A和B都有利地认为他所开的那一枪是在后一时刻的一枪……因此，对A和B都只能判处故意杀人罪力图。”[14] 又如，A与B各自试图毒杀X，分别对X投以各别分量足以致死的毒药，X被A与B的投毒而致死，但无法确认究竟是谁的毒药先行作用致X死亡（案例10，致命一毒不明案）。对于该案的情形，日本学者野村主张，“根据‘疑案从无’的原则，对A和B的行为都应否定条件关系。”[15] 与这种见解相反，《日本刑法典》第207条对数个独立竞合伤害行为，设置了原因不明场合按共犯处断的规定。但是，这一立法受到了理论界的批评。日本学者大谷实认为，“将不是共同正犯的人在法律上看作为共同正犯，有认可嫌疑刑之嫌，作为立法论，必须加以修改”，也有学者干脆认为“本条款肯定了‘罪疑时不利于被告人’的嫌疑刑，违反宪法”。[16] 立于这一理论立场，较为典型的立法例是《韩国刑法典》第19条“独立行为竞合”的规定：“同时或者先后的独立行为竞合，无法判明孰为结果发生之原因行为的，各行为均以未遂犯处罚。”不过，在这一普通规范之外，该法典第263条针对同时犯又作了类似《日本刑法典》第207条内容的特别规定，即“因数个独立行为竞合发生伤害结果而无法判明孰为死伤原因的，以共同正犯处罚。”对此，韩国学者金日秀认为，这是针对该法典第19条的处罚空隙“为填补刑事政策上的空白”而设置的，并且包括“在过失行为与过失行为相竞合时”对原因行为不明确的情形的处置。[17]

有关替代因果关系归责的既遂论，立于刑法保护社会的价值立场，强调确认法律情感、避免处罚间隙等刑事处罚原则，主张对替代因果关系中的数个行为应当各以既遂犯论处。对此，较为典型的讨论集中在，对“数人故意伤害但具体致果人归因不明”这一情形的处理上。较为独特的立法例是《日本刑法典》第207条“同时伤害特例”的规定：“二人以上实施暴行伤害他人的……在不能辨认何人造成了伤害时，即使不是共同实行的，也依共犯规定处断。”对于这一规定，日本学者在刑法解释论上存在“法律拟制共犯”与“举证责任转移”的不同见解。（1）法律拟制共犯论认为，在同时犯的暴行伤害中，很多场合造成结果的具体原

[14] 同前注2，约翰内斯·韦塞尔斯书，第101页。在此，“力图”即为“未遂”

[15] ［日］野村稔：《刑法总论》，全理其、何力译，法律出版社2001年版，第142页。

[16] ［日］大谷实：《刑法各论》，黎宏译，法律出版社2003年版，第29页。

[17] ［韩］金日秀、徐辅鹤：《韩国刑法总论》，郑军男译，武汉大学出版社2008年版，第607页。

因是难以确定的，如此假如对于伤害结果谁也不承担责任，这不仅不合理而且也会使实际伤害者逃脱责任。因此，刑法以该条做出政策性规定，“以有关因果关系的举证责任的转换为前提，将不是共同正犯情况也作为共同正犯看待”，这是对共同正犯的法律拟制。[18]这就是说，“依共犯规定处断”并非对因果关系的推定，而是对共同正犯关系、意思联络的推定。（2）举证责任转移论也认为，对同时犯的暴行伤害，如果只是因为造成结果的具体侵害人不明而无人对结果负责，这是不合理的；但是对于这种情形，“要检察官证明其中某人是造成伤害的行为人则是十分困难的”。由此，“依共犯规定处断”，“是指推定各个暴行与伤害结果之间存在因果关系，通过这种推定将举证责任转换到被告人”。行为人不能证明伤害结果不是由自己的暴行引起的，就要对结果负责；反之，行为人只要能够提出反证，即可不对结果负责。[19]

对于侵害他人身体造成死伤结果而具体致果人归因不明的情形，诸如本文案例 1（各自枪杀一枪命中案）、案例 6（两刀刺杀致命一刀不明案）等，我国刑法理论也存在未遂论与既遂论的对立。（1）未遂论者认为，对此情形应当“宁纵勿枉”而不能让“无辜者”受罚，即在因果关系存疑时每个行为人均不能对结果承担责任，而只能以未遂犯处理，这是现代刑事司法遵循“无罪推定”与“存疑时有利于被告人”等原则的应有之义。[20]（2）既遂论者主张，对此情形如果无人对结果承担责任，“这不符合社会报应观念的要求”，“也不符合公正观念的要求”。对之以既遂论“可以看作是行为人对社会造成危害，同时又不能证明自己实际损害结果情况下所必须付出的代价”。[21]

笔者认为，替代因果关系并非纯粹的疑案，在行为造成重大法益被侵实害的场合，对之有条件地予以既遂犯的处理，从刑法价值论来看，这并不违背疑案从无、罪责自负等刑事处置的基本规则，同时如此处理也是对刑法注重保障人权价值根基的坚持；而就刑法技术论而言，这里的对符合特定条件的致果人不明的案件按既遂犯处理，既不是对共同正犯的推定，也不是对举证责任转移的认可，而是因果关系认定上的替代或者择一。对此，具体分述如下：（1）替代因果关系的情形并非纯粹的疑案。关于疑案，存在诸多界说。[22]笔者认为，所谓疑案是指因证据不足而致案件具体事实不详，进而在定罪与量刑上存在诸多疑问的犯罪案

---

[18] 同前注 16，大谷实书，第 29 页。

[19] 参见［日］西田典之：《日本刑法各论》，刘明祥、王昭武译，中国人民大学出版社 2007 年版，第 42 页。

[20] 同前注 1，高治文，第 30 页。

[21] 同前注 4，何秉松书，第 353 页；张绍谦：《刑法因果关系研究》，中国检察出版社 1998 年版，第 208–209 页。

[22] 参见洪道德、李佑标：《试论刑事疑案及其处理》，载《法学研究》1992 年第 2 期，第 30 页。

件。立于替代因果关系的视角，“案件之疑”的核心就在于因果关系事实的细节与确定存在疑问。然而，应当说，在替代因果关系中，事实归因总体明确，这意味着，就案件事实的整体而论，相对于行为事实之外的他因来说，因果关系是明确的；同时，每个行为人均有实行行为的实施，并且每个行为均足以单独造成结果。有所不明的，只是对于数个确定的行为人内部来说，究竟是谁的行为造成了结果。以本文案例 1（各自枪杀一枪命中案）为例，造成 X 死亡的只能是 A 或者 B；同时，A 与 B 均实施了枪杀 X 的行为，而且无论谁均可能单独致 X 死亡；存疑的只是，究竟是 A 还是 B 击中了 X。这与纯粹的疑案还是有所区别的。例如，本文案例 3（内室被窃案）的情形就是一则纯粹的疑案。在该案中不仅盗窃结果是否 A、B 或 C 所致不明，而且 A、B 或 C 究竟有无盗窃行为也是不明确的；也即不仅致果侵害人无法确定，而且具体侵害人也无法确定。本文案例 4（落石致死案）的情形也是一则纯粹的疑案。由于另一可能造成 X 死亡结果的系非人的羚羊，从而该案的具体侵害人也是不确定的。（2）替代因果关系的情形也非共同正犯的推定。在替代因果关系中，数个行为人之间缺乏意思联络，而行为人之间存在意思联络是共同犯罪成立的必要条件，由此尽管数个行为人均有实行行为，但是不能成立共同正犯。就理论价值而论，替代因果关系理论就是要在共同犯罪的框架之外，为解决具体致果人归因不明的情形的罪刑问题，而构建一种有关因果关系判断的特别规则。作为因果关系判断的特别规则，其与因果关系判断的普通规则不同，这意味着其是因果关系判断中的一种特例。作为共同犯罪框架之外的因果关系判断，强调的是，替代因果关系问题并非依循了共同犯罪的解题路径；在共同犯罪中，各个共同正犯之间的主观责任与客观行为具有整合性，对各个正犯的因果追责适用的是部分实行全部责任的原则；由此，在共同犯罪的框架下，无须构建替代因果关系归责的理论规则。尤其是，替代因果关系归责是针对具体致果人归因不明的因果关系的判断，在这里并不涉及数个行为人之间的意思联络的事实问题，由此，要说推定，也只是一种因果关系事实的推定。（3）替代因果关系的情形也非举证责任的转移。数个行为人各自均实施了足以造成结果的行为，但是造成结果的具体行为人归因不明，在特定的条件下每个行为人均对结果负责（C）。然而，不排除：A. 某个行为人证明自己的行为与结果的发生没有关系；或者 B. 某个行为人证明其中某人的行为造成了结果的发生。在案件处理中，倘若存在 A 与 B 的情况，当然就不会适用替代因果关系归责的规则对案件事实予以因果关系的判断（C）。但是，这并非立法或替代因果关系归责规则对被告人提出的举证要求。在一般案件的处理中，和这里的替代因果关系归责案件的处理一样，只要行为人能够提供反证的，同样能够排除行为人的责任；但是，提不提出反证是行为人自己的事，法律或证据规则并未对此设置要求，对案件事实的认定仍是控诉一方的责任。适用替代因果关系归责，在举证责任上，与一般案件的处理一样，仍须由控诉一方举证证明犯罪行为、犯罪结果等案件事实的存在，须由控诉一方证明数个行为中必有某一行为造成了结果的发生，只是在这种场合具备特定条件时，推定数个行为人均对结果负责。在此，作为问题本质的仍是因果关系事实的推定。

三、替代因果关系归责的基本规则

既然替代因果关系的事实情形并非纯粹的疑案，而其又非共同正犯或举证责任转移的范畴，那么对于这种情形究竟应否或者在何种程度上予以刑事处置，这就成为值得深究的刑法理论与实践问题。对此，立于刑法应有的基本价值理念与刑事处置规则，应当说，既不应对所有替代因果关系的情形予以既遂归责，也不能完全放弃对特定条件下替代因果关系情形的既遂归责。

不宜一律予以替代因果关系既遂归责。具体理由如下：（1）刑法注重保障人权：刑法兼有保障人权与保护社会的价值宗旨与客观机能，不过基于刑法的独特性，刑法更应注重其人权保障的价值与机能。由此，谦抑性是刑法重要而独特的性质，应当尽量缩小刑法制裁的范围，这在事实认定上就意味着，对于距离过宽的两相事实的法定事实推定应当予以限定，替代因果关系不失刑法因果关系事实归因的一种推定，理应受到限定。再者，相对于其他法律而论，刑法有其专有的独特性，包括刑法的“严厉性”与“保障性”等；[23] 在刑法领域，刑事法律关系是“国家受制约地行使刑罚权与犯罪人有限度地承担刑事责任”的一种关系。[24] 刑法的这些特性也都决定了，对于罪刑处置理应格外慎重，替代因果关系毕竟有其“具体致果人不明”之“不明”，一律对之予以因果关系既遂归责，则不利于彰显刑法应有的人权保障的价值与机能。（2）刑法具有不完整性：刑法也呈现出其不完整性，这就意味着，刑法调整社会生活定罪量刑事项的范围以及刑法调整社会事项所现的功能不可能是全面无缺的。所谓调整范围的不完整性，是指刑法不可能将社会现实生活中所有值得定罪量刑的事项均予纳入事先的立法规定。社会生活的现实多变而纷繁，犯罪现象的呈现亦变幻而复杂，而刑法立法不可避免地会出现滞后与疏漏。所谓调整功能的不完整性，是指仅凭刑法不可能完全实现对于罪行的制裁与对于罪犯的矫治，也不可能完全实现对于犯罪的控制与预防，刑法也不是实现社会控制的唯一手段。遏制犯罪与协调社会需要最好的社会政策。刑法的这种不完整性，也为在替代因果关系的场合，放弃对那些并非重大法益被侵实害的案件的既遂认定，提供了刑法的社会现实的根据。刑法的调整范围与调整功能本就具有不完整性，而替代因果关系之“具体致果人不明”又系刑法

---

[23] 这里的刑法的“保障性”，是指刑法具有作为其他法律的后盾以保证其他法律得以贯彻实施的性质。

[24] 张小虎：《刑法学》，北京大学出版社 2015 年版，第 35–36 页。

因果关系上的一种不完整，对这种不完整中的“并非重大法益被侵实害”之“小”，放弃既遂认定，也可谓在不完整的刑法之情理之中。（3）替代因果关系部分存疑：在替代因果关系中，尽管具体侵害人归因明确，但是的确存在致果侵害人归因不明的问题，从而对于所有案件没有限定地完全肯定替代因果关系既遂归责，似有全面突破“疑案从轻”“罪责自负”的原则之嫌。所谓罪责自负就是强调个人责任，这意味着“只能就行为人个人自己所实施的行为而承担责任……不能让他对他人的犯罪承担责任”[25]，其是“连带责任”与“团体责任”的对称。在这一点上，刑法上的替代因果关系归责与民法上的替代因果关系归责，有着重大区别。在民法上，替代因果关系归责恰恰是在求证各个行为人应当承担连带责任的理论逻辑路径下展开的。其以“共同危险行为”[26]的侵权责任问题为线索，经由替代因果关系归责的肯定，[27]获得各个行为人承担连带责任的结论，以实现保障被害人权益的法之正义的宗旨。与此不同，在罪责自负原则的坚守下，刑法完全摒弃连带责任。在刑法上，“疑案从轻”与“罪责自负”似乎构成了否定替代因果关系既遂归责的价值根据。但是，肯定特定条件下的替代因果关系既遂归责，这不是适用“连带责任”，而是同样在遵循“疑案从轻”与“罪责自负”的原则下，基于“替代因果关系的情形并非纯粹疑案”，“对替代因果关系的情形予以既遂归责，并不完全违背罪责自负的原则”，[28]所得出的结论。

重大法益被侵应予替代因果关系既遂归责。替代因果关系既遂归责应以造成重大法益实害为限，这种重大法益实害既可以呈现为质的规定性，也可呈现为量的规定性。前者是指造成他人死亡或者重伤的结果，后者是指所犯之罪的法定刑为10年以上。现代社会，生命及至重大健康具有极其崇高的价值，心存对之予以侵害的主观责任心态，且具体实施了足以独立造成结果的实行行为，这是不能容忍的；所犯之罪的法定刑在10年以上，说明罪行严重的程度已达较高的等级，这样的罪行在行为人来讲是显而易见的，对社会公众来讲也是令人揪心的。将替代因果关系既遂归责限定在上述重大法益实害的范畴，有其刑法理论的根据，具体地说：（1）刑法兼顾保护社会：刑法在保障人权的同时也有保护社会的任务与机能。“保护社会”尽管被谓以“兼顾”，但是“兼”而不可舍弃，“顾”而不可或缺，因为其也是刑法大厦之价值思想与制度建构的支柱与要素，没有“保障人权”就

[25] ［日］曾根威彦：《刑法学基础》，黎宏译，法律出版社2005年版，第38-39页。

[26] 这里的“共同危险行为”是指缺乏意思联络的数个行为人所实施的因果关系不明的民事侵权行为。参见程啸：《论共同危险行为的构成要件——以〈侵权责任法〉第10条为中心》，载《法律科学》2010年第2期，第127-130页。

[27] 共同危险行为的规范目的，在于处理因果关系难以认定的困境，数个行为人须负连带责任。参见王泽鉴：《民法概要》，中国政法大学出版社2003年版，第215-216页。

[28] 详见下文有关“重大法益被侵应予替代因果关系既遂追责”的阐释。

没有现代意义的刑法，然而同样的是，没有“保护社会”刑法也只是瞬间即逝的美丽泡影。这正如美国刑法学家乔伊·撒马哈所指出的：“刑事司法的历史证明，刑法犹如一个钟摆，摆的一端是公众对政府滥用权力的恐惧，从而要求限制国家权力；摆的另一端是公众对犯罪的恐惧，从而要求赋予政府更多的权力去打击犯罪。”[29] 刑法之保护社会的机能，就是指刑法所具有的惩罚犯罪，维护社会秩序，使各种有价值的利益得以体现的积极作用。这是以刑法的工具属性为基奠的。同时，保护社会也是我国《刑法》明文规定的刑法任务。我国《刑法》第2条对此作了明确的规定，其所指向的内容就是保护法益。在替代因果关系的场合，那些行为既已造成法益被侵的严重实害结果，同时行为人针对这一结果的主观责任又没有任何疑问的情形，其法益侵害的显著性与社会秩序破坏的严重性均最为突出，对于这样的犯罪案件，如果只是因为具体致果人的归因不尽确定，就放弃对这种重大实害结果的追责，这不利于实现刑法之保护社会的任务与机能。（2）刑法不应遗漏显著罪行：刑法具有不完整性，这是客观事实。但是，这并不否认应当“严密刑事法网”，尤其是“第二次世界大战后，经济发达国家普通出现犯罪高涨，面对犯罪压力，采取‘轻轻重重’（或称‘抓大放小’）的策略……对严重犯罪则采取严厉政策”。[30] 在此，尽管“轻轻重重”政策思想，因其与“宽严相济”政策思想存在差异，[31] 从而值得推敲，但是“严密刑事法网”则是应予肯定的，这就是“轻者不纵，重者不放”。我国目前正处在社会转型的深化期，犯罪率的攀高态势极为严峻，其“增长幅度已超过世界发达的资本主义国家美国”。[32] 本来对于严重犯罪就不应出现刑事处罚的间隙，更不用说在现今的犯罪趋势下，更不应基于机械僵硬的“学究理论”而使严重犯罪逃脱制裁。同时，这也是确保与提升公众对于法律的信赖与情感，以实现刑罚目的之“积极一般预防”的重要保证。如果对于本文案例1（各自枪杀一枪命中案）的情形，鉴于具体致果人归因不能确定，又系个别被害及偶然事件，从而予A与B均以既遂论，似在法律情感上还有疑虑的话，那么在下述案例中，发生了重大人员伤亡的严重结果，又给公众的安全意识造成了严重威胁，对于如此情形适用替代因果关系既遂归责，是否还会存在这种法律情感上的疑虑呢？设计单位A与施工单位B，在同一居民建筑工程上，各自违反国家规定，降低工程质量标准设计与施工，造成居民入住后该建筑坍塌，致使数十人死亡近百人重伤，虽可肯定这一严重结果系由A、B所致，

[29] Joel Samaha, *Criminal Justice*, New York: West Publishing Company, 1991, p.10.

[30] 储槐植：《刑事一体化论要》，北京大学出版社2007年版，第65页。

[31] 所谓“轻轻重重”，意味着“轻者轻而去之，重者重而升级”，这实际上是一种“从重从严”的政策导向。与此不同，“宽严相济”，强调的是“宽严有别，区别对待；宽严融合，相得益彰；轻者不纵，重者有度”。参见张小虎：《刑法学》，北京大学出版社2015年版，第33页。

[32] 张小虎：《当代中国社会结构与犯罪》，群众出版社2009年版，第211页。

并且A、B的行为均可独立造成结果，但是究竟是谁的行为导致这一结果不明（案例11，居民楼坍塌案）。对于该案，如果以否定替代因果关系既遂归责为据，则A与B对结果均不承担责任，进而A与B均不成立犯罪，[33] 至多也只是承担民事连带责任，这样的处理结果恐怕于情于理均难以令人接受。（3）替代因果既遂归责并非完全违反原则：在造成法益被侵的严重实害的场合，肯定替代因果关系的既遂归责，这固然并不违反责任主义，也不能说就是违反罪责自负与疑案从无的原则。其一，替代因果既遂归责并不违反责任主义：责任主义的基本命题是“没有责任就没有刑罚”，这是近代刑法的一个基本理念，也是对古代盛行的结果责任与团体责任的否定，其为现代责任根据的深入考究铺设了理论平台。“无责无刑”，这意味着行为人个人的主观责任，既是犯罪成立的必要条件，也是刑罚裁量的基准；个人主观责任作为犯罪成立要件，阐明了刑罚发动的根据；个人主观责任作为刑罚裁量基准，阐明了刑罚适用的根据。在此，个人主观责任是这一责任主义的核心概念。而在替代因果关系的情形中，行为人的主观责任是没有疑问的，也不存在主观责任的替代问题。行为人对于行为与结果出于一定的主观责任，实施了足以独立造成结果的实行行为，尽管未必结果就是由其所造成的，但是却不能说其就是没有责任的。其二，替代因果既遂归责并不完全违反罪责自负与疑案从无：不可否认，在客观上，替代因果关系的既遂归责一定程度地存在着因果关系的推定。就罪责自负而言，“替代”之中存在着要求行为人承担他人行为结果之责的问题，这是对个人责任的超越；就疑案从无而论，具体致果人归因不明亦有“疑案”的问题，然而要求数个行为人均对结果负责，这是“从有”。不过，在客观上，替代因果关系既遂归责并非完全是对个人责任的超越与对疑案的从有。行为人实施了足以造成结果的行为，这一部分并无“超越”个人责任；具体侵害人确定、各自实施行为及造成结果等明确，这一部分并非“疑案”。这也为将替代因果关系既遂归责，作为刑法因果关系普通判断中的特殊判断，奠定了事实基础。其三，刑法的常态是普通之外有特殊：实际上，替代因果关系既遂归责的核心问题是，在客观上能否将结果归责于足以造成结果但具体归因不明的行为。应当说，在这一问题上不能绝对化，刑法上普通之外有特殊，这既是事物存在及其认识中呈现的一项规律，也是刑法上的一个不争的事实。例如，承认原因自由行为的主观责任，就是行为与责任同在的一般归责原则之外的特殊判断；以自然人主体的责任能力为本位，单位主体的责任能力不失为一种特殊形态；在间接正犯的场合，被利用人实行行为的成立可以缺乏心素，可谓是实行行为的一般判断之外的特殊判断；肯定忘却犯的行为性，也是行为界定中心素与体素、效素应当同在的一般规则之外的特例；承认特定场合的偶然因果关系追责，是刑法

---

[33] 我国《刑法》第137条所规定的工程重大安全事故罪系过失犯。

因果关系追责应以必然因果关系为据的一般规则之外的特例；缺乏期待可能性，是责任能力与责任意思之责任原则要素的例外责任要素；如此等等。特定条件下的替代因果关系既遂归责，也是因果关系追责的普通规则之外的一种特殊规则。在具体致果人归因不明的情况下，否定结果责任，这是多数场合因果关系追责的普通规则；但是，在有替代因关系特征事实的场合，对那些造成了重大法益的实害结果的情形，可予以替代因果关系的既遂归责，这是普通规则之外的特殊规则。

四、替代因果关系归责的比较展开

替代因果关系、重叠因果关系、累积因果关系，均系数个行为叠加造成同一结果的问题，[34] 并且都涉及在具体致果人不明或者具体侵害份额不明等场合如何判断因果关系的疑难。尽管如此，替代因果关系与重叠因果关系、累积因果关系之间也存在着事实特征上的差异，进而在因果关系判断所遇焦点问题上也有所区别。就因果关系判断的技术路径与具体操作而论，[35] 替代因果关系归责的核心障碍是条件关系上的具体致果人不明，如果对替代因果关系的条件关系予以肯定推定，则其相当关系之成立的判断是不成问题的。不过，在其他因果关系类型的场合，有的是基于具体侵害份额不明而致条件关系的判断存疑，如累积因果关系；有的是因为数个行为之间规律性存在的问题而致相当关系的判断有异，如重叠因果关系。

替代因果关系不同于重叠因果关系。重叠因果关系（Mitkausalität），是指数个缺乏意思联络的侵害行为，共同导致同一不可分割的损害结果。[36] 例如，A 与 B 各自试图毒杀 X，分别对 X 予以投毒，投毒的各别分量不足以致 X 死亡，但在共同作用下发生 X 死亡的结果（案例 12，两毒共效致死案）。[37]“重叠因果关系”与“累积因果关系”这两个术语易于混淆，中外学者、刑法与民法对其的理解似也有所不同。其一，将“重叠”与“累积”等同：在德国法学上，重叠因果关系也被称为叠加因果关系（addierte Kausalität）、累积因果关系（Kumulative Kausalität）。[38] 而我国有关刑法译著也有将“累积因果关系”用于指称类似重叠因

[34] 通常认为，替代因果关系、共同因果关系（重叠因果关系）、累积因果关系系复合因果关系。参见［英］哈特、奥诺尔：《法律中的因果关系》，张绍谦、孙战国译，中国政法大学出版社 2005 年版，第 186 页。

[35] 笔者立于归因与归责的分析框架，肯定刑法因果关系之事实上的密切关联与规范上的普通观念支持。由此，刑法因果关系的判断，应当区分刑法因果关系的事实归因与规范归责。同时，笔者主张，事实归因的判断标准是“现实条件关系”，其是刑法因果关系的第一阶段判断；规范归责的判断标准是“相对相当关系”，其是刑法因果关系的第二阶段判断。

[36] 参见王泽鉴：《侵权行为》，北京大学出版社 2009 年版，第 353、361 页。

[37] 参见陈聪富：《因果关系与损害赔偿》，北京大学出版社 2006 年版，第 52 页。

[38] 同前注 36，王泽鉴书，第 188–189、360–361 页。

果关系的内容。[39]其二，区分两者，但刑民译法不同：在我国民法上，“Kumulative Kausalität”通常被译为“累积因果关系”，[40]而这里的累积因果关系与重叠因果关系则有着不同内容的指称。与此不同，在我国刑法上，“Kumulative Kausalität”通常被译为重叠因果关系，[41]而其所指称的内容也正是这里所称的“重叠因果关系”的内容。笔者界分重叠因果关系与累积因果关系，尽管两者在对造成同一结果的原因行为的判断中均可为加害份额不明，但是前者系数个行为中的每个行为不足以独立导致结果，而后者则是数个行为中的每个行为足以导致结果。由此，重叠因果关系，是指数个行为相互重合叠加在一起造成同一结果的发生，每个行为均不足以造成该结果，也无法查明每个行为引发结果的具体份额的因果关系形态。替代因果关系与重叠因果关系的联系与区别表现在：（1）两者的联系：造成结果的数个行为人之间均无意思联络；每个行为人均实施了侵害行为；数个侵害行为针对或者造成了同一损害结果；均存在一定程度的因果关系不明的情况。（2）两者的区别：其一，从可能的致果效率来看，替代因果关系中，每个行为均足以独立造成结果。例如，本文案例 1（各自枪杀一枪命中案），A 枪与 B 枪分别足以造成 X 死亡。而重叠因果关系中，各个行为均不能单独造成结果。例如，本文案例 12（两毒共效致死案），A 毒与 B 毒各不足以造成 X 死亡。其二，从可能的替代作用来看，替代因果关系中，对于结果的发生，数个行为的作用是可以替代的。例如，本文案例 6（两刀刺杀致命一刀不明案），如果没有刺中心脏的一刀，也有另一刺中肺动脉的一刀会造成 X 的死亡，在此对于 X 的死亡，A 刀与 B 刀是可以替代的。而重叠因果关系中，每个人的行为均是造成结果的不可或缺的原因，数个行为不可替代。例如，本文案例 12（两毒共效致死案），同样是 A 与 B 对 X 均有作用，但是 A 毒与 B 毒缺一不可地合致造成了 X 的死亡，对于 X 的死亡来说，A 毒与 B 毒是不能替代的。其三，从因果不明的内容来看，具体致果人不明，是替代因果关系之因果关系不明的必要特征；而具体侵害份额不明，是重叠因果关系之因果关系不明的本质特征。这种区别，在数个行为对结果均有所作用的场合显得尤为重要，因为在此场合，替代因果关系也可能呈现出具体侵

[39] 同前注 17，金日秀、徐辅鹤书，第 149 页；[德]乌尔斯·金德霍伊泽尔：《刑法总论教科书》，蔡桂生译，北京大学出版社 2015 年版，第 85 页。

[40] 参见程啸：《论共同危险行为的构成要件——以〈侵权责任法〉第 10 条为中心》，载《法律科学》2010 年第 2 期，第 127–130 页；李中原：《分别侵权责任的类型化分析——基于因果关系的视角》，载《江苏社会科学》2015 年第 5 期，第 155 页。

[41] 参见[德]汉斯·海因里希·耶塞克、托马斯·魏根特：《德国刑法教科书》，徐久生译，中国法制出版社 2001 年版，第 343 页；[韩]李在祥：《韩国刑法总论》，韩相敦译，中国人民大学出版社 2005 年版，第 129 页；[日]大谷实：《刑法总论》，黎宏译，法律出版社 2003 年版，第 167 页；[日]松宫孝明：《刑法总论讲义》，钱叶六译，中国人民大学出版社 2013 年版，第 53 页。

害份额不明的情形，但是具体致果人不明是其必要的特征，如果两者兼而有之则为替代因果关系。例如，比较本文案例 10（致命一毒不明案）与案例 12（两毒共效致死案），这两个案例中，A 毒与 B 毒对 X 死亡均有所作用，但是在案例 10（致命一毒不明案）中，没有 A 毒而仅有 B 毒，或者没有 B 毒而仅有 A 毒，X 死亡的结果均会照样发生，现在的问题是，究竟是谁的毒药在先决定性地造成了 X 死亡，这是不明确的，从而该案是替代因果关系的适例。而在案例 12（两毒共效致死案）中，对于 X 死亡的结果来说，A 毒与 B 毒是缺一不可的，从而也就无所谓谁的毒药在先造成了 X 死亡，从而该案终究还是重叠因果关系的适例。

上述替代因果关系与重叠因果关系的类型性差异，决定了在这两种不同的因果关系的场合，应当分别不同的具体标准，对相应的情形做出合理判断。替代因果关系的关键是具体致果人不明，对于替代因果关系不是一律既遂归责，而是在符合特定条件下有选择地予以既遂犯的处理。与此不同，在重叠因果关系的场合，所有的行为与结果均有因果关联，这在事实的认定上没有问题，关键是按照因果关系判断标准，如何对之做出合理的理论解释。对此，应当说，重叠因果关系的追责，条件关系的判断不成问题，有所存疑的是相当关系的成立与否。以本文案例 12（两毒共效致死案）为例，分别 A 毒与 B 毒均不足以造成 X 死亡，两者共同作用造成 X 死亡，则 A、B 投毒与 X 死亡之间均存在条件关系。问题是，立于 A 来看，B 也投以致死 X 的补充量的毒，按普通理智人之一般生活经验这是无法预料的；反之，立于 B 来看，A 之补充量的投毒同样是普通理智人所无法预料的。由此，A、B 投毒与 X 死亡之间的相当关系似可被否定，进而它们之间的刑法因果关系似也随之被否定。但是，笔者认为，在这种场合，应当以“致果共效关系”作为相当关系判断的补充，即在 B 投毒与 A 投毒之间缺乏相因关系的场合，[42] 如果 A 毒与 B 毒合力作用造成了 X 死亡的结果，则 A 投毒 B 投毒与 X 结果之间具有刑法因果关系。因此，案例 12（两毒共效致死案）中，A 与 B 仍应对 X 的死亡负责。

替代因果关系不同于累积因果关系。累积因果关系（kumulative kausalität），也称聚合因果关系，是指数个行为分别造成同一损害结果的发生，并且每个行为均足以造成相同结果的发生。[43] 例如，A 与 B 各自试图毒杀 X，分别对 X 予以投毒，投毒的各别分量均足以致 X 死亡，X 喝下 A 毒与 B 毒，B 毒先行作用致 X 死亡（案例 13，一毒先行致死案）。替代因果关系与累积因果关系的联系与区别表现在：

---

[42] 笔者认为，在刑法因果关系的判断中，对造成 X 结果的诸多原因力 A、B、C，应当区分 A、B、C 的发生之间是否存在相因关系，这是对之进行相当关系判断的前提。

[43] 参见王利明：《论共同危险行为中的加害人不明》，载《政治与法律》2010 年第 4 期，第 76 页；同前注 37，陈聪富书，第 60 页；王利明、周友军、高圣平：《中国侵权责任法教程》，人民法院出版社 2010 年版，第 248 页。

（1）两者的联系：数人缺乏意思联络各自实施行为；每个行为均足以独自造成结果；数个行为造成了同一损害结果；数个行为具有时空上的一致关联。（2）两者的区别：替代因果关系中，造成结果的原因行为究竟为何不尽明确，未必数个行为对结果均有作用；而累积因果关系中，造成结果的原因行为是明确的，数个行为对于结果均有所作用。在德国法学上，累积因果关系也被认为是替代因果关系的一个类型，但是严格而论，两者是有区别的。累积因果关系主要是具体侵害份额不明，而替代因果关系关键则是具体致果人不明。[44] 对此，兹以对比性案例说明如下。作为累积因果关系的适例：A 对 X 屋放火后，B 亦对 X 屋放火，X 屋因 A 火与 B 火而焚毁，A 火与 B 火单独足以致 X 屋焚毁（案例 14，放火焚屋案）。[45] 该案中，虽然 A 火与 B 火各自均单独足以造成 X 屋焚毁，但是 X 屋被焚毁系由 A 火与 B 火共同作用而致，这是明确的。与此不同，在本文案例 9（烟头引发火灾案）中，虽然也是 A 烟头与 B 烟头各自单独均足以引发火灾，但是究竟是 A 烟头还是 B 烟头抑或两个烟头合并引发了火灾，这是不明确的。

同样，替代因果关系与累积因果关系的类型性差异，也决定了应当将替代因果关系从中过滤出来，以具体致果人不明为问题的焦点，按照特定的判断标准予以恰当地处理。而在累积因果关系的追责中，所遇的问题是，A、B 分别均足以导致 X 的发生，那么没有 A 或者没有 B 则 X 也会发生，进而是否可以否定 A 或 B 与 X 之间的条件关系？（1）学说：以本文案例 13（一毒先行致死案）为例，否定论者立于条件关系判断的一般规则而主张，由于缺乏 A 而仅依靠 B，或者缺乏 B 而仅依靠 A，X 都会死亡，从而 A、B 双方的行为与 X 的死亡之间的条件关系不得不被否定。[46] 或者，由于 B 毒较快发生作用造成 X 死亡，使 A 与 X 之间的因果关系中断，从而应当否定 A 毒的原因效果，由此 A 只负杀人未遂的责任。[47] 肯定论者则主张，对"'条件关系'的公式必须采取救济措施"。[48] 与单独投毒相比，两者所投毒物相互影响，使 X 的死期提前到来，因此，对于具体发生的 X 的死亡结果而言，因为没有 A、B 任何一方的行为，都不会有 X 在该时刻而死亡的结果的发生，所以仍然能够认可 A 及 B 与 X 之间的因果关系。[49]（2）评价：显然，否定论的结论令人难以接受：A 与 B 的行为均有杀害 X 的危险，并且 X 死亡的原因并非 A、B 以外的行为，如果否定其条件关系则有违社会常识；

---

[44] 参见［德］马克西米利安·福克斯：《侵权行为法》，齐晓琨译，法律出版社 2006 年版，第 235 页。

[45] 同前注 37，陈聪富书，第 61 页。

[46] 同前注 15，野村稔书，第 141 页。

[47] 同前注 41，汉斯·海因里希·耶塞克、托马斯·魏根特书，第 346 页。

[48] 同前注 41，汉斯·海因里希·耶塞克、托马斯·魏根特书，第 346 页。

[49] 同前注 41，大谷实书，第 166 页。

再者，如果 A、B 各自的投毒量均减半，即类似于本文案例 12（两毒共效致死案）的情形，则条件关系反倒可以肯定，这会发生认定上的不均衡。[50] 而肯定论通过A、B相互影响对X死期的作用，来肯定A、B与X特定时刻死亡结果之间的条件关系，这在本文案例 13（一毒先行致死案）中似可如此说理，但是在如下案例中则难以如此论定了。A 与 B 各自分别对 X 实施枪杀行为，两枪同时击中 X 的心脏致其死亡（案例 15，两枪命中心脏案）。[51] 对此，出于对公平正义的追寻，“学说与实务均力求突破”。[52]（3）结论：应当说，在因果关系的判断中，作为基本的规则，条件关系公式（非 A 则非 X）还是应当遵循的，但是这并不排除在特定事实场合，即当 A 行为是 X 结果之“现实充分条件”时，应当肯定 A 与 X 之间的条件关系，这也是对条件关系公式的实质性遵循。具体地说，就因果关系追责范围来说，归因（条件关系）是确定刑法因果关系的事实基础，从而对那些只要属于引起结果之必要条件的行为，均应纳入原因事实的范畴，并且在原因作用上视作等值，这样就不会在事实范围上遗漏对结果的追责；但是，刑法因果关系的追责不应过泛，由此要使刑法因果关系得以成立，还须对归因判断的结果予以归责（相当关系）的判断，这是对条件关系中不应被追责的部分予以筛选，即进行规范性过滤的限定。现在问题是，某项行为（A）是结果（X）的现实充分条件，如此倘若否定 A 与 X 之间的条件关系，显然有违归因判断之“不会遗漏事实”的理论模型的本义。

（本文曾发表于《政治与法律》2019 年第 9 期）

---

[50] 同前注 15，野村稔书，第 141 页。

[51] 这里的案例 15（两枪命中心脏案）与本文案例 2（两枪命中致命枪不明案）之替代因果关系情形不同的是：案例 15 中，X 的死亡系由 A 与 B 造成，这是明确的；案例 2 中，X 究竟死于 A 枪还是 B 枪，并不确定。

[52] 同前注 37，陈聪富书，第 61 页。

情节犯之情节的犯罪论体系性定位

王 莹

我国刑法在总则中作出第13条但书的规定，在分则中设立“情节严重”“数额较大”“情节恶劣”等要求，对形式上符合分则构成要件但“情节显著轻微，危害不大”的行为从立法层面予以非犯罪化，这被学界认为是定性加定量的犯罪定义模式。“情节严重”“数额较大”“情节恶劣”等要求被称为犯罪的定量因素[1]或罪量要素。[2]为行文方便起见，以下统称定量因素。把定量因素带入犯罪成立的考察之中，在司法实践中以司法解释的形式统一划定界限作为判定“罪量”大小既而确定犯罪成立与否的依据，这种犯罪定义模式以及与之相连的定罪机制，在我国的司法实践中由来已久，表面上看来具有很强的可操作性。然而随着我国刑法学整体理论层次的提升，这种未经理论雕琢的粗糙的犯罪定义模式日益显示出教义学上的逻辑体系缺陷。其中一个最为棘手的理论难题是：在该犯罪定义模式下，应该如何解决定量因素[3]在犯罪构成要件中的体系性地位，确定其与行为人主观方面的关系？是否要求行为人的主观罪过必须覆盖这些量的因素，即在故意的情况下要求行为人认识到行为所涉及的量的因素，而在过失的情况下要求行为人对其具有预见可能性？本文尝试对犯罪定量因素进行教义学分析，并在此基础上探讨它与行为人主观方面的关系。[4]

---

[1] 参见储槐植、汪永乐：《再论我国刑法中犯罪概念的定量因素》，载《法学研究》2000年第2期；王昭振：《刑法中定量因素的故意规制研究“客观超过要素”理论的再诠释》，载《法律科学》2008年第5期；王强、胡娜：《论主观罪过中的定量因素认识》，载《中国刑事法杂志》2007年第4期。

[2] 参见陈兴良：《作为犯罪构成要件的罪量要素：立足于中国刑法的探讨》，载《环球法律评论》2003年第3期。

[3] 既然情节与数额皆是指涉犯罪的“量”的要素，从逻辑上来讲“数额较大”也可以视为“情节严重”之一种，故本文也采广义情节犯的观点（广义情节犯的观点，参见刘艳红：《情节犯新论》，载《现代法学》2002年第5期），下文关于情节犯与情节的论述，如无特别指明，皆适用于传统意义上的数额犯与数额。

[4] 这里需要指出的是，是否要求行为人认识到“情节”“数额”与是否要求行为人认识到“情节严重”“数额较大”是两个问题，前者涉及事实性要素，后者涉及对事实性要素进行评价的规范要素。而以往学者在使用定量因素的概念时，似乎并未认识到这种区别，并未明确定量因素概念指称的内容，到底是指“情节”“数额”还是“情节严重”“数额较大”。下文论述将主要集中于故意犯罪领域，探讨故意与情节的关系；对于过失犯罪，相应地可以根据故意认识与情节的关系原理确定行为人预见可能性的范围，受篇幅所限，本文对此暂且不论。

一、定量因素与犯罪构成关系的国内研究现状

在我国，围绕定量因素的定位问题，近年来学者提出了不同的解决方案，概括起来有以下四种：

（一）“罪体—罪责—罪量”说

“罪体—罪责—罪量”说认为，犯罪构成要件是行为侵害法益的质的构成要件与量的构成要件的统一体。质的要件包含犯罪构成客观要件（罪体）与主观要件（罪责），而表明法益侵害的量的要件是所谓罪量，是在具备犯罪构成的本体要件的前提下，表明行为对法益侵害程度的数量要件，罪量要件应该独立于上述两个要件，它不是罪责所涵摄的内容，不需要行为人对其认识。[5] 该观点将表明法益侵害的量的要件作为单独的罪量要件，将其排除在行为人的主观认识范围之外，无疑否定了罪量要件的构成要件地位。但是，在大多数情况下，我国刑法中的情节与数额要求属于行为不法或结果不法的内容，是行为符合构成要件的典型体现，如果不要求行为人对这一要素进行认识，显然不符合构成要件与故意内容原理，因为据此客观构成要件是行为人主观方面的认识内容。[6] 另外一方面，从罪责原则的角度来看，要求行为人对超出故意范围的不法负责，也存在问题。由于否定罪量要件的构成要件地位，该观点实际上近似于将罪量要件视为客观处罚条件。

该说将犯罪构成要件视为行为侵害法益的质的构成要件与量的构成要件的统一体，但又认为质的构成要件包含犯罪构成客观要件（罪体）与主观要件（罪责），而罪量要件是独立于上述两个要件的。这种观点有一个思维上的前提，即假定存在一个不包含罪量的纯粹的四要件，同时又存在一个独立于四要件之外的罪量。该说所谓的质量统一体的构成要件，实际上是广义的构成要件，包括狭义的构成要件即犯罪构成四要件与罪量，即犯罪构成四要件仍然是不包含罪量的纯粹的四要件。但是这个前提实际上是不存在的。

同样存在这种罪量与犯罪构成要件割裂思维倾向的是“质的构成要件与量的构成要件”说，该说认为“犯罪构成要件可以分为质的构成要件和量的构成要件”。[7] 这种观点在思想上也把犯罪构成要件与罪量割裂开来，认为存在各自的构成要件，一个是社会危害性质的要件，即狭义的犯罪构成要件（犯罪构成四要件）；一个是社会危害性量的要件，即条文附加规定的罪量要件。所谓“犯罪构

---

[5] 参见前引 2，陈兴良文。

[6] Vgl.Jakobs，Strafrecht AT，2.Auflage，Berlin 1993，§ 8，Rn.43；Troendle /Fischer，Strafgesetzbuch und Nebengesetze，52.Auflage，Weihrauch 2004，§16，Rn.3；Gropp，Strafrecht AT，Berlin 2005，§5，Rn.60，m.w. N. 日本刑法理论从中归纳出构成要件的故意规制功能，参见［日］大谷实：《刑法讲义总论》，黎宏译，中国人民大学出版社 2008 年版，第 103 页。

[7] 前引 3，刘艳红文。

成要件是对一定行为严重社会危害性的性质和程度的规定和体认”中所指的构成要件，实际上指的仍是包含罪量要求的广义的构成要件。

（二）“犯罪成立消极条件”说

该说认为，在我国定性加定量的犯罪定义模式下，行为人实施犯罪构成要件行为，须达到一定的罪量要求，始能成立犯罪。故该说考虑将罪量轻微与正当防卫、紧急避险等正当化行为一同视为阻却犯罪成立的事由，与犯罪构成四要件即“犯罪积极成立要件”相对，成为犯罪成立的消极要件。[8] 这种解决方案是在维护传统犯罪构成四要件并对其进行阶层化改造的思想背景下提出的，即把正当防卫、紧急避险、期待可能性归入犯罪成立的消极条件，作为价值判断层级，发挥价值评判的功能。在我国定性加定量的犯罪定义模式中，即使行为符合构成要件对行为性质的要求，也会因为不满足定量条件而不构成犯罪，这里定量因素发挥着出罪入罪的功能，因而也被视为犯罪成立的消极条件之一。这种从犯罪构成结构出发的观点听来似有可取之处，尤其是当我们联想到《刑法》第 13 条但书的规定，几乎立即被这种观点说服了刑法但书的规定，从字面含义上来说，仿佛正是在犯罪定义的层面确立了“情节轻微”阻却犯罪成立的地位。

但是，将情节轻微作为犯罪成立消极要件，面临着体系结构上的解释困难。在所谓犯罪成立消极条件之中，正当防卫、紧急避险都针对行为违法性而言。在具备这些事由的情况下，行为表面上符合构成要件，实际上并不具有违法性，而是为法秩序所容忍甚至是赞许的行为，因而不构成犯罪；而期待可能性针对的是行为的可责难性，具有阻却责任的效果。如何在这种意义上说明情节轻微与正当防卫、紧急避险行为内容上的同质性与功能上的等价性，不无问题。如果将之视为违法性层面的因素，认为只有满足量的条件的行为才是具有违法性的行为，未达到这一条件的行为是为法秩序所准许的行为，似乎也欠妥当。对于违法性判断只能用“有或无”来回答，一个行为或者合法或者违法，不存在部分合法或者部分违法的情况。未达到定量要求的行为，虽然在我国刑法上不构成犯罪，但也绝非合法的行为。符合行为定性要求但未达到情节严重的行为即使不构成犯罪，也不是因为它是法秩序容忍或者赞同的行为。也就是说，量的轻微并不能使行为的性质发生改变，抵消行为的违法性。正是因为这样，在我国法律中，未达到定量要求的行为才会被作为违反治安处罚法的行为或者行政违法行为加以处罚。最后，试图把情节要素像期待可能性那样归入责任层面就更无从谈起了。

（三）“整体的评价性要素”说

该说认为，当行为符合客观构成要件的基本要素后，并不意味着行为的违法性达到值得处罚的程度，需要在此基础上对行为进行整体评价，以表明行为达到

[8] 参见张永红：《我国刑法第 13 条但书研究》，法律出版社 2004 年版，第 170 页以下。

可罚的程度；我国刑法分则中“情节严重”与“情节恶劣”规定即指涉行为可罚的违法性程度的要件，属于“整体的评价性要素”。[9]“情节严重”与“情节恶劣”作为整体的评价性要素，是表明法益侵害严重程度的客观的违法性要素。[10]那么，在故意犯罪中，这种整体的评价要素是否属于行为人故意的认识内容呢？根据该说，这种整体评价要素的前提性事实，应该为行为人的故意认识所包括。而至于该情节是否“严重”“恶劣”，属于在“具有违法性认识（可能性）的前提下产生的认识错误”，不是一种违法性认识错误，而是对事实的评价错误，充其量属于涵摄错误，不影响情节严重的认定。[11]

（四）可罚的违法性说

针对行为具有构成要件符合性但从刑法谦抑原则来看不宜动用刑罚处罚的情形，日本学者宫本英修提出可罚的违法性理论，认为犯罪行为不仅是在法律上被一般规范性地评价为违法的行为，而且需要在刑法上被进一步判断为可罚。[12]国内学者尝试引入可罚的违法性理论阐释我国《刑法》第13条但书的情形。[13]但是以可罚的违法性理论并无法确定情节犯之情节在犯罪论上的地位，因为即使在日本学界对可罚的违法性理论也存在争议。如藤木英雄在构成要件符合性层面探讨可罚的违法性，认为没有满足构成要件所预想程度的违法性的最低标准时，行为不具有构成要件符合性。[14]而大塚仁等学者则认为，“所谓缺乏可罚的违法性，是指符合构成要件的行为缺乏实质的违法性，不值得在刑法上予以处罚。因而，必须把可罚的违法性在理论体系上的位置放在违法性论之中。”[15]按照第一种观点，情节属于构成要件该当性的问题，但该说并未进一步明确其在构成要件中的定位，而是将问题推至构成要件的解释领域，故此说仍然无法为情节与行为人主观方面的关系问题提供具体的操作方案。根据第二种观点，情节应该属于违法性阶层，同样面临上述犯罪成立消极条件说的困境，即如何解释轻微的法益侵害行为与正当防卫、紧急避险等不具有法益侵害性行为在违法性层面的同质性问题。另外一方面，违法性说本身也存在逻辑上的问题。构成要件作为不法类型，符合构成要件的行为一般来说是具有行为不法和（或）结果不法的行为，除非具有排除

[9] 参见张明楷：《犯罪构成体系与构成要件要素》，北京大学出版社2010年版，第239页。

[10] 同上书，第241页以下。

[11] 同上书，第253页。

[12] 转引自［日］大塚仁：《犯罪论的基本问题》，冯军译，中国政法大学出版社1993年版，第121页。

[13] 例如，参见刘为波：《可罚的违法性论兼论我国犯罪概念中的但书规定》，载陈兴良主编：《刑事法评论》（第10卷），中国政法大学出版社2002年版，第67页以下。

[14] 参见前引12，大塚仁书，第314页。

[15] 同上。

违法性事由，故而在违法性阶层仅作消极的例外的判断。而该说认为从构成要件符合性中并不能够推导出（实质的）违法性，而必须再进行可罚的违法性的判断，这就相当于在构成要件该当性和违法性阶层之间又增加了一层可罚的违法性判断。如果构成要件该当性本身不能推导出可罚性，需要在该当性之外再进行积极的可罚性判断，那么构成要件又有何存在之必要，其作为不法类型的意义也几近丧失。

（五）客观处罚条件说

除了上述几种观点以外，近来亦有学者主张借鉴德国刑法中的客观处罚条件理论，将我国刑法中情节犯与数额犯关于情节与数额的要求视为客观处罚条件。[16]我国刑法分则中的情节和数额要素在构成要件不法类型的符合性以外，还对不法的程度提出要求，具有限制刑事可罚性范围的作用。德国的客观处罚条件理论也认为，某些构成要件规定的行为虽然代表了一定的不法，但是从刑罚经济性的角度来说，单纯对其进行处罚可能会导致刑罚的范围过广，为了限制刑事可罚性的范围，刑法规定当出现某种不依赖于行为人罪责的客观的条件时，才对这种行为进行处罚。[17] 单纯从其功用上来看，我国的情节犯规定类似于德国刑法中的客观处罚条件，但是二者在内容构造上存在着显著的差异。客观处罚条件的定位虽然在德国刑法理论中也存在争议，但是目前的主流观点认为其既不属于不法领域，也不属于罪责领域，而是在构成要件该当性、违法性、有责性之外的另外一个构成要件（这里指广义的构成要件）层级。[18] 例如在《德国刑法典》第 102 至 104 a 条针对外国的犯罪中，只有当德国与该外国保持外交关系或对等关系时，才可以对这些行为进行追诉，此处的“外交关系或对等关系的存在”就是客观处罚条件。由于客观处罚条件不属于不法和罪责层级，其与行为人的故意与过失自不发生关系。而我国刑法中的数额是针对犯罪客观方面提出的，而情节（此处指数额之外的狭义情节）也主要是针对犯罪客观方面和犯罪主观方面的综合评价，所以是附着于构成要件之上的，属于不法的范畴。如《刑法》第 140 条生产、销售伪劣商品罪中的“销售数额五万元”，第 264 条盗窃罪中的行为对象价值“数额较大”，第 247 条刑讯逼供罪司法解释中“以殴打、捆绑、违法使用械具等恶劣手段逼取口供”的情节严重情形等，或者在主观故意中有所反映，或者在行为方式

---

[16] 例如，参见熊琦:《德国刑法问题研究》，台湾元照出版公司 2009 年版，第 99 页以下。熊琦博士认为我国刑法关于情节、数额等规定在犯罪论中的地位相当于德国刑法中的客观处罚条件，但因为在德国刑事可罚性与犯罪成立是同义语，为避免与中国刑法上作有罪宣判但免除刑事处罚的情形相混淆（第 89 页），故改称为“独立犯罪否定条件”，但又认为其地位等同于“排除性犯罪事由”（第 99 页），这实际上在某种程度上又近于“犯罪成立消极条件”说。

[17] Vgl.Roxin，Strafrecht AT，4.Auflage，Muenchen 2006，§23，Rn.1f

[18] 同上书，第 23 节，边码 1。

中被体现出来，不可能独立于行为不法或结果不法之外。如果将这些情节视为客观处罚条件而排除在行为人的主观方面之外，就会有违反罪责原则的嫌疑。

从规范功能的角度来说，情节脱离于犯罪构成四要件之外；从内容结构上来看，它又附着于四要件之上，与其密不可分，可以说是处于一种自相矛盾的分裂状态，这就是我国进行这种情节规定的难堪所在。正因为这种矛盾与难堪，情节与构成要件之间的关系成为我国刑法理论中最令人困扰的难题之一。

究竟应当如何理解情节犯之情节，把握其与构成要件的关系？该问题的解决要求我们在正确理解构成要件本质与功能的基础上对情节因素进行教义学解剖与体系化梳理。而此项研究最困难之处就在于，在我国定性加定量的犯罪定义模式之中，定量化的情节因素已经侵入犯罪构成要件，很难被单独剥离出来。而在教义学的探讨中，犯罪构成又是至关重要的分析工具。在对于情节因素的探讨中，它也是重要的参照系。但是在我国的犯罪定义模式下探讨情节问题就出现了这种局面，即我们无可避免地会用夹杂着定量思维因子的犯罪构成要件理论去分析情节因素，造成分析工具与被分析对象之间边界不清，互相交织重叠，徒增很多困扰。而且这种研究得出的结论的可靠性也令人怀疑。因此，这就提示我们，如果能够以单纯定性的犯罪定义立法例为对照，借助其不设情节要求的构成要件对我国刑法中的情节犯进行教义学与法哲学层面的分析，或许就能避开这些思维上的障碍，跳出既有知识结构的樊篱，还原问题本来的面目。基于这种思路，下文将选择单纯定性犯罪定义模式的德国刑法作为样本进行这种尝试。[19]

二、德国刑法中的犯罪量化理论

德国刑法中的犯罪概念是形式的犯罪概念，刑法总论中不包含对犯罪的实质性定义。《德国刑法典》第 12 条仅根据法定刑定义轻罪与重罪，不对犯罪概念的内涵进行实质性的描述与界定。相应地，德国刑法分则一般仅描述不法类型，而不对不法含量进行要求。仅有少数条款对行为的不法含量设定程度上的条件，如第 303 条毁损物品罪的第 2 款规定，擅自对他人物品的外观进行严重的或非一过性的改变，始承担刑事责任。而绝大多数构成要件都无此类规定，如第 242 条关于盗窃罪的规定不包含对盗窃数额等定量因素的要求，通说也认

[19] 这里的单纯定性犯罪定义模式是指与我国在犯罪定义中设置量化考虑因素的定义模式相对应而言，并不是说德国刑法完全排除量化的因素。德国刑法分则极个别的条文如第 223 条身体伤害罪规定："对他人实施身体虐待或损害他人健康者，处……" 该构成要件描述虽隐含了一定的不法含量的要求（即虐待和健康损害本身对伤害程度的要求），但该不法含量仍然是可以由不法类型（即虐待和健康伤害的构成要件行为）决定的，不像中国刑法那样存在不法类型之外附加的量的要求。所以，即使在类似身体伤害罪的构成要件中，对不法含量的判断也可一次性地在行为构成要件符合性的（类型化的）判断中完成。

为盗窃物品的经济价值不影响盗窃罪的成立。[20] 理论上，哪怕是盗窃一支铅笔的行为，也构成盗窃罪。

尽管实在法的规定不同，然而德国刑法与中国刑法所调控的社会事实对象是相同的，在德国司法实践中，也会面临对轻微的涉案行为是否动用刑罚进行处置的问题。如果将类似盗窃一支铅笔的行为或扇人一耳光的行为也判罪处刑，不仅从刑事司法资源分配角度来看是不现实的，而且也会面临是否违反宪法规定的比例性原则的拷问。因而，德国对罪量极其轻微的行为，采用程序法上的手段予以分流处理，以减缓司法机关的追诉压力。《德国刑事诉讼法典》第 153 条与第 153 a 条规定了酌定终止诉讼程序的情况。根据第 153 条的规定，对于最低法定刑为 1 年以下的轻罪行为，如果行为人的罪责较轻，且不存在对犯罪行为进行追诉的公众利益时，检察机关在征得法院的同意后可以作出不起诉的决定（第 153 条第 1 款第 1 项）。在预期获刑不超过法定最低刑（即 1 个月有期徒刑，5 个单位的日罚金额）且行为后果轻微的情况下，检察机关可以独立作出不起诉决定，无须征得法院同意（第 153 条第 1 款第 2 项）。如果案件已经起诉至法院，则法庭可以在上述条件具备的情况下决定终止刑事诉讼程序（第 153 条第 2 款）。而在罪责不是很轻微，存在刑事追诉的公众利益的情况下，如果这种公众利益可以在行为人承担一定的义务之后被抵消，检察机关可以在征得法庭和被害人同意之后作出不起诉决定（第 153 a 条第 1 款）。如果案件已经诉至法院，法院也可以在征得被害人同意之后决定终止刑事诉讼程序（第 153 a 条第 2 款）。综上所述，德国刑法在实体法上仅对犯罪进行类型化的定义，不设置量的门槛，通过上述程序法上的规定，对罪量轻微的行为进行事实上的非犯罪化，这种处理涉罪轻微行为的方案，被称为程序法的解决方案。我们可以看到，即使在德国刑法中，在决定是否对某种犯罪定罪处罚时，对于行为罪量的衡量也发挥着作用，只不过这种过程不是发生在实体法领域，而是被放置到程序法之中。[21]

即使在这种犯罪定义立法例中，犯罪的量化思维也是存在的。德国实体法上对犯罪的量化思考，主要发生在量刑的过程中，刑罚的轻重必须以犯罪行为的轻重为依据，因而对犯罪的量的研究主要是解决量刑的问题。随着这种研究的推进，在量刑中对犯罪的量化观察渐渐形成了一些方法论的思考，这些思考逐渐突破量

---

[20] 参见前引 6，Troendle /Fischer 书，第 242 节，边码 3 a。

[21] 在这种程序法的解决方案中，对事实上的非犯罪化起到决定作用的是行为人罪责的大小。衡量罪责大小的因素根据《德国刑法典》第 46 条的量刑规定，包括行为人的作案动机与目的、行为中体现出的行为人内心思维与行为意志、义务违反的程度、行为实施方式与行为造成的行为人应负责任的影响、行为人犯罪前的生活与行为人的个人与经济状况，以及行为实施后行为人所采取的行为，尤其是他在对被害人进行赔偿与和解方面作出的努力（《德国刑法典》第 46 条第 2 款）。

刑领域的边界，开始侵入犯罪论体系的研究在刑法教义学层面，德国学者试图探讨构成要件内部所蕴含的不法的含量。[22]

德国刑法理论中犯罪量化的思维产生于实质的违法性理论萌生之后。在早期对违法性采取形式理解的刑法教义学中，不存在对不法进行量的观察的思考方式，不存在一个量级渐变的不法概念。[23]不法的实质在于违反法律的命令或禁令，这种违反在轻罪和重罪方面并无分别。一个法律的命令或禁令或者被违反，或者没有被违反，不存在第三种情形。因此，在形式不法理论内部没有量化思维存在的空间。而实质违法性学说[24]认为，不法并不是单纯的规范违反，而是利益侵害或法益侵害。于是，不法不再是一个形式上的是与否的判断问题，而是有了内容填充与程度变化。德国学者 Noll 对此有一段精辟的论述："刑法保护法律共同体所具体关注的法益。它禁止某些被认为对法益造成威胁的行为方式，而这些行为又是由法定构成要件所具体决定的。"[25]由此，人们对规范的关注就由规范整体转移到个别规范，即具体的犯罪构成要件规定。这是一个重大的思维上的跳跃，通过这种方式，不法就改变了它抽象与形式化的面貌，变得具体可感了。"法益侵害作为结果不法，具体的行为方式作为行为不法，以及主观的内心因素作为意念无价值（Gesinnungsunwert），共同决定了不法的内容含量，而这些成分又都是可以量化的，因而不法就成为一个可以定量的概念。"[26]尤其在刑法解释的研究中，在分析构成要件行为是否与法条的目的及其背后的价值相符时，量化的思考也显得很有意义。KeRn 发现了一些影响不法程度的因素，比如超越某些法律赋予的权力范围造成损失的违法行为，比起那些完全没有任何法律根据的违法行为来说，如防卫过当行为与一般的故意伤害行为相比，其违法性程度要低一些。[27]另外在不作为犯中，作为义务本身的强度大小也会影响违法性程度。[28]Noll 也指出，在存在被害人承诺的伤害行为中，如果因被害人承诺违背善良风俗而不影响伤害罪成立，存在被害人同意的伤害行为与不存在这种情况的伤害行为相比，前者的不法含量要低。[29]据此，他总结出一条评定不法含量的原则："不法含量的高低一方面取决于组成不法构成要件的不法要素的数量与强度，另一方面取决于排除

[22] Vgl.Kruepelmann，Bagatelldelikte，Untersuchung zum Verbrechen als Stei gerungsbegriff，Berlin 1966，S.31.

[23] 同上书，第 27 页。

[24] 关于实质违法性说，可参见 Mez ger，Strafrecht，3.Auflage，Berlin und Muenchen 1949，S.197ff。

[25] Noll，ber gesetzliche Milderungs g ründe aus vermindertem Unrecht，ZStW 68，182.

[26] 前引 25，Noll 文，第 182 页。

[27] 转引自前引 22，Kruepelmann 书，第 30 页。

[28] 同上。

[29] 参见前引 25，Noll 文，第 195 页。

违法性因素的数量与强度。”[30]

在此基础上，Kruepelmann 尝试发展出一条犯罪量化评价的方法，从行为不法、结果不法以及罪责三个角度对犯罪行为事实进行量的评估。[31] 在 Kruepelmann 看来，犯罪的量的判断是一个综合的评价过程，行为不法与结果不法共同决定着不法含量。某些行为本身并不严重，其行为不法程度较轻，但是却造成了严重的后果，即结果不法程度较重，如大量的交通过失案例即是如此。反之亦然，在犯罪未遂的情况下，如故意伤害或者杀人未遂，则是行为不法严重而结果不法往往较轻或者缺失。因而只有当行为不法与结果不法同时表现出较低的程度时，才能认为不法含量较低。[32] 在不法含量的基础上，还要考虑罪责的含量。规范责任论中的罪责是指行为人的可谴责性，而不法正是这种谴责的内容基础，因而罪责大小一般是由不法的程度决定的。[33] 例如，如果行为人以特别危险的方式行为，行为不法的程度较高，相应地也反映了较大的可谴责性，其罪责程度也必然升高。同样，特别严重的后果中往往也反映了行为人较大的可谴责性。但是在一些情况下，结果不法的程度与行为人的罪责并不成正比，如在轻微过失行为导致严重危害后果时，则应以行为无价值限制罪责的范围，将罪责含量控制在行为无价值的范围之内。[34] 但是在个别情况下罪责也有独立于不法的一面，对一些罪责要件需要单独进行考量，如出于某些个人的急迫境地而实施某种行为，虽然不法含量未受到影响，但罪责会被减轻。[35]

德国刑法关于犯罪定量的理论，是以不包含定量要求的构成要件为对象展开的，犯罪的成立不设置一定的罪量要求。然而，即使在这种所谓定性的构成要件模式中，也无法绕过所谓“罪量”的问题。在实质违法性理论兴起之后，不法作为法益侵害开始有层级递变，对行为无价值与结果无价值均可作量化的考察，而作为不法类型的构成要件自然无法逃脱这种量化的评价。

德国刑法以构成要件的行为不法与结果不法为中心，对构成要件行为进行不法含量的量化考察，这对我们研究我国刑法中的情节犯具有重大的方法论意义。而在进行这种方法论上的借鉴之前首先必须阐明的是，我国四要件的犯罪构成与德国三阶层犯罪论体系中的构成要件具有质的相似性，这是以上述思维方法解决我国情节犯之情节定位问题的适用性前提基础。在理解了构成要件不法类型的本质与诠释学特征之后，我们得以拨开笼罩在情节犯问题上的重重迷雾。然后在此

[30] 参见前引 25，Noll 文，第 184 页。
[31] 参见前引 22，Kruepelmann 书，第 63 页以下。
[32] 同上书，第 65 页。
[33] 同上书，第 63 页。
[34] 同上书，第 105 页以下。
[35] 同上书，第 63 页。

基础上，我们可结合我国犯罪构成中情节犯的特殊性，对情节犯之情节进行教义学的剖析，对其进行犯罪论体系的定位。

三、我国犯罪构成的构成要件性

在德国刑法中，构成要件虽然是对生活事实的抽象，是一种所谓的定性的行为类型，但是人们并无法将其中的质量抽象掉，成为一种不包含质量的空洞的纯粹“观念形象”，而是包含了一定的量的预设。那么这种观点是否仅仅适用于德国刑法？我国刑法上的犯罪构成是否与德国刑法中的构成要件不同，只是一种纯粹的定性的构造，而对于量的程度要求单独在“情节严重”的要求中予以解决？这个问题直接关系到德国刑法中关于构成要件的量化思维在我国犯罪构成理论中的适用性问题。显然，这个问题的答案首先取决于，德国刑法的构成要件与我国刑法的构成要件是否因实在法规定的不同而不同，它们是否具有本质上的区别，继而因之具有功能上的差异。

（一）构成要件的“事物本质”法哲学层面的观察

在这里，我们想借助法哲学上的事物本质的思维方式进行揭示构成要件的本质的尝试，继而证明我国的犯罪构成同样具有德国三阶层构成要件体系中的构成要件的本质。

在法学领域，法律概念、原则、制度等法律构造具有抽象的性质，理解它们的本质需要重新回到它们作为事物的存在层面，即它们的来源，它们所依托和进行法律加工的生活事实。[36] 在存在的层面，这些生活事实并不会因法律制度的不同而不同。以杀人罪为例，作为杀人构成要件来源的剥夺他人生命的案件事实，在德国和中国并不存在什么重大的不同。为何杀人的生活事实在两个法律制度内都会被禁止，而且是以构成要件的形式进行禁止呢？从构成要件的功能上来说，其作为一种不法类型，即是把某种行为形象固定下来，以警示人们远离它所描述的行为类型，此即构成要件的呼吁功能。[37] 这在德国刑法和中国刑法中并无二致。那么，为何人们被禁止从事这种被描述的行为类型呢？如果人们仅仅因为法律对这种行为类型的描述与固定而这样做，而不是因为其他的法外的原因的话（实际上这也是罪刑法定原则的要求，即除了法定构成要件之外，对于被禁止的行为和其被禁止的原因不再进行其他的说明，人们仅根据法定构成要件来调整自己的行为），那么构成要件本身必定隐含着它被禁止的原因，必定包含着某种实质的东西，而非单纯的形式化的口令。这种被禁止和否定的原因就是因为它代表着某种恶害，某种负面的东西在法益理论看来，这种

---

[36] Vgl.Hassemer /Kaufmann，Gustav Radbruch Gesamtaus gabe Rechtsphilosophie，Bd.3，Heidelber g 1990，S.235ff.

[37] 参见前引 17，Roxin 书，第 14 节，边码 66 以下；第 19 节，边码 3。

恶害是法益侵害或者法益侵害的危险；[38] 在规范适用理论看来，这种构成要件的质是对规范效力的破坏；[39] 在我国社会危害性理论看来，它就是社会危害性。[40] 虽然这种构成要件的质因学说的不同而名称各异，但是人们都可以从两种维度对它进行评判，这就是“有或无”和“多或少”的判断（构成要件的类型特征决定了构成要件的质的量化评判是不可避免的）。后一种判断，即是用量化的视角对构成要件的质的判断，而这种量化的构成要件的质，正是所谓中国学者所谓“罪量”。[41]

这样，我们就从构成要件事物的存在层面到达了它的本质。Schiller 有言：“当我说‘一个事物的本质是……’时，我就将所有与其本质无关的东西舍弃了……这种意义上的本质是指什么？它是事物存在的原则，同时也是事物之所以采取事物存在形式的原因，是形式的内在的必要性，事物内部本质与与形式的纯粹的统一，是被事物自身所遵守，同时由事物自身赋予的规律。”[42] Schiller 的这种表述，被认为是对实然与应然、存在与价值之间生硬的二元对立的一种调和。[43] 可见，事物的形式是与其本质密不可分的，它的本质决定了它必须采取这种形式，而其形式就是其本质的一种表达。构成要件作为被禁止的不法类型，以这种形式存在，是由其内含着的被禁止的原因一定的负面的东西或恶害所决定的。而构成要件以其不法类型这一存在形式，也表达了其价值内涵。从这个意义上来说，构成要件也是一种介于事实与价值层面之间的构造。[44]

在这种法哲学层面事物本质的意义上，我们也不可能对我国刑法中的犯罪构成作其他的理解。我国的犯罪构成同样是将一定的行为形象予以固定并规定相应的刑罚后果，一方面对已实施类型行为的人加以惩罚，另一方面警示他人远离这种类型的行为。因而，我国的犯罪构成作为对不法行为的描述与形象固定，也是一种不法类型，与德国刑法三阶层论的构成要件具有相同的事物本质，具有相同

---

[38] 关于法益侵害理论的经典论述，可参见上引 Roxin 书，第 2 节。

[39] 规范违反理论（Normverletzungstheorie）由 Jakobs 创立，早先的论述，参见 Jakobs, Kriminalisierung im Vorfeld einer Rechts gutsverletzung, ZStW 97（1985）, S.754f.，以及前引 6, Jakobs 书，第 2 节，边码 25a 以下。

[40] 鉴于社会危害性理论在我国刑法学界传播甚广，学者对此所著甚多，故在此不详细引证。

[41] 笔者尝试给它一个更加恰当的称谓，却受制于语言的藩篱，没有找到一个更好的概念以准确地描述这种理论的构造，故仍采国内文献所使用的“罪量”概念，同时也可保持学说发展的延续性。

[42] Schiller，Schilers Werke，heraus gegeben von Buchwald，Bd.2.，1940，S.149f.，转引自前引 36，Hassemer / Kaufmann 书，第 240 页以下。

[43] 上引 Hassemer /Kaufmann 书，第 241 页。

[44] 因而，构成要件被认为是法律理念和生活事实之间的一种中间状态，具有规范性和事实性两种特征。Vgl. Hassemer，Tatbestand und Typus，Koeln［u.a.］，1968，S.113，m.w.N.

的物本逻辑结构。[45]

由此可见，无论是我国刑法中的犯罪构成还是德国刑法三阶层体系中的构成要件，作为不法类型皆是与行为不法与结果不法相连的。如果硬将二者进行人为的分离，提出一个纯粹的不法类型，则只能通过虚构来达到。

（二）构成要件的质的量化构成要件的类型意义

本文论证进行到这个阶段，或许有学者会指出，上述关于构成要件的本质的论述仅仅昭示了对犯罪的实质化理解（从而跟上文提到的实质违法性理论的发展形成暗合），而并不能证明德国刑法中的关于构成要件的量化思维也可适用于中国刑法中的犯罪构成。

下文将从构成要件作为一种类型的意义上，阐述这种量化思维在理解构成要件本质上的必要性。如上文所述，无论德国刑法三阶层体系中的构成要件，还是中国刑法中四要件组合成的平面的犯罪构成，都具有相同的构成要件的本质，皆具有构成要件的呼吁功能，即刻画不法行为的观念类型警示人们远离它，不听从这种呼吁的行为人就会受到刑罚惩罚。构成要件作为一种类型，作为抽象概念和具体事物的中间状态，是规范对现实的指涉，是一种流动的边界不清晰的整体构造。[46]“类型并非它所指涉或描述的事物本身，而是对事物的指涉或描述，因此它是一种诠释学的工具。它指涉现实，却非现实本身，它所指涉的现实即是个案，个案就是对构成要件不法类型的具化。”[47]因而把构成要件的规定适用于案例事实，必须通过探明这种指涉关系，通过对构成要件的解释来完成。解释并不是把某种生活事实简单地归属到某个构成要件之下，并不是直线式的演绎过程，而是“一个生活事实与法条之间的互动过程，是目光在二者之间的来回流转”，[48]是“构

---

[45] 物本逻辑结构（Sachlogische Struktur）概指价值或规范概念的存在论意义上的结构基础。Welzel 以存在论为其刑法哲学思想基础，强调价值与规范的概念不能脱离存在论上的结构（ontologische Struktur）。例如，价值对象概念（Wertobjekt）“故意杀人（Toetung）”即是由故意的、蓄意而为的剥夺他人生命行为（实然层面的存在论基础结构）与对该行为的违法性、可谴责性的评价（价值判断）两部分所组成，前者是后者的基础与对象。Vgl.Welzel，Abhandung zum Strafrecht und zur Rechtsphilosophie，Berlin 1975，S.25. 在 Welzel 看来，犯罪与实然世界之间的关系可以通过物本逻辑结构来建立，它是先于规范而存在的（Vgl.Welzel，Naturrecht und materiale Gerechti gkeit: Prolegomena zu einer Rechtsphilosophie，Goettingen 1951，S.197f.），而法规范的制定与解释，都必须以探明这种物本逻辑结构为基础，否则就会堕入恣意。正是得益于这种物本逻辑的思维方法，Welzel 建立了目的行为论。目的行为论虽然因种种缺陷而未成为压倒性的通说，但这丝毫不妨碍物本逻辑思维方法成为当今德国毋庸置疑的法学方法论之一。关于物本逻辑结构与事物本质的方法论意义，可参见 Schuenemann 的论述。Vgl.Schuenemann，Grund und Grenzen des Unterlassungsdeliktes:Zugleich ein Beitrag zur strafrechtlichen Methodenlehre，Goettingen 1971，S.32ff.

[46] 参见前引 44，Hassemer 书，第 111 页。

[47] 同上书，第 113 页，脚注 134。

[48] Englisch，Logische Studien zur Gesetzesanwendung，3.Auflage，Heidelber g 1963，S.15.

成要件与事实之间的同时性的舒展与填充”。[49] 在每次解释之前，构成要件都是不完整的，它向事实开放，[50] 总是在具体的案件事实中获得其意义。

从构成要件的这种类型意义和诠释学特征出发，我们就可以获得对构成要件质与量的关系的全新认识。构成要件作为规范与事实之间的中间状态，它所反映的行为不法与结果不法并非具体确定的；相应地如果用量化的思维分析行为不法与结果不法，它们的不法含量也并非确定的，而是在一定边界内流动，有待于个案事实将其确定化。由于每个符合构成要件的个案事实即每个单独的构成要件事实都是独特的，它在符合构成要件时反映出不同的个别化的不法含量。因而作为类型的构成要件总是拥有一个它自己的预设的量域，而个案的不法含量总是在这个量域内浮动。例如，抢夺 2000 元与抢夺 200 万元，其反映的行为不法与结果不法的含量，都属于抢夺罪的不法量域。[51] 而如果行为人实施抢夺时使用了暴力或者携带凶器以随时可能使用武器相威胁实施抢夺，则其行为不法就超过了抢夺罪构成要件的边界，哪怕只抢劫到价值微小的财物，也上升到抢劫罪的构成要件的量域。

在“构成要件与事实之间同时性的舒展与填充”的构成要件解释适用过程中，生活事实符合构成要件的样态在每个案例中都是不同的，它不仅对构成要件进行意义与价值的确证与填充，而且也是对构成要件作为不法类型所可能包含的（预设的）不法含量进行具化与修正。有些个案对构成要件的充足反映了较大的不法含量，有些反映了较小的不法含量，所以在作为解释的最终产品的定罪处罚阶段，所适用的刑罚才会在个案之间有所区别。也就是说，虽然构成要件作为一个类型是固定的，但是每个被归属于它之下的案例事实都不尽相同，行为不法、结果不法在每个个案中都不尽等同，因而构成要件所包含的质，在“有或无”的判断之外，永远面临着“多或少”的裁判。这种质，永远无法逃脱被量化评判的命运。因而，从法哲学的层面上来说，中国刑法中的犯罪构成同样具有构成要件的不法类型性质和诠释学特征，这就决定了构成要件（与构成要件事实的）量化思维也适用于中国刑法犯罪构成的理解及适用（或解释）的过程之中。

以上论述说明了中国刑法犯罪构成与德国刑法构成要件本质规定性上的相似性、犯罪构成与构成要件之中不法含量存在的不可或缺以及量化思维的必要性。这种法哲学层面的同质性和量化思维的必要性，并不因犯罪定义模式是否作出量的要求而有不同。如果中国刑法学者所说的“罪量”是指构成要件行为不法和

[49] 前引 44，Hassemer 书，第 108 页。

[50] 同上书，第 109 页。

[51] 即使我国刑法相关司法解释以 500–2000 元数额作为抢夺罪成立的标准，也无法改变抢夺罪构成要件在法哲学层面的类型意义。

（或）结果不法含量的话，那么它在所有构成要件类型中都存在，并非由中国刑法犯罪定义模式中的定量要求所反映出来的中国式构成要件的特性。

在此，我们需要对我国犯罪构成包含的不法含量（即情节犯语境下的“情节”）与对该不法含量的程度要求（即情节犯意义上的“情节严重”）进行区分，前者是所有构成要件类型（无论是中国式的还是德国式的）所共有的，而后者才是中国刑法所特有的。而国内学界迄今为止的研究往往把两者相混杂，掩盖了问题的本来面目。即此类研究的一个普遍倾向是，把二者混杂起来命名为“罪量”或“定量因素”，然后再试图去解决罪量或定量因素的构成要件地位，或者赋予其构成要件地位，或者将其排除在构成要件范围之外。受这种思维定式的影响，此类研究中也存在着上述将犯罪构成与所谓罪量割裂开来的对构成要件的歪曲的理解。

通过上文对构成要件的事物本质的探求和对其类型性和诠释学特征的解说，我们已经看到，将犯罪构成要件与罪量割裂的观点是难以成立的。无论在探求事物本质的物本逻辑的面向，还是从语义学的角度，我们都无法想象一个干瘪的没有任何质量的“构成要件皮囊”。纯粹的空洞的类型，无论在德国刑法还是在我国刑法中都没有存在的空间。

基于这种对刑法构成要件的理解，我们就排除了上文中关于情节犯之情节定位的“质”“量”分离的观点。与之相对，在上述观点之中正确把握了犯罪构成“质”“量”统一性的是“犯罪成立消极条件”说。该观点把犯罪构成要件划分为积极的构成要件与消极的构成要件，将正当防卫、紧急避险、缺乏期待可能性以及“情节轻微”的情形视为消极的构成要件，将刑法中明文规定的犯罪构成要件视为积极的构成要件，积极构成要件中包含了“质的要求和量的要求”。该说对于积极构成要件内涵的理解注意到了构成要件的质量不可分割性，在我国刑法理论中普遍存在罪量与构成要件割裂的思想倾向下，是难能可贵的。[52] 但是，如上文所述，将定量因素作为犯罪成立消极因素，无法解释犯罪定量因素与正当防卫、紧急避险行为内容上的同质性与功能上的等价性，给人以体系上的错位之感。退一步说，即使我们把这种体系结构上的瑕疵搁置一边，降低我们在理论体系上的审美要求，这种观点也面临实践上的问题：构成要件的客观方面是故意认识的内容，构成要件可以起到规制故意范围的作用，而将“情节轻微”视为所谓犯罪成立的消极因素，消弭了犯罪构成原本的界限，使得故意认识范围边界不清，无法为解决犯罪故意的认识内容与情节因素之间的关系问题提供具有可操作性的方案。

---

[52] 王政勋教授明确指出，“反映构成要件的定量因素与罪质因素密切结合在一起，很难把它们彻底分开，世界上没有离开质的量，也没有离开量的质，所谓‘皮之不存，毛将焉附’”。王政勋：《定量因素在犯罪成立条件中的地位兼论犯罪构成理论的完善》，载《政法论坛》2007年第4期。

上文阐明了中国四要件的犯罪构成与德国三阶层体系构成要件之间共同的构成要件性质，二者之间的真正区别不在于构成要件的法哲学性质上的区别，而在于结构上的区别，即我国犯罪构成中包含“量”的要求。二者共同的法哲学性质允许我们从方法论意义上对德国构成要件的量化思维进行借鉴，运用这种思维方式解决中国刑法犯罪构成中量的问题。接下来的问题就是，我们应如何运用这种量化思维来分析我国《刑法》第 13 条但书和分则构成要件中“情节严重”“数额较大”等规定所表现出的这种中国式构成要件的特殊性，如何对犯罪构成中的量的要求进行教义学上的定位？

四、情节犯之情节的教义学解剖

重新回到本文开头所提出的问题，如果我们理解了构成要件与不法含量之间一体共生的关系，那么，情节与故意认识之间的关系问题就会呈现出完全不同的另外一种面向。借鉴德国刑法中构成要件不法含量量化分析的思维方式，我们发现，构成要件内部蕴含着行为不法与结果不法含量，构成要件作为不法类型与其不法含量不可分割，那么这个不法含量是否是我国刑法犯罪构成要件中“情节严重”“数额较大”所指涉的内容呢？这里存在两种可能性：（1）如果“情节严重”“数额较大”是针对行为不法和（或）结果不法的不法含量提出的程度要求，那么它们必然归属在构成要件（此处及下文的构成要件概念是指上文论证的具有本质规定一致性的法哲学意义上的构成要件，因而适用于中德两种法律制度）范围之内。（2）如果我国刑法犯罪构成中“情节严重”“数额较大”的情形超出了构成要件的不法含量范围，它们就超出了构成要件的范围，不具有构成要件地位。沿着这个思路，我们在此提出构成要件行为不法与结果不法所组成的基本不法量域概念，以基本不法量域作为标尺界定“情节严重”“数额较大”所指涉的“情节”与“数额”的地位。

（一）构成要件基本不法量域之内的情节：整体性规范评价要素

上文已经指出，构成要件是规范与事实之间的一种中间状态，总是拥有一个它自己的预设量域，而个案的不法含量总是在这个量域内浮动。此处给予进一步的说明。立法者制定构成要件时总是以实践中较易发生的典型的构成要件事实作为心理经验的基础，再以语言的形式对典型构成要件事实进行抽象化的描述与固定，所以构成要件具有事实与规范两种特性。一方面它总是蕴含或者指涉一定的行为不法与结果不法的不法含量，即具有事实性的一面；另一方面这个不法含量总是不确定的，在构成要件的边界内流动，有待于个案事实去确定与具化，即具有抽象性、规范性的一面。由于构成要件总是以语言的形式表现，所以构成要件还具有语言性的一面，[53] 为法律适用者确定了大致的构成要件解释的语义学边

[53] Hassemer 指出把构成要件构造成公式的形式是不可行的，以此来证明构成要件语言表现形式的必要性。

界。构成要件的这些特征决定了构成要件的不法含量总是围绕着典型的构成要件行为不法与结果不法在构成要件的语义学边界内浮动。也就是说，如果构成要件获得正确的诠释，个案充足构成要件时所反映的不法含量就会如同立法者所预想的那样，总是以那些典型的出现频率较高的构成要件事实所反映的不法含量为中心上下波动，形成一个基本的构成要件不法含量区间，我们可以称之为基本不法量域。

我国刑法中的情节犯的情节大多数是属于构成要件的基本不法量域之内的，其中数额基本上全部包含在基本量域之内。如抢夺 2000 元与抢夺 1000 万元，其反映的行为不法与结果不法都是可以为抢夺罪的构成要件所包括的。而如果行为人实施抢夺时使用了暴力或者携带凶器以随时可能使用武器相威胁实施抢夺，则其行为不法就超过了抢夺罪构成要件的边界，哪怕只抢劫到价值微小的财物，也会突破抢夺罪的构成要件边界，其所反映的不法含量就会上升到抢劫罪的构成要件的量域。再如，故意伤害罪中隐含的对情节严重的要求是指伤害他人达轻伤以上的程度，无论是殴打被害人致其组织、器官一定程度的损害或功能障碍等轻伤害，还是造成被害人身体器官大部缺损、器官明显畸形等严重残疾情形，都未超出构成要件的行为不法与结果不法。再如刑讯逼供罪的司法解释规定的“以殴打、捆绑、违法使用械具等恶劣手段逼取口供或以较长时间冻、饿、晒、烤等手段逼取口供”的情形，也是实践中经常发生的刑讯逼供的行为方式，是刑讯逼供罪较为典型的行为不法和结果不法的表现形式，而附着其上的不法含量自然包含在构成要件范围之内。

上述这些情形皆是典型的构成要件符合情况，即属于构成要件典型的实现方式。此种情形的严重情节，是针对构成要件中的行为不法、结果不法而提出的，并没有超出构成要件范围之外。此时法规范适用者以构成要件语义学的前提对个案的事实构成进行规范的判断，判断行为的严重性，并未逾越构成要件通常的语义学边界和价值衡量域围。[54]

根据构成要件故意内容的基本原理，客观的构成要件是主观故意的认识内容，而数额与上述这些典型的情节是附着在构成要件上的，并非与构成要件分离或对应存在，其中客观性的因素作为客观构成要件就属于行为人主观故意的认识对象。另外，从存在论的角度来看，行为人对构成要件事实的认识一般来说自然会延及那些客观的表明犯罪的量的因素。例如，在不发生认识错误的场合，杀人者对其行为对象与行为手段等的认识，也包含了对杀人行为的行为不法与结果不法的含量的认识；伪造货币者如果对自己仿制真实的货币的手段及大致的仿制规

---

[54] 参见前引 44，Hassemer 书，第 26 页以下。关于构成要件的语言性特征，参见上引 Hassemer 书，第 84 页以下。

模具有认识，也就附带地认识到了该行为的行为不法与结果不法。

基于这种认识，我们可以得出如下结论：一方面，那些描述构成要件行为的行为不法、结果不法的情节，属于构成要件范围。对于这些不法的事实性的要素，当然需要为行为人的故意所认识。另一方面，“情节严重”“情节恶劣”“数额较大”等针对情节所提出的量的要求，并不是独立的构成要件要素，而是对针对行为不法、结果不法提出的刑事可罚性的综合性的要求，不是事实性的描述性的构成要件要素，而是需要进行价值评判才能被正确理解，因而是一种规范的构成要件要素。鉴于我国刑法情节犯的情节要求具有综合性与规范性两种性质，笔者将其称为“整体性规范评价要素”。

前述“整体的评价要素”说将“情节严重”“情节恶劣”视为整体性的评价要素，要求行为人认识“情节严重”“情节恶劣”的前提性事实，其暗含的逻辑前提是承认情节的构成要件地位，在这个意义上来说，该说的基本观点具有一定合理性。但是“整体的评价要素”说存在以下两个方面的问题，笔者认为还有待进一步研究。

第一，“整体的评价要素”说将“情节恶劣”“情节严重”的情节仅限定于客观的情节，对其此前认为情节是指主观与客观的综合性情节的观点进行了修正，认为“一旦采取以违法与责任为支柱的三阶层或两阶层体系，就会认为，作为整体的评价要素的‘情节严重’中的情节，并不是指任何情节”，只能是客观方面的表明法益侵害程度的情节。[55] 为何在二阶层或三阶层体系中整体评价性的要素就仅局限于对法益侵害程度的评价而排除主观方面情节存在的余地？例如，既然考虑法益侵害程度，为何却把法益侵害方式的评价排除在外？如果考虑法益侵害方式，对于主观方面的情节也无法撇开不论。如以残忍的手段致人重伤与一般情况的重伤害相比，行为人的故意内容自然有所不同，前者主观方面的恶性自然要大，无法把这种情形下的“情节严重”仅限定于客观方面。所以，即使在行为不法中，主观情节的考虑也是必要的。再次，排除了主观方面因素的评价也无法对构成要件进行整体性的评价。即使是在两阶层或三阶层体系中，构成要件也并不完全是客观的，也存在主观的构成要件要素或主观的不法要素，撇开这些因素，也无法对构成要件进行整体性评价。笔者认为，情节是包含主观与客观方面的综合性因素，但是故意的认识内容只可能是客观的情节，故下文所说的对情节的认识皆指对于情节中客观因素的认识。

第二，“整体的评价要素”说受到德国刑法理论中“整体性的行为评价要素（Gesamttatwer-tendeMerkmale）”的启发。如同客观超过要素说，这一理论可谓是将德国刑法理论与我国刑法实在法进行精妙结合与加工的产物，实乃刑法解释

[55] 前引 9，张明楷书，第 241 页以下。

论上的生花妙笔。但也正如客观超过要素理论那样，由于跨越了两个法律制度下的不同犯罪论体系，整体的评价要素这一理论构造虽然能够发挥一定的解释学功用，却隐约透露出些许体系拼接的牵强。德国刑法个别分则条文规定了“整体性的行为评价要素”，通过对构成要件进行全方位的评价而进一步明确或提升其违法性内涵。[56] 如《德国刑法典》第 240 条规定的强迫罪第 2 款要求，使用暴力或以某种恶害相威胁，非法强迫他人实施某种行为、容忍或不实施某种行为，而为达到目的使用暴力或威胁的方式必须是卑鄙的，才属于“非法”。该款中规定的行为手段的“卑鄙性”就属于“整体性的行为评价要素”，在犯罪论体系中属于违法性的层级，但是被评定为“卑鄙”的行为的事实性情节，则仍属于构成要件层面。如果行为人认识到行为的事实，只是对其是否“卑鄙”的判断产生了错误，则不属于构成要件认识错误，属于禁止错误，不产生排除故意的效果。[57] 而“整体的评价要素”说虽然要求行为人认识整体性评价要素的前提性事实，却把行为人对情节是否严重产生的错误，归在“具有违法性认识（可能性）的前提下产生的认识错误”之列，认为其不是一种违法性认识错误，而是对事实的评价错误，属于涵摄错误。[58] 这就实际上将整体评价要素中的评价也视为构成要件内容，需要行为人对其进行认识。也就是说，整体性的行为评价要素在德国刑法理论中属于违法性层级，而在我国刑法中属于构成要件要素。至于为何会产生这种体系上归位的差别，整体的评价要素与德国刑法理论中的“整体性的行为评价要素”之间到底存在何种借鉴与转化的关系，乃至为何要把整体的评价要素中的评价本身与进行这种评价的基础性事实分离，“整体的评价要素”说并未给予说明。

笔者以为，我国的“情节严重”“数额较大”等规定与德国强迫罪中行为手段的“卑鄙性”的规定不同，并非对行为的违法性提出的要求，而是对行为是否构成犯罪提出的刑事可罚性要求，是一种规范的评价。情节犯的行为情节如果不够严重，数额达不到相应的要求，行为仍然具有违法性，只是未达到构成要件所要求的不法的量级而不构成犯罪。加之我国犯罪构成并无阶层性构造，因而整体的评价要素在我国刑法中不属于违法性层级，而属于构成要件层面。这样，我们就可以把整体的评价要素视为整体评价性的规范的构成要件要素，称之为“整体性规范评价要素”。整体性规范评价要素仍然属于构成要件层面，要求行为人对其进行认识。这样一来，就要求行为人认识到其行为属于“情节严重”、达到“数额较大”，但由于其是规范的构成要件要素，故对于司法解释所规定的“情节严重”的具体情形和“数额较大”的具体数额，不需要行为人进行法律意义上的精

[56] 参见前引 17，Roxin 书，第 10E 节，边码 45 以下。

[57] 参见前引 17，Roxin 书，第 10E 节，边码 45 以下；第 12B 节，边码 105。

[58] 参见前引 9，张明楷书，第 253 页。

确的理解，只要认识到行为的情节在一般的社会意义上属于严重、数额属于较大即可，此即所谓外行人所处领域的平行评价理论。[59] 这是其作为规范的构成要件要素的一面。此外，由于“情节严重”“数额较大”还是一种“整体性行为评价要素”，故又兼具整体性评价要素的特性，要求作为评价基础的事实必须为行为人所认识，否则无法对其进行整体的评价。

以虚假广告罪为例，广告主、广告经营者、广告发布者违反国家规定，利用广告对商品或者服务作虚假宣传，根据 2010 年 5 月 7 日《最高人民检察院、公安部关于公安机关管辖的刑事案件立案追诉标准的规定（二）》第 75 条第 1 项规定，“违法所得数额在十万元以上的”，可视为情节严重的情形予以追诉。如果行为人认识到其行为手段和行为大致的规模，认识到违法所得数额为十万元左右，但是以为尚未达到刑法处罚的严重程度，则这种错误认识属于对规范构成要件的认识错误，按照外行人所处领域的平行评价理论对故意并不产生影响，行为的刑事责任仍然成立。假设某生产商令广告经营者制作并印刷了少量的虚假广告，仅打算在亲友范围内进行小规模的宣传，但在上传其他数据时不慎将虚假广告电子版也一起上传到某网站，消费者大量浏览该广告而信赖其宣传，纷纷购买该商品，产品制造商经营数额达到十万元以上。此时如果按照虚假广告“情节严重”的情形追究行为人的刑事责任，则有失公允。正确的处理方法应该是，按照上述整体性规范评价要素的规则，行为人缺乏对“情节严重”及违法所得数额达到十万元的基础事实的认识，不存在情节严重的故意。

同样的结论也适用于盗窃、诈骗等传统的数额犯。如果行为人将邻居家中的珍贵古瓷器误作普通的破瓷罐偷偷拿走，打算作放置杂物之用，根据一般的社会常识认为自己窃取的对象物是“不值钱的东西”，此时如何解决行为人的刑事责任问题？根据“罪体—罪责—罪量”说、客观处罚条件说，数额和情节都不是故意认识内容，则行为人的认识错误对成立犯罪不产生影响，应该按照窃取物的真实价格处罚，则可能按照盗窃物品“数额特别巨大”对行为人处以 10 年以上有期徒刑或无期徒刑。这种结论从罪责原则的角度来看，显然是有问题的。而如果将盗窃罪中的“数额较大”视为构成要件的整体性规范评价要素，则要求行为人对所窃取的对象物的价值和数额较大具有认识。当然这种认识并不需要是精确的法律认识，即不要求行为人认识到自己的盗窃数额达到司法解释所规定的标准，行为人在社会意义上认识到自己所盗财物价值较大即可。由于整体性规范评价要素要求行为人对作为评价基础的事实情况进行认识，上述盗窃案件的行为人应该对构成盗窃物品价值评价的基础事实有所认识。而对于珍贵的古瓷器来说，其年

[59] 外行人所处领域的平行评价理论是处理规范性构成要件要素认识错误的原则，参见前引 17，Roxin 书，第 12 节，边码 101 以下。

代久远的文物特性是评判“数额较大”的基础事实，如果行为人对这一基础事实没有认识，一般来说也无法对其价值进行正确的社会意义上的评价，因此不具有故意。同样，在“天价葡萄案”[60]中，被盗葡萄的科研用途也是评价其价值的基础事实，如果行为人未认识到这一基础事实，则不具有盗窃数额较大财物的故意，不构成盗窃罪。

再如，以殴打、捆绑、违法使用械具等恶劣手段逼取口供或以较长时间冻、饿、晒、烤等手段逼取口供的情形，是刑讯逼供罪较为典型的行为不法和结果不法的表现形式，而附着其上的不法含量自然包含在构成要件范围之内，对于其中的客观要素，当然需要行为人认识。此时的情节反映了构成要件典型的不法含量，可以定位为整体性规范评价要素，用整体性规范评价要素的原理解决其与故意认识的关系。行为人需要对殴打、捆绑、违法使用械具，以较长时间冻、饿、晒、烤等手段行为进行认识，否则即不具有故意。假设行为人在对被害人实施讯问后将其关在看守所的一间空房中而忘记被害人的存在，导致被害人长时间受冻挨饿，虽然在客观上符合司法解释规定的情节严重情形，但行为人对这一情节不具有故意，不应成立刑讯逼供罪。即使导致被害人重伤、死亡的后果，这个后果也不应在刑讯逼供罪的构成要件内被评价，可以考虑的是玩忽职守罪的可能性。而如果行为人对殴打、捆绑、违法使用械具等恶劣手段或较长时间冻、饿、晒、烤等逼取口供的手段行为有认识，只是认为这些手段在公安侦查实践中极为正常，并不“严重”，不具有刑事可罚性，这时他在认识到行为事实的基础上根据其非法律人士的理解把握了行为的社会意义，即属于具有外行人的平行评价，根据外行人的平行评价原则，这种对整体性规范评价的规范构成要件要素的错误不影响犯罪的成立。同样，上述关于虚假广告罪的司法解释中第3项“假借预防、控制突发事件的名义，利用广告作虚假宣传，致使多人上当受骗，违法所得数额在三万元以上的”严重情节也属于构成要件的基本不法量域，即使存在“假借预防、控制突发事件的名义”的情形，行为不法与结果不法也可以为虚假广告罪所包括。所以，这一情节中的客观性因素也应该要求行为人认识。如行为人应当对预防、控制突发事件并不存在，对自己虚构预防、控制突发事件以及利用这些事件进行虚假广告，以及违法所得的大致规模这些客观的事实因素具有认识，否则如果行为人误以为发生了突发事件而利用其做广告，广告中也有一定的夸张成分，按照“罪体—罪责—罪量”说、客观处罚条件说的观点都应当成立情节严重的虚假广告行为，显然有失公允。

综上所述，“整体的评价要素”说无法解释所有情节犯中情节的定位问题。

---

[60] 案情介绍参见《清华教师愿出钱保偷“天价葡萄”民工回家过年》，载《北京娱乐信报》2004年1月14日；以及周光权：《偷窃“天价”科研试验品行为的定性》，载《法学》2004年第9期。

即使我们对整体的评价要素进行上述体系定位上的微调，将其改造成为“整体性规范评价要素”，也似乎无法完全解决情节的构成要件地位问题，因为我国情节犯中的情节并非完全紧贴构成要件的行为不法与结果不法展开的，而存在众多的超出构成要件基本不法量域的情形。

（二）溢出构成要件基本不法量域的情节：情节之教义学多维可能

如果我国刑法中情节犯的情节是紧贴构成要件的行为不法与结果不法展开的，那么我们的研究就可以告一段落了。我们可以将反映构成要件行为不法与结果不法含量的“情节”视为整体性规范评价要素，属于整体评价的规范的构成要件要素，要求行为人认识到相关事实基础，并且理解该事实的一般社会意义，否则就可以排除行为人的故意，否定行为人的刑事责任。然而鉴于我国情节犯中情节的多样性司法解释对于“情节”的规定，往往超出了它声称所要解释的法条对构成要件的规定，整体性规范评价要素的构成要件定位无疑不能涵盖所有情况。

借助上文对构成要件的量的研究成果，我们发现围绕构成要件的典型行为不法与结果不法存在着一个构成要件基本不法量域。在大多数情况下，构成要件事实所反映的不法含量都在这个基本不法量域之内，根据个案符合构成要件事实的情况，有时较大，有时较小。如果我们把构成要件比作一个容器，它总是具有一定的不法容量，这个容量即是基本不法量域。通常情况下个案符合构成要件时的不法含量在这个容量刻度范围内，在个别的情况下也会超出这个范围（如结果加重犯的情形）。我国司法解释对某些情节的规定即超出了这个量域，溢出了构成要件的轮廓边界。

以刑讯逼供罪为例，最高人民检察院2006年《关于渎职侵权犯罪案件立案标准的规定》列举了存在如下情节严重，应当立案的情形：

（1）以殴打、捆绑、违法使用械具等恶劣手段逼取口供的；

（2）以较长时间冻、饿、晒、烤等手段逼取口供，严重损害犯罪嫌疑人、被告人身体健康的；

（3）刑讯逼供造成犯罪嫌疑人、被告人轻伤、重伤、死亡的；

（4）刑讯逼供，情节严重，导致犯罪嫌疑人、被告人自杀、自残造成重伤、死亡，或者精神失常的；

（5）刑讯逼供，造成错案的；

（6）刑讯逼供3人次以上的；

（7）纵容、授意、指使、强迫他人刑讯逼供，具有上述情形之一的；

（8）其他刑讯逼供应予追究刑事责任的情形。

如上文所述，在这些情形之中，除第1、2项所规定的情节是属于构成要件基本量域范围内的以外，其余皆超出了构成要件基本不法量域，属于溢出基本构成要件边界的情形。

1. 属于结果加重犯的情形

第 3 项规定的情形，即刑讯逼供造成犯罪嫌疑人、被告人轻伤、重伤、死亡的；以及第 4 项所规定的情节严重，导致犯罪嫌疑人、被告人自杀、自残造成重伤、死亡，或者精神失常的，实际上已经超出了刑讯逼供基本构成要件所包含的内容（正是基于这种原因，《刑法》第 247 条第 2 款规定，刑讯逼供致人伤残、死亡的，依照故意杀人罪或故意伤害致人重伤、死亡罪处理）。要求行为造成加重的结果，实际上是超出构成要件惯常的语义学的边界与价值衡量的域围对构成要件及其要素进行补充或删减。[61] 这些情节严重的情形，实际上可以作为结果加重犯的情形探讨，只不过司法解释跳过了基本构成要件成立的一环，直接要求在加重结果出现时，行为始构成情节严重，也即始成立犯罪（类似的情形也存在于对报复陷害罪的司法解释之中）。相对于基本构成要件来说，结果加重犯反映了较大的行为不法与结果不法含量。根据通说，行为人必须对加重结果至少存在过失，即具有对加重结果的预见可能性，否则该结果无法归责给行为人。[62] 由此我们就可以推导出属于结果加重犯情形的严重情节与行为人主观方面的关系：加重结果不是行为人必须认识的内容，但是行为人应该对加重结果至少具有过失。

加重结果类型的“情节严重”“情节恶劣”的规定，在我国司法解释中较为常见，如 1998 年《最高人民法院关于审理拒不执行判决、裁定案件具体应用法律若干问题的解释》第 3 条规定的拒不执行判决、裁定的情节严重情形：“毁损、抢夺执行案件材料、执行公务车辆和其他执行器械、执行人员服装以及执行公务证件，造成严重后果的”（第 5 项）；2008 年《最高人民法院关于审理非法行医刑事案件具体应用法律若干问题的解释》第 2 条规定的情节严重情形：“造成就诊人轻度残疾、器官组织损失导致一般功能障碍的”（第 1 项）与“造成甲类传染病传播、流行或者有传播、流行危险的”（第 2 项）。这些规定，皆是加重结果作为情节严重的情形。

2. 属于客观处罚条件的情形

如果说行为人采取过大强度的刑讯逼供手段，致使被害人重伤、死亡尚属于刑讯逼供罪的法规范保护目的之内，属于构成要件之内的结果不法（尽管是超出了基本构成要件的加重结果不法）的话，那么，被害人因遭受刑讯逼供自伤、自杀，致使自己重伤或死亡，就无法再为刑讯逼供的构成要件所包括。以客观归责

[61] 司法解释是否有权对法定构成要件进行这种补充修改？司法解释此处的规定提高了入罪的门槛，实际上是对被告人有利的解释，所以笔者以为这种“解释”从法治国原则角度来说并未损害构成要件的保障功能，因而也未违反罪刑法定原则，但削弱了构成要件的呼吁功能，即作为不法类型警示社会成员不得从事此类行为的功能。

[62] Vgl.Wessels /Buelke，Strafrecht AT，39.Auflage，Heidelberg [u.a.] 2009，§15，Rn.693u. §17，Rn.788；前引 6，Jakobs 书，第 9 节，边码 30 以下；前引 6，Gropp 书，第 5 节，边码 83。

理论的观点来看，[63]被害人自伤、自杀行为虽然起因于行为人的刑讯逼供行为，但由于被害人自我危险的行为的加入，使得原来的因果进程发生了偏离，并非刑讯逼供人创设的风险的典型实现；而且刑讯逼供的构成要件规范保护目的不是保护他人不实施自我危害的行为，因此被害人重伤害或死亡的结果无法归责给行为人。以客观归责理论反推之，既然此种情形无法归责给行为人，该结果也就不属于行为人的“作品”，因而行为人对这一结果也无法加以控制。行为人无法控制的结果，不仅不属于基本构成要件范围之内，也超出了结果加重犯的范围。所以，这一情形属于客观的处罚条件。根据通说对客观处罚条件的观点，类似情形不需要行为人具有故意，也不需要存在过失。只要发生被害人自伤、自杀的情形，就可以对行为人的刑讯逼供行为进行追诉。

同样这一结论也适用于该司法解释的第 5 项。刑讯逼供造成错案的情形，实际上是由于他人（审理被逼供人所涉案件的法官）的行为加入到行为人先前行为的因果进程中所导致的结果，而错案判决是否产生，行为人根本无法左右，属于他人负责任的领域，因而也无法归责给行为人。这一情形属于客观处罚条件，所以也不属于刑讯逼供的构成要件范围，不要求行为人对错误判决具有故意或过失。

而如果按照“整体的评价要素”说，在以上几种情形中，作为评价前提的事实均需要为行为人所认识，即被害人重伤、死亡的结果以及错案的产生需要行为人认识，否则即阻断构成要件的故意，行为人不成立情节严重的刑讯逼供，因而不构成犯罪。这显然欠妥。

3. 多次实施构成要件行为的情形以及其他刑事政策因素

除上述情形外，司法解释往往将行为对象的多个或多次实施构成要件行为视为“情节严重”的情形之一，如“刑讯逼供 3 人次以上”“多次抗税”的规定。除营业犯外，刑法中的构成要件是以一次被充足为原型的，所以这种要求也超出了构成要件的原本量域，故不要求行为人对其进行认识。而依照“整体的评价要素”说，则需要行为人对其进行认识，就会导致记忆力差、未认识到行为对象和行为的复数性的行为人反而会受到法律的优待的荒诞结果。[64]

另外，犯罪后的表现、被害人的因素等等，也被司法解释视为情节的影响因素，作为判定情节严重与否的依据。如 2006 年《最高人民法院关于审理未成年人刑事案件的具体应用法律若干问题的解释》第 9 条即将未成年人“案发后能如

---

[63] 关于客观归责理论，详见前引 17，Roxin 书，第 11 节，边码 44 以下。

[64] 张明楷教授也认识到这一结论的荒谬性，将这种情形视为“客观的超过要素”，不要求行为人对其进行认识。参见前引 9，张明楷书，第 220 页以下。但如果严格贯彻“整体的评价要素”说，则应该将该“情节严重”的情形视为整体的评价要素，要求行为人认识。“整体的评价要素”说的局限性，由此可见一斑。

实供述全部盗窃事实并积极退赃”与其他因素一起作为“情节显著轻微危害不大”的情形。这些案外因素，显然已经离开了构成要件的领域。立法者从遏制犯罪和安抚被害人等刑事政策目的出发，把构成要件之外的因素考虑进来，作为影响犯罪成立的因素。这些因素不具有构成要件的地位，因而也不属于“整体性规范评价要素”，自然不属于行为人故意认识的内容。

最后，我国司法解释关于情节犯往往还存在“其他情节严重的情形”的兜底性规定，为司法实践认定情节严重留下更广阔的解释空间。对于兜底性的规定，我们同样可以按照上述的分析方法，将其按照具体情形分别划归为整体性规范评价要素、结果加重犯情形、客观处罚条件与其他刑事政策因素，再依据相关原则进行处理。通过这种犯罪论上的体系整合与归类，我们就可以对情节犯按照立法者的立法意图进行细化的教义学处理，解决实践中因立法规定粗陋而导致的情节犯故意范围认定的恣意性问题。

综观我国司法解释对情节犯的规定，“情节严重”的情形概不外乎如下四种：即情节属于对典型构成要件不法含量的要求，超出构成要件基本不法量域的加重结果要求，客观处罚条件，以及构成要件多次符合的情形或其他基于刑事政策原因提出的案外要求，等等。如 2010 年 5 月 7 日《最高人民检察院、公安部关于公安机关管辖的刑事案件立案追诉标准的规定（二）》第 75 条对《刑法》第 222 条虚假广告罪“情节严重”追诉标准的理解，[65] 其中第 1—3 项关于违法所得数额及造成消费者直接经济损失的规定属于对虚假广告罪典型构成要件不法（行为不法与结果不法）含量提出的要求；第 4 项“未达到上述数额标准，但两年内因利用广告作虚假宣传，受过行政处罚二次以上，又利用广告作虚假宣传”的规定，属于从行为人刑事政策角度出发所提出的情节要求；而第 5 项“造成人身伤残”的规定，则属于超出虚假广告基本犯构成要件范围对加重结果提出的要求。类似规定为数众多，恕不一一赘述。

五、结语

本文通过对构成要件的不法类型本质及诠释学特征的阐释，论证了构成要件乃是包含一定不法含量预设的介于规范与事实之间的构造，并揭示了不法含量的渐变性、流动性特征。构成要件作为对某种“恶害”的定型化描述，与它所涵摄

[65] 该规定第 75 条规定：“广告主、广告经营者、广告发布者违反国家规定，利用广告对商品或者服务作虚假宣传，涉嫌下列情形之一的，应予立案追诉：（一）违法所得数额在十万元以上的；（二）给单个消费者造成直接经济损失数额在五万元以上的，或者给多个消费者造成直接经济损失数额累计在二十万元以上的；（三）假借预防、控制突发事件的名义，利用广告作虚假宣传，致使多人上当受骗，违法所得数额在三万元以上的；（四）虽未达到上述数额标准，但两年内因利用广告作虚假宣传，受过行政处罚二次以上，又利用广告作虚假宣传的；（五）造成人身伤残的；（六）其他情节严重的情形。”

的个案生活事实存在着互动的关系，构成要件的解释过程就是个案与构成要件之间互相的意义赋予与价值归类的过程。每个生活事实对构成要件的充足，都是一次不法含量的确定与具体化，因而构成要件永远面临着量的检验。一言以蔽之，自实质违法性理论创设以来，构成要件就不再是一个宾丁意义上的空洞的规范违反，而是一个具有渐变的不法含量的构造，是一个质量统一体。每一个构成要件都存在着由行为不法与结果不法组成的基本不法量域。以“构成要件基本不法量域”为标准，我们得以廓清我国刑法情节犯之情节与构成要件的关系，进一步界定了数额以及其他情节之中客观因素与行为人主观方面的关系，为主观方面的认识内容划定了边界。

1. 数额与大多数描述行为不法与结果不法的情节皆属于构成要件的基本不法量域，在构成要件的范围之内，具有构成要件地位。刑法分则“数额较大”“情节严重”“情节恶劣”等规定属于构成要件要素，其定位是“整体性规范评价要素”。

2. 司法解释对我国刑法上的情节犯进行的细化补充规定往往超出了刑法所规定的基本构成要件，使得情节犯具有教义学上的多维性。一些情节已经超出了基本构成要件的边界，溢出了构成要件的基本不法量域。基于这种对情节犯的教义学多维性的认识，我们可以发展出解决情节犯的情节与行为人主观方面的关系问题的方法：以基本的构成要件行为不法和结果不法为基域，确定行为人故意认识的边界。属于基本构成要件行为不法和结果不法的情节，应该在行为人主观方面的射程范围之内，以“整体性规范评价要素”的原则处理；对于超出这个基域的情节，依具体情形再次进行教义学的定位，或者按照结果加重犯，或者按照客观处罚条件，或者按照其他刑事政策方面的因素确定其与行为人主观方面的关系。

至于如何确定“基本构成要件行为不法和结果不法”这一基域，笔者以为，在规范的层面，它可由构成要件的语义学意义和立法者设置构成要件的规范目的推导出来；在实证的层面，我们可以根据实践中符合构成要件的生活事实的出现频率对其进行确定。

借由我国刑法总则但书规定的通道，司法解释对犯罪构成的补充性“解释”实际上获得了立法的品格。如此被司法解释补充与修改的犯罪构成不是德日刑法理论意义上的仅为行为不法与结果不法划定预设空间的不法类型，而是一个包含了基本构成要件、加重结果、客观处罚条件以及其他刑事政策因素的“类构成要件复合体”。值得注意的是，这个复合体与德国犯罪论中阶层式的广义构成要件（即三阶层的广义构成要件构成要件该当性—违法性—有责性与四阶层的广义构成要件构成要件该当性—违法性—有责性—客观处罚条件与刑罚免除事由）并不可同日而语。因为在德国阶层式的广义构成要件中，构成要件、违法性、有责性互相独立又层层递进，构成要件相对封闭稳定，具有清晰的结构与边界，因而通过构成要件对不法类型的清晰描述，构成要件的呼吁功能与保障功能得以发挥。而在我国的犯罪构成中，基本构成要件边界不清，加重结果、客观处罚条件等基本构成要件之外影响犯罪成立的因素隐藏在“情节严重”的规定之中，在构成要件的适用过程中被“激活”，不断地对基本构成要件构成侵扰。它们在外观上具有构成要件解释的假象，实际上具有独立的影响犯罪成立的犯罪论地位。由于客观的构成要件是行为人主观方面的认识内容，轮廓明晰的构成要件就能够为主观方面的认识对象范围划定清晰的边界。而在我国四要件的犯罪构成之中，躲藏在构成要件解释外衣下的上述影响犯罪成立的因素模糊了构成要件的基本边界，妨碍了构成要件的呼吁功能与规制故意认识范围的作用。[66]

因而对我国犯罪构成这一“类构成要件复合体”进行教义学解剖，将加重结果、客观处罚条件从基本构成之中剥离，使其复归本来的位置，还原基本构成要件清晰的面目，对我们重建构成要件的科学认识，解决主观方面与情节之间的关系，深化结果加重犯、客观处罚条件的理论研究等皆有重要的理论价值。

提倡“基本构成要件”与“构成要件基本不法量域”的理念，不仅为界定情节犯的犯罪论定位与确定情节（包括数额）与主观方面的关系提供了解决方案，也为在法哲学与教义学层面沟通三阶层体系的构成要件与我国四要件的犯罪构成理论打通了一条解释学的通道。在这个意义上，“基本构成要件”与“构成要件基本不法量域”的理念是对我国犯罪构成进行教义学分析的重要方法论工具，其中蕴含着广阔的犯罪论解释学的前景。

（本文曾发表于《法学研究》2012年第3期）

[66] 也正是在这个意义上，陈兴良教授指出，承袭苏俄犯罪构成理论的我国刑法犯罪构成，作为犯罪成立条件的总和，其中“已经看不到构成要件的踪影，构成要件所具有的特征与机能也荡然无存”。基于此种认识，陈兴良教授对我国犯罪构成作出“没有构成要件的犯罪构成”的诊断，确是一针见血。参见陈兴良：《四要件：没有构成要件的犯罪构成》，载《法学家》2010年第4期。在赞成上述观点的基础上，笔者进一步认为，我国的犯罪构成与德国三阶层体系中的构成要件具有本质规定上的相似性，仍然具有构成要件性质，只是与加重结果、客观处罚条件以及其他刑事政策因素相互融合，所以我国犯罪构成之中并非完全缺失构成要件，而是存在着一个边界不清的构成要件。

刑法中的自我答责

冯　军

根据刑法学上传统的归责理论，只要行为人具有刑事责任能力，在损害结果的发生上存在故意或者过失，并且，行为人的行为与损害结果具有因果关系，行为人就要对所发生的损害结果承担刑事责任。本文试图克服这种传统的归责理论，阐明以“自我决定”为根据的“自我答责”是刑事归责的基本原理，在刑法学上对损害结果进行归责时，重要的根据不是行为人对损害结果的发生存在故意或者过失，也不是在行为与损害结果之间存在因果关系，而是行为人应该对损害结果的不发生负责。

一、自我答责的基本原理

“自我答责”是很多德国学者使用的德文词“Selbstverantwortung”[1]的中文翻译，[2]虽然也有德国学者使用“Eigenverantwortlichkeit”[3]一词，但是，二者实际上并无什么不同。在刑法学中，“自我答责”直接与“自我决定”联系在一起。一个人应该对他的作为或者不作为负责，这无非是说该人在他的行为中不是完全被决定的，而是一个自我决定的主体。[4]当某种损害结果与某人的行为相关时，如果要使该人对该损害结果负责，那么，就要追问“导致损害结果发生的行为是该人自己任意决定实施的吗”，只有能够回答说“是的，是该人自己任意决定实施导致该损害结果发生的行为”，才能使该人对该损害结果负责。

自我决定是自由的核心，个人通过其自我决定而感受并且实现自由。[5]人

---

[1] Vgl. *Heribert Schumann*, Strafrechtliches Handlungsunrecht und das Prinzip der Selbstverantwortung der Anderen, 1986; *Rainer Zaczyk*, Strafrechtliches Unrecht und die Selbstverantwortung des Verletzten, 1993.

[2] 日本学者把德语“Selbstverantwortung”和“Eigenverantwortlichkeit”译为“自己答責”（参见塩谷毅：自己危殆化への関与と合意による他者危殆化について，载《立命館法学》，1996年第3号）。

[3] Vgl. *Susanne Walther*, Eigenverantwortlichkeit und strafrechtliche Zurechnung, 1991.

[4] Vgl. *Rainer Zaczyk*, Strafrechtliches Unrecht und die Selbstverantwortung des Verletzten, 1993, S. 19 f.

[5] 人们赋予了“自由”种种含义（参见［英］阿克顿：《自由史论》，胡传胜等译，译林出版社2001年版，全书），但是，在最根本的意义上，“自由”就是康德所言“自行开始一个状态的能力”（［德］康德：《纯粹理性批判》，邓晓芒译，人民出版社2004年版，第433页）。

之所以能够自我决定，是因为人具有意志，而意志是自由的。[6],[7]康德指出，人不是根据规律来行动的，而是根据对规律的观念（Vorstellung）来行动的，人是具有意志的理性生物。“在自然界中，每一物件都是按照规律起作用。唯独有理性的东西有能力按照对规律的观念，也就是按照原则而行动，或者说，具有意志”。[8]“人身上具有一种独立于感性冲动的强迫而自行规定自己的能力”。[9]黑格尔也指出，“自由的东西就是意志。意志而没有自由，只是一句空话；同时，自由只有作为意志，作为主体，才是现实的。”[10]

自由是意志所固有的性质，具有自由的主体在任何时候都不为感性世界的原因所决定。自由是一种不可丧失的使自己和世界变得更好的宝贵力量。意志自由是一种正确地作出行为决定的能力，是摆脱盲目的因果强制而正确地选择行为的能力。意志自由不是能够选择并且实施坏的、无意义的行为的自由，而是能够选择并且实施好的、有意义的行为的自由。自由不是能够任意地在有意义与无意义、有价值与无价值之间进行选择，一个无价值取向的选择自由会毁坏一个答责的主体。恶的“意志”[11]是在因果上依附于无价值的诱因，因此是一个不自由的“意志”。自由不是一种状态，而是一种行动，是主体不屈服于诱因的强制而进行有价值的行为决定。[12]谁不进行这种决定，谁就要对错误决定的后果负责。一个有能力进行有价值的行为决定的主体，却不进行有价值的行为决定，他就应该对由此而造成的损害后果负责。准确地说，犯罪不是对自由的滥用，而是不运用自由。犯罪人在事实上受到素质和环境的影响，但是，在规范上是有能力进行有价值的行为决定的主体让自己接受素质和环境的影响。因犯罪而受到刑罚处罚的主体，就是一个不运用自由的主体。

法秩序建构在主体的自由之上，并由主体的自由所规定。“自由诚然是

---

[6] 人是否具有自由意志，是必然被强制进入一种自然的因果流程，还是有能力选择并且实现一种当为的生活，这是两千多年以来被反复争论的问题，并存在不同的回答。决定论者的回答是否定的，非决定论者的回答是肯定的，不可知论者认为这个问题是不可能回答的。笔者认为，应当对这一问题作“价值论的思考”，对我们人类现在和未来的生活而言，认为存在自由意志比认为不存在自由意志更好（参见冯军:《刑事责任论》，法律出版社 1996 年版，第 86 页以下）。

[7] 关于意志自由及其刑法意义的阐述，参见陈兴良:《走向哲学的刑法学》，法律出版社 1999 年版，第 370 页以下。

[8] ［德］康德:《道德形而上学原理》，苗力田译，世纪出版集团、上海人民出版社 2005 年版，第 30 页。

[9] ［德］康德:《纯粹理性批判》，邓晓芒译，人民出版社 2004 年版，第 434 页。

[10] ［德］黑格尔:《法哲学原理》，范扬、张企泰译，商务印书馆 1996 年版，第 12 页。

[11] “恶的意志”只不过是一种形式上便利的表达方式，从实质上看，“恶的意志”根本不是意志，因为意志是自由的，是主体朝着有价值的方向自行开始一种状态的能力。在下文中，我用“任意”表达一个形式上自由的主体却不运用自由之情形。

[12] Vgl. *Hans Welzel*, Das Deutsche Strafrecht, 11. Aufl. 1969, S.148.

道德法则的存在理由（ratio essendi），道德法则却是自由的认识理由（ratio cognoscendi）”，[13]康德的这一表述在今天可以被诠释为：法是自由的认识根据，自由是法的存在根据。法是主体的自律，也就是说，法秩序是以主体的自我决定为前提的，一切非自律的东西、没有表现主体的自我决定的他律，都是对主体的外在强制。“法的基地一般说来是精神的东西，它的确定的地位和出发点是意志。意志是自由的，所以自由就构成法的实体和规定性。至于法的体系是实现了的自由的王国，是从精神自身产生出来的、作为第二天性的那精神的世界。”[14]

法体现的总是外在的人际关系。只有在与他人的关系之中，一个人的意志自由和自我决定才是现实的。一个人用行为制造了与他人的关系，因此，自我决定也就是行为决定。一个人只有通过行为，才能进入一个统一的、与他人分享的世界之中。只有通过行为与他人联系起来之时，才需要把行为理解为由个人自我决定的行为。自我决定一方面涉及个人的活动自由，另一方面涉及对他人自由的尊重。[15]自我决定的实质，就是一个主体在自由的行为中承认另一个主体的行为自由。一个主体的自由是由其他主体的自由来定义的，一个主体不仅要贯彻自己的自由意志，而且总是要定位于其他主体的自由意志。因此，“要只按照你同时认为也能成为普遍规律的准则去行动”。[16]也就是说，要“成为一个人，并尊重他人为人”。[17]这是因为，在一个自由主体之外，存在的是具有相同性质的自由主体，他们都同样有权利去要求和实现自我决定。一个主体的自由，只有在尊重另一主体的自由之中，才可能被客观化，才可能变成现实。

只有通过一种实践上正确的行为，才可能保障他人的自由。一种实践上正确的行为，就是以对自由的相互尊重为内容的行为。一个共同的法律世界，总是存在于由正确的行为所构筑的人际关系之中。共同的法律世界必须具有一种自我存续的力量，人们需要不仅能够在共同的法律世界中相互地发现和理解关于正确行为的定位标准，而且需要能够在其中确证和固定各自的自由领域。这种自由领域的稳固存续不能仅仅取决于个人的“喜好”，而是必须由普遍理性所建立的国家通过刑罚来保障，正是国家的刑罚提供了关于相互承认自由的一般信赖。只有国家才有力量克服“那些驱使我们走向偏私、自傲、复仇等等的自然激情”，[18]因此，

---

[13] ［德］康德：《实践理性批判》，韩水法译，商务印书馆 1999 年版，第 2 页注释①。
[14] 前引 10，黑格尔书，第 10 页。
[15] Vgl. *Rainer Zaczyk*, Strafrechtliches Unrecht und die Selbstverantwortung des Verletzten, 1993, S. 23.
[16] 前引 8，康德书，第 39 页。
[17] 前引 10，黑格尔书，第 46 页。
[18] ［英］霍布斯：《利维坦》，黎思复、黎廷弼译，商务印书馆 1996 年版，第 128 页。

国家的诞生就是“活的上帝的诞生”。[19] 但是，国家是“统一在**一个人格**之中的一群人”，[20] 国家和国家的刑罚都是普遍理性的客观表现，在本质上都是自由的，都服务于实现对自由的相互尊重。完全不存在否定自由和自我决定的国家和国家的刑罚，那些否定自由和自我决定的东西都不过是纯粹的暴力。

国家必须保护法益，因为法益是自由的具体化，是实现自由的各种条件。国家必须动用刑罚来否定不法。不法正是对法的否定，是对自由和实现自由的各种条件的攻击。由法规范所保障的自由被限制、被剥夺时，就存在不法。不法与规范的普遍性相矛盾，犯罪人通过不正确的行为而侵入了他人的自由领域。在法治国家之中，一个主体原则上有权利相信其他主体承认自己实现自由的各种条件，而无须想到他人会对自己实现自由的各种条件进行攻击。一个主体不应该失去关于其他主体会实施正确行为的信赖，因为正是这种信赖使法律关系的建立成为可能，刑法中的构成要件不过是以这种信赖为内容的法律关系的表达形态。并且，这种信赖不是个人的喜好，而是在法律上固定下来并且得到一般承认的实践原则。在不法中，行为人推翻了这种原则上存在的信赖。刑法上的不法，就是行为人通过推翻法律所构造的基本信赖而侵害他人的自由。

对自己的责任，可能存在于道德的领域之中，但是，不是法律的内容。只有当某一行为不是指向行为人自己，而是指向另一个人时，该行为才可能是法律上重要的行为。自由存在于外在的人际关系之中，一个没有影响他人自由的行为就根本不是不法。发生在自己的权利范围之内的纯粹自我损害不是不法。例如，故意损坏自己的物品不构成故意毁坏财物罪，自杀也不是犯罪。因为故意损坏自己的物品或者自杀改变了社会的事实状态，所以，它们事实上是一种对社会的扰乱，但是，它们并没有损害他人的自由，[21] 不是对法的破坏，因此，他人没有权利阻止“故意损坏自己的物品或者自杀”。[22] 并且，根据被害人的意志而杀死被害人的行为，也不是刑法上的杀人行为。把承诺杀人、教唆自杀或者帮助自杀视为杀人罪的刑事立法，都违反了“自由是法的存在根据”这一原则，都忽视了自我决定的绝对价值。[23] 人不仅享有生的权利，也享有死的自由。“个人并不对共同体负有必

---

[19] 前引 18，霍布斯书，第 132 页。

[20] 前引 18，霍布斯书，第 132 页（着重号为笔者所加）。

[21] 虽然父母的自杀也可能事实上损害子女的利益，但是，这种损害总是以父母的自损为媒介的，并非直接对子女利益的损害，防止这种间接损害不是刑法的任务。

[22] Vgl. *Günther Jakobs*，Strafrecht Allgemeiner Teil，2. Auflage，S.625.

[23] 在承诺杀人与教唆自杀或者帮助自杀之间原则上不存在价值差异（参见 *Arthur Kaufmann*，Euthanasie – Selbsttötung – Tötung auf Verlangen，载 *Arthur Kaufmann*：《法哲学と刑法学の根本问题》，宫泽浩一监译，成文堂 1986 年版，第 145 页）。

须生存的义务”。[24] 如果一个人应该对自己的生活负责，那么，他就可以自己损害自己。一个人是自由的，这就意味着其意志的内容是不受检查的，谁也没有权利去判断另一个人的意志中是否包含着对该人自己的损害。谁主张自己有权利进行这种判断，谁就有义务使另一个人享受幸福的生活。但是，谁也没有力量使一个自由的人享受生活的幸福或者避免生活的不幸，因为谁也没有力量使一个自由的人变成他自己，也没有这种权利，否则，就根本不存在一个自由的人，一个被他人决定着生活的人压根儿是不自由的。

自我决定就是主体基于对自由的普遍承认和尊重而通过行为来决定和实现自己的自由，它是意志自由的客观表现。普遍存在于主体之间的自我决定，是能够被一般化的实践原则，这种自我决定乃是判断行为正确与否的标准，也是判断行为是否具有合法性的标准。只要不存在不可克服的外在障碍，例如，没有受到他人的暴力强制、威胁或者欺骗，行为人任意地违反作为一般实践原则的自我决定，否定自由的普遍性，由此而产生的损害后果，就必须由行为人自我答责。

二、行为人的自我答责

在刑法中，通常应该由行为人对损害结果承担责任，这是因为，大多数犯罪或者是行为人通过行为的实施而侵入了他人的自由领域，或者是行为人没有管理好自己的负责领域，以至于处于自己负责领域之中的他人自由受到了损害。

行为人应该对损害后果进行自我答责的根据在于：行为人尽管是一个能够自我决定的主体，却违反自己作为自由主体的内在规定性，通过把任意与行为相联系而制造出损害他人自由的结果。不法是主体同一性的否定，表现了主体的自我矛盾。主体应该是自由的，但是，在不法中主体成为不自由的存在；主体应该基于意志而行动，但是，在不法中主体把意志扭曲为任意。在不法中，行为人虽然形式上仍然是一个自由的主体，却不运用自由，通过任意的行动而损害其他主体的自由，从而或多或少把自己贬低为自然的生物。换句话说，不法表现的是任意、行为、结果的统一性。因为行为人违反“自我决定”这个一般的实践原则而设定了任意、行为、结果的统一性，所以，行为人就应该自己对所发生的损害后果承担责任。只有在任意、行为、结果之间存在统一性时，才可能把结果视为自我决定者任意的产物，才应该要求自我决定者对结果承担责任。所谓“任意、行为、结果的统一性”，是指在任意、行为、结果之间存在贯穿始终的联系，行为应该仅仅表现了任意的内容，结果应该完全是行为的归结。存在以下前提时，就在任意、行为、结果之间存在统一性。

首先，行为人违反了自由的要求，任意地改变了意志、行为、结果之间的联

---

[24] *Arthur Kaufmann*, Euthanasie – Selbsttötung – Tötung auf Verlangen，载 *Arthur Kaufmann*：《法哲学と刑法学の根本问題》，宫泽浩一监译，成文堂 1986 年版，第 146 页。

系。意志支配行为，行为产生结果，于是就缔造了一个充满活力的法规范共同体。但是，在不法中，行为人背离了自由的要求，用任意取代了意志。一个能够被评价为"任意"的行为决定，总是以行为人应该认识所要实施的行为会侵害他人的自由为前提的。如果行为人不应该认识任意与行为、行为与结果之间的联系，那么，行为人就不应该对损害结果负责。例如，谁在一个合法的汽车销售市场手续齐全地购买了一辆价格明显低于其他销售市场价格的汽车，谁就不构成收购赃物罪，即使这辆价格极其低廉的汽车事实上是盗窃后拿来贩卖的赃物，因为没有人应该认识在一个合法的汽车销售市场手续齐全地购买的汽车是盗来贩卖的赃物。但是，谁在一个非法的汽车销售市场手续不全地购买了一辆价格明显低于其他销售市场价格的汽车，谁就构成收购赃物罪，这是因为，谁在这种情形下购买汽车，谁就应该承担认识所购买的汽车是盗来贩卖的赃物之危险，除非有证据证明自己确属被蒙骗。[25]

其次，行为人积极地或者消极地使任意体现在行为之中。故意犯罪是行为人积极地背离自由，用自己的任意支配行为。在故意犯罪中，行为人有意识地通过法律上不正确的行为侵害了他人的自由，这种侵害既表现为支配导致侵害结果发生的过程（行为无价值），也表现为限制或者剥夺他人的自由（结果无价值）。过失犯罪是行为人消极地不行使自由，让自己的任意渗入行为之中。在过失犯罪中，行为人无意识地（"忘了"）[26] 把他人的自由置于存在的偶然性之中，尽管行为人应该并且能够有意识地（"记住"）通过符合义务的行为使他人的自由得以必然存在。

再次，行为本身具有超越一般生活危险的导致结果发生的性质。要行为人对结果承担责任，就需要结果是从行为中产生的，这就是说，根据自然法则，行为是产生结果的条件，行为本身包含着结果发生的危险性。但是，当行为本身具有的危险是一般生活中的危险时，即使行为是产生结果的条件，也不能把所发生的结果归属于行为人。例如，侄子赵某为了继承叔父钱某的财产，盼望钱某早死，于是，赵某故意给钱某买了一辆奥拓轿车，结果，正像赵某所预料的一样，钱某在开这辆奥拓轿车去旅行的途中，因为发生交通事故而被一辆大轿车撞死在这辆小奥拓轿车之中，如果赵某给钱某买一辆捷达轿车的话，钱某就不会被撞死在轿车之中。尽管如此，也不应由赵某对钱某的死亡负责，因为在发生交通事故时小轿车被大轿车撞坏是一般生活中的危险。

---

[25] 参见 1998 年 5 月 8 日公布的《最高人民法院、最高人民检察院、公安部、国家工商行政管理局关于依法查处盗窃、抢劫机动车案件的规定》第 17 条的规定。

[26] 关于是否存在"有认识的过失"之争论，参见冯军:《刑事责任论》，法律出版社 1996 年版，第 161 页以下。

最后，在行为至结果的过程中，没有介入其他客观上应该负责使结果不发生的异常因素。这并不是说在把结果归属于行为人时，不能在任意、行为、结果之间介入其他因素，而是说其他的介入因素不能改变任意的发展，不能阻断任意、行为、结果之间原有的联系。如果其他的介入因素控制了任意的方向、改变了行为的性质，以至于打破了任意、行为、结果之间的联系，使任意、行为、结果之间原有的联系发生分离，那么，就不能把结果视为任意和行为的产物，就不能把结果归属于行为人。例如，行为人以伤害的故意把被害人打成重伤后，认识到存在被害人死亡的可能性，于是，决定把被害人送到医院抢救，但是，被害人自己或者无关的第三者阻止了行为人的抢救行为，以致被害人因未得到及时抢救而死亡的，就不能把被害人的死亡归属于行为人，行为人的行为就仅仅成立故意伤害致人重伤，而不成立故意伤害致人死亡，因为被害人的死亡不属于行为人任意的内容。

在以下四种类型中，行为人都应该对所发生的损害结果承担完全的责任：

（一）完全的自我工具化

当行为人单独地或者共同地通过行为贯彻自己的任意时，行为人就是完全把自己工具化了，对于由此而产生的损害结果，就要由行为人承担完全的责任。

在刑法学中，“完全的自我工具化”可以表现为单独正犯、故意共同正犯、过失共同正犯、优越支配共同正犯和原因中自由的行为。在这几种形态中，行为人都可以通过作为或者不作为而实现完全的自我工具化。

在单独正犯和故意共同正犯中，行为人应该对产生的损害结果承担完全的责任，这在刑法理论中是没有争议的。但是，在过失共同正犯、优越支配共同正犯和原因中自由的行为中，行为人是否应该对产生的损害结果承担完全的责任，刑法学者之间存在见解的分歧。[27],[28] 从行为人的自我答责这一角度来看，在过失共同正犯、优越支配共同正犯和原因中自由的行为中，行为人无疑应该对产生的损害结果承担完全的责任，这是因为，在过失共同正犯、优越支配共同正犯和原因中自由的行为中，都是行为人贯彻了自己的任意，并不存在其他应该使行为人对损害结果更少承担责任的任何事由。例如，马某每次喝醉酒之后都会产生被害妄想，并在这种被害妄想中拿起刀子对身边的人进行“防卫”，马某清楚地知道自己的这一习癖，为了弄死总是让自己多干活却从不给自己涨工资的老板，马某请老板喝酒，并在桌上放了水果和削水果的水果刀，正像马某所谋划的一样，马某

---

[27] 关于“过失共同正犯”的争论，参见陈家林：《共同正犯研究》，武汉大学出版社 2004 年版，第 171 页以下。

[28] 关于“原因中自由的行为”的争论，参见冯军：《论“原因中自由的行为”》，载《刑法论文选萃》，中国法制出版社 2004 年版，第 405 页以下。

在喝醉酒之后用放在桌上的水果刀捅死了老板。因为马某完全把自己工具化了，所以，马某应该对老板的死亡承担故意杀人罪的责任。

（二）完全把他人工具化

当行为人通过他人的行为而仅仅贯彻自己的任意时，行为人就是完全把他人工具化了，对于由此而产生的损害结果，也要由行为人承担完全的责任。

在刑法学中，“完全把他人工具化”表现为间接正犯。间接正犯无非是行为人通过控制他人的行为而仅仅贯彻自己的任意，是完全把他人工具化，也就是说，间接正犯者任意地支配了他人的意思，使他人在不自由的活动中贯彻着间接正犯者的任意。是否“任意地支配了他人的意思”，是间接正犯区别于教唆犯和优越支配共同正犯的标准。

在教唆犯中，教唆者并未支配被教唆者的意思，教唆者并未把被教唆者工具化。但是，在间接正犯中，诱致者则支配了被诱致者的意思，诱致者把被诱致者工具化了。我国刑法学界的通说认为利用不满 14 周岁的人杀人的成立间接正犯，[29] 但是，是成立教唆犯还是成立间接正犯，与被教唆者或者被诱致者的年龄并无必然联系，需要根据被教唆者或者被诱致者的规范意识状况进行具体判断。教唆一个未满 14 周岁的人实施盗窃、抢劫或者杀人的，教唆者并不必然成立间接正犯。只要教唆者并未支配实施盗窃、抢劫或者杀人的未满 14 周岁的人的意思，未满 14 周岁的人还能够基于自己的意思不实施盗窃、抢劫或者杀人，教唆者就仍然成立教唆犯。[30],[31] 诱致者以当场杀害被诱致者相威胁，逼迫被诱致者实施犯罪的，即使被诱致者是一个成年的男人，诱致者也成立间接正犯，因为诱致者完全强迫了作为成年男人的被诱致者的意思，被诱致者完全不能基于自己的意思不实施犯罪。[32]

在优越支配共同正犯中，虽然背后者具有对实行者的压倒性优越地位，能够使实行者受到强烈的心理约束，从而通过实行者的行为贯彻背后者的任意，背后者因此是共同正犯，[33] 但是，实行者并未丧失对自己意思的支配，实行者还能够基于自己的意思而不实施犯罪，由于背后者并未完全把实行者工具化，所以，背后者不是间接正犯。

[29] 参见张明楷：《刑法学》（第二版），法律出版社 2003 年版，第 346 页。

[30] 参见山中敬一：《刑法总论Ⅱ》，成文堂 1999 年版，第 767 页。

[31] 这个问题与犯罪论体系相关，参见陈兴良主编：《犯罪论体系研究》，清华大学出版社 2005 年版，第 7 页以下。

[32] 大塚仁先生指出：“欺骗、威吓等的程度过大时，应该认为是间接正犯”（[日] 大塚仁：《刑法概说（总论）》，冯军译，中国人民大学出版社 2003 年版，第 268 页）。

[33] 参见前引 32，大塚仁书，第 262 页。

（三）结果是行为的流出

当损害结果应该被视为行为人行为的流出时，行为人也应该对损害结果承担完全的责任。所谓“结果是行为的流出”，是指行为人的行为制造了发生结果的危险，而防止这种危险变成结果正恰是行为人自己的事情，由于行为人没有设法防止危险变成结果，以致结果终于发生了。

特别是在行为人的行为导致他人死亡时，行为人对他人的死亡应当承担怎样的责任，应该根据“结果是行为的流出”这一标准进行仔细的认定。例如，张某以伤害的故意向黄某的大腿捅了一刀，当张某发现黄某躺在地上不能动弹，黄某有可能因为流血过多而死亡时，张某想到黄某死了更好，于是在能够救活黄某时置黄某于不顾，导致黄某死亡的，张某的行为就不构成故意伤害致人死亡，而是构成不作为的故意杀人。只有在张某发现黄某躺在地上不能动弹，黄某有可能因为流血过多而死亡时，张某或者其他人设法抢救黄某也没有能够救活黄某，导致黄某死亡的，张某的行为才构成故意伤害致人死亡。

对我国刑法在很多条文中规定的“致使被害人重伤、死亡”，都应该从“结果是行为的流出”这一视角重新诠释，绝不能对刑法条文中规定的“致使被害人重伤、死亡”作形式的理解。例如，有学者把我国《刑法》第260条第2款中规定的“致使被害人重伤、死亡”解释为也包括“被害人经常受虐待逐渐造成身体的严重损伤或导致死亡”。[34] 笔者认为，行为人经常虐待被害人，发现虐待行为本身会导致被害人死亡，却不设法防止被害人死亡的，应当以虐待罪和故意杀人罪对行为人的行为进行数罪并罚。否则，不仅在理论上无法说明一个以杀人故意（“发现虐待行为本身会导致被害人死亡，却不设法防止被害人死亡”，就表明存在杀人故意）不阻止死亡结果发生的行为为什么不成立故意杀人罪，而且会破坏刑法条文内部的和谐：按照上述形式的理解，对我国《刑法》第260条第2款中规定的“致使被害人重伤、死亡”只能“处二年以上七年以下有期徒”，而对我国《刑法》第248条第1款中规定的“致人伤残、死亡”却能“依照本法第二百三十四条、第二百三十二条的规定定罪从重处罚”。同样是虐待行为，同样导致了被害人的死亡，仅仅因为主体和对象的不同，就科以极为悬殊的法定刑，会违背行为刑法的基本原则。

附带指出，英国刑法中的“一年零一天”规则，即行为人使被害人受伤后，只有被害人于一年零一天内死于该伤的，行为人才对被害人的死亡负责，[35] 并不是一个合理的规则。笔者认为，只要“结果是行为的流出”，无论结果是何时发生的，行为人都要对结果承担完全的责任。例如，王某对妻子杨某红杏出墙心怀仇

---

[34] 前引29，张明楷书，第730页。

[35] 参见［英］J.C. 史密斯、B. 霍根：《英国刑法》，李贵方等译，法律出版社2000年版，第369页以下。

恨，于是在杨某的零食里混入了有毒物质，正像王某所预料的一样，杨某在吃完零食后，心绞痛了5年，终因治疗无效而死亡。无疑，对杨某的死亡，王某应该承担故意杀人罪的责任。

（四）存在特别负责领域

在一些行为人特别负有责任防止发生损害结果的领域中，行为人也应该对损害结果承担完全的责任。有一些领域，是由行为人的行为或者法律制度特别塑造的，在这种特别塑造的领域中，行为人就负有保证该领域中的安全之特别责任，如果行为人没有履行特别责任，行为人就应该对在该特别领域中发生的损害结果承担完全的责任。

在刑法学中，“存在特别负责领域”表现在不真正不作为犯中。例如，丈夫与妻子夜晚一起外出散步时，妻子被歹徒强奸，丈夫能够阻止歹徒强奸妻子，却不阻止，从而致妻子被歹徒强奸的，丈夫的不作为就构成强奸罪。

但是，只要避免损害结果的发生属于他人的负责领域，即使行为人的行为与损害结果的发生具有因果关系，并且行为人存在故意或者过失，行为人也不应该对损害结果的发生承担责任。例如，李某在夜里驾驶着没有尾灯的货车在公路上行驶，一辆警车开到货车前面，将货车拦住。在将货车拦住后，为了后面开来的车辆的安全，交警将打开的手电筒放在货车后面的公路上。交警命令李某把车开到下一个加油站，交警准备开车跟随货车行驶，以避免这辆无尾灯的货车造成安全事故。在交警开动车之前，交警又拿走了放在货车后面公路上的手电筒。结果，另一辆货车撞上这辆无尾灯的货车，致另一辆货车上的司机受重伤后死亡。李某不应该对另一辆货车上的司机受重伤后死亡承担责任。按照生活经验，公民不需要去监视警察的行为，即使警察犯了一个错误。当交警接管了交通的安全之后，以后将发生什么事情就属于交警的负责领域，因此，李某不再对其后所发生的事情承担责任。[36]

三、被害人的自我答责

传统的刑法理论排除了被害人在刑法学中的地位，刑法仅仅被视为调整国家与犯罪人之间关系的法律，[37]，[38]被害人在刑法学中被边缘化了，可以说，被害人成了刑法理论研究中的“被害人”。现在，人们越来越感到要重视对被害人的保

---

[36] Vgl. *Claus Roxin*, Strafrecht, Allgemeiner Teil, Band I, 2.Auflage, S.332.

[37] 陈正云博士明确指出：“刑事法律关系的主体一方只是国家，另一方只能是犯罪人（自然人、法人），其他任何人、机构或团体组织都不能成为刑事法律关系的主体”（陈正云：《刑事法律关系构成要素研讨》，载赵秉志主编：《刑法新探索》，群众出版社1993年版，第119页）。

[38] 关于这个问题的深入探讨，参见张明楷：《刑法的基础观念》，中国检察出版社1995年版，第26页以下。

护，[39] 但是，也越来越感到不能否定被害人的行为对犯罪成立与否的影响。

排除被害人在刑法学中的地位，就会与犯罪学最新的研究结论相矛盾。从18世纪中叶开始，犯罪学以犯罪行为的原因为重点研究对象；从19世纪末开始，犯罪学以犯罪人的个性为重点研究对象；从20世纪40年代开始，犯罪学以被害人的作用为重点研究对象。德国犯罪学家汉斯·冯·亨廷（Hans von Henting，1887—1974）在1941年发表的《论犯罪人与被害人的相互作用》（Remarks on the Interaction of Perpetrator and Victim）一文中指出："在犯罪行为进行的过程中，受害人不再是被动的客体，而是主动的主体。在犯罪行为的产生和进行过程中，受害人也是在起作用的。"[40] 他认为，在欺诈犯罪中，有些被害人并"不值得法律保护，一则是他们并不纯洁，二则他们往往为根本欺骗不了一般智力水平的人的欺诈行为所骗"。[41] 在被害人催化模式中，"被害人因实施了某种行为而促使、诱引、暗示或激惹犯罪人实施了针对自己的犯罪行为，犯罪行为不过是对于被害人'催化'、'刺激'或者'推动'行为的一种还击或过当反应，其发生恰好是被害人的此类行为在当时的条件下合乎规律的结果。……在这种模式中，被害人负有相当程度的责任。"[42] 因此，"被害人对犯罪有无责任及责任大小直接影响司法实践。警察如遇这种情况，很可能对是否逮捕犯罪人以及是否应当将犯罪人和被害人一起逮捕存有疑问；检察官会考虑在这种情况下是否对犯罪人起诉，以及起诉之后是否要求减轻处罚；法官如遇这种情况下就会考虑是否将犯罪人定罪，或者如果定罪是否减轻处罚。"[43]

认为被害人的作用和犯罪成立与否无关，也会与实定法的解释相矛盾。根据2000年11月15日公布、自2000年11月21日起施行的《最高人民法院关于审理交通肇事刑事案件具体应用法律若干问题的解释》，只有行为人对交通事故的发生负有同等责任、主要责任或者全部责任时，其行为才可能成立交通肇事罪。换言之，如果被害人对交通事故的发生负有主要责任或者全部责任，行为人的行为就不可能成立交通肇事罪。张明楷教授正确地指出："发生交通事故的原因往

---

[39] 应该加强对被害人的保护，避免被害人在遭受犯罪侵害之后又在刑事诉讼中遭受侵害并由此自我损害（所谓第三次被害人化），为此，应该建立被害人保护制度（参见李伟：《犯罪学的基本范畴》，北京大学出版社2004年版，第7页）。但是，本文不深入探讨这个问题，而是阐明被害人的何种行为具有出罪机能。

[40] ［德］汉斯·约阿希姆·施奈德：《犯罪学》，吴鑫涛、马君玉译，中国人民公安大学出版社、国际文化出版公司1990年版，第816页。

[41] 郭建安主编：《犯罪被害人学》，北京大学出版社1997年版，第18页。

[42] 许章润主编：《犯罪学（第二版）》，法律出版社2004年版，第148页。该书第146页以下，把被害人与犯罪人的基本互动模式划分为四种，即可利用的被害人模式、冲突模式、被害人催化模式和斯德哥尔摩模式（不打不成交模式）。

[43] 张智辉等编：《比较犯罪学》，中国人民公安大学出版社1992年版，第284页。

往比较复杂，在许多情况下，行为人与被害人均有责任，如果行为人对事故不应负全部责任或主要责任，则不能认定为交通肇事罪。”[44]

在我国的司法实践中，特别是关于导致被害人死亡的案件，已经把被害人的过错作为量刑因素来对待。例如，在【刘加奎故意杀人案】中，被害人徐翠萍先是无理指责刘加奎的妻子，继而徐翠萍的丈夫马立未无理逼迫刘加奎夫妇赔钱看病并殴打了刘加奎夫妇，在医院的检查结果表明徐翠萍的身体并无异常之后，马立未仍继续纠缠，最终导致刘加奎刺死马立未、刺伤徐翠萍，刘加奎行凶后当场持刀自杀（致肝破裂）未果。一审法院认定刘加奎犯故意杀人罪，判处死刑，缓期二年执行，剥夺政治权利终身。二审法院改判死刑立即执行。最高人民法院认为“一审判决根据本案的起因及矛盾发展上被害人一方有一定过错的具体情节，对被告人刘加奎判处死刑，缓期二年执行，剥夺政治权利终身，并无不当；检察机关抗诉后，二审判决改判被告人刘加奎死刑立即执行失当”。[45]由于被害人一方存在过错而不判处被告人死刑立即执行，已经成为我国司法实务部门的通常做法。1999年10月27日最高人民法院发布了《全国法院维护农村稳定刑事审判工作座谈会纪要》，其第2条第1款明确规定：“对于被害人一方有明显过错或对矛盾激化负有直接责任，……一般不应判处死刑立即执行。”但是，我国的司法实务部门至今仍未全面重视被害人的行为对定罪量刑所应该发挥的作用，忽视了被害人的行为在影响犯罪的成立上所具有的意义。[46]

在当今的德日刑法理论中，被害人的“自我负责原则，已然被提升为法哲学的基本原则”。[47]很多学者认为，被害人的自我答责是限定不法的基本原则。[48]

笔者认为，不能仅仅根据“谁是行为人，谁是被害人”这一标准来决定刑法上的归责，这是因为，从“谁是被害人”这一事实中，并不能必然得出“谁是正确的”这一规范的结论。被害人应该对结果的不发生负责，乃是决定刑事归责的

---

[44] 前引29，张明楷书，第567页。

[45] 参见《刑事审判参考（2000年卷）》，法律出版社2001年版，第91页。

[46] 参见后述关于【于光平爆炸案】的解说。一个还需要论证的思路是：当“被害人的过错”仅仅是刺激行为人决定实施犯罪行为的心情之因素时（在【刘加奎故意杀人案】中就是如此），“被害人的过错”就影响量刑；当“被害人的过错”不仅是刺激行为人决定实施犯罪行为的心情之因素，并且是引起行为人实施危险行为以及在因果经过中强化行为人实施行为的危险之因素时（在【于光平爆炸案】中就是如此），“被害人的过错”就影响定罪。

[47] *Bernd Schünemann*, Das System des strafrechtlichen Unrechts: Rechtsgutsbegriff und Viktimodogmatik als Brücke zwischen dem System des Allgemeinen Teils und dem Besonderen Teil. 载许玉秀主编：《刑事法之基础与界限——洪福增教授纪念专辑》，台湾学林文化事业有限公司2003年版，第175页。

[48] Vgl.*Rainer Zaczyk*, Strafrechtliches Unrecht und die Selbstverantwortung des Verletzten, 1993. S.3.

重要标准。被害人具有独立的和自我答责的法律人格，被害人的尊严与被害人的责任不可分离，只要法律还应该保护被害人的尊严，法律就必须证明被害人应该承担的责任。人们不能仅仅从行为人的行为这一视角来考虑符合构成要件的结果，而是也必须从被害人的行为这一视角来考虑符合构成要件的结果。因此，不仅在交通肇事罪中，而且在所有的犯罪中，被害人的自我答责都是否定他人的行为成立犯罪的基本原则，只要存在被害人对损害结果的自我答责，他人的行为就完全不符合构成要件。根据“自我答责”这一刑事答责的基本原理，只要已经发生的损害结果仍然体现着被害人的任意，处在被害人的行为所能支配的领域之内，就存在着被害人对不发生损害结果的优先负责性，就要由被害人自己对所发生的损害结果予以答责。在这种情形中，即使他人故意或者过失的参与行为导致了损害结果的发生，也不能把所发生的损害结果归属于他人。

如果认定要由被害人自己对所发生的损害结果承担责任，那么，就会产生对被害人而言的双重不利。一方面，不可以针对他人的行为而在刑法上对被害人进行保护，例如，只要应该由被害人自己对所发生的损害结果承担责任，就不能针对与损害结果的发生相关联的他人进行正当防卫；另一方面，要把所发生的损害结果归属于被害人自己，关于被害人遭受的损害结果，他人肯定不承担刑事责任，并且往往也不承担民事责任。为了不使这种对被害人而言的双重不利成为不公正的，就需要合理地确定被害人自我答责的条件，并且把被害人自我答责的合理条件贯彻在具体的类型之中。

西班牙刑法学者 *Cancio* 认为，如果被害人与他人共同从事的活动给被害人的法益造成了损害，就要由被害人自己对所发生的法益损害承担责任，只要符合以下三个条件：第一，这种活动停留在被害人和他人共同组织的范围之内；第二，被害人的活动没有被他人当成工具，也就是说，被害人具有成立“自我答责”所必要的认识；第三，他人不具有对被害人的法益加以保护的特别义务。[49]

笔者认为，在应该由被害人自我答责的情形中，可以把“自我答责”原理具体化为以下几个构成要件：

第一，被害人具有认识导致结果发生的危险和阻止危险现实化（变成结果）的能力。认识能力和控制能力是自我决定的前提，如果被害人没有能力认识导致结果发生的危险和阻止危险现实化的能力，被害人就不可能自我决定与结果的发生相关联的行为，也就不能对损害结果的发生承担责任。因此，如果他人参与了儿童或者精神病人的行为，他人就应该对儿童或者精神病人的行为所造成的损害结果承担责任，倘若他人本身不是儿童或者精神病人的话。

第二，被害人自己引起了发生损害结果的危险。这就是说，被害人自己的行

[49] Vgl.*Manuel Cancio Meliá*, Opferverhalten und objektive Zurechnung, in : ZStW 111 (1999), S. 375.

为总是损害结果发生的一个条件。如果被害人自己的行为与损害结果的发生没有任何关联，那么，损害结果对被害人而言就纯粹是一个外部强制，被害人就完全不应该对损害结果的发生承担责任。

第三，被害人在自己尽管还能够管理危险时却强化了危险。只要被害人自己还决定着事件的发生与否，就不可能由其他人对发生的事件承担刑事责任。[50] 如果被害人自己一直没有丧失对损害结果发生与否的控制，却违反自我保护义务，使损害结果发生的危险增加了，以至于可以认为损害结果是被害人自己行为的流出，那么，被害人就应该自己对所发生的损害结果承担责任。

第四，法规范上不存在他人应该优先地阻止危险现实化的特别义务。倘若他人应该优先地阻止损害结果的发生，即使被害人的行为与损害结果的发生相关联，被害人也不应该对所发生的损害结果承担责任，因为被害人有权信赖他人履行阻止损害结果发生的义务。但是，只要他人没有优先地阻止损害结果发生的义务，被害人就必须自己设法阻止损害结果的发生，否则，被害人就应该自己对所发生的损害结果承担责任。例如，冯某因不注意将杨某轧伤后，即使杨某自己能够包扎伤口而未包扎伤口，以致杨某因为流血过多而死亡的，也不应该由杨某对自己的死亡承担责任，因为冯某制造了杨某的受伤，冯某就必须首先阻止杨某的死亡。在规范的意义上，直到死亡之时，杨某都有权要求冯某抢救自己。

具备以上四个条件时，就存在被害人自己对损害结果的优先负责性，因此，不能把所发生的损害结果归属于他人。

在以下四种类型中，[51] 被害人都应该自己对所发生的损害结果承担责任：

（一）非法侵入他人的法领域

被害人非法侵入他人的法领域而自己引起的法益丧失，应该由被害人自己承担后果，即使他人故意地引起甚至谋划了被害人的损害，只要这种故意的引起或者谋划总是存在于他人的法领域之中，法规范必须阻止被害人非法侵入该法领域，他人就不对故意的引起或者谋划所造成的损害结果承担责任。“谁给一个答

---

[50] Vgl.*Günther Jakobs*，Strafrecht Allgemeiner Teil，2. Auflage，S.626.

[51] 在以下四种类型中，被害人的自我答责所要解决的情形，都与被害人的承诺所要解决的情形不同。在被害人承诺的情形中，是被害人以自己的意思来处分自己的法益，不认为他人的行为是在侵害自己的法益，但是，在被害人自我答责的情形中，被害人虽然认识到他人的危险行为会侵害自己的法益，却不希望自己的法益实际上受到侵害；在被害人承诺的情形中，他人的行为之所以不是违法的，是因为被害人对结果的发生抱着积极的态度，被害人愿意结果发生，实际上应该说没有法益受到损害，但是，在被害人自我答责的情形中，他人的行为之所以不是违法的，是因为被害人虽然对结果的发生抱着消极的态度，被害人不愿意结果发生，却没有采取防止损害结果发生的慎重态度，应该自己对法益所受到的损害承担责任。

责的人提供了自我损害的机会，谁就不仅在机会的接受者现实地想到风险时不承担责任，而且，已经在想到风险是接受者自己的事情时就总是不承担责任”。[52]关于“非法侵入他人的法领域”，可用下图表示。

有一些生活领域，人们可以完全自由地加以组织。例如，人们享有在自己的卧室里是否穿睡衣或者穿何种颜色的睡衣的自由，也有在自己卧室的茶杯里放入毒药的自由。只要没有超越自己的自由领域，通常就不应该由行为人对有关的损害结果承担责任。一个可以用来说明的例子是，【搜集睡衣被毒案】刘某是一个精神正常的成年男人，他总是对自己暗恋的女人杨某心驰神往，常常深更半夜在杨某的卧室窗外偷窥杨某穿着睡衣的样子，常常白天在杨某家中无人时闯入杨某的卧室搜集杨某的睡衣。杨某对有人侵犯自己的隐私极为恼火，于是在自己卧室的茉莉花茶杯里放入毒药，正像杨某所预料的一样，刘某在又一次撬门闯入杨某的卧室搜集杨某的睡衣时因为口渴而喝下了卧室里放了毒药的茉莉花茶，结果被毒死在他暗恋的女人的卧室里。在这个事例中，能够让杨某承担责任的条件是：刘某是一个精神不正常的人，并且，杨某知道或者可能知道是一个精神不正常的人闯入自己的卧室偷走了睡衣。如果杨某存在毒死精神不正常者的故意，杨某的行为就成立故意杀人罪；如果杨某在精神不正常者被毒死上存在过失，杨某的行为就成立过失致人死亡罪。被害人的自我答责是以被害人具有认识导致结果发生的危险和阻止危险现实化的能力为前提的，因为一个精神不正常的人并不具有这种能力，所以，杨某就负有防止精神不正常者被毒死在自己家里的义务。但是，只要杨某不应该知道会有一个精神不正常的人闯入自己的家里，就不应该由杨某对相应的后果承担责任。换言之，在这个事案里，刘某应该自己对自己的死亡承担责任。

（二）自己故意实施危险行为

当被害人完全估计到自己的行为将会给自己造成危险，却轻率地实施该危险行为，以致给自己造成损害结果的，就要由被害人自己负责。尽管被害人能够通过自己的行动避免危险，却以自己的任意实施了危险行为，因为被害人自己最终决定着自我损害行为的实施与否，所以，即使他人参与了被害人的这种危险行为，他人的行为也没有侵害被害人的自由，不具有不法性质，不对被害人遭受的损害

[52] *Günther Jakobs*，Strafrecht Allgemeiner Teil，2. Auflage，S.638.

结果承担责任。关于“自己故意实施危险行为”，可用下图表示。

可以用两个例子来说明。【未名湖冻死事例】张某是北大中文系三年级的美丽女生，在被同学李某和陈某追求的过程中，为了考验谁更爱自己，于是对李某和陈某说：“你俩今晚脱光衣服站在未名湖的冰面上，谁站的时间长，我就与谁谈恋爱。”李某和陈某接受了张某的建议，结果在证明自己爱的炽烈之中，李某冻死在隆冬的冰面上。在这个事例中，尽管李某的死是张某引起的，也不应由张某对李某的死承担故意杀人罪的责任，这是因为，李某完全估计到自己会被冻死，却仍然以自己的任意实施了导致自己死亡的行为，是李某的任意支配了李某死亡的发生。【北医传染病事例】在 SARS 大暴发期间，北大医学院二年级的学生陈某被爱心驱使，违反学校规定，溜进北大附属医院的隔离病房，去看望自己的恋人、因被疑为 SARS 病毒携带者而受到隔离观察的女同学王某，王某把一个鲜艳的红苹果递给陈某吃，陈某吃后被感染上 SARS 病毒，并不治身亡。在这个事例中，虽然陈某的死亡是王某引起的，也不应该由王某对陈某的死亡承担过失致人死亡罪的责任，这同样是因为，陈某完全能够估计到自己会被感染上 SARS 病毒，却仍然以自己的任意实施了导致自己死亡的行为，陈某的任意决定了陈某自己的死亡。

在德国发生的一个类似案件是，被告人是一名医生，他于 1958 年在印度和斯里兰卡进行研究考察时，被感染上天花，回到德国后，虽然他不清楚自己所患疾病的种类，没有去检查他感觉不好的健康状态，他还是到他任职的大学医院上班了，结果，他直接或者间接通过被他传染的其他人把疾病传染给在该医院工作的很多医生、其他工作人员和病人，一名女医生和一名女病人因被传染上疾病而死亡。该医院的一名牧师也被传染上疾病，该牧师是为了关怀其他病人而自愿进入隔离区的。州法院判决把疾病传染给别人的医生成立过失致人死亡罪，关于牧师被传染上疾病，也成立过失伤害罪。[53] 但是，这个判决在今天被认为是错误的，因为牧师“出于自己的决定而故意地使自己处于危险中，因此，由此产生的后果不允许归责于”把疾病传染给别人的那位医生。[54] 对此，德国联邦法院

[53] BGHSt 17, 359.

[54] 参见［德］克劳斯·罗克辛:《德国刑法学总论》(第 1 卷)，王世洲译，法律出版社 2005 年版，第 264 页。

在 1979 年明确指出：“在伤害罪或者杀人罪的构成要件之中不包括自我答责地（*Eigenverantwortlich*）意欲和实现的自我危险，如果与这种危险一起意识到的危险现实化了的话。谁仅仅引起、促进了一种这样的自我危险，或者使一种这样的自我危险成为可能，就并不因此而使自己受到伤害罪或者杀人罪的刑罚处罚。”[55]

（三）同意他人实施危险行为

被害人认识到他人的行为具有给自己的法益造成损害的危险，却要求、允许或者接受他人实施该危险行为，由此而产生的损害结果，就应该由被害人承担责任。关于“同意他人实施危险行为”，可用下图表示。

可以用一个例子来说明。【苏州桥撞车事例】张某开车与李某、王某、孙某三个朋友到人民大学西门北边的小肥羊餐馆吃晚饭。张某喝了半斤二锅头和一瓶红酒，李某、王某和孙某各喝了约二两白酒和三两红酒。在深夜两点离开餐馆时，张某说要开车送李某、王某、孙某回家，看到张某走路有些摇晃，李某劝张某不要开车，张某说没事。张某打开车门，反复三次才坐在驾驶座上，张某让李某、王某、孙某上车，王某、孙某上车后，李某也犹豫着上了车。张某启动车上路后，把车开得摇晃不定。在中途熄火时，李某说还是下车走回家要安全些，张某说：“没事，反正路上没人。”张某又把车开起来，并加速到每小时四十公里，结果，张某驾车在苏州桥拐弯时撞在路边的电线杆上，导致坐在张某旁边的李某被撞死，坐在李某后座上的王某被撞成重伤，坐在张某后座上的孙某被撞成轻伤，张某自己受了轻微伤。在这个事例中，尽管被害人李某、王某、孙某从一开始就认识到张某的危险行为，却任意地接受了张某的危险行为，因此，应该由李某、王某、孙某自己对所发生的损害结果承担责任。

在德国发生的一个类似案件是，两名游客要求摆渡的船公在暴风雨的天气把他们送到梅梅尔河对岸，船公先是拒绝了这两名游客的要求，并说明在这种天气中驾船过河就有翻船的危险，但是，这两名游客反复要求、坚持要船公送其过河，船公于是冒险驾船过河，结果在河中船翻了，致这两名游客淹死。对此，德国的一审法院判决船公成立过失杀人罪，但是，德国的帝国法院推翻了一审法院的判决，判决船公无罪，理由是“两人都是成年的和有理智的男人，他们都完全地并且与被告人同样程度地估计到所意图的渡河中存在的危险。存在某种会使被告人

---

[55] BGHSt 32，S. 262 ff.

对两人进行保护或者照顾的事实，……是看不出来的。被告人既没有就危险的开始对两人进行任何欺骗，也没有为了个人的利益就轻率地基于放肆和冷漠而根据他们的请求参与进来”。[56]

在日本发生的一个类似案件是，为了在未铺装的路面进行关于驾驶所需时间的比赛，初学比赛的被告人在有 7 年比赛经验的被害人的指导下进行泥地比赛练习，被害人坐在车上指导被告人以至发生事故时被告人从未使用过的驾驶方法开车时，发生事故，致被害人死亡。日本千叶地方法院在 1995 年的判决中认为，被告人的驾驶方法和被害人的死亡结果是被害人作为自己的危险而接受的危险的现实化，而且，不能说缺乏社会相当性，从而否定了被告人的行为成立业务上过失致死罪。[57] 在民事审判中，法院也以不能预见结果的发生为根据，否定了被告人和开设、管理比赛场地的公司负有损害赔偿义务。[58]

（四）参与并且强化危险行为

被害人认识到他人的行为具有给自己的法益造成损害的危险，却参与他人对该危险行为的实施，并且被害人自己的行为使他人行为的危险不能消除或者甚至使他人的危险行为变得更加危险的，也应该由被害人对由此而产生的损害结果承担责任。如果被害人参与并且强化了他人的危险行为，被害人就必须“自担风险”。关于“参与并且强化危险行为”，可用下图表示。

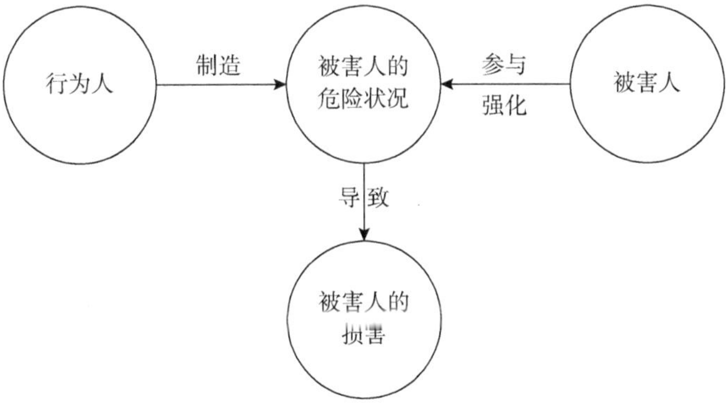

先用一个例子来说明。【和尚骗奸事例】和尚黄某在倩丽美容店认识了卖淫女赵某，双方商定以 800 元人民币成交一次性行为，赵某如约在晚上 10 时到达黄某临时租住的房间，黄某支付了赵某 800 元人民币并发生了一次性行为之后，两人一起裸体睡在床上。半夜里，黄某又想与赵某发生一次性行为，赵某抚摸了

[56] RGSt 57, S. 173 f.

[57] 参见千叶地判平 7・12・13 判时 1565 号第 114 页。

[58] 参见浦和地判平 10・9・25 判时 1673 号第 119 页。

黄某之后，提出黄某必须再付800元人民币才能与自己发生一次性行为，黄某说已经没有钱了，赵某就拒绝与黄某发生性行为，黄某于是把存折拿出来给赵某看，并对赵某说："先来一次吧，明天上午一定去银行取钱给你"，赵某因此又一次与黄某发生了性行为，但是，黄某第二天拒绝去银行取钱给赵某。赵某很气愤，就去派出所以强奸罪告发了黄某。在这个事例中，黄某的行为不构成强奸罪，因为赵某不仅参与了设定自己的危险状况，而且在动机错误之下给予了黄某与其实施性行为的机会。尽管黄某的欺骗行为使赵某产生了动机错误，[59]但是，这种欺骗并非我国《刑法》第236条在强奸罪的构成要件中所要求的"其他手段"，因为要由赵某自己判断黄某谎言的不真实性，就像在爱的谎言下发生的性行为不是强奸一样。根据德国刑法，黄某的行为构成诈骗罪。[60]但是，在中国，卖淫是非法的，赵某没有法律根据要求黄某为其出卖性行为而支付金钱，因此，黄某的行为也不构成诈骗罪。

再拿一个判决来评析。【于光平爆炸案】1997年2月7日，被告人于光平的儿子（8岁）和侄子（10岁）在玩自行车钢圈时，碰到本村村民张洪庆的堂侄媳妇身上。张洪庆、史桂荣夫妇因此与于光平、于光胜发生口角，继而发生厮打。厮打中张洪庆的头部被打破，后张洪庆被送往乡医院治疗。于光平的父母多次到医院看望，向张洪庆及其父亲赔礼道歉，并找人调解，但未得到张洪庆的谅解。同年2月9日，史桂荣要求于光平、于光胜向其公爹及其夫妇下跪赔礼，于家未答应。2月10日上午8时许，史桂荣同张家及娘家亲戚约二三十人破门闯入被告人于光平家院中，叫骂达半小时左右，并投掷石块。被告人于光平气急之下，从屋内拿出一枚私藏的手榴弹，拧开后盖掖在腰间，手持点燃的鞭炮从屋内冲出，想以此吓退对方，但未奏效，还遭到张洪春等人的围攻。在于光平与张洪春双方争抢过程中，手榴弹在双方手中爆炸，造成张洪春等三人死亡、二人重伤、五人轻伤、一人轻微伤。于光平右眼也被炸瞎，右手拇指被炸断一节。一审法院认定于光平犯爆炸罪，判处死刑，剥夺政治权利终身。二审法院认为"在案件起因上被害方有明显过错，依法可对上诉人于光平从轻处罚"，改判于光平死刑，缓期二年执行，剥夺政治权利终身。[61]在本案中，因为后果极其严重，二审法院能够以"被害方有明显过错"为由改判于光平死缓，就中国目前重视损害后果的司法现状而言，已经难能可贵。但是，从理论上说，把这种严重后果归属于于光平的行为仍然是有疑问的。首先，张洪庆、史桂荣夫妇对于小孩玩自行车钢圈时碰到

---

[59] 关于被害人动机错误的刑法效果，参见冯军：《被害人承诺的刑法涵义》，载赵秉志主编：《刑法评论》（第1卷），法律出版社2002年版。

[60] 笔者有义务感谢德国慕尼黑大学法哲学和法信息学研究所所长 *Bernd Schünemann* 教授于2006年3月31日晚上10点在北京的翠宫饭店给我提供这一答案。

[61] 参见《刑事审判参考（1999年卷）》，法律出版社2000年版，第1页以下。

堂侄媳妇身上竟然不能宽容，反而争吵并继而厮打，引发了纠纷；其次，于光平的父母多次到医院看望张洪庆，并向张洪庆及其父亲赔礼道歉，找人调解，都未得到张洪庆的谅解，史桂荣反而提出“要求于光平、于光胜向其公爹及其夫妇下跪赔礼”的无礼要求，致使矛盾激化；再次，在无礼要求被拒绝之后，史桂荣同其亲戚约二三十人破门闯入被告人于光平家院中，叫骂达半小时左右，并投掷石块，非法侵害了于光平的居住权、财产权，并有侵害于光平及其家人的人身安全之危险；复次，于光平气急之下，从屋内拿出一枚私藏的手榴弹，拧开后盖掖在腰间，手持点燃的鞭炮从屋内冲出，想以此吓退对方，此时，于光平并不存在爆炸或者杀人的故意，但是，被害人张洪春等人不是撤离于光平的权利领域，而是对于光平进行围攻，并从于光平手中争抢手榴弹，以致手榴弹爆炸，造成多人死伤的严重后果；最后，被害人张洪春等人在对于光平进行围攻并从于光平手中争抢手榴弹时，清楚地认识到这种争抢手榴弹的行为会导致手榴弹爆炸，却仍然竭力争抢，强化了手榴弹爆炸的危险，对手榴弹爆炸的危险存在清楚认识却在这种清楚认识下实施争抢行为，就表明被害人张洪春等人忍受了手榴弹爆炸所引起的结果。从以上几点来看，是被害人张洪春一方故意地引起、刺激、强化了损害后果的发生，应该由被害人张洪春一方对损害后果承担责任，不应该把多人死伤的严重后果归属于于光平，应该仅仅以《刑法》第128条规定的私藏弹药罪对于光平的行为加以处罚。

四、余论

“自我答责”是一个确定行为不法的基本原则，只要应该由被害人自己对损害结果的不发生负责，就完全不存在他人对损害结果的不法，因此，即使他人以故意或者过失参与了损害结果的发生过程，他人的行为也不成立犯罪未遂。例如，【鱼刺窒息致死例】卢某与贾某相爱多年，在即将举办婚礼之时，卢某得知贾某与有夫之妇秦某有不轨行为，因此，卢某决定整死贾某。于是，卢某在做了一份美味的酸菜鱼之后，很亲热地喂了一大块鱼给贾某吃，正像卢某一开始就预料的一样，贾某自己像平时一样在大口吃鱼时喉咙里卡住了一根鱼刺，致贾某窒息而死。因为认识到鱼里有刺并且仔细地吃鱼以及设法弄出卡在喉咙里的鱼刺都是必须由贾某自己负责处理的事情，所以，卢某的行为就根本不是故意杀人罪中所预定的行为，即使卢某存在整死贾某的故意，卢某的行为也不成立故意杀人罪的未遂。

在行为人的自我答责和被害人的自我答责之外，也可能存在其他的答责模式，也就是说，对于一个已经发生的损害结果，可能既不能由行为人答责，也不能由被害人答责，而是要用一种历史地、文化地形成的生活情势来解消责任。例如，在战斗已经打响之后，军人的杀人行为，只要没有违反自己一方有效的法律或者规定，就不应当由胜利者在战斗结束之后追究军人的刑事责任。开枪打死在柏林墙倒塌之前越墙逃亡西德者的东德军人在柏林墙倒塌之后受到了审判，并被追究了刑事责任。这样一种“想用刑罚克服过去的历史”的做法，并不值得效仿。在军人还属于一个社会的正常角色的时候，一方面要求他们以服从命令为天职，另一方面以人权为根据要求他们不要杀害追求自由（但是违反实在法并且根据实在法应该遭受射击）的人，就会是社会定位中的自我矛盾。

对于国际罪行（例如，干涉内政、经济掠夺、殖民统治甚或国际战争），国家或者国家领导人应当承担道义的或者行政的责任。例如，国家应当对受害国或者受害人进行赔偿，国家的领导人应当下台并且向受害国、受害人和本国的民众谢罪。但是，针对国际罪行，追究国家的刑事责任是不现实的，追究国家领导人的刑事责任是不合理的。对于国内罪行（例如，阶级斗争、宗教迫害甚或内战），追究国家领导人的刑事责任也是不合理的。没有任何一个国家的任何一位领导人能够真正承担起历史、文化、制度和组织以及（部分）民众心声赋予他的责任，因此，企图用刑罚来克服历史的悲运，就仅仅是人类的闹剧。对米洛舍维奇的审判，从诉讼的层面表明，审判所针对的事实完全不可能通过法律程序来证明，如果人们想真正进行一次法律意义上的审判的话。当然，如果既不是国际罪行也不是国内罪行，而是纯粹的个人罪行（例如，渎职或者强奸），一个国家领导人就应该承担刑事责任。

（本文曾发表于《中国法学》2006 年第 3 期）

侵害人视角下的正当防卫论

陈　璇

一、问题、视角与目标

"正当防卫是我国刑法理论中学术观点最活跃的热点之一。正当防卫在司法实践中也是疑难问题之一，……正当防卫案件虽然为数不多，但几乎每一个正当防卫案件都存在争议。"[1] 尽管距离陈兴良教授的这一论断已过去近30年，但如果综合疑难程度和公众关注程度这两项指标对刑事司法中的各类案件进行排序，那么涉及正当防卫的案件无疑仍将名列前茅。2003年的黄中权案件、2004年的张德军案件、2009年的邓玉娇案件等，无不引起了媒体的广泛聚焦，也掀起了民众与法律界的激辩。无论是理论界还是实务界都承认，自1979年刑法颁布以来，我国审判实践在正当防卫的认定上盛行"唯结果论"的倾向。具体表现是：只要出现了不法侵害人死亡的结果，法官便倾向于一律认定防卫人成立犯罪。尽管立法者于1997年试图通过对防卫限度的条款进行修改，特别是引入特殊防卫权条款的方式对此加以纠正，尽管学者们也时常呼吁不应对防卫行为提出过于严苛的限制，[2] 但司法机关过分依赖防卫行为损害结果的情况依然较为普遍。[3]

这种局面的出现，固然与"只要死了人就得有人负责"的观念在我国社会根深蒂固不无关联，但恐怕也和我们看待正当防卫的视角有密切的联系。长期以来，刑法学界和司法人员习惯于只将目光集中于防卫行为及其结果，习惯于将不法侵害所威胁的法益与防卫行为所损害的法益进行简单的对比，但却忽视了双方法益在值得保护程度上存在的差别。在人们的普遍观念中，由于正当防卫是公民在无法获得公权力救助的情况下，通过私力解决法益冲突的行为，故不法侵害人自身

---

[1] 陈兴良：《正当防卫论》，中国人民大学出版社2006年版，前言（1986年作）第1页。

[2] 参见杨忠民：《对正当防卫限度若干问题的新思考》，载《法学研究》1999年第3期，第50–57页；赵秉志、肖中华：《防卫的必要限度》，载《检察日报》2001年10月23日，第3版；金泽刚：《正当防卫不是完美防卫》，载《法制日报》2013年1月16日，第10版。在本文的注释中，凡涉及多个文献的，均按发表的时间先后排序，特此说明。

[3] 参见高铭暄主编：《刑法专论》，高等教育出版社2006年版，第429页；前引1，陈兴良书，第139页；伍金平：《正当防卫司法适用的困境探析》，载《河北法学》2012年第5期，第191页；杨毅伟：《自我防卫与相互斗殴的刑事司法判定研究》，载《西南政法大学学报》2012年第6期，第108页。

的法律责任与他在正当防卫中所处的地位是截然分开的。换言之，尽管侵害人实施了违法的行为，但对它施加何种制裁、剥夺何种权利，那是国家对他进行责任判定的问题；在经过法定程序予以处罚之前，侵害人和其他公民一样依然正常地享受法律的保护。[4] 但这种观念值得反思。不法侵害人固然是实施了违法举动的行为人，但与此同时，他又是防卫行为所针对的被害人。[5] 原则上来说，作为遭到他人行为侵袭和损害的一方，被害人的法益必然处在法律的严格保护之下。但是，对于任何一种正当化事由而言，既然法律宣告行为人对被害人法益造成某种损害是合法的，那么这也就意味着，法律为被害人的法益所设置的保护屏障已经在一定范围内被撤除了。换句话说，“正当化事由不仅排除了国家刑罚权的发动，而且还剥夺了被害人的权利，使其无权要求行为人不去实施符合构成要件的行为。一切正当化事由的效果都在于缩减对被害人的保护。”[6] 无论人们是否承认“被害人教义学”（Viktimodogmatik）在刑法理论中具有独立的地位或者普遍的指导意义，[7] 不容否定的是，被害人的“‘需受保护性’，……能够对实质的违法性产生影响；所以，如果我们在进行解释时牵涉到了那些对于刑法的保护范围具有决定性意义的事实情况，那就必须始终将这种需受保护性也纳入到考虑的范围之中。”[8] 因此，在对正当化事由展开研究时，我们有必要将目光更多地集中在正当行为的被害人一方，考察他丧失法律保护的正当根据究竟何在，进而确定法律取消对其法益保护的合理边界又在哪里。

有鉴于此，本文的目的在于全面分析和揭示被害人因素对于正当防卫教义学的深化和拓展所具有的指导性作用。思路如下：（1）笔者将探寻正当防卫正当性的实质根据，并得出结论：法益保护和侵害人值得保护性的下降是构成正当防卫本质的两大核心要素。我国关于正当防卫理论的研究存在一个突出的“短板”，即现有论著大多只停留在对正当防卫各具体成立要件进行零打碎敲式的分散讨

---

[4] 参见《“的哥”撞死劫匪是义举还是犯罪》，载《人民公安报·交通安全周刊》2005 年 4 月 2 日。

[5] 需要说明的是：本文的“被害人”概念是从广义或曰价值中立的意义上来说的，即只要是法益受到了损害的人均可归入其中。某人是否属于被害人，与他受损的法益在法律上是否值得保护这一规范评价的问题无关。若被害人的法益值得保护，则他属于违法乃至犯罪行为的被害人；若被害人的法益已经失去了值得保护性，则他就属于合法行为的被害人，像“被害人自我答责”和“被害人承诺”等概念中的“被害人”即为如此。

[6] Mitsch, Rechtfertigung und Opferverhalten, 2004, S. 30.

[7] Vgl. Schönke/ Schröder/ Lenckner/ Eisele, StGB, 28. Aufl., 2010, vor § § 13ff. Rn. 70b; Freund, in: MK-StGB, 2. Aufl., 2011, vor § § 13ff. Rn. 426. 近年来，被害人教义学在我国刑法学中也有兴起之势，宏观性的研究成果主要有：申柳华：《德国刑法被害人信条学研究》，中国人民公安大学出版社 2011 年版；车浩：《自我决定权与刑法家长主义》，载《中国法学》2012 年第 1 期，第 89–105 页。

[8] Roxin, Strafrecht AT, 4. Aufl., 2006, § 14 Rn. 22.

论，而缺少对正当防卫的本质这一基础性问题的追问，[9] 自然也就鲜有以正当防卫的本质为红线和主轴对具体要件展开体系化解释。[10] 事实上，正如罪刑规范背后的实质保护目的是指引构成要件解释的向导一样，对于正当防卫来说，“只有弄清了那些作为法律规定之基础的思想，我们才能在关于具体正当防卫要素的不同解释方案中，做出有理有据的抉择。”[11]（2）从以侵害人为导向的正当防卫思想出发，笔者将进一步以我国司法实践中出现的疑难案件为素材，分析不法侵害人的行为对处理防卫限度问题的具体影响。

二、被害人视角下正当防卫本质论的重构

正当防卫的本质所要回答的问题是：作为一种对他人法益造成损害的行为，正当防卫合法化的实质根据和思想基础究竟何在？需要注意：第一，由于正当防卫的本质是一个教义学范畴内的课题，故对它的探讨需要以现行刑法的规定为立足点。第二，正当防卫的本质不仅要能说明正当防卫与违法行为之间的区别，而且还应当能对正当防卫与紧急避险等其他紧急权相比所具有的特点做出解释。

（一）问题聚焦

首先可以确定的是，法益保护是正当防卫本质的固有内容。现代法治国家无不承认，公民的合法权益非有法定理由不受他人的侵犯。因此，一旦某人在缺乏合法根据的情况下对他人的法益造成了侵害的危险，则面临威胁的一方没有义务对此加以忍受，他有权采取为维护法益安全所必要的一切反击措施。[12] 单纯以该思想为基础建立起来的紧急权呈现出两个特点：[13] 其一，只要某人对他人的法益构成了危险，公民对危险来源者就享有防御权；其二，划定紧急权正当性界限的唯一标准是必要性原则，即只要反击行为是为排除危险所必不可少的手段，则不论该行为损害的法益与它所保护的法益之间的对比关系如何，均不影响行为的合法性。然而，这样的权利既不是《刑法》第 20 条所规定的正当防卫，因为后者要求危险的来源仅限于人的不法侵害行为，又不是《刑法》第 21 条所包含的防御

[9] 王政勋教授曾对“正当防卫的本质”进行过开拓性的专题研究，并提出正当防卫的本质由哲学根据（权利与权力的对立统一）、法学根据（报应与预防的对立统一）和道义根据（正义与秩序的对立统一）这三方面共同构成。（参见王政勋：《论正当防卫的本质》，载《法律科学》2000 年第 6 期，第 92-98 页。）

[10] 近年来，已有部分学者开始有意识地尝试从正当防卫的基本思想出发，对诸如不法侵害的认定、挑拨防卫的处理等具体问题给出合乎刑事政策要求的解答。参见黎宏：《论正当防卫的主观条件》，载《法商研究》2007 年第 2 期，第 63-75 页；欧阳本祺：《正当防卫认定标准的困境与出路》，载《法商研究》2013 年第 5 期，第 119-127 页；徐梦萍、王剑波：《论防卫挑拨的类型及其处理原则》，载《辽宁大学学报》（哲学社会科学版）2013 年第 5 期，第 121-125 页。

[11] Kühl, Notwehr und Nothilfe, JuS 1993, S. 179.

[12] Vgl. Frister, Die Notwehr im System der Notrechte, GA 1988, S. 292.

[13] Vgl. Pawlik, Der rechtfertigende Defensivnotstand im System der Notrechte, GA 2003, S. 13ff.

性紧急避险，因为后者存在“不得已”和法益衡量方面的限制性条件。[14]由此可见，单纯的法益保护思想虽然能揭示出紧急权（Notrechte）发端的共同根源，但却无法说明正当防卫、紧急避险等具体权利的各自特点。

对比《刑法》第20条和第21条的规定，我们不难发现，与防御性紧急避险权相比，在保护法益的力度上，正当防卫权明显具有更为强势的风格。具体表现为：（1）“不得已”要件的欠缺。即便存在逃避、报警等其他同样有效的法益保护措施，也不妨碍行为人直面侵害、出手反击。但防御性紧急避险却要求行为人在行使避险权之前，须穷尽其他的保护手段。（2）限度条件的宽松。尽管《刑法》第20条第2款和第21条第2款在分别规定防卫限度和避险限度时，都采用了“必要限度”一词，但至少从理念上来说，人们已达成共识：在判断防卫行为是否超过限度时，无须像紧急避险那样进行严格的法益衡量。[15]该差异意味着，尽管无论是在正当防卫还是在防御性紧急避险中，行为人一方所代表的利益均大于被害人一方，但从两种利益悬殊的程度来看，正当防卫比防御性紧急避险高。因此，我们接下来需集中精力探讨的问题就是：产生这一区别的根源究竟何在？

对此，有两种思路可供选择：一是从行为人的角度出发，说明除了使直接受不法侵害威胁的法益得以保全之外，防卫人还额外保护了其他的利益。二是从被害人的角度出发，论证不法侵害人所代表的利益经历了“贬值”，从而导致其值

---

[14] 有两个问题需要说明：（1）关于防御性紧急避险的概念。我国传统的刑法理论和判例习惯于将紧急避险的被害人限定在与危险来源无关的第三人之上。（参见高格：《正当防卫与紧急避险》，福建人民出版社1985年版，第104页；中华人民共和国最高人民法院刑事审判第一、二、三、四、五庭主办：《中国刑事审判指导案例》（第3卷），法律出版社2009年版，第323页；陈兴良：《教义刑法学》，中国人民大学出版社2010年版，第367页；高铭暄、马克昌主编：《刑法学》，北京大学出版社、高等教育出版社2011年版，第138页。）但该观点值得商榷：第一，我国《刑法》第21条只是规定“不得已采取的紧急避险行为，造成损害的”，它并未对损害对象的范围做出任何限定。第二，即便危险的来源不是物，而是人的行为，为保护法益而直接对该危险源进行的反击也完全可能不符合正当防卫的前提条件，但同时又不能要求行为人听任合法权益遭受损害。于是，只能承认行为人享有实施紧急避险的权利。目前，已有越来越多的学者倾向于主张，紧急避险的被害人既包括第三人，也包括虽引起了危险但并未实施不法侵害的人。针对前者的紧急避险是攻击性紧急避险（Agressivnotstand）；针对后者的则是防御性紧急避险（Defensivnotstand）。（参见刘明祥：《紧急避险研究》，中国政法大学出版社1998年版，第56页；张明楷：《刑法学》，法律出版社2011年版，第209页。）（2）关于攻击性紧急避险与法益保护思想。本来，从最原始的法益保护思想出发，我们会得出一个结论：既然公民个人的法益不受他人的侵犯，那么任何人都无权以挽救某人的法益为名擅自牺牲另一公民的法益。因此，纯粹个人主义的法益保护思想与攻击性紧急避险并不兼容。攻击性紧急避险的合法性主要来自社会连带（或社会团结）思想。（Vgl. Frister（Fn.[12]), S. 292.）由此可见，正当防卫与防御性紧急避险的相似度，远比它与攻击性紧急避险的高。（Vgl. Neumann, in: NK-StGB, 3. Aufl., 2010, § 34 Rn. 86.）有鉴于此，本文为探寻正当防卫本质而选取的比较对象，也主要是防御性紧急避险。

[15] 参见马克昌主编：《犯罪通论》，武汉大学出版社1999年版，第811页；高铭暄：《中华人民共和国刑法的孕育诞生和发展完善》，北京大学出版社2012年版，第25–26页。

得保护的程度比防御性紧急避险的被害人更低。

（二）防卫人（行为人）利益升高视角之反思

一种颇为流行的观点认为，由于正当防卫是通过制止他人不法侵害行为的方式保护了法益，故它除了使生命、财产等具体法益转危为安之外，还捍卫了国家法秩序的不可侵犯性，进而对违法犯罪行为产生了一般预防的效果。这样，正当防卫相比于紧急避险而言所具有的强势性特征就可以得到说明：第一，正是因为行为人面对的是违法行为，故为了守卫法秩序的尊严，根据“法没有必要向不法让步”（Das Recht braucht dem Unrecht nicht zu weichen）的原则，[16] 法律应当为公民预留更为宽裕的行动空间，使其能采取比紧急避险更为果断和主动的反击。第二，既然防卫人不仅保护了具体法益，而且还为维护法秩序不受侵犯作出了贡献，则他所代表的利益势必在原则上高于不法侵害人的利益，故正当防卫无须进行严格的法益衡量。换言之，“由于立法者认为行为人保卫法免受不法侵犯这一点所体现的价值极高，故他心中的天平便向防卫行为一方发生了倾斜。”[17]

该思想可以被概括为法秩序维护说，它是德国刑法学界和判例的主流观点。[18] 尽管我国刑法学通说对正当防卫的本质着墨不多，但实际上也采取了与该说基本相同的立场。例如，有的权威著作指出：“社会主义刑法中的正当防卫，其本质必定是制止不法侵害，保护合法权益，维护社会主义法制这三项任务的有机统一。”[19] 近来，更有学者明确支持将法秩序维护原则与个人法益保护原则并列作为正当防卫的两大基石。[20] 然而，法秩序维护说恐怕还存在重大疑问。

第一，很难说法秩序的维护具有绝对超越公民个人法益的独立价值。既然法秩序维护说主张，一旦具体法益得以保全后体现的价值与法秩序获得维护后产生的价值叠加在一起，其总和将会远远高于不法侵害人一方所代表的利益，那么其理论前提必然是：除了保护具体法益不受侵害之外，法秩序的存在还另有极为优越的价值和意义。要想论证这一前提，可以考虑的进路主要有两条：一是以绝对的国家观为出发点，二是以刑罚的一般预防机能为根据。我们不妨逐一进行分析：

首先，毫无疑问，“当我们把国家理解成某种超世俗秩序的代表，或将其理

[16] 该原则最早是由德国学者贝尔纳（Berner）提出的。Vgl. Berner, Notwehrtheorie, Archiv des Criminalrechts, 1848, S. 557, 562.

[17] Roxin, Die „sozialen Einschränkungen“ des Notwehrrechts, ZStW 93（1981）, S. 71.

[18] Vgl. Spendel, in: LK-StGB, 11. Aufl., 1992, § 32 Rn. 13; Jescheck/ Weigend, Lehrbuch des Strafrechts AT, 5. Aufl., 1996, S. 337; Roxin（Fn.[8]）, § 15 Rn. 1ff; Schönke/ Schröder/ Perron, StGB, 28. Aufl., 2010, § 32. Rn. 1a; Kühl, Strafrecht AT, 7. Aufl., 2012, § 7 Rn. 7ff; BGHSt 24, 356（359）; BGHSt 48, 207（212）.

[19] 前引 15，马克昌主编书，第 712 页。

[20] 参见前引 10，欧阳本祺文，第 124 页以下。

解成自身目的时，就可以认为，对国家所制定的法加以保卫的行为，具有一种独立于社会和个人利益以外的特殊价值。”[21] 但是，这一滥觞于黑格尔（Hegel）法哲学思想的国家学说，在当今已无法获得认同。因为，只要认为国家具有超脱公民自由与利益的先在意义，只要主张国家是个人的最高义务和目的，[22] 就始终存在着以维护所谓国家利益之名恣意牺牲和限制公民个人权利的危险。在现代法治国家以及以建成法治社会为目标的国度里，国家及其法秩序的存在本身不可能是目的，而只能是追求实现社会成员利益最大化的手段。另外，如果说国家对个人享有最高权利，那就意味着防止国家法秩序受到侵犯是公民不可推卸的义务和责任。[23] 但这明显与各国刑法均将正当防卫规定为由公民自行选择行使与否的权利这一事实不符。

其次，告别了绝对的国家观之后，主张法秩序维护说的学者又从刑法的一般预防思想中找到了灵感。众所周知，刑法的目的在于保护法益，但刑法不是像民法那样直接使已遭到破坏的法益恢复原状，而是通过对犯罪人处以刑罚的方式间接地确保法益在未来不再遭受侵犯。[24] 与此类似，当公民针对不法侵害人实施反击行为时，他实际上就是代国家公权力机关宣示，凡是胆敢以违法的方式侵害他人者，都必将为此付出代价，从而发挥了威慑其他潜在的违法行为人、确证法规范效力的一般预防机能。[25] 于是，一般预防机能所体现的利益，就成了使防卫人一方对侵害人享有绝对优势地位的关键砝码。然而，一般预防的功能不在于保卫抽象的法秩序，而是在于维护具体法规范的效力；同时，具体法规范又总是以保护某种特定的法益为其目的。故法律上的一般预防必须严格以行为人所针对之法益的价值和法益所受侵害的程度为其基础和框架；遭受侵害之法益的价值越低，与之相对应的一般预防的价值也就越小。[26] 可见，在个案中，一般预防所体现的利益时刻取决和受制于得到保护之具体法益的价值；

---

[21] Frister（Fn.[12]），S. 295.

[22] 黑氏曾言："国家是绝对自在自为的理性的东西，……是绝对的、固定的自身目的，在这个自身目的中自由达到它的最高权利，正如这个终极目的对单个人享有最高权利一样，成为国家的成员是单个人负有的最高义务。"（Hegel，Grundlinien der Philosophie des Rechts，2. Aufl.，1921，§ 258.）

[23] 正是基于这种观念，德国19世纪的刑法学者克斯特林（Köstlin）明确提出，通过正当防卫去阻止不法的出现，这是公民负有的一项"神圣义务"。（Vgl. Köstlin，Neue Revision der Grundbegriffe des Criminalrechts，1845，S. 726.）

[24] Vgl. Freund，Strafrecht AT，2. Aufl.，2009，§ 1 Rn. 6ff.

[25] 我国刑法学通说对此的经典表述是：正当防卫不仅"可以及时有效地保障合法权益免受不法侵害"，而且还"有利于威慑违法犯罪分子，制止和预防犯罪。"（前引3，高铭暄主编书，第415页。）关于德国刑法理论的代表性论述，Vgl. Gallas，Zur Struktur des strafrechtlichen Unrechtsbegriffs，FS-Bockelmann，1979，S. 168；Roxin（Fn.[17]），S. 73f.

[26] Vgl. Schünemann，Die Funktion des Schuldprinzips im Präventionsstrafrecht，in: Schünemann（Hrsg.），Grundfragen des modernen Strafrechtssystems，1984，S. 188ff.

故一般预防的实现，无法保证防卫行为必然能取得相对于侵害人一方的压倒性优势。

第二，如果说正当防卫的实质是公民代替公权力机关完成了一般预防的任务，那就无异于把正当防卫看成了实施刑罚的行为，甚至将防卫人推上了刑罚判处者和执行者的位置。[27]但是，一方面，既然按照《刑法》第20条第1款的规定，正当防卫中的不法侵害并不限于成立犯罪的行为，那么认定正当防卫的本质可以和刑罚的目的相对接的说法就难以成立。另一方面，正当防卫是否具有预防违法犯罪的本质，这和正当防卫能否附带地起到一些预防违法犯罪的效果，是两码事。预防违法犯罪是一项庞大而复杂的系统工程，必须由专门的机构和人员在行为人的责任范围之内，在综合考虑社会状况、行为诱因等众多要素的基础上才能完成。这远非简单的以暴制暴所能实现。如果说公民的正当防卫行为能够产生国家所期盼的预防效果，那正当防卫所采取的方式就应该与国家本应动用的预防手段大体相似才对。可事实却并非如此。且不说许多国家在已经废除死刑的情况下，仍然承认公民在实施防卫行为时有权杀死不法侵害人。就我国的情况来看：一则，防卫人在必要限度内有权致侵害人伤残，但我国的法律体系却没有任何通过破坏人的身体完整性和机能来实现预防的处罚措施。二则，根据《刑法》第20条第3款的规定，防卫人在面对严重危及人身安全的暴力犯罪时，可以将对方杀死；但在杀人、抢劫等犯罪行为未致被害人死亡的情况下，国家却一般不会判处犯罪人死刑。可见，防卫权的行使往往会大大超出国家为预防违法犯罪所需要的合理强度。在这种情况下，法律又怎么可能将一般预防当作正当防卫合法化的内在根据呢？不错，“既然我们通过行使正当防卫权的方式去制止法益损害的行为，不仅会产生个别预防的作用，而且还有助于维护社会的和平状态，那这就是一种一般预防的效果。”[28]然而，正如国家惩处犯罪或许有利于强化礼义廉耻的观念，但不能因此认为提高全社会的道德水平就是刑罚存在的正当根据。法院判处侵权人赔偿被害人损失也许能发挥遏制潜在侵权行为的功效，但不能就此宣称侵权损害赔偿责任的意义在于预防违法，同样地，使“违法者没有好下场”的信念更加深入人心，这至多只是正当防卫带来的附随效应而已，完全不可与正当防卫的合法性根据同日而语。

第三，法秩序维护说隐藏着将防卫对象的范围扩大到无辜第三人的危险。如果说法秩序所代表的利益能够使防卫人一方获得相对于侵害人的压倒性优势，那就可以进一步认为，法秩序的维护也具有优越于第三人利益的价值。于是，当针

[27] Vgl. Hassemer, Die provozierte Provokation oder über die Zukunft des Notwehrrechts, FS-Bockelmann, 1979, S. 240; Renzikowski, Notstand und Notwehr, 1994, S. 79.

[28] Roxin, Notwehr und Rechtsbewährung, FS-Kühl, 2014, S. 396.

对不法侵害人的正当防卫同时给无辜第三人的法益造成了损害时，我们就可以说，既然防卫行为实现了维护法秩序的崇高价值，那么即便它在实施的过程中又伤及无辜，也在所不惜，故正当防卫所具有的正当化效果能够自然而然地扩展至第三人遭受的法益损害之上。[29] 这不仅与《刑法》第 20 条第 1 款明确将防卫对象限定在“不法侵害人”之上的规定不符，而且会引出一个十分危险的结论：只要公共利益需要，即可无条件地牺牲一切个人利益。[30]

（三）侵害人（被害人）利益降低视角之提倡

通过以上分析我们发现，沿着防卫行为人视角这一方向所进行的论证不可避免地进入了死胡同，那么接下来唯一的选择就只能是转换视角，从防卫行为的被害人，即不法侵害人方面出发去探寻正当防卫的本质。那么，侵害人一方究竟具有何种特殊因素，以至于其法益在如此广泛的范围内失去了法律的保护呢？

1. 为何不是被害人自设危险或者被害人承诺？

从正当防卫的事实结构来看，归根结底，正是因为侵害人主动展开袭击在先，才致使双方的法益陷入相互冲突的境地之中，也才引发防卫人采取可能对侵害人造成损伤的暴力手段进行反击。正所谓“天作孽，犹可违；自作孽，不可活”；[31] 贝林（Beling）也曾言：“侵害人无可抱怨，因他是自冒风险。”[32] 侵害人既然一手营造了法益冲突的危险局面，那就理当为这一局面可能给自己造成的不利后果负责。[33] 于是，我们很自然地会猜想：能否以被害人自设危险或者被害人承诺的原理为依据，来说明不法侵害人丧失法律保护的理由呢？如果这一设想果真成立的话，那将意味着正当防卫理论面临着全面解构的危机，也将意味着正当防卫作为一个独立正当化事由的消亡。因为：第一，假如被害人自设危险的论证思路成立，则正当防卫的出罪根据就不再处于违法性阶层，而应当定位在构成要件层面之上。因为，根据目前刑法学界普遍认可的观点，一旦认定是被害人故意地实施行

---

[29] Vgl. Renzikowski（Fn.［27］), S. 107; Mitsch（Fn.［6］), S. 336ff.

[30] 正因如此，在德国刑法学界，许多支持法秩序维护说的学者也不得不承认，仅凭法益保护的法秩序维护这两个原则，确实不足以说明正当防卫的对象为何仅限于不法侵害人。因此，有人建议应当另行从防卫行为被害人的角度出发，为正当防卫的本质再增添一个所谓答责原则（Prinzip der Verantwortung）。即由于不法侵害人应当为他人法益所面临的危险状态承担责任，故只有针对他本人所实施的防卫行为，才能代表较为优越的利益。（Vgl. Rudolphi, Rechtfertigungsgründe im Strafrecht, GS-Armin Kaufmann, 1989, S. 394f.; Kühl（Fn.［11］), S. 182f.）这似乎可以被看作是德国正当防卫理论中行为人视角向被害人视角靠近的一个征兆。

[31] 《尚书·太甲》。

[32] Beling, Grundzüge des Strafrechts, 11. Aufl., 1930, S. 16.

[33] 最近，我国有学者注意到了这一点。例如，张明楷教授指出：“不法侵害者因其自身实施不法侵害行为，使得他处于被防卫的地位，其利益的保护价值在防卫的限度内被否认，换言之，不法侵害者的利益实质上受到了缩小评价。”（张明楷：《故意伤害罪司法现状的刑法学分析》，载《清华法学》2013 年第 1 期，第 18 页。）

为给自身造成危险，则即便行为人参与了该危险行为，也应当认为被害人所遭受的损害结果根本不可归责于行为人。[34] 第二，假如被害人承诺的思路成立，则表明正当防卫的全部内容皆可悉数并入另一违法阻却事由之中，其独立存在的意义也随之丧失殆尽。

但以下的分析表明，事实并非如此。

（1）被害人自设危险（Selbstgefährdung）之所以能成为一种直接排除结果归责的事由，其实质根据在于：既然“自由与责任实不可分”[35]，那么“自我决定权的反面就是自我答责”[36]。当被害人在完全认识到自己的行为可能会给其法益造成损害的情况下，依然实施了该危险行为时，法益的安危实际上完全处在被害人自身的掌控和决定之中，他原本可以随时选择停止危险行为以保证法益的安全，因此，由该危险所引起的结果就必须由被害人自行承担，而不能归责于那些仅仅从旁发挥协助和促进作用者，否则就会对第三人的行为自由造成不当的限制。[37] 正因为如此，唯有当危险的产生处在被害人现实支配和控制之下，即“被害人自己为侵害结果的发生设置了直接原因”[38] 时，我们才能把该危险所生的损害结果归入被害人自我负责的范围。[39] 在正当防卫中，被害人自己的不法侵害行为与他所受到的法益损害之间无疑具有条件关系；可是，从结果归责的角度来看，防卫行为的被害人对事态发展所具有的支配力，远未达到能使损害结果专属于自己答责范围所需要的程度。一方面，给被害人的法益制造出具体和现实侵害危险的并非被害人的不法侵害，而是防卫人的反击行为，故被害人对自己所受到的法益损害欠缺直接支配。另一方面，不法侵害并不足以剥夺防卫人的行动选择能力，从而使其沦为被害人实现自设风险的工具，故被害人也不可能对防卫行为引起损害结果的事实过程具有间接支配。

不过，需要注意的是，尽管被害人自设危险的原理不能成为说明正当防卫本质的根据，但这并不是说，在任何涉及正当防卫的案件中，都不可能出现被害人因自设危险而应自我答责的情况。实际上，被害人自设危险的视角至少给了我们一个重要的启示，即在判断防卫行为造成的结果是否超出必要限度之前，应首先

[34] 参见冯军：《刑法中的自我答责》，载《中国法学》2006 年第 3 期，第 101 页；前引 14，陈兴良书，第 308 页。Vgl. Kindhäuser, Strafrecht AT, 5. Aufl., 2011, § 11 Rn. 23ff.

[35] ［英］哈耶克：《自由秩序原理》，邓正来译，生活·读书·新知三联书店 1997 年版，第 83 页。

[36] Renzikowski（Fn.［27］）, S. 179.

[37] Vgl. Frisch, Selbstgefährdung im Strafrecht, NStZ 1992, S. 6.

[38] Schönke/ Schröder/ Sternberg-Lieben, StGB, 28. Aufl., 2010, vor § § 32. Rn. 107.

[39] 参见张明楷：《刑法学中危险接受的法理》，载《法学研究》2012 年第 5 期，第 177 页；黎宏：《刑法学》，法律出版社 2012 年版，第 164 页。Vgl. Wessels/ Beulke, Strafrecht AT, 42. Aufl., 2012, Rn. 190.

考虑该结果是否有可能处在不法侵害人自我答责的范围之内。对此，本文第三部分将有详细论述。

（2）被害人承诺同样也无法为正当防卫的本质提供令人信服的解释。理由有二：

第一，不法侵害人并未自愿承诺防卫人对自己的法益造成损害。就结果犯而言，关于被害人承诺的对象，刑法学界素有“行为和结果说”[40]与“行为说”[41]之争。但无论从哪种观点出发，都无法认定承诺的存在。首先，在正当防卫中，除去极端例外的情况，侵害人无一不期望能在顺利实施侵害目的的同时保证自己安然无恙、毫发无损，故他既不可能希望也不可能放任自己的法益受到防卫行为的损害。[42]其次，也不能认为侵害人对防卫行为极其危险表示了默许。因为：在被害人同意行为但却反对结果的场合，他之所以会对行为和结果采取截然相反的态度，必然是因为行为人的行为只包含低度的危险，从而使被害人有理由相信，即使接受了这一危险，实害结果是不大可能出现的。例如，甲明知乙刚与朋友豪饮，但因归家心切，故在乙的再三邀请下还是坐上了他驾驶的汽车，结果乙在行车途中因控制能力下降而出现翻车事故，导致甲重伤。在本案中，之所以可以认为甲对乙的危险行为表示了同意，就是因为乙醉驾的行为虽然存在发生事故的危险，但鉴于乙在喝酒后仍处于基本清醒的状态，而且平素表现出来的驾驶水平也堪称过硬，故可以认定甲是在权衡利弊的基础上，为了利用乙的行为对自己所具有的积极效果，容任了该行为所包含的危险。正因为如此，尽管刑法理论界承认被害人同意他人实施危险行为可以排除行为的可罚性，但其适用的范围却仅限于过失犯。[43]在正当防卫中，虽然不法侵害人对他人可能实施的反击行为有所预见，但反击行为总是带有引起法益损害的高度危险，既然侵害人不愿为自己的侵害行为付出现实的代价，那他当然也不可能对反击行为本身给予同意。

第二，被害人承诺的原理无法对《刑法》第20条第3款做出合理的解释。因为，经被害人同意而杀害他人的行为依然成立故意杀人罪。[44]如果认为在正当防卫中，防卫行为造成的法益损害之所以合法，是因为作为被害者的不法侵

---

[40] Vgl. Schönke/ Schröder/ Sternberg-Lieben（Fn.［38］），vor §§ 32. Rn. 102.

[41] Vgl. Frister，Strafrecht AT，5. Aufl.，2011，§ 15 Rn. 12；Kühl（Fn.［18］），§ 17 Rn. 82ff.

[42] Vgl. Montenbruck，Thesen zur Notwehr，1983，S. 34；Mitsch（Fn.［6］），S. 316.

[43] 参见前引39，张明楷文，第174页；前引39，黎宏书，第164页以下。Vgl. Roxin，Zum Schutzzweck der Norm bei fahrlässigen Delikten，FS-Gallas，1973，S. 249ff；BGHSt 49，34（39）；BGHSt 53，55（60）.

[44] 参见前引15，马克昌主编书，第828页；王作富主编：《刑法分则实务研究》（中），中国方正出版社2013年版，第732页。

害人对此表示了同意；那就意味着，防卫人将侵害人杀死的行为无论如何不可能得到正当化。可是，这与《刑法》第 20 条第 3 款关于特殊防卫权的规定明显相悖。

2. 答案：侵害人值得保护性的双重下降

笔者认为，在正当防卫中，不法侵害人的法益之所以在相当大的范围内被逐出了法律的庇护所，是因为它值得保护的程度较之于遭受侵害的法益来说，出现了大幅下跌。其原因主要来自以下两个方面：

（1）侵害人在本可避免的情况下自陷险境

尽管如前所述，直接给侵害人的法益造成具体危险的是防卫人，侵害人自己对于制造危险的整个过程并无现实的支配；但侵害人毕竟是整个事端的挑起者。实际上，一直到防卫人采取防卫措施实施反击之前，危险是否发生都还处在侵害人的掌控之中；正是他把自己从一个相对安全的状态带入到了利益冲突的危险境地之中。[45] 若侵害人此时想保护自己的法益免受反击行为的损害，则不必额外采取什么防御措施，只需悬崖勒马、放弃侵害计划即可。不错，除非经由被害人以承诺的方式自愿放弃，否则不管被害人自己是否采取了充分的防护措施，他的法益一律处于国家法律的保护之下。[46] 但是，如果因为被害人疏于对自己法益的保护，从而导致自己的法益与他人的法益发生冲突，则就这两者相比而言，前者值得保护的程度就会低于后者，为解决该法益冲突所需要付出的代价也应更多地由被害人自己去承担。这一点也可以为自招紧急避险的原理所印证。例如，A 因失恋痛苦万分，纵身跃入湖中以求自沉，但在投入水中的一刻，猛然念及家中尚有年迈高堂割舍不下，遂在别无选择的情况下决定实施避险以自救。尽管 A 的生命不因危险是他自己引起的而失去法律的保护，故他依然享有紧急避险权；但自行引起危险的事实会导致其法益值得保护的程度与正常情况相比有所下降，进而使利益衡量的天平不可避免地朝避险对象的一方倾斜。[47] 因此，“正当防卫权宽泛而严厉，这是与侵害人本可通过不实施侵害或者放弃侵害以实现自我保护，但他却没有利用这一可能性相联系的。”[48]

不过，仅从自陷险境这一点出发还不足以说明正当防卫权的特征。因为：其一，如果仅仅因为某人自行选择实施了有可能给自身法益招致危险的举动，就认为对方有权对其实施正当防卫的话，那么当防卫人本来轻而易举就能避开不法侵害，但依然选择奋起反抗时，我们也可以说，他是有意自找麻烦、自陷危险，于

[45] Vgl. Frister（Fn.［12］），S. 302；Jakobs，Strafrecht AT，2. Aufl.，1991，11/9；Freund（Fn. 24），§ 3 Rn. 92；Puppe，Strafrecht AT，2. Aufl.，2011，§ 12 Rn.1.

[46] Vgl. Freund（Fn.［7］），vor § § 13ff. Rn. 427.

[47] 参见前引 14，张明楷书，第 208 页；前引 39，黎宏书，第 149 页。

[48] Baumann/ Weber/ Mitsch，Strafrecht AT，11. Aufl.，2003，§ 17 Rn. 1.

是就会推导出以下这个荒唐的结论：不法侵害人对防卫人也享有正当防卫权。其二，在动物自发侵袭他人的场合，尽管管理者对此并无任何过错，我们也同样可以认为，既然管理者当初能够遇见到自己豢养的鹰犬虎豹可能会不受控制地袭击他人，从而招致对方的反击，那么他同样是在本可以避免的情况下给自己的财产法益招来了风险，这与正当防卫的情形并无不同。但是，针对动物采取的防御措施却只能成立紧急避险，而与正当防卫无缘。[49] 因此，正当防卫本质的另一关键要素还在于防卫行为被害人一方所具有的特殊事实，即《刑法》第 20 条第 1 款所规定的“不法侵害”。

（2）侵害人违反了不得侵犯他人法益的义务

我国《宪法》第 33 条第 2 款、第 4 款分别规定：“中华人民共和国公民在法律面前一律平等”；“任何公民享有宪法和法律规定的权利，同时必须履行宪法和法律规定的义务。”据此，每一个公民都平等地享有要求他人尊重其法益的权利，同时也平等地负有对他人法益加以尊重的义务。在正常情况下，这种权利与义务的对等性，是由国家来保障实现的。例如，当某人伤害了他人或者毁损了他人的财物时，国家的公权力机关会出面制止这一举动，并且在事后对行为人判决赔偿、决定行政处罚甚至是判处刑罚，从而证明行为人并不享有高于其他公民之上、可恣意践踏他人法益的特权。但是，在公权力机关无法及时介入的紧急状态下，权利受到他人侵犯的公民在保卫自身法益的同时，当然也可以自行证明他所具有的平等地位，可以通过防卫彰明不存在一方违反了义务还有权要求对方继续履行义务的道理。[50] 正如在民法中，对于应当同时履行的双务合同来说，一方在对方履行债务之前享有同时履行抗辩权，即有权拒绝其履行的要求，甚至在一方明确表示或者以自己的行为表明不履行主要债务的情况下，另一方有权解除合同。[51] 总而言之，“如果某人对自己所负有的不去侵犯他人权利领域的义务不加遵守，那么他也就不能要求对方遵守不去损害该侵犯者领域的义务。”[52] 在防御性紧急避险中，由于被害人并未违反不得侵害行为人法益的义务，故虽然在该法益冲突中，被害人一方的值得保护性有所下降，但行为人对被害人承担的义务毕竟尚未解除，所以他为保护自身法益所实施的损害行为就必须受到利益衡量等条件的约束。但在正当防卫中，防卫行为的被害人不是单纯地使自己的法益身处险境，他的自陷危险还是通过非法侵犯他人法益的方式完成的。既然被害人为侵害他

[49] 参见前引 15，马克昌主编书，第 740 页；前引 3，高铭暄主编书，第 426 页。

[50] Vgl. Hruschka, Extrasystematische Rechtfertigungsgründe, FS-Dreher, 1977, S. 199.

[51] 参见我国《合同法》第 66 条和第 94 条第 2 项。

[52] Renzikowski (Fn.[27]), S. 321.

人的法益而单方违背了自己对该人所承担的义务，那么与此相对应，在为保护该法益所必要的范围内，行为人对被害人所负有的不得侵害的义务原则上也归于消灭。

采取“法益保护”和“侵害人值得保护性的双重下降”相结合的原理，可以完整地说明正当防卫权的特性。具体来说：

第一，不论是自陷险境还是违反不得侵犯他人法益的义务，都只是针对不法侵害人本人来说的，故所谓值得保护性的大幅下降以及防卫人义务的解除也都仅仅涉及侵害人，而与其他任何第三人无关。因此，正当防卫权的对象也就只能严格限定在不法侵害人之上。

第二，正是由于在正当防卫所涉及的利益冲突中，不法侵害人已无权要求他人履行原本对自己所负有的义务，已丧失了期待他人尽量避免对其法益造成损害的资格，故防卫人在面临不法侵害时，自然也就没有义务优先选择逃跑等避免给侵害人造成损害的自救措施。因此，刑法没有为正当防卫设置“不得已”要件。

第三，既然不法侵害人值得保护的程度已严重降低，那么总体而言，防卫行为保护的法益就具有高于侵害人法益的价值。这就是防卫行为不必严格恪守利益衡量原则的原因所在。

三、侵害人视角下正当防卫解释论的展开

正当防卫本质论向侵害人视角的转向，必然会对正当防卫的诸多解释论问题产生重大影响。例如，侵害人值得保护性是否存在双重下降，是决定正当防卫权存否的关键。在此起决定性作用的有两点：第一，侵害人是否具有避免引起法益冲突的能力；第二，侵害人是否违背了不得侵害他人法益的义务。若侵害人因不可归责于自身的原因而在心理和身体上欠缺防止自己陷入冲突的能力，或侵害人未违反任何义务，则其值得保护性的亏损程度就不能与正当防卫权，而至多只能与防御性紧急避险权相匹配。从这一原理出发，我国传统理论所持的挑拨防卫者无防卫权的观点是值得反思的。因为，挑拨防卫是否影响防卫权的存在，取决于挑拨行为是否会使侵害人避免法益冲突的能力归于消失。[53]。尽管挑拨者有挑衅行为在先，但这并不是侵害者实施不法侵害的正当理由，是否采取违法方式引起法益间的激烈冲突，决定权始终牢牢掌握在侵害人，而非挑拨人手上。[54] 既然侵害人避免引起法益冲突的能力没有任何亏损，那么与一般的正当防卫情形一样，防卫挑拨中侵害人的值得保护性也出现了大幅降低，故挑拨者防卫权的存在

[53] Vgl. Mitsch (Fn. [6]), S. 405.

[54] Vgl. Hassemer (Fn. [27]), S. 244.

并不受影响。[55]

限于篇幅，笔者打算着重探讨在被害人值得保护性已经出现双重下降（即已存在正当防卫权）的前提下，这种下降的具体幅度是如何确定的。因为，这是用于划定正当防卫权行使边界的实质标准，它突出地影响着对正当防卫“必要限度”的理解，而防卫限度恰恰是我国正当防卫审判实践中最易引起争议，也最亟待解决的问题。

首先需要明确的是，关于侵害人自我答责的判断优先于防卫限度的判断。因为，《刑法》第20条第2款在描述防卫过当时强调，重大损害结果必须是防卫行为“造成”的。这就表明，当案件中出现了不法侵害人重伤、死亡结果时，我们在对防卫限度展开讨论之前，首先必须确定：该损害结果究竟能否归责于防卫行为？若结果完全属于应由侵害人自我负责的范围，则无论被害人遭受的损害有多严重，由于并非防卫行为“造成”重大损害，也不可能成立防卫过当。[56] 最能体现出这一点的，是预先设置防卫装置的问题。我国大多数学者认为，在防卫人为

[55] 支撑挑拨防卫者无防卫权这一观点的各种论据也都欠缺说服力。（1）“防卫意思欠缺说”难以成立。通说向来认为，防卫意思要求行为人必须以积极追求保护合法权益为其唯一目的，故挑拨防卫的行为人之所以不享有正当防卫权，是因为他主观上只具有加害对方的目的，而并无防卫的意图。（参见前引3，高铭暄主编书，第430页。）但是，从法益侵害而非道德违反为基础的现代不法论出发，应当认为，只要行为人在认识到有不法侵害事实的情况下实现了防卫效果，不论他主观上夹杂着何种不良的动机和目的，都不妨碍行为无价值与结果无价值双双被取消。故防卫意思的成立只需行为人对自己是与不法侵害相对抗这一事实有所认识就足够了。（2）“权利滥用说”存在疑问。该说主张，由于挑拨人是在正当防卫的外衣下行损害他人法益之实，他本人就是侵害者，故这种蓄意滥用正当防卫权的行为不能获得正当化。（Vgl. Lackner/ Kühl, StGB, 27. Aufl., 2011, § 32 Rn. 14.）但是：其一，要想说防卫挑拨是滥用权利，必须将论证落实到正当防卫的某个具体要件存在瑕疵上才行，否则这将仅仅是一个有滥用概念之嫌而无任何内容支撑的空洞论断而已。（Vgl. Roxin, Die provozierte Notwehrlage, ZStW 75（1963）, S. 557.）然而，当我们一一比对正当防卫的成立条件之后，却发现防卫挑拨确实是为制止不法侵害所实施的处在必要限度之内的反击行为。如果硬要说该行为有什么缺陷的话，那就只能是防卫人内心具有借防卫之名实现损害他人法益的卑劣目的。但如前所述，这一点并不足以影响正当防卫主观条件的成立。其二，一位完全按章程实施妇科检查的大夫，并不会因为他私下里有借机满足自己性欲的意图而被扣上“滥用医疗权利”的帽子；一名遵照行政法规对违章排污的企业主处以高额罚款的公务员，也并不会因为他有公报私仇的想法而被认定是滥用职权。可见，权利行使的边界只取决于法律为权利所设置的条件。任何一种行为，只要它已经完全满足了某种权利在法律上的成立条件，则不论权利行使者内心基于何种目的，该行为的合法性都不可能因为一句“他滥用了权利”就被横加剥夺。（3）被害人承诺也无法成为否认挑拨者享有防卫权的理由。虽然挑拨者对对方按捺不住起身袭击自己的行为求之不得，但他只是希望由此获得反击的把柄而已；既然挑拨者早已决定实施防卫，甚至已为此做了周密部署和精心安排，那他就不可能对侵害行为的危险性和结果抱有丝毫同意之念。

[56] 在三阶层犯罪论体系的语境下，这一点是不言自明的。因为，正当防卫是违法性阶层的问题，在进入这一阶层的判断之前，我们必须首先确定行为符合于构成要件。所以，结果可归责于防卫行为，这本来就是正当防卫判断得以展开的前提。

预防将来可能发生的不法侵害而事先设置自动枪、电网等装置的情形中，只要该防卫装置确实是在不法侵害出现时才自动产生反击效果，而且由此给侵害人造成的损害又处在防卫限度之内，则应认定成立正当防卫。[57] 但实际上，预先设立防卫装置的某些情形，可以不通过正当防卫，而直接借助被害人自我答责的原理就能获得解决。例如，防卫人为了防盗给住宅安装了防卫装置后，又在院落外以醒目的方式张贴了“屋内安有智能型脉冲电子围栏，一触即发，擅自入内者后果自负”之类的警示标志，那么当盗贼对此置若罔闻，结果在试图入室的过程中被电流击伤时，就应当认为，侵害人是在对防卫装置可能造成的后果有充分认识的情况下，主动将自己的法益带入了危险境地之中。[58] 因此，直接运用被害人自我答责的原理即可排除防卫人的刑事责任。

但如果确定损害结果可归责于防卫行为，那就需要进一步展开防卫限度的判断。以下，笔者将首先确定判断的基本原则，接着对具体需要考量的要素加以类型化，最后对几个争议案件展开讨论。

（一）基本原则的确立

我国刑法学通说在防卫限度的认定标准上，采取的是对以往基本相适应说和必需说加以综合之后的折中说，即“必要限度的掌握和确定，应当以防卫行为是否能制止住正在进行的不法侵害为标准，同时考察所防卫的利益的性质和可能遭受的损害的程度，同不法侵害人造成损害的性质、程度大体相适应。”[59] 尽管通说已经意识到单纯对保护的法益和损害的法益进行比较的认定方法，会对防卫限度做出不当的限制，但按照折中说的见解，即使确定防卫行为是制止不法侵害所必需的，若防卫与侵害之间不能保持基本的相适应，则防卫行为依然是超过必要限度的。可见，基本相适应说的标准在折中说中仍旧牢牢把持着最终的否决权。于是，基本相适应说的弊端在通说中就无法得到有效克服。[60] 正因为如此，当通说自认为能够为防卫限度的判断提供万全之策时，将该标准付诸实践的司法机关对防卫限度的掌握却仍然显得过于严苛。[61] 在我看来，折中说之所以始终无法跳出

---

[57] 参见前引 15，马克昌主编书，第 736 页；徐久生、曹震南：《预先设置防卫装置行为的刑法审视》，载《海南大学学报》（人文社会科学版）2013 年第 5 期，第 77 页。

[58] Vgl. Schlüchter, Antizipierte Notwehr, FS-Lenckner, 1998, S. 321ff; Heinrich, Die Verwendung von Selbstschutzanlagen im Lichte des Strafrechts, ZIS 3/2010, S. 193ff.

[59] 前引 3，高铭暄主编书，第 427 页。相同的见解参见前引 15，马克昌主编书，第 757 页以下；前引 1，陈兴良书，第 121 页。关于我国法院判例对折中说的采纳，参见“赵泉华被控故意伤害案”，载中华人民共和国最高人民法院刑事审判第一、二、三、四、五庭主办：《中国刑事审判指导案例》（第 3 卷），法律出版社 2009 年版，第 300-301 页。

[60] 对折中说的详细批判，参见陈璇：《正当防卫中风险分担原则之提倡》，载《法学评论》2009 年第 1 期，第 108 页。

[61] 参见前引 3，高铭暄主编书，第 427 页。

以法益抽象价值的简单对比来认定防卫限度的老路，以至于在事实上给防卫限度提出了近似于防御性紧急避险的严格限制，根源在于它忽视了一点：在正当防卫中，双方法益值得保护的程度本来就不在同一水平线上，双方主体所应承担的风险大小也绝非“半斤对八两”。在防御性紧急避险中，尽管被害人是产生危险的来源，但制造这一危险的要么不是人所能控制和避免的举动，要么并非违反了对其他公民所负之义务的行为，故被害人法益的值得保护性只是略有下降，行为人也只有在损益大致相适应的范围内才有权要求被害人容忍自己的法益受到损害。但按照前文关于正当防卫本质的分析，防卫行为的被害人既自陷险境又违反了义务，故其法益的值得保护性势必会出现远比防御性紧急避险被害人更为严重的降低，防卫权的限度也必然会突破“基本相适应”标准的束缚。

防卫限度的认定，实质上是关于不法侵害人的值得保护性在多大范围内不复存在的判断。对此，应当遵循以下两个基本原则：

首先，在有效、安全地制止不法侵害的范围内，侵害人的值得保护性原则上归于消灭。由于不法侵害人是以违反义务的方式使自己的法益与他人的法益发生了冲突，故他本身在法律上就负有排除这一冲突境地的义务。[62] 假如侵害人履行该义务，并在终止冲突的过程中付出了相应的成本，则该损失自然只能由他自行承担。可是，若侵害人本人拒不履行该义务，而是由其他公民出面制止了不法侵害，那就可以认为其他公民是代侵害人完成了本应由他自己履行的义务。一方面，侵害人由此可能会享受到一定的好处。例如，若防卫人成功阻止了实害结果的发生，则侵害人的犯罪行为仅为未遂，其所承担的刑事责任就存在降低的可能，甚至在未造成任何损害的情况下，他还能免于担负民事损害赔偿责任。[63] 另一方面，侵害人在从中受益的同时也理应承受防卫行为为平息这场冲突而可能给自己带来的种种风险。故凡是在为制止不法侵害所必要的范围内出现的法益损害风险，不论它在性质和程度上是小于、大于还是等于不法侵害，原则上均应由侵害人自己来承担。既然防卫人是在代替侵害人履行停止侵害、排除冲突的义务，那么法律在此首先要实现的是对被侵害之法益的保全，优先要保护的应当是防卫人而非不法侵害人，它不能以牺牲防卫的有效和防卫人的安全为代价降低侵害人可能遭受的损害。所以，尽管从法益保护原则出发，防卫人所采用的只能是为保护法益所需之最低度的反击手段，但要求防卫人选取较为和缓之防卫手段的先决条件是，这样做不会损害防卫行为的有效性，不会导致防卫人自己的人身、财产安

---

[62] Vgl. Günther, Defensivnotstand und Tötungsrecht, FS-Amelung, 2009, S. 149.

[63] 因为侵权责任法是对受害人遭受侵害后提供救济的法律，根据“无损害无救济”的原则，侵权损害赔偿责任均以损害事实的发生为前提。（参见王利明：《侵权责任法研究》（上卷），中国人民大学出版社 2011 年版，第 287 页。）

全陷入更加危险的境地。换言之，“我们不能要求防卫人拿他自己的健康或其他重要的价值做赌注，去选择一种对侵害者威胁较小，但其效果却存在疑问的防卫手段。”[64]

于是，防卫限度的宽严主要不取决于侵害行为所针对的法益种类，而是取决于侵害行为给他人有效、安全防卫所造成的阻力和困难的大小。不可否认，在许多案件中，受侵害威胁之法益的重要性，确实与有效、安全防卫的难度成正比。但也完全可能出现相反的情况。即便是针对较低位阶之法益（如财产法益）的不法侵害，也可能会使防卫人在保护法益的过程中遭遇重重障碍与险境，从而迫使其不得不采用高强度甚至是危及对方生命的防卫手段。既然侵害行为实施的样态、时间和地点都是由侵害人自主选择的，那么防卫人为确保防卫的有效和安全而给侵害人带来的损害即便明显超出了侵害行为可能造成的损害，原则上也应由后者去忍受。所以，司法实践中盛行的“为保护财产法益绝对禁止导致侵害人死亡”的观念应当被克服。

其次，对侵害人值得保护性下降程度的认定应当贯彻“情境性”[65]的判断原则。判断时间点的选定其实就是在防卫行为人和被害人之间进行风险分担的过程。[66]因为，在防卫行为已造成损害结果的情况下，若站在事后的时点去回看防卫行为，则必然会舍弃行为当时可能给防卫人的认识和行动能力产生制约的各种因素，从而以“事后诸葛亮”的姿态对防卫做出较为严苛的评判，故风险就会更多地由行为人一方承担；反之，若站在事前的时点来评价防卫行为，则更容易给予防卫人“设身处地”“将心比心”式的体谅，故对防卫限度的把握就会较为宽松，风险也将更多地转移到被害人一方。既然法益冲突状态是不法侵害人以违反义务的方式引起的，既然他掌控着选择不法侵害实施方式和环境的主动性，那么在冲突解决过程中所出现的风险，就理应更多地由防卫被害人来承担。因此，防卫限度的判断必须置身于行为当时的境地之中。

综上所述，在判断防卫限度时，我们需要考虑的是：作为一名与防卫人具有相同能力、条件的公民，他在当时情形下还有没有比现实案件中的行为更为理想

---

[64] Warda, Die Eignung der Verteidigung als Rechtfertigungselement bei der Notwehr, Jura 1990, 397.

[65] 在我国正当防卫理论中较早地明确提倡“‘情境’判断”思想的是周光权教授。参见周光权：《正当防卫成立条件的“情境”判断》，载《法学》2006年第12期，第102–104页。但我认为，“情境”判断并不能一律适用于正当防卫的所有要件，而应当根据被害人值得保护性的差异做区别对待。例如，A误以为无辜的B是不法侵害人而对之实施防卫，造成其损害。即便一般人在当时情境下都会发生这样的误判，也不能据此认为不法侵害存在，进而肯定该行为成立正当防卫。因为，B作为并未实施任何不法侵害行为的人，其值得保护性没有出现丝毫的减损。所以，对于不法侵害存在与否的判断，不能立于事前，而只能立于事后的立场来进行。

[66] 参见前引60，陈璇文，第103页以下。

的其他防卫方案？如果行为人完全可以选择强度更小的反击措施，而且这样做既能达到同样的防卫效果，又不至于使自己的安全受到威胁，那他的防卫行为就超过了必要的限度；反之，若防卫人在现实防卫行为的基础上已退无可退，一旦减弱防卫的强度，要么无法保证能及时有效地阻止不法侵害，要么会增大防卫人本人面临的危险，则该行为造成的损害就属于侵害人必须承担的风险。

（二）考量因素的展开

1. 侵害行为给有效防卫造成的困难程度

侵害人给有效防卫造成的困难和阻力越大，防卫人为排除障碍、制止不法侵害所采用之防卫手段的激烈和危险程度也必然会随之攀升，故侵害人值得保护的程度也就越小。这里需要考察的因素包括：

（1）侵害行为的强度。防卫的难度无疑会随着不法侵害暴力程度的上升而增加，这具体又可能取决于以下事实：其一，侵害者所使用的工具。例如，同样是实施暴力伤害之人，一名手持棍棒者比一名仅仅拳脚相加者更难对付；同样是面对抢劫行为，制服一名持枪抢劫犯远比战胜一名拿着小刀行劫的人要困难。其二，侵害者的寡众。在有的案件中，侵害者虽然并未持械，但却能够通过形成数量上的优势使得受攻击的一方难以有效反抗。以下案例可以说明这一点：

【案例 1】被告人袁某与曹某甲之母张某丙在一购物中心分店工作，两人因工作问题产生纠纷。2011 年 8 月 20 日 13 时许，张某丙伙同其丈夫曹某乙、其子曹某甲，曹某甲又纠集张某丁、种某等人前去教训袁某。在购物中心分店店内，张某丙先打袁某两耳光，曹某甲与张某丁等人又围殴袁某至店内吧台附近。袁某从裤袋内掏出随身携带的雕刻刀，将张某丁、种某刺伤。袁某进入厨房拿了一把菜刀出来，几人才放弃殴打离去。经鉴定，张某丁所受损伤构成人体重伤，属 7 级伤残，钟某受轻伤。一审法院认定袁某的行为属于防卫过当，构成故意伤害罪，判处其有期徒刑 2 年；二审法院维持原判定罪部分，但改判袁某有期徒刑 2 年，缓刑 2 年。[67]

对于类似的案件，法官往往认为，当侵害人对防卫人实施拳打脚踢时，一旦防卫人使用锐器造成对方伤害，由于两种手段并不均衡，故防卫超过了限度。[68]本案的主审法院提出："被告人袁某在附带民事诉讼原告人张某丁等人对其共同进行人身伤害、受到拳打脚踢的情况下，明知用刀刺在他人人身要害部位可能发生人体损伤的严重后果，但为了摆脱附带民事诉讼原告人张某丁等人的不法侵害，而放任这种危害结果的发生，使防卫行为超过了必要限度。"[69] 这种观点存在

---

[67] 参见山东省枣阳市中级人民法院刑事判决书，（2013）枣刑三终字第 2 号。

[68] 参见纪鹏辉：《本案是否构成正当防卫》，载《人民法院报》2009 年 11 月 25 日，第 6 版。

[69] 山东省枣阳市中级人民法院刑事判决书，（2013）枣刑三终字第 2 号。

疑问：其一，判决只字不提防卫人享有制止不法侵害的权利，而是一味强调防卫人负有避免造成侵害人损伤的义务。实际上，正是因为造成了侵害人的损伤，才需要判断能否通过正当防卫来排除行为的违法性。[70] 故不能仅以行为人在放任的心理支配下引起了侵害人的身体损伤为由，就断言防卫行为已然过限。其二，侵害人一方尽管并未使用刀枪棍棒等器械，但却集结了多达 5 人之众共同对袁某实施围殴，这就导致后者处于寡不敌众的劣势之中。袁某当时可选择的防卫手段无非两种：一是徒手反抗；二是使用随身携带或现场摆放的器具还击。若他赤手空拳地与对方搏击，自然能降低致人死伤的概率，但成功制止对方殴打的胜算也所剩无几。可见，袁某使用杀伤力较高的刀具展开反击，完全是为了克服攻防力量对比悬殊给有效防卫带来的阻力；既然力量对比失衡的局面又是由张某丁等侵害人一手造成的，那么他们的法益在此范围内就不再值得法律去保护了。其三，当袁某将张某丁和种某刺伤后，其余侵害人仍继续追打袁某，直至后者进入厨房取出菜刀后方才罢休。该事实进一步佐证，袁某的刀刺行为完全处在有效制止不法侵害的最低水平之上。

（2）侵害行为的环境。侵害人所选择的时间、地点也会对防卫行为的有效性产生影响。若侵害人将侵害时间选在夜间，则防卫人会因光线昏暗、视线不佳而无法准确地掌握反击的方式、力度和部位，故此时实现有效防御的难度就高于在光天化日之时。若侵害人将侵害地点选在对于防卫人来说十分陌生的偏僻之所或者空间极为封闭狭小的地方，则防卫人很难从容地选取反击工具和周旋策略，故这时制止侵害的困难将大于在防卫人较为熟悉或回旋余地较大的地点。

（3）侵害对象的防卫能力。侵害人所选择之对象的防卫能力越低，一方面，他达到侵害目的的把握固然越大，但另一方面，对方由于无从选择较为缓和的防卫方法，故为了有效保护法益就越有可能被迫求助于杀伤力难以控制的激烈手段。侵害对象防卫能力的高低主要取决于以下两个因素：首先，侵害对象的体力和格斗技能。这自然又受制于其年龄、性别、经历等情况。例如，同样都是遇到入室盗窃的梁上君子，对于一名武艺高强的退伍军官来说，完全可以略施拳脚就将侵害人擒获或赶跑；但瘫痪在床的老翁所能选择的有效防卫手段，却可能只有把床头的刀子掷向侵害人。其次，侵害对象事先准备的充分程度。这一点在自招防卫的情形中有集中的体现。如前所述，在包括挑拨防卫在内的自招防卫的场合，侵害者的值得保护性依然存在大幅下降，故自招侵害者仍享有防卫权。但是，侵害者毕竟是在受到防卫人挑衅之后才实施侵害，防卫人往往有条件为可能来临的袭击未雨绸缪，甚至有充裕的时间对防卫的工具、手段等进行周密考量，故他在保证防卫有效性的前提下尽量减弱防卫措施危险性的能力，就会明显比在猝不及

[70] 参见前引 33，张明楷文，第 16 页。

防遭遇侵害的案件中要强。因此，当侵害人自愿选择这种人作为侵害对象时，其值得保护性的下降幅度就相对较小，我们也有理由要求防卫人采取较为克制的防卫手段。例如，[71] A与B因打麻将发生口角，A对B多有言语上的刺激，B誓言要教训A一顿。A回家后找邻居借了一杆气枪，严阵以待。当B手持棍棒步步逼近，距离A的住宅尚有百米左右的距离时，由于A事先准备好了可供远距离射击的枪械，故他完全可以先采取鸣枪警告，或者枪击B非要害部位的方式，即可有效制止侵害。因此，若A直接朝B的心脏连开数枪致其死亡，即属防卫过当。当然，如果A只预备了一把匕首，B则持长剑来袭，那么由于A没有可用以保证其占据优势的武器，故他在搏斗过程中为保护自身安全用匕首刺向B致其重伤甚至死亡的行为，未逾越防卫限度。又如：

【案例2】2010年11月、12月间，某投资咨询有限公司（以下简称公司）法定代表人徐某因赌博欠下曾某等人提供的巨额赌资。2011年4月2日上午，何某受徐某指派，与张某甲、陈某等人至一家咖啡店与曾某派来的杨某等人就如何归还该笔赌债谈判，未果。当日中午，何某与杨某手机通话过程中，双方言语不和，发生冲突，后何某主动打电话给之前从未联系过的曾某，双方恶语相向，互有挑衅。何某随即三次打电话给张某甲，要求其带人至公司。张某甲纠集了陈某、张某乙、龙某及李某至公司，并在公司内准备菜刀等工具。待人员就位、工具准备完毕后，何某再次主动拨打曾某的电话，通话中言语刺激、相互挑衅，致矛盾升级激化。曾某纠集杨某、龚某、胡某等人，持砍刀赶至公司。何某等人通过公司监控看到有多人下车持砍刀上楼，便在徐某办公室持菜刀以待。当曾某等人进入办公室后，何某、张某甲、陈某、张某乙及李某上前与对方打斗，导致龚某、胡某轻微伤。一审法院以何某等人是故意挑起曾某等人向己方进攻，尔后借口正当防卫行加害对方之实，属于典型的挑拨防卫为由，未采纳被告人及其辩护人提出的何某等人的行为系正当防卫的辩护意见，判处何某、张某甲、陈某、张某乙犯聚众斗殴罪；二审法院维持原判。[72]

法院对于本案的判决是值得商榷的。首先，由于曾某等人并未因何某的挑衅而丧失决定是否持刀伤害对方的自由和能力，故何某等人仍然享有防卫权。其次，何某等人在电话挑衅的同时，已经预先在人员配备、工具选取方面做足了迎接对方来袭的准备，对侵害人的情况也有清楚的认识，而且防御行为又是在自己熟悉的场所内展开，故有充分的能力把握反击的力度。因此，若被告人在有效制止侵害之外又给侵害人造成了重伤、死亡的后果，则应认定为防卫过当。但在本案中，

---

[71] 此案来源于张宝、毛康林：《预见不法侵害并积极准备防卫工具能否阻却成立正当防卫》，载《中国检察官》2014年第11期，第11页。本文为方便讨论，对案情做了一些更改。

[72] 参见江苏省苏州市中级人民法院刑事判决书，（2012）苏中刑终字第0091号。

由于侵害人仅遭受轻微伤，故不存在防卫过当的可能。

2. 侵害人给防卫人安全带来的危险程度

防卫行为不仅要有效地保全受侵害行为威胁的法益，而且还要保障防卫人自身的安全在防卫过程中免受损害。[73] 防卫人因侵害行为面临的危险性越大，他就越有理由使用更加果断和强力的防卫措施保障自身安全，侵害人需要忍受的损害也就越大。[74] 对此应当考虑的因素同样包括三项：

（1）侵害者的装备。一旦侵害人携带了凶器，则意味着，“先发制人，后发制于人”[75]，假如防卫人未能迅速抢占优势制服侵害人，则可能面临着对方动用凶器的危险。例如，球迷乙对于足球运动员甲在赛场上的表现极为不满，在甲被教练换下场之际，冲上前用左手掐住甲的脖子，右手则拿着一个啤酒瓶。这时，虽然甲在体力上优于乙，他似乎只需采取较为和缓的方式与其撕扯打斗就足以制服对方，但由于乙手上握有具备较大杀伤力的器具，故若甲不挥拳猛击对方面部，使其当即丧失攻击能力，则很有可能招致酒瓶的袭击。[76]

（2）侵害行为的环境。侵害人为了达到成功侵害他人法益的目的，往往会在时间、地点的选取上追求出其不意、趁其不备的效果，这导致防卫人根本无法准确认识侵害者的多寡、手段和最终意图。在此情况下，假如不对事态做出较为严重的估计，假如不断然采取较为猛烈的反击手段，则防卫人的安全就没有可靠的保障。例如：

【案例 3】2008 年 1 月 18 日凌晨 3 时许，朱某某与其妻正在家中一楼卧室睡觉，二人被家中的响声惊醒。朱某某到客厅观察未发现有人，随后听到厨房有撬窗的声音，即嘱咐妻子迅速拨打“110”报警，自己则从卧室电脑桌下取出一把

[73] 本文将“侵害人给有效防卫造成的困难程度”与“侵害人给防卫人安全带来的危险程度”这两个要素区分开来探讨，主要是基于两点考虑：第一，前者强调的是，防卫行为保护法益的目标能否得到实现，即“能否打胜仗”；后者强调的则是，防卫人是否会因为实施防卫而在人身、财产安全方面付出代价，即“是否损兵折将”。防卫人遇到的困难与防卫人所面临的危险，时常相互交织、同时消长，但也完全可能彼此独立。例如，乙在一个仓库内抢夺了甲的钱包后逃跑，由于仓库里的通道繁多复杂，不熟地形的甲要追上乙就显得十分吃力。在此，乙所选择的特定地点虽然给甲即时夺回财物制造了巨大的困难，但却并不会使其人身安全陷入危险。又如，乙手持小刀袭击一名拳击运动员甲。由于甲在体力上占据绝对优势，故如果纯粹从有效性来说，他只需赤手空拳与其搏斗就肯定能制服乙。但这样一来，甲为制止不法侵害所需的时间就会拉长，在此过程中便有可能被小刀划伤。因此，乙持刀侵害的行为，不见得给甲有效防卫造成了多大的障碍，但却使甲的身体安全在防卫过程中遇到了威胁。第二，我国传统的正当防卫论在确定防卫限度时，基本上都忽视了防卫人自身安全的保障与防卫强度的提高之间的关系，故在此有必要对侵害人给防卫人安全带来的危险这一因素加以特别强调。

[74] Vgl. Herzberg, Erlaubnistatbestandsirrtum und Deliktsaufbau, JA 1989, S. 247.

[75] 《汉书·项籍传》。

[76] Vgl. BayObLG, NStZ 1988, 409.

大砍刀至客厅。这时，窗户的防盗网已被撬开，一名男子黎某某正往屋里爬。眼看他马上就要进屋，朱某某持刀向黎某某头部连砍数刀，黎某某被其同伙拽出窗外。经鉴定，黎某某硬脑膜破裂、脑组织膨出、脑挫伤，为重伤，属1级伤残。一审法院认定朱某某的行为系防卫过当，以故意伤害罪判处其有期徒刑3年；二审法院维持原判中定罪部分，但改判朱某某有期徒刑3年，缓刑3年。[77]

我认为，本案被告人朱某某的行为成立正当防卫。理由在于：尽管非法侵入住宅罪在我国刑法中只是一个被配以3年以下有期徒刑或者拘役的轻罪，尽管事后查明，被害人黎某某只是意图入室行窃，似乎没有必要对其采取如此致命的反击；但如前所述，关于防卫限度的判断只能站在行为当时来进行，而且侵害人值得保护性的下降幅度与侵害行为给防卫人带来的危险程度成正比。“吾之茅屋乃吾之城堡，风能进、雨能进，国王不能进。”住宅作为公民最为私密的场所，作为公民最有理由期望享有自由和安全的地方，一旦遭遇他人无故侵入，势必使其因感到自己的人身安全正面临着无法预测和控制的威胁而产生强烈的恐惧心理。唯其如此，《刑法》第263条才会将“入户抢劫”规定为与“抢劫致人重伤、死亡”相并列的法定刑加重情节。本案中，当黎某某等人于半夜时分撬开防盗网进入他人住宅时，他们必然能够预见到，任何一名正常的居民在面对这一场景时都会突感自己和家人的安全正处于巨大的危险之中。对方入室究竟是为了单纯盗窃还是为了实施抢劫、杀人等暴力犯罪，是独自一人还是结伙而来，是徒手作案还是握有凶器，这一切对于防卫者而言都完全无从准确预估。若朱某某上前先作言语警告，或待其入屋查明真实来意及装备情况后再行反击，或赤手空拳与之搏斗，或只往其身上砍一刀，都无法保证能即刻使对方停止侵害，而且一旦打草惊蛇，难保不会引起对方改采暴力的侵害方式。因此，当防卫人为了能及时制止不法侵害和确保自身的安全不受威胁而采取了一招见效的打击时，由此造成的损害结果就只能由选择了这种特殊作案环境的侵害人自行承受。事实上，在我国，无论是古代还是当今的立法者，都注意到了非法侵入住宅所具有的特殊危险性对防卫限度认定的影响。《汉律》规定：“无故入人室宅庐舍，上人车船，牵引人欲犯法者，其时格杀之，无罪。”[78]《唐律·盗贼》也规定：“诸夜无故入人家，笞四十。主人登时杀者，勿论。”[79]在1997年刑法修订的过程中，特殊防卫权的对象也曾一度包含了非法侵入他人住宅者。1996年10月10日的刑法修订草案征求意见稿于第18条第4款规定：“对以暴力方法实施杀人、抢劫、强奸、绑架以及严重危害国家、公共利益的犯罪行为，采取防卫行为，造成不法侵害人伤亡后果的，不负刑事责

[77] 参见河南省开封市中级人民法院刑事判决书，(2009)汴刑终字第40号。

[78] 蔡枢衡：《中国刑法史》，广西人民出版社1983年版，第177页。

[79] (唐)长孙无忌：《唐律疏议》，中华书局1983年版，第346页。

任。”同时又于该条第 5 款规定：“对以破门撬锁或者使用暴力方法非法侵入他人住宅的，采取防卫行为，适用第四款规定。”只是后来考虑到非法侵入住宅行为的情况毕竟非常复杂，不宜不加区分地赋予行为人特殊防卫权，立法者才最终未将上述第5款纳入刑法之中。[80]其实，在个案中，只要运用本文所倡导的判断标准，立法者当初的顾虑不难消除。因为，针对非法入室者能否致其死伤，完全取决于防卫人在当时情境下对事态发展和危险状态的掌控程度。若侵害人入室只是为了实施小偷小摸等不会对人身安全构成任何威胁的不法行为，而且防卫人基于与侵害人的特殊关系或通过某种途径对此也有充分的认知，那他完全可以仅使用轻微的暴力反击就足以保证防卫的有效性和安全性，在这种情况下，自然不允许防卫人随意致对方于死地。

（3）侵害对象的防卫能力。正所谓“艺高人胆大”，防卫人的防卫能力愈高，其排除危险因素的途径就愈多，在保证自身安全的情况下选取较为轻缓的防卫手段的空间也就越大。

3. 损害和保护之法益在价值上的悬殊程度

原则上来说，只要是在为保证防卫有效性和安全性的限度之内，即使防卫人只是为了保护单纯的财产法益，他也有权造成侵害人重伤、死亡。但是，若防卫行为所保护的是价值极其低廉的财物，则应例外地绝对禁止防卫人采取直接导致侵害人死亡的反击措施。在德国，判例和通说一致认为，尽管法律原则上并不禁止公民为保护财产而使用可能危及侵害人生命的防卫手段，但当防卫行为保护和损害的法益之间在价值上极端悬殊时，即使该行为具备必要性（Erforderlichkeit），也会被认定为因缺少要求性（Gebotenheit）而归于违法。这被称为对正当防卫权的“社会道德限制”（sozialethische Einschränkung）。[81]从本文的立场来看，之所以对所涉财产数额极其微小的不法侵害绝对不允许使用明显具有致死危险的防卫措施，根据在于：尽管不法侵害人的整体利益遭遇了大幅贬值，但生命的值得保护性无论如何降低，也不可能连一个苹果、两只鸡蛋的价值都不如。可是，这毕竟只是正当防卫中的一种极端情况，是为了防止正当防卫权因过度膨胀而背离社会正义情感所做的例外限定。反观我国，司法实践对于正当防卫成立的认定恰恰不是过于宽松，而是过于严格，对于不法侵害人也并非保护不力，而是“过分偏爱”。在这种情况下，理论上的当务之急应当是着力树立“原则”，而不是一味强调“例外”。

---

[80] 参见高铭暄、赵秉志编：《中国刑法立法文献资料精选》，法律出版社 2007 年版，第 533 页；前引 15，高铭暄书，第 198–199 页。

[81] Vgl. Roxin（Fn.[17]），S. 94ff; Herzog, in: NK–StGB, 3. Aufl., 2010, § 32 Rn. 107 ff.

（三）具体案件的分析

综合以上基本原则和考量因素，本文对以下几个争议案件展开分析：

【案例4】2010年除夕夜，被告人张某某正陪着怀孕的妻子武某在家过春节。刚吃过年夜饭，忽听有人敲门。武某开门发现是自己的前夫王某，便请求其离开，但王某强行推门而入。王某发现武某怀有身孕，遂指着武某的腹部问："你什么时候变成这样了？"武没有回答。王又问张某某："你是谁？"张答道："我是她老公。"王某大喊一声，奋力扑倒张某某，将其压在身下，用力掐住张某某的脖子。挣扎中，张见王握着一把尖刀刺向自己，便用手一挡，刀锋刺破了其右手和胳膊。经过搏斗，张某某夺过王某的尖刀，向其连刺三刀，其中两刀刺中王的胸部，一刀刺中其大腿。随后，张某某感到王某打他的力量越来越小，便挣脱开王某。王某后经抢救无效死亡。一审法院认定张某某构成故意伤害罪，存在防卫过当情节，判处其有期徒刑5年；二审法院以一审判决事实不清、证据不足为由，裁定撤销原判、发回重审；重审法院仍认定张某某的行为属于防卫过当，但改判其有期徒刑3年6个月。[82]

本案的主审法院认为：当王某压在张某某身上并抽出刀刺向后者时，由于王某所实施的是严重危及人身安全的暴力犯罪，故被告人享有特殊防卫权；但在张某某将刀夺下之后，王手上已没有足以致命的武器，严重危及人身安全的暴力犯罪也已消失，故张将王刺死的行为超过了防卫限度。[83]据此，张某某在夺刀后应将刀扔掉，然后徒手与王某搏斗，至多只能持刀往王某的非要害部位刺一下。但该说法难以成立。首先，张某某选择使用刀具进行防卫具有合理性。因为，一方面，王某在张某某抢下尖刀之后依然压在他身上施暴。这就导致，被告人要取得对王某的优势进而制服他，除了使用手上这把尖刀之外，别无其他工具可选。另一方面，王某在毫无征兆的情况下突然来袭，也使被告人不能不担心：在刀被夺走之后，身上是否还有其他凶器？若将刀丢弃，王某是否会迅速拾起并重新刺向自己？假如张某某将刀弃之不用，则一旦上述担忧变为现实，就再无补救措施，其人身安全也将失去最后的防护可能。其次，张某某刀刺的具体强度也是为保证防卫有效性和安全性所不可或缺的。因为一方面，侵害人始终将行为人置于其实力强制之下，这给行为人有效防卫制造了巨大的困难。行为人根本无法从容地选择反击部位、周到地控制打击次数，而只能朝最顺手、奏效最快的部位下手，只能通过反复刺扎尽快排除防卫阻力；另一方面，王某穷凶极恶的侵害手法也使人有理由相信，若只是向他的四肢等非要害部位扎一下就住手，则极有可能非但不

---

[82] 参见孙思娅：《醉汉入室行凶男子夺刀杀之》，载《京华时报》2012年8月27日，第8版；吴一兵：《析张福林案防卫过当的认定》，湖南大学2013年硕士学位论文，第3页以下。

[83] 参见前引82，孙思娅文；前引82，吴一兵文，第4页。

能及时制止殴打，反而招致对方更凶狠的袭击。最后，即便从形式上来理解刑法第20条第3款，也不能认定张某某的行为是防卫过当。因为，“严重危及人身安全的暴力犯罪”并不限于使用凶器的行为。[84]即使王某不使用刀具，仅凭其掐脖子、持续殴打的行为也足以认定他所实施的是给张某某的生命、健康带来严重威胁的暴力侵害，故只要该侵害仍在继续中，他就依然享有特殊防卫权。因此，张某某的行为不属于防卫过当。

【案例5】2004年8月14日18时许，胡某与罗某趁一妇女不备抢夺其佩戴的金项链后驾车逃逸。被告人张某某闻讯后立即驾驶轿车搭乘另两名群众追赶。当追至一立交桥上时，车内两名群众责令胡、罗二人停车，但胡某为摆脱追赶，驾驶摩托车高速蛇形行驶。于是，为了逼停对方，张某某驾驶轿车追上前，与胡驾驶的摩托车并行。这时，摩托车与右侧立交桥护栏和张某某驾驶的轿车发生碰撞后侧翻，致使罗某从摩托车上摔落桥面造成二级伤残，胡某摔落桥下死亡。法院判决张某某无罪。[85]

【案例6】2005年7月18日，被告人贠某的母亲郭某某戴着金项链骑摩托车上街时，被齐某某和高某某盯上。两人驾驶摩托车尾随郭某某到一医院附近时，趁其不备，将其脖子上的金项链扯断抢走。贠某恰好开车路过此地，见状加大油门追赶齐、高二人。赶上摩托车后，为防止两人逃跑，贠某猛打方向盘，将摩托车撞翻，导致齐某某当场死亡，高某某受轻伤。法院认定贠某防卫过当，构成故意伤害罪，但免于刑事处罚。[86]

值得注意的是，法院针对案例5的判决并没有分析正当防卫成立与否的问题，而是指出：“死者胡某和自诉人罗某为摆脱现场群众的追赶，驾驶摩托车以危险状态高速行驶，是造成摩托车侧翻的直接原因，这一原因系死者胡某和自诉人罗某自我选择的结果。被告人张某某为了阻止犯罪嫌疑人逃逸而采取的高速追赶行为，与本案损害结果的发生没有因果关系……”[87]法官似乎有意无意地以被害人自我答责的思想为基础，得出了胡、罗二人的死伤结果不可归责于张某某行为的结论。判决所反映出来的对于防卫行为与损害结果之间归责关系的关注，改变了以往人们一遇到防卫行为产生严重结果的情况就一概将之归为防卫限度问题的惯常思维，这是值得赞赏的；但它所进行的具体分析还值得推敲。因为：首先，刑法上的归责关系并不以行为与结果之间具有直接因果关系为必要，故仅以张某某的行为不是引起胡、罗二人死亡的直接原因为由否定归责，是无法令人信服的。其

[84] 参见前引3，高铭暄主编书，第439页。

[85] 参见中华人民共和国最高人民法院刑事审判第一、二、三、四、五庭主办：《刑事审判参考》（总第51集），法律出版社2006年版，第1页以下。

[86] 参见胡爱精：《驾车撞死抢夺者该否定罪》，载《检察日报》2006年5月22日，第1版。

[87] 前引85，中华人民共和国最高人民法院刑事审判第一、二、三、四、五庭主办书，第3页。

次，认为被害人自我选择了危险状态的说法也难以成立。因为，胡、罗危险驾驶的行为是他们在受到张某某追赶的情况下迫不得已实施的逃避措施。由于张某某高速驾驶机动车追击，特别是近距离并行行驶试图逼停对方的行为，本身就包含了使被害人在巨大精神压力之下失去平衡跌倒或者与其他车辆发生碰撞的高度危险性，故在欠缺被害人自我答责的情况下，被害人高速驾驶这一介入因素并不能阻断追逐行为与死亡结果之间的归责关系。最后，我国学者在论及因果关系的判断时几乎没有争议地认为，在行为人以加害目的追赶被害人的场合，即使被害人因自己逃入高速公路被车撞死，只要这种逃避具有通常性，也应认为追杀行为与死亡结果之间具有刑法上的因果关系。[88]故本案中的行为人最终是否承担刑事责任，就取决于其行为能否成立正当防卫，更确切地说，是否符合正当防卫的限度条件。

笔者拟将案例5和案例6放在一起讨论。对于这两类案件，首先需要明确两点：第一，尽管不法侵害人已经取得了对他人财物的占有，故相应的财产犯罪已实现既遂，但这并不意味着行为人的行为属于事后防卫。因为，即便侵害已经既遂，只要公民还能通过追击即时挽回损失，就应认为不法侵害尚未结束。[89]第二，防卫是否过当，与侵害人先前实施的是抢劫罪还是单纯财产罪没有必然联系。即便侵害人先前实施了抢劫罪，但只要他在逃跑过程中没有重新针对他人人身使用暴力，则在防卫行为实施当时并不存在“严重危及人身安全的暴力犯罪”，[90]故仍需对防卫限度进行具体判断；同时，纵然侵害人先前实施的是单纯财产罪，只要防卫行为符合“有效性、安全性和最低性”的要求，就不存在过当的可能。当不法侵害人在取得财物后驾车逃离时，普通公民要想自行夺回财物，可设想的方案大致有：其一，一直紧跟其后，直到侵害人驾驶的车辆燃油耗尽、无力再逃；其二，采取近距离威吓的方式使侵害人产生心理压力，迫使其停车；其三，撞击对方驾驶的车辆，使其丧失行进能力。第一种选择固然能大大降低侵害人伤亡的可能，但随之而来的却是防卫效果的骤然减弱和防卫人所遇危险的大幅增高。因为：首先，选择行进方向与路线的主动权本就掌握在侵害人手上，故旷日持久地消极追赶，只会更有利于侵害人伺机逃离。其次，持续高速地在道路上行进，也会明显增加防卫人遭遇意外的风险。最后，即使在长时间追逐后真能使侵害人陷入走投无路的境地，防卫人也很可能需要与侵害人搏斗之后才能抢回财物，这样一来防

---

[88] 参见前引15，马克昌主编书，第226页；前引14，张明楷书，第185–186页。

[89] 这一观点已经成为理论界和实务界普遍接受的主流意见。（参见刘家琛主编：《新刑法条文释义》（上），人民法院出版社2001年版，第88页；前引3，高铭暄主编书，第422页；前引1，陈兴良书，第102页；前引14，张明楷书，第195页。）然而，有些法院的判决对此还存在误区。（参见“黄中权故意伤害案”，载陈兴良、张军、胡云腾主编：《人民法院刑事指导案例裁判要旨通纂》（上卷），北京大学出版社2013年版，第423页。）

[90] 参见张理恒：《驾车追赶抢劫者致死系防卫过当》，载《检察日报》2013年2月27日，第3版。

卫的成功率和安全性就毫无保障。可见，正是侵害人采取的这种逃避方式，使防卫人可选择的有效且安全的防卫途径极其有限；故当防卫人被迫采用了较为猛烈的手段时，其中包含的风险就应由侵害人自行“买单”。因此，像案例5中张某某那样选择第二种方案，即驾车与对方平行行驶，就属于为达到防卫效果的必要之举。另外，在高速追赶的同时另行实施逼停或其他威吓行为，这对于一名普通驾驶者的技术和心理素质来说毕竟是一个不小的挑战，防卫人在实施该行为时也仍需面临相当的风险。在此情况下，应当允许行为人选择更为有效和对自身更为安全的第三种方案，即直接撞击侵害人的车辆。

四、基本的结论

在涉及正当防卫的审判实践中，常常会出现一种现象：只要防卫行为的被害人死亡或者致残，则行为人就立刻沦为理亏和违法的一方，甚至需要为此身陷囹圄。同时，又总是有诸如“侵害人的权利也要受到保护”“生命法益总是高于财产法益”和“防卫也要有个度”之类貌似无可辩驳的抽象说辞为这种做法背书和辩护。然而，当侵害人通过违反义务的方式不仅将他人的法益推向毁灭的边缘，而且也使自身的法益陷入危险之中的时候，法律怎么可能对他还给予与其他公民一样无微不至的周到保护，我们又怎能把侵害人与防卫人的法益放在两个完全平行的天平托盘上去作比较呢？这种毫不顾及法律保护程度之动态变化的“不偏不倚”的解释，恰恰是制造唯结果马首是瞻的不公正判决的根源所在。因此，要想根除正当防卫领域内司法实践和理论研究的痼疾，需要进行方法论上的变革，即从侵害人值得保护性的视角出发去重新审视和建构正当防卫的理论。本文的结论主要可以概括为以下两点：

第一，正当防卫的合法化根据除了在于法益保护之外，还在于侵害人利益值得保护性的双重下降。正当防卫权之所以是众多紧急权利中最具强势风格的一种，关键不在于防卫人维护了法秩序的安宁，而是在于侵害人通过违反不得侵害他人法益的义务，使自己陷入法益冲突的险境当中，从而导致其法益值得保护的程度出现了大幅“贬值”。

第二，被害人值得保护性的具体下降程度，是确定防卫限度的关键。不法侵害人给有效防卫造成的困难越大，给防卫人的人身安全造成的危险系数越高，则防卫人为排除这种障碍和威胁所必须采取的反击措施就越激烈，侵害人值得保护性的下降幅度就越大，与之相应，防卫权的限度就愈加宽松。因此，除非损害与保护的法益之间在价值上极端悬殊，在确保防卫行为具有有效性和安全性的范围内，侵害人的值得保护性均归于消灭。对此，需要站在行为当时，结合不法侵害人所选择的侵害强度、手段、环境和对象等因素来综合加以认定。

（本文曾发表于《法学研究》2015年第3期，发表时有删节）

生命冲突的刑法裁决

陈　璇

一、问题的提出

长久以来，生命冲突不仅是文学艺术作品不竭的素材来源，同时也是哲学、伦理学和法学竞相争论的千古难题。无论是古希腊哲学家卡纳阿德斯（Karneadas）构想的二人同遇海难、一人为争夺救命的木板将另一人推入海中致其溺毙的事例，还是中国唐代有关郭泰、李膺覆舟争桡的一篇判文，[1] 都展现了古人对于生命冲突问题的深度思索。时至今日，在危难关头牺牲他人生命以保全另一生命的情形，不再是仅供思想实验的假设事例，而是早已成为司法实践需要面对的真实场景。例如，我国已经出现与“卡纳阿德斯之板”和郭泰李膺案的事实情节相仿的案例：

【案例1】2002年5月3日下午5时40分左右，张某与王某到某公园游玩。由于已近下班时间，公园丽水湖的管理人员均已提前离岗，两人遂私自解开一游船上湖游玩。该船年久失修，至湖心时溢水下沉，两人同时落水。王某抓住了船上唯一的救生圈，张某向其游去，也抓住救生圈。由于救生圈太小，无法承受二人的重量，两人不断下沉。此时，张某将王某一把拽开，独自趴在救生圈上向岸边游去，得以生还。王某则溺水身亡。[2]

又如，发生于20世纪80年代初的李某某为保全自己性命而偷梁换柱致他人被杀的案件，也曾引发刑法学界的高度关注。其基本案情为：

【案例2】李某某（女，21岁，某县委干部）骑自行车去农村工作，路遇张某（男，22岁，公社社员）企图抢车。李某某表示愿意让张某将车推走，但提出将车上的打气筒留下，以便还给别人，张某同意。李某某在卸打气筒时，趁张某不备，用打气筒朝他后脑猛击一下，将其击晕在地。李某某骑上车驶入一个屯子，见天色已晚，遂留宿在一老太太家中。老太太恐客人害怕，便让女儿陪李某某睡在西房。不料，李某某借宿的恰是张某之家，主人正是张某的母亲和妹妹。张某苏醒后回到家中，从母亲口中得知李某某留宿之事后，大为惊慌，遂问明李某某睡觉的方位，摘下窗下铡草用的铡刀，进入西房，摸准睡在炕外侧的人头，照脖颈部猛砍一刀。可是，由于李某某先前始终未能入睡，她对张某母子的对话

---

[1] 该判文的原文参见朱华荣、陈浩然：《我国“紧急避险”的法律概念早于欧洲十个世纪——从唐代的一份判文谈起》，载《法学》1982年第9期，第41页以下。

[2] 参见唐明：《该行为是否构成犯罪》，载《人民法院报》2004年6月24日。

听得一清二楚，故在张某进屋之前，就赶紧把自己和已经熟睡的张某之妹调换了位置。因此，张某杀死的实际上是自己的妹妹。[3]

再如，近年来出现了多起受胁迫杀人的案件，无不引起了媒体和公众的热议，人们对于应否追究行为人刑事责任的问题也是歧见重重、莫衷一是。在此选出两例：

【案例 3】2007 年 3 月 20 日晚，袁某、周某以嫖宿为名，在昆明某地驾车将卖淫女何某、李某和方某从发廊骗至呈贡县吴家营乡的农田旁。袁某和周某谋划让卖淫女自相残杀，以便掌握杀人证据后能更好地控制她们。于是，二人拿出三张牌对三名女子说，他们是一黑道组织的人，现在要她们其中的两人加入，但多出的那个人必须得死。两张 9、一张 K，谁抽到 K 谁死。方某恰巧抽到了 K。袁、周以杀死何某、李某相威胁，逼迫二人用匕首杀害方某。先由周某握住两人的手刺杀方某，再由两人分别刺杀方某，直至其死亡。为了保留杀人证据，袁某在一旁用自己的手机拍下了杀人全过程。2008 年 3 月 5 日，云南省昆明市检察院对何某、李某作出相对不起诉的决定。[4]

【案例 4】2015 年 11 月 10 日，刘某、岳某、陈某、冯某四人将某集团董事长章某某绑架至一居民屋内，向其索要 1 亿元。四人为确保拿到赎金，用刀枪胁迫章某某以绳索勒颈的方式将一名按摩店女员工吉某杀害，并将杀人过程录像，之后将章某某释放回家准备赎金。章某某于 11 月 11 日凌晨 4 时到公安局报案，公安部门将刘某等四人抓获。[5]

此外，随着世界范围内反恐形势日益严峻，像“9·11”事件那样由恐怖分子劫持载有无辜乘客的大型交通工具撞击有大量平民聚集的公共建筑物，已不再是遥不可及的天方夜谭，而是成了各国政府需要随时加以防范的现实危险。因此，完全可能发生以下情形：

【案例 5】恐怖分子劫持载有 100 余名乘客的客机，试图撞击一幢住有 1000 余人的大楼。国家或者公民个人在来不及疏散楼内人员的情况下，在飞机即将撞上大楼的前一刻将飞机击落，导致机上人员全部死亡。

为应对这种可能出现的事态，已有国家进行了立法上的尝试。例如，德国曾

---

[3] 遗憾的是，这一极具标本意义和研究价值的重要案件，其判决却至今未能公布。在笔者目前所能查阅到的资料范围内，关于本案的介绍最早出现在高格教授所著的《正当防卫与紧急避险》（福建人民出版社 1985 年版）一书中（第 119 页以下）。随后，本案被许多文献转述和讨论。例如：高铭暄主编：《刑法学原理》（第 2 卷），中国人民大学出版社 1993 年版，第 247–248 页；陈兴良、曲新久：《案例刑法教程》，中国政法大学出版社 1994 年版，第 351 页以下；刘明祥：《紧急避险研究》，中国政法大学出版社 1998 年版，第 78–79 页；陈兴良主编：《刑事法判解》（第 1 卷），法律出版社 1999 年版，第 313 页以下；童德华：《刑法中的期待可能性论》，法律出版社 2015 年版，第 187 页以下。在本文的注释中，凡涉及多个文献的，均按发表的时间先后排序，特此说明。

[4] 参见储皖中：《故意杀人未被检方起诉引争议》，载《法制日报》2008 年 4 月 14 日，第 5 版。

[5] 参见张杰：《富豪被胁迫杀人是否有罪》，载《河南法制报》2015 年 11 月 20 日，第 11 版。

于2005年1月11日颁布了航空安全法。该法第14条第3款和第4款分别规定："对航空器直接使用武力的行为只有在满足了以下条件时才能得到允许，即根据事实情况，能够认定航空器已被用作攻击人之生命的工具，并且直接使用武力是避免这一正在发生之危险的唯一手段"，"只有联邦国防部长或者联邦政府内合法代理行使其职权的阁员，才能下令实施本条第3款所规定的措施"。[6] 该条款引起了德国宪法和刑法学界盛况空前的热烈讨论。在我国，尽管这一情形目前尚未正式进入立法和司法的视野，但随着2015年12月27日反恐怖主义法的颁布，以及该法对遏制打击恐怖犯罪和尊重保障人权并重原则的确立，如何应对因暴恐袭击而引起的生命冲突状态，必将成为我国刑法学界需要高度关注的课题，刑法教义学也有责任对此展开前瞻性的思考。

对生命冲突案件的分析与裁判，能够在一定程度上考验一国出罪事由及其理论的完备性，也能够鲜明地折射出一国刑法和刑法学的基本立场。对于这个重大的基础性问题，中国刑法学界一直有所关注，有的探讨也达到了相当的深度。[7] 但迄今为止的研究整体来说可能还存在以下不足，从而导致我国相关研究的总体水平与该问题的重要意义不完全相称：第一，零碎分散，就事论事。目前，多数的著述尚停留于以个案为研究对象，鲜有对生命冲突的案件进行全面系统的类型划分，也缺少对不同案件的处理思路进行教义学上的体系性总结与提炼。第二，视域偏窄，思路单一。人们在讨论生命冲突的问题时，往往习惯于将目光局限于攻击性紧急避险的框架范围之内，忽视了对宪法学、紧急权体系、刑罚目的等多领域研究工具和资源的全方位综合运用。有鉴于此，本文将首先回答若干前提性的问题，接着结合中外典型案例，试图对涉及生命冲突的两大案件类型，即"危险共同体的内部牺牲"和"生命危险的单纯转嫁"分别进行较为深入的分析。

二、三个前提性问题的厘清

在对具体的案件类型展开探讨之前，以下几个问题是需要预先回答的：（1）对于生命对生命的避险来说，其可能的出罪根据究竟是单一还是多层次的？（2）针对相关避险行为的判断结论是否只有合法与违法这两个选项？（3）以生命为牺牲对象的避险行为有无正当化的余地？

（一）"不成立犯罪"≠"成立紧急避险"

从我国不少学者对生命冲突案件的分析中，时常能看到这样的推理逻辑：由

---

[6] 2006年2月15日，德国联邦宪法法院判决《航空安全法》的这一规定因违宪而无效。关于宪法法院的判决理由，参见张翔主编：《德国宪法案例选释》（第一辑），法律出版社2012年版，第242页以下。

[7] 较为重要的专题研究成果有：刘为波：《紧急避险限度条件的追问》，载陈兴良主编：《刑事法判解》（第1卷），法律出版社1999年版；黎宏：《紧急避险法律性质研究》，载《清华法学》2007年第1期；谢雄伟：《论紧急避险中生命的衡量》，载《求索》2007年第8期；柏浪涛：《三阶层犯罪论体系下受胁迫行为的体系性分析》，载《政治与法律》2011年第2期。

紧急状态下的特殊事实情况所决定，将行为人致他人死亡的行为当作犯罪来加以处罚是不适宜的，故应当将该行为认定为紧急避险。[8] 这种论证思路忽视了出罪事由的层次性和多元性，从而有意无意地将“不成立犯罪”与“成立紧急避险”完全等同了起来。

犯罪赖以成立的支柱有二：一是行为以符合法定构成要件的方式对法益造成了不应有的侵害；二是行为人能够并且需要为法益侵害行为负责。因此，排除犯罪成立的理由也必然是多样的。某一行为之所以不为罪，既可能是因为该行为与犯罪构成要件不合，也可能是因为该行为所造成的法益损害例外地得到了法秩序的认可，亦可能是因为行为人无法或者无须承担刑事责任。首先可以确定的是，紧急避险不是构成要件排除事由。因为无论在上述哪一种犯罪论构造中，紧急避险都属于消极的犯罪排除事由，只有在确定了行为形式上与刑法分则所描述的犯罪类型相吻合的前提下，才有必要和可能例外地根据紧急避险出罪。那么，能否以行为人欠缺有责性为由认定紧急避险的成立呢？这就进一步涉及一个问题：我国《刑法》第 21 条所规定的紧急避险究竟是单纯的违法阻却事由，还是同时兼具阻却违法和阻却责任这两项功能？[9] 根据利益衡量这一违法阻却事由的基础性

---

[8] 参见高格：《正当防卫与紧急避险》，福建人民出版社 1985 年版，第 121 页；王政勋：《正当行为论》，法律出版社 2000 年版，第 269 页；前引 7，黎宏文，第 47 页。

[9] 有的学者无意中将阻却违法的紧急避险和阻却责任的紧急避险混同在了一起。例如，黎宏教授一方面赞同将牺牲他人生命以保全自己生命的行为看作违法阻却事由，另一方面又援引了康德（Kant）关于“卡纳阿德斯之板”的论述作为支持自己观点的依据。（参见前引 7，黎宏文，第 47–48 页。）康德曾在《道德形而上学》一书中写道：“不可能存在这样的刑法，它判处这样一个人死刑：在船沉时此人和另外一个人一起在同样的危险中漂浮，他为了自己活命而把那个人从其曾经赖以活命的木板上推开。因为，法律所威胁的惩罚毕竟不可能比这个人丧命的惩罚更大。于是，这样一种刑法根本不可能具有预期的作用；因为以一个尚不确定的灾祸（由法官判决而来的死亡）来威胁，不可能胜过对确定的灾难（亦即淹死）的恐惧。所以，暴力的自我保存的行为绝不应当被评判为无可指摘的（inculpabile），而只能被评判为无法惩罚的（imopunibile），而且这种主观的免于惩罚由于一种奇特的混淆，被法权学者们看作一种客观的免于惩罚（合法性）。”（[德] 康德：《道德形而上学》（注释本），张荣、李秋零译注，中国人民大学出版社 2013 年版，第 32–33 页。）很明显，在康德看来，虽然牺牲他人生命以自保的行为不可罚，但不罚的根据绝不在于该行为属于违法阻却事由。因为，康德从偏向消极自由的立场出发，认为只有当某一行为根据一条普遍的法则，能够使个人意志选择的自由与任何他人的自由同时并存时，它才属于合法行为。但在紧急避险的场合，由于避险行为人是为了个人的愿望或者需求而侵入了他人的自由空间，故其行为无论如何是违法的。（Vgl. Kühl，Zur rechtphilosophischen Begründung des rechtfertigenden Notstands，FS–Lenkner，1998，S. 145f.）这样一来，康德就完全否定了紧急避险得以合法化的可能。诚如他自己所言，“不可能存在任何可以将不法之事变为合法的紧急状态”（Kant，Metaphysik der Sitten，Einleitung in die Rechtslehre，S. 343f.）。因此，康德恰恰是极力反对将“卡纳阿德斯之板”一案中的杀人举动认定为正当行为的，他甚至认为也不能完全否认该行为的可谴责性。在康氏看来，之所以不应对杀人者处刑，原因仅仅在于处罚必要性的欠缺，即刑罚在这种极端的紧急情形下根本无法有效地发挥预防的功能。可见，如果与现代刑法理论的概念相对接，牺牲他人生命以自保的行为在康德眼中至多只是责任阻却事由，而不可能是违法阻却事由。

原理，只有当行为所保护的利益高于其损害的利益时，它才能得以正当化。因此，假如《刑法》第21条像《德国刑法典》第34条、《日本刑法典》第37条那样，明确规定紧急避险的成立以行为造成的损害小于或者不超过其所欲避免的损害为前提，那么该条所规定的紧急避险自然没有争议地属于正当化事由。但笔者认为，尽管《刑法》第21条并未对避险限度的内容作出明确界定，也仍然应将该条所规定者确定为违法阻却事由。理由如下：

第一，从立法过程来看。在中华人民共和国刑法草拟的过程中，包括1950年的《刑法大纲草案》、1954年的《刑法指导原则草案（初稿）》以及1957年的《刑法草案（初稿）》（第22次稿）在内的历次稿本中，关于紧急避险的条文都明确规定了行为造成之损害应轻于所避免之损害的要件。只是从1963年的《刑法草案（修正稿）》（第33次稿）开始，才形成了与现行刑法基本相同的表述。[10] 至少到目前为止，没有任何资料能够证明，这种条文措辞上的调整意味着立法者对紧急避险的定性发生了根本变化。相反，有关回顾和总结刑法制定过程的权威文献指出，现行刑法中的“紧急避险和正当防卫一样是公民的一项合法权利，正确行使这项权利，对社会也是有益无害的”，紧急避险的“必要限度通常是指引起的损害比所避免的损害较轻的情况，因为只有在这种情况下，才能说紧急避险行为客观上对社会是有益的。”[11]

第二，以条文本身视之。即便从客观解释的立场出发去审视《刑法》第21条，依然难以认为其包含了责任阻却事由。众所周知，违法性的评价重点在于行为的法益侵害性，而责任的判断中心则在于行为人的可谴责性。[12] 首先，尽管《刑法》第21条未明确包含有关法益衡量的字眼，但其第2款规定紧急避险不能“超过必要限度造成不应有的损害”。这种对行为限度的强调实际上已表明，该条文至少是倾向于根据行为本身所造成的法益损害是否值得法秩序予以肯定这一点，来确定能否排除避险行为的犯罪性。其次，从反面来说，倘若本条的紧急避险属于责任阻却事由的话，那么避险行为是否成立犯罪就并不取决于法益损害是否超过了必要限度，而是取决于行为人本人是否具有值得宽恕和原谅的特殊情状；既然如此，客观的损益界限要求自然就显得多余。所以，凡将紧急避险视作责任阻却事由的立法例均不会出现“必要限度”一类的用语，像1871年《德意志帝国刑法》第54条、现行《德国刑法典》第35条等皆是如此。

[10] 参见高铭暄、赵秉志编：《中国刑法规范与立法资料精选》，法律出版社2013年版，第267、287、302、322页。

[11] 高铭暄：《中华人民共和国刑法的孕育诞生和发展完善》，北京大学出版社2012年版，第25、26页。

[12] Vgl. Schünemann, Die Funktion der Abgrenzung von Unrecht und Schuld, in: ders./ de Figueiredo Dias (Hrsg.), Bausteine des europäischen Strafrechts, 1995, S. 160.

第三，就民刑协调而言。我国民事法律并没有单独对紧急避险进行具体的定义，因此要把握《民法通则》第129条和《侵权责任法》第31条中“紧急避险”的含义，就必须求助于《刑法》第21条的规定。这就说明，在我国，民、刑两大部门法中的紧急避险概念是一脉相承、桴鼓相应的，故我们在界定紧急避险的性质时，就不能不考虑到两者的衔接关系。我国《民法通则》第129条和《侵权责任法》第31条规定，避险行为人在没有过错的情况下无须承担任何的侵权损害赔偿责任（在危险是由自然原因引起而避险人又无过错的情况下，行为人承担的只是基于受益人身份的公平责任[13]），可见紧急避险连最为轻微的民事违法性都没有，它是完全而彻底的违法阻却事由。在这种情况下，如果认为《刑法》第21条包含了责任阻却事由，则势必破坏民法和刑法中紧急避险概念的统一性。

综上所述，我国刑法所规定的紧急避险只是一种排除行为违法性的事由。所以：一方面，牺牲他人生命的行为不宜受到处罚，这不是将之归入紧急避险的充分理由。另一方面，即便行为不成立紧急避险，也只说明该行为具有违法性，但并不意味着它必然成立犯罪。因为，当行为人具有值得谅解的特殊情节，从而导致刑罚处罚失去必要性时，完全可以在责任层面上根据某种超法规的责任阻却事由实现出罪。

（二）“法外空间”概念难以适用

法外空间的概念原本来自法哲学和民法学，它指的是法秩序有意置身事外、不予规制的领域，该领域中的举动并无违法与合法之分。[14] 德国学者宾丁（Binding）、纳格勒（Nagler）等人将这一概念引入刑法学之中，试图借以解决紧急避险、堕胎、自杀等刑法上的一系列棘手难题。[15] 阿图尔·考夫曼（Arthur Kaufmann）以法外空间说为依据明确提出：对于诸如“卡纳阿德斯之板”一类的生命冲突案件来说，法秩序难以找到合理的裁决标准，故只好撤回规范的要求、放弃规范的评价，从而使相关行为既不受到禁止，也未获得容许。[16]

笔者认为，法外空间理论不能成为生命冲突案件的解决路径。理由在于：

首先，对于生命受到侵害的案件来说，不存在承认“法外空间”的余地。在

[13] 参见张新宝：《侵权责任构成要件研究》，法律出版社2007年版，第65页；陈璇：《对紧急避险正当化根据的再思考》，载赵秉志主编：《刑法论丛》（第12卷），法律出版社2007年版，第180页以下。

[14] Vgl. Larenz, Methodenlehre der Rechtswissenschaft, 3. Aufl., 1975, S. 355f.

[15] Vgl. Stübinger, „Not macht erfinderisch“ – Zur Unterscheidungsvielfalt in der Notstandsdogmatik, ZStW 123 (2011), S. 432ff. 近年来，我国一些学者也开始将法外空间理论运用到刑法中。参见周光权：《教唆、帮助自杀行为的定性——“法外空间说”的展开》，载《中外法学》2014年第5期；王钢：《法外空间及其范围——侧重刑法的考察》，载《中外法学》2015年第6期。

[16] Vgl. Arthur Kaufmann, Rechtsfreier Raum und eigenverantwortliche Entscheidung, FS-Maurach, 1972, S. 336.

一个尊重公民基本权利的国度里，公民的自由并非拜国家法律恩赐，而是与生俱来；[17] 在一个认可多种规范共生的多元社会中，只有当遇到攸关重大利益的事宜并且其他规范均无能为力时，法律方能介入其中。[18] 国家不应也无须事无巨细地对人们的所有一举一动都详加过问；法律不应也无须将其触角延伸至社会生活的每一角落。对于那些不与他人利益发生关联的纯粹私人活动，或者对于那些只需借助其他社会规范就能得到良好规制的举动来说，法秩序没有加以干涉的兴趣和必要。在这种情况下，法律选择不予置评，恰恰既是对公民生活自由的尊重，也是对国家管制成本的节约。可见，原初意义上的法外空间理论是值得赞同的。但问题在于，生命冲突所涉及的，绝非日常生活中无关紧要的琐事，而是人的生命这一最高位阶之法益遭受侵害的重大事件。如果说法律在这类案件中撤回了规范的命令、放弃了规范的评价，那就意味着被害人的生命不再处于法律的保护之下，而是退回至可以任由他人宰割的原始状态之中。然而，国家一方面声称对生命实行比任何其他法益都更为严格的保护，即便是得到被害人同意的杀人行为都被评价为违法，可另一方面，在生命间发生冲突的案件中，却仅仅因为被害人偶然身陷某种特殊的紧急状态就选择弃之不顾、袖手旁观，这岂非自相矛盾？

其次，对于构成要件所涵摄的行为，难以形成“评价真空”。在紧急状态下牺牲他人生命的行为，无疑符合《刑法》第 232 条故意杀人罪的构成要件。时至今日，人们近乎一致地认为，立法者不可能把自己漠不关心的行为类型写进罪刑条文之中，故构成要件本身就内含着法秩序对相关行为的否定性态度。只要某种行为落入了构成要件的范畴之中，它就必然受到刑法明确的否定性评价。这种否定性的评价一经形成，就表明立法者已经为它贴上了违法性的标签。于是，要想在个别的特殊情形中取消这种评价，就只能借助于能够对禁止性规范产生对抗效力的容许性规范。[19] 一旦容许性规范的对抗成功，则意味着相关行为不再受到禁止，即为合法举动。可见，对于那些游离于构成要件以外的行为，刑法或许还有采取中立、骑墙态度的空间；可对于那些已经跨入了构成要件大门的行为，刑法却丧失了抽身其外、不闻不问的可能。

最后，法外空间说在正当防卫的问题上也无法得出合理的结论。对牺牲他人生命之行为的定性，直接决定了针对该行为能否实施正当防卫。关于这个问题，支持法外空间说的学者内部存在不同看法：（1）有的认为，针对合法的行为固然不能进行正当防卫，但由于牺牲他人生命的行为并未得到容许，故避险行为的对

---

[17] Vgl. Roxin, Strafrecht AT, Bd. Ⅰ, 4. Aufl., 2006, § 14 Rn. 27.

[18] Vgl. Rehbinder, Rechtssoziologie, 6. Aufl., 2007, Rn. 100.

[19] Vgl. Lenckner, Der rechtfertigende Notstand, 1965, S. 19; Hirsch, Strafrecht und rechtsfreier Raum, FS-Bockelmann, 1979, S. 99f.

象者不负有忍受的义务，他有权采取正当防卫予以反击。[20]但是，这一观点有自相矛盾之嫌。因为，该说在论证时，有意无意地只是单方面地强调行为“未获容许”这一属性，却绝口不提处于法外空间的行为恰恰还具有“不受禁止”的性质。既然法外空间说认为牺牲他人的行为在“不合法”的同时也“不违法”，那怎么能将之归入不法侵害之列呢？（2）阿图尔·考夫曼注意到了前一学说的弊端，遂提出：由于牺牲他人生命的避险行为既不合法也不违法，故与之相对抗的行为不成立正当防卫，而是同样处在法外空间之中，没有合法与违法之分。[21]根据这一观点，以案例1为例，假设当张某为夺取救生圈拖拽王某时，王某以暴力相反抗，则该反击行为以及后续的相互搏斗均处在“无法无天”、弱肉强食的原始状态之中。于是，冲突的最终决断权就完全归属于在体能、力量上占据优势的个人手中。然而，在如生命这样重大的法益发生冲突的场合，正是需要法秩序予以公正裁决之时，可法律竟然听任成王败寇的丛林法则大行其道，居然甘愿“向强拳俯首称降”[22]，这在一个法治国家中是不可接受的。

（三）牺牲生命的避险有正当化之可能

1. 生命不可衡量性之证成

从宪法的立场出发，应当坚持不同公民的生命法益在价值上不可比较的原则。

首先，生命权是公民基本权利和国家宪法体制的存在前提，它在我国宪法的价值体系中处于基础与核心地位。尽管中国宪法并未对生命权作出明确规定，但这并不妨碍生命权实际上所享有的至高无上的宪法地位。[23]第一，《宪法》第33条第3款的人权条款使得宪法中的基本权利具有了开放性，故作为人权之基础的生命权自然处在宪法的保护之下。[24]第二，人类要获得有尊严的存在和发展，前提是其生命的价值获得国家的承认。既然《宪法》第37条、第38条明确将人格尊严列为保护对象，那它也必须对作为其根源的生命给予保障；由于人格尊严的要义在于禁止将人格贬低为物化的工具，[25]故不允许将生命作为实现其他目的的手段。

其次，生命之间不存在质量上的差别。《宪法》第33条第2款规定：“中华人民共和国公民在法律面前一律平等。”据此，不论公民之间在年龄、性别、智力、社会地位、受教育程度以及健康状况方面有多大的差异，生命一律等价；不能因

---

[20] Vgl. Binding, Handbuch des Strafrechts, Bd. 1, 1885, S. 766; Nagler, in: LK-StGB, 6. Aufl., 1944, § 54 Anm. Ⅲ 2c, 3.

[21] Vgl. Arthur Kaufmann (Fn. [16]), S. 342.

[22] Lenckner (Fn. [19]), S. 25.

[23] 参见韩大元：《宪法学为何关注生命权问题》，载《法制资讯》2012年第11期，第60页。

[24] 参见上官丕亮：《论宪法上的生命权》，载《当代法学》2007年第1期，第61页；张翔：《基本权利的体系思维》，载《清华法学》2012年第4期，第33页。

[25] 参见刘志刚：《人格尊严的宪法意义》，载《中国法学》2007年第1期，第38页。

为不同人的生活质量、对社会发展的贡献和意义有别，就对他们的生命进行任何价值上的高低排序。

最后，生命的价值也不能用数量来作比较。我国有学者从行为功利主义的立场出发，主张为避免多数人死亡而牺牲少数人生命的行为可以得到容许。例如，张明楷教授提出："如果不允许以牺牲一个人的生命保护更多人的生命，则意味着宁愿导致更多人死亡，也不能牺牲一个人的生命，这难以为社会一般观念所接受，也不一定符合紧急避险的社会功利性质。由此看来，至少对保护多数人生命而不得已牺牲一个人生命的行为应排除犯罪的成立。"[26] 但这一观点有待商榷。理由如下：

其一，财产法益之所以能够以数量来衡量，根本原因在于它并非专属一人，而是可以在不同主体之间交易和流转。例如，5辆汽车，不论其原先的所有人是谁，它们都具有通过买卖、赠与等方式归属一人的可能。因此，在同一主体那里，汽车的价值就可以累加计算；对于该主体而言，5辆汽车所代表的财富总量自然高于1辆。然而，作为人格尊严之基础的生命，却始终专属于某一特定的个人，它无法在不同的公民之间进行交换和流通。一个人只能拥有自己的生命，其他人的生命数量再多，也不可能移转于他所有。正是由于不存在同时享有多个生命的法益主体，故生命价值不具有累计的可能。[27]

其二，《宪法》第33条第2款的规定不仅保证了不同个人之间的平等性，而且也确保了少数人的基本权利能够得到与多数人同等程度的保护。在法治国家中，"多数人的意志也要受到更高的理性和法治制度的制约。如果把人民主权理解为多数人不受限制的权力，那也是危险的。因为这有可能为经常出现的以多数人的意志来压制少数人的正当权利的恶劣行径作辩护。"[28] 可见，尽管根据民主制度的多数决原则，多数人在决策公共行政事务的过程中享有更高的决断力，但多数人的尊严与人格并不高于少数人。后者包括生命在内的基本权利，绝不因为其数量上的势孤力单而可以沦为前者的牺牲品。

其三，功利主义思想不适宜成为紧急避险的正当化根据。功利主义伦理学虽然发端于自由主义，但它实际上又隐藏着某种集体主义的倾向。[29] 因为，功利主义对行为效果的评判、对损益收支的计算最终落脚于"是否实现了最大多数人的最大幸福"，或曰"对整个社会是否实现了利益最大化"这一标准。张明楷教

[26] 张明楷：《行为功利主义违法观》，载《中国法学》2011年第5期，第125页。黎宏教授也持类似的看法，参见前引7，黎宏文，第49–50页。

[27] Vgl. Neumann, in: NK-StGB, 4. Aufl., 2013, § 34 Rn. 74.

[28] 顾肃：《自由主义的基本理念》，译林出版社2013年版，第161–162页。

[29] 参见李强：《自由主义》，东方出版社2015年版，第100–101页。Vgl. Pawlik, Der rechtfertigende Notstand, 2002, S. 33.

授在论述行为功利主义违法观时，就曾明确指出："如果从个人主义的观点出发，就不应当将自己面临的危难转嫁于他人；但从社会整体的立场出发，在不得不丧失两个合法利益中的某一利益时，不管是谁的利益，保存价值更高的利益才是理想的，正是基于对整体社会利益的考虑，紧急避险在刑法上才是允许的。因此，说紧急避险对社会有益是完全成立的。"[30] 显而易见，这一思想意味着社会整体可以凌驾于公民个人之上，只要为了实现社会整体利益的最大化，个人权益可以随时成为被利用和牺牲的对象。因此，"用功利主义思想去论证违法阻却事由的根据，这种做法最终是与人的尊严相抵触的。"[31] 正因为如此，如后文所述，目前越来越多的学者主张应从保障个人自由的立场出发，借助社会团结的思想去探寻攻击性紧急避险的合法性根据。

其四，社会一般观念的认同，也不能成为倡导以数量关系来衡量生命价值的理由。一方面，在法治国家中，某个公民依照宪法和法律所享有的基本权利，本来就不会仅因一时一地的民意而横遭剥夺。另一方面，纵使在某项民意测验中，90% 以上的受访者都赞同"不得已时可以通过牺牲 1 人的生命来换取 100 人的生命"，但需要注意的是，支持者大多都是在默认自己属于置身事外之第三者的前提下表态的。既然那个被牺牲的人与自己无关，多数受访者就自然而然地会从社会整体的视角出发认为，死 1 个人总比死 100 个人强。可是，一旦让受访者换位思考，假定本人就是那个即将被牺牲的对象，恐怕多数人都不会甘愿为他人慷慨赴死，故调查的结论必将发生变化。可见，民意具有极强的易变性和可操纵性，按照所谓的社会一般观念去裁决难以保证公平正义的实现。

综上所述，"人的生命是一种'绝对的最高价值'，一种'不可比较的人格价值'。该价值使得人享有与所有其他法益，尤其是物质性法益相比独一无二的地位。我们不得将生命贬低为一种可以进行收支结算的数值，从而使之变成单纯为实现其他目的而服务的手段。"[32] 尤其是对于人权条款入宪不过十余载、对人格尊严的保护尚待强化和完善的我国来说，容许牺牲个体生命去换取社会、集体甚至单纯经济利益的观念仍有不小的影响，故确立生命法益不可衡量的原则，具有特别重要的现实意义。

2. 生命值得保护性差异的揭示

以上关于生命完全等价的论断，是纯粹就生命法益的抽象价值而言的。但侵害某一法益的行为能否得到正当化，不仅取决于该法益在法律中的抽象价值与位

---

[30] 前引 26，张明楷文，第 121 页。文中着重号为引者所加。

[31] Jäger, Die Abwägbarkeit menschlichen Lebens im Spannungsfeld von Strafrechtsdogmatik und Rechtsphilosophie, ZStW 115 (2003), S. 785.

[32] Lenckner (Fn. [19]), S. 30.

阶，而且还取决于它在具体案件中值得保护的程度。[33] 尽管所有人的生命在法律上没有高低贵贱之分，但由个案的特殊情况所决定，不同主体之生命的值得保护性却可能存在差异。至于说在何种情形下会产生此种差别，从而导致杀人行为能够得到合法化，对该问题的回答还需要借助于紧急权体系的建构。

紧急权（Notrecht）是公民在紧急状态下为保护法益而损害他人法益的权利。损害他人法益的行为之所以能够得到法秩序的认可，主要是基于以下两个基本的思想：

（1）自由平等原则。我国《宪法》第 33 条第 2 款规定："中华人民共和国公民在法律面前一律平等"；第 51 条规定："中华人民共和国公民在行使自由和权利的时候，不得损害……其他公民的合法的自由和权利"。据此，任何人未经他人同意，都无权损害其法益；任何人对于他人无正当根据损害自己法益的行为，也都没有忍受的义务。

（2）社会团结原则。为了防止对自由平等的强调演变为极端的个人主义，社会团结的思想应运而生。该理论提出：社会共同体成员之间应当在一定程度上互相照应；任何人在必要时都应适当地为他人牺牲自身利益，部分地放弃自己的自由。[34] 社会团结原则的正当性可从以下两方面得到论证：第一，从实定法的角度出发。《宪法》第 1 条第 2 款规定："社会主义制度是中华人民共和国的根本制度。"社会主义原则的确立，意味着我国的法秩序在维护公民个人自由的同时，必然也强调公民之间应当互相扶助、国家应当为弱者提供照顾。[35] 第二，从哲学思想的视角出发。在一个尊重公民的自我决定权、将维护公民自由不受侵犯视为核心任务的法治国里，不能随意祭起"社会整体利益"之类凌驾于个人之上的概念去抹杀公民的权利，对个人自由的限制只能来自公民自身基于理性的同意。因此，我们也只能从公民的同意，即所谓"自我立法"中去寻找社会团结义务的依据。[36] 对此，有多种可能的论证路径。①交换正义的要求。该说认为：任何人都无法保证自己永远不会陷入紧急的危险状态之中，而任何人也都期望自己在此情形下能得到他人的照顾与帮助。但是，诚如康德所言，假如绝对的自私自利成为普遍化

[33] Vgl. Lenckner, Der Grundsatz der Güterabwägung als Grundlage der Rechtfertigung, GA 1985, S. 299.

[34] 参见王钢：《紧急避险中无辜第三人的容忍义务及其限度》，载《中外法学》2011 年第 3 期，第 618 页。Vgl. Renzikowski, Notstand und Notwehr, 1994, S. 188, 320f; Neumann, Die rechtsethische Begründung des „rechtfertigenden Notstands “auf der Basis von Utilitarismus, Solidaritätsprinzip und Loyalitätsprinzip, in: Hirsch/ Neumann/ Seelmann (Hrsg.), Solidarität im Strafrecht, 2013, S. 164ff.

[35] 参见张翔：《财产权的社会义务》，载《中国社会科学》2012 年第 9 期，第 110 页。

[36] Vgl. Pawlik (Fn. [29]), S. 11, 60; Kühl, Strafrecht AT, 7. Aufl., 2012, § 8 Rn. 9; Neumann (Fn. [27]), § 34 Rn. 9.

的法则，每个人都只想得到别人的帮扶，却拒绝援助他人，那么所有人最终都不可能达到自利的目的，故自私自利作为普遍的法则，其本身就是自相矛盾的。[37] 于是，人们在追求利己目的的过程中，也必须尽到一些利他的义务。正像保险合同的订立，意味着投保人只有先支付一定的保险费，才能换取将来一旦罹患伤病便可享受保险金赔付的权利一样，公民只有先承担向他人伸出援手的义务，方可使自己在未来遇到困境时获得他人的救助。[38] ②"无知之幕"背后的选择。按照罗尔斯（Rawls）的正义论，在对社会正义原则进行选择时，应当让参与选择的各方站在无知之幕（the veil of ignorance）的背后。[39] 处于原初状态中的人们具有理性，但对供他们选择的各种正义原则的特殊事实，以及自己将会有何种目的、倾向、个性等都一无所知，故他们势必倾向于选择使自己及后代人的生活起点不致因社会或自然的偶然因素而遭受致命挫折的正义原则。[40] 借用这一思想，当所有参与制定法律制度的人均立于无知之幕的背后时，谁也无法预先知晓，他在将来可能发生的紧急状态中究竟会处于需要帮助者还是提供帮助者的地位。于是，至少为了保护那些直接关乎个人生存的基本法益，人们愿意制定出要求社会成员相互给予协助的团结义务。[41] ③主体间相互承认的结果。哈贝马斯（Habermas）的商谈伦理学指出：应当对以往仅从个人单方的视角出发去谈论自由的观点加以扬弃。人只有在结成社会的过程中才能真正获得自由；单个个体也只有在为生存所必要的社会网络中相互尊重、彼此承认，才能最终保全其自身的完整性。据此，对于维护主体间相互承认的生活方式来说，要求社会成员承担一定的社会团结义务是必不可少的。[42]

正是在以上两大原则的基础上，紧急权的体系得以建构起来。首先，当某人以违反义务的方式侵入他人的自由空间时，基于自由平等原则，受侵犯者不负有忍受、逃避的义务，他有权在为有效制止侵害、保护法益所必要的限度内，对侵犯者的法益造成损害。由于这种紧急权几乎纯粹以个人自由为基础，故它在行使过程中所受的制约条件最少。[43] 这就是正当防卫权。其次，当某人虽然对他

[37] 参见前引 9，康德书，第 230 页。

[38] Vgl. Meißner, Die Interessenabwägungsformel in der Vorschrift über den rechtfertigenden Notstand（§ 34 StGB）, 1990, S. 191.

[39] 参见［美］罗尔斯：《正义论》，何怀宏、何包钢、廖申白译，中国社会科学出版社 2009 年版，第 91 页以下。

[40] 参见廖申白：《〈正义论〉对古典自由主义的修正》，载《中国社会科学》2003 年第 5 期，第 129、136 页。

[41] Vgl. Merkel, Zaungäste?, in: Institut für Kriminalwissenschaften Frank a. M.（Hrsg.）, Vom unmöglichen Zustand des Strafrechts, 1995, S. 184.

[42] Vgl. Kühl, Freiheit und Solidarität bei den Notrechten, FS-Hirsch, 1999, S. 272ff.

[43] Vgl. Kühl（Fn.［42］）, S. 260ff.

人的自由空间造成了威胁，但并未实施违反义务的行为时，公民的紧急权同时受到自由平等和社会团结原则的影响。即：一方面，由于这种威胁缺乏合法的依据，故遭受危险的人没有义务对之全盘容忍，他有权对危险来源者采取反击；另一方面，由于危险来源者毕竟要么并未现实地违反义务，要么不具备实施合法行为的能力，这些值得体谅的事由使他仍在一定范围内保留了要求对方给予照应的权利，故行为人对其展开的反击就要比正当防卫更加克制。[44] 此即防御性的紧急避险权。最后，当公民的某一法益遭遇险境时，基于社会团结原则，其他公民有义务做出一定的牺牲以协助他转危为安。但由于社会团结毕竟只是在坚持自由平等原则的前提下出现的例外，故建立在该思想基础上的紧急权必然会受到最为严格的规制。这便是攻击性的紧急避险。由此可见，随着紧急权损害的对象与危险源之间的关系不同，其法益值得保护性的大小也会发生变化，故不同的紧急权在进行利益衡量时所能容许的法益对比关系自然也就存在重大差别。在正当防卫中，由于被损害者自己就是以违反义务的方式引起法益冲突之人，故其法益的值得保护性与他所侵害的法益相比就会出现大幅下降。因此，即使防卫人为了保护财产法益而导致侵害人重伤甚至死亡，原则上也同样可以认为他保护了更高的利益。在攻击性的紧急避险中，由于被损害者是与危险引起无关的第三人，故其法益的值得保护性本身并无减损，只有当其法益的价值明显低于受危险威胁的法益时，才能基于社会团结的原则认为避险行为保护了较高的利益，进而要求被损害者承担忍受的义务。由于生命作为最高的法益，不可能在价值上明显低于其他法益，故它绝对不能成为攻击性紧急避险牺牲的对象。在防御性紧急避险中，有两个反向的因素共同影响着利益衡量的判断。一方面，避险对象者是危险的产生方，故其法益值得保护性必然会有所下降；但另一方面，由于避险对象者并未实施违法行为，故其法益值得保护性的下降幅度又不可能等同于正当防卫中的不法侵害人。由此决定，防御性紧急避险中的利益衡量标准较攻击性紧急避险要宽松，但又严于正当防卫。[45] 所以，只要保护和损害的法益在价值上基本相当，即可认为避险行为维护了较高的利益。[46] 这就意味着，在行为人不得已导致了危险来源者死亡的情况下，如果该行为所保护之法益的价值与生命法益相比并不存在明显失衡的现象，那它就有可能以防御性紧急避险之名获得合法化。[47]

（四）小结

综合以上分析，可以初步得出以下结论：第一，《刑法》第 21 条所规定的紧急

[44] Vgl. Pawlik, Der rechtfertigende Defensivnotstand im System der Notrechte, GA 2003, S. 16f.

[45] Vgl. Lenckner (Fn. [19]), S. 306f.

[46] Vgl. Günther, in: SK-StGB, 7. Aufl., 2000, § 34 Rn. 40.

[47] 关于能够通过防御性紧急避险得以正当化的杀人行为类型，参见陈璇：《家庭暴力反抗案件中防御性紧急避险的适用》，载《政治与法律》2015 年第 9 期。

避险仅属于违法阻却事由。生命冲突中杀人行为的出罪根据，既有可能在于行为成立紧急避险，也有可能在于行为成立超法规的责任阻却事由。第二，生命冲突中的杀人行为不可能处在法外空间之中，其性质在合法与违法之间必居其一。第三，在防御性紧急避险中，为保全生命而致他人死亡的避险行为存在正当化的空间。

三、危险共同体的内部牺牲

危险共同体指的是，二人以上同处一个危险境地之中，只有牺牲其中一部分人才可能营救其他人的生命，也才能避免共同体内的所有成员同归于尽。根据被牺牲者与危险来源之间关系的不同，危险共同体又可以划分为两种类型。（1）差别型的危险共同体。在这种情形中，被牺牲者一方面与危险共同体的其他成员一样，属于危险所针对的对象，但另一方面又与危险源有着一定联系。其典型就是案例5：由于客机与建筑物即将相撞，故飞机上的无辜乘客与建筑物内的人员都面临着同一死亡危险；但由于恐怖分子的劫持行为，乘客又与危险来源，即高速撞向大楼的飞机不可分割地捆绑在了一起。（2）平等型的危险共同体。在这种情形中，危险共同体中的所有成员均处在危险源之外，都只是危险所威胁的对象。就该类型而言，除案例1外，实践中出现的最为著名的相关案件当推以下二者：

【案例6】1884年，从英国法尔茅斯（Falmouth）驶向澳大利亚悉尼的一艘帆船米农奈特（Mignonette）号在南大西洋海域遇风暴沉没。船长达德利（Dudley）和斯蒂芬斯（Stephens）与一名水手派克（Parker）共同乘坐救生艇在海上漂流，在第4天时捕食了一只小海龟，在第8天时开始喝自己的尿。到了第19天，在没有任何食物和饮用水的情况下，为了维持性命，达德利和斯蒂芬斯一同将因饮用了海水而患病的派克杀死，通过食其肉饮其血支撑到了最终获救的一刻。[48]

【案例7】1941年，在纳粹统治下的德国，精神病科医生P和St接到纳粹政府下达的命令，命令要求他们遴选出医院中合乎条件的精神病人实施安乐死。两人意识到，一旦他们完全拒绝服从这项指令，则政府必定会让绝对忠诚于命令的其他医生取而代之，届时大量的患者都将性命难保。因此，P和St只好选择执行命令，但通过隐瞒事实将不少本来符合条件的患者从名单中删除，从而最大限度地减少了执行安乐死的人数。[49]

首先可以确定的是，牺牲共同体成员生命的杀人行为，不可能以推定的被害人承诺之名得到正当化。因为：一则，推定被害人承诺的正当化根据在于对公民个人自我决定权的尊重，但对于生命这样具有最高价值和根本意义的法益而言，

---

[48] See R. V. Dudley and Stephens（1884），14 QBD 273. Vgl. Bernsmann, „Entschuldigung“ durch Notstand, 1989, S.45.

[49] Vgl. OGHSt 1, 321; BGH, NJW 1953, S. 513.

法律无法概括性地推定所有的被害人都愿意作出这一选择。[50] 二则，即便可以推定被牺牲者都会表示同意，但刑法理论几乎一致认为，针对生命的被害人承诺是无效的，故得到同意的杀人行为依然无法获得正当化。

（一）正当化事由之考察

1. 正当防卫：侵害者范围不宜过度扩张

我国有学者主张，当不法侵害者利用第三人的身体作为工具攻击他人时，由于第三人已成为不法侵害的组成部分，故行为人为制止袭击而导致第三人死伤的反击行为可以成立正当防卫。[51] 照此推理，由于在飞机被劫持的情况下，乘客已和飞机连为一体成为恐怖分子撞击地面建筑物的工具，故击落行为所引起的乘客死亡结果亦可借正当防卫之名得以合法化。但笔者对此不敢苟同。

第一，《刑法》第 20 条第 1 款明确规定，只有“对不法侵害人造成损害的”行为，才可能成立正当防卫。既然第三人本身并未实施任何不法侵害行为，而只是被侵害人用作了发动袭击的工具，那么反击行为给他造成死伤结果无论如何不属于对不法侵害人造成损害。

第二，支持上述见解的一个重要理由在于，利用第三人身体损害他人法益的行为属于间接正犯，既然被利用者的举动可以被视为间接正犯行为的组成部分，那么针对被利用者的反击也就可以看成是针对利用者的防卫。[52] 可是，间接正犯理论所解决的是结果应当归责于谁的问题，它与正当防卫中谁是遭受损害者的问题无关。由于利用者本人并未直接实施构成要件行为，故欲将法益侵害结果以正犯之名归责于他，就需要将被利用者的举动评价为利用者行为的一部分。[53] 可见，间接正犯的原理只是说明，从规范上来看，被利用者的举动相当于利用者自己的行为，被利用者引起的结果相当于利用者自己引起的结果。然而，无论是从事实还是从规范上来说，被害者就是法益受到现实损害的人，不存在被利用者所遭受的损害，可以因为他是别人操纵的工具而转移给幕后指使者的道理。

第三，论者之所以主张将针对被利用之第三人的反击也定性为正当防卫，或许是基于应当为遭受不法侵害之人提供充分保护的考虑。即，侵害者自己直接实施侵害或者利用第三人间接实施侵害，这只是在实现侵害目的的具体策略上存在差异，遭受侵害之人的法益却应受到同等程度的保护。既然针对侵害者本人的反

---

[50] Vgl. BverfG, NJW 2006, S. 759; Hörnle, Töten, um viele Leben zu retten, FS-Herzberg, 2008, S. 556f.

[51] 参见王政勋：《正当行为论》，法律出版社 2000 年版，第 155–156 页；陈家林：《防卫行为与第三者法益侵害》，载《甘肃政法学院学报》2008 年第 2 期，第 18 页；李齐广：《涉及第三者的防卫行为探析》，载《政治与法律》2011 年第 5 期，第 117 页。

[52] 参见前引 51，陈家林文，第 18 页。

[53] Vgl. Kindhäuser, Strafrecht AT, 7. Aufl., 2015, § 39 Rn. 5.

击无疑属于正当防卫，那么指向被利用者的反击也理应成立正当防卫。否则，就意味着侵害者只需劫持第三人为袭击工具或者挡箭牌，就能轻而易举地排除他人的正当防卫权，从而为顺利达到侵害目的扫清障碍。但是：其一，在确定正当防卫的成立要件时，固然需要考虑受侵害行为威胁一方的利益，但同时也必须顾及因反击行为受损一方的利益。在众多紧急权中，正当防卫无疑是最具强势风格的一种。一旦某人成为正当防卫权的对象，则意味着他需要忍受远比其他紧急权对象更为严重的损害。由于正当防卫犹如刀之两刃，它对于行为人来说无疑是保护法益的强有力手段，可对于行为对象者来说则是一把杀伤力极大的锐器，故其行为对象的范围必须受到严格限制，非现实实施违法行为者不得被强行置于防卫对象的境地之中。[54] 其二，《反恐怖主义法》虽于第 2 条第 2 款声明：“国家不向任何恐怖活动组织和人员作出妥协”，但同时也在第 6 条第 1 款中规定：“反恐怖主义工作应当依法进行，尊重和保障人权……”这就说明，国家在面对恐怖袭击时，不能只考虑如何有效地制止袭击行为，还必须注意最大限度地保护无辜公民的安全，这当然就包括被劫持者在内。其三，对于被劫持作为侵害工具的第三人不能实施正当防卫，并不意味着处于袭击威胁之下的公民要么坐以待毙要么被判有罪。因为，针对被利用者的杀伤行为尚有成立紧急避险或者责任阻却事由的可能。

第四，这一见解实际上也存在自相矛盾之处。持该观点的学者虽然声称针对被利用之第三人的反击成立正当防卫，但同时又提出：“鉴于这种情况毕竟涉及第三者的人身权利，基于人道主义的考虑，在解释防卫行为的必要性、相当性时应作更严格的限制。……如果有躲避或避开第三者直接反击不法侵害人的可能性，而且实施起来也不是特别困难的话，还是应当优先考虑躲避或直接反击侵害人等方法。”[55] 可是，这些限制性条件均非正当防卫所固有，一旦受到这些条件的束缚，所谓的正当防卫权就丧失了其本应具有的果敢、强势的风格，这种有名无实的防卫权实质上已与紧急避险权并无二致。

2. 防御性紧急避险：危险来源的认定需慎重

根据本文第二部分第（三）点的论述，在紧急避险的框架内，只有防御性紧急避险才可能使杀人行为得以正当化。不可否认，案例 5 中的乘客“在空间上已被不可分离地卷入到了危险源之中”。[56] 既然不能将乘客看作不法侵害者，那能否将他们视为单纯的危险来源，进而认为击落客机导致乘客死亡的行为成立防御性紧急避险呢？答案是否定的。

---

[54] Vgl. Rönnau/ Hohn, in: LK-StGB, 12. Aufl., 2006, § 32 Rn. 161; Perron, in: Schönke/ Schröder, StGB, 29. Aufl., 2014, § 32 Rn. 31.

[55] 前引 51，陈家林文，第 18 页。

[56] Hirsch, Defensiver Notstand gegenüber ohnehin Verlorenen, FS-Küper, 2007, S. 154.

的确，防御性紧急避险的成立，并不要求避险对象是正在实施违法行为之人。之所以针对并未实施违法举动，甚至没有实施刑法意义上之行为的人，也可以进行反击，而且其损害强度可以高于攻击性紧急避险，其实质根据就在于，避险对象者对产生危险的法益享有排他性的独占。从《宪法》第 13 条和《物权法》第 2 条第 3 款的规定可以推知，公民在其自由空间当中可以根据本人的意愿使用、处分自己的法益，并且有权禁止和排除任何他人的干预。既然在这一领域中，权利人享有排他性的高度自由，其他公民未经许可无权介入其中，只能信赖权利人在行使自由的同时不会对他人的法益造成妨害。那么，根据自由与责任相对等的原则，法律有理由给权利人施加较重的义务，要求他在行使自由时必须满足其他公民的合理期待，承担起保证避免给他人带来危险的责任。[57]这一点已经为《宪法》第 51 条、《民法通则》第 126 条、第 127 条以及《侵权责任法》第 9 至 11 章的规定所确认。一旦权利人独占的自由空间给他人的法益安全造成了危险，就会在法律上产生以下两方面的效果：第一，权利人作为保证人负有及时排除该危险的义务，若他拒不履行该义务，则可能成立不真正不作为犯；第二，若权利人未能及时排除危险，则遭受威胁的公民或者第三人有权自行打破权利人对该空间的独占，在消除危险的必要限度内损害其法益，权利人对此负有忍受义务。权利人是否实施了违法行为、是否在事实上具有及时排险的能力，这只影响到能否对他追究法律责任、施加法律制裁，却丝毫不影响遭受威胁者对之享有的反击权。[58]

有一种学说认为，只要某人在事实上处于危险源之中，该状态本身就足以使面临危险的公民对之享有防御性紧急避险权。理由在于：其一，这是双方权利义务关系所要求。一方面，凡是遭遇险境的公民，只要他自己对该危险的产生没有责任，就有权通过反击捍卫自身利益；另一方面，当危险来自于某人时，即便他只是偶然地陷入危险源之中，毕竟这种不幸只能由他自己承受，而不能转由无辜第三人分担，故其他公民不承担与他共赴黄泉的义务。[59]其二，此乃有效实施正当防卫权所必需。当甲被迫与乙所实施的不法侵害连为一体时，其他公民对乙无疑享有正当防卫权，可如果认为在防卫的过程中不得已致甲死亡的行为不成立防御性紧急避险，则意味着针对乙的正当防卫权也将受到极大的

[57] Vgl. Renzikowski（Fn.［34］），S. 179；Pawlik，Der rechtfertigende Defensivnotstand，Jura 2002，S. 30.

[58] Vgl. Köhler，Die objektive Zurechnung der Gefahr als Voraussetzung der Eingriffsbefugnis im Defensivnotstand，FS-Schroeder，2006，S. 262ff.

[59] Vgl. Schünemann，Rechtsfreier Raum und eigenverantwortliche Entscheidung，in: Neumann/ Hassemer/ Schroth（Hrsg.），Verantwortetes Recht，Die Rechtsphilosophie Arthur Kaufmanns，2005，S. 152f.；Gropp，Der Radartechnik-Fall – ein durch Menschen ausgelöster Defensivnotstand? Ein Nachruf auf § 14 Ⅲ Luftsicherheitsgesetz，GA 2006，S. 287f.

限制，这是不合理的。[60] 但这一观点有失偏颇，因为它只注重对遭遇危险者一方的保护，却置避险对象者的利益于不顾。首先，“正当化事由不仅排除了国家刑罚权的发动，而且还剥夺了被害人的权利，使其无权要求行为人不去实施符合构成要件的行为。一切正当化事由的效果都在于缩减对被害人的保护。”[61] 因此，我们在为某一紧急权划定适格对象的范围时，就必须结合该紧急权的侵害强度，谨慎地对损害对象和保护对象双方的利益加以平衡。如前所述，防御性紧急避险的强势水平仅次于正当防卫，行为损害的法益甚至可以在价值上略高于其保护的法益。因此，当某人与危险源的关系尚未在规范上达到足够紧密的程度时，法律就没有理由让他承受比攻击性紧急避险的对象更重的忍受义务。其次，类似于“木桶原理”，当一个紧急行为将同时损害不法侵害者和无辜第三人时，应当遵循“从严原则”，即该行为整体可被允许的损害限度只能取决于条件较为严格，而非条件相对宽松的紧急权。于是，只能使正当防卫权的行使顾及紧急避险的谨慎性而受到限制，不能让紧急避险权迁就于正当防卫的强势性而得以扩张。

由此可见，仅仅是某人与危险源在同一时空范围内连成一体，仅仅是某人的存在状态与他遭遇危险之间有事实上的条件关系，仅仅是不伤及某人就无法阻止危险，均不足以使其他公民获得对之实施如防御性紧急避险那样高强度的反击权。要成为防御性紧急避险的对象，还需要进一步满足以下两个要件：（1）权利人的独占性。即，产生危险的法益空间处在权利人的排他性支配之下。这是其他公民对权利人产生信赖的根源，也是权利人对他人的防御性紧急避险负有容忍义务的关键所在。（2）法益空间的危险性。即，避险行为所针对的法益，必须对危险的产生或者升高发挥了积极推动作用。为了综合说明上述两个要件，现举出两例。其一是人们频繁援引的“登山者案”。A 与 B 结伴攀登高峰，B 因冰雪塌陷而跌落峭壁，联结 A 与 B 的一根绳索使 B 悬于半空中；A 无力将 B 拽起，而且再这样下去 A 也会被拖下深渊；于是，A 为保住自身性命，只好拿出刀割断绳索，致使 B 坠亡。在本案中，一方面，虽然 B 因意外而无法控制自己的身躯，但 B 的身体却无疑属于他本人的独占领域；另一方面，由 B 身体的重量所引起的下坠趋势，使 A 也面临着死亡的险境。这样一来，B 的存在就成了对 A 的性命造成威胁的危险源，故 A 的行为成立防御性紧急避险。[62] 其二为英美法上经常讨论的“自由企业先驱号案”。在轮船不断下沉的紧急时刻，唯一可能逃生的办法就是登

[60] Vgl. Rogall, Ist der Abschuss gekaperter Flugzeuge widerrechtlich?, NStZ 2008, S. 4.

[61] Mitsch, Rechtfertigung und Opferverhalten, 2004, S. 30.

[62] Vgl. Roxin, Die notstandsähnliche Lage – ein Strafunrechtsausschließungsgrund?, FS-Oehler, 1985, S. 194; Hirsch, in: LK-StGB, 11.Aufl., 1993, § 34 Rn. 74; Pawlik (Fn. [57]), S. 31.

上绳梯，但绳梯被一名因寒冷和极度恐惧而动弹不得的C挡住，他欲上不能、欲下不得；在尝试劝他离开无效后，某军官将C推入水中，从而使其他被困乘客得以安全逃离。[63]就本案而言，尽管C一时失去了支配自己躯体的能力，但他的身体毕竟对其他乘客的生命构成了威胁，故在不得已的情况下致其死亡的行为也属于防御性紧急避险。

然而，案例5的情形却并不符合防御性紧急避险的这两个要件。首先，对于机长、领航员、乘务员等机组成员而言，由于他们接受过专门培训，在正确操作飞机、确保乘客安全方面具备远高于常人的专业技能，故其他公民有理由信赖其能够保障客机顺利和安全地航行、避免因事故给乘客和地面人员造成损害。所以，因第三人的强迫而丧失了对客机实际控制能力的机组人员，就可以被看作危险来源。但是，与机组人员不同，普通乘客只是为了长途旅行才暂时停留在机舱中，作为匆匆过客的他们既没有能力，也没有意愿对客机内的空间和设备实现独占性的支配。其次，由于正是客机的飞行状态引起了与地面建筑物撞击的危险，而机组人员对飞机的航行发挥着决定性的作用，甚至恐怖分子也必须通过控制飞行员才能完成袭击，故在客机成为危险来源的过程中，机组人员的存在是不可或缺的推动因素。然而，机舱内是否有乘客、究竟有多少乘客，这对于飞机撞击楼房的速度、强度和方式等都毫无积极的影响。[64]甚至，为了监视、排除乘客可能实施的反抗，劫机者还不得不额外分出相当的人力和精力，可见，众多乘客的存在有时反而会成为发动袭击的累赘，并对客机变为危险来源起到消极阻碍的作用。所以，乘客无论如何都不应被视作危险来源的组成部分，他们在恐怖袭击中所处的地位与地面建筑物内的人员完全相同，[65]击落客机导致乘客死亡的结果无法以防御性紧急避险之名获得正当化。

3. 攻击性紧急避险："生还希望"标准之否定

在排除了成立防御性紧急避险的可能的情况下，无论差别型危险共同体还是平等型危险共同体，其内部牺牲的行为都只剩下最后一种可以考虑的正当化途径，即攻击性紧急避险。

危险共同体内不同人在生还概率上的差异，不能成为证立避险行为合法性的依据。有一种颇具影响力的理论认为：尽管危险共同体内各人的生命在值得保护性上完全相等，但由于杀人行为的违法性体现在它断绝了他人继续生存的机会，故只有当营救一部分人的生命是以剥夺另一部分人的生存机会为代价时，该牺牲

---

[63] See JC Smith, Justification and Excuse in the Criminal Law, Sweet & Maxwell, London, 1989, p. 73-78.

[64] Vgl. Pawlik, § 14 Ab. 3 des Luftsicherheitsgesetzes – ein Tabubruch?, JZ 2004, S. 1049.

[65] Vgl. Roxin, Der Abschuss gekaperter Flugzeuge zur Rettung von Menschenleben, ZIS 2011, S. 559; Stübinger (Fn. [15]), S. 411.

行为才应受到禁止。如果根据案件的情况可以认定，一方最终难逃一死，另一方则尚有生还的希望，那么由于必死无疑的那部分人本来就已经失去了任何存活的可能，对于他们而言，无所谓剥夺生存机会的问题，故稍稍提前其死亡时间的杀害行为并不违法。[66]张明楷教授就认为，当被牺牲者已经特定化，而且必然牺牲时，略微提前牺牲该特定人以保护多人生命的行为，可以认定成立违法阻却事由。[67]不少学者据此针对案例 5 提出：虽然乘客与地面人员的生命在值得保护的程度上没有差别，但二者的挽救可能性却大相径庭。对于乘客来说，无论是否将客机击落，他们终难逃脱罹难的厄运；但对于地面人员而言，如果能及时将客机击落，他们完全能够幸免于难。既然如此，为了避免袭击所指向的全部生命皆毁于一旦，国家应当允许采取避险措施以营救那些尚有生存希望的人。[68]但笔者难以赞同这一观点。

第一，对于危险共同体的案件来说，坚守禁止杀人的规范并不违背该规范的保护目的。作为故意杀人罪构成要件的基础，“不得杀人”这一命令的宗旨无疑在于保护生命法益不受损害。在一些学者看来，当危险共同体成员的生命无法全都得到保护时，若允许杀死其中已无生存希望者，则至少还能保住一部分的生命，可如果继续贯彻“不得杀人”的规范，却反而将导致全部成员丧生。可见，不加变通地坚持杀人禁令，其最终带来的后果恰恰与该规范所追求的目标南辕北辙。[69]但细加推敲，这种说法实际上是难以成立的。因为，当我们在考虑某人是否有生还希望时，其实是在预测他能否彻底度过劫难、化险为夷，例如能否躲过屠杀、能否避开飞机的撞击等。然而，不可忽视的是，即便是在危险共同体中无望逃离鬼门关的人，在避险行为不出现的情况下，原本也确定地享有一定的存活期间。例如，若客机不被击落，则乘客至少可以等到数秒之后才死于飞机撞击大楼所引起的爆炸。如前所述，刑法在捍卫生命安全时，只关心某人的生命长度是否被他人不当地缩短了，而不应考虑命运可能对该人寿命长短所作的安排。使一名本可寿及耄耋的健壮之人提前 50 年辞世，和致一位濒死病人提早 15 分钟咽气，由于 50 年的生命与 15 分钟的生命处在法律的同等保护之下，故这两种行为在刑法眼中同样都是不折不扣的杀人犯罪。总之，“法对每个人的生命都加以保护，它所保护的生命是一种现有的实存、是一种‘此处和当下的’生物性存在，而生命的不同前景则并非法所应当考虑的因素。……不论生命将来持续的时间有

---

[66] Vgl. Otto, Pflichtenkollision und Rechtswidrigkeitsurteil, 3. Aufl., 1978, S. 79ff.

[67] 参见张明楷:《刑法学》(上)，法律出版社 2016 年版，第 221 页。

[68] 参见前引 7，黎宏文，第 49–50 页。Vgl. Sinn, Tötung Unschuldiger auf Grund § 14 Ⅲ Luftsicherheitsgesetz – rechtmäßig?, NStZ 2004, S. 592f; Neumann (Fn. [27]), § 34 Rn. 77e.

[69] Vgl. v. Weber, Das Notstandsproblem und seine Lösung in den deutschen Strafgesetzentwürfen, 1925, S. 30; Mangakis, Die Pflichtenkollision als Grenzsituation des Strafrechts, ZStW 84 (1972), S. 475.

多长，所有的生命在法律看来都是同一的。”[70]

第二，生命不因其剩余时间的短暂而失去意义。为了防止杀人行为的正当化过度泛滥，支持该说的一些学者一再强调，只有当对死亡时间的提前微乎其微时，危险共同体的内部牺牲行为才有合法化的空间。[71] 可是，一方面，无论剩余的生命如何短暂，它都不可能被评价为不值一提。论者在提出“微乎其微”这一限定标准时，其不便言明的潜台词是：与较长的生命相比，几秒钟的生命对于人来说不可能有什么实际意义，几乎可以忽略不计。但这种看法不能成立。从法律上来说，生命的意义就在于它的存续本身，而不取决于它可能为个人、社会带来的功利性价值。即便撇开这一点不说，有的人终其一生碌碌无为，有的人则一朝成就伟业，生命时间的长短本来就和它可能创造的价值没有必然联系。即使是短暂的生存时间，对于生命主体而言也完全可能有着至关重要的意义。[72] 譬如，在案例 5 中，纵然数秒之后客机就将与大楼相撞，但就在这转瞬即逝的时间内，乘客或许就能完成祷告仪式，也许就能通过无线通信工具与家人诀别，甚至还可能最终制服恐怖分子、挽狂澜于既倒。另一方面，论者所提出的这一标准能否真正起到限定的作用，也值得怀疑。其一，何为“微乎其微”，是仅限于数秒钟，还是可以扩及数分钟、数小时乃至 1 天？对此不可能存在一个客观确定的数值界限。于是，可以被允许的死期提前幅度就势必处于言人人殊的状态之中。其二，按照这一观点的逻辑，岂不意味着，医生在医疗设备短缺的情况下，撤下气息奄奄之绝症患者身上的治疗仪器、转移给有治愈希望者的举动，也可算作合法行为？由此可见，只要认可短暂提前死亡时间的行为能够合法化，就是以功利主义的计算思维颠覆了宪法所确立的生命一律平等的铁律，就是在阻挡杀人行为的规范大坝上撕开了一道口子，一旦该裂缝出现，任何事后的小修小补都无济于事，它将不受控制地蔓延扩大，直至整座堤坝土崩瓦解。

第三，支持该说的另一个理由在于，如果完全禁止危险共同体的内部牺牲行为，那就意味着，仅仅为了让脱险无望者多活那么短暂的一刻，就需要让大批本可幸免于难的人白白搭上自己的性命，这是不合理的。[73] 不难看出，该说实际上已经有意无意地预设了一个理论前提，即“本可幸免于难者”的生命比“脱险无望者”的生命更值得保护，故后者不应成为前者的拖累。但这种针对生命的价值比较思维本身就值得警惕。否认牺牲行为的合法性，只不过是重申了在法律面前所有人的生命不论其剩余时间长短都应享有同等保护这一基本原则。正是基于

[70] Küper, Tötungsverbot und Lebensnotstand, JuS 1981, S. 793.

[71] Vgl. Neumann（Fn.[27]）, § 34 Rn. 77.

[72] Vgl. Wolter, Menschenwürde, Kernbereich privater Lebensgestaltung und Recht auf Leben, FS-Küper, 2007, S. 715; Roxin（Fn.[65]）, S. 556.

[73] Vgl. Erb, Der rechtfertigende Notstand, JuS 2010, S. 111; Neumann（Fn.[27]）, § 34 Rn. 77.

这一原则，无论是否有逃脱险境的希望，危险共同体内每一成员的生命都难以获得优于其他成员的地位。因此，这样的结论丝毫没有不公正之处，它也没有为任何一方课以过重的义务。

（二）责任阻却事由之分析

既然所有可能使行为正当化的方案已被一一排除，那么唯一可以考虑的出罪依据就只剩下责任阻却事由了。

1. 避险过当的规定与责任阻却并不相悖

刑法关于避险过当应当减轻或者免除处罚的规定，并未断绝相关避险行为无罪的可能。理由在于：其一，不能简单地将避险过当等同于逾越了避险限度的行为。按照《刑法》第 21 条第 2 款的规定，避险过当是以行为人"应当负刑事责任"为前提的。可见，只有超过避险限度并且成立犯罪的行为才属于该条款所说的避险过当。[74] 因此，欲适用《刑法》第 21 条第 2 款的规定，除了要肯定行为客观上超出了必要限度、造成了不应有的损害之外，还需要确定该行为不具有包括期待可能性在内的一切出罪事由。所以，刑法关于避险过当的规定并不排斥对责任阻却事由的适用。其二，不能认为，即便认定行为成立避险过当，反正也可以对行为人"免除处罚"，这与根据责任阻却事由认定行为人完全无罪相比，在最终的法律后果上并无实质差别。一方面，免除处罚是以肯定行为成立犯罪为先决条件的，而且一旦认定行为构成犯罪，就意味着刑法对行为人发出了最为严厉的谴责。可是，在欠缺期待可能性的情况下，国家恰恰根本无法对行为人发出非难。因此，"无罪"与"免除处罚"在性质上有天壤之别。另一方面，某人只要被判有罪，即便最终免除处罚，也仍然可能按照《刑法》第 37 条的规定接受各种非刑罚处罚方法，并且需要在未来人生道路上背负犯罪标签所带来的各种沉重包袱和不利影响。所以，基于保护公民的人格尊严和自由的考虑，也必须对"无罪"和"定罪免刑"这两种处理结论作严格区分。

2. 无期待可能性的根据、要件与适用

无期待可能性作为一种超法规的责任阻却事由，目前已在我国刑法理论界获得了广泛认同。[75] 但是，我国支持期待可能性理论的学者，大多是从行为人意志

---

[74] 参见黎宏：《刑法学总论》，法律出版社 2016 年版，第 150 页。

[75] 代表性的文献参见李立众、刘代华：《期待可能性理论研究》，载《中外法学》1999 年第 1 期，第 31 页以下；舒洪水：《期待可能性理论的哲学基础与本土化思考》，载《法律科学》2008 年第 3 期，第 83 页以下；陈兴良：《期待可能性的体系性地位——以罪责构造的变动为线索的考察》，载《中国法学》2008 年第 5 期，第 88 页以下；张明楷：《期待可能性理论的梳理》，载《法学研究》2009 年第 1 期，第 60 页以下；刘艳红：《调节性刑罚恕免事由：期待可能性理论的功能定位》，载《中国法学》2009 年第 4 期，第 110 页以下；前引 3，童德华书，第 191 页以下；钱叶六：《期待可能性理论的引入及限定性适用》，载《法学研究》2015 年第 6 期，第 116 页以下。

自由的角度出发来论证期待可能性的出罪依据。即，人们习惯于认为：所谓无期待可能性，是指行为人的心理遭受了强大的压力，导致其完全丧失了选择合法行为的自由与可能，故基于法不强人所难的原则，不应对行为人予以谴责。[76] 这种观点恐怕还有斟酌的余地。第一，该说难以说明期待可能性为何能够成为独立的犯罪排除事由。事实上，期待可能性的判断恰恰是以行为人具有意志自由为前提的。因为，在真正需要借助期待可能性理论来解决的案件中，一方面，行为人并没有受到绝对的身体强制，否则就可以直接认定其举动因欠缺有意性而根本不属于刑法意义上的行为；另一方面，单纯的心理压力并不足以使行为人丧失辨认和控制自己行为的精神能力。例如，不论求生的本能如何强烈，也不至于使行为人无法识别杀人行为的违法性，亦不至于使其无力控制自己的肢体。否则，就可以径直以欠缺责任能力为由出罪。[77] 因此，如果仅从精神压力、人性脆弱的角度出发，似乎至多只能将期待可能性解释为责任减轻事由，而难以将之定位为责任阻却事由。第二，该说无法恰当地解决期待可能性的认识错误问题。本来，如果说期待可能性的出罪根据在于意志自由的丧失，那么无论行为人对于能够导致期待可能性缺失的异常情状是否存在误认，也不管该错误是否可以避免，只要行为人在当时情形下同样遭遇了巨大的心理压力，按理说都应当肯定他不具有期待可能性才对。[78] 然而，学者们却主张，对于行为人误以为出现了异常情状的案件，只有当这种错误是不可避免的时候，方能同样阻却责任。[79] 第三，该说也难以解释期待可能性的出罪为何仅限于避险者为保护重大人身法益的场合。仅从心理的角度来看，能够给行为人造成巨大压力的并不限于生命、健康危险。对于某些爱财如命或者宁死不愿受辱的人而言，遭受经济或者名誉上的损害给他带来的精神压力完全不亚于失去生命。然而，几乎所有支持期待可能性理论的学者都强调，单纯以保护财产或名誉为目标的避险行为没有阻却责任的可能。

既然传统的心理压力说不足以完整地揭示期待可能性的出罪理由，那就有必要结合责任论的一般原理，重新寻求期待可能性阻却责任的根据，进而为其适用划定合理的界限。我国学者对于责任的本质还有一定争论，本文囿于篇幅无法详作考察。不过，在对不法与责任进行区分的前提下，不同的责任论或许就以下几点是大致可以达成共识的：首先，责任是从法的角度对行为人的谴责。只有当行为人具备形成合法行为之动机的能力和自由时，我们才有理由对他选择形成犯罪

[76] 参见陈兴良：《期待可能性问题研究》，载《法律科学》2006 年第 3 期，第 77 页；劳东燕：《风险社会中的刑法》，北京大学出版社 2015 年版，第 381 页。

[77] Vgl. Roxin, “Schuld” und “Verantwortlichkeit” als strafrechtliche Systemkategorien, FS-Henkel, 1974, S. 183.

[78] Vgl. Roxin（Fn.[17]）, § 22 Rn. 8; Zieschang, in: LK-StGB, 12. Aufl., 2006, § 35 Rn. 4.

[79] 参见前引 75，张明楷文，第 76 页。

动机的决定予以非难。其次，在阶层犯罪论体系中，责任是犯罪判断流程的终点，责任的成立意味着对行为人处以刑罚的全部要件均已具备，故责任也与刑罚的犯罪预防目的相关。只有当处罚行为人能够对遏制将来同种情况下出现相同的犯罪发挥作用时，才有必要肯定责任的存在。[80] 最后，由于不法始终是责任的前提，故除了独立的责任要素之外，责任的内容通常也是由不法的内容所决定的。因此，不法的程度也必然会间接影响责任的大小。[81] 由此可见，当行为人的意志自由完全消失时，固然可以排除责任，但即便在意志自由仍然存在的情形下，也完全可能因为动机形成能力的减弱、不法程度的缩小以及预防必要性的降低这三方面的共同作用，使得国家不应当对行为人发出责任非难。[82] 事实上，这种综合的期待可能性理论能够完美地与我国刑法关于犯罪概念的规定相契合。尽管在我国刑法中，期待可能性并非法定的出罪事由，但《刑法》第 13 条但书毕竟包含了一个可供解释和建构出罪事由的指导性规定。《刑法》第 13 条前半段明文将严重“危害社会”和“应当受刑罚惩罚”视为犯罪的两个本质要素，而社会危害性由不法和与之直接相联系的责任要素共同决定，应受惩罚性则离不开一般和特别预防的必要性。当这两大要素同时减弱到轻微程度时，就能产生但书所规定的非罪化效果。

因此，期待可能性作为责任阻却事由，其成立要件就应根据以上三方面来确定：（1）要使动机形成能力出现明显减弱，就要求某种危险状态的出现使行为人的心理承受了巨大的压力，从而令其形成合法的行为动机虽非完全不能，但与正常情形相比难度大增。（2）欲令一般预防和特别预防的必要性双双大幅降低，就要求一方面危险状态极为异常和罕见，[83] 另一方面行为人违反规范的行为实属在困境中为保护重大法益不得已所为，其忠诚于法规范的态度没有根本性的改变。（3）欲使不法程度有显著缩小，就要求行为是以保护重大利益为导向，从而导致其违法性中的结果无价值和行为无价值均得到相当程度的抵消。概言之，原则上来说，只有当行为人在异常的紧急情势下，为了保护自己、近亲属或者其他关系密切之人的生命、健康等重大利益而不得已损害他人法益时，才能认为其行为欠缺期待可能性。

接下来，我们将视线转向上述各案例。案例 1 和案例 6 中的行为人都是在别无他法的情况下，为避免自身急迫的死亡危险而实施了杀人行为，完全符合无期

---

[80] 参见冯军：《刑法中的责任原则——兼与张明楷教授商榷》，载《中外法学》2012 年第 1 期，第 51 页以下。

[81] Vgl. Gallas, Zum gegenwärtigen Stand der Lehre vom Verbrechen, ZStW 67 (1955), S. 30.

[82] Vgl. Frisch, Gewissenstaten und Strafrecht, FS-Schroeder, 2006, S. 26ff.

[83] 参见谢望原、邹兵：《论期待可能性之判断》，载《法学家》2008 年第 3 期，第 36 页；前引 75，钱叶六文，第 124 页以下。

待可能性的要件，故可以被阻却责任。现在需要讨论的问题是：在案例 5 和案例 7 中，行为人所营救的既不是自己也非其近亲属或者关系密切之人的生命，这是否意味着相关的杀人行为只能成立犯罪？笔者的回答是否定的。（1）首先可以确定的是：一则，两案中的行为人完全是出于在绝境中尽最大可能保护生命的目的，这一目的表明他们并未对法规范采取敌视的态度；二则，在各国反恐预警机制日益严密的当今，案例 5 的情形真实再现的可能性极低，案例 7 也只能发生在大规模屠杀的背景之下，这在现代社会中毕竟属于极为例外的非常时期。因此，对于这两个案件来说，通过处罚来实现一般预防和特别预防的必要性，和案例 1、案例 6 一样都十分微弱。（2）此外，两案也都符合期待可能性的另一个核心要件，即行为人合法动机的形成存在重大困难。通常来说，唯有当自己、近亲属或其他关系密切之人的法益面临损害的威胁时，才足以使行为人产生必须全力以赴、不惜代价地展开施救的强大精神压力。不过，对于某些负有保护他人之义务的特殊主体来说，即便面临死亡者与他非亲非故，但基于职业伦理的要求，仍然会使行为人内心出现极其痛苦的挣扎。例如，P 和 St 作为专业医务人员，毕竟长年以来都以全力救死扶伤、尽量延长生命为其最高的职业追求。在实际上至少能救部分患者脱险的情况下，如果完全无所作为，眼睁睁地坐视全部病人被杀，必将使行为人内心产生强烈的负罪感。这种良心上的沉重压力就使得被告人在形成合法行为动机时，遇到了极大的阻力。[84] 同样，由于国家毕竟是公民合法权益的守卫者和保证人，故在本可挽救部分人生命的情况下，任由客机和建筑物内所有人员的生命都消逝在爆炸的烈焰中，这必将使相关国家工作人员的内心产生难以忍受的道德压力。这一压力对其自由地形成合法行为的动机无疑会构成巨大的障碍。

（三）小结

本部分对危险共同体的内部牺牲行为所进行的分析得出以下三点结论：（1）当危险共同体成员中的一部分人与危险源相关联时，只要这部分人既未对产生危险的法益有排他性支配，亦未对危险的出现和升高发挥积极推动作用，则不得已将其牺牲的行为只可能因欠缺期待可能性而成立责任阻却事由。（2）当危险共同体的所有成员均处在危险源之外时，牺牲行为仅存在阻却责任的可能。（3）即便行为人所营救的危险共同体成员并非其本人，亦非其近亲属或其他密切关系人，但若根据案情和行为人的特殊身份，能够认定道德压力对他形成合法行为的动机同样产生了巨大阻碍，则也存在根据期待可能性阻却行为人责任的空间。

四、生命危险的单纯转嫁

生命危险的单纯转嫁是指，行为人在不得已的情况下“祸水东引”，将自己或者他人面临的生命危险，转移到原本处在安全状态中的第三人身上。结合上文

[84] Vgl. Rudolphi, in: SK-StGB, 7. Aufl., 2003, vor § 19 Rn. 8; Frisch (Fn. [82]), S. 28.

的分析，可以首先得出以下两个原则：首先，由于被牺牲者与危险源无关，故导致其死亡的行为不可能成立防御性紧急避险，不存在正当化的空间。其次，当行为人为了保全自己、近亲属或其他关系密切之人的生命时，可以根据期待可能性理论阻却行为人的责任。不过，结合相关案件的不同情况，以下三个问题是需要专门加以分析的。

（一）“挡箭牌”案件中构成要件行为的认定

所谓“挡箭牌”案件，是指甲面临着被乙杀死的危险，他在危急之下将第三人丙当作挡箭牌代替自己殒命的情形，案例 2 即为典型。我国早期的不少论著在分析本案时，倾向于从因果关系的角度出发来寻找排除行为犯罪性的根据。例如，刘明祥教授主张，不能追究李某某刑事责任的“根本的理由是避险行为与实际结果之间没有直接因果关系，被害人的死亡是由罪犯的杀人行为造成的，杀人行为是决定因素，避险行为只是一个条件。”[85] 但这种观点存在疑问。第一，以行为与结果之间欠缺直接关联为由否定结果归责的说法难以成立。因为，刑法上归责关系的成立，只要求内含于行为的法益侵害危险属于引起结果发生的不可或缺的必要条件，并不要求该行为必须能够独立、直接地导致结果出现。第二，对于故意犯来说，缺少因果关系只意味着不能将结果归责于行为，由于《刑法》第 23 条确立了未遂犯亦可罚的原则，故从因果关系的欠缺这一点并不能直接得出行为不成立犯罪的结论。只有在完全否定行为人实施了犯罪构成要件行为的情况下，才能真正排除犯罪的成立。因此，当我们在构成要件层面上分析“挡箭牌”案件时，首先需要确定避险行为是否属于故意杀人罪的实行行为。

首先可以确定的是，由于行为人并未直接杀死被害人，故难以成立故意杀人罪的直接正犯。不过，这种使被害人陷入被他人杀害之险境中的行为，符合间接正犯的要件。第一，被利用者需为结果承担完全的故意犯刑事责任，这并不意味着利用者对犯罪事实必然欠缺支配。的确，在“挡箭牌”案件中，乙因甲的“掉包”行为而杀错了对象，这仅仅属于对象错误或者打击错误；按照我国刑法学通说，同一构成要件范围内的对象错误和打击错误均不影响故意的成立，故乙需为死亡结果承担故意杀人罪既遂的刑事责任。然而，乙的犯罪计划毕竟是以甲这一具体的人为特定对象的，而甲利用他的优势认知通过操控、更改事件发展进程，引起了乙的错误，正是该错误导致乙杀害了一个他本不愿意杀死的人。所以，仍然可以认为甲对引起丙死亡的因果流程实现了支配。[86] 第二，若不将甲的行为认定为间接正犯，则无法得出合理的结论。因为，一旦间接正犯的可能性被排除，

[85] 前引 3，刘明祥书，第 79 页。相似的观点参见前引 8，高格书，第 121 页；前引 3，高铭暄主编书，第 248 页。

[86] Vgl. Roxin, in: LK-StGB, 11. Aufl., 1992, § 25 Rn. 105.

则只能考虑该行为是否成立狭义共犯。可是，首先，由于乙在此之前已经形成了杀人的决意，故甲的行为不可能成立教唆犯；其次，甲的行为不仅没有为乙实现犯罪创造比先前更优的条件，而且使得乙个人的犯罪计划归于落空，故也无法认定他为乙提供了帮助。这样一来，似乎就只能认为甲的行为完全不符合故意杀人罪的构成要件。但是，假设甲是单纯为了借乙之手达到杀害丙的目的，并不存在紧急时刻转移危险以保全自身性命的客观需要和主观意图，那么，就此认定甲的行为无罪，这恐怕难以为人们所接受。

据此来分析案例 2：首先，李某某通过引起张某的对象错误，利用他杀害了张妹，已符合故意杀人罪间接正犯的构成要件。其次，李某某的杀人行为无法成立紧急避险，故仍属违法。最后，在当时情形下，由于张某即刻将入屋实施砍杀，而李某某于深夜时分寄宿于他人住所之内，既不熟悉地形，又慑于对方握有凶器，而且张家人多势众，故无论是夺路而逃还是奋起反抗，都难以有效保全自己的生命。所以，将自己与张妹调换位置，诱使张某误杀他人，就属于千钧一发之际为避免死亡危险而不得已选择的唯一出路。因此，可以根据期待可能性的欠缺阻却行为人的责任。[87]

（二）被胁迫杀人的行为与胁从犯

对于我国近年来发生的多起受胁迫杀人的案件，理论界和实务界都有一种相当有力的见解，认为对行为人不可能按无罪处理，因为根据《刑法》第 28 条的规定，被胁迫参加犯罪的人仍需承担刑事责任，只是“应当按照他的犯罪情节减轻处罚或者免除处罚”而已。[88] 但这一观点大有可以商榷的余地。

第一，既然胁从犯属于犯罪，那么它的存在当然以行为具备犯罪成立的所有要件为先决条件。由于刑法有专门条文集中规定了可普遍适用于所有犯罪的各类排除犯罪性事由，也由于超法规出罪事由的适用并不受禁止，故关于犯罪构成要件的规定只对某种犯罪类型的特殊积极要件加以描述即可，无须对可能出现的出罪事由也一一详作规定。在此情况下，司法者当然需要将规定了犯罪的特殊积极要件的法条与关于出罪事由的法条或原理结合起来，最终确定犯罪的成立范围。“被胁迫参加犯罪”只是行为在满足了犯罪成立要件的基础上额外具有的特殊情节而已。所以，不能认为，只要是“被胁迫参加犯罪的”，就一定属于胁从犯；一旦违法或者责任阻却事由成立，即便是被胁迫参加犯罪者，也完全可能

---

[87] 较为详细的分析，参见前引 7，刘为波文，第 373–377 页；前引 75，钱叶六文，第 128 页。

[88] 参见张晓敏、赵杰：《是胁从犯还是紧急避险》，载《人民法院报》2003 年 12 月 11 日；王海天、李希慧、郑旭：《办案人员：罪可确定，情有可原》，载《检察日报》2008 年 4 月 16 日，第 3 版；刘洋、孟粉：《被胁迫杀人该如何论罪》，载《北京日报》2015 年 11 月 25 日，第 18 版；刘苇：《富豪被胁迫杀人是否犯罪？专家：刑法现在无定论》，http://www.legaldaily.com.cn/index_article/content/2015-11/19/content_6362149.htm?node=5955，最后访问时间：2016 年 8 月 12 日。

归于无罪。

第二，立法者的原意不能成为从解释论上限制胁从犯成立范围的障碍。自新中国成立以来，我国的刑事政策和刑事立法对于胁从犯的处理态度前后发生过变化，即从原先的“胁从不问”到后来对胁从者追究刑责但从宽处罚。[89] 有学者准确地指出，这种变化的内在历史根据在于：一方面，“胁从不问”，主要是在新生政权初建未稳之时因迫切需要分化瓦解敌对势力而提出的斗争策略，具有鲜明的功利色彩。嗣后，随着国家政权日益稳固，这种功利需求已不复存在。另一方面，1979 年刑法诞生前的三十年，正是我国道德理想主义和革命英雄主义盛行的时代。在这一背景下，立法者很自然会倾向于要求公民在他人胁迫面前有义务坚决选择反抗，而不能屈从于胁迫者的犯罪命令。[90] 所以，当年的立法者可能确实是本着“只要被胁迫参与犯罪者应一律定罪”的想法来订立胁从犯条款的。但是，由于“刑法被立法者制定出来以后，就成了一种脱离立法者的客观存在，人们应当根据客观存在本身去理解它、解释它，而不是询问立法者当初是何种本意。”[91] 只要在条文可能语义所包摄的范围之内，解释者完全可以根据变化了的社会现实和演进了的社会观念，对刑法条文作出有别于立法者当初设想的解读。既然经过 30 余载的发展，中国社会的价值观念已趋向多元，“存天理、灭人欲”的泛道德主义逐渐衰退，将伦理要求与法律规范相分离的理念日益成为共识，既然我国刑法学对各类违法和责任阻却事由的挖掘愈加深入和充分，那么运用各种出罪事由对胁从犯的成立范围作限缩化的解释，既无可指摘又势在必行。

结合阶层式犯罪论的构造，被胁迫行为的出罪事由大致有如下三类：（1）如果他人直接对行为人的身体施加物理上的强制力，使之完全丧失了自由行动的能力，那么对于被强制者而言，由此导致法益损害结果的过程根本不属于刑法意义上的行为，故可以根据《刑法》第 16 条所规定的不可抗力阻却犯罪的成立。（2）若行为人在面临胁迫时，为了保全较大的利益不得已按照胁迫者的指令损害了较小的利益，则该行为可能成立《刑法》第 21 条规定的紧急避险。[92]（3）若行为人受胁迫所实施的行为无法成立正当化事由，但符合了无期待可能性的要件，则可以成立超法规的责任阻却事由。就被胁迫杀人的行为而言，可能考虑的出罪

---

[89] 详见陈兴良：《历史的误读与逻辑的误导——评关于共同犯罪的修订》，载陈兴良主编：《刑事法评论》（第 2 卷），中国政法大学出版社 1998 年版，第 279 页以下。

[90] 参见刘之雄：《胁从犯立法之反思》，载《湖北警官学院学报》2002 年第 2 期，第 14–15 页。

[91] 张明楷：《刑法分则的解释原理》（上），中国人民大学出版社 2011 年版，第 31 页。

[92] 例如，我国有判例明确认为，行为人在受到他人杀害威胁的情况下，为保全自身性命而被迫强奸被害人的行为，属于紧急避险，不成立犯罪。参见“谭荣财、罗进东强奸、抢劫、盗窃案”，载中华人民共和国最高人民法院刑事审判第一、二、三、四、五庭主办：《中国刑事审判指导案例》（第 3 册），法律出版社 2009 年版，第 429–430 页。

事由只有第（3）种。据此，我们来分析案例3和案例4。对于案例3来说：首先，何某、李某若不按袁、周二人的指令杀害方某，则将被立即处死，故两被告人面临着极为急迫的生命危险。其次，由于被告人于夜晚被诱拐扣押在一陌生地点，袁、周事先准备周密，且手握凶器，故被告人当时难以通过逃跑、反抗等方法及时有效地避免生命危险。可见，其杀人行为是为了保全自身性命而不得已实施的，故两被告人因缺少期待可能性而被阻却责任。就案例4而言，由于目前由媒体披露的、经司法机关查证的案件细节较为有限，故笔者只能假设不同的情形分别讨论。第一，若刘某等人用刀、枪指着章某某，以当场杀死他相要挟，则可以认为章某某是在没有其他求生门路的情况下为避免迫在眉睫的死亡危险而杀害吉某，他因不具有期待可能性而无罪。第二，假如刘某等人只是以若不服从杀人命令则另行择日处决章某某相威胁，那么由于危险的急迫程度毕竟明显低于前一情形，故其期待可能性并未完全丧失，而只是有明显降低，在此情况下，似应认定章某某的行为成立故意杀人罪，但属于避险过当和胁从犯，应予减轻或者免除处罚。

（三）非密切关系人实施的避险与责任阻却

最后需要探讨的问题是：如果行为人与遭遇生命危险者并无近亲属等密切关系，那么他将生命危险转嫁给第三人的行为能否成立责任阻却事由呢？例如：

【案例8】1999年10月6日17时20分左右，被告人彭某驾驶一农用车从萍乡返回银河，途经320国道芦溪县公路征费站路段，突遇一女青年X从右向左横穿公路，彭某为避免碰撞X，即向左打方向，驶入左车道，与相对行驶的萍乡市人民政府决策咨询委员会的捷达小轿车相撞，致使小轿车驾驶员刘某某受伤，经抢救无效死亡；车内乘车人员林某某受伤，其伤情经萍乡市公安局和萍乡市中级人民法院法医技术鉴定结论为重伤乙级、残废10级。法院认定彭某的行为为避险过当，以交通肇事罪判处其有期徒刑2年。[93]

在本案中，由于彭某在事发时属正常驾车行驶，故X所受的生命危险完全是她自行引起的。在无法及时刹车的情况下，彭某为了保住与其无密切关系之人X的生命，将死亡危险转嫁给了刘某某和林某某。笔者认为，这类案件中的杀人行为难以被阻却责任。理由如下：

首先，就危险共同体的内部牺牲而言，无论是被营救者还是被牺牲者原本都面临着同一危险状态。如果不实施避险，则共同体内的所有成员都将死亡；如果实施避险，则可以挽救其中部分生命。在一般人看来，此种情形下的避险行为只是在已然遭遇死亡厄运的一群人当中，将不幸的波及范围减至最低，尽力从死神手中夺回更多的生命，故理应获得更多的理解。然而，在生命危险单纯转嫁的案件中，若不采取避险行为，则注定死亡的只有被营救者，被牺牲者并不包含在内。

[93] 参见江西省芦溪县人民法院刑事附带民事判决书，（2000）芦刑初字第10号。

在案例 8 中，本来按照命运的安排，将在意外事故中不幸丧生的只有 X，而不包括刘某某。正是彭某的行为彻底改变了刘某某的人生轨道，使其与 X 的位置骤然互换，就此踏上了死亡之路。可见，当第三人强行将被牺牲者从一个本来安全的状态放入死神的掌中，从而将被营救者替换带离险境时，他仿佛就是以命运主宰者的身份操纵着他人的生死。[94] 在行为人与被营救者缺少近亲属等密切关系的情况下，该行径既是法秩序所无法允许，也是法律与公众所难以完全谅解的。

其次，期待可能性阻却责任的根据不仅在于行为人所承受的心理压力，更在于特殊预防和一般预防的必要性。从上文可以看出，多人处于同一危险共同体的情形可谓百年难遇，只有在意外灾害、暴恐袭击以及大规模屠杀等极端事态下才有可能发生。因此，不追究相关行为人的刑事责任，并不会动摇人们对规范普遍效力的信任，也不会令人担心其他公民会竞相仿效实施同种行为从而危及社会安全。可是，生老病死乃世间人之常情，人有旦夕祸福如月有阴晴圆缺，某个人的生命遭遇危险，这本是我们社会中几乎每时每刻都在上演的事情。一旦责任阻却的对象从被营救者本人以及与之有近亲属等密切关系的人，扩展到任意第三者，那么被认定为无罪的杀人行为将比比皆是。[95] 如此一来，每个公民随时随地都可能成为用于消除他人死亡危险的牺牲品，任何人都难保自己哪一天不会在保全他人性命的名义下横遭夺命。例如，因意外而遭遇交通事故，这本是现代社会中需要由个体自行承担的风险，倘若任何公民都可能将这种风险在不同的交通参与者之间进行转移，那么公共交通领域必将笼罩在人人自危的恐惧之中；又如，假如医生为了营救多名病人的生命，杀害另一病人并取走其器官用于移植的行为不成立犯罪，那么任何一名进入医院就诊的患者都将惶惶不可终日。由此可见，一旦主张无关第三人转嫁生命危险的行为也可以阻却责任，则势必导致公民安全感和社会信赖感的崩塌，这无疑会给规范秩序的效力造成无法容忍的沉重打击。

最后，有的学者提出，当行为人为了保全自己、近亲属或者与自己有密切关系之人的生命而采取避险行为时，是基于自利的动机；既然出于自利动机的避险行为都能阻却责任，那么当行为人出于保全无关第三人生命的利他动机实施避险时，就没有理由否定成立责任阻却事由的可能。[96] 但是，期待可能性能够阻却责任的根据主要并不在于行为动机的道德高尚性，而在于意志自由、不法以及特别预防和一般预防之必要性这三者的同时大幅降低。正因为如此，期待可能性的成立，原则上要求行为人是基于自保动机，至少是为了保护与自己有近亲属等密

[94] Vgl. Jakobs, Kommentar: Rechtfertigung und Entschuldigung bei Befreiung aus besonderen Notlagen, in: Eser/ Nishihara (Hrsg.), Rechtfertigung und Entschuldigung, 1995, S. 176f; Stübinger (Fn. [15]), S. 446.

[95] Vgl. Roxin (Fn. [17]), § 22 Rn. 163ff.

[96] Vgl. Hörnle (Fn. [50]), S. 572.

切关系之人的法益。在为保护无密切关系之人的场合，唯有当三者的综合下降幅度在实质上与前述情形相当时，才能阻却责任。可见，基于利他动机实施的损害行为，反而比利己动机支配下的损害行为更难以成立超法规的责任阻却事由。

五、结论与启示

首先，在解决生命冲突案件时，应当将生命法益的抽象价值与生命法益的具体值得保护性区别开来。宪法中有关人权保障、法律面前人人平等以及人格尊严受侵犯的规定，决定了公民的生命在价值上不具有可衡量性。但是，当冲突的一方属于冲突状态的引起者时，法律保护的天平必须向另一方倾斜，于是前者生命法益的值得保护性相比于后者而言就不可避免地会在一定程度上出现下降，这就为杀人行为的合法化创造了空间。在紧急权的体系之内，杀人行为正当化的可能性在正当防卫中最高，在防御性紧急避险中次之，在攻击性紧急避险中则为零。

其次，“投鼠忌器”是法治社会中人们反击暴恐活动时必然要面对的困境。对生命不可衡量原则的坚守，难免导致国家对恐怖袭击的防御受到诸多掣肘和约束，许多果断的反击措施也难以获得正当化。这看似是法治国面对暴力犯罪软弱无能的表现，但从长远来看却是法治国最终战胜恐怖主义的力量源泉所在。因为，恐怖主义和极端势力所欲毁灭的并非某个个人，而是自由、民主、法治这些人类现代文明所取得的成果，所以真正能彻底根除恐怖袭击的，不是武力，而是以公民自由和权利为核心的法治社会的不断稳固和发展。[97]

最后，不能因为刑法对责任阻却事由没有明文规定，不能因为刑法规定了避险过当、胁从犯应当负刑事责任，就认为牺牲他人生命的避险行为必然成立犯罪。我国刑法学界，尤其是司法实务界在面对生命冲突案件时，对运用期待可能性等超法规责任阻却事由出罪尚有顾虑，往往会选择定罪免刑或者定罪轻判的方式试图左右逢源、息事宁人。但是，一方面，对超法规责任阻却事由的适用并不违背罪刑法定原则，故刑法对期待可能性未作规定不能成为拒绝对其加以适用的理由。另一方面，假如意志自由的减弱、紧急状态的罕见以及不法程度的下降使得刑法难以向处在生死边缘中的行为人再发出它严厉的斥责，那就没有任何理由仅仅为了维护一方稳定或者平息部分民众的情绪而给行为人贴上犯罪的标签。否则，就是对公民人格尊严的侵犯。

（本文曾发表于《法学研究》2016年第5期）

[97] 参见周展等编著：《文明冲突、恐怖主义与宗教关系》，东方出版社2009年版，第148–149页。

被害人因受骗而同意的法律效果

付立庆

一、问题的提出

所谓被害人同意，“是指作为法益主体的被害人，许诺对自己法益的侵害、放弃对该法益的法律保护。”[1] 在个人法益的场合，被害人是相应法益的主体，具有对法益的处分权，因此，存在被害人的有效同意[2] 就意味着实现了自主的处分权，即可否定行为的构成要件该当性或违法性，从而否定犯罪的成立。问题是，在因被骗而同意的情形下，同意是否依然有效。

案例 1（姚定荣故意杀人案）被告人姚定荣为达到不偿还他人债务之目的，利用被害人夫妇闹矛盾之机，劝被害人以假自缢方式吓唬妻子不再为琐事吵闹，并约定自己用手电显示信号，被害人即开始上吊，待其踢翻脚下凳子时，由姚及时施救。被害人表示同意。但之后当被害人如约自缢踢翻脚下凳子时，姚并不施救，致被害人死亡。[3]

案例 2（孙进骗人卖肾案）24 岁的小伙林勇，于药剂师专业中专毕业后应聘到某公司，后才得知公司是做肾脏买卖，经理孙进说卖个肾 6 万元。在孙进忽悠下，林勇在一家卫生院切除了左肾，可最终只拿到 3 万元。林勇觉得被骗，而孙进却销声匿迹，林勇只得报警。[4]

案例 3（孙红喜强奸案）被告人孙红喜酒后闯入本厂女工宿舍，将尚在熟睡的女工赵某某惊醒。赵某某以为站在床边的孙红喜是自己男友，便说了一句“站

---

[1] ［日］山中敬一:《刑法総論》(第 3 版)，成文堂 2015 年版，第 205 页。

[2] 在德国，被害人同意被分为被害人合意和被害人承诺两种形态，前者以构成要件表述或不成文构成要件要素中含有违反被害人意志这一要素为前提，后者则不以此为必要而只是以被害人的意志对其利益实施侵犯；前者阻却构成要件该当性，而后者阻却违法性。参见蔡桂生:《构成要件论》，中国人民大学出版社 2015 年版，第 327 页。但就本文研究的主题而言，这样的区分缺乏实质意义。因此，本文不严格区分“同意”“合意”“承诺”而统一称为“被害人同意”(在同意有效的场合，作出同意的法益主体已难称“被害人”，这里只是在约定俗成的意义上使用这一用语)，并且，统一将其理解为违法性阻却事由，不过，文章的分析结论无疑也适用于将同意理解为构成要件阻却事由的理论框架。

[3] 参见《姚定荣诱逼他人自杀案》，载最高人民法院中国应用法学研究所编:《人民法院案例选》(1994 年第 4 期)，人民法院出版社 1995 年版，第 30-31 页。

[4] 参见《南京一黑公司忽悠“6 万一个肾”，小伙被拉到徐州切肾后仅得 3 万》，载《现代快报》2011 年 9 月 16 日，第 F8 版。

在那干啥”。孙红喜意识到赵某某的误认，即走到床前，先亲吻、搂抱，后将赵某某奸淫。后赵某某发现真相，孙红喜被保卫人员抓获。[5]

案例 4（黄卫松抢劫案）被告人黄卫松见被害人龚某在大街上向其招嫖，遂起意抢劫。黄卫松随龚某来到其出租房内，在与其发生性关系后，持事先准备的弹簧刀威胁龚某，劫得其价值人民币 1091 元的黄金戒指两枚和现金 300 余元。[6]

案例 5（骗购经济适用房案）申购人以“夫妻两人已离婚，一方无房可住”为由，提出申购经济适用房，在提供相应材料后获得一套房源。后房管部门发现该夫妻并未离婚，当初提供的《离婚协议书》等均系伪造，两人共有两套住房，不具备购买经济适用房的资格。[7]

案例 6（李邦祥拐卖妇女案）被告人李邦祥将妇女刘某某买回家中后反悔，表示要么将刘某某送回家，要么将其退回卖者。刘某某既不愿一人回家又怕被送回卖者处被打，故要求被告人将其转卖他人。李遂将刘某某以人民币 1800 元转卖给他人为妻。[8]

在以上案例中，被害人对上吊、割肾、和对方发生性关系、对方进入自己房间、卖房给对方、将自己卖给他人为妻等，都存在着同意。而且，这些被害人同意还有一个共同特点，即除了案例 6 稍有不同之外，都存在着行为人一方的欺骗因素，如会去施救、会给某个数额的金钱、是其男友、符合申购条件等。这些被害人同意是否一概因欺骗所致的认识错误而无效？

对以上发生在中国的实际案例或事件，实务总体上体现出“只要存在因欺骗所产生的认识错误，则同意无效”的态度。因此，在案例 4 中肯定了入户行为的非法性，在被欺骗而自杀（案例 1）、被骗而与对方发生性关系（案例 3）的场合，也肯定了故意杀人罪、强奸罪的成立。即便在案例 6 中，也肯定了拐卖妇女罪的成立。另一方面，在骗成人卖肾的场合（案例 2），司法机关并未以故意伤害罪认定，而是以非法经营罪起诉，人民法院也据此判决，并有意见认为，如果是案件发生在《刑法修正案（八）》之后，则更符合组织出卖人体器官罪的要求。[9]

---

[5] 参见《孙红喜乘女工误认其为男友之机实施奸淫案》，参见最高人民法院中国应用法学研究所编：《人民法院案例选》（刑事卷·上）（1992—1999 年合订本），中国法制出版社 2000 年版，第 525 页。

[6] 参见《黄卫松抢劫案》，载最高人民法院刑事审判第一、二、三、四、五庭主办：《刑事审判参考》（第 91 集），法律出版社 2014 年版，第 27–28 页。

[7] 参见《有两套房还用假证骗购经适房》，载《扬子晚报》2010 年 4 月 28 日。

[8] 参见《李邦祥拐卖妇女案》，最高人民法院刑事审判第一、二、三、四、五庭主办《中国刑事审判指导案例 3——侵犯公民人身权利、民主权利罪》，法律出版社 2012 年版，第 602 页。

[9] 参见《南京一黑公司忽悠“6 万一个肾”，小伙被拉到徐州切肾后仅得 3 万》，载《现代快报》2011 年 9 月 16 日，第 F8 版。

而对骗人卖肾以故意伤害罪论处的，集中于被害人未满 18 周岁的场合。[10] 此外，在骗购经济适用房的场合（案例 6），只是收回房子了事，并未按照诈骗犯罪处理。司法实务的上述处理是否妥当？是否协调？

在被骗同意的场合能否认可同意的效果，理论上大致存在着以欺骗为出发点或者以错误为出发点两种思考路径上的差异。以欺骗为中心加以考察的立场是德国的判例和传统学说的观点，只根据存在欺骗这一事实，就将同意归于无效，这可称为全面无效说。[11] 这一传统立场虽在 1970 年后受到了法益关系错误说的强烈挑战，但至今仍保持很大影响。在我国台湾地区，全面无效说也大有市场。[12] 对基于错误来讨论的路径，有日本学者整理为三种主要学说，即[13]：（1）主观真意说（本质错误说、重大错误说、条件关系错误说）是日本判例的立场，其认为，若被害人的决意是不符合其真意的有重大瑕疵的意思，则无效。[14] 这一立场在学说上也获得了不少学者的支持。（2）动机错误说，是介于全面错误说和法益关系错误说之间的一种折中观点，认为若出现因欺骗而引发的动机错误，且只要该动机是决定性的动机，则足以使得承诺无效化。[15]（3）法益关系错误说，认为只有存在法益关系错误，即被害人对自己放弃了什么并不明确的场合，承诺才无效。而在我国，尽管也有学者表现出采用重大错误说的倾向，[16] 甚至有学者明确支持全面无效说，[17] 但认可“动机错误”和“法益关系错误”的分析框架，认为在前者的场合同意有效而在后者的场合同意无效，即对法益关系错误说在总体上持肯定态度的，可能影响更大、支持者更多。[18] 那么，在德、日和我国都处在有力说地位的法益关系错误说是否值得支持？细究起来，究竟什么样的错误属于“法益关系”错误，其根据和适用的边界何在，是否在没有法益关系错误时可一概肯定同意效

[10] 比如，《“少年卖肾案”一审宣判 7 人犯故意伤害罪获刑》，载《湖南日报》2012 年 11 月 30 日；《骗人卖肾赚黑心钱兰州“卖肾”第一案提起公诉》，载《甘肃法制报》2010 年 4 月 16 日。此两案都按照故意伤害罪处理，其共同点是被害人均为未满 18 周岁者。

[11] 参见［德］乌尔斯·金德霍伊泽尔：《刑法总论教科书》（第六版），蔡桂生译，北京大学出版社 2015 年版，第 122 页。国内学者对此的梳理和研究，可见车浩：《德国关于被害人同意之错误理论的新进展》，载《环球法律评论》2008 年第 6 期，第 90 页以下。

[12] 参见柯耀程：《刑法总则》，三民书局 2014 年版，第 184 页；林钰雄：《新刑法总则》，元照出版有限公司 2014 年版，第 285 页；余振华：《刑法总论》，三民书局 2011 年版，第 259 页。

[13] 参见［日］塩谷毅：《被害者の同意と錯誤理論》、载《刑法雑誌》43 卷 1 号，第 129–130 页。

[14] 参见最判昭和 33 年（1958 年）11 月 21 日刑集 12 卷 15 号 3519 页。

[15] 参见［德］克劳斯·罗克辛：《刑法总论》（第 1 卷），［日］平野龙一监修、［日］町野朔、吉田宣之监译，信山社 2003 年版，第 627 页。

[16] 参见周光权：《教唆、帮助自杀行为的定性》，载《中外法学》2014 年第 5 期，第 1178 页。

[17] 参见王钢：《自杀的认定及其相关行为的刑法评价》，载《法学研究》2012 年第 4 期，第 157 页。

[18] 参见张明楷：《刑法学》（第四版），法律出版社 2011 年版，第 218 页；黎宏：《被害人承诺问题研究》，载《法学研究》2007 年第 1 期，第 84 页以下。

果等，在我国学界的研究都相对分散和表面，这也正是本文写作的动因所在。同时，如前文多个案例所示，在实践中广泛存在着因欺骗而错误同意的情形，该同意是否有效对于相关犯罪的认定具有重要意义。就此而言，本文的讨论对这些常见多发犯罪的认定，也具有重要的实务价值。

二、法益关系错误说的内容、优势及对批判的反驳

全面无效说单纯着眼于欺骗本身，只要存在欺骗就否定同意效果，会导致处罚范围扩大，难说妥当。"行为人实施了欺骗这一事实，对于同意的有效性来说并不重要，不管欺骗者是谁，或者即便是在不存在欺骗者的场合，是否属于被害人基于有瑕疵意思的同意，对同意的效力来说才是本质问题。从而，就应该基于错误来讨论同意是有效还是无效。"[19] 主观真意说以被害人的主观真实意思来判断客观上的同意是否有效，实际上是将主观与客观两个范畴混为一谈，表面上看试图从主观上限定犯罪成立的范围，但实际上只要是能造成被害人事后反悔的事由，就很容易成立"只要没有欺骗就不会同意"的条件关系从而认定为违反本意，会使几乎所有基于受骗导致的错误同意都归于无效，从而失去其限定功能，称之为"无限定说"也不为过。[20] 而且，在支付对价错误等场合，主观真意说可能会导致一个犯罪的法益侵害（如财产损害）会动用另一个不同类型的构成要件（如伤害罪）来加以保护，从而混淆不同犯罪在类型上的本质差别。从客观上限定受骗同意的无效范围，于是成为一种需要和必然。

（一）主张、根据与类型

创造性地提出法益关系错误概念、发展出从客观上对认识错误的同意效果予以限制的理论的，是德国学者贡特尔·阿茨特（Gunther Arzt）。1970 年，在需要明确区分"对存在的保护"与"对交换自由的保护"的问题意识下，阿茨特提出，一种欺骗所导致的错误，不是仅仅与一种期待的回报有关，而是直接关乎法益，即当同意人对放弃法益的种类、范围或者危险性等发生错误时，才能使同意无效。比如，在致使被害人违反事实地认为自己罹患癌症而同意摘除肾脏的场合，同意无效；而在被骗说要是提供肾脏就能得到报酬从而同意的话，则同意仍然有效。[21] 阿茨特认为，和他人约好了通过实施某种动作或处分一定法益而获得某种回报，在未能得到回报时就认为承诺无效的话，就明显超出了相应犯罪的保护范围，而成了保护意思活动的自由了。这样，在刑法分则中对各个法益加以区别的做法就

[19] ［日］山中敬一：《刑法总论》（第 2 版），成文堂 2008 年版，第 212 页。

[20] 参见［日］松原芳博：《刑法总论重要问题》，王昭武译，中国政法大学出版社 2015 年版，第 106 页。

[21] 参见［日］塩谷毅：《被害者の承諾と自己答責性》，法律文化社 2004 年版，第 33 页。

变得没有意义了。[22] 他进一步指出，刑法不能助长高度的人格利益成为交换的对象，否则的话，由于违反公序良俗而在民法上不予保护的高度的人格利益，就会因其买卖而产生的请求权，而变得通过刑法加以保护了。[23] 有评论认为，法益关系错误理论的目的是，“通过将欺骗与错误的对象限定于相应刑罚法规的保护法益，而试图避免处罚根据该刑罚法规的法益保护目的而无法说明的情形。”[24] 可以看出，法益关系错误说主张的根据，主要在于强调和凸显构成要件的定型性及其罪刑法定机能。[25] 这样，在将被害人同意的正当化根据理解为“法益要保护性的丧失”的基础上，法益关系错误说的根据就是：就相应构成要件所保护的法益侵害存在正确认识、予以自由同意的场合，相应事态中的法益则失去了要保护性，从而不成立犯罪；相反，如果以存在其他错误为由而认定同意无效并加以处罚的话，就会出现以此罪的构成要件保护与此无关的利益或是造成保护一般的意思自由，这会损害构成要件定型性，进而殃及罪刑法定原则。这一理论提出后，在德国，得到了耶赛克和魏根特等人的广泛赞同。[26] 作为对判例所采的主观真意说的反对，山中敬一于 1983 年将这一理论导入日本，随后佐伯仁志于 1985 年给予了详细展开，也得到平野龙一、内藤谦、山口厚等总体上的支持。[27]

对于何种情况下能肯定法益关系错误，阿茨特作出了基本的界定，德国、日本的研究者又予以了进一步补充完善。我国学者黎宏也对此作了梳理与描述。[28] 归纳而言，能肯定存在法益关系错误从而否定同意效果的，包括两大类型：前者原本就并不能认为法益主体存在放弃法益的意思，因而原本就不存在同意；后者尽管存在表面上的同意，但因法益主体对法益的要保护性等存在误认，因而可以肯定法益侵害性，该同意无效。

1. 纯粹的事实认识欠缺型。对所引起的法益侵害之内容本身欠缺正确认识的

---

[22] 参见［日］森永真纲:《被害者の承諾における欺罔・错誤（一）》，载《关西大学法学論集》第 52 卷第 3 号，第 202–203 页；［日］塩谷毅:《被害者の承諾と自己答責性》，法律文化社 2004 年版，第 33 页。

[23] 参见［日］森永真纲:《被害者の承諾における欺罔・错誤（一）》，载《关西大学法学論集》第 52 卷第 3 号，第 204 页；［日］塩谷毅:《被害者の承諾と自己答責性》，法律文化社 2004 年版，第 34 页。

[24] ［日］井田良:《刑法総論の理論構造》，成文堂 2005 年版，第 199 页；［日］井田良:《講義刑法学・総論》，有斐阁 2008 年版，第 324 页。

[25] 参见［日］佐伯仁志:《被害者の错誤について》，载《神戸法学年報》第 1 号（1985），第 59 页；［日］佐伯仁志:《被害者の同意とその周辺（1）》，载《法学教室》第 295 号（2005 年 4 月），第 116 页。

[26] 参见［德］克劳斯・罗克辛:《刑法总论》（第 1 卷），［日］平野龙一监修、［日］町野朔、吉田宣之监译，信山社 2003 年版，第 634 页，注 114。

[27] 参见［日］山中敬一:《刑法総論》（第 3 版），成文堂 2015 年版，第 218 页。

[28] 参见张明楷:《刑法学》（第四版），法律出版社 2011 年版，第 218 页；黎宏:《被害人承诺问题研究》，载《法学研究》2007 年第 1 期，第 99–100 页。

场合，主要包括如下情形：（1）关于侵害内容、侵害范围的错误。比如，欺骗被害人前面是平地让其闭上眼睛向前走而致其跌进悬崖摔死的场合，被害人对于法益即生命本身将受到侵害的事实全无认识，根本不存在针对生命的同意。再如，对目的行为属于“奸淫”即性行为这一点的错误，属于对侵害内容缺乏认识。对于和完全的精神病人发生性关系的，按照强奸罪处理，正是这个原因；假冒治病而奸淫的场合，由于对方认为此时性器官的插入是为了治病，也可认为缺乏对于“奸淫”即性行为的认识。（2）关于侵害强度的错误。如同意对方徒手扇耳光而对方却带着扳指扇的，就属于此。（3）关于行为人同一性（侵害相对方）的错误。就针对性自由的犯罪来说，“和谁进行性行为的自由”属于法益，对此少有异议，前文案例 3 中能够肯定强奸罪的根据，正在于此。同样，在伤害罪的场合，同意了行为人 A 的伤害而实施伤害者却换成了 B 的，可以肯定针对 B 所实施的行为并不存在同意。即便是财产法益的场合通常亦如此，因此，冒用某人之名领取了应由该人领取之财物的，完全可能成立诈骗罪。[29]

2. 规范评价误认型。对将要受到侵害的法益内容本身虽有明确认识，但对其保护价值、要保护性等欠缺正确认识时，同样属于法益关系错误。[30] 比如在欺骗对方价值很高的茶壶为假货而致其同意毁掉的场合，物主虽对行为人将要毁坏自己的“这只壶”本身没有错误认识，但由于受骗而认为该壶不具经济价值、不值得保护，因此欺骗者当然应构成故意毁坏财物罪。同样，女弟子认为和师傅发生性关系是自己修成的必备要件、自己为了得道而只能如此的场合，或者是借帮他人消灾为名而与女子发生性关系的场合，由于被害人对自己的性自主权的保护价值产生了认识错误，能理解为法益关系错误，由此就能成立强奸罪。关于正当化状况的错误也属规范评价误认型错误。如猛兽事例、伪装搜查事例或是伪装被追杀事例[31] 的场合，若果真存在所欺骗的状况，则可以通过正当防卫、紧急避险或者是法令行为等使自己的行为正当化，故而这种欺骗实际上使被害人以为失去了拒绝权、选择权，即以为相应法益失去了要保护性，可以肯定存在法益关系错误。

---

[29] 不过，在行为人的不同对法益主体而言并无特别意义的场合，则侵害人的错误也没有必要说成法益关系错误。如拜托他人说“原封不动的话这个瓶子没法装到熔炉里，你帮我把这瓶子割断”，受托者由于凭自己之力无法完成而又委托给了其部下的场合，这种侵害人的不同并不重要，从而就能否定存在法益关系错误。参见［日］森永真纲：《被害者の承諾における欺罔・錯誤（一）》，载《关西大学法学論集》第 52 卷第 3 号，第 220 页。

[30] 参见［日］森永真纲：《被害者の承諾における欺罔・錯誤（一）》，载《关西大学法学論集》第 52 卷第 3 号，第 223–224 页。

[31] 猛兽事例：被骗说自己所饲养的猛兽逃跑了并对公众产生了危险，而通过电话允许了将其射杀，但实际上该猛兽温顺地待在笼子里；伪装搜查事例：装作是合法搜查而出示了伪造的令状，得到他人同意而进入他人家中；伪装被追杀事例：装作遭到强盗追杀而闯入别人家中。

（二）优势

相对于主观真意说以及几乎与其殊途同归的全面无效说，法益关系错误说从错误的内容、类型等客观角度出发确定判断错误同意效果的基准，既可避免处罚范围过大，又可避免主观真意说过于依赖被害人的主观标准所带来的随意性和不确定性，其方向是可行的。进而，将这种客观标准固定、落实在“法益”上，在对违法性本质的问题上采取结果无价值论时自不必说，即便是采取行为无价值二元论，认为违法的本质同时在于法益侵害与规范违反，只要认为两者之间存在主次顺序，无论如何不能处罚（即便是以未遂名义）一个毫无法益侵害危险的行为，就可以认为法益关系错误说在客观说的正确方向上又前进了一步。再者，只要是重视刑法分则之中各个具体犯罪的定型机能，认可对各个法益之存续予以保护是各个构成要件的基本任务，就应该认为，阿茨特坚持法益关系错说所立足的根据，值得认同。由此来看，法益关系错误说不仅选择了正确的方向，而且蕴含着合理的内核，总体上值得坚持。

（三）批判及其反驳

但是，对法益关系错误理论的质疑与批判，不论在德国、日本，还是我国，都始终没有停止过。比如，德国学者阿梅隆（Amelung）指出，支付对价错误（如一开始就没有支付意愿或支付能力却谎称愿给钱，骗得被害人同意受到伤害）的场合，法益关系错误说认为不能按照伤害罪处理，若行为人不具有“非法占有目的”，则又不能以诈骗罪处罚，这会造成处罚漏洞。[32] 日本学者井田良认为，如果对那些通过使人产生错误动机、进而获得被害人同意的行为肯定同意效果的话，很容易导致激励、推广以此种方法来侵害法益的后果。而且，按照法益关系错误说，欺骗被害人“你得了重病，命不久矣”而致其自杀时，会认为同意无效而构成杀人罪，而在欺骗被害人说其最爱的人已死，使其认为失去了活下去的意义而自杀，或者对公司经理编造公司破产的谎言致其自杀时，则只成立参与自杀罪。但井田良认为，看不出前一场合与后两个场合有什么本质差别，区别对待的结论并不均衡。[33] 我国则有学者认为，法益关系错误说要求严格区分外在对象物或客体与其交换价值，认为原则上只有前者受到保护，实际上是忽视了法益作为权利人人格发展之工具的性质，只有全面无效说才会充分保障被害人的自主决定权。[34]

在法益关系错误说看来，上述批判都难以成立。（1）在对价支付错误的场合，由于被害人对自己的身体法益将受到侵害的种类、范围、结果等有明确认识，因此至少在轻伤限度内相应法益也就失去了要保护性；同时，在能够认为这种“给

[32] 参见［日］塩谷毅：《被害者の承諾と自己答責性》，法律文化社 2004 年版，第 35 页。

[33] 参见［日］井田良：《刑法総論の理論構造》，成文堂 2005 年版，第 201 页；［日］井田良：《講義刑法学・総論》，有斐阁 2008 年版，第 325 页。

[34] 参见王钢：《自杀的认定及其相关行为的刑法评价》，载《法学研究》2012 年第 4 期，第 160 页。

钱—打人”的交易违反公序良俗的场合，“既然就连被害人在民法上的请求权也会由于违反公序良俗而被否定，因此即便既不成立伤害罪也不成立诈骗罪，也绝不能说这就是不能允许的处罚空隙。”[35]（2）井田良对法益关系错误说的批判虽在我国也获得了部分学者的认同，[36]但仍值得商榷。法益关系错误说既有构成要件定型性追求的实质根据，又不像主观真意说那样蕴含在保护被害人利益的名义下侵害被告人的权利的风险，总体值得肯定。担心某种理论可能被滥用而转投其他，恐属因噎废食。同时，“像井田氏所说的，就连告知公司倒闭或最爱的人已死而使之自杀时，也广泛认定承诺为无效，是有疑问的。……在此等事例中，虽然不是不能体会法益处分者的心情，但不管是在怎么价值多样化的现代社会里，从刑法的观点来看其终究是难以承认的结论。”[37]（3）至于我国学者所说的“法益作为权利人人格发展之工具的性质”，也应予以警惕。除诈骗等少数犯罪外，不应该对于对象物的交换价值全面予以保护，否则终究会损害不同构成要件的功能区分和定型性。在本文看来，以上对法益关系错误说的批判，或建立在曲解之上，或提出了一个假问题，都难说妥当，也不足为虑。

三、法益关系错误说的困局及其突围

（一）困局描述

对法益关系错误说真正有价值的批判，是认为其“可能在类似于紧急状况或利他动机之欺骗的场合导致不当结论”。

1. 类似于紧急状况之错误的场合。比如在角膜事例（医生欺骗一位母亲只有移植角膜给其孩子才能使其免于失明，但实际上行为人却只是想报复该母亲，移植全无必要）的场合，由于该母亲清楚自己在什么样的范围内放弃了身体的完整性，同时该角膜的法律价值也不存在任何瑕疵，按法益关系错误说会肯定同意效果，从而否定伤害罪的成立。然而罗克辛（Roxin）认为，对这种以狡诈卑劣的手段实施的侵害他人身体的不可侵害性的行为，终归在刑法上有必要予以保护。[38]进而有学者认为，在像这样的例子中，区别是否存在法益关系错误，在同意有效性的认定上，不具原理性的意义。[39]

---

[35] 参见［日］塩谷毅:《被害者の承諾と自己答責性》，法律文化社2004年版，第35页。

[36] 参见郑泽善:《被害者的承诺与违法性的本质》，载《宁夏大学学报（人文社会科学版）》2010年第4期，第99页。

[37] 参见［日］森永真纲:《被害者の承諾における欺罔・錯誤（一）》，载《关西大学法学論集》第52卷第3号，第206页。

[38] 参见［德］克劳斯・罗克辛:《刑法总论》（第1卷），［日］平野龙一监修、［日］町野朔、吉田宣之监译，信山社2003年版，第628页。

[39] 参见［日］小林憲太郎:《いわゆる「法益関係的錯誤」の意義と限界》，载《立教法学》第68号（2005），第39页。

2. 利他动机之错误的场合。在大火烧车事例（某汽车着火并有爆炸及被火烧伤的危险，驾驶员却仍向路过的行人求助说要救出被关在车中的妻子，导致去救火的行人被烧伤，但实际上被关在车中的只是一条狗）中，假如被害人对爆炸、烧伤的危险有充分预测，则根据传统法益关系错误说，完全没有成立法益关系错误的可能性，就会认为同意有效，行为人不构成犯罪。但这样的结论是否能为多数人接受，存在疑问。罗克辛即认为，此种情况下仍不能拒绝给予其低于伤害罪的保护。[40]

事实上，以上场合的确有可能造成法益关系错误说的困局：如僵硬地坚持传统法益关系错误说，可能会在特殊场合导致本应按犯罪处理的行为无法处理；而如果对这一学说进行修正，扩大“法益关系”的范围，又面临着导致“法益”概念本身崩坏的危险。能否对这一困局给出令人信服的回应，决定着法益关系错误说的命运。

（二）突围尝试：扩张适用法益关系错误的主张及其辨析

传统法益关系错误说将法益处分的自由理解为不同于法益的单独东西，认为在欠缺法益关系错误的场合也认可同意无效的话，则不是相应法益，而是“意思决定的自由”即法益处分的自由本身被相应构成要件保护了。不过近年来，有法益关系错误说论者对此提出了质疑。山口厚就认为，法益处分自由是法益构成要素，而不是全然不同于法益的其他东西。比如，就财产而言，对支付对价的欺骗也成立诈骗罪，可明确看出法益处分自由正是作为财产法益的内容本身而受到保护。[41] 我国学者王钢也认为，在被害人受到欺骗，误认了权益处分的目的或意义的场合，这类错误同样损害了被害人自主决定的权利，不能认为其与法益无关。[42] 如果认可针对身体法益的（至少一定范围内的）处分自由也是法益的组成部分，则在角膜事例等场合，该母亲针对处分角膜这一自己身体一部分的目的产生了认识错误，就可以肯定法益关系的错误的存在，进而肯定同意无效和伤害罪的成立。[43]

但是，如山口厚那样，将生命之外的法益处分自由全部理解为法益的内容本身，或者像王钢那样，认为对支配和处分自由的保护应该贯彻于包括生命在内的人身法益的场合，却未必妥当。第一，从结论上来说，比如在欺骗给钱而伤害他人后又不给钱的交换对价错误场合，上述观点会认为成立伤害罪，但已如前述，

[40] 参见［德］克劳斯·罗克辛：《刑法总论（第1卷）》，［日］平野龙一监修、［日］町野朔、吉田宣之监译，信山社2003年版，第628页。

[41] ［日］山口厚：《刑法総論》，有斐阁2007年版，第159–160页。

[42] 参见王钢：《自杀的认定及其相关行为的刑法评价》，载《法学研究》2012年第4期，第160页。

[43] 参见［日］山口厚：《「法益関係的錯誤」説の解釈論的意義》，载《司法研究所論集》2003-Ⅱ（第111号），第110页。

这一结论并不合理。“就算欺骗者几乎都是不值得保护的人，这也不必然地就直接导致以伤害罪处罚，在何种范围内、应该构成怎样的处罚，恐怕是另外的问题。”[44] 此时，按照传统法益关系错误说得出无罪主张是恰当的，也无所谓处罚空隙；主张成立伤害罪的观点，反倒过了头。第二，从理论上来说，正如罗克辛所指出的，以一种刑法方式助长将一身专属的个人人身性法益“商业化”，既非立法者所期望的，同时也是在刑事政策上不值得追求的。[45] 我国也有学者认为，人身法益的交换不应该受到刑法保护，否则会导致“为买卖人身法益的行为撑腰”[46]。尽管这一观点被批评为由于“并没有解释为什么法规范应当禁止或者至少是不鼓励人身法益交换”从而“不具有说服力”[47]，但是，这一批评值得商榷。各构成要件都专门着眼于一定属性变更而记述了法益，并仅试图对此法益的处分自由加以保护；如果法益处分的自由不是各个构成要件所固有的而能够关涉其他不同属性变更之评价的话，则各个构成要件的旨趣就被埋没了。“在法益处分的理由、动机之中，却包含着关系到对其他不同属性变更所受评价的内容，有关于此的错误不能直接就说是法益处分自由的错误，从而不能直接就说是法益关系的错误。”[48] 同时，在不合法的交易中，被害人财产法益的交换价值是否值得刑法保护还可继续讨论（本文初步持否定态度），但即便认为其成立诈骗罪，也并不意味着“既然如此，就没有理由认为在涉及更为重要的人身法益时，刑法反而不应当保护被害人的交换自由”[49]，而恰恰应该认为，在涉及人身权利这种个人专属法益的犯罪认定中，更应该尊重被害人的自由意志。《刑法》在第234条故意伤害罪之后专门规定组织出卖人体器官罪，并规定未经已满18周岁的人同意摘取其器官，可以按照故意伤害罪乃至故意杀人罪处理。按照反对解释规则，得到已满18周岁的人真实同意而摘取其器官的，不构成故意伤害罪（否则组织者不构成故意伤害罪的组织犯而成立基本法定刑较轻的他罪，明显不均衡），也表明立法者认可了被害人同意对人身权利犯罪认定的重要价值。在交换对价错误的场合，被害人终归放弃了对于人身权利的保护而只是感觉在对价（报酬）上受到了欺骗，肯定成立伤害罪等侵犯人身权利的犯罪，不但确实会“为买卖人身法益的行为撑腰”，也会破坏侵犯人身法益的犯罪的定型。无论从明确不同构成要件各自保护法益的

---

[44] ［日］须之内克彦：《刑法における被害者の同意》，成文堂2004年版，第119页。

[45] 参见［德］克劳斯·罗克辛：《刑法总论（第1卷）》，［日］平野龙一监修、［日］町野朔、吉田宣之监译，信山社2003年版，第626页。

[46] 车浩：《自我决定权与刑法家长主义》，载《中国法学》2012年第1期，第102页。

[47] 王钢：《自杀的认定及其相关行为的刑法评价》，载《法学研究》2012年第4期，第160页。

[48] ［日］小林憲太郎：《いわゆる「法益関係的錯誤」の意義と限界》，载《立教法学》第68号（2005），第32页。

[49] 王钢：《自杀的认定及其相关行为的刑法评价》，载《法学研究》2012年第4期，第160页。

类型性出发，还是为限制处罚范围、防止过度的犯罪化而在违法性的判断问题上采纳结果无价值说，都应该对“将法益处分自由作为法益的构成要件要素”的观点，更为谨慎一些。[50]

（三）扩张适用法益关系错误说的后果

在角膜事例等类似于紧急状态之错误的场合，传统法益关系错误说只能得出无罪的不当结论，而将法益处分自由理解为法益组成部分的见解，也存在问题，不得不以失利告终。这一困局充分说明了法益关系错误说在解释力上的边界。事实上，法益关系错误理论之所以备受质疑，归根结底在于，其过分抬高了“法益关系错误”的地位，认为凭借这一概念即可“一药到而百病除”，因此，为了寻求具体事案解决的妥当性，不得不拼命扩大“法益关系”的范围。但立法在刑法分则之中区分不同的构成要件分别予以规定，旨在框定各个构成要件的效力范围，为了固守法益关系错误说的城池而不惜破坏法益概念的边界，会导致法益关系的泛化，危及法益概念的确定内涵，进而损害构成要件的定型性。这样的动向本身，值得警惕。“对法益本身不存在错误的，是否总能认定存在有效的同意，仍有进一步探讨的余地。”[51] 真正要从所面临的困局中突围，不能指望法益关系错误说本身，而必须“跳出圈外”，寻找另外的解释路径和理论资源。

四、客观真意说的理论诠释

（一）同意的任意性

被害人同意阻却违法的根据在于，由于法益主体的有效同意，使得相应法益失去了要保护性。[52] 而要称之为法益主体自愿放弃了法益，必须是在（1）对作为放弃对象的法益存在正确认识的基础上，（2）任意地放弃该法益。事实上，法益关系错误说仅是有关（1）认识对象的理论，其并不能排斥关于（2）任意性理论的探讨。法益关系错误说指望借助法益关系概念“毕其功于一役”，以一个概念解决本应通过多个概念来解决的问题，因此要么完全放弃对同意任意性的讨论，要么简单认为，凡无关法益的同意一概可被视为任意、自由作出，从而完全

---

[50] 即便山口本人也认为，“问题是（将法益处分的自由作为法益的构成要件要素）这样一点能否全面地加以肯定，或者说，反过来，即便是能够肯定法益处分的自由也能作为保护对象，但对之是否要有某种限制也还是个问题。”参见［日］山口厚：《「法益関係的錯誤」説の解釈論的意義》，载《司法研究所論集》2003-Ⅱ（第111号），第103页。山口认为，日本判例立场的问题在于，将包括生命在内的一切法益处分自由都作为应该被保护的法益之构成要素而加以保护，这就过头了。参见［日］山口厚：《刑法総論》，有斐阁2007年版，第159-160页。

[51] ［日］松原芳博：《刑法总论重要问题》，王昭武译，中国政法大学出版社2015年版，第107页。

[52] 这是立足于结果无价值论的主张，参见［日］山口厚：《刑法総論》，有斐阁2007年版，第150-151页，等等。如立足于行为无价值论，则会认为只有被害人同意只有具备社会相当性时才会阻却违法性。

忽视例外的存在，将一个“大概率事件”当作一个“绝对化命题”，因此难免以偏概全。

“因为法益关系错误说并非关于同意有效性的统一理论，所以是否存在着被害人的自由意思决定，必须要和是否属于法益关系错误分别加以检讨。”[53] 具体来说，“法益关系错误”概念给受骗同意的有效性判断提供了一个大致框架，但并未划定一个绝对标准，而仅仅提供了第一道筛选机能：存在法益关系错误时则同意无效。在被害人的错误认识与相应构成要件的保护法益无关时，虽可推定同意系任意作出从而推定其有效，但是，应该允许通过反证而否定前述推定，而反证的实质依据，就是同意的作出是否可被规范评价为自由意思的表达，即同意是否具有任意性。

（二）主观说的否定

同意的任意性，是指在对是否放弃法益进行意思决定之际，存在选择可能性。关键在于这种选择可能性的判断标准。对此，主观说将任意性的问题归结为“基于行为人意思的选择可能性”，认为关键是法益主体基于自己的价值观、心理状态，是否不得不放弃法益。有日本学者认为，像猛兽事例以及角膜事例那样，在“紧急状态的错误”情形下，法益主体陷入不得不放弃法益这样一种心理状态之下，即便不能认定存在法益关系错误，也能以不存在选择可能性为由，否定同意的任意性。[54] 还有学者认为，“同意之所以阻却违法性，是基于力图尊重被害人本人的个人意思这一思想，从而，就应该以被害人本人的个人价值判断的内容作为基准”，是否存在着丧失了自由意思的错误，“应该按照被害人个人的意思，主观地加以判断。”[55] 在将是否丧失了自由意思作为问题时，“就被害人自身的价值观而言，因为其确信能够带来的利益的价值远远超出所处分的法益的价值，其认为是已经没有衡量余地而只能去处分成为问题的法益，若能够这样思考的话，则对被害人相应法益处分的意思决定来说，就是不自由的。”[56] 确实，如果将被害人同意阻却违法的根据设定为作为法益主体的被害人自愿放弃了相应法益时，那

---

[53] 参见［日］佐伯仁志：《被害者の同意とその周辺（2）》，载《法学教室》第 296 号（2005 年 5 月），第 84 页。

[54] 参见［日］松原芳博：《刑法总论重要问题》，王昭武译，中国政法大学出版社 2015 年版，第 110–111 页。不过，猛兽事例与角膜事例的场合或许不能简单相提并论，两者应有所区分。前者属于对正当化事由的误信，此时可以作为对法益的规范评价并无正确认识，而将其理解为法益关系错误。在后者的场合，法益主体所误信的事实并不属于正当化事由，直接通过扩张法益关系错误的范围而否定同意效果，蕴含着巨大风险。此时，就需要从任意性的角度进一步切入。

[55] ［日］林干人：《錯誤に基づく被害者の同意》，载《松尾浩也先生古稀祝賀論文集・上卷》，有斐阁 1998 年版，第 244 页。

[56] ［日］林干人：《錯誤に基づく被害者の同意》，载《松尾浩也先生古稀祝賀論文集・上卷》，有斐阁 1998 年版，第 249 页。

么，是否违背被害人本人的意愿、是否符合被害人自身的价值观，就是重要的，就不得不认为主观说具有一定的针对性和合理性。但是，本文并不赞同主观说的立场。第一，前文已经指出，被害人同意阻却违法的根据，在于因有效同意而使得相应法益失去了要保护性。而相应法益是否值得保护，法益主体的个人意思尽管重要，但终究是个规范判断，是在构成要件符合性阶段或者违法性阶段探讨行为人的相应行为是否值得刑法介入的问题。因此，有别于有责性阶段的个别讨论，同意效果问题需要客观地、一般性地探讨。第二，在欠缺法益关系错误、进而可能需要就同意的任意性进行判断时，如强调被害人的自主判断，以是否违反被害人的主观意思作为判断标准，在诉讼上会过度依赖被害人的陈述从而流于随意，使得欠缺法益关系错误即推定同意有效的机能完全落空，从而动摇犯罪的本质是法益侵害的立场。第三，坚持主观说，通常会因基于欺骗所作出的同意有悖被害人本人的价值体系而认定其无效，最终得出主观真意说（着眼于错误）或者全面无效说（着眼于欺骗）的结论，这也是本文所反对的。

（三）客观真意说

1. 提出

既然同意的任意性是一个法律概念，则有必要通过法律评价来判断。[57] 在这里，问题并非被害人的主观意思，而在于能否评价为“被害人的自发处分之体现”这样的客观的法律判断，换言之，在于究竟是妨碍法益主体自我决定权的错误，还是从法律观点来看可视为自由处分的错误。与法益相关的错误会妨碍被害人的自我决定权；问题是，与法益无关的欺骗及错误何时会被认为妨碍了自我决定权。

对此，可与受胁迫而同意的场合结合起来考察。在受到胁迫的场合，对所放弃的法益的内容和保护价值等都存在明确认识，因此不存在法益关系错误，但放弃法益并非基于自我决定，并不具有任意性。出于欺骗的场合，同样存在欠缺法益关系错误但并非基于自由决定的情形。这是因为，从一般人的观点来看，被害人陷入了和遭受胁迫同样的心理状态中，同意已然不能说是出于自由决定。也就是说，“通过欺骗造成了这样一种状况，即根据法益衡量的结果，若按照一般的价值标准就不得不同意这样的状况的场合”，就可认为意思决定已然不是自由作出，“可以认为，紧急避险中的法益衡量提供了一个判断意思决定是否自由作出的标准。这是因为，要是所欺骗的内容为真、确实处在紧急避险状态之下的话，行为人的行为就会被正当化；相反，也就可以说是同意者的法益处在不得不牺牲

[57] 参见［日］小林憲太郎：《いわゆる「救助・追跡事故」——强制・緊急状况における被害者の関与と結果の帰責》，载《千葉大学法学論集》15 卷 3 号（2001），第 158 页以下。

的状况之中。对于和紧急避险类似的状态也能这样来考虑。”[58] 同时，任意性并非一个纯粹的性质上“有”和“无”的问题，还存在着程度上“大”和“小”的差别，即存在着“绝对不任意”和“相对不任意”的区分。欺骗某人说发生了火灾，不赶快跳下去就会被烧死，于是该人从二楼跳下去而受伤。这种情况下，难以想象存在着该人继续留在原地坐等烧死的选项，这可谓是“绝对不任意”，显然不能认定为有效同意。而在角膜事例中，尽管不移植角膜的选项并非完全不存在，但不管怎么说，在一般人看来，该种场合的错误使得被害人在自己的身体健康（失去一只角膜）与儿子的健康（失明）之间进行利益衡量时，其选择可能性受到很大程度的压制和缩减，从而仍是在不自由的状态下不得不作出同意。所以，不需要具体结合该母亲本人的认识程度、承受能力等个体因素，就可以一般地、规范地认为其同意是“相对不任意”的，据此仍可认定同意无效。只是，“相对不任意”的概念不能无限扩张，只有受到欺骗的场合能合理地判断为“危险在某种程度上是紧迫的、很难冷静地等待危险的现实化”时，才能说相应错误在法律评价上是重要的。[59] 从而，像大火烧车事例或者明星采血事例（欺骗电影明星说“现在是生命救助周”致使其无偿献血，而实际上却是卖给了该影星的粉丝的场合）的场合，因为无法如此评价，就仍应认为最终作出的救火或者献血的决定，是在存在选择可能性的前提下，自由选择的结果，其同意有效。

还需强调，客观说与主观说处在非此即彼的排斥关系，无法兼容、并存。在讨论自杀相关问题时，究竟是定性为体现（针对生命的）自我决定权之实现的自杀还是违背法益主体意思的他杀，我国有学者提出要从主观和客观两个方面展开：主观上，不仅应当认识到并且意欲死亡结果发生，还必须是自愿地、也即自主决定地选择了死亡，而是否自愿要以有效承诺的主观要件为标准，同时在动机错误的场合同意全面无效；而在客观上，则以被害人是否客观上亲自控制、支配了直接终结生命的行为为标准。[60] 论者提出的涉及生命场合的客观判断标准具有启发意义，细致分析也令人印象深刻。但是，其同时强调认定自杀的主客观标准，却完全可能存在两者矛盾的场合：按客观标准足以认定“被害人在行为人的行为实施终了之后仍然可以凭借自身的能力自由选择生死”，按照主观标准则是被害人因为被骗存在动机错误从而同意无效。在这样的场合，无法实现主客观标准的统一，其结论完全可能是，由于被骗产生的自杀意思并非出于本意从而并非自我

---

[58] ［日］林美月子：《錯誤に基づく同意》，载《刑事法学の現代的状況・内藤謙先生古稀祝賀》，有斐阁 1994 年版，第 34–35 页。

[59] 参见［日］森永真纲：《被害者の承諾における欺罔・錯誤（一）》，载《关西大学法学論集》第 52 卷第 3 号，第 228 页。

[60] 参见王钢：《自杀的认定及其相关行为的刑法评价》，载《法学研究》2012 年第 4 期，第 161–163 页。

决定的产物，故肯定故意杀人罪的成立，并最终倒向主观说。[61]

2. 判断步骤与价值诉求

具体来说，判断基于欺骗的错误同意是否有效，需要遵循这样的步骤：第一步，辨识认识错误的性质。如认定该错误事关相应构成要件的保护法益，则同意无效，相应犯罪成立；如得出否定结论，即产生的错误仅关乎回报（“动机”）而无关法益，则推定其同意有效。第二步，在错误同意无关法益时，公诉方欲指控被害人同意无效从而成立犯罪，需要证明该同意并非基于自由意志作出，即同意不具有任意性。而判断同意是否任意，标准是客观的、规范的：如从一般人的视角来看，能认为法益主体在存在选择可能的前提下，基于自身的利益衡量选择了同意，则同意是任意的，有效；相反，如果规范来看，被害人同意是在全无选择可能性或者自由意志受到很大压制的情况下作出的，则欠缺任意性，同意无效。可以说，在被骗同意是否有效的判断标准上，本文采取的，是以法益关系概念为基础、以客观考察同意是否具有任意性为实质的主张。如着眼于是否与法益有关在最终结论中的重要（但并非决定性）意义，称为“修正的法益关系错误说”也未尝不可；如立足于其最终以是否系法益主体基于自由意思作出，称为“自由意志说”或者“任意性说”属名符其实。不过，本文希望突出判断标准的客观性，特别强调即便最终处分结果与法益主体内心的真实想法（主观真意）并不符合，也需尽可能尊重其自由意思支配下的客观表达。因此，在与前文主观真意说形成明显对照的意义上，本文将这种主张称为客观真意说。

客观真意说的价值诉求有三。其一，在判断被骗同意是否有效时，主观真意说或（重大）动机错误说更容易否定同意效果而肯定犯罪成立，存在妨害行为人权利保障的危险。法益关系错误说与刑法的本质是法益保护这一命题更为贴近，但存在由于标准僵化而在个别场合无法认定犯罪而不利于被害人权利保护的弊端。客观真意说充分肯定法益关系错误说的合理之处，同时又以其面临的困局为问题意识，力图避免其标准僵化的弊端，可以实现在行为人的人权保障和被害人的权利保护之间的协调与平衡。其二，矮化被害人同意的法律效果，要么仅肯定其在量刑上的有限意义，要么动辄否定同意的有效性，归根结底是意在强调刑法介入的必要性与正当性，总能看出“刑法家长主义”的影子。与此相对，本文更强调“市民刑法”的属性，强调最大限度尊重公民自由意志的客观表达，因此，

[61] 论者所举的争议案件中的“承继行为”和“放弃求助”的两个例子（参见王钢：《自杀的认定及其相关行为的刑法评价》，载《法学研究》2012年第4期，第163页），其行为人本身虽不具欺骗因素，但在上述场合，论者本身“倾向于”否定自杀的态度依然表明，在客观标准与主观标准之间并不一致时，主观标准会带给判断者的重大影响。

以自由意志之实现作为判断同意有效与否的实质标准。[62] 其三，在具体操作上，当公诉机关指控虽有形式上的被害人同意但该同意违反本意而无效、行为构成犯罪时，辩护方只要完成同意无关法益因而有效的主张和证明，证明责任就进一步回转给控方：这时，为了约束公权力对犯罪的不当追究，辩方不需额外证明被害人的同意是任意、自愿，而需要由控方进一步证明被害人同意尽管无关法益但仍是不自愿、非任意的。如控方不能完成这一证明，则同意有效。这里，非法益关系错误所具有的推定故意有效的机能发挥了作用。可以说，客观真意说追求（被告人的保障和被害人的保护之间的）公平、尊重（被害人的意思）自由和控制（打击犯罪的国家）公权力，三种价值诉求环环相扣，保证了这一理论内涵丰富，是较为合理的主张。

3. 与相关主张的辨析

客观真意说与主观真意说是对立的。后者以是否违背被害人的主观意愿作为同意效果的尺度，具有标准的随意性与结论的扩张性，前者正是在对后者的反思与批判的基础上树立起来的。

客观真意说与重大动机错误说也明显有别。重大动机错误说认为，“因欺骗而引发的决定性的动机错误，足以使得承诺无效”。[63] 尽管这一主张在我国也获得了部分学者的认同，[64] 但其合理性存在疑问。其一，从根源上讲，“人们应当通过法益来保护个体的自由发展，因此，当人们在处理自己的利益时，刑法应整体而不是片面地保护其个人的决定自由。因此，区分决定性的动机错误和其他的动机错误在本质上并不合理。”[65] 其二，即便出于限制同意效果的初衷而肯定在“决定性的动机错误”“重大的动机错误”时同意无效，但由于“动机”本身就是个主观的概念，欠缺明确性，何为“决定性动机”“重大的动机”的判断更可能因人而异，充斥随意性，从而，在受到欺骗因此产生错误同意的场合，重大动机错误说并未就同意的有效性设定一个相对明确、面对问题时的独立检验标准。与此相对，客观真意说既立足于尊重被害人自由意志这一实质理由，又给出了在不存在法益错误时同意任意性判断的客观标准，相对而言更为合理。

---

[62] 这意味着，在被害人的自我决定权和刑法家长主义之间，本文强调了其排斥关系。与此相对，也有学者认为，自我决定权与刑法家长主义的关系呈现出既有正面排斥又有逆向制约、既要积极保障又要拒绝溺爱性保护的复调结构。参见车浩：《自我决定权与刑法家长主义》，载《中国法学》2012 年第 1 期，第 100–105 页。

[63] 参见［日］井田良：《講義刑法学・総論》，有斐阁 2008 年版，第 323–324 页。采此主张的，还可参见［日］铃木茂嗣：《刑法総論（犯罪论）》，成文堂 2001 年版，第 61 页，等等。

[64] 参见郑泽善：《被害者的承诺与违法性的本质》，载《宁夏大学学报（人文社会科学版）》2010 年第 4 期，第 99 页。

[65] 参见［德］乌尔斯・金德霍伊泽尔：《刑法总论教科书》，蔡桂生译，北京大学出版社 2015 年版，第 123 页。

客观真意说与法益关系错误说密切相关，但又是在其基础上的进一步发展。传统法益关系错误说在类似于紧急状态之错误的场合，因无法益关系错误而只得肯定同意效果，难免得出不当结论；而强调法益处分自由也是法益之内容的观点，不但在涉及生命的场合无法贯彻到底，也面临着突破法益概念的边界、损害构成要件定型性的危险。客观真意说并不强行将法益处分的自由拉进法益概念之中，而是在肯定法益概念重要意义的前提下，在即便不存在法益关系错误的场合，也允许公诉机关通过证明同意欠缺任意性而无效。因此，客观真意说不但在类似于紧急状态之错误的场合能得出妥当结论，而且受到胁迫而被迫同意的场合也能保持结论上的协调和论理上的整合。

客观真意说与德国学者罗克辛提出的规范自律性说也有所不同。规范自律性说的核心主张是，从规范的基准看，只有在整件事能被认为是法益主体的自律性表现时，即能看作是自己行动自由的表现时，同意方为有效。[66] 这一主张与客观真意说有相通之处：按照客观的、一般人的标准认为同意是经过法益衡量之后的理性选择从而具备任意性，实质上正可以说“规范地”看来，法益主体自律地、自愿地放弃了法益保护——在此意义上可以说，客观真意说继承了规范自律性说的基本理念。只是，在判断标准和最终结论上，客观真意说与规范自律说又存在一定差别。第一，在不具有法益关系错误时，何时仍能否定同意的任意性，罗克辛所给出的“规范看来是否是自律之体现”的标准，未必明确，有在“任意”和“自律”之间循环论证之嫌。有评论者将罗克辛的构想归结为“基本上赞同阿茨特说，而直观上觉得结论不妥当的场合则承认例外”。[67] 确实，在何种场合肯定例外、其根据是什么，规范自律性说并未提出明确的、可供操作的标准，而只能依赖“直观感觉”，这是令人遗憾的。而如前所述，客观真意说以客观上的法益衡量为标准，试图将同意任意性的判断明确化、操作化和客观化，应该是在规范自律性说的基础上前进了一步。第二，由于标准不明确，规范自律性说存在着扩大同意无效范围的风险。比如罗克辛认为，在认定同意之际，对法益主体而言即便是与成为决定性动机的利他目的有关的场合，恐怕也必须否定同意阻却构成要件的效果。[68] 在他看来，利他动机场合的同意并非出自法益主体的自律性，事件整体系欺骗者所造成，是他律的，同意应该无效。而在客观真意说看来，大火烧车事例是行为人告诉被害人，“我（即行为人）妻子”困在着火的车里需要你帮

[66] 参见［德］克劳斯·罗克辛：《刑法总论（第1卷）》，［日］平野龙一监修、［日］町野朔、吉田宣之监译，信山社2003年版，第625页。

[67] 参见［日］森永真纲：《被害者の承諾における欺罔・錯誤（一）》，载《关西大学法学論集》第52卷第3号，第210–211页。

[68] 参见［德］克劳斯·罗克辛：《刑法总论》（第1卷），［日］平野龙一监修、［日］町野朔、吉田宣之监译，信山社2003年版，第627页。

忙把车砸开，这与闯火救妻事例［行为人告诉对方，是“你（即被害人）妻子”困在火中，使得被害人为救自己的妻子而闯进着火的屋子里，结果屋子里只有一只狗］的场合存在事实上的区别，这种区别对同意效果会产生重要影响。大火烧车事例中的被害人纯粹是“热心肠”，属于典型的利他动机，在此等场合，被害人对自己将要处分的法益本身并无错误认识，而且，从客观的、一般人的观点来看，博爱、利他的动机不足以对法益主体的自由意思和自我决定产生实质影响。此时，法益主体在自己将要损失的利益（可能被烧伤、炸伤）和可能保护的利益之间并无认识错误，而是在经过衡量之后，自愿地“舍生取义”（冒着放弃健康的危险而去成全他人）。根据前述的判断步骤，被害人对自身法益的处分是其自我决定权的实现，即便果真被烧伤，也只能说是被害人自陷风险的行为现实化为结果，在轻伤的限度内，就应该否定犯罪的成立。这是客观真意说得出的结论，从而与罗克辛的结论不同。[69]

五、客观真意说的实践展开

（一）欺骗他人自杀与故意杀人罪的认定

安乐死在中国尚未合法化，说明在能够肯定明确的实行行为的前提下，采用注射过量安眠药物、以“电击”等方式导致重症病人死亡的行为等场合可成立故意杀人罪，并不代表在本人亲手结束生命时，任何形式的参与者都构成故意杀人罪，也不意味着人没有结束自己生命的自由。由于欺骗本身不能评价为故意杀人罪的实行行为，因此，欺骗他人致其自杀是否成立故意杀人罪，关键在于其能否成立该罪的间接正犯。认为人无权处分自己的生命、否定自我决定权可以适用于关乎生命，属于较为强硬的刑法家长主义的立场，会更容易肯定此时间接正犯的成立，使得实行行为的概念被虚化，为本文所不采。认定间接正犯的关键，在于行为人是否支配了自杀者的行为。

在死者对于死亡的含义或者自己将会面临死亡这一点欠缺认识时，客观上虽是本人结束了自己的生命，但却没有自杀的意思，行为并不能被规范评价为“自杀”，而属于行为人的“他杀”。前文案例1即是如此，按照故意杀人罪处理没有

[69] 有学者试图从“社会连带感”的角度为罗克辛的结论背书，认为刑法上不能忽视利用社会连带感所造成的法益侵害，此时必须和单纯的恣意予以区别。参见［日］森永真纲：《被害者の承諾における欺罔・錯誤（一）》，载《关西大学法学論集》第52卷第3号，第205页。但如果认为这种对社会公益的维护、社会责任的遵守等所谓“社会连带关系”是刑法所保护的、每个人都必须遵守、维护，那么，就会变成不管有无欺骗行为，只要打着某方面崇高的公益理由、以“社会连带感”的名义，就可能不问法益主体是否答应，都基于这种社会公益、社会连带的要求，而推定每个人都必须也为此而牺牲自己。这样的结果，恐怕也非罗克辛的初衷。参见魏志修：《基于欺罔、错误的被害人承诺——以日本的议论为中心》，国立台北大学2008年度硕士学位论文，第56页。

争议。[70] 同样，在欺骗对方患有绝症从而使他人对生命的存续期间产生认识错误进而自杀的场合，自杀者所产生的错误认识属于法益关系错误，自杀的决意无效。再有，所剩生命还有三个月，但被欺骗说只剩一个月的患者产生了死亡决意的场合，患者原本没有结束剩余三个月生命的决意，其对于自己生命法益（在长度上）仍欠缺必要的认识，由此所陷入的错误就仍是法益关系错误，同意仍是无效。[71]

有争议的是，在死者明确知道自己行为的性质及其后果，同时对自己生命的有无及长度也不存在错误，而仅对自杀身亡的目的、意义有错误认识时的处理。例如，甲因另有所爱而企图杀害极为依恋自己的女友乙，于是假装与乙相约一起自杀，在乙服下致死的毒药后，甲却并未兑现承诺。类似案件中，日本的法院采取了主观真意说（重大错误说）而肯定了故意杀人罪的成立。在我国，周光权持同样立场，并认为上述例子中甲应成立故意杀人罪的间接正犯。[72] 周教授在没有法益关系错误的场合也没有直接肯定同意的效果而是进一步判断被害人的“自杀”是否为自我决定权的实现，这与本文的主张一致，争议在于自我决定权的具体判断标准，以及据此得出的结论。他立足于条件公式来判断是否侵害了自我决定权，认为如果“自杀者”没有动机错误就不会决定放弃法益，不会选择“自杀”，该动机错误就损害了被害人的自主决定权，该死亡就应该由欺骗者负责。但本文却认为，这样的判断标准过于形式化和主观化，很容易导致肯定自我决定权受到侵犯。按照本文主张的客观真意说，应尽可能将同意是否具有任意性的判断标准客观化，应该在是否具有选择自由、是否具备选择条件的意义上，实质性判断是否存在对自我决定权的侵害。在前述案件中，尽管不能完全否认行为人的欺骗行为对死者的自由意志产生了影响，但终究应该认为，这种影响并非决定性的，对于具有正常判断能力、明白自杀意思的人来说，追随而死对于自杀的决意而言并非本质要素，不能说行为人支配了死亡结果。[73] 死者在完全具备可以不去死的选择自由和选择条件的情况下，经过衡量选择了死亡，最终的死亡结果就并非行为人的作品，在立法上没有规定自杀参与罪的场合，就只能按照无罪处理。

问题在于，邪教组织制造、散布迷信邪说，欺骗其成员或者其他人的自杀的处理。在邪教组织的成员等人已明确认识到死亡含义以及自身生命的价值内容时，并不存在法益关系错误。但需要强调，与欺骗一般人自杀的场合不同，客观看来，由于邪教组织成员等人选择自杀所追求的“升天”“圆满”是被“洗脑”

---

[70] 参见《姚定荣诱逼他人自杀案》，载最高人民法院中国应用法学研究所编：《人民法院案例选》（1994 年第 4 期），人民法院出版社 1995 年版，第 30–31 页。

[71] 我国学者对此的肯定性论述，可见张明楷：《刑法学》（第四版），法律出版社 2011 年版，第 760 页。

[72] 参见周光权：《教唆、帮助自杀行为的定性》，载《中外法学》2014 年第 5 期，第 1178 页。

[73] 参见［日］曾根威彦：《刑法学基础》，黎宏译，法律出版社 2005 年版，第 76 页。

的结果，是在意志受压迫、受控制状态下的决定，难说是任意选择的结果和自我决定权的实现。因此，将邪教组织针对其成员的诱骗自杀认定为故意杀人罪的间接正犯，[74] 不但具有刑事政策上的正当性，也可获得理论上的支持。[75] 这一结论与一些学者基于全面无效说所得出的结论 [76] 一致，只是论证路径不同而已。这也说明，客观真意说并不必然导致对被害人权利的保护不力。

（二）同意入户与"入户抢劫"的认定

认定"入户抢劫"要求入户的非法性。在非法性的问题上，司法解释没有直接说明居住权人同意入户时是否阻却违法，而是认为只有为实施抢劫等犯罪行为而入户的，才属于入户抢劫。无论是要求行为人在入户时具有抢劫目的 [77]、侵犯财产的目的 [78] 还是具有侵害人身、财产的犯罪目的 [79]，都是站在行为人立场上考虑问题，认为只要具有抢劫目的或犯罪目的的入户就当然侵犯了居住权人的许可权，而未进一步具体判断此等犯罪目的是否妨害了居住权人的自由意思，可谓是主观真意说（重大错误说）的体现。但是，主要考虑行为人一方的因素判断"入户"的非法性，不但在实务上会受制于行为人的口供而可能过于随意和主观化，而且，以非法目的产生于进门之前还是进门之后作为判断标准，结论上也未必合理和均衡。

"入户抢劫"中入户的非法性判断不应依赖行为人的主观目的，而需客观考

---

[74] 参见 1999 年 10 月 20 日《最高人民法院、最高人民检察院关于办理组织和利用邪教组织犯罪案件具体应用法律若干问题的解释》第 4 条，2001 年 6 月 4 日《最高人民法院、最高人民检察院关于办理组织和利用邪教组织犯罪案件具体应用法律若干问题的解释（二）》第 9 条。

[75] 对这一结论持谨慎立场、对相应司法解释抱有疑问的，参见沈玉忠：《教唆、帮助他人自杀行为的定性与理性分析》，载《黑龙江省政法管理干部学院学报》2006 年第 4 期，第 32 页。相反，对此结论持肯定态度的，比如钱叶六：《参与自杀的可罚性研究》，载《中国法学》2012 年第 4 期，第 110 页。

[76] 参见王钢：《自杀的认定及其相关行为的刑法评价》，载《法学研究》2012年第4期，第161页。

[77] 2000 年 11 月 22 日《最高人民法院关于审理抢劫案件具体应用法律若干问题的解释》第 1 条的表述是"为实施抢劫行为而进入……"，但也认为为了盗窃而入户而转化为抢劫的，也成立入户抢劫，因此并未严格将入户目的限定为抢劫目的。

[78] 2005 年 6 月 8 日《最高人民法院关于审理抢劫、抢夺刑事案件适用法律若干问题的意见》要求"进入他人住所须以实施抢劫等犯罪为目的"，其中的"等"旨在"包括为了实施盗窃、诈骗、抢夺而入户，为了窝藏赃物、抗拒抓捕或者毁灭罪证而当场使用暴力或者以暴力相威胁的情形"（参见顾保华：《〈关于审理抢劫、抢夺刑事案件适用法律若干问题的意见〉的理解与适用》，载《人民司法》2005 年第 10 期，第 19 页）。进而，该意见又表明，抢劫行为虽然发生在户内，但是是在户内临时起意抢劫的，不是"入户抢劫"。这实际上是排除了出于杀人、强奸等其他犯罪目的入户时临时起意抢劫的，成立"入户抢劫"。

[79] 2016年1月6日发布的《最高人民法院关于审理抢劫刑事案件适用法律若干问题的指导意见》指出，"以侵害户内人员的人身、财产为目的，入户后实施抢劫，包括入户实施盗窃、诈骗等犯罪而转化为抢劫的，应当认定为'入户抢劫'"。

量，其判断标准应该围绕着“入户抢劫”的加重处罚根据展开。“入户抢劫”加重处罚的根据并非对他人“住宅安定”的破坏，即不是因为“行为人以抢劫犯意进入户内后实施抢劫行为会对户内居民的人身财产安全造成巨大威胁”[80]，因为无论行为人入户前有无犯罪故意，只要在他人的“户”中实施抢劫的，都会严重破坏被害人对家的安全感，同时对被害人的人身和财产安全造成巨大威胁。较之普通抢劫而言，入户抢劫除了因为行为人通常人身危险性较高因此特殊预防必要性较大之外，其加重处罚的根据主要在于，入户抢劫侵犯了居住权人的入户许可权。从而，就应该以客观上是否违背居住权人的自由意思进入他人住宅作为入户行为是否违法的判断标准。采用暴力、胁迫等手段强行入户的，比如从户外追赶被害人进入户内后实施抢劫的行为，[81]或者为了杀人、强奸而入户之后临时起意而抢劫的，都违背居住权人的自由意思，可以肯定入户的“非法性”。[82]这样的理解不但会解决此前司法解释性文件所导致的不均衡现象，[83]也为2016年1月19日发布的《最高人民法院关于审理抢劫刑事案件适用法律问题的指导意见》这一最新的司法解释（指导性意见）所认可。[84]

问题是，采用欺骗手段取得主人同意而入户的场合，该如何判断其非法性。（1）像前文案例4这样的，在卖淫女住处抢劫的场合，采主观真意说（重大错误说）无疑会得出属于“入户抢劫”的结论。但是，客观真意说认为，不管实施抢劫的意图产生于何时，既然卖淫女允许行为人进入住处是基于卖淫需要，则“行为人还存在抢劫的意图”这一卖淫女即被害人所未认识到的事实就不过是个“动机错误”。在随后进行的同意任意性的判断中，以一般人的标准来

[80] 徐丹:《入户抢劫中入户目的非法性的把握》，载《人民司法》2011年第22期，第64页。

[81] 参见《刘长庚抢劫案》，载最高人民法院刑事审判第一、二、三、四、五庭主办:《刑事审判参考》第91集，法律出版社2014年版，第27–28页。

[82] 学说上支持此种观点的，比如高铭暄、马克昌主编:《中国刑法解释》(下卷)，中国社会科学出版社2005年版，第1799页。此部分为刘明祥教授所撰。在这个意义上，本文同意前引徐丹文中检察机关的理解，而不同意审判机关的认定。与此相对，在虞正策强奸、抢劫案中，其裁判要旨认为，“以强奸目的入户，在强奸过程中临时起意劫取财物的，不能认定为入户抢劫。”参见陈兴良、张军、胡云腾主编:《人民法院刑事指导案例裁判要旨通纂》(下卷)，北京大学出版社2013年版，第654页。

[83] 根据前述2005年6月8日《最高人民法院关于审理抢劫、抢夺刑事案件适用法律若干问题的意见》，会出现明显不协调：行为人为盗窃、诈骗、抢夺而不是为了抢劫而入户时，会因事后符合《刑法》第269条的规定而认定为入户抢劫；而为了杀人、伤害、强奸等入户，之后在户内抢劫的，却不成立入户抢劫。

[84] 而且，这一司法解释也规定，“因访友办事等原因经户内人员允许入户后，临时起意实施抢劫，或者临时起意实施盗窃、诈骗等犯罪而转化为抢劫的，不应认定为‘入户抢劫’。”与此前的司法解释相比，这一指导意见试图通过对户主“允许”（许可权）的强调而限定“入户抢劫”的范围，值得肯定。

看，卖淫女实际上是在卖淫获利的追求和针对自己客观上可能存在的人身、财产危险之间进行了衡量之后，认为这种危险不大从而选择了愿意将对方领入住处卖淫。这样来看，其并未妨碍被害人的许可权，被害人同意是任意的，属于自由意思的产物，行为人的入户行为不具有违法性，只能认定为“在户抢劫”。（2）以住宿为名、使用假身份证在个体家庭旅馆登记住宿，数小时后以退房为名骗开被害人兼作办公、值班用的房间抢劫的场合，可以认为“旅客退房”对于24小时营业的家庭旅馆来说是正当要求，旅馆主人有义务配合，从而可以类比伪装搜查的场合，直接以错误有关法益的保护价值从而是法益关系错误为由，而直接否定同意的效果。[85]（3）司法实务上会认为，利用债务关系、亲属关系、水电等物业管理维修人员身份作为掩护有预谋地进行抢劫的场合，行为人在入户时已具有抢劫犯意，虽入户行为得到了主人的邀请或许可，且是以平和的方式入户，却是以合法形式掩盖了非法目的，主人的邀请或者许可是受蒙骗而作出的非真实的意思表示，从而入户仍是非法的。[86]这样的主张将主人的许可是否是真实的意思表示作为判断同意是否有效的标准，可以看出主观真意说的影响。在客观真意说看来，在真实的收水费者或者冒充收水费者进入他人户内抢劫的场合，进门系经主人许可，居住权人对于法益本身的内容、范围并无错误认识。同时，针对上门收水费者而言，允许其进门并非法定的强制性义务，因此这就不同于伪装搜查的场合，不是关于法益保护价值的错误。尽管如此，在进一步进行同意任意性的判断时会发现，由于配合上门收缴者缴纳水电费等是行政上的义务，所以这可谓是类似于紧急状态的错误，就像角膜事例一样，此时的同意仍是（相对）不任意的，就仍能肯定入户的非法性。[87]以上的理解，所得出的结论虽然也可能（未必一定）和司法实务上得出同样的结论，但会使“入户”之非法性判断回归客观，而且在租住处抢劫卖淫女等场合，还

[85] 在该案中，司法实务上在肯定具备了“入户”的非法性的同时，又认为具体的抢劫场所“不以家庭生活起居为限……在具体的功能上不具有可区分性”，从而未将其认定为“户”。参见《杨廷祥等抢劫案》，载最高人民法院刑事审判第一庭、第二庭编：《刑事审判参考》第39集，法律出版社2005年版，第37页。

[86] 参见《黄卫松抢劫案》，载最高人民法院刑事审判第一、二、三、四、五庭主办：《刑事审判参考》第91集，法律出版社2014年版，第27-28页。不过，在具体案件中，法官认为卖淫女的租住处在用于卖淫时不具有供家庭生活所用的功能，针对卖淫对象而言不是“户”。但一则，是否供家庭生活所用应该一般性而不需要根据具体用途判断；二则，这样的理解会造成有不想嫖娼只想抢钱的其他人陪同嫖客一同入户而后抢劫时，该人会成立“入户抢劫”（因为该人并非“卖淫对象”），而早有抢劫意图的嫖客在嫖宿后抢劫的却不构成“入户抢劫”的不均衡局面。

[87] 参见《王佩林抢劫案》，载陈兴良、张军、胡云腾主编：《人民法院刑事指导案例裁判要旨通纂》（下卷），北京大学出版社2013年版，第559页。采不同理解的，可参见陈洪兵：《财产犯罪之间的界限与竞合研究》，中国政法大学出版社2014年版，第156页。

可能因否定入户抢劫而避免更重的刑罚乃至死刑（以不符合抢劫罪其他加重构成为前提）。在此，可以看出主观真意说在限制重刑适用乃至限制死刑适用上的重大价值。

（三）骗购经济适用房与诈骗罪的认定

通过提供关于收入、年龄、婚姻、住房条件等方面的虚假资料而骗购经济适用房（为符合特定条件的城市低收入住房困难家庭提供的具有保障性质的政策性住房，以下简称经适房）的现象，在中国被屡屡曝光。实践中对此通常只是收回房子或者附带行政处罚了事，本文开头案例 5 的实务处理也证明了这一点。针对相应行为即便涉及了刑事处罚，也至多是针对其中提供虚假材料的手段行为按照伪造、变造居民身份证罪（《刑法修正案（九）》修改为伪造、变造、买卖身份证件罪）、伪造公司、企业、事业单位、人民团体印章罪等处罚，而未就骗取经适房的目的行为作犯罪处理。这除了是认为其仅是民事欺诈行为外，可能还包括骗购者人数众多、“法不责众”的现实考虑。[88]

但是，骗购经适房的行为是否构成诈骗罪，关键不在于其行为是刑事欺诈还是民事欺诈（因为两者可以竞合），而在于是否存在诈骗罪的法益侵害，即是否存在（因欺诈引发的）基于瑕疵意思的交付而转移的物或财产性利益的丧失。这里，需要判断被害人将特定房子售卖给行为人的同意是否有效。若得出肯定回答，则不构成诈骗；若认为同意无效，则需继续回答，骗购行为是否给被害人造成了财产损害。立足于主观真意说时很容易否定转移意思的有效性。在坚持客观真意说时，按照前面的判断步骤，首先要考察有无法益关系错误。诈骗罪并非单纯保护商业信用或者交易秩序，其法益必然与财产权相关，问题是其具体内容。如果将法益处分的自由理解为诈骗罪的保护法益，认为在诈骗罪中，财产是作为“交换手段、达到目的的手段”而予以保护的，就会认为，在“财产的交换”“目的的达到”这一点上有错误的，就能肯定存在有关法益的错误。[89] 据此，在骗购经适房的场合，就会认为有关机关确实产生了以为行为人符合购买条件的认识错误，而且，由于经适房属于稀缺资源，将其分配给符合条件者是为了实现特殊的公共利益，因此，有关于此的错误就与“交换手段”“目的达成手段”有关，将经济适用房分配给不符合条件者，则国家的相关目的落空，这种错误就是有关法益的错误，而非仅仅是

[88] 周光权教授的分析，参见赵雯：《骗购保障房定诈骗，行还是不行》，载《检察日报》2010 年 4 月 21 日。学界关于无罪论的主张，参见阴建峰、张巧娜：《骗购经济适用房行为定性分析》，载《法学杂志》2011 年第 3 期，第 38–39 页。

[89] 参见［日］山口厚：《刑法各論》，有斐阁 2010 年版，第 268 页；［日］小林憲太郎：《いわゆる「法益関係的錯誤」の意義と限界》，载《立教法学》第 68 号（2005），第 39 页。

有关附随事项、有关动机的错误，被害人的售房同意应该无效。[90] 如果认为诈骗罪的保护法益仅是财物本身而不包括财产处分的自由，认为在骗购经适房的场合将相应房子出售给具备资格者的错误是动机错误，就需要进一步判断这种错误是否侵犯了被骗者的自我决定权。根据前述客观真意说的判断标准，在行为人提供了（虚假的）符合条件的申请时，政府有义务按照事先的分配规则为其提供相应房源，其选择权已经受到侵害，所以，该同意就仍然不是自由意志的体现，从而是无效的。

尽管缺乏明文规定，但从“数额较大”的入罪要求中仍可得出，财产损害是诈骗罪的构成要件，问题是其具体理解。在肯定房屋开发商系骗购的被害人的前提下，将诈骗罪解释为针对个别财产犯罪的场合 [91] 自不必说，即便是将其解释为针对整体财产的犯罪，骗购经适房时，开发商仍存在实质性财产损害：由于数量有限，经适房与同质的普通商品住房之间存在价差，骗购者正是通过骗购行为少交了价差而致使开发商受到相应损失。所以，无论是采个别财产说还是整体财产说，都能肯定骗购经济适用房时的财产损害，差别在于其具体数额认定。[92] 采纳个别财产说，就应认为诈骗的数额是该经济适用房的市场价格；采纳整体财产说，则应该认为经适房与同质的普通商品房之间的差额是诈骗的犯罪数额。[93] 所以，个别财产说与整体财产说孰优孰劣暂且不论，但无论采何种观点，都应该肯定骗购经适房的行为构成诈骗罪。[94] 这既可以弥补单纯收回房屋等方式所造成的规制不力的局面，也可以从 2014 年 4 月《全国人民代表大会常务委员会关于〈中华

[90] 与此相对，在虚报年龄购买了限制向未成年人出售的物品（酒、书等），或者是伪造医生的处方而购买处方药的行为等场合，由于无论是药品的规制还是书籍等的年龄限制，都与财物的分配毫无关系，其目的仅仅在于，防止因使用不当而造成的危害。所以，物品的交付，就不过是与对价的支付之间存在交换关系而已，只要对这一点不存在错误，就不成立诈骗罪。参见［日］西田典之：《刑法各论》（第 6 版），弘文堂 2012 年版，第 205 页；［日］山口厚：《刑法各论》（第二版），有斐阁 2010 年版，第 270 页。

[91] 如此理解的，比如张明楷：《刑法学》（第四版），法律出版社 2011 年版，第 849 页；黎宏：《刑法学》，法律出版社 2012 年版，第 757 页。

[92] 正因如此，骗购外汇的行为与骗购经适房的行为虽在外观上类似，但却存在着实质性不同：无论如何都不应认为骗购外汇的行为造成了财产损害，所以不成立侵犯财产的犯罪，而只因其侵犯了国家对于外汇的管理秩序而成立破坏金融管理秩序类型的犯罪。

[93] 令人疑惑的是，张明楷在采纳个别财产说的前提下，认为诈骗的数额是经适房与商品房的差价。参见张明楷：《刑法学》（第四版），法律出版社 2011 年版，第 896 页。

[94] 肯定说论者，比如周光权（参见赵雯：《骗购保障房定诈骗，行还是不行》，载《检察日报》2010 年 4 月 21 日）、蔡桂生（参见蔡桂生：《论诈骗罪中财产损失的认定及排除》，载《政治与法律》2014 年第 9 期，第 55 页）、胡霞（参见胡霞：《骗购经济适用房行为之刑法学思考》，载《中国刑事法杂志》2012 年第 10 期，第 31 页以下）等。

人民共和国刑法〉第二百六十六条的解释》中找到依据。[95]

（四）同意被卖与拐卖妇女罪的认定

就拐卖妇女罪来说，被害人的有效同意能否阻却行为的违法性，在我国刑法理论上素有争议。一种立场将本罪法益界定为人身不受收买的权利，或是人的人格尊严这一宪法权利，认为即便得到妇女同意仍然构成犯罪，[96]司法实务上也通常持此立场，故而本文开头的案例 6 中的行为人仍被认定为拐卖妇女罪。[97]被害人同意的法律效果此时就只有量刑上的相对意义。但是，现代社会中广泛存在的雇佣关系就是一种人身收买关系，“说在我国人身不是商品不能自由买卖，也不过是基于抽象教条的推论而已。”[98]而且，所谓任何人不能放弃人格尊严这一宪法权利的命题也难以成立：名誉是人格权的一种，但得到被害人同意而败坏其名誉的行为并不构成侮辱罪或诽谤罪。从罪刑法定角度讲，本罪既遂只要求基于出卖目的实施了法定构成要件行为，可见拐卖妇女罪的核心要素应是“拐”而非“卖”。而得到妇女同意将其带离家庭、居住地的，即便具有出卖目的，也并非“拐”。[99]从罪刑均衡上考量，拐卖妇女罪的法定刑起点即为五年有期徒刑，重于要求“违背妇女意志”的强奸罪，这也要求只有违背妇女意志的行为才应被认定为“拐卖”行为。一方面认为妇女真实同意并不阻却拐卖妇女罪的成立，另一方面又认为其可以成为减轻处罚甚至免除处罚的事由的观点，[100]本文难以赞同：以一个法无明文规定的情节作为减轻甚至免除处罚的根据，会因裁量权过大而动摇法的安定性；既知此种情形下量刑宜缓不宜高，索性肯定其阻却犯罪成立的地位才是根本出路。

因此，应该将拐卖妇女罪的法益界定为妇女的人身自由与身体安全，妇女

[95] 该解释指出：“以欺诈、伪造证明材料或者其他手段骗取养老、医疗、工伤、失业、生育等社会保险金或者其他社会保障待遇的，属于刑法第二百六十六条规定的诈骗公私财物的行为。”完全可以将骗购经济适用房的场合解释为属于上述立法解释中的“骗取其他社会保障待遇”。

[96] 参见高铭暄、马克昌主编：《刑法学》（第六版），北京大学出版社、高等教育出版社 2014 年版，第 471 页；马克昌主编：《百罪通论》（上卷），北京大学出版社 2014 年版，第 596–597 页；谢望原：《论刑法上承诺之正当化根据及其司法适用》，载《法学家》2012 年第 2 期，第 62–63 页；肖中华：《侵犯公民人身权利罪》，中国人民公安大学出版社 1998 年版，第 240–243 页；等等。

[97] 参见《李邦祥拐卖妇女案》，载最高人民法院刑事审判第一、二、三、四、五庭主办：《中国刑事审判指导案例 3：侵犯公民人身权利、民主权利罪》，法律出版社 2012 年版，第 602–603 页。又如检察官对于张某、刘某拐卖妇女一案的分析，参见付黎明：《被害人承诺能否阻却拐卖妇女罪成立关键在于界定拐卖妇女罪的客体》，载《检察日报》2010 年 7 月 6 日，第 3 版。

[98] 黎宏：《刑法学》，法律出版社 2012 年版，第 673 页。

[99] 参见刘宪权：《打击拐卖人口犯罪的法律对策》，人民出版社 2003 年版，第 124 页。

[100] 参见敦宁：《拐卖妇女罪中被害人承诺之司法功能》，载《国家检察官学院学报》2013 年第 3 期，第 118–120 页。

的真实同意可以阻却构成要件从而否定本罪成立。[101] 问题是在受到欺骗的场合，妇女同意效果的具体判断。

以介绍工作、带其旅游、为其治病等为名，蒙骗妇女并意图将其出卖给他人的，即便妇女是“自愿”和行为人一起离开家庭、住所的，这种“自愿”仍是建立在被害人对于自己的行为性质、行为后果的认识错误基础上的，此种错误事关法益而致同意无效，对此并无争议。但是，欺骗妇女说对方家里很有钱而得到妇女同意将其卖给男方的，是否也属于“拐骗”，值得讨论。采主观真意说、（重大）动机错误说会认为同意无效。而在采纳法益关系错误说的场合，只要女方对“自己要被卖给对方做媳妇”这一点知情并接受，则因为被欺骗而相信对方家里有钱的错误就仅是动机错误。并且，妇女在此时存在选择权，其并不存在绝对不自由或者相对不自由的情形，是在自我决定的意志支配下同意被卖与他人为妻的，至少并不构成本罪。因此，本罪中的“拐骗”，应限于以出卖为目的，虚构事实或隐瞒真相而致使妇女对自己的人身自由、人身安全的法益产生错误认识的情形。即便肯定“利诱”也可成为“拐骗”的手段，也必须明确区分，这种“利诱”是事关妇女对自己行为的性质、后果的错误认识（比如带出国、找工作），还是仅仅是事关动机的错误（“对方很有钱”），而不可一概而论。再进一步讲，（1）由于拐卖妇女罪的成立并不要求完成出卖行为，所以，在女方已知对方家中没钱而反悔、行为人仍执意将其出卖的，才能成立拐卖妇女罪。（2）如果妇女被“卖”到男方家之后才发现很穷，但又想也只好“嫁鸡随鸡”时，就仍然意味着妇女同意被卖，其同意有效，行为人不构成拐卖妇女罪，与之结婚者自然也不应构成收买被拐卖的妇女罪。同样的道理，在本文看来，前文案例6的场合，妇女主动要求将自己卖给他人的，也不应成立本罪。（3）在妇女被“卖”到男方家之后发现很穷，于是决意不与男方结婚并执意离开时，由于对“将要卖给他人做媳妇”这一点存在明确认识，所以不存在“拐骗”行为，不构成拐卖妇女罪，只在男方存在非法拘禁、强行发生性关系时，成立相应的其他犯罪。

（本文曾发表于《法学研究》2016年第2期）

[101] 支持此种观点的，参见张明楷：《刑法学》（第四版），法律出版社2011年版，第799页；黎宏：《刑法学》，法律出版社2012年版，第673页；周光权：《刑法各论》（第二版），中国人民大学出版社2011年版，第45页。

“平庸的邪恶”与“盲从的犯罪”

——关于刑法中“法令行为的正当性”的思考

卢建平

一、阿道夫·艾希曼案件

阿道夫·艾希曼（Adolf Eichman，又译艾克曼，1906—1962）是纳粹德国战争罪犯，1932年加入党卫军，曾先后在党卫军保安处柏林总部和奥地利、捷克等国任职，主管犹太人事务，1939年起在德国中央保安局犹太处工作。1942年1月，德国决定对犹太人实施“最后解决”计划，即以大规模屠杀的方式消灭犹太人，而艾希曼被指定负责执行这一造成数百万犹太人死亡的计划。德国战败后，艾希曼被美军俘虏，并被关在战俘营里，但他的真实身份并没有暴露。1946年年初，他逃出战俘营，在汉堡以南的一个地方当了4年伐木工人。1950年5月，在原纳粹党卫队成员的帮助下，艾希曼经奥地利逃往意大利，并于同年7月从意大利逃往阿根廷。在阿根廷，他化名里卡多·克莱蒙特（Ricardo Klement），取得了身份证件和工作许可证。1952年，艾希曼的妻子及其3个孩子也来到阿根廷与他会合。同年，他在梅塞德斯—奔驰汽车公司在阿根廷的一个工厂得到了一份稳定的工作。第二次世界大战以后，以色列政府和全世界的犹太人都在到处寻找艾希曼的下落，以便将他绳之以法。后来，以色列情报部门终于侦察到他化名藏匿在阿根廷的确切消息。1960年5月11日晚，艾希曼在下班回家的途中被绑架，同年5月20日，他被伪装成一位生病的以色列政府官员，用飞机送回了以色列。

以色列总检察长指控艾希曼犯有战争罪、反犹太人罪和反人道罪，以及参加犯罪组织罪等15项罪行，并向耶路撒冷地方法院提出起诉。艾希曼被指控的具体罪行包括：杀害数百万犹太人；使数百万犹太人置于可能死亡的状态下；使犹太人的生理和心理遭受严重伤害；禁止和干扰犹太妇女怀孕和生育；基于种族、宗教和政治理由迫害犹太人；与屠杀有关的对犹太人财产的抢劫；强迫数十万波兰人离开家园；从南斯拉夫驱逐1.4万名斯洛文尼亚人；将数以万计的吉普赛人送往奥斯维辛集中营；参加党卫队和国家秘密警察组织；等等。

耶路撒冷地方法院于1961年4月11日开庭审理此案。艾希曼首先对法院的管辖权提出异议。他认为，第一，以色列检察机关指控他的罪行是在以色列成立之前，在该国领域以外所犯的，而且受害人也不是以色列人，因此，以色列法院对这种行为没有管辖权。第二，对他进行绑架的行为是违反国际法的，对于被以非法方式带到法院的被告人，法院不能对他进行审判和处罚。第三，他在战争期间的行为是代表国家实施的，属于国家行为，根据国际法，一国法院对外国的国家行为不能行使管辖权。第四，对于被指控的犯罪，他认为他只是负有“协助和唆使”的责任，他只是一个奉命行事的执行者，而从未实施过任何具体的犯罪行为。“我并不是人们所说的恶魔，而是错误舆论的受害者。”[1]

对于艾希曼的辩解，耶路撒冷地方法院一一予以驳斥。1961 年 12 月 11 日，法院对于艾希曼一案作出一审判决，裁定被告的 15 项罪名全部成立，判处被告死刑。艾希曼不服判决，向以色列最高法院提出上诉。1962 年 5 月 29 日，最高法院作出维持原判的终审判决。同日，艾希曼向以色列总统本 – 茨维提出赦免的请求。同年 5 月 31 日，本 – 茨维总统驳回艾希曼的请求。几小时后，艾希曼被执行死刑。

艾希曼案件因为其中的管辖权争议、对犯罪嫌疑人的非法逮捕（绑架）等事实引起国际法学界的广泛关注，成为国际法学或国际刑法学上的著名案例。[2] 然而，法学界所津津乐道的多是法律技术层面上的问题，如实体法上的管辖权问题、程序法上的公正问题等，这无疑限制了案件讨论的意义。对于艾希曼所犯罪行的性质、他为什么会犯这样的罪行、时隔这么多年再来审判艾希曼等会有什么样的意义的探讨，似乎已经超出了法学家的研究范围。不过，当代著名女性思想家、时任美国《纽约客》杂志记者的汉娜·阿伦特（Hannah Arendt），从她特有的视角撰写的《艾希曼在耶路撒冷：关于平庸的邪恶的报道》赋予这场讨论以全然不同的内涵和意义，对当今世界产生了持久的影响力。汉娜·阿伦特在该书中提出的“平庸的邪恶”的观点不仅仅是现代政治哲学中的真知灼见，也使人们对艾希曼的第三个、第四个辩解理由（“代表国家的行为”与“奉命行事”）给予高度重视，对于刑法中“法令行为的正当性”的思考给予了新的启示。

二、汉娜·阿伦特关于“平庸的邪恶”

汉娜·阿伦特在“二战”期间饱受极权专制之苦，为此，从“二战”结束一直到 1975 年去世，她始终在思考的就是极权专制的邪恶问题。50 年代初期她出版了《极权主义之源》一书，将纳粹和斯大林主义等极权专制界定为“激进的邪恶”。激进的邪恶是极端的邪恶，也是一种前所未有的原创的邪恶。纳粹统治下的灭犹行动，斯大林统治下的集中营，是激进邪恶的最集中体现。在阿伦特看来，极权邪恶是对人类的犯罪。那么这种对人类的犯罪又是什么样的人在具体执行的呢？

1961 年，艾希曼在耶路撒冷受审，阿伦特即向美国洛克菲乐基金会申请，

---

[1] Hannah Arendt, *Eichman in Jerusalem: A Report on the Banality of Evil*, revised and enlarged edition, New York: Viking, 1965, p.248.

[2] 参见马呈元：《国际犯罪与责任》，中国政法大学出版社 2001 年版，第 299–303 页。

要求以《纽约客》杂志记者的身份前往见证。她在信中写道："你会理解我为什么要报道这次审判；我没能亲眼见证纽伦堡审判，我从来没有见过那些人活生生的是什么样子，这也许是我唯一的机会了。"在被告人玻璃亭里的艾希曼，是一个看上去彬彬有礼的绅士；他在种族屠杀中犯下弥天大罪，而他的动机却是极其平常的服从命令和忠于职守。阿伦特认为，艾希曼的邪恶不在于他犯下了普通的罪行，而在于他心甘情愿地参与了极权统治将人变为多余的"伟大事业"，并毫无保留地将体现这种伟大事业的法规当作最高的道德命令。从根本上说，他所体现的邪恶平庸指的是无思想甚至无动机地按照罪恶统治的法规办事，并因而心安理得地逃避自己行为的一切道德的和法律的责任。邪恶的艾希曼并不是另一世界中的"妖魔鬼怪"，而是我们所熟悉的世界中的熟悉人物。正如凯诺文（Margret Canovan）所说的，"要表述那种在极权主义非人力量面前的自暴自弃和自我矮化的二脚动物，实在没有比'平庸'二字更确切的了"。在阿伦特看来，艾希曼是一个纳粹制度中的人，也是一个纳粹制度的运作者。他成为邪恶的化身，不是因为他具有什么普通人难以企及的理想或思想能力；恰恰相反，他在邪恶当道时为虎作伥，是因为他失去了判断是非的思维能力。不是原罪形式的人本性恶或人本质恶使人和社会陷入大恶。使人陷入专制之恶的是人自己的不思想，人自己的丧失道德判断能力和各种形式的逃避政治责任。在极权体制中的各层次的体制运作者，上至各级首长，下到普通成员，无不以执行上级决定、命令为最高行为规范。在这个体制中，邪恶不是每个运作成员个人邪恶的简单相加，而是一种自上而下、自动丧失"政治责任"的集体之恶。[3]

"平庸的邪恶"对于解说极权政治体制的形成、发展乃至衰亡都是极其精辟的。正是因为有了无数个艾希曼式的"平庸的邪恶"，所以也才酿造出了希特勒的"激进的邪恶"；而又是希特勒的"激进的邪恶"引发了艾希曼式的"平庸的邪恶"。从经济学的角度分析，艾希曼的辩解同样是不能成立的，因为他的"盲从"仍然是一种理性的选择，是一种典型的"搭便车"的行为。因此，极权体制的集体之恶并不能勾销平庸之辈的个别之恶，"元凶"的责任要追究，但是"帮凶"也不能放过。这正是国际刑法中"上级命令不免除责任原则"得以确立的法理基础。

三、国际刑法中的"上级命令不免责原则"

艾希曼受到指控的罪名是国际犯罪，也即严重侵犯人类社会的基本价值或国际社会共同利益的行为，是侵犯和伤害人类，因而阿伦特认为，应该给艾希曼定

[3] See Hannah Arendt, *Eichman in Jerusalem: A Report on the Banality of Evil*, revised and enlarged edition, New York: Viking, 1965.；另请参阅徐贲：《平庸的邪恶》，载《读书》2002年第8期，第89–96页。

罪的不仅是遭受苦难的犹太人，而是全人类。人类历史上的国际刑事审判正是建立在对上述价值或利益的共识基础之上的。这种共识在第二次世界大战之前显然是模糊的，因为那时连最权威的国际法学者如奥本海都认为，“只有在没有政府命令的情况下实施的违反战争法规的行为方可构成战争罪行。如果武装部队成员违反战争法规的行为是遵照政府命令实施的，他们就不是战争罪犯，也不能由其敌人予以惩罚……”[4] 上级命令是合法的辩护理由。

然而 1945 年的《欧洲国际军事法庭宪章》第 8 条规定，“被告是遵照其政府或长官之命令而行动之事实，不能使其免除责任；但为法庭认为合于正义之要求时，将于刑罚之减轻上加以考虑。”纽伦堡国际军事法庭认为，任何犯有战争罪和反人类罪的人，无论其罪行是否根据上级命令所犯的，都应被视为战犯而受到审判。但对于因服从上级命令而犯有罪行的人，法庭在量刑时应该结合执行命令者的地位层次考虑该人如果违抗命令可能产生的危险，该人是否存在不执行命令的道德选择。纽伦堡国际军事法庭和东京国际军事法庭的审判实践表明，上级命令不免除责任的原则基本上得到了正确的适用。一方面，主要的战争罪犯没有能够以执行上级命令的理由逃脱其应该承担的刑事责任；另一方面，一般的下级军官和士兵也没有由于执行上级命令参加侵略战争而普遍地受到起诉和惩罚。

纽伦堡审判结束以后，上级命令不免除责任原则在国际刑法的发展过程中进一步确立起来。1950 年联合国国际法委员会编纂的《纽伦堡原则》第 4 项明确指出：“依照政府或其上级命令行事的人，如果他能够进行道德选择，不能免除其国际法上的责任。”1993 年《联合国前南国际刑事法庭规约》第 7 条第 4 款和 1994 年《联合国卢旺达国际刑事法庭规约》第 6 条第 4 款分别规定，被告人执行政府或上级命令而犯罪，不得免除其刑事责任，但如果法庭认为考虑上级命令的理由符合正义原则，可以斟酌减刑。1996 年《危害人类和平与安全罪法典草案》第 5 条也作了相同的规定。

1998年在罗马通过的《国际刑事法院规约》第33条就“上级命令和法律规定”作了如下规定：

“（一）某人奉政府命令或军职或文职上级命令行事而实施本法院管辖权内的犯罪的事实，并不免除该人的刑事责任，但下列情况除外：该人有服从有关政府或上级命令的法律义务；该人不知道命令为不法的；命令的不法性不明显。（二）为了本条的目的，实施灭绝种族罪或危害人类罪的命令是明显不法的。”

虽然有学者认为，该条第 1 款的“除外”条款，在规定“上级命令不能免除

[4] 转引自马呈元：《国际犯罪与责任》，中国政法大学出版社 2001 年版，第 197 页。

责任”的方面较之《欧洲国际军事法庭宪章》等以往的国际刑法规范有退步[5]，但是《国际刑事法院规约》毕竟划定了一条底线，即“实施灭绝种族罪或危害人类罪的命令是明显不法的”。

现代国际刑事司法机关在其审判实践中也坚持了上级命令不免除责任原则。例如，在联合国前南国际刑事法庭审理的“埃戴莫维奇案”中，被告被指控参与屠杀了上千名波黑穆斯林平民，因此，初审分庭对其作出了有罪判决。但是被告以其被命令和胁迫参与犯罪等理由提出上诉。上诉分庭在1997年10月作出的判决中指出，在习惯国际法上找不到有关被命令和胁迫可以用作对屠杀无辜平民罪行的有效抗辩的规则。麦克唐纳和沃勒法官认为，从第二次世界大战后纽伦堡和东京国际军事法庭审判的判决中可以总结出一项原则，即被胁迫只有在符合严格条件的情况下，方可成为完全的抗辩理由。但如果受胁迫所实施的是如同本案中那样极度凶残的行为，则被胁迫就不能成为无罪的抗辩理由，而只能作为减轻刑罚可考虑的因素之一。[6]联合国前南国际刑事法庭法官、我国已故著名国际法学家李浩培也曾经就此案发表意见，强调“胁迫只能是一种减轻的情况而不是屠杀无辜人民的一种辩解”[7]。

上级命令不免除责任的原则也得到了著名国际刑法学家、国际刑法学协会主席巴西奥尼教授的支持。他强调：“通过回顾学者观点、法庭判决和国际立法的结果，可以得出以下结论：根据有关国际犯罪的习惯国际法，在有关命令明显非法和下级对于执行或抗拒执行该命令具有道德选择的情况下，服从上级命令不能构成免除刑事责任的抗辩理由。如果下级是在被强迫或胁迫的情况下执行命令的，则应该以胁迫为由提出抗辩。即使在这样的案件中，也不能说下级的行为是正当的，只是可以以胁迫为由要求免除或减轻处罚。”[8]

四、外国刑法中“法令行为的正当性”之简单比较

第二次世界大战以后国际刑法得到了飞速发展，在确立国际犯罪的刑事责任方面确立了以上级命令不免除责任、上级责任等为代表的一系列全新的原则。这些原则以及相关的国际刑事司法实践必然对各国的刑法产生影响，一些国家即在其国内立法中确立了“上级命令不免除责任原则”[9]，此即为“国际刑法的国内法

[5] Cherif Bassiouni，*Crimes against Humanity in International Criminal Law*，2nd Revised edition，1999，p.481.

[6] 中国国际法学会主办：《中国国际法年刊》，法律出版社1997年版，第436页。

[7] 李浩培：《李浩培文选》，法律出版社2000年版，第807页。

[8] Cherif Bassiouni，*Crimes against Humanity in International Criminal Law*，2nd Revised edition，1999，p.483.

[9] 到目前为止，在刑法典中作如此规定的国家为数仍然不多。请参阅 Jean Pradel，*Droit pénal comparé*，Dalloz，2e édition，2002，p.327。

化”（nationalization of international criminal law）。

1. 法国

传统上，法国刑法学界将“法令行为”分得很细，有法令的规定的行为（其中又分法律规定的行为和规章规定的行为）、合法当局的命令。所谓合法当局，是指有权的公共当局。对于合法当局的非法命令，学界也有三种观点。其一是被动服从，即“上级的命令必须服从”。因此，如果下属抗命不从，可以对抗命者进行处罚；如果命令得到执行，则下属的行为不构成犯罪。其二是要求下属对命令的合法性进行评判，即所谓“理性的服从”。按照这种观点，如果下属拒不执行非法的命令，就不能再追究下属抗命不从的行为；而如果下属执行了非法的命令，其行为就不具有正当性。这种观点初看很有道理，但实际上是难以实施的。其三是看命令的非法性是否明显。在命令明显违法时，下属就不应该服从，如果下属仍然执行了，就不得以执行上级命令为由要求免责。

法国1994年新刑法典第122-4条采纳了第三种观点：

“实施法律或者规章规定或允许之行为的人，不负刑事责任。

实施合法当局命令之行为的人，不负刑事责任，但此种行为明显违法者，不在此列。”

另外，法国也于1975年7月28日对1966年10月1日的军队条令进行了重大修改。在重申军纪是建立在“以服从命令为原则”的基础之上后，新条令强调“下属不应该执行实施明显违法的行为或违反战争习惯和国际公约的命令”。

但是法国刑法的这种规定在执行中会碰到很多问题，因为命令的违法性是否明显仍然是一个事实判断的问题，而且执行命令的下属的个人情况、性格、社会地位、法律素养等也会影响到他的刑事责任。就决定下属的刑事责任的非法命令而言，军人所执行命令的非法性比一个普通公务员所执行命令的非法性要更为明显，因为军人受到的制约要大，而公务员则较为独立，也更精通法律[10]。

2. 意大利

《意大利刑法典》第51条第1款规定，“……履行法律规范或公共权力机关合法命令规定的义务，排除可罚性”。根据该款规定，履行义务中的义务，包括法律规范规定的义务和公共权力机关合法命令规定的义务两种情况。在后一种情况中，公共机关是指公法意义上的上级或上级机关。私法意义的命令不具有排除犯罪的效力。履行公共权力机关命令的行为，只有在命令的形式和内容两方面均是合法的前提下，才可能作为排除犯罪的理由。

命令的形式合法，要求具备以下三个条件：

---

[10] Jean Pradel, *Droit pénal général*, 9e édition, Cujas, 1994, p.357.

（1）颁布命令的人有相应的权能；

（2）执行命令的人有相应的义务；

（3）命令的形式必须符合法律规定。

命令的内容合法，则主要取决于以下两方面的标准：

（1）命令的颁布必须“存在授权规范要求的事实和法律制度”；

（2）命令的内容必须“符合命令涉及的公共利益”。

如果命令本身不合法，执行命令就可能是构成犯罪的行为。对于执行不合法命令构成犯罪的行为，《意大利刑法典》第51条第2款规定，“由下命令的官员承当刑事责任”。但是，这并不意味着执行命令的人就可以不负刑事责任，因为《意大利刑法典》第51条第3款、第4款还规定，只有在“因为事实错误而认为执行的是正确命令”，或者“在法律不允许执行人审查命令的合法性时”，执行不合法命令的人才不受处罚；在其他情况下，“执行（不合法）命令的人也应对犯罪负责”[11]。

3. 俄罗斯

在社会主义的苏联，刑事立法没有把执行命令或指令作为排除行为社会危害性的情况加以规定。与此同时，刑法学界对它的看法也不统一。一部分学者认为，执行命令不具有独立的刑事法律意义。如果命令是合法的并且对它的执行没有造成现实的损害，执行命令的行为仅是从形式上与违法行为相似，不发生责任问题；如果命令是非法的、犯罪的，对它的执行造成法律保护的利益的损害，那么，下级是否必须执行这一命令的问题应由国家法、行政法的规范加以解决。另一些学者承认执行非法命令的刑事法律意义，认为执行人的责任应根据他对执行命令的心理态度的性质（故意、过失、意外事件）来决定。

俄罗斯“巨变”后，其刑法典开始将执行命令或指令作为排除行为社会危害性的一种情况加以规定。《俄罗斯刑法典》第42条明确规定：

“（1）行为人为了执行对他具有强制力的命令或指令而对受刑法保护的利益造成损害的，不是犯罪。造成损害的刑事责任应由发出非法命令或指令的人承担。

（2）为执行显然非法的命令或指令而实施故意犯罪的人，应按照一般的根据承担刑事责任。不执行显然非法的命令或指令的，不负刑事责任。”

由此推论，对执行命令或指令的人，其行为的合法性的首要条件是符合法律的要求。非法的命令不应被执行。反之，如果对法律保护的利益造成损害的，就发生刑事责任问题。应当指出，承担刑事责任的不仅是发布非法命令的人，如果执行人明知命令是非法的，也应承担相应的刑事责任。执行命令或指令的人其行为的合法性的另一个条件是该行为人没有认识到命令的非法性。如果执行人显然

---

[11]　参阅陈忠林：《意大利刑法纲要》，中国人民大学出版社1999年版，第189–191页。

认识到命令的犯罪性质而故意实施的，就应按照一般的根据承担刑事责任。而不执行显然非法的命令或指令的，不是犯罪。当然，由于命令本身具有一定的复杂性，如在军队中，“首长的命令对于下属来说就是法律”。为此，《俄罗斯刑法典》第322条规定，下属不执行首长发布的命令，对军事利益造成严重损害的，应负刑事责任[12]。

从以上三国的刑法规定看，虽然它们对军队的上级命令有些特殊的处理，但都明确了下属执行显然违法的上级命令的刑事责任。

五、几点思考

1. 在极权体制下，下级服从上级是无条件的，即便是灭绝种族、危害人类的罪行也照办不误；而且这种服从也完全被这种体制正当化、合法化了，因而是无须承担任何法律责任的。但是这种制度安排随着极权体制的垮台、民主政治的建立而逐渐被抛弃了。国际刑法和若干外国刑法中“上级命令不免除责任”原则的确立代表了一种政治趋势，那就是追求民主、自由、平等，使人民拒绝不思想、不思考的平庸的邪恶，使人民从“盲从的犯罪”中解放出来。

2. 思想是一种自由、一种权利，而且人们常常倾向于认为，法律和思想是不发生关系的。然而，在我们看来，思想有时也是一种义务、一种责任。阿伦特在1964年发表的演说《专制下的个人责任》中指出：“不参与者……是唯一能够自己作出判断的人。他们之所以能够如此，并不是因为他们有比别人优秀的价值观，也不是因为旧的是非标准仍然深深地植根于他们的头脑或良心之中。那是因为他们的良知尚未进行所谓的自动运作，也就是尚未形成一套学来的或天生的放之四海而皆准的规则。他们的标准不同于一般的大多数人：他们会问自己，我干过这种事情后，究竟还怎么能心安理得？……这种判断的先决条件不是什么了不起的智力或者对道德的精神分析，而只是扪心自问的习惯，也就是自己和自己默默地对话。苏格拉底和柏拉图称此为思想。”[13]

3. 即使是在上级命令的“胁迫”之下，个人进行道德判断（判断命令的合法与非法）、作出道德选择（执行或是抗拒）的义务也不能被免除。正如德国伟大的哲学家康德所说：“人不应该被作为手段，不应被作为一部机器上的齿轮。人是有自我目的的，他是自主、自律、自觉、自立的，是由他自己来引导内心，是出于自身的理智并按自身的意义来行动的。”因此，“意志自由”的观点应该在刑法学上予以重新审视，而“期待可能性”的理论在此应该慎用。

4. 刑法中的“违法性认识”以及刑事责任理论应该体现新的时代要求，即在上级的命令明显违法时，下级抗拒不从的行为应该免除刑事责任。如果说对于

---

[12] 参阅薛瑞林：《俄罗斯刑法研究》，中国政法大学出版社2000年版，第246–248页。

[13] 转引自徐贲：《平庸的邪恶》，载《读书》2002年第8期，第94页。

一般命令的非法性进行判断过于苛刻，那么应该划出“底线”，如“灭绝种族罪或危害人类罪的命令明显违法”。现代社会中法律膨胀现象严重而且频繁更迭，使得人人知法几乎成为不可能，为此法国新刑法典抛弃了一个根深蒂固的传统，放弃了以下著名的格言，即“任何人都不被认为不知道法律”（Nul n'est censé ignorer la loi）。因为有人不知道法律的规定是不争的事实，所以，“底线”的作用就更加明显。

5. 对“法令行为的正当性”进行反思，确立“上级命令不免责”原则有助于突出刑法的宣告、规诫和预防作用，有助于倡导民主政治、反对专制极权，有助于社会主义法治国家的建设。古希腊思想家亚里士多德早就精辟地指出，“法治应包括两重意义：已成立的法律获得普遍的服从，而大家所服从的法律又应该是制定得良好的法律。人民可以服从良法也可以服从恶法。就服从良法而言，还得分为两类：或乐于服从最好而又可能订立的法律，或宁愿服从绝对良好的法律。”[14] 专制统治在中国的历史实在是太长了，它使我们现在的社会主义法治国家建设面临重重困难，其中最大的困难就是法律得不到普遍的遵守，法律面前人人平等的观念难以深入人心尤其难以深入官员们的心，官员以权压法、以权抗法、以权谋私的现象比比皆是。上级的意志理解的要执行，不理解的也要执行；上级的命令合法的要服从，不合法的也要服从；一切以上级的意志、长官的意志为意志，以至上级或长官的个人意志代替了作为公意的法律，原来制定得良好的法律也在实践中蜕变成为“恶法”。因此当务之急是要“依法治吏”，既要惩处上级的恣意妄为，也要处罚下属“盲从的犯罪”，使官员们也和普通百姓一样都接受这样的观念：“法律乃是公意的行为。我们既无须问君主是否超乎法律之上，因为君主也是国家的成员；也无须问法律是否公正，因为没有人会对自己不公正；更无须问何以人们既是自由的而又要服从法律，因为法律只不过是我们自己意志的记录。”[15]

（本文原载于卢建平：《刑事政策与刑法》，中国人民公安大学出版社 2004 年版）

[14] ［古希腊］亚里士多德：《政治学》，吴寿彭译，商务印书馆 1981 年版，第 199 页。

[15] ［法］卢梭：《社会契约论》，何兆武译，商务印书馆 1994 年版，第 51 页。

中止犯减免处罚根据及其意义

李立众

《刑法》第24条第2款规定："对于中止犯，没有造成损害的，应当免除处罚；造成损害的，应当减轻处罚。"立法者的如此大度并非不言自明，需要加以说明。[1]对此加以研究的，便是中止犯的减免处罚根据问题，或者说是中止犯的法律特性问题。[2]中止犯的减免处罚根据是中止犯论的首要问题，因为对减免处罚根据理解不同，中止犯的要件与适用范围将会不同。[3]所以，中止犯减免处罚根据问题是各国刑法学的重要问题，学说众多，时至今日仍为学界所讨论。

但是，长期以来，中止犯减免处罚根据问题在我国似乎不成问题，因为学界都是在论述"中止犯的刑事责任"部分，三言两语附带解释对中止犯减免处罚的理由。直到最近，学界才开始关注这一问题。[4]为了准确理解《刑法》第24条，合理把握中止犯规定，本文将讨论我国中止犯减免处罚的根据，并揭示其对中止

---

[1] 参见［德］耶赛克、魏根特：《德国刑法教科书》，徐久生译，中国法制出版社2001年版，第643页。

[2] 在日本，同为讨论为什么应对中止犯减免处罚问题，有些学者称之为"中止犯的法的性格"，有些学者称之为"中止犯刑罚的减免根据"，有些学者称之为"中止犯的立法理由"。应当认为，除了着眼点不同之外，这些说法没有实质不同。如板仓宏使用了中止犯"法的性格——必要减免的理由"的标题（参见［日］板仓宏：《刑法总论》，劲草书房2004年版，第132页），堀内捷三使用了"减免刑罚的根据——中止犯的法的性格"的标题（参见［日］堀内捷三：《刑法总论》，有斐阁2000年版，第233页）。"法的性格"是日文原文，一般翻译为中止犯的"法律性质"，但译为中止犯的"法律特性"可能更为妥当。

[3] 在要件方面，"自动性"的内容以及中止行为与未发生既遂结果之间是否需要因果关系，将会因对中止犯减免处罚根据理解不同而不同；在适用范围方面，对于既遂犯能否准用或者类推适用中止犯规定、共犯与中止犯的关系、加重未遂与中止犯的关系，也会因对减免处罚根据理解差异而不同。参见［日］川端博：《刑法总论讲义》（第2版），成文堂2007年版，第471页。

[4] 在我国，张明楷教授首先向国内全面介绍了日本学界关于中止犯减免处罚根据的各种学说（参见张明楷：《未遂犯论》，法律出版社1997年版，第325页以下）。然后，武汉大学张平、程红二位博士在其博士论文中详细讨论了中止犯减免处罚的根据（参见张平：《中止犯论》，中国方正出版社2005年版，第31页以下；程红：《中止犯基本问题研究》，中国人民公安大学出版社2007年版，第25页以下）。2005年，我国出现了讨论中止犯减免处罚根据的单篇论文（参见魏东、李运才：《中止犯的处罚根据检讨》，载《江西公安专科学校学报》2005年第3期）。2007年，张明楷教授在其教科书中，率先将中止犯的法律特性置于中止犯的成立要件之前加以讨论（参见张明楷：《刑法学》（第3版），法律出版社2007年版，第302–303页）。然后，周光权教授在其刑法总论教科书中采取了同样的做法（参见周光权：《刑法总论》，中国人民大学出版社2007年版，第275–277页）。

犯成立要件的影响。

一、讨论中止犯减免处罚根据必须明确的几个前提

（一）基本路径：如何分析中止犯减免处罚的根据？

从哪里着手分析中止犯减免处罚的根据，首先涉及路径选择问题。归纳中外刑法学，分析中止犯减免处罚根据，不外乎两条基本路径：一是从刑事政策的角度进行解释，即为了给犯人铺设迎接浪子回头的金桥，刑法规定对中止犯要减免处罚，或者说是基于诱导犯人放弃完成犯罪这一政策目的设立了中止犯。采此路径者认为，在实施中止行为之前，犯罪已经完全成立，故对行为人减免处罚无法从刑法学的角度来说明，只能用刑事政策来解释，因而被称为政策说。二是从刑法学的角度来解释，认为只有在犯罪论的框架内联系犯罪成立的要素，才能解释清楚中止犯减免处罚的根据，因而被称为法律说。法律说又分为两个方向：其一，着眼于客观面，认为中止犯没有造成既遂结果，客观危害较轻（用日本刑法学来表述，就是“违法性减少”），这就是违法减少说；其二，着眼于主观面，认为中止犯主动放弃犯罪，行为人的主观恶性已经降低（用日本刑法学来表述，就是“有责性减少”），这就是责任减少说。

我国学界一般认为，“不能仅从一个方面说明中止犯减免刑罚的根据”，[5]“就中止犯的从宽处理的根据而言，既可以从法律（包括违法性和责任）的角度考虑，也可以从刑事政策（包括一般预防与特殊预防）的角度考察；既可以从行为的危险性（包括客观和主观）上考察，也可以从刑罚目的（预防犯罪）上考察，这才能全面揭示对中止犯从宽处理的根据。”[6]所以，学界向来兼采法律与政策两条路径来解释中止犯的减免处罚根据。如通说明确指出：“中止犯既然自动放弃犯罪，表明其主观恶性大为减少；没有造成损害，说明客观上对社会没有造成危害，从而应当免除处罚。并且这样做，可以鼓励实施犯罪行为的人悬崖勒马，因而有助于防止犯罪结果发生。”[7]

日本学界曾经将政策说与法律说相对立，但是，现在看法与我国相同，认为政策说与法律说从不同角度揭示了中止犯的多重特性，故应将政策说与法律说结合起来解释中止犯的减免处罚根据。这种见解被称为并用说，已经成为日本的多数说。当然，由于所强调的侧重点不同，并用说又可细分为三种学说：一是违法减少＋刑事政策的并用说，二是责任减少＋刑事政策的并用说，三是违法减少＋

[5] 张明楷：《刑法学》（上），法律出版社 1997 年版，第 269 页。

[6] 马克昌：《未遂犯比较研究》，载《珞珈法学论坛》（第一卷），武汉大学出版社 2000 年版，第 234 页。

[7] 马克昌主编：《犯罪通论》（第 3 版），武汉大学出版社 1999 年版，第 488 页。

责任减少＋刑事政策的并用说（该说又称为总合说）。[8] 如果用日本刑法理论来表述，我国的通说可谓是违法减少＋责任减少＋刑事政策的并用说。

由上可见，中日刑法学对于中止犯减免处罚根据的研究路径问题，已经达成共识。那么，除此之外，是否还存在其他研究路径呢？在我国，认为对中止犯应当减免处罚是罪刑相适应原则的要求，[9] 这种观点较为常见。罪刑相适应原则是刑法的基本原则之一，任何样态的犯罪（如主犯与从犯、既遂与未遂等）都应当贯彻罪刑相适应原则。可见，若是抽象而论，罪刑相适应原则不足以体现中止犯的法律特性；若是具体而论，则中止犯减免处罚根据绝不是罪刑相适应原则本身所能解释得了的。[10]

另一种常见的观点是，主客观相统一原则是中止犯减免处罚根据的理论基础，应当立足于主客观相统一原则，从主观与客观的有机统一上探求中止犯的处罚根据。[11] 但是，若是泛泛而论，主客观相统一原则并不能真正揭示中止犯的法律特性，因为不论样态如何，只要是犯罪，都是主客观相统一的；若是认为减免处罚根据在于中止行为的客观面与行为人的主观面不同于一般犯罪，则就是违法减少＋责任减少的并用说，除此之外并无新的内容。

也有论者认为，中止犯减免处罚根据在于报应为主、功利为辅的刑罚观念。[12] 但是，首先，在刑罚观点的意义上使用报应、功利的概念时，都是在讨论“恶”的刑罚为何是正当的；换言之，报应与功利回答的是刑罚的正当化根据是什么的问题，这与立法者为什么能够对中止犯减免处罚，是完全不同的问题，故该观点存在滥用报应、功利理论的嫌疑。其次，报应的基础无非是中止行为的客观危害或者行为人的主观恶性不同于预备犯、未遂犯，而功利也无非体现在减免处罚具有预防犯罪的功能上，因而，该观点实为违法减少＋责任减少＋刑事政策的并用说，不过采用报应与功利包装了一下而已。正是由于这些原因，中外学界在探讨中止犯减免处罚时从未触及报应与功利。

还有论者提出，伦理依据是中止犯减免处罚更深层次的理论依据，刑事责任的理论基础不能排除伦理道德。[13] 但是，刑事责任是一种法律责任，而不是伦

---

[8] 此外，还存在违法减少＋责任减少的并用说，但是，这种并用说未考虑刑事政策，这是需要加以留意的。

[9] 参见高铭暄主编：《刑法专论》（上编），高等教育出版社2002年版，第308页。

[10] 例如，实行阶段的中止犯，其客观危害重于预备犯，可为何处罚轻于预备犯？

[11] 参见梁晟源、周伟良：《中止犯减免处罚的根据》，载《中国人民公安大学学报（社会科学版）》2006年第6期。

[12] 参见袁彬、李旭：《中止犯处罚若干问题研究》，载《黑龙江省政法管理干部学院学报》2004年第3期。

[13] 参见赵秉志主编：《犯罪总论问题探索》，法律出版社2003年版，第484–485页。

理责任，将伦理混入法律（刑法），严重背离了自费尔巴哈以来法律与伦理相分离的历史方向，并不足取；同时，如果注重伦理依据，自然会认为只有出于伦理上可宽宥的动机而中止犯罪的才构成中止犯，这无疑将会过于限制中止犯的适用，不利于鼓励犯人及时停止犯罪从而救助、保护法益这一刑事政策目的的实现。

又有论者认为，除了社会危害性的减少之外，还必须从刑法内部的谦抑性来解释中止犯减免处罚的根据。[14]但是，谦抑性说无法解释下列问题：为什么中止犯的刑事责任轻于未遂犯甚至轻于预备犯，减轻处罚时对中止犯应当减轻到何种程度才是合理的？要解决这些问题，还得依靠上述的并用说。可见，谦抑性说并不能为分析中止犯减免处罚根据带来任何新的内容。

总之，罪刑相适应原则、主客观相统一原则、报应与功利说、伦理依据说与谦抑性说，都不能细致地揭示中止犯的法律特性，故无法构成分析中止犯减免处罚根据的新路径。对于犯罪该如何合理设定刑事责任，在刑法学上无非取决于行为的客观危害轻重（违法性）与行为人的主观恶性大小（有责性）；当然，特定刑事政策的考虑也能影响刑事责任的轻重（例如，《刑法》第 17 条第 3 款“已满十四周岁不满十八周岁的人犯罪，应当从轻或者减轻处罚”的规定，就是对未成年犯贯彻“教育为主，惩罚为辅”这一刑事政策的产物）。设定中止犯的刑事责任时，需要考虑的也不外乎就是这些因素。因此，还是应当在客观危害轻、主观恶性小与刑事政策的考虑三者之中，来寻找中止犯减免处罚的根据。

（二）比较对象：是在与既遂犯相比较的意义上，还是在与未遂犯、预备犯[15]相比较的意义上，来讨论中止犯减免处罚根据？

中止犯减免处罚根据在学说上纷繁复杂，重要原因之一是中止犯减免处罚的比较对象模糊。不明确中止犯的比较对象，将难以在减免处罚根据上达成共识，也难以厘清各种学说之间的分歧。

可以肯定，我国学界基本上是以既遂犯为比较对象来讨论中止犯应当减免处罚的理由的。[16]与既遂犯相比，客观上没有发生既遂结果、主观上行为人放弃了

[14] 参见程红：《中止犯基本问题研究》，中国人民公安大学出版社 2007 年版，第 91 页以下。

[15] 日本刑法典不承认预备阶段存在中止犯，明确规定只有着手实行犯罪后才能构成中止犯，因此，在日本讨论中止犯的法律特性时，能够构成中止犯比较对象的只能是未遂犯或者既遂犯。而根据我国刑法典，即使在预备阶段也存在中止犯，因此，需要研究中止犯的刑事责任为什么轻于预备犯，这样，在与未遂犯相比较的同时，还必须在与预备犯相比较的意义上讨论我国中止犯减免处罚的根据。或许学界对此难以接受，但是，在比较对象上为什么一定要将预备犯排除在外呢？中止犯的刑事责任为何轻于预备犯，难道不是一个需要研究的学术问题吗？这难道真的与中止犯减免处罚根据无关吗？

[16] 我国也有教科书指出：“犯罪中止，不仅客观上没有发生预期的危害结果，而且中止犯本人的危险性也比较小。所以，与犯罪预备和犯罪未遂相比较，对中止犯的处罚应当更轻。”（高铭暄主编：《中国刑法学》，中国人民大学出版社 1989 年版，第 180 页。）这似乎表明，我国学界有时也在与未遂犯甚至预备犯相比较的意义上讨论中止犯减免处罚的根据。

追求犯罪既遂的意思，当然可以认为中止犯的客观危害较轻（违法性减少）、主观恶性较小（有责性减少），所以要对中止犯减免处罚。正是基于这一理解，通说采取了违法减少＋责任减少＋刑事政策的并用说。

但是，将既遂犯作为中止犯减免处罚的比较对象是不妥的。讨论中止犯减免处罚的根据，实际上讨论的是中止犯的处罚轻于未遂犯，其实质根据在哪里？甚至还要讨论为何中止犯的处罚轻于预备犯，其根据是什么？所以，在解释为何对中止犯应当减免处罚时，应当比较的对象是未遂犯与预备犯，而不是既遂犯。当然，中止犯的刑罚是以既遂犯的法定刑为基准来减轻的，故而在讨论中止犯减免处罚时，有时会无意识地将中止犯与既遂犯相比较。[17] 研究中止犯时，对此应当加以注意。

本文认为，在我国，应当在与未遂犯、预备犯相比较的基础上讨论中止犯减免处罚的根据。与预备犯、未遂犯均“比照既遂犯”作相应处理不同，1979年刑法与现行刑法都没有规定中止犯应“比照既遂犯”减免处罚。这绝不是偶然的。中止犯的刑事责任是否合理，不能仅仅与既遂犯的处罚相比较，还必须同时和同类型的未遂犯、预备犯的处罚相比较，因为仅在分则条文既遂犯法定刑的基础上直接减免处罚，尚不能立即实现中止犯的合理量刑；要合理确定中止犯的刑事责任，还必须与同类型的未遂、预备案件相比较——中止犯、未遂犯、预备犯都没有发生既遂结果，对三者都应当宽大处理，但对中止犯应宽大到什么程度才合理呢，此时唯有与未遂犯、预备犯相比较，才能得出合理结论。《意大利刑法典》第56条第4款规定：“如果自愿阻止结果的发生，处以为犯罪未遂规定的刑罚并减轻三分之一至一半。”[18] 这清楚地表明，在既遂犯法定刑的基础上，还需要同时考虑对同类型的未遂犯的处罚，才能最终合理确定中止犯的刑事责任。因此，讨论中止犯减免处罚根据时，真正构成比较对象的应当是未遂犯与预备犯。

只要联系未遂犯与预备犯的刑事责任，即可形式地推论出我国刑法对中止犯为什么是“应当减轻或者免除处罚”了：根据我国刑法，预备犯的刑事责任是“可以比照既遂犯从轻、减轻处罚或者免除处罚”，未遂犯的刑事责任是“可以比照既遂犯从轻或者减轻处罚”，相较于未遂犯、预备犯，如果要对中止犯作更为宽大的处理，那么，就只能是“应当减轻或者免除处罚”了。

如果在与未遂犯（为了行文简洁，这里暂不讨论与预备犯的比较）相比较而言的意义上讨论中止犯减免处罚的根据，那么，我国的通说将难以继续维持。因

---

[17] 参见［日］佐伯仁志：《未遂犯论》，载《法学教室》2006年第1期，第128页。本文认为，研究中止犯时，如果明确区分“处罚比较对象”（即在什么基础上确定法定刑）与“减免比较对象”（即与何种犯罪形态相比较对中止犯应当减免处罚），则如下表述可能更为精确：在我国，中止犯的“处罚比较对象”是既遂犯，而“减免比较对象”是未遂犯与预备犯。

[18] 黄风译：《意大利刑法典》，中国政法大学出版社1998年版，第22页。

为，中止犯与未遂犯客观上都存在侵犯法益的具体危险，都有既遂的可能性，且都没有既遂，二者的客观危害并无不同，难以认为中止犯的客观危害比未遂犯轻微。这样，就难以采用客观危害较小（违法性减少）来解释我国中止犯减免处罚的根据。

在与未遂犯相比较的基础上，中止犯减免处罚根据将面临如下选择：⑴着眼于主观面，虽然中止犯与未遂犯的客观危害相同，中止犯不存在违法性减少问题，[19] 但是二者的主观恶性不同：中止犯是出于本人意愿，而未遂犯则违背了本人意愿，可见中止犯的主观恶性轻于未遂犯，对中止犯的处罚自然应轻于未遂犯。据此，对于中止犯的减免处罚根据，便会采取以责任减少为中心的并用说。⑵着眼于客观面，中止犯与未遂犯的客观危害虽然一致，但是，在没有发生既遂结果的原因上不同：未遂犯是外因（意志以外的原因）消灭了既遂危险，导致未发生既遂结果，而中止犯是内因（本人主动）消灭了既遂危险，导致未发生既遂结果；在刑事政策上，行为人主动消灭既遂危险是值得奖励的行为，这样有利于鼓励行为人及时中止犯罪从而有效保护法益。据此，对中止犯减免处罚根据便有可能采取以刑事政策为中心的并用说。这种并用说可以称为新刑事政策说。[20]

（三）评价对象：将哪一部分作为中止犯违法与责任的评价对象？

暂且撇开刑事政策不论，我国学界曾经认为，中止犯是自动地放弃了犯罪，或有效地防止了既遂结果的发生，已经消除或减轻了行为的社会危害性；而且中止犯自动中止犯罪的事实，也说明其人身危险性的减小或消失，故对中止犯要减免处罚；[21] 甚至认为，对中止犯减免处罚，是由犯罪中止已消除了行为人犯罪行为的主、客观危害社会的可能性这一特点所决定的。[22] 这种观点可以命名为社会危害性与人身危险性的“减少、消灭说”，与日本刑法学中的违法减少、消灭说和责任减少、消灭说是相通的。不过，现在，我国学界一般不再主张客观危害与主观恶性的“消灭”，仅主张客观危害与主观恶性的“减少”。如常见的说法是：行为人出于本人意愿放弃犯罪或者有效地防止犯罪结果的发生，表明行为人的主观恶性较小；行为人停止了犯罪行为，防止了危害社会结果的发生，表明犯罪行

[19] 再次强调，如果以既遂犯为比较对象，当然能得出中止犯违法性减少的结论，但是，以未遂犯为比较对象，从结果无价值来看，无法认为中止犯的违法性减少了。

[20] 在日本，以往的政策说，仅从刑事政策的角度来研究中止犯减免处罚的根据；与此不同，虽然学者们现在也将自己的观点称为政策说，但是，其都分析了刑事政策的实体根据，即因为客观危害较轻（违法性减少）、主观恶性较小（有责性减少），所以立法者从刑事政策出发对中止犯作了宽大处理。为了与以往的政策说相区别，现在的政策说可谓是新刑事政策说。

[21] 参见高铭暄主编：《刑法学》（修订本），法律出版社 1984 年版，第 183 页；李文芳主编：《中华人民共和国刑法讲义》，中国刑事警察学院法律教研部 1985 年印，第 145–146 页。

[22] 参见杨敦先：《刑法学概论》，光明日报出版社 1985 年版，第 174 页。

为的客观危害较小，所以对中止犯要减免处罚。[23] 与我国学说变迁相似，日本刑法学也曾认为，中止犯减免刑罚的根据在于违法性的减少、消灭[24] 或者是责任的减少、消灭。[25] 但是，现在的日本刑法教科书也只讨论违法“减少”或者责任“减少”问题，不再提及违法或责任的“消灭”问题。那么，在什么意义上可以认为违法或责任减少、消灭了？为何现在仅讨论违法或责任的减少问题、不承认违法或责任的消灭？中止犯是否什么都不能消灭？如果中止犯可以消灭一些东西的话，其到底能够消灭什么？要正确回答这些问题，就必须从正面明确中止犯违法与责任的评价对象是什么。

从实体结构来看，中止犯由中止之前的犯罪行为与中止行为两部分组成。那么，作为中止犯违法与责任的评价对象，是中止之前的犯罪行为这一部分，还是中止行为这一部分，抑或是二者所构成的整体呢？不讨论中止犯违法与责任的评价对象问题，就不能解决中止犯的客观危害（违法性）与主观恶性（责任）到底是被减少了还是被消灭了的问题。

现在，首先，将目光移向中止前的犯罪行为。中止行为之前的犯罪行为是一种客观存在，无论行为人事后有什么表现，都不可能使既存犯罪事实变为一切都未曾发生。因此，中止行为之前的犯罪行为曾具有的客观危害与行为人当时的主观恶性，已经作为历史形态被定格化了，既不能回溯性地被减少，也不可能被消灭。因此，违法或责任的减少、消灭肯定不是针对中止前的犯罪行为而言的。

如果仅将中止前的犯罪行为作为违法与责任的评价对象，只能得出中止犯违法与责任既没有减少也没有消灭的结论。这样，对中止犯减免处罚根据，便可能采取传统的政策说或者法定量刑事由说。传统的政策说认为，正因为中止前的犯罪行为的违法性与责任已经固定化了，所以，对中止犯减免处罚与犯罪成立要素无关，只能用刑事政策来解释。不过，丝毫不考虑犯罪成立要素的政策说，现在已经无人支持了。法定量刑事由说认为，中止行为这一事后情节可以减少量刑责任，中止犯规定便是对这一量刑情节的法定化。[26] 但是，法定量刑事由说难以回答如下问题：行为人的事后表现（如盗窃犯事后返还被盗财物）当然会影响到量刑的轻重，为何刑法仅对中止行为进行法定化而不对其他事后表现进行法定化？法定量刑事由说是日本的少数说之一，我国无人主张该说。看来，不能仅将中止前的犯罪行为作为中止犯违法与责任的评价对象。

其次，将目光转向中止行为。中止行为无法像橡皮那样擦去既存犯罪行为，

---

[23] 参见陈兴良：《刑法适用总论》（上卷），法律出版社 1999 年版，第 450 页。
[24] 参见［日］平场安治：《刑法总论讲义》，有信堂 1952 年版，第 141 页。
[25] 参见［日］香川达夫：《刑法讲义》（总论），成文堂 1980 年版，第 272 页。
[26] 参见［日］西田典之：《刑法总论》，弘文堂 2006 年版，第 295 页。

但是，其犹如一盆水，可以浇灭即将熊熊燃烧的犯罪之火。具体而言，如果行为人继续实行犯罪，既存犯罪将会进一步向前发展，犯罪之火将会越烧越旺，最终能达既遂；但是，中止行为的出现改变了既存犯罪的发展趋势、方向与规模，使犯罪既遂的危险逐步递减，最终导致无法出现既遂结果。如果是在中止行为导致犯罪既遂的可能性逐步减少并最终丧失的意义上认为违法减少、消灭了，那么，违法减少、消灭说是可以成立的。就主观面而言，中止行为表明行为人开始动摇并最终放弃了曾经追求犯罪既遂的犯意，打消了继续实行犯罪的念头，在此意义上，责任减少、消灭说同样可以成立。可见，如果将中止行为作为中止犯违法与责任的评价对象，能够得出违法减少、消灭或责任减少、消灭的结论。

但是，仅将中止行为作为中止犯违法与责任的评价对象，也是不妥的。从实体结构上看，中止之前的犯罪行为与中止行为是中止犯不可分割的整体，前者制造了侵犯法益的危险，该危险随时有可能转化为既遂实害，这是行为人构成犯罪、应当承担刑事责任的基础；后者则消灭了前者的危险，使侵害法益的危险未能转化为既遂实害，从而避免了危害的扩大或者说有效救助了法益，这是对中止犯作宽大处理的基础。[27] 对中止犯减免处罚是以中止犯构成犯罪为前提的，因此，分析中止犯减免处罚的根据，当然要从整体结构上（即同时结合中止前的犯罪行为与中止行为）来把握中止犯。违法性评价不是在实施犯罪行为的瞬间就固定了的，着手实行犯罪后又根据己意实施了中止行为，这一整体行动过程统一地构成了动态的违法评价对象，[28] 也应是动态的责任评价对象。

将中止行为也作为中止犯违法与责任的评价对象，面临如下疑问：一般而言，违法评价的对象是符合构成要件的行为，责任评价的对象是符合构成要件的违法行为，可是，中止行为本身不是犯罪，不符合任何构成要件，怎会成为违法与责任评价的对象？本文认为，这一疑问是将中止行为孤立化的产物。孤立地看，非罪行为确实不能成为违法与责任的评价对象。但是，中止行为绝不是中性的非罪行为。中止行为是中止犯必不可少的组成部分，而中止犯本身是一种应负刑事责任的犯罪，在此意义上，中止行为也是犯罪的一部分。换言之，中止行为绝非是与构成要件毫无关联的中性行为，而是围绕构成要件、减少法益侵害的程度、规模与方向的行为。不过，与一般的犯罪行为维持、增加法益侵害的危险不同，中止行为是一种减少、消灭法益侵害危险的行为。如果说一般的犯罪行为是一

[27] 或许，在讨论中止犯减免处罚根据时，还可以将问题细分为中止犯的“处罚根据”与“减免根据”。中止之前的犯罪行为侵犯了法益，这是处罚中止犯的根据（处罚根据），而中止行为救助、保护了处于危险之中的法益，这是对中止犯减免处罚的根据（减免根据）。

[28] 参见前引 2，板仓宏书，第 135 页。

种“+犯罪行为”，那么，中止行为便是“−犯罪行为”。[29] 正因为中止犯中存在“−犯罪行为”，所以，对于中止犯应减免处罚。[30] 总之，既然在一定的意义上，中止行为也属于犯罪的一部分，当然可以成为违法与责任的评价对象。

现在，是审视中止犯整体结构的时候了。将中止犯整体作为违法与责任的评价对象，那么，在中止行为不能回溯性地消灭既存法益侵害，只能改变既存法益侵犯的规模、程度的意义上，中止行为无法消灭客观危害，只能减少客观危害，换言之，中止犯未能消灭违法性，仅是减少了违法性。行为人在实现了部分犯意后又放弃了追求犯罪既遂的犯意，在中止行为无法回溯性地消灭犯意曾经存在的意义上，主观恶性是历史存在的，不过后来变轻了而已，换言之，中止犯未能消灭责任，仅是减少了责任。正是将中止犯整体作为违法与责任的评价对象，中日学界都开始主张违法与责任的减少，不再承认违法与责任的消灭。[31]

（四）如何减少：客观危害与主观恶性是怎样被减少的？

虽然违法减少与责任减少大致已成定论，但是，在什么意义上客观危害与主观恶性减少了，或者说违法性与责任是怎样被减少的，仍然是需要回答的问题。

以既遂犯为比较对象，容易解释中止犯客观危害与主观恶性是怎样被减少的：在犯罪具有既遂危险的前提下，行为人通过中止行为消灭了既遂危险，没有发生既遂结果，在此意义上，客观危害降低了；行为人放弃了将犯罪进行到底的原有犯意，不再希望或者放任既遂结果的发生，在此意义上，主观恶性也减少了。但是，前文已经指出，既遂犯不是中止犯减免处罚的比较对象，应当在未遂犯与预备犯的基础上讨论中止犯减免处罚的根据。因此，必须从正面解释，与未遂犯、预备犯相比中止行为怎样减少了客观危害与主观恶性。为了行文简洁，下面仅将中止犯与未遂犯相比较来加以说明。

与未遂犯相比，解释中止犯的主观恶性较轻是容易的。我国学界通常的解释是：未遂犯是“由于犯罪分子意志以外的原因而未得逞”，而中止犯则是行为人“自动”放弃犯罪或者“自动”有效地防止了既遂结果的发生，可见，中止犯的主观恶性轻于未遂犯。对此应当没有异议。在日本刑法学中，对于责任如何减少存在很多解释。比如，团藤重光教授认为，中止行为所显示出来的人格态度减少

---

[29] 井田良教授认为，一般的犯罪是“+犯罪”，中止犯是“−犯罪”（参见［日］井田良：《刑法总论の理论构造》，成文堂2005年版，第277页）。受此启发，笔者认为，一般的犯罪行为是“+犯罪行为”，而中止行为是“−犯罪行为”。

[30] 由此可见，犯罪论所讨论的是“具备何种要件时可以科处刑罚”，而中止犯则讨论“具备何种要件时可以减轻或者免除处罚”，也可以说是“逆向的犯罪论本身”。参见［日］平野龙一：《犯罪论の诸问题（上）总论》，有斐阁1981年版，第162页。

[31] 当然，这并不意味着在中止犯中什么都不能消灭，中止行为能够改变既存犯罪的走向，最终消灭了犯罪既遂的危险。

了行为人的责任，[32] 而未遂犯则缺乏这种人格态度。这是人格责任论所作的一种解释；再如，曾根威彦教授认为，行为人犯罪后，法律期待行为人停止犯罪，未遂犯人违背了法律的期待，而在很难期待行为人实施合法行为的状况下，中止犯人却选择了合法行为（中止行为），因而减少了责任。[33] 这是规范责任论所作的一种解释。总之，以行为人呈现“再次遵守法律义务的意欲”，可以总括解释中止犯责任的减少。[34]

解释中止犯的客观危害轻于未遂犯，并不容易。在我国，认为中止犯的客观危害较轻，都是在与既遂犯相比较的意义上而言的，我国学界尚未研究与未遂犯相比中止犯客观危害是否较轻。中止犯分为实行阶段的中止犯与预备阶段的中止犯。预备阶段的中止犯尚未着手，其对法益的危害程度轻于已经着手实行的未遂犯。这样，总体上可以认为中止犯的客观危害轻于未遂犯。但是，这种总体比较有失公允，因为，要比较中止犯与未遂犯的客观危害大小，就应当采取同一尺度（即应在实行阶段比较二者客观危害的大小）。如果将未遂犯与实行阶段的中止犯相比较，则难以认为二者在客观危害上存在差别，因为无论是中止犯还是未遂犯，都没有发生既遂结果。

在日本，有两种解释方案试图说明中止犯的违法性轻于未遂犯：其一，未遂犯中的故意属于主观违法要素，中止犯在产生犯罪故意之后，又放弃了故意，因而减少了违法性。[35] 这是以平野龙一教授为代表的结果无价值论的一种解释。其二，没有发生实害，同时行为人又撤回了违反规范的意思，通过中止行为向外界表明了其符合规范的意思，因而减少了违法性。这是以西原春夫教授为代表的行为无价值论的一种解释。[36] 故意（或者未遂犯中的故意）是否属于主观违法要素，尚存在争议；同时，即便行为人撤销了违反规范的意思，也只能说明其责任减轻，无论如何都改变不了行为人曾经侵害法益、具有既遂可能的客观事实，因而难以认定中止犯减少了违法性。因此，与我国一样，日本刑法学也面临着难以解释清楚中止犯如何减少了违法性的难题（结果无价值论尤其如此）。

与未遂犯相比，如果能够肯定中止犯的违法性较轻，则对于中止犯的减免处罚根据，便可能采取以违法减少为核心的并用说。不过，结果无价值论的阵营倾向于认为：着手犯罪后都出现了侵害法益的具体危险，都未发生既遂结果，在这

---

[32] 参见［日］团藤重光：《刑法纲要总论》（第 3 版 · 附追补），创文社 2006 年版，第 362 页。

[33] 参见［日］曾根威彦：《刑法总论》（第 3 版），弘文堂 2000 年版，第 253 页。

[34] 参见前引 3，川端博书，第 475 页。

[35] 参见［日］平野龙一：《刑法总论 Ⅱ》，有斐阁 1975 年版，第 333 页。

[36] 参见［日］西原春夫：《刑法总论（上卷）》（改订版），成文堂 1993 年版，第 332–333 页。

些方面中止犯与未遂犯拥有完全相同的构造，[37] 在违法性方面中止犯与未遂犯没有任何不同。[38] 这样，（与未遂犯相比较的）违法减少说就难以获得支持。如果认为未遂犯与中止犯在违法性的程度上没有差别，其差别仅在于中止犯自动中止犯罪，与未遂犯相比责任减少了，则对于中止犯的减免处罚根据，便可能采取以责任减少为核心的并用说。这就是责任减少说为很多学者所赞成的原因。现在，责任减少说是日本的多数说，[39] 我国也有学者明确采纳以责任减少为中心的并用说。[40] 不过，责任减少说也并非十全十美。如果责任减少是中止犯的本质，那么，行为人实施了中止行为，为防止结果的发生进行了真挚的努力，即便结果最终还是发生了，也应当构成中止犯，但是中外刑法对此都不承认。可见，责任减少说无法解释成立中止犯为什么必须以没有发生既遂结果为前提。看来，需要另寻思路重新解释中止犯减免处罚的根据。

（五）角度选择：着眼于中止行为，还是着眼于自动性，来研究中止犯减免处罚的根据？

研究中止犯的减免处罚根据时，究竟是着眼于中止行为（客观面），还是着眼于自动性（主观面），结论将会有所不同。在日本，违法减少说与责任减少说的对立，在某种意义上可以说是重视中止行为还是重视自动性的对立。例如，前田雅英教授认为，中止犯的核心在于解释“根据自己的意思放弃了犯罪”这一点，既然将主观面作为问题，将“自动性”“根据自己的意思”主观要件这部分作为思考的前提，就会认为中止犯减免处罚的主要支柱首先是责任减少，这样来解释减免处罚根据才是浅显易懂的，因此，前田雅英教授采取了以责任减少为中心的并用说。[41] 相反，山口厚教授重视中止犯的客观面，认为无论行为人多么想中止犯罪，如果无法中止，就不能构成中止犯，所以中止行为是构成中止犯的最低限度的要件，而所谓中止行为就是指消灭既遂危险的行为，为了救助笼罩于危险中的具体被害法益，应当奖励消灭了既遂的具体危险的行为人，中止犯规定纯粹就是这样一种政策性产物，所以他提倡刑事政策说（危险消灭说）。[42]

以前，日本学界着眼于自动性（任意性）来研究中止犯减免处罚的根据，因为当时的看法是，防止既遂结果的行为是基于行为人的意思而实施的，减免刑罚这一法律后果的根据，自然与自动性具有紧密联系；但是，近来着眼于中止行为

---

[37] 正因为如此，在日本，中止犯属于广义未遂犯的一种，中止犯（中止未遂）与未遂犯（障碍未遂）能够被规定在一个刑法条文中。

[38] 参见前引 33，曾根威彦书，第 252–253 页。

[39] 参见前引 2，板仓宏书，第 133 页。

[40] 参见周光权：《刑法总论》，中国人民大学出版社 2007 年版，第 276–277 页。

[41] 参见［日］川端博、前田雅英等：《刑法理论的展望》，成文堂 2000 年版，第 320 页。

[42] 参见［日］山口厚：《刑法总论》（第 2 版），有斐阁 2007 年版，第 279–280 页。

来探讨中止犯减免处罚根据的研究接二连三，日本的理论状况发生了变化，[43]刑事政策说在日本开始抬头。

与日本不同，直到今天，我国学界依然偏重主观面来认定中止犯。对此，有论者明确指出："在中止犯的三个特征里，最值得讨论的，也是问题最多的，就是犯罪中止的自动性（任意性）。"[44]沿着这一逻辑出发，便会认为行为人主动、及时、彻底地消除了犯意是对中止犯减免处罚的根本原因所在。[45]但是，一方面，在犯罪构成中，客观要件（中止行为）是主观要件（自动性）的前提，另一方面，主观面（自动性）没有客观面（中止行为）容易认定，因此，本文认为，着眼于中止行为研究中止犯减免处罚根据，更为妥当。而且，如果认为中止犯减免处罚的核心是行为人的责任减少，则容易对行为人提出伦理上的过分要求，如可能要求只有具有（广义的）悔改意思或者具有主观的真挚性，才能成立中止犯；而在中止行为中寻找中止犯减免处罚的根据，就可以避免发生这些问题。

如果着眼于中止行为，对于中止犯减免处罚根据，就会选择刑事政策说：与未遂犯不同，中止犯是本人主动消灭了犯罪既遂的危险，如果对此加以奖励，便可以诱导行为人及时中止犯罪，从而可以最大限度地保护处于危险之中的法益。本文着眼于中止行为来研究中止犯减免处罚根据，故赞同刑事政策说。

二、我国中止犯减免处罚的根据

在犯罪的过程中，行为人是侵犯法益危险的制造者与控制者，如果能够对行为人进行"策反"，使其自我否定，及时控制事态进程消灭犯罪既遂危险，无疑是保护、救助法益的最佳方案。为了达到"策反"的目的，诱导行为人及时消灭既遂危险，刑法便对中止犯规定了减免处罚的奖励。中止犯减免处罚规定主要是刑事政策的产物。下面，将从五个方面对此展开说明。

（一）中止犯规定蕴含着刑事政策思想

无论中外学界，均承认中止犯规定中蕴含着刑事政策的考虑。这似乎不言自明，其实有待证明。作为刑事政策说的提倡者，首先必须证明中止犯规定中蕴含着刑事政策思想。

无论是刑法的总体设计还是具体规定，均是在一定刑事政策的指导下进行的。在刑法的总体设计上，1979年《刑法》第1条开宗明义地指出："中华人民共和国刑法，……以宪法为根据，依照惩办与宽大相结合的政策，结合……具体经验及实际情况制定。"可见，刑法典本身就是在一定刑事政策指导下制定的。因此，对于刑法的具体规定都能找出相应的刑事政策依据。总则方面可以自首、

[43] 参见［日］西田典之、山口厚编：《刑法的争点》，有斐阁2000年版，第92页。
[44] 陈兴良、周光权：《刑法学的现代展开》，中国人民大学出版社2006年版，第348页。
[45] 参见魏东、李运才：《中止犯的处罚根据检讨》，载《江西公安专科学校学报》2005年第3期。

立功为例。1979年刑法对于自首的处罚规定“从法律上体现了‘坦白从宽’的政策精神”，[46] 1997年刑法“为了更好地体现和执行这一刑事政策，鼓励犯罪分子自首、立功，有利于查处案件，……对自首、立功作了较宽大的处刑规定”。[47]分则方面的例子也相当多。例如，《刑法》第241条收买被拐卖的妇女、儿童罪第6款规定：“收买被拐卖的妇女、儿童，按照被买妇女的意愿，不阻碍其返回原居住地的，对被买儿童没有虐待行为，不阻碍对其进行解救的，可以不追究刑事责任。”设立这一规定的政策考虑是：收买被拐卖的妇女儿童的行为“有各种不同的情况，这样有利于减少阻力，有利于解救和保护被拐卖的妇女、儿童”。[48]又如，《刑法》第383条贪污罪第1款第3项规定：“……个人贪污数额在五千元以上不满一万元，犯罪后有悔改表现、积极退赃的，可以减轻处罚或者免予刑事处罚，由其所在单位或者上级主管机关给予行政处分。”这一规定的政策考虑是“有利于挽回因贪污犯罪给国家造成的损失，有利于教育改造贪污犯罪分子。”[49]

既然在制定相关刑法规定时都考虑了一定的刑事政策，那么，规定对中止犯减免处罚时当然也存在一定的政策考虑。那么，这种政策考虑到底是什么，其对于中止犯减免处罚到底起了什么作用，这些就是需要加以研究的问题。

（二）为什么特别强调刑事政策的地位

刑法规定均是出于防止犯罪的刑事政策目的而设立的，在此意义上，犯罪论规定全部具有刑事政策性；刑事政策说若仅是指出中止犯规定是出于防止发生既遂结果的目的而设立的，这等于什么也没有说，不会有人干这么愚蠢的事情；刑事政策的旨趣其实是想指出：在通常的犯罪论框架内无法解释中止犯规定。[50]换言之，在我国，仅以客观危害轻、主观恶性小，无法全面解释中止犯减免处罚的根据。

首先，无法以客观危害较轻来解释中止犯减免处罚的根据。第一，前文已经指出，中止犯减免处罚的比较对象是未遂犯与预备犯，而不是既遂犯。认为中止犯客观危害较轻是将中止犯与既遂犯相比较得出的结论。如果将中止犯与未遂犯、预备犯相比较，则难以得出中止犯客观危害较轻的结论。这样，就无法以客观危害较轻来说明中止犯的刑事责任。第二，有时根本就不可能以客观危害较轻来解释中止犯减免处罚的根据。例如，与预备犯相比，中止犯的客观危害更重（因

---

[46] 高铭暄：《中华人民共和国刑法的孕育和诞生》，法律出版社1981年版，第101页。

[47] 高铭暄、赵秉志主编：《新中国刑法立法文献资料总览》（中），中国人民公安大学出版社1998年版，第1831页。

[48] 高铭暄、赵秉志主编：《新中国刑法立法文献资料总览》（上），中国人民公安大学出版社1998年版，第642页。

[49] 前引47，高铭暄、赵秉志书，第1732页。

[50] 参见前引17，佐伯仁志文，第129页。

为预备犯尚未着手犯罪，而绝大多数中止犯已经着手，对被害法益多少造成了一定的侵害），[51] 可是中止犯的刑事责任却轻于预备犯。[52] 对此，决不是以中止犯的主观恶性轻于预备犯所能解释的（详见后述），而只能从刑事政策的角度来解释：与预备犯并非本人消灭了既遂危险不同（是行为人意志以外的原因消灭了既遂危险），中止犯是本人消灭了既遂危险，这在刑事政策上是值得鼓励、提倡的，应对行为人减免处罚进行奖励；为了彰显奖励的属性，所以刑法对中止犯规定了比预备犯更轻的刑事责任。[53]

其次，用主观恶性较小来解释中止犯减免处罚的根据，也存在问题。第一，为什么刑法要将未发生既遂结果作为中止犯的成立要件，这是责任减少说无法回答的。刑法将有效地防止既遂结果的发生作为成立中止犯的重要条件，只要发生了既遂结果，无论主观恶性多么轻微，都不能构成中止犯。这清楚地表明，只有在客观危害不严重时，主观恶性较轻才能起作用。与自动放弃犯罪的主观面相比，没有发生既遂结果这一客观面更为重要（至少同等重要）。为何客观面如此重要，责任减少说无法解释。因此，主观恶性较轻不可能构成中止犯减免处罚根据的核心。第二，即便能够以主观恶性较轻来解释对中止犯的处罚轻于未遂犯，[54] 也无法以中止犯的主观恶性轻于预备犯，来解释中止犯的处罚轻于预备犯的原因。我国刑法并不认为只要主观恶性轻，即使客观危害重也可承担较轻的刑事责任。例如，行为人虽是被胁迫实施犯罪，但起了主要作用（如是犯罪的主要实行者），与虽是自愿参与犯罪，但起了次要作用的（如仅提供了犯罪线索），即使前者的主观恶性轻于后者，处罚也重于后者（因为前者已构成主犯，而后者只是从犯）。可见，不问客观危害的大小，只要主观恶性较轻的，就可以承担较轻的刑事责任，是不可能的。虽然中止犯的主观恶性轻于预备犯，但是其客观危害重于预备犯，凭什么立法者只重视中止犯的主观恶性轻而无视中止犯的客观危害重，从而对中止犯规定较轻的刑事责任呢？对此，责任减少说无法回答。只有刑事政策说才能解释这一现象：为了“策反”行为人、诱导其及时消灭既遂危险，可以不问客观

[51] 当然，如果将预备阶段的中止犯与预备犯相比较，在均具有一定程度的侵害法益的危险、均未能着手实行犯罪方面是相同的，但此时充其量只能认为二者的客观危害相同，而无法认为中止犯的客观危害轻于预备犯。

[52] 无论是在1979年刑法还是在现行刑法中，预备犯的刑事责任都重于中止犯的刑事责任，因为前者是“可以”从轻、减轻处罚或者免除处罚，而后者是“应当”减轻或者免除处罚，并且，中止犯不存在从轻处罚的问题。

[53] 或许有人认为，规定中止犯不负刑事责任，奖励力度更大、效果更好。这在逻辑上是可能的，的确也有不少国家（如德国）不处罚中止犯。但是，中止行为之前的犯罪所具有的客观危害与主观恶性是客观存在的，尤其是在侵犯了重大法益或者对法益造成了相当程度的损害时，作无罪处理并不合适，所以我国刑法规定对中止犯应当减免处罚，而不是不处罚。

[54] 在客观危害相同的情况下，中止犯的主观恶性轻于未遂犯，故中止犯的处罚应轻于未遂犯。

危害的轻重，使行为人承担较轻的刑事责任。

再次，不借助于刑事政策，还无法解释以下两个问题：第一，犯罪既遂之后，行为人自动采取补救措施的（如主动返还被盗财物），为什么不能构成中止犯？或许回答很简单，刑法不承认发生了既遂结果后还可以构成中止犯，或者认为故意犯罪形态是一种结局形态，犯罪既遂已经构成结局形态，自然不可能再发展为中止犯。但是，这仅是形式的、表面的解答。为什么刑法不承认发生了既遂结果后就不能构成中止犯，其实质的内在理由是什么？对此，只能从刑事政策上来解释：刑法是为了保护法益、避免既遂结果的发生，才设立了中止犯减免处罚规定；在发生了既遂结果的场合，已经无法实现救助、保护法益的政策目的，当然就没有作为中止犯来处理的必要。第二，甲罪的中止犯，可能同时构成乙罪的既遂犯，此时为什么不能对行为人以乙罪的既遂犯来追究刑事责任？例如，故意杀人致人重伤后，出于悔意及时将被害人送往医院，被害人因而得救的，一般认为这构成故意杀人罪的中止犯，不能按照既遂的故意伤害罪来处理。[55] 那么，此时为什么不能对行为人按照故意伤害罪既遂、在重伤的范围内来定罪量刑呢？对此，无论是违法减少说还是责任减少说，都回答不了。“不问伤害事实的理由，只能求之于刑事政策考虑，即通过对中止行为施予恩典，诱导回避重大法益侵害的行为。”[56] 作为对中止行为的奖励，此时不追究伤害的责任，才是富有成效的。[57]

最后，我国通说也承认刑事政策在中止犯规定中起着重要作用。通说将中止犯与既遂犯相比较，从而得出中止犯客观危害轻、主观恶性小的结论。但是，正如前文所指出，对中止犯应当从宽到什么程度才是合理的，为什么中止犯的刑事责任能够轻于预备犯、未遂犯，仍然是通说需要进一步回答的问题。或许通说意识到了不足，所以同时指出，“对中止犯规定宽大的处理方法，对于鼓励犯罪分子悬崖勒马，促使他不要把犯罪行为进行到底，从而避免给国家和人民利益造成损失，是有积极作用的。”[58] 在我国刑法中，还有哪一种犯罪形态能够具有这种特性呢？中止犯鼓励犯罪人悬崖勒马、保护法益的特点，不正是中止犯法律特性的鲜明体现吗？因此，应当偏重于刑事政策来探询中止犯减免处罚的根据。

（三）中止犯处罚到底蕴含着何种刑事政策思想

中止犯是一种自我否定的犯罪，即行为人制造了犯罪可能既遂的危险，却又

---

[55] 对于这一结论，我国学界原则上是承认的，不过学界同时认为，假如在特定案件中，对被告人以中止犯处理可能会轻纵犯罪分子、有悖罪刑相适应原则时，也可以直接按照其中已经既遂的犯罪来定罪量刑（参见前引 7，马克昌书，第 488 页）。应当认为，这种观点不利于中止犯刑事政策的贯彻。

[56] 前引 29，井田良书，第 277 页。

[57] 参见前引 30，平野龙一书，第 165 页。

[58] 前引 46，高铭暄书，第 47 页。

自动消灭了该危险，整个过程如同放火者点火后，又自动浇了一盆水，把火熄灭了，避免了火灾的发生。虽然与未遂犯一样没有发生既遂结果，但是与未遂犯不同，中止犯控制着犯罪局面，是基于本人意志主动消灭了既遂危险，而未遂犯则不能如愿控制局面，是行为人意志以外的原因消灭了既遂危险，导致犯罪未得逞。在犯罪过程中，出现阻止犯罪既遂的偶然因素（如警察的出现、行为人能力低下等意外因素）的概率较低，此时，只有寄希望于行为人自我否定，才是避免法益深度被害的唯一可行之道，因为在犯罪现场，如果行为人摇身一变、放弃继续实行犯罪，就会立刻成为法益的最佳救助者。因此，如何让法益的侵犯者转变为法益的保护人，成了立法者殚精竭虑思考的问题。

在已经开始犯罪后（尤其是在已经着手后），要求行为人停止犯罪，往往是很困难的。只有对行为人进行一定的利益诱导，才有可能诱使行为人放弃犯罪行为的完成。于是，通过约定如果防止了结果便给予减轻或者免除刑罚这一奖励，立法者为防止法益侵害结果进行最后的努力。[59]这就是说，在犯罪尚未发生之前，立法者通过罪刑的立法宣告来预防犯罪、保护法益；当犯罪正在进行之时，立法者通过减免处罚来诱导行为人放弃继续实行犯罪、避免犯罪升级来保护法益。对中止犯减免处罚就是出于诱导行为人关键时刻及时自我否定、防止犯罪既遂以救助、保护法益的刑事政策目的而设立的。当然，立法者之所以能够采取这一刑事政策，是以行为人客观上消灭了既遂危险（违法性减少）、主观上出于本人意愿（有责性减少）为事实基础的。

（四）刑事政策批判之反驳

对于刑事政策说，存在如下批评：第一，德国刑法不处罚中止犯，采取刑事政策说容易达到防止犯罪既遂的目的，因而政策说可以成为德国的通说；但是，中国刑法只承认减免处罚，如果对中止犯仅是减免处罚（而不是不处罚），则难以达到防止犯罪既遂的政策目的。第二，对于不知道中止犯减免处罚规定的人来说，中止犯规定没有效果，因为行为人不知道消灭危险便可以减免处罚，便很难指望行为人去消灭危险，立法者的刑事政策期待就会落空。第三，到底是减轻处罚还是免除处罚，刑事政策无法作出合理解释；在决定对行为人减轻处罚时，减轻到何种程度较为合理，刑事政策说无法提出明确的基准。应当认为，这些批评不能成立。

第一，对中止犯减免处罚能够实现立法者的刑事政策目的。减免处罚的奖励幅度确实不如不处罚大，但也不失为一种奖励。奖励幅度越大行为人实施中止行为的驱动力越大，但是，并不意味着奖励幅度相对较小时，行为人就会丧失实施中止行为的积极性。与受到通常处罚相比，减轻处罚尤其是免除处罚，

[59] 参见前引35，平野龙一书，第333页。

对行为人仍然具有相当的吸引力，完全能够一定程度地达到诱导行为人自我否定的刑事政策目的。况且，就司法实践来看，中止犯有时候具有“不处罚”的客观效果。例如，2006年1月11日《最高人民法院关于审理未成年人刑事案件具体应用法律若干问题的解释》第9条第2款规定：“已满十六周岁不满十八周岁的人盗窃未遂或者中止的，可不认为是犯罪。”再如，2006年12月28日《最高人民检察院关于在检察工作中贯彻宽严相济刑事司法政策的若干意见》规定，对于中止犯，符合不起诉条件的，可以依法适用不起诉。在这里，不认为是犯罪、依法适用不起诉的结果，对中止犯实际上就是“不处罚”。既然在特定情形下中止犯罪就可以不处罚，就更能有力地诱导行为人及时中止犯罪、实现保护法益的刑事政策目的了。

第二，知道中止犯规定的国民确实不多，但是，即使不知道中止犯规定，与没有中止的场合相比，如果中止犯罪将会受到宽大处理，这不是一般人的常识吗？为了实现防止完成犯罪于未然这一刑事政策目的，中止了犯罪将会受到宽大处理还是有其意义的。[60]换言之，即使中止犯规定不是在所有场合都起作用，但是，若以具有某种程度的作用为目标，则就不能说毫无意义。[61]再说，即使行为人不知道中止犯减免处罚的规定，也不能否认中止犯规定具有保护法益的效果；如果以此为由不承认中止犯具有防止犯罪既遂的效果，那么，对于自首等一连串的减轻或者免除处罚规定的存在意义，同样也值得怀疑，进而无非否定了刑法的预防犯罪效果；如果否定通过规范、制裁的手段来调控国民行动的可能性，那么，连刑法的存在意义本身都将会被否定。[62]因此，国民不知道中止犯减免处罚的规定则刑事政策目的不可能实现的批评，是没有道理的。

第三，对中止犯减免处罚的目的是救助、保护法益，因此，对中止犯是减轻处罚还是免除处罚，当然要视行为人对法益的救助状况而定，与对法益的保护程度成正比。当仅是虚惊一场、对法益没有造成任何实害时，行为人对法益的保护程度最高，应当给予行为人最大的奖励——免除处罚；行为人虽然消灭了既遂危险，但还是给法益造成了一定程度的损害时（如杀人的中止犯致人重伤），对其减轻处罚是较为合适的奖励。所以，现行《刑法》第24条明确规定，对于中止犯，没有造成损害的，应当免除处罚；造成损害的，应当减轻处罚。刑法对中止犯刑事责任的规定在刑事政策上具有极其重要的呼吁机能：处罚与对法益的损害程度成正比，损害越大减轻处罚的幅度越小，所以行为人在中止犯罪时应尽量避免给法益造成损害；如果出现了既遂结果，则不再享受中止犯减免处罚的

---

[60] 参见前引2，板仓宏书，第133页。

[61] 参见前引30，平野龙一书，第143页。

[62] 参见前引29，井田良书，第277-278页。

优待。[63] 由此可见立法者保护法益的良苦用心。总之，刑事政策说能够区分何时减轻处罚、何时免除处罚，并且能够为减轻处罚程度提供实质基准。

（五）刑事政策说的优点

第一，有助于扭转中止犯的认定重心。我国的犯罪构成理论往往不能严格地坚持先客观、后主观的判断顺序，并且，与客观要件相比学界常常更加重视主观要件。这一点在中止犯的认定中，也体现得非常明显。如我国学界将中止犯的认定重心放在自动性上，认为自动性是中止犯的核心要件。但是，在考察自动性之前，首先应当考察行为人的行为能否说是中止行为。采取刑事政策说，便可以自然地实现这一点，因为根据刑事政策说，行为人是否消灭了既遂危险，才是问题的关键。采取刑事政策说，将会实现中止犯判断重心由主观面向客观面的转移，对于严密我国的犯罪构成理论，具有重要意义。

第二，有助于适当扩大中止犯的适用范围。采取以责任减少为中心的并用说，将会不当缩小中止犯的适用范围。例如，有论者认为，行为人对准被害人的腹部猛刺几刀，在被害人的哀求下，行为人自己开车将被害人送到医院，却告诉医生说“自己不是犯罪人，不知道是谁刺伤了被害人”，行为人仅是单纯存在将被害人送到医院的努力，这种程度的行为尚不足以认定为防止结果发生的真挚努力，所以不能成立中止犯。[64] 再如，有论者认为，明明自己可以去买解毒药，由于觉得路远，便指使他人去买，尽管同样阻止了被害人死亡结果的发生，但这种情况行为人不具有真挚性，不能成立中止犯。[65] 这两个案例不构成中止犯的理由，表面上是因为在客观面行为人缺乏真挚的努力，其实是认为行为人的主观恶性没有减轻（缺乏主观的真挚性[66]），是偏重于主观面认定中止犯的恶果。根据刑事政策说，只要行为人在客观上消灭了犯罪既遂的危险、救助了法益，就值得作为中止犯接受减免处罚的奖励。在上述两个案件中，行为人都成功消灭了既遂危险，有效地防止了犯罪结果的发生，应当构成中止犯。可见，采取刑事政策说有助于合理地认定中止犯。

第三，有助于准确认定共犯中的中止犯。通说以主观恶性减轻（自动性）作为认定中止犯的核心要件，这便导致在共同犯罪中部分共犯人已经既遂、部分共

[63] 无疑，中止犯主观恶性的轻重，对于减轻幅度也具有一定影响。不过，只有在考虑了法益损害的程度之后，才能考虑主观恶性的轻重。换言之，影响减轻处罚幅度的首要因素是法益损害的大小，其次才是主观恶性的轻重。

[64] 参见前引 44，陈兴良、周光权书，第 364 页。

[65] 参见前引 14，程红书，第 266 页。

[66] 在日本刑法学中，是否要求行为人具有主观的真挚性，存在争议（参见前引 41，川端博、前田雅英等书，第 327–328 页）。本文认为，真挚性是在客观面对于中止行为的要求，因此，在真挚性中混入主观的要素（主观的真挚性），并不妥当。

犯人自动放弃继续实行犯罪时是否构成中止犯的争议。比如，数人共同轮奸被害女性，被害人苦苦哀求其中一个犯人甲说自己不行了，甲见被害人确实可怜，于是放弃了奸淫，甲是否构成中止犯，在我国意见不一。实务中存在着眼于行为人主观恶性减轻因而承认构成中止犯的见解。在共犯中，法益不但面临着来自行为人的危险，而且面临着来自其他共犯人的危险，任何一个共犯人侵害法益至既遂时，法益就已完全受到侵害，犯罪即构成既遂。因此，就刑事政策说而言，只有使法益躲过了所有共犯人魔爪的人，才实现了救助、保护法益的刑事政策目的，才值得作为中止犯接受减免处罚的奖励。在上例中，尽管甲本人放弃了奸淫行为，但是，他并没有消灭被害人被奸（被其他共犯人奸淫）的危险，故从刑事政策来看，甲放弃奸淫的行为无法构成强奸罪的中止犯，而是既遂犯。[67]

第四，有助于实现处罚的均衡。刑事政策说是以未遂犯、预备犯为比较对象得出来的结论。将未遂犯与预备犯作为中止犯的比较对象，有利于实现对中止犯的合理量刑，即为了诱导行为人自我否定，对于中止犯的处罚应当轻于同类型的未遂、预备案件，这样才能表明减免处罚是对行为人的奖励。通说以既遂犯为比较对象，不利于实现中止犯与未遂犯、预备犯的处罚均衡。

三、刑事政策说对中止犯认定的具体影响

根据刑事政策说，成立中止犯应当重视如下两个方面：在客观面，行为人实施了消灭既遂危险的中止行为，因而没有发生既遂结果；在主观面，行为人具有中止意思，即认识到是自己消灭了既遂危险。

（一）中止行为

所谓中止行为，是指消灭了犯罪既遂危险的行为。这个定义虽然简单，但是蕴含着不少内容：

1. 消灭既遂的危险，以法益处于危险之中为当然前提，因此，没有既遂危险的地方，就没有中止行为。显然，既遂危险只存在于犯罪过程中，因为只有在犯罪过程中，法益才面临被害危险，此时法律才期待行为人实施中止行为来消灭既遂危险。所以，我国刑法明确规定中止犯必须是“在犯罪过程中”。学界将此理解为“时空性”，并将其作为中止犯的成立要件来对待。但是，刑法作此规定，不过是想表明中止行为的存在范围而已，即“没有犯罪既遂危险的地方，就不存在中止行为”。[68] 因此，时空性是中止行为本身的构成要素，没有必要将时空性作为中止犯的成立要件之一来对待。

2. 行为没有消灭既遂危险，就不属于中止行为。因时机不成熟、条件不具备，

[67] 当然，与其他犯人相比，行为人本人没有实施奸淫行为，这对于被告人的量刑具有一定影响。但是，这仅是一个酌定量刑情节，而不像中止犯那样属于法定量刑情节。

[68] ［日］高桥则夫等：《刑法总论》，日本评论社 2005 年版，第 263 页。

暂时放弃犯罪的实施的，因为行为人并没有真正消灭犯罪既遂的危险，仅是推迟实现法益侵害而已，因此，这样的行为不是中止行为，不能成立中止犯。成立中止犯，学界要求行为人具有彻底性，即行为人在主观上彻底打消了原来的犯罪意图，在客观上彻底放弃了自认为本可能继续进行的犯罪行为，而且从主客观的统一上行为人也不打算以后再继续实施此项犯罪。[69] 这种对彻底性的理解过于烦琐，其实，对彻底性从客观方面加以理解就可以了，只要行为真正消灭了犯罪既遂的危险，即具有彻底性。彻底性是对中止行为本身的内在要求，故与时空性一样，彻底性也只是中止行为本身的构成要素，而不是成立中止犯的一个独立要件。

3. 对于既遂危险的消灭，行为人必须具有一定程度的贡献，才属于中止行为。只有行为人为消灭既遂危险作出了一定程度的贡献时，才配享受减免处罚的奖励。因此，成立中止犯虽然不要求行为人为防止结果作出真挚的努力，但是，在实行行为终了后、既遂结果即将发生的情况下，对于既遂结果的实际未发生，行为人必须具有一定程度贡献。虽然为消灭危险创造了一定条件，但是，行为人对于危险消灭所起的作用极其微弱时，不能认为行为人为消灭危险作出了一定贡献，该行为不属于中止行为。例如，行为人点火之后大喊“着火了”即迅速离开的，即使他人听到喊声扑灭火灾的，行为人也不属于中止犯。[70] 再如，杀人犯离开现场之后，产生悔意，急忙赶回现场，准备把被害人送往医院救治，但是被害人已经被其他人送往医院了，因行为人对危险的消灭没有作出任何贡献，故不构成中止犯。

4. 只要能够消灭既遂危险，没有必要要求行为人必须独力实施中止行为。无论是单独救助法益，还是介入了他人的救助行为，只要最终消灭了既遂危险且行为人对此有贡献，即属于中止行为。虽然借助了外力，但是既然防止了既遂结果的发生，实现了保护法益的刑事政策目的，就没有理由否定中止犯的成立。此时，即使外力起了重要作用，也无妨中止犯的成立，因为行为人是普通人，一般并不具有消灭危险的专业能力（如杀人者不是医生，不可能对受伤者施行手术），如果要求成立中止犯不允许外力起了重要作用，那么就过于苛刻了，不利于保护被害法益。因此，只要行为人为消灭既遂危险作了一定程度的贡献，即使外力具有重要作用，也应当构成中止犯。

5. 在共犯中，消灭既遂危险不仅指消灭来自本人的既遂危险，还包括消灭来自其他共犯人的既遂危险。共犯的目标只有一个，即侵害法益达到既遂，至于由哪一个共犯人来侵害法益达到既遂，这对于共犯既遂的判断来说并不重要；换言之，在共犯中只要有一人侵害法益至既遂，即应作出共犯已经既遂的规范评价。

[69] 参见赵秉志主编:《刑法新教程》，中国人民大学出版社 2001 年版，第 232 页。

[70] 参见前引 26，西田典之书，第 297 页。

所以，在共犯中，要成立中止犯，与通常的中止犯相比行为人必须付出更大努力，必须消灭来自所有共犯人的侵害法益至既遂的危险。因此，本人虽然主动放弃进一步实施犯罪行为，或者消极地离开犯罪现场，但是，并没有消灭来自其他共犯人的既遂危险的，这种行为不构成中止行为，没有成立中止犯的余地；如果其他共犯人犯罪既遂，行为人也构成既遂犯。[71]

6. 何时不作为即可构成中止行为、何时必须实施积极的作为才构成中止行为？在我国，一般认为，行为未实行终了，只要不继续实施就不会发生犯罪结果时，中止行为表现为放弃继续实行犯罪行为（不作为）；行为实行终了，不采取有效措施就会发生犯罪结果时，中止行为表现为采取积极措施有效地防止犯罪结果的发生（作为）。这种见解是将单纯的不作为即可构成中止行为、还是要求积极的作为才构成中止行为，与实行行为是否终了捆绑在一起进行议论的。[72] 应当认为，这种处理方式并不合适。首先，实行行为何时终了，并不是一个容易判断的问题，对此存在主观说、修正的主观说、客观说、因果关系遮断说、折中说等学说。[73] 将中止行为的方式与实行行为是否终了联系在一起，将会增加问题的复杂性。其次，行为是否实行终了与是否会发生既遂结果，不存在必然的逻辑对应关系：即使行为尚未实行终了，也有可能已经发生既遂结果，例如只要有插入行为，即使强奸行为尚未实行终了，也属于强奸既遂；相反，即使行为实行终了，也有可能不发生既遂结果，如让被害人服用了未达致死量的毒药，行为已经实行终了，但不会出现既遂结果。因此，对于中止行为的方式，必须明确更为实质的基准。“为何作为是必要的，那是因为如果置之不理，将会发生既遂结果；为何不作为就可以了，那是即使置之不理也不会发生既遂结果。”[74] 所以，在存在既遂危险的前提下，并非取决于实行行为是否终了，而是取决于为避免现实危险作为结果被现实化到底需要作为还是不作为。[75] 如果单纯的不作为即能避免既遂危险，则单纯不作为即可，如果不积极切断因果流程就有既遂的危险，当然就需要积极的作为。

（二）未发生既遂结果

对中止犯减免处罚是为了保护法益、防止既遂结果的发生，因此，未发生既遂结果是中止犯客观面的重要要件。行为人努力实施消灭既遂危险的行为，不过并未成功，还是发生了既遂结果的，尽管行为人主观恶性降低了，但是不能实现

---

[71] 当然，如果行为人构成共犯的脱离，就不负既遂犯的刑事责任，仅对脱离之前的参与行为承担相应的刑事责任。

[72] 参见前引 29，井田良书，第 286 页。

[73] 参见张明楷：《外国刑法纲要》（第 2 版），清华大学出版社 2007 年版，第 290–291 页。

[74] 前引 68，高桥则夫等书，第 264 页。

[75] 参见前引 29，井田良书，第 288 页。

立法者通过中止犯制度来保护法益的刑事政策目的，故不能作为中止犯受到减免处罚的奖励。所以，犯罪既遂之后，没有再成立中止犯的余地。

虽然发生了犯罪结果，但是与行为人此前的犯罪行为没有因果关系的，具有成立中止犯的余地。[76]只有当犯罪结果的发生与行为人的犯罪行为具有因果关系，才属于未能防止犯罪结果的发生。中止行为已经消灭了既遂危险，但是由于某种原因还是发生了犯罪结果的，因为行为人已经作了自我否定，犯罪结果的发生与行为人的犯罪行为没有因果关系，因而不可归责于行为人（缺乏因果关系），此时在法律上仍对行为人应作出“未发生犯罪结果”的评价，成立中止犯。例如，甲向乙的食物中投毒，乙吃后十分痛苦，甲顿生怜悯之心，开车将乙送往医院，乙夜间死于医院的火灾事故中，应当认定行为人成立中止犯。因为，甲将乙送往医院交付医生救治的行为，足以消灭乙死亡的既遂危险，死亡结果的发生与甲的毒杀行为不存在刑法上的因果关系（不是甲的行为导致了乙死亡，而是火烧死了乙），故应认为甲的行为属于《刑法》第 24 条“有效地防止犯罪结果发生的”，应构成中止犯。总之，笼统地说只要出现了犯罪结果就不成立中止犯，是不正确的。

（三）中止行为与结果未发生之间的关系

既遂结果未发生与中止行为是否必须存在因果关系，存在争议。如果重视中止犯的主观面，认为自动停止犯罪、主观恶性降低是中止犯的核心，则一般不要求中止行为与结果未发生之间必须存在因果关系。但是，如果对于中止犯的法律特性采取刑事政策说，那么，只有行为消灭了犯罪既遂的危险时，才值得刑法奖励，故危险的消灭必须是中止行为本身造成的，中止行为与结果未发生之间必须具有因果关系。从《刑法》第 24 条第 1 款“自动有效地防止犯罪结果发生的”文字表述来看，应当认为我国刑法要求结果未发生与中止行为之间存在因果关系。

在中止行为与结果未发生之间，最为复杂的问题是，客观上并不存在既遂危险，即使行为人不中止犯罪也不可能既遂时，行为人自动放弃了犯罪的，是否构成中止犯？例如，甲以杀害 A 的意思，让 A 服用了毒药后，产生了悔意，将呕吐不已的 A 送往医院救治，但实际上毒药不足以致人死亡，甲是否属于中止犯？对此，日本刑法学存在争议。一种观点认为，在即使没有中止行为也不会发生既遂结果的场合，不存在必须给予特别恩典来促使中止犯罪的状况，因而缺乏认定中止犯的前提，不成立中止犯。[77]另一种观点认为，为了与毒性达到致死量的场合成立中止犯相均衡，应当构成中止犯。[78]还有观点认为，虽然不构成标准的

[76] 参见前引 33，曾根威彦书，第 256 页。

[77] 参见前引 42，山口厚书，第 283 页。

[78] 参见［日］前田雅英：《刑法总论讲义》（第 4 版），东京大学出版会 2006 年版，第 166–167 页。

中止犯，但应当准用中止犯规定。[79]

我国学界一般不讨论中止行为与结果未发生之间的因果关系问题，同时对于自动性的认定采取主观说，所以，一般均认为上述情形应当构成中止犯。但是，从刑事政策说的立场来看，既遂危险原本就不存在，就谈不上是行为人消灭了既遂危险，自然无法构成中止犯，故不能直接适用《刑法》第 24 条的规定。不过，行为人虽未能消灭现实危险（现实的既遂危险不存在），但是消灭了假设的危险——如果存在既遂危险，行为人的行为足以消灭该危险——故可以准用中止犯规定。第一，从行为人的立场来看，在事前是否有必要采取措施防止结果的发生，行为人并不清楚；为了确保既遂结果不发生，姑且使行为人承担防止结果发生的义务是合理的，因此，不问中止行为与结果未发生之间有无因果关系，对中止行为进行褒奖才是最为理想的。[80] 第二，当行为人明确以接受刑法奖励为目的而积极实施消灭危险的中止行为时，如果不能享受减免处罚的奖励，将会使国民对中止犯规定的实效产生怀疑，这反而不利于贯彻中止犯规定。第三，危害较大的行为（如毒性达到致死量）可以成立中止犯，而危害较小的行为（如毒性未达致死量）反而不成立中止犯，有失均衡。考虑到以上几点，有些国家或地区的刑法明确规定这种情形可以按照中止犯处理。如《德国刑法典》在第 24 条中止犯中规定："如果该行为没有中止犯的努力也不能完成的，只要行为人主动努力地阻止该行为的完成，即应不予处罚"。[81]《奥地利刑法典》第 16 条、我国台湾地区"刑法"第 27 条、我国澳门地区《澳门刑法典》第 23 条均有类似规定。我国《刑法》并不存在这种立法规定，故只能通过解释论，对行为人准用（类推适用）《刑法》第 24 条。

（四）中止意思

中止意思是成立中止犯的主观必备要件。对中止犯减免处罚是为了诱导行为人对罪行作自我否定以救助、保护法益。中止意思是行为人在主观面进行自我否定的体现。如果缺乏自我否定的意思，行为人就不可能及时消灭既遂危险；即使行为人偶然地及时消灭了既遂危险（如以为一枪已经打中被害人心脏，便没有继续开枪，其实并没有击中要害），也无法作出"行为人保护、救助了法益"的评价，不能成立中止犯（构成未遂犯）。因此，就刑事政策说而言，中止意思（主观上的自我否定）是成立中止犯所必需的。从责任减少说出发，也同样要求行为人具有中止意思，不然，难以认定行为人的责任减少了。

中止意思，简单地说就是具有消灭犯罪既遂危险的意思，行为人不再追求既遂结果的发生，排斥、反对既遂结果。不过，从司法操作上看，这种意志转变不

---

[79] 参见［日］大谷实：《刑法总论讲义》（新版第 2 版），成文堂 2007 年版，第 393 页。

[80] 参见前引 17，佐伯仁志文，第 133 页。

[81] 徐久生、壮敬华译：《德国刑法典》，中国方正出版社 2004 年版，第 11 页。

易认定。当行为人有意识地消灭既遂危险时，足以表明其不再追求既遂结果的发生。与意志因素相比，认识因素相对容易查明。因此，从便于司法操作出发，当行为人认识到是自己消灭了既遂危险时，即可认定行为人具有中止意思。

刑事政策说并不否认与未遂犯相比，中止犯的主观恶性减少（不过，并未将其作为中止犯减免处罚根据的重点）。那么，中止犯主观恶性的减少体现在哪里呢？限定主观说认为，只有行为人表现出广义的悔悟（悔悟、悔改、惭愧、同情等），才能表明其主观恶性减少。但是，当行为人认识到是自己消灭了既遂危险时，表明行为人对罪行已作了自我否定，主观恶性就已经减少了；如果此时成功地防止了既遂结果的发生，就值得作为中止犯进行减免处罚的奖励。所以，就刑事政策说而言，广义的悔悟对于成立中止犯来说是不必要的。既然具有消灭既遂危险的意思就足以表明行为人主观恶性减少，那么，无论行为人出于何种动机，即不论是真诚悔悟还是惧怕刑罚，只要其对消灭危险存在认识，就具有成立中止犯的余地。

中止意思与自动性不是一回事。一方面，中止意思是自动性的前提。只有当行为人具有中止意思时，才能说行为人是“自动”放弃犯罪或“自动”防止了既遂结果的发生。可见，自动性是中止意思的产物，而不是相反，绝不可以说中止意思来源于自动性。当然，具备自动性时，可以反推行为人存在中止意思，所以，从立法的简明性出发，《刑法》第24条仅对自动性作了规定，而没有对中止意思作出规定。另一方面，中止意思的存在是行为人作了自我否定的主观体现，是成立中止犯的主观要件，而自动性则表明行为人不是被强制放弃犯罪的，是能否实施中止行为的前提（参见下文），二者的功能完全不同，不可混淆。

（五）自动性的地位、机能及其判断

在我国，学界一般将自动性作为中止犯成立与否的核心要件。但是，根据刑事政策说，行为人以消灭危险的意思，消灭了既遂危险的，原则上就成立中止犯；仅在被强制停止犯罪之类的例外场合，才不具备自动性。在此意义上，自动性要件的地位是极其轻微的。[82] 当然，对于中止犯减免处罚的根据，如果采取以责任减少为核心的并用说时，自动性能够表明行为人的主观恶性减少，就会成为是否构成中止犯的核心要件。本文采取刑事政策说，注重中止犯的客观面，自然就会降低自动性在中止犯中的地位。[83] 这样，便可在中止犯中贯彻“犯罪的客观面优先于重要于主观面”的犯罪论基本思想。

---

[82] 参见前引42，山口厚书，第287页。

[83] 提请注意，本文并不否认自动性对于成立中止犯所具有的重要意义，毕竟，自动性是刑法明文规定的要件。本文仅是主张适当降低自动性要件的地位而已。

本文认为，“自动”的主要机能在于为中止行为的可能性提供界限。[84] 是否自动中止犯罪，属于行为人的一种心理状态，故一般都是将自动性理解为中止犯的主观要件、作为中止意思的一部分来处理的。不过，对于自动性，也可以作为中止行为的前提来加以理解。“行为人可继续实施行为的可能性是一个必不可少的因素，不能说在决定自动中止时，这个因素没有任何意义。”[85] 欲犯而不能时，已经丧失继续实行犯罪的可能性，在客观上已无消灭既遂危险的必要（因为此时既遂危险已经被犯罪障碍消灭），中止行为也就不存在了；只有在能犯而不欲时，存在着继续实行犯罪的可能性，因而法益面临着被进一步侵害的危险，此时才有消灭既遂危险的必要，才有实施中止行为的余地。由此可见，表面上自动性属于主观要件，其实所涉及的是中止行为的可能性问题，发挥着何时可以认定存在中止行为的机能。

自动性的判断极其复杂，存在主观说、客观说、客观的主观说（新客观说）、限定主观说（规范的主观说）等学说。[86] 本文认为，要准确判断行为人是否具有自动性，必须处理好以下三个问题：

1. 行为人认识到了哪些事实？一定的心理活动是在一定的客观刺激之下产生的。要明确行为人是否具有自动性，首先必须明确行为人在犯罪过程中到底认识到了哪些事实。这是判断前提。

2. 行为人所认识到的客观事实，对行为人产生了什么心理影响？这是判断关键。要查明行为人是否是自动的，必须以行为人所认识到的事实为基础，查明这些事实对其具有何种心理影响：如果这些事实使得行为人认为已经不可能再继续实行犯罪的，则不具有自动性；反之，如果行为人认为这些事实不足以成为犯罪障碍、仍可完成犯罪的，则具有自动性。

所认识到的客观事实到底对行为人产生了何种心理影响，当然只能以行为人本人的实际心理体验为准。就此而言，主观说是正确的，即凡是能犯而不欲的，属于自动中止犯罪；欲犯而不能的，属于被迫放弃犯罪。

3. 在司法上如何认定行为人的心理活动？主观说之所以没有得到全面肯定，是因为行为人的实际心理活动有时是难以查明的，尤其是在承认沉默权的国家，行为人保持沉默时，很难准确查明行为人真实内心世界。汝非罪人，安知罪人之心理？自动性的判断之争，包括行为人是否具有期待可能性的判断之争等问题，皆是由此而产生的。因此，如何准确把握行为人的心理活动，成为问题的重点。

---

[84] 参见前引 68，高桥则夫等书，第 266 页。

[85] ［意］杜里奥·帕多瓦尼：《意大利刑法学原理》，陈忠林译评，中国人民大学出版社 2004 年版，第 277 页。

[86] 参见前引 73，张明楷书，第 286–288 页。

正是在这一问题上，学说出现了分歧。

无论自动性的认定是多么困难，法官都必须判断行为人的心理活动为何，不然将无法断案。那么，法官如何判断行为人的心理活动呢？真相是，法官采取了普通人的平行评价原则：与行为人一样的普通人，[87] 在认识到同样事实时，会产生何种心理反应？行为人是普通人中的一员，具有普通人的共性，当普通人认为具有继续实行犯罪的可能性时，应当认定行为人也会具有同样的想法，此时可以认定行为人具有自动性；反之，当普通人认为存在犯罪障碍时，行为人也会这么想，此时应认定行为人是被迫放弃犯罪。由此可见，法官以普通人取代了行为人，实际采取的是客观说。

主观说（行为人标准说）当然是最为理想的，但是，法官无法深入行为人的灵魂查明行为人的真实内心，不得已才“将心比心”或者说是“以他人之心度犯人之腹”。这就是客观说（普通人标准说）得以登场的原因所在。客观说受到了“无视行为人主观心理状态”的批评，但是，这一批评是不公允的，因为，如果可以轻松查明行为人的实际心理，哪里还有客观说的存在余地呢？一旦离开了“普通人此时的心理”或“一般经验”这把测量行为人心理活动的标尺，首先，法官将无从认定行为人的心理，结局要么听凭行为人的口供、要么根据法官的直觉来认定行为人心理；其次，对于法官所认定的行为人之心理，国民也无从判断该认定是否合理。

在结论上，客观说与主观说在大多数场合是一致的，因为行为人具有普通人的共性，普通人的想法往往就是行为人的实际想法。当然，二者有时也不一致，即使如此，也不能说法官的判断是错误的，因为，定罪量刑只能以法律所能认定的事实为依据，而不能以虽客观存在、但在法律上无法查明的事实为依据。因此，即使行为人供述了自己的心理，法官对此当然不能无视，但也必须判断这种心理是否具有一定的合理性（谁能保证行为人的供述一定真实呢？），当行为人所供述的心理极其反常、令人存在合理怀疑时，法官采取客观说来认定行为人的心理，这么做是无可厚非的。[88]

（本文曾发表于《法学研究》2008 年第 4 期）

---

[87] 这里所说的“普通人”不是广义的普通人，而是生活环境、见识等诸情况与行为人最相接近的狭义的“普通人”，即行为人本人所属的类型人（参见内藤谦：《刑法讲义总论（下）Ⅱ》，有斐阁 2002 年版，第 1292 页）。

[88] 当然，客观说也有其特有难题：当一般人在这种情况下是否放弃犯罪只有 50％的概率时，停止了犯罪的人是否具有自动性，非常棘手。前田雅英教授认为，此时行为人是否具有悔悟之情具有重要意义，行为人反省之后中止了犯罪的，成立中止犯。参见前引 78，前田雅英书，第 162 页。

论中国特色的犯罪参与体系

刘明祥

刑法中犯罪行为参与论发展至今，很明显地形成两种不同的体系，即对参与犯罪事实的人，在参与角色的形态上，区分正犯与共犯（教唆犯、帮助犯）参与形式的区分制（Differenzierungssystem）（二元参与体系）和不区分参与形式的单一制（Einheitssystem）（一元参与体系）。[1] 那么，我国刑法采取的是何种犯罪参与体系、其特色或者说优缺点何在，就成为刑法理论上必须澄清的问题。本文拟对此作初步探讨。

一、我国犯罪参与体系立法的类型

所谓犯罪参与，是指二人以上作用于同一犯罪事实的情形。"'犯罪参与'并不是一个刑法概念，而是一个事实概念"。[2] 从广义而言，犯罪参与包括共同故意犯罪、共同过失犯罪、间接正犯、一方出于故意另一方出于过失的犯罪等所有二人以上作用于同一犯罪事实的情形。从狭义而言，犯罪参与则仅指共同犯罪。[3]

（一）单一制与区分制概述

对犯罪参与者要求其参与到何种程度，才视为犯罪以及如何处罚，成为刑事政策和犯罪参与论的重要课题。在刑事立法上，有的国家采取区分制，即对作用于同一犯罪事实的所有犯罪人，根据其参与的形式分为正犯与共犯，并视正犯为犯罪的核心人物，共犯为犯罪的依附者，因而，对正犯的处罚一般重于共犯。这种共犯参与体系的特点是，在法律条文中，不仅就犯罪之成立在概念上区分"正犯"和"共犯"（即教唆犯和帮助犯），而且在刑罚评价上对二者也加以区分。因为正犯之刑是所有共同犯罪参与者处刑的基准，共犯要比照正犯之刑处罚或减轻处罚，并且原则上正犯的处罚重于共犯。例如，《日本刑法典》第 61 条规定："教唆他人实行犯罪的，判处正犯的刑罚。"第 62 条规定："帮助正犯的，是从犯。"第 63 条规定："从犯的刑罚，按照正犯的刑罚予以减轻。"在这种体系下，正犯

---

[1] 采取区分制的，有德国、瑞士、法国、西班牙、荷兰、日本等；而采取单一制的有，奥地利、挪威、丹麦、意大利、瑞典、巴西、苏联、捷克等。参见柯耀程：《变动中的刑法思想》，中国政法大学出版社 2003 年版，第 181 页。

[2] 参见黄荣坚：《基础刑法学（下）》（第三版），中国人民大学出版社 2009 年版，第 488 页。

[3] 参见中国人民大学刑事法律科学研究中心编：《刑事法热点问题的国际视野》，北京大学出版社 2010 年版，第 149 页。

通常被认为是实施符合构成要件行为（即实行行为）的人，而共犯（教唆犯和帮助犯）则是实施了基本构成要件以外的行为、符合所谓被扩张的构成要件的人。[4]

也有的国家采取单一制，对作用于同一犯罪事实的所有犯罪人，不论其是单独完成犯罪、还是与他人共同完成犯罪或加功于他人的犯罪，均视之为同等的参与者，称之为“正犯”或“犯罪人”，[5]而不区分其究竟属于何种参与形式，也不根据参与形式来确定处罚原则。[6]例如，《奥地利刑法典》第12条规定：“自己实施应受刑罚处罚的行为，或者通过他人实施应受刑罚处罚的行为，或者为应受刑罚处罚的行为的实施给予帮助的，均是正犯。”第13条规定：“数人共同实施应受刑罚处罚的行为的，按责任的大小分别处罚。”应当注意的是，这种单一正犯（犯罪人）体系中的“正犯”，不同于正犯与共犯区分体系中的“正犯”，它是从广义而言的，包括所有参与共同犯罪的人，除了正犯与共犯区分体系中所指的狭义“正犯”之外，还包含这种体系中的“共犯”（即教唆犯和帮助犯）。[7]因此，将单一制（或单一正犯体系）中的“正犯”解释为包含区分制（正犯与共犯区分体系）中的“正犯”与“共犯”的上位概念即“犯罪人”，无疑是恰当的。

（二）我国属单一制的犯罪参与体系立法的根据和理由

我国刑法采取的是何种犯罪参与体系呢？目前，多数学者认为，我们采取的是正犯与共犯相区分的二元参与体系（区分制）；[8]也有部分学者（包括我国台湾著名刑法学家林山田[9]）认为，我国刑法采取的是一元的参与体系或单一正犯体系（单一制）。[10]笔者认为，我国刑法采取的并非是正犯与共犯相区分的二元参与体系（区分制）。如前所述，区分制的最大特点是在数人参与犯罪的场合，把正犯摆在定罪与处罚的核心地位，共犯（教唆犯和帮助犯）则处于从属（或依附）的位置。一般认为，正犯实行了犯罪，共犯（教唆犯和帮助犯）才可能构成犯罪；“对

[4] 参见［日］山中敬一：《刑法总论Ⅱ》，日本成文堂1999年日文版，第743页。

[5] 德语称之为“Tater”，我国学者大多将其翻译为“正犯”，但我国台湾学者柯耀程教授将其翻译为“行为人”，黄荣坚教授认为，这“应该是比较贴切于德文文义的译法。不过此处所谓的行为人指的是犯罪行为人，所以就直接称之为犯罪人”。参见黄荣坚：《基础刑法学（下）》（第三版），中国人民大学出版社2009年版，第492页。

[6] 参见柯耀程：《变动中的刑法思想》，中国政法大学出版社2003年版，第184-185页。

[7] 参见江溯：《犯罪参与体系中的行为概念与行为人概念》，载《昆明理工大学学报》（社会科学版）2009年第4期。

[8] 参见陈兴良：《共犯论：二元制与单一制的比较》，载中国人民大学刑事法律科学研究中心编：《刑事法热点问题的国际视野》，北京大学出版社2010年版，第155页。张明楷：《刑法学》（第四版），法律出版社2011年版，第354页。

[9] 参见林山田：《刑事法论丛（二）》，台湾大学法律系1997年发行，第351页。

[10] 参见刘洪：《两类犯罪参与体系理论比较研究》，载《福建公安高等专科学校学报》2007年第5期。江溯：《犯罪参与体系研究》，中国人民公安大学出版社2010年版，第253页。

于正犯的处罚要重于教唆犯，对于教唆犯的处罚要重于帮助犯。”[11] 正因为如此，从参与形式上将正犯与共犯区分开来，无论是对于犯罪的认定还是处罚的轻重，均具有重要意义。但在我国，正犯即便是未实行犯罪，共犯（教唆犯和帮助犯）也仍然有可能构成犯罪。就教唆犯而言，我国《刑法》第 29 条第 2 款明文规定，“如果被教唆的人没有犯被教唆的罪”，对教唆犯也还要定罪处罚。这就意味着共犯（教唆犯和帮助犯）的定罪不具有从属于正犯（实行犯）的特性。至于对参与共同犯罪人的处罚，我国刑法是根据共同犯罪人在共同犯罪中所起的作用大小给予轻重不同处罚，并非是依据其参与形式的不同，给予不同的处罚。以教唆犯为例，我国《刑法》第 29 条第 1 款明文规定：“教唆他人犯罪的，应当按照他在共同犯罪中所起的作用处罚。”并且，在司法实践中，教唆犯一般都作为主犯来处罚，被教唆的实行犯（正犯）作为从犯处罚的现象十分常见，也就是说教唆犯处于主要地位处更重的刑罚，被教唆的实行犯（正犯）处于从属地位处较轻的刑罚是很常见的事。但是，在德国和日本等采取区分正犯与共犯的区分制的国家，按照他们的通说——共犯从属性说，作为共犯的教唆犯不可能处于比正犯（实行犯）更重要的位置，也不可能处比正犯（实行犯）更重的刑罚。既然按我国刑法的规定所有参与共同犯罪的人其参与的形式是正犯（实行犯）还是共犯（教唆犯和帮助犯），无论是对参与者个人的定罪还是处罚均不具有决定性的作用，那么，就可以肯定我国刑法所采取的犯罪参与（或共同犯罪）体系并非是区分制。

此外，如果是采取区别对待正犯与共犯的区分制，不可能对正犯（实行犯）特别是帮助犯的定罪和处罚不作明确规定。因为既然正犯（实行犯）处于定罪和处罚的核心位置，刑法就不可能不作规定。况且，在共同犯罪案件中，最有必要区别对待的是帮助犯，从德国和日本等采取区分制的国家来看，对教唆犯的处罚往往与正犯相同，但对帮助犯则是比照正犯的刑罚予以减轻。因此，采取区分制的刑法，大多会对正犯与教唆犯特别是帮助犯的定罪与处罚做出明文规定。而我国刑法有关共同犯罪的规定中，并没有出现“正犯”（或“实行犯”）、“帮助犯”的概念，也没有出现与区分制的“正犯”具有相同或相似含义的概念。我国《刑法》第 27 条虽然规定“在共同犯罪中起次要或者辅助作用的，是从犯”。也有学者认为，这里的起“辅助作用”者，就是帮助犯，因而不能说我国刑法没有规定帮助犯。但在笔者看来，除了帮助犯的帮助行为发挥的作用属于“辅助作用”之外，也不排除有实行犯（正犯）或教唆犯在共同犯罪中发挥的仅仅只是辅助作用的情形，所以，不能将二者完全等同。例如，老板甲强奸妇女乙，指使雇工丙帮忙按乙的手脚（丙未奸淫乙）。丙虽然也是实行犯（正犯），但丙在共同强奸犯罪中显然只是起“辅助作用”。又如，A 得知 B 想杀 C 之后，教唆 D 提供杀猪用尖

---

[11] 参见黄荣坚：《基础刑法学（下）》（第三版），中国人民大学出版社 2009 年版，第 491 页。

刀给 B 杀害了 C。作为教唆犯的 A 在共同犯罪中也明显只是发挥了“辅助作用”。况且，在共同犯罪中，还有极少数实施帮助行为的帮助犯，有可能并非是起辅助作用，而是起主要作用，要被认定为主犯，并不能享受从轻处罚的待遇。例如，在共同犯罪中起组织策划作用的组织者，其行为有可能既不属于实行行为也不属于教唆行为，从参与形式而言，应纳入帮助行为之列，认定为帮助犯。但这显然不属于在共同犯罪中起“辅助作用”的，在我国对这类帮助犯也是不可能作为从犯予以从轻处罚的。

应当肯定，我国刑法在犯罪参与问题上采取的是单一制，即单一正犯（犯罪人）体系。一般认为，单一正犯（犯罪人）体系具有如下特征：（1）为犯罪的成立创造条件者都是正犯（犯罪人）；（2）不重视参与的行为在形态上的区别；（3）对于犯罪的成立，要针对各个正犯（犯罪人）的行为分别加以讨论；（4）对各个正犯（犯罪人）适用同一的法定刑；（5）根据各个正犯（犯罪人）参与的程度和性质来量定刑罚。[12] 笔者认为，我国刑法有关共同犯罪的规定完全符合这几个特征。

其一，我国《刑法》第 25 条规定，“共同犯罪是指二人以上共同故意犯罪”。这一规定表明，二人以上只要是基于共同故意，实施了侵害刑法所保护的利益（法益）的行为，就构成共同犯罪，成为共同犯罪人。也就是说，所有参与犯罪或为犯罪创造条件构成犯罪的人，都是共同犯罪人，即统一在共同犯罪人这一概念之下。并且，所有参与犯罪的人构成犯罪即成为共同犯罪人的条件，都是完全相同的。这与区分制有重要差别，区分制所设定的共犯（教唆犯和帮助犯）的成立条件与正犯（实行犯）的成立条件是不同的。

其二，在我国，不论行为人实施的是侵害法益的实行行为，还是教唆行为或帮助行为，只要其行为与侵害法益的结果之间有因果关系，或者说其行为是为侵害法益创造条件的，那就有可能与他人构成共同犯罪，使之成为共同犯罪人。至于其参与的行为形态是实行行为（正犯行为）还是教唆行为或帮助行为，对于其是否构成犯罪或能否成为犯罪人，并不具有重要意义，因而无必要加以区分。而在采取区分制的国家，由于正犯与共犯的定罪条件不同，所以，在定罪阶段就必须将正犯与共犯严格区分开来。

其三，在我国，对作用于同一犯罪事实的参与者，其行为是否构成犯罪，不仅要看其主观方面是否有与他人共同犯罪的故意，客观方面其行为与他人行为之间有无关联性以及对侵害法益的结果是否发挥作用乃至作用的大小，而且还要考察其认识控制能力的大小、主观恶性的程度等个人特有的罪责要素，作出综合评价后认定其是否构成犯罪。并不以其他参与者构成犯罪作为对特定参与人定罪的

---

[12] 参见［日］高桥则夫：《共犯体系和共犯理论》，日本成文堂 1988 年日文版，第 6 页。

理由，更不以其行为形态作为定罪的依据。例如，不能以实施教唆或帮助行为（共犯行为）的人已定罪，就认为实施实行行为（正犯行为）的人必须定罪。但在采取区分制的国家，一般认为，共犯（教唆犯和帮助犯）具有从属于正犯的特性，因此，如果正犯没有实行犯罪，共犯也就不可能构成犯罪。

其四，在我国，对各个共同犯罪人也都是适用相同的法定刑来量刑，不存在共犯（教唆犯和帮助犯）与正犯（实行犯）适用不同法定刑的问题，也不存在以正犯的法定刑作为处刑基准，对共犯予以从轻或减轻处罚的规定。但如果是采取区分制，则大多是以正犯的法定刑为处刑基准，对共犯（如教唆犯）则是比照正犯之刑处罚或者是减轻处罚。

其五，根据我国刑法的规定，在具体量定刑罚时，对各个共同犯罪人要根据其参与的程度和性质，确定其在共同犯罪中发挥作用的大小，分别认定为主犯、从犯或胁从犯，给予轻重不同的刑罚，以充分体现区别对待的刑事政策精神。但如果是采取区分制，区别对待的刑事政策则是体现在正犯处罚重、共犯处罚轻这一点上。

此外，从我国刑法的立法沿革来看，“历代封建法律一向把共犯分为首犯、从犯两类。唐律规定：‘诸共犯罪者，以造意为首，随从者，减一等。’明律、清律的规定也是如此。以造意者为首犯，以其他实施犯罪者为从犯，这是我国封建统治阶级‘诛心’思想的表现”。[13] 显然不属于区分正犯与共犯的区分制。民国时期的刑法，虽然借鉴了德日的区分制，将共同犯罪人分为正犯、教唆犯和从犯予以规定，但新中国成立后，就改变了这种立法形式。20 世纪 50 年代初颁布的《惩治反革命条例》在规定“持械聚众叛乱”罪和“聚众劫狱或暴动越狱”罪的刑事责任时，即区别犯罪的“组织者”“主谋者”“指挥者”“罪恶重大者”“积极参加者”等不同情况，也就是根据犯罪人在共同犯罪中所起作用的大小，给予轻重不同的处罚。在刑法起草的过程中，关于共同犯罪人的分类问题，曾提出过多种方案，如在 1962 年至 1963 年对第 22 稿进行讨论修改的过程中，就提出过五种方案，包括根据犯罪人在共同犯罪中的分工予以分类（即区分制）的方案，但经过反复比较研究，作为 1979 年刑法蓝本的第 33 稿，采取了基本上按作用分类（即单一制）的方案，即根据共同犯罪人在共同犯罪中所起作用的大小，分为主犯、从犯，只是“考虑到教唆犯在定罪上确有其特点，可以单写一条，……在形式上虽然与主犯、从犯分开，但实际上仍要按照他在共同犯罪中所起的作用处罚”。[14]1997 年修订的现行刑法，对共同犯罪人的分类未作修改。由此可见，我国现行刑法

[13] 参见高铭暄：《中华人民共和国刑法的孕育诞生和发展完善》，北京大学出版社 2012 年版，第 29 页。

[14] 参见高铭暄：《中华人民共和国刑法的孕育诞生和发展完善》，北京大学出版社 2012 年版，第 32 页。

在共同犯罪人的分类上，并未选择民国时期采用过的区分正犯与共犯的区分制，而是遵循我国古代将共犯人分为首从的法律传统，根据共同犯罪人在共同犯罪中所起作用的大小，分为主犯与从犯两大类，给予轻重不同的处罚，即明显属于单一制。

还有必要一提的是，在犯罪参与问题上，现行意大利刑法是采取单一制的典型立法例。[15]而我国刑法关于共同犯罪的规定与意大利刑法的相关规定十分相似。两国刑法均用“共同犯罪”概念作为一节的名称将相关条文囊括其中，并且我国《刑法》第25条“关于共同犯罪的定义性规定，与《意大利刑法典》第110条的规定是极为相似的”。[16]从所规定的具体内容来看，意大利刑法在“共同犯罪”一节中，除了第111条、第116条、第117条、第118条、第119条等我国刑法没有规定的内容之外，其他条文所规定的内容与我国刑法规定的相关内容也很相似，甚至可以说所体现的立法精神是完全一致的。如《意大利刑法典》第112条规定，“发起或者组织犯罪合作的，或者在共同犯罪活动中起领导作用的”；“指使不满18岁的未成年人……实施犯罪的”，均在加重情节之列，“对犯罪应科处的刑罚予以增加”。这与我国《刑法》第26条规定的对“组织、领导犯罪集团进行犯罪活动的或者在共同犯罪中起主要作用的”作为主犯予以重罚，第29条第1款规定的对“教唆不满十八周岁的人犯罪的，应当从重处罚”的立法精神完全一致。又如，《意大利刑法典》第114条规定，“参加共同犯罪的人在犯罪的准备或者执行过程中只起了轻微的作用，可以减轻处罚。”这与我国《刑法》第27条对“在共同犯罪中起次要或者辅助作用的”，作为从犯予以“从轻、减轻处罚或者免除处罚”的规定基本相同；再如，《意大利刑法典》第115条规定，“在教唆他人实施犯罪的情况下，如果教唆已被接受，但犯罪没有实施，适用同样的规定（即处以保安处分——笔者注）。”“如果教唆没有被接受，并且属于教唆实施某一重罪，对教唆人可处以保安处分。”这与我国《刑法》第29条第2款规定的“如果被教唆的人没有犯被教唆的罪”，对于教唆犯仍然要定罪但可以从轻或者减轻处罚，在立法精神上无疑也具有相同性。另如，《意大利刑法典》第113条规定，“在过失犯罪中，当危害结果是由数人的合作造成时，对每人均处以为该犯罪规定的刑罚。”这与我国《刑法》第25条第2款规定的“二人以上共同过失犯罪，不以共同犯罪论处；应当负刑事责任的，按照他们所犯的罪分别处罚”，也十分相似。

---

[15] 参见［日］高桥则夫：《共犯体系和共犯理论》，日本成文堂1988年日文版，第33页。意大利著名刑法学家杜里奥·帕多瓦尼也认为，意大利现行刑法关于共同犯罪的规定明显不同于采取区分制的德国刑法和1889年的意大利刑法典，不能用共犯从属性说来解释。参见［意］杜里奥·帕多瓦尼：《意大利刑法学原理》，陈忠林译，法律出版社1998年版，第316–320页。

[16] 参见陈兴良：《共犯论：二元制与单一制的比较》，载中国人民大学刑事法律科学研究中心编：《刑事法热点问题的国际视野》，北京大学出版社2010年版，第154页。

另外，意大利刑法虽然采取的是单一正犯（犯罪人）体系，但在“共同犯罪”一节中并未出现“正犯”一词，而是在多处使用了“共同犯罪”“共同犯罪人”的概念，这与我国刑法也完全相同。一般认为，意大利刑法中的“共同犯罪人”，与单一正犯体系所指的“正犯者”同义。[17]

有论者提出，“我国《刑法》第25条关于共同犯罪的规定虽然为单一制提供了法律语境，但我国《刑法》关于共同犯罪人的分类，除主犯、从犯、胁从犯的作用分类法以外，还对教唆犯专门作了规定。根据我国《刑法》第29条的规定，教唆犯是指教唆他人犯罪的分子。这一规定，为正犯与共犯的区分提供了法律根据。也就是说，刑法分则规定的具体犯罪行为是正犯行为，在逻辑上并不包括教唆等共犯行为在内”。因此，不能认为我国刑法具有采纳单一制的可能性。[18]但是，在笔者看来，认为我国刑法对教唆犯专门作了规定，就可以肯定我们采取的是正犯与共犯相区分的区分制，而不可能是采取单一制，这也许是一种误解。如上所述，意大利刑法采取单一制，但该法第115条也有“教唆他人实施犯罪的”，如果“犯罪没有实施”，对“教唆人”如何处罚的规定；奥地利刑法也是采取单一制，该法第33条也将“教唆他人实施应受刑罚处罚的行为的”，作为“构成特别之从重处罚事由”之一作了明文规定。由此可见，刑法对教唆犯及其处罚原则作专门规定，并不能成为其采取的是区分制而不是单一制的法律根据。至于说“刑法分则规定的具体犯罪行为是正犯行为，在逻辑上并不包括教唆等共犯行为在内”，这仍然是用区分制的观念来解释我国刑法分则规定的具体犯罪行为，与我国的立法实际不符。固然，在日本等采取正犯与共犯相区分的区分制的国家，不少学者认为刑法分则规定的具体犯罪行为仅限于正犯行为（或实行行为），不包含预备行为、教唆行为、帮助行为。这是因为日本等国刑法规定，原则上不处罚预备行为，对未遂行为也是以法律有明文规定才处罚，因此，可以认为刑法分则规定的基本犯罪是以既遂为模式，其构成要件的行为是正犯行为（或实行行为）。如《日本刑法典》第199条规定，“杀人的，处死刑、无期或者五年以上惩役”。第201条规定，“以犯第199条之罪为目的进行预备的，处二年以下惩役，但可以根据情节免除处罚。”第203条规定，“第199条和前条犯罪的未遂，应当处罚”。从这几条的规定可以看出，作为基本罪的杀人罪中的“杀人”不包含预备杀人和已着手实行杀人但未遂的情形，因此，该条所规定的杀人罪的构成要件行为仅限于实行行为（或正犯行为）并且是既遂行为（不包含未遂行为）。但我国刑法规定

---

[17] Kienapfel, a.a.O., S.31. 转引自［日］高桥则夫：《共犯体系和共犯理论》，成文堂1988年版，第34页。

[18] 参见陈兴良：《共犯论：二元制与单一制的比较》，载中国人民大学刑事法律科学研究中心编：《刑事法热点问题的国际视野》，北京大学出版社2010年版，第154–155页。

原则上处罚所有故意犯罪的预备行为、未遂行为，刑法分则条文规定的具体故意犯罪及其法定刑，通常对预备犯、未遂犯、实行犯、教唆犯、帮助犯也都是适用的。以我国《刑法》第232条为例，该条规定，"故意杀人的，处死刑、无期徒刑或者十年以上有期徒刑"，这一规定虽然与《日本刑法典》第199条的规定极为相似，但由于我国刑法没有类似《日本刑法典》第201条（杀人预备罪）和第203条（杀人未遂罪）的规定，对我国与日本刑法中相同的"杀人"概念，就不能作相同的理解，应该认为既包括预备杀人、实行杀人、教唆杀人、帮助杀人等多种行为类型，并非仅指"实行杀人"一种情形，更不能理解为仅限于杀人既遂（不包含杀人未遂）。再以采取单一制的奥地利刑法为例，该法第75条规定，"杀害他人的，处10年以上20年以下自由刑，或终身自由刑"。这一规定与我国《刑法》第232条的规定极为相似，但显然不能说其中的"杀害他人"仅指实行杀人的行为，而是还包括预备杀人、教唆杀人、帮助杀人等多种行为类型，否则，就与奥地利刑法所采取的单一制相冲突。

顺便指出，最近有学者提出，我国刑法中的共犯体系在解释论上可归结为区分制，并且是对参与人类型与参与程度实行双层次操作的"双层区分制"：第一层次是按照分工分类法，在构成要件的层面将共犯人分为正犯、组织犯、教唆犯和帮助犯，用以解决共犯人的分工定性及其间的关系问题；第二层次是按作用分类法进一步将共犯人进行主、从犯的划分，用以解决共犯人的量刑问题。[19] 在笔者看来，由于我国刑法明文规定将共同犯罪人分为主犯与从犯并给予轻重不同的处罚，予以区别对待，因而导致许多学者误认为，我国刑法采取的是区分制。但是，我国的这种"区分制"与我们这里讨论的作为犯罪参与体系的区分制，含义完全不同，应该严格区分开来。如前所述，作为犯罪参与体系的区分制，是就正犯与共犯相区分而言的，即从犯罪参与形式上将共同犯罪人分为正犯与共犯（教唆犯和帮助犯），并且视正犯为犯罪的核心角色，共犯为犯罪的依附者，共犯的定罪具有某种从属于正犯的特性，共犯的处罚原则上也轻于正犯。从某种意义上说，在数人参与犯罪的场合，对不同的参与者实行区别对待，这也可以说是区分制的宗旨所在。而处罚的轻重是区别对待的关键，对正犯处罚重、共犯处罚轻，正是区分正犯与共犯的目的或宗旨。但我国刑法中的主犯，既可能是实行犯，也可能是教唆犯，甚至还可能是帮助犯，从犯则不仅可能是帮助犯、教唆犯，也还可能是实行犯。因此，我国刑法对共同犯罪人的处罚所采取的主从犯的区分，与德日等国刑法所采取的正犯与共犯的区分有实质的差异，正好说明我国刑法在犯罪参与问题上不是采取区分制。由此可见，"双层区分制"说存在把两种不同性质的区分混为一谈的弊病。

[19] 参见钱叶六：《双层区分制下正犯与共犯的区分》，载《法学研究》2012年第1期。

二、我国犯罪参与体系立法的优越性

我国采取的单一制犯罪参与体系与德日等国的区分制相比，具有明显的优越性。

（一）克服了难以区分正犯与共犯的弊病

采取区分正犯与共犯类型的参与体制，就必须将正犯与共犯严格区分开来。学理上为区分正犯与共犯提出的理论多种多样，其中最有影响的是如下四种，但均不能从根本上合理区分正犯与共犯：

1. 客观理论，认为应从行为的客观方面来区分正犯与共犯。这又分为形式客观理论与实质客观理论两种。其中形式客观理论认为，凡是实施犯罪构成要件之行为的人为正犯，实施构成要件以外之行为的人为共犯。由于形式客观理论完全不考虑行为人的主观意思，那么，对那种利用他人实现犯罪的幕后操纵者，充其量只能认定为教唆犯；还有间接正犯，也由于未亲自实施构成要件的行为，不能成为正犯，至多只能视为共犯。这显然是对行为的违法性和可谴责性程度没有做出恰当的评价。另外，在通常所说的共同正犯的场合，如果基于分工在作案现场未亲自实施构成要件行为的人，也就只能认定为帮助犯，这又会导致共同正犯与帮助犯难以区分。正是为了解决这一难题，有人提出了“实质的客观理论”。但由于它并非是区分正犯与共犯的理论，而仅仅是为解决形式客观理论所无法解决的问题提出来的，其本身就有局限性，仍然不能很好地区分共同正犯与帮助犯，无法准确界定正犯、间接正犯及教唆犯。[20]

2. 主观理论，认为应从行为人的内心来区分正犯与共犯。这又分为故意理论与利益理论两种。前者认为，如果参与者是以正犯的意思实施行为的，即是正犯，如果是以共犯的意思实施行为的，则是共犯。后者认为，为了自己的利益而实施犯罪行为的是正犯，为了他人的利益而实施犯罪行为的属共犯。[21] 但是，行为人的主观心理是深藏于内心的东西，一般很难判断，加上许多案件的行为人之所以去犯罪，往往既有为他人利益的因素也有为自己利益的成分，或者说直接是为他人利益，间接却是为自己的利益，在这样的场合，究竟是认定为正犯还是共犯，就成为一个难题。况且，如果行为人是为他人的利益去犯罪，即便是亲自实行了构成要件的行为，也只能认定为共犯，这势必使正犯与共犯的区分失去了客观标准，同时也与构成要件设置的根本目的相违背。

3. 综合理论，由于客观理论与主观理论对于区分正犯与共犯的立足点不同，且各有所偏，不能提供一个合理有效区分二者的标准。以德国刑事审判历史上相

---

[20] 参见柯耀程：《刑法参与论的发展与检讨》，载刘明祥等主编：《刑事法探究》（第四卷），中国人民公安大学出版社 2011 年版，第 406 页。

[21] 参见［日］亀井源太郎：《正犯与共犯的区别》，日本弘文堂 2005 年日文版，第 87–89 页。

当著名的"澡盆案"为例，[22]如果采取客观理论，帮助姐姐杀死婴儿的妹妹是正犯，而指使妹妹杀婴儿的姐姐作为幕后操纵者只是共犯（教唆犯），反而处于从属地位受较轻的处罚，这显然不合情理；如果采取主观理论，姐姐成为正犯，妹妹则为从犯（帮助犯）。但亲自实行构成要件行为的人，只因其主观上是为了他人的利益，就认定为帮助犯，这无疑是抛弃了构成要件的规定。正是为了调和主观理论与客观理论在判断结果上的差异，学理上出现了将二者加以整合的所谓折中式的"综合理论"。这又分为以客观理论为主、以主观理论为辅，或者以主观理论为核心而辅之以客观理论的二种综合理论。虽然综合理论有避免按主观或客观理论形成认定偏差的优势，但也存在多方面的问题。首先是难有一个确定的认定基准，究竟何时以主观理论、何时以客观理论为基准，并不明确，始终游移于主观与客观之间，难免出现采用判断标准的随意性。其次是方法论上也有缺陷。众所周知，事物之间只有在具有兼容性的场合，才能调和或折中。而主观理论和客观理论可谓是水火不兼容，因此也无法综合或折中。[23]

4. 支配理论，认为正犯是犯罪事实的核心角色，也就是对犯罪事实的发生及其历程与结果具有支配关系的人，而共犯则是犯罪事实的边缘角色。德国学者 Roxin 对这种理论的发展有杰出贡献。他将犯罪事实支配分成行为支配、意思支配与功能支配三种。其中，所谓行为支配，主要是指实现构成要件的人，在数人参与犯罪的场合，发挥这种行为支配作用的人，自然是正犯。所谓意思支配，是指参与者之间具有纵向的前后关系时，对于幕后的参与者可以认为具有意思支配，而视为间接正犯。所谓功能支配，是指数个参与者之间具有对等的横向参与关系时，如果存在功能支配，则所有参与者皆为共同正犯。在功能支配的基础下，共同正犯的成立须满足四个条件，即各正犯间具有行为形成的共同性、行为承担的共同性、正犯间地位对等和归责关系对等。[24]"犯罪事实支配说，……实际就是正犯理论中的客观实质说。"[25]"虽然，犯罪事实支配理论对于界分正犯与共犯，有其优于其他理论的优点，但其发展至今仍有其局限性，其对于义务犯（Pflichtsdelikte）与特别犯（Sonderdelikte）之参与问题，仍未能提供完善之解决方法，特别是涉及构成要件成立关系的正犯与共犯之界分，这一难题即使是

[22] 该案事实如下：一位未婚生子的母亲，因迫于多方压力，决意将自己刚生下之婴儿杀死。但由于产后虚弱，加上自己下不了手，便恳求其妹代为行事。并告知其妹，可以利用其为婴儿洗澡时，将婴儿溺死在澡盆中，尔后佯称婴儿系出生后自然死亡。其妹因不忍心见其为一个非婚生婴儿如此痛苦，遂答应其要求，而将婴儿溺死。

[23] 参见柯耀程：《参与与竞合》，台湾元照出版公司 2009 年版，第 17–19 页。

[24] 参见［德］克劳斯·罗克辛：《刑法总论（第 2 卷）：犯罪的特别现象形态》，［日］山中敬一监译，日本信山社 2011 年日文版，第 38–189 页。

[25] 参见刘艳红：《论正犯理论的客观实质化》，载《中国法学》2011 年第 4 期。

Roxin 也必须承认。”另外，“支配理论者，虽然被视为区分正犯与共犯的理论，但其所侧重者，仍在于以界分正犯为主，对于共犯的认定，仍旧相当模糊。”[26]

从学说史观之，“在正犯与共犯的区分问题上，德、日传统的共犯理论恪守以构成要件为中心的形式客观说，但近期占据学说主流地位的是重视参与人在共同犯罪中的支配力或者作用大小之实质客观说，呈现出区分标准的实质客观化的发展动向。……若彻底贯彻传统的形式客观说，就会将那些虽未参与构成要件行为的实行但在共同犯罪中起重要作用的人认定为共犯而处以较轻的刑罚，这势必导致罪刑失衡。基于实现刑事处罚的合理性的需要，在正犯和共犯的判断上，德、日学界及实务界逐渐突破实行行为的传统边界而加以实质的解释——纵使没有参与构成要件行为的实行，但如果对共同犯罪的不法事实具有支配力或者发挥了重要作用，亦能成为正犯；相反，即便直接参与了构成要件行为的实行，但倘若对不法事实缺乏支配力或者对结果的发生所起的作用较小，亦可成立共犯（主要是指帮助犯）。如此一来，正犯这种原本按照形式上的分工标准所划分和确立的犯罪类型在事实上也就成为按照实质上的作用分类标准所确定的‘主犯’范畴。”[27]这也在一定程度上表明，合理区分正犯与共犯不仅十分困难，而且发展的趋势是区分越来越离谱，即不是按原有的正犯与共犯相区分的理念来做区分，而是逐渐模糊了二者的界限，纯粹从合理处罚的需要出发来操作，从而动摇了区分制的根基。但这也是一种迫不得已的选择。因为在刑法采取区分正犯与共犯的参与体制的条件下，处理具体案件时，必须确定每个参与者是正犯还是共犯，否则，就无法对其定罪处罚。但又不可能找到合理准确区分正犯与共犯的标准。而采取我国不区分正犯与共犯的参与体制，则不会产生这样的问题。况且，在数人参与犯罪的情况下，无非是要解决对每个参与者是否定罪以及定罪之后如何处罚的问题。但区分正犯与共犯，对参与者的定罪和处罚并无决定性的意义。有关这一点，笔者将在下文展开论述，在此不赘述。

（二）定罪更为科学

众所周知，犯罪是危害社会违反刑法的行为，或者说犯罪是符合构成要件的违法并有责的行为。任何犯罪在客观上必须有违法即侵害法益的行为，主观上必须有可责性即故意或过失乃至非难可能性。就单个人犯罪而言，自然是以特定行为人的行为与主观罪过作为评判的对象。但在多人参与犯罪的场合，是否在判断的方式或者定罪的标准上，应该与单个人犯罪有所不同？对此，单一制与区分制有重大差异。如前所述，采取区分制的学者大多认为，在多人参与犯罪的场合，

[26] 参见柯耀程：《刑法参与论的发展与检讨》，载刘明祥等主编：《刑事法探究》（第四卷），中国人民公安大学出版社 2011 年版，第 412 页。

[27] 参见钱叶六：《双层区分制下正犯与共犯的区分》，载《法学研究》2012 年第 1 期。

由于正犯是犯罪的核心人物，共犯（教唆犯和帮助犯）是犯罪的边缘人物或依附者，因而共犯具有从属于正犯的特性，对共犯定罪时必须考虑正犯的情况，正犯如果尚未实行犯罪，对共犯就不能定罪处罚。共犯从属性理论的实质是，认为共犯行为（教唆和帮助行为）不会直接侵害法益，只能是通过正犯的行为间接侵害法益，因而刑法分则仅规定正犯行为（实行行为），刑罚原则上也仅及于正犯，处罚教唆犯和帮助犯是基于刑罚扩张的原因，[28] 即国家从刑事政策的需要出发，在刑法总则中作出处罚教唆犯和帮助犯的特别规定，以作为对共犯定罪处罚的法律根据。正因为如此，在多人参与共同犯罪的场合，定罪时就必须把正犯与共犯严格区分开来，特别是对共犯的定罪不可能与单个人犯罪同样对待。但这会带来处罚漏洞。例如，在行为人用重金收买对方从事大规模杀人的恐怖活动遭到拒绝的场合，按支撑区分制的共犯从属性理论，由于被教唆者没有实行被教唆的罪，对教唆者就无法定罪处罚。这样处理无疑会放纵这类危险的犯罪发生。

但是，根据我们所采取的单一正犯理论，在数人参与犯罪的场合，对每个参与者都应该与单个人犯罪一样来认定其是否构成犯罪以及构成何种犯罪。关键要看行为人的行为与侵害法益的事实或结果之间是否有因果关系，如果没有因果关系，当然也就不能追究其刑事责任，即不能定罪；如果有因果关系，则要进一步考察行为人有无责任能力、主观上是否有罪过。假如回答是否定的，同样不能认定其构成犯罪。即便是其行为与危害结果之间有因果关系，其主观上有故意并有刑事责任能力，且其他参与者均被认定为有罪，只要对其主客观事实做综合评价后认为确属情节显著轻微的，也应当认定其不构成犯罪。至于其参与的形式如何，即参与实施的是实行行为还是教唆行为或帮助行为，对认定其是否构成犯罪并无决定作用。

至于说按作为区分制根基的共犯从属性理论，只有正犯才是直接犯罪人，共犯（教唆犯和帮助犯）只是依附于正犯的间接犯罪人，正因为如此，二者应该区别对待。这种观念固然有一定的道理，但却忽视了一点：任何犯罪都是人的主观意志表现于外在的行为而对他人利益造成侵害的现象。人的意志要得以实现，就直接故意犯罪而言，“永远是利用工具才能实现侵害”或达到犯罪目的。利用工具既可能是利用自己的身体（或肢体），也可能是利用外在的动植物或物体，还可能是利用他人做工具。由此而论，所有的犯罪都“永远是间接犯罪”。因为“人要实现不法构成要件，技术上本来就是要利用工具；至于所利用的完全是自己的肉体、部分别人的肉体，或是人体以外的物体，其区别，就刑法处罚犯罪的目的而言，根本没有意义。因此，所谓不法构成要件该当，也不限于通说所谓的自己实现不法构成要件的行为，而是，只要能够支配不法构成要件实现的，不管是完

[28] 参见［日］西田典之：《共犯理论的展开》，日本成文堂2010年日文版，第22页。

全利用自己的肉体、部分利用别人的肉体，或是人体以外的物体，都是不法构成要件该当。”[29]既然如此，在数人参与犯罪的场合，对每个参与者与单个人犯罪一样，对其客观行为和主观罪过以及影响其行为社会危害性程度（或违法性程度）的各种因素进行综合判断无疑是恰当的。例如，行为人想要害死仇人家的孩子，既可能是他自己拿刀将其砍死，也可能是放出恶狗将其咬死，还可能是指使无责任能力人将其杀害（间接正犯），更有可能是唆使有责任能力人将其杀害（教唆犯）。这几种情形在行为的具体表现形式上虽有差异，但都是行为人故意利用外在条件（或犯罪工具）引起被害人死亡结果发生的，实质上应该做同样的评价。也就是说，无论是行为人自己用刀杀死被害人、放恶狗咬死被害人，还是唆使无责任能力或有责任能力的人杀死被害人，在定罪即犯罪成立的判断上，都应该完全相同。不能说行为人出于杀人的目的，唆使无责任能力的人杀人，因对方拒绝没有达到目的，由于这是间接正犯，行为人构成杀人罪（属于杀人未遂或杀人预备），但唆使有责任能力人杀人，同样是因对方拒绝而没有达到目的，却由于行为人是共犯（即教唆犯），根据共犯从属性理论，当正犯没有实行杀人行为时，教唆犯不构成杀人罪。否则，就无法合理说明为何行为人基于同样的目的，实施同样的行为（即利用他人杀人），并且行为所处的状况也完全一样，却出现罪与非罪的差异。

此外，按照单一正犯理论定罪，还具有使共同故意犯罪与共同过失犯罪的定罪原则相一致的优越性。根据我国《刑法》第25条第2款的规定，“二人以上共同过失犯罪，不以共同犯罪论处；应当负刑事责任的，按照他们所犯的罪分别处罚。”对共同过失犯罪人的定罪，我国司法实践中一直都是采取与单个人犯罪一样的定罪规则，即看行为人的行为与危害结果之间有无因果关系以及对结果发生的影响程度或作用大小，同时考察其主观方面有无过失，具备了主客观两方面条件的，就认定其构成犯罪。至于其他与结果发生相关的人是否构成犯罪以及行为的表现形式如何，对行为人的定罪并无决定意义。对这样的定罪方式，我国刑法学界也公认为是合理的。并且，在德日等采取正犯与共犯相区分的立法体系的国家，包括我国的台湾地区，对共同过失犯罪人也是采取与我国相同的定罪方式，即与单个人犯罪一样来定罪。那么，同样是多个人参与犯罪，为何在多人共同过失犯罪的场合，可以从参与者个人的行为及其结果乃至其主观罪过，来判断其是否构成犯罪，不存在要考虑其行为是否从属于他人的问题，而在多人共同故意犯罪时，却必须考虑其行为的形式，即是实行行为、还是教唆或帮助行为，定罪时必须坚持共犯从属性原则？对此，不得不说是区分制的一大缺陷。正如我国台湾学者黄荣坚所述，“在故意犯罪的情况下，通说固然强调，要‘亲自’实现不法

[29] 参见黄荣坚：《基础刑法学（下）》，中国人民大学出版社2009年版，第494页。

构成要件才叫做不法，因此如果是某甲叫某乙去杀人，就不能说某甲构成杀人罪。然而我们再看看通说处理过失犯罪的情形，其态度就不是如此了。例如，某甲将车辆交由没有驾驶执照又不谙驾驶的某乙驾驶，结果某乙因为驾驶技术不良而撞死人。在此一实例中，虽然某甲并非亲自驾驶车辆撞死人，但是实务见解也是毫无疑义的认为某甲应该构成过失致人于死罪。令人不解的是，既然此处在过失致人于死的情况下，我们并不要求行为人非要'亲自'致人于死不可，那么在故意杀人（故意致人于死）的情况下，有什么理由可以要求行为人非要'亲自'致人于死不可？"[30]

（三）处罚更为合理

无论何人犯了罪都应该受处罚，这可谓是天经地义的事。与单个人犯罪不同的是，数人参与犯罪的场合，由于是数人的行为引起了一个侵害法益的结果或事实，每个人的行为对引起法益侵害的结果或事实所起的作用大小可能有较大差异，处罚轻重也应有差别，这样才算公平合理。另外，就共同犯罪而言，组织领导者或犯意引起者是犯罪产生的源头，从刑事政策的角度考虑，也应当认为是起主要作用者，因而要给予更重的处罚。从某种意义而言，数人参与的犯罪与单个人犯罪最大的不同，不在于定罪，而在于处罚。因为每个参与者的行为对侵害法益的结果的发生或侵害事实的造成，所起的作用可能会有较大差异，承担的法律责任也应有差别，这种差别就主要体现在处罚的轻重程度上。无论是采取区分正犯与共犯的区分制，还是不做这种区分的单一制理论，在对同一案件的每个参与者应给予轻重有别的处罚这一点上，意见完全一致。只不过区分制是以犯罪行为的参与形式为依据，将犯罪人分为正犯与共犯两类，对正犯处比共犯更重的刑罚，以体现区别对待的刑事政策思想和处罚的公平合理性。单一正犯体系则是在量刑时考虑每个犯罪人参与的程度和性质，给予轻重不同的处罚。

我国刑法采取的犯罪参与体系，虽然原则上属于单一制，但与其他国家刑法所采取的单一制有重大差异，那就是将所有参与共同犯罪的人分为主犯与从犯两大类，[31] 分别给予轻重不同的处罚。这显然是突出了共同犯罪在处罚上不同于单个人犯罪的特点，并且能够充分体现打击的重点和处罚的公平合理性。弥补了区分制根据参与行为的形式来确定处罚差异的缺陷。因为实施构成要件实行行为的正犯，并非在所有共同犯罪案件中都是起主要作用者，都有必要处比共犯（即教唆犯和帮助犯）更重的刑罚。教唆犯起主要作用、被教唆的实行犯起次要作用的

---

[30] 参见黄荣坚：《基础刑法学（下）》（第三版），中国人民大学出版社 2009 年版，第 502 页。

[31] 胁从犯是从犯之中的一种特别从宽处罚类型。我国《刑法》第 28 条规定："对于被胁迫参加犯罪的，应当按照他的犯罪情节减轻处罚或者免除处罚。"通说认为，如果被胁迫参加犯罪后，在犯罪时成为积极参与者并发挥了重要作用的，则不能认定为胁从犯。这就意味着只有在共同犯罪中发挥次要作用或辅助作用的人，即是从犯并且是因受胁迫而参加犯罪的，才能成为胁从犯。

案件，在司法实践中屡见不鲜，帮助犯与被帮助的实行犯所发挥的作用不相上下的案件也时有发生。例如，甲提供保险箱密码，乙用密码打开保险箱窃取了大量财物，二人平分了赃物。由于没有甲提供保险箱密码，乙不可能打开保险箱窃取到财物，因此，很难说作为帮助犯（即共犯）的甲所起的作用比作为实行犯（即正犯）的乙小。按德日等国的区分正犯与共犯的参与体制，对甲比乙处更轻的刑罚，显然不具有合理性。但按我国刑法的规定，既然甲乙在犯罪中所发挥的作用相当，对甲也与乙一样作为主犯，给予轻重相当的处罚没有任何障碍。

另外，在数人基于共同故意都参与实行构成要件的行为即共同正犯的场合，每个参与实行者所起的作用可能有较大差异，其中有人还可能是被胁迫参加犯罪的胁从犯。在德日等采取区分制的国家，对共同正犯的处罚原则上是相同的，无法体现出处罚上的差异性，不能体现区别对待的刑事政策思想。但根据我国刑法的规定，即便是在所谓共同正犯的场合，对其中的每个参与者，也要按照其所起作用的大小，分别确定为主犯或从犯（包含胁从犯），给予轻重不同的处罚。这无疑要比区分制合理。在德日刑法学界也早就有学者意识到了这一问题，提出即便是实施构成要件行为的实行犯，如果在共同犯罪中所起的作用较小，也可以认定为从犯，这就是所谓“实施实行行为的从犯”的情形。并且，在德日已有不少判例采纳了此种主张。[32]之所以如此，就是为了弥补采取区分制所带来的处罚上的不合理性的缺陷。

此外，如果仅从参与者的行为形式上来判断，并非是实行行为，甚至可能是帮助行为，但在共同犯罪中所起的作用很大，作为共犯（或从犯）来处罚，就明显不具有合理性。为了解决这一问题，实行区分制的德日等国的判例和通说，又采取了一些变通的解释或做法。最典型的实例是将部分犯罪的望风者认定为共同正犯，同时还承认所谓共谋共同正犯。仅就盗窃的望风行为[33]而论，明显不能解释为盗窃的实行行为，只能视为帮助行为，但望风者在共同盗窃中所发挥的作用，有时很难说比入室直接窃取财物者小，因而处罚也不应当更轻。这就是将部分望风者认定为共同正犯的根本原因所在。再说所谓共谋共同正犯，参与共谋但并未直接实行犯罪者，有可能是犯罪的组织领导者即幕后操纵者，在共同犯罪中所起的作用有可能比直接实行犯罪者还要大，如果仅从其行为形式来看，充其量只能算是教唆犯，有的甚至连教唆犯也算不上。因为教唆犯是以他人尚无犯罪意图而故意引起他人产生犯罪意图为成立条件的，对大家早已有犯罪意图，碰巧聚集在一起共同谋划犯罪的共谋者，只能算是给他人提供精神上帮助的帮助犯。将

---

[32] 参见［日］亀井源太郎：《正犯与共犯的区别》，日本弘文堂2005年日文版，第120–128页。

[33] 所谓望风行为，是指基于共同犯罪的故意，在犯罪现场或附近，为他人实行犯罪而实施的放哨、观察周围动静、通风报信的行为。

这种幕后的策划者或操纵者仅作为共犯（或从犯）来处罚，明显是罚不当罪、违反处罚的公平性。为此，采用区分制的国家或地区，又不得不承认所谓共谋共同正犯，也就是将参与共谋者作为共同正犯来认定，给予较重的处罚。[34] 这样处理也是迫于无奈。但按我国刑法的规定，将一些犯罪的望风者、组织领导犯罪的幕后操纵者，以其在共同犯罪中起主要作用为依据，认定为主犯，则是既合法也合情更合理的事。与其像德日等采取区分制的国家那样，为了寻求处罚的合理性，不得不重视参与者在共同犯罪中的作用大小，并以此为根据事实上将正犯概念主犯化，即"将起主要作用的犯罪人认定为正犯，从而使正犯这种按照分工标准所划分的犯罪类型在事实上变成了按照作用分类法所确定的'主犯'"，[35] 倒不如像我国刑法这样明确规定将所有参与共同犯罪的人，根据其在犯罪中发挥作用大小的不同，分为主犯与从犯，给予轻重不同的处罚。

（四）操作更为简便

同区分正犯与共犯的区分制相比，我国采取的单一正犯（犯罪人）体系具有操作更为简便的明显优势。如前所述，由于区分制在定罪和处罚阶段，都必须将犯罪人是正犯还是共犯确定下来，而在许多场合，作这种区分又非常困难，不仅理论上要绞尽脑汁寻找区分标准、设计区分方案，弄得十分烦琐，而且在处理具体案件时也很难操作。但采取我国的单一犯罪人体系，在数人参与犯罪的场合，由于与单个人犯罪时的定罪规则相同，仅从参与人客观上是否实施了侵害法益的行为（包括组织行为、实行行为、教唆行为和帮助行为），主观上是否有犯罪故意，就可以认定其是否构成犯罪。处罚时则要看其是否与他人构成共同犯罪，若构成共同犯罪，就要确定其是主犯还是从犯，并按相应的规则予以轻重不同的处罚；否则，就与单独犯一样处罚。这显然比区分制简单明了，更便于司法人员掌握执行。并且，对采取区分制所面临的一些有争议的复杂问题，运用我们的单一犯罪人体系予以简单化，即可迎刃而解。

众所周知，如果采取区分制，在有些场合，共同正犯与帮助犯的区分会成一个难题。除了前述望风行为是应该认定为共同正犯还是帮助犯之外，还有所谓"择一的事实贡献"如何认定，也成为一个很棘手的问题。"择一的事实贡献"，是指数人参与共同犯罪，从一开始就决定了仅有一人的行为能够现实地引起构成要件结果的情形。例如，多名杀手基于共同的谋杀计划分别潜伏在各条路上伏击被害人，最终由其中一名杀手杀死了被害人。对此，在采取区分制的德国，有学者认为，只有杀死了被害人的那名杀手才是正犯，其余的伏击者均是共犯（即帮助犯）；也有的学者认为，所有伏击者均是正犯（共同正犯）；还有学者认为，要

---

[34] 参见［日］山中敬一：《刑法总论》（第2版），日本成文堂2008年日文版，第864页。

[35] 参见陈家林：《共同正犯研究》，武汉大学出版社2004年版，第24页。

分别不同情况做不同处理，即有的场合，所有的伏击者均构成共同正犯，另有的场合，伏击而未实行杀人者仅成立共犯。[36] 在笔者看来，这类案件的情况错综复杂，比如，伏击者分别在一套房子的几个房间门口伏击，或者是在一个住宅小区、一个城市的几条道路伏击，这就有比较大的差异，不可一概而论，从合理处罚的需要出发，区别不同情况做不同处理（即有的场合将所有伏击者认定为共同正犯，有的场合认定为共犯）是合适的。但如何区别，则成为一个难题。很难有一个统一的区分标准，从而也无法保障执法的统一性。可是，按照我们的单一正犯体系，由于所有伏击者都有杀人的共同犯罪故意，并且按分工分别实施了伏击甚至实行杀人的共同犯罪行为，每个人的行为都是杀人行为的有机组成部分，因而都构成故意杀人罪。在量刑时，则要根据每个人在共同犯罪中所起作用的大小（如谁是主谋者、组织策划者，谁是按主谋旨意行事者），来确定谁是主犯谁是从犯，分别给予轻重不同的刑罚。

另外，如果采取区分制，间接正犯与共犯的区分也是一大难题。由于他们都不亲自实行犯罪，都是利用他人的行为来侵害法益，进而实现自己的犯罪目的。因此，准确区分两者并不容易。又由于正犯的定罪标准与共犯有差异、处罚轻重有差别，若区分不当，就会出现定罪不准、量刑失当的现象。例如，在利用无责任能力人的场合，若教唆十二三岁的人去杀人，是成立杀人罪的间接正犯还是共犯（教唆犯），在德日刑法理论界就有较大争议。如果说是成立共犯（教唆犯），那么，被教唆的无责任能力人不接受教唆时，根据共犯从属性理论，教唆者就不构成犯罪。如果说是间接正犯，即便对方不接受其教唆，唆使无责任能力人杀人者，也仍然构成犯罪（成立杀人未遂罪或杀人预备罪）。由此可见，采取不同的主张处理同一案件，会得出罪与非罪的不同结论。又如，利用过失行为的场合，若医生将掺有毒药的注射液交给护士，令其为患者注射，只要护士稍加观察即可发现是毒药，但护士却粗心大意而为患者注射，导致其死亡。医生是构成杀人罪的间接正犯还是共犯（教唆犯），也是德日刑法理论上有争议的问题。再如，利用有轻罪故意的场合，若甲想要杀害躲在贵重财物背后的乙，让不知情的丙开枪射击，致乙死亡。由于丙仅有轻罪的故意（毁坏他人财物的故意），并无杀人的故意，那么，利用丙杀乙的甲，是间接正犯还是共犯（教唆犯），持区分制主张的学者也有不同认识。另如，利用所谓“有故意的工具”的场合，特别是“利用无身份有故意的工具”的情形，最典型的实例是作为公务员的丈夫利用不具有公务员身份的妻子收受贿赂。在采取区分制的德日，既有认为丈夫构成间接正犯的，也有认为丈夫成立直接正犯的，还有认为丈夫成立教唆犯妻子成立帮助犯的（这就是所谓“无正犯的共犯”的情形）。不同的解释，对丈夫是否定罪以及处罚轻重，

---

[36] 参见钱叶六：《双层区分制下正犯与共犯的区分》，载《法学研究》2012 年第 1 期。

有时会有很大差异。此外，是否承认所谓“正犯后的正犯”，也是同间接正犯与共犯的区分相关的一个难题。所涉的问题是具有责任能力的被利用者因故意实施构成要件的行为而作为直接正犯承担刑事责任时，幕后的利用者是否要作为间接正犯（即“正犯后的正犯”）承担刑事责任？最典型的实例是A得知B要在某日晚X必经的偏僻路口杀害X后，将自己想要杀害的Y骗到此地，被B误认为是X而杀害。还有黑社会组织的头目指使下属杀害他人。在这类案件中，被利用者无疑是杀人罪的直接正犯，但背后的利用者、指使者，由于没有实施杀人的实行行为，如果仅作为共犯（教唆犯或帮助犯）处罚，显然不具有合理性，而有必要作为正犯（间接正犯）来处罚，但这又与间接正犯的理论有冲突。因为间接正犯本来是不包括所谓“正犯后正犯”之情形的。

根据我国刑法的规定，运用我们所主张的单一正犯理论，德日刑法学界颇有争议的上述间接正犯与共犯相区分的复杂问题，完全可以做简化处理，司法实践中也很容易操作执行。如前所述，按照单一正犯体系的解释论，在数人参与犯罪的场合，只要参与者的行为与结果之间有因果关系，主观上有罪过，即存在对其定罪处罚的可能性。参与者的行为既可能是实行行为，也可能是组织行为、教唆行为、帮助行为。并且利用他人的行为引起侵害法益的结果发生，同利用刀枪棍棒、动植物作为工具侵害法益，在实质上可以做同样的评价。因此，上述唆使十二三岁的孩子杀人，与唆使精神正常的成年人杀人，在定罪上不应该有差异（量刑上则要体现差异）。在对方不接受教唆的情况下，对教唆者也应该同样看待，不会出现德日那样的唆使十二三岁的孩子犯罪，在对方不接受教唆时，教唆者构成犯罪，而教唆成年人犯罪，对方不接受教唆时则不构成犯罪的问题。至于医生利用有重大过失的护士杀人、甲利用仅有毁坏他人财物之故意的丙杀害躲在财物背后的乙（丙不知情），则都属于利用他人杀人的情形，与利用动物作为工具杀人具有同样的性质，因而认定利用者构成故意杀人罪，不存在任何疑问。间接正犯的概念也就无存在的余地。当然，笔者也不否认，利用他人去杀人（包括教唆杀人、帮助杀人）同自己直接去实行杀人，在通常情况下，行为的危害性程度也会有差异，并且，教唆、帮助犯罪的对象是成年人还是未成年人，无论是在主观恶性和客观危害性上都有一定的差异，只是不能将这种差异过分夸大。

但是，在采取区分制的德日等国，传统观念认为，刑法分则规定的是实行行为，只有实施刑法分则规定的实行行为的人才是正犯，利用他人犯罪的场合，由于被利用者可能不构成犯罪，或者构成其他较轻的罪，如果不引入间接正犯的概念，就可能无法对利用者定罪处罚，或者只能按共犯给予较轻的处罚，这显然不具有合理性。正是为了弥补区分制的这一缺陷，学者们才提出了间接正犯的概念。但在前述有公务员身份的丈夫利用妻子受贿的所谓“利用无身份有故意的工具”的场合，妻子本来不能受贿，丈夫能否利用其受贿，即能否成立间接正犯本身就有疑问，若认定丈夫是教唆犯、妻子是帮助犯，即承认所谓“无正犯的共犯”，则又与作为区分制理论基础的共犯从属性理论相冲突。至于承认所谓“正犯后的正犯”，对于处理前述利用他人对象认识错误杀害自己想杀的人或者黑社会组织头目指使下属杀人的案件，固然有一定的合理性，但却与利用者和被利用者不可能构成同一犯罪的传统间接正犯理论相冲突。如果采取我们所主张的单一正犯理论，由于利用他人的行为去犯罪被视为利用者自己利用外在条件（如利用工具等）实施犯罪，因此，前述有公务员身份的丈夫利用妻子受贿，自然应当认为是丈夫实施了受贿犯罪，无疑可以对其按受贿罪定罪处罚。至于利用他人对象认识错误去杀人，黑社会头目指使下属杀人，采取区分制按共犯处罚利用者、指使者，确实存在处罚不当的问题，但按我国刑法的规定，对利用者、指使者定故意杀人罪，比被利用者处更重的刑罚或相同的刑罚，在解释论上不会有任何障碍。所谓“无正犯的共犯”或“正犯后的正犯”之类的概念，也同样无存在的必要。

三、我国犯罪参与体系立法的缺陷与弥补途径

（一）关于单一正犯体系破坏构成要件明确性的问题

由于单一正犯体系在构成要件层面不区分正犯与共犯（教唆犯和帮助犯），因此赞成区分制的学者批判这种体系否定了以刑法分则的构成要件为基础的实行行为概念，从而导致构成要件明确性的丧失。而且，由于在单一正犯体系下，所有犯罪参与者均为正犯，这无疑是抹杀了正犯不法与共犯不法之间的本质区别。[37]

在笔者看来，按照我们所主张的单一正犯的原理，刑法分则规定的构成要件行为不限于实行行为，而且还包含教唆行为、帮助行为和预备行为，这无疑是没有采取区分制将构成要件行为解释为仅限于实行行为那么明确，但认为我国采取的单一制的犯罪参与体系会破坏构成要件明确性，这可能并不妥当。采取区分正犯与共犯的参与体制，将刑法分则规定的构成要件行为解释为实行行为，固然能够充分体现构成要件的明确性。但是，这样解释实际上也是以单个人犯罪为立足点的。在单个人犯罪的场合，要实现犯罪就必须要亲自实施构成要件的实行行为，而在数人参与犯罪的场合，行为人要实现犯罪或达到犯罪目的，并非要亲自实施构成要件的实行行为，完全可以利用他人的行为来实现犯罪达到既定目的，教唆犯罪和帮助犯罪就属于这种情形。教唆和帮助犯罪者既然没有实施刑法分则规定的构成要件的行为，那又为何构成犯罪呢？正是为了解决这一难题，学者们提出了所谓修正的构成要件的理论，认为教唆犯、帮助犯也实施了构成要件的行为，只不过与实行犯所实施的构成要件行为有所不同，是一种经过总则修正了的构成

[37] Jakobs. Strafrecht AT，2. Aufl.［M］. Berlin: De Guyter，1993. 转引自江溯：《关于单一正犯体系的若干辩驳》，载《当代法学》2011 年第 5 期。

要件行为。这表明在采取区分正犯与共犯的参与体制的国家，刑法分则规定的构成要件可以解释为，既包括以单独犯为模式的狭义的构成要件行为（仅限于实行行为），也包含以数人参与为模式的广义的构成要件行为即修正的构成要件行为（包含教唆行为与帮助行为）。既然如此，为何不能将构成要件行为直接解释为包含教唆行为和帮助行为乃至预备行为呢？作这种直接解释为何会破坏构成要件的明确性呢？

另外，认为在单一正犯体系下，所有犯罪参与者均为正犯，这是抹杀了正犯与共犯不法之间的本质区别。但在我看来，正犯不法与共犯不法之间本来就没有本质上的差异，只是在违法性程度或社会危害性程度上有所差异。

（二）关于单一正犯体系导致处罚范围扩大化的问题

由于单一正犯体系的思想渊源在于因果关系理论中的条件说，即所有对于法益侵害结果有贡献者均为正犯。又由于对所有参与者都是根据其自身的不法和罪责来判断其是否具有可罚性，而不存在定罪和处罚从属于他人行为的问题，因此，赞成区分制的学者指责单一制会导致处罚范围扩大化，最典型的例子是教唆未遂与帮助未遂将变成可罚的行为，这明显不具有合理性。[38]

笔者认为，虽然采取单一正犯体系确实存在扩大处罚范围的危险性，但是，按照我们的主张，准确理解并恰当执行我国现行刑法的有关规定，扩大处罚范围的问题是可以有效避免的。正如前文所述，在数人参与犯罪的场合，对每个参与者都是与单个人犯罪一样，单独对其实施的行为的社会危害性程度及其主观罪过进行考察，来确定其是否构成犯罪，如果发现其行为对侵害法益结果的发生所起的作用较小，主观恶性程度较低，属于情节显著轻微的情形，那就可以适用《刑法》第 13 条“但书”的规定，不认为是犯罪。至于其他参与者构成了犯罪、应受刑罚处罚，不能成为同案中的某个参与者也必须定罪的理由。例如，甲、乙胁迫丙参与盗窃，二人到现场窃取价值 3000 元的财物后，甲、乙均分，丙并未分得赃物。丙 17 岁，是未成年人。综合全案情况，完全可以认定甲与乙构成盗窃罪，丙不构成犯罪。又如，A 与 B 想去伤害 D，要 C 给一根木棒，C 明知事情真相而提供，A 与 B 用 C 提供的木棒轻伤了 D，A 与 B 被定为伤害罪均被处缓刑。C 作为帮助者，由于其行为的社会危害性程度很轻，不定罪处罚就成为情理之中的事。

至于说在被教唆人或被帮助人未实行犯罪的场合，按我们所主张的单一正犯原理，对教唆未遂者与帮助未遂者也处罚，这就会导致处罚范围扩大化。笔者认为，这种观点并不妥当。如前所述，由于我们主张对每个参与者是否定罪处罚，均要与单个人犯罪一样，考察其行为的社会危害性（或违法性）及其程度，而教唆未遂与

---

[38] Schünemann. Leipziger Kommentar zur Strafgesetzbuch，Vor. § 25，Rdn. 9［M］. Berlin: De Guyter，2007. 转引自江溯：《关于单一正犯体系的若干辩驳》，载《当代法学》2011 年第 5 期。

帮助未遂的场合，行为的社会危害性程度比教唆既遂、帮助既遂时低，如果达不到犯罪的程度，就可以认定为犯罪不成立。因此，根据单一正犯原理，并非是所有的教唆未遂与帮助未遂均要作为犯罪来处罚，而是要根据其社会危害性的程度来判断其应否定罪处罚，不存在将本来不应该定罪处罚的教唆未遂者与帮助未遂者予以定罪处罚的必然性，当然也就不存在处罚范围扩大化的问题。相反，还可能弥补处罚漏洞。如前所述，按作为区分制理论基础的共犯从属性说，被教唆人或被帮助人未实行犯罪的场合，对教唆未遂者与帮助未遂者均不能定罪处罚。但如果是教唆或帮助特别危险的犯罪，如教唆或帮助他人到观众很多的剧院去用威力很大的定时炸弹炸死观众，仅仅因为被教唆者、被帮助者未实行犯罪，就不处罚教唆者、帮助者，这无疑会放纵危险的犯罪发生，不利于保护法益、维护社会秩序。

或许有人会提出，我国《刑法》第 25 条规定："共同犯罪是指二人以上共同故意犯罪。"既然参与者有共同故意，也有共同的行为（包含教唆和帮助行为），那就构成共同犯罪。认定这种参与者不构成共同犯罪的理由何在？笔者认为，参与他人的犯罪，并不一定就与他人构成共同犯罪。共同犯罪是以二个以上参与者分别而论都构成犯罪并有共同的故意和共同的行为为成立条件的。因为只有行为人构成犯罪才可能成为共同犯罪人。将其中的参与者不作为犯罪认定的法律根据同样是《刑法》第 13 条"但书"的规定，这一规定对所有各种类型的犯罪都是适用的，共同犯罪也不例外。其实，在德日等大陆法系国家，刑法之中虽然没有像我国《刑法》第 13 条的"但书"规定，但在解释论上，一般是运用可罚的违法性或实质的违法性理论，将违法性（或社会危害性）程度很低的行为，排除在犯罪之外。

（三）关于单一正犯体系难以区分既未遂的问题

"在单一行为人体制中，由于所有加功于犯罪事实实现之人，在刑法的评价上，均为行为人。因此，行为既未遂之判断，并不需取决于直接行为人之行为，而系以行为人自己的行为，为独立判断的标准，此种说法，似乎与既、未遂的法理难相吻合。盖刑法中判断既、未遂之标准，均以是否已着手实行构成要件之行为，为根本判断依据，如尚未进入着手阶段，则并不能以未遂评断之，充其量仅为着手前的预备阶段或预谋阶段而已。对于单一行为人体制中，判断直接行为人行为既、未遂，固无问题，盖构成要件之规定，亦是以规范直接行为人为根本。但对于惹起行为人与协助行为人其行为之既、未遂判断，如仍以其个别行为为基准，而不需取决于直接正犯之行为，则将使得判断既、未遂的法理产生动摇，如此一来，着手的概念，将为之崩溃。"由此可见，"单一行为人体制所面临最主要的难题，反而应该是行为既、未遂判断的问题。"[39]

笔者认为，单一正犯体系确实存在这样的问题。但是，这一问题是有办法解

---

[39] 参见柯耀程：《参与与竞合》，元照出版公司 2009 年版，第 44–45 页。

决的。因为按笔者所主张的单一正犯的理论，虽然是以每个参与者个人的行为作为对其定罪和处罚的基础，但并不意味着参与者利用他人犯罪（如教唆、帮助他人犯罪或唆使无责任能力人实施犯罪）的场合，只要行为人一实施利用行为，就是已着手实行犯罪，未达既定目的的，都要作为犯罪未遂来处理。如前所述，利用他人杀害、伤害被害人的犯罪与利用动物或利用自然工具杀害、伤害被害人，在实质上并无差别，并非只要开始利用时就是已着手实行，还要看对意图侵害的法益是否构成现实而紧迫的威胁。例如，用恶狗伤人的场合，行为人将恶狗带到现场之前、甚至发出侵害指令之前，由于对被害人的身体健康并不构成紧迫的威胁，因而不能认定为已着手实行伤害行为。同样道理，教唆或帮助他人伤害被害人的场合，也应该以被教唆人或被帮助人已实行伤害行为时，作为已着手实行伤害行为的起点，这才有可能构成伤害未遂。被利用人着手实行犯罪之前停止的，则只能视为犯罪预备。

（四）关于单一正犯体系主从地位不明的问题

如前所述，我国在共同犯罪人的处罚上，采取主从犯区别对待的政策，即主犯适用法律规定的基准刑处罚，从犯则应当从轻、减轻处罚或者免除处罚。刑法虽然明确规定，“组织、领导犯罪集团进行犯罪活动的或者在共同犯罪中起主要作用的，是主犯。”“在共同犯罪中起次要或者辅助作用的，是从犯。”但何谓“起主要作用”或“起次要作用”，则不够明确。在司法实践中，要由司法人员来做判断。由于没有客观的判断标准，难免带有主观随意性，很可能出现判断失误或执法不公的现象。同区分制相比，这是我国采取的区分主从犯单一制的一个明显缺陷。不过，这一缺陷也是可以通过完善立法与合理司法来弥补的。

首先，从立法而言，可以考虑将部分没有争议的能确定下来的主犯与从犯在刑法中作明确规定。一般来说，行为是表现在外的客观现象，以行为的表现形式来做判断可以避免出现主观随意性。在数人参与犯罪的场合，行为的形式可以分为组织行为、实行行为、教唆行为和帮助行为。若在共同犯罪中实施了组织或领导行为，无疑是起主要作用者，应认定为主犯。我国现行刑法对“组织、领导犯罪集团进行犯罪活动的”已明文规定为属于主犯，但对一般共同犯罪中的组织或领导者，则并未做明文规定。笔者认为，有必要纳入主犯范围之中，可以考虑将《刑法》第26条中的“组织、领导犯罪集团进行犯罪活动的”修改为“组织、领导共同犯罪活动的”。至于实施实行行为者，虽然大多可以认定为主犯，但也有不少例外的情形，只能认定为从犯。实施教唆行为的，虽然在我国古代刑法中均被认定为首犯（即“造意为首”），并且在修订1979年刑法典的过程中，也曾有多个草案对教唆犯明文规定为按主犯处罚，但“学者们普遍认为，从实践中看，教唆犯不一定都是主犯，一律按照主犯处罚，是不合理的。有鉴于此，……立法机关又将其改回‘按照他在共同犯罪中所起的作用处罚’，并一直维持到新刑法典通过。”[40] 问题是对实施帮助行为的帮助犯，我国现行刑法没有明确规定如何处罚。毋庸讳言，在共同犯罪行为中，帮助行为的危害性程度最轻，通常情况下，将实施帮助行为的帮助犯认定为从犯是合适的。但正如前文所述，也有特殊例外的情形，这就是对犯罪的完成具有决定性作用的帮助犯，若认定为从犯就不具有合理性。因此，我国刑法有必要增设这样的规定："帮助他人实施犯罪的，除对犯罪的完成具有决定作用的情形外，以从犯论处。"这里所说的"对犯罪的完成具有决定作用"，是指如果没有帮助犯所提供的特定帮助行为，犯罪就不可能完成或重大危害结果就不可能发生。前述将保险柜密码告诉对方使之窃取保险柜中大量财物的案件就是适例。

其次，从司法而论，在处理具体共同犯罪案件时，应严格按照刑法的规定认定主犯与从犯。我国《刑法》第26条规定，"组织、领导犯罪集团进行犯罪活动的"（即犯罪集团的首要分子）是当然的主犯。只要按犯罪集团的标准，准确认定犯罪集团，并着重考察犯罪人在集团犯罪中是否起到了组织、领导、策划、指挥作用，往往不难做出准确的判断。又"由于教唆犯是犯意的发起者，因此在共同犯罪中通常是起主要作用者，应按主犯的处罚原则处理。但在少数情况下，也可能起次要作用，如教唆他人帮助实行犯进行犯罪活动，或者因为受到胁迫而教唆他人犯罪等。对这类教唆犯，应按从犯的处罚原则处理"。[41] 所以，对教唆犯是认定为主犯还是从犯，在司法实践中并不困难。至于帮助犯，正如前文所述，除了极个别对共同犯罪的完成起了决定作用的情形外，绝大多数均只能认定为从犯，这在司法实践中也很容易掌握或执行。成为问题的是，数人共同参与实行了犯罪，谁是主犯谁是从犯，在许多案件中确实难以判断。一般认为，应对犯罪人的下列情况进行综合考察：（1）实行犯罪前的表现，如是否主动邀约他人参加犯罪活动，是否出谋划策等；（2）实行犯罪中的表现，如是否积极主动地参与犯罪活动，其行为在危害结果的发生上是否属于主要原因等；（3）实行犯罪后的表现，如是否支配犯罪所得，有无组织、指挥逃匿、布置反侦查活动等。[42]

更为棘手的是，在司法实践中，还会遇到在同一共同犯罪案件中根本无法确定谁起主要作用谁起次要作用（即谁是主犯谁是从犯）的问题。面对这一难题，已有人开始尝试在现有的立法框架下提出解决问题的方案，概括起来主要有三种：一是一律按主犯处理，主张在共同犯罪参与人主从地位不明的情况下，对所有的犯罪参与人均按照主犯处理。因为主犯的认定不以从犯的存在为必要，没有

[40] 参见高铭暄：《中华人民共和国刑法的孕育诞生和发展完善》，北京大学出版社2012年版，第209页。

[41] 参见高铭暄、马克昌主编：《刑法学》，中国法制出版社2007年版，第205页。

[42] 参见高铭暄、马克昌主编：《刑法学》，中国法制出版社2007年版，第200页。

从犯的场合同样可以认定主犯，况且，只有确定主犯地位，才能依法对其处以恰当的刑罚。[43] 二是一律按从犯处理，认为在共同犯罪参与人的“主要作用”或“次要或辅助作用”之间存在疑问时，应当按照“存疑时应以轻缓优先”[44] 的原则，对所有的犯罪参与人均按从犯论处。三是不区分主从，认为在犯罪参与人主从地位不明确的情况下，可以不硬性区分主从。如果认为参与者作用大小有差别，可以在量刑轻重上稍有不同。这是目前司法实践中的普遍做法。[45]

笔者认为，在数人参与共同犯罪，无法确定谁起主要作用谁起次要作用（即谁是主犯谁是从犯）的情况下，要正确处理案件，必须先弄清我国所采取的单一正犯体系的特点即立法精神之所在。我国 1979 年刑法，只是笼统地规定，“对于主犯，除本法分则已有规定的以外，应当从重处罚”，“对于从犯，应当比照主犯从轻、减轻处罚或者免除处罚。”在修订时“考虑到如果对主犯规定从重处罚，而从犯是需要从宽处罚的，这样对主犯和从犯的处罚就会失去判断的基准”，[46] 因而修订后的现行刑法取消了对主犯从重处罚的规定，仍然保留了“对于从犯，应当从轻、减轻处罚或者免除处罚”的规定。[47] 由此可见，我国现行刑法所规定的对共同犯罪人予以处罚的基准刑是主犯之刑，对从犯则是在主犯应处之基准刑的基础上，从轻处罚、减轻处罚或者免除处罚。这就意味着对所有参与共同犯罪的人，原则上都要按主犯应处的基准刑处罚，如果能够证明犯罪人在共同犯罪中起次要或辅助作用，就应当认定为从犯，依法从轻、减轻处罚或者免除处罚，以充分体现罪刑相应或区别对待的刑事政策精神。反过来，如果所有参与者在共同犯罪中所起的作用相当，那就表明都不是起次要或辅助作用者，都应当认定为主犯，适用基准刑处罚。因此，上述一律按主犯处理的方案具有可取性。司法实践中普遍采用的不区分主犯与从犯的方案，虽然处理的结果与按主犯处理是相同的，但按我国刑法的规定，对共同犯罪人是分主犯与从犯给予轻重不同处罚的，在一案之中，如果确实无法区分主从犯，那就表明不必要区分，均认定为主犯是合理的。既然认定几个参与者构成共同犯罪，又不确定其是主犯还是从犯，这种做法与我国刑法的规定不符。至于上述一律按从犯处理的方案，虽有论者认为“符合‘疑罪从轻’的刑事处断原则，有利于保障人权”，[48] 但如果一案之中，所有参与犯罪

---

[43] 参见曹坚：《从犯问题研究》，上海社会科学院出版社 2009 年版，第 12 页。

[44] 参见张明楷：《刑法格言的展开》，法律出版社 2003 年版，第 314 页。

[45] 参见吴光侠：《主犯论》，中国人民公安大学出版社 2007 年版，第 307 页。

[46] 参见高铭暄：《中华人民共和国刑法的孕育诞生和发展完善》，北京大学出版社 2012 年版，第 207 页。

[47] 现行刑法对于从犯的处罚规定，只是删除了原法条中的“比照主犯”一词。

[48] 参见王志远：《我国参与犯处罚原则及其实践困境》，载《国家检察官学院学报》2012 年第 1 期。

的人所起的作用相当，都作为从犯认定，那就会出现“无主犯的从犯”的怪现象，就会产生不按基准刑处理案件或量刑不均衡的问题。例如，三人合谋采取极端残忍的手段杀害了一人，三人所起的作用相当。如果对三人均按从犯处罚，那就都应当从轻处罚，按司法惯例，三人均不能处死刑。而采用同样手段杀人，如果是单独犯无疑是要判死刑的，如果是能够区分主从犯的共同犯罪案件，至少主犯中有一人要判死刑，也就是说其基准刑是死刑。若仅仅因为不能确定谁起主要作用谁起次要作用（或作用相当），就都当作从犯从轻处罚，显然就背离了量刑的基准，有可能出现量刑畸轻的现象。再说，若从案件事实情况来看，无法确定几个参与者在共同犯罪中谁起主要作用谁起次要作用，这正好表明他们所起的作用相当，没有仅起次要作用者，也就是没有从犯，不存在适用“疑罪从轻”原则的余地。

（本文曾发表于《中国法学》2013 年第 6 期）

论我国《刑法》中非纯粹过失犯的共犯成立

张小虎

按照我国《刑法》的规定，共同犯罪仅限“共同故意犯罪”，“共同过失犯罪不以共同犯罪论处”。对此，刑法理论的通常理解是，共同犯罪只能存在于故意犯中，然而这一理解却使《刑法》中的许多规定难以获得刑法教义学上的统一。笔者认为，“共同故意犯罪”是指“共同故意实行犯罪”，由此共犯并不仅仅限于故意犯中，笔者所称的非纯粹过失犯也可成立共犯。[1] 进而，《刑法》有关过失犯中的共犯规定也就有了其理论的根基。

一、故意犯与过失犯之共同犯罪成立的理论与立法

对于共同犯罪是否仅限故意犯，就共犯本质的理论基奠而论，存在立于犯罪本质之不同价值观的对立结论。（1）肯定论立于共同犯罪之本质的行为共同说的立场，承认过失犯的共同犯罪。行为共同说，又称事实共同说，由德国学者布黎、日本学者牧野英一、木村龟二、宫本英脩等所主张，持主观主义刑法理论的立场。此说主张，犯罪是行为人主观恶性的表现，而共同犯罪是二个以上的行为人共同恶性的表现，由此共同犯罪的成立应当是二个以上的行为人，基于共同的犯罪行为，实现自己的犯意。行为共同说强调，共同犯罪的共同事实不同于法律上的构成要件，共同犯罪关系并不仅仅限于一个犯罪事实，共同犯罪的成立也不必要求数个行为人具有同一个犯意，共同犯罪成立的关键是共同行为。共同过失行为、故意与过失行为、单方面的协力行为、有责任能力人与无责任能力人的共同行为等均可以成立共同犯罪。（2）否定论立于共同犯罪之本质的犯罪共同说的立场，否认过失犯的共同犯罪。犯罪共同说，又称犯意共同说，由德国学者毕克迈耶、日本学者小野清一郎、大塚仁等所主张，持客观主义刑法理论的立场。此说主张，犯罪本质是侵害法益，而共同犯罪是二个以上的行为人共同对同一法益的侵害，由此共同犯罪的成立应当是二个以上的行为人，基于共同的犯罪意思联络，实施共同的犯罪行为，实现同一个具体的构成要件事实。共同过失行为、故意与过失行为、缺乏意思沟通的单方面协力行为等均不能成立共同犯罪。犯罪共同说

---

[1] “共犯”是一指称意义较为复杂的术语。最广义共犯可谓共同犯罪的简称，包括总则规定之任意共犯与分则规定之必要共犯；广义共犯是指共同犯罪中各类形态的共同犯罪人，包括教唆犯、帮助犯、共同正犯；狭义共犯是与正犯相对的一个概念，仅指教唆犯与帮助犯，而不包括共同正犯。

又分为完全犯罪共同说与部分犯罪共同说。完全犯罪共同说强调，共同犯罪仅仅就同一具体犯罪类型而存在，不同的具体犯罪之间无从成立共同犯罪；部分犯罪共同说主张，在构成要件重合的限度内，不同的具体犯罪之间可以成立共同犯罪。

显然，在刑法教义学的视野下这种理论学说的秉持，是与具体立法的现实状况密切关联的。对此，存在两种立法模式：（1）仅限故意：许多国家与地区的立法均对共同犯罪的责任形式作了故意的限定。具体表现为：Ⅰ.狭义共犯仅限故意犯。例如，《德国刑法典》第26条将教唆犯限定为“故意教唆他人故意实施违法行为”，第27条将帮助犯限定为“对他人故意实施的违法行为故意予以帮助”的行为。[2] 该法典第25条第2款在对共同正犯的规定中，对共同正犯的主观心态未予明确，由此刑法理论形成了两种对立的见解：认为“在过失犯罪情况下不存在共同正犯”，数人参与的“每个行为人均是同时犯”[3]，并且认为在过失犯罪的场合“不可能区分正犯与共犯”[4]；认为“过失共同实行人是应当承认的”，“在第25条第2款中，法律只要求一种共同实施，但是，并没有要求必须具有实施的故意性”。[5] Ⅱ.广义共犯也仅限故意犯；立法不仅将教唆犯与帮助犯的成立仅限故意犯，而且也明确将共同正犯的成立限定为故意犯。例如，《匈牙利刑法典》第20条第2款将共同正犯限定为“相互知悉彼此的行动而共同实施故意犯罪法定构成要件行为的人”，第21条第1款将教唆犯限定为“故意唆使他人实行犯罪的人”，第21条第2款将从犯限定为“故意为犯罪的实行提供帮助的人”，而第21条第3款则强调“为正犯规定的刑罚条款也应当适用于共犯”。[6] Ⅲ.共同犯罪仅限故意犯罪。立法首先将共同犯罪限定为故意犯罪，而各个共同犯罪人的成立也依存于这一故意犯罪的框架。例如，《保加利亚刑法典》第20条将共同犯罪限定为“故意犯罪”，而共同犯罪人是指“实行犯、教唆犯和帮助犯”，其中，教唆犯是指“故意煽动他人实施犯罪的人”，帮助犯是指“故意为实施犯罪提供帮助的”人。[7]《土耳其刑法典》第40条将共同犯罪限定为“行为是故意实施并且违法的”，同时强调“对每一个参与共同犯罪的人，根据其在共同犯罪中所起的作用大小处罚”。（2）可以过失：也有一些国家与地区的立法明确肯定了过

---

[2] 类似的规定还有《瑞士刑法典》第24条与第25条，《法国刑法典》第121-7条等。

[3] ［德］汉斯·海因里希·耶塞克、托马斯·魏根特：《德国刑法教科书》，徐久生译，中国法制出版社2001年版，第819页。

[4] 同前注3，汉斯·海因里希·耶塞克、托马斯·魏根特书，第791-792页。

[5] ［德］克劳斯·罗克辛：《德国刑法学总论》（第2卷），王世洲等译，法律出版社2013年版，第74页。

[6] 类似的规定还有《捷克刑法典》第23条与第24条等。

[7] 类似的规定还有《俄罗斯刑法典》第32条与第33条，《蒙古国刑法典》第34条与第35条，《芬兰刑法典》第5章第3条至第6条等。

失犯的共同犯罪。具体表现为，过失犯也可成立共同正犯乃至狭义共犯。教唆犯或帮助犯仅限故意教唆或故意帮助方可成立，教唆犯或帮助犯所成立的是所教唆或帮助之罪，然而这并不排除共同正犯可以基于故意或过失而成立故意犯或过失犯。例如，根据《马其顿刑法典》第 23 条至第 25 条的规定，教唆犯为“故意教唆他人犯罪”者，帮助犯为“故意帮助他人犯罪”者，对于教唆犯与帮助犯“以其所教唆之罪”或“以其所帮助之罪”处罚，而“共同正犯在其犯罪故意或者犯罪过失之范围内承担”责任。[8]《意大利刑法典》第 113 条明确规定了“过失重罪中的共同过失行为”的“这种共同犯罪的形式”，并称之为“过失重罪中的合作”。[9] 不过，这里的“过失合作”不仅限于共同正犯，实际上也可呈现为教唆与正犯的合作。例如，“提佐怂恿凯奥超速行驶……结果凯奥来不及刹车而撞死了森博。”[10]

上述两种立法例均肯定教唆犯与帮助犯的成立须由故意教唆与故意帮助，所不同的是：(1)“仅限故意”的立法规定，共同正犯、教唆犯与帮助犯均在故意犯的框架下成立。与这一立法模式相应的刑法解释论，否定共同过失犯罪的共同犯罪成立。例如，主张“共同正犯是通过有意识的和所意愿的共同作用对犯罪行为的共同实施”；反之，如果数人之间不存在有意识和所意愿的共同作用造成了结果，这是单纯的同时正犯。“过失犯既无‘力图’，也无‘参与’”，“对于过失行为的共同作用，只能是以同时正犯人的形式”。[11](2)“可以过失”的立法规定，不仅共同过失犯罪可为一种共同犯罪形态，而且教唆或帮助过失犯也可在过失犯的框架下成立共同犯罪。与此相应有关刑法解释论也肯定，共同过失犯罪属于共同犯罪的一种形态。例如，主张“具有共同注意的义务”，并且共同违反了共同注意义务，这是具备了“共同实行的意思”与“共同实行的事实”，由此可以“成立过失犯的共同正犯”。[12] 并且认为，即使根据犯罪共同说，如果对过失犯实施故意帮助时，“可以肯定成立过失犯的从犯”[13]

我国《刑法》第 25 条第 1 款也将共同犯罪限定于共同故意的框架，该条第 2 款明确否定了共同过失犯罪的共同犯罪归属。由此，刑法理论在解释论上一般

[8] 类似的规定还有《黑山刑法典》第 23 条至第 25 条、《塞尔维亚刑法典》第 33 条至第 35 条、《克罗地亚刑法典》第 36 条至第 38 条等。

[9] [意] 杜里奥·帕多瓦尼:《意大利刑法学原理》，陈忠林译评，中国人民大学出版社 2004 年版，第 291 页。

[10] 同前注 9，杜里奥·帕多瓦尼书，第 292 页。

[11] [德] 约翰内斯·韦塞尔斯:《德国刑法总论》，李昌珂译，法律出版社 2008 年版，第 293、389、390 页。

[12] [日] 大谷实:《刑法总论》，黎宏译，法律出版社 2003 年版，第 312–313 页。

[13] [日] 佐久间修:《共同过失与共犯》，林亚刚译，载马克昌、莫洪宪主编:《中日共同犯罪比较研究》，武汉大学出版社 2003 年版，第 62 页。

也都否定共同过失犯罪可以成立共同犯罪。例如，认为“共同犯罪的特点是二人以上通过共同的犯罪故意，使各人的行为形成一个共同的有机整体”，“而共同过失犯罪，双方缺乏意思联络，不可能形成共同犯罪所要求的有机整体性”，“并且在共同过失犯罪中不存在主犯、从犯、教唆犯的区分，只存在过失责任大小的差别”。[14] 但是，有的学者提出应当确立我国的共同过失犯罪的理论与实践。这里的共同过失犯罪，是指二人以上的共同过失行为共同造成危害结果的犯罪，包括过失实行犯、过失帮助犯与过失教唆犯。共同过失“使各个行为人的过失行为联结成一个统一的整体”。而在处罚上，根据我国《刑法》的规定，对各个共同过失犯罪人分别定罪处刑。[15] 也有学者从立法论上提出应当在我国《刑法》中肯定过失的共同正犯，但对过失的共犯则不应予以承认。“中国现行刑法的规定，明确否认了过失的共同犯罪”，“试图从解释论上肯定过失的共同犯罪，几乎不可能”。“从立法论上主张过失的共同正犯的观点具有合理性”，“至于过失的教唆与过失的帮助，以及教唆、帮助过失犯则不应成立共犯”。[16]

二、犯罪共同说立场下的过失犯之共犯成立的应然

行为共同说扩张了共同犯罪成立的范围，有利于刑法的社会保护机能，然而其忽视了构成要件的类型意义，也片面注重行为人的主观恶性。犯罪共同说限制了共同犯罪的成立，有利于刑法的人权保障机能，不过其难以解释片面共犯等问题。在犯罪论体系上，笔者坚持以客观主义为主导的立场，主张犯罪本质系行为的严重危害性，具体表现为行为对于保护法益的严重的实际损害或现实威胁。进而，在共同犯罪的本质上，笔者原则上坚持完全犯罪共同说的基本立场，而对某些具体问题则予以理论原则下的扩展解释，由此提倡相对完全犯罪共同说的理论建构。完全犯罪共同说将犯罪本质定位于侵害法益，强调共犯成立必须具有“共同实现同一构成要件的意思”以及“共同实现同一构成要件的事实”，由此在同一故意犯的框架下成立共犯这是共同犯罪的常态。各国刑法立法一般也均将共同犯罪限定于同一犯罪的共同故意的框架内。问题是，共同过失犯罪能否成立共犯或在多大范围内成立共犯，对此刑法理论与立法实际的结论不一，我国《刑法》第25条第2款则明确予以否定。笔者认为，从立法论上来讲，将共同过失犯罪归于共同犯罪有其合理性。共同犯罪呈现为多人参与、共同行为、主观联络等的整合特征，由此相对于单独犯罪来说，具有更大的主观危害与客观危害，这也构成了对共同犯罪从严处罚的根据。对于共同犯罪成立要素与具体范围的划定，既要充分呈现共同犯罪所应有的这种整合特征及其所现更大危害，又应避免过于扩

---

[14] 高铭暄、马克昌主编:《刑法学》，北京大学出版社、高等教育出版社2007年版，第181页。

[15] 参见侯国云、苗杰:《论共同过失犯罪》，载《法学研究》1993年第2期。

[16] 参见张明楷:《共同过失与共同犯罪》，载《吉林大学社会科学学报》2003年第2期。

张共同犯罪范围而致刑事处罚出现不必要的铺张。共同故意犯罪固然是共同犯罪的典型形态，而共同过失犯罪也不失为共同犯罪的特殊形态。共同过失犯罪不同于同时的过失犯与其他的非整合的过失犯，[17]共同过失犯罪对于法定结果的发生具有主观与客观的协同作用，并且这种协同也将共同过失行为的主观与客观限定于同一过失犯中。这种同一过失犯中的多个参与人之间的主观与客观的协同，恰恰展示了共同过失犯罪的整合特征，正是这种整合性表现出共同过失犯罪更大的危害，也使其成为一种相对独特的犯罪形态。

共同过失犯罪，是指二个以上的行为主体，虽对过失犯实行行为之表象行为具有意思协同，[18]但对行为结果却协同未予履行应有的注意义务，协同实施表象行为从而造成特定构成结果的犯罪形态。例如，在火灾危险场所，甲欲“吸烟”，乙帮其“点火”，甲乙故意协同实施“点火吸烟”行为（A），但对A系“引起燃烧的行为”以及将造成“火灾事故的后果”则均未予以应有的注意。共同过失犯罪除了数人参与之外，还具有如下特征：具有共同协力的构成要件行为；共同行为造成同一法益侵害结果；基于意思协同而共同实施表象行为；针对行为侵害结果的共同过失（没有履行注意义务的协同）；共同行为、侵害结果与共同过失依存于同一具体犯罪构成。其中，共同过失，是指行为人不仅对于自己行为的“危险属性与危害结果”（B）没有履行应有的注意义务，而且对于他人行为与自己行为相互协同而增加B之发生的可能性也没有履行应有的注意义务。[19]可见，共同过失犯罪的核心要素在于过失犯中“共同”的存在，这就是共同过失行为中的协同特征，即实施表象行为的意思协同、没有履行注意义务的协同与实施构成要件行为的协同、行为所致侵害结果的同一，正是基于这种意思协同、共同过失与行为协同、结果协同，才显示出其属于一种独特的共同过失类型。由此，共同过失犯罪不同于下列情形：（1）分别过失犯罪，即各个行为人虽对行为的危险属性与危害结果未予履行应有的注意义务，但是各个行为人只是各自实施行为而缺乏对表象行为的意思协同。（2）过失并故意的犯罪，即虽然结果也是由数个表象行为协同造成，但是其中某些行为人对自己行为的危险属性与危害结果持过失心态，而其他行为人对自己行为的危险属性与危害结果则持故意心态。

在此，值得考究的是，立于完全犯罪共同说的立场，共犯的成立须有实现同一具体犯罪的“共同意图”，而共同过失犯罪是否具有这一“共同意图”则颇存争议。肯定论者主张：“在对共同行为人赋予了共同注意义务的场合，对于该

[17] 详见本题下文有关共同过失犯罪的概念与特征的阐释。

[18] 犯罪构成的实行行为系属性行为，其不同于实行行为之表象行为；表象行为可谓属性行为的征表，由此对于属性行为的心态与对于表象行为的心态也不能简单等同。

[19] 共同故意的关键系“意思联络”，而共同过失的关键系“协同过失”。

违反客观的注意义务的行为，当然具有共同实施的意思，这就是共同实行的意思。”[20] 否定论者认为：“过失行为中，即使过失行为的那一点是具有共同意图的部分，这也不是对侵害结果具有共同实现的意思。”所以，该情形只不过是过失同时犯。[21] 对此，笔者认为，完全犯罪共同说是以刑法的典型立法形态故意犯为“原型”的，而共同过失犯罪可以成为适格完全犯罪共同说理论的特殊形态。具体地说，溯本求源，完全犯罪共同说是以法益侵害之结果的无价值为犯罪本质评价立论的，进而在共犯的成立上强调应由二人以上基于共同犯意而共同侵害同一法益。依循这一理论逻辑，成立共犯除主体多人参与外，还须有如下要素：具有共同协力的构成要件行为（A）；共同行为协力造成同一法益侵害（B）；行为人对于A与B具有共同意图（C）；A、B、C依存于同一具体犯罪构成（D）。[22] 由此，作为争议焦点的C之“共同意图”，其内容所指的是A与B，即行为属性与侵害结果。严格来讲，在共同过失犯罪中并不存在像共同故意犯罪中所具有的那样的“共同意图”，易言之，在共同过失犯罪中既缺乏针对行为属性的故意实施的意思，也缺乏如同否定论所说的针对侵害结果的共同实现的意思。然而，这是以共同故意犯为标准对共同过失犯所作的衡量。显然，在构成结构上，过失犯不同于故意犯，进而共同过失犯罪也有其不同于共同故意犯罪的特征。由此，共同过失犯罪中的“共同意图”也有其独特呈现。这就是，对于A之表象行为的意思协同，以及没有阻止B之发生的没有履行注意义务的协同。这种“实施表象行为的意思协同”与“没有履行注意义务的协同”构成了共同过失犯罪的“共同过失”。[23] 现代刑法以处罚故意为原则以处罚过失为例外，故意犯是法定犯罪的标志、主干与典型的形态。由此，完全犯罪共同说是以共同的故意犯为重心而建构的理论，也正因为此，在以完全犯罪共同说的理论路径诠释共同的过失犯时，应当考虑共同过失犯罪的构成特征。因此，在符合共同犯罪之本质的意义上，可以将共同过失犯罪归于共同犯罪形态中的一种特例。共同过失犯罪具备上述A、B与D，而鉴于过失犯与故意犯的结构上的差异，仅是其中C项以“共同过失”取代了“共同意图”。但是，A、B、D以及“共同过失”，构成了共同过失犯罪的类似于共同故意犯罪的整合特征与严重危害特征。

那么，共同过失犯罪在何种范围内成立呢？对此，存在否定共同正犯、仅限共同正犯、可予区分共犯的不同见解。（1）否定共同正犯：立于正犯概念的行为支配说，主张拒绝统一正犯概念只适用于故意犯，但不适用于过失犯；数人参与

---

[20] 同前注12，大谷实书，第312页。

[21] 同前注13，佐久间修文，第55-56页。

[22] 与此相对，行为共同说是以违反规范之行为的无价值为犯罪本质评价的立论，由此，共犯的成立仅须A就可以了。

[23] 详见上文有关共同过失犯罪的概念与特征的阐释。

过失犯，任何违反注意义务而对结果起作用的人均为正犯，且仅为同时正犯。例如，德国学者指出："在过失犯罪情况下，有因果关系的共犯的每一种形式都是正犯。"因为过失共同行为的所有参与人均缺乏对构成要件结果的预见，"他们中的每一个人均不可能对犯罪进行有效的控制"。[24]"与法定之共同正犯不同，人们将此等情况称为同时犯"。[25]"因此，绝大多数观点为过失犯罪提出了统一正犯概念"。[26]否定过失共同正犯曾为德国学界的主流的观点。[27]在德国，迄今为止，过失共同正犯并未被司法判决所承认，并且在早期文献中也仅有少数支持者。[28]（2）仅限共同正犯：主张在共同过失犯罪中，无论何种形式的共同过失行为，均是对结果发生具有原因力的符合构成要件的行为，从而可以存在过失犯的共同正犯，但并不存在过失犯的帮助犯与教唆犯。例如，有的学者基于教唆与帮助应有的"双重故意"而否定对过失犯的教唆与帮助可以成立教唆犯与帮助犯，但是却"根据过失的归责性结构"而肯定过失犯共同正犯的存在，其出现在"在结果中实现了一种由多人共同创造的不容许的危险"的场合。[29]也有学者基于在具有协同关系行为的场合，行为人自己负有避免结果的注意义务，同时也负有使具有协同关系的他人避免结果的注意义务，从而肯定过失犯共同正犯的成立。[30]肯定过失犯共同正犯已经成为日本学界的主流观点。[31]（3）可予区分共犯：承认在共同过失犯罪中，存在着不同的行为样态，由此也应区分共同过失犯罪中的共同正犯、教唆犯与帮助犯。例如，有的论著指出，虽然过失犯的行为定义与故意犯的不同，"但它无疑也是行为"，因此，有数人参与时，谁为直接实行，谁起教唆或帮助作用，或许就值得讨论。"过失犯罪里同样存在共同正犯、教唆犯或者（精神上的）帮助犯等不同的行为模型。"[32]也有学者认为，"通说肯定结果加重犯的共同正犯、

---

[24] 同前注3，汉斯·海因里希·耶塞克、托马斯·魏根特书，第779、791页。

[25] [德] 弗兰茨·冯·李斯特：《德国刑法教科书》，徐久生译，法律出版社2000年版，第373页。

[26] [德] 冈特·施特拉腾韦特、洛塔尔·库伦：《刑法总论 I —犯罪论》，杨萌译，法律出版社2006年版，第423页。

[27] 我国台湾地区学者林山田教授也持这一立场。林山田：《刑法通论》（下册），北京大学出版社2012年版，第126页。

[28] 参见前注5，克劳斯·罗克辛书，第73页。质疑过失共同正犯的见解，还可参见 [日] 松宫孝明：《刑法总论讲义》，钱叶六译，中国人民大学出版社2013年版，第203页。

[29] 同前注5，克劳斯·罗克辛书，第169、130、74页。

[30] 参见 [日] 野村稔：《刑法总论》，全理其、何力译，法律出版社2001年版，第401页。

[31] 参见 [日] 西田典之：《日本刑法总论》，刘明祥、王昭武译，中国人民大学出版社2007年版，第316页；[日] 川端博：《刑法总论二十五讲》，余振华译，中国政法大学出版社2003年版，第364页；[日] 木村龟二主编：《刑法学词典》，顾肖荣等译校，上海翻译出版公司1991年版，第362页；[日] 山口厚：《刑法总论》，付立庆译，中国人民大学出版社2011年版，第361页；等等。

[32] 同前注26，冈特·施特拉腾韦特、洛塔尔·库伦书，第422页。

教唆犯、帮助犯”，从而“没有理由否定过失的教唆犯、帮助犯。”而立于因果共犯论的立场，“理论上也存在肯定过失共同正犯、过失教唆、过失帮助的可能”。[33]还有学者虽否定对过失犯的教唆犯，但却肯定对过失犯的帮助犯与过失共同正犯。[34]

在立法论上，笔者肯定共同过失犯罪中的共犯界分。（1）本人与他人注意义务的分析：故意犯实行行为的界说较为明确，与此不同，过失犯实行行为范围的边界似乎不够清晰，从而如何界分共同过失犯罪中的共犯与正犯成为问题。对此，一种观点主张，通过考虑注意义务是否“是只涉及本人”，来界分共同过失犯罪中的共犯与正犯。而这一见解却又似有违于“自主原则对注意义务的限制”。换言之，“个人的责任范围基本上仅限于”自己的行为，只有“在某些特殊情况下也涵盖了他人的行为”。由此，过失责任主要是行为人对于自己应予履行的注意义务的违反，而不能要求行为人“一直考虑到他人可能的错误行为”。[35]在笔者看来，自主原则对注意义务的限制固然有其道理，但是其却不能成为以注意义务归属来界分正犯与共犯的根本障碍。在单独过失的场合，对行为人的归责固然不能一味地要求行为人去揣摩行为对方的注意义务及其履行状况；[36]而在共同过失的场合，共犯与正犯协同违反了具有同一指向的注意义务从而都成为过失犯的行为人，所谓协同违反注意义务即意味着共犯与正犯对避免结果的发生缺乏共同注意，这也是在共同过失犯罪中的实行“部分实行全部责任”之归责原则的主观根据。当然，在共同过失犯罪中共犯与正犯所违反的注意义务未必是同一的，但却是具有同一指向的。易言之，“共同过失”所违反的是具有同一指向的注意义务，其既可以是同一注意义务，也可是密切相关的注意义务。“共同过失”在不少的场合呈现为参与人各自注意义务密切相关。例如，A知道B无驾驶证，而将汽车借给其驾驶，结果B发生事故致C死亡（案例1）。本案B的注意义务依存于交通法的规定，而A的注意义务则为对B驾车高度危险性的关注。但是该两者注意义务密切相关，并统一于对避免交通事故的高度关注。（2）结果加重犯共犯界分的分析：在肯定过失犯共犯存在不同类型的理论见解中，也有学者以结果加重犯之共犯的界分来类比论证过失犯之共犯的界分。[37]笔者认为，承认过失犯中的不同共犯的界分，并非是类似于肯定结果加重犯中不同共犯界分的理由。在某

---

[33] ［日］西田典之：《日本刑法总论》，刘明祥、王昭武译，中国人民大学出版社2007年版，第314、316页。

[34] 同前注12，大谷实书，第327、332、312页。

[35] 同前注26，冈特·施特拉腾韦特、洛塔尔·库伦书，第423、420–421页。

[36] 依循这一视角而讨论的议题是行为人与被害人的责任分担问题，从而自主原则常常被用作信赖原则的理论根据。参见前注，冈特·施特拉腾韦特、洛塔尔·库伦书，第420–421页。

[37] 同前注33，西田典之书，第314页。

些场合所谓结果加重犯中的共犯，这本身就是存疑的。例如，A 教唆 B 对 C 实施伤害，而 B 却过失地致 C 死亡（案例 2）。对此，有的论著认为 A 与 B 构成过失共犯，其中 A 系教唆犯，B 系正犯。[38] 而在笔者看来，成立教唆故意要求教唆者，不仅须有产生被教唆者具体犯罪决意的意图，而且对被教唆者的行为结果须有与被教唆者共同的责任心态。在教唆故意犯的场合，对所教唆之罪有共同故意；在教唆过失犯的场合，对所教唆之罪有共同过失。这种共同故意与共同过失既是教唆人与被教唆者之共犯成立的主观特征，也是教唆者的主观恶性与教唆行为的客观危险的重要征表。在该案中，A 与 B 仅有故意伤害的共同责任心态，但对 B 致 C 的死亡结果却无共同责任心态，从而不能成立这一致死的教唆犯；而笔者也否定过失教唆的教唆犯的成立。在该案中，A 与 B 仅成立故意伤害罪的共犯，B 单独成立故意伤害罪的结果加重犯。立于共同过失犯罪中各个参与者之行为样态差异的事实根据与行为分工差异的理论根据 [39]：共同过失犯罪中的教唆犯的典型适例是，A 故意唆使 [40]B 在禁火现场点火吸烟，B 违反注意义务而吸烟以致造成火灾事故（案例 3）；共同过失犯罪中的帮助犯的典型适例是，B 在禁火现场欲行点火吸烟而缺乏火源，A 故意将火柴提供给 B，[41]B 点火造成火灾事故（案例 4）。（3）共同过失犯罪共犯界分标准：共同过失犯罪中正犯与共犯以及不同共犯之间的界分，其事实根据是共同过失犯罪中各个参与者行为样态的差异，其理论根据是不同行为样态对于结果的发生所现分工的差异。过失犯的实行行为确有其特殊呈现，其以对作为义务的违反为核心征表。这对于共同过失犯罪来说，A 与 B 共同过失犯罪，则 A 与 B 存在共同过失与共同行为，而这又是以同一注意义务或密切相关注意义务为纽带的。这种注意义务是“共同过失”成立的客观基础，而“共同过失”指向对这种注意义务的协同违反心态；[42] 这种注意义务也是“共同行为”成立的客观基础，“共同行为”是对这种注意义务的协同违反。但是，对注意义务的协同违反并不意味着对于结果发生的行为样态没有区别。直接违反注意义务而造成结果的是正犯行为；通过他人直接违反注意义务而参与到犯罪中来的是共犯行为。由此，笔者主张仍以行为特征来界分共同过失犯罪中的正犯与共犯。正犯者是直接实施违反注意义务的人；教唆犯者是引起他人实施违反注意义务的人；帮助犯者是为他人实施违反注意义务提供便利的人。例如，在上述案例 3 中，A 与 B 均违反了应予禁火的注意义务，而在违反这一注意义务的行为上，B 之点

[38] 参见［日］内田文昭：《刑法概要（中）》，青林书院 1999 年版，第 512 页。转引自前注 33，西田典之书，第 314 页。

[39] 详见下文有关共同过失犯罪共犯界分标准的阐释。

[40] A 对 B 吸烟会造成火灾，存在过失心态。

[41] 同上述案例 3，A 对 B 吸烟会造成火灾，存在过失心态。

[42] 详见上文关于“共同过失犯罪”界说的相应阐释。

火是直接的实行行为，A之造意的违反注意义务是通过B之实行呈现的。在上述案例1中，A与B违反了避免交通事故的注意义务，而在违反这一注意义务的行为上，B之无证驾驶是致C死亡的实行行为，A之提供汽车只是为B的实行提供了便利。

应当注意，不应将共同过失犯罪中的教唆犯视作间接正犯。例如，A因急于赶赴某个地点，唆使司机B违规超速行驶，B违规超速行驶以致发生事故，造成交通道路上的C死亡（案例5）。对于该案的处理，刑法理论存在同时正犯[43]、共同正犯[44]、间接正犯[45]等不同见解。鉴于上文对共同过失犯罪之共犯界分的分析，该案固然不能成立同时正犯与共同正犯。该案也非间接正犯，而是构成过失犯的教唆犯。该案B的注意义务依存于交通法的规定，A的注意义务则为对B驾车高度危险性的关注。该两者注意义务密切相关，并统一于对避免交通事故的高度关注。A与B违反了避免交通事故的注意义务，而在违反这一注意义务的行为上，B之违规超速行驶是致C死亡的实行行为，A之造意的违反注意义务是通过B之实行呈现的。过失犯的教唆犯与间接正犯的关键区别在于，教唆人对于所教唆之罪的行为结果的主观心态，如果是故意则为间接正犯，如果亦为过失则为过失犯的教唆犯。间接正犯是利用人利用他人作为工具实施自己的犯罪，发起犯罪并操纵与支配着整个犯罪的进程的犯罪形态；作为间接正犯的利用者须基于犯罪的故意而利用他人实施犯罪，对他人的行为结果持过失心态的，不能成立间接正犯，因为在过失的心态下无所谓支配、操纵与利用他人实施犯罪。显然，在案例5中，A对C之死亡的主观心态系过失。与该案相对的间接正犯的适例是：A意图杀害C，于是将子弹上膛的枪交于B，并欺骗B枪中无弹，让B向C射击以示恐吓玩耍，B信以为真未加检查即向C开枪，结果致C死亡（案例6）。本案B构成过失致人死亡，A成立故意杀人罪的间接正犯。[46]

三、我国《刑法》共同犯罪的故意犯与过失犯形态

应当肯定，现实中的共同过失犯罪的确存在，其与分别的过失犯罪有着不同的构成与危害特征，并且在共同过失犯罪中各参与人的行为及其危害特征也确有不同。坚持共同犯罪的应有理论立场，就立法论而言，我国《刑法》应当肯定这种社会现实与刑法应然。不过，我国《刑法》第25条明文否定了共同过失犯罪的共犯归属，而将共同犯罪限定在“共同故意犯罪”的范畴内。对此，笔者认为，

---

[43] 同前注3，汉斯·海因里希·耶塞克、托马斯·魏根特书，第792页。

[44] 同前注9，杜里奥·帕多瓦尼书，第292页。

[45] 同前注25，弗兰茨·冯·李斯特书，第378页；前注13，佐久间修文，第63页。

[46] 对于类似的案情，也有论者认为B构成过失致人死亡，A成立故意杀人罪的教唆犯。参见前注30，野村稔书，第414页。

在解释论上可以在该条之文义的射程范围内，[47] 将过失犯中的非纯粹过失犯的共犯归于该条文的规定之中。具体地说，可以认为，我国《刑法》第 25 条对共同犯罪的规定，坚持了完全犯罪共同说的基本立场。该条第 1 款所述“共同故意犯罪”，是指“共同故意实行犯罪”，进而在非纯粹过失犯的框架下也可成立共同犯罪；该条第 2 款之“共同过失犯罪”，是指“缺乏共同故意实行”的多人参与的具有“共同过失”的犯罪形态，是对纯粹过失犯之共同犯罪的排除。

过失犯，是指刑法分则法定具体犯罪之基准犯罪构成的主观责任形式是过失的犯罪形态。过失犯仅限结果犯，过失犯之基准犯 [48] 存在特定构成结果的要素，对于结果的心态仅限过失，而对于实行行为的心态 [49] 可为故意或过失，由此其构成元素呈现如下情形：(1)“过失行为 + 过失结果”。鉴于行为与结果的双重过失，对于这一过失犯笔者谓以纯粹过失犯。纯粹过失犯之实行行为的外在样态通常是中性行为；对于实行行为的具体样态法条不予明确表述；从而法定实行行为的心态直接索求于实行行为属性的心态；而行为人对行为样态背后的实行行为属性持过失心态；由此在立法现象上呈现实行行为心态、实行行为属性心态与实害结果发生心态的直接贯通。例如，我国《刑法》第 115 条第 2 款（失火罪）的“致人重伤……”为过失，而“引起燃烧行为”也为过失。纯粹过失犯之“过失”通常由法条明示，且一般为普通过失犯。例如，《刑法》第 119 条第 2 款、第 124 条第 2 款、第 233 条、第 235 条、第 324 条、第 369 条第 2 款、第 370 条第 2 款等规定的过失犯。(2)“故意行为 + 过失结果”。鉴于只是结果的过失而行为的故意，对于这一过失犯笔者谓以非纯粹过失犯。非纯粹过失犯之实行行为的外在样态通常是违法行为；对于实行行为的具体样态法条予以明确表述；由此法条所述之实行行为样态是实行行为属性的法定征表；从而实行行为的心态依循于法条所述之实行行为样态的心态；而行为人对自己所实施的实行行为样态持故意心态；在此

[47] 笔者主张，在建设法治国的背景下，遵循刑法的基本理念，刑法解释应当特别注重刑法的限制功能。刑法解释以形式解释为本位，在法条文句意义的射程之内，实质解释为刑法解释之必要。这意味着，无论是阐明刑法条文的立法真意，还是揭示刑法条文的现实社会意义，刑法解释均不能超越刑法条文文句所可能涵盖的意义。在这一前提下，刑法解释可以是对刑法条文作语言意义上的解释，也可以是对刑法条文作内在精神的揭示。其中，对刑法条文作内在精神的揭示，又有法条之国家立法原意与法条之社会现实应有蕴意的不同呈现，倘若国家立法原意（功利）与社会现实应有蕴意（公正）发生冲突，在法条语言意义的射程内应当坚持社会公正的内容取向。

[48] 笔者在本文中所称“基准犯”通常也被称为“普通犯”，是指分则基准犯罪构成的犯罪形态。“基准犯罪构成”，通常也被称为“普通犯罪构成”，是指刑法分则条文所规定的、作为本罪基准性社会危害的、具体犯罪的必要成立条件，其与基准法定刑相对应。以“普通犯”称谓“基准犯”显有词不达意之嫌，“普通”的称谓易于形成与“特殊”的称谓相对的意义，而作为“基准犯”所要表述的却是相对于“加重犯”与“减轻犯”的犯罪形态。

[49] 上文已述，应当注意，对于实行行为的心态与对于作为实行行为之表象行为的心态，这两者是不同的。

法条通过明示特定的行为样态来征表实行行为属性的存在，这就使得法律现象上实行行为的心态相对独立于实害结果发生的心态。例如，我国《刑法》第 133 条前段（交通肇事罪）的“致人重伤……”为过失，而“交通违法行为”则为故意。非纯粹过失犯之责任心态通常法条不予明示，且一般为业务过失犯。例如，《刑法》第 131 条、第 132 条、第 134—139 条、第 143 条、第 332 条、第 335 条、第 337 条、第 397 条等规定的过失犯。

我国《刑法》第 25 条第 1 款对共同犯罪的概念作了明确规定：“二人以上共同故意犯罪”。由此，我国《刑法》的共同犯罪，是指二个以上的行为主体，基于共同的构成要件行为故意，实施共同的构成要件行为，实现同一具体犯罪构成的犯罪形态。其中，“二人以上”是对共同犯罪主体要件的限定；“共同故意犯罪”，是对共同犯罪主观与客观要件的限定。在此，“共同故意犯罪”是指共同故意实施同一具体犯罪。犯罪中故意的内容应当是具体的，不同具体犯罪的心态指向不能构成这里的“共同”故意。鉴于笔者在本文中所论的主题，在此对我国《刑法》中“共同故意”的蕴含作一展开。

共同故意，是指各个共同犯罪人对自己所实施的同一具体犯罪之构成要件行为，具有必然性或可能性的预见并持希望或放任的态度，并且这种心态在一定形式的关联下，构成一个统一整体，呈现一种整合状态。具体包括如下蕴含：（1）共同故意特质：共同故意不同于单纯故意。故意心态所指内容，包括构成要件行为、特定构成结果、因果关系、行为对象等事实要素（A），但是这并不意味着作为共同犯罪成立要件的共同故意内容也囊括了这些事实要素（A）的全部，恰恰相反，立于共同犯罪成立之主观要件的视角，共同故意内容只是这些事实要素（A）中的一部分。单纯故意内容揭示成立犯罪所须的故意之知与欲的具体指向；与此不同，共同故意内容揭示成立共同犯罪所须的故意之共同特质，即共同故意之共同的知与欲的指向所在。循此路径，共同故意内容指向同一具体犯罪之构成要件行为。（2）故意实行底限：共同故意仅须行为共同故意。行为共同故意即对于同一具体犯罪的构成要件行为具有共同故意。特定行为对象等行为附随情状与行为密不可分，行为共同故意也包括对这些附随情状具有共同故意。不过，特定构成结果并非共同故意内容的必要成分。这意味着，共同故意实施某一具体犯罪的构成要件行为，对行为的危害结果持有过失心态，并不排除共同犯罪的成立。例如，共同故意违反交通法规而过失造成重大人员伤亡的，可以成立《刑法》第 133 条交通肇事罪的共同犯罪。由此，我国《刑法》的“共同故意犯罪”，在犯罪之结构形态上实行行为系故意的均可构成。这就意味着，故意犯的共犯固然具备共同故意，而非纯粹过失犯的共犯亦不失共同故意。易言之，非纯粹过失犯的共犯亦为故意教唆或故意帮助他人故意实行犯罪，或者与他人共同故意实行犯罪，从而在非纯粹过失犯的框架下也可成立共同犯罪。（3）共同认识内容：A. 认识多人实施：共同犯罪人认识到不是自己一人在单独实施犯罪，而是与他人一起在实施同一的犯罪。从而，同时犯不是共同犯罪。B. 认识犯罪同一：共同犯罪人认识到自己与其他人所实施的行为，属于同一性质的犯罪。在共犯界说上，笔者坚持完全犯罪共同说的基本立场。由此，甲以杀人的故意、乙以伤害的故意，同时对丙实施侵害，不能成立共同故意。C. 未必预见结果：共同犯罪人对于危害结果发生的认识程度，既可以是有所预见（包括可能性认识或必然性认识），也可以是疏于预见（缺乏认识），还可以是部分共同犯罪人有所预见，部分共同犯罪人疏于预见。例如，甲与乙在危险品的储存中共同故意违反规定，对由此可能造成的严重后果，甲有所预见而乙则疏于预见，终致严重后果发生（案例 7），甲乙具有共同故意；[50] 甲与乙共同对丙实施杀害行为，对于丙的死亡结果，甲持可能性认识，乙持必然性认识（案例 8），甲乙可以构成共同故意。（4）共同意志内容：A. 意图多人实施：共同犯罪人意图的不是自己一人单独实施犯罪，而是希望或者放任自己与他人一起实施同一犯罪。B. 意图犯罪同一：共同犯罪人希望或者放任自己与他人所实施的行为，属于同一性质的犯罪。C. 未必意图结果：共同犯罪人对于危害结果发生的取向，既可以是均持希望或者均持放任的态度，也可以是部分持希望而部分持放任的态度，还可以是均持反对的态度（轻信避免）。例如，甲与乙共同对丙实施杀害行为，对于丙的死亡结果，甲持希望态度，乙持放任态度（案例 9），甲乙可以构成共同故意。甲与乙在危险品的储存中共同故意违反规定，对由此可能造成的严重后果，甲乙虽均有所预见但都轻信能够避免，终致严重后果发生（案例 10），甲乙具有共同故意。（5）意思联络方式：共同故意具有共同犯罪人之间的意思联络的意义。这种意思联络既可以呈现为各个共同犯罪之间直接的明示或默示的意思沟通（A），也可以表现为各个共同犯罪人之间就同一犯罪故意的相互传递与串联（B）。后者例如，甲与乙进行犯罪故意的沟通，乙又与丙进行同一犯罪故意的沟通（案例 11），甲、乙、丙构成共同故意。在特殊共犯中，B 种情形是常见的意思联络方式。在特殊共犯中，犯罪集团中的首要分子把握该集团的全局，对集团所实施的全部犯罪均有共同故意责任；而犯罪集团中的非首要分子并不通盘全局，可能主持某一方面或者只是负责某一具体犯罪的实施，由此根据不同情况仅对其所主持的或者具体实施的犯罪具有共同故意责任。

应当特别注意，理论上共同过失犯罪包括纯粹过失犯的共犯与非纯粹过失犯的共犯。然而，鉴于我国《刑法》第 25 条第 1 款的规定以及笔者于本文中对该款规定中“共同故意犯罪”的诠释，而该条第 2 款之“共同过失犯罪”与第 1 款中的“共同故意犯罪”具有相对意义，由此我国《刑法》第 25 条第 2 款之“共

---

[50] 我国《刑法》第 136 条危险物品肇事罪，该罪系非纯粹过失犯。

同过失犯罪”是指纯粹过失犯的共犯，即该条第2款的规定是对纯粹过失犯之共同犯罪的排除。非纯粹过失犯与纯粹过失犯的法定构成结构不同，[51] 由此非纯粹过失犯的共犯存在“共同故意”，而纯粹过失犯的共同过失犯罪因缺乏“共同故意”而“不以共同犯罪论处”。因此，我国《刑法》第25条第2款中的“共同过失犯罪”，[52] 是指“缺乏共同故意实行”的多人参与的具有“共同过失”的犯罪形态；在此场合，“共同过失”虽有针对未予履行应有注意义务的意思协同，但却缺乏针对实行行为及其侵害结果的共同实现意思。而共同犯罪成立所须“共同故意”，强调对同一具体犯罪的实行行为具有共同故意为必要。由此，纯粹过失犯的教唆与帮助的参与者，或者造成结果的协力实行者，虽不失共同犯罪成立的客观要素，但因缺乏共同故意这一共同犯罪成立的主观要素，而不能构成我国《刑法》的共同犯罪。我国《刑法》第25条第2款明确否定了“共同过失犯罪”的共同犯罪归属，显然分别过失犯罪、过失并故意犯罪也非共同犯罪。

共同犯罪适用“部分实行全部责任”的原则，从而在因果关系归因并不明确的场合，并不影响对各参与人的定罪处罚。也正因为此，所以也有学者将我国司法实际中对因果关系归因不明的案件，均予归罪并处罚的某些案例，[53] 作为我国司法实际承认共同过失犯罪的典型适例。笔者认为，对于笔者于本文中所称纯粹过失犯之共同过失犯罪的案件，在因果关系归因不明的场合对各个参与者均按同一罪名定罪处刑，未必就是肯定了这种纯粹过失犯之共同过失犯罪属于我国《刑法》第25条第1款之“共同犯罪”，也未必就是对该条第2款之“共同过失犯罪，不以共同犯罪论处”的突破。可以认为，司法实际对于这些案件的处理，是对刑法上替代因果关系的肯定。替代因果关系，是指原本由于他人行为造成某种结果的发生，行为人虽也实施了足以造成结果的行为但只是潜在原因，在一定条件下行为人的行为也被作为结果的原因而被归责的情况。适用替代因果关系予以归责评价，应当符合特定条件：总体事实归因肯定明确、涉及重大保护法益被侵害、行为依法显系成立不法且该行为足以引起结果发生等。鉴于适用条件的独特限定，替代因果关系的归责不同于民事上的连带责任。例如，甲与乙相约射击墙头上的瓦罐以比赛枪法，两人先后开枪均未击中瓦罐却不慎将一路过的行人打死，

---

[51] 关于纯粹过失犯与非纯粹过失犯的构成特征，详见上文的相关阐释。

[52] 应当注意有关共同犯罪的术语表述。我国《刑法》中的“共同过失犯罪”与“共同故意犯罪”是具有相对意义的两个术语，其是对“共同”实施的犯罪之两种犯罪类型的表述。而法定的共同犯罪仅指后者。与此不同，刑法理论上也常有“过失共同犯罪”的论及，在此“过失共同犯罪”与“故意共同犯罪”具有相对意义，这是在承认了过失的共同犯罪的前提下，对“共同犯罪”之两种犯罪类型的表述。

[53] 参见最高人民法院中国应用法学研究所编：《人民法院案例选·刑事卷（1992—1996合订本）》，人民法院出版社1997年版，第46-51页。

但究竟是谁击中行人则不明（案例 12）。本案系纯粹过失犯的共同过失犯罪，按照我国《刑法》第 25 条第 2 款的规定不能适用共同犯罪的处罚原则。但是，运用替代因果关系的原理则可解决问题。甲与乙的行为显系成立不法，并且各自足以独立造成死亡结果，虽然具体归因不明但是总体归因肯定，根据替代因果关系可对甲乙予以致死的归责。[54] 由此，甲乙分别构成过失致人死亡罪，各按其罪分别处罚。

肯定非纯粹过失犯的共犯，也使得我国《刑法》总则有关共同犯罪的一般规定，与分则中有关共犯规定以及某些司法解释的相应规定，获得了刑法教义学立场上的法条体系性的贯通。例如，针对交通肇事罪中的指使逃逸致被害人死亡，《司法解释》第 5 条第 2 款规定“以交通肇事罪的共犯论处”[55]。这是肯定了过失犯中的共犯成立，似乎有违我国《刑法》第 25 条第 2 款的规定。对此，刑法理论展开了广泛讨论：肯定论主张，指使人[56] 与肇事人在“因逃逸致人死亡”这一交通肇事罪的加重犯的框架下，存在共同故意与共同行为。指使人与肇事人对被害人的死亡均持放任心态；指使人与肇事人又有“指使逃逸”与“逃逸”的共同行为。否定论认为，“致人死亡”的心态完全可能“只有过失”；“致死”结果也未必就是因“逃逸”行为所致；“在基本行为结束后，不可能存在对结果加重犯的教唆犯”。由此，指使逃逸致死宜视行为性质与内容，认定窝藏罪或遗弃罪。[57]

在此，虽然肯定论在交通肇事罪加重犯的层面试图将该《司法解释》与《刑法》适格，但是仍需说明的是，指使人“指使”的只是加重行为的“逃逸”，而对基准罪状的实行行为“交通违法”并无“指使”，如果交通肇事罪的基准犯并无构成共犯的余地的话，又如何会有本应以基准犯可为共犯为奠基的加重犯的共犯，进而“以交通肇事罪的共犯论处”的规定，在这一理论解释的逻辑路径下就值得推敲了。[58] 而就否定论的见解来看，致死心态虽未必只是间接故意，但也未必“只有过失”；“致死”因“逃逸”行为所致，这已由《司法解释》第 5 条第 1 款所肯定。所谓难以存在基准犯的“结果加重犯的教唆犯”的命题，也并非绝对，而应根据具体情况而论。如果致使加重结果的行为不能置于基准犯所成立之罪的加重犯中评价的，则这一命题能够成立；反之，则不能成立。而“逃逸致人死亡”

---

[54] 归因不同于归责。前者属于存在论（事实问题）；后者属于价值论（评价问题）。

[55] 如无特别说明，本文所称《司法解释》是指《最高人民法院关于审理交通肇事刑事案件具体应用法律若干问题的解释》（2000 年）。

[56] 即《司法解释》第 5 条第 2 款所称的“单位主管人员、机动车辆所有人、承包人或者乘车人”。

[57] 参见张明楷：《刑法学》（第四版），法律出版社 2011 年版，第 636–637 页。

[58] 以交通肇事罪加重犯之共同故意犯罪的解释路径，更难说明《司法解释》第 7 条“指使、强令”行为以交通肇事罪定罪处罚的法理根据。

则属于该命题所限情形之外。

具体地说，立于加重犯之共犯的视角，“指使逃逸致死的”可以成立交通肇事罪的共犯。理由是：我国《刑法》第 133 条后段的“因逃逸致死”并非是单纯的“基准犯之后的结果加重犯”，而是“逃逸型基准构成 + 致人死亡”结构形态（A）的结果加重犯与“基准构成 + 逃逸 + 致人死亡”结构形态（B）的行为并结果加重犯。在 A 种加重犯的场合，“逃逸”系基准犯的构成要素，“致死”系加重犯的构成要素；作为基准犯构成要素的“逃逸”系基准犯实行行为的组成部分，对其“指使”固然可以构成共犯。在 B 种加重犯的场合，“逃逸”与“致死”均为加重犯的构成要素，易言之，加重要素不是单纯的“致死”结果，而是包括“逃逸”行为，由此其并非只是一个单纯的结果加重犯；尤其是，“因逃逸致人死亡”是指“因故意逃逸而过失或间接故意致人死亡”（C），这也意味着在犯罪属性的评价上，这里的“逃逸致死”只是交通肇事罪的加重犯而不另外成立他罪。所谓难以存在基准犯的“结果加重犯的教唆犯”，是指教唆加重结果的行为所成立之罪不能置于基准犯的加重犯中被评价的情形。这实际上是强调，不能依存于先前行为所成立之罪的框架中的承继行为，不能成立承继共犯。例如，甲故意伤害丙致其重伤，乙恰路过现场，于是指使甲将丙杀害以免后患。甲与乙遂将丙杀害（案例 13）。该案甲先构成故意伤害罪，其后甲乙构成故意杀人罪的共犯，但乙并非承继共犯。

立于问题的源头，即我国《刑法》总则对共同犯罪的规定来寻求答案，“指使逃逸致死的”也可以成立交通肇事罪的共犯。易言之，立于笔者在本文中对我国《刑法》总则第 25 条之“共同犯罪”的诠释，应当认为该《司法解释》的规定是肯定了非纯粹过失犯之共犯的成立。在这一交通肇事罪的加重犯中，肇事者与指使者构成共同故意犯罪；其中，肇事者为先行共犯，指使者系承继共犯。具体地说，我国《刑法》第 25 条所称“共同故意犯罪”，是指共同故意实施某一具体犯罪的构成要件行为，这意味着在犯罪之结构形态上实行行为系故意的均可构成，由此除故意犯之外非纯粹过失犯也包括在内。交通肇事罪是非纯粹过失犯，该罪基准犯的实行行为“交通违法行为”的法定行为心态系故意；《刑法》第 133 条后段交通肇事罪之加重构成的“因逃逸致人死亡”，这里的“逃逸”也系故意。指使人在交通肇事之后“指使肇事人逃逸”，其故意心态彰显无疑；这也是在肇事人实施交通违法的实行行为而构成交通肇事罪之后，指使人以故意指使逃逸的行为加入肇事人所犯的同一交通肇事罪中，指使人与肇事人在同一交通肇事罪的框架下以共同故意逃逸完成该罪的加重构成，从而指使人成为肇事人所构成的同一交通肇事罪之共同故意犯罪的承继共犯。[59]

---

[59] 承继共犯与先行共犯的概念相对，两者均依存于同一具体犯罪的框架。

肯定非纯粹过失犯的共犯，也使得我国《刑法》分则与某些有关分则罪刑的司法解释，在对过失犯的本罪的具体规定中，将显系本罪的共犯行为按本罪实行行为定罪处罚，有了法理的根据。例如，《司法解释》第7条规定“单位主管人员、机动车辆所有人或者机动车辆承包人指使、强令他人违章驾驶造成重大交通事故”以交通肇事罪定罪处罚。在此，指使人“指使、强令”违章驾驶虽系故意行为（A），但指使人对重大事故的发生则系过失心态（B）。如果否定非纯粹过失犯的共犯，则指使人与驾驶人就不能构成共同犯罪，而指使人的A行为也非交通肇事罪的实行行为，那么对指使人以交通肇事罪定罪处罚的理论根据就值得推敲了。即使对指使人与驾驶人分别定罪处罚，指使人构成的也不是交通肇事罪。对此，或许也会有人提出，指使人的A行为可以成立交通肇事罪的间接正犯。但是，已如本文上述对于共同过失犯罪不同于间接正犯的分析，指使人对肇事结果的过失心态（B）使其不能成立交通肇事罪的间接正犯。反之，如果肯定非纯粹过失犯的共犯，则理论上指使人的A行为不失交通肇事罪的教唆行为，显然对指使人以交通肇事罪定罪处罚就有了学理基础。

与这一《司法解释》类似问题还有《刑法》第133条之一第2款的规定。该条款经由《刑法修正案（九）》修正。《刑法修正案（九）》在原先该条第1款的第1、2项（A）的基础上增设了第3、4项的内容。对于该条原先的规定，笔者主张危险驾驶罪系故意犯及行为犯，对于《刑法修正案（九）》新增的第3项，笔者仍认为系故意犯及行为犯，而《刑法修正案（九）》新增的第4项应是过失危险犯。该第4项的罪状是以“故意违反管理规定”的实行行为与“危及公共安全”的危险结果为构成要素的。对此，如果否定非纯粹过失犯的共犯，则会出现上述《司法解释》的同样问题。机动车所有人、管理人的“负有直接责任”所现行为不是前款过失危险犯的实行行为，由于对于危险结果的过失心态其也不能成为前款之罪的间接正犯，而如果在非纯粹过失犯的框架下又不能成立共犯，则对机动车所有人与管理人“依前款的规定处罚”的法理根据到底为何就值得推敲了。

（本文曾发表于《政治与法律》2016年第10期）

论共同过失犯罪

阴建峰

刑法中的共同犯罪制度不过是共同犯罪之客观现象在法律上的反映。而反映于法律的共同犯罪制度的范围，应当取决于社会上存在的共同犯罪现象以及处理共同犯罪的司法实践的客观要求。从历史演变的角度讲，共同犯罪的范围呈现出一种日渐缩小的趋势，其构成日益受到限制。这也使共同犯罪制度得以朝着更加科学与合理的方向发展。在共同犯罪发展与完善过程中，一些与共同犯罪密切关联的犯罪行为逐步被从共同犯罪中排除出来，成为共同犯罪的附属形态，而共同过失犯罪无疑就属于此种情形。所谓共同过失犯罪，通常认为是指二人以上的过失行为共同导致一定的危害结果，因而分别构成犯罪的情况。尽管从实质意义上讲，共同过失犯罪已不属于共同犯罪之范畴，但由于它与共同犯罪有着千丝万缕的客观联系，因此仍很有研究之必要。

一、共同过失犯罪之理论纷争及观点评析

关于共同过失犯罪，刑法理论与实务界存有颇多争议，其中最为核心的一点便在于共同过失犯罪是否成立共同犯罪？它是否为一种独立而实在的犯罪形态？对此，学者之间的肯定与否定态度可谓泾渭分明。

（一）肯定说

日本刑法学家大场茂马、藤木勘三郎、冈田朝太郎以及苏联刑法学家特拉伊宁等都是持肯定态度的。比如特拉伊宁便明确指出，在所有的人的行为都是过失实施的情况下，就发生过失的共同犯罪的问题。[1] 而这种见解也逐渐在司法实践当中得到了反映。在日本，大审院时代之判例曾否认共同过失犯罪的存在，但“二战”后最高法院时代则出现了肯定之判例。一些国家甚至还进一步以刑事立法的形式对之予以支持。比如意大利现行的“罗科法典”便以其第 113 条明确规定：“在过失犯罪中，当危害结果是由数人的合作造成时，对每人均处以为该犯罪规定的刑罚。”[2]

（二）否定说

不过，从世界范围来看，尽管有众多学者趋于接受共同过失犯罪肯定说，但

---

[1] 参见北京政法学院刑法教研室编印:《外国刑法参考资料》(第二辑),1982 年版，第 329 页。

[2] 引自黄风译:《意大利刑法典》，中国政法大学出版社 1998 年版，第 38 页。

否认共同过失犯罪之存在目前仍然是一种传统而通行的观点。在我国，早在民国初年的《暂行新刑律》中也曾规定："于过失罪，有共同过失者，以共犯论。"但新中国成立以来的刑事立法是不承认过失共同犯罪，至少是不把它纳入共同犯罪之范畴的，刑法理论界也普遍坚持这一观点。而刑事司法则立足于现有的刑事立法及刑法理论，将共同过失犯罪只视为过失犯罪的一种特殊情况，而不当作一种独立的犯罪形态。究其原因，乃是认为承认共同过失犯罪，就必然背离刑法中共同犯罪的概念和理论，有走上"客观归罪"道路之嫌疑。[3]

（三）观点评析

综观中外刑法理论，关于共同过失犯罪的上述争论无疑缘起于共同犯罪理论中犯罪共同说与行为共同说之纷争。犯罪共同说是一种客观主义的共同犯罪理论，认为共同犯罪是指二人以上共同对同一法益实施犯罪的侵害，也即共同犯罪是指二人以上共同实行一个特定的犯罪。据此，共同犯罪只能在具有共同犯罪故意的场合发生，如果一方所实施的行为是出于故意，另一方是出于过失；或者双方都是出于过失，则都不能成立共同犯罪。而行为共同说则是一种主观主义的共同犯罪理论，认为二人以上的行为是否构成共同犯罪，应以自然行为本身是否共同而论；凡二人以上有共同行为而实施犯罪的，皆系共同犯罪。据此，各共同犯罪人所实施之行为并非都具备犯罪构成要件；共同犯罪不一定必须出于共同犯罪的意思，一方是出于故意，另一方是出于过失，甚至双方均出于过失，也可以成立共同犯罪。目前我国刑法理论通常认为，犯罪共同说与行为共同说都有失片面，而应把两者有机地结合起来，从而将我国刑法中的主客观相统一之原则贯彻到底。[4] 具体到共同过失犯罪而言，国内学者大多基于各行为人之间欠缺主观联系，而否认共同过失犯罪成立共同犯罪，甚而否认共同过失犯罪之存在。

（四）作者观点

笔者以为，共同过失犯罪是否成立共同犯罪，与共同过失犯罪是否存在，应该是两个不同的问题。我们知道，现实生活中的犯罪现象是纷繁复杂的。实践中，因二人以上的共同过失而导致发生一定危害结果从而分别构成刑法分则所规定的犯罪的情况，并非不可能存在。例如，甲乙二人在山顶共同将巨石推落，因疏忽大意而将行人丙砸死，即是适例。事实上，仔细探究行为人的主观心理状态，便可发现存有三种形态：一是共同的疏忽大意，即各行为人都是应当预见自己的行为可能发生危害社会的结果，因为疏忽大意而没有预见，以致发生这种结果。二是共同的过于自信的过失，即各行为人都是已经预见到自己的行为可能发生危害社会的结果，因为轻信能够避免，以致发生这种结果。如上例中，若甲乙二人虽

[3] 参见孙国祥等:《过失犯罪导论》，南京大学出版社 1991 年版，第 140 页。

[4] 参见陈兴良:《共同犯罪论》，中国社会科学出版社 1992 年版，第 66-68 页。

已发觉山脚下有一小孩丙在玩耍，但均认为不会砸到小孩丙的。此种情况下，甲乙二人即皆出于过于自信的过失。三是混合的过失，即一方是出于疏忽大意的过失，而另一方则是出于过于自信的过失。再如上例中，倘若甲因疏忽没有注意到山脚下有人，而乙虽已发觉小孩丙在玩耍，但却认为绝不会砸着的，故也未对甲言明，结果恰砸到了丙而致其死亡。此即属于这一情况。

可见，共同过失犯罪同共同（故意）犯罪一样，也是一种客观存在的犯罪现象。但刑事立法上之所以确立共同（故意）犯罪，主要是因为行为人之间通过意思联络形成了互相协调的危害社会的合力，这一合力无疑要比分散的孤立的个人犯罪的总和要大得多，其社会危害性也要严重得多，从而也决定了它会成为刑法所打击的重点乃至为刑事立法所详细规定。而共同过失犯罪则不然，由于各行为人之间缺乏主观联络，从总体而言，其社会危害性并不是特别严重。社会危害性的相对轻微，决定了其欠缺为刑法所特别规定之必要。不过，我们显然不能因为刑法没有特别规定而否认其存在。事实上，我国1997年《刑法》第25条第2款“二人以上共同过失犯罪，不以共同犯罪论处”之规定，正是建立在承认共同过失犯罪客观存在的基础之上的。

那么，共同过失犯罪是否成立共同犯罪呢？要想正确回答这个问题，就必须首先界定清楚共同犯罪这个概念是在何种层面上被使用的。笔者认为，共同犯罪应该有事实上的共同犯罪与法律上的共同犯罪之分。事实上的共同犯罪应该包括共同故意犯罪与共同过失犯罪，这就如同犯罪分为故意犯罪和过失犯罪一样。而法律上的共同犯罪则是对事实上的共同犯罪的一种法律确认，其范围应当取决于客观存在的共同犯罪现象以及惩治共同犯罪的司法实务的需要。根据我国的实际状况，目前刑事立法把法律上的共同犯罪限定为共同故意犯罪是恰当的。但我们却不能够一方面把事实上的共同犯罪中的共同故意犯罪以刑事立法予以确认，从而升格为法律上的共同犯罪，另一方面又把升格为法律上的共同犯罪的共同故意犯罪的特征、构成要件用以衡量共同过失犯罪，从而得出其不成立共同犯罪之结论，进而否认其存在。其实，这只能说明共同过失犯罪不成立法律上的共同犯罪（即共同故意犯罪），而这是再明显不过的事了，但却不能据此否认共同过失犯罪属于事实上的共同犯罪之客观属性。因此，笔者认为，理论中通常所谓之共同犯罪是在法律层面上使用的一个概念，我们不能将其与事实层面上的共同犯罪混为一谈。

事实上，尽管共同过失犯罪与共同故意犯罪（即法律上的共同犯罪）同披着“共同”的外衣，同属客观存在的共同犯罪现象，但它们之间的区别是很明显的。这主要体现在以下方面：首先，就主观方面而言，共同故意犯罪以各共同犯罪人具有相同的犯罪故意并有意思联络为要件，各个犯罪人的行动是在共同故意的支配指挥下实施的，故其行为具有共同性。而共同过失犯罪的各行为人之间主观上并没有联系，他们的罪过是以各自独立的单个人的心理活动表现出来的。其次，从客观方面来说，共同故意犯罪人之间的行为是相互联系、相互配合的，各自实施的行为在定罪中没有独立的意义。而共同过失犯罪的各个行为之间的联系则缺乏自觉性，是纯客观的，它们对于危害结果的发生都具有相当的原因力，因而在定罪中有一定的独立意义。再次，从犯罪所蕴含的社会危害程度而言，共同故意犯罪显较共同过失犯罪严重。最后，两者承担刑事责任的原则也大相径庭。[5]

二、共同过失犯罪具体类型分述

（一）过失的共同实行犯

所谓过失的共同实行犯，是指二人以上的过失实行行为共同构成过失犯罪的情况。比如甲乙二人共同从楼顶将物体推下，疏忽而致路人被砸死。甲乙二人高楼推物之行为，皆出于疏忽大意的共同过失，且造成了路人的死亡。这就属于过失的共同实行犯之情况。

在刑法理论与实务中，对于过失的共同实行犯是否成立共同犯罪存有很大的争论。事实上，这也是我们在具体认定共同犯罪时所必须要直面并回答的问题。对此，在刑法理论与实务中存有两种针锋相对之观点。一种观点认为，过失的共同实行犯也可以成立共同犯罪，此之谓积极说。该说主要为行为共同说所主张，认为共同犯罪是各行为人主观恶性的共同表现，共同实行犯客观上具有共同行为，其主观上只要有行为的共同意思即为已足，而不必皆有共同犯罪之认识。据此，二人以上的过失实行行为也同样能成立共同实行犯。另一种观点为消极说，此则主要为犯罪共同说所倡导，认为共同犯罪之成立必须在主观上具有对共同犯罪之认识，也即对于共同犯罪行为及其结果持希望或者放任之故意。

比较上述两种学说，不难发现，它们分歧的焦点便在于共同过失是否存在共同犯罪的意思联络。从目前刑法理论发展之现状看，大多数学者都趋于消极说之立场，认为共同实行犯应以希望或者放任作为犯罪构成要件之结果的发生为构成要件。据此，共同实行犯只可能在故意的范围内成立。我国刑法理论与司法实务一贯坚持主客观相统一的原则。为了将这一原则贯彻到共同犯罪领域，就必然要求共同实行犯的成立须具有主客观两方面的要件。一方面在客观方面应具有共同实行行为；另一方面在主观方面还必须对于共同实行犯罪有所认识，也即具有共同犯罪的意思联络。比如在上述甲乙二人于楼顶共同推物而疏忽砸死路人一案中，甲乙二人虽然对于共同推物这一事实具有共同认识，但对于致人死亡之结果则是出于疏忽大意，而没有预见，当然也就谈不上共同犯罪的意思联络，因而也就不能成立共同犯罪。易言之，我国刑法理论与实务界通常也认为，过失的共同实行犯是不构成共同犯罪的，甚至是根本不存在的。因为在共同的过失实行行为

[5] 参见孙国祥等：《过失犯罪导论》，南京大学出版社 1991 年版，第 142–143 页。

构成犯罪的场合下，行为人虽然对共同实行的自然行为有意思之联络，但却不可能具有对共同犯罪之认识，也即对于共同犯罪欠缺发生意思联络之可能。不过，笔者认为，如同共同过失犯罪不能构成法律上的共同犯罪一样，过失的共同实行犯的确也不能构成法律上的共同实行犯，但若据此便否认过失的共同实行犯之客观存在，则亦是不合适的。

（二）过失教唆犯

对于过失教唆犯能否成立，刑法理论与实务界同样存在肯定说与否定说两种不同之见解。肯定说认为，过失教唆犯作为共同过失犯罪之一种同样能够成立。所谓过失教唆犯，也就是指过失地引起他人实施过失犯罪之情况。例如，日本学者大场茂马就认为："所应研究者，即过失犯有共犯与否？是也。共同正犯，教唆犯，从犯，以过失而成立者，固罕，然不能谓其绝无，过失犯之共犯，在于共同行为者，有行为之意思，当行为之际，并认识该项行为，而于行为之客体，手段，时，地等性质，可以认识，因不注意致未能知之而构成。强盗黑夜来侵，值家人共同请求防卫方法之际，误以来援之邻人为盗，家人合力将邻人击毙者，是为过失致死罪之共同正犯，以此推之，过失犯之教唆，过失犯之从犯，亦不难想象。"[6] 苏联刑法学家特拉伊宁也肯定过失地引起他人实施过失犯罪的，可以成立共同犯罪。他认为否认过失教唆犯，"就等于在社会主义法的体系中否认共同参加实施这些具有极大社会危害性的犯罪行为的刑事责任的可能性。"因而他主张在刑法总则中作关于过失的共同犯罪之规定，以作为对过失教唆犯追究刑事责任之根据。[7] 此外，日本刑法学者木村龟二、牧野英一等对于过失教唆犯也持肯定态度。但泷川幸辰、小野清一郎、团藤重光等学者则对此甚有异议。如泉二新熊便认为："教唆者，须认识因自己之行为使被教唆者发生特定犯罪之意思而至于实行，是为教唆犯之故意。无此故意，教唆犯即不成立，是则因自己之过失，偶然惹起他人之犯意或者过失（即自己之过失行为，为惹起他人犯意或过失之原因）者，不得即曰之为教唆。"[8]

从司法实践的角度看，笔者认为，过失地引起他人实施犯罪的情况也是客观存在的。例如：甲乙二人为夫妇，家住某 17 层高楼。一日，二人打扫屋子时，甲问其妻乙如何处置厨房中那个空酒瓶，乙随口答道："从窗子扔下去算了，别留着占地方。"甲即不假思索地依言而行，结果正好砸中了路人丙之头部，致其当场死亡。本案中，甲高楼抛物致人死亡之过失行为正是由于乙的过失行为而引起的。可见，本案即为此种情况之适例。但是，我们认为，将此种情况谓之过失

---

[6] ［日］大场茂马：《刑法总论》（下卷），日文版第 40 版，第 1013 页。

[7] 参见［苏］A.H. 特拉伊宁：《共同犯罪学说的几个问题》，载《政法译丛》1957 年第 4 期。

[8] ［日］泉二新熊：《日本刑法论》，日文版第 40 版，第 653 页。

教唆犯是不恰当的。因为从语义学的意义上讲，教唆一词显然只能是在故意的心理状态的支配下所实施的一种行为。从教唆者方面而言，是明知自己的行为会引起他人实施犯罪，而希望或者放任其发生；就被教唆者来说，只有在他人的唆使下故意地去实施犯罪，才谈得上被教唆。如果因过失而使他人实施了过失犯罪，则对于引起者而言，只是能否构成过失犯罪的问题，而不可称之为过失教唆犯。原因便在于过失教唆犯这一说法本身就存有搭配不当之语病。

至于特拉伊宁主张在刑法总则中规定过失的共同犯罪，以作为追究过失地引起他人过失犯罪的行为人的刑事责任之依据，则也只是一种似是而非的看法。因为对于过失犯罪，各国刑法通常都是作为处罚故意犯罪之例外，以法律有明文规定为前提。所以，倘若在刑法总则中对过失教唆犯加以规定，就会不适当地扩大刑事责任的范围。事实上，对于那些社会危害已经严重到应受刑罚处罚之程度的过失地引起他人实施过失犯罪之行为，只需根据犯罪的一般概念和刑法分则的具体规定，便足以做到有罪必罚、罚当其罪，而不会出现宽纵罪犯之情况。例如，在前述乙唆使甲高楼抛物致人死亡一案中，对于妻子乙之引起行为如何定性，便是一个值得研究的问题。笔者认为，尽管被害人丙之死亡是由于甲高楼抛物之行为所直接导致的，但不容否认，乙之行为对于被害人丙之死亡结果也有相当的原因力，彼此之间也存在着一定的因果关联。具体而言，乙在客观上具有引起他人实施过失犯罪之过失行为，主观上有疏忽大意之过失，所以，完全可以以此为基础，直接以刑法分则所规定的过失致人死亡罪追究其刑事责任，而无须通过确立所谓过失教唆犯的理论来扩大刑事责任的范围。否则，只能凭空增加共同犯罪理论的繁杂与混乱程度。

至此，笔者不能不述及最高人民法院 2000 年 11 月 10 日通过的《关于审理交通肇事刑事案件具体应用法律若干问题的解释》。该司法解释第 5 条第 2 款明确规定，交通肇事后，单位主管人员、机动车辆所有人、承包人或者乘车人指使肇事人逃逸，致使被害人因得不到救助而死亡的，以交通肇事罪的共犯论处。单位主管人员、机动车辆所有人、承包人或者乘车人指使肇事人逃逸，这其实即属于理论中所谓过失教唆犯之情形。但该司法解释却规定对此种情形以交通肇事罪的共犯论处，而交通肇事罪是过失犯罪，此即意味着共同过失犯罪是可以成立共同犯罪的。而这不仅违反了我国《刑法》第 25 条第 2 款的规定，而且是相悖于传统刑法理论的。所以，该司法解释中此一规定的合法性与合理性很有进一步商榷之必要。事实上，笔者以为，在单位主管人员、机动车辆所有人、承包人或者乘车人指使肇事人逃逸，致使被害人因得不到救助而死亡的情况下，如何追究单位主管人员、机动车辆所有人、承包人或者乘车人的刑事责任，也需要进一步探究他们对于被害人死亡结果的主观心理态度。如果他们明知自己指使肇事人逃跑的行为会致使被害人因得不到救助而死亡，而依然放任这一结果发生的，则应认定为间接故意杀人罪。如果他们因疏忽大意没有预见到自己指使肇事人逃跑的行为可能致使被害人因得不到救助而死亡，或者虽已预见但轻信能够避免，以致发生被害人死亡之结果的，则其对被害人的死亡结果是持一种过失之心态。此种情况下，如前所述，尽管被害人之死亡是由于肇事者之行为所直接导致的，但单位主管人员、机动车辆所有人、承包人或者乘车人之指使行为对于被害人之死亡结果也有相当的原因力，彼此之间也存在着一定的因果关联。易言之，上述人等在客观上具有促使他人实施犯罪之过失行为，主观上有过失，所以，完全可以在此基础之上，直接以交通肇事罪追究其刑事责任。

（三）过失帮助犯

过失帮助犯，是指过失地助成他人犯罪之情形。从司法实践来看，过失帮助犯具有以下两种情况：一是过失地助成他人实施故意犯罪。例如，某银行出纳员甲一日与人闲聊时，无意中说出了银行保险柜的密码，恰巧为正在密谋偷银行之乙听到。当晚，乙即潜入银行，以甲所透露之密码打开了保险柜，窃得人民币数十万元。二是过失地助成他人实施过失犯罪。比如，甲乙二人在值班室练枪法，甲装子弹，乙开枪射击，结果子弹穿过墙壁打死了路人丙。

对于过失帮助犯能否构成，刑法理论与实务中同样分歧较大。犯罪共同说与行为共同说就此又给出了迥然不同的回答。犯罪共同说认为，帮助行为必须以故意为立足点，过失帮助犯是根本不能成立的。行为共同说则认为，帮助行为本身就足以符合帮助犯的构成，而没有必要再去细究行为人之主观心态。我们认为，过失地组成他人犯罪之情形也是客观存在的犯罪形态，但不宜谓之为过失帮助犯，因为通常认为帮助本身也只能是一种故意行为，不存在过失帮助。而且，帮助行为的社会危害性本就较小，出于过失地助成他人犯罪之情形，其社会危害性往往达不到应受刑罚惩罚之程度，故而一般也就不以犯罪论处。比如上述甲乙二人练枪法的案例中，甲为乙装子弹的行为虽然为乙过失致丙死亡在客观上创造了条件，但并非故意帮助，其行为所蕴含的社会危害性还不是很严重，尚无给以刑罚处罚之必要，其行为还构不成犯罪。

三、共同过失犯罪的认定

（一）共同过失行为的认定

共同过失犯罪必须以各行为人在客观上实施了共同过失行为为前提。从行为样态而言，共同过失犯罪通常表现为三种形式：（1）过失的共同作为。在此种情况下，各行为人都过失地实施了刑法分则所规定的犯罪构成要件之积极行为。例如，医生甲疏忽大意在开药方时加大了药物的剂量，而护士乙在将此物混入生理盐水中给病人输液时，又加快了滴速，最终导致患者丙死亡。在此案中，甲与丙在主观上具有共同过失，在客观上具有共同过失的作为，应当分别承担过失致人死亡罪之刑事责任。（2）过失的共同不作为。在此种情况下，各行为人都有义务实行并且能够实行某种积极的行为，但由于共同过失而没有实行，以致造成危害社会之结果。比如，甲乙二人均为幼儿园老师，某日二人带一群小朋友去公园玩。至公园后，二人只顾聊天，而疏于照看学生，致小朋友丙落水。此时二人又未能采取有效措施，终致丙溺水而死。此案中，甲乙二人本有看护小朋友之义务，但由于过失而未能履行其义务，造成了丙之死亡，因而具有过失的共同不作为。在认定过失的共同不作为的时候，应首先查明行为人是否具有实施某种积极行为之义务，如果各行为人不具有这一义务，甚或只是一方具有义务，另一方不具有义务，则都不能构成此处所谓过失的共同不作为。（3）一方过失的作为与另一方过失的不作为所构成的共同过失犯罪。此种情况下，一方过失地实施了刑法分则规定的积极行为，另一方具有实行某种行为的义务且能够实行而未实行，以致造成危害社会之结果。例如，甲是某加油站工人，乙是给车加油的司机。加油过程中，乙即蹲在一旁抽烟，而甲未加制止，结果因乙随手将烟蒂扔掉，而导致加油站失火爆炸，造成巨大损失。本案中，甲有犯罪过失的作为，乙则是犯罪过失的不作为，共同造成重大火灾，构成共同过失犯罪。

司法实践中，具体认定共同过失犯罪时，在把握其客观行为方式之后，就需要确定其客观行为与所造成的危害结果之间的因果关系。过失犯罪是结果犯，以一定犯罪结果的发生作为构成犯罪的必备要件。而共同过失犯罪则是过失犯罪的一种特殊形态，因此它也是结果犯，且通常表现为多因一果之关系。在二人以上共同过失的情况下，如果各行为人的行为互相作用共同造成某一危害结果，那么，这些过失行为与危害结果之间都具有因果关系，各行为人都应对危害结果承担罪责。例如，前述医生误开处方、护士违规护理致病人死亡一案中，医生甲疏忽大意而误开处方之行为与护士乙加快滴速之行为均严重违反了诊疗护理之规定，且都对病人丙之死亡结果具有相当的原因力，因而应该说它们之间存在因果关系，加之甲乙主观上都有过失，所以二人都应对丙之死亡承担刑事责任。当然，在司法实践中往往还会出现因果关系中断之情况，也即先导行为已经造成了一个危害结果，但在因果持续发展的过程中，介入了其他行为，导致原因果链条中断。这也是我们在具体认定共同过失行为时需要把握的问题。例如，驾驶员某甲违反交通运输管理法规，把行人某乙撞成重伤，急忙将其送医院抢救。医生某丙在对某乙进行手术后却将一块纱布遗忘在伤口，终致某乙感染腹膜炎而死亡。在此案中，某甲的交通肇事是先导行为，某丙的医疗责任事故是介入行为。因某丙的行为的介入而中断了某甲的交通肇事行为与某乙的死亡结果之间的因果关系。此种情况下，某甲只承担交通肇事致人重伤之罪责，而某丙则因为医疗责任事故致使病人死亡应被论以医疗事故罪。

（二）共同过失的认定

各行为人具有共同过失的心理状态，这是构成共同过失犯罪的主观要件。如前所述，共同过失通常有三种形态：一是共同疏忽大意的过失；二是共同过于自信的过失；三是一方疏忽大意与另一方过于自信混合而成的共同过失。

在二人以上共同造成危害社会的结果的情况下，认定其是否构成共同过失犯罪，就需要首先查明各行为人对于危害结果是否都出于过失。若各行为人对于危害结果都是出于过失，则为共同过失，可成立共同过失犯罪；若一方为过失，另一方没有过失，则不能以共同过失犯罪论处。

此外，在认定共同过失时，还必须注意由共同过失向共同故意的转化。例如，甲乙二人带着邻居家的小孩进山打猎，后因二人只顾狩猎而致小孩丢失。二人找了一会儿，没有找到，即商定隐瞒此事。后来，孩子的父母向他们打听孩子的下落时，他们均撒谎说没有见到。数日后，孩子的尸体在离当初甲乙二人狩猎地点不远处被人发现。经查，孩子是日前刚被野兽咬死的。在本案中，甲乙初时将孩子丢失是出于共同过失。但由于这一先行的过失行为而产生了找寻孩子之义务。事实上，从事后的情况判断，他们也完全有可能找到孩子。但他们只找了一会儿便草草了事，甚至还隐瞒真相，致使救回孩子的机会被丧失。他们明知道将一个小孩独自置于山中会发生什么样的结果，但他们对于可能造成的结果却持一种放任的心理态度。在这种情况下，他们主观上原有的共同过失就转化为共同故意，故对甲乙二人应以共同犯罪论处。

四、共同过失犯罪的定罪与处罚

（一）共同过失犯罪的定罪

如前所述，共同过失犯罪在客观、主观等几个方面均有别于共同犯罪。这也决定了两者在定罪原则方面的差异性。在共同犯罪的情况下，各共同犯罪人的行为共同导致危害社会的结果发生，他们之间在法律上应具有连带的刑事责任，从而应对共同犯罪人共同定罪。而在共同过失犯罪之情况下，虽然各主体的行为共同造成了某一危害社会之结果，但由于他们之间缺乏犯意联络，故仍应对各行为人分别定罪，此即为共同过失犯罪的分别定罪原则。根据共同过失犯罪的分别定罪原则，行为人只对本人的过失行为承担刑事责任，而与他人的过失行为无涉。在共同犯罪的情况下，各共同犯罪人对共同故意范围内无论是本人还是他人的行为造成的犯罪结果都要承担共同犯罪的刑事责任。但对于共同过失犯罪来说，每一个人的犯罪都具有单独犯罪的性质，因此各人应对本人的过失行为承担刑事责任。刑事责任的独立性，是共同过失犯罪的分别定罪原则之要旨。

那么，具体如何分别定罪呢？结合司法实践来看，主要有以下两种情况：

其一，论以同一罪名。即是说在共同过失犯罪中，虽然存在不同的实施过失行为之人，其过失行为共同造成危害结果之发生，但他们的过失行为触犯的是同一罪名，故应以同一的过失罪分别予以定罪。例如，前述甲乙二人高楼推物共同疏忽而致砸死路人一案中，他们的行为均触犯了过失致人死亡罪，所以应以过失致人死亡罪对甲乙二人之行为分别定罪。

其二，论以不同罪名。也即对共同过失犯罪中各行为人所实施的过失行为分别以不同罪名予以定罪的情况。之所以出现这种罪名相异之情况，主要是由各行为人的具体过失行为以及其所具有的特殊身份所决定的。对此又可区分为两种情况：（1）在一般主体与特殊主体之过失行为相结合而构成的共同过失犯罪的情况下，通常对一般主体按其行为所触犯的具体过失犯罪确定罪名，而对特殊主体则亦依其自身行为所触犯的具体过失犯罪来确定罪名。例如，在大兴安岭特大森林火灾事故中，应当追究刑事责任的主体便包括有关领导、林场工人和外流人员。对有关领导，应基于其特殊身份而追究其玩忽职守罪之罪责；对于有关林场工人，应根据其具体犯罪事实而论以重大责任事故罪；对于外流人员，则应以失火罪定罪处罚。（2）在各行为人均为特殊主体因而构成的共同过失犯罪的情况下，主体身份和行为情况之不同，也决定需对各行为人之行为论以不同罪名。比如在四川綦江虹桥垮塌案中，应当追究刑事责任的主体包括各级领导、市政工程质量监督人员和包工头，他们都具有特殊身份，这就需要根据他们自身所具有的不同身份而对其行为论以相应之罪名。对有关领导应视其犯罪事实而以玩忽职守罪定性；对市政工程质量监督人员则应论以工程重大安全事故罪；对包工头则应以重大责任事故罪论处。

（二）共同过失犯罪的处罚

在共同犯罪中，由于各行为人主观上都具有共同的犯罪故意，且在这一主观心态的支配下在客观上都实施了共同犯罪行为，因此，共同犯罪的刑事责任实行共同负责与个人负责相结合的原则，即各犯罪人首先应当对其参与的整个共同犯罪负责；至于其具体应承担的刑事责任之大小，则又应当按照行为人在共同犯罪中的地位和实际作用来裁量。而与之不同的是，共同过失犯罪的各行为人之间欠缺共同故意的意思联络，行为人的行为只是在各自独立的单个意识和意志的支配下所实施的。这也就意味着对其不能予以共同处罚，而只能按照各行为人所触犯之罪分别定罪处罚。就共同过失犯罪的定罪问题而言，我国《刑法》第 25 条第 2 款明确规定“按照他们所犯的罪分别处罚”。对此，前文亦已有详述，此处不赘。下面我们即简要论述一下共同过失犯罪的刑罚裁量问题。

司法实践中，对共同过失犯罪之各行为人具体裁量刑罚时，我们首先应当明确，对于共同过失犯罪的各行为人之过失行为分别定罪，并不意味着各共同过失犯罪人须承担相同之刑责。尽管各共同过失犯罪人的过失行为共同造成了一个危害结果，但相互的过失程度可能不尽相同，其过失行为对共同的危害结果所具有的作用力也可能是彼此不一的。易言之，各共同过失犯罪人之间也存在一个罪责大小的问题，应分别视不同情况而处以轻重有别的刑罚。

那么，具体应该怎样分别裁量刑罚呢？我们认为，具体量刑时，主要应考虑各共同过失犯罪人的过失程度及其危害行为对危害结果的原因力的大小。

其一，过失程度。共同过失犯罪人的罪责大小，首先取决于过失程度。凡是过失程度大的，罪责也大；过失程度小的，罪责也小。至于各共同过失犯罪人过失程度的考察，则应将过失程度的一般考察方法与共同过失犯罪的特点结合起来加以认定。具体来说，应从以下几方面着手：（1）看注意义务的要求程度。这需要根据行为人所从事的活动、业务及所实施的行为加以判断。据此，对于行为人的注意义务要求程度越高，则其过失程度就越高；反之，对其注意义务要求越低，则注意义务就越低。（2）看注意义务的可履行程度。行为人被赋予的注意义务的可履行程度，决定了行为人的过失程度。注意义务越容易履行，而行为人却未能履行的，则其过失程度就越重；反之，注意义务越难履行，而行为人也未能履行的，则其过失程度就越轻。（3）看行为人违反注意义务的程度。行为人违反注意义务的程度愈强，其过失程度愈强；违反注意义务的程度愈弱，则其过失程度愈弱。此外，犯罪过失的程度还受到行为的动机与起因等其他诸种因素的影响，这是我们考察行为人之过失程度时，也需要把握的。[9]

其二，原因力之大小。共同过失犯罪人的罪责大小，还决定于各过失行为对于危害结果的原因力之大小。原因力大小的认定，一般应建立在过失程度相同或相当的基础上。在过失程度相同的情况下，过失行为对于危害结果的原因力大的，其罪责也大；原因力小的，其罪责也小。

实践中，在对共同过失犯罪人裁量刑罚时，除了考虑上述两个方面以外，还应注意悔罪表现等其他一些因素对量刑的影响，以便在全面分析、综合评断的基础之上确定各共同过失犯罪人的刑罚。

（本文曾发表于《山东公安专科学校学报》2001 年 3 期）

[9] 参见胡鹰：《过失犯罪研究》，中国政法大学出版社 1995 版，第 108–110 页。

网络犯罪帮助行为的类型化——来自案例的启发

邓矜婷

一、导言

2015 年 8 月 29 日全国人大常委会通过的《刑法修正案（九）》针对帮助他人实施信息网络犯罪活动的行为多发的情况，在刑法分则中专门设立了帮助信息网络犯罪活动罪（简称帮助罪）。该条款可以看作是在 2009 年《刑法修正案（七）》增设提供侵入、非法控制计算机信息系统的程序、工具罪（简称提供工具罪）的尝试后，“立法对于网络犯罪帮助行为的整体性回应。”[1] 在此期间，司法也出台了系列解释，使得特定领域的网络犯罪帮助行为[2] 在定罪分析时适当突破传统共犯理论。

针对这些立法、司法，理论界存在着不同的解读。对于在刑法分则中对网络犯罪帮助行为设置独立法定刑，学界存在网络帮助犯的相对正犯化、[3] 网络帮助犯独立性说[4] 和网络帮助犯的量刑规则[5] 三种解读。从已有文献可以看到，三种解读在以下两点上存在争议：第一，下游犯罪应否查实及应查实的程度；第二，网络帮助者对下游犯罪的主观状态，是否要求共同故意，还是片面明知等。虽然三种解读均认为网络帮助行为因其特殊的危害性和独立性，而不同于非网络帮助行为，但是在如何准确评价不同网络帮助行为的可能不同的危害性和独立性，并与其入罪分析相联系等方面缺少进一步的研究。

现有研究中有一些讨论了网络帮助行为的分类，主要有以下几种分类方法。第一种分为中立或非中立的网络帮助行为。[6] 这类研究是中立帮助行为理论在网络时代的延伸。第二种分为网络内容提供者、网络接入服务商、网络平台商、网

[1] 于志刚:《网络空间中犯罪帮助行为的制裁体系与完善思路》，载《中国法学》2016 年第 2 期第 10 页。

[2] 本文中网络犯罪帮助行为与网络帮助行为具有同样的含义。

[3] 张明楷:《论帮助信息网络犯罪活动罪》，载《政治与法律》2016 年第 2 期，第 4 页；蔡桂生:《论帮助犯的要件及其归属》，载《北大法律评论》2015 年第 2 期，第 1 页。

[4] 同前引 3，张明楷文，第 6 页。

[5] 同前引 3，张明楷文，第 5 页。

[6] 参见陈洪兵:《中立的帮助行为论》，载《中外法学》2008 年第 6 期；孙万怀、郑梦凌:《中立的帮助行为》，载《法学》2016 年第 1 期。

络存储服务者、网络缓存服务者等。这一类的分类实际是对网络行为分类的应用，从三分法[7]到四分法、[8]五分法，[9]甚至六分法[10]等。第三种就是直接针对某类具有代表性的网络技术或服务进行研究，比如P2P软件，[11]深度链接行为，[12]网络搜索引擎[13]等。还有分为作为与不作为的网络帮助行为。[14]

这些分类对于研究网络帮助行为都有重要的价值。不过面对多种多样的网络帮助行为，这些分类要么过于笼统，不能将不同危害性的网络帮助行为区分开来；要么与网络帮助行为危害、独立性关联不够，可能出现同一类行为包括多个罪名客观方面的情况，或者同一个罪名包括多类行为，所以未能良好地发挥分类的功能。本文从实际的判决入手，研究实务中对上述争议的把握及出现的问题，从中得到启发，进而从理论层面提出了一种分类方法，即以对下游犯罪实行行为的完成程度为准，将网络帮助行为分为三大类，分别是：帮助完成绝大部分下游犯罪实行行为类；帮助完成部分下游犯罪实行行为类；帮助下游犯罪前后期类，分别对应于不同程度的危害、独立性。第一类对应于提供专门用于侵入、非法控制计算机信息系统程序工具罪（简称提供专门工具罪），第二类对应于明知他人实施侵入、非法控制计算机信息系统行为为其提供程序工具罪（简称明知提供工具罪），第三类对应于帮助罪，进而规范了对罪名的解释，使得对网络帮助相关罪名的理解更为统一、更有层次、更简单清晰。同时还解决了帮助大量低危害性行为实施的网络帮助行为的入罪问题，又将其入罪控制在合理的范围，防止了刑罚圈在网络时代的过分扩大。

二、案例中的发现

由于立法上对网络帮助行为的回应主要体现在提供工具罪和帮助罪，所以本文研究了从威科先行上下载这两个罪名下的截至2018年9月17日所有的判决书，共104份，其中提供工具罪83份，帮助罪21份。所有公开判决书均是一审判决，

---

[7] 欧阳本祺、王倩：《〈刑法修正案（九）〉新增网络犯罪的法律适用》，载《江苏行政学院学报》2016年第4期，第127页。

[8] 王华伟：《网络服务提供者刑事责任的认定路径——兼评快播案的相关争议》，载《国家检察官学院学报》2017年第5期，第25页。

[9] 王莹：《网络信息犯罪归责模式研究》，载《中外法学》2018年第5期，第1303页。

[10] 陈洪兵：《论中立帮助行为的处罚边界》，载《中国法学》2017年第1期，第203-204页。

[11] 杨彩霞：《P2P软件和服务提供商著作权侵害刑事责任探究——以P2P技术架构为切入点》，载《政治与法律》2016年第3期，第42页。

[12] 欧阳本祺：《论网络环境下著作权侵权的刑事归责——以网络服务提供者的刑事责任为中心》，载《法学家》2018年第3期，第154页。

[13] 梁根林：《传统犯罪网络化：归责障碍、刑法应对与教义限缩》，载《法学》2017年第2期，第13页。

[14] 同前引9，王莹文，第1315-1316页。

没有出现二审判决。针对主要的争议点，本文在研究判决书时考虑：1. 法院在认定网络帮助行为是否入罪时是否要求下游犯罪成立或查实，是如何理解犯罪的概念？ 2. 法院是否要求网络帮助提供者明知被提供者会用于实施犯罪，对明知的要求是如何把握的？以这些问题为引观察判决书，本文有如下发现：

1. 下游犯罪的乱象

帮助罪中，下游犯罪以诈骗类为主；提供工具罪中，下游犯罪以侵入、控制计算机信息系统罪为主，帮助行为主要表现为提供木马、病毒类程序、游戏外挂软件、身份证识别免刷软件。所有案件中，下游犯罪罪犯明确的（包括：已定罪、已到案、或另案处理）共 27 件；未提及或不明确的有 77 件。大多数案件中，法院并没有对下游犯罪行为进行入罪的性质分析，只是具体说明帮助行为如何支持某类不法行为。

表一

可能的下游犯罪	侵入、控制、破坏计算机信息系统程序类罪（包括翻墙、免刷软件）	侵犯公民个人信息罪	盗窃罪	诈骗类罪
出现次数	63	26	17	27
占比（%）	60.6	25	16.3	26

在下游犯罪可能为诈骗类罪的共 27 个案件中，有具体诈骗人的 15 件，有具体受骗人的 17 件（其中有不少是仅部分受骗人明确），有具体受骗 / 损害金额的 13 件，其余均是这些方面不明确或未提及的案件。案件中帮助犯的获利范围在 0 元至 30 万元不等，获利形式可分为销售付费、租赁、提成利润、工资 / 劳务付费等。这些不同形式、程度的获利并没有在定罪量刑中有较准确地反映，量刑集中在缓刑和一年有期徒刑上。帮助行为与受骗事实发生之间的因果关系大部分明确，但也有案件并不明确。[15] 对诈骗罪实施的网络帮助行为表现形态有：制作用于诈骗的网站、广告推广、支付结算、服务器托管、网络接入、域名解析、呼叫转移、提供突破安防措施的程序、隐匿身份。

下游犯罪可能为侵入计算机系统类罪的共 63 个案件中，帮助犯提供了实施侵入等的工具，但判决书未提及下游犯罪的实施情况的有 14 件，占侵入类犯罪的 22.2%。这说明这些判决书认为无论下游犯罪是否真的运用所提供的程序实施了侵入等行为，只要帮助犯在知道这些程序的功能的情况下提供了这些程序就满足了帮助犯入罪的标准。下游实施了侵入行为的有 49 件，占侵入类犯罪的 77.8%；下游实施的犯罪行为能够锁定到人的有 31 件，其中仅有 1 件写明另案处

[15] 参见福建省上杭县人民法院（2017）闽 0823 刑初 157 号刑事判决书。

理，其他案件均没有说明下游行为人的去向；下游实施了侵入等行为的，其行为是否获利，判决书均没有体现。影响侵入行为严重性的因素，比如侵入次数、侵入造成的损害，侵入的价值等都没有在判决书中体现。帮助的表现形态即为提供的工具形态。这些工具按其功能可以分为：是否能够获取计算机系统数据；是直接还是间接突破安防措施；是突破部分还是全部安防措施等。有两个案件中帮助行为是无偿的，而大部分帮助行为是获利的，获利的形式包括工资 / 劳务，销售付费，出租，提成等。同样的，这些区别也没有体现在定罪量刑中。

由这两种最常见的下游犯罪的分析可以看到，在网络帮助行为的定罪中，下游犯罪的认定是非常混乱的。如果按照四要件论，有不少案件中下游犯罪的正犯是不明确的，甚至是不存在的，即使有具体正犯也鲜有到案的，更别提是定罪的。即使是按阶层论，有不少案件中下游犯罪的行为是不明确的，甚至不存在的（是否实施了诈骗或侵入）；对于存在行为的，对行为的刑事严重性的把握是不明确的，判断的标准五花八门，把握的尺度也松紧不一，相去甚远。对于下游犯罪侵犯的法益，在不少案件中也是不明确的，甚至是不存在的，比如诈骗罪中有不少案件未提及受骗人，或受骗人不明确，有些甚至不存在受骗人；即使在明确的案件中，把握的尺度相差也很大，比如诈骗罪中诈骗金额为 30 万元的和为几百元的量刑是相同的。下游犯罪与帮助行为之间的因果关系在很多案件中都没有提及，也没有讨论，而在有些案件中是明显难以建立的。

2. 明知的混乱

理论上关于网络帮助行为人“明知”的要求存在很多争议。[16] 即使对确定含义的“明知”，其证明也往往是难点，有多种证明方法，包括直接证明、推定和证明责任倒置。在本文样本中，所有案件都有帮助犯的供述，但是供述的内容都没有给出；所有案件都没有写明其所认为的“明知”是什么含义，也没有关于“明知”为何成立的证明和解释。这使得了解法官是如何把握“明知”的含义十分困难。由于缺少直接的途径，本文只能运用间接的方法来推测法官对“明知”的把握。

如果“明知”是要求双向意思联络，那么被帮助犯应当是具体的，且与帮助犯之间有过联系，据此观察判决书，发现没有具体被帮助犯或者虽有被帮助犯但没有其与帮助犯之间的联系或聊天记录的案件有 47 件，占 45.2%；有被帮助犯且与帮助犯之间有关于帮助行为内容及付费等的具体约定的有 41 件，占 39.4%；明确或能够推定帮助犯知道被帮助犯将提供的帮助用于实施犯罪活动的有 16 件，占 15.4%。由此可知，有些案件认为“明知”应是双向联络，而有些案件则认为不需要双向意思联络。进一步观察，要求双向联络的案件涉及的下游犯罪有诈骗

---

[16] 吴扬传：《论中立帮助行为的司法认定》，载《法律适用（司法案例）》2017 年第 12 期，第 3 页。

类罪，侵入、控制、破坏计算机信息系统类罪，盗窃罪，侵犯公民个人信息罪等。不要求双向的涉及的下游犯罪也有这些罪。可见，对“明知”把握的不同并不是以下游犯罪来区分的。而且在同样是要求双向联络的案件中，有些要求明确知道被帮助人会将其用于具体的犯罪活动，而有些只要求大概知道被帮助人可能会将其用于实施犯罪即可。比如有些案件中法官意见部分明确写道：帮助犯“明知可能”被用于实施犯罪活动。[17] 在仅要求大概知道的案件中，有些案件则讨论了这种大概知道的程度比较高，比如有鉴定意见或以证人身份出庭的专家证言来说明所提供的帮助程序用于犯罪的专门性程度；而有些案件则没有讨论，即使在这些案件中提供的帮助是比较中立的，也没有发现判决中运用了大多数用于实施犯罪的标准。[18]

表二 “明知”的认定情况

序号	涉及罪名	双向的意思联络		帮助人单向的明知	
		有被帮助犯，且与被帮助犯之间有关于帮助行为内容及付费等的具体约定	明确或能够推定帮助犯知道被帮助犯将提供的帮助用于实施犯罪活动	没有具体被帮助犯	虽有被帮助犯，但没有其与帮助犯之间的联系记录
1	帮助罪	10	8	2	1
2	提供工具罪	31	8	11	33
共计		41	16	13	34
百分比（%）		39.4	15.4	12.5	32.7

对于“明知”的认定，帮助犯是否牟利、牟利的多少、牟利与提供的帮助以及所实施的下游犯罪之间的关系等也是关键要素。据此观察判决书，发现有些案件中帮助犯是否牟利是不清楚的，有些甚至是免费的，[19] 有些案件没有关注牟利是否过于高额而不正常，有些则强调所得利益过高。在存在牟利的案件中，被认定为构成“明知”的牟利形式多种多样，包括基于职务或雇佣关系实施帮助获得

[17] 参见浙江省绍兴市上虞区人民法院（2016）浙0604刑初1032号刑事判决书。

[18] 有关大多数用于实施犯罪的标准，参见同前引6，陈洪兵文，第189页。

[19] 虽然这类案件往往是为了增加其网站的点击率，所以仍然可以算是有利的，但是判决书中并没有对这种利益的存在予以讨论，也没有解释这种利益有多大或者多严重。而且有些案件中仅在内部论坛或QQ群里或向其朋友传播可供实施犯罪的程序，此时如果仍要认定是有利的，则未免过于牵强。详见杜王柱提供侵入、非法控制计算机信息系统程序、工具一审案，浙江省景宁畲族自治县人民法院，2018年4月20日；王某某提供侵入、非法控制计算机信息系统程序、工具一审案，四川省冕宁县人民法院，2016年1月19日。

的工资或佣金，以销售、出租帮助技术获得的费用，对被帮助人基于帮助行为所获利益的提成等。理论上讲，工资与提成应该反映了不同程度的主观故意，前者是被动服从，后者是积极促成，所以应有所区分。但是在案件中，仅有较少的案件在涉及工资形式的牟利中讨论了帮助人基于职务被动提供帮助与参与下游犯罪分赃所体现的不同程度的主观故意；大部分案件都没有对不同形式的牟利予以区分，而是只要帮助犯从其提供的帮助中获得了利益，则构成牟利。在前述讨论的“下游犯罪乱象”中，那些下游犯罪没有查实，甚至不存在的案件中，“明知”都被认为是成立的，判决没有给出特别的解释。有些案件中，帮助犯所获利益即使与所实施的下游犯罪联系不明确甚至不存在也会被认为构成牟利，进而认定是明知。

通过上述分析可以看到，实务中在网络帮助行为定罪的问题上，对于“明知”的把握也是比较混乱的。有些认为“明知”应当要求双向意思联络，有些则认为只要单向明知就行；有些认为应当知道具体要实施的犯罪活动；有些则认为大概知道要实施的是犯罪活动即可；有些认为大概知道应当达到专门性的程度，有些认为只要知道有可能会用于实施犯罪即可；有些认为“明知”要求有牟利，有些要求牟利明显不正常，有些认为不牟利也可构成“明知”；有些要求有积极促成的故意，有些认为被动服从或放任也可以；有些认为“明知”应与下游犯罪有具体、直接的联系，有些认为这种联系只要大概存在即可（即分别证明下游犯罪存在和对下游犯罪存在的整体知道即可），有些认为没有下游犯罪也可以。

3. 案例中的启发：同类网络帮助行为的入罪标准较为一致

法院的这些不同的做法无法用理论上关于网络帮助行为定罪的争议来解释。一个判决中法院的意见是几种观点糅合在一起，比如部分可以看作是遵循帮助犯正犯化理论，部分又不符合正犯化而是在支持帮助犯独立性说；两个判决之间的异同也难以用某两种观点之间的异同来解释。虽然帮助犯正犯化、帮助犯独立性说、量刑规则说在很多方面的具体观点是一致的，但仍然存在一些差异。比如，帮助犯正犯化强调帮助犯的危害性突出足以被提升为正犯，所以被正犯化后帮助犯具有独立的四要件，不以下游犯罪的成立为前提，不需要查实下游犯罪的主体，不需要下游实行人单独构罪，有独立的主观要件，在认定明知时不要求帮助犯与下游犯罪的主体之间有双向意思联络，甚至不要求有片面共犯理论中的单向明知他人用以实施犯罪。[20] 据此观察判决书，在那些下游犯罪主体和具体行为不明确或未提及的案件中，有不少案件在认定明知时又强调帮助犯与被帮助人之间有意

[20] 同前引 1，于志刚文，第 10–11 页。

思联络，[21] 有些则强调帮助犯单向明知被帮助人的实行行为。[22] 虽然帮助犯正犯化后，帮助犯还可以成立对其进行帮助的帮助犯，但是在这些不关注下游犯罪的案件中，虽然事实上有发现对帮助犯进行帮助的人，但是没有一个案例对这些帮助帮助犯的人采取任何刑事措施，也没有提及任何惩罚，更没有对其提起公诉。[23] 而在强调下游犯罪人和行为查实的案件中，有些在认定“明知”时却又不要求存在双向意思联络，仅单向明知或大概知道帮助行为的整体危害性即可。[24]

本文在发现上述难以用现有理论解释的混乱后，进一步尝试理解实践的逻辑，寻找解释实践的理论角度。经过研究，本文认为提供的帮助行为本身是理解和解释实践中不同做法的关键。虽然样本反映出的网络帮助行为表现形态丰富多样，但是基本可以分为：一、提供以木马、病毒性程序、游戏外挂、免刷软件、钓鱼网站等为代表的会在未授权的情况下侵入，进而修改或控制计算机的程序及对其进行维护；二、提供以秒拨、[25] 验证码自动识别、租用微信等支付账号、呼叫转移等隐匿身份、间接突破安防措施的程序或帮助及维护；三、提供广告推广、支付结算、服务器托管、网络接入、域名解析等帮助及维护。该分类可以较好地解释上文发现的实践做法。首先第一类案件大都被认定为提供工具罪，第三类案件大都被认定为帮助罪。第二类虽然两种罪名皆有，但是所占比例很小。法院对下游犯罪和明知等的认定标准以这些帮助行为的分类来划分则变得更加整齐。涉及木马、病毒程序、游戏外挂、免刷软件、钓鱼网站的案件大都没有关注下游犯罪是否实施；其他类的帮助行为案件则更多地关注了下游犯罪的具体实施情况和具体甚至双向的明知。

三、网络帮助行为本身的危害、独立性应当成为其入罪分析的关键

在实证研究发现的分类的启发下，本文进一步分析，认为网络帮助行为定罪应当关注提供的帮助行为本身，对其的分类应与其危害、独立性直接相联。理由如下：

1. 面对多种多样，性质差别很大的网络帮助行为，难以脱离帮助行为本身来讨论其下游犯罪和明知的程度。不同的网络帮助行为会具有不同的危害性和独立性，不可一概而论。而正是因为其特别的危害性和独立性，才使得网络帮助行为在入罪时可以突破传统共犯理论，所以不同网络帮助行为在危害性和独立性上的

---

[21] 参见福建省厦门市同安区人民法院（2018）闽 0212 刑初 204 号刑事判决书。

[22] 参见浙江省景宁畲族自治县人民法院（2018）浙 1127 刑初 21 号刑事判决书。

[23] 许多案例中帮助犯获得的之后用以帮助的程序或技术都不是其自己制作的，而是从他人那里获得或下载的。参见广东省东莞市第一人民法院（2017）粤 1971 刑初 250 号刑事判决书等。

[24] 参见浙江省绍兴市上虞区人民法院（2006）浙 0604 刑初 1032 号刑事判决书。

[25] 关于秒拨的技术原理、犯罪路径、性质分析等，详见《中国检察官》2018 年第 3 期，以“提供‘秒拨’动态 IP 服务的行为定性”为主题的系列论文。

不同会影响到其对传统理论能否突破及程度，进而影响其不同的入罪标准，不应当被忽略。

2. 当前，网络帮助行为概念的范围要大于传统帮助行为的概念，包括了可能本应按正犯对待而不是由帮助行为转化为正犯的行为，所以需要对网络帮助行为本身的危害性进行分析，不能一概肯定或否定正犯化。由于网络技术的快速更新使得网络空间迅速拓展、网络秩序难以稳定，很多方面的网络利益分配机制尚未确定、具体权利义务尚不明确，所以网络帮助行为直接侵犯的利益时常缺少立法上的明确确认，可能只是违犯了原则性的规定。比如以自动切换 IP 地址、自动识别验证码、自动发现网络安全漏洞等为代表的具有突破或躲避网络安防措施功能的技术，其直接侵犯的诸如 IP 资源、安防程序代码或算法规则等并不是法律明确规定的公共权益或私人权利，[26] 而且这些种类的网络资源因其本身的特性也难以被认定为属于某私人或公共或中间组织主体。

但是这类技术可以突破或绕开全部或部分的网络安防措施，并且容易传播，便于用户使用和接续开发更多的功能。[27] 这类技术的危害性借由网络的迅速放大而变得迫切需要刑法的限制，因而出现了被诟病和引发担忧的“刑法先行”现象，[28] 也导致了“打早打小”的网络犯罪刑事打击政策。[29] 在这种情况下，这类网络行为通过其直接侵犯的利益被认定为刑法保护的法益，进而通过非帮助罪的刑法分则罪名独立地讨论其刑事可罚性就十分困难。所以通过其间接可能侵犯的刑法已经明确保护的法益以帮助罪来评价这类网络行为就成为目前相对折中、安全的方法。如此，网络帮助行为的范围实际上就扩大了。

3. 网络帮助行为决定了其下游犯罪、明知、因果关系需要查实的程度。样本研究已经表明，不同类的网络帮助行为在入罪的主客观方面的具体把握标准不一样，而相同类的则基本一致。本文认为这一现象不是偶然的，而是具有必然性的。网络帮助行为可能实现的不同功能对于下游犯罪实施的促进作用不同，使得客观上推定这些主客观要件成立的难度不同。木马、病毒、免刷软件、钓鱼网站等程序具有使得计算机或有刑法保护意义的程序的主要功能无法实现的破坏作用，进而完成几乎全部的下游犯罪的实行行为。所以这些类程序的提供者必然知道这些程序会用来干什么，从而容易推定明知的存在。同理，获得者在耗费精力获得这

---

[26] 程序代码或设计可能会受到知识产权的保护，但是这种保护是针对复制、抄袭等行为的，而不是针对攻击、突破行为的。

[27] 门美子：《提供动态 IP 服务的行为定性》，载《中国检察官》2018 年第 3 期第 8 页；邓矜婷：《“秒拨”动态 IP 切换技术的性质评析》，载《中国检察官》2018 年第 3 期，第 6 页。

[28] 比如在个人信息保护领域。详见：石亚淙：《网络时代的刑法面孔——“网络犯罪的刑事立法与刑事司法前沿问题”学术研讨会综述》，载《人民检察》2016 年第 15 期。

[29] 喻海松：《网络犯罪的立法扩张与司法适用》，载《法律适用》2016 年第 9 期。

些程序后必然会将其用来实施犯罪，而且往往在安装这些程序后它们会自动开始运行，所以很容易证明下游犯罪的存在；根据程序提供的数量和时长能够推出下游犯罪至少达到的严重程度。如果还是付费提供，就更加充分了。相比之下，提供服务器托管、网络接入、域名解析、呼叫转移、微信等支付账户、广告推广等则不像前些类程序那样仅能用来使得刑法保护对象丧失主要功能，所以不能仅凭提供了这些类程序的行为来推定提供者的明知和下游犯罪的实施及严重程度，需要更多的证据。

4. 网络帮助行为的刑事立法、司法活动及演变也体现了对网络帮助行为的区分类别的关注。立法上，网络帮助行为不是作为一个整体来入罪的，而是迫于不同类涉网犯罪形势被逐步、分类纳入到刑法处罚范围中。司法上，一方面，为了顺应立法的变化，让立法目的更好地实现，立法意思更准确地被理解，司法机关出台了一系列针对立法变化的具体解释和规范性文件。[30] 另一方面，对于特定领域的几类关键网络帮助行为，司法机关出台了针对性的文件，通过引入片面共犯、将共犯正犯化等方法将其入罪。[31] 可见，刑事立法、司法活动对网络帮助行为都没有采取“一揽子”的处理方式，而是根据网络犯罪的发展形势，应急式的“因技而变”的采取独立入罪、降低入罪门槛等不同方法对不同类的网络帮助行为区别对待。[32]

5. 对网络帮助行为按照该行为的危害、独立性进行分类，可以良好地将其区分，与其有责性相匹配，防止刑罚圈过分扩大。目前几种观点希望通过下游犯罪、明知或者是否中立等来划分网络帮助行为，但是判决书研究及前述分析显示，这几种方法不足以良好地区分。而在加强对网络帮助行为本身的关注后，判决中的混乱情况得到了显著的改善。由于网络技术的快速更迭，立法、司法都出现了应接不暇的状态；而法律的稳定性、刑法的谦抑性也具有重要的法治价值，所以二者出现了冲突，引发了广泛的担忧，既担忧治理不及时，又害怕治理不当、处罚

---

[30] 参见2004年《最高人民法院关于审理破坏公用电信设施刑事案件具体应用法律若干问题的解释》，2011年《最高人民法院、最高人民检察院关于办理危害计算机信息系统安全刑事案件应用法律若干问题的解释》，2017年《最高人民法院、最高人民检察院关于办理侵犯公民个人信息刑事案件适用法律若干问题的解释》，2017年《最高人民法院、最高人民检察院关于办理扰乱无线电通讯管理秩序等刑事案件适用法律若干问题的解释》，2014年《最高人民法院、最高人民检察院、公安部、国家安全部关于依法办理非法生产销售使用“伪基站”设备案件的意见》。

[31] 参见2010年《最高人民法院、最高人民检察院关于办理利用互联网、移动通讯终端、声讯台制作、复制、出版、贩卖、传播淫秽电子信息刑事案件具体应用法律若干问题的解释（二）》，2010年《最高人民法院、最高人民检察院、公安部关于办理网络赌博犯罪案件适用法律若干问题的意见》，2016年《最高人民法院、最高人民检察院、公安部关于办理电信网络诈骗等刑事案件适用法律若干问题的意见》。

[32] 同前引29，喻海松文，第8–12页。

过度。法律要与技术保持距离，但又不能脱离技术，所以需要一个中间概念帮助缓解这种冲突。中立性因其与技术距离过远，且相对丰富多样的技术过于单薄而不足以成为这个中间概念。但是技术的危害独立性既能充分反映技术本身的特性，能够随着技术的发展变化而变化，又不会因技术的某些微小变化而变化，具有一定的稳定性，同时又与刑法的关注点之一，即社会危害性，直接相连，也与刑罚的有责性相匹配。所以以此来划分网络帮助行为，可以帮助从快速更迭的技术到需要缓慢变化的法律之间的过渡，使得法律更好地适应、调整技术的发展。

四、网络帮助行为的类型化

前文讨论了对网络帮助行为的分类应当与其本身的危害、独立性直接关联，但是还没有系统地提出具体的分类标准。受案例中发现的启发，本文提出以下分类标准：

1. 应当以其全部功能而不是部分功能来划分网络帮助行为。

无论是以程序、工具还是行为形式提供的网络帮助都可以具有多项功能。这些在提供时就具有的功能一并作为网络帮助行为的全部功能来评价该行为的刑法意义。在全部功能之外的经过升级或加工后具有的功能不应算在帮助行为危害性的评价中。因为之外的功能不是由帮助人提供的，算在其中会影响帮助人的定罪量刑，有失公正。但是通过对所提供程序软件稍加修改就能实现的功能是算在全部功能里的，因为程序软件的功能往往都需要修改环境参数、设定路径等调试后才能在新的计算机中实现。比如有些木马程序需要经过一些路径、环境参数等的设定、修改才能用以攻击具体的计算机，不会因此认为这些木马程序不具有攻击功能；但如果这些木马程序本来不会获取数据，但通过修改后变成能够获取数据，此时则不能认为木马程序具有获取数据的功能。

在全部功能之内，也不应以下游使用了的功能为限进行评价，或者以可能用于实施犯罪的功能为限。一是如果以下游使用为限，则相当于要求查实下游犯罪。这使得对帮助行为危害性的评价又陷入之前的状态中，而不是真正着眼于帮助行为本身。二是如果以下游犯罪为限，会导致对同样的帮助行为做出不同的危害性评价，既有失公正，又使得评价陷入不稳定状态，难以依之进行分类，破坏了危害独立性作为技术与法律之间的过渡概念的价值。三是与下游使用的联系可以在危害独立性与主客观要件标准的联系中体现。四是危害独立性包括但并不等于用于实施犯罪的可能性，还有所实施犯罪性质的恶劣程度等，所以以可能用于实施犯罪功能为限过于片面。不能用于实施犯罪的功能也可能间接促成或宣传犯罪，不一定是无害的。而如果对“可能”作扩大解释，那么这个限制就变得没有意义，徒增混乱和误解。

2. 在确定了以全部功能为对象后，具体应如下分类：

a）网络帮助行为中全部或部分有用于完成绝大部分的下游犯罪实行行为的

功能。

由于网络帮助行为本质上仍是帮助行为，其危害性主要是源于其帮助的犯罪行为的危害性，而被帮助的犯罪行为的危害性集中在该犯罪的实行行为上，所以以帮助行为对下游犯罪实行行为的完成程度为标准划分网络帮助行为，可以与网络帮助行为的危害性直接关联。虽然网络帮助行为因其一对多、迅速传播等特点与传统帮助行为相区别，但是由于网络帮助行为都具有这些特点，所以无法以这些特点为依据进行区分。并且，网络帮助行为的危害、独立性的估算都是以其单次帮助的危害性乘以帮助的量来进行，而单次帮助的危害性主要在于对下游犯罪实行行为的完成程度，所以对下游犯罪实行行为的完成程度会显著地影响网络帮助行为的危害性，使不同危害性的网络帮助行为相互区分开来。

本类指能够完成绝大部分的下游犯罪实行行为的一类网络帮助行为。这里，“下游犯罪”是刑法分则规定的独立罪名，可以随着刑法的变化而变化。能够完成绝大部分的下游犯罪实行行为是指在获得这类帮助后，下游犯罪的实施只差很简单、很少的部分，就像只差随意的按一下键、安装一下软件等，就能实现犯罪目的。以量来估计，可以认为完成了 80% 以上的下游犯罪实行行为。获得了这些类的帮助后，下游犯罪实行人只需要安装或让这些程序、网站运行就可以完成犯罪的实施。这类帮助实际上包括了前文所述的网络帮助行为扩大化吸收的暂时无法单独入罪的行为。由于同样的工具程序可以被不同的被帮助者用以完成不同程度的实行行为，所以这里应以当前社会网络情况下的客观的一般人 / 机器 / 网络标准来判断该工具程序能否完成某类或某几类下游犯罪的绝大部分实行行为。本类网络帮助行为不仅在网络空间存在较强的威力，还通过其对下游犯罪实行行为的绝大部分完成而对物理空间构成了直接的危害，这一危害因为网络巨大的量而加倍增加，所以其入罪对主观方面和下游犯罪查实的要求应当相对最低。由于此类行为使得下游犯罪的实施完成非常简单，所以只要通过此类行为就可以知晓下游犯罪会造成的危害，进而得到此类行为的危害，所以不需要查实下游犯罪即可独立评价此类行为的危害性。另外，由于此类行为完成绝大部分的某类或某几类犯罪实行行为，所以帮助者只要知道此类行为会具有怎样的功能，就肯定知晓该行为会完成绝大部分的下游犯罪实行行为，所以不需要双方意思联络。综上，本类行为入罪仅需独立评价本类行为，即：主观上，帮助人知道所提供的帮助具有能够完成绝大部分的下游犯罪实行行为的功能；客观上，使得该帮助为他人所能获得；程度上，考虑帮助的下游犯罪的严重程度、帮助的人数 / 次数、帮助获得的利益等因素即可。

b）帮助行为中全部或部分有用于完成部分下游犯罪实行行为的功能，但没有第一类的功能。

本类是在第一类分出去后对余下网络帮助行为进行再分类。这里的“下游犯罪”作与第一类中相同的理解。能够完成部分实行行为是指帮助行为只完成下游犯罪的部分实施，还余下主要的部分需要实行人另行完成。以量来估计，可以认为完成了 30%—80% 的下游犯罪实行行为，但是实行人还需要完成很多其他行为才能完成犯罪的实施。典型的是以自动切换 IP 地址、自动识别验证码为代表的突破部分或全部网络安防措施的帮助行为。[33] 它们是在直接侵入以获取计算机数据变得十分困难、刑事处罚风险加大的情况下出现的不经侵入间接获得数据的方法，是网络犯罪产业链化的一个体现。此类行为因为不能直接完成侵入等犯罪活动而应被视为小于第一类的危害性，所以对主观方面和下游犯罪查实的要求应高于第一类。

这类帮助是在实践和理论中都存在很多争议的地方。以自动切换 IP 地址为例。相关的文章也对此持有各种不同的观点。[34] 在把握本文的这一分类时，应当尤为注意。首先，是以帮助的全部、整体功能为对象，在确定不具有第一类功能后再来考虑本类。比如有的案件，不只提供切换 IP 的帮助，还打包了其他软件，或进行了撞库，所以同时完成了侵入或获取数据的行为，最后提供的是公民个人信息等。[35] 像这样的帮助就应当放入第一类。然后，由于本类行为只能帮助完成部分的下游犯罪实行行为，所以在本类行为提供后，被帮助人不一定就实施了犯罪行为，不一定能达到犯罪目的，也可能利用该帮助完成了其他无害的行为，所以不能认定帮助者在提供帮助时就明知被帮助者是要实施犯罪行为，也不能只根据提供的帮助行为就认定帮助了多少犯罪行为的实施，造成了多少社会危害。因而对本类行为危害性的评价不能只看本类行为，而需要考虑其与下游犯罪的联系和下游犯罪的实施情况。具体而言，主观上，帮助者应明知被帮助者要利用提供的帮助实施犯罪行为；客观上，应查实被帮助者是否利用提供的帮助来实施犯罪行为；程度上，应考虑被帮助者用以实施的犯罪的严重程度、帮助被帮助者实施犯罪的次数 / 人数、从这些帮助中的获利等因素。

c）帮助行为中全部或部分有帮助下游犯罪前后期的功能，但不具有第一、二类的功能。

本类行为与前两类行为的唯一不同是，阶段不同。前两类帮助的都是下游犯罪的实行行为的完成，而本类是出现在下游犯罪实行的前期和后期，对其实行行为的帮助是很小或没有的。由于犯罪实施前后期与实行行为的开始结束的界限往往不明确，所以以量来估计，可以认为包括了完成少于 30% 的下游犯罪实行行为。犯罪的前期一般认为是犯罪宣传、推广、网络接入等阶段，而后期一般认为

---

[33] 同前引 27，门美子文，第 8、9 页。

[34] 同前引 25，参见《中国检察官》有关“秒拨”的系列论文。

[35] 同前引 27，门美子文，第 8、9 页。

是支付结算、转移赃款等阶段。不过，犯罪前后期是相对实行行为而言，不要认为这些具体的阶段就永远是前后期，也不要认为这些阶段涉及的技术就永远不会构成第一、二类。比如像虚假广告罪、洗钱罪等就将这些阶段的行为独立入罪，使得这些阶段在这些罪名中成为实行阶段，而非前后期。由于本类行为是对下游犯罪的前后期进行的帮助，对下游犯罪的实行帮助甚少，相比第二类，本类行为距离下游犯罪的完成更远，更有可能用于开展正当的行为，所以帮助者在提供帮助时更不一定知晓被帮助者会用以实施犯罪，帮助行为的危害性更依赖于被帮助犯罪的查实，因而本类行为的危害性也不能独立评价。具体而言，主观上，帮助者应明知被帮助者要利用提供的帮助实施犯罪行为。对于提供协助同时必然会明知的，容易证明；但对于提供协助时不明知的，则需要更多证据。客观上，应查实被帮助者是否利用提供的帮助来实施犯罪行为。程度上，应考虑被帮助者用以实施的犯罪的严重程度、帮助被帮助者实施犯罪的次数 / 人数、从这些帮助中的获利等因素。由于相比第二类行为，本类行为帮助的程度更轻，同样的下游犯罪中单次帮助的危害也更小，所以应当达到更大的帮助量才能入罪。

五、网络帮助行为的分类与网络帮助罪名的对应关系

第四部分是在具体案件特点的启发下经过理论提炼得出的以网络帮助行为对下游犯罪实行行为的完成程度进行划分得到的分类。这一分类必须被涵摄进刑法规定的相应犯罪类型才能具有法律规范意义。具体即指，提供工具罪和帮助罪。下文就讨论这两项罪名与本文分类的对应关系。

1. 第一类对应于提供专门工具罪。此罪的“专门用于”应当解释为“完成绝大部分的下游犯罪（此罪中即指侵入、非法控制计算机信息系统罪）实行行为”，从而与第一类行为的界定相对应；此罪的主观要件不要求对帮助用以实施下游犯罪的明知，从而与第一类行为入罪的主观要求也一致。此罪客观方面的关键是“专门用于”。[36] 司法解释更是为确定是否“专门用于”给出了具体的界定和确定的程序。[37] 从字面上看，“专门用于”容易有两种解读：一是被提供的程序工具（简称工具）被专门用于侵入等；二是该工具具有专门的侵入等功能。

第一种解读下，该工具可以具有多个功能，只是被下游犯罪人专门用于犯罪，如此则会减弱该工具的危害性，且使得“专门用于”与帮助者行为无关，那么将“专门用于”的危害算在帮助者的责任上就不合理。第二种解读下，该工具仅具有侵入等功能，不存在其他正当的功能。这种解读不符合实际情况。侵入等功能是在正常网络功能的基础上额外增加的，需要针对下游犯罪特别设计，在正

[36] 同前引 29，喻海松文，第 41 页。

[37] 参见 2011 年《关于办理危害计算机信息系统安全刑事案件应用法律若干问题的解释》第 2 条、第 10 条。

常的网络功能基础上故意增加更为强大的能够实施犯罪的功能才能得到，所以具有侵入等功能的工具必然具有其他正常的网络功能，比如获取IP地址，封装和发送数据包，接收数据包，进行缓存、存储和运算等功能。[38]所以将“专门用于”解释为具有侵入等功能的专门性是不妥的，会导致很多具有侵入等功能的危害性很大的工具无法入罪。如果解释为具有侵入等额外功能即可，则使得“专门”没有意义，并与在明知情形下提供用以实施侵入等犯罪的工具行为难以区分。这样解读，还将像秒拨等具有能够帮助侵入等功能部分实现的程序包括进来，使它们按照具有病毒、木马程序那样危害性的程序进行评价。如此则与秒拨等程序的危害性不相当。由于难以从功能的专门性上来界定，所以司法解释也没有采用这一解读。[39]

其实“专门用于”还有一种更为常见的解读。不是指仅具有某项功能，而是指某项功能最为突出、明显，成为该工具的特点。换句话说，该工具使得某项犯罪的实行变得极为容易，几乎完成了全部的实行行为，那么该工具就以能帮助该犯罪的实行为最主要的特点，进而被认为是“专门用于”实施该犯罪的。目前司法解释给出的界定标准是“避开或者突破计算机信息系统安全保护措施”。[40]这实际上就是将“专门用于”解释为使得侵入等犯罪的实行变得非常容易、简单，只要安装运行该程序即可。而且，由于避开或突破安保措施只是一种方法，还有通过网络抓包获得密码、通过扫漏软件发现没有安装某杀毒软件的系统进行攻击等方法。[41]破坏网络安全的方法层出不穷，千变万化，所以司法解释特意设置了兜底条款。[42]

这种解释符合专门用于侵入等功能的工具具有的特别危害性，因为这种危害性并不在于其是否是专门用于侵入等的，而在于其能够完成绝大部分的侵入等犯罪的实行。也因此立法对该类工具的提供不要求明知。这也符合立法、司法机关一贯以来对网络帮助行为的处理。像帮助设立赌博和淫秽网站等行为也是因其对下游犯罪的绝大部分完成而被司法解释特殊规定，降低入罪门槛。[43]综上，此罪与第一类应当对应起来。基于同第一类行为危害性可以独立评价相同的理由，此罪也同样地不要求明知帮助用以实施犯罪，也不要求查实下游犯罪，并且如此也不会扩大刑罚圈。

值得注意的是，在目前的立法下，第一类与此罪的对应关系实为包含关系，

[38] 李全龙、聂兰顺主讲:《计算机网络》慕课课程教材PPT，第1.2、1.3章。
[39] 同前引29，喻海松文，第42页。
[40]《关于办理危害计算机信息系统安全刑事案件应用法律若干问题的解释》第2条第1、2项。
[41] 李全龙、聂兰顺主讲:《计算机网络》慕课课程教材PPT，第6.2章。
[42]《关于办理危害计算机信息系统安全刑事案件应用法律若干问题的解释》第2条第3项。
[43] 同前引1，于志刚文，第17页。

即第一类包含了此罪。因为，此罪是针对为实施侵入等犯罪提供帮助的行为，而网络空间化后，网络帮助行为可能帮助的实行行为多种多样，有些难以解释成是侵入、非法控制计算机信息系统。比如通过直接抓取传输中的数据包或信号获得公民个人敏感信息的软件，就不需要侵入计算机信息系统。[44] 所以，针对第一类行为，立法还有进一步修改、严密法网的需要。根据以往的经验，可以有两种路径处理。

一是如果此类行为针对的是比计算机信息系统更为重要或具有不同特点的法益，立法、司法可以通过设立专门性的规定来评价此类行为。二是如果此类行为针对的是与计算机信息系统同类的对象、同等重要的法益，则可以通过扩大此罪的范围包括进来。此罪的范围本就在不断地扩大。当前网络的组成不仅包括作为信息产生方 / 信息目的方 / 信息发送方 / 信息接收方等各种角色的各类计算机信息系统，还有处于传输过程中的数据包 / 数字信号和负责传输的信道。[45] 对这些信号或数据包或信道的侵入或篡改或抓取也会导致与对计算机系统进行侵入等的类似的危害结果。所以应当将网络传输过程中的数据包 / 信号 / 信道也包括进来。另外，对这些对象的危害形式除了直接侵入，也应包括间接侵入，以及向网络发送数据包、影响信道传输等行为。此罪的关键是该工具能完成绝大部分的下游犯罪实行行为，所以不论是侵害的对象还是侵害的形式都应为不完全列举，以适应在网络空间化后可能出现的此类工具的多样性。

2. 第二类对应于明知提供工具罪。此罪的客观方面是提供工具以帮助实施侵入等犯罪行为，所以该工具应指具有能够帮助实施侵入等行为的程序，而不是一般的仅具有正常上网功能的程序。提供此类工具带来的帮助是对侵入等犯罪的实行有实质的帮助，而不是对这些犯罪的前后期的帮助。因为此罪与提供专门工具罪列在同一法条中，而没有“专门用于”的限定，所以两罪只有程度的不同，即此罪应同样地对应于侵入等犯罪的实行的完成，只是程度不同。因此，此罪应解释为对下游犯罪（即侵入、非法控制计算机信息系统罪）实行行为的部分完成，从而与第二类的界定相对应。此罪的主观方面要求明知，客观方面不要求“专门用于”，说明此类行为的危害性低于提供专门工具的行为。这与第二类的危害性低于第一类也相对应。

由于只是部分完成下游犯罪的实行，所以距离下游犯罪的完成不像前罪那么近，无法从提供的帮助本身来确定所提供的帮助的危害。基于在讨论第二类入罪标准时同样的理由，此罪也不能脱离下游犯罪独立评价帮助行为。具体而言，主观上，帮助者应明知被帮助者要利用提供的工具实施侵入等犯罪；客观上，应查

[44] 李全龙、聂兰顺主讲:《计算机网络》慕课课程教材 PPT，第 6.2 章。

[45] 李全龙、聂兰顺主讲:《计算机网络》慕课课程教材 PPT，第 1.1 章。

实被帮助者是否利用提供的工具来实施侵入等犯罪。同样的，此罪也是针对实施侵入等犯罪的，所以这里的对应关系实际也是包含关系，即第二类行为包含了此罪。前述建议同样适用于此罪。

3. 第三类对应于帮助罪。此罪引发了很大的争议。争论一方认为，此罪是将网络帮助行为正犯化，根据网络帮助行为具有的巨大的量，对其进行独立评价，积量构罪。[46] 争论另一方则认为，此罪仍然是建立在传统共犯理论的基础上对网络帮助行为进行评价，且其涵盖范围太广，把很多中立帮助行为包括进来，必须进行限缩解释。[47] 还有很多研究是处于两方之间的。[48] 本文认为，产生争议的关键点在于争论各方所针对的网络帮助行为是不同的。当争论一方认为应当将网络帮助行为正犯化时，考虑的是具有很高危害、独立性的网络帮助行为。而争论另一方认为应当在共犯理论中处理，进行限缩解释时，考虑的是正常普通的网络帮助行为。而由于此罪是针对利用网络进行犯罪的情形，所以将所有的网络行为都视为网络帮助行为。所以争论各方都能从该罪的字面解读中得到支持。要解决争议，还是要厘清此罪指的是怎样的网络帮助行为。

由于提供工具罪已经将帮助完成部分及全部实行行为的网络行为入罪了，所以逻辑上讲，此罪是对应于帮助非实行行为的网络行为。此罪的主观方面要求明知自己提供的帮助是在帮助他人利用网络实施犯罪，明显地高于提供专门工具罪对主观方面的要求，也比明知提供工具罪要求的明知更为确切。此罪设定的量刑也低于提供工具罪。所以此罪应对应低于前两类危害性的帮助行为。此罪虽然涵盖范围广，但是所列举的像网络接入、服务器托管、支付结算等一般都认为是下游犯罪的前后期阶段，而且此罪也写明是在他人利用网络实施犯罪的情形下为其犯罪提供这些帮助，所以是为其犯罪的实施提供前后期的协助，而不是完成其犯罪的实行行为。所以此罪针对的是非实行行为的前后期的帮助行为，从而对应第三类。这与第三类低于前两类的危害性设置也相当。

将此罪与第三类对应可以解决目前的争议。由于第三类具有更低的危害性，所以此罪应适用更高的入罪标准，即要求更确切的明知和下游犯罪的查实。这就解决了争论一方关于中立帮助行为入罪、刑罚圈过大的担心。由于将此罪限定在下游犯罪的前后期，所以能让具有更高危害、独立性的部分及全部完成下游犯罪

---

[46] 皮勇：《论新型网络犯罪立法及其适用》，载《中国社会科学》2018 年第 10 期，第 126 页；刘仁文、杨学文：《帮助行为正犯化的网络语境——兼及对犯罪参与理论的省思》，载《法律科学》2017 年第 3 期，第 123 页。

[47] 张婷：《中德网络帮助犯规制体系之评介反思》，载《重庆邮电大学学报（社会科学版）》2017 年第 1 期，第 45 页。

[48] 阎二鹏：《法教义学视角下帮助行为正犯化的省思》，载《社会科学辑刊》2016 年第 4 期，第 73 页。

实行行为的网络帮助行为通过提供工具罪定罪量刑。将此罪中对帮助形式的具体列举解释为对下游犯罪实行的前后期阶段的列举，既符合这些具体列举的共同的特点，又使得以后对列举进行扩充时有依据和限定，不会无限扩充。而且，这也使得所列举的具体帮助只在这些阶段是所实施犯罪的前后期时才适用此罪。正如第三类的讨论所述，网络接入、支付结算等并不会永远只是犯罪的前后期。它们也可能被刑法独立入罪。如果出现了专门帮助洗钱的网络技术，那么这种技术就应当按第一类的标准进行评价。

4. 不论是此罪还是明知提供工具罪，都还存在一个关于下游犯罪查实程度的问题。网络帮助行为中有这样一类行为，它们为多个下游违法行为提供帮助，但是这些下游违法行为都没有达到犯罪的严重程度，不是违法意义上的犯罪，[49]但是这些网络帮助行为由于能够为很多的下游违法行为提供帮助，而被认为具有特别的社会危害性。对于这样一类帮助行为，是否应当入罪、应当如何入罪，学界存在较大的争议。有的认为不应当入罪。[50]这就像在与物理世界中帮助十个小偷偷自行车，每个小偷只偷了一辆不足千元的自行车，由于每个小偷的行为都不构罪，所以帮助者的行为自然无法入罪。[51]有的则认为，应当入罪。因为网络帮助行为情形下帮助的不是十个小偷，而是上万、上百万甚至上千万个小偷，所以虽然单次 / 个帮助行为的危害性较小，但是多次帮助行为的整体危害性由量变到质变，积量构罪。[52]根据这一方法，即使下游被帮助行为都不构成犯罪，但是只要网络帮助行为帮助了足够多的违法行为，帮助的次数足够多，累积起来，对社会的危害就足够大，使得帮助行为能够入罪。不过，针对这种观点，也可以反驳道，由于信息网络使得所有的网络行为都具有一对多、迅速传播等特点，具有量大的特点，如果只要量达到一定程度就可以入罪，那么所有网络行为都很容易就构罪。

本文认为，首先这一类帮助行为，不会是第一类。因为此类行为不可能会完成绝大部分的下游犯罪行为，否则的话，此类行为在提供时就可以推定下游犯罪已经实际完成了，毕竟只差很少的部分。提供一次就完成一次，不会存在所帮助的违法行为不构罪的情形，也不会无法评价其量大的危害性，此类行为也不会无法入罪了。虽然不会是第一类，但是此类行为可以是第二、三类，所以不应仅以帮助罪加以评价。当帮助行为仅部分完成下游犯罪实行行为时，提供帮助后下游犯罪就有不可忽略的可能会没有实施，或者只实施部分从而不构成犯罪，如此就可能出现帮助了多个违法行为的帮助行为。这种帮助行为因其是部分完成实行行

---

[49] 付立庆:《违法意义上犯罪概念的实践展开》，载《清华法学》2017 年第 5 期，第 68 页。

[50] 刘艳红:《网络犯罪帮助行为正犯化之批判》，载《法商研究》2016 年第 3 期，第 20–22 页。

[51] 中华人民共和国最高人民法院刑事审判第一、二、三、四、五庭主办:《刑事审判参考》总第 104 集，法律出版社 2016 年版，第 91 页。

[52] 同前引 46，皮勇文，第 126 页。

为而不是帮助前后期而应以第二类对应的罪名中相应的罪来评价。如果帮助的违法行为是侵入、非法控制计算机信息系统类的行为，那么应以明知提供工具罪来评价。

由于此类帮助行为的帮助量可以非常大，所以虽然单次帮助不会对刑法保护法益构成危害，但是乘以其帮助量，可能会对网络管理秩序构成危害，因而可能会需要刑法规范。[53] 事实上，学界对可能对网络管理秩序构成危害的此类帮助行为应当适应入罪不存在争议，普遍都认同对网络帮助行为的刑法评价应反映其一对多、迅速传播等特点。[54] 这就像在前面那个小偷的例子中，如果帮助者帮助的不是十个小偷偷自行车，而是帮助了上万、上百万甚至上千万人偷自行车，那么此时虽然对私有财产权的侵害不够严重，不需要刑法规范，但是对社会上的公共安全、市场秩序等构成了危害，侵害了刑法对这些法益的保护，因而应当受到刑法的规范。只不过，在物理世界中这种情形不可能出现，但在网络时代这种情形却很常见。只是，能够“积量构罪”不表示此类帮助行为就一定能够脱离下游犯罪独立评价。虽然此类帮助行为因其量的特点可以突破对单个量的质的要求，但是积量构罪的前提仍是要有足够多的单个非法“量”累积起来。没有被帮助的违法行为，就不会有帮助行为的社会危害性。

不过，既然肯定此类帮助行为因其巨大的帮助量，对网络管理秩序造成的危害大到应当处以刑罚，那么主要应当关注的是非法的量有多少，而某次 / 个帮助行为所帮助的违法行为的具体情况则无甚关联。所以只要确定某次 / 个帮助行为帮助的是违法行为即可，进而将其计入不法的帮助量，最终确定帮助行为的整体危害性。而某次 / 个被帮助行为的违法的具体情况相对于帮助行为的巨大量而言可以忽略。如此则既能解决此类帮助行为在达到巨大不法量时能够入罪，又不会完全脱离被帮助行为，使得没有帮助违法行为的帮助行为也入罪，导致刑罚圈过大。这也意味着，在设定积量构罪应达到的量的标准时，需要达到能够危害网络管理秩序的很高的量，而不只是单次违法行为累加起来达到下游犯罪构罪的量即可。就像前述的帮助小偷例子中，如果一个小偷偷了价值 X 的财物会构成盗窃罪，那么帮助了 N 个小偷偷了价值 Y 的财物的帮助者要以积量构罪来入罪的话，N*=X 或 10X 肯定都是不够的，必须达到 N 对公共安全或市场秩序造成足够的危害的程度。所以也需要根据不同危害性质的违法行为及可能因巨大的违法量造成的公共利益确定相应的入罪所需的 N。

如果能够确定被帮助行为是违法有责的行为，则入罪所需的帮助次数会远低

[53] 同前引 46，皮勇文，第 133–135 页。

[54] 即使是批判正犯化处理网络帮助行为的文章，也是肯定网络帮助行为的社会危害性高于一般的帮助行为。同前引 50，刘艳红文，第 22 页；同前引 3，张明楷文，第 9–12 页。

于积量构罪所需的量，因为在这两种情形下帮助行为侵犯的法益不同，比如私有财产权 v. 网络管理秩序，所以严重与否的判断标准也不同。因此，帮助罪和明知提供工具罪中，情节严重的设定应当为积量构罪的情形设置单独的量的要求。

综上可得，在适用提供专门工具罪时，可以独立评价帮助行为，即成立帮助犯正犯化。在适用明知提供工具罪和帮助罪时，主观上要求对用于帮助下游犯罪的明知，但不要求共同故意，要求查实一定程度的下游犯罪，所以是对传统共犯理论的有限突破，但不是正犯化。这与片面共犯有相似之处。这会引出一个问题，即由于刑法学界有肯定片面共犯的主张，那么第二、三类行为可否通过刑法其他独立分则罪名的片面共犯入罪，而使得这两款罪名变成量刑规则。[55] 本文认为片面共犯无法统一解决这两类行为的入罪评价。首先，因为第二、三类可以允许积量构罪，而片面共犯仅是对共犯理论在主观方面突破，而对下游犯罪仍然要求查实具体的情形。即使用三阶层论，也至少要查实犯罪意义上的违法，难以包括帮助大量低危害性行为的网络帮助行为。其次，片面共犯不能将这两类行为进行区分，而这两类行为具有显著不同的危害性，应当有所区分。第二类比第三类完成了更大部分的下游犯罪的实行，对下游犯罪造成的危害贡献更大，更有危害性，同时距离其完成更近，更容易查实下游犯罪。这些不同可以通过对这两个罪名的情节严重设定不同的量的要求来体现。但如果都用下游犯罪的片面共犯来评价，则难以区分。所以比较好的方法还是目前立法司法采取的两种路径。一是对需要特别保护的下游犯罪的网络帮助行为设定单独的条款特殊处理。二是对尚未用单独条款特殊处理的下游犯罪的网络帮助行为，则通过提供工具罪和帮助罪来处理。

六、案例中分类与罪名对应关系的验证

1. 统计说明

本文第二点从案例中总结了明知和下游犯罪等情况的分布，由此引发了后续的理论思考，最终建立了以帮助行为对下游犯罪实行行为完成程度为依据的网络帮助行为分类，并论述了这一分类与罪名的对应关系，使这一事实性分类具有规范意义。那么，这种对应关系能否得到案例中情况的验证呢？验证案例中认定的罪名与该案例所属的分类的对应关系，有两个思路，一是看认定为某罪的案件中有多少是属于该罪对应的分类，有多少不属于。二是看属于某类的案件中，有多少是被认定为该类对应的罪名。由于本文提供的分类可以包括提供工具罪和帮助罪之外的罪名，所以第二种思路还需要增加其他罪名案件的情况才能知道整体上某类的对应情况。为了与第二点的案例发现对应，本文选择第一种思路，仅统计提供工具罪和帮助罪案件的情况，统计的案件也是截至 2018 年 9 月 17 日公布的

[55] 同前引 46，皮勇文，第 131 页。

两罪的判决书。

由于提供专门工具罪和明知提供工具罪规定在刑法分则的同条同款，不易区分，所以本文在确定案例的具体罪名时原则上看判决书的裁判部分是否写明“提供专门工具”或“明知……提供”，在语句不清楚的时候结合判决内容对明知和下游犯罪查实程度的要求来确定。在确定法院认定的罪名后，对于某一认定为提供专门工具罪的案件，如果被定罪的帮助行为属于第一类，则认为该案件的定罪符合分类；如果不属于第一类，则认为不符合。据此统计提供专门工具罪项下的所有案件中有多少符合，计算该罪对分类的符合率。同理统计明知提供工具罪和帮助罪的情况。统计的情况如下表：

表三　分类与罪名的对应情况

法院认定的罪名	总案件数	符合数	符合率
提供专门工具罪	74	71	95.9%
明知提供工具罪	9	6	66.7%
提供工具罪	83	77	92.8%
帮助罪	21	16	76.2%
三罪整体情况	104	93	89.4%

2. 统计数据的意义

a）总体上看，提供工具罪和帮助罪与本文提出的分类的对应关系很强。所有案件被认定的罪名与其被定罪的帮助行为所属的分类的相符率达到了 89.4%。也就是说，大部分案件中，被认定为提供专门工具罪的帮助行为都属于第一类，被认定为明知提供工具罪的帮助行为都属于第二类，而被认定为帮助罪的帮助行为都属于第三类。具体来看，提供专门工具罪与第一类的对应关系非常高。该罪中有 95.9% 的案件的帮助行为属于第一类。帮助罪次之，也有 76.2% 的案件的帮助行为属于第三类。虽然明知提供工具罪的案件相符率较低，为 66.7%，但是明知提供工具罪的不符合数只有 3 个。而且提供工具罪整体上的相符率也达到 92.8%。

b）统计数据说明司法实践需要本文分类的指导。提供工具罪中不符的 6 个案件中 3 个提供的是通过自动切换 IP 地址避开部分安保措施的帮助，简称秒拨类案件。提供专门工具罪中的 3 个不相符案件全是秒拨类案件。83 个案件中共有 7 个是秒拨类案件，其中 4 个被认定为明知提供工具罪，3 个被认定为提供专门工具罪。由此可见关于秒拨类案件的定罪在实践中的分歧很大。这一分歧印证了本文第五（1）点的讨论，即将“专门”解读为仅具有侵入、非法控制功能，不具有其他正当功能，这种解读容易将提供秒拨这类只是部分帮助实现侵入、非法控制功能的行为按照提供木马等帮助实现绝大部分侵入功能的行为等同对待。实践中，一部分法官看到，秒拨类帮助具有绕开监管的功能，使得安保措施部分失效，而这些功能都不是正当的用途，所以会认为秒拨类帮助具有专门性，从而认定案件为提供专门工具罪。另一部分法官则看到，秒拨类帮助不像木马程序，不会入侵或控制某个计算机系统，所以会认为秒拨类帮助不是侵入、非法控制的工具。所以会出现分歧。

如果将“专门”按照本文第五（1）点进行解读，则可以较好地解决这一问题，将秒拨类帮助归为第二类。从对帮助的犯罪实行的完成程度看，秒拨类帮助只是部分实现了侵入、非法控制功能。一般而言，侵入、非法控制计算机系统需要避开安保措施，然后进入计算机系统，获取数据或控制该系统。秒拨类帮助只是实现了避开部分安保措施。所以在该部分安保措施、防火墙限制等未被作为某一刑法分则罪名的保护对象以前，秒拨类帮助没有完成任何刑法分则罪名实行行为的绝大部分，不能归入第一类。

c）案例中体现了司法实践积量构罪的尝试。虽然 3 个案件中法官将秒拨类帮助定为提供专门工具罪，在定罪时既没有意思联络也没有查实下游犯罪，甚至没有确定被帮助人犯了罪，但是在这几个案件中，法官都考虑了，秒拨类帮助提供的人次非常多，涉及的案件金额也很大，而秒拨类帮助不具有其他正当的功能，所以据此认定帮助犯为大量躲避监管的不法行为提供了帮助，认定其构罪。这体现了实践中积量构罪的尝试，即当帮助的不法量较大时，秒拨类帮助可能构成对网络管理秩序的破坏。不过这种尝试还缺乏理论的指导，有些盲目和粗糙，存在不少问题。比如有一个案件中提供的是绕开淘宝某些安保措施、实现自动抢拍的软件。[56] 该案中的提供者被认定为提供专门工具罪，判决中给出的原因是提供给了很多的用户用以抢拍，扰乱淘宝秩序。但是这种秩序是否属于刑法要保护的网络管理秩序？又如有一个案件中提供的是可以绕开防火墙限制、浏览境外网站的软件。[57] 该案中的提供者被认定为提供专门工具罪，原因是这种帮助让很多人可以绕开防火墙，妨碍国家的网络监管。同样的，这种防火墙限制是否属于刑法保护的网络管理秩序？这都有待进一步研究和明确。

d）案例中显示帮助罪有被宽泛解释的情形，应当根据第三类的标准明确该罪所指帮助的界限和帮助量的要求。查看帮助罪不相符的 5 个案件发现，其中 4 个帮助行为是建设用于诈骗的虚假彩票、虚假经营网站或游戏。这些帮助行为应属第二类，不应定为与第三类相对应的帮助罪。仔细阅读判决书发现，这 4 个行为会在实践中被认定为帮助罪，而不是明知提供工具罪，很可能是因为这 4 个案

[56] 参见河南省郑州市金水区人民法院（2017）豫 0105 刑初 1616 号刑事判决书。

[57] 参见广东省东莞市第一人民法院（2017）粤 1971 刑初 250 号刑事判决书。

件中提供的都不是帮助实现侵入、非法控制计算机系统的帮助，所以无法认定为明知提供工具罪。而帮助罪可以被解释得很宽泛，把第一、二类也包括进来，毕竟帮助实行行为也是对犯罪的帮助。长此以往，把本来应当归为第一、二类的独立危害性大于第三类的行为通过帮助罪来入罪，会将帮助罪对帮助量的要求降低，进而使得那些属于第三类的只是为犯罪实行的前后期提供帮助、具有的独立危害性小于第一、二类的行为，按照与那些通过帮助罪入罪的第一、二类行为相同的帮助量的标准来入罪，不符合罪责刑相适应的要求。比如在一个案件中，提供帮助人仅提供 1 人次的微信支付帮助，仅获利 3400 元，但就被认定构成了帮助罪。[58] 这一发现再次说明急需明确帮助罪对帮助量的要求。另外，也应考虑这 4 个案件代表的向实施除了侵入、非法控制计算机系统以外的其他犯罪的实行人提供工具、程序的行为应当如何进行入罪评价。回答这一问题，需要进一步研究以确定是修改帮助罪、提供工具程序罪还是下游犯罪对应的刑法分则罪名来评价此类行为。不过，无论是哪种修改都应当反映第二类的入罪标准，以体现与该类行为独立危害性相对应的入罪评价标准。

七、研究的方法论意义

本文运用了一种新的刑法学研究方法，即从现有理论的争议点出发（如对明知和下游犯罪查实程度的不同要求），将其形式化为具体的表现（如是否有意思联络、被帮助犯是否到案等），根据这种差异总结、归纳司法判决，以判断司法实践的现实状况符合怎样的理论设想，进而验证理论。在现有理论无法解释总结的司法实践状况时，立足于司法判决，以不同罪名项下的判决具有的不同类特征来启发关于这些罪名之间联系和区别的理论讨论，并提出自身的理论方案。

从判决中发现区分不同罪名项下判决的类特征，需要不断地往返于不同罪名项下的不同判决，发现同一罪名项下不同判决的相同点，并且这种相同点是其他罪名项下判决通常不具有的，再将这些相同点进行数量上的比较，淘汰同一罪名项下较少判决具有的相同点或其他罪名项下较多判决也具有的相同点，不断更新，最终发现同一罪名项下判决通常具有的但其他罪名项下判决通常不具有的相同点，以此作为能够较好地将该罪名项下判决与其他罪名项下判决区分开来的类特征。

这种类特征还需要进行理论的抛光和论证以确定是否具有稳定的区分作用，而不是偶然的发现，才能具有说服力。比如，本文对木马病毒多被定为提供专门工具罪、司法实践对帮助行为本身较为关注等的发现，进行理论抽象，发现了帮助行为对下游犯罪实行行为的完成程度这一类特征，并论述了该特征与帮助行为的独立危害性直接相关，以该特征为依据对判决区别定罪符合现有相关刑法理论

[58] 参见江苏省徐州市云龙区人民法院（2017）苏 0303 刑初 369 号刑事判决书。

的要求，所以可以作为刑法理论上的类特征。

在此基础上，这种分类仍然是一种事实性的分类，必须涵摄进刑法规定的相应犯罪类型才能具有法律规范意义。所以应当考察这种分类与立法规定的罪名之间是否有对应关系，以及这种对应关系能否得到刑法规定的文本解释、意图解释和罪责刑相适应等原则的支持。对事实性分类的规范意义的讨论可以启发原先对相关规定的理论讨论，帮助发现潜在的合理的其他解释路径，比如本文中案例发现对提供专门工具罪中“专门”一词解读的启发。

本文的研究方法不同于以往刑法学界的相关研究。之前多数刑法学者是运用刑法学的相关理论、学说，通过理论说理论述和演绎逻辑推理，来研讨解决问题。本文则是在理论论述推理的方法不足以厘清纷争、难以解决情况多变的网络帮助行为入罪的情况下，采用对司法判决进行归纳、总结的方法，通过理论抛光和论述，反推、建立具有规范意义的理论分类。如此提出的分类方案既能较好地解释发现的现实状况，又能从理论层面论述其正当性和稳定性，还与相关罪名的规定相对应，从而实现司法实践和理论的对话和互动。

在信息时代，面对日益更新的科技进步和急剧提升的实践中的创造力，本文提出的研究方法可以帮助补充相对局限的理论上的想象力，从丰富的实践中获得启发，提炼出有价值、有规律的理论发现，进而指导和规范司法实践活动，同时也汲取实践的成果推动刑法学理论在网络时代的发展。

（本文曾发表于《法学研究》2019 年第 5 期）

中国逐步废止死刑论纲

赵秉志

一、前言

自意大利刑法学者贝卡里亚于1764年在其名著《论犯罪与刑罚》中首倡废除和限制死刑的主张以来，死刑存废之争已达近两个半世纪之久。时至今日，死刑存废问题亦已成为中国刑事法治领域的热点话题。尽管探讨中国死刑存废的学术论著犹如雨后春笋般涌现，但却甚少涉及如何切实废止死刑问题。本文拟在考察死刑存废理论与相关立法的基础上，对中国逐步废止死刑问题提出纲要式的构想与论述，以期促进我国刑事法学界对此一重要问题的关注。

二、关于死刑限制暨逐步废止的立法与理论

（一）中外死刑立法概览

晚近数十年来，随着人权观念的日益弘扬，生命权日益被视为不可剥夺、不可克减的“天赋人权”；死刑之存废也愈益成为与社会文明程度、法治发展状况乃至人权发展水平等攸切相关之重要问题。[1] 可以说，死刑废止问题，不仅仅是一个刑法问题，更是一个复杂的社会问题。就中国社会的现实而言，中国死刑立法和司法现状可谓问题颇多。在1997年修订刑法典之前，我国刑法立法中的死刑罪名多达71种。尽管1997年刑法典在分则编对可处死刑的罪种数略作减少，但仍保持了68个罪名。[2] 应该说，中国刑法中死刑罪名的泛滥乃至司法实践中对死刑的过度适用之现状，与当今世界的法治发展进步趋势是背道而驰的。据大赦国际的最新统计，截至2008年6月，世界上已有91个国家和地区在法律上明确废除了所有犯罪的死刑；11个国家和地区废除了普通犯罪的死刑，仅保留了军事犯罪或战时犯罪的死刑；33个国家和地区在实践中事实上废除了死刑（过去10年内没有执行过死刑，并且确信其不再执行死刑或者已经向国际社会承诺不再执行死刑）；仅有62个国家保留了对普通犯罪的死刑。[3] 即现今在法律上或事实上废除死刑或者废除普通犯罪死刑的国家和地区已多达135个，这其中包括了英国、

---

[1] 参见赵秉志：《论中国非暴力犯罪死刑的逐步废止》，载2004年5月18日《中美刑法热点问题学术研讨会文集》。

[2] 参见高铭暄：《略谈我国的死刑立法及其发展趋势》，载赵秉志主编：《中国废止死刑之路探索——以现阶段非暴力犯罪废止死刑为视角》，中国人民公安大学出版社2004年版，第16–17页。

[3] 参见大赦国际网站 http://www.amnesty.org.

法国、德国、加拿大、澳大利亚、意大利、南非和俄罗斯等大国。显而易见，全面废止死刑或者采取措施严格限制死刑的适用已经成为世界上大多数国家的选择。

（二）中国死刑问题之理论反思

中国死刑立法和司法现状与世界法治发展进步趋势的强烈反差，引发了关乎中国现行刑事法治中死刑的配置与适用问题的深刻反思。如今，越来越多的有识之士逐渐认识到，中国的死刑立法过多，死刑司法状况也堪忧。刑法学界对死刑弊端之批判日趋增多，开始出现探讨死刑逐步废止甚至立即废止的诸多见解。[4] 刑法学者乃至高层次的实务专家逐渐趋于一致地认为，中国目前应通过完善刑事立法和司法的方式努力减少与严格限制死刑，在未来则一定要顺应世界法治发展进步的潮流而全面废止死刑。但是，如何对现行死刑制度进行改革，切实推动中国废止死刑的进程，是值得认真思考和研究的重大课题。我们认为，对待这个问题，采取谨慎、务实的态度是很有必要的，这有利于循序渐进地实现法治进步的目标，同时可避免导致不必要的社会震荡。因此，就中国现阶段的综合情况而言，我们认为，死刑的废止应该分阶段、分步骤地进行。遗憾的是，虽然也有个别学者提出过一些设想[5]，但刑法学界至今还鲜有人提出废止死刑的具体步骤和相关配套制度之构建。我们认为，死刑废止不能仅仅停留于方向性探讨呼吁，如果不设计废止死刑的具体路径，则无助于问题的解决，至少可以说其作用极其有限。鉴此，我们应本着理智、务实之态度，寻求一个从现阶段开始即切实、逐步废止死刑的具体步骤。下文即以此为基点，以刑法立法改革为视角，着力探讨中国分阶段废止死刑的初步构想与配套制度之构建问题。

三、关于中国分阶段废止死刑的具体构想

步入 21 世纪后，中国进入了全面建设小康社会、加快推进社会主义现代化的新的发展阶段。全面建设小康社会，是连接或贯通邓小平同志提出的“三步走”战略前两大步和后一大步的关键阶段，是实现第三步战略目标必经的承上启下的

---

[4] 国家重点研究基地中国人民大学刑事法律科学研究中心与英国大使馆文化处合作项目“中国非暴力犯罪废止死刑问题研究”，本着务实而审慎的态度，对死刑逐步废止问题开展了系统的研究，并出版了《中国废止死刑之路探索——以现阶段非暴力犯罪废止死刑为视角》（赵秉志主编，中国人民公安大学出版社 2004 年版）一书，产生了较大的社会影响。而邱兴隆教授则响亮而鲜明地提出了中国应立即废止死刑之主张（参见邱兴隆：《死刑的德性》，载《政治与法律》2002 年第 2 期），其观点虽说多少带有些理想主义之色彩，但确实可谓振聋发聩，也得到了曲新久教授等少数学者的呼应（参见陈兴良主编：《法治的使命》，法律出版社 2003 年版，第 218–221 页）。

[5] 有学者曾主张，经过百余年的努力，至 2100 年在中国实现“法律上没有死刑，实践中不执行死刑”之目标，从而全面废止死刑。这一观点是基于当时具体的时代背景提出的，尽管略显空泛而久远，但也颇具启迪意义。参见胡云腾：《死刑通论》，中国政法大学出版社 1995 年版，第 304 页。

发展阶段。经过“三步走”战略的前两大步，我们已经达到了总体小康。[6] 这一巨大成就，为我国在21世纪的发展奠定了新的起点。基于这个新起点，中国共产党的十五大报告初步把第三步战略部署具体化，提出了到2010年、建党一百周年和新中国成立一百周年的发展目标，形成21世纪第一个十年、第二个十年一直到世纪中叶的三段划分。[7] 到了党的十六大，则对这一目标进行了充分论证和全面部署。[8] 该报告明确指出，“二十一世纪头二十年，对我国来说，是一个必须紧紧抓住并且可以大有作为的重要战略机遇期。”“我们要在本世纪头二十年，集中力量，全面建设惠及十几亿人口的更高水平的小康社会。”“经过这个阶段的建设，再继续奋斗几十年，到本世纪中叶基本实现现代化，把我国建成富强民主文明的社会主义国家。”[9]

我们认为，中国死刑的废止进程应与社会文明程度、法治发展状况乃至人权发展水平相适应，与中国社会主义现代化建设的上述不同发展阶段相适应。根据党中央所提出的在21世纪的阶段性发展目标，我们设想，中国也可以经过如下三个阶段逐步废止死刑：一是及至2020年亦即建党一百周年，先行逐步废止非暴力犯罪的死刑；二是再经过一二十年的发展，在条件成熟时进一步废止非致命性暴力犯罪（非侵犯生命的暴力犯罪）的死刑；三是在社会文明和法治发展到相当发达程度时，至迟到2050年亦即新中国成立一百周年之际，应全面废止死刑。

（一）关于逐步废止非暴力犯罪死刑之构想

我们完全有理由相信，及至2020年亦即建党一百周年之际，中国将步入小康社会，“经济更加发展、民主更加健全、科教更加进步、文化更加繁荣、社会更加和谐、人民生活更加殷实”[10]。而随着小康社会目标之达成，民众的人权观、金钱观、价值观定会有很大的改善，社会公众对于废止非暴力犯罪的死刑已具有

---

[6] 参见江泽民：《全面建设小康社会，开创中国特色社会主义事业新局面——在中国共产党第十六次全国代表大会上的报告》，载人民网2002年11月17日。

[7] 在十五大报告中，江泽民同志代表党中央提出了如下目标：第一个十年实现国民生产总值比2000年翻一番，使人民的小康生活更加宽裕，形成比较完善的社会主义市场经济体制；再经过十年的努力，到建党一百年时，使国民经济更加发展，各项制度更加完善；到世纪中叶建国一百年时，基本实现现代化，建成富强民主文明的社会主义国家。参见江泽民：《高举邓小平理论伟大旗帜，把建设有中国特色社会主义事业全面推向二十一世纪——在中国共产党第十五次全国代表大会上的报告》，载人民网1997年9月12日。

[8] 参见张全新：《全面建设小康社会：新的里程碑与新世纪的奋斗目标》，载《人民日报》2003年1月16日第9版。

[9] 见江泽民：《全面建设小康社会，开创中国特色社会主义事业新局面——在中国共产党第十六次全国代表大会上的报告》，载人民网2002年11月17日。

[10] 见江泽民：《全面建设小康社会，开创中国特色社会主义事业新局面——在中国共产党第十六次全国代表大会上的报告》，载人民网2002年11月17日。

相当的承受能力，废止非暴力犯罪死刑的社会环境业已形成。届时，中国完全有条件也有能力彻底废止非暴力犯罪的死刑，而仅仅保留少数暴力犯罪的死刑。

从许多国家大幅度限制死刑和逐步废止死刑的进程看，先行废除非暴力犯罪的死刑乃是一条成功之路，也符合社会发展的基本规律。中国废止死刑之路，也应以逐步而及时地废止非暴力犯罪的死刑为突破口和切入点。[11] 中国逐步废止非暴力犯罪之死刑，不仅是积极应对限制和废除死刑的国际趋势的必然要求，也是中国现行死刑政策的具体体现，是遵循合理配置死刑之必要性原则与价值衡量原则的要求，更是由非暴力犯罪自身所具有的诸多特点所决定了的。[12] 当然，中国现阶段废止非暴力犯罪的死刑，也并非可以一蹴而就的，而应该在充分考量中国现实综合国情的基础上，有步骤、分阶段地进行。我们初步设想，中国现阶段废止非暴力犯罪的死刑之立法步骤，应区分以下三种情形逐步进行：

其一，对于侵犯个人法益的侵犯财产型非暴力犯罪，以及无具体被害人的侵犯社会法益型非暴力犯罪，诸如破坏市场经济秩序型非暴力犯罪、妨害社会管理秩序型非暴力犯罪等，应当从立法上及时全面地废止其死刑规定。应当注意的是，中国 1979 年刑法典中对这两类犯罪中的非暴力犯罪也一概没有规定死刑。废止这些犯罪的死刑，较易为公众所接受而不至于引起较大的负面社会影响。

其二，对于侵犯社会法益的危害公共安全型非暴力犯罪，以及侵犯国家法益的危害国家安全型、危害国防利益型、军人违反职责型非暴力犯罪，通过逐步限制、减少死刑的适用，在 2020 年前完全废止其死刑条款。就前者而言，由于其对人身安全具有潜在的危险，从刑罚一般预防角度考虑，废止其中的死刑条款还需要更为慎重一些；但是考虑其尚未对社会造成直接损害，因而在条件成熟的时候，也应当废止其死刑规定。就后者而言，由于其触犯了社会整体的安全利益，严重危及国家赖以存立的基本秩序，其社会危害性与严重暴力犯罪基本相当或非常接近，加之此类犯罪的死刑条款多为备而不用，一般不会影响执行死刑的实际数量，因而在没有全面废止死刑的前提下，保留其死刑规定也是现实的选择。当然，在社会文明和法治发展到相当发达程度时，这类犯罪的死刑也应相对于严重暴力犯罪而言先行废止。

其三，对于贪污罪、受贿罪等贪利型职务犯罪以及毒品犯罪，在现阶段亦应首先通过提高其死刑的适用标准以严格限制与减少死刑之适用，并根据社会发展状况作持续深入的努力，力争在 2020 年前废止其死刑规定。因为从特别预防的角度分析，其必要性也值得检讨。对于这类犯罪人，只要剥夺其犯罪能力和条件

---

[11] 这是笔者所主持的“中国非暴力犯罪废止死刑问题研究”项目的基本观点，具体可参见赵秉志主编：《中国废止死刑之路探索》，中国人民公安大学出版社 2004 年版。

[12] 参见赵秉志：《论中国非暴力犯罪死刑的逐步废止》，载《政法论坛》2005 年第 1 期。

即可防止其再犯；但是，中国历来有“从严治吏”的传统，而在目前腐败现象还比较严重的情况下，短时间内即废止其死刑，会与国家基本的政治形势和刑事政策不相吻合。因而废止贪污罪、受贿罪的死刑规定应当保持相当的理性并采用科学合理的方法与步骤。可以考虑目前先在立法与司法上提高其适用死刑的条件，再逐步过渡到废止其死刑。而且，我认为，受贿罪相对于贪污罪而言，其社会危害性要小一些，因为贪污罪不仅侵犯了职务行为的廉洁性，更侵犯了公共财产所有权，而受贿罪往往只侵犯了公务人员职务行为的廉洁性，何况司法实践中有很多犯罪人并未为他人谋取利益或者其谋取利益行为对社会未造成严重危害，而且受贿罪在1979年刑法典中也没有死刑，因此，受贿罪相对于贪污罪来说应更早废除其死刑。而对毒品犯罪来说，毕竟目前对社会的危害仍很大，且有日益严重之趋势。贸然即行废止毒品犯罪之死刑，恐引起较大的社会震荡，不利于遏制毒品犯罪之泛滥态势。因此，毒品犯罪死刑的废止也应逐渐为之。当务之急应提高毒品犯罪适用死刑之标准，改变完全以毒品数量决定是否适用死刑之做法，而代之以反映社会危害性及行为人人身危险性和主观恶性之综合性的指标。等到社会条件成熟时，再废止毒品犯罪之死刑。

（二）关于逐步废止非致命性普通暴力犯罪死刑之构想

由于暴力犯罪以直接或者借助自然、物理之力对他人人身施加强力打击或者强制行为为特征，[13] 因而其轻则给被害人造成身体伤害，重则会导致被害人死亡之结果。对于暴力犯罪，以发生的具体时间是否系战时为标准，我们可以将之区分为普通暴力犯罪和战时暴力犯罪。以普通暴力犯罪是否导致被害人死亡之结果为标准，我们可以将其分为致命性普通暴力犯罪和非致命性普通暴力犯罪。对于致命性普通暴力犯罪，则又可以根据行为人对死亡结果所持的具体罪过心理，区分为故意致命性普通暴力犯罪和过失致命性普通暴力犯罪。[14] 在上述分类之基础上，我们设想，未来中国废止非致命性普通暴力犯罪死刑之立法步骤，应区分以下情形逐步进行：

其一，对于某些暴力程度相对较低通常不危及被害人生命的普通暴力犯罪，也可不必等到2020年，可伴随着某些非暴力犯罪的死刑废止进程而先行废止其死刑。在此有必要指出的是，我们主张分阶段逐步废止中国的死刑是从整体上而言的，而并非将每一阶段截然割裂开来。对于此类普通暴力犯罪，比如，拐卖妇女、儿童罪，强迫卖淫罪，因为从整体上讲其社会危害性相对较低，当然便可以

---

[13] 参见赵秉志主编：《中国废止死刑之路探索》，中国人民公安大学出版社2004年版，第6页。

[14] 此处所谓过失致命性普通暴力犯罪之行为人在主观方面应体现为复合罪过，即对于普通暴力犯罪是出于故意，但对于被害人死亡之结果则系出于过失。因而不能将其与纯粹过失犯罪混为一谈。

在条件成熟时即行废止其死刑。

其二，对于某些过失致命性普通暴力犯罪，在适当时机也应先行废止其死刑。尽管此类暴力犯罪后果不可谓不严重，但毕竟行为人对于被害人死亡之结果完全是一种过失的心理态度，其主观恶性相对较小，根本不能与故意致命性暴力犯罪等同视之。比如，强奸过失致死，抢劫过失致死，故意伤害致死，绑架过失致死等。中国已于1998年10月签署了联合国《公民权利和政治权利国际公约》，该公约第6条明确规定，不得任意剥夺人的生命，并强调，在未废除死刑的国家，只能对犯有“最严重罪行”的人判处死刑。而这类犯罪的范围，按照有关联合国文件，应该理解为“不超出有致死或者极其严重后果的故意犯罪”[15]。而过失致命性普通暴力犯罪显然不在其列。因此，我们认为，可以通过刑法立法提高死刑适用标准的方式，对上述过失致命性暴力犯罪排除适用死刑。

其三，对于大部分原本属于故意致命性的普通暴力犯罪，可以通过立法技术的调整，将其转以故意杀人罪论处，从而从立法技术的角度废止其死刑条款。结合现行立法与司法实务而言，故意致命性普通暴力犯罪主要包括：放火故意致死，爆炸故意致死，绑架故意致死，抢劫故意致死等。在条件成熟时，完全可以通过调整立法技术，将故意致命性普通暴力犯罪以转致的立法方式，转以故意杀人罪论处。易言之，凡是故意侵犯生命的犯罪情形，一律都按故意杀人罪论处，从而将现行故意致命性普通暴力犯罪都转化为非致命性暴力犯罪。例如：危害公共安全的爆炸行为本属危害公共安全罪，但是爆炸过程中，故意致人死亡的，应转以故意杀人罪定罪处罚，而不再论以爆炸罪。这实际上即刑法理论中所谓“转化犯”的立法方式。而转化犯的立法例在1997年刑法典中已经有较多的体现。例如，根据1997年《刑法典》第247条规定，如果刑讯逼供致人死亡的，就应转以故意杀人罪定罪从重处罚。此一立法举措不仅可以彻底废止除故意杀人罪外所有普通暴力犯罪的死刑条款，而且也与许多国家废止、减少死刑之实际路径相吻合。[16]

总之，经过上述逐步努力，在2020年全面废止非暴力犯罪死刑后，再经过一二十年的发展，伴随着“全面建设小康社会”之进程，中国的法治持续发展和人权不断张扬，届时中国将基本废除普通暴力犯罪的死刑，而在立法上只保留故意杀人罪和战时暴力犯罪的死刑条款。

---

[15] 联合国经济与社会理事会：《保证面临死刑者权利的保护的保障措施》第1条之（1）。

[16] 很多国家大幅度减少死刑适用条款的途径，往往是通过立法技术的调整，将死刑限制在谋杀、战时犯罪等少数几种性质极其严重的犯罪上。例如：意大利1947年对死刑的废止即首先以普通犯罪和非战时的军事犯罪为开端。参见Roger Hood, The Death Penalty: A worldwide Perspective, Third Edition, Oxford University Press, 2002, pp.30–31.

（三）关于废除致命性暴力犯罪与战时暴力犯罪死刑之构想

通过前两个阶段的努力，中国死刑立法和司法状况将大为改观。根据我国现行刑法，挂有死刑的战时暴力犯罪主要包括阻碍执行军事职务罪与战时残害居民、掠夺居民财物罪。由于战时暴力犯罪相对于和平时期来说，完全属于备而不用的虚置条款，因而实际执行死刑的罪名就只有故意杀人罪了。我们认为，在中国刑法立法上基本废除普通暴力犯罪死刑后，再经过一些年的发展，至迟到2050年亦即新中国成立一百周年之际，废除故意杀人罪和战时暴力犯罪之死刑亦应提上日程。当然，在此一过程中，也可根据社会的发展和法治的完善程度，将战时暴力犯罪中非致命性犯罪先行废止。在此基础上，再考虑彻底而全面地废止死刑，最终完成死刑废止之漫漫征途。而这一废除死刑之最后阶段，也是伴随着中国社会的不断发展而出现的。在达成小康社会之宏伟目标后，再通过几十年的继续奋斗，中国到21世纪中叶将基本实现现代化，跻身于世界中等发达国家行列，并将成为“富强民主文明的社会主义国家”。而已为人类文明和现代法治所摒弃的死刑，届时在中国当然便毫无立足之地了。其实，当今世界绝大多数中等发达国家均已废除死刑之现状，从某种程度上也揭示了中国未来废除死刑的发展方向。

四、关于中国分阶段废止死刑配套制度之设计

中国从立法层面分阶段逐步废止死刑，无疑需要辅以一系列相关配套制度。就刑事程序而言，死刑核准权回收于最高法院、死刑案件审理方式的改革、被宣告死刑者在死刑复核程序中的辩护权之强化等，都是关乎中国死刑废止进程的不可或缺的制度保障。本文仅从刑事实体法角度提出如下构建死刑废止配套制度之设想：

（一）中国分阶段逐步废止死刑进程中的制度配合

中国死刑的废止不可能一蹴而就[17]，其在废止死刑的进程中，离不开刑事实体法方面补充完善各项制度的配合。

其一，应不断提高具体犯罪适用死刑之标准，严格限制死刑的适用。1997年刑法典对于某些具体犯罪的死刑适用条件已进行了诸多限制，这对于限制和减少死刑的适用具有非常重要的意义。例如：1997年刑法典对于盗窃罪、抢劫罪等常见多发的犯罪，明确列举了死刑适用的特定情形，收到了很好的减少死刑适用之功效。据某高级人民法院自新刑法典施行后一年多的死刑司法统计，以盗窃罪

---

[17] 尽管当今一些国家在废除死刑时一步到位，而不像过去那样先废除普通犯罪的死刑，最后再废除所有犯罪的死刑，但是基于社会治安的严峻形势、经济犯罪的严重情况乃至中国目前死刑观念的基本状况等现实国情，我们仍然主张，中国废止死刑之路应本着务实、审慎之态度分阶段逐步为之。

判处死刑的仅有一人。[18] 当然，立法者限制死刑的努力仍是有限的，还远不能适应废除与限制死刑之国际趋势。在中国逐步废止死刑的进程中，对于那些条件尚不成熟而一时难以废止之具体犯罪的死刑条款，应对其适用条件及时作趋严修正，以为未来废止该罪的死刑创造必要的条件。

其二，修改设置有绝对死刑的相关罪名，代之以选择性刑罚之条款。1988年全国人大常委会《关于惩治贪污罪贿赂罪的补充规定》第2条第1款第1项明确规定，个人贪污数额在5万元以上，情节特别严重的，“处死刑，并处没收财产”。此举乃新中国刑法典中设置绝对死刑之先声，并在此后多个单行刑法中被沿用。及至1997年刑法典，亦有6个条文7种罪名采用了此一死刑立法方式。[19] 我们认为，绝对死刑这一彻底剥夺法官自由裁量权的立法方式值得反思。尽管在近代刑法发展史中，绝对确定的法定刑乃是出于保障人权、实行严格的罪刑法定主义的产物，但各国的刑事司法实践表明，绝对地限制法官的自由裁量权反而有悖于罪刑法定主义的人权保障机能。正因为如此，现代各国刑法已普遍采用相对确定的法定刑，而将绝对确定的法定刑予以摒弃。[20] 而我国现行刑法却仍采用绝对死刑的立法方式，将死刑适用标准只限于“情节特别严重”等情形，这不仅与慎刑之理念极不吻合，而且也剥夺了司法机关根据案件的具体情况选择适用死刑之权力，为扩大死刑的适用大开方便之门，与严格限制死刑的刑事政策格格不入。[21] 鉴此，我们主张，应废止绝对死刑之立法方式，而代之以选择性刑罚之条款，将死刑与无期徒刑或者有期徒刑并列为可以选择之刑种。

其三，死缓制度应得到充分有效的运用。在我国，死刑缓期执行作为隶属于死刑刑种的一种执行制度，它保留了死刑作为极刑对犯罪人最为严厉的否定性社会政治和法律评价；同时，作为生命之刑又给受刑人以生的希望，从而最大限度地减少了死刑立即执行所固有的弊端。因此，我们建议，在中国逐步废止死刑的进程中，应将死缓制度适用的范围尽可能地予以扩大，以最大限度地缩小死刑立即执行的范围。[22]

（二）中国死刑逐步废止后的制度建构

中国死刑的逐步废止，不仅需要在其进程中不断创造有利条件，更需要在死刑废止后有完善的配套制度。我们认为，应从如下方面努力建构死刑废止后的相关配套措施：

1. 适当提高有期徒刑的刑期。根据现行1997年《刑法典》第45条、第69

[18] 参见钊作俊:《死刑限制论》，武汉大学出版社2001年版，第209页。

[19] 参见钊作俊:《死刑限制论》，武汉大学出版社2001年版，第232页。

[20] 参见赵秉志:《刑法改革问题研究》，中国法制出版社1996年版，第216页。

[21] 参见钊作俊:《死刑限制论》，武汉大学出版社2001年版，第237页。

[22] 参见赵秉志:《刑法改革问题研究》，中国法制出版社1996年版，第213页。

条之规定，有期徒刑的期限为6个月以上15年以下，数罪并罚时最高不能超过20年。这一关于有期徒刑期限的规定，使得有期徒刑与无期徒刑之间存在一定的脱节，不符合罪责刑相适应原则的要求。因此，在死刑废止后，应适当提高有期徒刑的最高刑期，这不仅可以切实贯彻罪责刑相适应的原则，而且多少可以缓冲民众的压力。事实上，尽管考察意大利、法国、西班牙等国的刑法典，有期徒刑的最高刑期均有所不同，但都远高于我国刑法典所规定的15年。[23]我们认为，可以将我国刑法中的有期徒刑最高刑由15年提高到30年，数罪并罚时不超过40年。进而言之，甚至对于有期徒刑数罪并罚时所采取的限制加重原则，也应给予必要的反思。以往理论界对英美刑法中所采取的绝对相加之原则予以全盘否定，应该是显失公平的。实际上，该原则在维护法律尊严的同时，也极大地减少了犯罪者享受违法犯罪收益的机会，因而似乎在根本上更有利于预防犯罪。[24]因此，可否改变现行限制加重之原则，而代之以绝对相加的原则，也值得进一步深入研究。

2. 对本该判处死刑的严重犯罪，在废止其死刑后应严格限制减刑、假释的适用。而且，应该提高减刑、假释后实际执行的刑期，例如可以将现行刑法典所规定的“不能少于原判刑期的二分之一”提高到“四分之三”。判处无期徒刑的，则可将其实际执行的刑期，由10年提高到20年或30年。甚至可以对本该适用死刑的某些极其严重的犯罪情形，在废止其死刑后，禁止适用减刑或者假释。立法机关也可以在必要时，授权法官可根据犯罪人之罪行排除减刑、假释的适用。

五、关于影响中国逐步废止死刑的两个社会因素之考量

中国逐步废止死刑的进程，无疑会受到诸多社会因素的影响。而“民意”的作用乃至立法者、决策领导层的认识，则是其中无法回避的两个重要问题。

（一）关于民意问题

长久以来，我们似乎已经习惯了“以人民的名义”“群众拥护和支持”来证明某一项政策的合法性。许多司法机关往往被“民愤”——包括“受害人亲友之愤”“官愤”乃至“舆论之愤”等所左右。所谓“不杀不足以平民愤”即充分彰显了其中之意蕴。理性而言，民意要适当考虑，但绝不能盲从，更不能以民意公投来决定是否废止死刑。以死刑“平民愤”不啻是对民众原始报复本能的放

[23] 根据《意大利刑法典》第23条、第73条之规定，有期徒刑的期限为15日至24年；当对于数罪中的每一项犯罪均应科处24年以上有期徒刑时，适用无期徒刑。《西班牙刑法典》第36条、第70条的规定，监禁的时间不得低于6个月，亦不得高于20年；加重一级后的期限不得超过30年。《法国刑法典》第131-1条规定，对自然人所判处有期徒刑之刑期，最短为10年，最高为30年。

[24] 参见湖舟：《法律可以打折扣么？——反思数罪并罚的原则》，载《法学家茶座》2003年第2辑。

纵。[25] 更何况，考察那些已经废除死刑的国家，也并非都是建立在民意的基础上的。1981 年，当法国废除所有犯罪死刑时，国内要求保留死刑的民意还很强烈，高达 62% 的民众反对废除死刑，但当时的总统密特朗和司法部长巴丹戴尔等人认为，法国作为在世界人权历史上起过伟大作用的国家，却成为西欧唯一一个适用死刑的国家，这是一种很不光彩的记录，不符合他们的政治信仰，因此，死刑应当立即地、无条件地、一步到位地废除。故法国政府依然坚定地推动死刑的废除，并最终实现此一目标。[26] 其实，国家不仅仅需要聆听民众的声音，更负有引导民意循着理性方向发展之职责。历史经验表明，在废止死刑的过程中，大多数民众起初是不赞成废止的；但是实践也证明，在废止死刑后一段时间，大多数民众又不赞成恢复死刑。这说明民意是可以引导、进步的。

（二）关于立法者和决策领导层的认识问题

作为立法者的民意代表乃至国家决策领导层，更应把握社会进步的脉搏，始终站在时代潮流之前列，对法治发展、人权进步乃至死刑所固有的弊病有清醒的认识，竭力推动中国废止死刑的进程。尤其是国家决策领导层，对于死刑废止无疑具有举足轻重的作用。南非废止死刑的进程可能对我国废止死刑有很好的启迪。南非在结束种族隔离制度后，先是暂停所有死刑的执行，后又通过宪法法院裁决死刑违宪，最后终于在 1997 年修改刑法时废除了所有犯罪的死刑。由于在废除死刑时南非的社会治安形势不好，尤其是暴力犯罪严重，因此社会上反对废除死刑的呼声非常之高，但南非国会还是顶住压力，同意了宪法法院院长的意见，即“减少暴力犯罪应通过创造一种尊重生命的‘人权文化’来实现”。[27] 我国 1989 年政治风波后，国家决策领导层毅然排除反对修改反革命罪罪名之干扰，从国家改革开放和社会进步的大局出发，鲜明地支持国家立法机关将反革命罪修改为危害国家安全罪之事例，[28] 亦充分说明，中国国家决策领导层完全有能力顺应死刑废止之国际趋势，以坚定的“政治意志”逐步而渐进地废止中国的死刑。

（本文曾发表于《法学杂志》2005 年第 1 期）

---

[25] 参见贾宇:《中国死刑必将走向废止》，载《法学》2003 年第 4 期。

[26] 参见［法］巴丹戴尔:《为废除死刑而战》，罗结珍、赵海峰译，法律出版社 2003 年版，第 194 页。

[27] 参见 Roger Hood, The Death Penalty: A worldwide Perspective, Third Edition, Oxford University Press, 2002, pp.37–38.

[28] 参见赵秉志主编:《新刑法典的创制》，法律出版社 1997 年版，第 11–13 页。

死刑适用的规范论标准

冯　军

在过去的几年里，特别是人们针对李昌奎案一波三折的死刑判决所进行的广泛论战表明，如果我们要在法治中国正确地适用死刑，就必须在确定死刑的适用标准上坚持规范论的立场，让死刑判决完全符合刑法的规定。不从刑法的规定出发，或者根据对刑法规定进行的缺乏规范联系的纯“个人理解”，[1]而不判处死刑立即执行或者大量判处死缓，就会把死刑适用变成私人欲念的表达，就会背离法治的要求，从而导致死刑判决难以获得正当性，并由此引发人们对死刑适用的普遍怀疑甚或否定。

一、死刑判决的规范论基础

在法治国家里，刑事法官的定罪量刑活动应该完全按照法律的规定来进行，使定罪量刑活动的结论成为事先能够预测、事后可以检验的，否则，就会是没有法律根据的任意司法。我国的死刑适用状况表明，刑事法官在以不少非规范的因素为根据而适用死刑，[2]引起了不良的后果。刑事法官只有掌握并且运用规范论的立场来适用死刑，才能消弭我国目前在死刑适用上遇到的困境和产生的乱象。

首先，在死刑适用中，应当严格区分立法论和解释论，要严格根据刑法规定的条件适用死刑。我国《刑法》第 33 条把死刑明确规定为主刑之一，刑法分则也明确规定可以对 55 种罪名适用死刑。在我国刑法存在关于适用死刑的明确规定的前提下，如果我国的刑事法官仅仅从废除死刑的个人理想、国际潮流或者公众舆论出发，不判处死刑（所谓废除死刑的司法化），那就不是在解释和适用刑法关于死刑的规定，而是企图自己进行关于死刑的立法。

---

[1] 当李昌奎案的死缓判决引起社会舆论的诘难时，云南省高级人民法院的副院长田成有先生回答说：“有错必纠是法院遵守的原则，但问题是我们错在哪里？我们程序没错、实体没错，依靠法律政策没错，要错可能是我们的观念理解不一样，而已”（廉颖婷：《药家鑫死了，李昌奎为什么活着》，载《法制日报·法治周末》2011 年 7 月 14 日，第 4 版）。然而，“我们的观念理解不一样”到底意味着什么？如果“我们的观念理解”之所以“不一样”，就是因为“我们的观念理解”缺乏规范联系，是一种纯粹的“个人理解”，那么，就很难说“我们程序没错、实体没错，依靠法律政策没错”。

[2] 有学者指出，我国“在死刑案件的裁判过程中由于某种非刑法规范因素方面的原因而导致‘同罪异罚’、‘生死两重天’的情形，也时有发生”（张心向：《死刑案件裁判中非刑法规范因素考量》，载《中外法学》2012 年第 5 期）。

只有当刑事法官针对具体案件作出或者不作出死刑判决的理由是该具体案件中存在或者不存在刑法总则和刑法分则中所规定的死刑适用条件时，才能说刑事法官坚持了规范论的立场。因此，是否要针对具体案件作出或者不作出死刑判决，唯一能够让人信服的理由就是该具体案件中存在或者不存在刑法总则和刑法分则中所规定的死刑适用条件。当然，如果针对具体案件作出的是适用死刑的判决，就必须存在刑法总则和刑法分则中所规定的死刑适用的全部条件；如果针对具体案件作出的是不适用死刑的判决，就仅仅需要存在刑法总则和刑法分则中所规定的不适用死刑的某一条件。但是，总是有学者从超规范的立场出发，根据刑法总则和刑法分则规定之外的东西，提出适用或者不适用死刑的标准。例如，有学者主张，要对双亲健在、自己尚未生育的独生子女免除死刑立即执行的适用，[3] 即使该独生子女犯下"罪行极其严重"的故意杀人罪，并且不具有不适用死刑的法定条件。尽管这种主张可能是一个从立法上废除死刑的很好理由，但是，无论如何，不能根据这种理由现在就对这种独生子女不适用死刑立即执行，因为这样做完全不符合我国现行刑法的规定。[4]

其次，需要明确的是，关于死刑的适用条件，必须进行符合规范体系的诠释。法律是一个自洽的体系，既不能用超法律的东西来否定法律，也不能用部分法律条文的规定使法律系统片面化。根据我国《刑法》第 48 条的规定，死刑只适用于罪行极其严重的犯罪分子，但是，这并不是说对罪行极其严重的犯罪分子就一定要适用死刑，必须结合《刑法》第 49 条等规定来理解死刑的适用条件。《刑法》第 49 条规定："犯罪的时候不满十八周岁的人和审判的时候怀孕的妇女，不适用死刑。审判的时候已满七十五周岁的人，不适用死刑，但以特别残忍手段致人死亡的除外。"因此，对犯罪时不满十八周岁的人和审判时怀孕的妇女以及审判时已满七十五周岁并且未以特别残忍手段致人死亡的人，即使其罪行极其严重，也不能适用死刑。

问题是，在不具有从轻处罚或者减轻处罚的通常情形中，除了上述三种人之外，对罪行极其严重的其他犯罪分子，是否要一律适用死刑？例如，对触犯了我国刑法死刑规定的外国人，如果不属于上述三种情形之一，在外国政府进行外交交涉，希望我国进行审判的刑事法官不对其适用死刑时，我国担任审判的刑事法官能够不判处其死刑吗？笔者认为，《刑法》第 49 条的规定属于硬性规定，对罪行极其严重的犯罪分子例外不适用死刑的情形进行了列举式限定。对死刑这一最严重的刑罚，如果立法者在明确规定了适用条件之后又作出例外规定，那么，不

---

[3] 参见朱苏力：《从药家鑫案看刑罚的殃及效果和罪责自负》，载《法学》2011 年第 6 期。

[4] 关于反对不对这种独生子女适用死刑立即执行的理由，参见邱兴隆：《就独生子女免死对苏力教授说不》，载《法学》2011 年第 10 期。

适用死刑的情形就仅仅限于例外规定中所指明的事项。也就是说，立法者没有在不适用死刑上赋予刑事法官过大的总则性自由裁量权。因此，对触犯了我国刑法死刑规定的外国人，如果不属于《刑法》第49条规定的三种情形之一，即使外国政府为了使我国担任审判的刑事法官不对其适用死刑而进行了外交交涉，我国担任审判的刑事法官也不能自己做出不判处其死刑的决定，相反，应当做出适用死刑的判决。但是，在执行这种死刑判决就会损害我国外交上的重大利益时，应当启动赦免程序，根据《宪法》第67条第17项的规定，由全国人民代表大会常务委员会作出“特赦”的决定，并根据《宪法》第80条的规定，由国家主席颁发对该外国人不执行死刑的命令。

二、关于“罪行极其严重”

根据我国《刑法》第48条的规定，“罪行极其严重”是适用死刑的积极条件。应当从规范论的立场出发，阐明“罪行极其严重”的具体内容。

（一）应当如何理解“罪行极其严重”中的“罪行”

关于“罪行极其严重”中的“罪行”的含义，我国某些刑法学者的看法值得商榷。

一种完全无视刑法修改的见解认为，“罪行极其严重”中的“罪行”是指犯罪行为、后果以及犯罪分子的主观恶性和人身危险性。持这种见解的学者认为，“罪行极其严重也就是俗语所说的罪大恶极，其含义应当从罪大与恶极两个方面加以把握：罪大是指犯罪行为及其后果极其严重，给社会造成的损失特别巨大，它体现犯罪的客观实害的一面，是社会对犯罪危害行为和危害后果的一种物质的、客观的评价。恶极是指犯罪分子的主观恶性和人身危险性特别大，通常表现为犯罪分子蓄意实施严重罪行、犯罪态度坚决、良知丧尽、不思悔改、极端蔑视法制秩序和社会基本准则等，是社会对犯罪人的一种主观心理评价。作为死刑适用对象，应当是罪大与恶极同时具备，只有其一不能适用死刑。”[5] 众所周知，1979年《刑法》第43条规定的是“死刑只适用于罪大恶极的犯罪分子”，1997年《刑法》第48条将其修改为“死刑只适用于罪行极其严重的犯罪分子”。关于“罪大恶极”的含义，有学者抽象理解为“对国家和人民的利益危害特别严重和情节特别恶劣”。[6] 但是，后来有学者具体理解为“犯罪行为及其后果极其严重，给社会造成的损失特别巨大”，“犯罪分子的主观恶性和人身危险性特别大，通常表现为犯罪分子蓄意实施严重罪行、犯罪态度坚决、良知丧尽、不思悔改、极端蔑视法制秩序和社会基本准则等”。[7] 如果说把1979年刑法中规定的“罪大恶极”

[5] 陈兴良：《刑法疏议》，中国人民公安大学出版社1997年版，第138、139页。
[6] 高铭暄主编：《刑法学》，法律出版社1982年版，第234页。
[7] 胡云腾：《死刑通论》，中国政法大学出版社1995年版，第213页。

解释为“犯罪行为及其后果极其严重，给社会造成的损失特别巨大”“犯罪分子的主观恶性和人身危险性特别大”还具有合理性的话，那么，在1997年《刑法》第48条将“罪大恶极”修改为“罪行极其严重”之后，仍然把“罪大恶极”的内容解释为“罪行极其严重”的内容，则存在规范论上的弊病。把“罪行极其严重”等同于“罪大恶极”，就完全不能说明，为什么新刑法会在死刑的适用条件上做出明显不同于旧刑法的表述，更不能说明，为什么新刑法应该用另一种表述来替代一种内容上意思完全相同但是形式上更通俗易懂的表述，而刑法表述的通俗化本来就是判断刑法规定的明确化的标准之一。

另一种不顾刑法体系性的见解认为，“罪行极其严重”中的“罪行”是指犯罪行为的客观危害。持这种见解的学者认为，“罪行极其严重”是对“罪大恶极”的实质改变，“罪大恶极”与“罪行极其严重”的内涵具有显著区别，“罪大恶极”同时强调犯罪行为的客观危害和行为人的主观恶性与人身危险性两个方面，“罪行极其严重”则只是强调客观上的犯罪行为极其危害社会的后果这一个方面。这种见解认为，1997年《刑法》第48条将“罪行极其严重”规定为死刑的适用条件是有“严重缺陷”的，因此，要对“罪行极其严重”作扩大解释，即解释为“包括行为的客观危害及行为人的主观恶性与人身危险性两个方面”。[8] 而作出这种理解的根据，是“仅仅语言逻辑规则”。[9] 把“罪行极其严重”仅仅理解为“客观上的犯罪行为极其危害社会的后果”“行为的客观危害”，笔者认为，是不顾刑法体系性的任意解释。只要从刑法的体系性规定出发，就不可能得出“罪行”仅仅是“行为的客观危害”这一结论。根据《刑法》第14条关于“故意犯罪”、第15条关于“过失犯罪”和第16条关于“不可抗力与意外事件”的规定，不具有主观恶性的客观危害根本不是“罪行”。从《刑法》第5条“刑罚的轻重，应当与犯罪分子所犯罪行和承担的刑事责任相适应”这一规定中，也完全不可能得出“罪行”仅仅是“行为的客观危害”的结论，因为“罪行本身的轻重是由犯罪的违法性与有责性决定的”。[10] 在《刑法》第113条第1款关于危害国家安全罪的规定中也使用了“罪行”一语，[11] 如果认为“罪行”是指犯罪行为的客观危害，那么，所有的危害国家安全罪就会缺乏主观要件，这决不会是一种可以接受的结论。而且，扩大解释只不过是扩大词语的核心含义，通过扩大解释所得出的结论仍然处于词语的边缘含义之内。既然可以通过扩大解释得出“罪行极其严重”“包括行为的

[8] 参见赵秉志：《死刑改革探索》，法律出版社2006年版，第33、35页。

[9] 参见赵秉志：《死刑改革探索》，法律出版社2006年版，第315页。

[10] 张明楷：《责任主义与量刑原理——以点的理论为中心》，载《法学研究》2010年第5期。

[11] 《刑法》第113条第1款的原文是：“本章上述危害国家安全罪行中，除第一百零三条第二款、第一百零五条、第一百零七条、第一百零九条外，对国家和人民危害特别严重、情节特别恶劣的，可以判处死刑。”

客观危害及行为人的主观恶性与人身危险性两个方面”这一结论，就没有理由说“罪行极其严重”仅仅是指客观上的犯罪行为极其危害社会的后果。但是，在今天，仍然有学者认为，“罪行极其严重”，“应当仅指客观上所引起的危害结果，即行为人所犯罪行客观上对国家和人民的利益危害特别严重、情节特别恶劣，但不包括行为人的主观恶性和人身危险性的内容在内。”[12]

笔者认为，“罪行极其严重”中的“罪行”是指具有违法性和有责性的行为及其结果。“罪行极其严重”是指行为人的犯罪行为及其造成的危害后果在违法性和有责性上都极其严重。在人们还不习惯用三阶层犯罪理论来解释刑法规定时，也可以认为，“罪行极其严重”是指犯罪行为的客观危害和行为人的主观恶性都极其严重。高铭暄教授正确地指出，“罪行极其严重”应当理解为犯罪性质和犯罪情节极其严重，而且犯罪分子的主观恶性也极其严重。[13]有学者认为，“罪行极其严重”，是指犯罪性质特别严重，犯罪行为的后果给国家和人民的利益造成的危害特别严重，犯罪人的主观恶性很深、人身危险性特别严重。[14]但是，人身危险性是指再犯可能性，可从被告人有无前科、平时表现及悔罪情况等方面综合判断。[15]人身危险性仅仅是一种未来犯罪的可能性，尚不是已经实施的罪行。虽然人身危险性与刑事责任有关，例如，能够决定刑罚的执行方式，但是，它不属于“罪行”的内容，不影响作出是否判处死刑的决定。一个客观危害和主观恶性都极其严重的犯罪行为，就是“极其严重的罪行”，在一个具有通常情形的案件中，就应当适用死刑。如果行为人犯下“极其严重的罪行”，却在犯罪中造成了自己再犯可能性的丧失，例如，在故意炸死了多人的犯罪活动中也炸掉了犯罪人自己的手脚，那么，仍然应该对其适用死刑。《刑法》第 49 条第 2 款关于“审判的时候已满七十五周岁的人，不适用死刑，但以特别残忍手段致人死亡的除外”的规定也表明，即使行为人在审判的时候已满七十五周岁，丧失了再犯可能性，也仍然可以适用死刑，否则，就没有理由规定“以特别残忍手段致人死亡的除外”。

（二）应当如何判断“罪行极其严重”中的“极其严重”

如何将“罪行极其严重”中的“极其严重”具体化，是正确适用死刑的关键。

有的学者提出了一个具有规范性质的根据，因此是完全正确的，但是同时又

[12] 黎宏：《刑法学》，法律出版社 2012 年版，第 338 页。

[13] 参见高铭暄：《中华人民共和国刑法的孕育诞生和发展完善》，北京大学出版社 2012 年版，第 225、226 页。

[14] 参见周道鸾：《正确理解和掌握死刑适用标准，严格控制死刑的适用》，载《董必武法学思想研究文集》（第 7 辑），人民法院出版社 2008 年版，第 699 页。

[15] 参见最高人民法院刑三庭 2010 年 4 月公布的《在审理故意杀人、伤害及黑社会性质组织犯罪案件中切实贯彻宽严相济刑事政策》第 2 条第 3 项中的说明。

因为缺乏规范上的具体化而变得毫无用处的判断标准："所谓罪行极其严重，是指犯罪人的犯罪行为对国家和人民的利益危害特别严重，情节特别恶劣。"[16]诚然，《刑法》第 113 条规定，在危害国家安全的罪行中，除第 103 条第 2 款规定的煽动分裂国家罪、第 105 条规定的颠覆国家政权罪、煽动颠覆国家政权罪、第 107 条规定的资助危害国家安全犯罪活动罪和第 109 条规定的叛逃罪外，"对国家和人民危害特别严重、情节特别恶劣的，可以判处死刑。"但是，如果一部刑法中规定了死刑，而其中关于死刑适用条件的全部规定仅仅是"对国家和人民危害特别严重、情节特别恶劣"，那么，这种关于死刑的规定就无疑违反了罪刑法定主义所要求的明确性原则。

有的学者则提出了一个根本无法确定又极不稳定的判断标准：将全国范围内已知的同类案件进行比较，只有属于"同类犯罪中的最严重犯罪的最严重情节"时，才能考虑死刑的适用。[17]我把这一见解称为"双最标准说"。即使是同类犯罪，也是由很多具有异质情节的犯罪所组成的，例如，在故意捅刀杀人的案件中，有的是被害的人数多，有的是捅刀的次数多，有的是行为人犯罪的次数多，等等。如何能够通过对异质的东西进行比较之后确定某一故意捅刀杀人的犯罪是"最严重犯罪的最严重情节"呢？况且，如果采用"双最标准说"，那么，很可能出现的不合理情形就是：一个在前天是杀人最多的案件，会因为昨天出现了杀人更多的案件，而不能在今天判决时对其适用死刑。"双最标准说"能够带来的唯一令人欣慰的效果是，把我国每年适用死刑的案件减少到 55 件之内，因为刑法只对 55 种犯罪规定了死刑的适用。

笔者认为，应该结合刑法分则条文中关于死刑的两种不同规定来判断"罪行极其严重"，从而决定是否适用死刑。

第一，要根据行为人的犯罪行为是否符合刑法分则中配置着死刑的条文所描述的罪状，来判断其罪行是否可能极其严重。

如果刑法分则条文对某种罪状根本没有配置死刑，那么，符合该罪状的行为肯定不是极其严重的罪行。只有刑法分则条文对某种罪状配置着死刑时，符合该罪状的行为才可能是极其严重的罪行。但是，由于绝大多数刑法分则条文在对某种罪状配置死刑的同时，还配置了无期徒刑或者十年以上有期徒刑，因此，当刑法分则条文把死刑作为选择适用的刑罚与某种罪状搭配在一起时，符合该罪状的行为就仅仅可能是极其严重的罪行。

---

[16] 王作富主编：《刑法》，中国人民大学出版社 2011 年版，第 179 页；类似的看法认为，"所谓罪行极其严重，是指犯罪行为对国家和人民的利益危害特别严重，社会危害性极为巨大"（赵秉志主编：《刑法新教程》，中国人民大学出版社 2009 年版，第 272 页）。

[17] 参见赵秉志：《死刑改革探索》，法律出版社 2006 年版，第 181 页；持同样看法的，有高铭暄主编：《刑法专论》，高等教育出版社 2006 年版，第 528 页。

第二，要根据刑法分则中把死刑作为绝对确定的法定刑来配置的条文所描述的罪状，来判断符合把死刑作为选择适用的刑罚所配置的罪状的行为是否必然极其严重。

如果刑法分则条文把死刑作为绝对确定的法定刑与某种罪状搭配在一起，那么，符合该罪状的行为就无疑是极其严重的罪行。对哪些符合把死刑作为选择适用的刑罚相配置的罪状的行为而言，与绝对确定的死刑搭配在一起的罪状就是判断它是否必然是极其严重的罪行的指针。这是符合解释规则的，“关于同一来源的段落的规则是：在同一个作者的作品中，含义模糊的表述应该根据他自己的更为清晰的表述来进行解释，哪怕这些作品发表在不同的时期或地点，除非确知他已经改变了自己的看法。”[18]

我国刑法分则有两个条文把死刑作为绝对确定的法定刑与罪状搭配在一起。《刑法》第121条规定，以暴力、胁迫或者其他方法劫持航空器，致人重伤、死亡或者使航空器遭受严重破坏的，处死刑。《刑法》第239条规定，以勒索财物为目的绑架他人，或者绑架他人作为人质，致使被绑架人死亡或者杀害被绑架人的，处死刑。这两个条文的罪状描述表明，只有故意杀害他人的，故意致人重伤、死亡的，或者以暴力、胁迫或者其他方法强取财物并且造成了与航空器遭受严重破坏相同程度的财产损失的，才属于极其严重的罪行。

举例来说，对煽动分裂国家罪、颠覆政权罪、煽动颠覆政权罪、资助危害国家安全犯罪活动罪、叛逃罪，绝对不能适用死刑，因为刑法分则条文没有对这些犯罪配置死刑；对背叛国家罪、武装叛乱、暴乱罪等配置着死刑的危害国家安全罪，只有当行为人在这些犯罪中故意杀害他人的，故意致人重伤、死亡的，或者以暴力、胁迫或者其他方法强取财物并且造成了与航空器遭受严重破坏相同程度的财产损失的，才能适用死刑；对集资诈骗罪，只有集资诈骗行为直接导致了他人重伤、死亡的，或者以暴力、胁迫或者其他方法强取财物并且造成了与航空器遭受严重破坏相同程度的财产损失的，才能适用死刑；对故意杀人罪，只有杀害了他人或者致人重伤的，才能适用死刑；对贪污罪、受贿罪，只有个人贪污、受贿的数额在10万元以上并且直接造成了他人重伤、死亡的，或者使用了暴力、胁迫或者其他方法强取了10万元以上的财物，并且造成了与航空器遭受严重破坏相同程度的财产损失的，才能适用死刑，例如，国家工作人员明知是学校危房改造款，却贪污、受贿10万元以上，导致学校危房因为无钱改造而坍塌，使学生被轧死或者被轧成重伤的，可以对其适用死刑。当然，国家工作人员以威胁的方法索取他人10万元以上财物，并且造成了与航空器遭受严重破坏相同程度的财产损失的，也可以对其适用死刑。再如，一个国家药品监督机关的领导，明知

[18] ［德］萨缪尔·普芬道夫：《论人与公民在自然法上的责任》，支振锋译，北京大学出版社2010年版，第130页。

某一公司在制造假药，却收受该公司几十万元后，发给该公司药品生产许可证，导致该公司生产的大量假药流通于市，造成了不少人的伤亡，对这一国家药品监督机关的领导就应该适用死刑，但是，如果这个国家药品监督机关的领导，仅仅收受了某一制药公司几千万元后，发给该公司药品生产许可证，并且对该公司进行了严格监管，使该公司生产的药品完全合格，那么，对这一国家药品监督机关的领导就不应该适用死刑。[19]

上述解释，不仅是实践中可以接受的，而且是理论上具有说服力的。如果对不同罪名的犯罪适用了相同的刑罚，那么，一定是因为这些犯罪尽管触犯了不同的罪名却在犯罪的质和量上具有相同性。因此，完全应该用《刑法》第 121 条和《刑法》第 239 条规定的必须适用死刑的犯罪的质和量，来衡量其他刑法条文规定可以适用死刑的犯罪的质和量，并对这些刑法规定可以适用死刑的犯罪的质和量进行补充。只有经过补充，使其达到与《刑法》第 121 条和《刑法》第 239 条规定的必须适用死刑的犯罪的质和量相同的质和量时，才能对其适用死刑。

（三）应当如何适用从轻、减轻情节

在一个具有通常情形的案件中，如果不属于《刑法》第 49 条规定的“犯罪的时候不满十八周岁的人”“审判的时候怀孕的妇女”和“审判的时候已满七十五周岁并且没有以特别残忍手段致人死亡的人”这三种情形之一，那么，对“罪行极其严重”的犯罪分子，就应当适用死刑。但是，刑事法官面对的是否需要适用死刑的案件并非仅仅具有通常情形，而是往往具有特殊情形，即在通常情形之外还具有从轻、减轻情节等。

如果刑法针对某种极其严重的罪行所配置的相对确定的法定刑中还有死刑之外的刑罚，而行为人又具有必须从轻处罚的情节，例如，行为人是罪行极其严重的共同犯罪中的从犯，那么，就不能对行为人适用死刑，否则，就没有适用刑法关于从轻处罚的规定，因为《刑法》第 27 条明确规定从犯是“应当从轻、减轻处罚或者免除处罚”的情节。

困难之处在于，虽然刑法针对某种极其严重的罪行所配置的相对确定的法定刑中还有死刑之外的刑罚，但是行为人仅仅具有可以从轻处罚的情节，例如，行为人犯下极其严重的罪行之后又自首的，应当如何作出是否适用死刑的判决呢?

刑法抽象规定的可以从轻处罚的情节，就其在某一具体案件中的适用结论而

---

[19] 如果人们这样理解刑法所规定的死刑适用条件，那么，就根本不存在什么我国刑法规定对非暴力犯罪也适用死刑的问题。基于对我国刑法关于死刑适用条件的规定进行的不正确解释，来批判我国刑法规定对非暴力犯罪也适用死刑，实在让人感到不安。这种以不正确解释为前提的批判，也是张明楷教授所批判的对象：“凡是认为法律有缺陷的人，一定都是他制造了缺陷；如果他解释的好，应当就不会有缺陷，正是他制造了缺陷才主张法律有缺陷进而主张修改”（张明楷：《刑法解释理念》，载《国家检察官学院学报》2008 年第 6 期）。

言，实际上就表现为应当从轻处罚情节或者不应当从轻处罚情节。一种自首情节，如果刑事法官在某一具体案件中根据它作出了不适用死刑的判决，那么，就等于说这一自首情节是应当从轻处罚的情节；如果刑事法官在某一具体案件中即使考虑了自首情节还是作出了适用死刑的判决，那么，就等于说这一自首情节是不应当从轻处罚的情节。这样，问题又回到：一个刑法抽象规定的可以从轻处罚的情节，如何在某一具体案件中将它作为应当从轻处罚的情节来适用。

在两种情形中，一个刑法抽象规定的可以从轻处罚的情节，刑事法官应当在某一具体案件中将它作为应当从轻处罚的情节来适用。

第一种情形是，某一具体案件中存在刑法抽象规定的可以从轻处罚的情节，就使该具体案件中的违法性或者有责性明显减少了。例如，在故意杀害了他人的案件中，如果在普通情形中应当判处行为人死刑，那么，在一种被害人具有明显过错的特殊情形中，行为人行为的违法性甚至行为人的有责性就明显减少了。因此，应当把“被害人具有明显过错”作为应当从轻处罚的情节来适用，也就是说，不应当判处行为人死刑，而是应当判处无期徒刑或者有期徒刑。

第二种情形是，某种刑法抽象规定的可以从轻处罚情节的存在，在某一具体案件中就意味着行为人作出了法规范所期待的贡献。例如，在故意杀害了他人的案件中，如果在普通情形中应当判处行为人死刑，那么，在一种行为人通过自首而作出了法规范期待他作出的贡献时，就应当把“自首”作为应当从轻处罚的情节来适用。法规范之所以把自首规定为从轻处罚的情节，就是期待行为人通过自首来节约司法资源。因此，在一个通常应当判处行为人死刑的故意杀人案中，如果行为人在自己还没有被司法机关发现时就自首的，或者在司法机关虽然已经发现行为人是谁却无法随时抓获行为人时就自首的，那么，就不应当判处行为人死刑，而是应当判处无期徒刑或者有期徒刑。在一个通常应当判处行为人死刑的故意杀人案中，司法机关已经发现行为人是谁，并且知道行为人在一座不大的山里，于是封闭了这个山的各个路口，正在搜山，饿了几天的行为人在山里又冻又饿，知道自己穷途末路，马上就要被抓获，于是出来自首，企图获得更轻的处罚。这种情形下的自首，对于节约司法资源而言，没有多大意义。在这种自首中，行为人并未作出法规范所期待的贡献。因此，这种自首就是不应当从轻处罚的情节，即使存在这种自首，也仍然应当判处行为人死刑。

（四）适用死刑的判断步骤

针对一个具体案件，决定是否适用死刑，要经过如下判断步骤来完成：

第一步：判断行为人的犯罪行为是否符合刑法分则中配置着死刑的条文所描述的罪状；

第二步：在判断行为人的犯罪行为符合刑法分则中配置着死刑的条文所描述的罪状之后，判断行为人的犯罪行为所造成的社会危害在质和量的严重性上是否达到刑法分则中把死刑作为绝对确定的法定刑来配置的条文所要求的程度；

第三步：在判断行为人的犯罪行为符合刑法分则中配置着死刑的条文所描述的罪状，并且在质和量的严重性上达到刑法分则中把死刑作为绝对确定的法定刑来配置的条文所要求的程度之后，判断在该具体案件中是否存在《刑法》第49条规定的不适用死刑的三种例外情形之一；

第四步：在判断行为人的犯罪行为符合刑法分则中配置着死刑的条文所描述的罪状，在质和量的严重性上也达到刑法分则中把死刑作为绝对确定的法定刑来配置的条文所要求的程度，并且在该具体案件中不存在《刑法》第49条规定的不适用死刑的例外情形之一以后，判断在该具体案件中是否存在必须把刑法抽象规定的可以从轻处罚的情节作为应当从轻处罚的情节来适用的情形；

第五步：在判断行为人的犯罪行为符合刑法分则中配置着死刑的条文所描述的罪状，在质和量的严重性上也达到刑法分则中把死刑作为绝对确定的法定刑来配置的条文所要求的程度，在该具体案件中不存在《刑法》第49条规定的不适用死刑的例外情形之一，并且不存在必须把刑法抽象规定的可以从轻处罚的情节作为应当从轻处罚的情节来适用的情形以后，就应当作出适用死刑的判决。

在上述五个判断步骤中，前四个判断步骤是适用死刑的实质要件的判断步骤，第五个步骤只是一个对结论进行检验意义上的判断步骤。只要在一个判断步骤中得出了与第五个判断步骤中的描述相反的结论，就应当作出不适用死刑的判决。

三、关于“不是必须立即执行”

《刑法》第48条规定：“对于应当判处死刑的犯罪分子，如果不是必须立即执行的，可以判处死刑同时宣告缓期二年执行。”根据这一规定，“不是必须立即执行”，是作出死刑立即执行还是作出死刑缓期二年执行判决的唯一标准。与是否应该适用死刑一样，对于作出是死刑立即执行还是死刑缓期二年执行的判决而言，重要的仍然是一种规范论的立场。

（一）传统的见解

关于如何认定“不是必须立即执行”，我国的传统见解认为刑法“对这一条件没有明确、具体的规定”，[20] 于是，大多数学者都总结我国刑事司法审判工作的经验，认为“具有以下情形之一的，可以视为不是必须立即执行死刑的情况：犯罪分子犯罪后自首、立功或者有其他法定从轻情节的；在共同犯罪中罪行不是最严重的或者与其他同性或同类案件相比较罪行不是最严重的；因被害人的过错而导致犯罪人激愤犯罪的；犯罪人有令人怜悯的情节的；有其他应当留有余地的情况的等等”。[21]

---

[20] 周光权：《刑法总论》，中国人民大学出版社2011年版，第284页。

[21] 高铭暄、马克昌主编：《刑法学》，中国法制出版社2007年版，第288页。

关于什么是“有令人怜悯的情节”和“其他应当留有余地的情况”，我国学者又提出了某些具体看法。认为“有令人怜悯的情节”，包括“平时表现较好，犯罪动机不十分恶劣，因偶然原因犯了特别严重罪行”[22]“罪犯智力发育不健全”[23]“因婚姻家庭等民间纠纷激化引发的犯罪，被害人及其家属对被告人表示谅解的”[24]以及“该罪犯罪行虽然极其严重，但民愤尚不特别大”；[25]认为“其他应当留有余地的情况”，是“罪该处死，但缺少直接证据”，[26]或者是“犯罪人有可能为破获其他重大案件、惩治其他犯罪人起到‘活证据’的举足轻重作用”，[27]或者甚至是“可以用做犯罪学和犯罪心理学研究的活材料”。[28]

上述传统见解是我国的通说，但是，人们在上述说法中不仅发现不了关于作出死刑缓期二年执行判决的理论，而且会感到混乱。正是上述权威见解，使我国的死缓判决令人惶恐。例如，在共同犯罪中罪行不是最严重的人，可能是从犯，根据《刑法》第27条的规定，应当对从犯予以从轻、减轻处罚或者免除处罚，因此，不应当对从犯适用死刑，又怎能对从犯判处死刑后予以缓期二年执行？再如，有自首情节的，就必须判处死刑缓期二年执行？怎能为了把犯罪人用作犯罪学或者犯罪心理学研究的活材料而判处其死刑缓期二年执行？如此等等，实在令人困惑和忧虑。

我国适用死缓制度的刑事司法实践，大体上遵从了通说的上述见解。针对故意杀人、故意伤害案件，最高人民法院1999年10月27日发布的《全国法院维护农村稳定刑事审判工作座谈会纪要》明确指出：“对于被害人一方有明显过错或对矛盾激化负有直接责任，或者被告人有法定从轻处罚情节的，一般不应判处死刑立即执行。”针对金融诈骗犯罪，最高人民法院2001年1月21日发布的《全国法院审理金融犯罪案件工作座谈会纪要》明确指出：“对于犯罪数额特别巨大，但追缴、退赔后，挽回了损失或者损失不大的，一般不应当判处死刑立即执行。”最高人民法院2011年12月20日《关于发布第一批指导性案例的通知》也指出：“因恋爱、婚姻矛盾激化引发的故意杀人案件，被告人犯罪手段残忍，论罪应当

---

[22] 高铭暄主编：《刑法专论》，高等教育出版社2006年版，第530页。

[23] 参见樊凤林主编：《刑罚通论》，中国政法大学出版社1994年版，第165、166页；也参见王作富：《中国刑法研究》，中国人民大学出版社1988年版，第300页。

[24] 高铭暄主编：《刑法专论》，高等教育出版社2006年版，第530页。

[25] 全国人大常委会法制工作委员会刑法室编：《中华人民共和国刑法——条文说明、立法理由及相关规定》，北京大学出版社2009年版，第61页。

[26] 高铭暄主编：《刑法专论》，高等教育出版社2006年版，第530页。

[27] 参见陈华杰：《把握死刑适用标准的若干思考》，载《人民司法》2007年第1期。陈兴良教授也认为，可以为了“保存活证据”而适用死刑缓期二年执行（参见陈兴良：《刑种通论》，中国人民大学出版社2007年版，第94页）。

[28] 王勇：《论死刑的限制适用——从死缓平台谈起》，载陈兴良、胡云腾主编：《2004年中国刑法学论文集第一卷：死刑问题研究（下册）》，中国人民公安大学出版社2004年版，第749页。

判处死刑，但被告人具有坦白悔罪、积极赔偿等从轻处罚情节，同时被害人亲属要求严惩的，人民法院根据案件性质、犯罪情节、危害后果和被告人的主观恶性及人身危险性，可以依法判处被告人死刑，缓期二年执行，同时决定限制减刑，以有效化解社会矛盾，促进社会和谐。”

其实，通说的上述见解以及最高人民法院的相关解释中所提及的很多情节（例如，“被害人一方有明显过错或对矛盾激化负有直接责任”“被告人有法定从轻处罚情节”“因恋爱、婚姻矛盾激化引发”等）都不是决定是否应当适用死缓的情节，而是决定是否应当适用死刑的情节。周道鸾先生正确地指出：“对于具有因恋爱、婚姻、家庭、邻里、劳资、山林、水利、土地等民间纠纷激化而杀人的；……间接故意杀人等可酌定从轻处罚情节的，则应当慎用死刑。”[29] 所谓“慎用死刑”，当然首先是应否适用死刑的问题，而不是应否适用死缓的问题。马克昌教授也正确地指出，“如果行为具有法定的可以从轻或减轻处罚或者应当减轻或免除处罚的情节，如自首、立功、自首又有重大立功表现，行为人的刑事责任就可以或应当从轻或减轻。在这种情况下，即使罪行极其严重，也可能不适用死刑。”[30]

通说的上述见解以及最高人民法院的相关解释在实践中造成了极其不良的后果，导致对一些根本不是“罪行极其严重”的人错误地适用了死刑。例如，在刘加奎故意杀人案中，被害人马立未再三无理相逼，刘加奎以同归于尽的想法杀死了马立未，却被判处死刑，缓期二年执行。[31] 对一个倍受欺凌以至于抱同归于尽

---

[29] 周道鸾:《正确理解和掌握死刑适用标准，严格控制死刑的适用》，载《董必武法学思想研究文集》(第7辑)，人民法院出版社2008年版，第701页。

[30] 马克昌:《论死刑缓期执行》，载《中国法学》1999年第2期。

[31] 具体案情是：被告人刘加奎和被害人马立未同在随州市五眼桥农贸市场相邻摊位卖肉。1997年10月22日上午11时许，被告人刘加奎之妻胡坤芳在摊位上卖肉时，有客户来买排骨，因自己摊上已售完，便介绍左边摊主王X卖给客户，此时，被害人马立未之妻徐翠萍即在自己摊位上喊叫更低的价格，但客户嫌徐摊位上的排骨不好，仍买了王X摊位的排骨。为此，徐翠萍指责被告一方，继而与胡坤芳发生争执厮打，二人均受轻微伤，被群众拉开后，徐又把胡摊位上价值300多元的猪肉甩到地上。市场治安科明确“各自看各自的伤，最后凭法医鉴定结果再行处理”。但是，马立未夫妇拒绝市场治安管理人员的调解，在事发当日和次日多次强迫被告人刘加奎拿出360元钱给徐翠萍看病，并殴打了刘加奎夫妇。被告人刘加奎在矛盾发生后，多次找市场治安科和随州市治安巡警大队等要求组织解决，并反映马立未方人多势众纠缠不休，请有关组织对自己给予保护。被害人马立未以刘加奎要向其妻赔礼道歉、承认错误为条件，托人给刘捎话要求私了，刘加奎拒绝并托亲属找公安机关要求解决。马立未知道后威胁说：“黑道白道都不怕，不给我媳妇看好病绝不罢休！”11月24日下午3时许，刘加奎被迫雇车同马立未一起到随州市第一医院放射科给徐翠萍拍片检查，结果无异常。马立未仍继续纠缠，刘加奎十分恼怒，掏出随身携带的剔骨刀朝马立未背部刺一刀，马立未、徐翠萍见状迅速跑开，徐翠萍跑动时摔倒在地，刘加奎朝徐的胸、背、腹部连刺数刀，又追上马立未，朝其胸、腹、背部等处猛刺十余刀，然后持刀自杀（致肝破裂）未遂，被群众当场抓获。马立未因被刺破肺脏致大出血而死亡，徐翠萍的损伤属重伤（参见陈兴良、张军、胡云腾主编:《刑事指导案例裁判要旨通纂》，北京大学出版社2013年版，第368、370页）。

之心而杀死了欺凌者的人适用死刑，是缺乏公正性的。

在传统见解中，还存在一些少数说。一种少数说认为，需要从反面来把握“不是必须立即执行”，符合下述两个条件之一的，应当判处死刑立即执行：（1）如果不立即执行死刑，则无法控制该重大犯罪人对社会造成新的危害；（2）如果不立即执行死刑，则可能引起社会震荡。[32] 笔者认为，根据这种见解，既不能全面把握“不是必须立即执行”，因为还存在其他“必须立即执行”的情形，也不能正确把握“不是必须立即执行”，因为引起社会震荡未必与行为人有直接关联，根据一种与行为人没有直接关联的社会震荡的可能引起，就对行为人立即执行死刑，必然违背责任主义。

另一种少数说认为，“所谓‘不是必须立即执行’，可以作出以下原则上的认识：第一，犯罪分子的行为客观危害十分严重，但其主观恶性并不大。第二，犯罪分子虽然主观恶性较大，但其行为的客观危害性并不是特别严重。第三，犯罪分子虽然主观恶性和行为的客观危害都比较大，但其具有从宽处罚情节。”[33] 这种割裂客观危害与主观恶性的见解，必然导致死刑的滥用。一种主观恶性并不大的十分严重的客观危害，或者一种客观危害性并不特别严重的较大的主观恶性，都不属于“罪行相其严重”，根本不能对其适用死刑。[34] 持类似看法的学者提出，可以从以下四个方面理解“不是必须立即执行”：（1）犯罪危害虽然十分严重，但犯罪人主观恶性不很大，即“罪很大，恶未极”；（2）主观恶性极深，客观危害不是很大的，即“恶已极，罪不很大”；（3）“罪也大，恶也极”，但民愤不是很大，或者这类犯罪是罕见的个别情况，不是非处死不能达到个别预防或者一般预防的刑罚目的；（4）具有较多的可以从轻情节。[35] 这种看法不仅同样混淆了死刑适用条件与死缓适用条件的界限（对客观危害不是很大的人，怎么能够适用死刑？具有较多的可以从轻处罚情节，又怎么能够适用死刑？），而且，还令人费解，如果因为“犯罪是罕见的个别情况”就适用死刑缓期二年执行的话，那么，对二次世界大战中的甲级战犯、对在金水桥炸死多人的恐怖分子，都适用死刑缓期二年执行好了。

---

[32] 贾宇主编：《死刑研究》，法律出版社 2006 年版，第 37 页。

[33] 赵秉志主编：《刑法新教程》，中国人民大学出版社 2009 年版，第 275 页；持同样看法的，有黄京平主编：《刑法学》，中国人民大学出版社 2011 年版，第 168 页。

[34] 有学者正确地指出：“客观危害虽然特别严重，但只要其主观恶性不大，或者即使犯罪人行为的主观恶性特别恶劣，但只要其客观危害不算特别严重，就不应判处死刑，尤其不应判处死刑立即执行”（陈华杰：《论死刑适用的标准》，人民法院出版社 2005 年版，第 35 页），尽管这位学者错误地多写了“尤其不应判处死刑立即执行”。

[35] 参见钊作俊：《死刑限制论》，武汉大学出版社 2001 年版，第 288 页。

（二）学说的转向

由于上述传统见解认为刑法对“不是必须立即执行”没有明确、具体的规定，所以，就仅仅从刑事司法实践经验中找寻了解释它的各种具体根据。但是，这种解释方法缺乏刑法教义学的支撑。尽管刑法教义学也极其重视刑事司法实践的宝贵经验，却决不会把刑事司法实践经验直接当作解释刑法规定的根据，而是必须把刑事司法实践经验与刑法规范相联系，一种缺乏规范联系的刑事司法实践经验决不会被刑法教义学者视为解释刑法规定的根据，这是因为，刑法教义学始终把刑法规范奉为圭臬。一旦缺乏规范联系，就完全无法保证不会在刑事司法中滥用死刑。

正是从刑法教义学的方法出发，我国部分刑法学者在解释“不是必须立即执行”时采取了一种新的方向，即不是从刑事司法实践经验出发，而是从法律规定出发，来解释“不是必须立即执行”的具体含义。他们认为，所谓“不是必须立即执行”，是指“由于犯罪人具有某些法律规定的特别情节而不需要立即执行死刑。”[36] 于同志博士对此做了更为具体的阐明：“所谓‘不是必须立即执行’的情况，其实质上就是案件现实所具有的从轻处罚情节。并且，在同一案件中，这种从轻处罚情节，是指与‘应当判处死刑’的从重处罚情节同时并存的从轻处罚情节，只不过它的重要性弱于或数量少于前者而已。”[37]

上述学说转向，在方法论上是值得称道的，但是，正像采用错误的方法偶尔也会得出正确的结论一样，即使采用正确的方法也并非不会得出错误的结论。从轻处罚情节是一种量刑情节，只影响刑罚的量，不影响刑罚的执行方式。只要某一“案件现实所具有的从轻处罚情节”是必须考虑的，就不能对该案件适用死刑。正是由于某一案件中存在从重处罚情节，它才成为“应当判处死刑”的案件，如果该案件中还并存着从轻处罚情节，即使它只不过在重要性上较弱或者数量较少，也不能对该案件适用死刑，因为一个存在应当被适用的从轻处罚情节的案件根本就不是“罪行极其严重”的死刑案件。

认为存在从轻处罚情节，就不需要立即执行死刑，而是需要判处死刑缓期二年执行，是基于对死缓性质的习惯性误解。人们习惯于认为死缓是比死刑更轻的刑罚或者认为死缓是死刑中最轻的刑罚，这种看法导致的恶果是对大量不应判处死刑的人判处了死缓。不能由于死缓犯大多实际上未被处死，就认为死缓不是死刑，从而降低死缓的适用标准。判处死刑缓期二年执行，必须以行为人的“罪行极其严重”、应当被判处死刑为前提。

---

[36] 王作富主编：《刑法》，中国人民大学出版社 2007 年版，第 260 页；持同样看法的，有屈学武主编：《刑法总论》，社会科学文献出版社 2004 年版，第 330 页。

[37] 于同志：《死刑裁量》，法律出版社 2009 年版，第 8 页。

（三）私见的展开

在刑法教义学的规范论立场上，某一法规范的含义总是必须在与其具有共同本质的法规范的联系中加以诠释。一个规范论的关于“不是必须立即执行”的理解，或许应该依从下面的路径展开：从《刑法》第50条关于死刑缓期执行期间执行死刑的规定中，推导出“不是必须立即执行”的条件。

根据《刑法》第50条的规定，判处死刑缓期执行的，在死刑缓期执行期间，如果故意犯罪，查证属实的，由最高人民法院核准，执行死刑。这一规定表明，对被判处死刑的犯罪分子是否应当立即执行死刑，应该以他是否又故意犯罪为根据。

从积极方面而言，如果应当被判处死刑的犯罪分子确实不存在再次故意犯罪的危险，对他就“不是必须立即执行”死刑，就要对他判处死刑缓期二年执行。犯罪分子确实不存在再次故意犯罪的危险，可以是客观因素造成的，例如，行为人已经年老得只能躺在床上，或者在实施爆炸中炸掉了自己的手脚，因此丧失了再次故意犯罪的能力；犯罪分子确实不存在再次故意犯罪的危险，也可以是主观因素造成的，犯下极其严重罪行的人确实已经悔改，不会再故意犯罪，例如，行为人与另外三人一起在夜晚的抢劫中故意杀害了自己没有看出来的自己的表哥，并在这一犯罪的实施中发挥了决定性作用，后来发现表嫂因此自杀，表哥三岁的女儿因为无人照顾而流落街头，行为人于是痛心疾首，决心永不犯罪，于是，到公安局投案自首。尽管公安局早已发现是他抢劫杀死了他表哥，为了抓获另外的三个犯罪人，暗地里严密监控着，随时可以抓捕他，然而，行为人对此一无所知，仅仅因为真诚悔改，才到公安局自首。在这个例子里，因为行为人的自首没有提供任何法规范对自首的期待，不能因为他具有自首情节，就对他从轻处罚后不判处死刑，但是，在对他判处死刑后，予以缓期二年执行，是完全正当的，因为他确已悔改，不再具有故意犯罪的危险。行为人在犯下极其严重的罪行后，又真诚悔改，积极赔偿被害人损失的，即使对其判处死刑，也应当予以缓期二年执行。

从消极方面而言，如果行为人在犯下某一应当判处死刑的极其严重的罪行之后，又犯下另一故意犯罪的，对他就“必须立即执行”死刑，而不应当对他判处死刑缓期二年执行。例如，行为人抢劫被害人，致被害人重伤后，又强奸了被害人的，只要应当对行为人抢劫致人重伤的前一犯罪行为判处死刑，就要因为行为人又犯了强奸罪，而判处其死刑立即执行。再如，行为人故意杀死他人后，又碎尸的，只要行为人的故意杀人行为本身成立应当被判处死刑的故意杀人罪，并且行为人的碎尸行为又成立侮辱尸体罪，就应当判处行为人死刑立即执行。对这种犯下极其严重罪行后又故意犯罪的无节制作恶者，完全不需要给他二年的考验期，以便等他再次故意犯罪后才执行死刑。基于同样的立场，对组织、策划、实施了多起极其严重犯罪的黑社会老大，也应当对其判处死刑立即执行。

上述“积极方面”和“消极方面”，只是针对“不是必须立即执行”死刑的两种类型而言的，它们不是两个互相对立的标准。这就是说，如果应当被判处死刑的犯罪分子确实不存在再次故意犯罪的危险，对他就“不是必须立即执行”死刑，就要对他判处死刑缓期二年执行。但是，只要行为人在犯下某一应当判处死刑的极其严重的罪行之后，又犯下另一故意犯罪的，对他就“必须立即执行”死刑，而不应当对他判处死刑缓期二年执行，即使他在犯下另一故意犯罪之后确实不存在再次故意犯罪的危险。

有学者提出了一种反驳：死刑立即执行是针对一罪的刑罚，而不是数罪并罚的结果，因此，不以行为人“又犯下另一故意犯罪”为条件。[38]但是，以行为人“又犯下另一故意犯罪”作为适用死刑立即执行的条件之一，并不意味着死刑立即执行是数罪并罚的结果。根据《刑法》第 50 条第 1 款的规定，被判处死刑缓期执行的犯罪分子，在死刑缓期执行期间，又故意犯罪，查证属实的，由最高人民法院核准，执行死刑，在此，“在死刑缓期执行期间，又故意犯罪”只是执行死刑的条件，而不是对判处了死缓的前罪和在死刑缓期执行期间又犯的后罪进行数罪并罚后决定的死刑立即执行。因此，“又犯下另一故意犯罪”，只是死刑立即执行的条件，而且是从《刑法》第 50 条第 1 款的规定中推导出的条件，是刑法教义学上能够接受的结论。

也有学者提出了另一种反驳：从《刑法》第 50 条关于死刑缓期执行期间执行死刑的规定中，无法推导出“行为人在犯下某一应当判处死刑的极其严重的罪行之后，又犯下另一故意犯罪的，对他就‘必须立即执行’死刑”的结论，因为在《刑法》第 50 条的情形中，行为人是在死刑缓期执行期间又故意犯罪才执行死刑的，不同于行为人在未经审判之前犯下极其严重的罪行后又故意犯罪的情形。[39]诚然，行为人犯下极其严重的罪行，经过审判，被判处死刑缓期执行，在死刑缓期执行的二年考验期内，又故意犯罪的，就表明行为人没有接受国家机关的法制教育，显现了比未经审判之前犯下极其严重的罪行后又故意犯罪的人更重的人身危险性。但是，一方面，这种经过国家机关的法制教育后又故意犯罪所显现的人身危险性，即使比未经审判之前犯下极其严重的罪行后又故意犯罪的人更重，也不说明审判之前犯下极其严重的罪行后又故意犯罪的人的人身危险性就不重，相反，这两种不同情形所表明的人身危险性其实没有实质的差异，无须在刑法教义学中特别重视，因为这两种情形中的行为人都在犯下极其严重的罪行后又实施了故意犯罪，并且，在当今的法治中国，未经审判之前犯下极其严重的罪行后又故意犯罪的人所接受的法制教育不会比死缓犯人少很多；另一方面，从我国

[38] 笔者在四川师范大学法学院以本文的主题做报告时，蔡鹤老师向笔者提出了这一反驳。

[39] 笔者在东南大学法学院以本文的主题做报告时，周少华老师向笔者提出了这一反驳。

对虽然犯下极其严重的罪行但是并未在其后又故意犯罪的人也适用了死刑立即执行的现状来看，提倡只对犯下极其严重的罪行后又故意犯罪的人才能适用死刑立即执行，就已经从解释论上缩小了死刑立即执行的范围，无论如何，是更值得选择的具有法规范依据的解释结论，如果人们真的愿意减少死刑立即执行的数量的话。

从刑法教义学的立场出发，行为人先故意犯罪后，又犯下极其严重的罪行的，不能被判处死刑立即执行。例如，行为人实施了盗窃罪之后，又实施了故意杀人罪的，在通常情形中，就充其量只能判处行为人死刑缓期二年执行。但是，行为人实施了故意杀人罪之后，又实施了盗窃罪的，在通常情形中，就应当判处行为人死刑立即执行。这是因为，根据《刑法》第 50 条第 1 款的规定，只有行为人实施了极其严重的罪行之后，又故意犯罪的，才能对其执行死刑。对此，一种规范论的诠释是，法规范在一个故意犯罪的人又犯下极其严重的罪行之后还允许期待他不再犯罪，作为法共同体的一员生活在社会之中，但是，法规范不能在一个人已经犯下极其严重的罪行之后又故意犯罪时仍然期待他成为法共同体的一员，而是应当将他排除在社会之外。在一个人已经犯下极其严重的罪行之后又故意犯罪时，法规范就由于缺乏一种认知的保障，而无法期待该人仍然作为法共同体的一员生活在社会之中。

如果人们接受我的见解，那么，我国的死刑适用标准就与日本的死刑适用标准没有大的区别。日本的死刑相当于我国的死刑立即执行，根据日本的判例，往往是在行为人故意杀人之后又故意犯罪的，才对行为人适用死刑。[40]

有学者认为，依法处决药家鑫，“就既打击极其严重的罪行，又制止社会道德滑落和人性衰退的恶发，扭转了判决前人们对司法公平正义焦虑、担心和不信任情绪，达到了法律效果与社会效果的良好统一。”[41] 无论对药家鑫判处死刑立即执行本身是否正当，为了“制止社会道德滑落和人性衰退的恶发”或者“扭转判决前人们对司法公平正义焦虑、担心和不信任情绪”，就判处药家鑫死刑立即执行，笔者认为，完全不具有法规范的根据。

四、结论

本文的主要结论是：

第一，应当从规范论的立场出发，确立适用死刑的标准，使死刑判决完全符合刑法规范整体的要求。根据任何非规范的因素来决定死刑的适用，都会背离法治的要求，引发人们对死刑适用正当性的怀疑甚至否定。

---

[40] 参见日本《最高裁判所判例集》第 37 卷第 6 号第 660-689 页所列举的 37 个被判处死刑的案例。

[41] 王昌学：《死刑执行的立法意志与司法中自首和立功情节的正确适用——兼谈李昌奎案判决质疑、监督和再审》，载《云南法学》（云南大学学报法学版）2011 年第 6 期。

第二，在具体案件中，如果行为人的行为成立犯罪，符合刑法分则中配置着死刑的条文所描述的罪状，在质和量的严重性上也达到刑法分则中把死刑作为绝对确定的法定刑来配置的条文所要求的程度，不存在《刑法》第 49 条规定的不适用死刑的例外情形之一，并且不存在必须把刑法抽象规定的可以从轻处罚的情节作为应当从轻处罚的情节来适用的情形，就应当对行为人作出适用死刑的判决。

第三，如果被判处死刑的犯罪分子确实不存在再次故意犯罪的危险，对他就“不是必须立即执行”死刑，就需要对他判处死刑缓期二年执行。但是，如果行为人在犯下某一应当判处死刑的极其严重的罪行之后，又犯下另一故意犯罪的，对他就“必须立即执行”死刑，就不应当对他判处死刑缓期二年执行。

根据上述结论来办理死刑案件，不仅会因为标准的明确而形成统一的死刑判决，而且这种统一的死刑判决也具有结论的具体妥当性。

（本文曾发表于《中国法学》2018 年第 2 期）

酌定减轻处罚的法理基础与法律适用

时延安

一、引言

《刑法》第63条第2款有关酌定减轻处罚的规定，是法官发挥自由裁量权，针对法律所未明确规定的特殊情况，给予犯罪人在所犯罪行可适用法定刑幅度以下进行处罚的法律根据。这一特别减轻处罚的规定，以责任主义原则为前提，充分考虑特殊预防和积极的一般预防的必要性，体现了量刑个别化原则的意旨，有利于在特殊案件的裁判中克服罪刑规范的“刚性”，兼顾社会公议和伦理价值，进而确保个案实体处理结果能够被公众广泛认可。

酌定减轻处罚的立法例，在我国古代刑律中就曾出现。例如，在清朝刑律中就有累减、递减、听减和得减四种类型减轻处罚。王明德论及“得减”时解释道：“得减者，法无可减者，为之推情度理，可得而减之。得者，因其不得减而特减之，故曰得减。”[1] 清末修律后，《大清新刑律》第54条规定：“审按犯人之心术及犯罪之事实其情轻者，得减本刑一等或二等。”1935年《中华民国刑法》第59条规定：“犯罪之情状可悯恕者，得酌量减轻其刑。”[2] 1949年后，新政府废除旧政府“六法”，另起炉灶制定刑法时，在最初的草案初稿中即规定了酌定减轻处罚条款[3]。由于在起草刑法时就采取了相对确定法定刑以及同一罪刑规范内存在多个量刑幅度的法定刑规定模式，新刑法并没有采取旧刑法“罪加一等”的方式[4]，也没有借鉴一些国家在法定刑之上加重处罚的规定方式[5]。对此，高铭暄教授指出，“减轻处罚的情节在法律上有具体规定，因恐列举不全，又给法院以机动权利，这是在惩办的前提下对犯罪分子的宽大措施，是有教育感化作用的，是得人心的；而一般性的加重

---

[1] （清）王明德撰：《读律佩觿》，何勤华等点校，法律出版社2001年版，第36–37页。

[2] 该条为我国台湾地区现行“刑法”所保留。

[3] 《中华人民共和国刑法大纲草案》（中央人民政府法制委员会，1950年7月25日）第27条拟定：“犯罪人社会危险性不大，或因其他特殊情形，法院认为依法从重或从轻处罚，嫌其过重者，得于法定刑范围外减轻处罚之，但必须于判决书中说明减轻之理由。”

[4] 李琪：《有关草拟〈中华人民共和国刑法草案（初稿）的若干问题》，载高铭暄、赵秉志编：《新中国刑法立法文献资料总览（下）》，中国人民公安大学出版社1998年版，第1964页。

[5] 1960年《苏俄刑法典》第39条、1961年《蒙古刑法典》第29条、1950年《朝鲜刑法典》第47条都规定了加重处罚的情节规定。

处罚超越了法定刑的范围，使被告人在受多大惩罚的问题上处于不可捉摸的状态，也就是说，他的合法权利得不到法律应有的保障，这是易招人怨，不得人心的。”[6]

这一立法成果最终在1979年刑法中得以体现，其第59条第2款规定：“犯罪分子虽然不具有本法规定的减轻处罚情节，如果根据案件的具体情况，判处法定刑的最低刑还是过重的，经人民法院审判委员会决定，也可以在法定刑以下判处刑罚。”在该法施行后的一段时间里，由于对判处法定最低刑还是过重的情况界限不明确，各地人民法院掌握界限不统一，随意性较大，存在不少问题[7]，因而在1997年修订刑法前的立法讨论阶段即有存、废两种观点：“废”的观点认为，该款规定对严格执法冲击很大，损害了法律统一正确实施，许多应当判刑的经济犯罪，因适用这一款而被免予处罚或判缓刑，同时，也容易滋长审判人员徇私枉法的现象，而且这一规定有悖于罪刑法定原则；“存”的观点认为，该款体现了原则性与灵活性相结合的原则，从国家利益考虑，也是外交、国防、统战、民族、宗教等工作的客观需要，实践中有些较特殊的案件，在法定刑以下判处，正是体现党的政策，收到良好的效果。[8]显然，现行《刑法》第63条第2款对上述两种意见进行了折中：在保留这一规定实体内容的同时，改变了其程序性规定，即由“最高人民法院核准”来确保酌定减轻处罚不被滥用。

对酌定减轻处罚适用的程序化限制，使得主审法院适用该条处理案件的时间成本和风险大大提高，由此导致该量刑规范适用的数量大大下降。[9]1997年刑法施行前，全国各地方法院适用酌定减轻处罚规定处理的案件多达几千起；1997年刑法施行后，这一数字下降到每年一二十起。目前从《最高人民法院公报》、中国法院网、中国裁判文书网、北大法宝、《审判案例要览（刑事卷）》以及其他权威媒体上能够找到的相关案例不足70个，其中最高法院刑事裁定书仅十余份。[10]不容否认，我国刑法中个罪规定的法定刑较重，尤其是一些犯罪的最低法定刑设置

---

[6] 参见高铭暄编著：《中华人民共和国刑法的孕育和诞生》，法律出版社1981年版，第95页。

[7] 参见王汉斌：《关于〈中华人民共和国刑法（修订草案）〉的说明》，1997年3月6日在第八届全国人民代表大会第五次会议上。

[8] 参见高铭暄、赵秉志编：《新中国刑法立法文献资料总览（下）》，中国人民公安大学出版社1998年版，第1964页。

[9] 参见张军、姜伟、郎胜、陈兴良：《刑法纵横谈》，北京大学出版社2008年版，第390页、第391页。

[10] 笔者在之前的访谈中获得的信息是，全国各级法院平均每年适用该规定的案件不足30个（针对同一裁判事实的一、二审以及最高人民法院核准审算一个案件）。比较而言，从美国联邦量刑指南的实践看，其§5K2.0规定允许法庭在裁量刑罚时“偏离（departure）”可适用指南区间加重（upward）或减轻（Downward）量刑，法官量刑“偏离”的案件比例在Booker案（2005年）前两年里，美国联邦法院按照量刑指南判案占65%–69.4%，之后降到61.9%。这些案件多属于减轻量刑的情形。参见Norman Abrams, Sara Sun Beale, *Federal Criminal Law and Its Enforcement*, Thomson and West, 2006, 871.

偏高、法定刑幅度差距太大。酌定减轻处罚的存在，使得审判机关有机会、有可能斟酌个案情况，在可适用法定刑幅度以下甚至是最低法定刑之下量刑，进而实现个案处理结果之实体正义的实现。然而，对酌定减轻处罚的程序化限制，很大程度上抑制了地方法院运用这一有利于实现个案正义“良器”的积极性。近年来，公共舆论认为一些个案量刑过重进而对刑事司法正当性提出质疑，而主审法院常常会以“法律规定原本如此”作出回应，不愿意通过适用酌定减轻处罚规范达到量刑适当的效果；倘若主审法院能够合法有效发挥自由裁量权，积极地适用酌定减轻处罚规定，则可以确保案件处理的合法性和合理性，进而使法治与公议双赢。

在现行刑法立法框架内，如何发挥酌定减轻处罚条款的效用，是本文力求解决的问题。量刑的教义学，迄今为止仍处于起步阶段，其中一个重要原因就是，量刑规则的确立必须以经验总结为基础，而不可能直接依据理性判断给出结论。对酌定减轻处罚的研究，本文主张，应对现有实践经验进行总结，提炼出规律性认识，进而运用教义学思维方法，将适用酌定减轻处罚的法理基础、案件类型、适用规则进行澄清和明晰，进而作为裁判时量刑的指引和根据；在核准程序中，中间法院[11]和最高法院，仅审查和核准案件是否存在“特殊情况”，以及主审法院适用酌定减轻处罚规范是否符合相应规则即可；如此可以使地方法院能够清晰地认识到可适用这一量刑规范的案件类型、裁判规则和标准，进而调动其适用这一规范的积极性，确保个案正义的充分实现。本文论述步骤是，在对目前酌定减轻处罚规定适用现状进行梳理的基础上，对其法理基础进行阐述进而提出具体适用规则。

二、酌定减轻处罚规定司法适用的类型

对酌定减轻处罚的适用予以程序化限制，即通过赋予最高人民法院核准权来限制地方法院的司法活动，虽然不利于地方法院发挥主动性、积极适用该规定，但却可以形成相对一致的裁判标准，也有利于研究者总结有关酌定减轻处罚适用的经验性规则。尽管目前从公开信息渠道收集的案例较少，但这些材料所给出的信息足以用来进行相关经验性规则的归纳并展开理论分析。从最高法院已经核准的这类案件的裁判理由及主要的量刑根据看，适用这一规范的理由可以归纳为四类：

（一）犯罪人行为虽导致严重结果发生，但其行为的作用一般

从我国刑法中具体罪刑规范的特点看，行为是否造成实害后果以及后果严重程度直接影响了量刑过程中法定刑幅度的选择。不过，在有些情况下，虽然行为造成后果且达到严重程度，但犯罪人使用手段及强度一般；如果不考虑这种特殊情况，径行在犯罪结果所对应的法定刑幅度内量刑，会形成处罚畸重的量刑效果。因此，法院会选择酌定减轻处罚规范形成适当的宣告刑。实践中会表现为两

---

[11] 按照目前审级体制，这类案件需要层层上报，最终由最高人民法院核准。“中间法院”这里指处于参与主审法院与最高法院之间的法院。

种情况：（1）严重后果出现具有较大的偶然性。在王海生故意伤害案中，最高人民法院认为，被告人向正在梯子上的被害人投掷土块或砖块，导致被害人从梯子上跌落、死亡的行为构成故意伤害罪；鉴于被告人王海生主观恶性较小，伤害手段一般，犯罪情节轻微，以故意伤害罪在法定刑以下判处有期徒刑三年适当。[12]（2）被害人患有行为人所不知的严重疾病的情形。在行为人伤害具有严重疾病的被害人并导致其病发死亡的情况下，行为人伤害行为与死亡结果存在因果关系是不可否认的，但对其依照故意伤害致死处以十年有期徒刑以上刑罚，显然过重。案例如，杨逸章故意伤害案中，最高人民法院认为，鉴于被害人死亡的主要原因是其生前患有严重疾病，杨逸章的伤害行为只是被害人死亡的诱因。杨逸章不应对被害人的死亡结果负全部责任。杨逸章虽不具有法定减轻处罚情节，但根据本案的特殊情况，可以在法定刑以下判处刑罚。[13] 在刘庭安等故意伤害案、宋会冬故意伤害案、洪志宁故意伤害案中，最高人民法院基于同样理由给予核准。[14]

（二）犯罪人主观恶性小、人身危险性弱

主观恶性与人身危险性是量刑中必然要考虑的因素，两者虽然都与犯罪人的人格相关，但两者评价的基点和素材是不同的，评价意义也不相同。主观恶性是行为人在犯罪时表现出的人格特征，一般从犯罪起意、行为目的和动机、罪过形式、对犯罪手段、后果等考量等进行判断；人身危险性是对行为人再犯可能性判断的基础，是对行为人人格所具有反秩序程度的判断。对犯罪人主观恶性的评价意义，从罪责主义角度分析，仍是基于报应的考量；对犯罪人身危险性的评价意义，则是基于特殊预防的考量。当犯罪人行为时主观恶性很低、再犯可能性较弱时，法院会选择适用酌定减轻处罚规范。从实践做法看，可以归纳为四种情形：（1）行为实施具有较大的偶然性。例如，在广受关注的许霆盗窃案中，主审法院对其适用酌定减轻处罚的理由就是，其行为具有一定的偶然性，与有预谋、有准备盗窃金融机构的犯罪相比，主观恶性相对较小，最高人民法院在核准时采纳这一裁判理由。[15]（2）行为人实施行政性犯罪，犯罪动机为生活所需。例如，在秦国浩非法行医案中，最高人民法院认为鉴于秦国浩具有医师资格证书和医师执业证书，此前已在当地从医多年，且案发后积极赔偿被害方经济损失，有明显悔罪表现，故对其可在法定刑以下判处刑罚。在查从余、黄保根非法买卖爆炸物案中，最高人民法院认为，

[12] 最高人民法院刑事裁定书［（2004）刑复字第239号］；另见《中华人民共和国最高人民法院公报》2005年第8期。

[13] 最高人民法院刑事裁定书［（2006）刑复字第121号］。

[14] 最高人民法院刑事裁定书［（2013）刑核字第16号］；最高人民法院刑事裁定书［（2008）刑核字第14号］。洪志宁案，引自中华人民共和国最高人民法院刑事审判第一、二、三、四、五庭主办：《刑事审判参考》（总第49集），法律出版社2006年版，第26–31页。

[15] 最高人民法院刑事裁定书［（2008）刑核字第18号］。

鉴于被告人确因生活所需非法买卖炸药，没有造成严重社会危害，经教育确有悔改表现，对二被告人可以在法定刑以下判处刑罚。[16]（3）被害人存在较大的过错。在被害人存在较大过错的情况下，在一定程度上可以说明犯罪人的主观恶性相对较轻。例如，在李建贵故意伤害案中，最高人民法院认为，考虑被害人在案件起因上有一定过错，被告人是在劝阻被害人停止滋事而遭被害人拒绝的情况下作案，伤害的手段、情节一般，其危害结果并非被告人所追求，对此，可以在法定刑以下判处刑罚。[17] 在王杰、刘昌华、甘顺远抢劫案中，法院主要也是基于被害人过错予以酌定减轻处罚。[18]（4）缺乏违法性认识。在犯罪人缺乏违法性认识的情况下，一些法院也倾向于适用酌定减轻处罚。在阮氏秋好非法运输弹药罪中，广西高级人民法院即认为，考虑到阮氏秋好为越南国籍，运输、买卖气枪铅弹在其国家不认定为犯罪，其犯罪因生活困难所致，主观恶性不深，依法可从宽处理。[19]

（三）法律规定存在漏洞或者法定刑配置不合理

量刑所面临的问题纷繁复杂，有时会存在现行立法“力所不逮”的情况。在酌定减轻处罚规范适用中，就存在这种情况：（1）量刑具体规则供给不足。例如，我国刑法规定了法定从轻、减轻处罚情节，《刑法》第62条、第63条第1款也规定了适用的规则，但没有规定存在多个从轻情节可适用减轻处罚的规定，也没有规定存在多个减轻情节可给予“累减”的规定。[20] 对此，有基层法院即通过运

---

[16] 最高人民法院刑事裁定书［（2004）刑复字第216号］。

[17] 载《最高人民法院公报》2000年第6期。

[18] 最高人民法院刑事裁定书［（2003）刑复字第218号］。

[19] 广西壮族自治区高级人民法院刑事裁定书［（2013）桂刑二终字第30号］。此前，在库都来提·艾克拜尔韦奇·吐尔迪尤夫走私珍贵动物制品案［新疆维吾尔自治区高级人民法院刑事判决书（2003）新刑终字第513号］中，新疆高院实际上也考虑到被告人缺乏违法性认识的问题，而撤销一审法院作出的无期徒刑的量刑，改判驱逐出境。该案上报最高人民法院核准，最高人民法院复函称：驱逐出境不属于法定刑以下减轻处罚范围，不需要报请核准。最高人民法院的做法值得商榷：如果按照通说观点认为驱逐出境是附加刑，则新疆高院显然是在法定刑以下量刑，因而属于《刑法》第63条第2款所涉范围，其认为不属于核准案件受理范围是不妥当的；除非认为驱逐出境属于保安处分措施，其做法才能成立。此外，值得注意的是，地方法院在处理走私案件时，如果被告人走私物品系自用或者用作私人礼物，也会适用酌定减轻处罚，其理由主要就是人身危险性较低。

[20] 对于这种情形，对不同立法例进行归纳，可大致概括为三种模式：（1）递减。我国台湾地区“刑法”第70条规定：“有二种以上刑之加重或减轻者，递加或递减之。”（2）设定法定刑以下量刑区间。《奥地利刑法》第41条“减轻事由占优势情况下的特别减轻处罚”则规定，在存在多个减轻事由明显多于从重处罚的理由，可以在法定刑以下量刑，而且可调整的最低刑度极低，例如“行为的法定刑为终身自由刑，或10年以上20年以下自由刑、终身自由刑的，可减为1年以上自由刑”。参见许久生译：《奥地利联邦共和国刑法典》，中国方正出版社2004年版，第18页。《德国刑法》第49条、《日本刑法》第68条、《意大利刑法》第67条都有与奥地利刑法相似的规定。（3）混合式。即兼采上述两种模式。《韩国刑法》第55条第1项作出与第二种模式相似之规定，而该条第2项规定：“法律上可以减轻的事由有数项时，可以重复减轻。”参见金永哲译：《韩国刑法典及单行刑法》，中国人民大学出版社1996年版，第10页。

用酌定减轻处罚的规定，对于存在多个从宽情节给予减轻处罚的效果，这一做法得到最高人民法院的认可。例如，金路原贩卖毒品案中，最高人民法院认为，被告人系因公安特情人员引诱犯罪、廉某某犯罪时已满十六周岁未满十八周岁，系未成年人，且有立功表现，故依法可对二被告人减轻处罚[21]；在范军盗窃案中，最高人民法院认为，鉴于被告人范军属偶犯、初犯，积极认罪悔罪，已还清全部赃款并取得被害人谅解，对社会的危害程度不大，对其可以在法定刑以下判处刑罚。[22]（2）刑法（以及司法解释）有关法律后果的规定存在"断层"。基于《刑法》第5条罪责刑相适应原则所蕴含的比例性规则，犯罪的法律后果应呈现一个合比例、无中间断层的阶梯，从最轻的免予刑事处罚到最重的死刑立即执行排列。不过，这一理想状态在立法现实中总是难以圆满。例如，《最高人民法院关于审理非法制造、买卖、运输枪支、弹药、爆炸物等刑事案件具体应用法律若干问题的解释》第9条第1款规定："因筑路、建房、打井、整修宅基地和土地等正常生产、生活需要，以及因从事合法的生产经营活动而非法制造、买卖、运输、邮寄、储存爆炸物，数量达到本解释第一条规定标准，没有造成严重社会危害，并确有悔改表现的，可依法从轻处罚；情节轻微的，可以免除处罚。"从该规定可以看出，在"从轻"与"免除处罚"之间缺少一个"减轻"档次。[23]例如，在曹强等非法买卖爆炸物案中，最高人民法院认为，被告非法买卖爆炸物品数量大，情节严重，应依法严惩，鉴于被告人非法买卖爆炸物，没有造成严重的社会危害，归案后认罪态度较好，根据本案的特殊情况，可以在法定刑以下判处刑罚。[24]法院作出如此裁决的一个主要背景，就是上述法律规定存在的不协调之处。在徐钦朋非法买卖爆炸物案中，法院也基本采取同样理由酌定减轻处罚。[25]（3）法定最低刑偏重的情形。例如，在程乃伟绑架案中，最高人民法院认为，其行为已构成绑架罪，被告人程乃伟虽不具有法定的减轻处罚情节，但鉴于本案发生于亲属之间，犯罪情节较轻，被告人有悔罪表现，对其依法可以减轻处罚，并可以适用缓刑。[26]法院如此裁判的一个背景就是，当时《刑法》第239条绑架罪规定的最低法定刑为10年有期徒刑。

---

[21] 最高人民法院刑事裁定书［（2012）刑核字第44号］。

[22] 最高人民法院法院刑事裁定书［（2008）刑核字第19号］；另见最高人民法院刑庭编：《刑事审判参考》（总第64集），法律出版社2008年。

[23] 当然，司法解释无权直接作出减轻处罚的规定，否则，有僭越立法权之嫌。

[24] 最高人民法院刑事裁定书［（2006）刑复字第124号裁定书］。

[25] 引自中华人民共和国最高人民法院刑事审判第一、二、三、四、五庭主办：《刑事审判参考》（总第49集），法律出版社2006年版，第26–31页。

[26] 引自中华人民共和国最高人民法院刑事审判第一庭、第二庭编：《刑事审判参考》（总第26辑），法律出版社2002年版，第45–50页。

（四）基于有效追诉犯罪的政策考量

基于有效追诉犯罪的政策考虑，中外刑事法制都存在一定的制度和机制，对犯罪嫌疑人或被告人给予侦查、司法机关以实质性帮助的情形，在追诉以及惩罚上给予一定的宽大处理，而如此处理与其人身危险性强弱判断在有些情况下并没有直接联系。这种情形，在美国联邦量刑指南中被定义为“给予当局实质性帮助（substantial assistance to Authorities）”（§5K1.1），允许法官“偏离”指南规定的区间给予减轻处罚；《奥地利刑法》第41条a“与刑事追诉机关合作情况下的特别减轻处罚”也有类似规定。我国刑法中明确规定了立功制度，但立功的成立条件是“揭发他人犯罪行为，查证属实，或者提供重要线索”，而揭发同案犯或者提供本人参与实施的共同犯罪案件重要信息的情形不成立立功。对这种情况，法院可能选择适用酌定减轻处罚。例如，在上海力劲机械有限公司、许善新等走私普通货物案[27]中，最高人民法院认为，被告人许善新行为不构成立功，但对本案的侦破起了重要作用，对其可在法定刑以下处罚。

上述所列情形，并未超出量刑应考虑的一般情节；如果转换角度进行分类判断，后两种情形也可以有条件地归入到前两种情形当中，即转化为量刑要考量的基本要素（即行为及其危害与犯罪人人格）进行判断，例如，实质性帮助的情形，在多数情况下可以理解为罪后态度良好而被认为人身危险性较低。在一些立法例中，这些情形在刑法中予以明确列举，作为量刑考虑的因素。例如，我国台湾地区“刑法”第57条规定量刑时应审酌的情状，即包括犯罪动机、犯罪目的、犯罪时所受刺激、犯罪之手段、犯人之生活状况、犯人之品行、犯人之智识状况、犯人与被害人平时之关系、犯罪所生之危险或损害、犯罪后之态度。《俄罗斯刑法》第61条，《德国刑法》第46条、第47条，《奥地利刑法》第34条，《韩国刑法》第51条等都有相似的规定。值得注意的是，对酌定减轻处罚适用案件类型的解读，有观点认为，应是指“涉及政治、外交等情况”的特殊案件。[28]不过，从目前公开的资料看，尚无基于政治、外交考量适用酌定减轻处罚的案例。以政治、外交等非法律因素作为酌定减轻处罚的裁判理由，显然不符合刑法基本原则和量刑基本原理，因为这些因素与行为及其危害、犯罪人人格没有任何关联，更无法从一般预防的角度得出任何肯定结论。基于政治、外交等非法律因素作出有利于犯罪人的处理，不应在定罪量刑阶段予以考虑，而应在是否给予特赦方面“做文章”。

除明确的法律规则外，司法实践形成的经验性规则对之后的刑事司法具有一定的限制作用。罗尔斯曾说过：“类似情况类似处理的准则却有效地限制了法官

---

[27] 最高人民法院刑事裁定书［（2002）复字第259号］。

[28] 参见全国人大常委会法制工作委员会刑法室编：《中华人民共和国刑法条文说明、立法理由及相关规定》，北京大学出版社2009年版，第81页。

及其当权者的权限。这个准则迫使他们对他们参照有关的法律规则和原则在人与人之间所作出的区分给出证明。在特殊情况下，如果规则很复杂而需要解释的话，那么对一个专断判决的证明可能是容易的。但是，随着案例的增多，对于带偏见的判决的貌似有理的辩护就变得十分困难了。"[29] 从有关酌定减轻处罚规范的适用实践看，已有裁判理由相似相同，实际上已经形成了一定的经验性规则并对其后的裁判形成有力的制约，不过，对于这些经验性规则的法理基础及适用的逻辑，需要在理论上进一步澄清。如此看来，法治的发展，无论是在宏观还是微观上，都是在理论与实践（对应着理性与经验）相互印证的过程中得以实现的。

三、酌定减轻处罚的规范内涵、考量要素

《刑法》第63条第2款有关酌定减轻处罚规定的内容属于量刑规范，赋予主审法院以自由裁量权，而这一权限又受到最高人民法院的限制。"司法自由裁量就是法官努力在个案中实现正义"[30]。酌定减轻处罚规范，就是法院发挥司法能动性，在法律允许范围内发挥自由裁量权，在个案中贯彻罪责刑相适应原则，进而实现正义这一法治基本价值的有效"公器"。1997年刑法修订前，对这一"公器"存在的滥用情况，主要是基层法院审判人员对该规范内涵认识不清、该规范适用原则不明所导致。1997年刑法施行后，这一规范适用数量大量减少，除了"程序化限制"而导致司法惰性之外，也有基层审判人员对该规范内涵及适用原则、规则不甚明了的原因。上述对最高人民法院有关案例的梳理，能够看出最高审判机关对该规范适用所把握的基本方向和尺度，而其原理则需要通过理论研究予以重述和明晰。对酌定减轻处罚规范的适用，首先要认清《刑法》第63条第2款的规范内涵及适用原则。

（一）酌定减轻处罚的规范内涵

《刑法》第63条第2款规定包括两项规范，即酌定减轻处罚的实体性规范和酌定减轻处罚适用的程序性规范。

1. 酌定减轻处罚的实体性规范

该项规范包括酌定减轻处罚的要件和法律后果。就《刑法》第63条第2款分析，其适用的实体要件有两个组成要素：无法定减轻处罚情节和案件存在特殊情况。如果结合具体的罪刑规范来理解，其实体适用条件还隐含了第三个要素，即行为人实施的行为已经构成犯罪，一般应在某一法定的量刑幅度内量刑。这一隐含的要素，是适用酌定减轻处罚的前提，其判断属于定罪的范畴，在具体案件

---

[29] ［美］约翰·罗尔斯：《正义论》，何怀宏、何包钢、廖申白译，中国社会科学出版社1988年版，第235页。

[30] 英国大法官 Worth Matravers 语。引自 Susan Easton, Christine Piper, *Sentencing and Punishment-The Quest for Justice*, Oxford University Press, 2013, 37.

处理当中涉及事实认定及选择适用具体罪刑规范两个环节。在实践中存在一种倾向，即办案人员认为行为人的人身危险程度较轻，但又不愿意报请最高人民法院走核准程序，因而采取所谓变通方式，在事实认定上“下功夫”或者故意选择适用法定刑较轻的关联分则条款进行处罚[31]，进而达到事实上从宽的效果。如此通过扭曲法律达到从宽处罚效果的做法是极为不妥的，有违罪刑法定原则，更不符合法治的基本精神。

该规范的法律后果，即“在法定刑以下判处刑罚”，这是有利于犯罪人的法律后果。“法定刑以下”是指，在不考虑“特殊情况”的前提下，可选择适用的法定刑幅度之下。在具体案件的适用中，应首先选择可适用的法定刑幅度，然后再在该幅度之下确定宣告刑。直接考虑酌定从宽情节而确定宣告刑，是不妥当的。例如，在曾劲青等保险诈骗、故意伤害案中，曾劲青与黄剑新共谋保险诈骗，黄将曾双脚砍去致后者伤残且伤残等级为三级；法院考虑存在曾事前同意的情况，以故意伤害罪判处黄六年有期徒刑。[32] 被害人的同意属于酌定从宽情节，法院予以从宽处罚的态度是对的，不过，对于这种情形，量刑起点应在 10 年以上有期徒刑、无期徒刑、死刑这一法定刑幅度内确定，然后再考虑确定基准刑和宣告刑；在没有法定酌定减轻情节的情况下，应适用《刑法》第 63 条第 2 款规定酌定减轻处罚，而不应直接在法定刑幅度以下确定宣告刑。又如，在黄中权故意伤害案中，黄中权在被抢后，黄开车将一名抢劫人撞死。法院以被告人存在过错为由予以减轻处罚。[33] 对于故意伤害致死的情形，应在 10 年以下有期徒刑、无期徒刑、死刑这一幅度选择量刑起点，而被害人过错属于酌定从宽情节而非法定从宽情节，因而在该法定刑幅度以下确定宣告刑，应根据《刑法》第 63 条第 2 款予以酌定减轻处罚。

这一规范具有明显的授权性质，即赋予主审法院以更大的裁量权在法定刑以下量刑。与适用法定量刑情节相比，该授权具有特殊性：在刑法规定“可以”适用某一法定量刑情节时，法院适用的规则是，以选择适用为一般，以选择不适用为例外；对酌定减轻处罚的“可以”适用，审判机关必须综合考虑案情进行判断并确定是否在法定刑以下量刑，不能仅仅以出现某一法律未规定、酌情应予以考虑的情节，即一般性地适用酌定减轻处罚。当然，对犯罪人而言，“在法定刑以下判处刑罚”是有利的法律后果，在具体刑事诉讼过程当中，可能成为被告人的权利主张。从这个角度讲，法院在适用该条款时采取更为积极的态度，有利于充

---

[31] 如将本应判处抢劫罪的行为，按照寻衅滋事罪处理；将已构成以危险方法危害公共安全的行为，按照交通肇事罪处理。

[32] 参见最高人民法院刑一庭、刑二庭编：《刑事审判参考》（总第 38 集），法律出版社 2004 年版，第 88–100 页。

[33] 参见中国应用法学研究所编著：《人民法院案例选》（2009 年第 3 辑），中国法制出版社 2009 年版。

分实现被告人的利益。

2. 酌定减轻处罚的程序性规范

该规范的内容是，主审法院适用酌定减轻处罚的案件，应由最高人民法院核准。该规范既有程序性的一面，即规定了这类案件的核准程序，又有授权性的一面，即赋予最高人民法院行使核准权。最高人民法院根据《刑法》第 63 条第 2 款（而不是刑事诉讼法规范）对如何核准这类案件进行了规定，即《关于适用〈中华人民共和国刑事诉讼法〉的解释》第 14 章。该程序性规范的存在，结合司法实践可以提出两个问题：一是，如何理解“核准”的意思；二是，是否适用全面审查原则。

解析第一个问题，是在回答最高人民法院行使这一核准权的权限范围问题，就是其仅做法律上的判断，还是既包括法律上的判断也包括事实上的判断。如果仅限于做法律上的判断，那么，最高人民法院对报送法院所认定的事实及相关证据不再审查，只判断报送法院认定“特殊情况”是否属于法律认可的范围并达到相应的标准，进而判断审判法院适用酌定减轻处罚是否适当；而如果认为还包括对事实的判断，则要求最高人民法院还要对案件事实认定情况进行审查，包括是否存在特殊情况。对于这个问题，目前从实践给出的信息无法准确作出判断。不过，从审判权的性质以及上下级审判权的分工、制约关系看，应当认为最高人民法院在核准时只应做法律上的判断，而不宜做事实上的判断。如此，也会有利于基层法院更为主动地适用酌定减轻处罚规范。

第二个问题也与最高人民法院的核准权相关，即最高人民法院对这类案件的核准，是否也采取死刑复核程序中所采用的“全面审查原则”（上述解释第 348 条）？该解释第 337 条虽然规定，“报请最高人民法院核准在法定刑以下判处刑罚的案件，应当报送判决书、报请核准的报告各五份，以及全部案卷、证据”，但并没有规定全面审查原则。设如，甲犯 A、B 两罪，一审法院认为 A 罪存在特殊情况，对甲可酌定减轻处罚；在核准时，最高人民法院是否要对 B 罪进行审查。如果适用全面审查原则，则应予审查；反之，则不应予以审查。从《刑法》第 63 条第 2 款规定看，法律只要求最高人民法院审查，报请的案件事实是否存在“特殊情况”，以及应否在法定刑以下处刑，而对于其他事实和法律适用情况，并没有要求最高人民法院核准，由此推导，应认为最高人民法院核准这类案件不应采取全面审查原则。

（二）酌定减轻处罚的考量要素

对酌定减轻处罚规范的理解，实际上也就明晰了酌定减轻处罚应考量的要素：犯罪行为及其危害程度和再犯可能性程度。综合各种刑罚理论和实践，量刑要考量的具体要素都可以归入上述两个范畴当中，只不过不同理论体系、法律实践所用的概念不同，而概念内涵又各不相同而已。例如，我国学者周振想教授认为量刑原则中包括“根据犯罪的社会危害性量刑的原则”和“依据犯罪人的人身危险性量刑的原则”[34]，而两个原则实际指出了量刑要考虑的要素，即社会危害性和人身危险性。这里的“社会危害性”，并非一个抽象的、被认为带有意识形态色彩的概念，而纯粹是对犯罪行为及危害程度和行为罪过及程度的判断；人身危险性，也仅仅指再犯可能性。再如，美国联邦量刑指南中确定量刑的基本要素包括两个方面：犯罪行为、能够体现犯罪人行为客观危害程度的情节以及犯罪人对责任的接受（acceptance of responsibility），和犯罪历史（criminal history）。[35] 这从其量刑委员会设计的量刑表中就能看出来[36]。又如，《德国刑法》第 46 条第 1 款规定：“行为人的罪责是量刑的基础。量刑时应考虑刑罚对行为人将来的社会生活所产生的影响。”[37] 这里的罪责并非作为刑罚基础的罪责（即犯罪成立所指的罪责，Strafbegruendungsschuld）[38]，而是包含了诸多人格判断要素，如动机和目的等（该条第 2 款），但不包含法定构成要件特征的情况（该条第 3 款）。从该条规定看，量刑应首先有助于对行为人造成的有责的不法进行抵偿，而后考虑预防目的的实现。[39] 对此，德国学者罗克辛教授即认为，刑罚（适用）取决于两个要素，即预防的必要性和犯罪人罪责及其大小。[40] 尽管他反对将报应作为刑罚的目的，但他认为，“必须接受报应理论中一个决定性因素：将罪责原则作为设定刑罚界限的手段。”[41] 而对预防目的的考量，实际上就是考察犯罪人的反秩序人格因素及以此为根据的再犯可能性。

酌定减轻处罚的裁量过程，也要先后考量两个方面，即首先判断犯罪行为及其危害程度，进而对犯罪人的可谴责性进行判断；其次考虑犯罪人的再犯可能性。不

---

[34] 参见高铭暄主编：《刑法学原理》（第三卷），中国人民大学出版社 1993 年版，第 213-228 页。

[35] 值得注意的是，该指南将“偏离”放在了对两者评价之后进行判断，即根据两者判断形成一个初步的量刑结果之后，再看是否存在“偏离”的理由。如此也就说明，“偏离”考量的情形并非前两者所能够涵盖的内容。

[36] 参见美国量刑指南网站：http://www.ussc.gov/sites/default/files/pdf/guidelines-manual/2013/manual-pdf/Sentencing_Table.pdf，最后访问时间：2015 年 12 月 25 日。

[37] 引自徐久生译：《德国刑法典》，法律出版社 2004 年版，第 17 页。

[38] Karl Lackner, Kristian Kuehl, Strafgesetzbuch mit Erlaeuterungen, Muechen: C.H. Beck'sche Verlagsbuchhandlung, 1995, 276. 我国《刑法》第 5 条规定了罪责刑相适应原则。对该条的理解，张明楷教授认为，“罪行”是指有责的违法性（即有责的不法，verschuldete Unrecht）；而刑事责任是犯罪的法律后果，不仅因犯罪的主客观事实来决定，也包括与再犯可能性的事实。参见张明楷：《刑法学》（第四版），法律出版社 2011 年版，第 492 页。这一理解，几乎将我国“刑事责任”与德国刑法学说中的“量刑的罪责（Strafzumessungsschuld）”划上等号。这一观点对于重新理解我国刑法典的“刑事责任”颇具建设性。

[39] ［德］汉斯·海因里希·耶塞克、托马斯·魏根特：《德国刑法教科书》，徐久生译，中国法制出版社 2001 年版，第 1047 页。

[40] ［德］克劳斯·罗克辛：《刑事政策与刑法体系》（第二版），蔡桂生译，中国人民大学出版社 2011 年版，第 78 页。

[41] ［德］克劳斯·罗克辛：《德国刑法学总论》（第 1 卷），王世洲译，法律出版社 2005 年版，第 48 页。

过，酌定减轻处罚规范的特殊性在于，其构成要件组成部分中有“特殊情况”的要素，在具体运用时需要特别的考量。从上述列举的、最高人民法院所核准的案件看，“特殊情况”多与犯罪人的人格有关，即案件中存在的非法定情节可以说明犯罪人有较弱的主观恶性和再犯可能性；当然，也存在犯罪手段较轻而后果较重的情况，这类情况与第一个要素判断直接相关，与第二个要素判断间接相关。从目前的法律规定看，行为的法律后果、行为对象的数量、行为的次数等对法定刑幅度有着决定性的影响，在具体案件中，指控犯罪行为及后果存在的这些特征会直接影响法定刑幅度的选择和基准刑的量定；但行为本身的强度、手段，在法定刑选择和基准刑确定上发挥作用不明显。例如，在行为人所实施伤害行为强度不高，一般只会导致轻伤害的结果，但由于偶然因素的存在导致死亡结果出现。按照目前的量刑规则和方法，根据《刑法》第234条第2款的规定，首先还是要在“致人死亡”所对应的、“十年以上有期徒刑、无期徒刑、死刑”这一幅度内确定基准刑，然后再根据案件存在这一“特殊情况”考虑是否减轻处罚。从步骤上看，对“特殊情况”的考量，并没有在第一个要素判断过程中进行，而是在第二个要素判断过程甚至在之后进行的判断。需要说明的是，提供实质性帮助的情形，在多数情况下看视为犯罪人的悔过表现，属于第二个要素判断的内容。需要注意的是，实践中也存在类似于“诉辩交易”的情形，从中不能看出犯罪人有悔罪的表现，在这种情况下基于功利的考量也可能适用酌定减轻处罚，但此时已经与上述两个因素的判断没有直接联系了。[42]

四、酌定减轻处罚的适用原则

（一）基于刑罚目的考量的量刑原则

酌定减轻处罚的适用原则，是以量刑基本原则为基础的。2013年12月23日《最高人民法院关于常见犯罪的量刑指导意见》第1条规定了四项指导原则：（1）以事实为根据、以法律为准绳原则，即重申《刑法》第61条规定的量刑一般原则，“以法律为准绳”也是对罪刑法定原则的重申。该原则强调了量刑活动的一般观念，但对具体量刑活动并无直接的指导意义。（2）罪责刑相适应原则，明确了量刑活动应受《刑法》第5条规定的一般原则的指导，并强调了量刑要“实现惩罚和预防犯罪的目的”。（3）法律效果与社会效果相统一原则，即在贯彻宽严相济政策的基础上，要求量刑活动“确保裁判法律效果和社会效果的统一”。（4）以时空环境差异为前提的均衡原则。这是对《刑法》第4条适用刑法平等原则的进一步延伸，即量刑活动要考虑案件发生所处的时空环境和条件，“对于同一地区同一时期、案情相似的案件，所判处的刑罚应当基本均衡”。这些原则提出对于量刑实践具有明确的指导意义，不过，由于其所用语言带有政策性表达色

[42] 这种做法是否适当，以及基于功利的考量在量刑中如何体现以及限制，是个更为复杂的问题。在刑事司法中，这类做法并不少见，但能否正当化以及如何正当化，需要进一步的理论分析。

彩，因而为准确理解这些原则，需要从量刑理论上加以阐释和进一步说明。从一定意义上说，这也是理论与实践的“互释”过程中的一个方面。

上述原则需要进一步阐释的内容包括三点:（1）“惩罚”“社会效果”的含义。惩罚，是指基于犯罪人的行为、后果以及主观恶性综合评价所应给予的个人权利的剥夺或限制，是刑事责任的应然承担，其视角是回顾性和反应性的，因而其内涵等同于刑罚理论所说的报应。“社会效果”，是指公众对量刑结果的认同程度，在认同或者基本认同的情况下，这一效果是正值的，反之则是负值的。法律效果与社会效果的统一，是刑事量刑结论的直接效果和间接效果的统一，即适用量刑规范正确与否是法律效果也是直接效果，而是否为公众所认同是社会效果也是间接效果。由于对社会效果考察的目标人群是公众，因而对社会效果的判断也就是一般预防所要考量的内容。（2）以时空环境差异为前提量刑均衡的内涵。实质的司法公正应该是考虑差异的，尤其要考虑时空环境不同条件下经济、文化等方面的差异，如此对犯罪人刑事责任轻重也会有不同的评价，因而理解和把握适用刑法人人平等原则时，应考虑时空环境差异这一前提。量刑中对公正和平等价值的考量，体现的是刑罚报应的一面，即同罪同罚，但公正和平等应在考虑时空环境差异情况下予以实现。（3）四个原则的逻辑关系。上述这些原则中既有对刑法原则的重申，也有对现有量刑指导思想的提升。如果结合刑罚目的来分析，可以发现，这些原则是以围绕着刑罚的目的来展开的，即在量刑活动中如何实现报应、特殊预防和一般预防的目的；刑罚权实施，追求报应、特殊预防和一般预防目的的实现，而这些指导原则，实际上也要求，在具体案件量刑中实现这些目的。这些指导原则，应在量刑活动中综合性地加以体现；不过，在这些目的的实现过程，并非也不可能平行地的加以实现，而是存在有一个合理的考量次序，即惩罚（即报应）目的是首先要予以实现的，而后才分别考量特殊预防和一般预防。

量刑原则应根据刑罚的目的来确定。[43]关于刑罚目的的理论，存在绝对主义（即报应论）、相对主义（即预防论）和折中前两者的综合论。在大多数国家刑罚理论中，综合论是主流学说。[44]上述司法解释强调“惩罚与预防犯罪”两个目的，

[43] ［韩］李在祥:《韩国刑法总论》，韩相敦译，中国人民大学出版社 2005 年版，第 515 页。

[44] 参见［德］乌尔斯·金德霍伊泽尔:《刑法总论教科书》（第六版），北京大学出版社 2015 年版，第 27 页。另见［德］汉斯·海因里希·耶塞克、托马斯·魏根特:《德国刑法教科书》，徐久生译，中国法制出版社 2001 年版，第 98 页。该书作者还介绍道:德国法院的判例同样追随综合理论，甚至一些刑法学部分强调特殊预防的社会防卫论的国家，其刑事司法仍忠实地适用综合理论。普通法国家在这一问题上也采取同样立场。参见赵秉志主编:《英美刑法学》（第二版），科学出版社 2010 年版，第 195 页。美国 1984 年《量刑改革法》（The Sentencing Reform Act of 1984）也要求，量刑应“服务于报应、教育、威慑和剥夺犯罪能力的目的”，但反对将监禁视为促进改善（rehabilitation）的手段。参见 Norman Abrams, Sara Sun Beale, *Federal Criminal Law and Its Enforcement*, Thomson and West, 2006, 852.

也是采取综合论的观点，因为这里的“惩罚”就是报应的意思。[45] 从综合论的角度出发，量刑应实现报应、威吓（一般预防）和教化（特殊预防）的目的，然而这三个目的彼此之间存在一定的矛盾，而为解决这些矛盾，应考虑将其中一个目的作为优先考量的目的，而其他目的顺次排列，这就是所谓的“优先理论”，其又区分为以报应目的为优先目的、以一般预防为优先目的、以特殊预防为优先目的三种不同学说。以报应目的为优先考量的优先学说为通说，认为应优先考量公正的报应目的，而以一般预防的威吓与特殊预防的再社会化作为第二阶段考量的目的。[46] 这一观点是有说服力的。这里的“优先”并非两者相较择优选择的意思，而是首先考虑并予以实现的意思。

就以报应为优先目的的理论，结合上述司法解释有关量刑原则的规定，还需要进一步说明四个问题：（1）报应所针对的是什么？（2）一般预防目的的实现与特殊预防目的的实现的顺次关系；（3）如何看待消极的一般预防和积极的一般预防的关系；（4）考虑特殊预防时，处理个别威慑（special deterrence）、去犯罪能力（incapacitation）、改善（rehabilitation）这一更为具体目标的关系。厘清这四个问题，对于明确酌定减轻处罚的原则具有重要意义。

第一个疑问是一个基础性的问题。就报应（Retribution）究竟是否为刑罚目的，抑或仅仅是刑罚固有的功能问题，本文不做过多展开。作为基础性认识，将报应界定为刑罚目的是合理的。报应就是犯罪人因犯罪应得的道德和法律上的谴责。在当今英美量刑理论中，更多用“应得（desert，也译为应报、该当）”的概念替代“报应”。两者在内涵上并无本质的差别。美国刑法学者 Paul Robinson 将“应得”分为报复性应得、道义性应得和经验性应得。[47] 报复性应得是指相对原始的、“以眼还眼以牙还牙”式的报复形式。经验性应得（empirical desert）理论，强调在刑罚分配原则上考虑普通（平均，average）民众的看法，遵循“道德性应

---

[45] 张明楷教授认为，《刑法》第 5 条的真实含义是，刑罚一方面要与罪行本身的轻重程度相适应，另一方面要与犯罪前后所表现出来的犯罪人的再犯可能性相适应。前一相适应是报应刑的要求，后一相适应是预防刑的要求。参见张明楷：《责任刑与预防刑》，北京大学出版社 2015 年版，第 78 页。笔者总体上赞同这一认识。不过，这里涉及两个问题：一是对刑事责任的理解的问题，即这一概念究竟是指，基于犯罪行为的否定性评价而对犯罪人的谴责，还是独立于犯罪概念而对犯罪人再犯可能性的判断；二是犯罪、刑事责任和刑罚三者的关系问题，究竟是“罪责刑相适应 =（犯罪→刑罚）&（刑事责任→刑罚）”的结构，还是“罪责刑相适应 = 犯罪→刑事责任→刑罚”的结构。因而对上述认识还有进一步讨论的空间。

[46] 参见林山田：《刑法通论（下册）》（增订九版），台湾个人自版 2006 年版，第 480–481 页。英美量刑理论基本也是同样的思路：首先在应报或预防（具体包括威慑、改善、去犯罪能力、赔偿 reparation）确定一个首选目的（leading aim），然后再考虑可以影响量刑的其他目的。参见 Andrew von Hirsch, Andrew Ashworth ed, *Principled Sentencing*, Oxford: Hart Publishing, 2004, 214.

[47] Paul. H. Robinson, *Competing Conceptions of Modern Desert: Vengeful, Deontological, and Empirical*, Cambridge Law Journal, 67（1）, 2008, 145–175.

报（moral desert）”以避免传统功利主义实现正义的方式，如此也可以发挥犯罪控制的优势。[48] 而道义性应报的内涵与德系刑法理论中责任刑的内涵是相通的，它聚焦在犯罪人的应受谴责性（blameworthiness），而非单纯地建立在行为的危害之上，其理论基础上是道德哲学。[49] 在这种观点看来，任何与犯罪人道德可谴责性有关的因素都应考虑在内。“犯罪人应得的特定惩罚并非简单地基于造成损害的行为，而是根据其实施行为的个人责任（responsibility）”。[50] 由此推导，报应所针对的犯罪人的可谴责性，所依据的事实也就是任何与其可谴责性相关的经验材料。不过，在具体量刑过程中，不宜超越法律来考虑道德因素，而只能根据犯罪行为、结果等与犯罪相关的案件因素和犯罪时的行为人主观恶性，作为实现量刑报应目的所应考虑的具体内容。

关于第二个问题，张明楷教授认为，裁量预防刑时应当重点追求特殊预防，不得使积极的一般预防优于特殊预防。[51] 如果预防刑是指对犯罪人再犯可能性的裁量，这一观点是正确的。量刑是一个个别化的过程，而且首先是个人责任实现的过程，评价的内容就是犯罪人的再犯可能性。从实证的角度分析，量刑时考虑特殊预防是可以找到可裁量的要素的，尽管测量标准未必符合科学的检验标准。在大多数案件里，一般预防的效果很难检测，只有在广受关注的案件中，才可能有机会“循证式（evidence-based）”地考察一般预防的效果。此外，如果把刑罚适用作为正义实现的一个具体方式，那么，报应目的的实现本身即一般性地实现公众正义观上的诉求，因而报应与一般预防两者是可以调和的。[52] 进言之，在实现报应目的的时候，已经一般性实现了一般预防目的，在考察再犯可能性时，一般也不需要去考察一般预防。

不过，量刑活动中并非完全不考虑一般预防，只是一般预防不要特别考虑其“正向”判断的意义，而只应考虑其“反向”的判断意义，即没有一般预防必要性或者一般预防的效果较小时，在量刑时应做从宽处理。考量一般预防时，也不需要特别考虑消极的一般预防，即形成对一般人的威慑。消极的一般预防，只应在刑法立法时予以考虑；如果在量刑时予以特别地加以考虑，极易导致为威慑潜

---

[48] 该理论由 Paul Robinson 提出。参见 Paul Robinson，Michael T. Cahill，Criminal Law，2nd Edition，New York: Wolters Kluwer Law & Business，2012，16，21. 这一理论融合了应报和一般预防的元素，而从其强调普通民众认识这一判断路径看，实际上就是强调公众的态度，这与上述司法解释强调的“社会效果”的理论基础有着异曲同工之处。

[49] Andrew Von Hirsch，“*Proportionate Sentences: A Desert Perspective*”，in Andrew von Hirsch，Andrew Ashworth ed，*Principled Sentencing*，Oxford: Hart Publishing，2004，168.

[50] S. Pillsbury，“Emotional Justice: Moralizing the Passions of Criminal Punishment”，Cornell Law Review（74），1989，655.

[51] 参见张明楷：《论预防刑的裁量》，载《现代法学》2015 年第 1 期。

[52] 参见林山田：《刑法通论（下册）》（增订九版），台湾个人自版 2006 年版，第 414 页。

在犯罪人而量刑畸重的情况。在 20 世纪 80 年代“严打”中曾广泛存在基于消极一般预防目的的量刑实践，这类做法因其违法法治和人权原则，在今天已经被完全否定了。积极的一般预防，即在总体上强化民众的“一般的法律意识”[53]，维护社会之协和（Intergration）的基本规范的效力[54]，在对一些案件的量刑时需要特别的考虑。这种预防理论，也可以看作是，对公众正义诉求的再度（相对于报应）审视：如果公众舆论对个案评价认为，行为人实施的犯罪具有较高程度的可宽宥性，倘若按照处理一般案件的量刑标准裁量，就违背公众对正义的理解和信念，那么，就应考虑从宽予以处罚。上述司法解释所提到的“法律效果与社会效果的统一”，“社会效果”就是指“积极的一般预防”，其强调量刑结果的民意可接受性，实际上也就是公众对社会正义以及法治实现的满意程度。这是对第三个问题的回应。

对于第四个问题，即在特殊预防的判断中，如何进一步考量威慑、去犯罪能力和改善这些更为具体的刑罚目的。对此，应对再犯可能性进行实证性的衡量和判断。对再犯可能性的判断，也可以转化为对“可改造性”的衡量。对于可改造性弱的，如累犯、常习犯等，应着重考虑去犯罪能力；对于可改造性强的，则应着重考虑改善和威慑。在实践中，也可以参考案件类型作出选择。例如，对于未成年人犯罪应主要考虑改善，而且不仅仅要考虑不使其再度犯罪，而且要考虑将其改善为守法公民，当然威慑目的也应一并予以考虑；对于实施恐怖活动犯罪、黑社会性质犯罪、严重暴力犯罪的犯罪人，则应着重考虑去犯罪能力[55]；对于过失犯罪、渎职犯罪等，则应着重考虑威慑目的的实现。就本文所涉主题而言，考虑适用酌定减轻处罚规范，主要是实现改善及再社会化的目的。

（二）量刑基本原则在酌定减轻处罚中的运用

酌定减轻处罚规范的适用，应坚持如上基本原则，即优先考虑报应目的的实现，而后考虑特别预防，积极的一般预防作为量刑的特别调整叫予以考量。在适用酌定减轻处罚规范中贯彻上述量刑基本原则，在实践上就要分步骤予以展开，

---

[53] ［美］马库斯·达博：《积极的一般预防与法益理论》，杨萌译，载《刑事法评论》第 21 卷，第 447 页。该观念也可以从维护道德加以理解，即“刑罚是社会对犯罪行为的一个具体、否定性的表达，由此有助于形成和强化公众道德规范，并进而形成有意识或无意识地对犯罪的抑制。”参见 Johannes Andenaes，*General Prevention-Illusion or Reality ?*，Criminal Law，Criminology & Police Science，1952，176，179-180.

[54] 参见［德］乌尔斯·金德霍伊泽尔：《刑法总论教科书》，蔡桂生译，北京大学出版社 2015 年版，第 26 页。

[55] 例如，《刑法》第 50 条第 2 款“死缓限制减刑”的规定，其正当根据就应从“去犯罪能力”的角度加以理解，即认为经过死缓考验期后，认为犯罪人仍具有较强危险人格的，即可以限制减刑；但目前司法解释（即《关于死刑缓期执行限制减刑案件审理程序若干问题的规定》）从实现“报应”的角度加以理解，在审判时作为宣告刑判处，其法理根据是极为薄弱的。

逐步衡量。具体而言，首先在不考虑案件中存在“特殊情况”下，根据行为人实施犯罪的有关客观事实和主观事实确定报应刑（即责任刑），而后结合案件中的“特殊情况”考量特殊预防和积极一般预防的意义，进而对责任刑进行修正，形成最后的宣告刑。

上述司法解释有关量刑步骤的规定，贯彻了量刑基本原则的要求，即先考虑报应刑，然后再考虑预防刑进而形成宣告刑。根据该司法解释规定，量刑分为三个步骤，即：（1）根据基本犯罪事实选择法定刑幅度并确定量刑起点；（2）根据犯罪数额、犯罪次数、犯罪后果等犯罪事实确定基准刑；（3）根据量刑情节调节基准刑，并综合全部案情，依法确定宣告刑。其中前两个步骤主要是实现报应目的，其所依据是犯罪事实部分，包括客观事实和主观事实；后一步骤，有些量刑情节的适用仍属于报应目的的实现，如根据预备、未遂情节从宽处罚，不过，更多的情节与实现特殊预防目的相关。在具体案件量刑中，酌定减轻处罚的适用出现在第三个步骤，当然对其正确适用依赖于前两个步骤的准确适用。值得注意的是，有些可以考虑适用酌定减轻处罚的案件，存在的“特殊情况”属于客观事实，但是在前两个步骤中无法予以考虑，只能在第三个步骤予以考虑，如王海生故意伤害案、杨逸章故意伤害案中，被告人行为手段强度一般，因偶然情况出现或存在而发生严重后果，对这一特殊情况的考量，在前两个步骤中无法进行，只能在第三个步骤予以考虑。

给予酌定减轻处罚的实质根据在于犯罪人的主观恶性较低、再犯可能性较小，因而特别预防的意义不大。这类案件的犯罪人再犯可能性较低，就意味着特别威慑、去犯罪能力并不是主要的考量因素；对这类案件的犯罪人应主要考虑改善目的的实现，积极促进其再社会化。在是否裁量酌定减轻处罚时，积极的一般预防问题是要特别考虑的，即如果对犯罪人仅仅依照基准刑以及法定量刑情节进行裁量，公众会认为处罚过重，不符合其对正义的理解时，刑罚所具有的积极的一般预防作用就没有得以实现。在这种情况下，就应当考虑酌定减轻处罚的适用。例如，曾广受关注的许霆盗窃案，公众舆论的基本态度就是“许霆的行为是犯罪，但不宜判处太重”，原来一审法院判处其无期徒刑，显然不符合这一态度，如果单纯依照犯罪数额和盗窃对象来判断，其裁判结果有违公众的朴素正义观。对此，我国台湾地区司法实践也采取同样态度，其最高审判机构认为，“酌减”的适用，“依照实务上见解，本条（即其刑法第 59 条）系关于裁判上减轻之规定，必于审酌一切之犯罪情状，在客观上显然足以引起一般同情，认为纵予宣告法定最低刑度犹嫌过重者，始有其适用。”[56]

---

[56] 引自林钰雄：《新刑法总则》，中国人民大学出版社 2009 年版，第 509 页。

五、酌定减轻处罚的适用规则

从上述列举的酌定减轻处罚案件，可以看出地方人民法院和最高人民法院适用该规范的基本思路、步骤和法理根据，从中可以大致看到目前司法实践存在一定的经验性规则，而且这些规则的形成都受到最高人民法院裁判理由的影响。当然，这些经验性规则还需要进一步加以梳理，进行理论总结并结合量刑的法理予以认识，进而上升为可复制、可操作且具有约束性的法律适用规则（即有关酌定减轻处罚的量刑信条）。这也是实践与理论的转化过程，即经验性规则向法律信条（doctrine；Dogmatik）的转化。法律信条虽然没有在法律条文中之间直接予以体现，但却是基于法律和法理所形成的指导性的、具有约束性的适用规则。与经验性规则相比，法律信条的约束性是显性的，而经验性规则的约束性是隐性的。刑法解释学的一个主要目的就是形成法律信条并指导司法实践，而形成法律信条的来源和根据不可能脱离对经验性规则的总结。

根据以上对酌定减轻处罚规范的认识和应适用的原则，可以推导出如下适用规则：

（一）比例性规则

量刑与行为及其后果危害程度和主观恶性程度之间，应保持必要的比例关系，这是刑罚正义的基本要求，尽管这一比例关系很难用严格的数学公式进行计算。在量刑过程中，基于报应目的的实现，首先要考虑比例性原则。在酌定减轻处罚的适用当中，比例性规则是指示法官选择相应规范的一个指引。在以往司法实践当中，法官会认识到如果在可以适用法定刑的幅度内量刑，即便是在该幅度的最低点作出宣告刑仍显畸重，那么就会考虑适用酌定减轻处罚规范。此时，法官的裁判思维是一种反向判断：如果不减轻处罚，就不利于实现个案正义。可以说，正是基于对个案正义的考量，促使法官运用自由裁量权在法定刑以下判处刑罚。考量比例性规则，是作出减轻处罚的前提；法官如何作出具体量刑，还要重点考虑特殊预防和积极一般预防的效果，从这个角度看，比例性规则的考量对作出具体量刑是有限制的。例如，在量刑时，法官应当认识到酌定减轻处罚与免予刑事处罚（《刑法》第 37 条）之间存在位阶关系。只有“犯罪情节轻微不需要判处刑罚的”，才能适用免予刑事处罚，而酌定减轻处罚的适用，则以存在惩罚必要性为实质性根据。对于有惩罚必要性的行为人，设若直接跳过酌定减轻处罚这一“阶梯”而直接免予刑事处罚，就有违这一规则。例如，在张卫华绑架案中，张采用暴力手段绑架 7 岁的被害人作为人质，逼迫与被害人父亲同居的、张的妻子王桂华出面以达到离婚的目的，法院依照《刑法》第37条规定免予刑事处罚。[57]从该案犯罪人使用的手段、犯罪对象看，对其是有惩罚必要性的，因而对其酌定

---

[57] 江苏省淮安市中级人民法院［2004］淮刑一抗字第 1 号。

减轻处罚更为妥当。

（二）特殊性规则

酌定减轻处罚规范主要的适用条件就是存在“特殊情况”，因而在选择适用酌定减轻处罚时，应对这一特殊性进行判断。虽然曾一度认为“特殊情况”应指影响我国政治、外交、民族、宗教以及其他具有特殊意义的情况，但从以往实践看，“特殊情况”主要是与再犯可能性判断相关的事实，也包括一定的、与罪责程度判断相关的事实。归纳已有裁判经验，“特殊性”的判断，往往基于四个因素考量：（1）犯罪人触犯的是法定刑较高或者法定刑幅度较高的犯罪。如果所犯罪行较轻，基层法院往往会通过判处缓刑的方式达到实质减轻的效果。当然，从理论上讲，可判处缓刑的案件，并没有排除在酌定减刑处罚规范适用的范围之外。实践中如此倾向，其动因恐怕就是《刑法》第 63 条第 2 款规定了颇为严格的程序性限制规定。（2）在一般人看来，犯罪人具有相对较高的可宽恕性。（3）属于理论和实践所认可的酌定量刑情节，或者情节虽然特殊，但与公认的酌定量刑情节具有相似性。（4）适用酌定减轻处罚有利于个案正义的实现。可见，“特殊性”的判断，并非单一因素的考量，而是要综合犯罪类型、一般人态度、量刑情节和个案正义等因素得出结论。应当说，这种依靠经验量刑的做法是符合量刑基本原理的。此外，对于在犯罪论领域经常讨论的、以免除或者减轻不法或罪责为研究目的的问题，如多因一果情形下的刑事责任分配问题、防卫不适时、共犯退出、不能犯未遂、缺乏违法性认识、缺乏期待可能性等，在实践中也应考虑以酌定减轻处罚乃至免除处罚作为裁判结果的主要选项，尽管目前这些问题讨论的论域在犯罪论而非刑罚论。

对于“特殊情况”的判断，还有一个“度”的考量，也就是说，案件存在特殊情况，未必就一定适用酌定减轻处罚规范，而是该特殊情况达到一定程度，进而说明犯罪人的再犯可能性较小，特殊预防意义较弱，且在一般人看来应给予更为轻缓的处罚。进言之，法官在处理案件中，首先要判断是否存在《刑法》第 63 条第 2 款所说的“特殊情况”；如果结论是肯定的，其有两种选择可能性，一是作为酌定从轻处罚的理由，二是作为酌定减轻处罚的理由。而在两者之间权衡选择的“尺度”，就是这一“特殊情况”所具有的“度”，法官对此要做量上的判断。对于裁判者来讲，这当然是一个比较麻烦的事情，因为要选择后者，他对犯罪人再犯可能性的判断必须达到相当高程度的内心确信才行。从这一实践角度出发，应对“特殊情况”做进一步的限定，即该情况可以说明犯罪人具有**明显**较弱的再犯可能性。

（三）“最后选项”规则

这一规则是指，法院在量刑过程中，在选择法定刑幅度并确定基准刑、考查全部法定情节后，基于特别预防和积极的一般预防的考虑，认为仍需要进一步从宽处罚的，则应“在法定刑以下判处刑罚”。《最高人民法院关于常见犯罪的量刑指导意见》对确定宣告刑方法的规定中，有关从宽情节的适用，即先考虑法定从宽情节，而后考虑酌定减轻的处罚。值得注意的是，该解释存在将“酌定情节准法定化”的倾向，即将退赃、退赔、积极赔偿被害人经济损失并取得谅解，刑事和解[58]，前科，犯罪对象是弱势人群，特殊时期内犯罪这些非刑法所规定的情节，予以明文规范并确定了相应的增减刑罚的比例，其中前三项属于从宽情节。这类情节，虽然被准法定化了，但是其属性仍是酌定情节。存在这类情节，在法定刑幅度内减少基准刑的一定比例，是不成问题的；如果按照解释规定的减少比例，可能导致在法定刑幅度以下量刑的话，应否在法定刑以下处罚？答案应该是肯定的，其也符合减轻处罚的基本原理。例如，甲犯故意伤害导致重伤结果，其没有其他可增加刑罚量的事实，案发后积极赔偿被害人损失并取得对方谅解。根据该解释，可在3—5年内确定量刑起点，假设法院确定4年为量刑起点；对于积极赔偿且取得谅解的情形，可以减少基准刑的40%，假设法院决定减少40%。那么，就会突破该法定刑幅度下限（3年有期徒刑），此时其必须根据《刑法》第63条第2款裁量并报最高人民法院核准。而“积极赔偿且取得谅解的情形”属于一种“特殊情况”。在上述模拟过程中，该情节也是最后予以考量的。

（四）法定刑规定方式区别规则

从应然的角度看，酌定减轻处罚的适用不应该受到案件类型的限制，但考虑我国刑法个罪的法定刑规定方式，行为人犯有某些罪行不宜适用酌定减轻处罚规范。我国刑法中部分犯罪的最低法定刑为管制或单处剥夺政治权利。如果行为人所犯罪行的量刑起点处于这样的法定刑幅度内，在最低法定刑为管制或者剥夺政治权利的情况下，则无减轻处罚的必要；倘若再行从宽，实际意味着免予刑事处罚，也无从适用酌定减轻处罚规范的意义。对于“死刑案件”，也没有适用酌定减轻处罚的必要。我国刑法中绝大多数个罪法定刑包含有死刑的，该幅度区间一般在“十年有期徒刑”和“死刑”之间，如果有酌定从宽情节，在这一幅度内判处刑罚就可以了。值得讨论的是，适用“绝对死刑”的条款时可否适用酌定减轻处罚规范？“绝对死刑”条款是指法定刑幅度内只有死刑的情形，如《刑法》第121条劫持航空器罪，第240条拐卖妇女、儿童罪，《刑法修正案（九）》之前的第239条绑架罪。对于这种情形，不宜适用酌定减轻处罚条款，理由在于：触犯绝对死刑条款的，犯罪人的人身危险性较重，缺少酌定从宽处罚的根据。可以说，看似最应适用酌定减轻处罚规范的情形，却不具备适用这一规范的实质性根据。

---

[58] 现行《刑事诉讼法》第277条有关刑事和解的规定，并非实体性规范，因而不能直接依据被告人与被害人之间的刑事和解作为量刑情节看待，而是“还原”为具体情节作为量刑从宽的根据。对此，该解释规定，“综合考虑犯罪性质、赔偿数额、赔礼道歉以及真诚悔罪等情况”，予以从宽处罚。

（五）综合性规则

与法定减轻处罚的适用不同，在实践中，法院适用酌定减轻处罚时，在很多情况下，不会仅仅根据一个酌定减轻处罚情节作出酌定减轻处罚的裁判，尽管在多个酌定量刑情节当中有一个或少数几个是起主要作用的，会呈现“一主多辅”的判断模式，前文对司法实践做法的归纳，就是按照主要的量刑根据加以区分的。换言之，法院会综合考量与量刑相关的、各种有利于犯罪人的、非法定从宽因素，然后再作出是否酌定减轻处罚的裁判。如此考量的根据在于：（1）酌定减轻处罚规范，对法官的约束力，要弱于法定减轻处罚规范，但两者法律效果相同，因而法官要在两者之间保持平衡：单一法定减轻情节存在就可以减轻处罚，而单一酌定减轻处罚情节存在，法官还需要以其他相关“次要”情节来进行补强，进而综合判断适用酌定减轻处罚，如此可以增强裁判的说服力。（2）法官下决心适用酌定减轻处罚的实质性根据，主要是犯罪人的再犯可能性，为确保判断能够尽可能周延各种因素，因而也会采取综合判断的方法。倘若犯罪人有一项可以适用酌定减轻处罚的情节，但还不足以认为其再犯可能性较低的，法官不会考虑适用酌定减轻处罚。这种综合性的判断方法，可以看作是法官对自由裁量权的一种克制，这对于提升判决的公信力是有积极意义的。

与综合性规则相关的一个问题是，如何看待酌定减轻处罚的“减等”问题。《刑法》第 63 条第 1 款规定，“本法规定有数个量刑幅度的，应当在法定量刑幅度的下一个量刑幅度内判处刑罚。”该规定应指存在一个法定减轻处罚情节的情形；对于存在多个法定减轻情节，是否可以“递减”，即比可适用法定刑幅度低二个或两个以上幅度适用？对此，法律没有明示，基于上述量刑基本原则以及比例性规则的论理，应该给予肯定的回答，当然在适用时应特别慎重，要充分考量再犯可能性。至于通过递减是否可以达到免予刑事处罚的程度，笔者持否定态度，理由在于：减轻处罚适用所隐含的机理就是犯罪人有处罚必要性，尽管这种必要性很低；免予刑事处罚的前提是，犯罪人没有处罚必要性。因此，通过“递减”不能达到没有处罚的程度。考虑到我国主刑的种类呈梯次排列，即便在某一罪刑规范没有拘役、管制这样的轻刑时，也可以考虑适用拘役乃至管制。这并不违反罪刑法定原则。[59] 酌定减轻处罚的适用，也应采取同样态度：一般而言，在法定

[59] 《最高人民法院研究室关于适用刑法第五十九条第二款减轻处罚能否判处刑法分则条文没有规定的刑罚问题的答复》中曾提出：“根据刑法第五十九条第二款的规定，对于不具有刑法规定的减轻处罚情节的犯罪分子，如果根据案件的具体情况，判处法定刑的最低刑还是过重的，经人民法院审判委员会决定，可以在法定刑以下判处刑罚，包括判处刑法分则条文没有规定的不同刑种的刑罚。如，法定最低刑为三年有期徒刑的，可以判处不满三年有期徒刑、拘役或者管制。但是否判处附加刑，仍应遵守刑法分则的规定。”这一意见是值得肯定的。这一看法也为目前司法实践所坚持。参见南英主编：《量刑规范化实务手册》，法律出版社 2014 年版，第 42 页。

刑幅度的下一个幅度内判处刑罚，即便是存在“一主多辅”的情况也是如此；如果存在二个或两个以上主要的酌定减轻情节时，则可以考虑低“递减”。经递减后应判处的宣告刑符合缓刑条件的，可以考虑适用缓刑。

六、结语

如何实现个案正义，是刑事司法的一个永恒话题。正义具有经验性的一面，即公众对正义期待的实现，从个案处理过程及结果中获得的体验远超出法律给出的一般性指引。近年来发生一些广受关注的刑事案件，如非法制造买卖仿真枪的案件、非法买卖民用爆炸物的案件、非法猎捕、杀害珍贵野生动物的案件，其处理结果存在明显过重的情况，而审判机关依照刑法和司法解释确定标准定罪量刑似乎无可非议，然而其处理结果却很难为公众所接受，不符合他们对个案正义的诉求。此时，我们可以回忆下30多年前的一起案件：1984年，王明成在母亲病危濒死的情况下，再三请求医生蒲连升，让其母亲无痛苦的死去，蒲连升为其母注射了促进死亡的药物。1992年，该案几经周折后，陕西省汉中市人民法院宣告二人无罪，该判决得到二审法院的支持，更获得普通民众和学界的认可。

酌定减轻处罚规范是现行刑法设置的一扇宽大之门，但通过这道门的路却十分漫长。酌定减轻处罚的适用被规定以严格的核准程序，因而在实践中被适用的概率极小，其积极作用并没有完全发挥出来。在《刑法修正案（八）》（草案）的研拟过程中，有建议提出，考虑将酌定减轻处罚权下放到高级人民法院或者由最高人民法院和高级人民法院一同行使。[60] 这一建议值得中央决策机关和国家立法机关再度认真思考。现行刑法施行前，酌定减轻处罚存在被滥用的情况，主要原因之一就是，其法律适用标准不清晰、缺少相应的量刑指导。这与当时量刑理论匮乏和规则模糊的大背景有一定的关系。如今，在量刑规则基本规范化、量刑原理基本明晰的情况下，将酌定减轻处罚权回归到二审法院，是一个更为积极且稳妥的立法选择。

刑事司法在一般公正与个案正义之间的平衡，看起来如艺术一般，但实际上，其运作过程必然遵循法治基本原理和规则。个案正义的实现具有经验意义。理论研究应将这些经验从个案裁判理由中“挖掘”出来，与既有理论相互检验，进而完善理论并反馈到实践当中去。与有关犯罪的教义学不同，量刑的教义学应更多地从司法经验中汲取规律性认识和做法并提炼为具体的适用规则；量刑实践则应遵循量刑基本原理和规则，在法律术语明晰的基础上，合目的、合逻辑、分步骤地进行判断，如此可以确保量刑结论的准确、可信，同时也可以确保在个别化量刑中兼顾平等、公正等基本价值。酌定量刑处罚问题，虽然是量刑领域中一个“边

[60] 赵秉志、刘媛媛：《论当前刑法改革中的酌定减轻处罚权》，载《法学》2010年第12期。

缘化”论题，但却是检验量刑理论、规范及操作规则的一块“试金石”，也是检验法官实施自由裁量权的“一张试纸”，而如何使“经验”和“逻辑”在这一问题解决路径中均衡且彼此照应地加以体现，则是量刑理论研究的一项任务。此时，我们或许可以修改霍姆斯大法官那句名言：经验与逻辑同样重要。

（本文曾发表于《法商研究》2017 年第 1 期）

认罪认罚从宽制度的若干实体法问题

黄京平

一、从宽的属性：从宽处理抑或从宽处罚

（一）对“从宽”内涵的不同主张

讨论认罪认罚从宽制度的实体法问题，首先需要解答“从宽”的基本内涵。简单讲，就是该制度中的从宽，是仅限于“从宽处罚”？还是包括从宽处罚在内的“从宽处理”？这是一个既涉及制度的基本定位，又涉及制度的具体运行、微观操作的前提性问题。对此，学界的理论主张以及前期试点的司法机关的实务见解都明显分为截然有别的两种观点：一种观点认为，从宽仅是从宽处罚，或者虽然兼及部分从宽处理的成分，但主要为从宽处罚。其中，颇具代表性的主张认为，从宽“除程序上体现从简以及可能带来依法不捕等后果以外，主要体现在刑法规定的从轻、减轻处罚”。[1] 最为极端的主张，源于前期试点的有关司法机关，其明确提出，认罪认罚的从宽，是应当从轻处罚，而非减轻处罚。[2] 另一种观点认为，从宽是包括所有实体性从宽处罚措施和特定程序性从宽措施在内的从宽处理。具体而言，此种观点认为，认罪认罚从宽制度中的从宽，既指实体上的依法从轻、减轻或免除处罚，又指程序上适用较轻的强制措施和从简的诉讼程序；在实体上，既包括审判机关从宽判处刑罚，也包括检察机关（因从宽）相对不诉。[3] 有学者从刑事诉讼阶段的视角强调：从宽处理包括实体从宽和程序从宽，适用于刑事诉讼的各个阶段。在侦查阶段，主要是程序从宽，表现为侦查机关变更、解除强制措施。在审查起诉阶段，表现为检察机关采取非羁押性强制措施，或者作出相对不起诉决定。在审判阶段，主要是实体从宽，表现为法院依法从宽判处刑罚[4]。

（二）从宽处理的基本依据和确切含义

完整理解认罪认罚从宽制度中的从宽含义，确切把握其中的从宽措施的具体种类，应当以法律规范和刑事政策作为判定依据。全国人大常委会《关于授权最

---

[1] 陈卫东：《认罪认罚从宽制度研究》，载《中国法学》2016 年第 2 期。

[2] 参见山东省高级人民法院刑三庭课题组：《关于完善刑事诉讼中认罪认罚从宽制度的调研报告》，载《山东审判》2016 年第 3 期。

[3] 参见朱孝清：《认罪认罚从宽制度实施的几个问题》，载《法治研究》2016 年第 5 期。

[4] 参见陈光中：《认罪认罚从宽制度实施问题研究》，载《法律适用》2016 年第 11 期；陈光中、马康：《认罪认罚从宽制度若干重要问题探讨》，载《法学》2016 年第 8 期。

高人民法院、最高人民检察院在部分地区开展刑事案件认罪认罚从宽制度试点工作的决定》（简称《授权决定》）使用的规范用语是“从宽处理”，而非“从宽处罚”。进一步落实宽严相济刑事政策，是立法机关授权开展试点工作的目的之一。《最高人民法院、最高人民检察院、公安部、国家安全部、司法部关于在部分地区开展刑事案件认罪认罚从宽制度试点工作的办法》（以下简称《试点办法》）强调，认罪认罚从宽制度试点，是依法推动宽严相济刑事政策具体化、制度化的重要探索。所以，透过最高司法机关的政策性规范文件，把握其中从宽政策的含义，尤其是具体从宽措施的种类，便是细化理解“从宽处理”的必要步骤或环节。综合《最高人民检察院关于在检察工作中贯彻宽严相济刑事司法政策的若干意见》（以下简称《最高检政策意见》）和《最高人民法院关于贯彻宽严相济刑事政策的若干意见》（以下简称《最高法政策意见》）的相关具体规定，首先，宽严相济刑事政策中的从宽是含义丰富的“从宽处理”，是包括实体性从宽措施和程序性从宽措施在内的“从宽处理”。其次，从宽处理的各种措施，具体包括：非羁押性强制措施；相对不起诉；从简的诉讼程序；对具有法定、酌定从宽处罚情节的，予以从轻、减轻或者免除处罚，包括适用缓刑或者判处管制、单处罚金等非监禁刑；适用《刑法》第 13 条但书规定，不作为犯罪处理。[5]

我国刑事法律中也有“从宽处理”的术语。但刑法中不使用这一术语，刑事诉讼法中仅有两个条文使用该术语。一是《刑事诉讼法》第 118 条第 2 款规定：“侦查人员在讯问犯罪嫌疑人的时候，应当告知犯罪嫌疑人如实供述自己罪行可以从宽处理的法律规定。”“规定这一告知义务，是为了使犯罪嫌疑人更加清楚如果如实回答将会依法得到被从宽处理的后果。”[6] 显然，该款规定的“从宽处理”，即指《刑法》第 67 条第 3 款所明确的具有坦白情节的，可以从轻处罚或者减轻处罚。相关司法解释（仅指标准司法解释，不包括规范文件，下同）或规范文件，对此未作任何细化规定。二是《刑事诉讼法》第 279 条关于刑事和解的法律后果的规定。依据权威解读，该条中“从宽处理”的具体措施包括相对不起诉以及从轻、减轻或者免除处罚。[7] 相应的具体司法解释对此则有细化规定。具体而言，检察机关可以采取的从宽处理措施，不仅有相对不起诉，而且还有非羁押性强制措施；

---

[5] 参见《最高法政策意见》第 14 条、第 20 条。需要注意的是，在《最高检政策意见》中，没有这种具体规定，即认为适用《刑法》第 13 条但书出罪是从宽处理的具体措施之一。理论界也有学者认为，依据《刑法》第 13 条但书等规定不作为犯罪处理，是认罪认罚从宽处理的具体措施之一。参见熊秋红：《认罪认罚从宽的理论审视与制度完善》，载《法学》2016 年第 10 期。

[6] 全国人大常委会法制工作委员会刑法室编：《关于修改〈中华人民共和国刑事诉讼法〉的决定：条文说明、立法理由及相关规定》，北京大学出版社 2012 年版，第 153 页。

[7] 参见郎胜主编：《中华人民共和国刑事诉讼法修改与适用》，新华出版社 2012 年版，第 483–484 页。

审判机关可以采取的从宽处罚措施，既有从轻、减轻或者免除处罚，也有适用缓刑或者判处管制、单处罚金等非监禁刑。

需要特别注意的是，“从宽处理”是2012年刑事诉讼法新增规范中才出现的术语，并且是与实体法规范（主要为量刑情节）的适用密切关联的术语。这种新术语的出现或许有以简略用语表述新增条款内容的原因，但更多的是受刑事政策用语习惯影响的结果。一定意义上讲，刑事政策用语直接被用作刑事法律术语是曲解刑事政策功能、错解刑事政策与刑事法律关系的结果。所以，将宽严相济刑事政策的具体内容有效转化为既有的、成熟的刑事法律术语所涵括的具体刑事法律制度，或者丰富、完善、细化既有的制度规定，使之更加符合刑事政策的要求，更便于规范化的实务操作，才是完善认罪认罚从宽制度、实现宽严相济刑事政策具体化、制度化的目的所在。

（三）《试点办法》新增的从宽处罚措施

作为启动认罪认罚从宽制度改革探索的法律依据，《授权决定》并没有规定从宽处罚的具体措施，更没有涉及突破现行刑事法律规定的具体从宽处理方法，只是强调改革的具体举措应当遵循刑法、刑事诉讼法的基本原则。而《试点办法》明文规定的从宽处理措施，除强调适用非羁押性强制措施外，还规定了现行刑事法律没有的、实际突破现行刑事法律规定的停止追诉制度。[8]笔者认为，停止追诉制度，具体由特别撤销案件程序和特别不起诉程序构成，具体规范依据，分别是《试点办法》第9条和第13条的规定。虽然官方和学界均将停止追诉制度的具体规定定位为刑事诉讼的特别程序，但这两种特别程序的适用都与刑事实体评价或刑法规范判断实质关联。作为兼具程序性与实体性的制度，它是在依据刑法规范判定犯罪嫌疑人的行为构成犯罪的基础上，以撤销案件或者不起诉方式对其具体犯罪的全部或部分停止追诉的从宽处理措施。所以，特别撤销案件和特别不起诉，是从宽处理的最新具体措施。停止追诉的实体法律后果与其他从宽处理措施的实体法律后果截然有别，前者的本质是不承担刑事责任，后者是承担相对宽缓的刑事责任。这与适用《刑法》第13条但书不作为犯罪处理的从宽措施相比也是有实质区别的，前述《最高法政策意见》提倡的这种措施，与从宽处理的实质内涵根本不符。因为，依据《刑法》第13条但书出罪的行为，应被判定为不构成犯罪，不应被追究刑事责任；而适用停止追诉制度的案件，必须依法判定犯罪嫌疑人的行为构成犯罪，并在应当承担刑事责任的基础上，停止追究刑事责任或不承担刑事责任。

---

[8] 对于相应制度的称谓，刑事诉讼法学界暂未形成共识。参见张建伟：《认罪认罚从宽处理：内涵解读与技术分析》，载《法律适用》2016年第11期；参见前引4，陈光中文。本文对该制度的称谓，源自张建伟教授的表述。

（四）从宽处理的定位及其意义

依据上述可以做出判断：首先，从宽处理是政策性用语，其含义丰富，具体包括多种类的措施，基本类别为：刑事诉讼各阶段可以适用的非羁押性强制措施；刑事诉讼相应阶段可以适用的从简的诉讼程序；侦查阶段或审查起诉阶段可以适用的停止追诉，分别为特别撤销案件、特别不起诉；审查起诉阶段可以适用的相对不起诉；审判阶段可以适用的从宽处罚，包括从轻、减轻或者免除处罚，适用缓刑或者判处管制、单处罚金等非监禁刑。[9] 其次，从宽处理是刑事程序法律术语，并且在刑事诉讼法中是从宽处罚的上位概念。其中，将政策性用语直接作为法律术语的痕迹明显。[10] 最后，也是最重要的，从宽处理是以刑法和刑事诉讼法的相关规定为基础，兼具实体法意义和程序法意义的总括性法律术语或概括性刑事法律术语。如此定位“从宽处理”的法律依据，是《授权决定》和《试点办法》第 1 条的具体规定。承认从宽处理具有的这种属性，其意义在于强调：（1）认罪认罚从宽处理，是刑事政策指导与刑事法律适用结合的过程；（2）认罪认罚从宽处理所适用的具体从宽措施，必须具有明确的法律依据，不得偏离法律规范任意从宽；（3）从宽处理具体措施适用的法律依据，包括既有正式规定（刑法、刑事诉讼法等既有规定）以及现行特别规定（《试点办法》的规定）。其中，以特别规定为依据，对犯罪嫌疑人、刑事被告人适用具体从宽处理措施，是认罪认罚从宽制度改革探索的标志性特征。

二、从宽的依据：特别规定抑或既有规定

根据《授权决定》规定的基本精神和《试点办法》第 26 条的规定，《试点办法》具有特别规定的规范属性，其所规定的内容，无论是突破既有刑事法律制度的规定，还是因停止施行有关刑事法律规定而增设的规定，都有优先适用的地位。换言之，《试点办法》的规定优于既有刑事法律的规定，即两者择一适用，且前者优先适用[11]。

---

[9] 在《最高检政策意见》中，有 14 处从宽处理的表述，没有从宽处罚的表述；在《最高法政策意见》中，有 4 处从宽处理的表述，有 11 款从宽处罚的表述。由此可见，一定意义上，从宽处罚也是政策性用语。

[10] 我国《刑法》中，没有从宽处理和从宽处罚的表述。我国《刑事诉讼法》中，有两处从宽处理的表述（分别规定在第 118 条和第 279 条），有两处从宽处罚的表述（均在第 279 条）。但在刑法司法解释或规范文件中，使用此种术语的情形较为多见，例如《关于办理敲诈勒索刑事案件适用法律若干问题的解释》第 5 条第 1 项中的“法定从宽处罚情节”，第 6 条中的“酌情从宽处理”。

[11] 需要特别注意的是，办理认罪认罚案件具有优先适用地位的规范，不只限于《试点办法》，还包括试点地区制定的实施细则。例如，A 市《关于开展刑事案件认罪认罚从宽制度试点工作实施细则（试行）》第 48 条规定，“办理犯罪嫌疑人、被告人认罪认罚案件，《试点办法》、本实施细则有规定的，按照《试点办法》、本实施细则执行；《试点办法》、本实施细则没有规定的，适用刑法、刑事诉讼法等有关规定”。

值得关注的是，《试点办法》对认罪认罚案件的适用对象、办理程序、律师参与等均有相应规定，但却对其中必然涉及的实体性核心问题，如《授权决定》强调的从宽幅度等未做任何规定。由此带来的问题是，办理认罪认罚案件必然遇到的从宽幅度（最常见的是减少基准刑的百分比及其幅度）是否一律属于《试点办法》“没有规定的”，而应适用刑法等有关规定？但办理此类案件所遇到的特定量刑情节的从宽幅度，如犯罪嫌疑人、被告人“认罚”的从宽幅度或者选择从简程序（包括速裁程序、简易程序）的从宽幅度等，都是刑法、司法解释没有规定的。于是，某些特定量刑情节的从宽幅度就面临极为尴尬的处境：《试点办法》没有规定，刑法和相关司法解释也没有规定，导致认罪认罚实体从宽的法律依据处于不确定状态，或者无法可依的状态。在对特定量刑情节的从宽幅度特别规定和既有正式规定都没有明确规定的背景下，办理认罪认罚案件如何依法实体从宽？具体依据什么法？就成了实务操作必须明确的首要问题。特别规定的属性、形式、功能等，决定了它在授权试点工作中无以替代的作用。在一定意义上，认罪认罚从宽制度的改革，是以适用特别规定为特征的；适用特别规定的过程，就是拓展制度资源的探索实践。笔者浅见，对认罪认罚从宽制度中的特别规定可做以下理解：

（一）《试点办法》的定位

基于《授权决定》制定的《试点办法》，是准立法性质的刑事法律规范。如此定位《试点办法》的主要理由为：（1）《授权决定》在授权制定试点办法的同时，明确规定，“试点期满后，对实践证明可行的，应当修改完善有关法律；对实践证明不宜调整的，恢复施行有关法律规定。”这实际意味着《试点办法》的具体规定，就是突破既有刑事法律规定，或停止施行既有刑事法律规定而增设、调整的新规范。（2）与《授权决定》的前述精神完全一致，根据《试点办法》第26条的规定，《试点办法》的所有新规范，适用效力优于既有的刑事法律规定。这实际意味着《试点办法》与刑法、刑事诉讼法属于相同位阶的法律规范。（3）根据《立法法》第104条关于规范和限制司法解释权的规定，司法解释不得突破法律，司法解释不能改变法律的规定或者与法律规定相冲突，[12] 所以，《试点办法》不是司法解释。由此佐证前述两点理由的成立。（4）依据前述，并结合有关规定，《试点办法》不是裁判引用依据，即其不能作为刑事诉讼法律文书（包括刑事裁判文书）的引用依据。这在相当程度上说明，《试点办法》既不是典型的刑事立法规范，也不是标准的刑事司法解释。确定犯罪并科以刑罚的依据，只能是法律和法律解释，应当在刑事裁判文书中直接引用，标准的刑事司法解释是对刑事法

[12] 参见孙谦：《最高人民检察院司法解释研究》，载《中国法学》2016年第6期。

律条文应有之义的规定，也应当在刑事裁判文书中直接引用。[13]最高人民法院、最高人民检察院关于司法解释工作的有关规定，也对标准的司法解释作为裁判文书、法律文书的引用依据有明确规定。所以，简要的结论是，《试点办法》的有关规定不是裁判引用依据，充其量或许可以将其作为裁判说理依据。[14]

（二）实体从宽的规范依据

《试点办法》对认罪认罚实体从宽的规定状况，决定了适用实体从宽措施应当依循的规则特征。具体而言，《试点办法》关于实体从宽规定的状况主要表现为：（1）对于实体从宽的事项，只是重申刑法的既有规定或者未作任何新的规定。前者如《试点办法》第22条，用意主要在于，申明认罪认罚实体从宽的原则界限。后者如对《授权决定》特别强调的从宽幅度，没有作出任何新的具体规定。（2）要求各地结合当地实际，根据《试点办法》制定实施方案或实施细则。由此决定，有关认罪认罚从宽幅度的具体规定，是各个试点地区制定的实施细则的必要内容。换言之，立法机关授权最高司法机关会同有关部门制定的部分实体规范，被“两高三部”再次授权试点地区具体制定。前期试点所依据的规范，就有大量的这种类别、相应位阶的规范。[15]认罪认罚从宽制度的改革，也将延续这种做法。[16]于是，现实而尖锐的问题就不可避免：依据这样的规范办理案件，符合《试点办法》第1条规定的“依法从宽处理”吗？或者该条所规定的“依法”之“法”包括这样位阶的规范吗？对此，理论界和实务界都有质疑观点。

笔者以为，认罪认罚实体从宽的依据，包括立法规定、司法解释、规范文件和地方规范，从宽幅度的依据更是如此。其中，立法规定是关于实体从宽的基本制度规定，如刑法关于自首、坦白的规定，以及关于从轻处罚、减轻处罚、免除处罚的规定等。司法解释是对前述刑法有关规定的解释；规范文件尤以《最高人民法院关于常见犯罪的量刑指导意见》（简称《指导意见》）[17]为要，《指导意见》是对各级法院具有事实约束力的量刑指导纲要。地方规范包括但不限于量刑指导

[13] 参见罗东传、吴兆祥：《〈关于裁判文书引用法律、法规等规范性法律文件的规定〉的理解与适用》，载最高人民法院刑事审判第一、二、三、四、五庭主办：《中国刑事审判指导案例》（1）（总则部分·危害国家安全罪·危害公共安全罪·危害国防利益罪），法律出版社2012版，第33页。

[14] 关于裁判说理依据问题，参见前引13，罗东川、吴兆祥文，第35页。

[15] 例如，C市《C法院速裁程序案件适用范围及量刑指导意见（试行）》规定：“对被告人认罪并同意适用速裁程序审理的，可以减少基准刑的10%。”

[16] 例如，B市《关于开展刑事案件认罪认罚从宽制度试点工作的实施细则（试行）》第6条规定：“犯罪嫌疑人、被告人认罪，同意人民检察院提出的量刑建议并签署具结书的，在确保法律效果和社会效果的前提下，可以减少基准刑的15%以下；选择适用速裁程序的，可以再减少基准刑的15%以下；选择适用简易程序的，也可比照速裁程序酌情从宽。”

[17] 根据《最高人民法院关于实施修订后的〈关于常见犯罪的量刑指导意见〉的通知》（2017年3月），修订后的《关于常见犯罪的量刑指导意见》从2017年4月1日起实施。

纲要的实施细则，如各高级人民法院制定的《〈关于常见犯罪的量刑指导意见〉实施细则》，刑事案件速裁程序、认罪认罚从宽制度试点地区制定的实施细则中所含量刑规范，也属于此类规范文件。在认罪认罚从宽制度的改革探索中，对犯罪嫌疑人、被告人实体从宽的规则完善，主要依托地方规范的完善或改进；实体从宽制度的完善，是在地方司法经验积累以及地方规范丰富、细化的基础上更高位阶的规范，即规范文件、司法解释、立法规定渐次修正的过程。如此判断的简要理由为：

1. 地方量刑规则具有事实约束力

刑法规则中的定罪规则与量刑规则存在一定差异。作为刑事司法依据的刑法规则，根据结构或规范形式的不同，分为定罪规则与量刑规则。定罪规则，尤其是入罪判断所依据的规则，只能是刑法及相关法律解释、司法解释。入罪判断必须依据具有法律约束力的规则。而量刑规则，特别是实体从宽或者从宽处罚应当依据的规则，包括具有法律约束力的刑法规定和司法解释，以及具有事实约束力的量刑指导纲要和地方实施细则。

《指导意见》的制定依据，是刑法和刑事司法解释等有关规定。作为指导纲要，它对量刑的基本方法、常见量刑情节的适用、常见犯罪的量刑起点幅度、增加刑罚量的根据等内容作了原则性规定，但具体实施还必须由高级人民法院结合本地区案件审判工作的实际制定实施细则。各地制定的符合法律、司法解释和本地实际的具有可操作性的实施细则，其重点是对常见量刑情节的适用部分和常见犯罪增加刑罚量的情形、各种从重、从轻处罚情节进行细化。[18] 比较《指导意见》的具体规定与地方实施细则的具体规定，会发现纲要与细则存在诸多差异。地方实施细则对量刑指导纲要进行细化规定、补充完善，更具操作性。同时，也不可避免地造成各地实施细则的具体规定存在差别，依据不同地区实施细则最终裁量刑罚的结果，难以完全相同，只能达到基本均衡程度。不同地区间的量刑差异，不仅是合理的，而且还是法律和公正所追求的目标之一。[19] 总之，《指导意见》不是标准的司法解释，只是规范文件，以此为基础，最高人民法院授权各高级人民法院制定实施细则，各地审判机关实际上是直接依据各自的实施细则对具体案件裁量刑罚。所有这些，决定了量刑规则体系中，除具有法律约束力的刑法和司法解释的规定之外，量刑指导纲要和地方实施细则具有无以替代的地位，纲要和细则的功能表现为：在刑法和司法解释的制约下，对刑罚裁量过程和刑罚裁量结

[18] 参见《最高人民法院关于实施量刑规范化工作的通知》（2013 年 12 月），载 http://www.court.gov.cn/shenpan-xiangqing-6621.html，最后访问时间：2016 年 12 月 16 日。

[19] 参见熊选国主编：《〈人民法院量刑指导意见〉与“两高三部”〈关于规范量刑程序若干问题的意见〉理解与适用》，法律出版社 2010 年版，第 27 页。

果具有事实约束力。最高人民法院十分清楚这种规范形式在刑法规则体系中的地位和效力：《指导意见》确定的各项量化指标，不具有法律效力，主要起指导作用。在不违反禁止性规定的前提下，各高级人民法院制定的量刑实施细则，同样是指导性文件，没有强制适用的法律效力，法官办案时需要参考适用，但不能机械执行，必须始终贯彻原则性与灵活性相结合的原则。[20] 与此精神一致，最高人民法院还从裁判依据的角度，对量刑指导纲要和地方实施细则的基本属性定位，即纲要和细则不是具有法律约束力的裁判引用依据，甚至不宜将其作为裁判说理依据。[21] 量刑指导纲要和地方实施细则不仅对法官具有事实约束力，而且对刑事诉讼控、辩、审各方均具有事实约束力。

行文至此，也就不难发现，对认罪认罚从宽幅度的规范形式及其效力属性，《试点办法》采取了与《指导意见》相同或者相似的方法，即在严格遵守法律、司法解释等规定的基础上，《试点办法》对从宽幅度不作任何规定，而是以量刑指导纲要的特别细化规则（即试点地区的实施细则）为基本载体，规范实体从宽的具体事项，将其作为办理案件所适用的最直接的、具有事实约束力的依据。由此也就不难理解，《试点办法》对从宽幅度没有作出原则规定或具体规定的理由。办理认罪认罚案件都会遇到从宽幅度的适用依据、操作标准等问题，对于这种逢案必有的问题，《试点办法》不作任何规定的理由，无外乎以下几点：一是谨慎处理立法法已作明确规定与刑事司法改革需求的关系，延续既往做法，既严格遵守法律和司法解释的规定，又倡导符合刑法、司法解释精神的规则细化实践，平衡或协调基本法律制度与具体操作标准的关系。二是细化从宽幅度的规则，就是拓展制度资源的过程，其中的关键，是遵循量刑规则形成的规律。事实上，在量刑规则体系中，特别是从宽幅度的规则体系中，亟待制定的规则，是位阶最低的地方实施细则。只有通过地方规范层面的多样性实践，才能将有效的、便于操作的细化规则逐步转化为位阶更高的量刑规则，实现量刑规则的事实约束力向法律约束力的提升。三是在具体刑事政策目标已经明确的基础上，遵循《试点办法》第 4 条规定的办理认罪认罚案件应当坚持的原则，尤其是罪责刑相适应原则，赋予地方实施细则在改革探索中不可替代的地位和作用。

2. 地方量刑规则适合多向度改革需要

《试点办法》明确规定了从宽和从严的基础因素。对于从宽幅度虽然未作具体规定，但却在第 4 条中明确规定了决定是否从宽和从宽幅度的基础因素。此外，《试点办法》第 11 条第 2 款规定的量刑建议方式，包括相对量刑建议（提出相对明确的量刑幅度，如有期徒刑 9 个月至 1 年）与确定量刑建议（提出确定刑期的量刑建议，如拘役 3 个月）。尽管试点地区的基层检察机关、审判机关对于量刑

---

[20] 参见前引 19，熊选国主编书，第 37 页。

[21] 参见前引 18。参见前引 19，熊选国主编书，第 490 页。

建议的方式存在不同认识，但就制度设计初衷、制度运行顺畅的角度而言，最高司法机关更倾向于确定量刑建议的方式，或者将其作为制度探索的具体目标。[22]换言之，以确定量刑建议为基础的公诉和裁判，是"有利于优化司法资源配置，在更高层次上实现公正与效率相统一"[23]的基本保障。刑事案件速裁程序试点，是完善刑事诉讼中认罪认罚从宽制度的先行探索。试点地区前期实验可复制、可推广的重要经验之一，就是对地方实施细则做进一步细化，以适应办理认罪认罚案件程序从简、实体从宽的需要。值得注意的是，随着速裁程序适用范围的扩大，以确定量刑起点、量刑情节调节幅度为基础的控辩协商、量刑裁判案件所占比重也会有大幅度提高。换言之，直接依据地方实施细则的再细化规则予以实体从宽的案件，或许可以达到全部刑事案件的80%以上。[24]总之，无论是刑事案件速裁程序的前期探索，还是正在进行的认罪认罚从宽制度的改革实践，都必须依赖实体从宽规则的深度细化；而包括从宽幅度在内的实体从宽规则的充分细化，只能以量刑指导纲要、地方实施细则为基础，并以地方实施细则的再度细化规则为基本载体。唯此，才能适应程序从简、实体从宽的多向度改革需要，才能便于控辩协商和量刑裁判的实务操作，才能切实符合既优化司法资源配置、又实现公正与效率高度统一的政策目标。

三、认罪的实质要素：认罪与认事的关系

根据《授权决定》和《试点办法》第1条的规定，认罪认罚从宽制度中的"认罪"是指"犯罪嫌疑人、被告人自愿如实供述自己的罪行，对指控的犯罪事实没有异议"。最高司法机关强调，具体可以根据刑法关于自首、坦白中"如实供述自己的罪行"予以把握。其中，关于"如实供述自己的罪行"（简称"如实供述"）的认定，相关司法解释和规范文件已有较为明确的细化规定，可以参照适用。由此产生的重要问题是，认定属于"如实供述"是否就当然判断为"对指控的犯罪事实没有异议"（简称"没有异议"）？换言之，成立认罪或认罪的成立，必须同时符合"如实供述"与"没有异议"两个并列的条件吗？进一步而言，认罪仅是对所犯罪行的客观供述？还是也包括对所犯罪行规范判断或刑法定性的主观认同？

笔者以为，认罪认罚从宽制度中的认罪，就是"自愿如实供述自己的罪行"（简称认事），认罪的实质或核心要素是客观供述所犯罪行，认罪即认事或承认犯罪事实，除此之外，不应给认罪附加任何冗余的内容。对此，可以从以下层面理解：

---

[22] 参见孙谦：《关于检察机关开展"刑事案件认罪认罚从宽制度"试点工作的几个问题》，载陈国庆主编：《刑事司法指南》（2016年第4集·总第68集），法律出版社2017年版，第7页。

[23] "两高三部"《印发〈关于在部分地区开展刑事案件认罪认罚从宽制度试点工作的办法〉的通知》。

[24] 参见陈学勇：《最高人民法院进一步扩大量刑规范化范围》，载《人民法院报》2017年4月1日；参见前引12，孙谦文，第4页。

（一）“如实供述”的规范定位

根据有关司法解释和规范文件的规定，尤其是《关于处理自首和立功若干具体问题的意见》（以下简称《意见》），“如实供述”是指如实供述自己的主要犯罪事实，此外，还应包括姓名、年龄、职业、住址、前科等情况。犯罪嫌疑人供述的身份等情况与真实情况虽有差别，但不影响定罪量刑的，应认定为如实供述自己的罪行。犯罪嫌疑人隐瞒自己的真实身份等情况，影响对其定罪量刑的，不能认定为如实供述自己的罪行。不仅如此，根据该《意见》规定的基本精神，主要犯罪事实首先包括定罪事实，而对于量刑事实，则应区分已如实供述与未如实供述部分的严重程度，决定是否认定为如实供述自己的主要犯罪事实。需要特别注意的是，《意见》对如实供述主要犯罪事实与如实供述身份的认定采用了不同的标准。只要如实供述的犯罪事实对量刑的影响大于所隐瞒的事实，就可以认定为如实供述主要犯罪事实；而只要隐瞒的身份情况对量刑有影响，就不能认定为如实供述自己的罪行。不如实供述身份情况对刑事司法的危害很大，既可能导致冤假错案，又浪费司法资源，影响诉讼效率，所以，《意见》对不如实供述身份情况规定了较为不利的法律后果。[25]总之，现行有效的司法解释和规范文件，明确规定了“如实供述”的范围包括主要犯罪事实和身份情况，主要犯罪事实又包括定罪事实和量刑事实，并以是否足以影响定罪量刑作为基本判断标准，严格区分如实供述主要犯罪事实与如实供述身份情况的不同认定标准。据此，“如实供述”与“没有异议”是没有实质区别的。因为，从根本上看，依据前述规范确定的认定标准，供述的犯罪事实与指控的犯罪事实，是根据统一的司法标准判定的，两者实质相同。

（二）指控的犯罪事实的实质含义

控辩协商机制下的认罪，最终须以被告人签署的具结书固定。具结书认罪部分的文书格式，实务操作中目前有两种：一是“（本人知悉并认可以下内容：）××人民检察院指控本人××的犯罪事实，构成犯罪”。二是“（本人知悉并认可以下内容：）××人民检察院指控本人××的犯罪事实，构成××罪”。显然，不同的具结书格式，反映出办案机关对“认罪”内涵的分歧见解：首先，概括承认犯罪与承认具体犯罪的不同主张。即在如实供述所犯罪行的前提下，被告人必须概括承认行为构成犯罪，还是应当承认行为具体触犯的罪名？不同的实务见解，在理论界也有对应的主张。有学者主张，被告人只有对公诉机关“指控的犯罪事实和罪名予以认可”，才能判定为认罪。[26]这是主张承认具体犯罪的理论观

[25] 参见周峰、薛淑兰、孟伟：《〈关于处理自首和立功若干具体问题的意见〉的理解与适用》，载《人民司法》2011年第3期。

[26] 参见陈瑞华：《“认罪认罚从宽”改革的理论反思——基于刑事速裁程序运行经验的考察》，载《当代法学》2016年第4期。

点。与此不同的是，有学者认为，认罪应当是“自愿承认被指控的行为构成犯罪”，但不包括“对自己行为性质（罪名、犯罪形态等）的认识”，并将此种认罪简称为“概括认罪”。[27] 其次，承认事实与承认犯罪的不同主张。即概括承认犯罪，与“对指控的犯罪事实没有异议”的内涵是否吻合？换言之，“对指控的犯罪事实没有异议”是仅指承认事实？还是必须包括承认有罪？这是把握“认罪”内涵必须直面、不能回避的实务和理论问题。有学者注意到，对承认事实、但否认有罪的情形不认定为“认罪”是一种司法习惯。[28] 以上不同视角或层面的问题，实质上均与如何理解“指控的犯罪事实”有关。

1. 基本司法共识

“指控的犯罪事实”，即控方指控的犯罪事实，完整意义至少包括认定的犯罪事实和对该事实的定性判断。也就是说，它不只是纯粹的犯罪事实叙述或犯罪事实归纳，而且必须包含依据刑法规定对犯罪事实所作的定性判断；定性判断不仅是行为构成犯罪的判断，而且是行为触犯何种罪名的判断。否则，控方的指控就没有任何意义。但是，于被告人而言，控辩协商中的“对指控的犯罪事实没有异议”，体现在具结书上，至多仅以概括承认犯罪为限，不应要求被告人承认具体犯罪。因为，概括承认犯罪与承认具体犯罪相比较，前者更具有原则性与灵活性结合的特征，也更符合以审判为中心的刑事诉讼制度改革目标。其中的原则性与灵活性结合的特征，具有一定的规范依据，即《试点办法》第 20 条的规定。对公诉机关起诉指控的事实清楚、罪名准确、量刑建议适当的案件，法院应当采纳公诉机关指控的罪名和量刑建议作出有罪判决。在该条的除外规定中，“被告人否认指控的犯罪事实的”（该条第 3 项）与“起诉指控的罪名与审理认定的罪名不一致的”（该条第 4 项）是分项规定的，即分别作为法院不采纳公诉机关指控的罪名和量刑建议而依法作出判决的具体事由。但因这两个具体事由作出的判决与依据该条第 1 项、第 2 项和第 5 项规定的事由作出的判决基本性质不同，依然属于认罪认罚从宽处罚的判决。所以，在第 3 项与第 4 项内容应协调、精神相一致、但用语有别的背景下，第 3 项“指控的犯罪事实”应与第 4 项“指控的罪名”做相同理解。也就是说，“否认指控的犯罪事实”仅指否认指控的罪名，并不意味着否认已做如实供述的事实或犯罪事实。被告人否认指控罪名的情形，与“起诉指控的罪名与审理认定的罪名不一致的”情形，刑事法律属性相同，所引起的刑事裁判结果也相同。如此理解，符合依据有关司法解释和规范文件形成的基本司法共识：认罪内涵较为宽泛、情况较为复杂，必须结合具体案情，依据刑事法律、司法解释和规范文件以及《试点办法》的相关规定作出判断；承认指控的主

[27] 参见前引 4，陈光中、马康文。

[28] 参见前引 8，张建伟文。

要犯罪事实，仅对个别细节提出异议的，或者对犯罪事实没有异议，仅对罪名认定提出异议的，都不影响“如实供述”的认定，也就是不影响认罪的成立。这样的司法共识，在各地认罪认罚从宽制度试点工作的实施细则中得到全面确认，成为规范内容。例如，A 市《关于开展刑事案件认罪认罚从宽制度试点工作实施细则（试行）》第 4 条，B 市《关于开展刑事案件认罪认罚从宽制度试点工作的实施细则（试行）》第 3 条，都有相应内容的规定。

2. 核心要素辨析

在刑事诉讼的审前程序中，被告人概括承认犯罪只是一种常态。但是，司法常态并不意味着，认罪的成立必须以概括承认犯罪为基本条件。控辩协商中的“对指控的犯罪事实没有异议”，于被告人而言，多数情况下，不只是对所犯罪行做客观供述，而且包括对所供述事实的犯罪性质主观上有概括性认识。并且，被告人主观的概括性认识，仅是对客观供述事实的可能法律后果的审前认知，而不是对所供述事实必然被裁判有罪的审前预判。但多数情况下的既承认事实、又承认有罪，并不排除少数情况下或个别情况下被告人承认事实、却否认有罪。对承认事实、否认有罪的情形能否认定为“认罪”，是办理认罪认罚案件所遇到的最为尖锐、分歧极大的问题之一。笔者以为，被告人只承认事实、但否认事实应定性犯罪的情形，成立认罪；否认有罪不应作为否定认罪成立的事由。简要理由为：

第一，被告人承认事实，但对行为基本性质辩解，否认有罪，原因或许很多，其中的重要原因之一，就是因为个别情节轻微、情节显著轻微的案件原本就存在最终被判定为无罪的可能性。控辩协商后具结认罪的事实，并不当然就被法院裁判有罪，相反可能被法院裁判无罪。主张必须承认事实并承认有罪，才能认定为认罪的观点，难免会陷入《试点办法》第 19 条第 1 项、第 20 条第 2 项规定的“被告人违背意愿认罪认罚的”状况，影响认罪认罚从简程序（速裁程序和简易程序）的适用。

第二，承认事实即如实供述自己罪行的价值，高于承认有罪包括概括承认犯罪和承认具体犯罪的价值。刑事司法对证据规格要求和证明标准的把握，随着法治文明进步和人权保障完善的要求而愈加严格，某些犯罪手段比较隐蔽案件的证明难度加大，证据难以达到确实充分的要求。犯罪嫌疑人、被告人的供述，是刑事诉讼法规定的证据种类，犯罪嫌疑人、被告人的如实供述，对于查证案件细节，收集客观性证据，起获犯罪工具或者赃款、赃物等关键物证具有至关重要的作用。所以，从依法获取确实充分的定案证据的角度，如实供述犯罪事实的价值，远大于承认行为构成犯罪的价值。据此，将承认事实、否认犯罪判定为“认罪”，与认罪认罚从宽制度的精神高度契合。或许基于相同的理由，有学者认为，被告人承认事实而否认有罪，依然“具有诉讼程序简化的效果”，并倾向只承认事实的被告人“也应获得从宽处理的诉讼利益”[29]。

第三，有实务见解强调，承认事实、但概括否认行为构成犯罪的情形，因其“没有放弃无罪辩护”，所以不属于真正的“认罪”。[30] 可见，对承认事实、否认有罪的情形，应否判定为“认罪”的问题，与被告人行使辩护权的程度有所关联。与自首相比较，认罪的内涵更为宽泛。但在理论解析和实务操作中，对认罪实质特征的把握，尤其是对“如实供述自己的罪行”的判定，可以且应当参照既有司法解释、规范文件明确的规则及其精神。如实供述自己的罪行，即供述的真实性、完整性，性质上属于客观要件，逻辑上属于充分必要条件；如实供述的动机多种多样，动机如何不影响供述的真实性和完整性；被告人对行为性质的辩解，表现形式多样，属于被告人主观方面的内容，与客观要件无关，不影响“如实供述自己的罪行”的成立；被告人对行为性质的辩解，是依法行使辩护权的体现，被告人供述的事实是否构成犯罪，不以被告人的认识、判断、辩解为转移，而由司法机关依法认定。[31]

总之，自首制度、坦白制度与认罪认罚从宽制度不仅在内涵、外延上有所重合，而且基本目的都包括降低刑事办案成本，提高刑事诉讼效率，三种制度中的“如实供述自己的罪行”的构成要件相同，认定标准一致。于是，在认罪认罚从宽制度中，如实供述的真实性和完整性，是认罪成立的充分必要条件；犯罪嫌疑人、被告人对案件非关键细节存有异议，对行为性质的辩解，包括在如实供述基础上的无罪辩解，都不影响认罪的成立。

第四，《关于处理自首和立功若干具体问题的意见》(2010 年)第 2 条，对《关于处理自首和立功具体应用法律若干问题的解释》(1998 年)第 1 条第 2 项规定的“如实供述自己的罪行”作出了进一步的细化规定，使得“如实供述自己的罪行”的司法认定更具有操作性。其中的核心内容，就是以是否足以影响定罪量刑作为判断“如实供述自己的罪行”的基本标准。具体而言，不影响定罪量刑的，应当认定为如实供述自己的罪行；影响定罪量刑的，不能认定为如实供述自己的罪行。笔者以为，对“不影响定罪量刑”应做最广义的解读，也是最有利被告的解读：“定罪”不仅指入罪判断，还应当包括出罪判断，所以，“不影响定罪量刑”，就是不影响司法机关的定罪量刑判断，包括法院依法作出无罪判决或者检察机关依法作出法定不起诉决定，只要对司法机关依法作出入罪判断或者出罪判断没有实质性的影响，自愿供述者就成立认罪。例如，被告人对其如实供述的案件事实

[29] 参见前引 8，张建伟文。

[30] 参见前引 3，朱孝清文。

[31] 参见祝二军：《〈关于被告人对行为性质的辩解是否影响自首成立问题的批复〉适用精解》，中国人民公安大学出版社 2012 年版，第 277-278 页。

的性质认为属于正当防卫，不负刑事责任，而公诉机关主张案件应认定为防卫过当，构成故意伤害罪，但被告人在控辩协商中明确表示会服从法院裁判，并签署具结书，最终法院裁判被告人无罪（或者认定被告人的行为属于防卫过当）。这种承认事实、否认有罪，但却服从裁判的情形，就是典型的“认事服判”案件，属于认罪认罚案件，犯罪嫌疑人、被告人就理应获得迅速审判的程序性收益和（或）从宽处理的实体性收益。

四、认罚的基本含义及扩展

关于认罚的基本含义，最高司法机关的观点是，根据《试点办法》，“认罚”是指犯罪嫌疑人、被告人同意量刑建议，签署具结书，即对检察机关建议判处的刑罚种类、幅度及刑罚执行方式没有异议。[32] 显然，认罚的一般内容或核心内容，就是对判处何种刑罚（刑种）和判处多重刑罚（如刑期、数额）控辩双方协商一致。对此，司法适用和理论解读没有歧义。值得探讨的主要是以下问题：

（一）认罚中的缓刑

根据《试点办法》第 11 条第 2 款规定，量刑建议一般应当包括主刑、附加刑，并明确刑罚执行方式。依法适用缓刑，是实体从宽处罚的重要措施之一。所以，控辩双方量刑协商的内容，也就包含是否适用缓刑。

1. 主要问题和基本对策

在刑事案件速裁程序的试点工作中，全国适用缓刑的案件比例达到 35% 左右或者略高比重；[33] 部分基层试点单位的统计数据显示，适用缓刑案件所占比重更是高达 40% 左右。[34] 与此相关，量刑建议与法院判决符合率有所提高，但与对照组比较，实际提升幅度并不明显。[35] 在认罪认罚从宽制度的探索实践中，切实提高缓刑适用率，须以公诉机关缓刑建议与法院宣告缓刑符合率的显著提升为基础。但提高缓刑建议与缓刑宣告符合率的愿望，不能只是依赖刑罚轻缓化观念

---

[32] 参见前引 12，孙谦文，第 5 页。

[33] 不同来源的数据有所区别，且包含在非监禁刑适用率之中。参见曹红虹：《优化司法资源试点初见成效》，载《检察日报》2015 年 11 月 6 日。《最高人民法院、最高人民检察院关于刑事案件速裁程序试点情况中的中期报告》载 http://www.npc.gov.cn/xinwen/2015-11/03/content_1949929.htm，最后访问时间：2015 年 11 月 6 日。

[34] 参见杨婷：《刑事速裁程序与刑事简易程序比较研究——以法院实践为样本》，载广州市法学会编：《法治论坛》2016 年第 1 辑（总第 41 辑），中国法制出版社 2016 年 3 月版，第 35 页；闵琦婷、李昇毅：《初探刑事速裁程序立案审查之完善路径——速裁试行一周年及试点 Y 法院 505 件案件审判的实证分析》，载广州市法学会编：《法治论坛》2016 年第 1 辑（总第 41 辑），中国法制出版社 2016 年版，第 116 页。

[35] 参见张婧、吕雪：《刑事速裁程序中检察院与法院协调机制试点效果的实证研究——以广州市越秀区人民法院刑事速裁审判实践为视角》，载广州市法学会编：《法治论坛》2016 年第 1 辑（总第 41 辑），中国法制出版社 2016 年版，第 60–62 页。

的确立，而是更应依赖确保符合率提升的操作规则。坦率地讲，量刑指导纲要和地方实施细则，实际不具备这种担当能力。因为，对缓刑适用问题，《指导意见》和地方实施细则没有实质性的细化操作规定。主要原因是，尽管制定具有高度操作性的缓刑适用规范是刑事司法的迫切客观需求，但最高人民法院基于缓刑适用的复杂性，仍然采取“暂不宜作更具体规定”的对策。[36]显然，这样的量刑指导规范，对提高缓刑建议与缓刑宣告符合率，并提高缓刑适用率，没有任何规范指引、统一标准、提高效率的作用。于是，兼顾刑罚轻缓化实现与司法效率提升的缓刑适用规范，便以地方特别细化规则的形式，顺应刑事案件速裁程序、认罪认罚从宽制度的改革需求而开始发挥作用。例如，C市《C法院速裁程序案件适用范围及量刑指导意见（试行）》（2015年6月），对醉驾型危险驾驶案件的缓刑适用原则作出具体、明确规定。2016年5月最高人民法院发布《关于扩大量刑规范化罪名和刑种试点的通知》之后，[37] H省《关于扩大量刑规范化罪名和刑种的量刑指导意见（试行）》（2016年6月）等，不仅对适用缓刑的基本条件有细化性规定，并尽可能地详尽规定了可以适用缓刑和一般不适用缓刑的具体情形，而且对各具体罪名中可以适用缓刑和一般不适用缓刑的情形尽最大可能作出详尽规定。Z省《关于办理“醉驾”案件的会议纪要》（2017年1月），对办理醉驾型危险驾驶案件适用缓刑、不适用缓刑的具体情形均有详尽规定。

2. 规则细化尚需改进之处

总之，只有达到上述细化程度的规则，才能适合认罪认罚案件适用缓刑的基本需求。但是，通览这些地方规范，尚存需要调整或改进之处：

第一，此类包含缓刑适用细化规则的地方规范，并没有达到相当的普及程度。这种细则的普及程度，既指试点地区是否有相应规定，也指缓刑适用细则可否覆盖绝大多数所办理的案件。由于此类规范缺位或者普及程度不足，一些试点地区的缓刑适用率以及缓刑建议与缓刑宣告符合率长期处于低水平徘徊状态。

第二，地方量刑规范欠缺制度性发布程序，各种地方量刑细则总体处于非公

---

[36] 参见前引19，熊选国主编书，第102、407页。

[37] 《最高人民法院关于扩大量刑规范化罪名和刑种试点的通知》将危险驾驶罪等8种罪名纳入规范范围，从有期徒刑、拘役扩大到罚金、缓刑，并指定天津等地8个高级法院作为试点法院，在辖区内指定有关法院开展试点，在此基础上提出量刑指导意见。最高人民法院将在总结试点经验的基础上，制定全国量刑指导意见。扩大量刑规范范围以后，适用量刑规范化的罪名达到23种，案件数量占全国基层法院刑事案件的90%左右。参见陈学勇：《最高人民法院扩大量刑规范化罪名和刑种试点》，载《人民法院报》2015年5月26日。2017年3月《最高人民法院关于载全国法院开展扩大量刑规范化罪名和刑种试点的通知》明确，第一批试点法院继续就上列8个罪名的有期徒刑、拘役、罚金和缓刑试点，第二批试点法院的试点范围为危险驾驶罪等8个罪名的有期徒刑和拘役，不包括罚金和缓刑。《最高人民法院关于常见犯罪的量刑指导意见（二）》（试行）从2017年5月1日起在试点法院实施。参见前引24，陈学勇文。

开状态或公开程度不足，致使认罚协商依据极易受到质疑，影响司法公信力。最为典型的情形是，办案机关和办案人员掌握量刑细则，而犯罪嫌疑人、被告人及其辩护律师以及被害人及其代理人对量刑细则毫不知悉。具有事实约束力的地方量刑规范，在公开性上的这种尴尬状态，或许与此类规范的属性及其在量刑规则体系中的地位有关，更与禁止地方司法机关制定司法解释性质文件的规定[38]有最直接的关系。笔者以为，以此为由不公开或不充分公开地方量刑规范的理据不成立：（1）《关于地方人民法院、人民检察院不得制定司法解释性质文件的通知》（简称《通知》），明确将地方司法机关制定的文件分为司法解释性质文件与其他规范性文件，并明确禁止制定司法解释性质文件，但允许制定不属于司法解释性质文件的其他规范性文件，只是禁止在法律文书中援引其他规范性文件。地方量刑细则，尤其是为速裁程序、认罪认罚从宽制度试点而制定的地方量刑细则，属于地方司法机关有权制定的其他规范性文件。（2）为办理速裁程序案件、认罪认罚案件而制定的量刑细则，实际是始于立法机关特别授权、经"两高三部"再授权的地方司法机关制定，或地方司法机关参与制定的规范性文件。它是认罪认罚实体从宽所依据的特别规定的有机组成，虽然对司法办案仅具有事实约束力，但它与《通知》第1条所规定的"其他规范性文件"相比，有更高的法律效力；它也不属于《通知》第1条明令禁止制定的"司法解释性质文件"，而是具有准立法性质的《试点办法》的细化操作规则。

总之，这种属于量刑规则体系的地方特别细化规则，是认罚协商的基本依据。以规范为依据的认罚协商，要求参与协商的控辩任何一方知悉具体量刑细则。这是确保犯罪嫌疑人、被告人"了解认罪认罚的性质和法律后果，自愿认罪认罚"（《试点办法》第5条规定）的当然前提。换言之，唯有量刑细则公开，辩方才能知悉量刑细则；辩方知悉量刑规则，才能真正了解认罪认罚的性质和法律后果，才能确保认罪认罚的自愿性。一定意义上讲，量刑细则是否公开？犯罪嫌疑人、被告人是否知悉量刑规则的内容？足以作为"审查认罪认罚的自愿性和认罪认罚具结书内容的真实性、合法性"（《试点办法》第15条规定）的客观依据。

第三，地方量刑细则即便包含缓刑适用指引，但因没有涉及禁止令适用的内容，极有可能影响诉讼效率；或者缓刑建议包括适用禁止令，但缓刑判决未宣告禁止令，或缓刑适用的控辩协商不包括适用禁止令，但法院判决对被告人宣告禁止令都有可能影响从简程序的常态运行。根据《关于对判处管制、宣告缓刑的犯

---

[38]《关于地方人民法院、人民检察院不得制定司法解释性质文件的通知》（2012年1月）第1条规定："自本通知下发之日起，地方人民法院、人民检察院一律不得制定在本辖区普遍适用的、涉及具体应用法律问题的'指导意见'、'规定'等司法解释性质文件，制定规定其他规范性文件不得在法律文书中援引。"2015年《立法法》第104条第3款规定："最高人民法院、最高人民检察院以外的审判机关和检察机关，不得作出具体应用法律的解释。"

罪分子适用禁止令有关问题的规定（试行）》第 7 条的规定，人民检察院在提起公诉时，对可能宣告缓刑的被告人可以提出宣告禁止令的建议；被告人及其辩护人可以就应否对被告人宣告禁止令提出意见，并说明理由。有的地方规范对适用禁止令的量刑建议专门作出明确规定。例如，B 市《关于规范量刑程序的实施意见（试行）》（2015 年 12 月）第 20 条的相关规定。所以，认罪认罚案件适用缓刑的量刑建议，依法应当包括是否适用禁止令的建议内容，或者涉及适用缓刑的控辩协商，理应包括是否适用禁止令的内容。包括是否宣告禁止令在内的适用缓刑的协商一致，既指控辩双方的协商一致，也指根据《试点办法》第 21 条规定，经人民检察院对量刑建议调整后，检法之间意见一致。否则，速裁程序的适用会受到影响。只对有司法解释明确规定的罪名，建议宣告禁止令，或者量刑建议只涉及适用缓刑，不包括是否宣告禁止令，是目前基层检察机关缓刑建议的普遍做法。改变这种状况，是扩大速裁程序适用范围，提高缓刑适用率的前提之一。

（二）认罚中的酌定免除处罚

根据《试点办法》第 10 条第 1 款第 2 项、第 22 条的规定，以及刑法规则对量刑情节的表述习惯，认罚协商中的从轻、减轻或者免除处罚，均包括法定与酌定两类，即法定和酌定的从轻、减轻或者免除处罚。刑法理论中存在着否认酌定免除处罚的观点，[39] 刑事司法机关也有司法官持相同观点，[40] 笔者秉持我国刑法规定中并列存在法定免除处罚与酌定免除处罚的立场。[41] 一定意义上讲，认罪认罚案件中的免除处罚，更多地是指酌定免除处罚。这实际上是最高司法机关的倾向性态度，[42] 例如，《关于办理环境污染刑事案件适用法律若干问题的解释》第 5 条，作为典型的“认罪认罚从宽”条款明确规定，对构成犯罪、但符合规定条件的案件，“可以认定为情节轻微，不起诉或者免予刑事处罚”。[43] 类似的“认罪认罚从宽”条款，在近几年的司法解释中几乎成为必设条款。笔者以为，认罪认罚实体从宽的目标导向，包含适度提高酌定免除处罚率，其具体实现途径，就是检察机关作出相对不起诉决定和法院作出免予刑事处罚（定罪免刑）判决。但在以往的实务中，法院援引《刑法》第 37 条以酌定免除处罚情节为由作出的免

---

[39] 参见张明楷：《责任刑与预防刑》，北京大学出版社 2015 年版，第 427–429 页；张明楷：《刑法学》（第 5 版），法律出版社 2016 年版，第 634–635 页。

[40] 参见庄晓晶、程晓璐：《相对不起诉立法和实践的再认识》，载孙力、王振峰主编：《不起诉实务研究》，中国检察出版社 2010 年版，第 166–168 页；叶衍艳：《论扩大相对不起诉制度的适用范围》，载孙力、王振峰主编：《不起诉实务研究》，中国检察出版社 2010 年版，第 178–182 页。。

[41] 参见黄京平：《刑事和解的政策性运行到法制化运行——以当事人和解的轻伤害案件为样本的分析》，载《中国法学》2013 年第 3 期。

[42] 参见前引 12，孙谦文，第 6 页。

[43] 参见周加海、喻海松：《〈关于办理环境污染刑事案件适用法律若干问题的解释〉的理解与适用》，载《中国环境报》2016 年 12 月 28 日。

予刑事处罚判决，相当数量是检法定性争议案件、部分证据瑕疵案件的非正式解决方案。所以，认罪认罚实体从宽的结果，会客观推高酌定免除处罚率。但酌定免除处罚案件的增多，不应过度倚重相对不起诉的方式，而应适量提升免予刑事处罚的比重。为此，观念的转变和细则的齐备是两个基本条件：

第一，就观念而言，虽然相对不起诉与免予刑事处罚都是刑事责任的承担方式，实体根据完全相同，但因被不起诉人没有犯罪记录，以及高效的程序分流功能，相当数量或绝大多数可以免予刑事处罚的案件，便以相对不起诉的方式终止刑事诉讼。然而，依据《刑事诉讼法》第 12 条规定的定罪权专属原则，由法院作出的免予刑事处罚判决，与酌定不起诉相比较，虽然都是实体从宽的具体措施，但却体现了程度更重的有罪谴责，一般预防的效果更强。所以，办理认罪认罚案件，检察机关应当适量提出免予刑事处罚的量刑建议，法院也应适度提高免予刑事处罚适用率。

第二，与提高缓刑适用率所需的客观条件相同，提高免予刑事处罚适用率，需要有罪名覆盖程度适当、向社会完全公开的操作细则作为基本条件。与地方细则中适用缓刑的规定相比较，适用免予刑事处罚的操作细则明显偏少，表现为：既无一般性或基本适用条件的规定，对常见罪名的覆盖率或所涉常见罪名的比重也偏低。改变这种客观条件的有效办法，是在常见罪名中增加此类细则的覆盖率。值得注意的是，地方法院的细则性规范，依据《刑法》第 37 条和有关司法解释，只对具体罪名适用“免予刑事处罚”有所规定，这种不包含“相对不起诉”的规定方式，虽与法院的职权有关，但其实际的指引作用，并不仅限于审判阶段的刑罚裁量。一方面，量刑细则中免予刑事处罚的专款规定，当然对法官适用免予刑事处罚具有规范和指导作用，它既反映了审判机关引导法官作出免予刑事处罚判决的倾向性态度，也会带来免予刑事处罚适用率提高的司法后果。另一方面，同时推进的以审判为中心的刑事诉讼制度改革与完善刑事诉讼中认罪认罚从宽制度改革，要求恰当协调公诉裁量权合理扩张与公诉裁量权依法受限的关系，一定意义上讲，地方法院制定的适用免予刑事处罚的量刑细则，就是控辩双方对是否适用酌定免除处罚进行协商，检察机关提出免予刑事处罚的量刑建议的操作指引。换言之，这样的量刑细则，实际就是以审判为中心的公诉裁量权依法受限的规范依据。因为，这种仅具有事实约束力的规范，表面上只是地方法院制定的，但是，它是对特定案件规模化适用免予刑事处罚的迫切司法需求的产物，更是检法机关司法共识的产物。所以，地方法院的量刑细则，是便于控辩双方协商、有助于检法意见协调的操作指引。这种操作指引的延伸效果是，控辩双方就适用酌定免除处罚的形式进行协商，有了事实上的合法性依据。也就是说，根据这种量刑细则，可以在适用相对不起诉与适用免予刑事处罚的选项之间，进行控辩协商。

五、狭义的认罚与广义的认罚

依据《授权决定》和《试点办法》第1条规定，规范意义上的认罚，内容明确，没有歧义，即“同意人民检察院量刑建议”或“同意量刑建议”。但若将观察视野，由规范层面转到操作领域，认罚的内涵和外延，就有了必须关注的变化。在最高司法机关看来，“认罚”是适用认罪认罚从宽制度的“前提条件”，“认罚”是在决定是否从宽和如何从宽时应当考虑的“重要因素”，犯罪嫌疑人、被告人表面上“认罚”，背地里隐匿、转移财产，不赔偿损失，则“不能适用认罪认罚从宽制度”。[44] 换言之，退赃退赔、赔偿损失是否到位，是判断被告人认罚态度的重要因素；被告人有能力或有条件，但不退赃退赔、不赔偿损失的，即使认罪，一般也不足以从宽处罚。从中可见，“认罚”是指犯罪嫌疑人、被告人对检察机关建议判处的刑罚种类、幅度及刑罚执行方式没有异议，作为认罚的核心要素，这是毋庸置疑的；但与规范层面的界定不同，在操作领域，除核心要素以外的退赃退赔、赔偿损失等，却成为判断认罚成立与否、可否适用认罚从宽的决定性要素。因为，无论是“不能适用认罪认罚从宽制度”，还是“一般也不足以从宽处罚”，并没有、也不应否定认罪从宽的既有立法规范、司法解释的法律效力，实际都是以应当依法适用认罪从宽规定为前提的，或者是以具体案件依法成立认罪并从宽处罚为基础的；在认罪认罚从宽制度的语境下，“不适用从宽制度”或“不足以从宽处罚”，实际是指“不适用认罚从宽”。依这种实务见解，等同于在核心要素之外又附加了客观修复要素，并且这一客观修复要素实际影响着认罚从宽的后果，从而形成了一个意蕴扩张之后的认罚，即广义的认罚。并且，最高司法机关的实务见解，对认罚成立的条件持从严把握的立场，对认罚实体从宽有谨慎适用的倾向。这种实务见解，甚至直接转化为地方实施细则的规范内容。例如，B市《关于开展刑事案件认罪认罚从宽制度试点工作的实施细则（试行）》第3条，就有相应的规定。于是，看似简单的认罚，无论是理论上的界定，还是实务中的认定，都有了区分狭义认罚与广义认罚的必要。笔者以为，对认罚做狭义与广义的区分，既有规范的依据，也是实务操作需求的反应，有助于不同类型认罪认罚案件的程序性和实体性问题处理，如从简程序的选择，从宽处罚幅度的确定等。

（一）狭义的认罚

狭义认罚的规范依据，就是《授权决定》和《试点办法》第1条的规定。进一步的权威解读认为，狭义的认罚，是指犯罪嫌疑人、被告人同意量刑建议，签署具结书，即对检察机关建议判处的刑罚种类、幅度（包括刑期幅度或确定的刑期）及刑罚执行方式没有异议。[45] 地方实施细则也有相应的规定，如A市《关于

[44] 参见前引12，孙谦文，第5–6页。

[45] 参见前引12，孙谦文，第5页。

开展刑事案件认罪认罚从宽制度试点工作实施细则（试行）》第4条规定。所以，狭义认罚之罚，仅指刑罚，与其他无涉。狭义认罚的价值不容置疑。首先，狭义的认罚，有《授权决定》和《试点办法》的明确规定为依据，具有合法性。其次，狭义的认罚，虽然所体现的悔罪态度和悔罪表现与广义认罚不同，但其具有的节约刑事程序资源的属性，应当予以肯定；一概否定狭义认罚的功能，尤其是主张对狭义认罚一般不足以从宽处罚的司法倾向，与规范量刑程序的制度规定和制度精神明显不符；与认罪的法律后果相同，狭义的认罚，是相对独立的从宽处理事由，也应获得程度相当的程序性收益和实体性收益。最后，承认狭义认罚，并不意味着对狭义认罚任意从宽处罚，或者不加限制的从宽处罚；对狭义认罚的从宽处罚幅度，应与对广义认罚的从宽处罚幅度有所区别，是办案机关和司法官能够把握的准则。

（二）广义的认罚

1. 合法依据和基本形式

理解认罚广义说，或者界定广义的认罚，必须以《授权决定》，尤其是《试点办法》的明确规定为依据。本文以为，广义认罚的合法性依据，即规范广义认罚的直接规定，主要有《试点办法》第7条、第16条、第17条第4项的相关规定。此外，《试点办法》第3条、第4条、第10条第4项，是与广义认罚有间接联系的规定。[46] 除《试点办法》的直接规定和间接规定外，既有刑事规范中也有涉及广义认罚的规定，其同样属于广义认罚的合法性根据。[47] 根据前述规定，简言之，广义认罚，就是以狭义认罚为基础的民事赔偿和解。其中的民事赔偿和解，就是犯罪嫌疑人、被告人与被害方（被害人或者其代理人）就案涉民事赔偿等事项达

---

[46] 笔者以为，一定意义上，依据《试点办法》的相关规定，以及地方实施细则的相关规定，并参酌重要的实务见解，除狭义认罚与广义认罚的分类外，对认罚还可以做其他分类。例如，狭义认罚又可以称为具结书中的认罚，广义认罚又可以称为具结书外的认罚。再如，对广义认罚又可以区分为速裁程序的民事赔偿与非速裁程序的民事赔偿，或者速裁程序中的民事赔偿与速裁程序外的民事赔偿。因为，根据《试点办法》第17条第4项的规定，特定的民事赔偿形式，不仅是决定速裁程序适用的法定情形，而且是对实体从宽与否和从宽幅度有实质影响的量刑情节，它是除认罪和狭义认罚之外的，能够影响从宽幅度的重要法定因素。

[47] 既有刑事规范中有关广义认罚的规定，除刑事法律的原则性规定（如《刑法》第61条的规定），以及政策性规范文件和量刑指导规范中的相关规定外，实体性司法解释和程序性司法解释中都有较为具体的规定。前者如《关于被告人亲属主动为被告人退缴赃款应如何处理的批复》第4条的规定，《关于审理未成年人刑事案件具体应用法律若干问题的解释》第16条的规定，《关于办理职务犯罪案件认定自首、立功等量刑情节若干问题的意见》第4条的规定等。其特征是，分散规定，欠缺系统性。后者如《关于适用〈中华人民共和国刑事诉讼法〉的解释》第225条的规定。结合该司法解释中有关刑事和解释程序的具体规定，足见程序性司法解释涉及广义认罚的细化规定系统性特征显著，并与量刑指导规范中所规定的退赃退赔、赔偿损失和刑事和解等常见量刑情节共同构成实体与程序一体化的操作标准。

成和解协议。完整理解认罪认罚案件中的民事赔偿和解，可以从以下几方面把握：

第一，赔偿的基本类型。涉刑事案件的民事赔偿的类型，主要以犯罪的基本性质为分类标准：一是退赃退赔，一般见于侵犯财产或其他以谋取非法利益为目的的犯罪中，其中，退赃，是指犯罪嫌疑人、被告人将犯罪所得的赃款或赃物，直接退还被害人或上缴司法机关的行为；退赔，是指因犯罪所得的赃物已被非法处置或损毁而无法退还被害人原物，犯罪嫌疑人、被告人采取折价方式直接赔偿被害人或上缴司法机关的行为。[48] 司法实务中，退赃退赔，也被用作更广义的涉财犯罪案件的赔偿方式。二是赔偿损失，即积极赔偿被害人经济损失，所谓经济损失，一般指被害人因生命、健康遭受犯罪行为侵害而引发的各种经济损失，包括直接损失和间接损失，它作为不能为犯罪人非法占有的被害人损失，区别于可以为犯罪人非法占有的物质利益（赃款赃物），多见于侵害人身权利类犯罪，包括故意伤害、故意杀人、交通肇事、抢劫致人伤亡等案件。[49] 在司法实务中，赔偿的损失，有时已经超出物质损失的范围，实际涵括精神损失，尤其是在法定刑事和解案件中，实际的赔偿，经常不限于补偿性赔偿，还包括惩罚性赔偿。某些地方规范，如C市《刑事案件认罪认罚从宽制度试点工作实施细则（试行）》明确规定，除侵犯人身权利、侵犯财产权利案件以外的其他案件，“被告人作出赔偿、补偿，使社会关系获得社会公众普遍认同的有效修复的”，也属于刑事法意义的赔偿损失。简言之，这种规定反映出，可以适用赔偿损失的案件类型，在司法实务中，并没有严格的限制。此外，司法实务中，个别案件的赔偿损失，是以赔礼道歉作为替代措施的，并同样可以达到案结事了的效果。

第二，和解的多种形式。认罪认罚案件中的民事赔偿和解是广义的和解，具体包括谅解、调解与和解三种方式。谅解即被害方谅解，是指被害方因犯罪嫌疑人、被告人认罪悔罪、退赃退赔、赔偿损失、赔礼道歉或者其他承担民事责任的行为，而对犯罪嫌疑人、被告人表示谅解。[50] 笔者认为，被害方谅解，同时也是犯罪嫌疑人、被告人与被害方达成调解协议或和解协议的前提。认罪认罚案件所涉调解协议、和解协议，均应作广义理解，调解协议包括但不限于法院审理期间达成的调解协议，和解协议包括但不限于根据《刑事诉讼法》第277条规定达成的刑事和解协议。所以，依据《试点办法》的规定，在办理认罪认罚案件中，被害方的谅解，犯罪嫌疑人、被告人与被害方的调解协议及和解协议，具有性质相同、程度相当的法律后果，即作为实体性收益的从宽处罚幅度应当一致。

第三，从宽幅度的定位。简言之，该问题就是认罪认罚案件中的民事赔偿和

---

[48] 参见前引19，熊选国主编书，第155–159页。

[49] 参见前引19，熊选国主编书，第159–162页。

[50] 参见前引19，熊选国主编书，第163–164页。

解，可否完全适用既有量刑规范所规定的量刑情节及其从宽幅度？本文以为，在缺少实体从宽特别细化规则的背景下，办理适用速裁程序的认罪认罚案件，量刑指导纲要和地方实施细则所规定的量刑情节及其从宽幅度，仅具有参照适用的价值。因为，既有规范中的有关量刑情节及其从宽幅度，与速裁程序中的民事赔偿和解难以有效对接，或者无法适应认罪认罚案件中的特定量刑情节。例如，退赃退赔并获得被害方谅解的情形，只能参照适用《指导意见》关于常见量刑情节第8项的规定，因为该项量刑情节并未考虑被害方谅解的因素。再如，寻衅滋事罪的被告人即使因积极赔偿经济损失而与被害方达成和解协议，也无法直接适用《指导意见》关于常见量刑情节第10项的规定，因为此项量刑情节只是关于法定刑事和解的规定。观察各地的试点工作实施细则，普遍存在着重程序、轻实体（甚至几乎不涉及实体性规定）的现象，在此背景下，不同形式的赔偿和解、不同程度的赔偿和解，只能参照既有的量刑指导规范决定实体从宽的幅度。

第四，刑事成分的缩减。在认罪认罚从宽制度的语境下，量刑指导规范所规定的法定刑事和解、被害方谅解情节中的“认罪”等成立要件，已经被虚化，或者实际被认罪的控辩协商和狭义认罚的控辩协商所替代。具体而言，法定刑事和解的基本成立条件，包含认罪认罚的成分，对此，立法有明确的规定，司法解释或规范文件也有细化的操作规范。立法规定的精神，司法解释或规范文件的细化规定，实际都将认罪协商作为犯罪嫌疑人、被告人与被害方达成刑事和解的必备要件。刑事和解制度中的认罪协商，是犯罪嫌疑人、被告人与被害方之间的协商，认罪认罚从宽制度中的认罪协商，是控辩双方之间的协商，两者主体不同，性质有别。办理认罪认罚案件，由于必须在控辩双方之间进行认罪协商，法定刑事和解制度的认罪协商，也就实际失去意义，刑事和解实质转化为民事赔偿和解。换言之，《试点办法》的特别规定，适用效力优于既有的刑事法律规定，控辩双方的认罪协商，效力优于犯罪嫌疑人、被告人与被害方的认罪协商，前者替代后者，即在认罪认罚从宽制度的语境下，刑事和解制度中的“刑事成分”已被虚化，仅存民事赔偿和解。与此相同，作为常见量刑情节的被害方谅解，依权威解读，也内含犯罪嫌疑人、被告人与被害方认罪协商的要素，[51] 但在认罪认罚从宽制度下，这种属于被害方谅解的认罪协商，理应被控辩双方的认罪协商所取代。

2. 基本功能

第一，实现案结事了。一定意义上讲，刑事司法中的案结事了，就是刑事追究与民事赔偿一并实现。在前期试点中，有试点单位以工作细则的方式，对速裁

[51] 参见前引19，熊选国主编书，第163–166页。

案件中不同程度、不同形式的民事赔偿适用的从宽幅度，予以明确规定，[52] 充分肯定民事赔偿的量刑激励作用。但也有前期试点单位，对此持不同立场，主张应尽力减少刑事和解的滞后性对速裁程序适用的影响。更有基层办案机关的实务见解认为，基于效率原则的考虑，不宜将民事赔偿和解作为适用速裁程序的前提条件。[53] 显然，决策机构并没有采纳这种实务建言，而是遵循基本刑事政策，坚守办案效率与办案效果平衡原则，不为单纯追求诉讼效率而牺牲办案效果，在认罪认罚从宽制度改革中，继续将民事赔偿和解作为速裁程序的基本适用条件。足见，对认罪认罚的轻罪案件从宽、从快、从简处理，既是以民事赔偿和解为基本适用条件的，也是以案结事了为重要政策目标的。在认罪认罚从宽制度中，刑事责任确定的方式，主要是在控辩双方认罪认罚协商的基础上，由审判机关依法定罪、恰当判罚；民事纠纷解决的方式，主要是犯罪嫌疑人、被告人与被害方就案涉民事赔偿等事项达成调解协议或和解协议。一定意义上讲，认罪认罚从宽制度改革的基本政策目标，是由认罪功能与认罚功能相互协调实现的：认罪的具体功能与认罚的具体功能，是各有侧重的，认罪的功能突出表现为，降低证据证明的难度，提高证实犯罪的效率，节约刑事司法资源；而广义认罚的功能主要在于，保障被害方的合法权益，实现案结事了的效果。所以，强调案结事了的办案效果，一方面，有助于办案机关克服重视刑事追究、轻视民事赔偿的负面习惯，消除懈怠职守的现象，另一方面，也能够引导辩护律师切实履职，促成退赃退赔、赔偿损失和刑事和解。

第二，量化认罚从宽。除前述案结事了的功能外，民事赔偿和解的另一重要的功能，就是实现认罚从宽的可操作性，将认罚从宽的理念转换为可以被实际把握的量刑情节，为认罚协商提供参照标准，为认罚从宽幅度的确定明确基本的判罚依据。

首先，民事赔偿和解可以量化认罚从宽幅度，是因为认罪从宽具有法律依据，而认罚（狭义认罚）从宽欠缺基本的实体法依据。在此背景下，狭义的认罚从宽，就成为认罪从宽的自然延伸或当然后果。换言之，在既往的实体规则或司法习惯

[52] 北京市海淀区有关机构制定的《海淀区刑事案件速裁程序试点工作细则》明确规定："被告人认罪案件，适用速裁程序的，可以依法从轻处罚；积极赔偿或有其他真诚悔罪表现的速裁案件，可以较大幅度依法从轻处罚；当事人和解的速裁案件，可以依照《刑事诉讼法》第 279 条的规定从宽处罚。"这三种情形的从宽处罚幅度可以分别达到 10%–30%，20%–40% 和 40% 以上。参见北京市海淀区人民法院课题组：《关于北京海淀全流程刑事案件速裁程序试点的调研——以认罪认罚为基础的资源配置模式》，载《法律适用》2016 年第 4 期。

[53] 参见广州市南山区人民法院课题组：《轻微刑事案件快速审理机制研究——以广州市南沙区人民法院的试点为样本》，载广州市法学会编：《法治论坛》2016 年第 1 辑（总第 41 辑），中国法制出版社 2016 年版，第 144 页。

中，并不存在认罚从宽的理念，也不会有狭义认罚从宽的基本制度规范。所以，认罚从宽就是依附于认罪从宽而存在的、不具有独立评判意义并可以单独适用的情形，认罚从宽实际就是从属于认罪从宽的情形，认罪从宽的幅度包含了狭义认罚从宽的内容。至今，对狭义认罚作为独立的从宽量刑情节，也没有真正形成基本的司法共识。其基本表现，就是强调民事赔偿和解对认罚从宽幅度的制约性、决定性的作用。在最高司法机关看来，被告人认罪认罚，但没有赔礼道歉、退赃退赔、赔偿损失，未能与被害人达成调解或者和解协议取得谅解的，在考虑如何从宽时要有所区别。[54] 其精神在于，认罪与狭义认罚，是一个难以彼此区分，应作为整体的从宽量刑情节；而民事赔偿和解，则是一个与认罪及狭义认罚相对独立的从宽量刑情节。各地的试点工作实施细则，也是普遍将民事赔偿和解作为决定认罚从宽幅度的基本要素，极少将狭义认罚作为独立的从宽量刑情节。总之，既有的刑事实体法，欠缺狭义认罚从宽的规范；现行的特别规范，也没有将狭义认罚规定为独立的从宽量刑情节。笔者以为，依据基本认定标准，虽然认罪与狭义认罚的区分界线明确，在实务操作中，也能够清晰判明认罪与狭义认罚，但是，这并不意味着，狭义认罚作为独立从宽量刑情节具有合理性。因为，依据刑法、司法解释和规范文件对认罪从宽制度的既有规定，并考虑认罪认罚从宽的刑事政策对认罪从宽幅度的调节效应，认罪从宽所获得的实体性收益，已经覆盖了狭义认罚从宽应获得的实体性收益，没有必要再对狭义认罚额外给予量刑减让。于是，既不属于认罪，也能与狭义认罚相对区分的民事赔偿和解，便作为影响从宽幅度的情节，获得改革设计者、政策制定者和刑事司法官的青睐，作用凸显。并且，此类量刑情节对从宽幅度的重要调节作用，无须依赖制度创新即可实现，明显降低了改革的成本，也就是说，在没有新的制度供给的背景下，就可以完成或基本适应新的政策任务。一定意义上，量刑指导纲要和地方量刑细则规定的常见量刑情节中的既有要素，能够基本适应新的政策需求或改革目标。只是既有的常见量刑情节需要适当调整，以适应认罪认罚从宽制度下的民事赔偿和解的新需求。

其次，基于前述，在认罪认罚从宽制度的语境下，狭义认罚之外的民事赔偿和解，不仅是标志犯罪嫌疑人、被告人认罚的关键事由，而且是实际决定认罚从宽幅度的量刑情节。换言之，认罚从宽的具体幅度，是由民事赔偿和解所包含的各项具体量刑情节决定的。量化认罚从宽的幅度，是民事赔偿和解的重要功能。该功能的实现，主要有两种方式：（1）参照既有规定。既有的规定，就是量刑指导纲要和地方实施细则中关于常见量刑情节的规定。之所以不是直接援引，而是参照适用，主要是因为具体的常见从宽量刑情节，与认罪认罚案件中不同形式、不同程度的民事赔偿和解并非一一对应。所以，在没有新的量刑细则的背景

[54] 参见前引 12，孙谦文，第 9 页。

下，办理认罪认罚案件，对不同形式、不同程度的赔偿和解，应当参照适用最相类似的从宽量刑情节，决定具体的从宽幅度，也就是结合民事赔偿和解的具体情形，对既有从宽量刑情节适当修正适用。（2）制定新的细则。观察各地的试点工作实施细则，关于民事赔偿和解的从宽量刑幅度，几乎未见明确具体、方便操作的新规定。其中的有关规定，主要为定性规定或原则规定，明显缺少量化规定或细化规定，没有全新的量化细则。[55]有的试点地区，只有相对笼统的、以既有规定为基础的、细化程度明显不足的量化规定。可见，在认罪认罚从宽制度的改革探索中，制定新的从宽量刑细则的努力，并不十分理想，有的试点地区甚至几乎放弃了制定新的特别细则的尝试。这种状况，一方面，反映了办案机关对既有量刑规范功能的基本共识，也证实了既有量刑减让规定所具有的普遍事实约束力，更说明了既有量刑规范的政策弹性，也即刑事政策对从宽幅度的调解功能——主要基于程序性政策目标的作用，实体性的量刑减让规范适应新的政策需求，或者被具体刑事政策激活，启动或形成了符合认罪认罚从宽政策的制度效果。另一方面，也在一定程度上说明，试点机关对狭义认罚的量刑减让持谨慎立场，充分调度既有的认罪从宽情节，以及退赃退赔、赔偿损失和刑事和解从宽情节的规范资源。所有这些，均与既有制度供给大致可以适应改革探索的需求具有密切的客观联系。

（本文曾发表于《中国法学》2017 年第 5 期）

---

[55] 例如，B 市《关于开展刑事案件认罪认罚从宽制度试点工作的实施细则（试行）》的相关规定，参见前引 16。

论恐怖主义犯罪的惩治及我国立法的发展完善

王秀梅

一、恐怖主义犯罪概述

通常所说的“恐怖主义”（terrorism）是18世纪后从法文“terreur”一词演变而来。自20世纪30年代，首次恐怖主义劫机事件在秘鲁发生，这次事件使许多无辜者无端被害，当时国际社会将这种暴行与恐怖主义有机结合起来。直到1934年，国际社会才正式开始直面恐怖主义暴行，并积极采取措施予以惩治。1937年在瑞士日内瓦通过的《防止和惩治恐怖主义公约》（以下简称《防恐公约》）勾勒了恐怖主义犯罪概念与性质的基础模式。但是，随着国际社会的进步与发展，恐怖主义犯罪的性质和手段也呈现出多元化和复杂化的态势，1937年界定的恐怖主义已远远不能满足现代国际刑法制裁与发展的需求。

早期的恐怖主义罪行通常与劫持航空器、劫持人质等行为中威胁公民生命、身体或自由行为存在一种竞合关系，诸如掳人勒赎、人质或其他重大非法监禁等暴力行为方式。综合这些特点，国际社会在首次制定《防恐公约》以后，先后在一系列国际公约中增设了相应的反恐怖主义罪行内容，诸如1970年在荷兰海牙签署的《关于制止非法劫持航空器的公约》、1973年在美国纽约订立的《关于防止和惩处侵害应受国际保护人员包括外交代表的罪行的公约》、1979年在美国纽约订立的《反对劫持人质国际公约》等。[1]

现代社会的恐怖主义已从绑架、暗杀等小规模袭击发展成一种有组织的并运用现代手段的攻击模式，美国遭受“9·11”袭击事件就是恐怖主义犯罪发展趋势的一种说明。各种形式的恐怖主义行为已经对世界和平、经济发展、社会生活乃至人类文明形成一种潜在的威胁。恐怖行为的实施方式、方法不断变换，犯罪手段逐渐发展为劫持航空器、绑架、毒气、爆炸、利用电子或有线通信系统及网络目标明确地实施犯罪行为，甚至是核领域的犯罪；犯罪方式从单纯的实行犯，发展到为恐怖主义活动提供资金、鼓励、培训、策划、煽动或其他支助的非实行

[1] 其他国际公约如：1963年在日本东京签署的《关于在航空器内的犯罪和犯有某些其他行为的公约》、1971年在加拿大蒙特利尔签署的《关于制止危害民用航空安全的非法行为的公约》、1979年《核材料实物保护公约》、1988年在意大利罗马通过的《制止危害航海安全的非法行为公约》、1988年在意大利罗马通过的《制止危及大陆架固定平台安全非法行为议定书》、1988年《制止危及海上航行安全的非法行为公约》和《制止危及大陆架固定平台安全的非法行为议定书》，等等。

犯——共同罪犯；犯罪侵害范围从国内、跨国，发展到国际范畴；犯罪主体从个人、小规模组织发展为恐怖主义组织，甚至包括国家的参与；[2] 国际社会对恐怖主义犯罪的认定要求也从作为犯罪发展到不作为犯罪，从实害犯发展为危险犯。这种现实状况迫使国际社会在惩治恐怖主义犯罪法律对策上不断作出适应性的调整，进而应对不断翻新的犯罪现象。长期以来，国际社会从未间断对恐怖主义行为的惩治和打击，并作为一项长期、艰难的任务。通过分析有关国际性法律文件可见，以往的公约对恐怖主义犯罪产生的根源缺乏明确的剖析，因而难以制定有效的惩治策略，大多停滞在单一性和特定性阶段；而后来的国际性法律文件虽有明确规定，但也只是停留在草案阶段，远没有达到国际社会普遍认可的效力程度，如 1996 年的《惩治危害人类和平与安全治罪法草案》就没有直接涉及恐怖主义犯罪的内容。

面对恐怖主义犯罪的威胁与破坏，国际社会已经在世界范围内逐步形成打击和惩治恐怖主义罪行的共识，而且大有加强国际合作的趋势。自 1994 年至 2000 年的历次联合国大会都直接或间接地通过了一系列消除国际恐怖主义的措施、宣言和公约，如《制止向恐怖主义提供资助的国际公约》等。这些国际性文件充分发挥了打击恐怖主义罪行的效能。然而，结合目前恐怖主义活动现象分析，静态的国际性禁止法律规范或宣言只是打击恐怖主义犯罪的先导基础，并不足以建立完整的适用体系，国家之间的动态协作才能真正形成惩治恐怖主义罪行的严密法网。进而言之，只有将两者紧密有效地结合起来，才能形成最强有力的惩治措施。

二、恐怖主义犯罪的界定

何谓恐怖主义犯罪？国际法和刑法理论与实践中的主张莫衷一是。1937 年的《防恐公约》受制于历史因素的局限，仅列举了恐怖主义犯罪行为的几种方式，而对恐怖主义犯罪概念本身则缺乏概括的界定。1985 年联合国大会通过直接涉及恐怖分子行为的第 4061 号决议，该决议首次明确将恐怖主义犯罪视为“所有恐怖主义行为、方法和做法，不论其在何地或由何人触犯，均属犯罪行为”。在以后的联合国决议中曾多次重申了上述立场。1987 年联合国大会再次通过另一个谴责恐怖主义的决议，该决议提出应制定一个公约以解决“恐怖主义”一词的定义问题。[3] 因为国际社会对恐怖主义的早期认识既不能适应不断变化的国际犯罪现象，也没有综合考虑各国的不同认识和理解，尤其是世界各国专家学者根据

[2] Mark B. Baker, “TERRORISM AND THE INHERENT RIGHT OF SELF-DEFENSE (A CALL TO AMEND RTICLE 51 OF THE UNITED NATIONS CHARTER)”, Bouston Journal of International Law, Autumn, 1987.

[3] Michard Allan, “TERRORISM, EXTRADITION & INTERNATIONAL SANCTIONS”, Symposium on Terrorism and Security Aboard International Airlines”, Albany Law Journal of Science and Technology, 1993.

自身文化、历史背景和具体情况所界定的恐怖主义犯罪定义。因此，“恐怖主义犯罪”内涵的科学界定一直是反恐怖主义犯罪具体行动计划制订的关键问题，也是抵制恐怖主义犯罪的迫切需要。

（一）国际视野中的恐怖主义犯罪

从有效的国际法律文件分析，《防恐公约》和区域性公约规定的恐怖主义犯罪实际上是一个属概念，具有类罪的特征，其中包含了许多体现具体行为的种概念。

1937 年《防止和惩治恐怖主义公约》第 1 条规定，恐怖行为，即指直接反对一个国家，而其目的和性质是在个别人士、个别团体或公众中制造恐怖的犯罪行为，其中包括故意危害国家元首、执行国家元首特权的人士、其法定继承人或指定继承人，以及他们的配偶，故意危害担任公职或负有公共任务的人士；故意毁灭或损害属于或在另一缔约国管辖下的公共财产或供公用的财产；故意通过危险的造成来危害生命的行为；制造、获得、扣留或供给武器、军火、爆炸品或毒物，其目的是针对任何国家。1971 年《美洲国家组织关于防止和惩治恐怖主义行为的公约》（以下简称《美洲防恐公约》）规定：“本公约内，绑架、谋杀和对根据国际法有义务给予特别保护的那些人的生命和人身安全进行其他袭击，以及同这些罪行有关的勒索，不论其动机如何，均应视为具有国际意义的罪行。”1977 年《制止恐怖主义欧洲公约》（以下简称《欧洲防恐公约》）则将恐怖主义犯罪按其外延描述为，非法劫持航空器犯罪、危害应受国际保护人员包括外交代表的严重犯罪，绑架、劫持人质的犯罪，使用炸弹、火箭危及人身的犯罪，以及企图参与或参与从事这些犯罪的共犯，等等。

国际视角中的恐怖主义犯罪概念受制于历史因素的局限性，仅泛泛地陈述了恐怖主义犯罪的形式，难以适应现实社会恐怖主义犯罪的复杂性。从国际社会惩治其他严重国际犯罪公约的内容上分析，恐怖主义犯罪应是一个外延相当广泛的犯罪。究其原因有二：一是国际强行法中的部分罪行均可视为恐怖主义罪行的广义外延，如危害人类罪、战争罪、酷刑和其他形式的残忍、不人道或者有辱人格待遇或者处罚中的部分行为；二是非强行法上的犯罪也逐渐涉及恐怖主义犯罪的内容，如盗窃核材料罪等。即便作为国际犯罪起源的海盗罪也可以说是“恐怖主义”的行为方式之一，随着惩治海盗罪的国际司法实践延伸到“劫持航空器和危及国际民用航空安全的行为”“危及海上航行安全和公海固定平台安全非法行为”等犯罪之后，更足以证明恐怖主义犯罪内涵的复杂性和外延的广泛性。

（二）学者视角下的恐怖主义犯罪

由于各国考虑问题的视角不同，以及各国学者文化、习俗上的差异，因而导致恐怖主义犯罪内涵理解上的多重性，这种多重性因素具体反映为国际、国家立法和学理解释上的差异。因此，各国学者在界定恐怖主义内涵时各有侧重。综合而论，这些观点所界说的内涵大同小异，其特征表现为：恐怖主义行为是以暴力、恐吓等方式通过杀害、绑架、暗杀、强盗和爆炸等手段实施；其行为对象是政府或公民；其行为具有组织性，而且具有某种政治目的。[4]20世纪后期，恐怖主义行为的实施方式发生了较大的变化，其行为方式已不再是单纯利用火器、武器、爆炸物和危险物品或其他手段造成个人、人群、群体死亡或严重身体伤害，或重大财产重大损害，而是从利用核材料、生化武器和细菌武器向大规模的恐怖袭击发展，恐怖主义犯罪所造成的危害也不再限于人身或财产的重大损失，而是经常带有某种政治意图。因此，这种行为的巨大危害震撼着人类社会的根基和秩序，应视为国际强行法禁止的罪行。

上述学者的界定或理解同样存在着一定的局限性，不能全面反映恐怖主义犯罪的本质特征。在起草国际刑事法院罗马规约筹备会上，结合学界的理解和认识及现行的恐怖主义犯罪现象，一些国家的代表经过认真研讨，对恐怖主义犯罪得出了较为一致的认识，即恐怖主义犯罪（crimes of terrorism，或称暴力主义犯罪）是指：（1）从事、组织、赞助、指使、便利、资助、鼓励或容忍针对另一国家个人或财产的暴力行为，其性质是在知名人士、人群、公众或群体的精神上制造恐怖、恐惧和不安全感，无论提出何种政治的、哲学的、意识形态的、种族的、族裔的、宗教的或其他此种性质的考虑和宗旨来为这些行动辩护；（2）《关于制止危害民用航空安全的非法行为的公约》《关于制止非法劫持航空器的公约》《关于防止和惩处侵害应受国际保护人员包括外交代表的罪行的公约》《反对劫持人质国际公约》《制止危害航海安全的非法行为公约》《制止危及大陆架固定平台安全非法行为议定书》中规定的行为；（3）利用火器、武器、爆炸物和危险物品作为滥施暴力的手段，造成个人、人群或群体死亡或严重身体伤害或造成重大财产重大损害的罪行。[5]

笔者认为，在大量包含刑事性质的国际法律文件中普遍涉及影响人权，特别是生命、自由和人身健康、安全与福祉的内容。一方面由于人权领域的犯罪行为较其他犯罪极少具有政治和意识形态范围的事实；另一方面说明这类犯罪很少

---

[4] 参见莫洪宪：《国际社会反恐怖活动组织犯罪及我国刑事立法》，载《法学评论》1999年第4期；1984年美国司法部对恐怖活动的界定；黄肇炯：《国际刑法概论》，四川大学出版社1992年版，第166页；Mark B. Baker，“TERRORISM AND THE INHERENT RIGHT OF SELF-DEFENSE”，Bouston Journal of International Law，Autumn，1987. Michard Allan，“TERRORISM，EXTRADITION & INTERNATIONAL SANCTIONS”，“Symposium on Terrorism and Security Aboard International Airlines”，Albany Law Journal of Science and Technology，1993.

[5] 参见设立国际刑事法院筹备委员会1998年3月16日至4月3日《国际刑事法院规约案文第二部分：管辖权、受理和适用的法律》，A/AC.249/1998/CRP.8，2 April 1998，第18-19页。

受到国家态度敏感的影响。[6] 从恐怖主义犯罪的内涵分析，对恐怖主义犯罪外延的界定难免存在粗疏或琐碎的弊端。个中原因有二：一是宽泛的外延会导致法律条文缺乏严谨性而界限模糊；二是过于详尽的界定容易忽略法律条文制定的前瞻性，特别是不断变化的犯罪趋势，会因严格遵循罪刑法定而放纵罪犯，因而介于两者之间适当界定恐怖主义犯罪定义的尺度非常难以把握。回顾恐怖主义犯罪概念界定的分歧可见，国际社会制定一部惩治恐怖主义犯罪公约较抽象界定其内涵更为容易，但如果公约不包含恐怖主义犯罪定义的内容，适用起来也会产生很多不便。为此，一些学者不断演绎恐怖主义犯罪的定义，这些定义反而加重了理解上的混淆性。恐怖主义犯罪并非由某种单一性质的实施行为构成，而是一种具有共性特征暴力行为的集合体，因此，不能简单就其中某一行为特征片面概括界定恐怖主义犯罪的内涵，采用列举的表述方式更能直接触及恐怖主义犯罪的本质内容。一些区域公约的规定也体现了这种界定意图，如《美洲防恐公约》和《欧洲防恐公约》的规定；同样的例证还有《国际刑事法院罗马规约》界定的管辖罪行，如灭绝种族罪、危害人类罪等皆采用列举的方式。

从概念本身高度概括的要求出发，笔者认为，恐怖主义犯罪，是指组织、策划、领导、资助、实施以对人身和财产造成重大损害或制造社会恐惧气氛的暴力、威胁或危险方法，危害公共安全的行为。其中“暴力、威胁方法”包括使用武器、弹药等具有暴力性质的工具，采取暗杀、劫持、绑架等暴力行为以及威胁的行为；“危险方法”包括使用毒害性、放射性、传染病病原体等危险物质；“公共安全”包括国际社会和平与安宁、国家安全与发展以及人（不特定的多数人或者针对特定的个人）的生命、健康和重大财产安全。恐怖主义犯罪的界定不能违背单一及普遍接受的定义原则，“恐怖主义”一词应包含可以接受的武装冲突规约或公约规定的外在野蛮和残忍行为，无论是因政治、宗教、社会、经济、民族或种族冲突所引起，恐怖主义的目的都旨在使公众对恐怖主义分子的暴行产生恐慌。因此，恐怖主义行为性质应包括两个基本内容：一是目标的随意性，唯一的方法是暴行；二是结果的无预测性，唯一可预测的结果是在人群中产生直接的极大的恐慌与震撼。

三、恐怖主义犯罪非政治性的本质

恐怖主义犯罪是严重危害社会的国际犯罪，而非纯正的政治犯罪。理论界公认的政治犯罪，应当是指政治敌对者或政治异己分子，出于政治性的动机，或为达到特定的政治目的，而触犯刑法的犯罪行为。或者更为精确地说，是指行为人因其政治理想或信念而形成（确信），认为必须以其行动实现其理念，并因其实

---

[6] M.Cherif Bassiouni，“The Sources and Content of International Criminal Law: A Theoretical Framework”, 1999.

践政治确信而触犯刑法的犯罪行为。如政治偏激者（包括极左或极右派）出于盲目的政治狂热而产生的政治确信。然而，长期以来，这些盲目确信导致的危害行为是否皆具有政治性质，由于国际刑法理论一直认为恐怖主义犯罪含有某种政治动机或政治目的，从而使恐怖主义犯罪与政治犯罪的界限变得难以区分。

（一）恐怖主义犯罪主观目的或动机的非决定因素

犯罪目的和动机都是犯罪人实施犯罪行为过程中存在的主观心理活动，[7]是故意犯罪的灵魂，但恐怖主义犯罪主观上的认识因素和意志因素只反应行为人的主观恶性程度及社会危害程度，而非说明行为性质，恐怖主义犯罪的目的和动机不是决定其犯罪性质的必备要件，因为恐怖主义犯罪主观上无疑只能由故意构成，但其目的和动机则具有多样性特征。恐怖主义犯罪的原因既有政治、经济和文化等方面上的因素，也存在种族、民族、宗教、道德和心理等方面的因素，甚至是出于寻求公正待遇而采取的暴力反抗方式。单纯分析这些因素产生的动机或形成的目的似乎易于获得同情与理解，因而会产生非否定性的评价。但实质上，正如有的学者所指，恐怖主义分子虽然寻求令人尊敬，但不是“自由战士”。当他们实施暴行的既定目标直接指向执政政权时，其暴行可能含有革命性的一面；但如果他们实施暴行针对的目标是平民或平民财产，那么其暴行就是地地道道的恐怖主义。因此，恐怖主义分子不能以组成为自由而战的游击队来主张其行为的合法性。[8] 联合国第六委员会的报告中指出：“一个事业的合法性并不意味着使用某些暴力方式也是合法的，对无辜者使用暴力尤其如此。”因此，不论是由于多变的国际格局还是人群的贫富分化或政治信仰滋生的暴力行为，不论其行为的动机或目的看似多么合理，只要其行为对象是无辜平民或平民财产，就构成国际法上确认的恐怖主义罪行。

近年来，在国际社会惩治恐怖主义犯罪法律文件中，出现了“为了政治目的”的修饰语。如1994年的《消除国际恐怖主义措施宣言》中指出，“为了政治目的而企图或蓄意在一般公众、某一群人或特定的人之中引起恐怖状态的犯罪行为”。其后历次联合国大会关于《消除国际恐怖主义措施》中都强调了这一内容。从联合国认可的恐怖主义犯罪原因的多样性上分析，政治目的只是其中之一，国际社会并没有强调构成恐怖主义犯罪必须具有一定的政治目的，实施恐怖主义罪行的目的还有出于哲学、意识形态和宗教等其他性质的原因，这表明政治目的只是构

[7] 刑法学界普遍认为，犯罪目的是犯罪人希望通过实施犯罪行为达到某种危害社会结果的心理态度，也就是犯罪结果在犯罪人主观上的反映；犯罪动机则是刺激犯罪人实施犯罪行为以达到犯罪目的的内心冲动或内心起因。

[8] Michard Allan, “TERRORISM, EXTRADITION & INTERNATIONAL SANCTIONS”, “Symposium on Terrorism and Security Aboard International Airlines”, Albany Law Journal of Science and Technology, 1993.

成恐怖主义犯罪的一个选择要件，而非必备要件。

从刑法理论上分析，犯罪目的和犯罪动机是犯罪人实施犯罪行为过程中的主观心理活动，是故意犯罪的灵魂，它们的形式和作用都反映行为人的主观恶性程度及社会危害程度，而非说明行为性质的本身。如 1998 年美国起诉乌萨马・本・拉丹及其同伙的主要罪行是炸毁美国驻肯尼亚内罗毕使馆和驻坦桑尼亚达累斯萨拉姆使馆，以及阴谋在美国境外杀害美国国民，在起诉中并没有提及其犯罪行为的政治目的或动机。相反，联合国安理会第 1333（2000）号决议进一步指出，这类事件对国家社会的和平与安全造成极大的威胁。由此可见，国际社会聚焦于恐怖主义犯罪的特征是行为[9]，以及行为的社会危害性，而不是行为的目的。因此，行为人实施恐怖主义犯罪是否怀有政治目的，并不影响恐怖主义犯罪的构成及应受到的惩罚。

（二）恐怖主义犯罪非严格意义上的政治犯罪因素

理论界公认的政治犯罪，应当是指政治敌对者或政治异己分子，出于政治性的动机，或为达到特定的政治目的，而触犯刑法的犯罪行为。或者更为精确地说，是指行为人因其政治理想或信念而形成（确信），认为必须以其行动实现其理念，并因其实践政治确信而触犯刑法的犯罪行为。如政治偏激者（包括极左或极右派）出于盲目的政治狂热而产生的政治确信；再如，纳粹信徒的军官出于盲目的服从命令而产生的政治确信。这些“盲目的确信”必然导致丧尽天良的行为。然而，长期以来，这些盲目确信导致的危害行为是否皆具有政治性质，由于国际刑法理论一直认为恐怖主义犯罪含有某种政治动机或政治目的，从而使恐怖主义犯罪与政治犯罪的界限变得难以区分。

国际社会一贯认为，恐怖主义犯罪是整个国际社会密切关注的问题，联合国会员国庄严重申，毫不含糊地谴责一切恐怖主义行为和方法，包括那些危害国家间和民族间友好关系及威胁国家领土完整和安全的行为和方法做法。[10] 现任国际刑法学协会主席、著名国际刑法学家巴西奥尼教授认为，攻击联合国人员及有关人员的犯罪，劫机及危及国际航空安全的非法行为，侵害航海安全及公海固定平台安全的非法行为，威胁及使用武力侵犯受国际保护人员，劫持及使用武力侵犯人质行为均属于国际刑事法律规范调整的范围。[11] 另有学者认为，恐怖主义犯罪

---

[9] 联合国大会第 56 届 2001 年 9 月 12 日会议通过的《谴责美利坚合众国境内的恐怖主义攻击》中指出，将 2001 年 9 月 11 日发生的令人发指的暴行的行凶者、组织者和发起者绳之以法，对援助、支持或包庇之行为的行凶者、组织者和发起者追究刑事责任。

[10] 参见 1994 年 12 月 9 日联合国大会决议附《消除国际恐怖主义措施宣言》。

[11] M. Cherif Bassiouni，“International Criminal Law Conventions and Their Penal Provisions”，Transnational Publishers，Inc. Irvington-on-Hudson，New York. 1997.

属于一般国际法基本原则同等作用的国际强制法规则所调整的行为。[12] 从有效打击恐怖主义犯罪的立场出发，国际社会始终将恐怖主义犯罪排除于政治犯罪范畴之外。毋庸置疑，某些恐怖主义犯罪确实具有强烈的政治倾向和明显的政治动机。但是，政治犯罪除了国内法规范的危害国家安全犯罪以外，如内乱、外患、间谍罪和资敌罪等，还可以表现为国家内部的武装冲突或政变。如自 1970 年以来，非洲境内爆发了 30 多场战争，其中绝大多数起源于国内，仅在 1996 年，武装冲突就祸及 53 个非洲国家中的 14 个国家，造成死亡的人数占在全世界战争死亡人数的一半以上，并且造成 800 多万难民流离失所。其中一些国内冲突的严重后果虽然损害了非洲各国人民长期稳定、繁荣与和平所进行的努力，但由于部分武装冲突仅属于国内性质的冲突，因而不能视为恐怖主义犯罪。

由于国际社会公约或习惯中的限制性规定，使政治犯在某种程度上通常获得免予处罚、免受特定刑种的处罚或从轻处罚的庇护。如果恐怖主义罪行被冠以如此头衔，也将享受相同的待遇，那么便不利于恐怖主义犯罪的惩治。因此，从国际社会有效惩治恐怖主义犯罪的立场出发，为避免恐怖主义犯罪分子凭借政治犯庇护伞逃避应有的处罚，不能将恐怖主义犯罪视为政治犯罪。

笔者认为，尽管巴西奥尼教授认为这些国际刑法所调整的独立个罪不是国际强制法的规则，但这些个罪恰恰是恐怖主义犯罪的主要“行为、方法和做法”。既然是典型的国际犯罪，特别是攻击联合国人员和有关人员罪[13]，由于其对象显示的特殊性，而使对该类犯罪的起诉与惩罚成为国际社会的特别责任。1994 年补充的《消除国际恐怖主义措施的宣言》积极响应了这种责任，并指出在确认各国引渡事项主权权利的同时，鼓励各国在缔结和适用引渡协定时，不要将危及或对人身安全构成实际威胁有关的恐怖主义罪行视为引渡协定范围以外的政治罪行，“政治犯例外的情况不应妨碍现有国际公约对恐怖主义暴力犯罪实行引渡，除非被请求国着手将案件提交其主管当局以便进行检控或转移给另一个国家进行检控。”这种规定既从程序上顺应了国际法的政治犯不引渡原则，又显示了国际社会排斥那些以政治犯罪为借口而逃避制裁的恐怖主义犯罪。

---

[12] 1969 年《条约公约法》第 53 条规定：“条约在缔结时与一般国际法强制规律抵触者无效。……一般国际法强制规律指国家之国际社会全体接受并公认不许损抑……”

[13] 攻击联合国人员及有关人员罪，是根据 1994 年 12 月《联合国人员和有关人员安全公约》制定的一项新罪行，这种犯罪在国际刑事法院筹备委员会讨论会议上引起一些代表团的注意。有些代表团认为，在设立国际刑事法院管辖罪行时应该特别考虑《联合国人员和有关人员安全公约》所提到的违法行为，因为这类罪行毫无疑问是国际关注的特别罪行；对代表国际社会和保护国际社会利益的人员进行攻击，实际上就是对国际社会的攻击；联合国人员和有关人员通常涉及国家执行或刑事司法系统无法充分运作或无法对付这类罪行的情势。参见联合国大会《设立国际刑事法院筹备委员会 1996 年 3 月 25 日至 4 月 12 日期间会议记录提要》，A/AC. 249/1，第 23 页。

为了有效预防和打击国际恐怖主义，应当使某些性质严重的恐怖主义行为“非政治化”（depoliticize），以便作为普通罪行进行惩罚。如1970年《海牙公约》和1971年《蒙特利尔公约》中出现的“或引渡或起诉”（aut dedere ant judicare）规则就是这种非政治化努力的集中体现。这两个公约通过使有关罪行成为“可引渡”之罪，间接使这类犯罪处于非政治性犯罪的地位。1997年《关于制止恐怖主义分子爆炸的国际公约》更为直接地阐明某些严重国际犯罪的非政治性，该公约第3条规定，缔约国应采取必要措施以保证本公约范围内的犯罪行为“不能基于政治、哲学、意识形态、种族、人种、宗教或其他类似性质因素的考虑成为合法，应受到与其严重性质一致的刑事惩罚。”第11条规定，为引渡或司法协助目的，本公约范围内的任何罪行不得被视为政治罪、与政治有关的罪行或由政治动机引起的罪行，对这些罪行的引渡或司法协助请求不能以此为由而拒绝。

（三）惩治恐怖主义犯罪的普遍性因素

从上述恐怖主义概念的分析中可见，恐怖主义犯罪的内涵决定了该类犯罪形式上的政治性和实质上应受惩治的普遍性。

从各国学者对恐怖主义犯罪认识的观点上分析，尽管部分学者承认这类犯罪具有某些政治目的（目标）和动机，但在界定其行为性质时，则更多地强调恐怖主义犯罪的社会危害性而非政治性。法国学者认为，恐怖主义活动是指运用一切犯罪手段引起人们的心理恐惧或者威胁恫吓他人，并由此企图达到犯罪分子预期的目标。[14]我国学者认为，恐怖主义活动是指为了一定的政治目的或其他目的而经常进行的暴力恐怖行为，具有对公共安全构成严重威胁或危害的特点。[15]笔者认为，上述两个代表性的界定都没有把恐怖主义犯罪锁定在“为了政治目的”而实施的犯罪。法国学者观点中预期“目标”的内涵可以说具有相当的广泛性，可以视为一种对政治性或非政治性的空白解释；而我国学者在强调国际恐怖主义具有政治特征的同时，又补充了其他目的，其他目的外延比较宽泛，不论危害国际社会安宁行为以何种目的实施都应视为恐怖主义犯罪。总之，上述两种概念都还不足以准确界定恐怖主义行为的实质含义。

从国际法律文件的规定上分析，除在部分联合国文件中可见到“政治目的”和“政治动机”外，[16]多数涉及惩治恐怖主义犯罪的公约、法律文件均未强调恐怖主义犯罪的目的与动机。有学者将国际社会界定恐怖主义犯罪的方式评价为，

[14] ［法］安德鲁·博萨：《跨国犯罪与刑法》，陈正云等译，中国检察出版社1997年版，第15页。

[15] 参见张穹主编：《修订刑法条文实用解说》，中国检察出版社1997年版，第137-138页。

[16] 联合国大会第50-55届大会关于惩治国际恐怖主义犯罪公约中均指出“为了政治目的……”

"为了建立和加强各国在某些概念上的分歧而牺牲共同的实际需要……因而各国在开创恐怖主义犯罪'非政治化'进程时，宁愿先不去探究恐怖主义的定义，而是以列举的方式指出，应当予以共同打击的恐怖主义犯罪罪状。"[17] 如 1937 年的《防恐公约》第 2 条指出，恐怖主义行为的目的和性质是在个别人士、个别团体或公众中制造恐怖的犯罪行为。1971 年《美洲防恐公约》和 1977 年《欧洲防恐公约》都只是明确了恐怖主义犯罪的行为方式，而未说明其政治性。

笔者认为，不去探究恐怖主义的定义并不等于它不存在，那些针对个别国家、个别人士其中包括国家元首、外交人员和受国际保护人员实施的杀害、劫持，以及对特定建筑物进行的爆炸犯罪行为，多少带有一些政治色彩。但这种政治色彩毕竟是某一事物所特有的倾向性，而不是事物的本质。恐怖主义犯罪侵犯的客体具有复杂性，如果仅从目标的单一性上分析，可以说通过爆炸方法谋杀国家元首，确实存在因政治见解分歧或其他因素产生的政治犯罪问题；但从危害结果的不特定性和国际性上分析，很难说谋杀国家元首的行为仅仅是政治犯罪，而非恐怖主义犯罪。因此，不能仅以某种单一行为带有政治色彩的特殊现象而认定恐怖主义行为必然具有政治性。从对国际社会和平与安全构成威胁的一般性上分析，恐怖主义犯罪是应受到广泛处罚的国际性犯罪，因而不能以恐怖主义犯罪的特殊性片面否定恐怖主义犯罪的一般性。

四、惩治恐怖主义犯罪的观念

法律具有至高无上的权威，是解决一切问题依赖的最佳工具。国际社会长期以来同恐怖主义作斗争的经验表明，运用法律手段防范与惩治恐怖主义犯罪，是目前国际社会选择的理想途径。对恐怖主义犯罪的预防和控制是第一位的，需要各国自我警醒和给予足够的关注，以便将国际恐怖主义活动扼杀在萌芽状态，从而起到一般预防的积极效果；法律制裁是第二位的。预防与制裁的有机结合，是法律一般预防与特殊预防的集中体现。

（一）惩治恐怖主义犯罪的国际观

从恐怖主义犯罪发展的趋势上看，良好的经济基础为恐怖主义分子活动提供了施展的空间。在诉讼的任何阶段追寻并扣押恐怖分子赖以发展的财产，是实践中抑制恐怖主义犯罪发展和蔓延的有效手段之一。一旦发现恐怖主义犯罪分子的资金来源，随时都可以采取相应的措施。联合国从 20 世纪 60 年代起便开始共同研究打击恐怖活动的良策，呼吁各国共同防止、消除恐怖主义，明确把任何地点进行的恐怖主义活动定为犯罪。1985 年 12 月举行的第 40 届联大会议首次正式就恐怖主义活动问题展开讨论，一致通过决议："要明确谴责任何地方、由任何人犯下的一切恐怖主义罪行。"2001 年 9 月 28 日安全理事会第 4385 次会议通过

---

[17] 转引自黄风：《引渡制度》（增订本），法律出版社 1997 年版，第 185–186 页。

第 1373 号决议，谴责在纽约、华盛顿特区和宾夕法尼亚州发生的恐怖主义攻击，并决心防止一切此种行为；并重申必须根据《联合国宪章》以一切手段打击恐怖主义行为对国际和平与安全造成的威胁；呼吁各国紧急合作，防止和制止恐怖主义行为，包括通过加强合作和充分执行关于恐怖主义的各项国际公约；决议决定所有国家应：（1）防止和制止资助恐怖主义行为；（2）将下述行为定为犯罪：本国国民或在本国领土内，以任何手段直接、间接和故意提供或筹集资金，意图将这些资金用于恐怖主义行为或知晓资金将用于此种行为。

在当代惩治恐怖主义犯罪的相关法律文件中，并不像武装冲突法那样包含了一系列可辨别的规则和原则。1994 年补充的《消除国际恐怖主义措施的宣言》要求，采取一切适当步骤，将恐怖分子加以引渡，或将案件提交本国主管当局进行起诉。这样便保证使参加恐怖主义活动者，无论其参加的性质如何，在任何地方均无安全的容身之所。国际合作是惩治恐怖主义犯罪最有效的途径，在众多的国际合作方式中，引渡和外国判决的承认与执行应为运用最为普遍，而且是最为有效的法律对策。在区域性层面上，打击恐怖主义犯罪需要符合《联合国宪章》规定的宗旨和精神，同时需要区域性组织的努力。1971 年 2 月 2 日在华盛顿签订的《美洲防恐公约》，1977 年 1 月 27 日在斯特拉斯堡开放签署的《欧洲防恐公约》，1987 年 11 月 4 日亚太区际合作协会成员国签署的《惩治恐怖主义区域公约》（亚洲国家间），[18] 这些公约已成为区域性惩治恐怖主义犯罪的范本。《美洲防恐公约》中指出，区域惩治恐怖主义犯罪的合作方式是，各缔约国承担的义务范围：（1）根据各自的法律，采取其权力范围内的各种措施，在各自领土上，防止和阻止策划在另一缔约国领土上进行的绑架、谋杀、和对根据国际法国家有义务给予特别保护的那些人的生命和人身安全进行其他袭击，以及同这些罪行有关的勒索等犯罪活动。（2）交换情报，考虑采取有效的行政措施，以保护应受国际保护人员的生命和健康。（3）保证因实施本公约而被剥夺自由的每一个人有为自己辩护的各种权利。（4）尽力把本公约中列举的犯罪行为列入各国刑法，如果尚未列入的话。（5）最迅速地接受本公约规定的犯罪行为提出引渡要求。在运用或起诉或引渡原则的同时，又容易引发管辖权与主权的冲突问题。刑事管辖权是国家行使主权的一种表现形式，管辖权在某种意义上是主权的象征。当若干个国家都对恐怖主义犯罪而主张管辖权时，难免发生管辖权的冲突。为避免国家间的管辖权冲突问题，有学者在常设国际刑事法院筹备委员会讨论会议期间提出，将恐怖主义罪行列入国际刑事法院的管辖范围，会增强国际社会取缔这类罪行的能力，

[18] 1997 年 12 月 11 日，第八届伊斯兰会议组织首脑会议在伊朗首都德黑兰隆重开幕。55 个成员除阿富汗以外全部参加，其中有 30 多位国家元首或政府总理级领导人参加、联合国秘书长安南出席会议并就反恐怖主义问题发表了重要讲话。

使各国可以在非常情况下把案件提交给国际刑事法院，从而避免各国之间产生管辖权的争端。还有人认为，国际刑事法院可以审理特别严重的国际恐怖主义案件，由安全理事会将该问题提交国际刑事法院审理。[19]

笔者认为，这类罪行与国际刑事法院管辖的罪行相比，常常更类似于国家法律规定的一般罪行，如果将这类罪行列入国际刑事法院的管辖范围，将会带来相当大的负担，大大增加国际刑事法院的费用，同时妨碍国际刑事法院审理其他核心罪行。因而这类罪行可以由有关国家当局根据现有的国际合作安排更有效地进行审查，并且加以起诉。由于在起诉时可以适用诸多的管辖原则，所以无论适用哪个原则都会发生管辖权冲突。如依据属人原则和保护原则，犯罪行为人的国籍国，被害人的国籍国均可以行使管辖权，如此产生的管辖权激烈冲突反而不利于通过法律手段有效地惩治恐怖主义犯罪。因此，在管辖权冲突中，各国乃至国际社会普遍推崇属地原则应作为管辖权行使的首选原则。而属地原则中的犯罪行为实施地与预备地相比，实施地的国家应视为最有权行使管辖权的国家，这一点在联合国打击国际恐怖主义措施中已作出明确的规定。为了避免国家间发生不必要的法律冲突，应明确管辖权行使的先后顺序，有助于避免管辖权的冲突，从而妥善解决国家主权与管辖权之间的关系问题。

（二）惩治恐怖主义犯罪的国家观

在国家层面上，强化惩治恐怖主义犯罪的力度，主要表现为创制或完善国家有关恐怖主义犯罪方面的立法。联合国第 54 届大会重申，所有国家为增进有关法律文书的有效执行，在适当情况下加强与恐怖主义有关的事实交换信息，但同时要避免传播不准确或未经核实的信息。1970 年联合国大会《关于各国依联合国宪章建立友好关系及合作之国际法原则之宣言》中明确指出："任何国家均不得使用或鼓励使用经济、政治或任何他种措施强迫另一国家，以取得该国主权权利行使上之屈从，并自该国获取任何种类之利益。又，任何国家均不得组织、协助、煽动、资助、鼓励或容许目的在于以暴力推翻另一国政权之颠覆、恐怖或武装活动，或干预另一国之内政。"联合国大会 1996 年第 80 次会议通过的《消除国际恐怖主义的措施》中指出，"为打击国际恐怖主义而作出的一切区域和国际努力，包括非洲统一组织、美洲国家组织、伊斯兰会议组织、南亚区域合作联盟、欧洲联盟、欧洲委员会、不结盟国家运动及七大工业国家集团和俄罗斯联邦作出的努力。"

1996 年公布的《俄罗斯联邦刑法典》规定，恐怖主义犯罪是指实施爆炸、纵火或者其他具有造成他人伤亡、巨额财产损失危险或造成其他社会危害后果；

---

[19] 参见设立国际刑事法院筹备委员会 1998 年 3 月 16 日至 4 月 3 日《国际刑事法院规约案文第二部分：管辖权、受理和适用的法律》，A/AC.249/1998/CRP.8，2 April 1998，第 18–19 页。

危害公共安全，侵犯他人或影响政权机关通过决定以及为达此目的以实施上述行为相威胁的行为。[20] “9・11事件”后，美国迅速出台了《反恐怖法》，英国也制定了《公共紧急安全法》，其中体现出许多立法与司法方面的重大转变，甚至突破了法学界一直奉行的“无罪推定”等原则。2001年12月14日英国上议院投票通过了《反恐怖主义犯罪和保安法》紧急法案，该法案明确提出“允许执法部门不经审判即可无限期拘留在英国居住但在外国出生的恐怖活动嫌疑人”。这条明显招致主权与管辖权冲突的条文，虽有较大争议，但最终的通过足以说明英国打击恐怖主义犯罪的决心和力度。除制定惩治恐怖主义犯罪的立法外，一些国家也陆续出台了恐怖主义犯罪防治计划等措施。如法国在以往反恐怖计划外，又重新启动了新的反生物恐怖计划。[21]

（三）惩治恐怖主义犯罪的标本兼治观

当前国际社会惩治恐怖主义犯罪大多还停留在刑事处罚的特殊预防阶段，或是在恐怖主义犯罪制造令人震惊惨剧的时刻发出慰问与声援。这使得惩治恐怖主义犯罪的行动总是处于尴尬的境地，也是当前国际社会面临的棘手问题之一。

以战争方式惩治恐怖主义是治标，恐怖主义袭击及以反恐名义出现的不受制约的军事行动都会给世界安全造成难以估量的影响。武装镇压并不是国际社会提倡的惩治策略，无论是国际恐怖主义犯罪分子的爆炸、袭击等，还是依靠武力惩治国际恐怖犯罪分子的“战争”都会与联合国要求每个国家“在处理他们的国际关系中避免威胁或使用武力”的最终目标背道而驰，因为从事实上看，无论是邪恶的袭击，还是正义的自卫，受到伤害的总是那些易受攻击的和毫无戒备的平民。

有效惩治恐怖主义犯罪的关键是治本，而治本的关键是逐渐完善惩治恐怖主义犯罪的法律文件和国家之间的充分合作，及时消除导致恐怖主义犯罪根由的不公正现象，[22] 从根本上杜绝恐怖主义行为的发生与发展。这种方式可以防止或者减少愤怒的情绪和报复的心理，从而减少被害人的肉体和精神痛苦以及对国际社会的和平与安宁造成威胁。

因此，面对令人发指的国际恐怖主义犯罪的危害，为了防止使用“同态复仇”的方式，为了更有效、更彻底地根除国际恐怖主义犯罪，为了国际社会的和平、安全与正义，各国在反恐怖主义斗争中，应化解矛盾、隔阂，妥善解决对立和对抗，以达到治标治本的目的。

---

[20] 参见《俄罗斯联邦刑法》第205条。

[21] http://health.yesite.com/article/011015%5C2_4329.shtml.

[22] 国际舆论认为，恐怖主义是世界上国家、民族、阶级、宗教间各种尖锐复杂矛盾的反映，是世界范围内南北经济、政治发展不平衡生成的产物。

（四）惩治恐怖主义犯罪的集体安全合作观

集体安全是一种传统的多边安全观念和机制，在惩治恐怖主义犯罪过程中，传承了《联合国宪章》明确的集体安全的观念。为了有力打击危害人类绝大多数人生命安全的犯罪，就有可能转变某些已被广泛认同的观念，尤其是价值观的转变，过去是“自由是最高的原则”，但当“自由与生命”“自由与安全”发生冲突时，则倾向于“自由给安全让路”。[23] 联合国将国际恐怖主义列为人类社会在 21 世纪面临的最严峻的挑战之一，要求会员国为了集体的安全加强合作，共同应对这一挑战。

在惩治恐怖活动中，越来越多的国家意识到，单靠本国力量难以对付日益猖獗的恐怖活动，特别是在查封、冻结和扣押资助恐怖主义犯罪的物资方面必须联合有关国家力量，给予恐怖主义分子或组织严厉的打击。1986 年 11 月，西德和法国内政部长共同商定两国联合通缉恐怖分子，并设联络官协调通缉行动的措施。同年 12 月，苏联克格勃主席切科夫与南斯拉夫的内务部长丘拉菲奇商讨了交换有关两国安全和世界安全情报，在打击国际犯罪和恐怖主义活动方面进行合作的问题。1987 年 5 月，西班牙和意大利签订双边合作协议，共同反对有组织的恐怖活动和犯罪活动；7 月，西方九国（法国、西德、英国、意大利、美国、加拿大，日本、比利时、丹麦）内政部长在巴黎召开会议，共同讨论了反恐怖行动和加强合作的问题；10 月，西班牙和法国根据双方的合作协议，采取联合行动，逮捕了西班牙“埃塔”恐怖主义组织的成员 100 多名，其中有该组织的二号人物萨拉索加，并缴获大批武器和文件。1988 年 1 月，美国、加拿大外长签署了反恐怖合作协议；3 月，美国、意大利等 23 个国家联合签署一项条约，要求签约国起诉或引渡那些在公海实施暴力的恐怖分子。1989 年 3 月，美国和苏联首次在莫斯科举行反恐怖主义活动的工作小组会议，会上提出了 8 条建议，包括成立一个常设双边小组和采取联合行动及分享情报。另外，美国与大部分拉美国家都签有反恐怖合作协议和引渡条约，并经常派人到这些国家协助或指导反恐怖行动。

引渡制度是在惩治恐怖主义犯罪合作中行之有效的方式之一，成为惩治恐怖主义犯罪最直接的方法。有学者认为，引渡制度在处理现代恐怖主义分子过程中不会奏效，很大程度上是因为政治犯不引渡原则的例外规定。根据该原则，即便是传统义务，一国可以拒绝引渡被指控出于政治动机实施的犯罪行为，在国家支持和国家发起的恐怖主义行为中，罪犯很容易获得保护伞。[24] 这也说明国际引渡

[23] 《沈阳召开“中日青少年犯罪问题研讨会”》，载《青少年犯罪研究》2002 年第 1 期。

[24] Bradley Larschan，“EXTRADITION，THE POLITICAL OFFENSE EXCEPTION AND TERRORISM: AN VERVIEW THE THREE PRINCIPAL THEORIES OF LAW”，Boston University International Law Journal，Summer，1986.

法对这种犯罪行为作出反应比较迟钝，而且在制定引渡法时从未想到引渡会适用于现代跨国恐怖主义犯罪。因此，需要各国加强本国立法，对本国境内发现的尚未形成的、已经初具规模的、具有一定组织影响的犯罪团伙、黑社会组织及恐怖主义组织及时打击，防止它们的成长壮大，法国在惩治恐怖主义的国家立法方面发挥了积极的引导作用。[25]

联合国第 1373 号决议为世界各国打击恐怖主义犯罪加强国际合作提供了明确的法律依据。2001 年 11 月结束的联合国第 56 届大会的一般性辩论期间，近 80 个国家签署或加入了 40 多项联合国关于打击恐怖主义和保护人权等方面的国际公约，体现了国际社会愿意在联合国主导下严厉打击恐怖主义犯罪和坚决维护人权的坚强决心。

五、我国惩治恐怖主义犯罪的立法发展与完善

我国一贯坚持反对恐怖主义的立场，在与世界各国人民一道在面临着国际恐怖主义犯罪的威胁和挑战，积极参加国际惩治恐怖主义犯罪的公约的同时，还积极采取行动应对我国出现的恐怖主义犯罪现象。

（一）惩治恐怖主义犯罪的立法与现状

鉴于当前国际和国内恐怖主义犯罪的形式，只有尽快建立系统的反恐怖法律法规，设立专门的反恐怖机构，完善预防、侦破和制止恐怖活动的程序手段，明确对遭受恐怖活动的人员的补偿以及公民反恐怖主义的职责等内容，才能为未来的反恐怖行动提供有效的法律平台和有力的机制保证。我国 1979 年刑法虽然没有明确规定恐怖主义犯罪，但个别条款已经蕴含了相应的恐怖主义犯罪内容。1997 年刑法从多角度体现了我国惩治恐怖活动的立法对策，不仅以专条形式规定恐怖主义犯罪，如第 120 条组织、领导、参加恐怖组织罪，还针对恐怖主义犯罪的行为特征，相应规定了可适用于这些罪行的部分条款，如危害航空安全、航海安全、核材料方面的犯罪以及绑架罪（其中包含危及联合国人员）等。在美国遭受“9・11”袭击事件后，我国及时加入了《关于制止恐怖主义分子爆炸的国际公约》，签署了《制止向恐怖主义提供资助的国际公约》，并与有关国家进行反恐磋商和对话。2001 年中、俄、哈、吉、塔、乌六国元首签署《打击恐怖主义、分裂主义和极端主义上海公约》，该公约进一步明确对恐怖主义、分裂主义和极端主义的打击，为维护地区安全奠定了坚实的法律基础。

2001 年 12 月 29 日全国人大常委会通过的《中华人民共和国刑法修正案（三）》，其宗旨就是响应联合国《安理会第 1373（2001）号决议》的倡导，根据《联合国宪章》的规定，以一切手段打击恐怖主义行为对国际和平与安全造成的威胁，从立法上建立严密的法网，加大惩治恐怖主义活动的力度，确保把参与资助、计

---

[25] 参见《法国刑法典》第二编第一章“恐怖活动罪”和第二章“特别规定”。

划、筹备或犯下恐怖主义行为或参与支持恐怖主义行为的任何人绳之以法，确保除其他惩治措施以外，在国内法规中确定此种恐怖主义行为是严重刑事罪行，并确保惩罚充分反映此种恐怖主义行为的严重性。有效保障国家和人民生命、财产安全和社会秩序，维护国际社会的安全与和平。

（二）惩治恐怖主义犯罪刑事立法的发展

《刑法修正案（三）》拓展了惩治恐怖主义犯罪的刑事立法，主要体现在以下三个方面：

1. 增设条款与罪名

（1）《刑法修正案（三）》增设了资助恐怖活动罪。《刑法》第 120 条之一规定："资助恐怖活动组织或者实施恐怖活动的个人的，处五年以下有期徒刑、拘役、管制或者剥夺政治权利，并处罚金；情节严重的，处五年以上有期徒刑，并处罚金或者没收财产。"（第 1 款）"单位犯前款罪的，对单位判处罚金，并对其直接负责任的主管人员和其他直接责任人员，依照前款的规定处罚。"（第 2 款）本条的增设无疑是对联合国《安理会第 1373（2001）号决议》规定的各国应将为恐怖活动提供或筹集资金的行为规定为犯罪的一个坚决响应。我国刑法对资助分裂国家、武装叛乱、暴乱、颠覆国家政权等危害国家安全的犯罪已有规定（见《刑法》第 107 条），如今又增设第 120 条之一，从而为惩治以提供资金、财物等方式资助恐怖活动的犯罪行为提供了明确而有力的法律武器。

（2）《刑法修正案（三）》增设了投放虚假的爆炸性、有毒有害性物质罪，编造恐怖信息罪，故意传播恐怖性谣言罪三个罪名。《刑法》第 291 条之一规定："投放虚假的爆炸性、毒害性、放射性、传染病病原体等物质，或者编造爆炸威胁、生化威胁、放射威胁等恐怖信息，或者明知是编造的恐怖信息而故意传播，严重扰乱社会秩序的，处五年以下有期徒刑、拘役或者管制；造成严重后果的，处五年以上有期徒刑。"该条的设置可以有效地惩治那些向机关、团体、企业、事业单位或者个人以及向公共场所或者公共交通工具投放虚假的爆炸性、毒害性、放射性、传染病病原体等物质，或者以爆炸威胁、生化威胁、放射威胁，制造恐怖气氛，或者故意传播恐怖性谣言，扰乱社会秩序的行为。

2. 修订原有条款

（1）《刑法修正案（三）》将《刑法》第 114 条、第 115 条中的投毒罪修改扩充为投放有毒有害物质罪，即投放毒害性、放射性、传染性病原体等物质罪。同时，为了简化法典条文，删去第 114 条原列举的破坏对象，即工厂、矿场、油田、港口、河流、水源、仓库、住宅、森林、农场、谷场、牧场、重要管道、公共建筑场或者其他公私财产。

（2）《刑法修正案（三）》将《刑法》第 125 条第 2 款的非法买卖、运输核材料罪修改扩充为非法制造、买卖、运输、储存有毒有害物质罪；在《刑法》第

127 条第 1 款中增设盗窃、抢夺有毒有害物质罪，并在该条第 2 款中增加了抢劫有毒有害物质罪，法定刑维持不变。这样的修改补充，就使惩治非法制造、买卖、运输、储存以及盗窃、抢夺、抢劫毒害性、放射性、传染病病原体等物质，危害公共安全的恐怖性犯罪有法可依。

（3）为惩治对恐怖活动洗钱的犯罪行为，《刑法修正案（三）》在《刑法》第 191 条有关洗钱罪的规定中，将恐怖活动犯罪补充为上游犯罪之一，也即除原规定的毒品犯罪、黑社会性质的组织犯罪、走私犯罪三种上游犯罪外，增列恐怖活动犯罪为上游犯罪。此外，单位犯洗钱罪的，对直接责任人员的处罚增加一个罪刑单位，即“情节严重的，处五年以上十年以下有期徒刑。”

3. 重设罪刑单位

《刑法修正案（三）》将《刑法》第 120 条第 1 款中组织、领导恐怖活动组织与积极参加恐怖活动组织的同一个罪刑单位修改为两个不同的罪刑单位，即加重前者的法定刑。前者原与后者一样“处三年以上十年以下有期徒刑”。现修改为“处十年以上有期徒刑或者无期徒刑”。同时，对一般参加恐怖活动组织者的法定刑，由原来的“处三年以下有期徒刑、拘役或者管制”修改为“处三年以下有期徒刑、拘役、管制或者剥夺政治权利”，增列了剥夺政治权利的附加刑。

（三）惩治恐怖主义犯罪刑事立法的完善

我国刑法在惩治恐怖主义犯罪方面的修订与新内容的增设，全面体现了刑法惩治犯罪保护国家、集体和人民利益的基本理念和刑法原理，从国家刑法的角度出发，基本上囊括了恐怖主义犯罪涉猎的范围，不论国际性质的恐怖主义犯罪、跨国性质的恐怖主义犯罪或者国内的恐怖主义犯罪，我国刑法均能充分发挥惩治恐怖主义犯罪的效能。但是，无论是国家刑法对恐怖主义犯罪的界定，还是国际社会对恐怖主义犯罪的认识，都没能全部囊括恐怖主义犯罪的行为特征。因此，我国刑法在惩治恐怖主义犯罪的立法方面同样存在较为模糊的一面，这将影响司法实践中法律的具体适用。

1. 确立恐怖主义犯罪的罪名及概念

1997 年《刑法》第 120 条规定的“组织、领导、参加恐怖组织罪”的罪状没有超出罪名概括的简单描述。这种方式对于简单明了的犯罪类型较为适宜，或者对尚不复杂的早期恐怖主义性质的犯罪也可适用。但是，对于当前复杂的恐怖主义犯罪则不太适宜。特别是作为《刑法修正案（三）》试图弥补打击恐怖主义犯罪的法律缺憾，在增补及修订缺乏高度概括犯罪行为本质特征的罪名[26]上不无是立法中的一个遗憾。

---

[26] 罪名是指犯罪行为的名称，是根据罪状对犯罪行为本质特征的高度概括。参见刘艳红：《罪名研究》，中国方正出版社 2000 年版，第 7 页。

此外，《刑法修正案（三）》没有明确恐怖主义犯罪的概念。而概念又是犯罪内在特征和外在特征的高度概括，概念的缺乏容易产生司法适用中理解上的混乱。即便目前存在一些恐怖主义犯罪概念的学理解释，笔者也于上文进行了粗浅的解释，但这些解释毕竟具有明显的学术思想倾向性，尽管这些解释在实践中可以从某种程度上起到指导刑事司法的作用，但却不能代表普遍接受的规则，不能起到立法或司法界定概念的功效。国家如能通过立法的方式对恐怖主义犯罪的概念加以界定，则更具有现实意义，如《俄罗斯联邦刑法典》规定的恐怖主义犯罪即为可以借鉴的适例。

2. 明确恐怖主义犯罪侵害的客体

我国刑法分则体系的划分是依据犯罪行为侵害的同类客体。1997 年刑法将涉及恐怖主义的犯罪列为危害公共安全的犯罪，其分类方法合情合理。《刑法修正案（三）》对恐怖主义犯罪的条款的增补和修订则从第 114 条到第 191 条，跨越了危害公共安全罪和破坏社会主义市场经济秩序罪两个罪章，同时根据恐怖主义犯罪客观行为所侵害的客体，在侵犯公民人身权利和民主权利罪和侵犯财产罪章也包含了恐怖主义犯罪的具体行为方式，由此可见，恐怖主义犯罪侵害的客体是复杂客体。然而，刑法修正案对这种基点问题似乎缺乏明确的表述，这会给司法实践对具体犯罪行为的定性带来不便。

以盗窃核材料的行为为例，我国《刑法修正案（三）》颁行前，明确涉及核材料方面的犯罪是第 151 条规定的走私核材料罪。[27] 核材料，是指可以发生原子核裂变或者聚变反应等的放射性材料，不仅对人体具有较大的危险性，而且是制造核武器必需的核心材料，一旦将该材料制造的武器用于武装冲突或其他方式的武装行动，都严重威胁了国际和平和安全。因此，核材料因其潜在的破坏性和伤害性而成为国际关注的物质，并成为恐怖主义分子热衷使用的物质。

我国一向对核物质给予了高度的重视，1987 年国务院发布了《中华人民共和国核材料管理条例》，1989 年加入了《核材料实物保护公约》，1992 年加入了《不扩散核武器公约》，以及其后我国自行发布的一系列核材料方面的条例，足见我国对核材料的持有、使用、储存、运输等方面的管理及承担的国际义务。刑法还将走私罪核材料罪从众多的构成走私罪的物品中提出来，突出走私该物质的禁止性规定，从而说明该物质的危险性和危害性。一旦该物质落到个人或未经授权的组织控制之下，便易产生毫无节制地使用造成的危险。

然而，遗憾的是，不仅我国惩治恐怖主义犯罪规定有关立法中没有涉及盗窃核武器的内容，就连盗窃罪本身也没有将核材料或武器作为“情节特别严重”的

---

[27] 此外，我国《刑法》第 115 条规定的“以危险方法危害公共安全罪”存在涉及核材料方面的犯罪。

条件。最高人民法院在 1997 年 11 月 4 日通过的《关于审理盗窃案件具体应用法律若干问题的解释》中，也没有把核材料列为“其他特别严重的情节”之列。事实上，盗窃核材料又经常与恐怖主义或恐怖活动有关。因此，如果严格依照罪刑法定原则，那么盗窃核材料的犯罪属于侵犯公私财产利益的一般盗窃犯罪，其量刑幅度远远低于盗窃珍贵文物罪，但盗窃核材料造成的危害结果及潜在的危险又远远高于盗窃珍贵文物造成的社会危害性，因此，盗窃核材料的犯罪符合了罪刑法定的原则，却违背了罪责刑相适应的原则，如此便向司法实践提出两难的选择，造成这种现象的原因是我国立法对惩治恐怖主义犯罪的规定不够紧密，缺乏明确的可操作性。

3. 恐怖主义犯罪涉及的犯罪类型

根据恐怖主义犯罪的自身特点和理解上的多重性。笔者认为，恐怖主义犯罪是一种类罪，恐怖主义的犯罪概念是一个属概念。结合我国缔结和加入的国际公约和我国刑法典的相关规定，国际社会普遍认可的恐怖主义犯罪行为，即恐怖主义犯罪的种概念应包括以下犯罪类型：（1）放火；（2）爆炸；（3）暗杀；（4）绑架；（5）涉及危险性物质的犯罪；（6）涉及放射性物质的犯罪（包括非法处置、走私和盗窃）；（7）涉及传染病病原体物质的犯罪；（8）劫持交通工具的犯罪；（9）劫持人质的犯罪；（10）攻击（小型或大型）；（11）网络恐怖犯罪；（12）资助行为（包括作为恐怖主义上游犯罪的洗钱、毒品等犯罪）。

总之，尽管笔者认为《刑法修正案（三）》在适用中还存有一些个别问题，但从刑法理论上分析，我国刑法及刑法修正案在恐怖主义犯罪的界定上不要求具备犯罪目的和犯罪动机，这不仅符合惩治恐怖主义犯罪的国内需要及向他国引渡或移交的条件，而且符合国际社会惩治恐怖主义犯罪的整体需要。

（本文曾发表于《中国法学》2002 年第 3 期）

论窃取财产性利益

刘明祥

德国、日本等大陆法系国家刑法有关财产罪对象的规定中，区分财物与财产性利益，也就是从狭义上使用财物的概念，并将盗窃罪的对象仅限于财物（即狭义的财物），而不包含财产性利益。但抢劫、诈骗、敲诈勒索等罪的对象，则既可以是财物，也可以是财产性利益。我国刑法没有区分财物与财产性利益，尽管也有学者认为，应从狭义上理解我国刑法中财物的概念，把财产性利益排除在财产罪的侵害对象范围之外，[1]但通说认为，我国刑法是从广义上使用财物概念的，作为诈骗罪、敲诈勒索罪对象的“财物”是包含财产性利益的。[2]至于对盗窃罪对象的“财物”能否也从广义上理解，即除了狭义的财物之外，是否还包含财产性利益，则存在肯定与否定两种观点的对立。

一、对肯定说的批驳

肯定说认为，盗窃罪的对象既可以是财物，也可以是财产性利益。其理由主要有以下几点，笔者认为，均不合适，因而予以剖析。

肯定说的理由之一是，德、日等大陆法系国家刑法中区分财物与财产性利益，规定盗窃罪的对象只能是财物，不能是财产是财产性利益，而我国刑法不区分财物与财产性利益，所规定的各种具体财产罪的对象几乎都是“公私财物”，根本没有出现“财产性利益”的概念，但从刑法分则第五章所用的“侵犯财产罪”的名称和《刑法》第91条、第92条对“财产”含义的解释，不难看出财产性利益也包含在“公私财物”范围之内，同样可能成为财产罪的侵害对象。既然如此，《刑法》第264条规定的“盗窃公私财物”之中的“财物”，当然也应包含“财产性利益”。[3]

在笔者看来，由于德、日刑法与我国刑法对财产罪的规定有差异，德、日刑法中的“财物”是狭义的财物（不包含财产性利益），我国刑法中的“财物”是广义的财物（包含财产性利益），对两种有差异的财物概念，自然是不能从完全

[1] 参见陈烨：《财产性利益与罪刑法定问题》，载《上海交通大学学报》（哲学社会科学版）2013年第5期，第44页。

[2] 参见高铭暄、马克昌主编：《刑法学》，中国法制出版社2007年版，第602、615页。

[3] 参见黎宏：《论盗窃财产性利益》，载《清华法学》2013年第6期，第127页。

相同的含义上去理解。一般来说，认为我国刑法中的“财物”包含财产性利益并无不妥。但具体到某种特定财产罪对象的财物是否包含财产性利益，即应当从狭义上理解为不包含还是应从广义上理解为包含，则另当别论。因为不同类型的财产罪具有不同的特点，有的只能以狭义的财物为侵害对象，另有的则既可能以狭义的财物、也可能以财产性利益为侵害对象，这正是德、日刑法区分财物与财产性利益的原因所在。我国刑法虽然没有区分财物与财产性利益，但在解释某种具体财产罪时，也得考虑其侵害的对象是仅限于狭义的财物还是也包含财产性利益，甚至狭义的财物中还得考虑是仅限于动产还是也包括不动产，不能忽视其具体的犯罪特点，以为对刑法不同条文中的“公私财物”都只能做完全相同的理解（即从广义上理解为包含财产性利益），否则，就可能得出不合理的结论。[4] 正因为如此，即便是持肯定论的张明楷教授也不否认，尽管狭义的财物包括动产和不动产，“但由于财产罪的具体表现形式不同，不动产只能成为某些犯罪的对象。”抢夺罪、聚众哄抢罪的对象就只能是动产，不能是不动产。[5] 由此可见，我国刑法中的某种特定财产罪的对象是否包含不动产、财产性利益，关键在于其犯罪特点（或具体表现形式）能否对之予以侵害，而不在于“财物”的概念之中是否包括不动产、财产性利益。德、日刑法将盗窃罪的对象仅限定在狭义财物的范围内（不包含财产性利益），其理论根据就在于盗窃犯罪的特点（或行为表现）决定了财产性利益不能成为其侵害对象。这也是在我国同样要采取这种立场的根本原因所在。对此，笔者将在下文展开述说。

肯定说的理由之二是，我国刑法的有关规定，肯定了财产性利益可以成为盗窃罪的对象。例如，我国《刑法》第 265 条规定：“以牟利为目的，盗接他人通信线路、复制他人电信码号或者明知是盗接、复制的电信设备、设施而使用的”，依照盗窃罪的规定定罪处罚。该条将非法获取电信服务却不交纳费用这种获取财产性利益的行为按盗窃罪定罪处罚的规定，明显是关于盗窃利益罪的注意规定，是对盗窃利益行为可以定盗窃罪的重要法律根据。[6] 又如，我国《刑法》第 287 条规定：“利用计算机实施金融诈骗、盗窃、贪污、挪用公款、窃取国家秘密或者其他犯罪的，依照本法有关规定定罪处罚。”从社会上发生的具体案件来看，“可以肯定的是，利用计算机实施盗窃行为时，所盗窃的对象主要是财产性利益，而不是狭义财物。所以，《刑法》第 287 条的注意规定，明确肯定了财产性利益

[4] 例如，对我国《刑法》第 275 条规定的“故意毁坏公私财物”中的“财物”，尽管持肯定论者认为也包含财产性利益，（参见张明楷：《刑法学（下）》（第五版），法律出版社 2016 年版，第 1025 页）。但不知这样理解的合理性何在？司法实践中又是否能找到以财产性利益为侵害对象的故意毁坏财物罪的实例？

[5] 参见张明楷：《刑法学（下）》（第五版），法律出版社 2016 年版，第 935 页。

[6] 参见王骏：《抢劫、盗窃利益行为探究》，载《中国刑事法杂志》2009 年第 12 期，第 14 页。

可以成为盗窃罪的对象。”[7]

众所周知，有关《刑法》第 265 条是注意规定还是法律拟制，目前仍有认识分歧。笔者赞成，“本条属于特别规定（法律拟制），亦即，将不符合盗窃行为特征的行为拟制为盗窃行为，并以盗窃罪论处。”因为“盗用他人电话之类的行为，并没有使任何对象发生转移，只是应当付电话费而没有付费而已，并不符合盗窃行为的特征。尽管如此，刑法仍将其拟制为盗窃行为。然而，拟制规定是不能类比适用的，只能适用于有此规定的情形。”[8] 至于《刑法》第 287 条，笔者虽赞同是注意规定，并且也不否认“利用计算机实施盗窃行为时，所盗窃的对象主要是财产性利益”，但不认为该条“明确肯定了财产性利益可以成为盗窃罪的对象”。因为该条只是提示司法人员注意，利用计算机可能实施包含金融诈骗、盗窃等在内的犯罪行为，应依法定罪处罚，并未指明利用计算机实施金融诈骗、盗窃行为，就要按金融诈骗罪、盗窃罪定罪处罚，而是应依照刑法“有关规定定罪处罚”。而按刑法的“有关规定定罪处罚”的前提条件是要符合法条规定的构成要件。实际上，金融诈骗罪并非是具体罪名（只是类罪名），对利用计算机实施金融诈骗的，还得根据其实施的行为符合金融诈骗罪中的哪一种罪的构成要件，来确定按何罪定罪处罚。同样道理，对利用计算机实施的盗窃行为如何定罪，也要看其符合刑法哪一条文规定的构成要件。例如，利用计算机盗窃他人商业秘密的，也可以说是窃取了财产性利益，但这种行为符合《刑法》第 219 条侵犯商业秘密罪的规定，无疑只有按此罪定罪处罚才符合《刑法》第 287 条的精神，而不能以盗窃罪定罪处罚。

肯定说的理由之三是，德国、日本、韩国等国刑法之所以没有将财产性利益规定为盗窃罪的行为对象，是因为他们的刑法中规定有利用计算机诈骗罪，而利用计算机诈骗的实质是盗窃利益，特别是随着金融工具、手段的发达，利用计算机转移他人债权等财产性利益的犯罪现象越来越多，增设利用计算机诈骗罪之后，就可以将这类盗窃利益的行为纳入进去，从而也就可以将这类行为排除在盗窃罪的范围之外。但是，我国刑法中没有规定利用计算机诈骗罪，因而，有必要将这类行为纳入盗窃罪的处罚范围。[9]

从德、日等国设立利用计算机诈骗罪的立法背景来看，确实是为了解决发生

---

[7] 参见张明楷:《论盗窃财产性利益》，载《中外法学》2016 年第 6 期，第 1419 页。

[8] 参见张明楷:《论盗窃财产性利益》，载《中外法学》2016 年第 6 期，第 1425 页。最高人民法院 2000 年 4 月发布的《关于审理扰乱电信市场管理秩序案件具体应用法律若干问题的解释》第 7 条、第 8 条分别规定:“将电信卡非法充值后使用，造成电信资费损失数额较大的，依照刑法第二百六十四条的规定，以盗窃罪定罪处罚。”“盗用他人公共信息网络上网账号、密码上网，造成他人电信资费损失数额较大的，依照刑法第二百六十四条的规定，以盗窃罪定罪处罚。”这两条规定只是《刑法》第 265 条的具体表述，并不是类比适用。

[9] 参见张明楷:《论盗窃财产性利益》，载《中外法学》2016 年第 6 期，第 1417–1419 页。

在金融领域利用计算机取得财产性利益的犯罪案件的处罚问题。例如，非法利用他人的储蓄卡，从自动取款机上将他人的存款转移到自己的账户上，并没有取出现金；或者转移到自己的账户后，通过自动转账来支付电话费、水电费等。由于行为人没有实际获取现金，仅取得了财产性利益，在德、日等国不能被认定为盗窃罪；又由于机器不能被骗，而没有人受骗并交付财物，诈骗罪也不能成立。但如果不处罚这样的行为，就不能有效维护公民的财产权益。正是为了弥补这种处罚上的漏洞，才设立了利用计算机诈骗罪。[10]我国刑法固然没有设立利用计算机诈骗罪，但却规定有信用卡诈骗罪。而信用卡可以在自动取款机上使用，也就是利用计算机系统来转账或取款，加上根据全国人大常委会的有关立法解释，只要是由金融机构发行的电子支付卡，都属于刑法规定的“信用卡”。这样一来，德、日等国发生在金融领域的利用计算诈骗的犯罪，如上述非法利用他人的储蓄卡，从自动取款机上将他人的存款转到自己账户上的行为，在我国，就属于《刑法》第196条规定的“冒用他人信用卡”的行为，[11]应按信用卡诈骗罪定罪处罚。又由于现在的银行将顾客的账户都纳入计算机信息系统进行管理，顾客最初到银行去存款，银行都会在开立账户的同时给一张储蓄卡或借记卡（即信用卡），因此，顾客的存款账户也可以说是信用卡账户。只要对信用卡诈骗罪适当做点扩大解释，将以非法占有为目的从他人银行账户转走大量钱款的行为，如在自动取款机上将他人的大量存款转到自己的账户或取出现金，或者利用他人手机绑定的银行账号付费或转款，或者利用自己非法获取的他人银行账号和密码，通过计算机信息系统将他人的大量钱款转入自己的账户或网上付费购物，如此等等未经账户主人授权，违背其意愿从其账户转走款项，使其遭受财产损失的，均可认定为属于《刑法》第196条第1款第3项规定的“冒用他人信用卡”的情形。由此可见，对发生在金融领域的利用计算机诈骗的犯罪案件，无论是非法获取大量现金还是财产性利益的，大多能按我国的信用卡诈骗罪定罪处罚。

毋庸置疑，还有少数发生在金融领域的利用计算机诈骗的犯罪案件，是我国的信用卡诈骗罪所不能包容的，并且也有一些利用计算机诈骗的犯罪案件，不是发生在金融领域，更无法用信用卡诈骗罪去应对。那么，对这类德、日等国的利用计算机诈骗罪所包容的行为，尤其是其中的利用计算机非法获取财产性利益的情形，在我国，应如何定罪处罚？就成为一个必须面对的问题。这也是持肯定论

---

[10] 参见［日］西田典之：《日本刑法各论》（第三版），刘明祥、王昭武译，中国人民大学出版社2007年版，第164页。

[11] 2008年4月18日《最高人民检察院关于拾得他人信用卡并在自动柜员机（ATM机）上使用的行为如何定性问题的批复》指出：“拾得他人信用卡并在自动柜员机（ATM机）上使用的行为，属于刑法第一百九十六条第一款第（三）项规定的‘冒用他人信用卡’的情形，构成犯罪的，以信用卡诈骗罪追究刑事责任。”

者主张将盗窃罪的对象拓展为包含财产性利益的重要理由或原因之所在。在笔者看来，尽管利用计算机诈骗的犯罪案件大多是骗取财产性利益，[12] 德、日等国刑法增设此罪，主要也是为了解决此类案件的定罪处罚问题，但是，我国刑法没有规定利用计算机诈骗罪，并不等于对利用计算机非法获取财产性利益的行为，就只能按盗窃罪定罪处罚，否则，就无法定罪处罚。事实上，在我国，除了对前述构成信用卡诈骗罪的，应按此罪定罪处罚之外，对不能按此罪处罚的利用计算机诈骗的犯罪案件，按诈骗罪定罪处罚更为合理。

众所周知，传统的诈骗罪是以自然人因被欺诈陷于错误而交付（处分）财产为成立条件的，而机械不可能陷于错误，相对于机械的普通诈骗罪也就不可能成立。但是，随着计算机科学技术的发展，被人工智能化的电子计算机具有了代替人从事某些事务的功能，如自动取款机被称之为电子营业员，可以代替自然人的营业员为客户办理存款、取款、转账付款等业务。正因为如此，一些不法分子基于不法取得的目的，非法利用或操纵这类被智化了的计算机，将他人的款项转到自己或第三者的银行账户，给他人造成财产损失。在刑法尚未增设利用计算机诈骗罪之前，对这类利用计算机非法取得他人财物或财产性利益的案件，如何定性处理，乃至是否有必要增设利用计算机诈骗罪？在德、日刑法学界有不同主张。有不少学者认为，所谓利用计算机诈骗，无非是人与计算机分工，通过自动的数据处理完成的，最终的效果可以归属于计算机背后的人被骗与误认，至于这个人是谁用不着去调查，也没有必要去确认，对这类行为完全可以包容于传统的诈骗罪中，因而，没有必要增设利用计算机诈骗罪。[13] 只不过立法者考虑到这种利用计算机非法取得他人财产上利益的行为，因没有“人”被欺骗并陷入错误而交付或处分财产，不具备诈骗罪的构成要件，又因不存在财物的占有转移，也不具备盗窃罪的构成要件，为避免产生处罚漏洞而增设利用计算机诈骗罪。并且，从许多设立独立罪名的国家（如德国、日本等）刑法所用的罪名和分类来看，人们考虑到其行为形态在外形上与欺骗人取得财产上不法利益的诈骗罪相类似，因而称之为“利用计算机诈骗罪”，作为诈骗罪的一种特殊类型纳入诈骗罪章中。[14] 而并未称之为“利用计算机盗窃罪”，将其纳入盗窃罪的范畴。有些没有单独设罪的国家刑法，对使用计算机诈骗也是明文规定以诈骗罪论处（并非是以盗窃罪论处）。如《瑞典刑法》第九章第 1 条第 2 款规定：“输入不正确或不完整的信息，或者修改程序或记录，或者使用其他手段非法影响自动数据处理或其他类似自动

[12] 日本刑法将利用计算机诈骗罪的对象仅限定为财产性利益，但德国刑法中的利用计算机诈骗罪的对象，既可以是财产性利益，也可以是财物。

[13] 参见［日］阿部纯二等编：《刑法基本讲座》（第 5 卷），法学书院 1993 年日文版，第 56–57 页。

[14] 参见［日］川端博著：《刑法各论概要》（第二版），成文堂 1996 年版，第 214 页。

处理的结果，致使行为人获利而他人受损的，也以诈欺罪论处。”由此可见，利用计算机诈骗（包含信用卡诈骗）虽然与传统的诈骗罪、盗窃罪等有差别，但在性质上仍然属于诈骗（并非是盗窃）。在我国刑法没有规定利用计算机诈骗罪的情况下，不应当认为这种行为的实质是盗窃财产性利益，而对其按盗窃罪定罪处罚。相反，因这种行为具备诈骗的实质，至少与诈骗和盗窃相比，更接近于诈骗，因而，应按诈骗罪定罪处罚。并且还应当看到，由于我国《刑法》第266条对诈骗罪采取简单描述罪状（即“诈骗公私财物”）的规定方式，没有像德、日刑法对普通诈骗罪有“欺骗他人使之交付财物”（《日本刑法》第246条）或以欺骗方法“使他人陷于错误之中”（《德国刑法》第263条）的规定，不受只有欺骗自然人才能成立普通诈骗罪的立法限制，也就是存在把利用计算机诈骗解释为可能构成我国刑法中的普通诈骗罪的空间或余地，即诈骗罪的成立不以自然人直接受骗为成立条件，利用代替人处理事务的智能计算机的信息误认非法获取他人财物（含财产性利益），实质上是使计算机背后的人受骗从而取得财物，因而认定这种行为属于“诈骗公私财物”，对其按诈骗罪定罪处罚，既不存在法律上的障碍，也不存在解释上的缺陷。

肯定说的理由之四是，德国、日本、韩国等国刑法之所以没有将财产性利益规定为盗窃罪的行为对象，还有一条重要原因是，这些国家“刑法所规定的盗窃罪，不以数额较大为成立条件，……如果处罚盗窃财产性利益的行为，可能导致盗窃罪的处罚范围漫无边际。”又由于在这些国家，“许多盗窃财产性利益的行为，完全可能被评价为盗窃了有体物而被认定为盗窃罪。例如，盗窃他人存折、银行卡的，就存折、银行卡这种有体物本身成立盗窃罪；如果事后又从银行柜台取出现金或者在特约商户消费的，另成立诈骗罪，而且属于并合罪。”因而，这些国家的刑法也没有必要把财产性利益规定为盗窃罪的对象。[15]但是，“在我国，盗窃罪的成立以数额较大为起点，对单纯盗窃财产性利益凭证的行为，不可能以凭证本身的价值认定为盗窃罪，因而不利于保护财产性利益。”“只有通过肯定财产性利益可以成为盗窃罪的对象，才能有效地保护财产性利益。”另一方面，又由于盗窃罪的成立以数额较大为要件，“即使处罚盗窃财产性利益的行为，也不至于使盗窃罪的处罚范围漫无边际”。因此，在我国肯定财产性利益可以成为盗窃罪的对象，既有必要性也有可行性。[16]

在笔者看来，不能说这一解释完全没有道理，但至少是带有片面性和不准确性。德、日等国刑法规定的盗窃罪虽然不以数额较大为起点，但并非是对盗窃他人一张手纸、偷摘他人枣树上一粒小枣吃，都要当盗窃罪来处罚，而是运用可罚

[15] 参见张明楷：《论盗窃财产性利益》，载《中外法学》2016年第6期，第1418页。

[16] 参见张明楷：《论盗窃财产性利益》，载《中外法学》2016年第6期，第1419页。

的违法性（或实质的违法性）的理论将这种行为排除在处罚范围之外。所谓“盗窃财产性利益”的价值数额，一般不会小到一张手纸、一粒枣的程度，为何大陆法系国家的司法官不能同样运用可罚的违法性（或实质的违法性）理论将其排除在外呢？又怎么能得出在这些国家“如果处罚盗窃财产性利益的行为，可能导致盗窃罪的处罚范围漫无边际”的结论呢？另外，上述肯定论者所举盗窃他人存折、银行卡后又取出现金或者在特约商户消费的，这并非是取得了财产性利益的实例，而是取得了财物。因而所谓在德国、日本“许多盗窃财产性利益的行为，完全可能被评价为盗窃了有体物而认定为盗窃罪”的说法也不够准确。日本的通说认为，上述盗窃他人存折、银行卡的案件，就把他人占有之下的存折、银行卡夺走而言，构成盗窃罪；但尔后用存折、银行卡取款或到特约商户消费的行为，并非是定盗窃罪而是定诈骗罪。很明显，这类犯罪的实质或者说危害性之所在是后面这一部分行为。如果用他人存折、银行卡通过计算机将他人的款项转入自己的账户或第三者账户还了债，这才是上述论者所指“盗窃财产性利益”的情形，对此，在德国、日本并非是定盗窃罪，而是定利用计算机诈骗罪。

正如张明楷教授所述，从德国、日本等大陆法系国家的刑法规定和理论解释来看，“认为债权等财产性利益不能成为盗窃罪的对象，可谓19世纪的观念。”[17]他们至今仍不改变这种观念，在笔者看来，还是因为只有“基于被害人有瑕疵的意思，才可能转移债权等财产性利益，所以，这些国家的刑法往往规定抢劫罪、诈骗罪、敲诈勒索罪的对象可以是财产性利益。”[18]而不把财产性利益规定为盗窃罪的对象，关键在于盗窃的特点是行为人直接夺取他人占有的财物，债权等财产性利益是一种无形的法律上的权利或利益，不可能直接被人夺取（或直接转移占有），而只是在民事法律的观念上才可以被占有或被转移，因而不能成为刑法中盗窃罪的侵害对象。至于说在我国“对单纯盗窃财产性利益凭证的行为，不可能以凭证本身的价值认定为盗窃罪，因而不利于保护财产性利益”，笔者认为，这种说法可能与实际不符。事实上，盗窃财产性利益凭证的案件，大多有前后两个行为，分开来看，盗窃凭证的前行为的危害性程度往往很低，根本没有处罚的必要性；只有利用凭证取得财物或财产性利益的后行为，才是侵害法益并给他人造成财产损害的关键所在，也才有给予刑事处罚的必要性。但后行为构成的犯罪并不是盗窃罪。例如，盗窃他人真实有效的支票，如果行为人不以提取或转走支票所列款项为目的，将支票撕毁了，支票所有者的款项不会受损失，当然也就没有

[17] 参见张明楷：《也论用拾得的信用卡在ATM机上取款的行为性质——与刘明祥教授商榷》，载《清华法学》2008年第1期，第107页。

[18] 参见张明楷：《也论用拾得的信用卡在ATM机上取款的行为性质——与刘明祥教授商榷》，载《清华法学》2008年第1期，第107页。

必要当盗窃罪来处罚。如果盗窃支票后，又到银行冒名提取了巨额款项或者通过计算机将款项转到第三者账户还了自己所欠的债，后面这种行为才有给予刑事处罚的必要性。而这属于《刑法》第194条规定的冒用他人支票的情形，自然应当按票据诈骗罪定罪处罚。按此罪而不按盗窃罪定罪处罚，同样能有效保护财产性利益，不存在“只有通过肯定财产性利益可以成为盗窃罪的对象，才能有效地保护财产性利益”的问题。

肯定说的理由之五是，“如果说财产性利益能够成为诈骗罪的对象的话，就没有理由将其排除在盗窃罪的对象之外。因盗窃的危害性大于诈骗，更应当处罚。”并且，如果说诈骗罪的对象包括财物和财产性利益，而盗窃、抢夺的对象只能是财物的话，那么，在适用《刑法》第269条事后抢劫罪的规定时，就会形成这样的结局：“诈骗财产性利益，为窝藏赃物、抗拒抓捕或者毁灭罪证而当场使用暴力或者以暴力相威胁的，构成抢劫罪；而盗窃、抢夺财产性利益的，即使为窝藏赃物、抗拒抓捕或者毁灭罪证而当场使用暴力或者以暴力相威胁的，至多会构成故意伤害罪，但绝对不能构成抢劫罪。”如出租车到达目的地之后，“乘客尚未交付车费而打开车门，准备溜走，结果被司机发现，乘客为抗拒抓捕而打伤司机的场合，则至多只能构成故意伤害罪，而不能成立事后抢劫罪。”这“实在是让人瞠目”。[19]

如前所述，我国的通说认为，财产性利益可以成为诈骗罪的对象，我国刑法规定的盗窃罪与诈骗罪的法定刑虽然基本相同，但传统的观念是盗窃罪比诈骗罪重，司法实践中对前者的处罚实际上也重于后者。因而，难免使人产生这样的疑问：既然诈骗财产性利益可能构成诈骗罪并受刑事处罚，为何性质更严重的盗窃财产性利益，反而不可能构成盗窃罪即不受刑事处罚呢？在笔者看来，这是因为刑法规定的具体财产罪有各自不同的特点或构成要件，决定了各自的侵害对象可能有差异，导致轻罪可能侵害的对象重罪反而不可能去侵害。例如，不动产的不可移动性，决定了其不可能成为抢夺罪的侵害对象，但却可以成为法定刑比抢夺罪轻得多的侵占罪的侵害对象。基于同样的理由，正如提出上述质疑的肯定论者所述，“从行为性质来看，诈骗罪的场合，被害人利益受损通常是因为其自身具有一定的过错（如过于轻信他人或者贪图小便宜），是自己在有错误认识的状态下主动将财物交给行为人的，而盗窃罪的场合，被害人没有任何过错，行为人多半是在被害人不知情的情况下将其财物拿走的”。[20] 正因为如此，加上财产性利益大多是法律上的权利（如债权）等无形的东西，行为人取得财产性利益（如取得债权、免除债务），通常要有被害人处分财产权利的意思表示或相应的行动（即

[19] 参见黎宏：《论盗窃财产性利益》，载《清华法学》2013年第6期，第129页。

[20] 参见黎宏：《论盗窃财产性利益》，载《清华法学》2013年第6期，第128页。

为一定行为或不为一定行为),[21] 而在被害人产生错误认识的情况下处分或转让其财产权利，行为人因而取得财产性利益的现象很常见，这也正是财产性利益可以成为诈骗罪对象的原因所在。但财产性利益不可能“在被害人不知情的情况下”被“拿走”(即不能被窃取)，因此，不能成为盗窃罪侵害的对象。以上述肯定论者所举出租车乘客逃费为例，出租车的乘客到达目的地之后，“尚未交付车费而打开车门，准备溜走”，这种行为不能评价为“在被害人不知情的情况下将其财物拿走”(或“窃取”)，性质不属于《刑法》第 269 条规定的“犯盗窃罪”的情形，不能构成本条规定的事后抢劫罪，但却有可能构成第 263 条规定的普通抢劫罪。因为在司机发现乘客“准备溜走”而予以阻止、并要求其付费的情况下，乘客采用暴力、胁迫手段强行离去的，这属于德、日等国刑法规定的采用暴力、胁迫手段取得财产上的不法利益(即抢劫财产性利益)的情形，可能构成抢劫罪(即抢劫利益罪)。我国刑法虽然没有抢劫利益的明文规定，但可以借鉴德、日等国的刑法解释论，将财产性利益包含到“抢劫公私财物”的“财物”之中，从而也就可以将这种行为直接按抢劫罪定罪处罚。[22] 上述肯定论者所担忧的“让人瞠目”的事也就不会发生。

肯定说的理由之六是，“如果否认财产性利益可以成为盗窃罪的对象，要么导致诸多处罚漏洞，要么导致处罚的不协调。”[23] 并用一些实例来予以证明。[24] 笔者认为，这一理由同样不能成立，所举的盗窃财产性利益的实例，按盗窃罪定罪处罚也不具有合理性。对此，笔者将在下文展开论述。

二、对否定说的论证

否定说认为，盗窃罪的行为对象仅限于财物，而不包含财产性利益。这是由盗窃罪的性质或特点(即构成要件)所决定的。[25] 对此，包括笔者在内的持否定说的论者过去并未展开论述，因而受到持肯定说者的质疑。[26] 现在看来确实有必要展开做进一步的阐述。

首先必须弄清我国《刑法》第 264 条所规定的“盗窃公私财物”中“盗窃”的含义。如果我们仔细梳理一下我国刑法中的“盗窃”一词，就不难发现其也有

---

[21] 参见王骏:《刑法中的“财物价值”与“财产性利益”》，载《清华法学》2016 年第 3 期，第 49 页。

[22] 参见姚万勤、陈鹤:《盗窃财产性利益之否定——兼与黎宏教授商榷》，载《法学》2015 年第 1 期，第 58 页。

[23] 参见张明楷:《论盗窃财产性利益》，载《中外法学》2016 年第 6 期，第 1419 页。

[24] 参见王骏:《抢劫、盗窃利益行为探究》，载《中国刑事法杂志》2009 年第 12 期，第 9 页以下；黎宏:《论盗窃财产性利益》，载《清华法学》2013 年第 6 期，第 122 页以下。

[25] 参见刘明祥:《财产罪比较研究》，中国政法大学出版社 2001 年版，第 38 页。

[26] 参见黎宏:《论盗窃财产性利益》，载《清华法学》2013 年第 6 期，第 124 页。

广义与狭义之分。从广义而言，所谓“盗窃”，是指用不合法的手段秘密地取得或获取。[27] 例如，我国《刑法》第 219 条规定，“以盗窃、利诱、胁迫或者其他不正当手段获取权利人的商业秘密的”，是侵犯商业秘密罪的行为之一，这里的“盗窃”即非法秘密获取权利人商业秘密，就是从广义而言的。商业秘密是一种技术信息和经营信息，属于知识产权范畴的无形财产。持肯定说的论者或许会认为，既然我国刑法中的“盗窃”一词可以从广义理解，那么，债权等财产性利益是法律上的权利，与作为知识产权之一的商业秘密具有相似性，[28] 当然也可以成为盗窃罪的行为对象。笔者也不否认，由于采用不法手段完全有可能秘密获取信息、法律权利等无形的东西，因而按一般民众的观念，从广义而言，盗窃商业秘密、盗窃国家秘密、盗窃知识产权、盗窃财产性利益的现象都有可能发生。但是，正如前文所述，在德国、日本等国刑法中，尽管明确区分财物与财产性利益，并且明文规定诈骗罪、敲诈勒索罪等罪的对象，既可能是财物也可能是财产性利益，却将财产性利益排除在盗窃罪的对象范围之外，也就是将盗窃罪中的“盗窃”限定在狭义的窃取财物的范围内。之所以如此，归根到底是因为要区别对待具有不同特点的侵犯财产的犯罪。

众所周知，德国、日本等大陆法系国家刑法规定的侵犯财产权的犯罪主要有：抢劫罪、盗窃罪、侵占罪、诈骗罪、敲诈勒索罪、毁弃罪等。我国刑法也规定有这些财产罪，可以说这些罪是财产罪的基本类型（或主要种类）。刑法分这些种类规定具体的财产罪及不同的法定刑，所采取的标准或其关注点主要在于，行为人是基于取得还是毁弃财产的目的意思而实施，将财产罪分为取得罪与毁弃罪两大类。基于不法取得财产的目的意思实施的取得罪（如盗窃罪、诈骗罪等）占财产罪的绝大多数。在取得罪中，又以是否转移财产的占有为标准，分为转移占有罪（又称为夺取罪）与不转移占有罪（即侵占罪），除了侵占罪之外，其他的取得罪均为转移占有罪。在转移占有的夺取罪中，又以是否违反被害人的意思转移财产的占有为根据，分为盗取罪和交付罪。其中，盗取罪（如盗窃罪、抢劫罪等）以违反被害人的意思转移财产的占有为成立条件，交付罪（如诈骗罪、敲诈勒索罪）则以基于被害人有瑕疵的意思交付财产为构成要件。[29]

从我国和德、日等大陆法系国家刑法对财产罪的分类规定不难看出，盗窃罪是一种以违反被害人意思转移财物占有为特征的盗取罪。我国古代法律就规定有“盗”罪，并将强盗与窃盗皆纳入“盗”罪的范畴，与现代财产罪分类中所用的“盗

---

[27] 参见中国社会科学院语言研究所词典编辑室编：《现代汉语词典》（第 5 版），商务印书馆 2005 年版，第 280 页。

[28] 甚至商业秘密本身就可以成为财产性利益。参见李强：《财产犯中财产性利益的界定》，载《法学》2017 年第 12 期，第 45 页。

[29] 参见［日］松原芳博：《刑法各论》，日本评论社 2016 年版，第 166 页。

取罪”（简称为盗罪）的含义基本相同。自古以来，盗罪（或盗取罪）的一大特点是直接夺取（或拿走）他人占有下的财物，其中，盗窃（即窃盗）罪是秘密窃取，通常是避开财物所有者或管理者的耳目偷偷地拿走，抢劫（即强盗）罪则是采取暴力、胁迫等强制手段强行夺取。由于抢劫罪大多是在被害人知晓的情况下当面强行夺取其财物，有的是威逼被害人交出财物之后拿走，这种由被害人交出财物的抢劫与作为交付罪一种类型的敲诈勒索罪很相似，也有交付罪的某些特点。只不过被威逼交出财物的抢劫案中，被害人没有不交出财物的选择余地，即不属于基于被害人意思（或有瑕疵的意思）交付财物，因而不同于敲诈勒索罪这种交付罪。正因为有部分抢劫罪表面上与作为交付罪之一的敲诈勒索罪很相似，而财产性利益可以成为敲诈勒索罪等交付罪的侵害对象，为了与之相协调，德、日等国刑法明文规定，财产性利益也可以成为抢劫罪的对象。

但是，盗窃罪这种最典型的直接夺取占有的盗取罪（即窃取罪），其窃取（即秘密取得）的行为特征（或构成要件），决定了不存在诈骗罪等交付罪中因被害人交付（或处分）财产而取得的现象，从而也就决定了财产性利益不能成为其侵害对象。正如前文所述，行为人获取财产性利益（如取得债权、免除债务），往往要有被害人处分财产权利的意思表示或相应的行动，这也是德、日等国刑法将财产性利益限定为可以成为诈骗罪等交付罪或与交付罪相类似（如抢劫等）罪的行为对象、而不能成为其他类型财产罪之行为对象的原因所在。

如前所述，作为盗窃罪构成要件的“窃取”或“盗窃”，应从狭义上理解为仅限于窃取他人财物的情形。之所以做这样的限定，是因为盗窃罪的“窃取”或“盗窃”行为，还必须具有“侵害占有并拿走”[30]、或者“打破占有并建立新的占有”[31]这样的基本特征。而这又是由盗窃罪这种最典型的直接夺取占有的盗取罪的特性所决定的。因为“窃取本来含有秘密取得之意”[32]，行为人往往要避开财物的所有者或管理者的耳目偷偷地拿走其财物，这就意味着必定要直接“侵害占有”或“打破占有”，并在此基础上“拿走”或“建立新的占有”。这种直接夺取占有（或直接转移占有）的情形，明显不同于间接夺取占有（或间接转移占有）的交付罪。因为诈骗罪等交付罪转移占有的一大特色是，被害人基于自己的有瑕疵的意思，表面上“自愿”地将财产交付（或处分）给行为人，也就是说行为人取得占有是通过被害人交付（或处分）财产这种途径实现的，因而具有间接夺取占有（或间接转移占有）的特性。正因为如此，在诈骗罪等交付罪中，行为人不仅可

[30] 参见［日］高桥则夫：《刑法各论》，成文堂 2011 年版，第 250 页。

[31] 参见车浩：《盗窃罪中的被害人同意》，载《法学研究》2012 年第 2 期，第 102 页。

[32] 参见［日］西田典之：《日本刑法各论》（第三版），刘明祥、王昭武译，中国人民大学出版社 2007 年版，第 116 页。

以通过被害人的交付而取得财物，而且还可以通过被害人实施的处分行为而获得财产性利益（如取得债权、免除债务）。因为债权等法律上的权利虽然不能被他人直接夺取（或拿走），但却可以通过权利人的相应行为予以转让，这正是诈骗罪等交付罪的对象既可能是财物也可能财产性利益、既包含动产也包括不动产的根本原因所在。只不过这种法律上财产权利的转让，固然也可以使行为人获取财产上的利益、被害人遭受财产上的损失，同行为人取得财物、被害人失去财物并无实质上的差异，正是基于此种考虑，刑法才将这种被害人转移财产权利的情形，与其转移财物同样对待，但严格来说，基于被害人实施的处分行为而将某种财产权（如债权等）转让给行为人，这还不属于刑法上“转移占有”的情形。

盗窃罪直接“侵害占有”或“打破占有”的特性，在一定程度上决定了其侵害对象只能是财物而不能是财产性利益。因为“侵害占有”或“打破占有”是以占有客观存在为前提条件的。而刑法上的占有是指人在事实上掌握或控制财物的状态。民法上承认的观念性或规范性的占有（如继承占有），刑法上不予承认，而特别注重占有的事实性。德、日刑法之所以将盗窃罪的对象仅限于有体物，原因也在于只有有体物才有客观的存在空间与外形，才能被人在事实上掌握或控制（即占有），这种占有状态也才可能被直接侵害或被打破，处于占有状态的东西才可能被夺取或“拿走”。正因为如此，持肯定说即认为财产性利益也是盗窃罪之对象的张明楷教授也承认，“就狭义的财物而言，应当使用占有所有之类的概念；就债权与其他财产性利益而言，由于并不存在类似于占有与所有之分，只需要使用享有、具有、拥有之类的概念。……可是，由于我们认可了‘盗窃罪是转移占有的犯罪’，……又承认债权等财产性利益能够成为盗窃罪的对象，所以，不得不就财产性利益也使用占有的概念。”[33] 也就是说，财产性利益本来不能被占有，只不过由于它能够成为盗窃罪的对象，而盗窃罪是转移占有的犯罪，才不得不承认财产性利益也能被占有。笔者以为，这样的解释难以令人信服，并且，按形式逻辑的推论规则，应该得出相反的结论。因为“只有肯定了财产性利益的占有，侵害财产性利益的行为成立盗窃才成为可能。先肯定侵犯财产性利益的行为成立盗窃，随后不得不接受财产性利益占有的概念，则颠倒了结论与论据之间的逻辑关系，存在循环论证的问题”。[34] 事实上，既然财产性利益本来不能被占有，从而也就不可能被转移占有，而盗窃罪是转移占有的犯罪，逻辑的结论应当是财产性利益不能成为盗窃罪的对象。

在刑法理论上，将占有定义为“人对物的控制支配关系”或“在事实上控制特定物的状态”，早已成为通说。“一般而言，占有所要求的事实控制力，往往通

[33] 参见张明楷：《刑法学（下）》（第五版），法律出版社2016年版，第942页。

[34] 参见徐凌波：《虚拟财产犯罪的教义学展开》，载《法学家》2017年第4期，第51页。

过一种狭义上的人与物的空间联系来实现”。[35] 这也就决定了占有的对象原则上仅限于有体物。因为只有有体物的物理属性表明其是以一定的物理的时空关系为存在根基的，才可能与人之间形成时空的联系。而债权等财产性利益是人抽象思维的产物，是一种完全脱离时空的观念上的存在，尽管也被纳入法律调控管理的范围，也可以被人在法律上管理控制，但却只能是一种观念性的管理控制，与作为有体物的事实上的掌握控制有实质的差别，因而不能成为占有的对象。如前所述，正因为有体物以一定的物理外形存现于客观世界中，人对有体物的占有即在事实上的掌握控制才能以一定的时空形式体现出来，作为盗窃罪的构成要件的直接“侵害占有”或“打破占有”、并在此基础上夺取占有或“拿走”才有可能实现；加上通过有体物的位移（即位置的变化）就能从客观上判断是否已转移占有。而债权等作为观念性存在的财产性利益，不可能被权利人之外的第三者直接“夺取”或“拿走”，也就是不能以打破并建立占有的方式予以侵害。[36] 以肯定论者所举出租车的乘客到达目的地后偷偷溜走以逃交车费的案件为例，肯定论者认为，逃交车费是免除自己应当交付车费的债务，属于窃取财产性利益的行为。[37] 笔者也不否认，在这种场合，司机的财产权利确实受到了侵害，但乘客打破了司机的占有吗？“拿走”了司机的什么呢？这显然是肯定论者也无法肯定回答的问题。

那么，对既未打破占有也没拿走任何东西，只是窃取了财产性利益，如暗中获取了债权、偷偷逃掉了债务的行为，按盗窃罪定罪处罚是否合理呢？肯定论者认为，盗窃财物与盗窃财产性利益只有形式上的差异，并无实质的不同。因为窃取一万元现金与逃掉一万元的债务（即免交一万元钱），从行为人一方而言，获取的财产利益相同；从被害人一方来看，遭受的财产损失无异，因而，应当同样对待。但是，从刑法对财产罪的分类规定及法定刑的设置来看，即便是针对同一对象（如价值一万元的电脑），是否“侵害占有”或“打破占有”，以及是直接还是间接“侵害”或“打破”？是否“拿走”，乃至采用何种手段“拿走”？对所构成的犯罪及处罚的轻重都有很大的影响。例如，盗窃罪和侵占罪都是以取得他人财物为目的的取得罪，某人一台价值万元的电脑，无论是被盗窃还是被侵占，对其造成的财产损失是同样的，但对盗窃者与侵占者所定的罪不同，所判处的刑罚轻重也会有很大差别。原因就在于“盗窃罪是以侵害占有作为手段侵害所有权的犯罪，即同时侵害所有权与占有这两种法益的犯罪。而作为非夺取罪的侵占罪，仅以所有权为侵害内容，不包含夺取占有的要素。”[38] 又如，盗窃罪与诈骗罪

[35] 参见车浩：《占有概念的二重性：事实与规范》，载《中外法学》2014 年第 5 期，第 1187–1188 页。

[36] 参见徐凌波：《虚拟财产犯罪的教义学展开》，载《法学家》2017 年第 4 期，第 52 页。

[37] 参见黎宏：《论盗窃财产性利益》，载《清华法学》2013 年第 6 期，第 129 页。

[38] 参见［日］井田良：《讲义刑法学 · 各论》，有斐阁 2016 年版，第 194 页。

虽然都是侵害占有的夺取占有（或转移占有）罪，但盗窃罪是直接夺取占有（或直接转移占有）罪，而诈骗罪是间接夺取占有（或间接转移占有）罪，正因为如此，一般认为，盗窃罪比诈骗罪重，司法实践中对盗窃罪的处罚也比诈骗罪重。再如，取得罪的典型是盗窃罪，毁弃罪的典型是毁坏财物罪，与被盗窃相比，财物被毁坏之后，由于不可能被原样追回，被害者最终所受的损害可能更大。尽管如此，盗窃罪被规定的法定刑反而更重。这样区别对待两种犯罪，主要是考虑到盗窃罪是把他人之物“拿走”归属于自己（即建立新的占有），基于这种利欲冲动的犯罪者多，而基于破坏的冲动不“拿走”只是毁坏他人之物者毕竟少，为达到一般预防的目的，因而对盗窃罪规定更重的处罚予以更为强烈的禁止。[39] 由此可见，侵害或打破占有的有无及其方法（或行为样态），对具体财产罪的成立有重要意义。盗窃罪作为最典型的直接夺取罪（即直接夺取占有罪），必须具备侵害或打破占有（即夺取占有）的构成要件，这既是其成立的关键之处，也是刑法设立此罪的锋芒所在，即打击直接夺取占有的行为。正因为如此，在日本，尽管刑法明文规定财产性利益可以成为诈骗等财产罪的对象，但却在立法和司法上长期坚持，“针对财产性利益所实施的盗窃（利益盗窃）行为不可罚”。[40] 归根到底还是由于财产性利益不能成为刑法中占有的对象，利益盗窃也不存在侵害或打破占有（即夺取占有或“拿走”）的问题；加上如果把利益盗窃作为一般的盗窃罪予以规定或对待，那么，民法上的债务不履行（借款到期不还等）就可能直接成立犯罪。这明显行不通，不能被社会公众所认同。[41]

值得注意的是，肯定论者为了把财产性利益纳入盗窃罪的对象范围，不得不将本来不能被占有的财产性利益，也解释为可以被占有。由于债权等财产性利益是人抽象思维的产物，是观念性的东西，肯定财产性利益能被占有，就意味着占有并不要求具有事实性，而完全可以是观念性的。这种占有观念化的解释论，势必使占有概念失去明确性，从而导致盗窃罪构成要件定型性的丧失。因为这表明占有的转移不再以时空关系的变化为其存在论的基础，占有的转移实际上就混同于财产的转移、甚至变成了利益的转移，夺取占有也就等同于获得利益，“打破他人占有就被置换或者等同于损害他人的权益，除了一个权益损害的结果之外，盗窃罪的客观构成要件部分就再也没有什么实质性的内容了。因为无论犯罪对象是有体物，还是无形的财产性利益，只要造成了权利人权益损害的后果，就总是可以……毫无遗漏和障碍地得到一个‘打破占有’的结论，也因此得出构成盗窃

---

[39] 参见［日］井田良：《讲义刑法学·各论》，有斐阁 2016 年版，第 194 页。

[40] 参见［日］西田典之：《日本刑法各论》（第三版），刘明祥、王昭武译，中国人民大学出版社 2007 年版，第 108 页。

[41] 参见［日］井田良：《讲义刑法学·各论》，有斐阁 2016 年版，第 192 页。

罪的结论。这样一来，所有不能被其他财产犯罪的构成要件所涵摄的案件，几乎都可以认定为盗窃罪。”[42]但这显然违背了立法者分别设置盗窃罪及其他财产罪的初衷，并且会从根本上动摇了财产罪分类的理论基础。

近来，也有肯定论者意识到，“针对实体财物适用的占有理论，并不能当然适用于财产性利益。”这是“由于财产性利益具有异于实体财物的特质，运用占有理论来解释财产性利益盗窃的行为构造并不妥当。更为可行的做法，是立足于盗窃行为的基本属性，同时结合财产性利益本身的特质，为财产性利益盗窃建构一套独立的行为构造”。即“实体财物盗窃的行为构造是拿走，而财产性利益盗窃的行为构造则是僭权。前者的表现方式是占有的破坏与新建，后者则是权利的消灭与再造”。[43]但是，在笔者看来，既然财产性利益盗窃的行为构造是僭权，是权利的消灭与再造，而不是对占有的破坏与新建（即拿走财物），那就表明其不具备盗窃罪这种直接夺取占有罪的构成要件，也就是不具有其作为盗取罪的本质特征，自然也就不可能构成盗窃罪。如果在盗窃罪的构成要件之外，“为财产性利益盗窃建构一套独立的行为构造”，那等于是新设立了一套构成要件，实质上是建构了一个不同于盗窃罪的新罪。作为一种立法建议也未尝不可，但作为一种解释论，将明显不同于盗窃罪的行为硬性塞进盗窃罪之中，无疑是不具有合理性的。不过，值得肯定的是，持此种主张的论者，看到了盗窃财产性利益的行为与盗窃财物的行为在构造上的重大差异，并揭示了此种行为的实质是僭权，是财产权利的消灭与再造。在笔者看来，这与诈骗财产性利益行为的实质相同，正因为如此，对肯定论者所述盗窃财产性利益的情形，只要稍做点扩大解释，大多可以诈骗财产性利益来论。以前述出租车乘客逃交车费为例，乘客到达目的地之后，趁司机不注意而溜走的，这被视为盗窃财产性利益。但如果乘客上车时就准备到达后不交车费而溜走，这被认定为骗取财产性利益，相信不会有异议；问题是乘客到达目的地之前并未想逃费，只是到达目的地后，见司机下车专心查看车况才趁机溜走的，认定为骗取财产性利益（即骗取服务或免付费），似乎不妥当，这或许是肯定论者要认定为盗窃财产性利益的情形。但笔者主张，即便是对这种情形，也可以考虑认定为骗取财产性利益。因为从我国《刑法》第224条对合同诈骗罪的规定不难看出，行为人与他人签订合同取得他人财物后，只要是以非法占有为目的而不履行合同，给他人造成财产损失的，不论行为人何时产生非法占有的目的，也不管签订合同是否采用了欺骗手段，均有可能构成合同诈骗罪。基于同样的理由，乘客乘出租车，就意味着与司机达成了租车的协议，并承诺会付费，

[42] 参见车浩：《占有概念的二重性：事实与规范》，载《中外法学》2014年第5期，第1216页。

[43] 参见马寅翔：《限缩与扩张：财产性利益盗窃与诈骗的界分之道》，载《法学》2018年第3期，第46页以下。

无论乘客何时产生不付费的想法，只要实际上没付费就溜走，都可以从实质上评价为骗取服务而不付费（即骗取财产性利益）。

三、财物与财产性利益的界分

如前所述，我国刑法分则第五章侵犯财产罪有多个条文使用了“公私财物”一词，其中的“财物”有广义与狭义两种不同含义，即有的条文所规定的作为特定财产罪（如诈骗罪）侵害对象的“财物”，应从广义上理解为包含财产性利益；也有的条文（如规定盗窃罪的《刑法》第264条）中的“财物”，则应从狭义上理解为不包含财产性利益。正因为如此，在理解和适用相关法条时，就必须将狭义与广义的“财物”区分开来，实际上也就是要区分狭义的“财物”与“财产性利益”。这是否定说（即否定财产性利益能够成为盗窃罪对象）的基本主张。毋庸置疑，按否定说这种区分有特别重要的意义；但对肯定说而言，由于狭义的财物与财产性利益，均可成为盗窃罪等绝大多数财产罪的侵害对象，因而区分两者并无多大意义和必要性。

既然否定说认为行为对象是狭义的财物还是财产性利益，对盗窃罪的成立与否有决定性的意义，那么，如何区分两者就成为此说必须面对和解决的问题。一般来说，狭义的“财物”（以下简称为财物），是指作为民法物权客体的“物”，可分为有体物与无体物，有体物又可分为动产与不动产。“所谓财产性利益，是指财物以外的其他一切财产性利益”。按日本的通说和判例的主张，获得财产性利益“除了取得债权或担保权、使人提供劳务、服务等这些积极性利益之外，还包括得到诸如免除债务或暂缓支付等消极性利益。”[44] 在民法中，财物归属于物权保护，财产性利益则在债权保护之列。“物权的效力在于权利人能在物权所赋予的权能范围内，对于一定物加以支配，并且排除他人对该物的干涉，其权利及于所有他人。……债权的效力在于权利人能请求特定他人为一定行为与不为一定行为，其权能是在债权人与债务人之间存在效力，原则上不及于第三人。‘财产性利益’体现的就应当是相对人行为对于权利人的利益。”[45]

应当注意的是，刑法之中“财物”的概念与民法物权客体的“物”的概念并不完全相同，并且由于各国刑法规定的不同，对财产罪的行为对象的表述及“财物”的理解也有差异。例如，对盗窃罪的行为对象，德国刑法规定为“动产”，日本刑法规定为“财物”。德国刑法学界一致认为，“动产”仅限于有体物。日本刑法学界对“财物”的含义，则存在“管理可能性说”与“有体性说”的对立。

---

[44] 参见［日］西田典之：《日本刑法各论》（第三版），刘明祥、王昭武译，中国人民大学出版社2007年版，第148页。

[45] 参见王骏：《刑法中的“财物价值”与“财产性利益”》，载《清华法学》2016年第3期，第49页。

"管理可能性说"认为，财物以有管理可能性为要件，而不必是有体物，因此，电、热等能源也可以成为财物。与此相反，"有体性说"认为，财物就是指有体物，仅限于固体、液体、气体，而电、热、冷等无形物不属于财物。[46]但是，窃电（即盗用电力）的现象在社会生活中时有发生，并且会给权利人带来较大财产损失，因而也有处罚的必要性。而按有体性说，则有可能被排除在处罚范围之外，不利于保护财产法益。为了避免出现这样的问题，德国和日本刑法都作了特别规定，只不过处理方式有所不同。《日本刑法》第 245 条规定，"电视为财物"。《德国刑法》第 248c 条则是把盗用电力的行为规定为独立的犯罪。正因为如此，在德国，对盗窃罪的行为对象就可以限定为有体物；在日本，由于"电视为财物"，对窃电行为仍然要按盗窃罪定罪处罚，这样一来，作为盗窃罪对象的"财物"包含无体物的"管理可能性说"，就有其存在的空间和余地。[47]只不过"管理可能性说"有扩大"财物"范围的风险，必须加以限制。"正因为如此，当今日本刑法学的通说认为，刑法上所谓的无体物，应当是'物理上可以管理之物'，即存在于自然界之中，和电力在性质上能够相提并论的东西，而不能将其范围无限扩张，将牛马的牵引力、债权等也包括在其中。"[48]我国刑法不仅未区分财物与财产性利益，而且也没有类似《日本刑法》第 245 条、《德国刑法》第 248c 条那样的对电力之类的无体物的规定，那么，对我国刑法中盗窃罪对象的"财物"，是应该采用"有体性说"还是"管理可能性说"来解释，也是不应回避的问题。只不过"有体性说"在我国不存在德国和日本那样的法律根据与条件，而将严重窃电行为纳入盗窃罪的处罚范围，不仅是我国司法实务中历来的做法，而且在刑法理论界也无异议，因此，可以说我国的理论和实务中一直都是采取"管理可能性说"。并且，在我国，没有像日本那样严格限制"管理可能性说"的适用，存在不适当扩大无体物认定范围的倾向。

一般来说，财物之中的有体物，由于是以某种物理外形存现于客观世界中（即具有有体性），与以无形的法律权利所体现的债权等财产性利益大多不难区分。而无体物由于其不具有物理外形（即具有无体性），因而与无形的财产性利益相似，有时很难区分。至于有无区分的必要，不可一概而论。在德国，由于无体物本来就被排除在财物（即动产）的范围之外，无体物与财产性利益都不能成为盗窃罪的行为对象，因而，区分两者并无多大必要性。在日本，采取"有体性

[46] 参见［日］西田典之：《日本刑法各论》（第三版），刘明祥、王昭武译，中国人民大学出版社 2007 年版，第 109 页。

[47] "管理可能性说"认为，《日本刑法》第 245 条"电视为财物"是注意规定；但"有体性说"认为，该条规定是例外规定（参见［日］山口厚：《刑法各论》（第 2 版），王昭武译，中国人民大学出版社 2011 年版，第 200 页）。

[48] 参见黎宏：《结果本位刑法观的展开》，法律出版社 2015 年版，第 357 页。

说”也是如此；但如果采取“管理可能性说”，由于电力之类的有物理管理可能性的无体物是财物，可能成为盗窃罪的对象，但财产性利益不能成为盗窃罪的对象，因而有区分两者的必要性。在我国，由于否定说认为盗窃罪的行为对象只能是财物不能是财产性利益，而无体物属于财物（不是财产性利益），[49] 所以，按否定说，自然是有必要区分无体物与财产性利益。但是，肯定说认为，无论是财物还是财产性利益，都能成为盗窃罪的行为对象，因而区分两者对盗窃罪及绝大部分财产罪的成立并无多大意义。正因为如此，有持肯定说的论者甚至认为，财产性利益可以视为无体物，无体物也可纳入财产性利益的范畴。[50]

不过，持肯定说的黎宏教授倒是主张，应将无体物与财产性利益区分开来，并且，还进一步提出了为何要区分以及如何区分的深刻见解。他指出：“无体物即便没有一定形状，但其也是天然地存在于自然界的客观实在，本质上还是一种‘物’，而财产性利益则是人和人之间人为设定的权利（主要表现为债权），可以随着作为其前提的法律或者合同规定的变化而变化，本质上不属于‘物’。因此，在盗窃无体物的场合，必然造成行为对象的客观损耗即减少或者灭失；相反地，在非法获取财产性利益的场合，并不必然导致行为对象的客观损害，而只是请求权的灭失。”[51] 简而言之，电力等无体物是一种无物理外形的客观实在，而债权等财产性利益是一种观念的东西；前者是客观世界的“物”，后者为精神世界的法律观念；盗窃无体物会造成行为对象的客观损耗或变化，获取财产性利益则只会造成权利人权利的丧失。笔者不仅完全赞成黎宏教授的上述主张，而且认为由于这种区分对盗窃罪的成立有决定性的意义，因而，对无体物的范围还应像日本的通说那样做严格限制，即“只有和电力在性质上可以相提并论的水蒸气、冷气等能源之类的、具备在自然界存在的物质性的东西”，才能视为刑法上的无体物，[52] 以免不适当的扩大无体物的范围，从而将一些本来不构成盗窃罪的行为，纳入盗窃罪的处罚范围。例如，近些年来，有不少论者将网络游戏中的武器装备等虚拟物品纳入“无体物”的范围，认为盗窃这种虚拟物品就是盗窃无体物，因而可能构成盗窃罪。[53] 但是，网络游戏中的武器装备等虚拟物品（即狭义的虚拟财产）是精神范畴的东西，并不能对客观世界直接发挥作用，而电能、热能等能量是物质范畴的东西，能对客观世界直接产生有形的影响（如电可用来照明、驱

[49] 参见童伟华：《论盗窃罪的对象》，载《东南大学学报（哲学社会科学版）》2009 年第 4 期。

[50] 参见李强：《财产犯中财产性利益的界定》，载《法学》2017 年第 12 期，第 42 页。

[51] 参见黎宏：《刑法学各论》（第二版），法律出版社 2016 年版，第 290 页。

[52] 参见［日］大谷实：《刑法讲义各论》（新版第 2 版），黎宏译，中国人民大学出版社 2008 年版，第 167 页。

[53] 参见赵秉志、阴建峰：《侵犯虚拟财产的刑法规制研究》，载《法律科学》2008 年第 4 期，第 154 页。

动机车）；况且，盗用网络游戏中的武器装备等虚拟物品同盗用电力等能量也有重要差异，电能、热能等能量经使用后即消耗殆尽，而网络游戏中的虚拟装备被行为人盗用之后，仍然还在网络游戏运营商控制的网络游戏场中，甚至还可能原样返还给特定的游戏玩家。[54] 可见，网络游戏中的虚拟物品与无体物有实质的差别，不能认定为无体物。事实上，“虚拟财产作为债权，是财产性利益的特殊表现形式。”[55] 行为人盗用这类虚拟物品所获取的是财产性利益，与盗窃财物有重要差别，因而不能认定为盗窃罪。

另外，还有一个同财物与财产性利益的区分相关的有争议问题是，盗窃不记名的债权凭证，其盗窃的对象是财物还是财产性利益？例如，行为人盗窃了他人可在某大型商场购买 5 千元商品的不记名电磁购物卡。如果按传统的观念，以物的存在形式作为认定财物的依据，行为人盗窃的电磁卡片本身才是财物，但因其价值微薄，按我国刑法的规定，无法以盗窃罪定罪处罚。而被害人遭受了 5 千元钱即数额较大的财产损失，对行为人不定罪处罚，显然不利于保护财产法益。笔者也不否认，按传统的以物的存在形式作为认定财物之依据的观念来处理这类案件，确实会出现上述不合理的现象。但应当看到，随着商品经济的发展，现代社会的经济规则与交易模式越来越多并且日益复杂化，除了金钱与实物当场直接交易的传统模式之外，金钱与实物乃至时空分离的商品交易模式也大量涌现，债权在经济生活中占据了重要地位，各种类型的债权凭证也相继产生。顾客花 5 千元钱买一张购物的电磁卡片，这种购物卡就是一种债权凭证，卡片本身作为物的存在形式仅值 1 元左右，其电磁记录所记载的 5 千元债权是一种无形的财产性利益。持卡的顾客可以用这张卡在指定商场挑选 5 千元的商品，失去这张卡就等于失去了 5 千元钱。这就意味着这张卡片在指定的商场“具有一种类似于货币这种纸张载体与该载体所记载的价值——现金额一样紧密的关系”。[56] 也就是说，这张 5 千元的购物卡在该商场同 5 千元的纸币具有同样的功能，即可以换取价值 5 千元的商品。因此，应当认定盗窃这张购物卡的行为对象是财物，即与 5 千元纸币有同样功能的电磁卡片，盗窃财物的价值数额是 5 千元，而不是卡片本身的成本价 1 元钱。如同盗窃 5 千元纸币一样，不能以纸币之纸张的成本价，而应当以其记载的数额 5 千元作为财物的数额。此外，盗窃 5 千元的购物卡，尽管卡片记载的 5 千元是持卡人享有的债权，但不能认为行为人是盗窃了 5 千元债权这种财产性利益，就如同盗窃 5 千元纸币不能说是获取了相对于纸币发行者的 5 千元债权。

---

[54] 参见刘明祥：《窃取网络虚拟财产行为定性探究》，载《法学》2016 年第 1 期，第 157 页。

[55] 参见徐凌波：《虚拟财产犯罪的教义学展开》，载《法学家》2017 年第 4 期，第 53 页。

[56] Schnabel: NStZ 2005.18.20. 转引自王莹：《论财产性利益可否成为盗窃罪行为对象——“介入行为标准”说之提倡》，载《政法论坛》2016 年第 4 期，第 157 页。

总之，认定盗窃罪对象的财物，不能纯粹只考虑物的存在形式而不顾及物的价值，而应当将物的存在形式与物所蕴含的特殊的内在价值融为一体来做判断。[57]并且，这种财物既可以是作为整体（即全部）被盗窃，也可以作为一部分被盗窃，作为物的存在形式（如购物卡）本身最终是否已被行为人所占有，也不影响从实质上认定其取得了含有特殊内在价值的财物。例如，行为人从工友的包中窃取一张内存5千元的电磁购物卡，在商店用来给自己买了2.5千元的商品后，又将该磁卡放回工友的包中。行为人虽然并未最终取得物的存在形式（即已将电磁卡片放回原处），但却取得了卡片内存一半数额的钱款，如同窃取他人钱包掏出其中一半钱币后又将钱包放回原处一样，应当认定行为人窃取了磁卡内所存一半数额的金钱。

不应忽视的是，如果是记名的债权凭证或支付凭证，如银行发给存款客户的储蓄卡或借记卡，电磁卡片记载有客户存储的5千元钱，也就是其享有5千元存款债权。那么，这张借记卡（或储蓄卡）与上述5千元的购物卡，在物的存在形式（即电磁卡片）及其本身的价值乃至记载的债权数额方面均相同，但由于这种记名式的债权凭证依法只能归本人使用，即便被本人丢失，也并不意味着债权凭证所记载的债权者的财产即债权的丧失，本人可以通过挂失等方式避免财产损失，还可以再补办一张同样的凭证。这表明这类记名的债权凭证上记载的财产和数额并未融入凭证之中，或者说并未成为该凭证所蕴含的特殊的内在价值，因此，盗窃这类凭证后如果没有进一步的冒用行为（如将盗窃的借记卡扔掉），则只能按凭证本身的微薄价值来计算盗窃数额，因而不能对行为人定罪处罚。

四、窃取财产性利益的处理路径

如前所述，肯定说认为，如果否定财产性利益可以成为盗窃罪的对象，就会形成处罚漏洞或处罚轻重明显失当的问题。笔者拟对此说论者常用的几种盗窃财产性利益的实例作进一步的分析，以说明对这类案件不按盗窃罪而以其他罪定罪处罚或者采取其他方式处理，可能是最佳途径。

（一）窃取欠条案件的处理

在司法实践中，债务人偷回欠条（或借据）的案件时有发生。其中，有的导致被害人没有实现债权因而造成重大财产损失。对这类案件如何处理意见不一，存在无罪说、侵占罪说、盗窃罪说等不同主张。理论上的通说是盗窃罪说，[58]司

[57] 参见王莹：《盗窃罪“非法占有目的”对象刍议》，载《中外法学》2015年第6期，第1577–1578页。

[58] 参见黎宏：《论盗窃财产性利益》，载《清华法学》2013年第6期，第133页。

法机关大多也是按盗窃罪来处理这类案件。[59] 持盗窃罪说的论者，又有两种不同解释路径：一种是将欠条解释为财产性利益，认为盗窃欠条就是盗窃财产性利益；另一种是将欠条解释为财物之中的有体物，认为盗窃欠条就是盗窃财物。对侵占罪说，笔者完全赞同张明楷简明扼要的否定意见，[60] 在此不做进一步的阐述。对盗窃罪说，笔者也持否定态度，但考虑到此说与本文主题有密切关系，因而展开做进一步的剖析。

如上所述，盗窃罪说的一种解释路径是，认为盗窃欠条就是盗窃财产性利益。有部分持肯定说的论者认为，只有肯定财产性利益能够成为盗窃罪的对象，才能将这类案件按盗窃罪定罪处罚，也才可能避免出现处罚漏洞。因为“欠条是一种债权凭证，作为一种文书，它是有体物，在此意义上说，它是财物。可是在我国，财产罪的成立常常以数额较大为起点，而债权凭证本身作为有形物时的价值并不大，所以，难以认为债权凭证都是狭义财物。欠条只是代表债权（资金返还请求权）这样一种财产性利益，如果这张欠条是债权债务关系的唯一凭证，那么，债权人丧失欠条也就意味着财产受到损失，窃取欠条行为自应成立盗窃罪”。[61] 并且，由于“不法获取借据的行为，事实上就是对财产性利益的侵犯……对于债务人不法获取债权人控制的借据后，债权人通过其他证据得以主张债权的，虽说没有造成实际的金钱损失，但是事实上已经造成了对债权人财产性利益的威胁和侵害，所以，不应当影响行为本身的性质”。[62] 简而言之，这种观点认为，欠条代表债权这种财产性利益，当欠条是债权债务关系的唯一凭证时，债权人失去欠条就意味着欠条上记载的财产丧失，因此，盗窃欠条就等于盗窃财产性利益，可能构成盗窃罪。

但是，正如黎宏教授所述，“借据只能对当事人之间借贷法律关系的存在起

---

[59] 如浙江省高级人民法院、浙江省人民检察院、浙江省公安厅 2002 年 1 月 2 日联合发布的《关于抢劫、盗窃、诈骗、抢夺借据、欠条等借款凭证是否构成犯罪的意见》中明确指出：“债务人以消灭债务为目的，抢劫、盗窃、诈骗、抢夺合法、有效的借据、欠条等借款凭证，并且该借款凭证是确认债权债务关系存在的唯一证明的，可以抢劫罪、盗窃罪、诈骗罪、抢夺罪论处。”

[60] 有论者认为，A 窃回向 B 借 20 万元的欠条后不还债，导致 B 遭受 20 万元财产损失的，应认定 A 侵占了 B20 万元，构成侵占罪。张明楷教授认为 A 不构成侵占罪，理由在于：“首先，A 向 B 借款 20 万元，并不意味着 A 代为保管 B 的现金。借贷关系与保管关系的性质不同，不应当将借贷关系评价为保管关系。其次，金钱具有特殊性，即谁占有谁所有。B 将 20 万元借给 A 之后，20 万元现金属于 A 所有，而不再属于 B 所有。所以，A 不归还现金的行为，并没有侵害 B 的所有权。最后，B 将自己享有所有权的 20 万元现金借给 A 之后，就对 A 享有债权。A 不履行债务的行为，并不符合将‘他人财物非法占为己有’的特征。”（参见张明楷：《论盗窃财产性利益》，载《中外法学》2016 年第 6 期，第 1437 页。）

[61] 参见王骏：《抢劫、盗窃利益行为探究》，载《中国刑事法杂志》2009 年第 12 期，第 12 页。

[62] 参见武良军：《论借据能否作为财产犯罪的对象》，载《政治与法律》2011 年第 2 期，第 42 页。

证明作用，它所表明的债权债务关系的行使和履行，并不以借据的持有为必要，它的灭失对债权债务关系的设立、变更和消灭不造成任何实质性影响，……即便没有借据或者欠条，但有其他证据的话，也能证明债权债务关系的存在，债权人的财产不会因此而受到现实具体损失，最多可能会导致债权人追诉其债权的过程变得困难，但不至于导致债务的被免除。”因此，不能将欠条视为财产性利益，盗窃欠条也不等于盗窃财产性利益。[63]

如前所述，盗窃罪是一种直接转移占有罪，按笔者所持的否定说，债权等财产性利益是一种观念的东西，不能被人在事实上掌握控制，只能在法律观念上享有，因而不能被人直接转移占有（或直接夺取），也就是不能成为盗窃罪的侵害对象。只不过肯定说将刑法上的占有予以观念化，承认财产性利益的占有，但并不否认盗窃财产性利益同样也必须要转移财产性利益。而在盗窃欠条的场合，“由于借条的物质存在形式与其价值是分离的，或者说不具有像普通财物那样的结合方式（普通财物中财物的物质存在形式本身即具有使用价值与流通价值，通过占有财物即可实现财物的价值，不需要第三人的协助），因此转移占有借条的物质存在形式本身并不能转移占有其价值或者说实现其价值。”也就是说欠条所证明的债权这种财产性利益，并不能随着欠条转移到盗窃获取者手中，即不能在事实上甚至观念上转移到其名下。[64]正因为如此，肯定财产性利益可以成为盗窃罪之对象的张明楷教授也认为，“即使行为人客观上转移了欠条，也没有直接转移财产性利益。所以，不能将盗窃欠条的行为直接认定为对财产性利益的盗窃。《刑法》第 196 条第 3 款的规定也说明了这一点。该款规定：‘盗窃信用卡并使用的，依照本法第二百六十四条的规定定罪处罚。’倘若认为盗窃信用卡就等于盗窃了信用卡所记载的财产性利益（对银行享有的债权），那么，法条就没有必要表述为‘盗窃信用卡并使用’。反过来说，盗窃信用卡时，行为对象就是信用卡本身，盗窃信用卡不等于盗窃了财产性利益。”[65]

那么，要肯定盗窃欠条可能构成盗窃罪，在张明楷教授看来，就得选择另一条解释路径，即“行为人对欠条这一有体物构成盗窃”。因为“既然欠条是唯一的债权凭证，而且盗窃欠条的行为事实上给被害人造成了财产损失，行为人的主观目的不只是占有欠条本身，而是为了占有欠条所体现的经济价值”，这就表明欠条是内含有经济价值的财物。如行为人窃回欠对方 10 万元钱的欠条，导致对方 10 万元债权不能实现，就可以将盗窃数额认定为 10 万元。[66]但是，正如王莹

---

[63] 参见黎宏：《论盗窃财产性利益》，载《清华法学》2013 年第 6 期，第 133–134 页。

[64] 参见王莹：《论财产性利益可否成为盗窃罪行为对象——“介入行为标准”说之提倡》，载《政法论坛》2016 年第 4 期，第 160 页。

[65] 参见张明楷：《论盗窃财产性利益》，载《中外法学》2016 年第 6 期，第 1435 页。

[66] 参见张明楷：《论盗窃财产性利益》，载《中外法学》2016 年第 6 期，第 1437 页。

博士所述，按德国现在的通说即狭义的物的价值说与吸纳了该说的综合说，尽管蕴含于物之中的特殊内在价值也可能被视为非法占有的对象，“而借条所体现的债权并非是蕴含于借条之中的价值：其一，对于债务人来说，借条所证明的债权不能通过仅仅占有借条而实现，借条丧失也不必然带来债权的丧失，其他证据如证人证言、视听资料等也可以证明债权债务关系的存在；其二，对于第三人来说，借条所证明的债权也不具有流通价值，占有借条的人无法通过出卖借条来实现其所证明的债权。借条的物质存在形式仅仅是一张纸，而其价值就在于起到证明债权债务关系的作用，其性质是一种证明文书。”[67] 并且，欠条这种记名的仅对特定人有效的证明债权的文书，同前述不记名的对所有人都有效即都能使用的债权证书（如大型商场发行的购物磁卡）有实质的差异。内存 5000 元的购物磁卡在特定商场内与 5000 元货币有同样的购买商品的功能，其记载的 5000 元债权已蕴含于磁卡之中，失去这张购物磁卡就等于失掉了 5000 元钱，得到这张购物磁卡就如同得到了 5000 元钱，这是这张记载债权的购物磁卡能视为财物（即有体物），盗窃这张购物磁卡所盗窃的财物数额应认定为 5000 元的关键所在。而欠条所证明的债权只对特定人有效，加上失去记载 10 万元债权的欠条，并不等于债权人就丧失了 10 万元债权，更不等于其失掉了 10 万元现金；反过来，得到这张欠条也不等于取得了 10 万元债权或现金，可见，欠条所记载的债权金额（即经济价值）并未融入或蕴含到欠条之中，将记载 10 万元债权的欠条等同于价值 10 万元的金钱或实物，认定盗窃这张欠条就是盗窃了 10 万元财物，显然不合适。另外，如果说记载 10 万元债权的欠条就是价值 10 万元的财物，那么，与债务人毫无关系的第三者盗窃后撕毁，也同样可能导致债权人无法实现债权，危害后果与债权人盗窃无异，似乎也应同样按盗窃罪定罪处罚。但认定这类行为人主观上有非法取得或占有他人价值 10 万财物的故意，客观上取得或占有了他人价值 10 万元的财物，明显与事实不符，因而不能定盗窃罪。如果说只有债务人盗窃欠条这种财物才能构成盗窃罪，则又无法合理说明为何盗窃他人的同一种财物、造成的危害后果相同（即造成他人的财产损失），有的人构成盗窃罪，另有人却不能构成。由此可见，将欠条视为有体的财物，认为盗窃 10 万元的欠条就是盗窃价值 10 万元的财物，不具有合理性。

事实上，欠条只是一种证明债权债务关系的文书或凭据。债权人的债权能否得到实现，关键在于债务人有无履行债务的意愿和能力。即便债权人保存有债务人出具的欠条，如果债务人无履行债务的意愿，也可能采取不正当的手段（如移居隐藏到外地等）逃避履行，甚至债务人本有履行意愿但因遇到意外的灾难而不

---

[67] 参见王莹：《论财产性利益可否成为盗窃罪行为对象——“介入行为标准”说之提倡》，载《政法论坛》2016 年第 4 期，第 160 页。

能履行也十分常见；反过来，债权人失去欠条（如欠条丢失或被盗、被毁）并不一定会导致其债权无法实现，有履行诚意的人照样会自觉履行，无履行意愿者才有可能趁机不履行。窃回欠条的债务人大多是不想履行债务，但也不排除有特殊例外的情形，如眼前无履行能力，想拖延一段时间履行，由于债权人的债权最终还是会实现即不会造成财产损失，显然不能对这种盗窃欠条者按盗窃罪定罪处罚。由此可见，即便是债务人盗窃欠条，与债权人的债权没有实现因而造成财产损失之间也并无直接的因果关系，直接的原因在于债务人没有履行债务。没有履行既可能是因客观上无履行能力，也可能是因主观上无履行意愿，只有那种客观上有履行能力仅因主观上无履行意愿而不履行者，才具有法律上的可谴责性。而盗窃欠条只是为债务人不履行债务创造了便利条件，即通过夺取债权文书的方式否定欠债，这只是表明其不履行债务情节严重的因素之一，既然如此，就不应当将责难或处罚的重心放在盗窃欠条上，而应当放恶意不履行债务（即有能力履行而采取恶劣手段不履行）上。基于此种考虑，笔者主张借鉴有关国家（如西班牙）的刑法规定，[68] 在我国中增设“恶意不履行债务罪”，对有履行债务的能力但却采用盗窃欠条等手段恶意不履行债务，情形恶劣的，予以定罪处罚。这才是处理盗窃欠条案件的最佳途径。

（二）盗用汽车等动产案件的处理

在社会生活中，经常发生有人偷偷骑走他人自行车或开走他人机动车，用后返还原处的现象。对这类刑法学上称之为“使用盗窃”或“盗用”的行为，能否按盗窃罪定罪处罚，成为一个有争议的问题。传统观念认为，盗窃罪不仅客观上要有窃取他人财物的行为，而且主观上还要有不法取得的意思或非法占有目的。而这种暂时使用、用后归还原物的行为，表明行为人主观上不具有非法占有的目的，因而对这类行为不能按盗窃罪定罪处罚。[69] 正如黎宏教授所述，“这种观点在市场经济不发达、人们生活不很富裕、暂时使用他人价值较小的财物，不会造成他人重大损失的传统社会或许有其道理，但在强调所有权观念的现代社会，即便是盗用，也不合法，特别是在盗用他人高级汽车、大型计算机、别墅、游艇、飞行器之类稍微使用便有可能导致他人财物遭受较大折损消耗的场合，还坚持上述观念，恐怕是不现实的。”[70] 为此，包括德国、奥地利等国刑法均设立了“无权使用交通工具”或“未经授权使用交通工具”等盗用型犯罪，以应对这类犯罪现象。日本等未设立这类盗用型犯罪的国家，则主要是通过对非法占有目的做扩大或变通的解释，甚至还有学者通过否定非法占有目的是盗窃罪的主观要件，将这

[68] 西班牙刑法在卷二第十三集分专章（即第七章）规定了不履行债务罪。

[69] 参见董玉庭:《浅论使用盗窃犯罪》，载《行政与法》2001 年第 1 期，第 72 页。

[70] 参见黎宏:《论盗窃财产性利益》，载《清华法学》2013 年第 6 期，第 136 页。

类严重的盗用型行为纳入盗窃罪的处罚范围。[71]

我国刑法同日本刑法一样，没有像德国刑法那样的盗用型犯罪的处罚规定。近些年来，认为对盗用行为也可按我国刑法规定的盗窃罪定罪处罚的学者，似乎越来越多。但主张定盗窃罪的理由多种多样，有的是借鉴日本学者对非法占有目的做扩大或变通解释，[72] 也有的是认为非法占有目的并非盗窃罪的主观要件，[73] 还有的是通过将非法占有目的解释为不法获利目的，[74] 另有明显不同于日本学界的解释方法，是将盗用行为解释为盗窃财产性利益、[75] 或者将盗用所获取的财产性利益，作为认定盗窃数额的依据，[76] 如此等等。由于篇幅所限，笔者不逐一评述，仅对与本文主题有直接关系的后面这种将财产性利益作为盗窃罪的对象或盗窃数额认定依据的解释做点剖析。

如前所述，肯定说主张把财产性利益也纳入盗窃罪的对象范围的一条重要理由是，只有这样才能避免出现处罚漏洞。而将使用盗窃或盗用行为解释为盗窃财产性利益就是一个实例。因为如果说盗窃罪的对象只能是财物，“但盗用的场合，行为人所窃取的并不是财物本身，而是该财物的使用价值即财产性利益。”那就无法对这种行为定罪处罚。而“使用盗窃实质上是一种利益盗窃行为。这种利益就是被盗用行为消耗的财物本身的使用价值，可以用金钱等衡量，是一种财产性利益。由于财产性利益一旦被享用，就不能被挽回，可以说已经被行为人非法占有，因此，即便按照‘成立盗窃等夺取型犯罪，行为人必须具有非法占有目的’的通常理解，该种行为也能够被作为盗窃罪处理”。例如，“盗用他人……汽车等的，对于该……汽车的使用价值，可以构成利益盗窃罪。”[77] 但是，这种盗用汽车等财物就是盗窃财产性利益的说法，只能说明行为人通过使用他人汽车等财物获取了利益，姑且不论这种利益本身是观念性的东西，并不能成为刑法上占有的对象，即便是承认这种观念性的占有，也无法解释这种财产性利益如何从被害人的占有之下转移归行为人占有。毕竟盗窃罪是一种夺取型（即直接转移占有型）的犯罪，必须要有“打破占有并建立新的占有”的行为，“行为人虽然取得了财产性利益、被害人也遭受了利益损失，但并不存在将他人占有的财产性利益转移给自己或者第三者占有的行为时，则不能认定为盗窃罪。”就盗用汽车而言，“诚然，

[71] 参见张红昌：《论可罚的使用盗窃》，载《中国刑事法杂志》2009 年第 5 期，第 54 页以下。

[72] 参见张红昌：《论可罚的使用盗窃》，载《中国刑事法杂志》2009 年第 5 期，第 54 页以下。

[73] 参见尹晓静：《财产犯罪中的非法占有目的之否定——“侵害占有、建立占有”客观分析之提倡》，载《政治与法律》2011 年第 11 期，第 36 页以下。

[74] 参见徐凌波：《论财产犯的主观目的》，载《中外法学》2016 年第 3 期，第 725 页以下。

[75] 参见黎宏：《论盗窃财产性利益》，载《清华法学》2013 年第 6 期，第 136 页。

[76] 参见张明楷：《论盗窃财产性利益》，载《中外法学》2016 年第 6 期，第 1429 页。

[77] 参见黎宏：《论盗窃财产性利益》，载《清华法学》2013 年第 6 期，第 136 页。

行为人盗用被害人汽车时，被害人就不能利用自己的汽车。但是，盗用汽车时，并不存在行为人将被害人占有的某种利益转移给自己或者第三者占有的事实。”[78]况且，“从财产性利益的角度看，盗用行为本身并不是转移财产性利益的过程，而是制造财产性利益的过程，即通过现实的使用行为把作为实体的财物所蕴含的作为可能性的使用价值现实化为确定且具体的利益。而且，这样的利益与使用行为本身无法分离，从而缺乏可转移性。”[79]

应当肯定，这种将使用盗窃或盗用视为盗窃财产性利益的主张，意识到了行为人基于暂时使用的意思拿走财物（如偷开汽车运送货物后将车返还原处），与以非法占有为目的盗窃财物（如窃走他人汽车后长期租给别人使用）有重大差别，不能视为直接盗窃了狭义的财物（如盗窃了汽车），这无疑是正确的。但将这种行为说成是盗窃了财产性利益（如使用汽车带来的利益），还难免使人产生这样的疑问，盗窃他人汽车后租给第三者使用收取租金，也同样是获得了财产性利益，这是否意味着行为人既盗窃了汽车又盗窃了财产性利益？回答当然是否定的，收取租金是盗车行为给其带来的利益，应当被盗车行为所吸收。基于同样的理由，盗用汽车使自己免除了租车要付的运费，这也是盗用行为给其带来的利益，盗用行为的对象是汽车（即是财物而不是财产性利益），免除运费这种财产性利益也应当被盗用行为所吸收。况且，盗用行为是一种侵犯他人财产使用权的违法行为，应受谴责或责难的重心也应在于此，而不是此外的使用之后获取利益的行为。并且，“通常所理解的使用盗窃行为，是指以使用为目的而拿走有体物的行为，行为的对象仍然是有体物而非财产性利益。如果将使用盗窃归为利益盗窃，则意味着，将使用盗窃理解为以物的使用利益为对象的行为。这样一来，刑法评价的客体就从‘以使用为目的的拿走’（行为Ⅰ）转移到了‘拿走之后的使用’（行为Ⅱ）上。因此，‘使用盗窃属于利益盗窃’这一小前提本身存在概念的偷换。”[80]

以张明楷教授为代表的持肯定说的部分论者，可能是意识到了将盗用汽车直接解释为盗窃财产性利益，存在上述种种障碍，从而提出，“行为人事实上转移的是汽车本身这一有体物，既然如此，就应当认定为对汽车本身的盗窃。”[81]笔者也不否认，包含盗用汽车在内的绝大多数盗用有体物的情形，从表面上看都有移动有体物或使有体物发生空间位置变化的现象，这同盗窃罪的转移占有行为似乎没有差异，但盗用之后毕竟原物又回到了原位，也就是盗用者并未排除原物主对财物的占有并在此基础上建立新的占有，如果把盗用开始到结束作为一个整体

---

[78] 参见张明楷：《论盗窃财产性利益》，载《中外法学》2016年第6期，第1428页。
[79] 参见李强：《论使用盗窃与盗用》，载《国家检察官学院学报》2018年第2期，第58页。
[80] 参见徐凌波：《论财产犯的主观目的》，载《中外法学》2016年第3期，第730页。
[81] 参见张明楷：《论盗窃财产性利益》，载《中外法学》2016年第6期，第1428页。

来看，原物仍在原处，并且物的价值并未发生多大变化；从实质而论，行为人并未夺取（即“拿走”）他人财物，一般民众也都会认为，这只是擅自使用或偷偷使用别人的东西，并非是“偷”或“拿”走别人的东西，即不是偷窃或盗窃。正如日本著名刑法学家川端博所述，“使用盗窃”的场合，实质上是一种暂时擅自借用，由于用后归还了，同通常的盗窃相比，可以说反伦理性弱。[82] 因而，不能将两者同等看待。

顺便指出，我国有立足于上述形式论的学者，不仅认为擅自动用他人汽车之类的有体物用后归还的行为，完全具备盗窃罪转移占有的要件，并认为这种“使用盗窃”实际上有先行的盗窃与后行的使用两个行为环节，同仅有一个使用行为的“盗用”在性质上有差异。由于“盗用”只是在原处使用，不存在“使用盗窃”那样的挪动财物的行为，也就是不具备盗窃罪的转移占有的行为要件，因此，“盗用”不可能构成盗窃罪，只有“使用盗窃”才可能构成盗窃罪。但我国刑法学界存在混淆两者的现象，即把“使用盗窃”等同于“盗用”，将两个概念替换着使用。[83] 在笔者看来，这种观点同张明楷教授认为盗用汽车存在事实上转移占有汽车的主张一样，完全是从形式上只看到了行为人发动汽车驶离停置地这一面，而忽视了其短时间内又将汽车驶回原处的事实。众所周知，任何基于不法取得的意思或非法占有目的而盗窃他人财物者，除事后反悔退还财物的情形外，都不可能会自觉地将所窃取之物返还原处，因此，仅就“使用盗窃”者有拿走某物的行动来与盗窃行为相比，却无视其有盗窃者所没有的返还原物的表现、也不会出现盗窃所导致的使他人失去原物的结果，而这正是“使用盗窃”实质上不同于盗窃的关键所在。如前所述，“使用盗窃”的实质是未经权利人许可而擅自使用或动用其财物，由此而论，将这种行为称之为“使用盗窃”或“盗用”并不准确，且容易与盗窃相混淆，准确的称谓应当是“擅自使用”。并且，“擅自使用”中的绝大多数都是挪动有体物的位置后去使用，但也有不移动其原停放位置就在原处使用的情形。前者如擅自将他人的拖拉机发动后驾驶到自己的田地里去犁地，后者如私下将别人停放在其鱼塘边的拖拉机发动之后，用其发动机带动自己的抽水泵为自己的鱼塘抽水。这两种擅自使用他人拖拉机的行为只有形式上的差别，即前者使拖拉机离开了原停放地，后者未移动拖拉机只是在原地使用，按上述区别对待“使用盗窃”与“盗用”之论者的主张，前者可能构成盗窃罪，后者完全不可能构成。但这两种情形，无论从行为的具体表现及其实质，还是从造成的损害（发动机的磨损）后果来看，均无多大差异，显然不应区别对待。可见，仅从部分外部行为表现而不从实质上来评价擅自使用他人有体物的行为，往往不可能得出合

[82] 参见［日］川端博：《刑法各论概要》（第二版），成文堂1996年版，第131页。

[83] 参见李强：《论使用盗窃与盗用》，载《国家检察官学院学报》2018年第2期，第48页以下。

理的结论。

此外，若将盗用汽车认定为是对汽车本身的盗窃，那就应当将汽车本身的交换价值作为盗窃财物数额，并要根据其价值数额大小来选择适用相应的法定刑。由于汽车的价值数额往往较高，而我国刑法是根据盗窃财物数额大小来确定处罚轻重的，假如行为人偷开他人价值百万元的豪华轿车兜风半小时后返还原处，除少量油耗和轻微磨损外，没有造成其他方面的任何损害，若认定为盗窃财物数额特别巨大，判处行为人不低于十年有期徒刑的刑罚，显然不合适。为此，张明楷教授提出，“对盗用汽车的行为应认定为对汽车本身的盗窃，并不必然要按汽车本身的交换价值认定盗窃数额，完全可以按行为人获得（利用）的经济价值（即被害人损失的经济价值）认定犯罪数额。”[84] 这样就可有效解决按汽车本身的交换价值认定盗窃数额可能带来的量刑畸重的问题。至于按盗用者所获得（利用）的经济价值认定盗窃数额的理由，他认为可以借鉴德国的综合理论，将盗窃罪对象的财物理解为，不仅仅指财物本身，而且包括财物所蕴含的经济价值。“从不法层面来说，当有体物本身的数额较小，但经济价值较大，又只能认定为对有体物本身的盗窃时，如果行为人利用有体物的经济价值的盗窃行为导致被害人遭受财产损失，就必须按有体物的经济价值认定盗窃数额。从责任层面来说，虽然行为人违反他人意志转移了他人数额巨大或者特别巨大的财物（如汽车），但由于行为人的目的不是占有汽车本身，而是为了在一定时间内利用汽车的经济价值，就只能让行为人对所利用的汽车的经济价值承担刑事责任。”[85] 在笔者看来，德国的综合理论所要解决的主要是当盗窃的有体物本身的价值数额很小，但其所承载的即内含的经济价值数额较大，并且其内含的经济价值被消耗掉之后，有体物又返回到物主手中的情形，如何定性的问题。例如，行为人从酒馆领取啤酒处窃取啤酒牌，尔后拿啤酒牌去领取啤酒，行为人对啤酒牌并无占有的目的，并且啤酒牌事实上又回到了原处。按物的存在形式说，对此种行为不能认定为盗窃，明显不合理，因此，德国的判例和现在的通说是采取物的价值说或综合说，认定此种行为构成盗窃罪。[86] 这是因为在酒馆花 100 元钱买一张可领取 10 瓶啤酒的啤酒牌，就意味着这张成本价只值几分钱的啤酒牌，在这家酒馆实际上与 100 元钱纸币具有了同样的换取 10 瓶啤酒的功能，也就是 100 元的经济价值已融入这张啤酒牌之中，或者说啤酒牌蕴含的经济价值是 100 元，当行为人拿啤酒牌领取 10 瓶啤酒后，啤酒牌虽然回到了原处但其蕴含的价值已被消耗掉，如同行为人从卖家手

[84] 参见张明楷:《论盗窃财产性利益》，载《中外法学》2016 年第 6 期，第 1430 页。

[85] 参见张明楷:《论盗窃财产性利益》，载《中外法学》2016 年第 6 期，第 1430 页。

[86] 参见王莹:《盗窃罪“非法占有目的”对象刍议》，载《中外法学》2015 年第 6 期，第 1578–1579 页。

中盗窃100元的钞票后又向其购买100元商品，钞票虽然又回到了卖家手中，但同样应当认定行为人盗窃了这100元钞票。而按张明楷教授的上述解释，盗用汽车盗窃的是汽车这一有体物本身，但盗窃的数额却不是汽车内含的价值（即交换价值），而是使用汽车带来的经济价值（即使用价值），这与德国的综合理论或物的价值说所采取的认定财物的规则不符，即不是将有体物本身及其所蕴含的交换价值作为财物的整体来看待，从而计算该财物的数额，而是将有体物的交换价值与使用价值分开来论，认定行为人盗窃的是交换价值为100万元的汽车本身，却认定其使用该汽车取得的经济价值（可能仅为几十元或几百元）为盗窃数额，这不仅与德国的上述综合理论不符，而且也与我国刑法规定的盗窃罪及其他财产罪中的“数额”的含义及司法实践中认定“数额”的规则不符。我国的通说和司法惯例，都是将财产罪中的“数额”理解为财物的价值数额，并且价值是指交换价值，并非是使用价值。就盗窃罪等取得罪而言，行为人取得的财产与被害人失去的财产乃至“数额”都应当是同一的，这也是对象（素材）同一性原理的基本要求。而将盗用价值100万元的汽车解释为是对汽车这一有体物本身的盗窃，盗窃数额却不按其100万元的交换价值而按几百元或几千元的使用价值认定，这能说行为人盗窃的对象与被害人失去的对象、行为人取得的财物数额与被害人失去的财物数额同一吗？

还有必要说明的是，我国与日本刑法由于无盗用型犯罪的处罚规定，对盗用汽车之类的危害性较大的行为，确实不能恰当有效地应对。要解决这一问题，从解释论上下功夫固然是一条路径，但最佳途径还是应借鉴德国、奥地利等国的立法经验，在刑法之中增设盗用型犯罪的处罚规定。在刑法没有增设盗用型犯罪的处罚规定的情况下，日本将盗用汽车的行为以盗窃罪论处，比我国面临的障碍或问题要少。因为日本刑法对盗窃罪的定罪没有我国刑法的盗窃数额较大的要求，并且也不是以盗窃数额大小作为法定刑轻重的依据。由于日本的盗窃罪的定罪起点低、法官的自由裁量余地大，盗用他人价值百万的豪华轿车兜风几小时，不比盗窃百元财物的危害性程度低，因而将这种盗用行为与盗窃百元财物的案件同等对待，以盗窃罪定罪给予轻重相当的处罚，自然具有一定的合理性，也能为民众所接受。但我国刑法对盗窃罪不仅有定罪数额起点的要求，而且以数额大小来确定处罚的轻重。也就是说，我们对盗窃罪的定罪起点比日本高，对盗窃罪的处罚轻重要以盗窃财物价值数额大小为依据，法官的自由裁量余地不大，不能像日本那样将盗用百万元豪车的案件认定为盗窃汽车、却判处同盗窃百元财物的案件相当轻重的刑罚。这就决定了我们不能以日本的理论和实务对盗用汽车的案件以盗窃罪论处为依据，认为我国也应这样处理。相反，应当重视我国的立法和司法与日本的差异。并且，我国对不构成犯罪的盗用行为还可以作为治安违法行为，给予行政拘留、罚款等处罚，这是日本所没有的处罚路径，而我们按治安违法行为给予处罚的轻重，同日本按盗窃罪处罚实质上的差异并不大。因此，对盗用汽车等财物的案件，在我国现行的立法体制下，不能按盗窃罪定罪处罚，但可以考虑以治安违法行为论处。

特别值得一提的是，2013 年“两高”作出的《关于办理盗窃刑事案件适用法律若干问题的解释》第 10 条[87]对“偷开机动车”采取的处理原则是，“偷开机动车，导致车辆丢失的，以盗窃罪定罪处罚”，“将车辆送回未造成丢失的”，不以盗窃罪论处。笔者完全赞成该司法解释对偷开他人机动车的案件的处理意见。偷开机动车，“将车辆送回未造成丢失的”，正是前文所述的典型的盗用机动车的情形，按我国刑法的规定，确实不能以盗窃罪定罪处罚。但“偷开机动车，导致车辆丢失的”，一般只会发生在偷开者未将车辆送回原处而遗弃在其他地方的场合。由于其不将车辆送回而遗弃他处，可以视为其处分车辆的行为，加上这种处分行为又导致被害人车辆丢失即事实上造成了财物损失，这同行为人为急用盗窃他人手机，打完电话之后将手机扔掉被第三者拾得后卖掉一样，不能以行为人未想长期占有所盗之物，作为否定其行为的盗窃性质的依据。

（三）盗用、盗卖房屋等不动产案件的处理

对盗用、盗卖房屋等不动产的行为，能否认为是盗窃财产性利益、以盗窃罪定罪处罚？持肯定说的论者大多做肯定回答。但笔者持否定态度。

众所周知，盗用房屋等不动产的案件，如偷偷进入他人住宅长时间居住，在他人土地上大面积种植农作物等，司法实践中时有发生。其中，盗用房屋是最典型的实例，不仅发案较多，而且定性意见不一，持肯定说的论者也不例外。例如，黎宏教授认为，盗用他人房屋的，对于该房屋的使用价值，可以构成（利益）盗窃罪。[88]而张明楷教授认为，盗用他人房屋不成立对财产性利益的盗窃罪，认定为非法侵入住宅罪即可。[89]笔者赞成张明楷教授的意见。

如前所述，盗窃罪是一种直接夺取占有（即直接转移占有）的犯罪，房屋之类的不动产的不可移动性，决定了其本身不可能被直接夺取占有即不能成为窃取的对象。“使用房屋、利用房屋以及盗用房屋的行为，并不意味着行为人取得了对房屋本身的占有，因而不符合‘盗窃’的行为特征，不可能对房屋本身成立盗

[87] 2013 年 4 月 2 日《最高人民法院、最高人民检察院关于办理盗窃刑事案件适用法律若干问题的解释》第 10 条规定：“偷开他人机动车的，按照下列规定处理：（一）偷开机动车，导致车辆丢失的，以盗窃罪定罪处罚；（二）为盗窃其他财物，偷开机动车作为犯罪工具使用后非法占有车辆，或者将车辆遗弃导致丢失的，被盗车辆的价值计入盗窃数额；（三）为实施其他犯罪，偷开机动车作为犯罪工具使用后非法占有车辆，或者将车辆遗弃导致丢失的，以盗窃罪和其他犯罪数罪并罚；将车辆送回未造成丢失的，按照其所实施的其他犯罪从重处罚。”

[88] 参见黎宏：《论盗窃财产性利益》，载《清华法学》2013 年第 6 期，第 134–135 页。

[89] 参见张明楷：《论盗窃财产性利益》，载《中外法学》2016 年第 6 期，第 1439 页。

窃罪。”[90] 如果认为构成对使用房屋本身所产生的财产性利益的盗窃，也面临同样的难以解释盗用房屋者存在“打破占有并建立新的占有”的问题。因为“行为人盗用被害人房屋的行为，虽然取得了财产性利益，但这一行为并不符合‘盗窃’的行为特征。这种行为如同行为人没有买票溜进电影院观看电影一样，只是没有交付相应费用，……不是将他人利用房屋的财产性利益转移给自己或者第三者占有。”[91] 对盗用房屋情节严重，确实有必要性当犯罪处罚的案件，即便不能按盗窃罪定罪处罚，也还可以考虑按非法侵入住宅罪定罪处罚，最高可以处三年有期徒刑，不会出现肯定论者所担忧的处罚漏洞或处罚畸轻的问题。

另外，对盗卖房屋等不动产的案件，张明楷教授认为，“如果行为人对不动产的产权建立了新的事实上的占有，则能认定为对财产性利益的盗窃。……违反产权人的意志，将产权人的不动产谎称为自己的不动产出卖给第三者的，对产权人成立盗窃罪，对第三者成立诈骗罪（二者属于想象竞合）。”[92] 由于司法实践中对盗窃罪的处罚重于诈骗罪，按处理想象竞合的原则，自然是要以盗窃罪定罪处罚。问题在于，对盗卖房屋的案件，认定“行为人对不动产的产权建立了新的事实上的占有”的根据何在？毋庸置疑，不动产的产权作为一种法律权利，通过到有关机关办理过户手续即可认为房产权已发生转移，但这种转移只是财产的转移。“盗窃罪中，占有的转移体现为客观的‘拿走’行为，……占有的转移是有空间性的，而财产的转移则是观念上的。”[93] 因此，房屋的产权这种财产性利益由原房主转移到新主人的名义之下，同盗窃罪的占有转移不可等同看待。简而言之，房屋的产权是一种法律上的权利，是观念性的东西，不可能被人直接“拿走”，房产权的转移不同于盗窃罪中占有的转移，因此，房产权这种财产性利益不可能成为盗窃罪的侵害对象。

盗卖他人房屋的案件，大多表现为行为人假冒自己是房产权人或者谎称受产权人委托代卖房屋，使买方产生误信而与之达成买卖协议，并将买房款交付给行为人，这完全具备诈骗罪的构成要件，对行为人按诈骗罪定罪处罚也是理所当然的结论。并且，这样定性与行为人的主观认识和一般民众的观念完全一致。因为别人的房屋自己搬不动，别人的房产权自己也拿不走，卖掉别人的房屋从买房者手中骗取到钱，这既是其主观上所追求的目标，也是其行为之社会危害性的关键所在。事实上，其行为对房产权人的房屋本身也并未造成任何损害，危害结果也体现在其骗取到了买房者大量的钱款，且有可能无法追回。因此，按诈骗罪定罪

[90] 参见张明楷：《论盗窃财产性利益》，载《中外法学》2016 年第 6 期，第 1438 页。

[91] 参见张明楷：《论盗窃财产性利益》，载《中外法学》2016 年第 6 期，第 1438–1439 页。

[92] 参见张明楷：《论盗窃财产性利益》，载《中外法学》2016 年第 6 期，第 1439–1440 页。

[93] 参见徐凌波：《虚拟财产犯罪的教义学展开》，载《法学家》2017 年第 4 期，第 53 页。

处罚是恰当的。况且，诈骗罪的法定刑与盗窃罪相当，只不过司法实践中对诈骗罪的处罚比盗窃罪事实上轻一点。按诈骗罪处罚行为人不仅不会出现处罚过轻的现象，而且判处比按盗窃罪处罚轻一点的刑罚，反而更为合理。因为行为人毕竟不是直接从被害人包中窃走了大量钱款，而是被害人受骗后向其交付了同样数额的钱款，前者是直接夺取他人财物，后者是由他人交付而取得其财物，这正是对诈骗罪的处罚要轻于盗窃罪的根本原因所在。

（四）逃交高速公路通行费案件的处理

近些年来，逃交高速公路通行费的案件呈多样性多发的态势，对这类案件如何定性处理，成为司法实践中的一大难题。笔者在此仅讨论其中与本文主题相关的这样一类案件的定性问题：司机在收费站趁放行前车的横杆尚未落下之际，以紧跟前车开走的方式逃避交纳车辆通行费。在此之中，有的可能是趁收费员不注意而“偷偷溜走”；也有的是在收费员眼盯着甚至大声令其交费时“扬长而去”。特别是对前一种“偷偷溜走”型逃费案如何定性，颇有争议。肯定财产性利益可以成为盗窃罪对象的论者认为，这是盗窃财产性利益的实例，在构成犯罪的条件下，无疑应当按盗窃罪来定罪处罚。如果否定财产性利益可以成为盗窃罪的对象，即便行为人采取这种“偷偷溜走”的方式逃交费用数额较大，确实有必要当犯罪处罚，那也无法对其定罪处罚，这就会“导致刑法处罚上的重大破绽”。[94] 但是，否定论者认为，对这种案件还可以按诈骗罪来定罪处罚。[95]

在笔者看来，肯定论者认为，这种“偷偷溜走”型逃费行为是盗窃财产性利益，可能构成盗窃罪。但正如前文所述，盗窃罪是一种直接夺取占有的财产罪，即财物在别人的占有之下行为人转移归自己占有，也就是必须要打破别人的占有并建立新的占有，简而言之，就是“拿走”。而财产性利益大多是一种法律上的权利，如果没有权利人相应的行为或动作，财产性利益就不会发生转移。以这里讨论的“偷偷溜走”型逃费为例，笔者也不否认，行为人使用高速公路后应交费而不交，确实获取了财产性利益。肯定论者认为，行为人是通过“偷偷溜走”来逃费即免除债务的，也就是采用此种方式窃取了财产性利益。但债权债务作为一种法律上的权利，行为人怎么能“窃取”，司机不交费开车“偷偷溜走”，他直接夺取了收费站、收费员或其他人占有的什么呢？简而言之，他“拿走”了什么？如果没有直接夺取他人对物的占有、或者说没有“拿走”他人任何东西，那也就不具备盗窃罪“窃取他人财物”的构成要件，从而不可能构成盗窃罪。

笔者认为，对这类案件可以按诈骗来处理。肯定论者否定其诈骗性质的主要

---

[94] 参见黎宏：《论盗窃财产性利益》，载《清华法学》2013 年第 6 期，第 124 页。

[95] 参见许桂敏等：《偷逃高速通行费的求证：入罪与认定》，载《公民与法》2012 年第 12 期，第 10 页。

理由在于，诈骗的特点是行为人采用欺骗手段、使对方产生错误认识并交付（或处分）财产，从而获取他人财产。但在司机不交费却开车“偷偷溜走”的场合，因不属于收费人员误以为其已交费予以放行、也不存在其他使收费人员产生误认而放行的事由，而是司机自己未经允许开车“偷偷溜走”的，也就是不具备因对方受欺骗而交付（或处分）财产这一诈骗罪的构成要件，所以不可能构成诈骗罪。但是，持此主张的论者只看到了司机不交费即不履行债务这一面，而忽视了债务产生的根本原因是其使用了高速公路、享受了高速公路建设者管理者提供的服务，享受有偿的服务就会产生付费的义务（即债务）。“路人的通行和收费站的收费可以理解为民事法律关系，即合同或者契约。在高速公路通行有偿服务的合同中，作为当事人双方秉承的是诚实信用、等价有偿原则”。[96] 路人（即司机）通行之后不交费“偷偷溜走”，无疑是在高速公路管理方按有偿服务的合同履行了义务（即提供了服务）之后，路人不履行（并且是意图永久不履行）自己按合同规定应承担的付费义务，其行为的实质是骗取有偿服务这种财产性利益。如前所述，按我国《刑法》第 224 条的规定，“收受对方当事人给付的货物、货款、预付款或者担保财产后逃匿的”，即意图永久不履行合同规定的自己一方的义务，也就是具有非法占有目的的，是该条明文列举的一种合同诈骗的表现形式。使用高速公路即享受合同对方提供的服务后不付费“偷偷溜走”，这同收受合同对方当事人给付的货物后不履行付款义务而逃匿并无实质上的差异，因而将其认定为诈骗（即骗取有偿服务）是有法律依据的。并且，这种逃交高速公路通行费的行为，同住旅馆后不交费而逃离的行为十分相似，对这类享受有偿服务后逃费的行为，在我国过去的司法实践中，大多也是按诈骗定性处理的。

顺便指出，对前述在收费人员令其交费时仍紧跟前车开走的“扬长而去”型逃费案，有论者认为，这是趁收费人员不备或无法阻拦，快速跟进绝尘而去，从而逃避交纳通行费，这属于抢夺财产性利益的情形，若逃费数额较大，应以抢夺罪定罪处罚。[97] 但笔者认为，抢夺罪与盗窃罪一样，是一种直接夺取财物占有的财产罪，大多表现为行为人在财物管理者的眼前，趁其不备将财物拿了就跑（即公然夺取）。这就决定了财产性利益不可能成为抢夺罪的侵害对象。因为财产性利益不可能被他人“拿了就跑”。事实上，这种“扬长而去”型逃费，同上述“偷偷溜走”型逃费并无实质差异，都是享受服务后违反合同不付费，也应认定为诈骗。如同住旅馆后拿着行李经过前台时，收费员提醒其交费，他却通过快速跑掉

[96] 参见许桂敏等：《偷逃高速通行费的求证：入罪与认定》，载《公民与法》2012 年第 12 期，第 11 页。

[97] 参见田宏杰等：《跟车逃交高速通行费行为如何认定？学者专家意见出现分歧》，载搜狐网，http://www.sohu.com/a/320573931_382470，最后访问时间：2019 年 6 月 14 日。

的方式逃费，对这种行为也只有按诈骗（即骗取有偿服务）来定性处理才合适。应当注意的是，如果行为人实施的不是这类单纯逃交公路通行费用的行为，而是对收费人员采用暴力或以暴力相威胁等侵害人身的手段，强行逃避应予交纳的通行费的，则可以视为抢劫财产性利益，按抢劫罪定罪处罚。

（本文曾发表于《政治与法律》2019 年第 8 期）

财产损失要件在诈骗认定中的功能及其判断

付立庆

一、实务本身在诈骗罪认定上的克制立场

在任何一个国家和时代，欺诈现象都客观存在，设置并认定诈骗犯罪也都理所当然。而且一直以来，德日等国对于诈骗罪认定都采取了较为积极的态度。比如在德国，行为人原本不具备签订相应雇佣合同的基本条件，隐瞒了曾因财产犯罪被前公司辞退的事实而在新公司取得独立采购员职位的，被认定为构成诈骗罪；谎称书籍或杂志内容，欺骗被害人购买根据其知识水平完全无法理解的专业书籍或者订阅相应的专业杂志，或者谎称教材的内容导致为小学采购教材的被害人购买了完全不适合作为教材使用的书籍的，也都成立诈骗罪。[1] 在日本，在银行成功冒用他人名义开设存款账户的场合，或者隐瞒了他人有非法入境目的，而将自己名义的登机牌让渡给该人的场合，或者在暴力团成员隐瞒自己的身份事实而使用了禁止暴力团成员利用的高尔夫球场的场合，都肯定了诈骗罪的成立。[2] 与此不同，中国刑法实务上却对诈骗罪的认定相当克制。

（案例 1　乞讨诈骗案）根据警方公布的案情，在南京地铁行乞的人员中存在着大量的所谓“职业乞丐”，这些人事实上并不属于因家庭极度贫困或者欠缺劳动能力而不得不行乞的人员，相反，他们大都具有正常的家庭与劳动能力，完全可以自食其力。出于骗取他人同情而获得捐赠的目的，他们假扮行乞人员，日均收入在四百元至五百元不等，其中个别行骗术高的职业乞丐日收入能达到一千元左右。对于职业乞丐，根据《南京轨道交通管理条例》的规定，由轨道交通经营单位责令改正，并可处以警告或者二十元以上一百元以下罚款。[3]

（案例 2　假病假条骗工资案）2017 年 4 月 11 日，北京市顺义区某派出所接到该区某公司负责人李先生报警称，一段时间以来，公司 20 多名员工用病假条多次请假长期不来上班，照领工资，却在外单位另谋职业。面对警方调查，涉案员工承认提供的病假条系花钱从小贩处购得。上述 20 余人共从公司骗取病假工

---

[1] 参见王钢：《德国刑法诈骗罪的客观构成要件——以德国司法判例为中心》，载《政治与法律》2014 年第 10 期，第 48 页；王钢：《德国判例刑法分则》，北京大学出版社 2016 年版，第 224 页。

[2] 分别参见最高裁判所 2002 年 10 月 21 日决定，刑集 56 卷 8 号 670 页；最高裁判所 2010 年 7 月 29 日决定，刑集 64 卷 5 号 829 页；最高裁判所 2014 年 3 月 28 日决定，刑集 68 卷 3 号 646 页。

[3] 参见陈迪晨、裴睿：《南京地铁“甘肃妈妈丐帮”》，载《扬子晚报》2015 年 7 月 27 日，第 A4 版。

资、福利等 35 万余元。[4] 但最终，检察机关并未对本案以诈骗罪提起公诉，而是作了不起诉处理。

（案例 3　铁钉棺材案）湖南省宁远县人孔竹清于 2015 年 5 月至 2015 年 8 月将木质棺材的半成品销往湖北省利川市，但其隐瞒了这些棺材的盖板、墙板系用铁钉拼接而成的事实，反而宣称其所售卖的棺木是用整根木材打造而成。听信此言后，赵某等十七人购买了孔竹清所售卖的棺材或配件，总计销售额为 225400 元。根据利川市的传统风俗，安葬死者的棺材不能用铁钉连接拼凑木料。之后，购买者发现不是“整墙整盖”棺材而报警。检方以诈骗罪对孔竹清提起公诉。但最终一审法院认定诈骗罪不成立，且被二审法院维持。[5]

（案例 4　假三金片案）被告人熊漓斌等人合谋后，雇人将穿心莲片（药品名）包装进三金片（药品名）的药瓶内，制作成假三金片。之后，熊漓斌等人又制造了该药品系从桂林三金药业集团公司内部取得的假象，将 180 件假三金片卖给柳州地区医药工业公司的莫明新夫妇，共收货款 216000 元。最终，司法机关认定各被告人构成生产、销售假药罪。[6]

（案例 5　骗取住房补助款案）2013 年年底，严某因生意失败而欠吴某百万元的债务，但不久严某家即被列入征迁的对象。因此，二人决定利用严某单身拆迁户的身份，吴某找到自己的女友孙某，以孙某和严某假结婚来骗取拆迁安置房和拆迁补助款还债。孙某为此非法获得拆迁安置过渡费等钱款 4.6 万余元。因村安置房仍在建造中，尚未进入实物分配阶段，孙某并未分到安置房。后由于严某的其他外债，债主到法院起诉要求严某和作为其“妻”的孙某共同承担债务而案发。最终，司法机关认定三人均构成诈骗罪。[7]

（案例 6　卖药案）武汉广爱医院出于卖药目的，利用为村民优惠体检的机会，将普通老年村民因机能退化引起的轻度供血不足蓄意夸大，在医生建议下有 40 人购买了药物，总金额近 2.7 万元。后经武汉协和医院相关科室专家判断，涉事医院开出的心血管功能检测报告单，其数据真实性存在疑问。事发后，武汉市卫计委要求，对不合理诊疗开具的药品，武汉广爱医院予以退费，并向体检村民

[4]　参见闫长禄：《24 名员工买病假条骗取工资 35 万余元》，载《劳动午报》2017 年 5 月 25 日，第 5 版。

[5]　参见湖北省恩施土家族苗族自治州中级人民法院（2016）鄂 28 刑终 133 号刑事裁定书。

[6]　参见《熊漓斌等生产销售假药案——生产销售假药进行诈骗的行为如何定性》，载中华人民共和国最高人民法院刑事审判第一庭、第二庭编：《刑事审判参考》（2001 年第 7 辑，总第 18 辑），法律出版社 2001 年版，第 8–12 页。

[7]　参见周颖、萧检：《“假结婚”骗取拆迁款　涉案三人均获刑》，载《萧山日报》2018 年 7 月 25 日，第 C02 版。

道歉，相关责任人员被行政追责。[8]

（案例7　骗提公积金案）文某、吴某以购买保障性住房为由，以夫妻名义共同申请提取公积金20万元，因材料齐全获准提取。此后，当住房公积金管理局相关工作人员稽核提取业务材料时发现二人系伪造结婚证、购房合同等资料骗取公积金。针对上述情况，住房公积金管理局责令文某、吴某于限定时间内退还其所骗取的公积金，并将二人的诈骗行为通报其所在工作单位，列入失信黑名单。至于本案中涉及的中介人员涉嫌伪造国家机关证件和印章的犯罪行为，亦交公安部门处理。[9]

在社会一般观念看来，以上案例都是较为明显的诈骗行为，理当按照诈骗罪处理。但是形成鲜明对照的是，中国的刑事司法实务对诈骗罪认定总体上相当慎重。以上案件的具体处理可大致分为几类：一是几乎未进入刑事司法程序（如案例6、7）或明显是选择性执法（如案例1）；二是虽按照诈骗定性却倾向于“情节轻微不需要判处刑罚”，未进入审判环节而被消化在程序之中（如案例2）；三是被起诉为诈骗罪但最终作无罪判决（如案例3）；四是进入刑事审判环节但按照其他犯罪处理而未定性为诈骗罪（如案例4）；五是以诈骗罪判决但值得进一步讨论（如案例5）。在诈骗罪认定问题上，现有的实务态度能否在刑法理论上获得适当的说明？既有的刑法理论能否在实务态度中获得必要的滋养？两者应该形成怎样的互动关系？这是本文的基本问题意识。

二、诈骗罪的限缩认定路径及财产损失要件的强调

（一）限缩的理由

对于我国司法实务对诈骗罪认定采取的慎重、克制态度，理论上不应仅以国外做法为标尺而单纯批评，也不应拘泥于对“诈骗罪”成立条件的表层理解而强硬反对。我国对诈骗罪认定采取的限缩态度，总体上大致有如下理由。首先，刑法规范上的原因。中国刑法对诈骗罪规定了“数额较大”要求，使得未达此程度的诈骗行为或者是单纯导致他人财产损失危险的行为不能按照诈骗罪处理，这也就排斥了在德日等国被认可的“等同于损失的财产危险”概念。同时，由于《刑法》第266条“本法另有规定的，依照规定”，使得诸如案例4这样的销售假药案件被直接按照特殊法条销售假药罪处理，没有将这种同时侵害市场经济秩序与他人财产权不同法益的行为按照想象竞合处理。其次，这和各国对于民事欺诈与刑事诈骗关系的理解不同有关。由于对“刑法最后手段性”特征的强调以及在交易型欺诈等场合对民事欺诈处理模式的青睐，也由于行政机关在行政处罚方面拥

[8]　参见周丹、刘闪：《武汉广爱医院违规诊疗被查处》，载《楚天都市报》2016年9月3日，第2版。

[9]　参见尚迪：《骗提公积金后果很严重国企职工被列入黑名单》，载《河南法制报》2017年4月20日，第14版。

有较大权力、《治安管理处罚法》对诈骗行为最高可处以15日拘留，诸多实务案例在我国未按诈骗罪处理具有深厚的国情土壤。最后，这也和各国的国民素质水准、诚信体系的现实状况以及对犯罪圈划定的政策选择有关。与西方法治发达国家相比，我国的国民素质水准不高、社会诚信体系尚未完全建立起来，这些应该是毋庸讳言的现实。对此，刑事司法面临着一个两难选择：如果试图通过刑法的积极介入倒逼推动诚信体系的建立，有“强行以刑法推行道德”之嫌；反之，如果任由失信、欺诈现象蔓延刑法却无动于衷而只能借助于道德自律的话，又可能陷入“刑法越是不管国民诚信越差，国民诚信越差刑法越是没法管”的恶性循环。实务立场表明其总体上选择了后者，这本身就体现了政策倾向及其背后的现实关照。

这样来看，实务上对于诈骗罪的限缩立场有一定的法律依据、处罚体制上的理由和社会现实上的合理性，不容轻易否定。就研究者而言，能否从理论上为实务倾向找到依据，既是对实务立场的一种评估和判定，也是对理论自身的检验和校正。

（二）通过行为对象和主观目的的限缩效果

理论对实践的衡量标准，只能是诈骗罪的逻辑结构及在此基础上塑造的犯罪构成。而在犯罪构成的意义上呼应实务状况、限缩诈骗罪的入罪范围，有不同的路径。

诈骗罪的行为对象是“公私财物”，不属于“财物”则不能成为诈骗对象。但事实上，“财物”概念本身对诈骗罪法网的限缩功能十分有限。关于“财物”的含义，在刑法理论上主要存在着纯粹法律财产说、经济财产说、法律经济财产说三种见解。纯粹法律财产说在我国并未得到学者们的明确支持，因此，我国学界主要是围绕后两者展开论争，其中的法律经济财产说成为学界的主流立场，[10]其主张除违法利益外，由法秩序保护的整体上有经济价值的利益就是财产。该说试图尽可能限缩“财产”范围的出发点本身值得肯定。不过，其否定民法上违法的利益也能成为刑法上财产罪的保护法益，可能会造成处罚漏洞；而且，该说能否对中国当下实务予以有效说明也存疑问。实务中，谎称认识办案民警可以帮忙而从犯罪嫌疑人亲属处取得金钱并占为己有的场合，法院认定构成诈骗罪。[11]在将诱骗参与赌博的行为与赌博过程中的诱骗行为截然分开的前提下，对于以打假

---

[10] 例如，王钢：《不法原因给付对于认定财产犯罪的影响》，载《法学家》2017年第3期，第136页；江溯：《财产犯罪的保护法益：法律—经济财产说之提倡》，载《法学评论》2016年第6期，第89-90页；蔡桂生：《刑法中侵犯财产罪保护客体的务实选择》，载《政治与法律》2016年第12期，第39页。另可参见张明楷：《诈骗罪与金融诈骗罪研究》，清华大学出版社2006年版，第219页。

[11] 参见安徽省安庆市中级人民法院（2014）宜刑重终字第00001号刑事判决书。

牌方式“赢取”他人钱财的，[12] 或者设置圈套控制赌博输赢并从中获取钱财的，[13] 都被司法机关认定为诈骗罪。对截取贿赂的案件，研究者认为，“尽管贿赂的财物属于赃物，但并不表明赃物在被追缴前其事实占有状态或所有权不受法律保护。”[14] 对于骗取赌资的案件，主审法官则认为，“正是由于被告人客观上设置了不法原因，进行了诈骗行为，被害人才产生了认识错误，处分自己财产，使自己的财产遭受损失。”[15] 从“赃物在被追缴前其事实占有状态或所有权仍受法律保护”或者“被告人设置了不法原因而导致了被害人的不法给付”的角度出发论证涉案财物属于诈骗的对象，实际上都坚持了用法律经济财产说定义“财物”的基本框架。但是，认为赃物在被追缴前“其所有权仍受法律保护”，根据不够明确；认为被追缴前的“事实占有状态受法律保护”，和法律经济财产说主张的原本含义是否一致，也有疑问。同时，无论是在截贿的场合还是在被骗参赌的场合，就将自己所给予的金钱用于行贿与赌博这一点而言，财物处分人是确切地认识到的，在此前提下的给付就仍可谓“不法”，在我国《民法总则》及《民法通则》并未明文规定不法原因给付（委托）制度以及给付者（委托者）的返还请求权的情况下，认为财物处分人是因为遭受行为人的欺骗而实施给付（委托）行为从而其财产仍应得到法律保护的观点，其合理性是值得商榷的。通过行为人设定了“不法原因”等理由而寻求对实务做法的理论说明，很大程度上是有了结论之后的事后背书，其对于“法律经济财产”概念的扩张显而易见。立足于中国司法实务的经济财产说主张有经济价值的物品就是“财物”，其不仅能在财产犯罪领域杜绝法外空间的出现，还存在着刑事政策上的考量，即在刑法介入之前保护财物的占有状态（无论该占有是否合法）从而避免因公民不当行使自救权而可能出现的其他违法犯罪行为。[16] 经济财产说可以从刑法对民法的独立性或者不同部门法之间违

[12] 参见《黄艺等诈骗案——设置圈套诱人参赌，以打假牌的方式“赢取”他人钱财的行为构成赌博罪还是诈骗罪》，载最高人民法院刑事审判第一、二、三、四、五庭主办：《刑事审判参考》（2007年第4集，总第57集），法律出版社2007年版，第33–42页。

[13] 参见《王红柳、黄叶峰诈骗案——设置圈套控制赌博输赢并从中获取钱财的行为，如何定性》，载最高人民法院刑事审判第一、二、三、四、五庭主办：《刑事审判参考》（2013年第1集，总第90集），法律出版社2013年版，第75–79页；《史兴其诈骗案——利用自己准备的特定赌具控制赌博输赢行为的定性》，载最高人民法院刑事审判第一、二、三、四、五庭主办：《刑事审判参考》（2013年第1集，总第90集），法律出版社2013年版，第75–79页。

[14] 肖中华：《贪污贿赂罪疑难解析》，上海人民出版社2006年版，第244页。

[15] 参见《王爱国诈骗案》，载最高人民法院中国应用法学研究所编：《人民法院案例选（分类重排本）》（刑事卷6），人民法院出版社2017年版，第2894页。

[16] 参见林东茂：《刑法综览》（修订五版），中国人民大学出版社2009年版，第331页；林东茂：《一个知识论上的刑法学思考》（增订三版），中国人民大学出版社2009年版，第149页。

法判断的相对性中找到理论依据。[17]而且，只要认为刑法分则条文中的“公私财物”可以解释为“公私占有财产”而不等同于总则规定的“公共财产”和“私有财产”之和，就可以化解经济财产说主张可能和《刑法》第92条、第93条规定之间存在矛盾的问题。概言之，法律经济财产说在与当今司法实务的整合性上面临障碍，指望“财产”概念承担框定诈骗罪范围的第一道屏障，收效甚微。

实务中主张因欠缺“非法占有目的”而不构成诈骗罪的见解十分常见，甚至成为否定诈骗罪成立的标准配置和习惯用语。前述案例3中，两审法院也正是基于这样的立场而得出了无罪结论。在认定诈骗类犯罪的非法占有目的时，司法解释性文件强调“应当坚持主客观相一致的原则，既要避免单纯根据损失结果客观归罪，也不能仅凭被告人自己的供述，而应当根据案件具体情况具体分析”，并且列出了明知没有归还能力而大量骗取资金、非法获取资金后逃跑等“可以认定为具有非法占有的目的”的若干情形，同时又认为，“对于有证据证明行为人不具有非法占有目的的，不能单纯以财产不能归还就按（金融）诈骗罪处罚。”[18]实际上，这不过是“以列举的方式规定了可以推定非法占有目的存在的具体情形”[19]，并同时强调反证不存在“非法占有目的”的例外性。在我国刑法理论界，虽然也和日本刑法学界一样，一直存在“非法占有目的不要说”的主张，[20]甚至有学者提出“在诈骗罪中不适宜再沿用非法占有目的的概念”[21]，但更多的主张和实务一样，认可了包括诈骗罪在内的财产犯罪需要“非法占有目的”。具体而言，如果认可诈骗罪是针对整体财产的犯罪、其中的非法占有目的实际上是“非法使自己财产总量增加的牟利目的”[22]或者“不法获利目的”[23]，则通常很容易通过欺骗他人致使其交付财物的行为而肯定这种牟利或获利目的。即便像通说那样，将非法占有目的理解为“不法所有目的”并认为其由“排除意思”和“利用意思”两者构成，[24]但与绑架罪场合“勒索财物的目的”这样的间接目的犯形成对照的

---

[17] 关于违法判断的相对性，请参见王昭武：《法秩序统一性视野下违法判断的相对性》，载《中外法学》2015年第1期，第170页以下；关于刑法独立性主张的理由以及对刑法从属于民法主张的反驳，参见张明楷：《论诈骗罪中的财产损失》，载《中国法学》2005年第5期，第120页。

[18] 参见《全国法院审理金融犯罪案件工作座谈会纪要》，2001年1月21日发布。

[19] 徐凌波：《金融诈骗罪非法占有目的的功能性重构——以最高人民检察院指导案例第40号为中心》，载《政治与法律》2018年第10期，第31页。

[20] 稍早的，参见刘明祥：《刑法中的“非法占有为目的”》，载《法学研究》2000年第2期，第44–53页；较近的，参见陈璇：《财产罪中非法占有目的要素之批判分析》，载《苏州大学学报》（法学版）2016年第4期，第86页。

[21] 王俊：《非法占有目的的不同意义：基于对盗窃、侵占、诈骗的比较研究》，载《中外法学》2017年第5期，摘要。

[22] 车浩：《占有不是财产犯罪的法益》，载《法律科学》2015年第3期，第131页。

[23] 徐凌波：《论财产犯的主观目的》，载《中外法学》2016年第3期，第736页以下。

[24] 例如张明楷：《论财产罪的非法占有目的》，载《法商研究》2005年第5期，第76–79页。

是，财产犯中的“非法占有目的”属于直接目的犯，相当于其主观故意的意志因素，存在与相应目的对应的客观要素。在诈骗罪的场合，由于行为人实施欺诈而致对方错误交付的行为已然类型性地规定着所追求的目的，只要客观上行为完成、交付财物的结果发生，即可推定行为人具有“排除他人对财物的利用”以及“自己对财物加以利用”的意思，即推定非法占有目的的实现。这样，控方通过对诈骗罪客观构成要件事实以及对于诈骗罪主观故意的证明已经初步完成举证责任，辩方如欲反驳控方“行为人存在非法占有目的”的推定，需要另外的足够证据。如此的举证责任分配模式，既可以缓解控方对主观要素的证明压力，也可以有效避免认定非法占有目的过于依赖被告人口供的问题。而且，由于我国尚未建立起真正的对抗制诉讼模式，也由于刑事案件的辩护率低仍是现实，被告一方反驳推定的难度很大，成功率很低，其结论就是，在符合了诈骗罪客观构成要件的场合，以欠缺非法占有目的而出罪，只能限于所有权人将他人占有的自己财物骗回、债权人通过欺骗方式实现债权等例外的场合。[25] 一言以蔽之，试图通过“非法占有目的”来区分诈骗罪与借贷纠纷等民事纠纷、民事欺诈之间的界限，[26] 更多可能是先有结论之后的描述性确认，缺乏足够的操作性，在限缩诈骗罪成立范围方面的效果同样十分有限。

（三）财产损失要件限缩功能的强调

能为限缩诈骗罪的成立范围明显发挥作用的，主要是其客观构成要件的各个环节。一般认为，诈骗罪客观行为链条为“行为人实施诈骗行为→财物处分人陷入认识错误→财物处分人因认识错误处分财物→财物处分人向行为人或第三人交付财物→财物处分人或被害人遭受损失”。不容否认，其中的“诈骗行为”“认识错误”“财产处分行为”等要件都逐次承担筛选和过滤功能，这些要件的检验也都必不可少。不过，民事欺诈或者债务纠纷等场合，在外观上也常可能符合前述的这些客观要求。所以，在对上述客观要件实质性理解的同时，仍然需要强调，“财产损失”作为成立诈骗罪客观上所需的最后一个要素，应该受到应有的重视。

尽管我国《刑法》第266条未像德国刑法那样明确要求“造成财产损失”，但诈骗罪规定于“侵犯财产罪”一章之中，且与盗窃罪或抢夺罪、敲诈勒索罪被立法直接或者通过修正规定为可以由“多次”实施构成不同，诈骗罪入罪条件只有“数额较大”一种。由此可见，诈骗罪所侵害的法益不是单纯的社会信用，其违法性也无从通过行为无价值获得充分说明，而必须落实于被害人的财产损害之中。

[25] 参见付立庆：《论刑法中的财产概念》，载《中国人民大学学报》2018年第2期，第149页；蒋铃：《论刑法中“非法占有目的”理论的内容和机能》，载《法律科学》2013年第4期，第93–94页。

[26] 参见王作富主编：《刑法》（第六版），中国人民大学出版社2016年版，第419页；谢望原、赫兴旺主编：《刑法分论》（第三版），中国人民大学出版社2016年版，第276页。

正因如此，学界的主流观点认为，“财产损失”是成立诈骗罪既遂的客观要件，[27] 其发挥着征表被害人之财产遭受损失的作用，系诈骗罪之不成文的构成要件要素。[28]

财产损失是诈骗罪法益侵害的具体体现，是本罪客观构成要件的最后一个链条。只有其他要件顺次齐备的场合，才需要进行财产损失的判断。比如，在认为价值判断无法凭借认识能力检验真伪时，则媒婆告诉急于结婚的男士愿意介绍一绝色美女使得男士付给优厚礼金，相亲时却发现此女庸脂俗粉的场合，因为美丑系价值判断并无真假可言，故而媒婆也并未传递不实信息，欠缺刑事欺诈行为。[29] 是否存在财产损失对认定诈骗罪的成立范围有重大影响，而重视这一要件在诈骗罪认定中的作用，既会克服过度倚重“非法占有目的”要件在实务认定中带来的缺陷，也会为我国当下实务中限缩诈骗罪认定的立场提供有力的理论支撑。问题是财产损失的具体判断标准，尤其是在行为人一方提供必要对价，或者是原本就未期待任何物质性对价的场合，何时能够肯定财产损失。

三、财产损失的判断标准：修正的整体财产说的提倡

（一）财产损失的实质判断

是否任何违背主观意愿、由欺骗引起的财产转移，都属于财产“损失”？在德国，盗窃罪是针对所有权的犯罪，只要取得了对象物即告成立；而刑法则明文规定诈骗罪是针对整体财产的犯罪、要以财产损害的发生为要件，[30] 理论上也认为，诈骗罪是针对被害人“净财富”（net wealth）所实施的犯罪，其中“净财富”是指法律上的利益减去债务以后的余额，如果被害人“净财富”没有受损，就没有刑事责任，这意味着仅仅干扰被害人商业自治的行为不足以构成诈骗罪。[31] 所以，在出售衣裤时谎称裤子是纯毛的，对方虽并不亟须这种裤子但觉得划算而买下的场合，德国法院和主流学说否定存在财产损失，因为买者的财产只是组成结构发生了变化而并未减少，而诈骗罪保护的是财产，不是单纯保护如何处分财产即所谓财产处分自由。[32] 在日本，并未将诈骗罪规定为针对整体财产的犯罪，而

---

[27] 参见张明楷：《刑法学》（第五版），法律出版社 2016 年版，第 1005 页；陈兴良、周光权：《刑法学的现代展开Ⅰ》（第二版），中国人民大学出版社 2015 年版，第 519 页。

[28] 参见蔡桂生：《论诈骗罪中财产损失的认定及排除》，载《政治与法律》2014 年第 9 期，第 50 页。

[29] 参见林东茂：《一个知识论上的刑法学思考》（增订三版），中国人民大学出版社 2009 年版，第 145–146 页。类似场合，可直接以欠缺欺诈行为为由否定诈骗罪的成立。

[30] 《德国刑法典》第 263 条（诈骗）第 1 款规定：“以使自己或第三人获取非法财产利益为目的，通过虚构事实或者歪曲、隐瞒真相引起或维持认识错误，从而损害他人财产的，处 5 年以下有期徒刑或者罚金。”

[31] 参见［美］乔治·弗莱彻：《反思刑法》，邓子滨译，华夏出版社 2008 年版，第 39–40 页。

[32] 参见蔡桂生：《论诈骗罪中财产损失的认定及排除——以捐助、补助诈骗案件为中心》，载《政治与法律》2014 年第 9 期，第 53 页。

是和盗窃罪一样规定为基本的取得罪，因此类似案件是否构成诈骗就存在着整体财产减少说（简称整体财产说）和个别财产减少说（简称个别财产说）间的对立，后者又有形式的个别财产说和实质的个别财产说的差别。[33] 在将价值 1 万元的商品谎称价值 2 万元而以 1 万元卖给贪便宜者的场合，或者是具有领取工程承包款权限的承包人采取欺骗手段非法提前支取了工程款的场合，日本的（旧）通说在将财物或者财产性利益的交付（“财物等的丧失”）本身理解为损失的前提下，就会得出肯定财产损失的结论。这种彻底形式化理解财产损失的观点，即所谓形式的个别财产说。[34] 但是，一方面，“这实质上与财产性损失不要说并无不同”[35]，使得财产损失要件完全失去了限缩功能；另一方面，在形式上将“交付本身即是损害”这一说明予以彻底化时，诈骗罪保护的就不是财产而成了纯粹的财产处分自由，这可能会导致在实质上否定诈骗罪属于财产犯这一点，使其异化为破坏市场经济秩序的犯罪。事实上，中国当下的司法实务中也未将纯粹的商业欺诈、经营性欺诈行为按照诈骗犯罪对待。虚假宣传的场合，在我国通常会作为不正当竞争的手段受民事、经济法律规范的调整，情节严重的可能构成虚假广告罪；即便是在出售明显的以假充真、以次充好的假冒伪劣产品的场合，此种经营性欺诈也会因《刑法》第 266 条“本法另有规定的，依照规定”，而按照生产、销售伪劣产品罪处理。这些也可谓是坚持对被害人财产损失进行实质判断的体现。不过要强调，认定被害人财产损失的时间点，是进行财产处分之时，因受欺骗而伴随财产处分产生的法定请求权——例如撤销合同的权利、返还请求权或要求损害赔偿的权利等——不能认定为对被害人财产的补偿。这些权利旨在事后弥补被害人的损失，对认定诈骗罪的成立没有影响。[36]

在交易型欺诈场合，司法实务中也表现出了通过重视是否存在对价来判断财产损失的倾向。如在利用酒托诱骗他人高额消费的场合，相应案例的注解特别指出，“某个行为到底是真正的交易行为，还是借交易之名行违法犯罪之实，可以通过被害人支付的对价是否对等或不对等的程度来予以判断。如商品、服务与对价对等，或虽然不对等，但这种不对等程度与合理对价相差不大，则可认定为是真正的交易行为；如果商品、服务与对价之间的不对等已远远超出正常交易中的

---

[33] 参见付立庆：《论刑法介入财产权保护时的考量要点》，载《中国法学》2011 年第 6 期，第 135 页。

[34] 参见［日］团藤重光：《刑法纲要总论》（第 3 版），创文社 1990 年版，第 619 页；［日］福田平：《刑法各论》（全订第 3 版增补），有斐阁 2002 年版，第 250 页；［日］大塚仁：《刑法概说（各论）》（第 3 版增补版），有斐阁 2005 年版，第 255 页。

[35] 参见［日］西田典之：《刑法各论》（第六版），弘文堂 2012 年版，第 203 页。

[36] 参见王钢：《德国判例刑法分则》，北京大学出版社 2016 年版，第 219 页；王钢：《德国刑法诈骗罪的客观构成要件——以德国司法判例为中心》，载《政治与法律》2014 年第 10 期，第 46 页。

合理幅度，则违背了交易行为所必需的公平对价的实质，应根据实施行为的具体手段认定为相应的违法或犯罪行为。”[37] 这一实务判决中，并没有以“若是没受到‘交朋友’‘谈恋爱’或将发生‘一夜情’的欺骗的话则一定不会进行相应数额的消费”为由，直接将欺骗消费的行为认定为诈骗罪——在此意义上对于财产损失的判断也就并未采纳形式个别财产说，而是通过考虑是否存在实质上的对价和交易行为来判断被害人是否存在财产损失，无疑是采纳了财产损失实质判断的立场，具有明显的限缩诈骗罪成立范围的倾向。而在诸如前文案例 6 卖药案的场合，实务中通常也并不按照诈骗罪处理，而是在购买者提出异议时退货了事，即按照消费欺诈、经济纠纷解决了，其理由无非在于，相关村民被骗购得药品所支出的价钱与此物的市场价格一致，在经济利益上相等，其纯粹的经济财产并未减损，因此不宜动用刑法予以规制。在此，若从个人感受上看，购买者花钱购得无用之物，主观上可能感到财产损失。不过，“财产损失”作为诈骗罪的法益侵害，为诈骗行为的违法性奠定基础，应有一个客观化的判断标准，而不应以纯粹“主观感受”这种个人体验为尺度，否则，违法性判断就会充斥着流动性、处在一种因人而异的状况之中。也可以认为，购买药品的交易目的客观上确实落空了。但问题是，如果不加限制地认为“只要交易目的落空”就存在客观上的损失的话，其本质上就与“不受骗就不会处分财产”这种形式个别财产说的理解只差一层窗户纸，不过是以“目的落空”“目的失败”的名义来推行个别财产说的私货罢了。那样的话，几乎所有商业欺诈都会被认定为是诈骗罪，诈骗罪就异化为一个保障诚实信用原则、保护财产处分自由的犯罪了。在未能实现财物处分者之目的的场合，怎样实质性限制“损失”的范围，是必须回答的问题。

（二）处分目的重大背离

1. 德日的经验

在德国，以有关挤奶机案的 1961 年联邦最高法院判决为标志，发展出支付对价场合是否存在财产损失的实质判断规则。案情是，挤奶机的中介商甲告诉客户乙，有挤奶机廉价待售，乙信之，签下契约购得一挤奶机，事后得知这部机器并不比市价便宜，只相当而已。甲于推销机器时，知道乙必须向银行借钱才可以支付价款，乙将会因而发生财务上的重大负担。对此，联邦最高法院判决认为，单纯主观上的损失感受，还不能认为是一种损害；但被害人发生下列三种困境时，即有财产损害：（1）行为人所履行或应当履行的债务无法或者无法全部实现被害人订立合约的目的，或者无法期待被害人通过其他方式对之加以利用；（2）被害

[37]《李军、陈富海等 28 人诈骗案——利用酒托诱骗他人高额消费行为的性质与认定》，载最高人民法院中国应用法学研究所编：《人民法院案例选（分类重排本）》（刑事卷 6），人民法院出版社 2017 年版，第 2914 页。

人为了与行为人订立合约或履行合约义务，被迫采取有损自身财产的措施，尤其是不得不因此放弃其他对自己有利的交易或者不得不进行其他不利于自己的交易（如支付较高利息向银行贷款、低价卖出自己的货物等）；（3）被害人为了与行为人订立合约或由于合约义务，无法继续享有使其正常履行职责或者维持与其个人情况相适应的经济生活必不可少的资金，缔约后经济活动自由大受限制，如必须大幅精简开支、只能保留最低限度的必要开销等。[38]

这一判决被后来的实务界当成典范，也获得了不少学者的支持。判决试图从客观化立场上框定财产损失的判断标准及其范围，其给出的“被害人特殊困境”的三个标准，实则是在坚持对财产损失进行实质判断的前提下，对“所得”与“所失”具体衡量之时，将“被害人陷入特殊困境”作为“所失”的内容予以加算。其中，以上第一种情形提出的标准，是存在行为人一方形式性“对价”时判断实质财产损失的具体尺度，“无法或者无法全部实现被害人订立合约的目的”，换言之，行为人通过欺骗行为使财物处分人对于自己处分财物的意义陷入错误认识之中，以致财物处分人期望借助处分财物所实现的目的完全落空。这种场合，也被称为“目的不达”“目的失败”，本文则概括为“处分目的的重大背离”。对此，德国理论认为，在认定财产是否受到损害时不能仅根据财物处分权人是否实现了其处分财物的特定目的，原则上，只有当未能实现可以客观化的、蕴藏在具体财产处分行为中与经济价值相关的目的时，才可能认定财产损失的存在。单纯的善意等其他目的，只能被认定为动机错误，不能被评价为诈骗罪中的财产损失。[39]事实上，这仍然是从着眼于诈骗罪系属财产犯罪而不是保护处分财产之意志自由的犯罪此一问题意识出发，区分了被害人的目的是与财产这一保护法益有关还是仅仅属于动机而已，赋予了其在认定财产损害时的不同效果。相应目的与财产法益密切相关且这一目的因行为人的欺骗而未能实现时，可以说被害人因被骗而产生的认识错误是“与法益有关的错误”，这种错误所导致的同意无效，基于这种错误而处分的财产就是“财产损失”。与此相反，如果相应目的无关财产本身而仅仅涉及背后的财产处分动机，这时被害人因受骗而产生的错误就是“动机错误”，这种错误所导致的同意仍然有效，基于这种错误而处分的财产就应该由被害人自负其责。同时，根据前述德国判例给出的标准，如果被害人可以在无须额外付出时间或金钱的前提下将该物品转做他用甚至原价出售给他人的，则不应

[38] 参见王钢：《德国判例刑法分则》，北京大学出版社 2016 年版，第 223–224 页；王钢：《德国刑法诈骗罪的客观构成要件——以德国司法判例为中心》，载《政治与法律》2014 年第 10 期，第 49 页；另可参见林东茂：《一个知识论上的刑法学思考》（增订三版），中国人民大学出版社 2009 年版，第 150 页。

[39] 参见王钢：《德国判例刑法分则》，北京大学出版社 2016 年版，第 225 页；王钢：《德国刑法诈骗罪的客观构成要件——以德国司法判例为中心》，载《政治与法律》2014 年第 10 期，第 50 页。

当认为存在财产损失；如果被害人虽受骗购买了无法根据原初目的加以使用的物品，但却可以将该物品转卖给他人的，在认定被害人财产损失时要扣除转卖所能获得的价值。[40] 如此理解的场合，在强调即便存在对价但若出现“处分目的重大背离”时仍可成立财产损失的意义上，和实质个别财产说立场也有契合之处；不过，在强调计算具体损失数额时应该扣除“转卖价值”的意义上，与整体财产说的思考方法更为一致。同样，在日本，近年来的有力观点认为，就财产转移本身存在同意的场合，之所以将相关交易中的财产纳入保护范围，是因为这些财产系属达成交易目的之工具。即便是基于欺骗而交付了财物，但交付者据此达到了交易目的的场合，由于财产脱离交付者之手而发挥了作用，其丧失就不应该被评价为财产损害。[41] 因此，虚报年龄购买了限制向未成年人出售的酒、书等物品，或者是伪造医生的处方而购买处方药等场合，无论是药品的规制还是书籍等的年龄限制，都与财物的分配毫无关系，其目的仅在于防止因误用、滥用等使用不当而造成的危害。所以，物品的交付，就不过是与对价的支付之间存在交换关系而已，只要对这一点不存在错误，就不成立诈骗罪。[42] 这实际上也是在实质判断财产损失时，采取了“处分目的重大背离理论”。

2. 我国实践的运用

我国的实践也一定程度上接受了处分目的重大背离理论。如前述利用酒托诈骗的案件判决就指出，“被害人在‘酒托’引诱下进行的高额消费，是被告人为骗取钱财所设计的圈套，完全背离了被害人交易的目的，就被害人的真实意愿而言，是要极力避免这种情况出现的”，[43] 其中就特别强调“背离了被害人交易的目的”在财产损失判断中的作用。

根据这一理论也容易解释我国实务中的一些作法。例如，像前文案例 7 那样的，单纯通过虚假手续骗提公积金的行为较为常见。根据重大背离理论，这充其量只能针对手段行为按照伪造国家机关证件、印章罪等追究刑事责任；就其目的行为而言，由于该住房公积金终究属于国家为该具体个人提供的福利待遇，在被骗提时也只是公积金的存在场所发生了变化，国家并不存在实质性损失，不成立

---

[40] 参见王钢：《德国判例刑法分则》，北京大学出版社 2016 年版，第 224-225 页；王钢：《德国刑法诈骗罪的客观构成要件——以德国司法判例为中心》，载《政治与法律》2014 年第 10 期，第 49 页。

[41] 参见［日］松原芳博：《刑法各论》，日本评论社 2016 年版，第 275 页。

[42] 参见［日］西田典之：《刑法各论》（第 6 版），弘文堂 2012 年版，第 205 页；［日］山口厚：《刑法各论》（第二版），有斐阁 2010 年版，第 270 页。

[43] 《李军、陈富海等 28 人诈骗案——利用酒托诱骗他人高额消费行为的性质与认定》，载最高人民法院中国应用法学研究所编：《人民法院案例选（分类重排本）》（刑事卷 6），人民法院出版社 2017 年版，第 2912 页。

诈骗罪，实务中责令骗提者在规定期限内退还取得的公积金、将骗提行为通报其单位并列入失信黑名单、一定期限内不受理行为人及其配偶的公积金提取申请和贷款申请的处理方式，足可给予其否定评价。

与此相对，国家建设并提供经济适用房的目的在于减轻国民住房成本负担，实现居者有其屋的公益目标，但由于经济适用房供不应求，使其成为一种稀缺的社会资源，只有符合国家规定的申请条件者方可申请。行为人为骗取经济适用房的居住利益，通过提供虚假的申请材料使有权分配经济适用房的部门陷入错误认识之中，进而获得上述利益，因此，将经济适用房分配给不符合条件者时，国家的相关目的完全落空而属于“重大背离”，可以肯定财产损失。不过要指出，在类似于案例5这样的“多一口人就多一份补偿款”的场合，以“先结婚后离婚”（俗称“假结婚”）的方式骗得拆迁补偿款，或者在以家庭为单位分得返迁房的场合（“一家分一套”），以“先离婚后复婚”（俗称“假离婚”）的方式多分了一套返迁房，由于向有关部门提供的结婚证或者离婚证本身真实有效，行为人也就符合相应的被分配资格。这样，有关部门在涉及法益的重要事项上就并不存在认识错误，同时，国家“将相应补偿款或返迁房分给符合条件者的目的”也就没有落空，从而就不存在财产损失问题。在本文看来，前文案例5介绍的杭州骗取住房补助款的案件中，行为人确实钻了政策的空子而“占了便宜”，但被欺骗者在尽可能完善分配政策的同时，充其量也只可能主张对方存在民事欺诈、自身具有重大误解而申请撤销先前的补助合同，行为人则不构成刑法上的诈骗罪。只有在不存在结婚或离婚的法律事实而虚构这一事实，比如是近亲、有禁止结婚的疾病因而不允许结婚的场合，或者根本没有结婚对象而购买了假的结婚证书的场合，有关部门误以为行为人确实结婚或者离婚从而符合了相应资格，这种错误事关分配对象的资格进而关乎法益，由此会导致“将经适房、返迁房或住房补贴等处分给符合条件者的目的”落空，以致产生财产损失。

对于前文所述的案例3即铁钉棺材案，能否将该案定性为诈骗罪取决于被害人是否遭受到财产损失——这一点是二审裁定提到但一笔带过的。本案中，一则，每副“整墙整盖”的棺材的售价大约在七八千元之间，但本案行为人实际所售卖的棺材的价值则为三千元至五千元不等，客观上这些棺材“物有所值”，被骗者并没有以“整墙整盖”的棺材价格购买；二则，更重要的是，该案中的棺材购买者并非是丧葬家属而不过是殡葬用品的经营者，其购买棺材并非直接用于埋葬死者，尽管所在地区无人使用此种棺材，购买者仍可将这些棺材转让给其他地区，使得该批棺材物尽其用。尽管为此可能需要付出交通成本等额外费用，却难以认定存在被害人的“特殊困境”或者“处分目的的重大背离”，从而就难以肯定购买者存在实质性财产损失。在最终结论上，本文的分析与该案二审裁定一致，均认为其属于民事欺诈，可以通过民事诉讼途径解决，但本文是以客观上欠缺财产损失为由的，这比以主张欠缺非法占有目的而出罪的二审裁定可能更有说服力。[44] 同样，根据重大背离理论，在上述案例 6 卖药案中，只要药品本身是合格药、购买者又是以市场价格购买的，被害人的财产处分自由固然受到了侵害，但是，并非真实病人而购买了药物不属于目的完全未能实现，即不属于处分目的的重大背离——其购买药品的目的是治疗疾病，而这些药本身并非假药、劣药而是针对脑供血不足这一常见病的常见药，在被害人果真脑供血不足时也能起到治病效果。同时，肯定购药者存在其他客观上的“特殊困境”，也存在困难。这样看来，将购药者的权益通过消费者权益保护法等民事法律保护而不认定为诈骗罪，实践中的如此做法是可以获得理论上的说明的。

3. 单方给付场合的处分目的背离

与交易型诈骗不同，还存在处分财物一方并不期待对价，即单方给付类的诈骗，如捐助、补助诈骗等情形。此种场合，前述“处分目的重大背离理论”同样适用。“这种交易目的，若是买卖就是寻求获得对价，若是捐献就是寻求实现所意图的社会目的。”[45] 在募捐的场合，捐赠者实际上已经放弃了对钱物的所有权，则其捐赠的社会目的是否实现，对于判断其有无财产损失至关重要。在捐助的社会目的未能兑现，捐助者的捐助行为在客观上失去应有意义时，才能成立诈骗罪。[46] 所以，将钱物捐给符合条件的受益人、将钱物用于特定的用途等属于捐赠者的社会目的，对此进行欺骗就可以肯定财产损失。比如，声称将募捐来的钱或者出卖产品所得收入捐献给灾民，但实际上将钱或收入交给父母或者据为己有，或者是将之用于学生的奖学金等的场合，都应肯定存在财产损失，进而成立诈骗罪。[47] 相反，利用他人的攀比欲望而欺骗一个原本就想捐款的人多捐的场合，[48] 由于捐款者本身的捐助目的并未落空而只是攀比欲望遭到利用，只要不在损失判断上采取形式个别财产说立场，就应得出无罪结论。

---

[44] 在此意义上，如果购买者是丧者家属即直接的棺材使用者，按照当地风俗确实无法使用该棺材时，存在肯定“处分目的重大背离”的空间，此时按照实质个别财产说可直接就相应棺材价格成立诈骗，而根据整体财产说，尚需进一步考察转卖成本等，并将转卖所得从中扣除，在其差额达到“数额较大”的场合，才算是完成了客观构成要件的检验。

[45] ［日］松原芳博：《刑法各论》，日本评论社 2016 年版，第 275–276 页。

[46] 参见蔡桂生：《论诈骗罪中财产损失的认定及排除——以捐助、补助诈骗案件为中心》，载《政治与法律》2014 年第 9 期，第 53–54 页。

[47] 参见张明楷：《刑法学》（第 5 版），法律出版社 2016 年版，第 1005–1006 页；［日］松原芳博：《刑法各论》，日本评论社 2016 年版，第 276 页。

[48] 被告人在向被害人征集捐款时，向后者展示了他伪造的其他人捐款数目的名单，以激起被害人的攀比欲，后者果真支付了高额捐款。在这一案件中，德国巴伐利亚州高等法院以如果被告人不展示那个名单则被害人就不会支付这么高的捐款，因而造成了被害人的经济损失为由，判决该案成立诈骗罪。这一判决遭到了主流学说的一致反对。

受骗者并未期待对价的场合，实践中常见的是乞讨诈骗情形。如本文开头提到的案例 1 那样，伪装残疾、谎称家中出事或遭灾等，通过博取他人同情而获得施舍、骗取财物，有时甚至总额巨大，舆论上也存在着“职业乞讨行为算不算诈骗”的疑问。对类似行为，德国和日本的判例都倾向于肯定诈骗罪的成立。[49] 而中国的司法实务则采取了克制甚至消极的态度，[50] 虽不是完全没有，但进入刑事程序乃至按照诈骗罪处理的确属少见。[51] 对此，有人认为，靠博得同情取财，施舍人认识错误不明显，其往往具有两种心理：真有困难我乐于帮助，如果并不困难我给点也无妨，这和诈骗受害人的心理有所区别。而且，受害的数额往往是由受害人决定。[52] 还有人认为，乞讨行为对法益的侵害微不足道，行为方式等可以为社会所容忍，因而不具有刑事可罚性；另一方面，基于罪刑法定原则与行为刑法的要求，在刑法分则未明文规定可以对违法所得累加计算时，不宜累加计算以犯罪论处。[53] 但是在本文看来，一则，被害人有所怀疑时仍可以肯定其存在“认识错误”，没有理由将认识错误局限为“深信不疑”；二则，这种乞讨诈骗的总数额常常很大，而诈骗罪的犯罪对象并不必然要求特定性。刑法分则中诸如多次走私未经处理、多次逃税未经处理、多次贪污未经处理的累计计算规定，都应理解为注意规定、提示性规定而非新的法律规则创设；否则，由于我国刑法中没有“多次诈骗”规定，若是完全不允许累计，结果就是任何形式的多次诈骗只要每次未达到“数额较大”标准时均无法按照诈骗罪处理，无疑会造成明显的处罚漏洞。同时，允许针对同一法益主体的多次诈骗数额进行累加，却不允许将不同被害人的受骗数额累加，表面上虽可抬出接续犯、徐行犯的理由，[54] 但从整体的法益侵害角度讲，既难以得出徐行犯必须以“针对同一法益主体实施为必要”的结论，也缺乏实质上的均衡性和合理性。

---

[49] 例如，被告人自 2004 年 10 月至 12 月，雇用大量不知情的钟点工，谎称要筹款医治患有疑难病的小孩，在大阪、京都、神户街头募捐，共募得资金 2480 万日元。对此，一审、二审均判定成立诈骗罪，处 5 年惩役，并处 200 万日元罚金。被告人以“被害人的数量与各自的金额均无法特定，不属于诈骗”为理由，向最高裁判所提出上告，主张无罪。对此，2010 年 3 月 17 日日本最高裁判所做出了一个引人注目的决定：“即便无法特定各个具体被害人与受害金额，但如果能就募集钱款的方法、地点、钱款总额等予以特定，就可以作为一个整体来考虑”，从而驳回了被告人的上告。参见最决平成 22・3・17 刑集 64 卷 2 号 111 页。

[50] 例如，有法院判决认定捐赠诈骗只是违法行为，不构成诈骗罪。参见赖爱春不服赣州市劳动教养管理委员会劳动教养决定案，赣州市中级人民法院（2005）赣中行终字第 32 号行政判决书。

[51] 参见安然：《警方罕见刑拘假乞丐》，载《北京晚报》2015 年 2 月 3 日，第 11 版。

[52] 这是北京市朝阳区人民法院刑一庭庭长臧德胜法官在与笔者交流时所持的见解。

[53] 参见曲新久、邓超：《假冒学生乞讨不具有刑罚可罚性》，载《检察日报》2005 年 4 月 12 日，第 3 版。

[54] 参见陈毅坚：《捐赠诈骗的刑事可罚性研究——以对“目的失败理论”的批判为中心》，载《政治与法律》2018 年第 4 期，第 65 页。

在本文看来，冒充乞丐者的乞讨行为，完全不同于利用他人的攀比欲望而欺骗一个原本就想捐款的人多捐的场合，会使得捐款者对于财物给付对象的属性发生错误认识，误以为一个不需要捐款者需要捐款，这会导致其捐款目的的“重大背离”，难以否定诈骗罪的成立。这种欺诈性乞讨虽通常每次达不到较大数额，但综合起来则可构成犯罪，这可通过刑法理论上的徐行犯概念加以说明。[55]一方面认为“捐赠诈骗完全符合诈骗罪客观构造中的欺诈行为、认识错误、财产处分和财产损失等要件要素”，另一方面又从结果的客观归责出发，并认为“在纯粹利他的捐赠情况下，应当承认被害人自我答责，从而排除诈骗罪的可罚性”，[56]实际上是对财产损失概念及其认定采取了纯粹事实性理解，进而几乎否定了这一要件在限缩诈骗罪成立上的作用，同时又以客观归责理论框架下“被害人自我答责”为依据，将被害人教义学的内容过度地侵蚀到行为刑法的基本构造之中。在本文看来，实务中很少将乞讨诈骗、捐赠诈骗等行为按照诈骗罪处理的现状，难以从刑法教义学上寻找根据，充其量只能从刑事政策上寻找理由。但与其认为这种欺诈性乞讨“行为方式可以为社会容忍”，不如说，这种行为在中国司空见惯，出于司法成本或者“法不责众”等考虑而只得选择性执法罢了。

（三）修正的整体财产说的提倡

在中国，对于诈骗罪的财产损失判断标准，少见有人明确主张形式的个别财产说，主要是实质个别财产说和整体财产说的对立，前者以张明楷教授为代表，[57]后者则比如刘明祥教授。[58]确实，如果像传统的整体财产说立场那样，单纯比较被害人失去的东西与客观上得到的东西而完全不考虑被害人的交易目的的话，会过于限缩诈骗罪的范围，不利于被害人的财产保护。在判断得失衡量时需要比较的，固然是“被害人所得到的”与“被害人所失去的”，只是，在“得”与“失”的衡量中，需要将“处分财产的基本目的未能实现”即“重大背离”作为“失”的一个子项予以加算。至于所涉及的目的是否“基本”或“重大”，应该在是否关系财产法益的意义上加以考量，在肯定财产终究是作为达成目的之手段而存在的前提下，判断受骗者所认识到的“财产交换”是否已经实现，或者处分财产所欲实现的“目的”是否达成。其中的目的，不同于诸如攀比等促使行为

---

[55] 理论上对乞讨诈骗成立诈骗罪持肯定态度的，比如张明楷：《论诈骗罪中的财产损失》，载《中国法学》2005 年第 5 期，第 135 页；明确指出其属于徐行犯的，比如郑泽善：《诈骗罪中的财产损害》，载《北方法学》2013 年第 4 期。

[56] 参见陈毅坚：《被害人目的落空与诈骗罪：基于客观归责理论的教义学展开》，载《中外法学》2018 年第 2 期，第 438–439 页。

[57] 参见张明楷：《刑法学》（第 5 版），法律出版社 2016 年版，第 1005 页；张明楷：《三角诈骗的类型》，载《法学评论》2017 年第 1 期，第 22 页。

[58] 参见刘明祥：《财产罪比较研究》，中国政法大学出版社 2001 年版，第 245–248 页。

人处分财产的内心起因这一纯粹“动机”，而是一种对于社会有意义的目的，也就是客观的目的。在如此限定的情况下，也就可以避免重大背离理论“判断标准不明确”“决定性目的不清晰”[59] 等缺陷。处分目的的重大背离理论，又可称为目的失败理论、目的落空理论，实际上就是通过重要的目的是否实现，来判断客观上的财产损失是否存在。“社会目的的落空被视为认定损失时一并考虑的因素，如果目的实现了，因为被害人财产减损是通过其有意义的经济上或社会上的投入而有意识地导致了没有对价的财产减少，所以在确定财产损失时，应规范性地考虑社会目的的实现，不存在财产损失。反之，如果目的落空了，则存在可以视为规范上的损失。”[60] 结合存在对价的场合一并考虑，在因对方的欺诈行为而处分财物并获得了相应对价时，通常应该否定财产损害；只有在客观上，由于遭受欺诈而导致与处分财物的目的、意义相关的重大目的未能实现，或者是不得不经受额外的负担或者进行不利处置时，才可以有限地肯定这种财产损害，并且，至少在后者的场合，财产损害的数额应该仅限于额外的负担或者是不利益处置的差额。本文将以上主张称为“修正的整体财产说”：由于是就被害人的得失进行的直接衡量，也就维持了整体财产说的基本框架；由于将“处分目的的重大背离”作为“失”的内容，也就是对传统的整体财产说进行了修正。

修正的整体财产说和实质个别财产说都强调对财产损失的实质判断，因此在存在处分目的重大背离的场合，两者也都会得出肯定财产损失的结论，可谓殊途同归。但是，两者仍存在不同。

1. 从思考方法上来看，两种学说存在着路径差别：前者是将诈骗罪理解为针对整体财产的犯罪，认为原则上整体财产没有减少就不能肯定财产损害，但在被欺骗者的财产处分目的发生重大背离时例外肯定损害的发生；后者则将诈骗罪理解为针对个别财产的犯罪，原则上肯定个别财产的转移和交付即为财产损害，但又认为，在被害人的错误与财产没有实质的关联时要排除在外。[61] 我国刑法对诈骗罪之成立要件的规定是“诈骗公私财物，数额较大”。这一规定与德国刑法的主要区别是，并未在法条中明文要求“财产损失”；与日本刑法的主要区别是，并未明文要求“使他人交付财物”。由于上述差异，无论是认为诈骗罪系对整体财产造成损害之犯罪的观点，抑或坚持诈骗罪乃侵犯个别财产之犯罪的立场，都确实存在着可以自圆其说的可能。不过，一则，由于我国学界大都认为“财产损失”系本罪法益遭受侵害的征表，乃本罪之不成文的构成要件要素，所以，完全

[59] 参见陈毅坚：《捐赠诈骗的刑事可罚性研究——以对“目的失败理论”的批判为中心》，载《政治与法律》2018 年第 4 期，第 61–62 页。

[60] 陈毅坚：《捐赠诈骗的刑事可罚性研究——以对“目的失败理论”的批判为中心》，载《政治与法律》2018 年第 4 期，第 53 页。

[61] 参见［日］前田雅英：《刑法各论讲义》（第 6 版），东京大学出版会 2015 年版，第 245 页。

可认为我国刑法与德国刑法的规定没有实质差异。二则，如果认为诈骗罪是针对个别财产的犯罪，就更容易将单纯的财产处分自由理解为诈骗罪的保护法益，这既存在着贬损诈骗罪财产犯性格的风险，恐怕也与我国实务上严格区分民事欺诈与刑事诈骗的立场难相融合。鉴于以上两点，立足于将我国刑法中的诈骗罪理解为针对整体财产犯罪的整体财产说，其基本框架是需要维持的。

2. 就具体诈骗数额认定而言，在肯定了财产损失的场合，实质个别财产说会将被害人交付的所有财物都作为诈骗数额，由此体现出其个别财产说的特征；而修正的整体财产说则会将行为人一方提供的对价等犯罪成本进行必要扣除——如后所述，这一点已经部分地为我国的司法实务所实践，由此维持了整体财产说的框架。就结果而言，修正的整体财产说肯定的数额通常会比实质个别财产说要小，这也会实质上起到限制入罪和限制处罚的效果。

总体说来，检验标准恰当与否，有追求理论的纯粹性或者关注实践的操作性两种维度。本文在判断损失与否的理论设定与具体损失计算的实务操作上，都坚持修正的整体财产说标准。这种立场既会因坚持了诈骗罪是针对整体财产的犯罪这一基本框架而能获得理论支持，又因能在实务上发挥限制处罚范围的功效，与我国现行的实践做法合拍，因而理应获得实践认同。

四、修正的整体财产说对诈骗数额认定的限缩

在实务上具体该怎样认定诈骗数额、何时能够进行相应扣除，对诈骗罪的犯罪圈划定与法定刑选择会产生影响，也是检验修正的整体财产说能否行得通的关键所在；而修正的整体财产说在认定诈骗数额时是否一概允许扣除，也需要考察。

（一）素材的同一性与犯罪成本扣除

在行为人通过欺诈的个人所得与被害人的财产损失明显不符时，如何计算被害人的诈骗数额？比如，使用伪造的45人的居民身份证复印件，在北京移动通信公司的不同代销点，购得移动电话SIM卡45张后出售给他人，被使用后，造成恶意欠费人民币20.3445万元。[62] 根据《最高人民法院关于审理扰乱电信市场管理秩序案件具体应用法律若干问题的解释》第9条规定，以虚假、冒用的身份证件办理入网手续并使用移动电话，造成电信资费损失数额较大的，以诈骗罪定罪处罚。其中，使用不真实的身份证件办理入网手续的主体与造成电信资费损失的主体虽然在通常情况下是同一个人，但本案判决表明，即便两者并不具有同一性，只要使用不真实的身份证件办理入网手续的欺骗行为与其后所导致的资费损失之间存在直接的因果关系，并且，欺诈行为人对于自己的行为必定会造成这种

[62] 参见《王庆诈骗案——骗购电信卡贩卖给他人使用造成电信资费巨大损失的行为如何定性》，载最高人民法院刑事审判第一庭、第二庭主办：《刑事审判参考》（2002年第1辑，总第24辑），法律出版社2002年版，第72页。

损失具有“明知”的场合，就可以将损失结果归于行为人的欺诈行为。在将诈骗罪理解为取得罪的同时，并非以诈骗行为人实际取得的财产数额，而是在可以肯定行为人所追求的非法利益与被害人的财产损失之间具有“素材的同一性”（即两者必须是由同一个财产处分行为所导致的，是互为表里的关系）[63] 的场合，以被害人的财产损失作为诈骗犯罪数额。本案明确凸显出了被害人的财产损失在诈骗罪认定中的重要意义。

同样，在骗取被害人赌资的过程中，如果在场其余参赌者也会跟在行为人后面赢钱，就会造成行为人实际谋取到的非法利益即犯罪所得与被害人实际损失数额不一致。对此，法院认为，被告人作为诈骗犯罪实施人，明知在场群众跟在他们后面进行“赌博”会赢钱这一必然结果，但为了掩盖诈骗的实质，没有阻止并且认可了其他人参赌。客观上，被害人的损失系被告人等人的犯罪行为导致；主观上，被告人对被害人因受骗而将财物交付给第三方是明知的，至少具有间接故意。因此，被告人应当对被害人的实际损失负责。[64] 法官的评析尤其指出，“被告人为了完成诈骗所付出的一些对价物等对受骗人而言并非都具有意义，并不能实质性的减少被告人的经济损失。本案中，被告人为了不使自己的骗术被揭露，明知在场群众跟在自己后面赢钱也不予阻止，进而造成被害人更大的财产损失，其所付出的这一成本更是对被害人而言没有任何意义。”[65] 以上法官从客观和主观两个方面的分析完全符合前述“素材的同一性”规则，而且，在犯罪成本能否从诈骗罪犯罪数额之中扣除的问题上，该分析还提出了这样一个判断规则，即“该成本对被害人而言是否有意义”，这一点值得重视。这一判断规则完全可以通过修正的整体财产说获得说明：在行为人的犯罪成本对被害人而言没有意义时，就不能作为被害人“所得”的内容衡量在内。根据这样的规则，在利用酒托欺骗他人高额消费的场合，犯罪成本是为被害人所实际消费的红酒等物品，其终究难以说成是对被害人而言毫无意义，按照修正的整体财产说，将其实际价值在诈骗数额中予以扣除更为恰当，并且这也是一种有利于被告人的解释。

实务中，已经有判决明确打破了犯罪成本不予扣除的所谓惯例。比如，被告人偶然发现街头药贩以对半价格回收药品，即持母亲和妻子的医保卡，并将妻子年龄由50岁改为80岁，以帮助家属代配药的名义，先后在20多家医院就诊，配取了价值4.1万余元的药品。之后，被告人除将一小部分药品给其家属服用外，把其余价值约为3.2万元的药品转售给他人，共获得货款1.6万元左右。对于以

---

[63] 参见王钢：《德国判例刑法分则》，北京大学出版社2016年版，第229页。

[64] 参见《王爱国诈骗案》，载最高人民法院中国应用法学研究所编：《人民法院案例选（分类重排本）》（刑事卷6），人民法院出版社2017年版，第2895–2896页。

[65] 参见《王爱国诈骗案》，载最高人民法院中国应用法学研究所编：《人民法院案例选（分类重排本）》（刑事卷6），人民法院出版社2017年版，第2896–2897页。

上转售与他人的药品，按照医保制度的相关规定，行为人个人支出的费用不到药费的 20%，上海市医疗保险局则支付了剩下的 25600 元。[66] 本案中，公诉机关认为，除去行为人作案期间其家属正常使用的药物支出的医疗费之外，其余部分，包括公安机关在其家中查获的部分药品，都应认定为骗取的药费，作为犯罪数额予以认定。而法院则认为，在家中备置一定数量的药品是一个普通家庭的正常现象，并且不存在一个客观、可行的标准来衡量到底备置多少数量的药品对于一个普通家庭而言才是合适的、正常的，因此，对于这部分药品来说，其不能被纳入到行为人的诈骗数额之内，质言之，行为人的非法占有目的是就其转售给他人的那部分药品而言的。此外，行为人是在支付了一定对价的情况下从医院取得药品的，并没有任何证据可以证明被转售的那些药品是行为人按照何种比例自费支付的。所以，按照存疑时有利于被告人的原则，法院认定行为人系按最高 20% 的比例支付了药品的费用，进而认定行为人转售了价值约为 3.2 万元的药品，上海市医疗保险局支付了其余 80% 的费用，共计约 25600 元。[67] 行为人为了非法占有医药费，而不得不个人支付其中一定比例的费用，其实质就是犯罪成本。本案法院在计算诈骗数额时，不但将被告人家属实际使用的药物扣除在外，也将被告人放置于家中既可能用于家属治病使用，也可能准备日后贩卖的药品的药费扣除在外，更是将被告人为了购买药品而不得不个人支付的部分也排除在外，这一点尤其引人注目，其打破了“犯罪成本不予扣除”的惯常做法，在保证被害人的损失与行为人的行为具有素材上的同一性的前提下，更多着眼于医疗保险局的实际损失而确定犯罪数额，可称为是（修正的）整体财产说的归结。

（二）主体的同一性与犯罪数额扣除

实践中常会出现涉及不同法益主体的各式各样诈骗，如何认定犯罪数额，需要回答。比如，被告人余某某和杨某以租车名义，将窦某某的一辆汽车租走，伪造了窦的身份证明和轿车手续，以 5 万元价格在某寄卖行将该车典当，余某某分得 2 万余元。后窦向余、杨索还该车。余因无钱取回该车，遂又以租赁汽车使用几天的名义，向其朋友陈某某租得其汽车一辆。当晚，余将该车以 1.9 万元价格在前述寄卖行典当，并用此款将之前典当的窦某某的汽车赎回退还。经鉴定，被典当的陈某某的车价值人民币 26590 元。这一案件中，一审法院认定被告人以非法占有为目的，以虚构事实的方法，诈骗他人轿车一辆，价值人民币 26590 元，

[66] 参见《巢鸿昌利用医疗保险制度进行诈骗案》，最高人民法院中国应用法学研究所编：《人民法院案例选（分类重排本）》（刑事卷 6），人民法院出版社 2017 年版，第 2834 页。

[67] 参见《巢鸿昌利用医疗保险制度进行诈骗案》，最高人民法院中国应用法学研究所编：《人民法院案例选（分类重排本）》（刑事卷 6），人民法院出版社 2017 年版，第 2835 页。

数额较大，已构成诈骗罪。二审法院予以认可。[68] 对于具体犯罪数额，相关分析指出，在车主追索下，被告人既已赎取前车归还车主，则只以未赎取汽车的金额计算犯罪金额，之前的诈骗行为作为量刑情节考虑。[69] 在此，法院的处理是按照最高人民法院 1996 年 12 月 24 日《关于审理诈骗案件具体应用法律的若干问题的解释》第 9 条 [70] 的规定展开的。但这一现在已经废止的解释在实质上可能欠缺合理性。其一，前一诈骗的客观行为已经完成，非法占有目的难以否认，诈骗已然既遂，若允许其数额在最终犯罪数额中扣除，则将这一逻辑彻底贯彻时，就理应认为，案发时已经全部归还诈骗数额的，无论数额多大，即因“犯罪数额为零”而不按照犯罪处理，这显然并不妥当。其二，在盗窃等场合，行为人盗窃得逞之后返还财物的，一概仍按既遂处理而只是将返还行为作为量刑情节；何以在诈骗场合就能够将已经归还的数额扣除？缺乏足够理由。有论者指出，“这只能理解为一种刑事政策考量，且这一规定是有利于被告人的，因此具有合理性”。[71] 但是本文认为，这一问题应该区别对待。1. 在针对同一被害人实施两次以上诈骗即诈骗对象是同一被害人时，由于法益主体具有同一性，这一司法解释的观点以及司法实务中的做法可以通过整体财产（减少）说获得说明（如采纳个别财产说，则对于该司法解释的态度只能寻求刑事政策上的理由）。2. 在针对不同被害人分别实施诈骗的场合，则应该根据法益主体的不同而确定法益侵害的内容和程度，计算诈骗数额。事实上，在将前次诈骗得来的财物抵押给另外的被害人而诈骗其财物的所谓“连环骗”场合，实务判决已经体现出诈骗数额应该累计计算的立场。[72] 同样，像前述案例那样，利用后一次针对其他被害人诈骗所得的财物来偿还前一诈骗被害人的场合，采纳形式的或者实质的个别财产说时自不必说，即便采纳整体财产说，由于财产权的法益主体不同，而评价法益侵害的有无及其程度应以行为完成时而非裁判时为标准，也就只能认为存在两个需要独立评价的、无法抵消

---

[68] 参见《余志华诈骗案——将租赁来的汽车典当不予退还的行为构成诈骗罪》，载最高人民法院刑事审判第一、二、三、四、五庭主办：《刑事审判参考》（2008 年第 3 集，总第 62 集），法律出版社 2008 年版，第 54 页。

[69] 参见《余志华诈骗案——将租赁来的汽车典当不予退还的行为构成诈骗罪》，载最高人民法院刑事审判第一、二、三、四、五庭主办：《刑事审判参考》（2008 年第 3 集，总第 62 集），法律出版社 2008 年版，第 56–58 页。

[70] 该条规定：“对于多次进行诈骗，并以后次诈骗财物归还前次诈骗财物，在计算数额时，应当将案发前已经归还的数额扣除，按实际未归还的数额认定，量刑时可将多次行骗的数额作为从重情节予以考虑。”

[71] 参见陈兴良：《刑法教义学与刑事政策的关系：从李斯特鸿沟到罗克辛贯通——中国语境下的展开》，载《中外法学》2013 年第 5 期，第 1001 页。

[72] 参见《邱来成用诈骗来的摩托车骗取香烟案》，载最高人民法院中国应用法学研究所编：《人民法院案例选（分类重排本）》（刑事卷 6），人民法院出版社 2017 年版，第 2783–2785 页。

的法益侵害。这种情况下，针对前一法益主体的财产权侵害已经完成，在确定诈骗数额时将其计算在内才符合刑法教义学的要求，至于已经用后面诈骗的财物“堵上了前面的窟窿”这一点，应该是在整体法益侵害计算之后的量刑情节。就此可以看出，（修正的）整体财产说并非主张任何场合都对诈骗数额“整体”计算、“估堆儿”算总账，而是主张整体的得失衡量以法益主体的同一性为前提。实务做法中的政策考量应尽可能融入到刑法教义学的范畴之内，而不应随意以“有利于被告”的名义突破教义学的框架。

（三）对价足以补偿损失时的重大背离

一种常见的情形是，实施欺骗的行为人所支付的对价完全可以补偿被害人的纯粹经济损失，但被害人的财产处分目的出现了重大背离。此时，若主张彻底的整体财产说，会认为既然被骗者所获得的对价与其处分财物的经济价值相当甚至可能更大，就应认为财产损失为零，从而不成立犯罪；而若是采取实质个别财产说，会就所处分财物的实际价值肯定财产损失。修正的整体财产说也会因为处分目的的重大背离而肯定财产损失，但其数额如何计算？为避免得出“存在财产损失但具体损失数额为零”的荒诞结论，本文认为，此时认定被害人的损失“数额较大”、适用最低档法定刑即可，这是本文主张和纯粹的、彻底的整体财产说的区别，也是在重视“重大目的背离”的前提下所可能得出的最有利于被告人的解释结论。

五、结论

通过以上分析，本文主要强调以下几点结论：

第一，对于诈骗罪的总体犯罪圈框定，需要与一国的社会现实相联系，同时又不能和民事欺诈完全对立起来，对此，我国现有司法实践有值得重视、认同的地方，也不乏值得反思之处。就刑法研究者而言，既不可能完全无视司法实践的运作而自说自话，也不应完全受制于司法实务的做法而单纯为其背书。研究者的任务，应该是在结合本国立法、本国制裁体系以及本国司法现状的前提下，明确诈骗罪的认定标准，为实务提供理论指导。

第二，作为财产犯之基本类型的诈骗罪，其构成要件定型性应该维持，不可能单纯为维持诚实信用原则而对并未造成他人财产损失的欺诈行为定罪。在此前提之下，但凡能够肯定符合了诈骗罪客观行为链条的场合，原则上就应肯定诈骗罪的成立，除非存在“欠缺非法占有目的”等阻却事由。实务上对于诈骗罪认定的克制立场具有一定理由和现实合理性，而在对诈骗罪的限缩路径中，对行为对象“财产”的限定作用极为有限，非法占有目的对诈骗认定的影响也不应夸大。应尽可能从客观上限制诈骗罪的成立范围，尤其应该重视“财产损失”作为客观上最后一个检验环节的作用。

第三，鉴于我国刑法对包括财产罪在内的诸种犯罪法定刑配置偏重的现实，在损失认定及其所影响的犯罪认定和法定刑选择上，要采取（修正的）整体财产说，既考虑行为人支付对价的事实，又重视被害人“处分目的的重大背离”，以便将纯粹侵犯了被害人自由意志的单纯背信行为排除到诈骗罪的犯罪圈之外。据此，案例 1、案例 2 的行为按照诈骗罪处理，都不存在刑法教义学上的障碍；而案例 3、5、6、7 则因并不存在财产损失而不构成诈骗罪。至于案例 4，从教义学的角度讲完全可能符合诈骗罪的成立条件，具体处理和对竞合犯的处理原则以及对第 266 条“本法另有规定的，依照规定”的理解有关，在认为存在按照诈骗罪认定的情形时，就仍应按照修正的整体财产说计算诈骗数额。

第四，计算诈骗罪的犯罪数额时，要根据行为人追求的非法利益与被害人财产损失之间是否具有“素材的同一性”，来确定具体的诈骗数额；还要根据诈骗受害人是否具有“主体的同一性”，来判断以之后骗得的财物偿还之前诈骗的被害人场合的犯罪数额。修正的整体财产说具有限缩诈骗数额的重要功能，而犯罪成本一概不予扣除的做法也已经为实务所突破。

（本文曾发表于《中国法学》2019 年第 4 期）

诈骗罪重构：交易信息操纵理论之提倡

王　莹

我国刑法对诈骗罪采取简单罪状的规定方式，并无对诈骗罪构成要件的立法描述。我国刑法理论借鉴德国刑法诈骗罪理论将诈骗罪的构成要件行为描述为"以非法占有为目的，虚构事实、隐瞒真相骗取他人财物的行为"，[1] 并借鉴德国刑法中诈骗罪的构成要件构造，即行为人欺骗——引起或维持错误——因错误而处分财产——被害人遭受财产损害及行为人获得财产利益。[2] 并在引入德日刑法诈骗罪理论话语的基础上围绕上述构成要件构造展开对诈骗罪的研究，例如关于构成要件要素方面的理论如错误理论、财产处分理论、财产损失理论、社会目的落空理论的探讨，以及晚近关于欺骗行为的不法本质的意思表述价值理论，关于欺骗行为形式的默示欺骗理论的探讨等。以上探讨无疑为中国刑法诈骗罪研究提供了重要的术语工具与理论滋养，推动着我国诈骗罪研究从实在法上的简单罪状出发朝向教义学的纵深发展。但对德国刑法诈骗罪教义学的过分倚重也形成了对其的路径依赖与术语捆绑，无法摆脱德国教义学内部观点冲突、学派林立的困境进行我国诈骗罪理论创新，例如在行为人将贵重物品混入便宜物品的鱼目混珠类型案件中，深陷财产处分必要性之争而无法提供合理的解答方案。

晚近以来德日诈骗罪教义学各种理论迭出不穷、竞相争鸣，除上述已为我国学界所关注的理论外，还有关于欺骗行为的默示型欺骗的交易群体共识理论及信息错误风险分配理论、关于不法本质的真相权利侵害或真相义务违反理论，等等。由于默示型欺骗的存在，诈骗罪作为与不作为区分问题也成为旷日持久的无解难题。诈骗罪教义学虚假繁荣的另一面却是诈骗罪教义学的真实匮乏：诈骗罪外观

---

[1] 参见高铭暄、马克昌主编：《刑法学》，北京大学出版社 2016 年版，第 503 页；张明楷：《刑法学》（下），法律出版社 2016 年版，第 1000 页。

[2] 限于文章篇幅与主题，本文无意对我国上述诈骗罪的刑法理论通说进行学术史上的追根溯源，但可以肯定的是，我国刑法理论对于诈骗罪的构成要件解释与《德国刑法典》第 263 条的构成要件实在法规定在语言表述上具有高度吻合性。《德国刑法典》第 263 条将诈骗罪规定为"以为自己或第三人非法获得财产利益的目的，通过编造虚假事实或者通过歪曲或者隐瞒事实真相引起或维持错误的行为损害他人财产"。我国刑法理论通说"虚构事实、隐瞒真相骗取他人财物的行为"，其实就是对德国刑法关于诈骗罪的法定构成要件"通过编造虚假事实或者通过歪曲或者隐瞒事实真相引起或维持错误的行为损害他人财产"进行的符合汉语习惯的精炼表述：编造虚假事实是指对事实全部进行虚构，而歪曲事实是指对部分事实进行虚构，二者都可以统摄在"虚构事实"这一概念之下。

巍峨的教义学大厦缺乏坚实的统一的教义学基石，以至于这座大厦内部不同理论互相掣肘、支离破碎，面临分崩离析的危险。本文将在对诈骗罪传统教义学全景式描述中揭示传统诈骗罪教义学内部的困境，解构诈骗罪不法内核，并在此基础上尝试对诈骗罪的不法本质及构成要件进行中国语境下的重构。

一、描述：被害人与行为人视角叠加中的诈骗罪教义学图景

（一）诈骗罪构成要件：被害人视角的诈骗罪教义学图景

传统理论认为诈骗罪属于关系犯（Beziehungsdelikt）。[3] 以关系犯概念为基点，被害人教义学在诈骗罪领域获得广泛而深入的发展。关系犯概念由被害人教义学的领军人物之一德国学者 Hassemer 首倡。Hassemer[4] 认为：行为的可罚性一方面取决于以法益侵害与法益危险为前提的行为人的需罚性，另一方面取决于被害人的需保护性（Schutzbeduerftigkeit）。而当具体的法益侵害危险情势很大程度上是由被害人自己的决定所引起时，就不再符合法定构成要件所预设的法益危险程度，就不再具有需保护性。在需保护性考量上应将犯罪分为干预犯与关系犯，前者是指从概念上来说行为实施前后都不需要以行为人与被害人之间的互动为前提的犯罪，后者是指行为人必须将法益享有者调动起来实施某种有利于其犯罪计划的行为才能够完成的犯罪。在关系犯中，被害人以其对犯罪行为的参与表明了对自我保护的忽视，不具有刑法上的需保护性；而在干预犯中，只要被害人自己不对危险源答责，就一般性地承认刑法上的需保护性。如果被害人对行为人虚构的事实产生怀疑，却不采取可能的措施消除怀疑继续处分财物的，因具有充分的自我保护可能性而不具有诈骗罪的需保护性。[5] 此外，德国学者 Kurth 借鉴客观归责理论，认为在一些被害人存在典型过错的情形中，对被害人的保护已经超出了诈骗罪的规范保护目的范围。[6] 德国学者 Ellmer 也指出，诈骗罪旨在保护为交易所必要的信赖，如果被害人过于轻率地（严重过失）相信行为人提供的信息作为自己做财产决定的基础，不属于诈骗罪的欺诈行为，不成立诈骗罪。[7] 我国学者近年也尝试从被害人教义学或自我答责原则视角探讨被害人怀疑对诈骗罪成立的影响。[8] 实际上，被害人教义学不仅主导了诈骗罪构成要件整体层面

---

[3] Vgl.Hefendehl in Joecks/Miebach: Münchener Kommentar zum StGB，2. Auflage 2014，§ 263，Rn.25.

[4] Vgl .R. Hassemer，Schutzbedürftigkeit des Opfers und Strafrechtsdogmatik，S.54 f.，63 ff.，97 f.

[5] Vgl. Hassemer（Fn.4），S152 ff.

[6] Vgl.Kurth，Das Mitverschulden des Opfers beim Betrug，1984，S.169 ff.

[7] 参见 Ellmer，Betrug und Opfermitverantwortung，1986，S. 93 f，S. 97.

[8] 参见缑泽昆：《诈骗罪中被害人的怀疑与错误》，载《清华法学》2009 年第 5 期；王骏：《论被害人的自陷风险——以诈骗罪为中心》，载《中国法学》2014 年第 5 期；黎宏、刘军强：《被害人怀疑对诈骗罪认定影响研究》，载《中国刑事法杂志》2015 年第 6 期。

关于被害人过错是否排除对行为人归责的讨论，也侵入了构成要件层面，在认识错误、财产处分构成要件要素上开展被害人视角的考察。

1. 认识错误理论

根据诈骗罪的传统构成要件结构即“行为人虚构事实或隐瞒真相——被害人陷入错误——因错误交付财物或财产性利益——行为人取得财产同时被害人遭受财产性损失”，错误作为行为人欺骗行为与被害人交付财产行为之间的连接环节，就自然而然地将被害人推向诈骗罪教义学的前台。我国刑法虽未如德国刑法那样将错误规定为构成要件要素，但我国刑法理论也采纳上述诈骗罪的构成要件结构，错误理论以及与之相连的被害人教义学也成为我国学界探讨诈骗罪的重要理论资源。

然而错误理论在错误认识内容、错误认识的必要强度、错误判断的标准、欺骗与错误之间的关联等都存在争议，[9] 尤以被害人错误认识的界定为甚。例如，可能性理论 [10] 认为，被害人认为行为人所表述的事实是可能的或者具有极大可能性时即满足认识错误的要求。德国学者 Amelung[11] 首次将被害人教义学引入诈骗罪错误领域，基于刑法补充性原则认为在被害人存在其他保护可能时对刑法构成要件进行目的性限缩解释，认为在被害人产生具体疑点时就有可能采取预防措施防止受骗，此时就应否定存在诈骗罪的错误。Amelung 认为在错误问题上因果关系理论将犯罪仅视为一个行为人给被害人造成损害的单线的过程，忽视了在诈骗罪和其他互动型犯罪中被害人也积极参与到犯罪中的现实。“诈骗罪中包含了特定的被害人行为……诈骗罪的构成要件只有人们将受欺骗威胁的财产所有人作为共同行为人才能理解。” [12] 但是，对于排除错误来说，具体的怀疑显然仍然不够“具体”，故学者曾尝试对怀疑进行“明显是——很可能——较弱的很可能——较弱的不可能——不可能——明显不是”的等级划分。[13]

关于被害人怀疑对于认识错误的影响，我国有学者指出，在存在论上“怀疑”与“信任”是互斥的，被害人存在怀疑时就不可能再发生认识错误，从而认为被害人怀疑阻隔了欺诈行为的法益侵害风险，能够排除欺骗行为与财产损失之间的归责关联。[14] 但亦有学者质疑根据被害人心理层面的复杂而细化的怀疑等级判断

---

[9] Vgl.Hoyer in Rudolphi/Horn/Samson/Guenter/Hoyer: Systematischer Kommentar zum StGB，8 Aufl.，§ 263，Rn. 62.

[10] Vgl.Giehring，Prozessberug im Versaeumnis-und Mahnverfahren-Zugleich ein Beitrag zur Auslegung des Irrtumsbegriffs in § 263 StGB，GA 1973，1，10 ff，16 ff.

[11] Vgl.Amelung，Irrtum und Zweifel des Getaeuschten beim Betrug，GA 1977，1，17.

[12] Amelung（Fn. 11），GA 1977，1，17.

[13] Vgl. Giehring（Fn. 10），S.19.

[14] 参见前引 8，缑泽昆文。

被害人自我保护可能性，不具有理论和实务上的可操作性，而且损害刑法的安定性机能。[15] 笔者认为这一质疑是有道理的。对同一种欺骗行为，不同的被害人根据其自身的受教育程度、经济状况及利益观会产生不同的心理反应，而认识错误构成要件要素要求对被害人心理事实层面进行检验，就使得诈骗罪的构成要件符合性判断成为一个取决于被害人主观方面的问题。可见，事实的心理学意义上的错误概念损害诈骗罪构成要件不法定型化机能。而如果采取所谓规范的错误概念，认为被害人事实上的怀疑程度并不重要，关键是处分行为与欺骗行为之间具有归责关联，[16] 则错误认识作为诈骗罪构成要件要素本身的必要性就成为疑问。

2. 财产处分理论

通说将诈骗罪理解为自我损害的犯罪，自我损害的特征体现于被害人交付财产行为，因此德国刑法认为财产处分行为属于不成文的构成要件要素。[17] 我国传统刑法理论也认为，构成诈骗罪要求被害人"自愿地"或者"自觉地"交付财产，[18] 晚近学说更是在沿袭德国诈骗罪的构造基础上将财产处分行为视为诈骗罪的构成要件要素。[19] 财产处分是指被害人积极引起财产减损的行为，或对该行为的容忍或者不作为。[20] 关于处分行为的界定以及与盗窃罪转移占有的区别同样众说纷纭。[21] 处分行为仅是客观上引起财产减损的被害人的行为或其对财产减损的容忍，还是要求其在实施上述行为时具有指向财产减损或变动的意识即财产处分意识？对此分别有财产处分意识必要说、区别说与财产处分意识不要说。

（1）财产处分意识必要说[22]：诈骗罪的行为画像就是对被害人作出经济决定的信息基础进行操控；在这一错误基础上被害人自由地作出决定，因此被害人是作为人这一决定主体，而非仅仅作为（错误与财产处分的）因果连接点参与到诈骗罪构成要件之中。在这种对诈骗罪构成要件结构的理解中被害人作为自由决定

[15] 参见前引 8，王骏文，第 164 页，第 178 页；张明楷：《诈骗罪与金融诈骗罪研究》，清华大学出版社 2006 年版，第 85 页。

[16] Vgl.Pawflik, Das unerlaubte Verhalten beim Betrug, 1999, S. 227 ff.

[17] Vgl. RGSt 47, 151（152 f）; 49, 16（19）; 64, 226（228）; 70, 225; 76, 82; BGHSt 14, 170（171 f）; Tiedemann in: Leipziger Kommentar zum StGB, 12. Aufl., § 263, Rn 96; Kindhäuser in: Kindhäuser/Neumann/Paeffgen, Nomoskommentar zum Strafgesetzbuch, 5. Aufl. 2017, § 263, Rn. 195–196.

[18] 参见高铭暄、马克昌主编：《刑法学》，北京大学出版社、高等教育出版社 2010 年版，第 569 页。

[19] 参见前引 1，张明楷书，第 1000–1004 页。

[20] Vgl. Tiedemann（Fn. 17）, 8263, Rn. 97; Kindhauser（Fn.17）, 263, Rn. 197.

[21] 日本刑法关于处分行为及处分意识必要性的争论可参见刘明祥：《财产犯罪比较研究》，中国政法大学出版社 2001 年版，第 221–237 页。

[22] Vgl. Tiedemann（Fn.17）, 8263, Rn.5.

的主体当然需要具有处分意识。（2）区别说[23]：该说在针对实物的诈骗罪中要求被害人具有处分意识，在针对财产性利益的诈骗罪（债务诈骗）中则不要求被害人的处分意识。因为在实物诈骗中，处分意识是区分财产转移属于诈骗罪的处分还是盗窃罪的占有转移的关键；而在债务诈骗中，被害人往往对自己的债权或财产性利益的放弃并没有现实的认识，因而不存在交付意识和行为。（3）财产处分意识不要说[24]：该说认为，处分行为仅仅是错误与财产损失之间的连接构造，只要能够将被害人的处分行为归责给欺骗行为即可，因此不须被害人具有处分意识。例如，行为人对被害人谎称商品订购单是“商品购物目录”而让其在上面签字，被害人虽然没有处分意识，但仍成立诈骗。[25]

针对在一种商品包装中加塞入更贵的另一种商品，例如普通酒箱中塞入茅台酒的情形，处分意识必要说认为，此时成立诈骗还是盗窃，即被害人基于行为人的欺骗行为处分财物还是因为欺骗行为容认转移占有发生，取决于被害人的内心意思指向，即是否具有处分意识。柜台收款员的处分意识仅针对其在款台能够通过扫码等方式识别出的商品，因此对暗藏的茅台并无处分意识，故成立盗窃而非诈骗。区别说要求对实物诈骗具有处分意识，因此结论同上述处分意识必要说；对于债务诈骗不要求处分意识，若在超市中将普通酒箱中塞入茅台酒在款台结账作为债务诈骗讨论则不需要处分意识，即可否认为被害人基于行为人的欺骗免除了其对茅台的应支付的价款？但由于此处行为人与被害人之间并未针对茅台订立买卖合同，因此也不存在针对债务的诈骗。针对该案，处分意识不必要说内部又分化为严格的处分意识不要说与宽缓的处分意识不要说。严格贯彻处分意识不要说认为上述收款员的行为属于处分，而行为人在普通酒箱中塞入茅台酒并未取得对茅台的占有，因而属于诈骗。而宽缓的处分意识不要说则认为虽然不要求处分行为必须在处分意识下作出，但上述收款员的行为本身不属于处分行为，处分行为针对的仅是在款台能够被识别出的商品，对未识别出的商品并不涉及所有权或占有的转移。可见，处分意识不要说在实物诈骗中面对诈骗罪与盗窃罪的界分显得有些力不从心：若彻底贯彻其处分意识不要说立场，就必然在茅台案中得出诈骗罪的结论，但显然该案因缺乏行为人与被害人就隐藏的茅台的信息沟通，不符合诈骗罪沟通犯的特征，认定为盗窃罪更为合理；为了避免这一结论，宽缓的处分意识不要说只能跳过处分意识直接否定处分行为，但这恰恰是等于放弃了该说的立场转向处分意识必要说：若认为收款员的处分行为针对的仅是在款台能够被

[23] vgl.BGH v. 11.3.1960–4 StR 588/59，BGHSt 14，170（172）；Perron in: Schönke/Schröder Strafgesetzbuch，29. Aufl. 2014，§ 263，Rn.60.

[24] vgl. Kindhuser（Fn. 17），§ 263，Rn. 223–224.

[25] Vgl.BGH 22 88，Hamm NJW 65，702；前引，Kindhäuser 书，§ 263，Rn. 223；参见前引，Perron 书，§ 263，Rn.60.

识别出的商品，实际上就是对处分意识提出了要求。

但若坚持处分意识必要说，在债务诈骗中寻找被害人的处分意识就成为一个无法完成的任务：例如，在行为人对被害人谎称商品订购单是“商品广告目录”而让其在上面签字的案例中，被害人根本未认识到其签字的文件涉及财产处分（误以为是商品广告目录订购单），当然不存在处分意识，很难认定存在诈骗罪的处分行为，而根据德国刑法盗窃罪的行为对象不包括财产性利益，本案也不成立盗窃罪，导致可罚性漏洞。为此，处分意识必要说中也出现对处分意识作宽缓化理解的声音，[26] 提出实现欺骗与财产损失之间的归责，受骗的被害人不需要认识到其处分行为具有财产变动的相关性，只要认识到自己实施或未实施任一客观上导致财产减损的行为即可，即作为行为人欺骗行为的配合行为来理解：行为人通过欺骗使得被害人作出不同寻常的行为。但这实际上等于放弃了处分意识必要说的立场。

前述左支右绌的财产处分要件理论以及甚嚣尘上的财产处分意识必要性的争论也经由日本学界传导至我国。针对实物诈骗，我国多数说持处分意识必要说，认为在茅台案中不存在对茅台酒的处分意识，成立盗窃而非诈骗。[27] 必要说中个别学者采取种类与数量处分区别说，认为对于行为人混入同种商品的被害人（如在普通酒中塞入同种酒）具有处分意识，成立诈骗；对于混入不同种商品则无处分意识（如在方便面箱中塞入照相机则对照相机无处分意识），成立盗窃。[28] 另有学者认为处分行为等同于转移占有行为，重点是对占有状态的改变或对财物的支配，而财物的价值、数量、种类等特征与支配力无关，属于民法上的交易内容，不是刑法上“转移占有”的内容，并据此认为财物的价值、数量、种类等特征不是处分意识的内容。在照相机案中，店员只要认识到自己要转移占有的是眼前的包装盒及其中的财物即具有处分意识，因此构成诈骗罪。[29] 但该观点与上述德国处分意识必要说中的宽缓化说一样，实际上是对处分意识必要说的放弃。针对债务诈骗，我国学者以必要说不会导致德国刑法上的处罚漏洞为由倾向于采纳处分意识必要说。[30]

虽然通说区别说能够得出相对合理的结论，但针对实物诈骗要求处分意识而针对债务诈骗则不要求处分意识，等于在诈骗罪中贯彻两个财产处分行

---

[26] vgl. Hefendehl（Fn.3），§ 263，Rn.290.

[27] 参见王作富主编：《刑法分则实务研究（中）》（第三版），中国方正出版社 2007 年 1 月版，第 1115 页；周光权：《刑法各论》，中国人民大学出版社 2008 年 4 月版，第 132 页。

[28] 参见前引 1，张明楷书，第 1003–1004 页；柏浪涛：《论诈骗罪的处分意识》，载《东方法学》2017 年第 2 期。

[29] 参见前引 28，柏浪涛文。

[30] 参见前引 1，张明楷书，第 1003 页。

为概念，或者说在诈骗罪中缺乏一个具有教义学逻辑一致性的财产处分概念。遗憾的是，仅有个别学者感受到传统学说中财产处分要件的教义学困境，如Schmidhäuser[31]的诈骗罪的构成要件构造中放弃了财产处分要件，仅由欺骗行为、错误及评价为财产减损的被害人行为三个环节组成。Pawlik[32]也认为对于诈骗罪的真相义务违反与财产放弃之间的归责关联来说，并不需要将财产处分行为作为单独的归责要素，仅需对错误要件进行规范理解即可。然而令人诧异的是，上述学说并未引起德国学界重视，围绕着财产处分要件的教义学机会主义在德国诈骗罪教义学中不仅得以产生，而且能够长期得以维系。可见，传统诈骗罪构成要件中财产处分作为连接错误与财产损失的一个环节，其概念亟待教义学的反思与重构。

（二）诈骗罪不法本质：行为人视角的诈骗罪教义学图景

《德国刑法典》第263条将诈骗罪规定为“以为自己或第三人非法获得财产利益的目的，通过编造虚假事实或者通过歪曲或者隐瞒事实真相引起或维持错误的行为损害他人财产”。[33]德国通说将诈骗罪的构成要件行为浓缩为欺骗行为（Taeuschen）。而德国刑法对于欺骗行为不法本质的理解，代表性的有意思表述价值说、真相权利侵害或真相义务违反说。由于欺骗行为不法本质主要解决如何看待诈骗罪的行为不法问题，上述学说自然也是从行为人角度进行其理论建构。

1. 意思表述价值说（Erklaerungswert）

该说基于对诈骗罪沟通犯实质的理解，认为所谓欺骗行为就是撒谎，即表述或者传达虚假信息的行为。欺骗行为的不法本质是违背事实的意思表述（即谎言），并通过意思表述对被害人的认识施加影响。欺骗是指表述某种错误的不符合事实的信息，即具有意思表述价值（Erklaerungswert）的行为。[34]意思表述价值说将欺骗分为明示型欺骗与默示型欺骗。[35]前者指以言辞、书面材料或表意性的符号性的行为如某种手势、点头或者摇头进行虚假意思表述，而后者

---

[31] Vgl.Schmidhäuser, Der Zusammenhang von Vermögensverfügung und Vermögensschaden beim Betrug（§ 263 StGB）, Festschrift fuer Tröndle, 1989, 309 f.

[32] Vgl. Pawlik（Fn. 16）, S. 221 f.

[33] 德国学界对德国第263条诈骗罪构成要件规定也时有批判，认为该构成要件描述不够完整，逻辑上存在重叠并且互相矛盾，Vgl. Tiedemann（Fn. 17）, § 263, Rn. 7. 例如，Hilgendorf教授指出“事实”这一构成要件要素的误导性：事实本身不可能真实或者虚假，只有对于事实的说明才可以是真实或虚假，因此并非事实而是对事实的说明才是构成要件要素。vgl.Hilgendorf, Tatsachenaussagen und Werturteile im Strafrecht, 1998, S.133 ff.

[34] vgl.Herzberg, Die Unterlassung im Strafrecht und das Garantenprinzip, 1972, S. 72; Kühl in Lackner/Kühl, Kommentar zum StGB, 29. Auflage 2018, § 263 Rn.6.

[35] 我国学者在引入意思表述价值理论时曾译作明确性欺诈与作出事实性说明的欺诈，参见赵书鸿:《论诈骗罪中作出事实性说明的欺诈》，载《中国法学》2012年第4期。

是指虽不存在积极的虚假意思表述但根据特定交易情境下从行为人的行为之中推导出虚假意思表述。缄默也可以被认为是一种虚假意思表述（默示的欺骗）。积极的虚假意思表述认定较为简单，而如何在行为人的缄默或其他非表意行为之中发现意思表述价值，需要规范地判断。通说的判断标准是交易群体共识说（Verkehrsanschauung）：即在交易对方没有作出明示的意思表述时，根据交易惯例或者规定该交易类型的法律，应当如何进行理解。[36] 交易群体共识说的理论根据是错误风险分配（Irrumsrisikoverteilung）理论：即在不同交易类型中如果发生错误信息理解或对行为进行了错误解读，根据交易惯例应该由谁来承担错误的风险。[37] 例如，买卖交易中卖方大大超出市场价格向买方要高价，就使得对方产生该价格符合市场价格的错误认识，满足了默示欺骗的事实上的前提条件，但是否属于符合构成要件的欺骗行为，要视该交易关于价格市场合理性的风险分配规则而定。由于一般来说这一风险在买卖合同中由买方来承担，因而不属于诈骗罪的欺骗行为。[38]

意思表述价值说虽然是关于诈骗罪不法本质的通说，但本文以为存在以下缺陷：

第一，将诈骗罪欺骗行为界定为虚假意思表述，简单来说就是撒谎，是一种现象的描述，是对诈骗罪存在主义上的界定而非规范的界定。显然虚假意思表述或者撒谎本身并不包含刑事不法内容，本身并非犯罪行为。这种存在主义的概念无法为区分一般的谎言与诈骗罪的谎言提供标准。

第二，意思表述价值说对欺骗行为的规范界定体现于默示的欺骗理论，即认为在缺乏积极的虚假意思表述时也可以根据交易惯例推导出来虚假意思表述，根据民事交易中的错误风险分配规则认定欺骗。对此学界提出质疑，来源于民事交易中的错误风险分配规则是否能够作为界定诈骗罪刑事不法的标准？根据不同商业交易类型特有的信息风险分配来确定的交易群体共识是一种民法上的构造，民法上的风险分配旨在交易双方之间妥当地分摊经济风险，而刑法的任务在于将具有社会危害性的行为界定或解释为刑法上的特定构成要件。[39] 在法定犯领域，刑法之外的法律规范对于刑法上的空白构成要件有填充的作用，可以为刑法法定犯的判定提供标准，但在诈骗罪这种自然犯中，可否从民法上的错误信息风险分配推导出诈骗罪的刑事不法，值得思考：（1）民法上的错误信息风险分配与刑法上的欺骗不法，何者是先在的，即到底是谁决定谁？（2）即使认为民法上的错误

[36] Vgl.Lackner in Leipziger Kommentar zum StGB，10. Auflage，§ 263，Rn.29.

[37] vgl. Lackner（Fn. 36），§ 263，Rn. 29；Hoyer in SK（Fn.9），§ 263，Rn. 42.

[38] Vgl. Lackner（Fn. 36），263，Rn. 29；Hoyer（Fn.37），§ 263，Rn.42.

[39] Vgl. Hoyer（Fn. 37），§ 263，Rn. 43；Kasiske: Die konkludente Tauschung bei 263 wischen Informationsrisiko und Informationsherrschaft. GA 2009. 364 f.

信息风险分配是先在的规则，也未必就可以从中推导出刑法上的欺骗行为：风险分配的后果首先是民事上的后果如违约赔偿责任，为何此外还要求刑事责任的承担？行为人在交易信息沟通中并未积极传递虚假信息，交易对方从行为人的缄默或其他行为之中推导出错误信息，因而导致损失的，为何需要缄默方来承担错误信息的刑事风险？从客观归责角度来看，行为人并未主动创设错误信息的风险（如通过言辞或者表意性动作进行虚假意思表述），只是在交易中未揭示该错误风险，由于行为人并非像在背信罪那样对被害人的财产损失负有保证人地位从而负有揭示错误风险的义务，因此被害人应当自己承担信息错误的风险。而实际上被害人完全可以通过补充追问轻易排除该错误风险。

2. 真实义务违反或真相权利侵害说

与上述通说关于欺骗行为的不法实质在于违背事实真相的意思表述这种存在主义的理解不同，一些德国学者尝试从规范主义的路径对诈骗罪进行建构。例如，Kindhaeuser 提出诈骗罪的不法实质在于对于与财产决定相关的真相权利的侵犯；同样遵循这一规范建构路径的 Pawlik 主张，诈骗罪的不法实质在于对财产管理相关的真实义务的违反。

Kindhaeuser 认为：诈骗罪是导致财产损害的人身自由犯罪。诈骗罪的行为不法在于被迫的自我损害，即受到行为人的影响而丧失财产处分自由，按照其意愿处分财产。而行为人对此行为不法负责的原因在于，其通过侵入他人财产自由行动空间而获得了对该行动结果的管辖（Zustaendigkeit）。但该管辖并非仅来自纯粹事实上的行为人的认知优势，这种认知优势及对认知优势的利用必须在规范上是不被允许的，即来源于对被害人真相权利的侵害。[40] 被害人的真相权利根据对信息风险的责任可以分成两类：一类权利是要求禁止对信息情况作不利于被害人的变动（即禁止信息伪造或误导），另一类权利是要求对被害人的知识状况进行改善（即存在说明义务时主动进行更充分的告知说明）。[41] 但是，何时认知优势及其利用不被法律规范所允许呢？显然并不存在普遍的要求真相的权利，撒谎本身并不导致刑事责任。为此，该说进行了如下的所谓真相权利的建构：真相权利产生于作为交易双方的行为人与被害人的沟通关系，即通过沟通形成对特定信息通告或者错误纠正的信赖。[42] 它并不是一种像人身自由与生命权那样的绝对权利，后者是一种消极合作的利益，即不允许他人侵犯的法益，而前者是一种积极合作的利益，即要求他人提供真相的权利。

---

[40] vgl.Kindhäuser , Taeuschung und Wahrheitsanspruch beim Betrug, in ders.: Abhandlungen zum Vermoegensstrafrecht, 1.Aufl., 2018, S.171.

[41] Vgl. Kindhauser（Fn. 17), 263, Rn. 64.

[42] Vgl. Kindhauser（Fn.17), 263, Rn.93.

Pawlik 从纯粹规范角度的自由理论出发，将诈骗罪理解为广义上的侵害人身自由的犯罪。诈骗罪的不法内容与可罚根据是损害被害人要求尊重其财产管理自由的权利。这种自由权利是一种与财产管理有关的知情权——真相权利（Wahrheitsrecht）。在此基础上，Pawlik 对真相权利进行了保证人地位角度的重构：诈骗罪的行为人相对于被害人处于防止错误信息的保证人地位。该保证人地位分为两类：一类是组织的保证人地位，即行为人通过与被害人沟通产生消除沟通中的错误信息的义务、交易中的交往安全义务，以及引起错误认识的先行行为产生的义务；另一类是体制的保证人地位，即行为人接受社会福利或诉讼服务等产生的对国家的防止错误信息的保证人地位。[43]

Pawlik 沿用 Jakobs 的纯粹规范主义的组织管辖与体制管辖的术语，从自由理论出发对真相义务进行了抽象而牵强的构造，将欺骗的本质视为真相义务的违反，认为诈骗罪的行为人具有真相义务或者说明义务这种保证人地位，违反之则成立诈骗罪，无论是以明示的方式，还是以默示抑或不作为的方式。学者质疑该说不当地扩大了保证人地位的范围，混淆了诈骗罪作为与不作为的界限。[44] 这一批判并未触及真相义务违反说的核心，因为对保证人地位进行自由理论与纯粹规范主义的建构将诈骗罪改造成义务犯恰恰是该说的一大理论特色。关键是，这种理论特色即义务犯改造是否具有合理性。由于不存在行为人对于被害人的绝对的真相义务（例如刑事诉讼程序参与人对于证言存在绝对的真相义务），这种真相义务始终来源于行为人自己的信息沟通行为，因此诈骗罪从本质上来说并非义务犯，而是支配犯。

以上两说在批判传统诈骗罪教义学基础上尝试引入全新的视角理解诈骗罪的不法本质，但其教义学缺陷也同样明显：

第一，真相权利的来源：与计划经济不同，去中央化结构的市场经济中，频繁的商品交换需要社会关系的匿名化，因此在交易双方中存在一个基本的不信任关系，而非信任关系。故而无论传统意识表述价值说还是真相权利说都同意原则上交易双方有必要各自搜集尽量充分的交易信息，各自承担信息错误的风险。因此，何以从这种普遍的不信任关系基础上推导出一种对真相的特别的信赖，即要求真相的权利从何而来？[45] 这是该说的真正难题。Tiedemann 质疑真相权利有循

---

[43] Vgl. Tiedemann（Fn.17），vor $ 263，Rn.25.

[44] Vgl. Tiedemann（Fn.17），vor $ 263，Rn.25.

[45] Kindhäuser 本人也承认现代商业交易的基调是不信任的："在一个去中心化的商品交换关系中，信息知识在商业竞争中具有重要意义，甚至本身是一种资本，在商业交易中双方都可以运用自己的信息优势。"但另一方面又认为："没有一定程度的信任社会关系不可能得到发展，不依赖他人提供的信息人们无法行使通过财产赋予他们的自由。" vgl. Kindh iuser（Fn. 17），263，Rn.6 因此法律必须保护符合利益的对真实信息的信任，但并不施加普遍的真相义务。

环论证之嫌：要求真相的权利是从诈骗罪所推导出来的，是诈骗罪在社会文化的意义上界定了交易双方要求真相的权利，如果再试图从这种真相权利违反中尝试界定诈骗罪的欺骗行为，显然只会走入一个死循环。根据该说，真相权利是一种相对权利，不像人们对生命或身体法益所享有的绝对权利，这种权利在被侵害之前并不存在，在被侵害时才产生。然而这种真相权利建构恰恰是对真相权利的否定：法律上的权利从来都是一种制度化的相对稳定而抽象的构造，是先于侵害它的行为而存在的。如果一种“权利”必须依赖于每一次侵害才得以证成，那么它就不是“权利”。

第二，真相权利说不过是交易群体共识理论与错误信息风险分配理论的重新表述，并未实现理论上的超越。虽然真相权利说认为，欺诈的内容与时点并非从行为人偶然的表述或沉默之中推导出来，而是从来自沟通关系的信息义务之中推导出来，但这种所谓依存于特定沟通关系的信息义务在 Kindhaeuser 看来仍来源于特定商业交易的期待。这与意思表述价值说的交易群体共识说实质上并没有区别。真相义务违反说存在与其理论近亲真相权利侵害说类似的困境，即无法令人信服地证立真相义务或真相权利的来源。就像不存在一个类似于生命权、健康权绝对的真相权利，也不存在脱离具体交易沟通情境的真相义务。除了个人对于国家的体制的真相保证人地位，其余的保证人地位皆产生于特定的信息沟通情境，取决于行为人的沟通行为（例如是否从其沟通行为中产生错误信息风险）。

如果真相权利或义务始终必须根据交易类型中的信息沟通情境加以决定，则真相权利说或真相义务说就成为多余的理论构造——法律意义上的权利或者义务显然是一种制度化的相对稳定而抽象的构造，而不是根据具体交易情境来确定的具体行动指南。人们并不是根据前在的相对定型化的权利与义务确定诈骗罪的不法，换句话说，诈骗罪的不法本质并非是真相权利的侵犯或者真相义务的违反，应当有更加直接的、构成性的因素决定着诈骗罪的不法。因此，应该放弃从一个先于财产交易信息沟通行为的权利义务构造中发现诈骗罪不法的努力，将目光集中在财产交易信息沟通行为本身。

二、解构：关系犯与自我损害概念误区

诈骗罪传统教义学认为，与盗窃罪这种他人损害财产的财产犯罪不同，诈骗罪是被害人自我损害的财产犯罪，被害人因发生认识错误而成为被行为人利用的工具。[46] 行为人通过与被害人之间的信息沟通与被害人发生互动关系，被害人积极地参与到诈骗罪之中。因此，诈骗罪属于关系犯或者沟通犯。[47] 然而自我损害

[46] Vgl. Kindhauser（Fn. 17），263，Rn. 45；Kargl: Die Bedeutung der Entsprechungsklausel beim Betrug durch Schweigen ZSW119（2007），S.255f.

[47] Vgl. Tiedemann（Fn. 17），S263，Rn. 4；Hefendehl（Fn.3），263，Rn. 25.

型犯罪是一个具有歧义的概念。虽然表面上看来诈骗罪被害人通过财产处分进行了自我损害，但是从规范上来说该处分行为应当归责给行为人的欺骗行为，因而并非是自我损害型犯罪，而是如同其他犯罪那样是一种他人损害型犯罪。[48]

（一）关系犯概念之谬误

类似地，关系犯概念也是具有误导性的概念。首先，干预犯与关系犯区分的思想基础是被害人教义学基石的被害人需保护性概念，二者的区分缘于其需保护性上存在重大差别：关系犯的被害人以其对犯罪行为的参与表明了对自我保护的忽视，不具有刑法上的需保护性；而干预犯的被害人一般性地具有刑法上的需保护性，除非其自己对危险源答责。然而，这一思想基础本身就是存在疑问的。学界在对被害人教义学进行反思时质疑，可罚性（部分）取决于被害人需保护性的观点有违刑事立法精神。[49] 或者说，被害人需保护性是一个立法问题，而不是一个法律解释的问题。既然立法者创制了某种构成要件，就一般性地肯定了所有被害人的需保护性，除非存在自我答责情形。其次，所谓关系犯与干预犯概念，不过是构成要件现象类型层面的一种区分，在归责的意义上二者之间并没有区别：实际上任何一种有被害人的犯罪都存在行为人与被害人之间的交互关系，只不过这种交互关系在通常情形下表现为行为人主动行为——被害人被动接受这样一种关系（例如故意杀人罪中被砍杀），被害人一般不加功于构成要件实现的过程，只有在例外情形下如被害人自我危险行为或者被行为人逼迫或诱骗进行自我危害而加功于构成要件实现过程（例如故意杀人罪中被害人在行为人逼迫或诱骗下自杀）。在上述通常情形下不考虑被害人对归责的影响，而在例外情形下则须考虑被害人行为对归责的影响，即根据客观归责中自我答责规则考虑此时是否阻断对行为人的归责而由被害人自我答责。即使是所谓关系犯，行为人将被害人按照其犯罪计划调动起来加入其犯罪过程，但被害人的行为仍然可以一般性地归责给行为人。尽管其忽视了自我保护，但在客观归责理论的意义上忽视自我保护并不等于自我答责。显然没有理由认为关系犯不适用客观归责理论，或者在关系犯中对客观归责理论行为人与被害人之间的风险分配进行完全不同的考量。因此只有当被害人因其参与应对法益侵害危险源自我答责时，即对风险具有更好的认知或支配时，才可以排除归责。在这一点上关系犯与干预犯并无也不应有所不同。

如上文所述，对诈骗罪关系犯的传统理解，认为传统的因果关系理论将犯罪仅视为一个行为人给被害人造成损害的单线的过程，这种单线的因果进程不符合诈骗罪和其他关系犯中被害人也积极参与到犯罪中的现实，倡导将被害人教义学

---

[48] gl. Pawlik（Fn.16）, S.241 f.

[49] 参见［德］罗克辛：《德国刑法学总论》（第1卷），王世洲译，法律出版社2005年版，第393页。

引入诈骗罪错误理论、财产处分理论，甚至主张诈骗罪的行为必然包含被害人的行为，将被害人与行为人并列视为诈骗罪的共同行为人。[50] 相应地，诈骗罪被害人教义学视角下的传统通说将被害人角色带入构成要件，从而将被害人的错误认识、财产处分行为纳入构成要件检验的范围。

然而为何需要在构成要件中考察被害人的行为及行为主观方面，仅以诈骗罪属于关系犯为由试图给予解释，并不能令人信服。严格说来所有存在被害人的犯罪都是关系犯——在这些犯罪中被害人作为构成要件行为指向的对象或对象的权益享有者都需要被考虑，例如在故意杀人罪中要将被害人作为杀人这一构成要件行为之对象（即人）来加以考察，在盗窃罪中要将被害人作为盗窃这一构成要件行为之对象财物的所有者或占有者来加以考察。这种考察都是附属于行为人视角的考察，即作为行为对象这种被动维度的考察，而不是在主动的归责环节上加以考察。而传统诈骗罪则对被害人进行主动维度的考察：由于将被害人财产处分作为其客观构成要件中的独立一环，即不是像其他犯罪在构成要件中嵌入行为对象这样一个名词，而是嵌入被害人行为这样一个动词，造成了必须将被害人置于“行为人动作 + 被害人动作”这样的归责关联中审查的假象。但是，诈骗罪与其他关系犯相比并不存在足以支撑这种不同归责路径的特殊之处：诈骗罪的特殊之处不过在于，这种普通犯罪中的被害人参与归责进程的例外情形在诈骗罪中成为常态，即行为人实现构成要件结果必须通过对被害人施加影响使其同意财产情况的变动，即作为被利用的工具将财产交付给行为人或者对财产的变动进行容忍。但诈骗罪中被害人对损害因果进程的参与只是诈骗罪事实层面因果进程中的特有环节，仅此而已，这种特有环节作为事实因果关系的表象并不会改变规范层面归责的本质与宗旨：归责是将行为结果作为行为人的作品归属给他，始终是对行为人的归责，而非对被害人的归责，在诈骗罪中也不能例外，即使在该犯罪中这一作品的最终完成需要被害人的配合（而这恰恰也是诈骗罪行为人作品中的一部分）。尽管被害人一般性地参与了诈骗罪的行为过程，但只要其对风险（即可能造成被害人财产损害或行为人非法获利的错误信息）的认知与支配并不优于行为人，就不能视为自我答责排除对行为人的归责。也就是说，除非被害人根本就没有受到行为人所制造的错误信息风险的影响（即按照传统术语来说没有发生错误认识），否则行为人始终具有更强的风险认知与支配。被害人在诈骗罪中必不可少的参与正是行为人信息操纵的中间结果，是对行为人进行归责的中间环节。被害人在诈骗罪中所扮演的角色只能是一个客体，而非共同主体。

（二）被害人角色还原

迄今为止的诈骗罪教义学在构成要件中嵌入被害人的错误认识、处分行为

[50] Vgl. Amelung（Fn.11），S. 17.

（以及与之相关的处分意识）要素并对该要素进行构成要件符合性审查，是对被害人角色的严重误解，也破坏了对行为人归责的完整性、连续性并冲淡对行为人因信息操纵而归责的主旨：

第一，关于错误理论：错误理论将被害人认识错误视为构成要件要素，就需要考察被害人对行为人表述或其他表意性行为以及缄默的理解情况，以判断其是否属于“认识错误”。但是，如上文所述，对同一种欺骗行为，不同的被害人根据其自身的教育程度、经济状况及利益观会产生不同的心理反应，而认识错误构成要件要素要求对被害人心理事实层面进行检验，就使得诈骗罪的构成要件符合性判断偏离了以行为人为中心的轨道，在很大程度上依赖对被害人主观方面的认定。例如：甲分别向乙、丙、丁虚构对交易来说具有基础性的信息，乙完全相信甲表述的信息，丙对甲表述的信息将信将疑，丁对甲表述的信息大多持怀疑态度，三人都与甲进行交易并导致财产损失。不论乙、丙、丁具体相信度或怀疑度的差异，甲以相同方式虚构相同信息，三人在其交易基础信息的虚假表述影响操纵下进行交易，皆可对甲进行归责。只有当行为人对交易基础信息的操纵完全未影响被害人的交易决定，被害人出于其他的原因进行财产交易时才可以排除归责。下文将揭示，诈骗罪的实质是对行为人对交易基础性信息的操纵，因而诈骗罪的归责是将财产决定所产生的不利后果归属给行为人对信息的操纵，对被害人错误认识的考量显然会干扰对行为人进行错误信息的归责线路。

第二，关于财产处分理论：体现诈骗罪自我损害特征的被害人财产处分同样被传统通说作为不成文的构成要件要素，这就产生了关于财产处分概念与财产处分意识必要说的种种纷争与乱象（参见上文一、（一）2 部分）。被害人将财物交给行为人的行为，究竟是属于诈骗罪的处分财产的行为，还是盗窃罪转移占有行为的间接正犯行为（被害人作为帮助行为人完成转移占有行为的被利用的工具），在外观上很难予以区分，因此必须转而求助被害人的内心是否具有所有权或占有权让与的意思。处分行为似乎必然要求处分意识的存在，但是这样一来，就必然干扰了对行为人归责的完整性与连续性，使得诈骗罪的成立与否变成一个受制于被害人内心想法的问题。诈骗罪因而成为一个在行为人与被害人两极之间徘徊不定的犯罪建构。

三、重构：作为交易基础信息操纵的诈骗罪

如上所述，传统诈骗罪教义学的构成要件构造受到德国诈骗罪实在法规定与拘泥于实在法规定的诈骗罪教义学影响，被害人视角与行为人视角交织重叠，不仅带来相关构成要件要素的解释困境，也破坏了诈骗罪归责关联的完整性与连续性。而传统诈骗罪不法本质的理论却是如同在其他犯罪那样以行为人为视角展开的。如果将意思表示价值说、真相权利或义务说视为诈骗罪底层理论，将客观构成要件构造及认识错误、财产处分理论视为表层理论，显然行为人维度的底层理

论与被害人维度的表层理论之间存在理论裂缝，使得传统诈骗罪教义学陷入在行为人、被害人之间跳跃失焦的困境。而这一理论裂缝不仅长期为德国学界所忽视，也不得不因法定构成要件通过错误要素、财产损失要素对被害人角色的捆绑而被忽视。我国《刑法》第266条对诈骗罪仅规定了“诈骗公私财物，数额较大”的简单罪状，却因全盘移植德日诈骗罪理论而继受上述重大的理论瑕疵。因此，有必要摆脱传统诈骗罪教义学的理论与术语桎梏，重构我国的诈骗罪不法本质理论及重塑诈骗罪构成要件。

（一）“交易基础信息操纵说”之提倡

如上所述，诈骗罪的不法本质理论虚假意思表述说属于存在主义角度的现象描述，未能从规范角度刻画诈骗罪的不法核心。其在默示型欺骗方面的错误信息风险分配规则也无法证立。真相权利或真相义务说试图构建一种类似生命权、财产权或者上述权利的保证人义务即真相权利或真相义务的努力也被证明是失败的。只要不存在类似于生命权、财产权那样的绝对的真相权利，就不存在真相义务，也不存在针对真相的保证人地位。人们不应从一个先于财产交易信息沟通行为的权利义务构造中寻找诈骗罪不法，而应该在财产交易信息沟通行为本身发现诈骗罪的可罚性根据。

真相权利说与真相义务说的理论贡献在于，将财产法益理解为财产管理自由，该自由的行使以对财产损失处分的事实基础的真相为前提，因此欺骗就成为对与财产相关的自由侵害或者对财产自由行使前提的侵害。[51] 诈骗罪既非单纯的财产犯罪，也非纯粹的自由犯罪。如果在财产交易中具有基础性的信息真实客观，则被害人就是自由地作出财产决定，无论是否从该交易中获利，都必须承担该交易的后果。但如果财产交易中具有基础性的信息是不真实的错误信息，被害人依此作出财产决定就是不自由的，由此产生的财产减损将引发两个法律上的后果：第一个后果是民事上的后果，即由谁来承担财产减损，这是民事合同中的缔约过失或违约赔偿责任所要解决的问题。第二个后果是在第一个法律后果的基础上所引发的刑事责任问题，即可将该财产减损的法益侵害后果归责给谁，对其按照诈骗罪定罪处罚。

关于第一个民事上的法律后果，在合同订立、履行过程中作虚假信息表述、制造错误信息，因此引起对方损失的，或者虽然未积极进行虚假信息表述，但违反交易惯例期待，例如在现货交易中未支付价款即取货（通过取货行为假装已付款）、在高档场所消费而无支付意愿与能力，因此违反合同义务（上述交易惯例上的期待一般会被合同法定型化为合同上的义务）或违背诚实信用原则（在没有

[51] Vgl Vogel: Betrug durch konkludente Täuschung: „Recht auf Wahrheit “ oder kommunikative Verkehrssicherungspflichten? Keller–GS (2003), S.319.

定型化为合同义务时则可以根据商业交易惯例主张该原则）应当承担缔约过失责任或违约责任。[52]

对于第二个法律后果即刑法上的归责问题，需要分两种情形加以探讨：第一种情形，错误信息是交易一方即行为人所制造，包括以言辞、动作的方式（点头、摇头、作 OK 的手势或者摆手）表述，也包括利用交易中的计量工具来加以表述（例如操纵秤、电表等计量工具），行为人就创设了一个交易中可能导致交易财产损失的错误风险，交易对方即被害人在该错误信息影响下实施的财产交易即是不自由的，因而不属于财产处分，而是错误信息在交易过程中的风险实现。第二种情形，德国刑法中的默示型欺骗情形，错误信息并非交易一方所制造，而是交易对方根据交易情境推导出来，例如在现货交易根据对方取货行为推导出其已付款，在高档消费场所从对方正常消费而推导出其具有支付意愿与能力，则这种错误风险就不应由对方承担。

我国有学者尝试在"赎表案"中引入默示型欺骗理论：[53] 甲和友人乙到当铺赎回自己典当的手表，店员错将他人典当的名表取出欲交给甲。甲欲如实相告时乙向甲使眼色，并佯装说还有要事办理，催促店员快些处理。甲会意即拿走名表。该学者认为，若甲的错误认识尚未定型，准备进一步核查，乙声称"还有要事待办，快点吧"加上甲的配合性缄默，让对方得到了"整个交易没有错误"的信息，由此导致店员不再怀疑，真正陷入认识错误。甲、乙共同成立默示型的作为诈骗罪。

在质押典当合同中，承典人在典当期间有对质押物进行保管的权利和义务，在出典人赎回时具有返还质押物的义务。承典人未对质押物进行核对将他人的质押物返还给出典人甲，甲、乙并未对承典人进行对交易具有决定或基础性意义的信息进行虚构，乙声称"有事待办"虽属信息虚构，但该信息与交易本身无关。承典人从这一信息之中并不能当然地推导出整个交易没有错误的信息，即便可以推断出该信息，该信息错误属于质权人的风险管辖范围，不应由甲、乙承担该错误信息的风险。因此，甲、乙不成立默示型欺骗的作为诈骗罪。由于不能一般化地从民法中的诚信原则推导出保证人地位，二人也不成立不作为诈骗罪，二人行为属于民事上的不当得利，在符合侵占罪的其他构成要件要求时成立侵占罪。

类似地，在"捷安特自行车案"[54] 中，卖方误以为买方已付款而容忍其拿走货物的情形中，买方的行为也不成立默示型欺骗的诈骗罪。根据合同法以及现货

[52] 参见《合同法》第 42 条关于缔约过失的责任，第 54 条关于因重大误解或欺诈、胁迫而显失公平的合同效力，第 60 条关于诚信原则及第 107 条关于违约责任的规定。

[53] 参见蔡桂生：《缄默形式诈骗罪的表现及其本质》，载《政治与法律》2018 年第 2 期。

[54] 参见李方政、张理恒：《不作为诈骗罪的认定》，载《人民法院报》2011 年 12 月 29 日。

交易商业惯例，在买卖合同中买方接受标的物时应当支付对价。如果买方仅接受标的物而不支付对价，而对方仅从接受标的物这一行为之中推导出其已支付对价的错误信息，由于是未付款的买方违反了交易惯例中的付款期待，而卖方基于对该期待的信赖从接受标的物行为之中推导出错误信息，因此这种错误信息的风险应当由买方来承担，即卖方得以以不当得利要求返还标的物或者在提出支付请求被对方拒绝时主张违约赔偿责任。这也是民法上的错误信息风险分配规则。但是另一方面，卖方在交付标的物时也应当要求对方给予对价，因卖方疏忽未要求支付，卖方也违反了现货交易（一手交钱一手交货）商业惯例要求支付对价的期待，但为何这种对角色信赖的违反不会对风险分配产生影响？如果错误信息风险分配说认为既然卖方遭受了损失，而对方并未遭受损失，卖方就应当为该损失承担风险，那么这种风险也就只能是纯粹的损失填补的经济风险，如果以此作为归责的根据就是一种纯粹的结果责任：从买方接受标的物这一交易情境之中推导出买方已付款的错误信息，属于卖方的风险管辖范围，并不属于买方。在买卖双方都违反交易规则的期待时，仅仅因为卖方遭受损失而对买方进行归责，是一种违反罪责原则和普遍的归责原理的结果责任。可见，民事上的错误风险分配与刑法上的风险管辖与归属是两个不同的范畴。前者是基于损失填补与公平原则思想进行经济风险的分担，而后者是基于风险创设或者风险源管理追究刑事责任以达到一般预防与特殊预防的目的。因而仅根据民事上的错误信息风险分配规则与诚信原则对诈骗罪进行刑事归责是错误的。民事交易中错误信息风险分配与诈骗罪的错误信息风险分配所分配的是不同的风险，默示型欺骗的错误信息风险分配规则说犯了偷换概念的逻辑错误，因而是一个“错误的”理论。因此，甲的行为不属于所谓默示型诈骗罪，但在乙、丙夫妇要求返还而拒不返还的，可以成立侵占罪。并不会导致可罚性漏洞。

综上，本文得出如下关于诈骗罪不法本质的结论：理解诈骗罪及其本质，需要与其他财产犯罪结合起来加以考虑。在既定的财产权制度中，个体对其财产享有物权或者债权。欲突破现有的财产权利格局取得他人的财产，可能的方式有三种，分别对应于三种不同类型的财产犯罪构成要件：第一种是抢劫罪、抢夺罪这种以暴力方式夺取财物的“夺取型”财产犯罪，该类型的财产犯罪中被害人与行为人是对抗的关系，即行为人以暴力压制的方式取得财物，而被害人为保护财物需要对这种暴力予以反抗，此处姑且称之为积极的负相关关系；第二种是盗窃罪这种以和平的方式拿走财物的“拿取型”财产犯罪，此时被害人或者对行为发生没有认识或者虽然认识但容忍行为发生，可以认为行为人与被害人是消极相关关系；第三种是诈骗罪这种“骗取型”财产犯罪，行为人向被害人施加影响使其交付财产，二者之间是积极的正相关关系。第一种与第二种类型的财产犯罪违背产权让渡的常态，积极的负相关关系与消极的相关关系都不是正常的产权让渡关系。而在第三种类型的财产犯罪中，行为人向被害人施加影响使其交付财产则至少在表面上属于正常的产权让渡关系，即行为人支付对价，取得被害人的财物或财产性利益。因此，诈骗罪是发生在正常的产权让渡即交易背景下的财产犯罪。以上三种类型财产犯罪皆发生于行为人与被害人关系之中，所谓诈骗罪“关系犯”特征，不过是指涉行为人与被害人之间积极的正相关关系，即诈骗罪有异于其他财产犯罪的财产交易背景。因此，理解诈骗罪，并不必然通过关系犯概念，只要将其在财产交易背景下进行场景还原，就可以把握其不同于其他类型财产犯罪的不法实质。

由于财产分属于不同的交易主体，欲达成财产交易，交易双方必须进行有关交易对象即财产的信息沟通。[55] 信息作为一种合目的性的知识，是理性选择的前提条件，也是交易的前提条件。[56] 信息标的物种类与特性、交易类型、价格及其构成等基础性信息对于成功的财产交易来说至关重要。在正常的财产交易中，交易双方在对交易标的物特性、交易目的设定、交易类型等信息进行充分沟通的基础上确定交易价格这一关键性交易因素。实际上，价格确定本身就是一个信息交流与以此为基础的谈判过程。价格不是根据交易双方完全主观的因素，也不是完全根据市场价格，而是以该交易类型的市场价格为基点根据双方议价能力来确定的。

但在现实世界中，交易双方掌握的信息并不是对称的。[57] 信息不对称催生了诈骗罪，但显然并非所有的信息不对称都是诈骗罪。只有上述对交易具有基础性意义的信息（信息标的物种类与特性、交易类型、价格及其构成）不对称或信息错误可能导致交易失败。也就是说，由于对交易基础信息发生错误认识意味着交易失败的风险，即一方获得不应获得的利益（即非法获利），而另一方失去该利益（即财产损失），因此上述信息错误对于诈骗罪的构成要件结果即通说中的财产损失来说就是一种风险因素。如果交易一方在交易沟通中操纵交易基础性信息，即对这些信息进行虚假表述，积极引起错误信息，就创设了交易失败及财产损失的风险即诈骗罪的风险，而交易对方在该信息操纵影响下进行财产交易、让与财产，就实现了诈骗罪的典型风险。此时应将信息错误的风险归责给创设该风险的人，即进行信息虚假呈现即操纵信息、弄虚作假的一方（包括以言辞或者动作的方式“虚构事实”）。而如果交易一方未进行积极的信息操纵，交易对方根据特定的交易情境推导出错误的信息，即在所谓默示型欺骗的场合，并不能将该错

[55] 在此意义上，本文赞同传统诈骗罪教义学将诈骗罪理解为沟通犯的观点，这也是诈骗罪教义学的真正理论内核，但将其更加具体情境化为交易信息沟通。

[56] Vgl.Rock, Oekonomische Analyse des Betrugs in gegenseitigen Vertragsverhaeltnissen, 2012, S. 23 f., m.w.N.

[57] Vgl. Rock（Fn. 56）, S 26 ff.

误信息的风险归责给对方。从刑法上的归责原理来看，原因有二：一是此时行为人没有创设风险行为——未进行信息操纵或曰制造错误信息，进入一个交易本身并非法所不允许的风险创设行为，虽然“任何交易都有风险”，但显然这种风险是日常生活的风险；二是此时行为人仅仅保持缄默或者“隐瞒真相”并无法对被害人进行支配，即使他发现被害人发生了错误认识并希望其在该错误影响下作出对他有利的财产安排。但这仅仅是行为人的一种主观上的愿望，而不是刑法上有意义的目的设定及其实现。此时错误信息完全产生于被害人自己，其以此错误信息为基础进行的财产决定甚至在某种意义上来说是自由的，是其财产管理自由的行使——他自由地犯了错误，自由地进行了错误推导。虽然财产决定的结果看上去仿佛是不自由的，但财产决定的过程却是自由的。因此财产决定的不利后果在刑法上的归责只能是归责给被害人自己，而非行为人。

所以，诈骗罪的不法本质是交易基础信息操纵，即创设导致交易决定的错误信息风险并使得该风险实现。被害人在其中的角色仅仅是作为信息操纵的对象，配合风险实现的工具，是信息操纵归责中的被动一环。从这一诈骗罪不法本质的理解中，可以推导出两个关于传统诈骗罪构成要件要素的关键性认识：

第一，关于错误要素：只要被害人受信息操纵影响实施财产交易导致财产损失，即已实现诈骗罪的典型风险，而无论在事实的意义上被害人是否对该信息产生怀疑，以及该怀疑是否达到排除“错误认识”的程度。

第二，关于处分行为及处分意识要素：被害人在信息操纵影响下实施财产交易行为，即将该财产交易导致的损失归责给行为人，无须考虑被害人实施财产交易时是否具有“处分意识”，也无须将此种交易行为界定为“处分行为”。被害人受到信息操纵，其进行财产交易的意思基础是不客观的、有瑕疵的，因此该财产交易就是不自由，不自由的财产安排不是民法上的“财产处分”。作为派生于民法上的权利概念，传统构成要件“财产处分”要素本质上是一个悖论：一方面认为被害人陷入错误即意思表示基础存在瑕疵，一方面又认为基于错误的财产安排是“财产处分”。

传统诈骗罪构成要件构造“行为人虚构事实、隐瞒真相——被害人发生错误认识——被害人处分财产”是一种对诈骗罪心理事实意义上的描述，而非规范的建构。诈骗罪不法本质的交易基础信息操纵理论凸显行为人制造错误信息风险及风险实现的归责链条，排除了被害人视角的干扰，诈骗罪的欺骗行为仅限于以积极的言辞或表意性动作进行虚假信息表述，即明示型欺骗才是交易基础信息操纵。德日刑法上的所谓默示型欺骗并不是对交易基础信息的操纵，不符合诈骗罪的不法本质。因此，本文不接受德日刑法中的默示型欺骗理论。缄默或非表意的行为不可能成立默示型的作为诈骗罪，仅在具有保证人地位时可能成立不作为诈骗罪。如此一来，德国刑法中默示型欺骗的作为诈骗与不作为诈骗罪之间近乎徒劳的界分难题也迎刃而解。

（二）新诈骗罪不法本质说之理论优势

诈骗罪的不法本质是在交易沟通过程中对交易基础信息进行操纵，影响被害人进行财产交易从而非法获利。根据这一对诈骗罪不法本质的认识，本文尝试对诈骗罪的构成要件进行重构：诈骗罪是指以非法获利为目的，操纵交易基础信息促使被害人进行财产交易或其他财产安排从而非法获利的行为。上述构成要件从结构上删除了被害人角度的构成要件要素如错误认识、财产处分，对被害人进行如下角色还原：其并非诈骗罪被害人教义学所声称的属于诈骗罪构成要件结果的共同主体，并非规范意义上的因果关系之一环，而仅是信息操纵所影响的对象，被害人进行财产交易或其他财产安排仅是构成要件结果发生的事实意义上的条件。“交易基础信息操纵说”具有以下理论上的优势：

1. 勾勒更加清晰、完整的归责路线

“交易基础信息操纵说”重构以行为人为中心的诈骗罪不法本质，对诈骗罪构成要件进行如下改造：行为人操纵交易基础信息——影响被害人进行财产安排——行为人非法获利（或被害人遭受财产损失）。重构后的构成要件删除被害人角度的构成要件要素错误认识、财产处分等要件，更为清晰地勾勒诈骗罪归责路线。只要行为人对交易基础信息进行操纵，改变被害人的财产交易决定所依据的信息基础，就可以将被害人在此信息基础上实施的财产交易、安排归责给行为人，而无须考虑被害人内心的主观心理状态，例如是否是暂时的财产占有的移交，还是永久性的财产所有权的转让，以及例如是否存在对被害人所操纵的信息的怀疑以及怀疑的具体程度。这种诈骗罪的不法建构可以跳过认识错误、处分行为等被害人视角的构成要件要素，无须从被害人角度去进行构成要件符合性的认定，而是从行为人角度将被害人的参与作为信息操纵的中间结果与行为人获利（或作为伴随结果的被害人财产损失）这一最终结果联系起来，从信息操纵引起的客观归责的意义上对行为人进行归责。

2. 强化归责关联

由于“交易基础信息操纵说”凸显归责关联，能够克服司法实践中对诈骗罪仅作“虚构事实、隐瞒真相”的形式化审查的弊端。传统诈骗罪理论建立在诈骗罪不法本质“虚假意思表述说”之上，关注存在主义层面的诸如“虚构事实、隐瞒真相、被害人认识错误、处分财产等”现象而淡化规范层面的归责关联，即易于将行为人虚假信息表述都视为诈骗罪构成要件行为，只要行为人有虚构事实、隐瞒真相行为，被害人遭受财产损害，就形式化地认定成立诈骗罪，而不审查二者之间的归责关联。例如，上述“赎表案”中，在承典人误将他人的贵重钟表当作出典人的钟表返还时，出典人的朋友乙“称有事待办”虽属信息虚构，但该信息显然不属于交易信息，承典人从这一信息之中并不当然能够推导出“整个交易没有错误”的信息，也不属于对交易信息的隐瞒或者操纵，因而承典人财产损害并不能归责给甲、乙的行为。

3. 凸显诈骗罪交易信息沟通犯特征

如上所述，本文在解构诈骗罪“关系犯”概念基础上认同诈骗罪“沟通犯”特征，但将其具化为“财产交易过程中的交易基础信息沟通”。“交易基础信息操纵理论”将诈骗罪理解成财产交易基础信息沟通中对被害人进行信息操纵，将非信息沟通与操纵的行为排除出构成要件范围，能够合理解决“鱼目混珠”“攀比诈捐”等类型案件的定性问题。如上文“茅台案”中行为人在普通酒箱中塞入茅台酒，并不是对交易基础信息的操纵，售货员对此一无所知，二者之间也没有信息沟通。因此传统理论认为属于对物的操纵而非对信息的操纵，不成立诈骗罪。同样，在行为人谎称被害人邻居捐赠高额捐款被害人出于攀比心理也进行高额捐赠案例（简称“攀比诈捐案”）[58] 中，运用本文所倡导的理论将沟通犯所沟通、操纵的信息限定在交易基础信息范围，也可以得出妥当结论：在针对捐款慈善使用目的的捐款诈骗案中（简称“普通诈捐案”）中，捐赠款物的使用目的即慈善目的，属于捐赠交易类型的基础性信息，行为人对此进行信息虚构，如对被害人谎称用于希望小学建设但实际上却将善款偿还个人借款，无疑成立诈骗罪；但在“攀比诈捐案”中，行为人谎称被害人邻居捐助高额款项，被害人信以为真因而捐赠比原本计划金额高出数倍善款的，不成立诈骗罪并非是传统理论所认为的不存在财产损害，而是因为在捐赠交易中，捐赠的数额并非交易基础性信息，行为人并未进行交易基础信息操纵。标的物价格或对价在如买卖合同、租赁合同等普通合同类型中属于交易基础信息，但在捐赠合同或赠予合同由于并不期待交易对方支付对价，因而例外地不属于交易基础信息。[59] 传统理论引入“社会目的落空理论”[60] 试图解决上述案件，认为在“普通诈捐案”中被害人的交易目的即慈善目的属于符合社会正义的目的，该目的未达成可以视为诈骗罪的财产损害，成立诈骗罪；而在“攀比诈捐案”被害人的交易目的虚荣心的满足不属于符合社会正义的目的，该目的不达成则不属于诈骗罪的财产损害，不成立诈骗罪。但是，社会目的落空理论在客观经济财产损失与主观个人财产损失概念之间徘徊不定，如果采客观财产损失说，无法说明为何在无对价的捐赠合同中被害人也遭受了财产损害；而如果采个人财产损失说，则无法说明为何虚荣心的满足不属于个人财产的使用目的。而根据“交易基础信息操纵理论”将沟通犯进行沟通信息的限定，可以跳出

---

[58] Vgl. BAYOBLG, N W 1952, 798.

[59] 因此，捐赠交易的基础理念是：“善款无论数额，皆是爱心表现”。

[60] Vgl. Hefendehl (Fn. 3), § 263, Rn. 836; Perron (Fn.23), 263, Rn. 102; BGH 10 11. 1994-4 STR 331/94, NJW 1995 , 539.

传统理论依据前后矛盾的财产损失概念，化解传统理论在“普通诈捐案”与“攀比诈捐案”中面临的窘境。

4. 超越诈骗罪被害人教义学以信息错误风险管辖思想限制刑事诈骗的可罚性范围

如上所述，传统理论进行了从诈骗罪被害人教义学角度区分民事欺诈与刑事欺诈从而限制刑事诈骗可罚性范围的种种尝试。但是，无论是从被害人需保护性、规范保护目的、一般性的自我答责等总论角度，还是从错误认识与被害人怀疑程度等分论角度都无法令人信服地说明，在被害人受行为人信息操纵影响进行交易因而受损时，为何被害人的轻信与不审慎能够阻止对行为人信息操纵的归责：被害人无论是否过于轻信及是否发生怀疑，只要在行为人信息操纵下进行财产交易都属于诈骗罪的典型情形，都可以将其归责给信息操纵。除非被害人完全未受到该信息操纵的影响，不同被害人的不同心理反应并不影响信息操纵的归责。

“交易基础信息操纵说”可以摆脱诈骗罪被害人教义学的困境以信息错误风险管辖思想进行民事欺诈与刑事诈骗罪的界分，限制刑事诈骗的可罚性范围。由于交易基础性信息的错误对于诈骗罪来说是一个风险因素，创设错误信息风险并使得该风险在交易过程中实现的人才应当被进行归责，才是刑法上的诈骗罪。基于经济损失填补的民事错误信息风险分配思想不能作为刑事诈骗罪的归责根据，因而默示型欺骗应被排除出刑事诈骗罪的范围。例如，在上述“赎表案”中，出典人甲及其朋友乙不成立诈骗罪并非是从被害人教义学角度抽象地、程式化地以“被害人（承典人）存在过错”或“被害人过于轻信”排除归责，而是从行为人角度论证行为人并未创设交易基础性信息的错误，承典人从“有事待办”这一信息之中推导出“整个交易没有错误”的信息属于其自己的风险管辖范围，不应对甲、乙归责。

四、结语

传统诈骗罪教义学的构成要件构造叠加了被害人视角与行为人视角，错误认识、处分财产等被害人角度的构成要件要素的嵌入，不仅造成构成要件解释上的困局，也破坏了诈骗罪归责关联的完整性与连续性。我国诈骗罪教义学应当对表面繁荣的德日诈骗罪理论进行整体性反思，避免研究的片段化与理论割据，并逐步摆脱对德国刑法诈骗罪教义学的路径依赖与术语捆绑。本文在解构诈骗罪“关系犯”概念基础上将诈骗罪构成要件进行如下重构：行为人在财产交易沟通过程中操纵交易基础信息——对被害人施加影响使其作出有利于行为人的财产交易或安排——行为人非法获利（或被害人遭受财产交易损失）。鉴于我国《刑法》第 266 条诈骗罪简单罪状的立法留白，进行上述重构并不会产生诸如牵强解释法条甚至修法的高昂成本，需要的只是学界在比较法研究中去伪存真并不断进行本土化理论创新与开拓的勇气。

（本文曾发表于《中国法学》2019 年第 3 期）

新型支付方式下诈骗与盗窃的界限

蔡桂生

互联网的蓬勃发展以及从纸币时代到电子货币时代的转型，已经成了这个时代最惹眼的现象。在移动互联网领域，以支付宝、微信等为代表的新型支付方式也在逐步占据传统支付方式的领地，这使得携带联网的智能手机即可免除携带纸币的做法逐渐成为日常的现实。在网络给生活带来便捷的同时，滥用网络环境侵犯公私财产利益的行为同样呈日渐增长之势。除了涉及计算机网络本身的犯罪之外，财产犯罪等传统犯罪也从线下搬到了线上。网络媒介的使用，使得社会交往主体的意思沟通方式出现了自动化、即时性的特点，也对财产犯罪形态及其研究产生了影响。最高人民法院更是在2014年以指导案例的形式，公开发布了“臧进泉等盗窃、诈骗案”（第27号），对这类案件进行了详尽解读，引发了法律界的高度关注。该案例主要聚焦于利用病毒获取网银数据案件中盗窃罪和诈骗罪的认定。在网络支付进一步普及化的当下，指导案例的发布，无疑起到了相当积极的作用，但仍未较全面地覆盖网络平台中财产犯罪的各种问题。在财产犯罪中，盗窃罪和诈骗罪的被告人都在一定程度上试图避免与被害人发生正面交锋，故而，较之于抢劫罪和敲诈勒索罪，前者更适应网络环境各意思主体的交往特点，它们也是财产犯罪在网络环境中的常见形式。这样，就有必要结合财产犯罪的法理，对新型支付方式下诈骗和盗窃的区分作一较系统的分析。

一、诈骗和盗窃的区分法理

划清诈骗罪和盗窃罪这两个罪名的界限，在刑法中具有很重要的意义。它们不仅具有相异的不法内容，也具有不同的处罚门槛。根据我国司法解释的规定，只需要侵犯人民币1000元，就可以达到盗窃罪的处罚起点，而却必须造成3000元的损失，才能达到诈骗罪的处罚起点。

（一）通过实施手段加以区分

以往的常见做法是以被害人采取了所谓“秘密窃取”的手段，还是采取虚构事实、隐瞒真相的方式来获得财物，作为判断盗窃行为还是诈骗行为的标准；同时在行为对象上，通过判断行为所针对的是有体物，还是财产，判断是成立盗窃罪，还是诈骗罪。但是，由于我国的盗窃罪立法、司法解释等，已经将电力、QQ币等不属于有体物的内容，纳入了盗窃罪的对象范围，这使得盗窃罪和诈骗罪都成为针对财产移转的犯罪，从而难以只根据行为对象上的不同来区分这两者。既然通过侵犯对象难以作出区分，转而考察两者的实施手段或实行行为，便显得有必要。由于明知停车场管理者看守着他人的自行车，却仍然偷走自行车等公然窃取的方式，也属于违反被害人的意志获得财物，这使得以“秘密”这一要素继续充当盗窃罪的必要要素，也出现了疑问。在这种前提之下，盗窃和诈骗在实施手段上还能怎样区分呢?

首先，盗窃罪和诈骗罪在手段上的不同，表现为被告人和被害人之间沟通交往形态上的不同。例如，被告人在购物车中用广告遮住若干货物，在结账时只付了外露货物的款项，对遮盖货物未付款即离开超市。这类案件的处理，较为合理的做法是，认定被告人成立盗窃而非诈骗，因为收银员没有见到遮盖货物，不应认定被害人发生了认识错误。[1]换言之，如果收银员见到相应货物，而被告人却谎称货物付过钱并获得放行，则为诈骗。可见，行为人采取“排除沟通”的方式直接获得对方财产的，是盗窃罪；而在有沟通交往的情况下间接获得对方财产的，则是诈骗罪。换言之，诈骗罪的成立，需以被告人和被害人发生交往沟通为前提，如果没发生交往或沟通，被害人就不可能会产生认识错误，也就不满足认定为诈骗的条件（交往沟通型犯罪）。[2]只有被告人和被害人之间就“财产决策事项”发生了意思互动，才能认定被害人“合意”将财物移转出去。由于被告人是利用虚假信息使对方似乎“自愿”地转移了财产，这就使得他的“自愿”徒具被害人同意的表象，而非其真实意思的体现。这种行为威胁到了财产的流转秩序，刑法于是便以明文规定的方式，将其导致的“被害人同意”一律认定为无效，使得被告人无法借助被害人同意出罪，进而仍必须对其行为承担相应的刑事责任。[3]具体而言，拾得他人欠条后伪装成债权人的代理人，而从债务人取得相应款项，以及明知没有收费的法律依据，却主张自己有权收取相应的手续费，被害人信以为真而交付财物的，均应认定为诈骗；而向欠缺意思理解能力的精神病人、年幼儿童传递虚假信息进而取财的，则应否定双方就“财产决策事项”发生沟通、互动，应定性为盗窃。

其次，盗窃罪和诈骗罪在手段上的不同，还体现在是否介入了被害人的中间行为上。一般认为，这一中间行为，即被害人进行了财产处分，乃是认定诈骗罪的关键要素。处分行为指被害人一方能够直接地造成财产减少的任何举止形态（财产的直接减损原则）。[4]而在盗窃罪的场合，被告人是不经对方同意直接拿

[1] BGHSt 41, 198 ff. 而在此之前，也有德国法院认定此种情形构成诈骗。如 OLG Düsseldorf, NJW 1993, 1407 f.

[2] Vgl. Tiedemann, in: Leipziger Kommentar, 11. Aufl., 2012, § 263, Rn. 4.

[3] 同样的情形，还有敲诈勒索罪，由于强迫的存在，被害人的“同意”是无效的。

[4] 参见张明楷：《刑法学》，法律出版社 2016 年版，第 1003 页；Kindhäuser, Strafrecht BT II, 2008, § 27, Rn. 42.

走了对方财产，在被告人的行为和财产取得之间，不存在被害人的中间行为，被告人的行为直接与财产损失相连接。依照这种理解，某一中间代理商在得到客户订单后，再擅自改动其书面订单，那就要基于缺乏直接性，而否定客户一方有作出处分的行为，不认定诈骗。再如，某人用诈术骗取了他人的保险箱密码，而后自己开箱取财，或者商场中某一顾客借口试穿衣服，而将衣服带出商场的，也只能算是利用诈术的盗窃。因为这些情形中的诈术，只是给财产带来危险，而尚未直接带来损失。

（二）新型支付方式对既有学理的冲击：处分意识是否必要？

在我国，相比于银行柜台业务和ATM机业务，网上银行业务属于21世纪以后兴起的新型支付方式。而支付宝、微信支付则是最近两年随着移动互联网的推广而得到大规模应用的新型支付手段。因此，网上银行业务方面的财产犯罪行为更早受到学界重视，也取得了部分研究成果。例如：

案例1（机票款案）：2010年7月，孙某通过某订票网提供的电话“4006-488823”预订机票，客服人员要求孙某通过网银汇款，孙某遂按其要求将958元机票款汇至工行某账户。虽经查询已扣款成功，但对方说钱未到账，声称需要通过ATM机“联网操作”以使付款生效。于是孙某又按其引导，在ATM机上输入所谓的使购票款生效的激活码“18356”（实际上该数字是输入到了ATM机的转账数额一栏），当然，相应数额被转入骗子账户。此时孙某丈夫来电，说接到短信通知，账户被扣18356元。孙某急忙找客服交涉，此时客服称，之前通过网银支付的958元机票款已收到，机票也已生效，账户被扣18356元系误操作所致，可以通过网银转账退还，并教孙某如何操作。之后，骗子以输入验证码的名义“指导”孙某输入数字280838（其实是输入到网银的转账数额一栏，相应款项又被转至骗子账户）。得手后，骗子又以退款操作为由，用同样手法转走2万多元。[5]

正如前述，处分行为是区分诈骗罪和盗窃罪的要素，这在网络支付环境中也不例外。新型支付手段由于其操作起来快捷、简易，这使得操作人往往只能认识到非常粗糙的信息，而不关心整个支付流程中的其他细节，这样就给处分行为的认定带来了疑问。案例1所牵涉的一个重要理论问题便是：被害人在使用网上转账支付18356元以及280838元款项时，并没有处分财产的意识，这是否妨碍该案成立诈骗罪？传统学理认为，处分行为的认定以处分意识为必要，没有财产处分的意识，就不能认定处分行为，不能成立诈骗罪；但有可能成立盗窃罪（“处

[5] 《400电话成诈骗幌子订折扣机票被骗32万》，载央视网—中国网络电视台，http://jingji.cntv.cn/20100915/103841.shtml，最后访问时间：2016年11月28日；以及“林冠明等诈骗案”，海南省第二中级人民法院刑事判决书（2014）海南二中刑初字第14号。

分意识必要说”）。[6] 而另一种观点认为，处分意识并非诈骗罪的必要要素，即便被告人没有处分财产的意识，也能认定诈骗罪（“处分意识不要说”）。[7] 该问题涉及的是处分意识和处分行为这两者之间的关系，亦即在处分行为的认定上，是财产处分（或交付）行为必须为被害人具体地认知，还是只需要从社会公认的外观上存在一财产处分（或交付）行为即可？在我国，虽然多数人支持前一种说法，但在本文看来，应予以肯定的却是后一种观点。具体理由如下：

首先，要求处分意识是陷入了“自我损害型犯罪”的误区。诈骗罪以被告人和被害人发生交往沟通为其特征，交往沟通事实的存在，使得被害人的行为具有“自愿”的表象。有人便从这种“自愿”表象出发，主张“财产处分意识”乃是诈骗罪的必要要素：“被害人作为意思决定的主体，共同参与了财产移转的过程，通过自身有意识的处分行为导致财产损失，就是诈骗罪作为自我损害型犯罪的必然要求。”[8] 诚然，诈骗案件具有“自愿”之表象，但是，这种“自愿”也只是表象而已，并非被害人真实的意思表示，否则，就应认定被害人同意，将自我损害的行为加以出罪。可见，“自我损害型犯罪”只是一种帮助人们理解的标签而已，不能单纯以诈骗案件属于“自我损害型犯罪”为由，认为在所有诈骗案件中被害人都会有所谓“财产处分意识”。他是处分了不该处分的事项，没有意识到其处分行为的完整含义。

其次，在现实的诈骗案件中，也存在被害人没有处分意识的例子。例如，在案例 1（机票款案）中，被害人就没有处分意识，但很少有人认为该案不成立诈骗罪。同样的例子还有不少，例如，被告人请盲人甲在一张“明信片”上签字，实际上这是一张支票；再如，被告人告知被害人，某商务代表要来拜访，需要被害人签字确认接待一下，但实际上这是一张订货单。[9] 可见，要求被害人对财产具有处分意识，是基于不完全归纳法所得出的片面认识。同时，“处分意识必要说”也难以解释“债权诈骗”“计算机诈骗”等情况，即使在德国，支持“处分意识必要说”的论点，也仅仅将“处分意识必要说”适用于最传统的所谓“物品诈骗”的场合。[10] 在欺骗他人放弃债权或负担债务的场合，并无人主张“处分意识必要说”，在利用不正当身份通过计算机程序取得财物的场合，其刑法中也新设了不需要处分意识的“计算机诈骗罪”（《德国刑法典》第 263 条 a）。在我国，

[6] 参见刘明祥：《论诈骗罪中的交付财产行为》，载《法学评论》2001 年第 2 期，第 68 页以下；王钢：《盗窃与诈骗的区分》，载《政治与法律》2015 年第 4 期，第 35 页以下。

[7] 参见秦新承：《认定诈骗罪无需“处分意识”》，载《法学》2012 年第 3 期。

[8] 同前注 6，王钢文，第 35、39 页。

[9] Vgl. NK-Kindhäuser, 2013, § 263, Rn, 223.

[10] 参见王钢：《德国刑法诈骗罪的客观构成要件》，载《政治与法律》2014 年第 10 期，第 10、39 页。

欺骗他人放弃债权，成立诈骗罪也是没有任何疑问的。有鉴于此，应该在诈骗罪的成立条件上适当放松要求，不能要求诈骗案件被害人必须具有“财产处分意识”，被害人所必然具有的所谓“意识”，顶多是其前期就财产决策事项与被告人进行“交往沟通的意识”。

二、网络平台情境中诈骗和盗窃的界限

“机票款案”是传统诈骗与网络相结合而出现的案例，该案已经给“处分意识必要说”的传统法理带来了挑战。如果被告人采用伪造网址、发送垃圾邮件乃至病毒的手段实施滥用网络行为，又会给诈骗、盗窃的法理带来何种影响呢？

（一）网银钓鱼案件中的“财产直接减损原则”

在网络银行的支付平台上，较简单、也较常见的是所谓钓鱼（Phishing）案件。这类案件中，被告人的作案流程一般是这样的：[11] 首先，被告人用银行的商标、网页将自己伪装为银行或其他金融机构，然后，向多人撒网式发送电子邮件，在邮件中其经常声称，客户在银行的记录需要更新，或者银行正在修改一个安全程序，要求收件人确认一下客户账户，以便继续使用，更有甚者以防范网络诈骗案件为由来督促对方更新数据。这样，收件人就有可能点击、打开其中的链接，并按被告人的要求去做。如果收件人查看链接下方的 HTML 代码，便可看见伪造的网站地址。点击链接实际上连接到的是另一个位置，比如，仿真设计的外国某临时网站，它旨在诱惑被害人输入登录信息和密码。倘若收件人如被告人所愿输入相应的数据，被告人便立刻利用其所捕获的这一数据登录被害人在正式银行的账户，进而将其中的款项转到自己账户上。最后，被告人会将赃款洗白。

在网银钓鱼案件中，被告人是在以虚假信息获取被害人相应数据后，亲自实施了转账并取得财物。由于网上转账取财的便捷性特点，这时易引发的疑问便是：其侵犯财产的行为是否可以直接认定为诈骗？在诈骗罪的法理上，该疑问可具体表述为：应否继续适用财产处分时须由被害人的行为直接导致财产损失的“直接减损原则”（“直接性是否必要”）？

主张适用“财产直接减损原则”的论点认为，被告人骗取账户和密码后，只是使被害人放松了对其财产的控制，而被告人真正取得被害人的财产，乃是基于他本人的后一转账行为得以实现，后一转账行为才是财产取得行为，这样，就无法仅凭借被告人的前一骗取密码行为，认定其成立普通诈骗罪。[12] 反对适用“财产直接减损原则”的论点认为，被告人骗取相应数据之后，再从网上银行转账只是瞬间之事，应该认为骗取相应数据即构成了针对被害人财产的具体危险，这种具体危险在经济上已经相当于财产损害，所以，在骗得数据之时就应当认定普通

[11] 百度百科“钓鱼网站”词条；Stuckenberg，ZStW 118（2006），879 f.

[12] Vgl. Kindhäuser，LPK，2015，§ 263，Rn. 140.

诈骗罪。[13]

值得注意的是，在德国立法上，由于其盗窃需以物而非财产性利益为行为对象，这样，彻底贯彻“机器不能被骗”的原则，就容易造成“滥用自动机器得利”既不成立盗窃，也不成立诈骗的处罚漏洞，为了填补该漏洞，其《刑法典》中增设了所谓“计算机诈骗罪”。[14] 在网银钓鱼案件中，被告人使用被害人数据取财的后一行为，便符合“计算机诈骗罪”中“无权地使用数据”这一表述。如果适用“财产的直接减损原则”，网银钓鱼案件由于前一行为只给财产造成危险而不受罚，这就只能针对后一行为以“计算机诈骗罪”来处罚。如果不适用“财产的直接减损原则”，网银钓鱼案件就同时符合普通诈骗罪和计算机诈骗罪两个条款，但计算机诈骗作为不罚的事后行为，不予处罚，在结论上便只成立普通诈骗罪。[15]

在是否应当适用“财产的直接减损原则”这一学理问题上，应该认为，肯定说（“直接性必要说”）更符合诈骗罪的特征，理由是，诈骗罪是以财产损失为其犯罪结果的犯罪。在未造成财产损失，而只是造成财产损失的危险时即认定犯罪，有些为时过早。同时，我国《刑法》中并无所谓的“计算机诈骗罪”，在仍然适用“财产直接减损原则”的条件下，那就只能将网银钓鱼案件中侵犯财产的行为按照普通盗窃罪来处理。

可见，在网络犯罪上，人们可能有必要改变财产犯罪中的部分理论（如处分意识必要说），但仍然可以适用另一部分理论（如财产的直接减损原则）。

（二）利用病毒获取数据并使用的案件与“机器不能被骗”原则的动摇

应该承认，前文所述网银钓鱼类案件中，被害人多半也有一定的过错。具体而言，银行、金融机构是不会主动要求客户提供密码的，只有客户自己才知道密码；而且，公众媒体上对钓鱼案件有诸多宣传，被害人仍然上钩并给对方以可乘之机，显然存在一定的疏失。不过，在被害人未故意接受风险的情况下，刑法不仅保护谨慎的守法公民，也保护有些马虎的被害人，因而，肯定网银钓鱼案件中被告人的刑事责任并无不当。

在网银钓鱼案件以外，现实中还存在利用病毒和黑客手段作案的案件。利用木马乃至蠕虫等病毒以危害用户，属于比网银钓鱼更为危险的一种滥用网络行为。其中，以病毒非法获取数据的手段行为，有可能符合《刑法》第 285 条第 2 款非法获取计算机信息系统数据罪的规定，但得到数据之后的使用行为如何定

[13] 同前注 11，Stuckenberg 文，第 903–904 页。

[14] 《德国刑法典》第 263 条 a 第 1 款：行为人以使自己或者第三者获得违法的财产利益的意图，通过程序的不正确形式、通过使用不正确的或者不充分的数据、通过无权地使用数据或者其他通过无权地作用于操作过程而影响数据处理过程的结果，从而损害他人的财产的，处五年以下的自由刑或者金钱刑（冯军译:《德国刑法典》，中国政法大学出版社 2000 年版，第 159 页）。

[15] 同前注 11，Stuckenberg 文，第 910 页以下。

性？早在2007年，我国司法实践中就已出现较为典型的涉病毒且侵犯财产的案件。例如：

案例2（金星等信用卡诈骗、盗窃案）：2007年1月27日晚，被告人金星、陆瑛娜将被告人徐伟冲利用电脑病毒截取到的朱晓辉的中国农业银行金穗借记卡的卡号、密码、身份证等数据，传输给被告人徐文豪。徐文豪又将数据通过互联网传输给方少宏。后方少宏又将数据传送给网友“哦衲衲”，并由“哦衲衲”解除该借记卡支付额度限制。随后方少宏分4次以转账方式，窃得朱晓辉卡内的人民币12947元。窃后，方少宏实得赃款4020.62元，分给“哦衲衲”赃款3800元，分给徐文豪赃款2520元，分给金星、陆瑛娜赃款2480元。被告人以同样方式作案共计三起，获利29808元。

2007年2月11日，金星将徐伟冲截取到的蔡益兴的农业银行金穗借记卡的卡号、密码及蔡益兴的姓名、身份证号码等数据信息，传输给徐文豪。随后，徐文豪以手机短信方式将数据传给龚永强（另案处理）。龚永强伪造了蔡益兴的身份证和农业银行金穗借记卡，于2月24日指使一男子持该假身份证及伪造的信用卡，分5次在农业银行泉州市分行营业部等网点的柜台支取蔡益兴金穗借记卡内的人民币共计213000元。2月28日，徐文豪从龚永强处分得赃款人民币80000元。后徐文豪分给金星赃款10000元。之后，被告人以同样方式再作案一起，获赃款181800元。

【判决及其理由】该案法院认定，被告人金星、徐伟冲、徐文豪等人以非法占有为目的，利用计算机在互联网上秘密窃取他人钱财，数额巨大，其行为构成盗窃罪，系共同犯罪。被告人金星等人以非法占有为目的，利用计算机在互联网上窃取他人的信用卡资料后，使用伪造的信用卡进行诈骗活动，骗取他人资金，数额特别巨大，其行为构成信用卡诈骗罪，系共同犯罪。[16]

该案的判决结论并无疑问。令人关注的是，该案“裁判要旨”详释了诈骗罪和盗窃罪的区分：[17]利用计算机进行侵财犯罪行为所指向的计算机可分为两类，一类是作为支付设备的计算机，另一类是作为金融机构信息管理设备的计算机。这两类计算机的功能有明显不同。作为支付设备的计算机又被称为电子代理人，

---

[16] 陈兴良、张军、胡云腾主编：《人民法院刑事指导案例裁判要旨通纂》，北京大学出版社2013年版，第785-787页。目前，借记卡在刑事立法上仍属于信用卡的一种，依据是2004年12月29日全国人大常委会《关于〈中华人民共和国刑法〉有关信用卡规定的解释》：刑法规定的“信用卡”，是指由商业银行或者其他金融机构发行的具有消费支付、信用贷款、转账结算、存取现金等全部功能或者部分功能的电子支付卡。针对该立法解释的质疑，见黄京平、左袖阳：《信用卡诈骗罪若干问题研究》，载张智辉、刘远主编：《金融犯罪与金融刑法新论》，山东大学出版社2006年版，第331页以下。

[17] 同前注16，陈兴良、张军、胡云腾主编书，第787-788页。

行为人给电子代理人输入虚假的信息或者不正当的指令后，电子代理人自愿交出财物行为可以看作是基于其权利人的默认所做出的，欺诈行为的实际对象是电子代理人的权力人。因此，向作为电子代理人的计算机输入虚假信息或不正当指令获取财产的行为可以被定性为诈骗行为。而作为银行信息管理系统设备的计算机则可以看作是一个大的电子仓库，存款人的账户则可以看作是仓库里面放置的写着寄存人姓名的纸箱，里面装着各个寄存人的财物。行为人破译作为金融机构信息管理设备的计算机的密码，进入银行信息管理系统进行非法操作就相当于行为人偷配了电子仓库大门的钥匙进入了电子仓库，行为人把别人账户上的资金划拨到自己的账户上就好比拿别人箱子里的东西放到自己的箱子里。因此，对于向作为金融机构管理设备的计算机输入虚假信息或不正当指令的，如犯罪行为人通过破译密码进入银行信息管理系统，非法向自己账户上划拨电子资金的行为，应当认定为盗窃行为。

该案的“裁判要旨”主张，向支付设备输入虚假信息或不正当指令获取财产，应当定性为诈骗行为。而在我国刑法理论上广泛流行的观点是，在机器上使用伪造、作废的信用卡取得财物的，成立盗窃罪。[18] 因此，本案“裁判要旨”将针对支付设备使用不实信息“操纵机器”的行为，认定为对机器所代理之人的间接性欺骗，具有突破性的意义。由于行为人的行为事实上所直接针对的是机器，将之迂回地认定为对权力人的欺骗的做法，在实际效果上便动摇了理论上所谓“机器不能被骗”的原则。在“金星等信用卡诈骗、盗窃案”发生的次年，最高检更是直接发布了《关于拾得他人信用卡并在自动柜员机（ATM 机）上使用的行为如何定性问题的批复》：“拾得他人信用卡并在自动柜员机（ATM 机）上使用的行为，属于刑法第一百九十六条第一款第（三）项规定的‘冒用他人信用卡’的情形，构成犯罪的，以信用卡诈骗罪追究刑事责任。”该《批复》从司法解释的角度对“机器不能被骗”原则进行了限制，即“机器不能被骗”原则只适用于普通诈骗罪。如果被告人针对支付设备这类机器实施操纵行为，则可以认定信用卡诈骗罪。[19]2009 年 12 月 3 日“两高”《关于办理妨害信用卡管理刑事案件具体应用法律若干问题的解释》第 5 条第 2 款第 3 项也规定“窃取、收买、骗取或者以其他非法方式获取他人信用卡信息资料，并通过互联网、通信终端等使用的”，属于冒用他人信用卡的情形。将凭借不实身份取得支付设备中财产的行为不认定为普通诈骗罪，而认定为准诈骗罪或者像信用卡诈骗罪这样的特殊诈骗罪，也符

[18] 同前注 4，张明楷书，第 803 页。

[19] 在我国实践上，则是认定信用卡诈骗罪和盗窃罪者各有之，前者如“刘丽信用卡诈骗案”（江苏省金坛市人民法院（2007）坛刑初字第 157 号）；后者如“余丽辉盗窃案”（浙江省杭州市下城区人民法院（2008）浙杭下刑初字第 76 号）。

合国际上的通例，例如，《德国刑法典》第 263 条 a“计算机诈骗”、《瑞典刑法典》第 9 章第 1 条第 2 款“准诈欺罪”、《日本刑法典》第 246 条之二“使用电子计算机诈骗”、《丹麦刑法典》第 279A 条“计算机诈骗”等。

与之似有“不同”地，最高检在 2003 年 4 月 2 日《关于非法制作、出售、使用 IC 电话卡行为如何适用法律问题的答复》中曾指出：“明知是非法制作的 IC 电话卡而使用或者购买并使用，造成电信资费损失数额较大的，应当依照刑法第二百六十四条的规定，以盗窃罪追究刑事责任。”坚持“机器不能被骗”的论者，便援引该《答复》以作为其支持性论据，[20] 认为用非法制作的电话卡在机器上打电话，同以他人银行卡或伪造银行卡在 ATM 等机器上使用一样，均应论以盗窃罪，而不应适用最高检 2008 年《关于拾得他人信用卡并在自动柜员机（ATM 机）上使用的行为如何定性问题的批复》。这种观点存在一定问题。从结构上看，诈骗行为具有借他人之手（被害人中间行为）以实现自己牟利目的的性质，而盗窃行为则是被告人以自己之手打破对方的管理（包括潜入其管理盲区）直接取得财产。因此，针对拟人或人工智能的机器，被告人采取物理破坏、破译密码、利用管理漏洞等单一手段或组合手段，从货物、电信服务、金融服务管理设备中利用其管理上的不足取得财物的，便符合盗窃的特征；而以虚假数据或不正当地使用他人身份，从支付设备中利用其判断上的失误取得财物的，则具有欺骗的性质；只是这种欺骗没造成自然人的认识错误，有别于普通诈骗行为，而更类似于一种新型、特殊的诈骗行为。[21]

基于以上理解，利用非法制作的电话卡免费使用电信、网络服务，实际上属于破译了正确账户、密码的行为，因而是利用管理上的不足，入侵相应网络取得付费服务，属于盗窃；而利用悬挂在线端下的硬币从自动售货（票）机下购买取得货物或票证（该购买行为成立有效的买卖合同），后又将硬币从机器中拉出的情形中，强行拉出硬币这后一行为，也是盗窃了机器中的财物；此类案件有可能通过改进机器设计来避免，例如，对密码进行矩阵加密、对机器的出币、收币仓进行加固和密封设计，等等。与此相异，利用不法取得的数据（数据本身为真）侵入他人电子钱包并进行转账，以及利用悬挂在线端下的圆形游戏机币冒充硬币从自动售货机中以较低价“换”得商品，由于欠缺自然人的认识错误，不应构成

[20] 同前注 4，张明楷书，第 803-804 页。

[21] 支付设备和管理设备的区分，无疑也应当机能性地加以理解，例如，采取铁线勾取等物理手段侵入 ATM 机出币仓直接提出钞票属于行为人以自己之手破坏财产权人设置的财物管理措施，应以盗窃论；而以不正当身份（但数据本身为真）使 ATM 机自动付钱，则是利用了 ATM 机的支付功能，这时不再单纯是盗窃行为，而与以不实信息使被害人或柜台职员基于意思沟通上的错误而转账的案件有相似之处，该种情形虽不应成立普通诈骗罪，但却可能符合侵犯了金融秩序的信用卡诈骗或域外所谓“计算机诈骗”之类的罪名。

普通诈骗罪，但参考其他法域的立法例，则类似于其他种类的犯罪，例如，计算机诈骗罪（《德国刑法典》第263条a）、骗取给付罪（《德国刑法典》第265条a）、以不正方法由收费设备取得他人之物（我国台湾地区“刑法”第339条之一）、以不正方法由自动付款设备取得他人之物（我国台湾地区“刑法”第339条之二）以及以不正方法使用电脑及相关设备（我国台湾地区“刑法”第339条之三）等罪。在该类案件中，被告人是和拟人化的机器进行了某种关于财产移转的拟人化意思沟通，他不是直接破坏财产权人对财产的管理进而取得财物，而是借“财产权人之手”使之依其管理程序处分或支付了财物，这些情形是难以通过改进机器设计来防范的。换言之，以不真实或不正当的数据输入人工智能设备，虽然不同于给自然人造成认识错误，不应以普通诈骗论处，但以“机器不能被骗”为由将之笼统地认定为普通盗窃，在人工智能大量模拟人类智能乃至部分取代人类智能的当今时代，也显得有些不合时宜。从立法论上看，这些借机器之“手”实施的不法行为，具有某种欺骗行为的特征。此种行为的特点是，借助自动作业的流程，快速、彻底、批量化地实现财产转移，其处罚应该更侧重于罚金刑而非自由刑。虽然在当前立法框架下，它们可能仍然只被论以盗窃罪，但从本质上看，它们应该兼具另一种不法的性质，理由是，它们不只像盗窃罪那样造成了他人财产损失，还危害到了社会交往的自动化秩序。

（三）最高法指导案例：网络犯罪中盗窃与诈骗的界限

在确立指导案例制度之后，我国司法实践除直接适用司法解释外，也开始参照指导案例办案。2014年，最高法发布了第27号指导案例“臧进泉等盗窃、诈骗案”，该案对利用木马实施财产犯罪的情形，从指导案例的层级进行了盗窃和诈骗的区分。该案案情和裁判如下：

案例3（臧进泉等盗窃、诈骗案）：2010年6月1日，被告人郑必玲骗取被害人金某195元后，获悉金某的建设银行网银账户内有305000余元存款且无每日支付限额，遂电话告知被告人臧进泉，预谋合伙作案。臧赶至网吧后，以尚未看到金某付款成功的记录为由，发送给他一个交易金额标注为1元而实际植入了支付305000元的计算机程序的虚假链接，谎称金某点击该1元支付链接后，其即可查看到付款成功的记录。金某在诱导下点击了该虚假链接，其建行网银账户中的305000元随即通过臧预设的计算机程序，经上海快钱信息服务有限公司的平台支付到臧提前在福州海都阳光信息科技有限公司注册的“kissal23”账户中。臧使用其中的116863元购买大量游戏点卡，并在“小泉先生哦”的淘宝网店上出售套现。

2010年5、6月间，被告人臧进泉、郑必玲、刘涛分别以虚假身份开设无货可供的淘宝网店铺，并以低价吸引买家。三被告人事先在网游网站注册一账户，并对该账户预设充值程序，充值金额为买家欲支付的金额，后将该充值程序代码植入到一个虚假淘宝网链接中。与买家商谈好商品价格后，三被告人各自以方便买家购物为由，将该虚假淘宝网链接通过阿里旺旺聊天工具发送给买家。买家误以为是淘宝网链接而点击该链接进行购物、付款，并认为所付货款会汇入支付宝公司为担保交易而设立的公用账户，但该货款实际通过预设程序转入网游网站在支付宝公司的私人账户，再转入被告人事先在网游网站注册的充值账户中。三被告人获取买家货款后，在网游网站购买游戏点卡、腾讯Q币等，然后将其按事先约定统一放在臧的“小泉先生哦”的淘宝网店铺上出售套现，所得款均汇入臧的工商银行卡中，由臧按照获利额以约定方式分配。

【判决及其理由】该案法院认定被告人臧进泉犯盗窃罪，判处有期徒刑13年，剥夺政治权利1年，并处罚金人民币3万元；犯诈骗罪，判处有期徒刑2年，并处罚金人民币5000元，决定执行有期徒刑14年6个月，剥夺政治权利1年，并处罚金人民币3.5万元。郑必玲犯盗窃罪，判处有期徒刑10年，剥夺政治权利1年，并处罚金人民币1万元；犯诈骗罪，判处有期徒刑6个月，并处罚金人民币2000元，决定执行有期徒刑10年3个月，剥夺政治权利1年，并处罚金人民币1.2万元。被告人刘涛犯诈骗罪，判处有期徒刑1年6个月，并处罚金人民币0.5万元。

该案“裁判理由”认为：盗窃是指以非法占有为目的，秘密窃取公私财物的行为；诈骗是指以非法占有为目的，采用虚构事实或者隐瞒真相的方法，骗取公私财物的行为。对既采取秘密窃取手段又采取欺骗手段非法占有财物行为的定性，应从行为人采取主要手段和被害人有无处分财物意识方面区分盗窃与诈骗。如果行为人获取财物时起决定性作用的手段是秘密窃取，诈骗行为只是为盗窃创造条件或作掩护，被害人也没有“自愿”交付财物的，就应当认定为盗窃；如果行为人获取财物时起决定性作用的手段是诈骗，被害人基于错误认识而“自愿”交付财物，盗窃行为只是辅助手段的，就应当认定为诈骗。在信息网络情形下，行为人利用信息网络，诱骗他人点击虚假链接而实际上通过预先植入的计算机程序窃取他人财物构成犯罪的，应当以盗窃罪定罪处罚；行为人虚构可供交易的商品或者服务，欺骗他人为支付货款点击付款链接而获取财物构成犯罪的，应当以诈骗罪定罪处罚。本案中，臧、郑二人使用预设计算机程序并植入的方法，秘密窃取他人网上银行账户内巨额钱款，其行为均已构成盗窃罪。臧、郑二人和刘涛以非法占有为目的，通过开设虚假的网络店铺和利用伪造的购物链接骗取他人数额较大的货款，其行为均已构成诈骗罪。对臧、郑二人所犯数罪，应依法并罚。关于被告人一方所提非法获取金某的网银账户内305000元的行为，不构成盗窃罪而是诈骗罪的辩解与辩护意见，经查，臧、郑二人在得知金某网银账户内有款后，即产生了通过植入计算机程序非法占有目的；随后在网络聊天中诱导金某同意支付1元钱，而实际上制作了一个表面付款“1元”却支付305000元的假淘宝网链接，致使金某点击后，其网银账户内305000元即被非法转移到臧的注册账户中，对此金某既不知情，也非自愿。可见，臧、郑二人获取财物时起决定性作用的手段是秘密窃取，诱骗被害人点击“1元”的虚假链接系实施盗窃的辅助手段，只是为盗窃创造条件或作掩护，被害人也没有“自愿”交付巨额财物，获取银行存款实际上是通过隐藏的事先植入的计算机程序来窃取的，符合盗窃罪的犯罪构成要件，依照《刑法》第264、287条的规定，应以盗窃罪定罪处罚。故上述辩解和辩护意见与事实和法律规定不符，不予采纳。

该案法院以行为人采取主要手段和被害人有无处分财物意识方面为区分标准，对案件是构成诈骗罪还是盗窃罪进行了区分。依该理解，在支付304999元时，被告人使用的决定性手段是“秘密窃取”，诱骗对方点击“1元”的虚假链接便是盗窃的辅助手段，事实上是认为该种情形系利用诈术的盗窃。如果诱骗对方点击的虚假链接标明的金额达到（诈骗罪的最低门槛）1000元，根据该逻辑，则应该认定诈骗罪和盗窃罪两罪。

就该案“裁判理由”中以盗窃手段为主还是诈骗手段为主（“决定性作用”说）来区分两罪的做法，理论上已有不同意见指出：“这种判断标准在司法实务中无法操作，因而个案中究竟是盗窃还是诈骗在起‘决定性作用’，并没有明确的界定标准，结果必然是导致不同法官自行裁量，造成审判结果的不确定性。……盗窃罪与诈骗罪是相互排斥的关系。……并不存在‘决定性手段是盗窃行为，诈骗行为只是其辅助作用’或者相反的情形。法院判决理由并没有在规范的意义上理解盗窃行为与诈骗行为，而是根据日常生活用语的涵义使用这些术语，这对于法院的判决说理而言并不妥当”。[22] 该不同意见对裁判理由中的“决定性作用说”进行了批判，显得有些武断。“裁判理由”中明确指出，依照“获取财物时起决定性作用的手段”来判断是盗窃还是诈骗。盗窃罪和诈骗罪都是侵犯财产罪，正如前文所述，盗窃罪是被告人打破管理的行为与财产损失直接相连，而诈骗罪则介入了被害人的行为，由被害人的行为与财产损失直接相连。因此，在财产减损之时如果被告人自己取消了被害人的管理，并建立了自己对于财物的控制，那自然是盗窃手段，相应构成盗窃罪；在财产减损之时如果是被害人基于被告人所陈述的错误信息转移了对财产的控制，自然是诈骗的手段，可以成立诈骗罪。“裁判理由”的缺陷在于，没有将“决定性作用”这一表述加以细化，显得不够精确。实际上，从“是盗窃还是诈骗手段起决定性作用”这一表述中，仍可进一步推导出：诈骗罪中需满足被害人财产减损的直接性原则。

除了“决定性作用说”之外，“裁判理由”以及商榷者都坚持的“处分意识必要说”，前文第一、（二）部分已予以讨论，此处不赘。而商榷者针对“裁判理由”提出：“在学界经过多年讨论普遍开始放弃盗窃行为的‘秘密性’要件时，法院

---

[22] 同前注6，王钢文，第48页。

的论述却还在强调盗窃行为必须是‘秘密’窃取，这也令人颇感遗憾”，[23] 则不无道理。至于该案辩护意见所提出的 305000 元的损失应属于诈骗罪的罪轻辩护，在我国不存在类似于“计算机诈骗罪”这种罪名的法律框架下，较难有说服力。这种未经许可地使用他人数据获得财产的行为，尚只能论以盗窃罪。

（四）支付宝、微信支付平台中的财产犯罪

近三年来，支付宝、微信支付逐步占据了网络支付市场，与此同时，财产犯罪也开始利用这些新型的支付方式。例如：

案例 4（支付宝转账案）：被告人徐某某使用单位配发的手机登录支付宝时，发现可以直接登录原同事、被害人马某的支付宝账户，该账户内显示有 5 万余元。次日下午 1 时许，在浙江宁波海曙区柳汀新村某理发店，徐利用其工作时获取的马某支付宝密码，使用上述手机分两次从该账户转账 1.5 万元到刘某的中国银行账户，后刘某从银行取现 1.5 万元交给徐。海曙区人民检察院指控被告人徐某某犯盗窃罪。但海曙区人民法院判决认为，支付宝公司是第三方支付平台，为用户提供代管、转账等服务，被害人马某在支付宝账户内的款项由支付宝公司代管。徐某某利用偶然获取的支付宝密码操作马某的支付宝账户转账，使支付宝公司陷入错误认识，误以为该操作系受用户马某的委托，从而支付款项，徐某某的行为符合诈骗罪的构成要件。公诉机关的盗窃罪指控不成立，法院不予支持。一审宣判后，海曙区人民检察院以原判定罪错误为由，提出抗诉。宁波市中级人民法院经审理认为，抗诉机关关于被告人构成盗窃罪的理由不成立，不予采纳。遂裁定驳回上诉，维持原判。[24]

在具体涉及被告人徐某某的刑事责任之前，有必要先讨论一下阿里巴巴公司（在微信支付下，则为腾讯公司）在支付流程中的角色。由于钱币适用“占有即所有”的规则，在客户将钱款充入支付宝、微信零钱账户或者付给支付平台之后，钱款就由支付平台管理且所有，这样，客户只拥有向支付平台提款的债权。在本案中，也适用这种理解，无论是被告人徐某某还是被害人马某，他们之间都不是涉案款项的直接所有者，被告人所犯的财产犯罪的对象，也是金钱债权而非纸币。[25] 再加上该案并未涉及支付程序上的技术错误，而是属于人为的恶意调换，

---

[23] 同前注 6，王钢文，第 48 页。

[24] 浙江省宁波市海曙区人民法院（2015）甬海刑初字第 392 号、浙江省宁波市中级人民法院（2015）浙甬刑二终字第 497 号。

[25] 盗窃罪的犯罪对象，在我国现实的司法实践中，已经纳入债权等各种财产性利益，变得和诈骗罪没有本质性的区别。“张文光抢劫案”的“编写评析”中便指出：“财物多表现为有经济价值的有体物，但又不限于此。从功效上讲，抢劫一些无体物、债权等，与抢劫有体物会产生同样的结果，即都会造成被害人的经济损失，导致严重的社会危害”（最高人民法院中国应用法学研究所编：《人民法院案例选》2006 年第 4 辑，人民法院出版社 2007 年版，第 59 页）。对此现象的描述和理论分析，参见拙文：《刑法中侵犯财产罪保护客体的务实选择》，载《政治与法律》2016 年第 12 期。

所以即便出现了资金的错误流向，也应该由造成这种错误流向的具体自然人（即本案徐某某）承担责任，而不涉及阿里巴巴或腾讯公司的平台责任。

就徐某某个人的刑事责任而言，需要讨论的是构成诈骗罪和盗窃罪的可能性。案例 4 发生在使用支付宝支付、转账功能的过程之中，支付宝在这种场合发挥的是自助支付设备的功能：被告人以权利人的名义，在马某的支付宝账户内转账支付给自己或第三人，造成了马某的财产损失。该案司法裁判的逻辑是，被告人造成了支付宝公司的认识错误，属于欺骗支付宝公司，造成客户资金损失，应当类比信用卡诈骗罪，对该案论以诈骗罪。[26] 该案是实务界将进入他人支付宝转账认定诈骗罪的典型案例。这正是将支付宝类比于 ATM 机，从而借助《关于拾得他人信用卡并在自动柜员机（ATM 机）上使用的行为如何定性问题的批复》（2008）认定行为人成立诈骗的实例。但是，正如前述，除信用卡诈骗罪外，我国刑法中尚无针对 ATM 机以外的自动机器和程序的明文规定，故在目前法律框架下，更多的案例针对这种情形仍然是以盗窃罪论处。[27] 与该种存在定性分歧的情形不同，如果被告人未使用用户的账户、密码，而是独立地采用（黑客）技术手段突破支付宝的安全防护或者潜入其管理漏洞，入侵阿里巴巴的平台，造成支付宝中的客户资金受损，则支付宝在此处是充当管理设备的功能，被告人实施的是典型的盗窃行为，支付宝公司也应当因为安全措施不力而向用户承担赔偿责任。

在新型支付方式的情境下，案例 4 尚属较简单的例子，更为复杂的案例是：

案例 5（二维码案）：某大学校内有一便利店，店主把女儿的支付宝和微信二维码贴在柜台上，方便顾客进行电子支付，一天，张某趁店主上厕所的间隙，把店主柜台上的支付宝收款二维码调换成自己的收款二维码，一周后，店主才发现二维码被换，此时，张某已经获利 1800 元。

该案在我国倍受舆论关注，造成了网上网下讨论盗窃、诈骗之区分的盛况。在现实生活中，收款人大多会在付款人离开之前确认是否收到相关款项，故而，该种案件只会在个别场合发生，例如，单笔支付较大数额时，付款人声称已付款成功但网络延迟，在获得收款人允许后离开交易场所。但是，由于诈骗和盗窃具有不同的不法内容，而且诈骗和盗窃分别以 3000 元和 1000 元作为自己的起刑点，本案张某的行为还涉及罪与非罪的争议，因此，在学理上对案例 5 作出清晰讨论仍然很有必要。在处理该案之前，可先参考传统财产犯罪中的一则类似案例：

---

[26] 石坚强、王彦波：《将他人支付宝账户内资金私自转出构成诈骗罪》，载《人民司法》2016 年第 11 期，第 16 页。

[27] 例如，浙江省温州市中级人民法院（2015）浙温刑终字第 1844 号；广东省深圳市福田区人民法院（2014）深福法刑初字第 834 号。

案例 6（压路机案）：甲闲逛时发现本市高速公路旁有一闲置的旧压路机，即产生变卖的念头。次日，甲假冒公司人员来到附近一废品收购站，找到经营者乙，谎称该压路机已经报废准备变卖，并与乙一起到现场查看，二人当场决定以 6000 元的价格成交。第三日，乙便组织人力找来切割工和吊车赶到现场，正在拆卸时被群众发现报警，甲被公安机关当场抓获。经价格认证中心鉴定，该压路机价值 5 万元。

案例 5 和案例 6 这两案中，被告人都试图利用虚假信息获利，希望购买者在认识错误的条件下支付款项，而被转移财产的合法权利则属于另一人（财产损失者）。针对“压路机案”，较多学者主张，此时应以盗窃与诈骗的想象竞合论处。[28]理由是，就压路机而言，甲成立盗窃罪，甲利用不知情的乙以间接正犯的方式实施了窃取行为（止于未遂），这里的被害人是压路机的所有权人；而就 6000 元货款而言，甲通过欺骗造成乙的认识错误，致使乙将 6000 元货款处分给甲，但乙却不能同时获得对压路机的所有权，故而遭受了财产损失。这种主张是有道理的。可能会有质疑者认为，该案应成立针对物主的三角诈骗，但本文不以为然，因为在三角诈骗中，认识错误者和财产损失者之间须有特定的关系，[29]只有具备特定关系，才能将前者的行为算作后者的损失。在“压路机案”中，购买者只是因为收购废品才与被告人产生沟通、交往，他并不认识压路机的主人，也没有义务照料好后者的利益，更不会为了保护后者的利益而反抗。因此，应该排除该案成立“三角诈骗”的可能性，从而只认定被告人犯诈骗和盗窃两罪，成立想象竞合。案例

[28] 陈洪兵：《盗窃罪与诈骗罪的关系》，载《湖南大学学报》（社会科学版）2013 年第 6 期，第 140 页；同前注 6，王钢文，第 31 页。

[29] 产生认识错误者和财产损失者之间需要具备何种关系？理论上众说纷纭：（1）权限说。该说认为，产生认识错误者必须具有处分财产损失者之财产的特定权限。如果前者不具备这一权限，则不可将财产损失的结果归属给后者，这时不能认定三角诈骗。产生认识错误者只能算是受行为人支配的工具，只能成立盗窃罪的间接正犯。（2）阵营说。该说认为，产生认识错误者必须与财产损失者处于同一阵营，否则，不可成立诈骗，而应成立盗窃，判断是否处于同一阵营的是产生认识错误者的设想。（3）地位接近说。该说认为，产生认识错误者不必具有处分财产损失者之财产的特定权限，只需要在事实上比行为人更为接近受害人即可。（4）为保护财产而可能反抗说。依照这种方案的论述，权限说要求过严，在实践中经常出现没有特别授权的案件，所以，不宜以权限说作为判定成立诈骗的标准。阵营说过于依赖产生认识错误者的设想，不能从被告人的角度考察其行为的不法性质，也存在导致行为定性不确定的毛病。地位接近说过于依赖产生认识错误者和受害人之间的关系位置，有时即便认识错误者距离受害人较近，他也没有保护受害人财产的任何想法或任何可能，因此，不宜以地位接近说作为判断的标准。质言之，（1）、（2）、（3）诸说都只是从本体论上讨论认识错误者和受害人之间的既有的关系，没有从规范论上讨论问题。如果从规范论上看，则应该以认识错误者的应然反应为标准，即认识错误者有无可能为了保护受害人的财产而可能反抗，克服这种可能的反抗，也就能说明被告人行为的不法性质。故而，第（4）种方案更具有说服力。同前注 4，Kindhäuser 书，§ 27，Rn. 46 ff.；注 9，Kindhäuser 文，§ 253，Rn. 25；Wessels/Hillenkamp，Strafrecht BT 2，2010，Rn. 714.

5（“二维码案”）与案例 6 有相似之处，那么，案例 5 中的张某也构成盗窃和诈骗的想象竞合吗？

诈骗罪属于智力犯罪以及所谓“交往沟通型犯罪”，被告人需要与对方就财产决策的具体事项发生意思的沟通，在该意思沟通过程中，被告人使用了欺骗的手段，使对方陷入认识错误之中，被告人便利用该认识错误获得了财产上的收益（“一对一”的诈骗罪）。那么，在案例 5 中，被告人就财产决策事项和谁进行了具体的意思沟通，谁是本案中遭受了财产损失的受害人呢？

本案中，张某就具体财产交易本身并未与店主发生任何意思沟通，店主在案发前对于张某单方面操纵的收款渠道变更是毫不知情，所以，认为店主产生认识错误并向顾客发出指示交付的指令，使其错误付款并给自己造成损失，应肯定被告人针对店主成立诈骗罪的观点，是存在疑问的。因为这样理解，会使沟通交往不再需要就财产决策事项进行具体的陈述和表达，这会使得诈骗的成立范围被大大扩张，使得被告人排除沟通交往的侵财手段也成为诈骗手段，这样的后果是，诈骗和盗窃之间的界限变得更加模糊。

类似于店主的不知情，被告人与顾客之间也没有发生针对财产决策的具体意思沟通，被告人只是抽象地使店主、顾客等人陷入认识错误之中，故不应肯定被告人欺骗了顾客。“二维码案”与“压路机案”的区别之处在于，在“压路机案”中，被告人和购买者之间就买卖发生了具体的意思沟通，这不仅使得“欺骗”得以在他们之间发生，也使得在“压路机案”中尚有讨论“三角诈骗”的余地。相比之下，在“二维码案”中，讨论“三角诈骗”的必要性就很小。

在排除了针对店主以及顾客的“一对一”诈骗之后，剩下可以考虑的方案是，“二维码案”中的张某能否以盗窃罪论处？在我国司法实践中，由于盗窃、抢劫罪的对象已经扩张到债权，如果遵循这样的理解，本案中就不会出现是否存在适格的盗窃罪犯罪对象的分歧。在张某行为造成财产损失的具体流程上而，顾客虽然向错误的二维码付了款，但却已经得到了相应价值的货物，他们没有遭受实际的财产损失，故并非盗窃案的财产损失受害人。而店主在与张某缺乏具体沟通的前提下，将货物处分给顾客，却未能获得顾客转让的相应债权，从而遭受了实际的经济损失。这样，店主是张某盗窃案的实际受害人，顾客则只是张某实施盗窃犯罪的工具。归纳言之，案例 5 中的张某应认定为盗窃罪的间接正犯。

三、结论

在新型支付方式下，之所以盗窃和诈骗的界限会成为争议性论题，一个重要原因在于，这两者都属于被告人回避和被害人就财产转移进行“正面交往”的犯罪。而在网络环境下，支付的自动化和即时化，使得当事人间的“侧面交往”（诈骗）和“排除交往”（盗窃）这两种行事模式变得更加隐蔽。只有仔细考察被告人在作案过程中的交往模式和意思沟通内容，才容易在界分相应罪名上获得较清晰的认识。针对新型支付方式下盗窃和诈骗的区分，本文的几点结论如下：

1. 诈骗罪是一种“交往沟通型”犯罪，需以被告人和被害人之间发生沟通和交往为前提，这使得被害人的行为具有“自愿”的表象，但这种表象，并不能说明处分意识乃是诈骗罪的必要要素，也不是在所有的诈骗案件中，被害人都有处分意识。被害人所具有的意识，只需为“就财产决策事项加以沟通”的意识。

2. 盗窃和诈骗在结构上的不同体现在：在诈骗案件中，介入了被害人的中间行为，这一中间行为的具体内容是被害人进行了财产处分。在判断财产处分时，被害人的行为必须直接导致财产的减损；如果是被告人自己的行为直接促成了财产的减损，则不构成诈骗。

3. 我国《刑法》中不设有所谓“计算机诈骗罪”，网银钓鱼案件中的取财行为，通常只能以普通盗窃罪论处。利用病毒截取客户账户、密码等数据后使用其取财的案件中，其数据获取行为，可能成立非法获取计算机信息系统数据罪，而使用数据取财的行为，则应当区分是在柜台等自然人场合还是在网银等机器环境或人工智能条件下使用。在前一场合使用，为诈骗行为；在后一场合使用，宜分情形处理：在 ATM 机等支付设备上使用，具有欺骗的性质，可以依照相应司法解释，以信用卡诈骗罪等罪名论处；在具有管理性质的设备上使用，则通常应以普通盗窃行为论处。

4. 被告人以他人的支付宝账号、密码，违背他人意思登录其支付宝进而转账的，存在认定盗窃罪，还是将支付宝类比 ATM 机进而认定诈骗罪的定性分歧；在我国目前的法律框架下，保守的做法是成立普通盗窃罪。而在被告人调换他人支付宝、微信支付的二维码图片，进而代替对方收取第三者（平等主体）所转让的债权的案件中，由于被告人排除了和财产损失者就财产决策事项的具体沟通和交往，不宜肯定针对财产损失者的“一对一”诈骗；较妥当的方法是以普通盗窃罪的间接正犯论处。

（本文曾发表于《法学》2018 年第 1 期）

挪用公款罪司法认定若干问题研究

王作富

挪用公款罪是一种既有渎职性，又侵犯有关单位财产权利的犯罪，其犯罪构成具有相当的复杂性。虽然现行刑法典以及1998年通过的《最高人民法院关于审理挪用公款案件具体应用法律若干问题的解释》（以下简称《解释》）已对挪用公款罪作出了明确的规定，但围绕该罪犯罪构成的理解与执行，仍然存在着一系列争论。本文拟就以下几个问题谈谈个人的看法，以求教于同行们。

一、挪用公款罪的对象认定

如何确定挪用公款罪的对象的性质与范围，直接关系到挪用公款罪是否成立。但是，由于刑法在两个条文中对本罪的错综规定，使本罪的对象出现了一定的复杂性，理论上和实践中也产生了不同的观点。其所涉及的问题主要有两个：其一，作为本罪对象的“公款”是否必须是公共财产；其二，公物能否成为本罪的犯罪对象。下面分别进行研讨。

（一）如何理解现行刑法典第384条所说的“公款”

对此，有学者解释说，是指公共货币资金。[1] 如果说所谓“公共”就是指传统的“公有”之意，即指国家或集体所有，并且仅限于现行刑法典第384条第1款之挪用行为，这种解释自然没有疑义。而这样一来，由公私资本混合而成的私人财产，不论公有成分占多大比例，都不能等同为国有财产或者劳动群众集体所有的财产。可是，现行刑法典第172条第2款又规定，被委派到非国有单位从事公务的国家工作人员，利用职务上的便利挪用本单位的资金归个人使用或者借贷给他人的，同样以挪用公款罪论处，至于行为人所挪用的单位资金的性质，刑法典并未附加任何限制。可见，立法者在此关注的并不是上述单位财产的性质，而只是行为人的身份。立法上之所以如此规定，是缘于这样一种考虑：既然身为国家工作人员，自然负有维护职务廉洁性的更高义务，因而无论其挪用的本单位资金性质如何，均应对其较其他工作人员作更为严格的要求。基于此，笔者认为，上述国家工作人员实施现行刑法典第172条规定的挪用资金行为，只要达到了挪用公款罪的定罪标准，均应以挪用公款罪论处，至于该单位的财产性质是否属于公共财产，于本罪成立不生影响。

[1] 参见孙谦主编：《国家工作人员职务犯罪研究》，法律出版社1998年版，第132页。

所以，处理挪用公款案件，必须弄清行为人所动用的款项是否确实属于公款，即归单位所有的金钱，其中包括归国有单位所有的资金和行为人被国有单位委派到非国有单位从事公务的非国有单位所有的资金。从资金的状态看，包括已在单位入账从而处于单位控制之下的资金，也包括应当收归单位所有但却尚未入账的资金。例如，执法人员依法收取罚没款不上交，截留挪用，即为挪用公款。然而在实践中，往往因为对款项的归属认识不一而对是否构成挪用公款产生争议。例如，有这样一个案例：中国工商银行某营业所主任柳某，同本县承包石宝地区修路工程的周某相识。某日，周持 5 万元到上述营业所存款。柳按周的意思为其填写了手续齐全的定期 1 年的存款单，但却未在本所为周建卡立户和记入本所账目。随后，柳将此款以营业所名义贷给了个体户陈某。存款到期后，周持存款单来取款，柳拿不出钱，只好对周说：钱没存入银行，借给友人了，要周认可 5 万元是周借给他个人的。周同意把钱要回来就算了。柳从陈处要回后还给了周，陈付了 4 千多元利息被柳占为己有。此案在检察机关内部对于 5 万元是否应认定为公款有不同观点，因而对于本案行为的定性产生了重大分歧。笔者认为，该款应视为公款。理由如下：第一，周某将 5 万元交给柳某是向银行存款，不是与柳某个人之间的关系；第二，柳某利用职权以单位名义为周某开出定期存单，并加盖公章，手续齐全，是有效的凭证，从而形成了银行与周某的契约关系，银行负有向周某支付存款及利息的义务；第三，柳某截留储户存款与偷支储户存款，其危害性无本质上的差异；第四，柳某将 5 万元贷给陈某使用 1 年，并且占有了利息，挪用行为已经完成，事后与周某私了不能改变原行为的性质。

（二）如何认定挪用公物归个人使用，价值较大，且超过 3 个月未还的行为性质

依照 1979 年刑法典和现行刑法典的规定，挪用公款罪的犯罪对象只能限于公款和用于救灾、抢险等特定物品。但在理论上有学者提出，公款与公物都是公共财产的重要组成部分，只是表现形式不同，并无本质差异。同样的挪用行为，只因其具体对象不同，有的规定为犯罪，有的却不规定为犯罪，无法体现法律的公正性。[2] 还有学者提出，挪用公款 1 万元归个人使用，超过 3 个月未还的，以犯罪论处；挪用价值数万元的电脑和激光打印机归个人使用，长达 5 年之久，后者无论从挪用的时间，还是从挪用的价值看，其危害性都比前者大，却不构成犯罪，显然是不合理、不公平的。[3]

---

[2] 参见顾清：《论挪用公物犯罪立法与司法》，载雷铣主编：《中国高级检察官优秀论文精选》，中国检察出版社 1993 年版。

[3] 参见田宏杰：《挪用公款罪司法解释评析》，载陈兴良主编：《刑事法判解》，法律出版社 1999 年版，第 159–160 页。

的确，公款和公物都是公共财产的组成部分，二者又可以互相转化，并且，公物可以像公款一样被人用来进行非法活动、营利活动或者其他活动，从而构成对公共财产权利的严重侵犯，具有本质相同的社会危害性。因此，在刑法上只规定挪用特定款物罪，而把挪用非特定性质的公物一概排除在刑法调控范围之外，显然不利于对公共财物的全面保护和对挪用公物行为的遏制和预防。正是基于此，1989 年 11 月 6 日最高人民法院、最高人民检察院在《关于执行〈关于惩治贪污罪贿赂罪的补充规定〉若干问题的解答》（以下简称《解答》）中曾规定："挪用公物归个人使用，一般应由主管部门按政纪处理，情节严重，需要追究刑事责任的，可以折价按挪用公款罪处罚。"司法解释的意图，显然是要以此弥补法律之不足。但是，只看到公物与公款的紧密联系及其共性方面，就认为凡是挪用公物的行为，都可用折价的方法按挪用公款罪处罚，无论是在刑法有关条款修改之前或抑或修改之后，笔者认为，都未必妥当。这是因为：

首先，公物虽是用公款购买，但是，公款一旦转换成公物，二者的性质和作用就发生了变化。比如，公款用于生产、经营活动，可以增值，而许多公物却都是处在逐渐消耗和折旧过程之中。其次，由上述特点所决定，挪用公物与挪用公款在数额相同的条件下，其实际危害程度是不完全相同的，把公物折价与挪用同等数额的公款相提并论，难以实现罪责刑相适应原则的要求。比如，挪用一辆闲置的价值 30 万元的轿车从事营利活动，使用一个月，与挪用 30 万元公款从事营利活动，两者的社会危害程度显然不能等量齐观，但由于两者折价后的挪用数额相同，依照"折价说"则应在刑法上予以相同的评价，这无疑有失刑法的公正。

其次，对法律规定作不利于被告人的扩大解释，应当严格控制。对法律规定的公款扩大解释为可以包括任何公物，有损现代刑法的人权保障使命。1997 年刑法修订以后，明文规定了罪刑法定原则，突出了社会保护功能与人权保障功能的统一，尤其应当严格控制扩大解释，法律不完备的，应通过修改、补充以作来解决。因此，最高人民法院 1998 年的《解释》第 3 条明确规定，只有对挪用救灾、抢险、防汛、优抚、扶贫、移民、救济物品归个人使用的，可以按挪用公款罪处罚。2000 年 3 月 6 日《最高人民检察院关于国家工作人员挪用非特定公物能否定罪的请示的批复》中则进一步指出："刑法第 384 条规定的挪用公款罪中未包括挪用非特定公物归个人使用的行为，对该行为不以挪用公款罪论处。如构成其他犯罪的，依照法律的相关规定定罪处罚。"

需要指出的是，肯定一般公物不是挪用公款罪的犯罪对象，并非与公物相关的挪用案件一概不能构成挪用公款罪。问题在于，一般挪用公物是指行为人直接利用公物的使用价值。例如，挪用单位的汽车为个人从事运输活动，而该物并不作为商品进入流通领域，因而不能构成挪用公款罪。但是，如果行为人的目的是利用公物本身的商品价值，使其进入流通领域，将公物转换成货币，例如，将公物出售，用所得的价款为个人从事非法活动或其他活动，则由于该项价款的所有权归属单位，应当视为挪用公款，或者说是挪用公款的一种特殊形式，符合挪用公款罪其他要件的，应以挪用公款罪论处。

此外，还应当注意，挪用一般公物不构成挪用公款罪，但可能构成其他犯罪。具体地说，对这类案件，应当根据案件情况，分别作以下几种处理：

1. 国家工作人员挪用公物归自己或他人使用，进行走私、赌博、制作、贩卖淫秽物品等犯罪活动的，应按其实施的具体犯罪活动定罪处罚；

2. 国家工作人员挪用公物给他人使用，从中向使用人索取、收受贿赂，数额较大，使用人未利用公物进行犯罪活动的，对挪用人应按受贿罪定罪处罚；

3. 国有公司、企业、事业单位的工作人员挪用公物给他人使用，进行营利活动或其他活动，使用人未构成犯罪，但结果使国家财产遭受重大损失的，例如，被挪用的巨额公物无法追回，对挪用人可以按全国人大常委会修正后的刑法第168条的规定定罪处罚；

4. 国家机关工作人员挪用公物给自己或他人用于非犯罪活动，结果却使国家财产遭受重大损失，符合滥用职权罪或者玩忽职守罪特征的，应按现行刑法典第397条滥用职权罪或玩忽职守罪的规定定罪处罚；

5. 国家工作人员挪用公物归个人使用，情节轻微危害不大的，应当作为违反财经纪律行为处理。

二、挪用公款罪的客观行为认定

根据现行刑法典第384条的规定，挪用公款罪在客观方面表现为，利用职务上的便利，挪用公款归个人使用，进行非法活动，或者挪用公款数额较大、进行营利活动，或者挪用公款数额较大、超过3个月未还的行为。由此可见，挪用公款行为的成立，必须同时具备以下三个要素：（1）行为人必须是利用本人的职务上的便利实施挪用公款行为；（2）挪用公款必须是归个人使用。这里的“个人”，既包括本人，也包括他人；（3）挪用公款有3种不同的用途，并且刑法典对各种不同用途规定了不同的定罪条件，有的要求挪用公款数额较大，有的不要求数额较大；有的要求超过3个月未还的，才定罪，有的未限定归还的时间条件。

在理论上，有人认为挪用公款的3种不同用途，不是构成本罪的构成要件，只是量刑考虑的情节。笔者认为，3种不同的用途，不是决定某种行为是否属于挪用公款的基本条件，也就是说，只要是行为人利用本人职务上的便利，擅自动用公款归个人使用，不论其用途如何，都属于挪用公款。但是，现行刑法典第384条明文规定，对不同的挪用公款用途，有不同的定罪条件，却没有明确对三种挪用行为如何分别量刑。因此，否认上述规定对于决定不同的挪用公款行为是否构成挪用公款罪的定罪意义，显然是不正确的，忽略这一点，必将导致混淆罪与非罪界限的错误。

为了深刻理解和掌握挪用公款罪的客观要件，需要着重研究以下几个问题：

（一）关于挪用公款“归个人使用”的理解

挪用公款“归个人使用”是刑法明文规定构成挪用公款罪所不可缺少的一个客观要件。但在过去，刑法学界对此却有不同的看法。有学者认为，被挪用公款的去向或者用途不同，仅仅反映了行为人的动机不同，而动机如何，并不能影响挪用公款罪的成立；实践中有的行为人挪用公款供企事业单位、机关、团体使用，对这种行为一概不处罚，不利于惩治犯罪。因而主张，挪用公款后是否归个人使用，于挪用公款罪的成立不生影响。[4]

笔者认为，这样理解是不符合挪用公款罪的立法原意的。挪用公款归个人使用与归单位使用，尽管都对公款的使用权构成了一定的侵犯，但两者的社会危害程度是不同的，公款私用的社会危害程度显然大于挪用公款归单位使用的社会危害程度，而刑法所要惩治的是具有严重社会危害程度的犯罪行为，并非一般的违法或违纪行为。这正是刑法规定挪用公款罪必须是挪用公款归个人使用的行为之缘由所在。至于一般的挪用公款归单位使用的行为，是违反财经纪律的行为，不是挪用公款罪法条所要惩治的对象，这也是对由刑法在法律体系中的从属性所决定的刑法调控范围及其打击力度考虑的结果，是谦抑性这一现代刑法基本要求的体现。

根据司法解释的规定，挪用公款归个人使用，是指挪用公款归本人使用或者给他人使用。那么，这是否意味着挪用公款归单位使用就不成立挪用公款罪呢？我们注意到，在1989年11月6日《解答》中曾规定，“挪用公款后，为私利以个人名义将挪用的公款给企业事业单位、机关、团体使用，应视为挪用公款归个人使用”。对此有几个问题值得研究：

1.《解答》是在修订刑法之前作出的，在修订刑法以后的有关挪用公款罪的司法解释中，没有包含上述解释的内容，该解释是否继续有效，尚不明确。笔者认为，既然刑法明文规定，挪用公款罪之构成，是以挪用公款给个人使用为要件，自然不能包括给与个人相对应的企业、事业单位、机关、团体等单位使用。然而，给单位使用也有各种不同情况，不加区别地一概排除在挪用公款罪之外，也欠妥当。这就是上述《解答》的出发点。笔者今天仍然主张，如果是为了个人私利，挪用公款给上述单位使用，应视为挪用公款给个人使用，其行为符合挪用公款罪其他要件的，应当以本罪论处。因为，所谓“归个人使用”，其最本质的特征就是使公款进入流通领域，以便挪用人用以牟取私利。具体表现为两种使用情况：（1）挪用人自己挪出公款后，自己加以使用；（2）挪用人通过将公款交给他人或者单位使用，自己从使用人那里获取利益（包括物质利益和非物质利益）。由此

[4] 前引1，孙谦主编书，第134–135页。

可见，后一种情形，行为人显然是把公款作为自己牟取私利的工具来使用的，只不过使用的方式与前一种情形不同罢了，二者对公款所有单位的公款所有权的侵犯，并没有任何实质上的区别。至于《解答》所附加的“以个人名义”条件，笔者有不同看法。因为，所谓“以个人名义”含义不够明确。在实践中，有些挪用人是通过银行划拨的方式将公款划到其他单位账号上的。而划拨是不可能以个人名义进行的，难道行为人借此牟取私利，只因为不是以个人名义就不构成挪用公款罪吗？回答当然是否定的。因而是否“为个人使用”，关键在于是否为自己牟取私利。

2. 挪用公款给单位使用，是否包括给私有企业、事业单位使用

这一问题在《解答》中没有明确规定。1998年最高人民法院的《解释》中指出：“挪用公款给私有公司、私有企业使用的，属于挪用公款归个人使用。”对此，在理论界也产生了一些不同的看法。首先，照此解释，挪用公款给私有公司、企业以外的一切公司、企业使用，都不能视为“归个人使用”。然而，经过经济体制改革之后，大量公司、企业的所有制性质已经不能简单地以公有、私有来划分，除私有、公有之外，还存在着大量公私资本比例不同的混合型的企业、事业单位，这些公司、企业如何以公有、私有来定性，理论上不无疑问，而且，在今天私有经济已经成为我国经济的重要组成部分，它们与其他经济组织都在市场经济中发挥着重要作用，为发展经济作出了重要贡献，对它们应当平等对待。上述解释与此似有不合。其次，根据最高人民法院1998年的《解释》，在涉及挪用公款罪的认定时，私有企业不视为单位。但是，在1999年6月18日《最高人民法院关于审理单位犯罪案件具体应用法律有关问题的解释》中，在解释现行刑法典第30条所规定的单位犯罪的部分主体“公司、企业、事业单位”的范围时，却又说其中包括具有法人资格的“私营公司、企业、事业单位”。同是私有企业、事业单位，为了使司法机关能够追究该单位的刑事责任，就将其列入单位的范围；而为了给追究挪用公款人的刑事责任提供依据，又规定将私有企业视为个人。如此“区别对待”的合理性如何，笔者表示怀疑。

（二）挪用公款罪的数额的认定

根据现行刑法规定和有关司法解释，挪用公款时间的长短以及数额的大小，对于定罪量刑具有十分重要的意义。但是，由于刑法对挪用公款的不同用途规定了不同的定罪条件，有的有挪用时间的限制，有的没有时间限制，因此，应当根据有关规定，具体掌握区分罪与非罪的标准。这里着重谈谈对挪用公款数额的理解和认定问题。

1. 挪用公款进行非法活动的，是否不论数额大小，均须定罪判刑

对于挪用公款进行非法活动的，刑法没有规定挪用数额较大的限制。那么，这是否意味着只要挪用公款进行非法活动，不管数额大小，一律应当定罪量刑

呢？对此，也不无争议。一种观点主张，挪用公款归个人使用，进行非法活动，立法中没有规定数额较大，因此，只要行为人挪用了公款，并进行了非法活动，数额一般，也可以作为犯罪处理，如果挪用数额虽小，但利用所挪用的公款进行严重违法活动或者犯罪活动，也应以犯罪处理[5]。另一种观点则认为，社会危害性较大的盗窃罪、诈骗罪都有数额较大的限制，而社会危害性较小的挪用公款罪反而无数额限制，这在立法上是不协调的，因而主张挪用公款归个人使用进行非法活动的，应该有一个数额限制，而不能不问数额大小均以犯罪论处[6]。

笔者认为，现行刑法典第384条对挪用公款进行非法活动的，没有规定数额的限制，只是着眼于将公款用于非法活动比用于营利或其他活动，可能给国家、社会造成更严重的危害，因而需要采取相对较严厉的政策。从指导思想上看，这是不错的。但是，马克思主义唯物辩证法要求我们，认识和处理一切问题，都必须要具体地分析具体情况。就具体案件而言，挪用公款进行非法活动，情况是比较复杂的，比如，有的挪用数额虽然不大，但进行的非法活动比较恶劣、严重；有的挪用数额较大，但所进行的非法活动并不严重；还有的挪用的数额较小，进行的非法活动也不严重。故笔者认为，处理上述案件，一概不考虑挪用的数额大小，也不考虑非法活动的性质和情节，并非适法之举。所以，最高人民法院1998年的《解释》规定，挪用公款归个人使用，进行非法活动的，以挪用公款5000元至10000元作为追究刑事责任的数额起点，有助于区分犯罪与违法的界限，因而是适当的。据此，笔者认为，对挪用公款进行非法活动的案件，可以根据案件的具体情况，分别作以下处理：（1）挪用数额达到上述立案标准，一般应当以本罪论处；（2）挪用数额未达到上述立案标准，但其进行的非法活动构成其他罪的，按其他罪处理。例如，挪用公款4000元去贩卖淫秽物品，数额较大的，应按照现行刑法典第363条的规定，以贩卖淫秽物品罪定罪处罚；（3）挪用公款数额未达到上述立案标准，用于进行的非法活动情节也较轻微，综合全案确实属于情节显著轻微危害不大的，根据现行刑法典第13条的规定，应不以犯罪论处。

2. 对于多次挪用公款的案件，如何计算挪用公款的数额

在司法实践中，行为人挪用公款往往并非只挪用一次，而是多次挪用：其中，有的是多次挪用公款，用后次挪用的公款归还前次挪用的公款；有的在案发前全部归还了；有的只归还了一部分；有的一次或多次挪用公款，用于不同的用途，其中分别所用的数额大小及使用的时间长短不等；有的挪用公款用于不同的用途，案发前归还了部分公款，另一部分公款则没有归还；还有的多次挪用公款，

[5] 刘生荣、张相军、许道敏：《贪污贿赂罪》，中国人民公安大学出版社1999年版，第93页。

[6] 张穹主编：《贪污贿赂渎职"侵权"犯罪案件立案标准精释》，中国检察出版社2000年版，第55页。

每次挪用的数额都未达到立案标准，但累计数额较大……在处理案件时，如何正确计算挪用公款的数额，并且据此作为认定是否构成挪用公款罪的根据，是一个相当复杂的问题。最高人民法院 1998 年的《解释》指出："多次挪用公款不还，挪用公款数额累计计算；多次挪用公款，并以后次挪用的公款归还前次挪用的公款，挪用公款数额以案发时的实际数额计算。"（这里的"实际数额"应指实际未还的数额）笔者认为，面对涉及挪用公款数额可能出现的复杂、多样的情况，如何计算作为认定犯罪及处罚的数额，显然无法从上述过于原则的解释中一一找出明确的答案，因而在理论上和实际中难免产生争议。在最高司法机关未作出新的司法解释之前，笔者主张，立足于现行立法规定，对多次挪用公款的案件，应当分别以以下几种情况处理：

（1）为了进行非法活动或营利活动，多次挪用公款，每次挪用的数额都未达到立案标准，但累计数额达到立案标准，或者在多次挪用中，有的挪用数额较大，有的数额不到较大，笔者主张，都应以累计数额认定，作为定罪处罚的标准。因为刑法虽然规定了"数额较大"，但并非要求每次挪用的数额都必须达到较大的标准，所以，这里"数额"可以包括累计的数额。

（2）一次挪用公款数额较大，分别用于 2 种或 3 种活动，每种活动所使用的公款数额都未达到立案的标准，是否构成挪用公款罪？比如，一次挪用公款 2 万元，其中 9000 元用于购买股票，8000 元用于购买家具，3000 元用于赌博。从总额看，挪用的数额较大，但从 3 种用途看，都未达到司法解释规定的立案标准。笔者认为，应按 2 万元的数额认定犯罪。理由主要在于：首先，从挪用公款的危害本质看。本罪所危害的主要是单位对公款的占有、使用、收益权，对单位财产权利危害的大小，主要取决于行为人挪用公款数额的大小及时间长短，至于其用于何种用途，对财产权利的危害程度是一样的。其次，根据刑法规定和司法解释，挪用公款 1–3 万元进行违法活动或营利活动以外的其他个人用途，超过 3 个月未还的，即可构成犯罪，那么，行为人挪用公款 2 万元，既用于进行非法活动和营利活动，又购买生活用品，只是因为分开来看，各项用途都未达到司法解释提出的标准，就不认为是犯罪，无异于"大事化了"，导致对挪用人的放纵，不利于惩治和预防挪用公款的犯罪活动。

因之，对于上述案件如何适用法律，笔者主张，可以按照行为人对公款的主要用途适用法律，即公款主要用于非法活动或营利活动的，适用现行刑法典第 384 条关于"挪用公款进行非法活动"或"挪用公款进行营利活动"的规定；主要用于上述两种活动以外的活动的，适用"挪用公款数额较大，超过 3 个月未还"的规定。

（3）多次挪用公款用于非法活动和营利活动以外的活动，累计数额较大，应以累计数额认定，但挪用的时间应按各次挪用的时间计算。具体分析这类案件，可能出现以下几种情况，应分别处理：

其一，行为人挪用公款多次，每次的挪用都超过了 3 个月，案发前全部没有归还，数额较大，对其应按累计挪用的数额定罪处罚；

其二，行为人挪用公款多次，累计数额较大，但在案发时各次挪用均未超过 3 个月，依法对其不应定罪处罚；

其三，行为人挪用公款多次，累计数额较大，但在案发时，有的挪用数额尚未超过 3 个月，或者有的挪用数额在案发前已经归还，对其应按案发时超过 3 个月并且尚未归还的数额处理，对其挪用尚未超过 3 个月的数额以及案发前已归还的数额，只作为处理该案的一个情节适当考虑。

（4）多次挪用公款，用后次挪用的公款归还前次挪用的公款，如何计算和认定挪用公款的数额？前述司法解释指出，应以案发时尚未归还的实际数额认定。照此处理，不论行为人挪用公款具体用于何种用途，也不论其挪用的公款数额多大，挪用时间多长，只要在案发时，实际未还的数额达不到定罪的标准，就应宣告无罪。笔者认为，这是值得商榷的。根据现行刑法典第 384 条的规定，对于挪用公款进行非法活动或营利活动，其犯罪之构成，是不受挪用时间长短限制的，案发前是否归还，对此也无影响，只能作为量刑情节适当考虑。比如，甲挪用公款 5 万元用于赌博，1 个月后又挪用 5 万元公款，用于归还前次挪用的公款，待到案发时，第 2 次挪用的 5 万元也被其归还了。不难看出，甲挪用 5 万元用于赌博的事实存在，且时间长达 1 个月，对单位财产权利的危害已经造成，挪用公款罪已经成立，即使对后次挪用的公款，因其是用于归还前次挪用的公款，该项公款实际未脱离单位控制，可以不追究其挪用公款的法律责任，也绝无理由将其已经成立的挪用公款罪一笔勾销。否则处理结果必将与现行刑法相抵触，从而有损法律的严肃性。

所以，笔者认为，上述司法解释有进一步具体化的必要，对不同的案件作不同的处理，以适应现行法律规定的挪用公款行为复杂性的现状。考虑到司法实践中此类案件的各种复杂情况，可分别作以下几种处理：

其一，多次挪用公款进行非法活动或营利活动，数额较大，以后又挪用公款用来归还前次挪用的公款。至案发时，挪用的公款已全部归还的，应当按其用于进行上述活动的公款数额，依法追究其刑事责任。如果后次挪用的数额超过前次挪用的数额，比如，甲第一次挪用公款 5 万元用于赌博，后来又挪用 8 万元，其中用 5 万元归还前次挪用的数额，案发时尚有 3 万元未归还。笔者认为，对甲应当按照其第一次挪用的 5 万元加上其第二次挪用尚未归还的 3 万元来定罪处罚。

其二，多次挪用公款用于个人生活消费，数额较大，以后又挪用公款用来归还前次挪用的公款，各次挪用的时间应分别计算。如果案发时所有挪用的公款均未超过 3 个月，或者是虽然超过 3 个月但在案发前已全部归还，即使累计数额大，也不应定罪；如果案发时尚有未归还的数额，且已超过 3 个月，则应以此实际未还的数额认定，达到立案标准的，以挪用公款罪论处。

三、挪用公款罪的主体问题

挪用公款罪的主体只能是“国家工作人员”，除此以外，其他任何自然人，包括集体经济组织工作人员和其他经手、管理公共财物的人员，都不能成为挪用公款罪的主体，单独构成挪用公款罪。

所谓国家工作人员，根据现行刑法典第 93 条的规定，是指下述 4 类人员：（1）国家机关中从事公务的人；（2）国有公司、企业、事业单位、人民团体中从事公务的人员；（3）国家机关、国有公司、企业、事业单位委派到非国有公司、企业、事业单位、社会团体中从事公务的人员；（4）其他依照法律从事公务的人员。

关于挪用公款罪的主体，有两个问题需要注意：

（一）承包人能否成为挪用公款罪的主体

对于承包人能否构成挪用公款罪的问题，无论是在刑法修订前还是刑法修订后，我国刑法学界一直是意见纷纭，莫衷一是。有人主张，承包人有权自由支配企业财产，只要能够履行合同上的义务，挪用公款就不能定罪。如果承包期满以后再挪用，则可以挪用公款罪定罪。[7] 但也有人认为，承包人只能支配企业财产用于企业的经营，而无权用于个人使用，否则可以构成挪用公款罪。[8]

笔者认为，承包案件的情况比较复杂，收益分配方式多种多样，因此应具体情况具体分析。具体而言，这一问题的解决，必须明确以下两个问题：

1. 承包人挪用公款归个人使用是否构成犯罪，或者说，承包人是否有权挪用公款归个人使用？大家知道，承包企业的特点是，经营权与所有权分离。国有企业以承包的方式交给非国家工作人员承包，承包人只取得经营权，所有权为国有的性质不变。国家推行承包制的目的，是搞活企业，发展社会生产力。因此，从原则上讲，承包人取得经营权，只能把企业的资金用于企业的经营，而无权把企业的资金随意供个人使用。但是，承包企业的情况比较复杂，收益分配的方式多种多样。因此，处理上述问题也要具体情况具体分析。关键是看行为人是否损害了发包单位的经济利益。比如，承包合同规定的是“活包”，即承包人与发包单位双方每年按比例分配企业的利润，企业获利越多，发包单位收益也越多。如果允许承包人随意把企业资金挪作个人使用，势必也影响到企业的正常经营，使利润下降，发包单位的收益也相应减少，经济利益受到损害。因此，承包人挪用企业资金归个人使用符合挪用公款罪其他要件的，应当以挪用公款罪论处。若承包合同规定，承包人每年向发包单位上交固定金额的管理费，无论企业盈亏，上交

[7] 刘正祥、武建平：《谈承包经营中挪用公款罪的认定》，载《河南法学》1989 年第 2 期。
[8] 何勇：《也谈挪用公款罪的定罪问题》，载《法学》1987 年第 5 期。

金额不变，即我们常说的“死包”，那么，在承包期间，承包人把一部分资金归个人或者他人使用，形式上虽然也是挪用了公款，但从合同履行来看，行为人年终时没有少交一分管理费，合同规定的义务都履行了，则发包单位的经济利益并没有受到损害，对此不宜按挪用公款罪追究其刑事责任。

当然，不定本罪不等于其行为合理、正当，需要指出的是，这种行为至少是违反财经纪律的。并且，如果因为挪用企业资金而使企业遭受重大损失，例如，将资金借给他人使用，无法追回，本人也无力偿还，则符合什么罪的构成要件就按什么罪处理。例如，有这样一个案例：被告人刘某承包经营河北省迁安县建筑公司建材门市部，任该部经理。1988 年 5 月承包该门市部，期限为 2 年零 8 个月，承包形式为“大包干”，独立核算，他如数完成了上交的利润。但事后发现他在 1988 年 8 月和 11 月两次将发包方提供的流动资金 64 万元借给个体户李某经营家电。李于 1989 年 4 月将借款全部归还。被告人是否构成挪用公款罪，检察机关内部有不同的意见。一种意见认为，承包人采取“大包干”的方式承包经营该门市部，有权支配、使用企业的资金，并且他如数上交了利润，未损害发包方的利益，将企业资金借给个人使用属于违反财经纪律的行为，不构成挪用公款罪。另一种意见认为，发包方提供的流动资金只能用于企业经营活动，刘以经营需要为名，要求发包单位提供资金，但不用于经营而是借给他人使用，影响发方包收益，侵犯国家金融管理制度，具备了挪用公款罪的要件，应定挪用公款罪。但是，经过请示上级机关，最终认定不构成挪用公款罪，后撤销案件。笔者认为，这样处理是比较合理的。

2. 如果说承包人挪用公款构成犯罪，那么是挪用公款罪还是挪用资金罪呢？这与对上述企业的承包人如何定位有直接关系。在 1997 年修订刑法以前，由于挪用公款罪的主体范围较广，不仅包括国家工作人员，而且包括集体经济组织工作人员和其他经手管理公共财产的人员，因此，对其定挪用公款罪是不成问题的。但是，按现行刑法规定，本罪的主体只能是国家工作人员，那么，非国家工作人员是否因其承包了国有企业就可视为国家工作人员呢？

笔者认为，答案应当是否定的。这种人应当视为现行刑法典第 382 条第 2 款所规定的“受国家机关、国有公司、企业、事业单位、人民团体委托管理、经营国有财产的人员”。签订承包合同就是上述委托的一种方式。承包人不享受国家工作人员的待遇，发包单位与承包人之间的关系是两个平等的权利主体之间的关系，而不是领导与被领导的关系。因此，承包人作为上述受委托管理、经营国有财产的人员只能成为贪污罪的主体，不能成为其他以国家工作人员为主体的犯罪的主体。2000 年 2 月 13 日《最高人民法院关于对受委托管理、经营国有财产的人员挪用国有资金行为如何定罪问题的批复》(自 2000 年 2 月 24 日起施行) 指出：“对于受国家机关、国有公司、企业、事业单位、人民团体委托，管理、经营国有财产的人员，利用职务上的便利，挪用国有资金归个人使用构成犯罪的，应当依照刑法第二百七十二条第一款的规定定罪处罚”，即以挪用资金罪论处。

（二）“集体”挪用行为应当如何定性处理

司法实践中，常有这样的情况：一些挪用公款的行为人，在挪用公款过程中，往往于事前或者事后，在领导班子内部与个别成员甚至全体成员进行过“研究”，形成所谓“集体决策”。对这种“集体”挪用行为，应当如何处理？对此，有两种对立的主张：一种观点主张，刑法中挪用公款罪没有单位犯罪，单位不能成为挪用公款罪的主体，故挪用公款必须是个人的擅自行为，“集体”挪用不能构成犯罪。另一种观点则认为，对“集体”挪用行为应当依据职务犯罪的特点和具体情况进行具体分析，符合共同犯罪条件的，以挪用公款罪的共犯论处；反之，则不能成立挪用公款罪。[9]

笔者赞同上述第二种观点。从我国现行刑法典第384条和最高人民法院1998年《解释》的规定来看，挪用公款罪只能由自然人构成，不存在单位犯罪的问题。但是，这并不意味着，挪用公款罪的犯罪主体只能是一个自然人。实际上，司法实践中遇到的挪用公款案件情况多种多样，既有一个挪用人实施的挪用公款行为；也有挪用人和使用人共同勾结而实施的挪用公款行为；还有两个以上的挪用人，为非法取得公款的使用权而共同实施挪用公款行为的；等等。根据我国刑法中的共同犯罪原理，不管是挪用人与使用人共谋，还是两个以上的挪用人共同挪用，只要他们之间在主观上有共同的挪用公款故意，客观上实施了共同的挪用公款行为，均应构成挪用公款罪的共同犯罪。当然，对于为逃避法律的制裁，以集体为幌子，实则为个人挪用的情形，不能以挪用公款罪的共同犯罪处理，只能论之以挪用公款罪的单独犯罪追究行为人的刑事责任。

（本文曾发表于《政法论坛》2001年第4期）

---

[9] 郑广宇:《挪用公款罪相关实务问题探析》，载《人民检察》1999年第9期。

刑事政策视野中的巨额财产来源不明罪

卢建平

如今，犯罪问题日益成为一个公共政策问题[1]，刑事政策的地位与作用也就日益显著。作为一门建立在犯罪学的科学基础之上、介于政治学与法学之间的决策科学，刑事政策学研究国家和社会对犯罪现象给予惩治的惩罚权来源的正当性、配置的科学性、行使的合法性与目的的合理性，而其中又以惩罚权配置的科学性为核心[2]。

尽管国内外学者对刑事政策学的定义、研究对象、范围等认识不一，但是仍就刑事政策学的决策科学性质达成了比较广泛的共识。刑事政策学的创始人之一，德国著名刑法学家费尔巴哈（Feuerbach）早在19世纪初就指出，刑事政策是国家据以与犯罪作斗争的惩罚措施的总和，是“立法国家的智慧”。法国著名刑法学家马克·安赛尔（Marc Ancel）更强调：“刑事政策是由社会，实际上也就是由立法者和法官在认定法律所要惩罚的犯罪，保护‘高尚公民’时所作的选择”。[3]

所谓选择，就是在几个备选方案中择其一而用之，选择的过程也就是决策的过程。刑事政策的选择，最狭义地理解，就是围绕定罪（犯罪化，criminalization）和量刑（刑罚化，penalization）的选择。[4] 历史地看，刑事政策的选择经历了一个由随意、野蛮、感性向法定、文明、理性逐步演进的过程。当今世界，绝大多数的国家莫不把罪刑法定和保护人权奉为刑事政策的基本原则，把预防犯罪和惩罚犯罪作为刑事政策的基本任务（其中尤以预防犯罪为优先），把实现实质正义与形式正义作为刑事政策的基本目标。刑事政策的选择在现实要

---

[1] 赵宝成:《犯罪问题是一个公共政策问题》，载《中国刑事法杂志》2001年第4期。

[2] ［法］米海依尔·戴尔玛斯－马蒂:《刑事政策的主要体系》，卢建平译，法律出版社2000年版，译序，第3页。

[3] ［法］马克·安赛尔:《新刑法理论》，卢建平译，香港天地图书有限公司1988年版，第12页。

[4] 因为刑事政策有广狭之分。按照李斯特（Liszt）的说法，“最好的社会政策就是最好的刑事政策”，这种广义的刑事政策在战略上虽然是正确的，但是在理论上它不能区别于社会政策，在实践中又因过于宽泛而无法把握。因此，我们只好走折中主义的路线，取狭义的刑事政策，将其作为社会政策的一部分，置于社会治理和社会发展的宏伟战略体系之中。参见卢建平:《刑事政策学研究的几个基本问题》，载《刑事法专论》（上卷），中国方正出版社1998年，第228–229页。

受到诸多因素的制约，如社会发展的阶段与条件，社会的制度条件（正式制度与非正式制度），决策程序的民主化、法制化、科学化等，总之，刑事政策的选择要体现社会进步、文明、科学的时代特征。

同时刑事政策的选择又必须建立在科学的犯罪观基础之上，即犯罪现象的存在具有客观必然性，从辩证法的角度看，犯罪甚至是必要的和有用的。“若要社会得到进化，人类独创性也须得到弘扬，然而要让超越时代的理想主义的梦想得以实现，也必须让落后于时代的罪犯的梦想成为可能。二者缺一不可。”“犯罪是必要的，它与社会生活的基本条件是密切相连的；因此犯罪也是有用的，因为与犯罪相关的这些条件本身对于道德和法律的正常演化也是不可或缺的”。[5] 刑事政策不能期望消灭犯罪，但求将犯罪现象控制在社会所能容忍的限度之内。

抽象地看，人们都希望其所作的选择或决策是最优的，但是现实意义上，由于选择或决策要受到一系列因素或条件的约束，或者因为决策的多个目标的相互冲抵，因此，也许所有的选择都只是次优的选择。例如，理想中的最好的刑事政策莫过于能够从根本上消灭或遏制犯罪的政策，如对所有的犯罪都无一例外地适用死刑或肉体刑。但是刑罚的有效性或必要性常常受到刑罚的人道性、经济性和科学性的限制。[6] 现代国际社会主流正是依据刑罚的人道性、经济性和科学性否定了死刑或肉体刑，而选择了不是那么有效的自由刑和财产刑。这种退而求其次的次优选择，从现实主义的立场看，也就是“最好的选择”。

对现行刑事法律制度及其具体规定（也就是说此时此地条件下的刑事政策选择）进行批评、检讨进而提出改进或完善的政策性建议，是刑事政策学的一项基本任务。尽管这种批评、检讨与刑法学的讨论在形式和内容上有很多相同或交叉重叠的地方，但是刑事政策学的讨论有其自己的侧重，即它所关注的主要是惩罚权（或刑罚权）来源的正当性、配置的科学性、行使的合法性、目的的合理性。以巨额财产来源不明罪为例，1988 年以来至今，我国刑法学界的讨论多集中在本罪的罪名、本罪的构成要件、证明责任、刑罚的适用上，而对本罪的立法根据（犯罪化的正当性，即对此现象或行为进行犯罪化从而作出刑罚制裁是否必要）、犯罪化的科学性（如何进行犯罪化，运用何种手段与方法进行惩治与防范）以及为达到预期目的应如何从法律上制度上对巨额财产来源不明罪进行修改和完善等问题鲜有论及，或虽有论述但理解不一、分歧明显，缺乏应有的理论广度和深

[5] ［法］杜尔凯姆：《社会学方法的准则》，狄玉明译，商务印书馆 1995 年版，第 83、87 页。
[6] 卢建平、苗淼：《刑罚资源的有效配置——刑罚的经济分析》，载《法学研究》1997 年第 2 期。

度。[7] 为了深化对巨额财产来源不明罪的讨论，同时也为我国刑事法律科学的研讨尝试一种新的方式，本文拟从刑事政策的角度对巨额财产来源不明罪犯罪化的正当性、科学性进行评析，并就本罪的进一步修改完善略抒己见。

一

从国外的实践看，巨额财产来源不明罪与财产收入申报制度、公务员制度中的财产收入申报制度是密切关联的。

资产阶级在其革命成功以后，以宪法和法律的形式确立了财产权制度，并赋予财产权以绝对性、神圣性。如法国《人权和公民权宣言》第 2 条规定："任何政治结合的目的都在于保存人的、自然的和不可动摇的权利。这些权利就是自由、财产、安全和反抗压迫。"但与此同时，基于社会契约的理论，资本主义国家的法律也为公民设定了缴纳赋税的义务。随着社会政治经济的发展和力量对比关系的变化，资本主义国家也逐步对财产权设置了限制。如法兰西第四共和国宪法序言规定："一切财产及企业，其经营具有或获得一种国家公共事业性者，或实际上成为独占性者，应归公有。"《日本宪法》第 29 条规定："财产权不受侵犯。财产权的内容，以适合公共福利为目的，由法律规定。私有财产可以在正当补偿下收归公有。"联邦《德国宪法》第 14 条第 2 款规定："财产权含有义务，行使权利应同时有利于公共福利。"与财产权有可能被征用、收归国有、应纳税赋等限制性并列的是财产权的合法性（只有合法的财产才受法律保护）和财产收入申报制度。财产权利受到限制的趋势在社会主义国家的法律中也很明显。因此，在法制健全的国家，即便是普通的公民（纳税人）也负有如实申报自己财产收入并依法纳税的义务；如果行为人违反了这一义务，便会受到法律相应的惩处，甚至要承担刑事责任。例如，按照我国《刑法》第 201 条的规定，若纳税人或扣缴义务人故意违反税收法律、法规，进行虚假的纳税申报或经税务机关通知申报而拒不申报，不缴或少缴应纳税款，就有可能构成偷税罪。由此可见，财产权所有人所享有的对其财产的隐私权并不是绝对的，在法律规定的义务前提下，所有权人必须披露或公开其财产状况，否则就可能构成犯罪（当然这里涉及的罪名并非巨额

[7] 参见冯亚东：《试论拒不说明财产来源罪》，载《贵州法学》1988 年第 5 期；赵秉志：《关于"说不清合法来源"即可定罪问题的商榷》，载《法律学习与研究》1988 年第 5 期；肖常伦：《论巨额财产来源不明罪》，载《廉政建设与刑法功能》，法律出版社 1991 年版；叶高峰：《论巨额财产来源不明犯罪的几个问题》，载《刑法运用问题探讨》，法律出版社 1992 年版，第 276–277 页；吴志良、郑兰：《论巨额财产来源不明罪》，载《郑州大学学报（哲学社会科学版）》1998 年第 5 期；李宝岳、吴光升：《巨额财产来源不明罪及其证明责任研究》，载《政法论坛》1999 年第 6 期；刘娟娟：《巨额财产来源不明犯罪与"阳光法"》，载《华东政法学院学报》2001 年第 1 期；孟庆华：《巨额财产来源不明罪客观方面问题探讨》，载《甘肃政法学院学报》2001 年第 1 期；孟庆华：《巨额财产来源不明罪证明责任问题探讨》，载《当代法学》2001 年第 5 期；关福金：《巨额财产来源不明罪客观特征及罪名探讨》，载《人民检察》2001 年第 4 期；等等。

财产来源不明罪）。因此，以本罪不利于保护公民财产隐私权而否定本罪正当性[8]在理论上显然是站不住脚的。

依此推论，国家工作人员或公务员因为其担当的职务或行使权利的公共性、廉洁性、重要性，其个人隐私权（包括财产隐私权）所受的限制应该更为严重。这一点，也为世界各国进行的“阳光立法”运动所印证。早在1883年，英国就通过了《净化选举、防止腐败法》，实行公务人员财产申报和公开的制度。1978年美国国会通过了《从政道德法》，作为国家官员的基本守则。它规定总统、副总统、国会议员、政府高级官员以及联邦法官等约15000名官员须在任职以前报告并公开自己以及配偶的全部财产，以后还须按月申报；政务官员薪水外收入不得超过其年薪的15%；任何价值超过100美元的赠礼都必须向政府伦理管理处报缴，相关违法行为要受到处罚。1993年我国台湾地区公布了“公职人员财产申报法”，规定了强制申报、强制公开、强制信托、强制处罚四项强制原则，并对申报主体、申报机构、申报财产的范围等作了详细的规定。法国1995年1月19日法和2月8日法分别对“政治生活的资助”和“政府官员与特定职业人员财产收入申报”进行了规定，凡政府官员、地方高级官员在被任命或上任后的15天内，应向有关部门提交一份财产状况清单。[9]此外，德国、日本、韩国、意大利、俄罗斯、阿根廷、新加坡以及我国的香港、澳门地区，都制定了要求公职人员申报财产的法律。1990年，联合国社会发展与人道主义事务中心预防犯罪和刑事司法处编写了《反对腐败实际措施手册》，其中阐明了公职人员财产申报制度的两项作用：一是可以事先警告和预防，据以判定一个公职人员的消费水平和生活方式是否与其收入相符，如不相符，即可要求其作出解释或对其进行监督；二是在明知公职人员有贪污舞弊行为但查不出确凿证据时，也可以作为起诉的根据。警告，预防，必要时治罪，正是阳光立法的精神所在。亚洲各国从反腐败斗争的严肃性和紧迫性出发，更是将财产申报公开制度直接纳入反腐败、反贿赂的法律体系中。如1925年泰国的《反贪污法》、1947年巴基斯坦的《防止腐败法》、1947年和1988年印度的《防止腐败法》、1982年文莱的《防止贿赂法》就将申报制度与行政处分、职务薪金的扣罚以及刑事责任紧密联系起来。[10]而在具有不同制度背景的西方国家，它们也在进行这样的立法尝试。如在意大利，转化为1992年356号法律的1992年306号法规第12-5条第2款规定，因犯某些特定的严重犯罪（一般是有组织犯罪）而正被采取刑事措施或者正在受保安处分的人，如果是与其收入或从事的经济活动不相称的财产的“所有人或有权处分人”，并不

[8] 赵秉志主编：《刑法改革问题研究》，中国法制出版社1996年版，第691页。

[9] 法国《刑事科学杂志（Revue des sciences criminelles）》1996年版，第435页。

[10] 陈一新：《美国的阳光法案》，载台湾《工商杂志》1994年第1期，第25页。

能说明其合法来源者，应受刑罚处罚。[11] 由此可见，在已经拥有“阳光法”的国家，在特定的财产申报管理部门面前，国家工作人员或公务员的财产收入状况应该是透明的，无任何隐私可言；其负有申报、公开财产的法定义务，如有违反，就要承担相应的法律责任。巨额财产来源不明罪就是建立在这样一个制度背景之上的。

在刑事政策的体系中，刑法虽然是最主要的反犯罪手段，但刑法应是在所有其他的规范（如道德、纪律）、制度和法律（如民法、行政法）干预失效以后的最后补救手段和制裁力量，刑法的干预具有补充性和最后性[12]，就如卢梭所言：“刑法在根本上与其说是一种特别法，还不如说是其他一切法律的制裁力量。”[13] 巨额财产来源不明罪属于一种典型的不作为犯罪，因此对之归罪处刑，更应当在刑法之外，找到为其设定作为义务的法规作为必要前提。[14] 显然就此而言，我国刑法设立巨额财产来源不明罪的制度前提是不很充足的。因为虽然在我国要求制定“阳光法”的呼声很高，但是到目前为止，我国在这方面的唯一的规范性文件是 1995 年 4 月 30 日由中共中央办公厅和国务院办公厅联合发布的《关于党政机关县（处）级以上领导干部收入申报的规定》。该规定第 2 条对国家工作人员财产申报义务设定如下：“各级党的机关、人大机关、行政机关、政协机关、审判机关、检察机关的县处级以上领导干部须依照本规定申报收入”，要求申报人从 1995 年下半年起，每半年一次申报工资、奖金、福利和咨询讲学等其他劳务所得。该规定作为一部政策性文件，难以进入我国现行的法律法规体系，而且其规定的申报义务人与申报范围也很有限，不能覆盖所有的国家工作人员和其财产收入，也没有明确不履行或不正确履行申报义务行为人的法律责任。因为犯罪化的制度前提不足必然削弱犯罪化的正当性程度。但是面对我国愈演愈烈的腐败犯罪现象，面对腐败分子愈来愈隐蔽和智能化的作案方法手段、日渐膨胀的天文数字般的财产收入，我国不得不在政策和法律上作出必要的反应，以保证国家工作人员的廉洁性，维护党和国家政权的形象。1988 年全国人大常委会通过的《关于惩治贪污罪贿赂罪的补充规定》第 11 条在没有制度前提的情况下就规定了本罪，而 1997 年修订的《刑法》也没有考虑已有的制度前提而基本沿袭了 1988 年的规定。正如有论者所指出的那样，巨额财产来源不明罪是“由立法者基于政策的考虑（它至少包括了‘必须打击’、‘必须及时打击’、‘必须减少打击成本’等要点）

[11] 不过，这一规定被意大利宪法法院 1994 年第 48 号判决宣告为违宪。参见［意］杜里奥·帕多瓦尼：《意大利刑法学原理》，陈忠林译，法律出版社 1998 年版，第 108 页。

[12] 卢建平：《论行政刑法的性质》，载《浙江大学学报》（社会科学版）1993 年第 3 期，第 103–104 页。

[13] ［法］卢梭：《社会契约论》，何兆武译，商务印书馆 1962 年版，第 63 页。

[14] 陈兴良：《刑法哲学》，中国政法大学出版社 1997 年版，第 222–223 页。

而设定为犯罪的一种行为，这种设定虽然不具有严格的逻辑上的自恰性，但却具备社会实践中的有效性。”[15] 立法者选择对巨额财产来源不明定罪具有“社会实践中的有效性”，仅仅是从社会需要的角度部分地回答了犯罪化的正当性或必要性的问题，而没有从刑事政策的角度回答“为什么非要对此现象定罪量刑？犯罪化和刑罚化难道就是唯一和最后的选择？”等问题。因为我们在实践中完全可以选择其他非刑法的方法和途径（如运用行政法中的行政处罚的办法）来解决国家工作人员巨额财产来源不明的问题。

二

从刑事政策的角度看，在立法选择的必要性或正当性问题得到解决以后，科学性就成了首要的问题。就国家工作人员巨额财产来源不明的问题而言，立法选择的科学性问题又可以分解为如何犯罪化（罪名罪状如何表述）、如何刑罚化（罪刑对应关系如何确立、选择什么样的刑罚和什么程度的刑罚）两部分，而其中的核心问题是：“什么样的选择既是必要的，又是科学的、合法的和可行的？”

抛开目前我国刑法学界关于本罪犯罪构成的林林总总的说法，我们选择一种简单的研究路径，即以我国现行法的规定为研究材料，运用比较和排除的方法来分析本罪，进而评判本罪的科学性。

我国《刑法》第 395 条第 1 款规定：“国家工作人员的财产或者支出明显超过合法收入，差额巨大的，可以责令说明来源。本人不能说明其来源是合法的，差额部分以非法所得论，处五年以下有期徒刑或者拘役，财产的差额部分予以追缴。”

对于本罪的罪名，通说为“巨额财产来源不明罪”（尽管我们认为这一表述仍不是那么令人满意，见后文）。

本罪的主体为特殊主体，即“国家工作人员”。依常理和法理推论，在现代法治国家，普通公民的财产或者支出即使明显超过合法收入，差额巨大的，也无须承担说明来源的义务；退一步而言，即便拥有巨额财产的公民（纳税人）违反了如实申报和纳税的义务，也只可能构成偷税罪，而绝对不会涉嫌巨额财产来源不明罪。如果将本罪的主体扩及一般公民，就不仅仅是“大而无当”了，简直就是“祸国殃民”了！之所以只有国家工作人员才能构成本罪，是因为他们负有说明其巨额财产来源的特定义务（以下简称为“说明的义务”）！

国家工作人员之“说明的义务”来源于：（1）身份（因为身份的公共性而丧失部分的私密性尤其是财产的私密性）；（2）法律的命令（行政法所要求的申报公开财产的义务，当然，如前所述，这一前提在我国尚有欠缺）；（3）先在行为或法律的禁止（法律对合法财产的保护和对聚敛钱财的违法犯罪行为的禁止）；（4）刑法的特别命令（特定主体的财产或支出与其合法收入的差距达到巨大时刑

[15] 刘娟娟：《巨额财产来源不明犯罪与“阳光法”》，载《华东政法学院学报》2001 年第 1 期。

法要求其说明来源的"责令")。

国家工作人员对此"说明的义务"的违犯表现为:（1）出于犯罪嫌疑人主观意愿的不愿说明、拒不说明;（2）犯罪嫌疑人虽然已经作出了说明，但是经过查证认为是虚假的而予以否定。最终表现为在侦查、审判过程中的"结果上的没有说明"。因此我们说，巨额财产来源不明罪其客观方面表现为不作为。这一点，也可以从与巨额财产来源不明罪并列的《刑法》第395条第2款所规定的"隐瞒境外存款罪"得到印证。

国家工作人员对此"说明的义务"的违犯直接侵害了国家为保证其工作人员的廉洁性而设立的一系列制度（而不仅仅是财产收入申报制度)，损害了国家机关及其工作人员的形象和声誉。

基于国家工作人员对此"说明的义务"的违犯属于不作为犯罪，我国《刑法》第395条第1款为其设定的法定刑为五年以下有期徒刑或者拘役并追缴财产的差额部分。我们认为这是罚当其罪的。

我国刑法学界目前关于本罪的讨论之所以如此活跃而又歧见迭出、谬误纷陈，我以为与方法论有很大的关系，即大家因循积习或过于热情地沉湎于本体刑法的研究，难得跳出刑法的"三阶五刑"[16]从而在比较宏观的层面来考察设定本罪的立法宗旨、把握本罪的实质特征和罪刑关系、认识刑罚手段与目的之间的科学关系。下面试选几例，与之辩驳，进而阐明我们的观点。

有论者认为，本罪难以罚当其罪。因为巨额财产来源不明往往是犯罪嫌疑人不愿说明或不能说明，这些财产一般都是贪污受贿所得。本应按贪污受贿定罪，但因为证明方式的原因不能直接按贪污罪或受贿罪定性，然而可以按贪污罪、受贿罪的法定刑处刑。现行刑法的规定"罚不当罪";本罪和立法意图不符，原来是要运用证明责任转移的方法使追诉机关由被动转为主动，严厉打击那些死抵硬抗的狡猾的犯罪分子，从而堵住立法上的漏洞。但因立法的严重失调，罚不当罪，无疑又给犯罪分子一次机会，放纵了犯罪;本罪和自首制度相背，"鼓励"犯罪。[17]

上述意见之所以和我们的看法不一致，是因为其错误地理解了本罪的侵害客体和客观方面的特征，同时又错误地夸大了刑法中本罪的功能与作用。我们认为，本罪的核心在于追究"其财产收入处在特定状态而又没有说明财产合法来源的负有特定说明义务的特定主体"的刑事责任，惩罚的重点在于对"说明义务的不履

---

[16] 此成语为作者自创，意指刑法如过于关注定罪、量刑、执行三个阶段和"五刑"体系，界域未免太狭窄了。

[17] 吴志良、郑兰:《论巨额财产来源不明罪》，载《郑州大学学报》（哲学社会科学版）1998年第5期，第12页。

行”，同时基于财产权的合法原则，剥夺其非法所得，从而实现刑法的特殊预防和一般预防的作用。在当前的司法实践中，针对犯罪嫌疑人的巨额财产，司法机关首先调查的是其来源。对查明来源合法的部分，依法予以保护；如其中有充分的证据证明是犯罪嫌疑人贪污或受贿所得，则以贪污或受贿定罪科刑；只有在确实无法查明超过合法收入的巨额财产来源的情况下（犯罪嫌疑人不履行或不能履行说明的义务，检控机关也已依法尽到了举证责任[18]），才能按照巨额财产来源不明罪进行惩处。在这种意义上讲，把本罪看成是“补充犯”不无道理。而要求将巨额财产来源不明与贪污、受贿同罚，显然只是看到了犯罪嫌疑人的财产这些“树木”，只是看到了本罪的客观社会危害，而没有正确把握本罪的实质，并且明显违反了“罪刑法定”原则。

正因为在大多数情况下本罪具有“补充犯”的特性，在目前“罪刑法定”的实体法律制度和程序法律制度的约束下，立法者选择了适当的自由刑（“五年以下有期徒刑或拘役”）和追缴非法所得（差额财产）作为本罪的处罚，不可谓不严厉。若苛求本罪刑罚（尤其是自由刑或生命刑）的严厉性，不仅有违“罪刑法定”原则，而且也会严重背离设定本罪的宗旨（即为了维护国家机关及其工作人员清正廉洁的形象，保证廉政制度的严肃性，预防腐败犯罪的发生）。

本罪的着眼点主要在犯罪嫌疑人对其“说明义务的违犯”，而不在于其非法财产的状况或非法取得的行为。如果仅仅关注犯罪嫌疑人的非法财产，将本罪与贪污受贿同罚，则无异于客观归罪。如果不考虑现实的制度和法律约束而任意选择，那么从单纯的“有效性”出发，最佳的选择无疑是提高巨额财产来源不明罪的刑罚，或者定一个“非法所得罪”，并用此罪完全吸纳贪污、受贿等罪名，因为这样既能达到严惩腐败、肃贪倡廉的效果，又可以省却调查取证等一系列难题！但是这在目前的中国显然是行不通的。我国刑事立法对巨额财产非法来源罪的选择本身虽然有点无可奈何、迫不得已的味道，带有上文所说的“次优”的性质，但这是和建设法治国家的方针、与“罪刑法定”的原则相符的，考虑到刑法的罪名体系及其与贪污罪、受贿罪等的分工，也比较符合我国目前反腐败斗争的实际需要。这种选择正是刑罚权配置科学性的体现！须知，法律不能解决社会所有的问题，刑法（刑罚）也不能解决所有的犯罪问题，我们当然也不能抱有“一个巨额财产来源不明罪就足以对付泛滥成灾的腐败现象”的幻想。

基于这样的认识，我们对本罪的判决生效以后被告人之前来源不明的巨额财

[18] 关于本罪的举证责任，学界众说纷纭。我以为，本罪根本不存在所谓的举证责任倒置问题，恰恰在本罪的侦审过程中检控机关收集证据的全面性和公正性能够得到最好的体现。如果犯罪嫌疑人对巨额财产的来源作出了说明，但是检控机关经过多方查证仍不能用充分证据予以否定的，我认为就不能认定为本罪。限于篇幅，我将另文讨论。

产现又得以查明应如何处理的问题[19]发表如下看法：1. 财产来源后被查明是合法的，不影响判决的既判力，犯罪人也不能就其中被追缴的合法取得的财产提出返还的请求，因为判决针对的是行为人对“说明义务的违犯”。2. 若查明或被告人说明巨额财产系其他犯罪所得，且未过追诉时效，原判刑罚尚未执行完毕，应当根据《刑法》第 70 条的规定，对原罪和新查出的罪实行并罚；如果原判刑罚已执行完毕，只对新查出的罪定罪量刑。[20]

三

综合以上的论述，本文提出两点建议：

1. 做好制度前置

“在对偏离规范研究之前，应当研究正常的行为，而且不只是行为本身，而是具体的历史社会条件。因为，恰恰是这些社会条件的影响，使正常行为变形，并引起各种越轨行为，其中包括犯罪行为。不应忘记，社会不仅使法受到制约，而且制约着侵犯法的行为。”[21]对巨额财产来源不明定罪设刑时，首先要对我国目前腐败犯罪泛滥，官员聚财敛富现象严重的原因进行分析。除了社会宏观环境和腐败分子的个人因素之外，必要的制度尤其是法律制度的缺失是不容忽视的。刑法的警告可谓足球场上的“红牌”，从预防犯罪的刑事政策出发，它应该有宪法、民法、行政法的“黄牌”警告为前置。否则刑法的正当性、科学性、合理性等都会受到质疑。

为此，我们要进一步在宪法层次上强调对公民（包括国家工作人员）合法财产的保护，强调公共职务或权力的公共性、廉洁性；发展和完善我国民法中的财产权制度（例如不应该是在刑法中来明确“公民私人所有的财产”范围，见刑法第 92 条）；尽快制定颁布《国家工作人员财产收入申报法》，为所有国家工作人员设定申报财产收入的法律义务，并为之确定相应的法律责任。只有当行为人的行为违反了宪法、民法、行政法的规定并且达到了较为严重的程度时，刑法的干预和刑罚的制裁才会具有正当性和合理性。唯其如此，才能真正地实现预防与打击、惩罚与教育管理的结合。

对巨额财产来源不明定罪设刑的最终目的，是要培养和提高全体公民诚实守

[19] 有人主张在合法来源得以查明后，应该撤销原判；而在来源被查明为其他犯罪时，则有多种处理意见。参见陈明华主编：《刑法学》，中国政法大学出版社 1999 年版，第 761–762 页。

[20] 这与“一罪不二罚（Non bis in idem）”原则根本不矛盾，因为这里涉及的是不同的数罪。“行为人拒不说明巨额财产来源的行为已构成犯罪，已经产生了相应的社会危害，应当予以惩处；判决生效以后查明巨额财产真正来源的某种具体的犯罪也有其自身的社会危害性，同样应当惩处。前一种犯罪的社会危害为后一种犯罪的社会危害所不能包容，因而应当并罚。”参见王作富主编：《刑法分则实务研究》（下），中国方正出版社 2001 年版，第 1824–1825 页。

[21] ［苏］斯皮里多诺夫：《刑法社会学》，陈明华等译，群众出版社 1989 年版，第 82 页。

信、勤劳致富的观念，鼓励公民合法地发家致富并切实保护其财产所有权，督促公务人员廉洁奉公、全心全意为人民服务。因为从刑事政策的角度看，刑法绝对不是与犯罪现象做斗争的孤军匹马，它与社会道德、纪律、民事法律制度和行政法律制度等一道，组成了一个非常广泛的预防犯罪惩治犯罪的统一战线。刑法应该而且事实上具有价值重建、制度修复或督促的功能。

2. 修改刑法第 395 条

对《刑法》395 条第 1 款的表述，学术界也有很多的批评意见，我们也深以为然。现结合上文制度前置的建议，试对本罪作如下重述并说明：

“国家工作人员的财产收入与支出，应当依照国家规定申报（此项可由相关行政法规定）。财产或者支出明显超过合法收入，差额巨大的，应当说明来源。本人拒不说明或作虚假说明的，处五年以下有期徒刑或拘役；差额部分为非法所得，予以追缴。”

本罪罪名为“对巨额财产来源拒不说明或作虚假说明罪”。

国家工作人员不仅应该申报其财产收入，还应该申报其主要的支出。以强调说明的义务，便利申报管理机关以及检察机关的监督。从实际操作角度看，行为人也必须对其支出作出说明。

刑法在国家工作人员的财产或者支出与其合法收入的差额达到“巨大”时，命令其说明来源，所以用“应当说明来源”，而不能用语法和语义含糊的“可以责令说明来源”。

“本人拒不说明或作虚假说明的”，仍在于强调行为人说明（包括主动说明和如实说明）的义务，但同时也设定了检察机关的举证责任。要证明“本人拒不说明”，检察机关的任务相对轻松些；而要证明“本人作虚假说明”，检察机关就需要调查取证，以证实犯罪嫌疑人或被告人的说明是虚假的，从而加以否定。

将财产差额部分的定性和处理与主罪状分开，以突出本罪的罪状和法律责任。

（本文曾发表于《中国刑事法杂志》2002 年第 1 期）

刑事和解的政策性运行到法制化运行

——以当事人和解的轻伤害案件为样本的分析

黄京平

当事人和解的公诉案件诉讼程序，是刑事诉讼法新增的一种特别程序。然而，与既往的实务操作和可预期的规范适用所涉及问题的多样性、广泛性、复杂性相比较，刑事诉讼法的现行规定仅能定位于宏观性或框架性规范，由此决定，立法规定的统一适用必须依托司法解释所明确、细化的具体操作规则。

一、数量规律：从宽处理方式的隐忧

我国的刑事和解探索实践有两个显著的源头，分别为公安机关对故意伤害（轻伤）案件[1]和解不立案或撤销案件的探索，以及检察机关对故意伤害（轻伤）案件和解不起诉或退回公安机关处理撤销案件的探索。就笔者查阅的公开文献显示，较为规范化并规模化的操作实践，前者源自上海市杨浦区公安分局，后者源自北京市朝阳区人民检察院。基于民间纠纷引发的伤害案件持续增长的态势，上海市杨浦区公安分局与杨浦区司法局于 2002 年年初选择部分街道开展轻伤害案件警民联合调处的探索工作，并于同年 7 月联合制定了《关于对民间纠纷引发伤害案件联合进行调处的实施意见（试行）》。[2] 截至 2010 年 5 月，杨浦区各级人民调解组织共接受公安机关委托，调处轻伤害案件 1745 件。其中，调处成功率为 94.9%，调解协议履行率达 99.8%。[3] 对于调处成功且调解协议实际履行的轻伤害案件，公安机关根据立案与否作出不予立案的决定或撤销案件的决定。[4] 杨浦区公安分局对于达成和解协议的轻伤害案件的这种结案方式，被上海市的相关规范

---

[1] 以下均简称为轻伤害案件，若未特别说明，则“故意伤害”或“故意伤害罪”均系指故意伤害罪中的造成被害人轻伤结果的案件。

[2] 统计数据显示，上海市杨浦区 2001 年民间纠纷引发的伤害案件（包括轻微伤，下同）较 2000 年上升 49.6%；2002 年之后，杨浦区公安分局将伤害案件的治理列为工作重点，采取了各项工作措施，遏制了案件的高发，但截至 2002 年 6 月底，因民间纠纷引起的伤害案件仍持增长态势。参见周国强、陈建中：《对民间纠纷引发伤害案件的调查和对策》，载《上海公安高等专科学校学报》2003 年第 1 期。

[3] 上海市杨浦区司法局：《顺应形势谋发展宽严相济促和谐——杨浦区积极推动刑事案件委托人民调解工作》，http://www.justice.gov.cn/sfxzinfoplat/platformData/infoplat/pub/wetsite_12/docs/201006/d_27424300.html，最后访问时间：2012 年 11 月 8 日。

[4] 前引 2，周国强、陈建中文。

文件所吸纳，并在更大的范围内予以推行。[5] 上海市的规范文件即《关于轻伤害案件委托人民调解的若干意见》，虽然同时对审查起诉、审判阶段的轻伤害案件委托人民调解及案件处理方式予以了明确规定，但由于绝大多数符合条件的轻伤害案件，在公安机关立案程序的受理阶段或立案后的侦查阶段结案即不予立案或撤销案件，导致实际进入审查起诉阶段、审判阶段的轻伤害案件的绝对数量和相对数量均显著降低。对此，虽无直接的统计数据予以证实，但相关的统计数据可以间接佐证。例如，自 2007 年 1 月至 2008 年 6 月，上海市在刑事诉讼的不同阶段，作出相应处理的当事人和解的轻伤害案件，立案、侦查阶段为 92.9%，审查起诉阶段为 3.3%，审判阶段为 3.8%。[6] 再如，自 2002 年至 2010 年 5 月，上海市杨浦区各级人民调解组织共接受公、检、法等部门委托，调处轻伤害案件 1845 件，其中公安机关委托 1745 件，检察院委托 22 件，法院委托 78 件，调处成功率为 94.9%，调解协议履行率达 99.8%。据此推论，在刑事诉讼的不同阶段，作相应处理的当事人和解的轻伤害案件，立案、侦查阶段为 94.6%，审查起诉阶段为 1.2%，审判阶段为 4.2%。[7] 概言之，在上述地方性规范文件的指引下，绝大多数当事人和解的轻伤害案件，实际上是以公安机关不予立案或者撤销案件的方式结案，只有极少量的同类案件，以检察机关酌定不起诉或者审判机关定罪免刑的方式结案。

北京市朝阳区人民检察院是我国最早开始探索轻伤害案件刑事和解的基层检察机关之一，该院于 2002 年制定了《轻伤害案件处理程序实施规则》，该规则明确规定，对于在侦查阶段达成和解协议的轻伤害案件以及在审查起诉阶段达成和解协议的轻伤害案件，依据刑事诉讼法的规定适用酌定不起诉。该规则的出台和运行，使部分轻伤害案件走上了和解而非诉讼的道路。2003 年中共北京市政法委员会出台了《关于北京市政法机关办理轻伤害案件工作研讨会纪要》（以下简称《纪要》），对全市政法机关办理轻伤害案件提出了明确的要求和意见。该《纪要》的要旨在于，对于确因民间纠纷引起且当事人和解的轻伤害案件，可以作出不予立案、撤销案件、不起诉、免予刑事处罚或判处非监禁刑等从宽处理。在该政策性规范文件的指引下，北京市的轻伤害案件刑事和解探索得以全面推行。在《纪要》的实施过程中，各级公安机关以规范文件的形式，对于当事人和解的轻伤害案件不予立案、撤销案件的操作流程及相应规则予以进一步细化。例如，北京市公安局 2003 年 7 月 21 日《转发市委政法委〈关于北京市政法机关办理轻伤

[5] 参见上海市高级人民法院、上海市人民检察院、上海市公安局、上海市司法局 2006 年 5 月 12 日《关于轻伤害案件委托人民调解的若干意见》的规定。

[6] 杜萌、刘建:《上海人民调解两翼齐飞——委托调解有创新参与调解更主动》，载《法制日报》2008 年 11 月 11 日。

[7] 前引 3。

害案件工作研讨会纪要〉的通知》指出:“对于公安机关受理前当事人双方已自行调解解决的轻伤害案件，公安机关不再立案侦查。公安机关已受理立案的轻伤害案件，……当事人双方自行协商调解处理的，……方可撤案。”[8] 再如，北京市公安局海淀分局《海淀分局轻微伤害、轻伤害案件处理原则及应注意的问题》规定，对于立案前当事人已经调解解决的轻伤害案件，一般不再立案侦查；对于已经立案并采取强制措施的轻伤害案件，当事人和解并符合内部审查程序的，可以决定取保候审并撤销案件。[9] 依据上述地方性政策文件或规范文件的规定，相当数量的当事人和解的轻伤害案件，以不予立案或者撤销案件的方式结案。其中，立案后因当事人和解而撤销案件的轻伤害案件数量，占到全部轻伤害案件的60%—70%。[10] 应当注意的是，此处所言的“全部轻伤害案件”理应不包括不予立案的轻伤害案件，但理应包括依据有关规定不属于确因民间纠纷引起的轻伤害案件，即不宜和解处理的轻伤害案件以及依照《公安机关办理伤害案件规定》不得调解处理的轻伤害案件。据此推论，绝大多数当事人和解的轻伤害案件，是以不予立案或者撤销案件的方式结案，仅有少量的确因民间纠纷引起且适宜当事人和解的轻伤害案件，主要因和解协议达成的时机因素，进入审查起诉阶段或者审判阶段。

在其他地区也有类似情形出现。例如，据有关实务部门的研究人员统计，2001 年至 2002 年，山东省威海市立案的轻伤害案件中，有 40% 以上的案件在当事人和解之后以撤销案件的方式结案。2003 年 1 月至 2004 年 6 月，该市高新区公安分局立案后因当事人和解而撤销案件的轻伤害案件，占全部轻伤害案件立案件数的 48.1%；该市环翠区公安分局立案后因当事人和解而撤销案件的轻伤害案件，占全部轻伤害案件立案件数的 20.6%。[11] 再如，2008 年苏州市公安机关共和解轻伤害案件 150 余起，2009 年 180 余起，2010 年 200 余起，呈逐年递增的趋势。该市公安机关对于当事人和解且和解协议履行完毕的轻伤害案件，对加害人采取取保候审，并同时纳入实际居住地社区帮教，经社区帮教评价合格的，公安机关可以解除取保候审，并同时作出撤销案件的决定。[12]

综上所述，以轻伤害案件的刑事和解为发端的我国刑事和解的探索实践，在制度创新的初期，对当事人和解的轻微刑事案件，尤其是属于公诉、自诉两可的案件，就形成了公安机关不予立案或者立案后撤销案件的操作惯例。这种操作惯

---

[8] 参见田兴洪:《宽严相济语境下的轻罪刑事政策研究》，法律出版社 2010 年版，第 227 页。

[9] 参见于萌:《从构建和谐社会视角谈刑事和解的发展前景》，载卞建林、王立主编:《刑事和解与程序分流》，中国人民公安大学出版社 2010 年版，第 127 页以下。

[10] 参见前引 8，田兴洪书。

[11] 参见陈光中、葛琳:《刑事和解初探》，载《中国法学》2006 年第 5 期。

[12] 参见江苏省苏州市公安局课题组:《论公安机关刑事和解体系的构建》，载《公安研究》2011 年第 7 期。

例的形成，并非是公安机关单方面的、非规范的不启动刑事追诉程序，或者终止侦查的活动，更多场合下是与检察机关对于同类案件采取非规范的终止刑事诉讼的措施相关联的，或者说，是在侦查权与检察权非规范行使的互动过程之中形成的。以下数据分析可以在一定程度上说明，这种惯例的形成是因立法疏漏而存在的案件退回公安机关处理的规则被不当适用的结果。

表1　H区当事人和解的轻伤害案件数量及处理情况[13]

分　类	2002年	2003年	2004年	2005年
普通刑事案件数量	2512（3300）	2298（3096）	2788（3924）	2807（3928）
轻伤害案件数量	522（693）	477（547）	412（494）	397（459）
当事人和解的轻伤案件数量	122（154）	103（123）	118（141）	85（96）
退回公安机关处理数量	121（153）	102（122）	115（138）	83（94）
酌定不起诉数量	1（1）	0（0）	1（1）	0（0）
提起公诉数量	0（0）	1（1）	2（2）	2（2）

（表中数据为案件数量，括号内数据为被告人数量）

表2　H区当事人和解的轻伤害案件数量比重[14]

分　类	2002年	2003年	2004年	2005年
轻伤害案件占普通刑事案件比重	22.0（21,0）	20.8（17.7）	14.8（12.6）	14.1（11.7）
当事人和解的轻伤害案件占普通刑事案件比重	4.9（4.7）	4.5（4.0）	4.2（3.6）	3.0（2.4）
当事人和解的轻伤害案件占轻伤害案件比重	22.1（22.2）	21.6（22.5）	28.6（28.5）	21.4（20.9）
退回公安机关处理所占比重	99.2（99.4）	99.0（99.2）	97.5（97.9）	97.6（97.9）
酌定不起诉所占比重	0.8（0.7）	0.0（0.0）	0.8（0.7）	0.0（0.0）
提起公诉所占比重	0.0（0.0）	1.0（0.8）	1.7（1.4）	2.4（2.1）

（表中数据为案件数量比重，括号内数据为被告人数量比重）

---

[13] 依据公开发表的论文所载统计数据整理。值得注意的是，在中共北京市政法委员会《关于北京市政法机关办理轻伤害案件工作研讨会纪要》发布之前，H区检察院就已开始对轻伤害案件和未成年人、大学生犯罪案件进行刑事和解探索实践。该院的刑事和解探索实践与H区公安分局的刑事和解探索实践几乎同步开始。故该院的相关统计数据更具有典型性。参见张枚、莫非：《刑事和解的司法现状与前景展望》，载孙力主编：《检察前沿与改革探索》，中国检察出版社2008年版，第93页。

[14] 依据公开发表的论文所载统计数据整理。参见前引13，张枚、莫非文。

表 3 B 市 7 个区检察机关处理当事人和解的轻伤害案件数量及具体情况[15]

分 类	案件数量	被告人数量	案件所占比重	被告人所占比重
各类刑事案件	27427	38019	2.43*	2.00*
轻伤害案件	4607	5424	16.8	14.3
当事人和解的轻伤害案件	667	761	14.5	14.0
退回公安机关处理案件	534	613	80.1	80.6
酌定不起诉案件	129	142	19.3	18.7
提起公诉案件	4	6	0.6	0.8

（表中比重为 %，带 * 号的数据为适用刑事和解案件占各类刑事案件的比重）

H 区检察机关是我国最早开展刑事和解制度尝试的基层检察院之一。分析以上数据可以发现以下规律性现象：（1）轻伤害案件在普通刑事案件中所占比重逐年降低，且趋势稳定。这种状况表明，在故意伤害犯罪（包括造成轻伤、重伤或死亡结果的在内）并未实际下降，至少维持常量水平或有所抬升的背景下，部分当事人和解的轻伤害案件，没有从侦查阶段进入审查起诉阶段。（2）当事人和解的轻伤害案件在普通刑事案件中所占比重呈持续稳定的降低态势。由此显现的问题是，在现象表征层面，部分当事人和解的轻伤害案件未从公安机关移送检察机关审查起诉；在形成机制层面，势必引发行政权对司法权的过度介入、警察权对检察权的逾权侵入、刑事侦查权对刑事追诉权的不当干扰的隐忧。然而，即便如此，适用当事人和解的轻伤害案件在全部轻伤害案件中所占比重依然维持在 20% 至 30% 的水准，标示着适用刑事和解已经成为处理轻伤害案件的重要方式；表明针对特定案件适用刑事和解方式已经成为普遍的选择。如表 3 所列数据显示，也即在更大范围内，依据更具普遍性、代表性的统计数据足以显现出，轻伤害案件所占比重及其适用刑事和解的比重“双 15%”现象，具体而言，全部刑事案件中，轻伤害案件所占比重、轻伤害案件中适用刑事和解的案件所占比重均为 15% 左右。（3）对于当事人和解的轻伤害案件，以退回公安机关处理撤销案件为主要结案方式，居于普遍适用地位，所占比重几乎接近 100%，属于常态方式；适用酌定不起诉或提起公诉的居于例外选择

[15] 依据公开文献所载统计数据整理。有关研究者认为，根据对 2003 年 7 月 1 日至 2005 年 12 月 31 日北京市检察机关适用《中共北京市委政法委员会关于北京市政法机关办理轻伤害案件工作研讨会纪要》情况的调查，北京市东城区、西城区、朝阳区、海淀区、丰台区、大兴区、昌平区共计 7 个区的人民检察院适用刑事和解案件的数量（绝对数）和比重（%）居于全市检察机关前 7 位，而且这 7 个区的人民检察院适用刑事和解的案件数量占全市检察机关适用刑事和解的案件数量的 90%。所以，这 7 个区的人民检察院适用刑事和解案件的情况能够反映全市检察机关适用刑事和解案件的总体情况。参见苗生明主编：《宽严相济刑事政策司法化与公诉裁量权的适用》，法律出版社 2008 年版，第 92-93 页；崔杨：《和解不起诉的必要性与可行性》，载《人民检察》2007 年第 11 期。

地位，所占比重甚微（最高不到 2.5%，最低不到 1%），几乎可以忽略不计，属于非常态方式。值得注意的是，对于当事人和解的轻伤害案件的此种最终处理方式的结构并非局部状况，在更大范围依然如此。如表 3 所列数据显示。

表 4　B 市 H 区检察机关不起诉案件和退回公安机关处理案件数量[16]

分类	不起诉案件数量	不起诉案件占全年收案总数的比重	退回公安机关处理案件数量		退回公安机关处理案件占全年收案总数的比重
2000 年	24（31）	0.94	59	（82）	2.32
2001 年	25（29）	0.79	100	（140）	3.17
2002 年	29（42）	0.86	132	（160）	3.91

（表中数据为案件数量，括号内数据为被告人数量；表中比重为 %，下同）

表 5　B 市 C 区检察机关不起诉案件和退回公安机关处理案件数量[17]

分类	不起诉案件数量	不起诉案件占全年收案总数的比重	退回公安机关处理案件数量	退回公安机关处理案件占全年收案总数的比重
2001 年	36（39）	1.29	129（212）	7.00
2002 年	63（75）	2.13	112（168）	4.77
2003 年	68（105）	2.65	73（144）	3.63
2004 年	38（59）	1.31	135（219）	4.84

表 6　B 市 S 区检察机关不起诉案件和退回公安机关处理案件数量[18]

分类	不起诉案件数量	不起诉案件占全年收案总数的比重	退回公安机关处理案件数量	退回公安机关处理案件占全年收案总数的比重
2002 年	1（1）	0.10	27（29）	3.50
2003 年	0（0）	0.00	30（37）	4.60
2004 年	3（3）	0.30	59（75）	6.90

[16] 依据公开发表的论文所载统计数据整理。参见杨新京、董丽娟:《审查起诉阶段案件退回公安机关处理之探析》，载《国家检察官学院学报》2007 年第 3 期。表中不起诉案件数量，包括法定不起诉、酌定不起诉和存疑不起诉的案件；表中退回公安机关处理案件数量，不限于当事人和解的轻伤害案件；下同。

[17] 前引 16，杨新京、董丽娟文。

[18] 依据公开发表的论文所载统计数据整理。参见王立德、李旺城:《对北京市顺义区近三年公诉阶段公安机关撤回案件的实证研究》，载《中国刑事法杂志》2005 年第 6 期；王立德、李旺城:《透视“撤案”程序危机　提高法律监督能力——对顺义区近三年公诉阶段公安机关撤回案件的实证研究》，载《中国检察官》2006 年第 2 期。

表 7　H 区当事人和解的轻伤害案件不同处理结果比重（%）[19]

分　类	2002 年	2003 年	2004 年	2005 年
退回公安机关处理所占比重	21.9（22.1）	21.4（22.3）	27.9（27.9）	20.9（20.5）
酌定不起诉所占比重	0.18（0.14）	0.00（0.00）	0.24（0.20）	0.00（0.00）
提起公诉所占比重	0.00（0.00）	0.21（0.18）	0.49（0.40）	0.50（0.44）

前述统计数据分析表明，对于当事人和解的轻伤害案件，检察机关基本或主要以退回公安机关处理撤销案件的方式结案。在此背景下还应特别注意的是，这种对于当事人和解的轻伤害案件的常态处理或结案方式，相对于全部刑事案件或普通刑事案件在审查起诉阶段的最终处理或结案方式的基本结构而言，实际处于超出常态水准的状态，从而足以表明，当事人和解的轻伤害案件的犯罪嫌疑人或被告人最终所受到的刑事法否定评价，在总体上明显轻于未适用刑事和解案件的犯罪嫌疑人或被告人最终所受到的刑事法否定评价。故而，结论是显而易见的，在实际构成犯罪的前提下，当事人和解的轻伤害案件的犯罪嫌疑人或被告人最终被追究刑事责任的概率显著降低；其所受到的刑事法否定评价，总体上明显轻于未适用刑事和解案件的犯罪嫌疑人或被告人最终所受到的刑事法否定评价。不可否认，如此结果，正是宽严相济刑事政策背景下的刑事和解探索实践所追求的。

从以上初步的数据分析中可以发现：在较早开展刑事和解探索实践的地区，在检察机关的审查起诉阶段，轻伤害案件在普通刑事案件中所占比重逐年降低，且趋势稳定；当事人和解的轻伤害案件在普通刑事案件中所占比重呈持续稳定的降低态势；当事人和解的轻伤害案件，以退回公安机关处理撤销案件为主要结案方式居于普遍适用地位，所占比重几乎接近 100%，属于常态方式，而适用酌定不起诉或提起公诉的居于例外选择地位，所占比重甚微，几乎可以忽略不计，属于非常态方式。更大范围的考察也在一定程度上显示，这种案件处理方式的结构具有普遍性，只是具体程度（主要表现为适用酌定不起诉的案件比重）有所不同而已。[20]

熟知刑事和解案件结构、适用范围、结案类型等情形的研究者和司法官，据此极易推断出可能存在的如下问题：在故意伤害犯罪（包括造成轻伤、重伤或死

---

[19] 前引 13，张枚、莫非文，第 93 页。

[20] 北京市的基层检察院中，对于当事人和解的轻伤害案件的处理方式存在着不平衡的状况。其中，海淀区、东城区、西城区、大兴区检察院，几乎对全部案件采用退回公安机关处理撤销案件的方式；朝阳区检察院对所有案件均作酌定不起诉处理；昌平区检察院对案件基本作酌定不起诉处理；丰台区检察院 2005 年之前对案件均作酌定不起诉处理，2005 年之后，对案件以退回公安机关处理撤销案件方式为主，仅对部分案件作酌定不起诉处理。参见前引 15，苗生明主编书，第 97 页。

亡结果的在内）并未实际下降，至少维持常量水平或有所抬升的背景下，部分轻伤害案件没有从侦查阶段进入审查起诉阶段；部分当事人和解的轻伤害案件未从公安机关移送检察机关审查起诉。如前所述，这种状况的存在，势必引发行政权对司法权的过度介入、警察权对检察权的逾权侵入、刑事侦查权对刑事追诉权的不当干扰的隐忧；并由此导致在实际构成犯罪的前提下，当事人和解的轻伤害案件的犯罪嫌疑人或被告人最终被追究刑事责任（包括酌定不起诉）的概率过度偏低。这种状况的出现，并非是公安机关单方面的、非规范的不启动刑事追诉程序或者终止侦查的结果，实际上与侦查权与检察权（具体为公诉权）非规范行使的互动过程密切关联，具体体现为检察机关对于应当酌定不起诉的案件，以退回公安机关处理撤销案件方式结案。

2007 年开始施行的《北京市人民检察院关于公安机关撤回移送审查起诉案件若干问题的规定（试行）》明确禁止将应当酌定不起诉的案件退回公安机关处理撤销案件，[21] 从此，对于当事人和解的轻伤害案件公诉机关均统一适用酌定不起诉，公诉裁量权的非规范操作方式逐渐消减。[22] 但是，地方性政策文件或规范文件指引下的操作惯例，主要是立案程序和侦查程序中的操作惯例依然存在，仍然有相当数量的当事人和解的轻伤害案件，应当立案而不予立案，或者在侦查阶段撤销案件。[23] 在其他进行刑事和解探索实践的地区，如苏州市公安机关与检察机关，采取公安机关作出撤销案件决定之后，将案件材料送同级人民检察院备案的制度。[24] 这种作出撤销案件决定之后的备案制度，虽然一定程度上实现了检察机关对公安机关撤销案件决定的变通监督，但依然属于非规范的操作方式。总之，上述研究性质的分析或推断至少提示我们，在刑事和解的适用范围逐渐扩张、案件种类有所增多的背景之下，尤其是在全面落实宽严相济刑事政策的工作之中，公安机关对相应案件适用刑事和解的认知水平、积极程度、工作力度和操作范围等均有所提高或扩大，其中的积极成分毋庸置疑。理论界有学者主张，在当事人和解的背景下，应当赋予公安机关对于轻微刑事案件的实体处理权，即对于当事人和解的轻微刑事案件，应当赋予公安机关不予立案和撤销案件的权力。[25] 在刑事诉讼法的修改过程中，针对当事人和解的公诉案件诉讼程序的规定，“也有意见建议，对在侦查阶段当事人达成刑事和解协议的，公安机关应当有权

---

[21] 参见前引 15，苗生明主编书，第 369 页以下。

[22] 参见侯晓焱：《起诉裁量权行使状况之实证分析》，载《政治与法律》2009 年第 3 期。

[23] 参见前引 8，田兴洪书，第 227 页。

[24] 参见前引 12，江苏省苏州市公安局课题组文；苏州市平江区人民检察院课题组：《刑事和解法律监督问题研究》，载《法学杂志》2008 年第 5 期。

[25] 前引 11，陈光中、葛琳文。

撤销案件。”[26] 但是，这种理论主张和立法建议并未被立法机关采纳。相反，对于当事人和解的轻微刑事案件不移送审查起诉的实践做法，被作为现行刑事诉讼法的主要规制内容明确予以禁止。[27]

总结前述，在刑事和解政策性运行的背景下，刑事和解的实际适用呈现不平衡的状态，这种不平衡，不仅表现为适用刑事和解的地区间的差异以及适用刑事和解的案件范围的差异，而且突出地表现为对于当事人和解的轻微刑事案件从宽处理方式的差异。[28] 其中，就当事人和解的轻伤害案件而言，这种从宽处理方式的差异，在一定地区的特定时期的典型表现是，酌定不起诉的案件多于提起公诉的案件，退回公安机关处理的案件多于酌定不起诉的案件，侦查阶段作撤销案件处理的案件多于移送审查起诉的案件，应当立案而不予立案的案件多于侦查阶段作撤案处理的案件。这种从宽处理方式的不平衡，实际就是法律适用的不平衡。其中具有合理性且合法性的从宽处理方式，如酌定不起诉，是刑事诉讼法施行之后应予坚持的，其中多数不具有合理性及合法性的从宽处理方式，则是在刑事和解由政策性运行到法制化运行的转型之后所应依法严格限制的。简言之，扩大规范操作，限制或消减非规范操作，是实现我国刑事和解转型发展的关键所在。

二、转型的定位：刑事一体化的考察

前述数量规律清晰地显示，刑事和解的政策性运行状况与刑事诉讼法所规范的当事人和解的公诉案件诉讼程序存在着制度性差异。澄清两者的差异是确保法定的诉讼程序正常进行的必要前提。

（一）程序之辨——由非正式程序到正式程序

从严格意义上讲，我国刑事和解的探索实践不仅游离于以往的刑事诉讼制度之外，而且与现行的刑事诉讼制度设计具有本质区别。刑事诉讼法规定的刑事和解制度应当定位为：与刑事实体法规定相适应的、以刑事谅解为基础的刑事和解制度。

在全球视野内，刑事和解与刑事谅解是旨趣相异的两种司法实践，它们在理论基础、价值取向、参与主体、适用对象、实施程序和法律后果等方面均存在着显著的差异。我国以往的刑事和解实践具有以下几个显著的特点：（1）以政策性规范文件或地方性规范文件为基本依据，缺乏法定程序的严格规制。其中，政策性规范文件多具有宏观指引作用，作为操作依据的多为地方性规范文件。（2）游离于基本的刑事诉讼制度之外。最集中地表现为，对于当事人和解的轻微刑事案

---

[26] 黄太云：《刑事诉讼法修改的主要内容介绍（续）》，载最高人民法院刑事审判第一、二、三、四、五庭主办：《刑事审判参考》（总第 85 集），法律出版社 2012 年版，第 103 页以下。

[27] 参见全国人大常委会法制工作委员会刑法室编：《〈关于修改《中华人民共和国刑事诉讼法》的决定〉条文说明、立法理由及相关规定》，北京大学出版社 2012 年版，第 343 页。

[28] 参见前引 15，苗生明主编书，第 97 页。

件，应当立案而不予立案，应当移送审查起诉而撤销案件，应当酌定不起诉而退回公安机关处理撤销案件，甚至提起公诉之后应当定罪量刑，而撤回起诉之后，或酌定不起诉，或退回公安机关处理撤销案件。这些结案方式，或直接与相应立法规定抵触，或属于不当适用司法解释的司法习惯，例如适用原《人民检察院刑事诉讼规则》（以下简称原《刑事诉讼规则》）第262条，退回公安机关处理撤销案件，就属于非规范适用司法解释的情形。（3）法律后果或评价后果差异悬殊。集中表现为，当事人和解的轻微刑事案件，虽然基本性质相同，但实际所受到的实体法评价性质各异。（4）局部适用的特征显著，主要表现为局域性或阶段性特征明显。由于作为操作依据的规范文件多为地方性规范或部门性规范，导致是否适用刑事和解，或存在地区之间的差异，或存在诉讼阶段之间的差异。所以，以上述特征为基础，定位我国既往的刑事和解司法实践，只能得出这样的结论：它不是正式的司法程序，或纳入公诉程序的有机组成部分，即具有整体性特征的司法程序而又是非正式的司法程序，或与公诉程序平行存在的程序，即具有并列性特征的司法程序。这种并列性的非正式司法程序，所导致的结果集中体现为，相同案件未能统一适用刑事程序法和刑事实体法，有碍刑事法制的统一性和公信力的实现。将我国以往的刑事和解探索实践定位为“是整体性而非平行性的司法举措”，最终都“进入正式刑事司法程序”[29]的观点失之偏颇，与实际状况不符。“与私法领域相比，程序法的意义和效果更加依赖于外部环境——尤其是直接依赖于所在国家司法制度运行的制度背景。”[30]西方国家尚无将刑事和解与刑事谅解两种制度相互融合的先例，[31]我国立法机关吸收刑事司法探索的成熟经验，在新的刑事诉讼法中设定当事人和解的公诉案件诉讼程序，实现了刑事和解与刑事谅解的恰当衔接和有机融合，标志着我国的刑事和解由并列性的非正式司法程序转型为整体性的正式司法程序。严格依照刑事诉讼法和相应司法解释或规范文件的规定办理当事人和解的公诉案件，是正式司法程序的必然要求。

（二）评价之差——非犯罪化与非刑罚化或刑罚轻缓化

依照《刑事诉讼法》第279条的规定，对于当事人和解的公诉案件适用从宽处理的原则：不得作出撤销案件的决定，综合立法规定和相关司法解释的精神，其中尤其是《最高人民法院关于适用〈中华人民共和国刑事诉讼法〉的解释》（以下简称《解释》）第505条的规定，我国刑事立法和刑事司法对当事人和解的公

---

[29] 张朝霞、谢财能：《刑事和解：误读与澄清——以与恢复性司法比较为视角》，载《法制与社会发展》2010年第1期。

[30] ［美］米尔吉安·R.达马斯卡：《比较法视野中的证据制度》，吴宏耀、魏晓娜等译，中国人民公安大学出版社2006年版，第231页以下。

[31] 参见卞建林、封利强：《构建刑事和解的中国模式——以刑事谅解为基础》，载《政法论坛》2008年第6期。

诉案件，尤其是其中的轻微刑事案件，明确采取刑罚轻缓化或非刑罚化的立场，以犯罪嫌疑人或被告人从宽承担刑事责任的方式，调整了以往刑事和解探索实践中对轻微刑事案件实质上作非犯罪化处理的方式。对此，可以从以下方面理解：

首先，"长期以来，在我国政策实施型司法模式下，刑事和解缺乏生存的空间和土壤。"[32] 在宽严相济刑事政策的司法运行需求强烈，而司法程序尚未为刑事和解设定必要的制度运行空间的背景之下，当事人和解的轻微刑事案件，尤其是大量的轻伤害案件，在立案阶段，本应属于"有犯罪事实需要追究刑事责任"应当立案的，被作为"没有犯罪事实，或者犯罪事实显著轻微，不需要追究刑事责任"而不予立案；在侦查阶段，本应属于"犯罪事实清楚，证据确实、充分"应当移送审查起诉的，被作为"不应对犯罪嫌疑人追究刑事责任"而撤销案件；在审查起诉阶段，本应属于"犯罪情节轻微，依照刑法规定不需要判处刑罚"可以酌定不起诉的，被作为"没有犯罪事实"而退回公安机关处理撤销案件；在审判阶段，本应属于应当定罪并酌定从宽处理的，被作为"发现不存在犯罪事实或者不应当追究被告人刑事责任"而撤回起诉，并进而退回公安机关处理撤销案件。尽管前述的案件处理方式在不同地区的相应诉讼阶段表现程度有所区别，但其共性是一致的，即将应当追究刑事责任的案件实际上以不应当追究刑事责任的案件结案处理。

其次，依照《刑事诉讼法》第279条的规定，包括轻微刑事案件在内的当事人和解的公诉案件，只能由检察机关酌定不起诉，或者由审判机关从宽处罚。审判机关对和解案件从宽处罚，在实体法和程序法上均属于有罪评价是没有疑问的；但检察机关对和解案件酌定不起诉是否属于有罪评价？依实体法判断与依程序法判断存在一定差异。换言之，程序法意义的非犯罪化与实体法意义的非犯罪化是否依据相同标准判定则是需要讨论的。就程序法意义而言，适用酌定不起诉的直接法律依据是《刑事诉讼法》第173条第2款的规定，该款"所谓的'犯罪情节轻微'中关于犯罪的认定，只是检察机关在审查起诉工作中的认识，而不是确定犯罪嫌疑人有罪，一旦依照本款作出不起诉的决定，从法律意义上讲，被决定不起诉的人是作为无罪处理的。"[33] 包括酌定不起诉在内的不起诉，"不具有确认犯罪嫌疑人构成犯罪的实体法效力，从法律上说，被不起诉的犯罪嫌疑人在法律上是无罪的。"[34] 这是《刑事诉讼法》第12条确定的定罪权专属原则[35] 的必然体现。简言之，酌定不起诉不具有以法定程序确认犯罪嫌疑人构成犯罪的实体法效力。

[32] 前引31，卞建林、封利强文。

[33] 前引27，刑法室书，第221页。

[34] 张建伟：《刑事诉讼法通义》，清华大学出版社2007年版，第569页。

[35] 前引34，张建伟书，第207页以下。

然而，适用酌定不起诉的必备条件之一是犯罪嫌疑人的行为构成犯罪，应当负刑事责任。这种被公诉机关判定构成犯罪的行为，只是不具有须经法定审判程序确认为构成犯罪的实体法效力。从刑事一体化的视角考察，行为构成犯罪是实体法的刑事违法性、证据法的证据充分性与程序法的庭审确认性三位一体的概念。[36] 刑法理论的通说主张，刑事责任的发展阶段，包含刑事责任产生、刑事责任确认和刑事责任实现三个具体阶段，其中，刑事责任确认阶段的全过程，始于立案，止于有罪判决生效之时，定罪免刑（包括适用非刑罚处罚方法和不适用非刑罚处罚方法）是刑事责任实现或解决的具体方式之一。[37] 综上，依据程序法的定罪权专属原则，以及刑法理论通说，酌定不起诉不属于有罪评价，不属于被不起诉人承担刑事责任的方式，似乎已是刑事程序法学和刑事实体法学达成共识的定论。但依笔者之见，酌定不起诉，尤其是对当事人和解的轻微刑事案件的酌定不起诉，也是刑事责任的实现方式。理由为：

第一，在刑事诉讼法确立当事人和解的公诉案件诉讼程序之后，势必导致原本公诉之后定罪免刑的案件大量地或成规模地以酌定不起诉方式终止刑事诉讼，实际意味着法定程序中的公诉裁量权明显扩张。起诉便宜主义下的公诉裁量权的相对扩张，是法治国家降低追究刑事责任成本的重要手段。[38] 酌定不起诉是公诉机关在可以追究犯罪嫌疑人刑事责任的前提下，拥有诉权而放弃诉权的选择。[39] 酌定不起诉的被不起诉人，实际上是应当承担刑事责任的犯罪嫌疑人。酌定不起诉作为公诉机关对案件所作的程序上的处分，“虽然对案件的实体问题有影响，但其效力是程序性的。”酌定不起诉的无罪认定“是在没有进入实体确认的审判阶段就终止诉讼，是因程序上公诉机关放弃诉权而形成的无罪”。[40] 然而，国家为降低追究刑事责任成本而放弃刑事追诉权的活动，是否就实际意味着犯罪嫌疑人行为的非犯罪化，则依据特定国家的法定程序所确定的刑事责任实现方式而有所区别，根据我国刑事诉讼法的规定，因酌定不起诉而放弃诉权所形成的程序性无罪，只是犯罪嫌疑人从宽承担刑事责任的方式之一，并非意味着实体意义的非犯罪化。事实上，在刑事诉讼法学界，也有学者主张，酌定不起诉不仅具有程序性效力，而且具有实体性效力：“起诉裁量权是对犯罪嫌疑人作出决断的权力，它所作出的决定不限于只具有程序性的效力，在检察权的范围内，同样具有实体

[36] 参见陈兴良：《本体刑法学》，商务印书馆 2001 年版，第 164 页以下。

[37] 参见高铭暄、马克昌主编：《刑法学》（第五版），北京大学出版社、高等教育出版社 2011 年版，第 209 页以下；赵秉志主编：《刑法总论》，中国人民大学出版社 2007 年版，第 417 页以下；张明楷：《刑法学》（第二版），法律出版社 2003 年版，第 389 页以下。

[38] 参见朱孝清、张智辉主编：《检察学》，中国检察出版社 2010 年版，第 394 页。

[39] 参见姜伟主编：《专项业务培训教材》，中国检察出版社 2004 年版，第 236 页以下。

[40] 前引 39，姜伟主编书，第 230 页以下。

的效力。”[41]“相对不起诉决定是一种介于确认无犯罪事实因而绝对不起诉和法律有罪判决之间的一种具有‘司法’性的处理。用一种也许不甚妥当的说法，相对不起诉具有‘准定罪’的效力。[42]”这种观点立论基础的合理性在于，酌定不起诉不仅具有刑事程序法依据，而且具有刑事实体法依据，酌定不起诉具有兼顾程序和实体的终局性处分的属性。

第二，依据刑事诉讼法及相关司法解释或规范文件的规定，当事人可以就民事责任事项进行和解，并且可以就被害人及其法定代理人或者近亲属是否要求或者同意公安司法机关对犯罪嫌疑人依法从宽处理进行协商，但不得对案件的事实认定、证据和法律适用、定罪量刑等依法属于公安司法机关职权范围的事宜进行协商。依据司法解释和规范文件的规定，公安司法机关主持制作的和解协议书中，必须载明“犯罪嫌疑人承认自己所犯罪行，对指控的犯罪没有异议，并真诚悔罪”的内容。据此，犯罪嫌疑人实际上是以承认行为构成犯罪为基础获得被害人谅解，并向具有刑事追诉权的公诉机关承认犯罪，以换取从宽承担刑事责任的法律后果，这种从宽承担刑事责任的方式，就是对当事人和解的轻微刑事案件的酌定不起诉。在大量的原本公诉之后定罪免刑的案件成规模地以酌定不起诉终止刑事诉讼的背景之下，经审判程序定罪免刑的刑事责任实现方式便实际转换为酌定不起诉的刑事责任实现方式，这种刑事责任实现方式的替代或转换，既体现了国家对犯罪行为的否定评价和对犯罪人的谴责，又实现了对犯罪嫌疑人的从宽处理。刑事实体法的案件分流与刑事程序法的案件分流形成有机结合。换言之，在案件事实清楚、证据确实充分的基础上，犯罪嫌疑人承认被指控的犯罪，被害方要求或同意对犯罪嫌疑人依法从宽处理，与公诉机关以酌定不起诉书确认犯罪嫌疑人的行为构成犯罪，即程序性阶段审查中的实体判断是完全一致的。由此形成的终止诉讼的法律后果，不是对犯罪嫌疑人应该承担刑事责任的否定，而是确认其应当承担刑事责任的基础上的宽宥处理措施。因为，在检察机关作出的酌定不起诉决定与审判机关作出的定罪免刑判决同为刑事责任实现方式[43]的前提之下，酌定不起诉不仅具有与定罪免刑相同的实体属性，而且在实现轻微刑事案件程序分流的同时，体现了国家对犯罪嫌疑人的宽宥。

第三，“刑事责任是刑事法律规定的，因实施犯罪行为而产生的，由司法机关强制犯罪者承受的刑事惩罚或单纯否定性法律评价的负担。”[44]“刑事责任的实质是对犯罪行为的否定评价与对犯罪人的谴责，某种措施能否成为刑事责任

[41] 徐益初：《不起诉刍议》，载《人民检察》1996年第12期。

[42] 龙宗智、左卫民：《法理与操作——刑事起诉制度评述》，载《现代法学》1997年第4期。

[43] 参见陈兴良：《刑法适用总论》（下卷）（第二版），中国人民大学出版社2006年版，第112页以下。

[44] 前引37，高铭暄、马克昌主编书，第200页。

的实现方式，关键在于它能否体现国家对犯罪行为的否定评价与对犯罪人的谴责。”[45] 实现刑事责任的方法除刑罚以外，还有非刑罚处置方法。[46] 酌定不起诉决定书中，必须载明犯罪嫌疑人实施了刑法具体条款规定的行为。[47] 依据《人民检察院刑事诉讼规则（试行）》（以下简称《刑事诉讼规则》）第 409 条的规定，对于酌定不起诉的案件，检察机关可以根据案件的不同情况，对被不起诉人予以训诫或者责令具结悔过、赔礼道歉、赔偿损失；对被不起诉人需要给予行政处罚、行政处分的，应当提出检察意见，连同不起诉决定书一并移送有关主管机关处理，并要求有关主管机关及时通报处理情况。由此可以认为，酌定不起诉书是体现国家对被不起诉人予以谴责、并对其犯罪行为予以否定评价的法律文书，而检察机关对被不起诉人适用非刑罚处理方法也是被不起诉人从宽承担刑事责任的相应法律后果。检察机关在作出酌定不起诉决定的同时，依据《刑法》第 37 条的规定，有权直接适用非刑罚处理方法，或以检察建议书方式建议并监督主管机关适用非刑罚处理方法，无疑具有对犯罪嫌疑人应当承担刑事责任的行为予以实体性否定评价的意义。

第四，毋庸讳言，《刑法》第 37 条的规定是对于当事人和解的轻微刑事案件在审判阶段定罪免刑与在审查起诉阶段酌定不起诉的共同实体法依据。该规定的程序法意义，不仅体现为《刑事诉讼法》第 173 条第 2 款将其作为酌定不起诉的实体事由之一，更主要的是它与该款所规定的“犯罪情节轻微依照刑法规定免除刑罚”的实体事由共同构成了判断公诉裁量权正确行使的基本标准。换言之，审判阶段定罪免刑的实体标准与审查起诉阶段酌定不起诉的实体标准是完全相同的。凡符合“犯罪情节轻微，依照刑法规定不需要判处刑罚或者免除刑罚”标准的案件，在审判阶段应当或者可以定罪免刑，在审查起诉阶段可以酌定不起诉。按照起诉裁量原则制约下的案件分流机制，凡依据实体法被认定为在审判程序中定罪免刑的案件，就没有必要提起公诉，而应依据实体法和程序法的规定作出酌定不起诉的决定。于是，大量的当事人和解的轻微刑事案件就会以酌定不起诉的方式终止诉讼，只有极少数案件在审判阶段定罪免刑。在此前提下，如果只认为定罪免刑是刑事责任的实现方式，否认酌定不起诉具有刑事责任实现方式的属性，就会导致完全相同的案件实体性评价截然不同的结果，实体公正也就难以实现。其实，如此意义上的实体公正并没有阻碍程序公正的实现，也没有否定程序公正的独立价值，因为，程序法意义的非犯罪化与实体法意义的非犯罪化，实际

---

[45] 前引 37，张明楷书，第 391 页。

[46] 前引 43，陈兴良书，第 109 页。

[47] 参见童建明主编：《公文写作与办公自动化技能培训教程》，中国检察出版社 2004 年版，第 128 页以下。

存在差异，即实际的实现方式和实现程序的差异：程序法意义的非犯罪化，是以被告人的行为是否经过法定审判程序确认构成犯罪为界分标准的，凡未经审判确认构成犯罪的行为即为无罪，对于当事人和解的轻微刑事案件适用酌定不起诉，就是非犯罪化的案件分流；实体法意义的非犯罪化，是以犯罪嫌疑人或被告人的行为是否符合具体犯罪构成要件、犯罪嫌疑人或被告人是否应当承担刑事责任、进而是否以一定的方式实际承担刑事责任作为区分标志的，即便未经审判确认行为构成犯罪，但在案件事实清楚、证据确实充分的前提下，犯罪嫌疑人受到法定形式的谴责，其行为受到法定形式的否定评价，就实际承担了应当承担的刑事责任，对于当事人和解的轻微刑事案件适用酌定不起诉，不属于非犯罪化的案件分流，而属于非刑罚化的案件分流。对于酌定不起诉实体价值如此定位，意义不仅在于厘定犯罪化与非犯罪化的实际界限，其更为重要的意义在于，检察机关对于在立案或侦查阶段当事人和解的轻微刑事案件，应当依法实现有效的司法控制，避免案件在审查起诉阶段之前不当的非犯罪化处置。因为，“刑事和解是对刑事公诉权的行使方式和刑事纠纷解决方式的变通。”[48] 这种变通只是案件分流的程序调整，不是对案件实体评价的改变，或者说是在保持既有实体评价的基础上的程序分流措施；这种纳入整体性正式司法程序的特别程序，作为案件分流的机制，禁止在立案或侦查阶段的案件分流，禁止警察权对检察权、审判权的逾越。

总之，“刑事司法活动是实体性终局判断、程序性阶段审查与渐进式证据证明的有机融合或协调统一，必须实体、程序与证据同时兼顾，不可有所偏颇。”[49] 从刑事一体化的视角分析，酌定不起诉是被不起诉人从宽承担刑事责任的方式，以此为前提，我国程序法意义的非犯罪化与实体法意义的非犯罪化，具有实体法依据与程序法依据相结合的共同基础，我国刑事诉讼法确定的对当事人和解的公诉案件从宽处理不具有非犯罪化的意义，仅具有非刑罚化或刑罚轻缓化的意义。将实体事由相同，但在不同诉讼阶段适用的从宽处理的法律后果分别定性为犯罪化与非犯罪化，不仅会导致实体评价错位，而且是对法定程序价值的误解。

第五，既往刑事和解探索实践中，对当事人和解的轻微刑事案件应当追究刑事责任而不追究刑事责任的各种结案方式，即应当立案而不予立案、应当移送审查起诉而撤销案件、应当酌定不起诉而退回公安机关处理撤销案件等，均属于实务操作中的非规范终止诉讼方式。这些非规范的终止诉讼方式，虽然具有实务操作中的非犯罪化属性，但其不仅与原刑事诉讼法的规定不符，而且已经被现行刑事诉讼法所明确禁止。依据现行刑事诉讼法的规定，对当事人和解的公诉案件从

[48] 前引31，卞建林、封利强文。

[49] 黄京平：《国家应对犯罪策略转变的历史选择——解读刑事和解的探索实践》，载《中国刑事法杂志》2011年第7期。

宽处理的权力，仅为检察机关和审判机关的权力；对当事人和解的公诉案件从宽处理的方式，仅为公诉机关的酌定不起诉以及审判机关定罪基础上的从宽处罚，包括从轻处罚、适用非监禁刑、减轻处罚和免除处罚。需要注意的是，依据最高人民法院《解释》第505条的规定，对于当事人和解的公诉案件均是依据酌定情节从宽处理。其中，经法定审判程序，被告人承担刑事责任的最轻方式是定罪免刑。前述表明，定罪免刑与酌定不起诉的实体事由完全相同，两者均为被告人承担刑事责任或犯罪嫌疑人承担刑事责任的方式。所以，现行刑事诉讼法实际是以禁止立案或者侦查阶段的非犯罪化处置为基础，仅对当事人和解的公诉案件予以非刑罚化或刑罚轻缓化的处置。据此，在刑事和解政策性运行的背景下，轻微刑事案件可以在刑事审判前程序的立案、侦查或审查起诉阶段分流，且允许程序倒流现象的存在，相同案件的非犯罪化与非刑罚化或刑罚轻缓化同时并存；在刑事和解规范化运行的背景下，轻微刑事案件只能在刑事审判前程序的审查起诉阶段分流，并禁止程序倒流，相同案件的实体评价一致，统一予以非刑罚化或刑罚轻缓化处理。刑事诉讼法所确定的当事人和解的轻微刑事案件的分流机制，程序价值与实体意义兼具，修正了以往非规范程序操作中的实体处理错误，将刑事审判前程序对实体公正的作用调整到合理状态，这一立法举措，使得对于当事人和解的轻微刑事案件的从宽处理呈现程序公正与实体公正最佳结合的状态。

（三）检警关系——由紧张到规范

在刑事和解政策性运行的背景下，由于对当事人和解的轻微刑事案件普遍采取非规范的操作方式，不仅造成相同案件实体性和程序性处理结果的差异，而且在此过程中，形成了检警关系处于相对紧张的状态。据一项2006年实施的关于检警关系的实证调查显示，32%的检察人员和28%的公安人员认为检警关系不够顺畅的主要方面表现为检察机关适用退回公安机关处理撤销案件的领域；其中，检警人员均认为，在退回公安机关作撤案处理的案件中，有相当数量的案件不符合退回公安机关处理撤销案件的司法解释或规范文件；而且，退回公安机关作撤案处理的方式，虽然一定程度上有利于提高诉讼效率、节约司法资源，但剥夺了犯罪嫌疑人适用酌定不起诉时享有的申诉权。[50] 可见，对于当事人和解的轻伤害案件，普遍适用退回公安机关处理撤销案件的方式结案，不仅因与司法解释或规范文件相抵触，而未能获得检察人员和公安人员的普遍认同，而且由于所形成的检警关系紧张状态，促使应当移送审查起诉的当事人和解的轻伤害案件，逐渐以不予立案或立案后撤销案件的方式结案。由此导致的检警关系紧张状态相对缓解的表面现象，掩盖了检察机关诉讼监督弱化的真相。换言之，在案件移送审

[50] 参见黄晓文、叶衍艳：《检警关系现状与问题的调查分析》，载前引13孙力主编书，第184页。

查起诉之后，以退回公安机关作撤案处理的方式结案，尚能体现检察机关的诉讼监督职能的实际行使，而在案件成规模地不予立案或立案后撤销案件的背景下，则检察机关的诉讼监督职能便实际丧失。对警察权实行有效的司法控制是检警关系的核心。[51] 显然，在刑事和解政策性运行的背景下，对于公安机关办理的当事人和解的轻微刑事案件，检察机关的司法控制实际处于逐渐弱化的态势。在此意义上，现行刑事诉讼法关于当事人和解的公诉案件诉讼程序的规定，禁止公安机关对案件以撤销案件方式结案，案件必须移送检察机关审查起诉，有助于改变检警关系的非正常状态，有利于在法定程序之下，使检警关系向符合法治要求的方向发展，实现检察机关对当事人和解的公诉案件的有效司法控制。

（四）政策空间——由扩张到限缩

我国刑事和解的探索实践与新时期宽严相济刑事政策的产生及影响有着密切的联系，这是不争的事实。但是，如果客观地评价宽严相济刑事政策与刑事和解探索实践的关系，必须注意到，其中存在着两个显著的阶段：刑事和解探索实践的第一个阶段，是在宽严相济刑事政策正式被国家权威机构确认为国家基本刑事政策之前。在这个阶段，刑事和解的探索实践首先由个别基层检察机关和基层公安机关的大胆尝试为发端，历经先期论证、谨慎试验、调整完善、常态运行的过程，在相应区域之内被固定为实务操作层面的、基本的案件分流机制，并进而被地方性政策文件或规范文件所规范，在更大范围内推行。刑事和解探索实践的第二个阶段是 2006 年宽严相济刑事政策被正式确认为国家基本刑事政策之后。在此阶段中，基本刑事政策的指引作用，使得许多地区相继出台地方性政策文件或规范文件在更大范围内推行刑事和解制度；该阶段的另一特征，是基本刑事政策制约下的司法解释或司法解释性质文件的出台，成为刑事和解司法适用的规范依据。以笔者之见，在现行刑事诉讼法规定当事人和解的公诉案件诉讼程序之后，刑事和解与宽严相济刑事政策的关系进入第三个阶段，在该阶段中，涉及绝大多数罪名的刑事和解探索实践，尤其是当事人和解的轻微刑事案件被立法规范予以规制，纳入法制化的轨道；未被立法规范规制的刑事和解探索实践，准确地说应当称之为刑事谅解的探索实践，如严重犯罪（包括依法可以判处死刑的犯罪）和轻微犯罪（包括寻衅滋事罪等案件）的刑事谅解探索实践，依然应该在宽严相济刑事政策的原则下审慎进行。

概括刑事政策与刑事和解的关系，可以认为：（1）既往的刑事和解探索实践，实际是在具体法律规范缺位的背景下进行的，由此可以将之概括为刑事和解的政策性运行。（2）在宽严相济刑事政策的积极作用下，刑事和解的政策性运行，实际是在激活并尽力开掘既有的刑事法律资源的背景之下进行司法实务操作的。这

[51] 参见许永俊：《多维视角下的检察权》，法律出版社 2007 年版，第 119 页以下。

种在基本刑事政策作用下被激活或被尽力开掘的刑事法律规范，主要为具有实体性裁量空间或程序性裁量空间的规范，如《刑法》第 37 条关于酌定免除处罚的规定、刑事诉讼法关于酌定不起诉的规定等。所谓被激活或被尽力开掘的刑事法律资源，并非指不存在相应的规范，而是指这种规范以往未被普遍适用于当事人和解的轻微刑事案件中，但在刑事和解探索实践中被广泛适用。（3）在刑事和解政策性运行中，实体性规范依据相对充分，但程序性规范依据相对欠缺，由此导致具体实务操作方式与既有的法定程序相抵触的情形。这种状况，实际也与宽严相济刑事政策实施的原则要求有所不符。（4）宽严相济刑事政策的实施不仅开启了刑事和解的司法探索，而且牵动了刑事立法对刑事和解探索实践的规范调整。当主要由刑事政策作用的刑事和解探索实践被立法规范之后，政策的适用范围被限缩，政策在立法规范已作规制领域的历史使命已经结束，也就意味着导致政策实施空间、作用空间、运行空间的条件消失，刑事和解政策性运行中所形成的非规范性司法惯例，也因与法定程序相抵触而归于无效。（5）刑事政策适用范围的限缩，并非意味着国家基本刑事政策的作用完全消失。在刑事司法领域，刑事政策的生命力源于刑事司法的需求；刑事政策的作用领域以实际的刑事司法需求为边际。由刑事司法需求而决定的刑事政策的具体作用空间，不应逾越法定程序或正式程序；但基本刑事政策在具有实体裁量空间的领域，依然应当发挥其刑事法律无以替代的功能。

三、公安机关的职权界定：禁止不予立案和撤销案件

《刑事诉讼法》第 277 条对当事人和解的公诉案件的处理作出了明确规定：这是将刑事和解纳入法制化轨道的重要制度安排。就公安机关的职权而言，立法机关、理论界与司法实务界的共识是：在侦查阶段达成和解协议的案件，公安机关可以向检察机关提出从宽处理的建议，从宽处理的建议包括建议检察机关作出不起诉处理，或者建议检察机关向审判机关提出从宽处罚的建议；即使是犯罪情节轻微，根据刑法规定不需要判处刑罚或者免除处罚的案件，当事人达成和解协议后，公安机关也不能直接作出撤销案件的决定，只能向检察机关建议不起诉，由检察机关以不起诉的方式作出最后的处理。[52] 笔者以为，相对于公安机关以往刑事和解探索实践的案件处理方式，还应特别强调，对于当事人和解的公诉案件，公安机关应当立案，不得不立案，并且应当在案件侦查终结后移送检察机关审查起诉。基本理由如下：

第一，在以往的刑事和解探索实践中，公安机关适用的刑事和解，实际是在

---

[52] 前引 27，刑法室书，第 342 页以下；陈卫东主编:《2012 刑事诉讼法修改条文理解与适用》，中国法制出版社 2012 年版，第 345 页；陈国庆主编:《新刑事诉讼法与诉讼监督》，中国检察出版社 2012 年版，第 240 页。

政策性文件或地方性规范文件的指引下运行的。依据相应的政策性文件或地方性规范文件，公安机关对于在立案阶段当事人和解的轻伤害案件，实际普遍采用不予立案的结案方式。在许多地区，不予立案的轻伤害案件数量实际明显超过立案后撤销案件的轻伤害案件数量。刑事诉讼法的施行，就是要将这种政策性文件或地方性规范文件指引下的案件处理方式予以规范化，否则，新刑事诉讼法的规范价值必然会因实务操作依然延续旧例而大打折扣。

第二，刑事诉讼法并未对当事人和解的公诉案件适用的诉讼阶段作出任何限制性的规定。相反，从第 278 条关于公安机关对和解自愿性、合法性的审查职责等相关规定以及第 279 条“对于达成和解协议的案件，公安机关可以向人民检察院提出从宽处理的建议”的规范表述中可以合乎逻辑的推导出，无论是在立案阶段还是在侦查阶段，当事人达成和解协议的案件，公安机关均负有对和解自愿性和合法性审查的职责，并在依法移送审查起诉时，可以向检察机关提出从宽处理的建议。理解当事人和解的案件适用的诉讼阶段，不能回避的问题是，如何理解《刑事诉讼规则》第 518 条的规定，其“双方当事人在侦查阶段达成和解协议”的表述，极易被解读为对和解案件可以适用的诉讼阶段的限制性解释，即当事人和解的公诉案件只能适用于立案之后的侦查、审查起诉和审判阶段，排斥在立案程序中适用和解的可能。笔者以为，“双方当事人在侦查阶段达成和解协议”并非限制性解释，而是在综合和解协议达成的各项条件的基础上，对公安机关主持制作和解协议书的诉讼阶段所作的提示性规定。着重在于提示检察机关的办案人员，对于当事人和解的公诉案件的审查批捕和审查起诉，应当以公安机关在侦查阶段主持制作的和解协议书作为从宽处理的基本依据，对于在立案阶段或者案件受理之前当事人和解的案件，应予以相对严格的审查。

第三，比较《刑事诉讼法》第 277 条规定的当事人和解的公诉案件的案件范围，与第 204 条规定的刑事自诉案件的案件范围可以发现，当事人和解的公诉案件的案件范围已经覆盖了除部分遗弃案件，生产、销售伪劣商品案件，侵犯知识产权案件外的绝大多数刑事自诉案件的案件范围，而且还包括了刑事自诉案件无法完全涵括的除渎职犯罪以外的可能判处 7 年有期徒刑以下刑罚的过失犯罪案件。[53] 其中，从我国特有的自诉与公诉互转追诉模式的角度，即兼顾刑事自诉案件类型的角度，检察机关不应当受理公安机关侦查终结移送审查起诉的告诉才处理的案件（第 204 条第 1 项），公诉转自诉的案件（第 204 条第 3 项）主要系因公安机关不立案或者撤销案件或者检察机关不起诉，而赋予被害人自诉权并以自

[53] 参见宋英辉主编：《中华人民共和国刑事诉讼法精解》，中国政法大学出版社 2012 年版，第 341 页。

诉权制约侦查权和公诉权，[54] 既可公诉又可自诉的案件（第 204 条第 2 项规定的“被害人有证据证明的轻微刑事案件”）则成为在当事人和解的条件下是否应予立案的焦点。因为，此类案件中包含了大量适用当事人和解的轻伤害案件。笔者以为，当事人可以和解的公诉案件理应包括“被害人有证据证明的轻微刑事案件”，此类案件即便在立案阶段当事人达成和解协议，公安机关也应予以立案，且在立案之后不得撤销案件。虽然依据公诉理论，这类案件是公诉、自诉两可的案件，意味着自诉案件与公诉案件存在某种交叉，自诉权与公诉权同时并存。[55] 但是，由于刑事诉讼法将当事人可以和解的事项限定于民事责任事项，当事人无权就公诉案件中的刑事责任问题和解，[56] 当事人就民事责任事项的和解并不能终结公诉案件的诉讼程序，[57] 所以，即便在被害人向公安机关报案或控告之后，公安机关决定立案之前，当事人达成和解的，公安机关仍然应予立案。《刑事诉讼规则》第 513 条的规定即清楚地表明，对于轻微刑事案件，在符合立案标准的条件下是否予以立案，不属于当事人可以和解的事项，也不能因当事人就可以和解的事项达成和解协议而影响公安机关依法作出立案决定。

第四，虽然《刑事诉讼法》第 277 条对当事人可以和解的公诉案件的事实和证据标准未作直接规定，但是依据第 279 条关于公安机关和检察机关对案件的从宽处理建议权，以及检察机关对案件可以不起诉和审判机关可以依法对被告人从宽处罚的相关规定，可以合乎逻辑地推导出，当事人可以和解的公诉案件必须达到案件事实清楚，证据确实、充分的标准。立法机关对此也持肯定立场。然而，有学者主张，“要求在当事人和解时必须查清全部案件事实不但没有必要，也会使一些原本适合的案件因无法查清全部案件事实而不能适用和解，影响和解积极效果的发挥。同时，如果不对和解前查清案件事实作任何要求，也可能导致刑事和解建立在错误的案件事实基础之上，背离公正的基本要求。”故适用和解的案件“必须建立在案件事实基本清楚的基础之上”。[58] 值得注意的是，这种“案件事实基本清楚”即可适用和解的观点，并未被司法解释或规范文件采纳。《刑事诉讼规则》第 510 条第 2 款第 5 项明确规定，当事人可以和解的公诉案件，必须符合“案件事实清楚，证据确实、充分”的条件；《公安机关办理刑事案件程序规定》第 324 条、第 326 条第 1 项，对当事人和解的公诉案件的事实和证据标准也有相应程度的要求。如此规范要求，意味着当事人和解的公诉案件，至少应该经过立案之后的侦查阶段，才能达到和解所需的案件事实和证据证明的标

[54] 参见王新环：《公诉权原论》，中国人民公安大学出版社 2006 年版，第 276 页以下。

[55] 前引 54，王新环书，第 278 页。

[56] 参见陈国庆主编：《新刑事诉讼法与诉讼监督》，中国检察出版社 2012 年版，第 238 页。

[57] 参见前引 53，宋英辉主编书，第 346 页。

[58] 参见前引 53，宋英辉主编书，第 344 页以下。

准，即《刑事诉讼法》第160条规定的标准。据此，公安机关对于决定立案之前当事人和解的公诉案件，包括被害人向公安机关报案或控告的公诉、自诉两可的案件，均应立案并启动侦查程序。

第五，笔者之所以强调对于立案阶段当事人和解的轻微刑事案件（主要包括大量的轻伤害案件）公安机关应当予以立案，而不能不予立案，乃是因为，根据《刑事诉讼法》第279条的规定，在侦查阶段和解的轻微刑事案件，即使属于犯罪情节轻微，根据刑法规定不需要判处刑罚或者免除处罚的案件，公安机关也不能直接作出撤销案件的决定，只能向检察机关建议不起诉，由检察机关以不起诉的方式作出最后的处理。如果允许公安机关对此类案件不立案，则必然导致实际构成犯罪的轻微刑事案件，由于不立案与酌定不起诉的实体性评价性质有别，造成案件实体定性截然不同的结果；或者由于当事人和解时机之差，而导致对基本性质相同、危害程度相同的案件的实体性评价各异，从而造成同类案件不予追究刑事责任与承担相应刑事责任之间的严重失衡，进而使刑事诉讼法统一规制当事人和解案件的价值目标和实践效果因实务操作的疏漏而难以实现。

立案是为启动对某一事件的刑事追诉程序提供的过滤机制，功能在于将没有法定理由发动刑事追诉的事件屏蔽于侦查程序之外；立案程序不仅意味着对侦查权、起诉权和审判权的限制，同时也具有约束作用。“完整的侦查阶段，始于侦查机关作出立案决定之后，终于侦查终结。”[59] 所以，立案程序与侦查程序的功能有别，若允许在案件受理环节或者案件受理之后的立案程序中主持制作和解协议书，不仅有混淆立案阶段与侦查阶段的功能和职责之嫌，而且存在与侦查阶段查实的证据和确认的事实有所不符的可能，更与检察机关所倾向的达成和解的诉讼阶段有所冲突。

四、检察机关的职权行使：案件分流的关键阶段

（一）审查批捕阶段

《刑事诉讼法》第144条、第518条、第519条对逮捕措施适用情形以及当事人和解的公诉案件诉讼程序做出了明确规定，比较《刑事诉讼规则》第144条与第518条的规定，其中存在表述差异进而影响不批捕条件理解的内容主要包括：案件事实和证据证明的标准要求是否一致？是否需要公安机关向检察机关提出从宽处理的建议？笔者以为，这两条规定只是存在形式或表述的差异，但实质精神一致。在检察机关审查批捕阶段，需要根据审查批捕工作的特点以及当事人和解的案件特征，注意以下具体问题：

第一，案件事实和证据证明的标准问题。尽管当事人和解的公诉案件必须达到《刑事诉讼规则》第510条要求的“案件事实清楚，证据确实、充分”的条件，

---

[59] 宋英辉主编：《刑事诉讼法学》，中国人民大学出版社2007年版，第306页。

但在审查批捕阶段，案件事实基本清楚、证据基本确实充分，同时符合第 144 条规定条件的，检察机关即应作出不批准逮捕的决定。这是以逮捕的证据条件为基础的当然结论。同时需要强调的是，案件事实基本清楚和证据基本确实充分，是针对犯罪嫌疑人所犯的较轻罪行而言的，也即犯罪嫌疑人所犯较轻罪行属于案件事实基本清楚和证据基本确实充分；至于当事人和解的事实及相关证据，则必须符合事实清楚、证据确实充分的标准。

第二，是否需要公安机关向检察机关提出从宽处理建议的问题。《刑事诉讼法》第 279 条的实质精神是公安机关仅具有对和解案件从宽处理的建议权，依据《刑事诉讼规则》第 518 条的规定，公安机关行使从宽处理建议权的，检察机关在审查批捕时应当予以充分考虑。与此相关，依据刑事诉讼法和《刑事诉讼规则》，对于当事人和解与否以及和解的自愿性和合法性，检察机关在审查批捕阶段具有依法审查的客观义务。这一具体的客观义务的履行，不以侦查机关是否提出从宽处理建议为条件。所以，即使在审查批捕阶段，公安机关并未提出从宽处理建议，检察机关依法定职权，依然可以将双方当事人达成和解协议作为有无社会危险性或者社会危险性大小的因素予以考虑，即以逮捕的社会危险性条件为判断依据，作出不批准逮捕的决定。

第三，是否要求当事人已经达成规范的和解协议书的问题。此阶段规范的和解协议书，通常只能是公安机关主持制作的和解协议书。不可否认，受多种因素的影响，公安机关提请批准逮捕的案件，即便双方当事人达成和解协议，也未必属于规范的和解协议书。例如，在公安机关所认定的犯罪性质与检察机关所认定的犯罪性质并不一致的情况下，就会导致和解协议书必须载明的指控罪名与检察机关所认定的罪名不一致的结果。在审查批捕阶段，检察机关不能以是否具有规范的和解协议书为标准决定是否批准逮捕，而应当以是否存在和解事实，以及和解是否具备自愿性、合法性且是否实际履行或者是否提供履行担保作为审查内容和判断依据，决定是否批准逮捕。

第四，检察机关在审查批捕阶段是否主持制作和解协议书的问题。基于审查批捕阶段的审限要求，审查批捕工作的基本功能，侦查终结之前的证据特征，检察机关的审查批捕部门不宜主持制作和解协议书，但应根据案件事实及其证据以及和解事实及其证据决定是否批准逮捕。对于作出不批准逮捕决定的案件，建议侦查机关和审查起诉部门继续注意对和解事项的审查或者主持制作规范的和解协议书；对于作出批准逮捕决定的案件，建议侦查机关和审查起诉部门在当事人达成规范的和解协议的条件下，可以依法变更强制措施。

（二）审查起诉阶段

对于当事人和解的轻微刑事案件，检察机关可以酌定不起诉。其直接的立法依据为《刑事诉讼法》第 279 条的规定，其直接的司法解释依据为《刑事诉讼规则》第 520 条第 2 款的规定。对当事人和解的轻微刑事案件酌定不起诉，是以刑法规定中并列存在法定免除处罚情节与酌定免除处罚情节为基本前提的，或者说刑事实体法存在酌定免除处罚情节的规定，是依据刑事程序法对当事人和解的轻微刑事案件酌定不起诉的必要条件。对此，不仅刑法理论界存在质疑见解，主张《刑法》第 37 条不是酌定免除处罚情节的规定，只是对法定免除处罚情节的概括性规定；[60] 而且刑事实务界也有人主张，刑法中只存在法定免除处罚情节的规定，不存在酌定免除处罚情节的规定，公诉机关决定酌定不起诉，只能以刑法明确规定的法定免除处罚情节为依据；同时质疑《刑事诉讼法》第 173 条第 2 款规定的严谨性。[61] 笔者以为，刑法规定中并列存在着法定免除处罚情节与酌定免除处罚情节，其中《刑法》第 37 条的规定，是对当事人和解的轻微刑事案件适用酌定不起诉至为关键的实体法依据，无此依据，对当事人和解的轻微刑事案件适用酌定不起诉的程序性规定便形同虚设。主要理由为：

第一，《刑法》第 37 条的规定具有双重含义。理解《刑法》第 37 条的双重含义，关键在于"不需要判处刑罚"具有广义与狭义之分。其中，狭义的"不需要判处刑罚"仅指除法定免除处罚情节以外的、由司法官或办案机关具体根据案情判定为可以免除处罚的情节，通常是对具体案件经综合评价确认为属于"犯罪情节轻微"的结果，或者是由犯罪性质较轻、犯罪情节较轻和人身危险性较低构成的综合性事实情状。而广义的"不需要判处刑罚"既包括酌定免除处罚情节，也包括法定免除处罚情节。所以，从规范含义上讲，《刑法》第 37 条首先是关于独立的免除刑罚事由的规定，即酌定免除处罚情节的规定；其次，该条是对因具有法定免除处罚情节或者酌定免除处罚情节可以适用非刑罚处罚措施的总括性规定。之所以这样理解的一个具体理由，乃是因为当犯罪人具有法定应当免除处罚情节。例如，对于没有造成损害的中止犯，《刑法》第 24 条第 2 款明确规定，应当免除处罚，适用这种司法官或司法机关没有任何自由裁量空间的免除处罚情节，裁判结果只能是必须免除处罚，在此背景下，如果仍然认为包括"可以免予刑事处罚"文字表述在内的《刑法》第 37 条只是对各项具体的法定免除处罚情节的概括性规定，显然不合乎逻辑解读的规律。可见，忽略《刑法》第 37 条规范表述的细节，是导致《刑法》第 37 条不是酌定免除处罚情节规定的观点存在逻辑错误的关键。

第二，在刑法规定中并列存在法定免除处罚情节与酌定免除处罚情节的前提

---

[60] 前引 37，张明楷书，第 484 页以下。

[61] 庄晓晶、程晓璐:《相对不起诉立法和实践的再认识》，载孙力、王振峰主编:《不起诉实务研究》，中国检察出版社 2010 年版，第 166 页以下；叶衍艳:《论扩大相对不起诉制度的适用范围》，载孙力、王振峰主编:《不起诉实务研究》，第 178 页以下。

下，应当注意其各自的规范形式等方面的区别：（1）法定免除处罚情节均由刑法立法相应的具体条款予以明确规定；而酌定免除处罚情节，除《刑法》第 37 条的规定外，在司法经验积累的基础上，由司法解释或规范文件规定已成为一种重要的形式。（2）法定免除处罚情节均体现为刑法明确规定的具体事由，在实务操作中，表现为对具体量刑情节的适用；而酌定免除处罚情节，除相关司法解释或规范文件已有相关具体规定的外，则是涵括犯罪性质、犯罪情节和人身危险性在内的综合性事实情状，在实务操作中，必然经过对制约是否需要判处刑罚的多重因素即犯罪性质、犯罪情节和人身危险性的综合判断才能得出结论。（3）法定免除处罚情节对应的程序性规范是《刑事诉讼法》第 173 条第 2 款“依照刑法规定免除刑罚”的规定，其适用的实体性和程序性裁量空间相对有限；而酌定免除处罚情节对应的程序性规范是《刑事诉讼法》第 173 条第 2 款“依照刑法规定不需要判处刑罚”的规定，其适用的实体性和程序性裁量空间相对较大。从性质上讲，虽然酌定免除处罚情节属于可以型情节和功能选择性情节，但并非意味着对于所有案件适用此类情节均需要非类型化的逐案判断，相反，在实务操作中，可以并应当允许形成一般规则或司法惯例，适用这种基于案件类型化而形成的规则或惯例具有对酌定免除处罚情节的自由裁量权予以适当限制、统一规范的功能。（4）刑事司法实践显示，法定免除处罚情节的适用受刑事政策影响的程度相对有限；而酌定免除处罚情节的适用受刑事政策实施的力度、范围的影响程度相对较大。（5）作为裁判文书或者法律文书引用依据的区别，适用法定免除处罚情节，只有同时决定适用非刑罚处罚措施的，才应当引用《刑法》第 37 条规定；而适用酌定免除处罚情节，无论是否同时决定适用非刑罚处罚措施，均必须引用《刑法》第 37 条规定。

第三，《刑事诉讼法》第 173 条第 2 款关于酌定不起诉事由的规定，是以刑法规定中并列存在酌定免除处罚情节和法定免除处罚情节为基本前提的，刑事程序法关于酌定不起诉事由类别的界定，与刑事实体法关于免除处罚情节具有酌定与法定类型之分的规定是完全一致的。具体而言，在符合“犯罪情节轻微”的总体条件下，《刑事诉讼法》第 173 条第 2 款规定的可以酌定不起诉的事由，明确分为“依照刑法规定不需要判处刑罚”与“依照刑法规定免除处罚”两类，其中，“依照刑法规定不需要判处刑罚”就是指《刑法》第 37 条规定的酌定免除处罚情节，“依照刑法规定免除处罚”就是指刑法相应具体条款明确规定的各种法定免除处罚情节，如《刑法》第 24 条第 2 款对于没有造成损害的中止犯应当免除处罚的规定。立法机关的权威理解对于酌定不起诉事由的类型与免除处罚情节的类别存在对应关系持明确的肯定立场。[62] 据此，应当认为，酌定不起诉的法律

---

[62] 参见前引 27，刑法室书，第 211 页。

根据由刑事程序法与刑事实体法的规定共同构成，缺少刑事程序法的依据或者刑事实体法的依据，酌定不起诉均无法实际适用。其中，《刑法》第37条规定的酌定免除处罚情节是对当事人和解的轻微刑事案件酌定不起诉的关键性根据，《刑法》第37条的规定既可作为刑事和解政策性运行依据，又可作为刑事和解规范化运行依据的特性，充分显现出我国刑法规定酌定免除处罚情节是实现刑事法律的政策性适用的重要根据，也是刑事政策以立法方式具体制度化之后的规范适用依据。

需要注意的是，强调酌定免除处罚情节在当事人和解的轻微刑事案件酌定不起诉中的基础作用，并非排斥或忽视法定免除处罚情节对于酌定不起诉的制约作用。当事人和解的轻微刑事案件，若具有法定免除处罚情节，则属于同时具有酌定免除处罚情节和法定免除处罚情节的案件，当然更应该适用酌定不起诉。

（本文曾发表于《中国法学》2013年第3期）

我国改造罪犯目的的演进

韩玉胜

1994年12月29日第八届全国人民代表大会常务委员会第十一次会议通过的《中华人民共和国监狱法》是改造罪犯的重要法律，监狱法的颁布实施，为我们依法治监，更好地完成惩治和改造罪犯的任务，提供了强有力的法律武器。本文试就监狱法中关于改造罪犯目的的规定阐释一管之见，权作引玉之砖。

一、从《劳动改造条例》到《监狱法》看改造罪犯目的的变化

改造罪犯目的，即执行刑罚所要达到的目的，是指国家通过对罪犯的惩罚和矫正活动所希望达到的预期结果。从根本上说，国家对罪犯实施的改造活动是实现刑罚目的的一种手段，因此，改造罪犯目的从属于国家的刑罚目的。刑罚目的的实现要依赖于多方面的工作，包括立法机关的制刑、审判机关的量刑和执行机关的行刑，其中任何一个环节发生故障，都难以实现刑罚目的。在制刑、量刑与行刑这三个环节中，行刑无疑是最重要的环节。犯罪分子被判处了有期徒刑、无期徒刑或者死刑缓期二年执行以后，必须在监狱内服刑。作为刑罚执行机关，监狱要在犯罪人的整个服刑期间，从各个方面对其进行教育和改造。刑罚本身所固有的痛苦的属性，也只有在这个时候犯罪人才能亲身感受到。在被送入监狱服刑之前的羁押期间，尽管犯罪人也会因被逮捕、被判刑而感到痛苦，但那时的痛苦还只是一种茫然的、不具体的感受，更多的是躁动不安，入监服刑后的痛苦则是非常实实在在的。刑罚如果没有这种痛苦的属性，就不是刑罚而是别的什么了。正是由于刑罚的痛苦属性，犯罪人才会体会到刑罚的惩治作用，从而不愿意或者不敢再犯罪了，这就达到了刑罚特殊预防的目的。在对罪犯的改造过程中，刑罚执行机关的教育、改造、感化工作起着直接促使罪犯改恶向善的作用。由此我们可以得出结论：改造罪犯是刑罚目的得以实现的最根本的保证。

既然改造罪犯在实现国家刑罚目的方面具有如此重要的作用，那么，就随之产生了改造罪犯的目的问题。

1954年9月7日中华人民共和国政务院颁布实施的《中华人民共和国劳动改造条例》是新中国第一部有关改造罪犯的法律，在长达40年的时间里，这个条例是我国刑罚执行机关改造罪犯的主要法律依据，为我国成功地改造大批形形色色的犯罪分子作出了极其重大的贡献。

《劳动改造条例》第1条规定："……为了惩罚一切反革命犯和其他刑事犯，

并且强迫他们在劳动中改造自己，成为新人，特制定本条例。”这个规定既表明了劳动改造条例的立法意图，也是对改造罪犯目的的概括表述。劳动改造条例中的改造罪犯目的，就是“将罪犯改造成为新人”。在改造罪犯的实践中，刑罚执行机关对“将罪犯改造成为新人”一直是从积极的角度去理解的，即“新人”理所当然是相对于实施过危害社会的犯罪行为的“旧人”而言，因此，从刑罚执行机关经过教育改造和劳动改造以后重新回归社会的“新人”，就是不再实施危害社会的犯罪行为的人。几十年来，我国的刑罚执行机关以经过理解后的改造罪犯目的为宗旨，以教育改造和劳动改造为手段，作出了为世人所瞩目的伟大成就，将成千上万的罪犯改造成为新人。无疑，刑罚执行机关对行刑目的的理解以及按照这种理解所做的工作都是非常正确的。但是，如果从文字表述和法律含义的角度来看，“新人”实际是一个很不清晰的概念。所谓“新”，应当是相对于“旧”而存在的，从广义的角度说，只要不同于“旧”就可以称之为“新”，而这个“新”的概念显然是很模糊的，其法律上的含义也是可以做多种解释的。

《监狱法》第 1 条规定：“为了正确执行刑罚，惩罚和改造罪犯，预防和减少犯罪，根据宪法，制定本法。”这一规定实际是对我国刑罚目的的重申，即再次强调刑罚的目的在于预防和减少犯罪，这种强调是很有必要的。如前所述，刑罚目的是确立行刑目的的指导，改造罪犯目的从属于刑罚目的。如果说，改造罪犯目的是通过对罪犯执行刑罚所要达到的直接目的，那么，刑罚目的则是通过对罪犯执行刑罚所要达到的最终目的，直接目的必须服从于、服务于最终目的。

《监狱法》第 3 条规定：“监狱对罪犯实行惩罚和改造相结合、教育和劳动相结合的原则，将罪犯改造成为守法公民。”这一规定清楚地表明，我国对罪犯行刑所要达到的目的，就是将罪犯改造成为守法公民。

这里所说的守法，包括了主动守法和被动守法两种情况。所谓主动守法，就是罪犯经过服刑改造之后，对自己所犯的罪行在深刻反省的基础上，比较清楚地认识了犯罪的根源及其危害性，痛恨自己的犯罪行为，树立学法、知法、守法的信心和决心，出狱后不再实施危害社会的行为，自觉守法，成为守法公民。所谓被动守法，就是罪犯经过服刑改造之后，对自己的罪行虽然还缺乏深刻的认识，但知道犯罪的必然结果就是刑罚的惩罚，而刑罚的惩罚意味着人身自由受到非常严格的限制，这当然是罪犯所不情愿的，为了不再受到刑罚的惩罚，出狱后就不敢再去以身试法。这种守法显然不具有自觉性，而是消极的、被动的，但无论如何，毕竟也成为守法公民。毫无疑问，主动守法和被动守法在质上是有明显差别的，然而，从行刑的角度看，这两种情况都达到了“将罪犯改造成为守法公民”的目的。

把《劳动改造条例》规定的行刑目的和《监狱法》规定的改造罪犯目的相比较，不难看出其间的变化，这种变化可以概括为以下两个方面：

1.《监狱法》规定的行刑目的从文字表述到法律含义都是非常明确的，这是立法技术上很大的进步。

任何一部法律，首先应当是对法律条文的文字表述不会产生歧义和多种解释；其次应当是对该法律条文文字表述的法律含义不会产生歧义和多种解释，这样的法律才能说在立法上是成功的。

2.《监狱法》规定的行刑目的在行刑实践中具有较强的可操作性和可检查性，表明立法技术上的相对完善。

《监狱法》是实践性非常强的法律，要在改造罪犯的实践中易于操作，便于检查。把行刑目的界定在“将罪犯改造成为守法公民”，对刑罚执行机关来说就有了明确的改造标准，也有了衡量改造质量的检查尺度。

二、刑罚执行活动的正确实施是改造罪犯目的实现的根本保证

改造罪犯目的是通过一系列的行刑活动得以实现的，因此，只有正确地实施刑罚执行活动，才能达到改造罪犯的目的。

1. 严格的监管措施是实现改造罪犯目的的前提

罪犯入监服刑，就要对其实行严格的监督管理，这不仅是罪犯被判处的刑罚本身的要求，也是实现改造罪犯目的的前提。

犯罪是危害社会的、触犯刑法的、应受刑罚惩罚的行为。审判机关代表国家对犯罪人制作和宣告的刑事判决书和裁定书，根据其所犯罪行的性质、情节、对社会的危害程度以及犯罪后的态度，确定了与其罪行相适应的刑种和刑期。刑罚执行机关要根据审判机关的判决和裁定，对犯罪人具体实施刑罚的惩罚，这种惩罚首先体现在对犯罪人人身自由的剥夺与限制上，即通过一系列的监管措施使犯罪人体会到遭受刑罚惩罚的痛苦，这是非常必要的。对于罪犯的监禁不仅剥夺了他们的人身自由，同时也剥夺了他们继续危害社会的条件。罪犯在监内必须严格遵守监规纪律，接受教育改造，服从干部管教，这是对罪犯最基本的要求，也是罪犯服刑必须履行的最起码的义务。

只有在对罪犯实行严格监管的前提之下，才谈得上对罪犯的教育改造和劳动改造，才能使将罪犯改造成为守法公民这一目的真正落在实处。

2. 深入的教育改造是实现改造罪犯目的的根本

教育改造过程贯穿于罪犯服刑的始终。从罪犯入监服刑开始，到刑满出狱为止，全部刑罚执行过程都是在教育改造中进行的。改造罪犯的活动归根结底是改造人的活动，而人是有思想、有意识的，罪犯同样是一个“活”的群体。他们入监之前是在犯罪思想、犯罪意识的支配之下实施犯罪行为，入监之后，这种思想和意识仍然在他们的头脑中作祟，不会也不可能自行消除，相反，遇有适当的机会将会表现出来，造成狱内新的犯罪活动的发生。单纯的监禁只能使罪犯感受到失去人身自由的刑罚惩罚的痛苦，而不可能使他们痛下悔罪改过的决心。也就是说，监禁本身很难保证罪犯出狱后都成为守法公民。只有使罪犯的思想、观念得到彻底改变，才能达到改造罪犯目的的要求，而改变罪犯的思想、观念则必然脱离不开对罪犯的教育改造活动。只有对罪犯在服刑期间的各种活动进行有针对性的教育，寓教育于劳动、学习、生活等各个方面，使守法的思想、观念逐渐渗透到罪犯的头脑当中，使守法逐渐成为罪犯思想中的主导，才能使绝大多数罪犯成为主动守法公民，少数罪犯成为被动守法公民，从而实现改造罪犯的目的。

罪犯的服刑过程就是接受教育改造的过程，教育改造工作是将罪犯改造成为守法公民的根本。监狱的人民警察将对罪犯的教育改造工作融于各项活动之中，这项工作是非常深入、非常细致、也是非常艰苦的工作，唯其如此，我们才说，改造罪犯的工作是世界上最伟大的工作。

3. 强制的劳动改造是实现改造罪犯目的的手段

罪犯入监服刑，凡有劳动能力的，都要参加劳动改造。可见，我们对罪犯实行劳动改造是有条件的，即罪犯必须具有劳动能力，没有劳动能力的，包括丧失劳动能力以及因病等原因不能参加劳动的，不在此例。同时，对罪犯的劳动改造是强制性的，不管罪犯是否愿意参加劳动，都必须进行劳动改造。

显然，监狱内的这种强制性劳动改造对绝大多数罪犯来说不可能是心甘情愿的。在被严格监管的情况下，又被强制参加劳动改造，罪犯产生抵触、消极情绪是必然的。这种情绪的产生一方面来自外因，另一方面来自罪犯的内因，而且这是更重要的原因。我们正是要通过劳动改造来矫正罪犯好逸恶劳的不良行为习惯，即矫正罪犯的内因方面。一旦这种恶习被矫正，外因方面的问题会迎刃而解，不再成为问题。

劳动改造就其本身来看具有双重的功能属性，它既有对罪犯的强制功能，同时又有对罪犯的教育功能。只看到劳动改造的强制功能是片面的，只强调劳动改造的教育功能是不客观的。我们应当实事求是地看待和评价劳动改造的功能，正确运用劳动改造的手段，达到改造罪犯的目的。

三、行刑目的确立的依据

《监狱法》把“将罪犯改造成为守法公民”作为监狱对罪犯的改造目的，这是几十年来我国改造罪犯工作的经验总结，反映了改造罪犯工作的实际情况。这一目的的确立不是凭空的，而是依据下述几个方面提出的：

1. 改造罪犯目的确立的理论依据

马克思主义认为，无产阶级的伟大历史使命是改造人、改造社会。对罪犯执行刑罚，通过劳动改造和教育改造，使他们成为守法公民，是预防犯罪、减少犯罪乃至消灭犯罪的重要方面之一。犯罪分子中应当依法判处死刑并执行死刑的是极少数，绝大多数都被判处了自由刑，这些被判处了自由刑的罪犯当然也包括在要改造的人的范畴之中。

马克思主义还认为，人是可以被改造的。根据辩证唯物主义的观点，世间一切事物都是在不断发展变化的，人类也不例外，这是事物内部矛盾的必然结果。那种认为罪犯只能永远是罪犯，所谓的“江山易改，本性难移”“一次行窃，终身是贼”的观点不符合事物发展的辩证法。毛泽东曾多次强调“人是可以改造的”这一基本思想，认为只要政策和方法正确，即使是实施了危害社会行为的犯罪分子也是可以改造好、教育好的，关键在于我们要有改造罪犯的胸怀和气魄。

如果说，我们要改造人、改造社会还只是一种良好愿望的话，那么人可以被改造则为我们实现这种良好愿望提供了现实可能性。任何一种观念的提出，都必然有一定的理论基础作后盾，我们也毫不隐讳地说，我们制定改造罪犯目的的理论基础是马克思列宁主义、毛泽东思想，而且将继续坚持下去。

2. 改造罪犯目的确立的法律依据

我国通过宪法和一系列其他刑事法律，将改造罪犯目的明确以法律形式固定下来。

我国《宪法》第 28 条规定：“国家维护社会秩序，镇压叛国和其他危害国家安全的犯罪活动，制裁危害社会治安、破坏社会主义经济和其他犯罪的活动，惩办和改造犯罪分子。”宪法是国家的总章程，是根本法，其中规定的“惩办和改造犯罪分子”，表明了国家对犯罪分子是在惩办的前提下进行改造，只要不是罪行特别严重判处死刑立即执行的犯罪人，国家都要对他们进行改造，使他们从社会的消极因素变为积极因素，有害因素变为无害因素。宪法的这一规定是我国制定其他刑事法律的依据，具有重要的指导意义。

我国《刑法》有规定：“被判处有期徒刑、无期徒刑的犯罪分子，在监狱或者其他执行场所执行；凡有劳动能力的，都应当参加劳动，接受教育和改造。”我国《刑事诉讼法》有规定：“对于被判处死刑缓期二年执行、无期徒刑、有期徒刑的罪犯，由公安机关依法将该罪犯送交监狱执行刑罚。”刑法、刑事诉讼法的这些规定，都表明国家对罪犯一贯实行的改造和教育方针，虽然规定的都是执行方面的具体问题，但这些具体问题的规定恰恰说明，国家对所有在监禁场所服刑的罪犯都立足于将他们改造成为遵纪守法的公民这一目的。

我国监狱法及其之前的劳动改造条例都是有关刑罚执行的专门性法律，在监狱法颁布之前，刑罚执行机关主要依据《劳动改造条例》来执行刑罚。《劳动改造条例》第 1 条规定：“惩罚一切反革命犯和其他刑事犯，并且强迫他们在劳动中改造自己，成为新人。”第 4 条规定：“对于一切反革命犯和其他刑事犯，所施行的劳动改造，应当贯彻惩罚管制与思想改造相结合、劳动生产与政治教育相结合的方针。”《监狱法》第 3 条规定：“监狱对罪犯实行惩罚和改造相结合、教育和劳动相结合的原则，将罪犯改造成为守法公民。”这些规定都非常明确一点，即对罪犯执行刑罚的目的，是为了将他们改造成为新人或者说守法公民。

从我国宪法、刑法、刑事诉讼法、监狱法及劳动改造条例的规定可以看出，我国以各种法律规范明确行刑的目的在于改造罪犯，这些法律规范就是改造罪犯目的确立的法律依据。

3. 改造罪犯目的确立的实践依据

自新民主主义革命时期起，中国共产党领导下的各个革命根据地及抗日根据地的监狱和其他劳动改造场所，都坚持对犯罪人实行通过劳动生产的方式进行教育改造的制度，并且制定了相关的一系列政策、法律和法规，这些政策、法规在实践中取得了良好的效果。中华人民共和国成立以后，我们认真总结这些成功的经验，并根据新中国成立初期的具体实际情况，对日本战犯、伪满战犯、国民党战犯及其他反革命犯和刑事犯进行了卓有成效的劳动改造和教育改造工作。根据地时期和新中国成立后改造罪犯的丰富实践经验，为我们确立改造罪犯目的提供了切实可行的实践依据。监狱法明确规定我国的行刑目的是将罪犯改造成为守法公民，这一目的不仅具有可能性，而且是完全可以做到的。

四、刑罚执行的一切活动都是围绕改造罪犯目的运行的

改造罪犯目的的提出有着理论上、法律上和实践中的充分依据，但这些依据并不能使改造罪犯目的自行确立。要在改造罪犯的工作实践中真正实现这一目的，还必须解决改造罪犯目的与改造罪犯手段之间的关系问题。

按照辩证唯物主义的观点，目的与手段互为前提、互相制约，是一对关系非常密切的范畴。从一般意义上讲，目的是指意图达到的某种结果，手段则是指为达到某种目的而采用的具体方法。二者之间的关系，用尽量简洁的话来说，就是手段为目的服务，目的是手段的终极目标。换个角度讲，目的的确立应当在手段作用所允许的范围之内，手段所能达到的最佳效果就是目的确立的最终效果。从对罪犯执行刑罚的过程来看，我们可以说全部刑罚执行活动都是实现改造罪犯目的的手段，如果将改造罪犯目的比作一个圆心，则刑罚执行活动都是围绕着这个圆心运行的。在进行刑罚执行活动时，要将如下两个因素考虑在内：

1. 选择最佳的改造罪犯手段

为了更好地实现改造罪犯目的，刑罚执行机关要选择最佳的改造罪犯手段。所谓最佳的改造罪犯手段，是指所选择的改造罪犯手段是能够达到最好效果的方法。国外的刑罚学家、监狱学家已经进行了多种探讨和尝试，都试图找到改造罪犯目的与改造罪犯手段的最佳结合点，无疑，这种探讨和尝试是非常有意义的。我国根据自己的国情和实践经验，也在不断努力寻找最有效的改造罪犯手段，使之适应在新时期改造罪犯工作的需要。当前，我国罪犯的情况，包括罪犯的构成、罪犯的心理、罪犯的思维方式等，都与过去有了很大的不同，一些过去行之有效的做法在今天就可能是行不通的，这并不奇怪，相反，应当说这是很正常的现象。正像任何事物都在不断发展变化一样，罪犯的情况也在不断变化，改造罪犯手段必然也要随之作相应的变化，否则就会产生不适应和矛盾。改造罪犯手段的选择和使用并非一朝一夕之功，而是需要在掌握大量第一手资料的基础上，采用辩证的思维方式，探索最有效的改造罪犯手段。很难用固定的模式说哪一种改造罪犯手段是最好的，因为不同的罪犯要采用不同的改造手段。因此，我们所说的最佳改造罪犯手段绝不应当是单一的，而应当是多样的，借用医学上的一种说法叫作“辩证施治，对症下药”，这样才能达到最佳的效果，顺利实现改造罪犯的目的。

在长期监管改造罪犯的实践中，刑罚执行机关积累了大量的第一手资料和丰富的经验，也摸索、总结出了很多针对不同类型罪犯进行有效的教育改造的方法。如何认真分析、研究每一个罪犯的情况和特点，根据每个罪犯的具体问题做好耐心细致的教育改造工作，使他们回归社会后能够成为守法公民，这是每时每刻都摆在刑罚执行机关、特别是每一个监狱人民警察面前的重大课题。

2. 克服刑罚执行的消极作用

刑罚执行除了具有积极的作用之外，在某些情况下还可能表现出一种消极作用。当然，我们所说的刑罚执行的消极作用并不是指刑罚执行本身有什么相反的作用，而是指罪犯在接受刑罚惩罚的过程中对刑罚执行的不正确认识。刑罚执行的消极作用可能通过两个方面反映出来。一是对罪犯的刑罚惩罚不仅未使罪犯回心转意，反而认为是作案手段不够周密所致，因而不思悔过，而是在服刑期间“总结经验教训”，甚至向其他罪犯“取经”，准备在出狱后再去实施危害社会的行为，且使之更狡猾、更隐蔽、更残忍，这无异于强化了罪犯的反社会心理。这就是刑罚执行消极作用的一种表现。二是刑罚执行活动都要通过人去实施，执法者的素质、水平决定着刑罚执行的质量。如果执法者的个人素质、政策水平、法律意识、工作能力等都不是很强，其刑罚执行活动也不可能是令人信服的，相反，倒可能使罪犯对国家的政策、法律产生疑虑，对个人的前途感到迷茫。这又是刑罚执行消极作用的一种表现。应当说，刑罚执行的消极作用并非是不可克服的，但需要首先正视刑罚执行的消极作用，承认刑罚执行的消极作用，然后才谈得上克服刑罚执行的消极作用。

要克服刑罚执行的消极作用，作为刑罚执行机关，应当从以下几个方面做好工作：

（1）刑罚执行机关要牢固树立改造罪犯目的的观念，在任何情况下都把改造罪犯目的的实现作为刑罚执行机关的首要任务。有了这个明确的目的，就是抓住了刑罚执行活动的总纲，抓住了根本，这样就能以不变应万变，无论在刑罚执行中发生什么问题，无论刑罚执行的消极作用是通过何种方式表现出来的，都能够及时发现，及时纠正，而不被表面现象所迷惑。

（2）刑罚执行机关要加强对监狱人民警察的考核、培训、监督工作。监狱的人民警察是监狱行刑活动的执法者，在某种意义上，他们的一举一动都不再是单纯的个人行为，而是国家法律的代表和象征。这就要求刑罚执行机关要对监狱人民警察的执法活动进行有效的考核和监督，并根据形势的发展变化及监管改造罪犯工作的需要，有组织、有计划地安排监狱人民警察轮流进行培训，使他们的政策水平、业务素质、法纪观念等总是处在动态的不断提高的过程中，以适应行刑工作的需要。作为监狱的人民警察，自己也应当主动地学习新知识，自觉提高执法水平，切实称得上是国家法律的代表和象征，从而避免因执法者本身的某些缺陷和不足而对国家的刑罚执行活动可能产生的消极影响。

（3）刑罚执行机关要通过各种形式对罪犯进行有针对性的教育改造工作。罪犯在服刑过程中有这种或者那种想法，都是很正常的现象，刑罚执行机关只有了解和把握罪犯的思想状况，才能有的放矢地去做每个罪犯的转化工作。这是刑罚个别化原则在刑罚执行实践中的具体运用，也是避免和克服对罪犯执行刑罚中可能产生的消极作用的有效方法。

综上所述，我们完全有理由认为，改造罪犯目的是《监狱法》的灵魂和核心，是我国监狱法不同于其他国家监狱法的最本质的东西。就监狱法的条文来说，我们可能还有不尽人意之处，还有待在今后的实践中不断加以完善，但我们敢于在监狱法中明确规定我国的刑罚执行目的是将罪犯改造成为守法公民，因为我们不仅说得到，而且做得到。

（本文曾发表于《中国监狱》2014 年第 3 期）

解决监狱问题的根本出路在于刑事立法一体化

韩玉胜

自1994年《中华人民共和国监狱法》颁布实施以来，我国的监狱工作确实有了很大的发展，取得了很大的成绩，这是有目共睹的事实。尽管这部监狱法还有一些不够完善之处，还不能够完全适应监狱实际工作的需要，但是，正像任何一部法律在颁布实施之后总会有让人遗憾之处一样，对监狱法我们也不能求全责备，法律总是在发展中不断完善的，法律在实践中不断完善的过程就是法制在社会中不断强化的过程。问题的关键在于，我们应当找出目前在监狱工作中存在的矛盾，并找出产生这些矛盾的原因，对这些原因进行理论上的分析和研究，为今后修改监狱法提供理论根据。我国监狱工作目前存在的问题主要集中在两个方面，一个是监狱的经济体制问题，一个是监狱的行政体制问题。

一、关于监狱的经济体制问题

这个问题是从事监狱工作的人普遍关心的问题，但正是在这个人们普遍关心的问题上，我们走上了迷途。在很多文章中以及很多会议中，都有人在大谈特谈如何发展监狱经济问题，甚至还请了经济学专家来为监狱经济的发展把脉诊断，这无疑是把监狱中的经济问题与社会上的经济问题同样看待，这是不正确的。如果用社会上的经济模式来套用监狱的经济生产，这不仅是不合理的，而且也是做不到的。在以前的计划经济体制下，用计划经济学的方式来解决监狱的经济问题是可行的，因为监狱的生产任务是由国家下达计划，生产所需要的原材料由国家保障供应，监狱生产的产品也由国家负责包销，对于监狱来说，不必去考虑产品的销路问题。但在当前市场经济的条件之下，这条路显然已经行不通了，因为所谓市场经济就是竞争经济，就是竞争市场，而监狱经济是没有能力参与这种竞争的。别的不谈，单就监狱经济的独立自主发展来看，当发生监狱生产资不抵债的情况时，当发生监狱生产无力参与市场竞争的情况时，当发生监狱生产长期亏损而监狱自身又无力扭转这种亏损局面的情况时，监狱企业能够宣布破产吗？能够让监狱企业的所有工人也就是犯人下岗吗？提出这样的问题看起来似乎有些可笑，但在这看起来可笑的问题后面难道不是有着实际的尴尬吗？如果我们将监狱经济推向市场，让监狱经济跳进市场经济的旋涡，那就是将监狱推向绝路。监狱不是企业，也决不能办成企业，让监狱参与市场竞争就是将监狱生产企业化，这是把国家的刑罚执行机关降低为一个企业，而且是没有任何竞争能力的企业，其结果只能是死路一条。因此，我认为，决不能用经济学的方式来解决监狱的经济问题，如果硬要这样做，将会对监狱工作造成难以估量的恶劣影响，而且这种影响一旦造成也将会是难以消除的。

那么，监狱的经济体制究竟应该是什么样的？监狱的经济只能、也必须依附于监狱而存在，这就是说，监狱经济的存在仅仅是为了解决监狱犯人的生产作业问题，监狱经济既不应当提出什么指标，也不应当下达什么硬性任务。从实质上来讲，监狱经济不过是为了使监狱在押的罪犯不要“坐吃闲饭”，仅此而已。至于监狱经济到底应当是什么样的，这个问题可以仔细研究，也都很好解决，关键还是要解决监狱经济的体制问题，解决好这个问题，其他问题就都迎刃而解了。

二、关于监狱的行政体制问题

监狱的行政体制问题涉及监狱的地位问题，这也是很多从事监狱实际工作的人特别关心的一个问题。为什么监狱在所有国家机关中的地位显得与其所担负的职能不相称，这是由外部原因和内部原因两个方面造成的。

从外部原因来看，很多人对监狱工作不了解，总以为监狱除了关押犯人之外就是让犯人从事生产劳动，既然有生产劳动当然就有产品，既然有产品当然就能卖出去，既然产品能卖出去当然就能赚钱——这是一个多么可怕的逻辑推理。尤其可悲的是，有些号称刑法学的专家、权威一直到现在还在他们的著述中大谈什么监狱犯人的劳动是无偿劳动，全不顾监狱法中已经明文规定犯人有权取得劳动报酬，而监狱法颁布至今已经实施多年了。这样做的结果就是使人们错误地认为监狱靠自身解决经费问题是理所当然的。监狱法尽管本身确实不够完善，但就是监狱法已经规定的内容又得到多少落实呢？比如关于监狱的经费保障问题，在监狱法中的规定是非常明确的，而实际操作起来却很困难，有的地方有钱就给你，没钱就不给你，或者是想起你来就给你，想不起你来就不给你，甚至是你去要就给你一点，你不去要就一点也不给你，这难道是正常的吗？从法理上讲，权利义务应当是对等的，享有权利当然必须履行应尽的义务，履行了应尽的义务当然也应当享有必要的权利，而实际情况是作为国家刑罚执行机关的监狱履行义务多而享有权利少，权利义务是不对等的。很多人对监狱工作长期以来形成了一种错误认识，在潜意识当中把监狱当成了企业，而且是不发生人工成本的企业，这样认识监狱，监狱的地位从何谈起？

从内部原因看，我们自身对监狱的定位也是有问题的。监狱的工作总结总少不了对监狱生产的表述，什么监狱的产品多么适应市场的需要（或监狱的生产面临多么大的困难），什么监狱生产的产值又增长了多少（或监狱的产值又减少了多少），利润又增加了多少（或利润又减少了多少），等等。讲方针要讲到“改造第一，生产第二”，讲原则要讲到“改造与生产相结合”，讲成绩要讲到在改造犯人的同时经济效益也增长了，讲问题还要讲到犯人虽然一个没跑但生产一直在滑坡，等等。这样讲的结果是我们自己把监狱也当成了企业，或者至少是监狱企业双轨运行，这就成了一种恶性循环。本来不了解监狱工作的人就这样来看待监狱，我们自己又在有意无意当中去证明他们所说的是对的，我们又怎么能埋怨别人降低监狱的地位呢？这是我们自己把自己套在一个怪圈之中，也正因为如此，监狱的定位才会发生偏差。

说监狱工作多么重要，相信没有一个人会提出不同意见，毕竟是监狱的干警们在看押着罪犯，使人们生活在宁静的环境之中。但是，如果说监狱工作多么需要社会的支持，需要国家在经费上予以保障，就会有人出来提出不同意见。归根结底，问题的根源在于监狱的行政体制不适应监狱工作的实际需要，只有从根本上解决监狱的行政体制问题，才能从根本上解决监狱工作中存在的问题。

以上所讲到的监狱工作中目前存在的经济体制问题和行政体制问题，如果只采用头疼医头、脚疼医脚的方法是不可能解决根本问题的，解决问题的根本还在于刑事立法一体化。必须将对犯罪人的刑罚执行工作纳入法律的轨道，这就需要制定与刑法、刑事诉讼法相配套、相衔接的刑事执行法，刑法解决对犯罪人的定罪量刑问题，刑事诉讼法解决处理刑事案件的程序问题，刑事执行法解决被人民法院裁定有罪的人的刑罚执行问题，从实体上、程序上、执行上把刑事诉讼活动的各个环节连接成为一个整体，使刑法、刑事诉讼法、刑事执行法成为一个完整的刑事法律体系。法律完备了，实践中的问题也就好解决了。

（本文曾发表于《监狱理论研究》2001 年第 1 期）

东京审判彰显正义

——纪念反法西斯战争胜利七十周年

朱文奇

2015年，是“二战”反法西斯战争取得胜利70周年。

“二战”结束，催生了纽伦堡与远东国际军事法庭（亦被称为“东京审判”），并对德国纳粹及日本军国主义分子的罪恶行径进行了审判和定罪，开始了现代国际刑法的实践。东京审判开始至今，已近70年了，但关于东京审判的正义性及其是非曲直等，直至今日仍存在不同的理解和看法。2013年5月8日，日本首相安倍晋三在日本参院预算委员会上提及“二战”时说，战争虽然“对亚洲多国人民造成巨大的损失和痛苦”，但“国际上对‘侵略’没有定论，在国际关系中（对其评价）会因立场而异”，“学术上有各种观点”，等等[1]。

“二战”后的纽伦堡和东京审判的国际罪行，主要就是“反和平罪”（Crimes against peace），也就是今天常提到的“侵略罪”。安倍提“学术观点”，本意当然不是要讨论“学术”问题，而是想说：如果“侵略”本身不清楚，还没有定义，又何来日本侵略他国这一说？以此来挑战关于日本侵略他国的事实，想说审判侵略罪行的东京审判无法无据，是不当的，等等。所以安倍这一说引起了一个问题，即：国际法至东京宣判时到底有没有“侵略罪”？或者说，日本到底有没有对中国及其他国家发动过侵略战争？

日本在“二战”时期侵略中国及其他国家，已是人人皆知的历史事实。但“侵略”在法理上定义如何？这对一般人而言，似乎有点晦涩难懂；国际法律，好像也非常遥远，显得触不可及。然而这个问题对历史和现实极其重要，它关系到在当代国际秩序中如何维护世界和平的大是大非问题，所以本文将采取一步步求证的方式，来阐释国际法关于侵略问题上的规定，并将通过回顾东京审判的证据和裁决，来看国际法庭是如何确定日本的侵略行径。由于今年是“二战”反法西斯战争取得胜利70周年，文章最后将简单讨论东京审判在维护世界和平与正义方面的现实意义。

一、追究个人侵略罪的刑事责任

安倍晋三并不是第一个对侵略罪提出挑战的人。在近70年以前、东京审判还刚开始时，作为首席辩护律师，高柳贤三先生就在法庭上反对就“破坏和平罪”

---

[1]《安倍再为“侵略定义未定论”狡辩》，载《参考消息》2013年5月9日，第2版。

追究个人刑事责任。他认为，“根据国际法一般性原则，只有国家才承担义务和责任，而不是个人。（享有国家决策权利）个人的豁免权，既是一个法律原则、也是治国方略的实际需要。”[2]

这是对国际审判的挑战。其实不仅是高柳贤三，就是所有其他辩护律师，只要一有机会，他们就在东京审判中的各个场合反反复复从法律方面强调以下两个问题，来否定该国际法庭的合法性，即：

第一，“侵略”战争在“二战”时的国际法上还不算是犯罪，所以根据“法律不能溯及既往”原则，被告们应被宣告无罪；

第二，纵使侵略是一种犯罪，参与其中的个人也不应负责，因为这是一种“国家行为”。国际法是以国家为主体，个人在国际法上是没有责任的。[3]

辩方的上述抗辩，主要涉及两个问题，即“侵略”在东京审判时是否已成为国际法意义上的一个罪行？以及个人是否应在国际法下承担国际刑事责任？

1. 发动战争不再是国家合法权利

国家发动战争，到底是一种权利还是罪行？这主要涉及“法无明文不为罪”（*Nullem crimen sine lege*）的原则，这也是罪刑法定的基本含义。根据这个原则，行为只有在其发生时已构成法律上禁止的犯罪行为，行为人才可能根据法律承担刑事责任。所以，如果“反和平罪”是“事后”（*ex post facto*）法，自然是违反了“法律不溯既往”的原则，是非法的。

国际法主要是国家相互之间通过条约或习惯而组成的法律。“二战”取得胜利的同盟国无权创立新的国际罪行，而是受实在国际法规定的约束。法庭《宪章》不能决定某一作为或不作为是否犯罪的问题，而只能决定国际法所承认的某一罪行是否属于法庭管辖权范围之内的问题。然而，“侵略”在东京审判时已不再是国家的一个权利，而是国际法下的一个罪行。“二战”结束催生了纽伦堡与东京国际军事法庭，开始了国际刑法的实践，所以审判是开创性的；但“侵略”则在这两个国际军事法庭成立之前，在经历了一个发展过程后、已被确定为国际罪行。

在早期人类历史中，战争权确实是国家主权固有权力之一，那时虽然也讨论关于战争要有“正当、正义”的理由[4]，但并无法律来对战争进行限制。一个国家对其他国家开战可以有一个好理由，也可以是不好的理由，甚至没有理由。但在近代之后，随着国际法的诞生，国际社会开始将战争置于法律的规范之下，并逐步形成除正当维护国家的生存以及对侵略的自卫战争外，其他战争都属于非正义

---

[2] Richard H. Minea, *Victors' Justice: The Tokyo War Crimes Trial*, Princeton University Press, 1971, p. 40.

[3] ［日］粟屋宪太郎：《东京审判秘史》，里寅译，世界知识出版社 1987 年版。

[4] ［奥］阿·菲德罗斯等：《国际法》，李浩培译，商务印书馆 1981 年版，第 516 页。

和非法战争、都在禁止之列的共识。

虽然没有禁止，但战争是残酷的，具有巨大的毁灭性和破坏性。以第一次世界大战为例，它于 1914 年 8 月 4 日发源于欧洲，不久却扩展至其他大洲。先是协约国调用殖民军队，美国后参战，俄国又将战火烧至西伯利亚边界。欧洲亿万人口被动员起来，无论男人、女人或孩子，都被卷入动荡之中。取胜的愿望，促使交战国不断寻求所谓“新的”战争手段和作战方法，如进行封锁、无限制的潜艇战、甚至灭绝人性的毒气战，等等，这就使得战争变得极其悲惨，以至于数以百万计的人死于地狱般的战壕，医院里满是伤者、残者和“中毒气者”，数以百万计的人困于战俘营中，而且还有不计其数的平民被拘禁、移送或被扣押成为人质，等等。

战争的残酷性和破坏性，促使人类社会来努力限制战争。在“一战”前的 1899 和 1907 年海牙和平会议，国际社会就通过一系列国际公约、宣言等文件，来限制发动战争。如在 1899 年《和平解决国际争端公约》（第一公约）及 1907 年的《限制使用武力索取契约债务公约》（第二公约），就规定禁止以使用武力作为强制执行契约义务的法律救济方法[5]。

“一战”的残酷和破坏，还使得国际社会舆论在战后强烈要求惩治责任国的侵略与暴行。战争中取得胜利的五个国家，即法国，英国，意大利，美国和日本，因此专门成立一个委员会，来决定战争始作俑者的责任。经过审议，该委员会在 1919 年 3 月提交的报告中，认为德国要承担责任，因为它“依据侵略政策而宣战”[6]。《凡尔赛条约》第 227 条，还以“破坏国际道德和至高无上的神圣条约之罪行”来指控德国皇帝威廉二世[7]。此外，《国际联盟盟约》首次正式引入了“侵略”概念，宣布国联目标是“增进国际合作并保持其和平与安全”，为此“缔约各国特允承受不从事战争之义务”，等等。[8]

在废弃国家战争权方面最重要的国际法律文件，当属“二战”前 1928 年制定的《关于废弃战争作为国家政策工具的一般公约》（即《巴黎非战公约》或《凯洛格－白里安公约》）。[9]《巴黎非战公约》共有一个序言和三个条约文。《巴黎非战公约》在序言中声明：缔约国“所有各国关系之变更，只可以和平方法使其实

---

[5] 王铁崖等编：《战争法文献集》，解放军出版社 1986 年版，第 9–10 页，第 48 页。

[6] Report of the Commission on the Responsibility of the Authors of the War and Enforcement of Penalties, at 171–172.

[7] *Reprinted* in United Nations Historical Survey on the Question of International Criminal Jurisdiction 60–61（1949）.

[8] 王铁崖、田如萱编：《国际法资料选编》，法律出版社 1982 年版，第 806–817 页。

[9] 关于该《公约》谈判的经过及相关文件，可参阅：Shotwell James Thomson，*War as an instrument of national policy and its renunciation in the Pact of Paris*，New York: Harcourt，Brace and Company，1929.

现……由是世界文明各国联合，共同斥责以战争为施行国家政策之工具”。

《公约》第 1 条规定：“缔约各国兹郑重宣告：彼等罪责恃战争以解决国际纠纷，并斥责以战争为施行国家政策之工具。”《公约》第 2 条则规定：“缔约各国互允：各国间如有争端，不论如何性质，因何发端，只可用和平方法解决之。”所以在《巴黎非战公约》中，普遍禁止战争的思想第一次得以确认。《巴黎非战公约》是人类历史上第一个禁止以战争作为解决国际争端的方法和推行国家政策的工具的多边公约，它表明：从这时起，国家再不能将战争作为法律救济方法或作为改变法律的工具来使用。简单地说，诉诸战争不再是国家的合法权利。

纽伦堡国际军事法庭认定侵略为一种国际法罪行，其主要根据是订立于 1928 年的《巴黎非战公约》。该公约有 63 个国家批准和参加，其中包括德国和日本。日本于1929年7月24日加入这一公约的[10]。所以，德国和日本对它都有遵守的义务。

由于公约“斥责战争”、要求国家放弃“诉诸战争权”的措词确定无疑，这使得纽伦堡国际军事法庭认为，自从《巴黎非战公约》制定以后，侵略战争在国际法上已经被视为是违法的：“依照本法庭之见解：郑重地斥责战争为推行国策之工具，其中必然包括承认战争在国际法上是违法的原则；凡从事于策划和执行这种产生不可避免的可怕结果的战争者，都应该视为不法行为。被当为解决国际纠纷中推行国策工具的战争，其中必然包括侵略战争，因此侵略战争正是公约所视为违法的。”所以，“法庭宪章并非战胜国方面权力之武断的行使，而是宪章制定颁布时现行国际法的表现。”[11]

为了证明侵略战争在“二战”结束时已是犯罪行为，纽伦堡国际法庭还列举了国际法上其他一些重要的法律文件，即：

（1）1923 年国际联盟所倡导的“互助公约”草案。该草案开宗明义第一条便宣称：“侵略战争是一种国际罪行”，“任何一缔约国不得犯此罪行。”

（2）1924 年的“日内瓦议定书”——“和平解决国际争端议定书”，议定书序言中明白宣布：“侵略战争乃明（国际社会成员间）团结之破坏，是一种国际性的犯罪。”这个议定书在国联大会里曾获得四十八个会员国的签字，包括日本及意大利在内。议定书虽未获批准生效，但如纽伦堡法庭所说，“它可视为有意要把侵略战争标明为国际罪行有力证据”。[12]

（3）1927 年 9 月 24 日国联大会务国代表（其中包括德、意、日三国的代表）全体一致通过的一个决议案。其序言宣布：“侵略战争永不应被使用为解决国际纠纷的手段，故是一种国际的犯罪。”

---

[10] 《巴黎非战公约》全文，载《国际条约集（1924—1933）》，世界知识出版社 1961 年版，第 373–374 页；张效林译：《远东国际军事法庭判决书》，张效林译，群众出版社 1986 年版，第 43 页。

[11] 纽伦堡国际军事法庭判决书，伦敦版第 39 页，中文译本第 65 页，转引自：梅汝璈：《远东国际军事法庭》，法律出版社、人民法院出版社 2005 年版，第 25 页。

[12] 梅汝璈：《远东国际军事法庭》，法律出版社、人民法院出版社 2005 年版，第 26–27 页。

（4）1928年2月18日美洲二十一国在古巴首都举行的第六次泛美大会中全体一致通过的一个决议案。该决议案宣称：“侵略战争构成对人类的国际罪行。”

（5）《凡尔赛条约》第227条（审判德皇）和第228条（审判德国主要战犯）。

纽伦堡法庭如此这样列举，目的是要证明：侵略战争在国际上已属犯罪行为。正如法庭所说，“……从事侵略不仅是非法的，而且是犯罪的。本法庭刚才提到的一系列的公约和条约表达了世界上的良知关于禁止侵略战争的要求。”[13] 所以“《宪章》并非战胜国方面权力之武断的行使，而是表现着已被宣布的当时的国际法。在这个范围内，它本身便是对国际法的一种贡献。”[14]

“法无明文规定不为罪”原则的目的，其实主要是保护那些真诚相信其行为是合法的人，而不是为那些违反法律的人提供庇护。所以，如果被告没有理由相信自己行为是合法的或在犯罪时能预见到其行为会遭到起诉，在这种情况下被告就不能以“法无明文规定不为罪”作为辩护理由，所谓根据“法律不溯既往”原则不能定他们有罪的辩护理由，自然也要被国际法庭所拒绝。

2. 追究个人刑事责任

在东京审判开始时，辩护方坚持认为：战争属于“国家行为”。在国际法上，由于国家是国际关系中的主体，个人在国际法上不应该承担责任，所以审判个人是不合法的。然而，辩方的这一论点也遭到国际法庭的驳斥和拒绝。

其实，每部《刑法》会有自己特殊的考虑点，《刑法》相互之间也会有区别。但尽管如此，它们都会有一共同特点，即任何人如果犯有刑法上规定的禁止性行为，就必须要承担法律上规定的刑罚。因此，“对个人刑事责任依法进行追究”是刑法的一般原则，也是现代国际刑法中的一个基本原则[15]。

关于国际法是否也对个人规定了义务的问题，东京国际刑事法庭认为：国家有义务，但个人也应对侵略战争行为负责。追究个人的刑事责任，是现代国际法发展的趋势，其实践事例也是举不胜举的，如对海盗和贩卖人口的惩罚等。另外，从法律上讲，人人有知晓和遵守一切现行法（包括国际法）的义务，对于现行法的愚昧无知，不能作为免除个人罪责的辩护理由。

从道理上讲，违反国际法的罪行是个人犯下的，而不是抽象的集体做出的，只有处罚犯有这样罪行的个人，才能使国际法的规定有效实施。[16] 所以追究个人

[13] 梅汝璈：《远东国际军事法庭》，法律出版社、人民法院出版社2005年版，第27页。

[14] 纽伦堡国际军事法庭判决书，伦敦版第38页，中文译本第63页。转引自：梅汝璈：《远东国际军事法庭》，法律出版社、人民法院出版社2005年版，第14页。

[15] Antonio Cassese: *International Criminal Law*, Oxford University Press, 2003, pp. 3-4.

[16] *United States et al v Araki Sadao et al*, The Tokyo Major War Crimes Trial: The Records of the International Military Tribunal for the Far East, with an Authoritative Commentary and Comprehensive Guide（2002），卷1，“判决书”，第223页。

刑事责任的理念，主要是源于要惩治国际罪行。纽伦堡和东京审判，在实践中开创了国际刑事司法机构追究个人刑事责任的先例。

联合国大会在纽伦堡和东京这两个国际法庭审判结束后，指示国际法委员会将该国际军事法庭的原则予以编纂，并通过决议，肯定这两个国际法庭通过审判所确认的一些国际法原则，这就是国际法上的“纽伦堡七原则”，即：

“原则一：任何人实施构成国际法下一项犯罪的行为都应负责并受到惩罚；

原则二：国内法不对构成国际法下犯罪的行为进行刑事惩罚这样的事实不能免除实施此行为的人在国际法下的责任；

原则三：一个人作为国家元首或负责任的政府官员而实施构成国际法下罪行的行为这样的事实不能免除他在国际法下的责任；

原则四：一个人根据他的政府或上级的命令而行事这样的事实不能免除他在国际法下的责任，如果当时实际上对他来说有精神上选择的可能的话；

原则五：任何被指控犯有国际法下罪行的人都有权得到根据事实和法律而进行的公平的审判；

原则六：下列规定的罪行是国际法下应受到惩罚的罪行：

A：破坏和平罪……

B：战争罪……

C：反人道罪……

原则七：共谋实施原则六规定的破坏和平罪、战争罪或反人道罪是国际法下的犯罪。”[17]

所以，自纽伦堡、东京国际军事法庭审判以后，不论如何反对和解释，国际法罪行在实践中已明确无误地适用于个人。继纽伦堡和东京审判之后，国际社会又成立了联合国前南与卢旺达国际刑事法庭、东帝汶特别法庭、塞拉利昂特别法庭、柬埔寨特别法庭、黎巴嫩特别法庭、非洲特别法庭以及常设性质的国际刑事法院，等等[18]。“追究个人刑事责任”的原则，毫无悬念地适用于所有这些国际司法机构的审判当中。

迄今为止成立的众多国际刑事法庭，其实都是纽伦堡和远东国际军事法庭审判在国际刑法内涵和外延方面的发展。七十年前的这两个国际法庭，开创了现代国际刑法的实践。它与后来的国际法庭实践一起，促使传统国际法上关于“个人刑事责任”“国际罪行”“特权豁免”等理论和原则发生了重大的变化，对现代国

[17] 见联合国大会 1946 年 12 月通过的 95 号（1）决议。www.un.org/general assembly/resolution.

[18] 例如：联合国前南国际刑事法庭《规约》关于“个人刑事责任”的第 7 条第 1 款规定：“1. 凡计划、教唆、命令、犯下或协助煽动他人计划、准备或进行本《规约》第 2 至 5 条所指罪行的人应当为该项犯罪负个人责任。”

际法和国际政治产生了巨大的冲击和影响。

在东京审判中，远东国际军事法庭认定日本对中国及其他国家“进行了侵略战争”。与此同时，法庭拒绝了被告律师们所提出关于“当被告们策划、发动或参加侵略战争的时候，侵略战争还未被宣布为非法”的说法；对于所谓被告们根据“法律不溯既往”的原则、应该是无罪的说法，远东国际军事法庭也予以坚决的驳斥。最后，在东京国际军事法庭 11 个法官中，除了印度法官之外，其余 10 国法官一致对于认定侵略战争属于国际法上的罪行，所有被告也都负有个人刑事责任。[19]

二、东京审判裁定的日本的侵略行径

在讨论了侵略行为在“二战”反法西斯战争胜利时已成为国际法的罪行后，下面讨论一下东京法庭在裁定被告是否犯有侵略罪的问题。

在普通中国人眼里，日本派出一支庞大的军队到中国，杀死了千百万中国人，战争期间造成了极大的损害。如果这不是侵略，那什么是呢？但作为一个国际司法机构，它在确定被告是否犯有侵略罪时，就必须首先要考虑：（1）该法庭是否具有对该罪行的管辖权；（2）是否具有这方面的证据；（3）被告本人是否犯有法律意义上的侵略。

1. 东京法庭判决

东京国际法庭的判决，要比纽伦堡的晚两年。这两个法庭在组织和运作方面是分开的，而且各自独立，但在对国际法罪行的管辖权方面却有不少共同之处。

远东国际军事法庭《宪章》第 6 条和纽伦堡国际军事法庭《宪章》第 5 条，都是关于“破坏和平罪”的规定。它列举出关于该罪行的五项行为，即计划、准备、发动及执行侵略或违反国际公法、条约、协定或保证之战争；除此四项以外，为达到上述目的而参与共同计划或阴谋的罪行也被包括在内。[20] 所以，按照这两个法庭《宪章》的规定，侵略战争是犯罪行为；凡是以任何方式或行动去参与这种战争的人们都要负其个人责任。

谈到东京审判，人们往往会提到“甲级战犯”。这种战犯其实就是指被控犯有“反和平罪”的人。由于罪行的严重性，反和平罪被国际军事法庭作为“甲”项，即第一项被规定在法庭管辖权里；“乙”项和“丙”项分别是指战争罪行和反人道罪行。所以反和平罪是“二战”后成立的国际军事法庭审理案子中最重要的一项罪行。

东京国际军事法庭审理的，主要是三种国际罪行，即战争罪、反人道罪和反

---

[19] 梅汝璈：《远东国际军事法庭》，法律出版社、人民法院出版社 2005 年版，第 24 页。

[20] 远东国际军事法庭《宪章》第 6 条，纽伦堡国际军事法庭《宪章》第 5 条，参见：赵秉志、王秀梅编：《国际刑事审判规章汇编》，中国人民公安大学出版社 2003 年版。

和平罪。在东京法庭受审的东条英机等 28 名被告，基本上都被指控犯有反和平罪。由于他们在本国战争期间享有很高的地位和权力，所以国际法庭认为他们在日本制定和实施侵略方面负有不可推卸的责任。从法庭审理情况看，被告对法庭有权审判战争罪未提出异议，认为法庭对该罪行具有管辖权。反人道罪是一个新罪名，是根据德国和日本法西斯所犯暴行的特点新确立的罪行，那时还没有什么规定，但尽管如此，被告对此也没提什么异议。然而在反和平罪（侵略罪）方面，被告则始终在进行抗辩[21]。

东京审判的起诉书共含有 55 个罪状，起诉书详细列举了犯罪的具体日期、地点及事实的详情。55 个罪状中，前 36 个都是控告被告（高级日本部长和将领）犯有“策划，准备，发动，或进行侵略战争（的罪行），违反了国际法及神圣条约承诺、义务和保证”。

“违反了国际法及神圣条约承诺、义务和保证”一语，在审判中是要出示证据、要予以证明的。侵略罪已被认定是国际法下的罪行，但法庭还得求证日本是否构成对国际法的“违反”。为了证明已构成“违反”，东京法庭就详细列举了日本在 1928 年前进行侵略之前在国际法上的责任和义务。这些责任和义务主要产生于以下这些国际公约和国际事件，即：

（1）1894—1895 年的中日战争；

（2）第一次海牙和平会议；

（3）1899—1901 年的义和团事件；

（4）日俄战争；

（5）朴资茅斯条约；

（6）北京条约；

（7）“南满洲铁道株式会所”；

（8）在中国的所谓“门户开放”政策；

（9）1908 年的日美同文通牒；

（10）朝鲜的合并；

（11）二十一条要求，1915 年的中日条约；

（12）1917—1920 年协议国的对苏干涉；

（13）1919 年的和约；

（14）国际联合会盟约；

（15）1921 年的四国协议；

（16）1922 年的日美委任统治条约；

（17）华盛顿会议；

[21] 梅汝璈：《远东国际军事法庭》，法律出版社、人民法院出版社 2005 年版，第 23 页。

（18）对荷兰和葡萄牙的四国保证；

（19）华盛顿海军军备裁减会议；

（20）九国公约；

（21）1912 年的鸦片公约；

（22）《巴黎非战公约》；

（23）第三海牙公约；

（24）日内瓦红十字会公约；

（25）第十海牙公约，等等。[22]

远东国际军事法庭在判决中用了整整一个章节（第三章），通过列举上述法律文件来证明：在日本侵略中国以前，国际法上就将侵略定为犯罪行为；日本通过自己加入的国际公约，已经保证尊重所有他国的领土完整和政治独立。

在破坏和平罪的认定和界定方面，东京国际法庭完全同意纽伦堡的判决，它“对纽伦堡法庭的意见表示无条件的支持。”[23]

犯罪行为的构成有两个基本要素，即“犯意”（*mens rea*）和“行为”（*acte rea*）。所以，“侵略”既然是一种犯罪行为，法庭当然要证明行为人具有该行为的“犯意”。纽伦堡国际法庭曾经声明：“……如同在普通刑事案件（ordinary criminal cases）中一样，在侵略战争犯罪行为中也必须存在犯罪的构成要件（elements）。首先必须存在真实的意图（actual knowledge），即一场侵略战争是故意被发动的。”[24]

日本侵略的意思不仅存在，而且非常明显。从庭审呈现的证据材料上看，日本具有对中国及其他国家实施侵略战争的计划。如 1927 年《田中奏折》就清楚地宣告说：“日本若不实施铁血政策，则不能消除东亚的困厄。但若实施‘铁血’政策，则必将与美国相抗衡……，若要掌握控制中国的权柄，则必须击败美国……。然而，为征服中国，则必先征服满洲和蒙古。为征服世界，则必先征服中国。倘若能征服中国，则其余亚洲国家和南洋诸岛均将畏我并向我投降……”[25]为了能够实现所谓“征服满洲和蒙古”这样的计划，日本就制定了循序的、分阶段的侵略活动，于 1937 年入侵中国，并于 1941 年进攻美国太平洋基地所在地的珍珠港。这些军事行动都是国际法意义上的侵略行为。

因此当联合国战争罪行委员会于 1943 年在伦敦成立时，该委员会的首任主席、怀特勋爵（Lord Wright）就明确表示：“第二次世界大战是由邪恶之人故意

---

[22] 《远东国际军事法庭判决书》，张效林译，群众出版社 1986 年版，第 23–51 页。

[23] 同上，第 15 页。

[24] LRTWC，Vol XII，pp. 68–69；Rodney Dixon，Karim Khan，Judge Richard May，Archbold，International Criminal Courts，Sweet & Maxwell，London，2003，p.406.

[25] ［苏］H. 斯米尔诺夫、E.B. 扎伊采夫：《东京审判》，李执中、史其华、林淑华译，军事译文出版社 1988 年版，第 6–7 页。

发动起来的"，"其中包括希特勒及其集团，这在远东也同样如此。……战争是纯粹贪婪和侵略（purely acquisitive and aggressive）。他们的动机也是赤裸裸、明目张胆和毫无顾忌的。"[26]

联合国战争罪行委员会还于1945年年初发表了一个报告，里面通过对太平洋战争分析，来阐述战争犯罪的性质。这个报告以证据显示，日本的野蛮行径从来就不是"单独、孤立的事件"，而是一个"蓄意有计划、有系统地（deliberately planned and systematically perpetrated）在整个远东和太平洋地区犯下的（罪行）。"[27] 东京审判本身也表明，日本有计划地发动了侵略战争，并占领了不少国家领土。在这场战争中，日本领导人决心通过武力来达到扩张的目的，所以"存在着一个共同目标，就是他们要通过准备和发动侵略战争来稳固其在日本的统治，这也是犯罪意图。"[28]

东京国际法庭在判决书"起诉书中罪状的认定"中声明："日本为取得对东南亚、太平洋及印度洋，以及该地区内与其接壤的国家或岛屿之军事、政治、经济的控制地位，……日本单独或与其他具有同样目的之国家，发动侵略战争，以对付反对此侵略的国家。"

东京法庭最后还就日本侵略中国的事实进行了裁决，认为"为达到他们日本统治远东这一最后目标所需要的攻击，他们在1931年发动了对中国的侵略战争，占领了满洲和热河。到1934年，他们已经开始侵入了华北，在华北驻兵，并树立了专为他们的目的而服务的各种傀儡政府。自1937年以后，日本继续对中国进行了大规模的侵略战争，侵略和占领了许多中国领土，设立了仿效上述形式的各种傀儡政府，并且开发了中国的经济和天然资源以供应日本之军事的和一般人的需要。"[29]

2. 东京法庭法官

国际刑事审判机构法官的产生，主要是通过任命或选举的形式。远东国际军事法庭《宪章》第2条规定："本法庭应有6人以上11人以下之法官，由盟军最高统帅就日本投降书各签字国、印度及菲律宾共和国所提之人选名单中任命之。"而后，盟军的最高统帅，美国五星上将麦克阿瑟，任命了来自曾抵抗日本侵略战争的11个国家的11个法官。这11个国家是：美国、中国、苏联、澳大利亚、法国、英国、荷兰、新西兰和加拿大以及菲律宾与印度，同样数量的检察官也分别

---

[26] Recited from: Arnold. C. Brackman, *The Other Nuremberg – The untold Story of the Tokyo War Crimes Trials*, William Morrow and Company, INC., New York, 1987, p. 26.

[27] 同上。

[28] The Tokyo Judgment, reprinted in Benjamin B. Ferencz, An International Criminal Court – A Step towards World Peace 502, 505 – 506.

[29] 同上，第565页。

来自这 11 个国家。

从要求上讲，法官应是不偏不倚的正义的化身，是“品德高尚、公正、正直”的人。法官是独立的。一旦被选举为国际法官，就意味着他（她）既不代表其本国，也不代表任何其他任何国家，而必须公平地根据法律来履行职责。

国际法律程序与一国国内的不太一样。国内司法机构判决通常是以法院名义做出，法官的个别意见或反对意见仅在法庭内部审议阶段讨论，最后的判决是单一的，不存在以法官个人名义发表的意见。但国际司法机构不同，尽管法官审议过程是秘密的，但判决书中可以包括多数意见和少数意见以及法官的个别意见或反对意见。

在国际司法程序中，法官的职责就是在证据与法律的基础上来决定当事方适用的程序、决定收受证据、并对被告是否有罪做出最终判决。在这当中，法官个人的意见非常关键。尤其在敏感案件中。法官个人观点除形成最终的判决的大多数意见（majority）以外，还表现为个别意见和反对意见。个别意见（individual opinion），也被称为不同意见（separate opinion），是指支持多数法官做出判决的个人意见，但同时另有他个人强调的重点。反对意见（dissenting opinion），是指不同意多数法官的判决的意见。这些意见的发表，自然会对国际法律制度形成一定的影响。

东京审判共有 28 名被告中，其中两名在审讯期间自然死亡，一名送往精神病院。其余 25 名均被判有罪：7 名（包括曾任关东军司令和日本首相的东条英机）处以绞死刑，16 名处终身监禁，2 名处有期徒刑。

25 名被告均被判有罪的判决书，就是多数判决书，也是我们常提到的东京判决。它很长，花了七个月的时间才完成，并由来自以下八个国家的法官签署，即：中国、澳大利亚、美国、苏联、加拿大、英国、菲律宾和新西兰。在该判决书中，所有辩方关于法律方面的动议都被驳回。得到支持的观点是：东京法庭的《宪章》在国际法上具有坚实的基础，因为它是经 1928 年《巴黎非战公约》所证实的国际法的表达。但除多数判决书以外，澳大利亚的韦伯（Webb）法官和菲律宾的哈那尼拉（Jaranilla）法官提交了分述的、但实质是并存同意的意见。荷兰的勒林法官、法国的贝尔纳法官和印度的帕尔（Pal）法官出具了反对意见。

法官们对同一问题存在不同看法，这太正常了。法律的思维与一般人的不太一样，它需要举证，还要标明出处等。就拿“侵略”来说，事实很清晰：日本和德国为了扩张和掠夺，在没有任何正当理由情况下侵入了中国、朝鲜、奥地利、波兰、法国、比利时、荷兰、新加坡、菲律宾、越南、缅甸，等等。

对一般人来说，这种行为如果还不是侵略，那就很难再作其他解释。但这事实上比较清楚的东西，在法律上会有点绕。

东京审判在确定被告犯有“反和平罪”的法律文件方面，重要的是 1928 年《巴黎非战公约》。该公约明确规定“侵略”为国际犯罪，但在非法性“如何确定”

以及“由谁确定”等问题上没有达成一致，也没有制定出一个客观标准。在东京庭审过程中，辩方律师认为，虽然该公约“斥责战争”，但并没有直接使用“罪行”这个词，所以不算是罪行，法庭《宪章》规定要对反和平罪起诉，属于“事后法”（*ex post facto*）。

但法庭的多数法官认为，“法庭的《宪章》，对法庭是决定性的和必须遵守的法律”，除法庭宪章明确规定者外，法庭并无任何其他管辖权。因此，辩护方提出的《宪章》为“事后法”的论点，必须予以拒绝。关于公约有没有直接使用“罪行”这个词，法庭认为这并不重要。按照一般意义上的解释，公约中的国际法“不法行为”，其意义等同于犯罪。法庭以 1907 年的第四海牙公约（禁止战争中各种残暴行为的公约）为例证。该公约并未用过“犯罪”字样，但人们迄今未怀疑过其中所禁止的事项都是犯罪行为。自公约签订以来的 40 年里，许多犯有这些罪行的人被各国法庭逮捕，作为战争罪犯审判和惩处。所以，解释法律和适用法律不能拘泥于呆板的文字，而应重视立法的精神和当时的环境，包括当时的公众意识、人类进步、社会舆论，等等。[30]

上面引述的是八个法官的多数意见。在这意见之外，法国的贝尔纳法官、荷兰的勒林法官和印度的帕尔法官出具了反对意见。但虽是反对意见，贝尔纳与勒林法官也都认为被告犯有侵略罪，只是提出这意见的角度有所不同。

法国的贝尔纳法官在对多数法官对被告的各项指控进行分析后，指出了定义新的国际罪行（反和平罪）的困难。同时他自己写出了对东京法庭管辖权下各项罪行的分析。起诉书指控日本官员犯有计划、准备、发动并实行侵略战争及违反国际法、条约、协定及保证的战争。法庭检方认为被告们违反了 1928 年《巴黎非战公约》。但贝尔纳法官不同意检方的指控。但同时他又相信，侵略战争“在常理和普遍良知的眼中是（并且从来都是）一项罪行——常理和普遍良知表达了自然法，一个国际法庭可以而且必须依据这个自然法来判定提交给它的被告之行为。”[31] 换句话说，贝尔纳法官确信侵略战争是非法的，被告也犯有这个罪行，但这是依据自然法得出来的结论，而不是通过对实在战争法的适用。勒林法官虽然基于国际时际法有些保留，但他基于政治安全因素还是认为被告犯有反和平罪[32]。

贝尔纳法官在其意见中提到了自然法。无独有偶，东京法庭庭长韦伯法官也在他分述意见中提到这一点：“国际法可以由正义规则和一般法律原则来补充：僵

[30] 转引自：梅汝璈：《远东国际军事法庭》，法律出版社、人民法院出版社 2005 年版，第 25 页。

[31] 《贝尔纳大法官》，载［日］田中利幸、［澳］蒂姆·麦科马克、［英］格里·辛普森编：《超越胜者之正义——东京战罪审判再检讨》，梅小侃译，上海交通大学出版社 2014 年版，第 121 页。

[32] 《勒林大法官》，载［日］田中利幸、［澳］蒂姆·麦科马克、［英］格里·辛普森编：《超越胜者之正义——东京战罪审判再检讨》，梅小侃译，上海交通大学出版社 2014 年版，第 141 页。

硬的实在法主义已不再符合国际法。国家之间的自然法与实在法或志愿法具有同等的重要性。”[33]

两位法官提到的“自然法”，是国际法上的一个学派，其主要代表为 17 世纪荷兰的格老秀斯。它的主要论点是：一切法律的基本原则都不是人的选择或决定，而是源于具有普遍和永恒效力的正义原则，如“法律良知”“正义观念”，或“最高规范”等。法律只能被发现，而不能被创造。人类是在社会中共同生活，所以就会认识到：为了维持社会，就必须要有一定的规则。禁止谋杀是一条独立于任何禁止谋杀的立法的自然法规则，因为每一个有理智的人都会认识到这样的规则是正义的，是维护人类社会所必须的[34]。

贝尔纳法官和韦伯法官提“自然法”，其实是想说：即使 1928 年《巴黎非战公约》没有明确规定要追究以及如何来追究侵略行为，但这样行为显然是违背“法律良知”和“正义观念”的行为，是应该也是必然要为国际社会所惩治。

对于东京判决，也有不服的、反对的。这就是印度的帕尔法官。他认为“反和平罪”是事后法，所有被告都不应为日本军队犯下的暴行承担法律责任。他甚至还认为日本发起的侵略战争是合理的：“实际上，西洋各国在东半球各领地拥有的权益，全都……主要是以武力，以暴力获得的。这些战争中，与‘正义战争’的标准相符的战争，恐怕一个也没有。”[35] 所以帕尔法官的意思是：盟国在东京审判中惩治日本的侵略行径，但它们自己也不断进行侵略，所以（先来的）侵略者，无权审判（后来的）侵略者，这就是帕尔的逻辑。

帕尔法官的这种逻辑是极其荒唐的。对于东京判决，持多数意见的八个法官坚定认为：审判是行之有理，其合法性也是不容置疑的。新西兰的诺思克罗夫特法官在 1949 年撰文为东京审判辩护，反驳关于审判不适当适用法律的指责。他说：“它（东京审判）对日本的行为进行了一次历史的追问，它探索近似的原因。在它的发现上盖有权威的大印，而且我相信那是不偏不倚的（这种权威和不偏不倚是任何历史学家关于近年事件的著作中所没有的），因为法庭的决定是基于所有能够得到的证据，并且是在给予反对意见最充分的发表机会之后才做出的。”[36]

---

[33] *United States et al v. Araki Sadao et al*（美国等诉荒木贞夫等），The Tokyo Major War Crimes Trial，The Records of the International Military Tribunal for the Far East，with an Authoritative and Comprehensive Guide（2002），卷 2，“韦伯庭长的分述意见书”，第 9 页。

[34] 周鲠生：《国际法》，武汉大学出版社 2007 年版，第 19–21 页。

[35] 转引自：[日]中里成章：《帕尔法官》，陈卫平译，法律出版社 2014 年版，第 138 页。

[36] 《给总理的备忘录》，1949 年 3 月 17 日（Papers of the International Military Tribunal for the Far East，University of Canterbury）；转引自：[日]田中利幸、[澳]蒂姆·麦科马克、[英]格里·辛普森编：《超越胜者之正义——东京战罪审判再检讨》，梅小侃译，上海交通大学出版社 2014 年版，第 51 页。

帕尔法官否认法庭《宪章》及被告有罪判决的异议书在东京审判时没有宣读，但它在1952年就以日文出版。第一次是其中一部分，随后又全文发表，并且还使用了一个很有争议的标题，即“日本无罪论”。[37] 当然，东京法庭其他法官不同意帕尔法官反对东京法庭《宪章》的立场和观点。哈那尼拉法官就一针见血地指出“（他既然接受了任命）……他就不仅无条件接受了宪章的合法性及其一切规定……而且也无条件接受了宪章给予他的责任……主张宪章无效也就是主张他作为法庭成员的任命自始无效的，那就是说他完全不具有任何有效权能，……他发表任何意见也是完全没有法律权威的。”[38]

三、东京判决的现实意义

通过国际审判将犯罪行为定罪，是要通过司法在国际社会中达到禁止和预防严重国际犯罪行为的目的，这本是人类社会的理性、文明和进步。然而“二战”结束至今有70年了，围绕东京审判的争论一直在持续。在日本，右翼至今都未放弃要否定东京审判及其结果的努力，也从未放弃要否定整个审判正义性质的努力。

在纪念“二战”反法西斯胜利结束70周年之际，我们挖掘历史，重新回顾东京审判，目的不是为了仇恨，也不是为了复仇，而是要通过再次审视国际审判所记录下来的暴行来杜绝侵略战争，以便无比珍惜和维护来之不易的世界和平。

1. 司法正义：理性与文明

盟国决心要彰显正义。但具体要以何种方式？国际法不存在任何规定。从以往千百年的实践看，战胜国都是采取简单报复性的执行方式（executive action），从肉体上干脆利落地消灭落入手中的敌人。“二战”结束时，取得完全胜利的同盟国对德国和日本法西斯分子具有绝对控制权，他们完全可以一枪就干脆利落地让他们毙命，就像以往那样。但这次同盟国却成立了纽伦堡和东京国际军事法庭，选择用司法审判方式来伸张正义，用国际法来追究个人刑事责任，这在人类历史上还是第一次。

国际刑事审判，无论从哪方面看都有相当难度。譬如起诉德国与日本原国家领导人与高级军事将领，就得考虑关于管辖及豁免原则及国际法的发展现状等；开庭审判，则要考虑适用法律（刑法）及如何适用（刑事诉讼法）的问题；定罪量刑时则需考虑法律在当时发展的实际状况。所以，审判中的每一步，如起诉罪名是什么？为什么是这些罪名？根据是什么？如何来证明？等等，所以这些都需要出处，其难度也可想而知。

---

[37] 引自：[日]田中利幸、[澳]蒂姆·麦科马克、[英]格里·辛普森编：《超越胜者之正义——东京战罪审判再检讨》，梅小侃译，上海交通大学出版社2014年版，第51页。

[38] 《哈那尼拉法官的分述意见书》，第28-31页；转引自：[日]田中利幸、[澳]蒂姆·麦科马克、[英]格里·辛普森编：《超越胜者之正义——东京战罪审判再检讨》，梅小侃译，上海交通大学出版社2014年版，第138页。

国际审判在组织上也极其复杂：要制定法庭《章程》，要规定产生法官、检察官及被告律师的方式，要决定审判的形式及要适用的法律，另外，还要调查取证、证人证词、开庭审理、法庭宣判等，而且每个环节还都要注意形式上的公正，等等。当然，所有这些还意味着庞大的队伍，庞大的开支……。所以当美国一提出要进行国际审判时，就连一贯标榜有法律传统的英国都极力反对[39]。

国际审判既然如此艰难复杂、费耗时间和精力，那为什么还要选择这种方式呢？它究竟是要达到什么目的呢？很简单，是为了“记录”（record），为了通过审判中证人证词来证实德国纳粹和日本军国主义分子的犯罪行为，并以此来警示世界、警示未来。正如纽伦堡国际军事法庭检察官罗伯特·杰克逊（Robert Jackson）所说：“我们必须凭确实可信的证据来确定那令人难以相信的犯罪事实。”[40]

远东国际军事法庭对战争罪犯的审判之所以能够进行，背景是因为盟国对日本侵略者的反侵略战争取得了胜利，如果没有国际刑法和法律正义，这些人的滔天罪行就不可能被记录在案，也不可能得到应有的惩罚。

纽伦堡国际军事法庭对戈林等 22 名战犯的审讯和东京国际法庭对日本东条英机等 28 名甲级战犯的审讯，不仅是“二战”后的国际大事，也是人类历史上的创举。纽伦堡国际军事法庭自 1945 年 11 月至 1946 年 9 月底，历时 10 个多月；东京审判规模更大。它由中国、美国、苏联、英国、法国、荷兰、加拿大、澳大利亚、新西兰、印度及菲律宾等 11 国参加，审讯自 1945 年 5 月 3 日开始，到 1948 年 11 月 12 日终结，历时约两年半，开庭共 818 次，纪录 48000 多页，出庭作证人共计 419 名，书面作证的有 779 名，受理证据约 4300 余件，判决书长达 1213 页，这是历史上规模最大的一次审判[41]。

两个国际军事法庭通过审理，记录了第二次世界大战中发生的令人难以置信的残忍事件。如德国纳粹将包括老人、妇女和儿童在内的数百万无辜平民关进集中营，并强迫送进毒气室，……其原因仅仅是他们的种族和宗教信仰（犹太人）；日本军国主义分子也对千百万无辜平民犯下了令人发指的残酷暴行，如南京大屠杀，巴丹死亡行军，菲律宾里派镇（Lipa）对平民的屠杀，越南郎松（Langson）对法国和越南战俘的屠杀，强迫战俘和其他奴工建筑暹罗、缅甸的死亡铁路（包

[39] The Great Britain preferred the executive action. As one early aide-memoire stated: Not only would a trial be “exceedingly long and elaborate” and open to being misunderstood by the general public, but also the present state of international law did not permit a full statement of Nazi transgressions. Aide-Memoire from the United Kingdom, April 23, 1945, in London Conference, p. 18. See also Samuel I. Rosenman, *Working with Roosevelt*(new York: Harper & Bros., 1952), pp. 542–545.

[40] 利旋：《纽伦堡大审判》，四川人民出版社 1994 年版，第 4 页。

[41] 《远东国际军事法庭》，张效林译，群众出版社 1986 年版，第 1–2 页。

括桂河桥梁）等。德国纳粹和日本军国主义分子的这些暴行，极其残忍，尤其是南京大屠杀。

南京大屠杀是第二次世界大战中非常突出、惨不忍睹的事件。1946 年 9 月，为了弄清“南京大屠杀”事件真相，远东国际军事法庭设立了一个独立的单元来进行法庭调查和审判。据梅汝璈法官的回忆，法庭用了差不多三个星期专门听取来自中国、亲历目睹此事件的中外证人（人数在十名以上）的口头证言及检察和被告律师双方的对质辩难，接受了一百件以上的书面证词和有关文件。远东国际军事法庭的审讯真实地记录了日寇在南京的暴行。[42]

在东京审判中就南京屠杀第一个作证的，是屠杀发生时在南京大学医院工作的美籍医生罗伯特·威尔逊。他毕业于普林斯顿大学和哈佛大学，医术高超，心地善良。在许多中外同事逃离南京避难的时候，威尔逊留了下来。他目击了日本人在南京的血腥屠杀。就在他的医院里，不断有被日本兵刺伤、砍伤、烧伤和强奸或者死里逃生的人被送来，这个拥有 180 张床位的医院始终爆满，从 1937 年 12 月 13 日开始，长达六七个星期里日本军队一直在屠杀中国人。

日军在南京的滔天罪行，除了任意屠杀我国同胞之外，便是随时随地强奸我国妇女。其次数之多，情状之惨，也是打破世界纪录的。因此，在喧腾一时的世界舆论中，它被称为“南京屠杀事件”或“南京强奸事件”。其实，对日军来说，强奸和杀人是分不开的，因为他们在强奸之后通常是把被奸的妇女（甚至连同她们的家属子女）一齐杀掉的。

远东国际法庭的判决书上说：“强奸事件很多。不管是被害人或者是为了保护她的亲属，只要稍微有一点抗拒，经常便遭到杀害……在这类强奸中，还有许多变态的和淫虐狂的事例。许多妇女在强奸后被杀，日军还将她们的躯体加以斩断。”[43]

法庭接受了无数的关于这类强奸及奸后杀戮的证据。例如，幼女丁小姑娘，经十三名日军轮奸后，因不胜狂虐，厉声呼救，当即被割去小腹致死。市民姚加隆携眷避难于斩龙桥，其妻被日军奸杀后，八岁幼儿及三岁幼女因在旁哀泣，均被用枪尖挑其肛门，投入火中，活活烧死。年近古稀的老妇谢善真在东岳庙中被日军奸后用刀刺杀，并以竹竿插穿其阴户，以资取乐。民妇陶汤氏在遭日军轮奸后，又被剖腹断肢，逐块投入火中焚烧。这类不胜枚举的残酷无匹的奸杀暴行，在南京被占领后差不多两个月的时光内（迟至 1938 年 2 月初旬，情况才开始好

---

[42] 中国人民政治协商会议全国委员会文史资料研究委员会编：《文史资料选辑》第二十二辑，中华书局 1962 年版；转载于梅汝璈：《远东国际军事法庭》，法律出版社、人民法院出版社 2005 年版，第 300 页。

[43] 《远东国际军事法庭判决书》，张效林译，群众出版社 1986 年版，第 484 页。

转），每天几乎都要发生几百件，乃至于上千件。因此，远东国际法庭的认定是："在占领后的第一个月中，在南京市内发生了二万左右的强奸事件"；"全城内无论是幼年的少女或老年的妇人，多数都被奸污了"。[44]

南京大屠杀无疑是第二次世界大战日军暴行中最突出的一件。"二战"后，人们经常提到纳粹德军在奥斯威辛对犹太人的大屠杀，认为它极其残暴。然而，日寇在南京的暴行比起德军在奥斯威辛单纯用毒气的屠杀，日军的杀人方法更是残酷绝伦。它多种多样，可谓光怪陆离，无奇不有。宋希濂认为南京大屠杀"实为现代战史上破天荒之残暴记录"。它的残暴程度比起我国历史上著名的"扬州十日""嘉定三屠"有过之无不及。[45]

历史有时是一个轮回，发生的可能会再次发生。之所以举行东京审判，就是要将日本法西斯的罪行记录下来，防止暴行再次发生，最终是要通过惩治来营造和平环境。正是从这意义讲，东京审判为广大民众了解日本军队所犯暴行提供了一个绝佳机会。在东京审判两年半的时间里，"超过 20 万见证者出席了审判，其中 15 万人是日本人。不少于 419 个证人——从列兵到中国的末代皇帝进行了作证。此外，对 779 份宣誓书及证词作为证据进行了介绍。每一天在法庭上都有 1000 人左右，包括法官，被告，律师，法律工作人员，国会议员，速记员，翻译，摄影师，观众，日本和外国记者"[46]。

德国纳粹和日本军国主义分子的暴行，无论是根据自然法还是任何其他什么法律，都是应受到严惩的犯罪行为。但审判是对非法暴行的回应。既是审判，就得讲公正，就得让被告们说话，而且有罪无罪就由法律和证据来定。为了审判的公正和客观，东条英机等被告在庭审中不但可以说话、为自己作证、可以辩护，甚至还可以挑战证人和证词以及法庭的权威（合法性），并且其权利与检控方完全相等（equality of arms）。此外，根据"无罪推定"原则，如果检控方不能以"排除任何怀疑"的标准证明你有罪，就宣布你无罪，如纽伦堡国际军事法庭中作为被告受审的德军参谋总部、沙赫特、巴本、弗里切等，都被宣布"无罪释放"[47]；如果你神经不正常，法庭也不再继续审你，如东京审判中的被告大川周明[48]；如果法庭的指控证明不了，自然也宣布为该指控无罪，如指控南京大屠杀的刽子手松井石根的"反和平罪"，……国际社会对德国纳粹和日本法西斯分子暴行的这种回应（审判），是何等的气度、理性、文明和宽容。

---

[44] 梅汝璈：《远东国际军事法庭》，法律出版社、人民法院出版社 2005 年版，第 303 页。

[45] 梅汝璈：《远东国际军事法庭》，法律出版社、人民法院出版社 2005 年版，第 300 页。

[46] Arnold. C. Brackman, *The Other Nuremberg – The untold Story of the Tokyo War Crimes Trials*, William Morrow and Company, INC., New York, 1987, p 18.

[47] 前引 46， Arnold. C. Brackman 书，第 381–382 页。

[48] 《远东国际军事法庭》，张效林译，群众出版社 1986 年版。

司法讲究公正，法官要的是独立审理。东京国际法庭的柏尔（Pal）法官（印度藉），尽管开审之初就已先入为主，武断认为东条英机等“全体被告无罪”[49]，但也照当不误。当然，法官彼此间权利相等，柏尔法官只是 11 位法官中的一员，手中的票也是 11 票之一。事实是：与柏尔法官观点相反，所有其他 10 位法官全都认为日本对邻国其他国实施了国际法上禁止的侵略罪（反和平罪）。东条英机及其他在正当程序（due process）下被定有罪的被告，则受到法律的严惩。

所以国际社会如此组织国际审判，不为别的，就是在让被告有出庭和反驳权利的情况下，能客观地真实记录战争中的暴行和罪行。事实上，纽伦堡与东京国际法庭审判中揭示出来的大量犯罪行为的证据和资料，给全世界造成了巨大冲击，如残害犹太人的集中营及南京大屠杀。如果没有国际审判，这些证据和资料是难见天日的。

东京审判中揭露出来的详情，在战争期间是对民众隐瞒的。但通过东京审判的法律程序，日本 1928 年至 1945 年的政策，特别是战争政策，即：谁计划并发动了战争、由谁来实行以及以何种方式实行等，都得到了详细审查。而这中间，“彻底震惊了日本民族的是在南京犯下的战争罪行详情。”[50]

2. 世界和平：挑战与坚持

复仇不是东京审判的目的。审判是为了惩治犯罪，因为“这些精心设计的罪行是如此的罪恶和具有破坏性，以至于文明不能容忍对它们的忽略，因为这些罪行再次发生，就可能会扼杀文明。”[51] 但审判不是为了复仇。1945 年 7 月公布的《波茨坦宣言》，在宣布要对战犯“将处以严厉之法律制裁”的同时就明确指出：同盟国“无意奴役日本民族或消灭其国家”。所以，司法审判是为了和平，为了和解。

在东京审判刚结束时，日本人自己也把审判看作战后“和解”的一个手段。1948 年 11 月 13 日，也就是东京法庭发出判决书的日子，《朝日新闻》发表了一篇社论，认为“东京审判的判决对于日本历史和世界历史有着重要意义，因为它是和平决心的世界性表现，这个决心可以由战胜国和战败国共同拥有，它也是在相关国家中进行实践的誓言”。[52] 此外还声明说：“我们需要牢记的是，这个审判

---

[49] ［日］中里成章：《帕尔法官》，陈卫平译，法律出版社 2014 年版，第 113 页。

[50] ［日］田中利幸、［澳］蒂姆·麦科马克、［英］格里·辛普森编：《超越胜者之正义——东京战罪审判再检讨》，梅小侃译，上海交通大学出版社 2014 年版，第 47 页。

[51] Jackson’s Opening Address on 21 November 1945, reprinted in part in Benjamin B. Ferencz, An International Criminal Court – A Step towards World Peace 437（1975）.

[52] 《平和决意的世界的表现》，《朝日新闻》（日本东京）1948 年 11 月 13 日，第 1 版；转引自：［日］田中利幸、［澳］蒂姆·麦科马克、［英］格里·辛普森编：《超越胜者之正义——东京战罪审判再检讨》，梅小侃译，上海交通大学出版社 2014 年版，第 41 页。

要求把以往被告培育的军国主义为特征的旧日本完全埋葬。这个审判还清楚地规定，我们这个民族未来应该建设的国家是一个和平的国家。”[53] 这反映了当时日本民族的愿望，即抛下战争、开创未来。所以这个社论表明，日本人民从东京审判中看到重建一个“和平国家”的机会。对于日本政府来说，接受东京审判及其判决则是日本能重返国际社会的前提条件。

承认过去做的不光彩的事，是需要勇气的。日本军队在“二战”期间施行的暴行，极其残忍。在东京审判中，控方就日军暴行提出关于轮奸、斩首，甚至活体解剖的无数证据。譬如在一份宣誓作证者的证明中，就比较详细地提到用活体来进行解剖的案例：一个健康的盟军战俘被捆绑在日本军官办公室外的一棵树上，“一名日本医生和四名日本医学生站在他的身边。他们首先取下他的指甲，然后剖开他的胸膛，切除了他的心脏，并还向其他人进行实际演示……”[54]

在东京审判期间，甚至连被告们都无法面对战争受害者。在庭审中，由于很少有人兼懂英文和日文，所以一般人都戴着耳机来借助翻译。阿奴尔德·伯里克曼（Arnold. C. Brackman）是美联合社记者。因为职业报道的需要，他旁听了东京审判中的大部分案审过程。他注意到，每当又有证人来陈述日军那些令人发指的暴行时，“被告席上的被告就摘除他们的耳机，随后低着头，闭眼，他们不愿意面对这些由他们犯下的极其残忍的暴行。”[55] 日本前外交部长重光葵也是东京审判的被告之一，他后来写道，“这是可怕的，涉及第二次世界大战的许多不人道的暴行被纰漏后，我们的好名声也随之丢失了，于是在海外就形成了日本人是残忍怪物的印象。”[56]

重光葵的这段话，或许能帮助了解为什么日本至今都不愿意正视历史的原因。任何国家都希望得到尊重，日本也不例外，它希望能给世界一个好的印象，能得到国际社会的尊重。然而，过去与现在以及如何对待过去？这是至关重要的。“二战”后成立的纽伦堡与东京国际军事法庭，审判和惩治的是“侵略罪”“反人道罪”和“战争罪”。这些罪行从其性质上看是如此严重，以至于国际社会无法对其继续地容忍或者忽略。

纽伦堡审判对德国纳粹政权罪行的揭露和曝光，取得了在世界范围内阻碍纳粹主义复兴的积极效果。通过审判，使得所有德国人都知道自己前领导人那些难以言状的罪行，从而予以谴责和警惕。但遗憾的是，在日本则不然。今天日本年轻的一代，不少人甚至对过去都没有什么认识。据日本主流报纸读卖新闻进行的

---

[53] 同上。

[54] Arnold. C. Brackman, *The Other Nuremberg – The untold Story of the Tokyo War Crimes Trials*, William Morrow and Company, INC., New York, 1987, p. 21.

[55] Ibid.

[56] Ibid.

一项调查显示：在接受调查的日本人当中，只有5%的人是“充分认识”到日本挑起的侵略和太平洋战争；44%的人表示对侵略战争“知道一点”；而另外49%的受访者则回答说，他们不了解这段历史。[57]

学校教科书和教育，本是让学生了解过去的主要途径。但在日本教育部提供的关于历史教育指导方针中，数百页长的日本基本历史中只有6页是关于“二战”部分；即便是这几页，其内容也主要是关于广岛、长崎被原子弹炸后的废墟照片、日本战争死亡的记录以及美国轰炸东京后房屋熊熊燃烧的照片……。但里面一点也没有顾及中国及其他国家在受到日本侵略后的感受及实际情况。日本侵略中国被描述为一个“进入（advanced）”，并且南京大屠杀的原因也被理解为是由于中国军队的抵抗。这实实在在是在歪曲历史。[58]

东京审判举行近70年之后，在日本对甲级战犯的“昭雪”中也出现了不可理喻的现象。包括东条英机在内的14名被国际法庭已定有罪的战犯，竟然被尊奉为“烈士”放在靖国神社，而靖国神社则是专门为日本战争亡灵而设立的神道寺庙。8月15日是日本的“二战”纪念日。现在每到这一天，日本内阁大臣都会在靖国神社瞻仰参拜，其中甚至还包括日本的在任首相。譬如2013年12月26日，时任日本首相的安倍晋三就亲自来到靖国神社参拜[59]。这是非常令人震惊的，因为这些可是经东京审判正当程序确定的战争罪犯。

东京审判，堪称20世纪最大规模、最重要的审判。然而，比起“二战”后有关纽伦堡审判的大量丰富资料和研究成果，东京审判的资料和研究可谓是少得可怜。“为什么会这样的呢？”这是一个值得思考的问题。在日本，在对待东京审判问题上还有一个奇怪的现象，那就是只有印度法官帕尔的异议得到高度评价，而多数法官判决书以及韦伯庭长的分述意见却总是被忽视或被批评。帕尔法官对被告们的所有罪状都认定为无罪，所以他的异议书鼓励了反对东京审判的批评者，几条所有反对东京审判的著作和论文都会引用他的言论。[60]

东京审判，对我国具有深远的意义和影响。在我国现代历史上，从鸦片战争后的一百多年里，中国受到西方列强的无数次侵略，也被迫签订了千百个不平等条约。抗日战争是中国现代史上反抗外国侵略中第一次真正的胜利；东京审判也是使中国人民真正得以扬眉吐气的一个大事件。

---

[57] Yan Yuewen, *Distorting History Is Unacceptable*, Beijing Review, March 30, 2015, http://www.bjreview.com/world/txt/2015-03/30/content_680505.htm.

[58] Ibid.

[59] Yin Pumin: *Between War and Peace*, Beijing Review, November 16, 2014, http://www.bjreview.com/quotes/txt/2014-11/16/content_640836_3.htm.

[60] 引自：[日]田中利幸、[澳]蒂姆·麦科马克、[英]格里·辛普森编：《超越胜者之正义——东京战罪审判再检讨》，梅小侃译，上海交通大学出版社2014年版，第51页。

然而东京审判不只是中国与日本之间的事。东京法庭审判的国际罪行，如反和平罪与战争罪等，都是侵害人类尊严、国际法要禁止的犯罪行为。由于这些罪行的性质，致使犯罪行为受害者不仅仅是犯罪的直接受害者，而是整个人类。举行国际审判，就是要通过将这些行为定罪、昭示后人，以达到在国际社会禁止和预防国际犯罪行为的目的。

所以国际刑法的站点很高。站在这个点上就会理性地思考，举行东京国际审判不仅仅是为了中国；法庭追究南京惨案责任人的刑事责任，也并不仅限于为中国人民讨回公道……，之所以会有东京审判，主要是要通过惩治日本军国主义分子来警示世界，教育后人和预防国际罪行。如果能如此思考，就容易理解当法庭审理“南京大屠杀”时，为什么会有那么多的外国人出庭作证；就会去了解日本军队在中国以外犯下的暴行，如在菲律宾对平民的屠杀[61]以及残酷地虐待战俘的“巴登（Bataan）死亡行军”[62]；就会深究纳粹希特勒在奥斯维幸集中营所犯下的罪行；就会去关注当下世界其他地方，如伊拉克、叙利亚、刚果及乌克兰等发生的暴行……东京审判的研究，关乎世界和平。

东京审判是中国、日本及全人类的一份宝贵遗产，我们一定要珍惜并加强研究。我们今天纪念第二次世界大战反法西斯战争取得胜利 70 周年，重温东京国际军事法庭彰显正义以及关于“侵略罪”（反和平罪）的判决，目的就是珍惜和维护世界来之不易的长久的和平。

（本文曾发表于《中国法学》2015 年第 4 期）

[61] 《远东国际军事法庭》，张效林译，群众出版社 1986 年版，第 496–505 页。

[62] 同上，第 506–508 页。

论国际刑事法院管辖权的多维性

王秀梅　杜　澎

导　言

自纽伦堡国际军事法庭和东京国际军事法庭审理危害人类罪、战争罪之后，为了使严重危害人类和平与安全的国际犯罪行为人得到应有的惩罚，半个多世纪以来，国际社会进行了不懈的努力，常设国际刑事法院的创建就是这种努力过程的一个历史缩影。1951 年国际社会尝试草拟了第一部《国际刑事法院规约草案》，1994 年的草案文本已经初具规模，直至 1998 年 7 月 17 日《国际刑事法院罗马规约》（以下简称《罗马规约》）正式通过，这些文本历经几十年的论证与修订，无论是 1951 年的初稿，还是最终通过的《罗马规约》都始终围绕着预防与惩治严重国际犯罪这一基点，并将国际犯罪行为人诉诸审判，追究其刑事责任为宗旨。尽管如此，建立国际刑事法院及《国际刑事法院规约》适用中预期的疑虑与争论却一直延续到 1998 年罗马外交官大会的召开，甚至是《罗马规约》通过的今天，其聚讼的焦点仍围绕着象征国家主权的管辖权属性问题。审视《罗马规约》的规定，有些国家担心国际刑事法院会超越国家之上行使管辖权，进而因管辖权的丧失而失去部分主权权力；有些国家则担心国际刑事法院的审判不会正常进行，即使能够正常进行，却不一定能够保证审判方式独立、公正和有效地进行。本文拟从《罗马规约》的角度透视国际刑事法院管辖权内容上的多维层次，进而分析、阐述国际刑事法院管辖权的多维性特征。

一、国际刑事法院管辖权的补充性

《罗马规约》序言和第 1 条均强调，根据本规约设立的国际刑事法院对国内（家）刑事管辖权起补充作用。但是，这些条款均未指明补充性的内涵，而是号召国家起诉该规约规定的严重国际犯罪，即除非安理会提交案件的情形或者国家不愿意或不能履行调查和起诉的情况外，国家管辖权原则上优先适用，国际刑事法院作为管辖权的另一种选择只发挥其补充性功能。

然而，国际刑事法院管辖权适用的补充性还应遵守以下前提条件。

（一）国际刑事法院管辖权补充性的积极适用

国际刑事法院管辖权补充性的积极适用主要体现在国家管辖权“不愿意”或“不能”行使的情形。根据《罗马规约》第 17 条规定，国际刑事法院补充性管辖权适用的情形包括：（1）对案件具有管辖权的国家不愿意或不能够切实进行调查或起诉；（2）对案件具有管辖权的国家在对具体案件进行调查后，由于该国不愿意或不能够切实进行起诉，而作出不对有关的人进行起诉的决定。在这两种情形下，国际刑事法院才能积极行使其管辖权，以弥补国家管辖权不能行使的弱势。

根据国际法承认的正当程序原则，国际刑事法院管辖权的行使应基于国家刑事法院确实“不愿意”行使的情形，酌情考虑是否存在下列一种或多种情况：（1）已经或正在进行的诉讼程序或所作出的决定，是为了包庇有关的人，使其免负第5条[1]列举的本法院管辖权内的犯罪的刑事责任；（2）诉讼程序发生不当延误，而根据实际情况，这种延误不符合将有关的人绳之以法的目的；（3）已经或正在进行的诉讼程序，没有以独立或公正的方式进行，而根据实际情况，采用的方式不符合将有关的人绳之以法的目的。[2]在这种情况下，国际刑事法院检察官必须首先与该国的首席检察官或者检察长接触，以便确认是该国司法系统确实不愿意行使起诉权或审判权，或者行使权利不能令人信任。那么，国际刑事法院检察官就可以到国际刑事法院的一个预审庭，要求将该国的司法管辖权转移到国际刑事法院。所涉国家有权参与和出席法庭的决定过程，并可以提出反对司法管辖权转移的建议。如果这个法庭的多数法官认为确有必要将该国对某个案件的司法管辖权转移至国际刑事法院，该国有权到上诉庭上诉。所有这些程序都是为了保障国际刑事法院检察官不会滥用其权利，同时，也是为了保证所涉国家的主权不会受到侵犯。一旦国际刑事法院已经受理了某个案件，那么，它在审理过程中必须与该国司法系统保持密切的合作，不能作为一个超越国家的司法机构而存在，更不能在审理过程中完全独立于该国的司法系统。[3]

此外，为了确定某一案件中是否存有国家不能切实进行调查和起诉，无法行使管辖权的问题。国际刑事法院还应考虑，一国是否因本国司法系统完全瓦解，或实际上瓦解或者并不存在，而无法拘捕被告人或取得必要的证据和证言，或在其他方面不能进行本国的诉讼程序。[4]在这种情况下，由于一个国家的司法系统已经瘫痪，无法行使正常的司法管辖权，就属于国家管辖权不能进行切实调查和起诉的情况，如柬埔寨地区的冲突，卢旺达、索马里、前南斯拉夫等国内或国际

[1] 参见《罗马规约》第5条规定，法院管辖权内的犯罪：“（一）本法院的管辖权限于整个国际社会关注的最严重犯罪。本法院根据本规约，对下列犯罪具有管辖权：1. 灭绝种族罪；2. 危害人类罪；3. 战争罪；4. 侵略罪。（二）在依照第一百二十一条和第一百二十三条制定条款，界定侵略罪的定义，及规定本法院对这一犯罪行使管辖权的条件后，本法院即对侵略罪行使管辖权。这一条款应符合《联合国宪章》有关规定。”

[2] 参见《罗马规约》第17条第2款。

[3] M. Cherif Bassiouni, “International Crimes and International Criminal Court”, presentation made by professor Bassiouni on May 12, 1999, in China.

[4] 参见《罗马规约》第17条第3款。

性冲突结束之后所出现的情况。

（二）国际刑事法院补充性管辖权适用的限制

国际刑事法院补充性管辖权适用的限制体现为，国际刑事法院管辖权的行使必须以国家同意为先导。根据《罗马规约》第 12 条规定的精神，国际刑事法院行使管辖权的先决条件有三：一是一国成为《罗马规约》的缔约国。作为缔约国就应接受国际刑事法院对《罗马规约》第 5 条所述犯罪的管辖权。二是《罗马规约》第 13 条第 1 项或第 3 项的情况,《罗马规约》的缔约国或者非缔约国依照《罗马规约》第 12 条第 3 款接受了国际刑事法院管辖权。这些情况包括：缔约国依照《罗马规约》第 14 条规定，向检察官提交显示一项或多项犯罪已经发生的情势；[5] 检察官依照《罗马规约》第 15 条开始调查一项犯罪。[6] 在上述情况下，国际刑事法院可以针对以下两种情况行使管辖权：（1）有关行为在其境内发生的国家；如果犯罪发生在船舶或飞行器上，该船舶或飞行器的注册国；（2）犯罪被告人的国籍国。三是非缔约国通过声明后可以接受国际刑事法院对有关犯罪行使管辖权，但该接受国应依照《罗马规约》第九编规定，不拖延并无例外地与国际刑事法院合作。在第二个条件中，如果需要得到一个非缔约国的国家接受国际刑事法院的管辖权，该国可以向书记官长提交声明，接受国际刑事法院对有关犯罪行使管辖权。这种声明的提交程序有两种：其一，书记官长可以应检察官的请求，在保密的基础上，询问非缔约国或在《罗马规约》生效后成为缔约方的国家是否有意提交第 12 条第 3 款规定的声明。其二,一国向书记官长提交，或向其宣布有意提交第 12 条第 3 款规定的声明时，或书记官长根据分则 1 采取行动时，书记官长应告知该通知有关国家，作出第 12 条第 3 款规定的声明的后果是接受对适用于情势的第 5 条所述犯罪行使管辖权，而且第九编的规定，及有关缔约国的任

[5] 参见《罗马规约》第 14 条规定缔约国提交情势：“（一）缔约国可以向检察官提交显示一项或多项本法院管辖权内的犯罪已经发生的情势，请检察官调查该情势，以便确定是否应指控某个人或某些人实施了这些犯罪。（二）提交情势时，应尽可能具体说明相关情节，并附上提交情势的国家所掌握的任何辅助文件。”《程序与证据规则》规则 45 规定：“向检察官提交情势，应书面为之。”

[6] 参见《罗马规约》第 15 条规定：“（一）检察官可以自行根据有关本法院管辖权内的犯罪的资料开始调查。（二）检察官应分析所收到的资料的严肃性。为此目的，检察官可以要求国家、联合国机构、政府间组织或非政府组织，或检察官认为适当的其他可靠来源提供进一步资料，并可以在本法院所在地接受书面或口头证言。（三）检察官如果认为有合理根据进行调查，应请求预审分庭授权调查，并附上收集到的任何辅助材料。被害人可以依照《程序和证据规则》向预审分庭作出陈述。（四）预审分庭在审查请求及辅助材料后，如果认为有合理根据进行调查，并认为案件显然属于本法院管辖权内的案件，应授权开始调查。这并不妨碍本法院其后就案件的管辖权和可受理性问题作出断定。（五）预审分庭拒绝授权调查，并不排除检察官以后根据新的事实或证据就同一情势再次提出请求。（六）检察官在进行了第一款和第二款所述的初步审查后，如果认为所提供的资料不构成进行调查的合理根据，即应通知提供资料的人。这并不排除检察官审查根据新的事实或证据，就同一情势提交的进一步资料。”

何第九编规则，应予适用。[7] 从国际刑事法院行使管辖权必须以国家明示同意为前提的角度分析，国际刑事法院的管辖权并没有超越国家管辖权之上，反而是以国家的同意与接受为前提。

笔者认为，国际刑事法院补充性管辖权适用的限制蕴含着两层含义：其一，国际刑事法院的管辖权及于缔约国；其二，国际刑事法院的管辖权有条件地及于非缔约国。原则上如果非缔约国不接受国际刑事法院的管辖权，法院管辖权的效力则不能及于非缔约国。然而，事实上，即使一个国家没有成为《罗马规约》的缔约国，或没有向书记官长提交接受法院管辖权的声明，国际刑事法院管辖权也有延伸到这些国家的可能性。因为只要经犯罪地国或被告人国籍国任何一国同意，法院便可在未经非缔约国或者第三国同意的情况下，使非缔约国或第三国国民被动接受法院的管辖权，履行如同缔约国一样的义务。这种情况使国家同意或接受国际刑事法院行使管辖权的前提在立法本身就具有了相对性，亦使国际刑事司法机构的补充性原则大打折扣。

二、国际刑事法院管辖权的固有性、并行性和普遍性

《罗马规约》明确指出，独立的国际刑事法院将对“整个国际社会关注的最严重犯罪”具有管辖权。国际刑事法院有权就《罗马规约》所提到的、受到国际关注的最严重犯罪对个人行使管辖权，并对国家刑事管辖权起补充作用。

（一）国际刑事法院管辖权的固有性

国际刑事法院管辖权的固有性源于《罗马规约》罪行管辖范围的特殊属性，且不需额外同意就能行使的管辖权。之所以说不需要“额外的条件”，是因为国家在选择加入规约之时已经表示了同意的态度，而不必对《罗马规约》所列的单个罪行表示同意。如缔约国在批准加入《罗马规约》之时，就等于明确表示接受法院的管辖权，国际刑事法院在行使管辖权时便无须再经其“同意或接受”。固有管辖权是刑事实体法意义上的权利，是在立法上明确规定对哪些罪行、哪些人能够行使的管辖权。

国际刑事法院管辖权的固有性仅限于整个国际社会关注的最严重的灭绝种族罪、危害人类罪、战争罪和目前尚未确定的侵略罪。在建立国际刑事法院过程中，依照法院授权审理案件种类的限制，有的学者设想了国际刑事法院行使属物管辖权的标准：对某些特殊罪行予以“固有管辖”，如灭绝种族罪，侵略罪，严重违反武装冲突中可适用的法律与习惯的行为，危害人类罪。这些罪行对固有管辖权而言具有“基础意义”，法院“应毫无例外地对这些罪行拥有单独的管辖权，只要有关国家参加了规约草案，便不再需要获得任何特别国家的

[7] 参见《程序与证据规则》规则 44。

同意”。[8]笔者认为，国际刑事法院管辖罪行的选择还有三个客观现实原因：其一，这些罪行是国际公约、条约及习惯国际法等国际法律文件中明确界定的罪行，而且是应受国际社会制裁的严重国际犯罪。如1948年《防止及惩治灭绝种族罪公约》第1条规定：“缔约国确认灭种行为，无论在平时还是在战时，均系国际法上之一种罪行，承允防止并惩治之。”其二，这些罪行不仅危害了国际社会的整体利益，而且其危害程度还震撼了人类的良知，任何其他国际犯罪、跨国犯罪以及国内犯罪都无法与之相比。其三，这些罪行的发生容易导致一个国家的司法系统瘫痪，无法行使正常的司法管辖权，或者使一个国家的法律系统行使管辖权存在一定障碍，从而出现不愿意或不能行使管辖权的现象。凡符合上述三个客观标准的违反国际法行为均可成为国际刑事法院管辖范围内的罪行，因此，国际刑事法院的罪行管辖范围也体现了自身管辖权的固有性。

国际刑事法院管辖权的固有性除了体现在罪行管辖范围上，还体现在管辖的对象上。根据《罗马规约》第25条规定，国际刑事法院只对自然人具有管辖权。从历史上看，国际审判机构管辖的罪行，无论行为主体是自然人还是法人（团体或组织）等实体，最终只是追究自然人的刑事责任。如纽伦堡法庭审判的战争罪和危害和平罪（侵略罪），以及卢旺达法庭审判的灭绝种族罪和危害人类罪。尽管某些国际罪行的实施或多或少得到国家或政府政策、财政资助等因素的支持，但由于国家本身无法具体实施犯罪行为，其主观故意只能通过个人意志加以体现，客观行为也只能通过具体行为人实施，因此，国家不能作为承担国际刑事责任主体。同样国际刑事法院的管辖权也不能扩展到法人、团体或者组织，因为这些责任主体在经济犯罪、洗钱犯罪方面，以及各种可能由个人利用法人实施的犯罪方面具有特别重要的意义，但对于危害人类整体利益的国际犯罪而言，其意义似乎不甚明显。相反，国际刑事责任的承担应以行为人构成犯罪为前提，否则刑罚的适用将无的放矢。个人的国际刑事责任问题无论是历史上的法律规范，还是现代的法律规范，抑或国际法甚至是国内法都予以承认，而且毫无争议。然而，随着世界发展而形成的相互依存模式，法人、团体或组织的作用越来越明显，法人、团体或组织，甚至国家将成为国际刑事责任主体的可能性也相对存在，至少目前由于明显的政治原因，这种时机尚未成熟。

（二）国际刑事法院管辖权的并行性

尽管国际刑事法院对《罗马规约》所列举的严重国际犯罪及实施这类犯罪的自然人拥有固有的管辖权，但国际刑事法院本身并非行使这种固有管辖权的唯一主体，根据《罗马规约》序言、第1条、第12—15条、第17条和第18条规定

[8] 参见 Rupa Bhattacharyya，“Establishing a Rule-of-Law International Criminal Justice System”，Symposiun on Humanitarian Intervention and International Justice，at “Texas International Law Journal”，1996.

的要旨，国际刑事法院管辖权与国家刑事管辖权在行使上具有并行性的特征。

国际刑事法院并行管辖权（concurrent jurisdiction），是指国际刑事审判机构与一国刑事审判机构对某种国际犯罪同时具有管辖权。这种并行管辖权的实质体现为涉讼国家自愿选择由谁行使管辖权，或者自愿接受国际刑事法院的管辖权。美国学者认为，根据国际法，犯罪行为在一国领域内发生或者犯罪嫌疑人在该国领域内发现，在这种情况下，没有该国家的同意，国际法院不能行使管辖权。因为，作为国际法院法律规范的国际公约并没有直接界定犯罪行为，而是将这一任务留给国家法律规范，那么国际法院依据自己的法律和条约条款以及犯罪嫌疑人发现国法律获得该罪行的管辖权，就必须得到该国的同意。[9] 国际刑法学协会主席巴西奥尼教授赞同国际刑事法院运用并行管辖权的观点，他认为并行管辖权解决了国际刑事法院涉及的国家主权问题，允许缔约国进行选择，或者诉讼移转，或者根据其需求将管辖权保留在其国内法院之中。[10]

笔者认为，由于并行管辖权的谦抑性和灵活性，或者称之为弹性，为国家主权及管辖权行使提供了多方位的空间，并因此受到国际社会的普遍认可。事实上国际刑事法院管辖权的并行性满足了各国维护国家主权的愿望，并使国家刑事管辖权较国际刑事法院的管辖权处于一种完全主动和优先的地位。

（三）国际刑事法院管辖权的普遍性

普遍管辖权的核心是，仅依据犯罪的性质，而不考虑犯罪实施地、被指控人或罪犯的国籍、被害人的国籍，或者与国家行使这种管辖权有任何其他关联因素的刑事管辖权。[11] 国际刑事法院的普遍管辖权是对其管辖范围内的罪行行使，国际刑事法院管辖权的普遍性与其说是一种实体上的权利，还不如说是一种程序上的机制。通过这种机制，国际刑事法院自身或赋予缔约国（个别情况下非缔约国）行使惩治《罗马规约》规定范围内罪行的权力。《罗马规约》明确指出，为有效惩治国际刑事法院管辖权范围内的罪行，必须通过国家一级采取措施并加强国际合作，国家运用本国法律惩治严重国际犯罪的行为是每个国家应尽的义务。

对《罗马规约》的缔约国而言，其管辖权的行使可依据《罗马规约》的规定，或将该规约有关规定纳入国家法律体系中，如德国、法国、瑞典以及加拿大等国通过修订宪法或刑法的方式将规约有关内容纳入国家法律体系中，为国家行使普

[9] Paul D. Marquardt，“Law Without Borders: The Constitutionality of an International Criminal Court”，at “Columbia Journal of Transnational Law”，1995.

[10] Sandra L. Jamison，“A Permanent International Criminal Court: A Proposal that Overcomes Past Objections”，at “Denver Journal of International Law and Policy”，Spring，1995.

[11] Principle 1–Fundamentals of Universal Jurisdiction，in “The Princeton Principles on Universal Jurisdiction and Commentary on the Princeton Principles”（Steering Committee ed.），Program in Law and Public Affairs Princeton University New Jersey，2001.

遍管辖权惩治《罗马规约》列举的罪行奠定了基础。

对非《罗马规约》的缔约国，但却是有关国际公约的缔约国而言，亦可依据其所缔结或批准的相关公约行使普遍管辖权，因为一些国家已经把国际公约、国际法的一般原则以及国际惯例中规定的某些犯罪纳入本国刑法典之中。例如，中国《刑法》第 9 条规定："对于中华人民共和国缔结或者参加的国际条约所规定的罪行，中华人民共和国在所承担条约义务的范围内行使刑事管辖权的，适用本法。"有些国家的刑法典明确规定了国际公约列举的国际犯罪，如《德国刑法典》规定的危害和平罪。

对既非《罗马规约》的缔约国，又非相关公约的批准国而言，其惩治《罗马规约》列举的严重国际犯罪的法律依据略显不足，特别在国家法律体系对有关犯罪的规定出现空白的情况下，容易为犯罪分子提供规避法律的机会。此时，从有效惩治严重国际犯罪的角度，国际刑事法院管辖权的强制性似乎更能发挥其应有作用。然而，这种情形在某种程度可能会干涉一国的主权权力。尽管《罗马规约》第 19 条赋予国家质疑国际刑事法院管辖权或案件可受理性的权利，但这种担忧仍不可避免。因为，质疑国际刑事法院管辖权的结果，即便安理会或法庭作出推迟的决定，并不等于否认国际刑事法院管辖权的行使。为避免这种现象的发生，建议国家立法机关积极地将国际法律规范界定的国际犯罪法典化。

三、国际刑事法院管辖权的强制性

在国际刑事法院建立进程中，有学者揣测，国际刑事法院可能会在保留并行管辖权的同时拥有强制管辖权。[12] 事实上，国际刑事法院管辖权补充性的积极适用体现了管辖权强制性的一个层面。

国际刑事法院的强制管辖权（compulsory jurisdiction or exclusive jurisdiction 又称排他管辖权或绝对管辖权），是指国际审判机构对某种特定国际犯罪具有排他的管辖权。具体表现为，对《罗马规约》规定的管辖范围内的犯罪具有绝对的排他性。这种强制性体现为三个方面：一是根据《罗马规约》第 12 条第 1 款的规定，缔约国必须接受法院对管辖权内犯罪的管辖；二是根据《罗马规约》第 13 条第 2 款和第 3 款以及第 15 条的规定，对缔约国或非缔约国而言，联合国安理会根据《联合国宪章》第七章行事，或检察官自行展开调查，都能够使缔约国或非缔约国接受法院的管辖；三是根据《罗马规约》第 120 条的规定，任何国家不得对规约作出保留。

国际刑事法院管辖权的强制性受到强烈坚持主权原则国家的抵制与反对。持反对观点者认为，管辖权的强制性严重侵犯国家主权，特别是国家的刑事司法管

---

[12] Sandra L. Jamison, "A Permanent International Criminal Court: A Proposal that Overcomes Past Objections", at "Denver Journal of International Law and Policy", Spring, 1995.

辖权，而且严重影响国家根据普遍管辖原则履行国际条约义务，不符合国际社会建立国际刑事法院的宗旨和现实需求，其结果不仅无益于有效惩治国际犯罪，反而会拖延对犯罪分子的惩罚，甚至可能让犯罪分子逃避法律的制裁。[13] 另有一些学者从理论上赞同国际刑事法院管辖权的强制性，如 F. 马尔基安（F.Malekian）教授和 B.B. 弗兰茨（B.B.Ferencz）教授认为，在理论上只有排他管辖权才可以保证国际刑事法院的权威地位，保证国际刑法和国际刑事诉讼程序的统一，才可以真正做到对一切犯罪嫌疑人的公平审判和处罚。[14] 介于两者之间的折中观点认为，在严格限制强制管辖权行使范围的前提下，国际刑事法院可以拥有绝对管辖权。例如，苏联戈尔巴乔夫总统认为，国际刑事法院的绝对管辖权仅限于国际恐怖主义罪行；而美国政府认为，国际刑事法院的管辖权应局限于国际恐怖主义罪行和非法贩运毒品罪行。[15]

从解决管辖权冲突的角度出发，国际刑事法院管辖权的强制性确有其存在意义，因为管辖权的强制适用可以最大限度地避免几个国家法院之间，或者国家刑事法院与国际刑事法院之间的管辖权冲突。例如，在洛克比空难案件中，美英两国都要求起诉破坏、爆炸泛美 103 班机的两个利比亚官员。根据利比亚禁止引渡本国国民的法律，利比亚政府坚持在本国进行诉讼。美英两国则认为利比亚政府不会进行有效的诉讼，因为他们确信这些个人所从事的国际恐怖主义暴行，以及受国家政策支持所从事的这种行为，是他们国家政策的一部分。美英两国指出，利比亚不具备有效起诉该案的条件，因此，由利比亚履行起诉职能没有意义。美英两国坚持要求利比亚政府通过引渡或其他方法移交这两个人，以便在美国或英国起诉他们。同时，法国也提出引渡这两个利比亚人的请求，因为他们炸毁的飞机是一架法国的 UTA 飞机。[16] 洛克比空难引发的案件出现了 4 个国家争夺管辖权的现象，这足以说明国际社会需要像国际刑事法院这样的机构来梳理这些问题，不论国际刑事法院是以调和者的身份出现，还是以承办者的身份涉及案件的管辖。巴西奥尼教授认为，国际刑事法院的出现是解决这种管辖的冲突，以及确实和平解决这种冲突的一个可望成功的选择。[17] 如果当时已经建立国际刑事法院，

[13] 参见 Michael Scharf, “The Jury is Still Out on the Need for an International Criminal Court”, Duke Journal of Comparative and International Law, 1991。

[14] 参见高燕平:《国际刑事法院》，世界知识出版社 1999 年版，第 92 页。

[15] 参见 M.Cherif Bassiouni，“The Time Has Come For an International Criminal Court”，at “Indiana International and Comparative Law Review”，Spring，1991.

[16] 参见 M. Chief Bassiouni & Christopher L. Blakesley，“The Need For an International Criminal Court in the New International World Order ”, at “Vanderbilt Journal of Transnational Law”, 1992.

[17] 参见 M. Chief Bassiouni & Christopher L. Blakesley，“The Need For an International Criminal Court in the New International World Order ”, at “Vanderbilt Journal of Transnational Law”, 1992.

而且该法院拥有绝对管辖权，那么在案件管辖权难以选择的情况下，不仅可以更为迅捷地解决管辖权争端问题，而且还可以避免外交上的紧张局势以及可能引发的暴力行为。如果能够更好地缓解管辖权强制属性与主权观念之间的冲突，国际刑事法院管辖权的强制性在理论上和实践中才更具有现实价值。

笔者认为，从理论上说，“具有强制管辖权的单一法院，会引导法律机构协调和稳定地发展”。[18] 为了这种协调与稳定，就要求所有缔约国无条件地接受国际刑事法院的管辖，甚至放弃可能由他们自己行使管辖权更为有利的案件。然而，国际社会法律渊源的多元化以及各种利益之间的冲突表明国际刑事法院管辖权的强制性似乎很难得到多数国家的认同与接受。

四、结论

在 1998 年意大利罗马的外交官大会上，各国政府代表支持与否的态度已经对国际刑事法院管辖权的属性明示了种种担忧。这些疑虑反映为：（1）一些国家主张国际刑事法院应完全独立，检察官不需要经过当事国允许就可以提起诉讼；（2）一些国家认为，国际刑事法院有可能被利用为干涉当事国内政的工具，因此要求限制法院权限，保障国家主权不受侵犯；（3）一些国家（美国、法国）由于担心他国出于政治目的惩治其在海外军事基地的人员，因此要求未来的国际刑事法院受联合国安理会的控制。[19] 事实上，造成这些疑虑的重心不外乎各国普遍关注的主权与管辖权问题，因为管辖权代表了国家主权的一部分。

笔者认为，在抽象或理论层面上处理这些问题没有必要导致任何有效的实际结果，国际刑事法院管辖权的运作应注重实效审查的开始依据，而后应探求那些对国家主权和国际关系有益的不同管辖方式。一些国家担心对审判和起诉过程失去控制，他们确信主权要求具有这种控制权，其宪法也需要这种控制权，而一旦失去这种控制权则可能产生不利的结果。在某些情况下，这些不利结果可能意味着一国明确或含糊地庇护某些特定的人或某种人，使他们逃避因国际或跨国罪行而应接受的国际审判。在相反的情形下，这些国家则担心审判不会发生，或不会以恰当、有效的起诉方式发生。一些国家甚至担心法庭被政治目的所利用。换言之，不同的国家随着时间的变迁，不同期望和观念也会随之发生转变，其中一些期望与犯罪的性质有关，另一些则与国际刑事法院的运作方式有关。

国际刑事法院应是国际合作和协作努力追求的机构，而不是现行国内和国际机构的替代者。国际刑事法院作为援助者，是解决国家之间有关国际刑法领域内问题的另一个选择工具。从时间和空间层次上看，国际刑事法院管辖权的行使

---

[18] 参见 Sandra L. Jamison，“A Permanent International Criminal Court: A Proposal that Overcomes Past Objections”, at“Denver Journal of International Law and Policy”, Spring, 1995.

[19] 参见 1998 年 6 月 18 日《法制日报》。

应列于国家管辖权行使之后；只有在必要时国际刑事法院才能行使其补充性管辖权。从刑事管辖权本身的特性及其与国家主权之间不可分割的包容关系上分析，国际刑事法院若要充分发挥效力，获得国家的协助与合作，就要求国际刑事法院的管辖权必须以尊重国家主权为前提，强调国际刑事法院只能是国家间的刑事司法机构，而不是超国家的刑事司法机构。

本文之所以强调国际刑事法院管辖权事实上具有的多维性，是因为国际刑事法院管辖权的同样体现了主权与人权国际保护的逻辑延伸。从国家的立场强调尊重主权，从国际刑事法院的立场更多地强调惩治犯罪，如果国际刑事法院并非强制的或普遍的，那么一旦出现严重践踏人权、违反国际法构成严重国际犯罪的行为，就难以受到应有的惩治；但一味强调惩治严重国际犯罪的同时，很可能又对国家主权造成不应有的损害。因此，《罗马规约》规定的国际刑事法院管辖权摇摆于补充管辖权和普遍管辖权与强制管辖权之间，体现了适用上的多角度、多层次和多画面。但是，从罪行受害者的角度，以及人类和智慧群体的角度，国际刑事法院的历史地位和重要性毋庸置疑，当被控国际罪行的程序逐渐制度化时，国际刑事法院的运行机制也会更加公正、合理与完善。

（本文曾发表于《现代法学》2003 年第 3 期）

法律的无奈

赵晓耕

世间任何事物或制度都不免有缺陷。法律作为规则文化的一类，更是如此。世上没有最好的法律，只有最不坏的法律。如果一个正常的社会，满大街都是从事法律职业的人，这个社会你不觉得几乎有点恐怖吗？

近代革命以来给了中国人这样的一种革命的思想传统，就是回望过去我们自身的历史，似乎对我们只有被批判的作用，我们会不自觉地将自己置于审判者的位置。

学法律的人都自恃较高，动不动就强调要法言法语，经常自诩是“法律人”，我总调侃我的同行们，我说做人要厚道，你学了法律，便自称是法律人，那些学植物学的又该何以自称呢？所以，法律应该有的一个特性便是：法律应该体现一般人的认识。古人讲：礼从俗。其实是一个意思。罗马法里面的许多概念，一直到今天我们还在用。比如说“所有权”，所有权又意味着什么呢？我说这瓶水归我所有，中文继受西方的这套概念，有的时候真的很难。我用一句很标准的所谓的法律人的行话说：这瓶水归所有人所有。但是要换个场景就有风险，假设大漠当中，烈日之下，诸位都渴得要死。你听到了上述这样一句话，你内心有什么冲动？实际上，法律人的解读应该是基于这瓶水，我和大家的关系如何，这才是“所有权”要表达的意思。我们再把刚才那个表达举例一下：如果当今世上就剩您一个人了，你还用主张所有权吗？哭着喊着说，这是我的，那也是我的，都是你的了，此时，主张所有权还有什么意义呢？

《婚姻法》为了维护家庭婚姻关系，应该惩罚“第三者”。但是“第三者”从来不是一个法律概念，因为《婚姻法》遵从一个更上位的原则：婚姻以感情为基础。人们发现生活中与“第三者”才有感情呐。这又揭示了一个道理，任何一个社会为了它上位的原则，一些下位的具体的规范不得不做出“妥协”。古代传统法中同样能呈现这样的一种价值取舍。

我们阅读大量的个案就会知道，在个案当中呈现的法律，让我们越来越清晰地感到：法律没有最好的，法律永远是最不坏的。我时常调侃我的同行们，我说你们回忆一下，自从学了法律，你们就会有一种深深的感触：从开始学习法律那天起，你就变得再不像从前那么纯洁了。刑法典规定有 400 多个罪名，正常人穷其一生，都未必知道。可不幸的你选了法学专业，你要挨个背诵啊，哪个背不熟，考试都难过关。你原本那颗纯洁的心被污染了400多次；民法中的类似状况就更没数了，老师介绍任何一个民事违法行为，初学者心里大都会“咯噔一下”，心说：原来还可以这么缺德？再举个例子：一个小偷偷东西判刑一年，收监执行，如果狱警可能把他和一个江洋大盗关在一起，一年后，老实讲通常他多半不是被改造了一年，而是“进修”了一年；千百年来法律没有办法改变这一切，不管你有什么价值判断，你改变得了吗？所以古人说法律这套规则文化有着天然的警惕与负面的评价：法律天然地教人为恶。

我们传统观念里面从来不会形成今天这样的口号：努力要建成一个法治社会。那是什么标准，太等而下之了。我们追求的是个礼仪之邦，这才是我们的“中国梦”。

但是，法律真的很重要，所以清代的纪晓岚说“法为盛世所不可缺，亦为盛世所不尚”，后半句其实更深刻。古代法字的金文写成这个样子：。汉字因为是象形文字，所以有“音、形、义”三个要素，“法”字有三点水，我们就联想到“平之如水”——法律应体现“公平”“平等”的价值。同理，“水往低处流”，所以与法律相关联的事，在世人眼里，许多都是比较“下作”的事。古人将与法律相关的现象按传统吉凶文化归入凶的范围。

古代《唐律》将财产类犯罪集中规定在6个罪名之下，统称“六赃”，“六赃”里面又做了具体的划分。比如，在收受贿赂上，逻辑上就分为两类，一类叫“受财枉法”，这跟我们今天的刑法规定有同样的逻辑；另一类则是我们刑法中没有的，这就是“受财不枉法”。有的人做官做得很老到，你给什么东西他都要，但你休想让他给你办什么事。这种人在行贿者看来连腐败道德都不讲，但我们拿他没办法，因为他这个行为不符合当下刑法受贿罪的犯罪构成；可是《唐律》让我们看到了针对此类恶行的法律规范逻辑，“受财不枉法”——只要接受非法财物，无论是否给行贿者提供不法利益，均构成受贿罪。二千年帝制，古代制度如此漫长，形成了中国独有的经验。我们今天则是通过司法解释来试图弥补这一逻辑缺漏。《唐律》中有一条：“诸犯罪共亡，轻罪能捕重罪首（重者应死者，杀其首，异同）及轻重等，获半数以上首者，皆除其罪。”前述这段律文是共同犯罪如何认定自首的问题。上述唐律有这样一条规定：共同犯罪人犯罪之后，有人要自首，应该积极鼓励，但是有个认定的标准——共同犯罪，应该是轻犯能把重犯抓回来，而且抓回来的同伙要达到一半以上，就能够认定这些想自首的人属于自首。《唐律》自守的原则是“自首者，免其罪”。接下来的唐律疏文的解释，又设问说这两个共同犯罪人如果是父子关系，老父亲想肯定是跑不了了，儿子你把我绑了报官，反正我也没几年活了，你还年轻；唐律认可这种行为是自首吗？不可能，如果儿子绑了父亲去自首，很有可能会罪加一等。这就是我们前面讲过的，为了一个上位的价值观念——孝道（古代法律原则“亲亲得首匿”），法律不得不做出妥协，不讲逻辑。经验告诉古人，不能容忍只是为了一个个案中的法律适用逻辑，而伤害到一个社会普遍存在的善良风俗的价值。古代法律对我们更有启发的是，它背后的这些经验的逻辑更有意思，不断的在提示着我们：今天的法律规范逻辑真的就是最好的吗？

在法律领域，人们的观念影响人们对法律的理解。例如，民法上的拾得遗失物问题，古今都会遇到这种问题。《大清律》规定：拾得人将遗失物交还遗失物所有人时，依法可主张遗失物价值的一半，作为自己的报酬。这是拾得人和遗失人之间的利益权衡，但作为公权力的官府是不得主张的；所以北方有句民间的俗话，或许有人听说过，叫作“见面分一半”。这反映的是我们传统法律在拾得遗失物关系上确立的一个基本原则。再看看我们今天的《物权法》规定，最核心的是第 113 条的拾得遗失物“归国家所有”，自从你弯腰捡了别人一个东西，你就要承受一系列的义务，妥善保管，公示，等待原所有人出现，等了半年还没有，那你还要将此物交国家，反正你不能主张自己有任何权利。北京发生过一个典型的案子：一个女士捡了个钻戒，拿起来看看，以为是个儿童的玩具，就扔了。天下的事有蹊跷，丢钻戒的人找到了这个女士，核实了整个的过程。这个女士毫无戒备，便说：我捡起了这个钻戒看看，以为是假的，我就扔了。但是呢，丢者有心，一纸诉状告到法院，法院依法判决，让这个捡钻戒又扔了的人，赔给自己丢了钻戒的人 46000 块钱，就是这枚钻戒的价值。这个女士完全想不到，不服气上诉，上诉到北京市中级法院，结果终审裁定，维持原判。这是一个道德的社会吗？泛道德的结果一定是不道德，这是我们面临的现实法律问题。

法律到底多点好，还是少点好呢。中国人愿意形象地把法律、法制比喻成法网，我们看下面这两张网很直观：

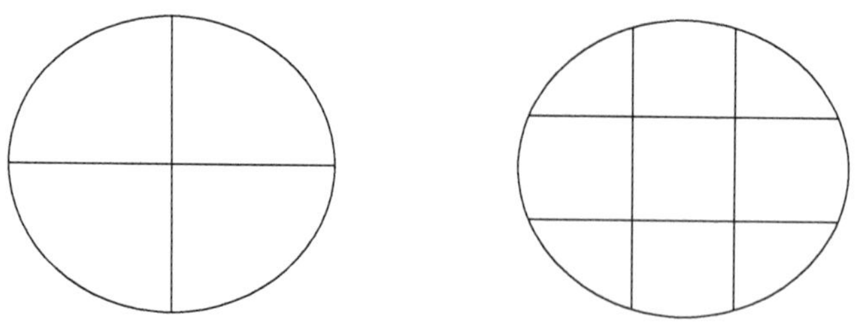

其中圆圈里有十字的，我们通常是不满意的。历史上评价汉代刘邦，就批评他说汉初的“三章之法不足以御奸”“法网疏阔”“网漏吞舟之鱼”。所以我们一般更倾向于这另一个圆圈里有井字的网，这个也才更像个网。但是你们应该发现的问题马上就出现了。这两张网有什么不同？一般人认为不好的那张网恰恰只有四个漏洞？而边上另一个一般认为更好的网却有九个漏洞。这便是法律作为规则文化无法摆脱的缺陷。我们国家 1979 年刑法规定有 200 多个罪名，1997 年刑法则规定了 400 多个罪名。这到印证了《老子》书中的一句名言："法令滋彰，盗贼多有。"原来我们从事一生的"法律事业"，无非是在不断地辨析这张网上这个窟窿跟那个窟窿哪不一样。而且我们这种理念很危险，我们这种理念没有前景。按照我们今天的这种认识逻辑，我们要把这张网织多密呢？俗话反而显得更深刻："法网恢恢，疏而不漏。"下半句第一个字就是"疏"。常识告诉我们渔民一定是用渔网打鱼，你听说过哪个渔民用塑料袋打鱼的吗？所以我们需要检讨，我们把一个很复杂的社会的法制问题，往往庸俗成单一的立法问题，又将立法问题，简单化为愈多愈好。我们现在就有这样一种惯性思维，似乎社会所有的利益冲突都是因为我们欠缺法律，真是这样吗？所以说自汉代人们便开始批判此类现象。汉代史书上有这样的话："文书盈于几阁，典者不能遍睹。"是说一个负责收存、整理汉代文书、法律的官员，穷其一生都不可能把这些文献读一遍。后来宋代一个叫陈亮的人讲了一句话："法深无善治。"所以古人告诉了我们另一种智慧叫作："非不能也，是不为也。"刑法学上有个理论叫法律的兼抑性，这其中的道理岂止仅仅是刑法应该关注的？

（本文曾发表于《中国经济报告》2019 年第 4 期）

图书在版编目 (CIP) 数据

探寻至善的刑事法治：中国人民大学刑事法律科学研究中心专职研究员代表作选集 . 刑法学卷：1999-2019 / 中国人民大学刑事法律科学研究中心编 . —北京：中国法制出版社，2020.6

ISBN 978-7-5216-1058-1

Ⅰ . ①探…　Ⅱ . ①中…　Ⅲ . ①刑法—研究—中国　Ⅳ . ① D924.04

中国版本图书馆 CIP 数据核字（2020）第 083467 号

责任编辑：侯鹏　　封面设计：李宁

探寻至善的刑事法治：中国人民大学刑事法律科学研究中心专职研究员代表作选集. 刑法学卷：1999–2019

TANXUN ZHISHAN DE XINGSHI FAZHI: ZHONGGUO RENMIN DAXUE XINGSHI FALÜ KEXUE YANJIU ZHONGXIN ZHUANZHI YANJIUYUAN DAIBIAOZUO XUANJI. XINGFAXUE JUAN: 1999–2019

编者 / 中国人民大学刑事法律科学研究中心

经销 / 新华书店

印刷 / 北京京华虎彩印刷有限公司

开本 / 710 毫米 ×1000 毫米　16 开　　印张 / 46.75　字数 / 890 千

版次 / 2020 年 6 月第 1 版　　2020 年 6 月第 1 次印刷

中国法制出版社出版

书号 ISBN 978-7-5216-1058-1　　定价：159.00 元

北京西单横二条 2 号　邮政编码 100031　　传真：010-66031119

网址：http://www.zgfzs.com　　编辑部电话：010-66060794

市场营销部电话：010-66033393　　邮购部电话：010-66033288

（如有印装质量问题，请与本社印务部联系调换。电话：010-66032926）